2012

中国国有资产监督管理年鉴

图书在版编目（CIP）数据

中国国有资产监督管理年鉴. 2012/《中国国有资产监督管理年鉴》编委会主编.

—北京：中国经济出版社，2012.12

ISBN 978－7－5136－2113－7

Ⅰ. ①中 Ⅱ. ①中 Ⅲ. ①国有资产－资产管理－中国－2012－年鉴 Ⅳ. ①F123. 7–54

中国版本图书馆CIP数据核字（2012）第272699号

中国国有资产监督管理年鉴（2012）

总 编 辑：乔卫兵

副总编辑：李祥柱

责任编辑：郑 潇 徐品泓

图片编辑：汪 京 汪银芳 刘金龙 陈利军 刘喆欣

发　　行：张 巍 徐立敏

财　　务：姜 莉

英文翻译：黄 静

出版发行：中国经济出版社（100037·北京市西城区百万庄北街3号）

网　　址：www.economyph.com

电　　话：（010）64471681 64471644

64471600 64471640

经　　销：各地新华书店

承　　印：北京画中画印刷有限公司

开　　本：889mm X 1194 mm 1/16

字　　数：1700千字

插页印张：4.5

印　　张：54.25

版　　次：2012年12月第一版

印　　次：2012年12月第一次印刷

书　　号：ISBN 978－7－5136－2113－7/Z·758

定　　价：480.00元

广告经营许可证：京平工商广字第0688号

编写说明

一、《中国国有资产监督管理年鉴》（以下简称《国资年鉴》）由国务院国有资产监督管理委员会（以下简称国务院国资委）主管、主办，《国资年鉴》编委会编纂，中国经济出版社编辑出版。

二、《国资年鉴》是一部全面记载我国国有经济运行、国有资产监管体制改革和国有企业改革发展，尤其是中央企业和地方国资监管机构所监管企业总体情况的大型工具书和资料性年刊，是国资委统一对外宣传的重要窗口和交流平台，对于宣传、指导我国国有资产监督管理工作及国有企业工作具有重要参考价值。

三、《国资年鉴》突出政策性、权威性、实用性和连续性。主要读者对象包括：全国各级国有资产监管机构及相关行业管理部门；各类国有企业；有关中介机构；各国驻华机构；有关科研院所、图书馆、资料室等。

四、《国资年鉴》（2012）共设八篇内容。

第一篇　重要经济文献。刊载王勇同志在中央企业负责人会议、全国国有资产监督管理工作会议以及全国国有企业推进社会主义核心价值体系建设座谈会上的讲话。

第二篇　国有资产监督管理概况。国务院国资委19个厅局就2011年我国国有资产监督管理情况、国有企业改革与发展情况予以分析、评述。

第三篇　各省（区、市）国有资产监督管理概况。由31个省、自治区、直辖市国资委，新疆生产建设兵团国资委，5个计划单列市和1个副省级城市国资委就2011年本地区国有经济运行情况及国有企业改革与发展状况进行评述。

第四篇　中央企业改革与发展。116户中央企业就2011年经济运行、主要经济指标、国有资产保值增值、重大创新、履行社会责任等方面进行分析、评述。

第五篇　国有资产统计资料。刊载国务院国资委财务监督与考核评价局提供的2011年全国国有企业户数、从业人数、国有资产总量之综合、行业、地区分析表；全国国有企业资产负债之综合、行业、地区分析表；国有工业企业户数、从业人数、国有资产总量地区分析表；国有工业企业资产负债地区分析表；国有商业企业户数、从业人数、国有资产总量地区分析表；国有商业企业资产负债地区分析表；各省（区、市）国有企业主要指标表。

第六篇　国有资产监督管理政策法规选编。精选2011年有关国有资产监督管理的重要行政法规、部门规章和规范性文件。

第七篇　国有企业履行社会责任和党的建设成果概览。采用图文并茂的形式重点展示国有企业在履行社会责任、党的建设等方面取得的成就。

第八篇　附录。刊载2011年国务院国资委大事记。

五、《国资年鉴》（2012）涉及全国性统计数据，暂未包括港、澳、台地区。统计数据截至2011年底。

六、《国资年鉴》（2012）编委会编委名单，各省（区、市）国资委工作站和中央企业工作站站长名单、撰稿人名单以截稿日期为准。

《中国国有资产监督管理年鉴》编辑部

二〇一二年十二月九日

国务院国资委主任、党委书记王勇赴广西考察百色华润希望小镇

国务院国资委副主任黄淑和赴重庆钢铁（集团）有限责任公司调研

国务院国资委副主任邵宁出席鞍钢集团公司建设规范董事会工作会议

国务院国资委副主任黄丹华赴中国铝业公司广西分公司调研

国务院国资委副主任金阳主持召开2011年度巡视工作总结会议

国务院国资委副主任孟建民赴中国建筑材料集团有限公司
中国建筑材料科学研究总院调研

国务院国资委纪委书记强卫东赴浙江调研
国家电网公司所属企业

国务院国资委副主任姜志刚赴哈尔滨电气集团
公司调研

国务院国资委党委委员、副秘书长杜渊泉赴国资委冶金
机关服务中心下属康瑞普冶金设备公司调研

▲新型中远程地地导弹

▲新型岸舰导弹

▲陆基巡航导弹

▲中程地空导

中国航天科工集团公司

CHINA AEROSPACE SCIENCE & INDUSTRY CORP.

中国航天科工集团公司（简称“航天科工”）是中央直接管理的国有特大型高科技企业，前身为1956年10月成立的国防部第五研究院，先后经历了第七机械工业部（1981年第八机械工业部并入）、航天工业部、航空航天工业部、中国航天工业总公司、中国航天机电集团公司的历史沿革。现有5个研究院、2个科研生产基地，控股6家上市公司，共计580余户企事业单位，遍布全国各地。现有职工13万人，其中各类专业技术人员超过40%。在各类人才队伍中，先后培养两院院士15名，外聘12名院士为集团公司科技委高级顾问、顾问，并拥有一大批国家级知名专家和学者。拥有多个国家重点实验室、技术创新中心、成果孵化中心以及专业门类配套齐全的科研生产体系。

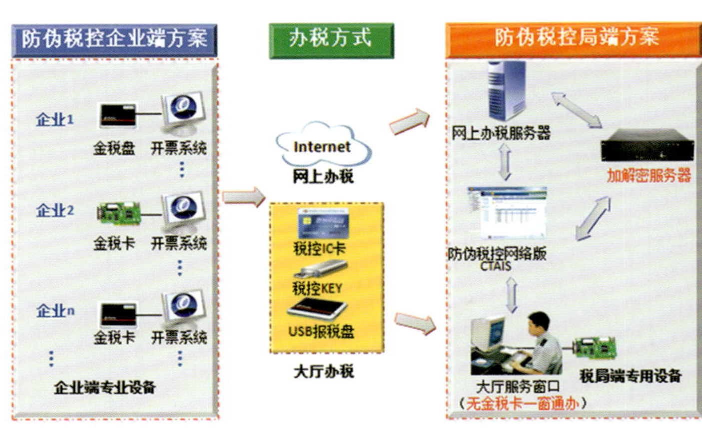

▲防伪税控系统整体方案

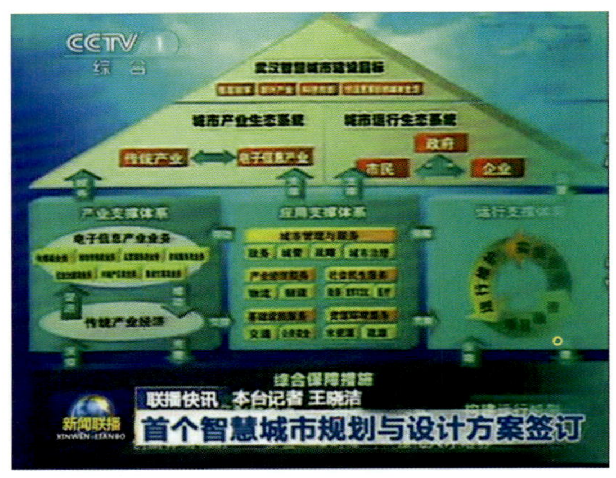

▲助力武汉打造中国第一智慧城市

▲岸舰导弹方队

▲新型野战防空导弹

▲中近程地地导弹

航天科工以“科技强军、航天报国”为企业使命，是我国国防科技工业的中坚力量。多年来，航天科工始终坚持“国家利益高于一切”的核心价值观，大力发展航天防务技术，建立了完整的防空导弹武器系统、飞航导弹武器系统、固体运载火箭及空间技术产品等技术开发与研制生产体系，所研制的国防产品涉及陆、海、空、天、电磁等各个领域，形成了“生产一代、研制一代、预研一代、探索一代”的协调发展格局。导弹武器装备研发水平国内领先，部分专业技术达到国际先进水平，先后为国家提供了几十种性能先进的导弹武器装备，并在载人航天、月球探测工程等国家多个重大项目建设中做出了突出贡献。在国庆60周年阅兵盛典上，航天科工共有11型导弹武器系统、5型装备底盘和4辆游行彩车接受了党和人民的检阅。

航天科工着眼于“大防务、大安全、大融合、大发展”理念，积极拓展非传统安全领域发展空间。创新传统导弹技术发展理念，成功开发“天网一号”低空慢速小目标探测与拦截系统、高空灭火装置等“民用导弹”。服务国家经济安全需要，打造“金税、金卡、金盾”三大系统，从“平安奥运”成功拓展到“平安城市”，并进一步向智慧城市纵深区域迈进。重型特种车、电力装备等重点项目市场份额不断扩大，不仅实现进口替代，部分装备还远销海外。在抗击南方冰冻雨雪灾害和四川汶川特大地震等自然灾害过程中，在我国成功举办北京奥运会、上海世博会等大型活动过程中，航天科工研发生产的安保科技系统、应急救援与保障装备等一系列军民结合高技术产品发挥了十分关键的作用。

航天科工保持了持续健康发展的良好态势，2012年实现营业收入1340亿元，同比增长19.7%，利润总额同比增长10.2%，主要经济指标连创新高。连续多年位于中央企业负责人经营业绩考核中A级行列，并且获得任期业绩考核A级和任期“业绩优秀企业”称号。作为国家级创新型企业，航天科工成立以来先后获得3项国家科学技术进步奖特等奖；连续两个任期获得国务院国资委业绩考核“科技创新特别奖”。

航天科工致力走中国特色的军民融合之路，统筹推进军民两业发展，突出航天防务、信息技术、装备制造“三大业务板块”，实施军民融合、创新驱动、人才强企、质量制胜“四大战略”，努力实现又好又快发展。今天，承载着50多年深厚文化积淀的航天科工正满怀信心，朝着建成“与我国国际地位相称、与国家安全和发展利益相适应”的国际一流航天防务公司的目标阔步迈进。

▲重型平板车

▲高空灭火装置

▲低空慢速小目标
探测与拦截系统

▲用于神舟飞船轨道舱
回收的回收一号雷达

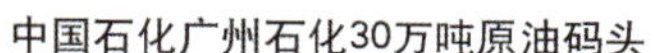
中国石化广州石化30万吨原油码头

中国石化首座全自助加油站——不断提升油品质量，设立绿色自助位

能源，集约发展，采用生态文明的发展模式是中国石化发展战略的首选。2005年以来，中国石化累计节约能源消耗1580万吨标准煤，减排二氧化碳3887万吨，相当于1100万辆经济型轿车停开1年的减排量。2007年以来，累计节水5.8亿立方米，COD排放量下降了28.9%，二氧化硫排放量下降46.1% 。

作为联合国全球契约LEAD成员和负责任的企业，中国石化始终致力于实现经济发展和环境保护之间的平衡，努力做环境责任的承担者和新型工业化道路的实践者，以及生态文明的建设者，坚持走科技含量高、资源消耗低、环境污染少的新型工业化道路。通过转变发展方式，不断提升品牌核心竞争力和可持续发展能力，支持了国家经济建设，持续带动广大相关产业发展，为百姓的“衣食住行”提供了能源保障和优质服务，品牌价值不断提升。

展望未来，中国石化将继续坚持走科技含量高、资源消耗低、环境污染少的新型工业化道路，在建设世界一流能源化工公司的征程中，加快转变发展方式，大力实施绿色低碳战略，坚持大型化、一体化、集约化、清洁化、低碳化的发展模式，促进产业结构优化升级；加快发展天然气、生物质等清洁能源，优化调整能源资源结构；加大环境保护力度，积极推进资源高效利用和循环利用；加大技术创新力度，为节能提效、绿色低碳发展提供技术保障；加强生态保护力度，实施从生产到消费的全过程清洁管理，为实现“青山、秀水、绿地、蓝天”作出积极贡献；我们将加强与社会各界在节能提效、绿色低碳发展领域的密切合作，实现企业与经济、社会、环境的和谐发展，与社会各界一起，携手共进，共建绿色低碳的美好家园。

中国石化，让明天更美好！

▼中国石化具备以自有技术建设千万吨级炼油厂及百万吨级乙烯装置的能力

战略目标：成为服务好、管理好、形象好的国际先进电网企业

中国南方电网公司成立于2002年底，负责投资、建设和经营管理覆盖广东、广西、云南、贵州、海南五省区的南方区域电网，供电面积100万平方公里，供电服务总人口约2.3亿。近年来，公司认真贯彻落实中央的决策部署，在国务院国资委的指导下，将社会责任纳入战略管理，融入日常运营，有章法、有步骤、系统地推进公司社会责任工作，形成了鲜明的南网特色，深受社会各界认可。

第1
广东、云南、贵州电网公司，
广州供电局、深圳供电局
在政府及第三方客户满意度调查中排名

4.38万户
农村无电户通电

87.6分钟
城市客户年平均停电时间5.20小时/户
与2010年相比，减少

149位
世界500强排名
与2010年相比，上升7位

2920万吨
与2010年相比，
带动上下游节能折合减排二氧化碳

尊敬的读者，您可登陆中国南方电网公司网站“社会责任”专栏了解更多详情（网址：www.csg.cn）

煤 电 路 港 航 化

信心 战略 变革 责任

神华神东上湾煤矿

神华国华宁海电厂

神宁集团标准化井下硐室

神华国华盘山电厂 1 号机组大修

神华朔黄铁路神池南站

神华天津煤炭码头

神华 501 货轮

神华包头煤化工生产指挥中心

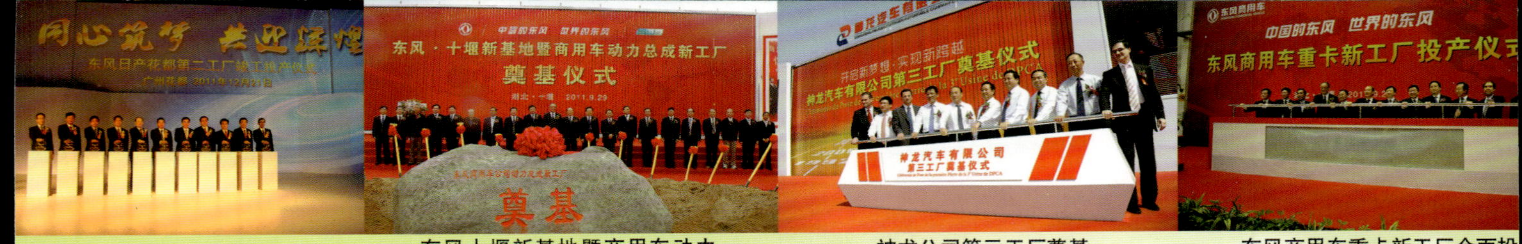

东风日产花都第二工厂竣工投产

东风十堰新基地暨商用车动力总成新工厂奠基

神龙公司第三工厂奠基

东风商用车重卡新工厂全面投

东风汽车公司

DFM DONGFENG MOTOR CORPORATION

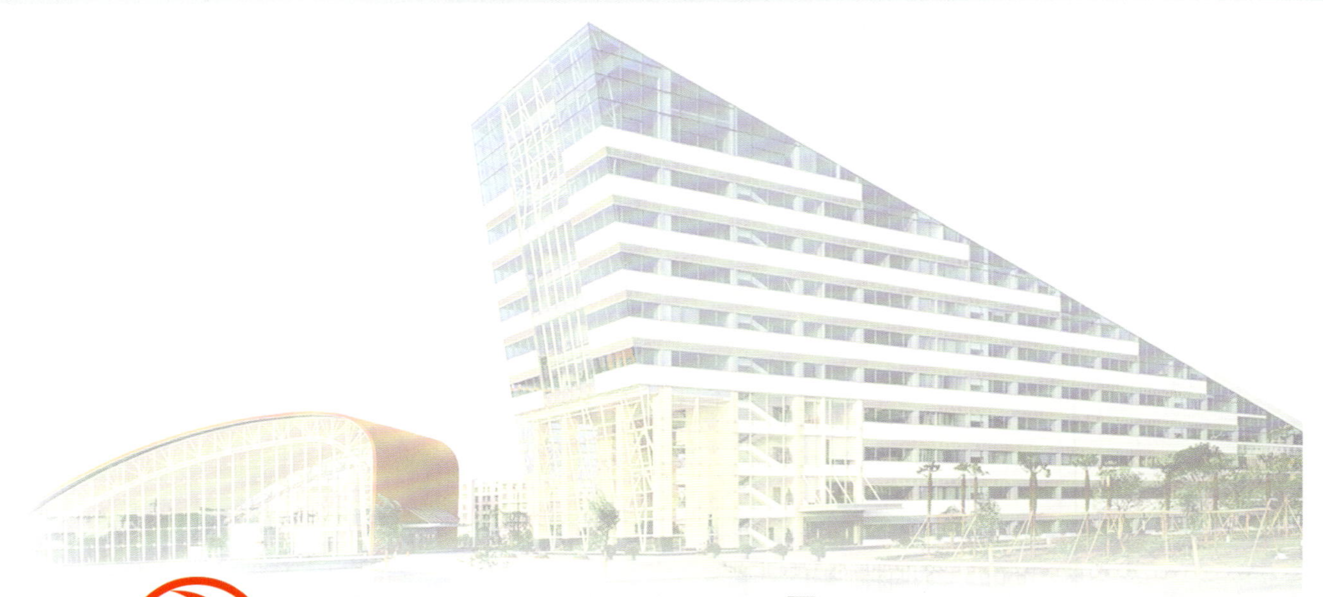

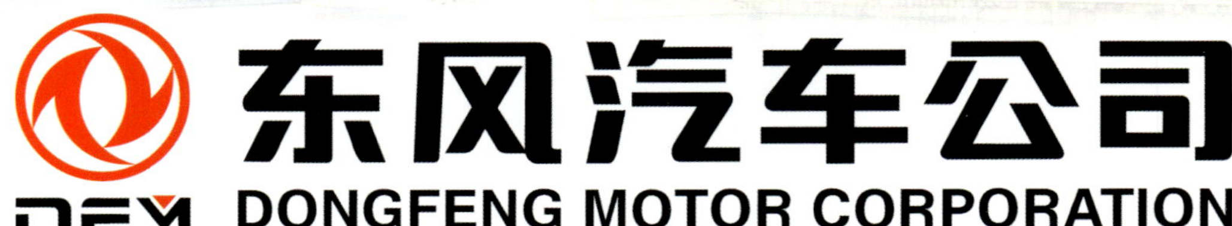

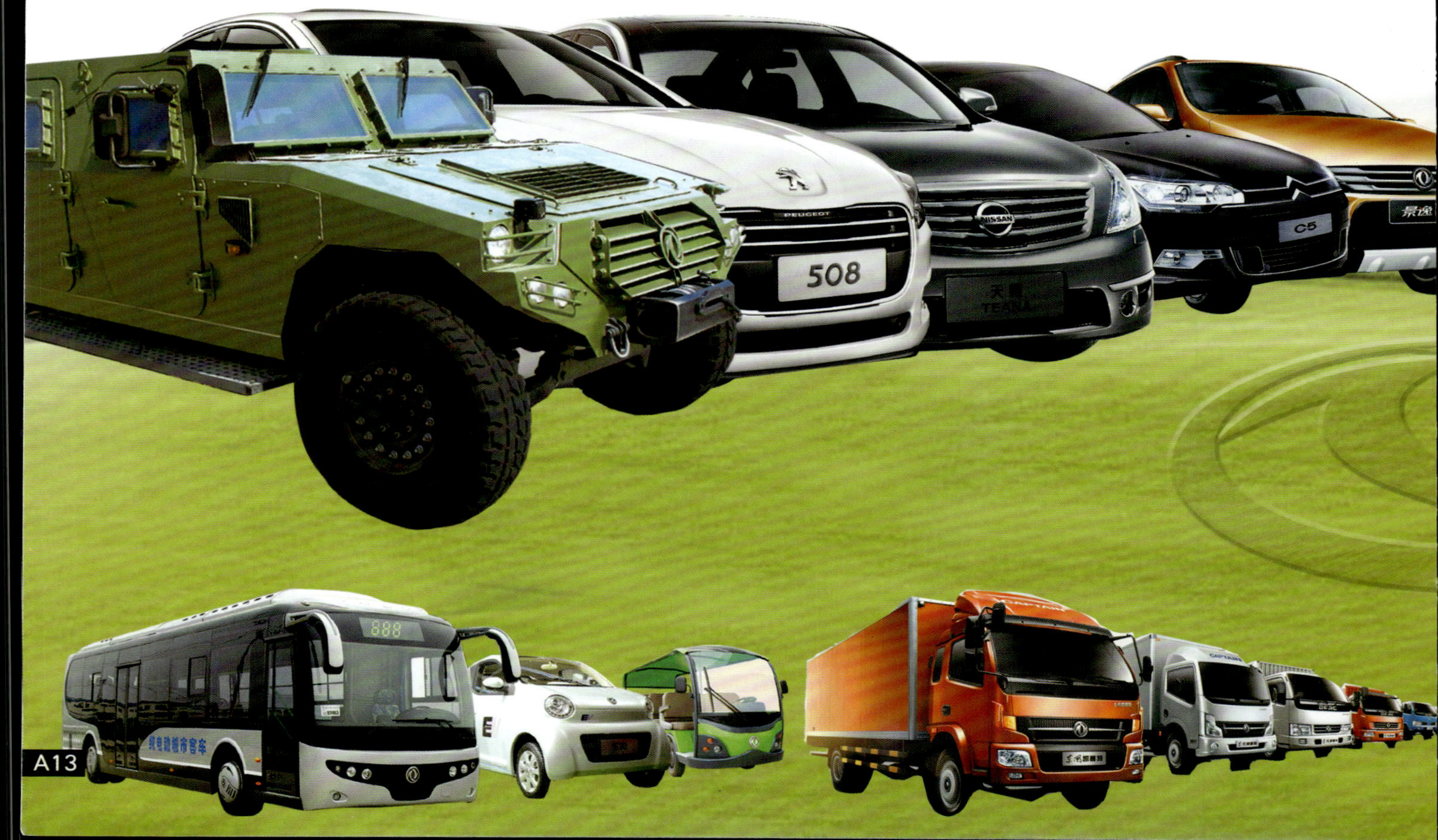

成立十五年来，国机集团以持续的技术和管理创新，推动资源的进一步优化和核心能力再造，加快“走出去”步伐，深入推进战略转型，已经从传统的管理型国有企业转变为具有较强竞争力的现代企业，成为中国机械工业规模最大、覆盖面最广、业务链最完善、研发能力最强的大型中央企业集团。

秉承“合力同行，创新共赢”的企业理念，致力于“和”文化建设，围绕装备制造业和现代制造服务业两大核心业务领域，国机集团努力打造具有国际竞争力的世界一流企业，成为中国机械工业的领跑者，人类文明进步的推动者。

网址：http://www.sinomach.com.cn 地址：北京市海淀区丹棱街3号 E-mail：office@sinomach.com.cn

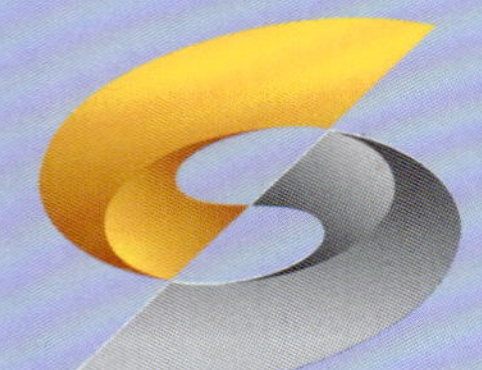

中国有色矿业集团有限公司

China Nonferrous Metal Mining (Group) Co., Ltd.

总经理 党委副书记 罗涛

党委书记 副总经理 张克利

中国有色矿业集团有限公司（简称中国有色集团，英文缩写CNMC）是国务院国有资产监督管理委员会直接管理的大型中央企业，主业是有色金属矿产资源开发、建筑工程、相关贸易及服务，是我国率先“走出去”和开展国际合作最活跃的有色金属工业企业，正在着力打造具有国际竞争力的世界一流矿业集团。

2011年10月21日，中共中央政治局常委、国务院总理温家宝在第八届中国—东盟博览会上高度评价中国有色集团的对外投资合作

2011年1月10日，中共中央政治局常委、国务院副总理李克强与英国副首相克莱格共同见证中色国际矿业股份有限公司与英国科瑞索资源公司签署合作协议

1 赞比亚总统迈克尔·萨塔阁下在总统府亲切接见中国有色集团总经理罗涛
2 控股的中国有色矿业有限公司在香港上市，成为第一只在港上市的非洲概念股票
3 在人民大会堂发布《2011年社会责任报告》
4 投资的赞比亚中国经济贸易合作区在人民大会堂举行成立5周年大会

中国电力建设集团有限公司

POWER CONSTRUCTION CORPORATION OF CHINA

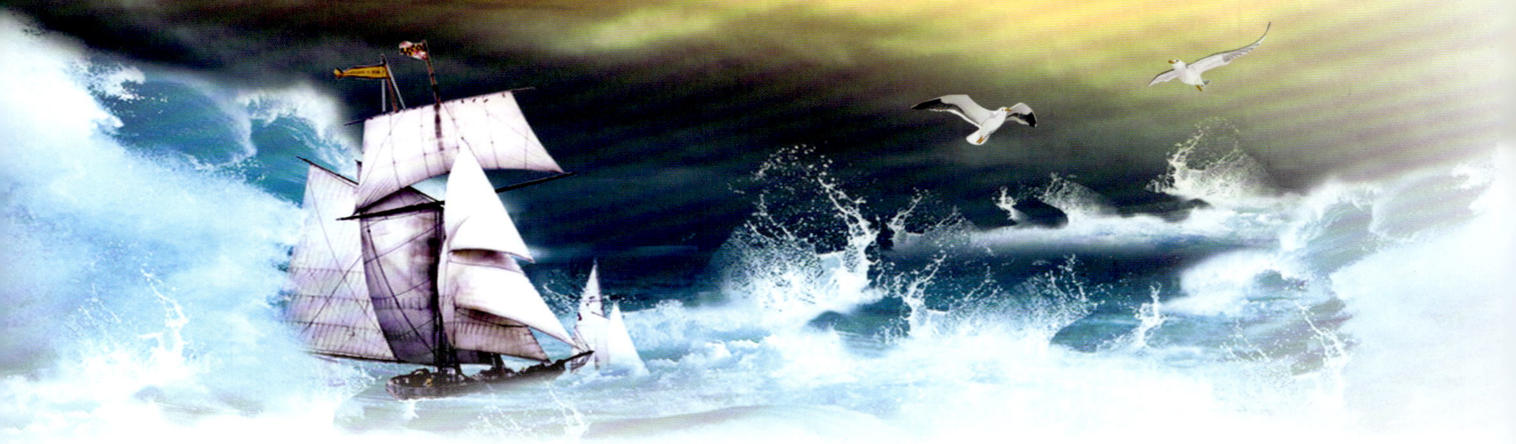

中国电力建设集团有限公司（简称：中国电建）是经国务院批准的，在中国水利水电建设集团公司、中国水电工程顾问集团公司和国家电网公司、中国南方电网有限责任公司所属的14个省（市、区）电力勘测设计、施工、修造企业基础上组建的特大型综合电力建设集团，也是我国唯一提供水利电力工程及基础设施规划、勘测设计、咨询监理、建设管理、投资运营为一体的综合性建设集团。

主要从事：境内外水利电力工程和基础设施项目的工程总承包与规划、勘测设计、施工安装、科技研发、建设管理、咨询监理、设备制造和投资运营、生产销售、进出口；房地产开发与经营；实业投资、经营管理；物流；国际资本运作与境外项目投融资；对外派遣劳务人员和对外承包工程。受委托负责国家水电、风电、太阳能等清洁能源和新能源的产业规划、政策研究、标准制定、项目审查等。

截至2011年末，资产2434.11亿元，年营业收入1828.8亿元，实现利润59亿元。业务遍及全球70余个国家和地区。在2012年财富世界500强排名390位，在全球225家国际工程承包商中列15位之前，最大全球设计企业排名19位之前。

2011年9月中国电建成立后，积极实施“大集团、大市场、大品牌”战略，努力成为清洁可再生能源和水利工程建设行业国际领先，提供集成式、全产业链、综合性基础设施建设服务，拥有核心技术和国际知名品牌，具有较强国际竞争力的质量效益型世界一流综合性建设集团。

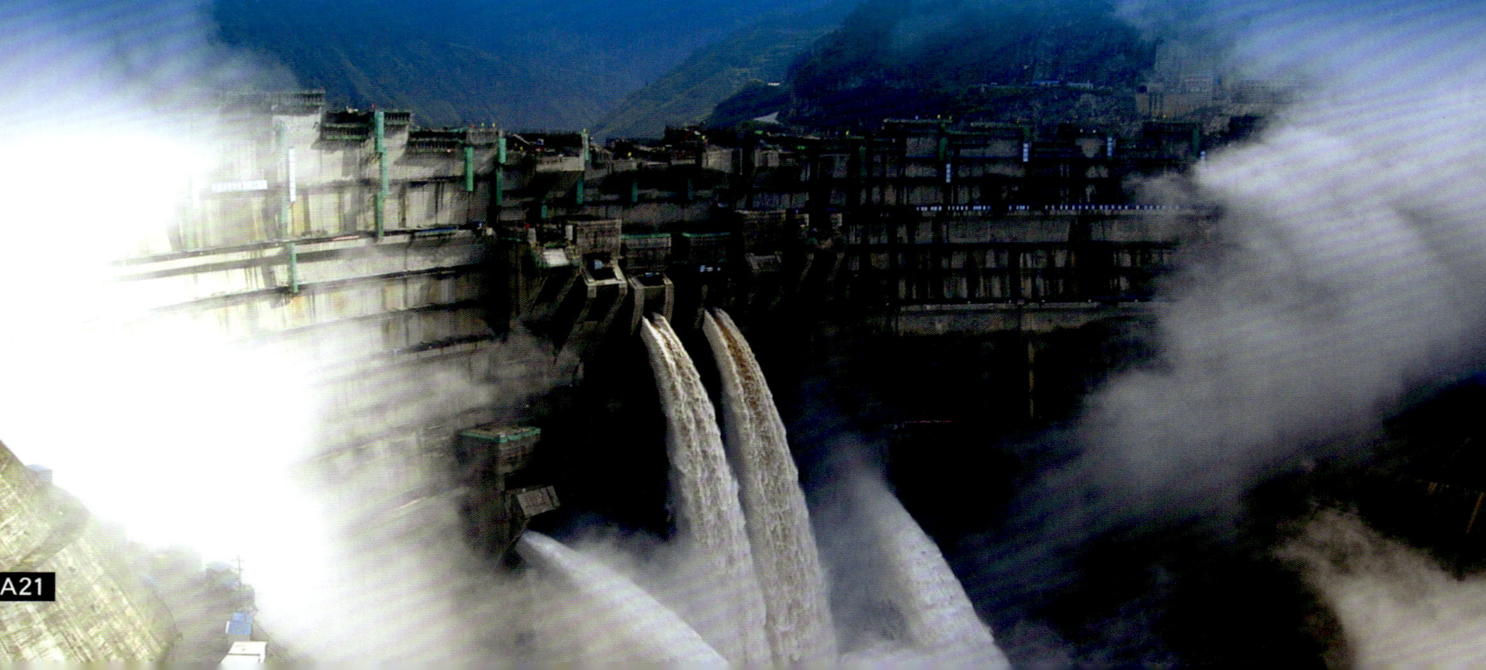

中国电建设计施工的溪洛渡水电站大坝施工场景

中国电建承建的苏丹麦洛维水电站

中国电建承建了京沪高速铁路工程3标段

中国电建承建的山东华电邹县发电厂

《中国国有资产监督管理年鉴》编委会

编委会主任

王　勇　国务院国有资产监督管理委员会　主任、党委书记

编委会副主任

黄淑和　国务院国有资产监督管理委员会　副主任、党委副书记

黄丹华　国务院国有资产监督管理委员会　副主任、党委委员

孟建民　国务院国有资产监督管理委员会　副主任、党委委员

姜志刚　国务院国有资产监督管理委员会　副主任、党委委员

邵　宁　国务院国有资产监督管理委员会　副主任、党委副书记

金　阳　国务院国有资产监督管理委员会　副主任、党委委员

强卫东　国务院国有资产监督管理委员会　纪委书记、党委委员

杜渊泉　国务院国有资产监督管理委员会　党委委员、副秘书长兼机关服务管理局（离退休干部管理局）党委书记

主　编

王选文　国务院国有资产监督管理委员会办公厅（党委办公室）　主任

副主编

张桂萍　国务院国有资产监督管理委员会办公厅（党委办公室）　副主任

黄允成　中国经济出版社　社长

夏德林　中国经济出版社　党委书记、副社长

编委会委员(一)

（委机关厅局）

编委会委员(二)

（地方国资委）

编委会委员(三)

(中央企业)

包克辛　中国储备粮管理总公司　总经理、党组书记
王炳华　国家核电技术有限公司　董事长
谷　深　中国华孚贸易发展集团公司　总经理
洪水坤　中国诚通控股集团有限公司　总裁
王　安　中国中煤能源集团公司　总经理
李亚平　机械科学研究总院　副院长
贾宝军　中国中钢集团公司　总裁
任建新　中国化工集团公司　总经理
陈鄂生　中国轻工集团公司　董事长
宋志平　中国建筑材料集团公司　董事长、党委书记
蒋开喜　北京矿冶研究总院　院长
王旭东　中国国际技术智力合作公司总经理、党委书记
王　俊　中国建筑科学研究院　院长
姚桂清　中国铁路工程总公司　副董事长、党委副书记、工会主席
孟凤朝　中国铁道建筑总公司　董事长、总经理、常委副书记
黄志勤　电信科学技术研究院　副总裁
赵博雅　中国中纺集团公司　董事长、党委书记
张樟德　中国林业集团公司　总经理、党委书记
徐林立　中国医药集团总公司　党委副书记、纪委书记
张东泉　珠海振戎公司　总经理
修　龙　中国建筑设计研究院　院长
徐水师　中国煤炭地质总局　局长、党委书记
王　玮　中国民航信息集团公司　副总经理
孙　立　中国航空油料集团公司　董事长、党委书记
孙　博　中国航空器材集团公司　副总经理
范集湘　中国电力建设集团有限公司　董事长、党委副书记
杨继学　中国能源建设集团有限公司　董事长、党委常委、战略咨询委员会主任
孙兆学　中国黄金集团公司　总经理、党委书记
姚明烨　中国储备棉管理总公司　总经理、党委书记
张善明　中国广东核电集团有限公司总经理、党组成员
陶　魁　彩虹集团公司　党委书记
童国华　武汉邮电科学研究院　院长
郑　凡　华侨城集团公司　党委书记、副总经理
张雅林　中国西电集团公司　总经理
宋玉芳　中国铁路物资总公司　董事长、执行董事

《中国国有资产监督管理年鉴》

工作站站长(一)

（地方国资委）

贺　昂　北京市国有资产监督管理委员会　研究室主任
张旭东　天津市国有资产监督管理委员会　办公室主任
周革非　河北省国有资产监督管理委员会　综合处处长
张宏永　山西省国有资产监督管理委员会　党委委员、副主任兼办公室主任
张恩惠　内蒙古自治区国有资产监督管理委员会　办公室主任
宋旭涤　辽宁省国有资产监督管理委员会　办公室副主任
张世忠　大连市国有资产监督管理委员会　改革处处长
姜海涛　吉林省国有资产监督管理委员会　办公室主任
陈　天　黑龙江省国有资产监督管理委员会　政策法规处处长
顾水弟　上海市国有资产监督管理委员会　办公室主任
王玉峰　江苏省国有资产监督管理委员会　办公室副主任
何平平　浙江省国有资产监督管理委员会　办公室主任
庞文轶　宁波市国有资产监督管理委员会　办公室主任
张瑞廷　安徽省国有资产监督管理委员会　办公室主任
邓中威　福建省国有资产监督管理委员会　办公室副主任
欧昌山　厦门市国有资产监督管理委员会　办公室主任

张思益　江西省国有资产监督管理委员会　办公室主任
王绪超　山东省国有资产监督管理委员会　办公室主任
李维庄　青岛市国有资产监督管理委员会　办公室副主任
严俊杰　河南省国有资产监督管理委员会　综合处处长
夏玉泉　湖北省国有资产监督管理委员会　办公室主任
谢　军　湖南省国有资产监督管理委员会　办公室主任
洪立鸿　广东省国有资产监督管理委员会　办公室调研员
王培先　深圳市国有资产监督管理委员会　调研员
李庆生　广西壮族自治区国有资产监督管理委员会　综合管理处处长
范明俊　海南省国有资产监督管理委员会　办公室主任
莫　凯　重庆市国有资产监督管理委员会　办公室副主任
魏红霞　四川省国有资产监督管理委员会　办公室主任
张学辉　成都市国有资产监督管理委员会　办公室主任
王　焱　贵州省国有资产监督管理委员会　办公室主任
李思勇　云南省国有资产监督管理委员会　办公室主任
张申良　西藏自治区国有资产监督管理委员会　办公室主任
韩绍安　陕西省国有资产监督管理委员会　办公室副主任
张福林　甘肃省国有资产监督管理委员会　政策法规处处长
贠红卫　青海省国有资产监督管理委员会　综合处副处长
曹学云　宁夏回族自治区国有资产监督管理委员会　办公室主任
邵　刚　新疆维吾尔自治区国有资产监督管理委员会　综合处副处长
杨文奎　新疆生产建设兵团国有资产监督管理委员会　副巡视员、办公室主任

工作站站长(二)

（中央企业）

李朝晖　中国核工业集团公司　办公厅副主任兼档案馆馆长
路明辉　中国航天科技集团公司　办公厅副主任
李承云　中国航天科工集团公司　办公厅副主任
姚　平　中国航天工业集团公司　政研室主任
陈友邦　中国兵器装备集团公司　副巡视员
张　波　中国石油化工集团公司　思想政治工作部宣传文化处处长
陈剑锋　中国大唐集团公司　政策研究室处长
张立先　中国长江三峡集团公司　总编
王少玉　神华集团有限责任公司　办公厅副主任
刘　军　中国电信集团公司　综合调研室主任
葛　欣　中国移动通信集团公司　综合部副总经理、新闻中心主任
谢庆林　中国电子信息产业集团有限公司　综合研究室副主任
刘清勇　哈尔滨电气集团公司　总经办主任
张林超　中国东方电气集团公司　办公厅主任、董事会秘书
张文良　宝钢集团有限公司　史志办主任
佟成权　中国海运(集团)总公司　秘书处处长
张兰海　中国东方航空集团公司　办公厅主任
张兴华　中国中化集团公司　办公厅副主任
何京林　中国五矿集团公司　新闻部经理
魏　强　中国储备粮管理总公司　综合部研究室主任
刘洋河　国家开发投资公司　办公厅副主任
李亚东　招商局集团有限公司　办公室副主任
左新同　国家核电技术有限公司　公共关系主管
张新苗　中国商用飞机有限责任公司　办公厅副主任

周鑫平　中国华孚贸易发展集团公司　总经理助理
竺小政　中国诚通控股集团有限公司　总裁办主任
魏　锋　中国机械工业集团有限公司　党委工作部部长
蔡万华　机械科学研究总院　院务工作部部长
张青虎　中国冶金科工集团有限公司　企业文化部企文处处长
曹爱军　中国钢研科技集团公司　企管部副主任
张继武　中国建筑材料集团公司　办公室主任
刘　景　中国有色矿业集团有限公司　办公厅副主任
刘　营　北京有色金属研究总院　院务部主任
何新皓　中国国际技术智力合作公司　总经理办公室主任
常玉伟　中国铁路工程总公司　办公厅副主任
戴开扬　中国铁道建筑总公司　办公厅主任
姚彦敏　中国交通建设集团有限公司　党办主任
马宏伟　电信科学技术研究院　综合管理部总经理
蔡文祥　中国中纺集团公司　总经理办公室主任
张金贵　中国林业集团公司　总经办副主任
杨逢奇　中国医药集团总公司　办公室主任
胡志敏　中国国旅集团有限公司　首席信息官总裁办主任
赵　旭　中国建筑设计研究院　办公室主任
宋春利　新兴际华集团有限公司　办公室主任
李向明　中国民航信息集团公司　办公室副主任
曲京荣　中国航空器材集团公司　办公室主任
孙德安　中国电力建设集团有限公司　办公室副主任
王增勇　中国能源建设集团有限公司　办公厅(董事会办公室)主任
李春海　中国黄金集团公司　办公室主任
刘开新　中国广东核电集团有限公司　总经理助理、办公厅主任
杨仲联　彩虹集团公司　办公室主任
王闽晋　武汉邮电科学研究院　办公室高级主管
谢　黎　中国西电集团公司　办公室副主任
王贵青　中国西电集团公司　办公室副处级秘书

《中国国有资产监督管理年鉴》撰稿人

（按姓氏笔画排序）

于之伦　于天荣　于运强　于雪娟　卫　戍　干志平　马　存　马　波　马立军
马国智　马晓晴　方启权　王　英　王　聪　王　曦　王光睿　王吉祥　王成海
王欢喜　王丽萍　王志平　王志明　王学军　王显东　王闽晋　王晓灿　王新波
王蓓怡　王鑑明　邓　朝　付　强　冯　玲　冯　赫　冯修青　史文缨　叶兴旺
白中辉　乔仁贵　刘　云　刘　坤　刘　明　刘　俊　刘　晋　刘　莹　刘　鹏
刘　薇　刘永华　刘国强　刘忠兵　刘银海　刘喜增　刘瑞生　刘聪斌　刘耀青
吕晓华　孙　静　安　竞　安华云　朱　锋　朱虹波　朱晓娴　朱雪松　江　霈
米英心　邢　华　阮仕俊　何　倩　吴　迪　吴大鹏　吴玉祥　吴诗旸　吴新明
吴慧敏　宋　洋　宋　倩　张　帅　张　凯　张　玲　张　猛　张　智　张　辉
张　静　张义豪　张卫峰　张文良　张世忠　张佳音　张玥晗　张金贵　张祖京
张宾栋　张培德　李　红　李　昕　李　炳　李　鹏　李卫强　李会展　李光林
李成东　李成扬　李志超　李国栋　李国雄　李岩杰　李峙澎　李宥然　李晶晶
李腾飞　李霞林　杜　宇　杜　克　杜晓辉　杨宇轩　杨启燕　杨剑非　沈希凡
沈艳艳　肖　泉　苏云成　邸　强　陈　强　陈　默　陈广宇　陈国仙　陈国栋
陈建强　陈荟棂　陈晓杰　周　良　周秀梅　周俊霞　周继弟　孟华强　庞振新

房　虹　林　虎　林庆苗　欧旭军　武　志　范翠梅　郎晓黎　金　哲　俞　焱
胡　博　胡亚荔　胡杨军　胡婉晶　赵　林　赵　茜　赵　艳　赵　楠　赵利根
赵国兴　赵建明　赵树权　钟振华　唐青阳　唐艳静　夏玉泉　徐　锐　徐晓春
涂　非　袁　翔　袁洪泉　贾　雯　贾仲德　郭　秀　陶　健　高云飞　高红燕
崔立永　曹　妍　曹　凯　曹金亮　梁元卿　梁荣勃　梅　萌　隋豫军　黄　旭
龚　政　彭卫东　景小川　曾宪报　温立省　程　欣　程春艳　蒋　琦　蒋晓琳
覃　哲　谢　伟　谢孝宏　韩丽群　楼明慧　蒲玉波　詹婵娟　廖　燕　蔡大为
蔡正孙　谭　帅　谭丰华　谭风华　薛　晔　魏　铭　魏　强

目　录

第五篇　国有资产统计资料

第六篇 国有资产监督管理政策法规选编

第七篇　国有企业履行社会责任和党的建设成果概览

第八篇　附　　录

Contents

Chapter Ⅲ. General Situation of the Supervision and Administration of State-owned Assets in Provinces, Autonomous Regions, Municipalities and cities

Chapter Ⅴ. Statistic Data of State-owned Assets

Chapter Ⅵ. Selected Policies and Regulations on Supervision and Administration of State-owned Assets

Chapter Ⅶ. Party Building of SOEs

Chapter Ⅷ. Appendix

2012

CHINA' S STATE-OWNED ASSETS SUPERVISION AND ADMINISTRATION YEARBOOK

中国国有资产监督管理年鉴

重要经济文献

第一篇

全面推进做强做优 着力提升发展质量 为国民经济平稳较快发展作出积极贡献

国务院国资委主任、党委书记王勇
在中央企业负责人会议上的讲话
(2011年12月19日)

这次会议的主要任务是，全面贯彻落实党的十七大和十七届历次全会精神，贯彻落实中央经济工作会议精神，总结2011年工作，分析形势，研究部署2012年工作。国务院领导同志对这次会议十分重视，张德江副总理百忙中亲临会议并作重要讲话，使我们深受鼓舞，倍感亲切。我们要认真学习，深刻领会，抓好落实。下面，我代表国资委讲三点意见。

一、2011年中央企业改革发展主要工作完成情况

2011年是"十二五"时期开局之年。在党中央、国务院的正确领导下，我国经济继续朝着宏观调控预期方向发展，呈现增长较快、价格趋稳、效益较好、民生改善的良好态势。中央企业认真贯彻落实党中央、国务院各项决策部署，积极应对错综复杂的国内外经济形势，克服重重困难，全力推进发展方式转变，深化企业改革，调整布局结构，强化管理创新，生产经营保持平稳运行，各项工作取得了新的成效，为经济社会发展作出了积极贡献。

(一)克服复杂经济形势带来的困难和挑战，生产经营继续保持平稳较快增长

1—11月，中央企业生产经营总体上保持平稳较快增长，主要经济指标创历史新高。累计实现营业收入18.4万亿元，同比增长22.6%；其中实现营业收入同比增长的企业有112家，占94.9%；同比增幅超过30%的有36家。累计实现净利润8317.9亿元，同比增长3.6%；其中实现净利润同比增长的企业有82家，占69.5%；净利润超过100亿元的有16家。截至11月底，中央企业资产总额达到27.8万亿元，同比增长16.5%；净资产10.5万亿元，同比增长12.8%。

这些成绩，是中央企业面对国际国内十分复杂的经济形势，采取积极有效的应对措施，克服各种困难和挑战取得的。2011年以来，国内外经济环境出现很多新情况新变化，全球经济增速放缓，市场需求下跌，成本刚性上升，通胀压力加大，金融市场震荡，信贷政策持续收紧，这些均对中央企业的生产经营带来十分不利的影响。不少企业面临资金紧缺、成本上升、订单下降、应收账款和存货增加的困难；煤电价格联动机制执行不到位、成品油和天然气价格倒挂，导致火电业务、炼油和天然气进口业务大幅亏损；铁路、汽车、水运、钢铁、机械等行业市场需求下滑，使相关企业面临更大的市场压力。面对严峻形势，中央企业保持清醒头脑，抢抓市场机遇，大力降本增效，提高资金使用效率，加强风险管控，做了大量扎实有效的工作。

一是大力开拓国内外市场，千方百计保增长。面对日益激烈的市场竞争，中央企业及时调整营销策略，优化产品结构，完善供销网络，拓展市场份额，取得积极成效。中国电科利用自身优势积极开拓新业务，承担了目前国内规模最大的城市应急防控联动系统"平安重庆"数字化建设工程，签约合同金额已超过80亿元。中粮集团积极完善国内市场布局，基本建成覆盖全国的粮油食品供销网络，保持了规模和经济效益的同步增长。中国黄金拓宽经营领域，完善营销网络，强化品牌推广，投资类产品市场占有率快速提升到34%。一汽集团、东风公司等企业面对汽车市场增速下滑，及时调整产品结构，努力做强做优自主品牌，保持了产销增长。武钢紧贴市场调结构，硅钢高端市场份额大幅提高。港中旅集团成立旅游发展营销委，全面强化市场开拓和资源配置能力。南光集团积极拓展业务领域，成功举办了首届中国(澳门)国际汽车暨游艇博览会。武汉邮科院凭借自主知识产权的光传输、接入产品，成功进入国际高端市场。

二是强化降本增效，向管理要效益。面对成本上

升的压力，中央企业采取一系列扎实有效措施，努力降低成本，增加效益。新兴际华集团全面推行“模拟法人运行机制”和“产供销运用快速联动机制”，降低成本2.3个百分点。上海贝尔严格控制和优化各项成本，主要产品毛利率提高2个百分点。中国航油通过优化资源配置和物流配送、压缩可控费用、加强资金集中管控等措施，降低成本费用近3亿元。中铝公司强化基础管理，实施运营转型，各项消耗指标大幅降低。航天科工对所属单位逐户测算应收账款、存货及亏损企业亏损额，并提出明确控制目标。中船重工采取切实措施减少存货占用，加速应收账款回收。中船集团对相同船型“晒成本”，采用“倒逼法”促进成本下降。中国华电深入开展每日经济利润分析，对电量、煤价、煤耗等主要指标进行分析对标。国家电网建立“三集五大”管理体系，资金归集率保持在99％以上，集中采购比例超过90％。中国石化、中化集团、宝钢等企业抓住境外资金流动性充足、利率处于历史低位的机遇，加大境外融资力度，有效降低了财务成本。

三是加强风险管控，保障企业稳定运行。中央企业紧盯市场变化，普遍加强投资管理，及时调整投资结构，适度压缩投资规模，严格控制投资风险。前三季度，中央企业固定资产投资同比增长8.2％，比全社会固定资产投资增速低16.7个百分点。中国国电优化投资结构，优先向新能源、优质煤炭开发等项目倾斜。中国水电集团、中冶集团等企业根据实际情况停止了部分计划投资项目。不少中央企业通过推进全面预算管理，优化资源配置，提高运行质量，有效降低了经营风险。中国电子董事会将全面预算定位为年度经济工作的顶层设计，发挥引领全局的作用。一些中央企业切实加强境外资产管理，有效降低了境外投资风险。中国五矿对境外企业贸易融资实行统一授信，集中管理境外自有资金和中长期融资，严格控制和管理境外企业期货等高风险业务。中央企业高度重视法律风险防范，全部建立了总法律顾问制度和法制工作机构，企业重大法律纠纷案件呈明显减少态势。中央企业普遍加强了安全稳定工作，落实责任制，强化措施，安全生产和稳定工作总体形势良好。

中央企业在全力保持生产经营持续稳定发展的同时，积极履行社会责任，为经济社会发展作出了积极贡献。一是为国家财政作出了积极贡献。国资委成立到2010年底，中央企业累计上交税金6.49万亿元，2011年1—11月上交税金1.52万亿元，同比增长24.8％，高于营业收入增速2.2个百分点，高于净利润增速21.2个百分点。二是落实国家宏观调控政策，全力保障市场供应。石油石化企业克服炼油业务亏损和进口天然气价格倒挂带来的经营压力，统筹协调产运销储，全力保障油气供应。发电企业火电板块承受增产增亏的压力，加强生产组织，确保供电供热稳定。电网企业加强科学调度，组织电力支援缺电地区，对缓解供电紧张发挥了重要作用。涉及粮、棉、油、肉、糖、盐等产品的中央企业努力保障市场供应，维护重要民生产品价格稳定。三是全力支持民生工程建设。电网电信企业全力投入“村村通”工程，农资企业加强“三农”服务，为新农村建设作出积极贡献。房地产企业充分发挥在规划、勘察、设计和施工等方面的雄厚实力，积极参与保障性住房的投资和建设。四是积极参与定点扶贫和援疆援藏工作。93家中央企业定点帮扶189个国家扶贫工作重点县，占国家扶贫开发工作重点县全部数量的31.9％。44家中央企业在新疆、40家中央企业在西藏开展了各类援助帮扶工作。被誉为“电力天路”的青藏交直流联网输电工程建成，从根本上解决了西藏缺电问题。中央企业承担的玉树灾后重建任务取得积极进展，为促进民族团结、社会和谐作出积极贡献。五是在承担急难险重任务中发挥骨干作用。在2011年初利比亚撤离中，相关中央企业出动飞机76架次，轮船6艘，共撤出员工25481人，协助使馆撤离其他中资企业员工、留学生及外籍员工等近8000人，圆满完成了撤离任务。电网、电力、电信企业在保障广州亚运会、深圳大运会中发挥了重要作用。六是中央企业服务国家区域发展重大战略，加强与地方经济的对接合作，为推动区域经济发展作出积极贡献。

（二）认真落实“一五三”总体思路，在一些重点领域取得新的进展

2011年是实施中央企业“十二五”发展规划纲要的第一年，我们相继制定发布了一大目标顶层设计和五大战略实施纲要。中央企业紧紧围绕“做强做优、世界一流”的核心目标，深入研究所在行业的特点和发展规律，紧密结合自身发展实际，与国际先进企业对标找差距，提出“十二五”战略规划与目标，细化实施措施，扎实推进转型升级、科技创新、国际化经营、人才强企、和谐发展五大战略，改革发展各项工作取得新的进展。

深化改革取得新进展。一是公司制股份制改革持续推进。中国水电集团实现主营业务整体上市，6家中央企业控股公司在境内外资本市场首次公开发行股票并上市。中国铁物、中国五矿和一汽集团完成整体改制。二是建设规范董事会试点工作取得重要进展，三家石油、两家电信、两家水运和一家军工企业进入试点，试点企业扩大到42家。三是企业三项制度改革深入推进。继续开展中央企业高级经营管理者公开招聘工作，一汽集团、中国电信和中国商飞的总经理实行竞争性选拔。中核集团总部拿出48个职位面向全社会公开招聘，中国华能在系统内公开招聘25名中层管理人员，中国联通运用竞争上岗方式选拔30名中层管理岗位后备人选，竞争性选人用人机制进一步完善。航天科技、有研总院、航天科工、中航工业和国机集团积极探索和推进分红权激励试点，取得实质性进展。四是电网主辅分离改革取得突破性进展，两家综合性电力建设集团公司正式挂牌。五是解决历史遗留问题取得重大进展。在党中央、国务院的高度重视和有关部门、地方党委政府的协同努力下，一些历史遗留问题的解决得到稳步推进。一汽集团等5家中央企业积极推进厂办大集体改革试点，共涉及厂办大集体632户，安置职工8.9万人。中国北车16家医院完成分离移交工作，2200多名在职职工得到妥善安置。在黑龙江省政府的大力支持下，中央企业所属驻黑龙江省企业供水、供电、供热和物业管理分离移交试点工作顺利开展。

调整结构取得新进展。一是中央企业战略重组持续推进。乐凯集团并入航天科技，中商集团并入诚通集团，华星集团划入中国国新管理。中煤集团与中电投集团、大唐集团等企业相互参股推进煤电联营。中国华能以产业价值链、资本和科研开发为纽带，与上下游中央企业开展深度合作。中国移动全部退出宾馆酒店业务，所属四星级优质酒店平稳划转港中旅集团。二是产业升级步伐加快。华润集团、国药集团、中国建材等企业发挥行业排头兵引领作用，推动联合重组，淘汰落后产能，引领行业转型升级。华侨城集团通过并购重组构建数字娱乐技术平台，完善旅游文化产业链。华录集团依托蓝光高清核心技术，加快向以信息产业为基础的新型文化产业转型。中国联通面向中小企业开展信息化应用巡展，为传统产业升级和发展现代服务业提供服务。三是在发展战略性新兴产业中发挥积极作用。国家电网特高压交流输变电工程建成投运，推动我国特高压和智能电网建设走在国际前列。招商局集团推进蛇口工业区向互联网、电子商务和物联网等战略性新兴产业基地转型升级。四是内部资源整合和组织架构调整加快推进。兵器工业集团把130多户所属单位调整重组为31个专业化子集团和11个直管单位。国投大力收缩投资项目和非主业对外投资，全年完成销号项目63个，集中资金支持关键行业发展，产业布局进一步优化。国机集团推动农业机械、工程机械和汽车等业务整合，内部资源配置进一步优化。

科技创新取得新进展。天宫一号和神州八号实现空间交会对接，航母平台成功海试，“蛟龙号”载人深潜器下潜实现5000米突破，中央军工企业不负众望，在推动国防现代化建设中作出了突出贡献。中国海油建成“海洋石油981”3000米深水钻井平台，我国深水油气资源勘探开发能力和大型海洋装备建造水平跨入世界先进行列。TD-LTE国际商用服务正式启动，在信息通信领域实现了“中国主导技术”的突破。国家核电在引进消化吸收的基础上，完成了国产AP1000三代核电机组的标准设计，为确保三代核电批量化建设奠定了基础。中国电科重构技术创新体系，将企业标准上升为国家标准，主导制订的《科学技术研究项目评价通则》受到国务院领导的高度评价和肯定。中央科技企业以国家项目为龙头，积极构建产学研结合的自主创新体系，创新科研管理体制机制，贴近市场开展科研工作，在许多科研领域取得了重要突破。2011年初召开的国家科学技术奖励大会上，共有53家中央企业得到72项获奖项目（不含军工），其中唯一一项国家科学技术进步特等奖被中央企业获得。中央企业普遍加大研发投入，中国普天将技术投入比率指标纳入对所属企业的考核，中航工业、恒天集团等企业建立了科技创新基金。神华集团牵头25家企业、高校和研究机构成立产业技术创新战略联盟，推进煤炭开发技术创新。中央企业拥有专利的数量进一步提升，截至2010年底，累计拥有专利10.74万件，其中发明专利3万件。

国际化经营取得新进展。初步统计，1—11月中央企业在境外(含港澳地区)营业收入3.4万亿元，实现利润总额1280亿元，同比分别增长30.7%和28%；中央企业海外原油权益产量6604.3万吨，天然气权益产量176.3亿立方米，海外工程新签合同额2797.5亿元，同比分别增长16.9%、19.8%和9.7%。中航工业成功收购全球第二大通用飞机制造商西锐公司，中国化工成功收购全球第六大农药企业，融入世界产业链的步伐进一步加快。不少中央企业依托技术优势，不断深化国际化经营。中材集团凭借完整的水泥工程产业链和系统集成服务能力，占据40%国际市场份额。中国建筑合同额19亿美元的美国巴哈马大型海岛度假村项目正式开工，开创了中国建筑企业在北美融投资带动总承包的先河。中央企业注重联合"走出去"，遵循市场规则，发挥整体竞争优势。航天科技、中国电信发挥各自优势，合作向刚果提供通信卫星制造、发射、运营及管理服务。中铝公司、宝钢、中国铁建、中交集团等企业组成联合体，开发几内亚西芒杜铁矿项目。矿冶总院与中国有色集团等企业协同合作，发挥了"走出去"开发海外资源的央企合力。中国三峡集团整合全产业链，联合上下游企业积极开拓海外业务。中国石油加快发展海外油气合作区，如期建成海外大庆。中国联通与242个国家和地区521家运营商开通国际漫游业务，国际化程度得到提升。中广核集团以控股的香港上市公司为平台，收购境外企业，铀资源开发取得新进展。在实施"走出去"战略过程中，中央企业积极履行社会责任，得到了所在国社会各界的赞扬和认可。中国五矿在澳大利亚发布可持续发展(澳洲)报告，加强了与利益相关方的沟通。中国有色集团在赞比亚组织实施光明行活动，使100多位贫困的白内障患者重见光明。

推进节能减排取得新进展。中央企业坚持资源节约型和环境友好型发展，加大节能环保投入，积极探索低投入、低消耗、低排放和高产出的发展道路。许多企业结合自身优势业务，加强技术改造，优化生产流程，强化过程管理，实现绿色发展。东方电气集团、哈电集团从设计开始就注重产品的节能降耗，超临界、超超临界火电机组产量已超过传统的亚临界机组产量，对火力发电企业降低煤耗起到决定性作用。鞍钢钢渣处理率和利用率分别达到100%和70%，保持了世界领先水平。中铝公司加大对节能减排专项资金投入，铝冶炼企业基本实现工业废水"零排放"。中材集团充分利用纯低温余热发电技术，在全部的水泥生产线上配套建设余热发电系统。中国国电"静电除尘高频电源技术"的成功应用，可减少烟尘排放40%，节约能耗70%以上。中煤集团建立起"煤炭开采—洗选—矸石发电—建材"循环经济产业链，成效显著。国投北疆发电厂将发电项目和海水淡化有机结合，最大化提高资源利用效率，为京津冀淡水供应提供了战略保障。中国节能作为中国企业代表出席联合国气候变化大会，展示中央企业节能环保的成效。截至三季度末，中央企业中31家重点类企业万元产值综合能耗同比基本持平，二氧化硫排放同比下降5.25%，化学需氧量同比下降6.65%。

(三)深入推进创先争优，企业党的建设进一步加强

中央企业以庆祝中国共产党成立90周年为重要契机，深入推进创先争优活动，不断加强和改进企业党建工作，企业领导班子建设、高科技人才队伍建设和职工队伍建设不断加强，为提升企业核心竞争力提供有力保障。

大力宣传优秀典型，创先争优活动深入推进。召开中央企业"一先两优"表彰大会，大力宣传郭明义、吕清森、郝振山等一大批群众信服、党员佩服、组织信赖的先进典型，激励广大党员在岗位上干事创业、创先争优。中国中铁组织创建100个基层示范党委，1000个示范党支部，10000个党员示范岗，形成创先争优良好氛围。国投罗钾公司充分发挥党组织的政治核心作用，团结各族群众艰苦奋斗，在"死亡之海"罗布泊建设全世界最大规模的硫酸钾肥生产基地。中国黄金所属西藏华泰龙公司"5300党支部"，在青藏高原树起了中央企业创先争优的一面旗帜，被中宣部确定为全国创先争优典型。南航集团厦航公司被福建省树立为创先争优的典范，组织全省企业开展学厦航活动。以23家企业为重点开展“为民服务创先争优”活动，取得积极成效。南方电网成立3000多个为民服务队，深入用户，热情服务，解决实际问题。中国电信以营业场所、服务热线和网上掌上营业厅为重点改进服务，提升客户满意度。兵器装备集团开展“进百家企业、走千户家庭、访万名消费者活动”，努力提升服务效能。东航集团推出精准、精细、精致、精彩的“四精”服务，服务水平大幅提升。创先争优活动进一步促进了基层党组织建设。中国商飞把支部建在民机项目上，全力推动民机建设重大任务。中远集团坚持支部建在船上，配备专职船舶政委，充分发挥党建保障作用。中国有色集团在“走出去”过程中，推行“支部建在项目上、创先争优项目化”的做法，将党的政治优势转化为企业的核心竞争力。

“四好”领导班子和人才队伍建设不断加强。持续深入开展“四好”领导班子创建活动，适应中央企业“做强做优、世界一流”目标要求，坚持选配与管理并重，企业领导班子整体素质不断提升，成为引领中央企业加快发展的坚强核心。中央企业以科技人才队伍建设为重点，大力实施人才强企战略。2011年有12人增选为中国工程院院士，60人新列入中央“千人计划”，13家企业成为新一批人才基地建设单位，以北京未来科技城为重点的人才基地建设顺利推进。航天科技、航天科工自主培养创新型科技人才的经验进一步推广。不少企业建立首席专家、工艺大师等制度，评选表彰科技英才、技能高手，加快建设高层次科技人才队伍。推广宝钢“蓝领创新”经验，深入开展岗位练兵、技能培训和技能大赛，职工队伍素质得到新提升。

宣传思想文化和群众工作进一步加强。中央企业认真学习贯彻胡锦涛总书记“七一”重要讲话和党的十七届六中全会精神，牢固树立中国特色社会主义共同理想，进一步坚定发展壮大国有经济的信心和决心。深入开展学习型党组织建设，带动建设学习型企业。中央企业以更加积极开放的心态加强与新闻媒体和社会公众的沟通交流。中国石化引入社会监督员，举办公众开放日。国家电网转变新闻理念，加强品牌建设，全力打造“责任央企”形象。中航工业主动联合主流媒体，加强品牌宣传，取得良好效果。中国南车建立品牌价值、品牌形象、品牌传播、品牌管理四大体系，实现以品牌传播引领新闻宣传。中央企业思想政治建设和企业文化建设不断加强，群众工作进一步推进，职工代表大会和厂务公开制度进一步完善，有效调动了各方面积极性。

反腐倡廉建设取得新成效。中央企业认真落实党风廉政建设责任制，深入推进以完善惩防体系为重点的反腐倡廉建设，强化廉洁风险防控，把反腐倡廉制度融入国资监管和企业经营管理，促进了企业领导人员廉洁从业。认真组织加快转变经济发展方式的监督检查，开展落实“三重一大”决策制度、廉洁从业规定等五项制度的综合检查，推进工程建设领域突出问题、商业贿赂、“小金库”、公务用车专项治理和清理规范庆典、研讨会、论坛活动，加大查办案件力度，纪检监察组织机构不断健全，为中央企业做强做优提供有力保障。国资委完成了对12家企业的巡视工作，正在巡视6家企业，40多家企业开展了内部巡视工作，促进企业领导班子建设，推动改进工作。

回顾一年来的工作，成绩来之不易。这些成绩的取得，离不开党中央、国务院的正确决策和坚强领导，离不开中央各部门和各地党委政府以及社会各界的支持和帮助，离不开中央企业和国资委广大干部职工的奋力拼搏，离不开在座各位企业负责同志的无私奉献和辛勤努力。我代表国务院国资委向你们并通过你们向中央企业广大干部职工表示衷心感谢和亲切问候。

二、2012年工作总体要求和需要把握的几个问题

中央经济工作会议对2012年形势作了全面深刻的分析。总的看，2012年世界经济形势总体上仍将十分严峻复杂，世界经济复苏的不稳定性不确定性上升，国际经济环境难以明显好转；国内经济发展中不平衡、不协调、不可持续的问题仍很突出，经济运行中面临不少新情况、新问题。对2012年以及未来相当长一段时期经济形势的复杂性严峻性，我们要有全面深刻的认识，要深入分析国内外形势变化对中央企业

改革发展带来的各种影响，做好应对更大困难和挑战的准备。

一是要深刻认识全球经济增速减缓给企业带来的影响。当前全球性金融危机仍在继续深化，影响不断扩大。欧洲主权债务危机持续发酵，欧元区国家财政政策全面转向紧缩，加剧了欧洲及全球经济下行的压力。美、日等主要发达国家经济增长乏力，失业率居高不下，消费不振，贸易低迷，进一步拖缓了全球经济复苏步伐。新兴经济体的增长速度也明显下降，部分国家金融市场波动加剧，系统性风险显著升高。种种迹象表明，全球经济将进入一个较长时期的低速增长期，国际市场将陷入低迷。这对企业最直接的影响是市场萎缩、需求不足，我们将可能面临较长时间的出口低速增长，对远洋运输、船舶制造、海外工程等与国际经济贸易直接相关行业的影响可能更大。

二是要深刻认识全球竞争格局变化给企业带来的影响。这次全球性经济危机带来了经济结构重大调整，主要发达经济体都在推动经济结构加速转型，加快发展新兴产业，力图抢占未来发展制高点。部分发达国家鼓励本土企业将海外公司回迁，以缓解国内就业和税收问题。美国提出“再工业化”口号，加大了对本国制造产业支持力度。一些国家提高贸易壁垒，保护国内产业。国际知名跨国企业也纷纷调整发展战略，将产业基地向资源价格和要素成本更低的国家和地区迁移。这对中央企业加快转型升级、整合产业资源、提高产业竞争能力提出了更为迫切的要求。

三是要深刻认识国际政治形势复杂给企业带来的影响。当前国际政治形势十分复杂，美国、俄罗斯等国进入选举年，国际地缘政治冲突不断升级，对全球经济的影响具有较大不确定性。一些西方国家对我国国有企业存在偏见，通过各种措施对我国国有企业进行遏制，美国明确提出将国有企业纳入中美双边对话议题，美欧以国家安全为名对国有企业海外投资并购实施严格的个案审查，通过世贸组织对我国贸易政策进行严格审议并频繁采取反倾销反补贴措施。这些对我国企业的国际化经营，特别是对中央企业“走出去”将带来十分不利的影响。

四是要深刻认识要素成本价格上涨给企业带来的影响。受美元贬值、全球流动性过剩、粮食库存下降、国际投机资本炒作等多种因素影响，能源、原材料、农产品等大宗商品价格持续高位波动。主要发达经济体通胀率达到多年来的高位。新兴市场国家资产泡沫和通胀压力也在不断加大，多数国家物价面临较大上涨压力。这种由于要素价格和资源性产品价格上升推动的物价上涨，具有一定的必然性和持久性，对企业的盈利能力带来较大影响，特别是处在产业链下游的传统制造产业将面临更大的挑战。

同时，我们也要看到有利条件和积极因素，切实增强做好2012年工作的信心。我国发展仍处于重要的战略机遇期，经济社会发展的宏观环境总体上比较好，有利于中央企业科学发展、做强做优。中央企业经过多年的改革发展，体制机制发生了深刻变化，整体实力和竞争力进一步增强，应对危机、抵御风险的能力和水平有了明显提升。世界经济格局正在发生的深刻变化，给我们“走出去”在更大范围内配置资源提供了契机，有利于我们更好地利用国外资源、技术和人才。我们要善于应用这些有利条件和积极因素，继续抓住和用好重要战略机遇期，推动中央企业做强做优，培育具有国际竞争力的世界一流企业。

从中央企业自身看，虽然这几年中央企业整体保持平稳较快发展，但仍然存在许多亟待解决的突出问题。一些企业成本费用控制不力，投资决策不科学，债务规模增长过快，亏损子企业增多，经营风险不断累积；一些企业集团管控能力不足，管理层级过多，内控机制不健全甚至严重缺失，监管不到位，有规不依的问题突出；一些企业资源配置效率不高，产业协同能力不强，内部恶性竞争和重复建设现象较为严重；厂办大集体等一些长期存在的制约企业发展的历史遗留问题还没有得到真正解决。这些问题在经济形势好的时候容易被掩盖、被忽视，在经济形势不好的时候就会凸显出来，严重影响企业的健康发展，甚至会拖垮企业。中央企业要高度重视和认真分析自身存在的突出矛盾和问题，在生产经营各个环节和所属各单位、各企业进行全面排查梳理，研究制订措施，加快推进解决。

按照中央经济工作会议“稳中求进”的总体要求和对明年工作的具体部署，结合2012年经济形势和中央企业实际，2012年中央企业改革发展的总体要求是:坚持以科学发展为主题,以加快转变经济发展方式为主线,认真贯彻落实党的十七大和历次全会精神,贯彻落实中央经济工作会议的部署和要求,深入推动中央企业"十二五"改革发展"一五三"总体思路的落实,进一步深化改革,调整结构,强化管理,完善国资监管体制,加强和改进党的建设,全面推进做强做优,着力提升发展质量,全力保持企业平稳较快增长,全力保持企业和谐稳定发展,为国民经济保持平稳较快发展和社会和谐稳定作出积极贡献,以优异的成绩迎接党的十八大胜利召开。

按照这个总体要求,2012 年工作的重点是:"一抓"、"两保"、"三突出"。

"一抓",就是抓落实。要抓好中央经济工作会议精神、党的十七届六中全会精神的落实,抓好中央企业"十二五"规划纲要的落实。要认真学习领会中央经济工作会议精神,全面落实中央关于 2012 年经济工作的各项部署和要求。要结合企业实际,深入贯彻落实党的十七届六中全会作出的《中共中央关于深化文化体制改革、推动社会主义文化大发展大繁荣若干重大问题的决定》,在文化建设中发挥中央企业的积极作用。要紧紧围绕"做强做优中央企业、培育具有国际竞争力的世界一流企业"的核心目标,切实推进中央企业"十二五"发展规划纲要和"一五三"实施纲要的贯彻落实,加强组织领导,完善配套措施,细化工作方案,扎扎实实一项一项抓好落实。

"两保",就是保增长、保稳定。保增长,既是贯彻落实中央经济工作会议精神的具体要求,也是企业自身发展的客观需要。中央经济工作会议根据国内外经济形势发展的新情况新趋势,提出 2012 年保持经济平稳较快发展的任务,中央企业作为国民经济的骨干和中坚,必须以更加顽强的作风、更加扎实的工作、更加有效的措施,创造更加优秀的经营业绩,为实现国家宏观调控目标作出积极贡献。保稳定,就是要求中央企业在全力保持经济增长的同时,积极贯彻落实国家宏观调控政策,全力保障所涉及领域的煤电油气运以及民生产品的稳定供应,全力抓好企业安全生产和产品质量管理,全力构建和谐稳定的企业内部劳动关系,切实承担保持经济稳定运行和企业和谐稳定的责任,为迎接党的十八大胜利召开营造良好局面。保增长、保稳定是 2012 年各项工作的重中之重,一定要全力采取措施,确保完成任务。

"三突出",就是突出转型升级、突出降本增效、突出风险管控。一是突出转型升级。外部经济形势越复杂,对企业整体素质的要求就越高。这几年中央企业快速发展,但许多企业是依赖规模扩张的粗放式增长,企业核心竞争力不强。中央企业要把转型升级放在更加突出的位置,培育发展战略性新兴产业,改造提升传统产业,加快发展现代服务业,优化产业结构、产品结构、产权结构和组织结构,实现企业发展向内生增长、集约高效、资源节约和环境友好转型。二是突出降本增效。2011 年 10 月以来,受外部环境影响,企业经济效益大幅下滑。扭转效益下滑的趋势,必须眼睛向内,控制成本,开源节流,这是我们明年必须持续抓好的工作。要加强全员成本管理,建立和落实目标成本责任制,严格控制成本费用过快增长,深挖潜力,降本增效。三是突出风险管控。复杂的经济形势必然给企业带来巨大的经营风险,我们必须要有高度的风险意识。要建立健全全面风险管理体系,完善风险识别监测与防范体系,加大重大风险管控,杜绝重大资产损失。

做好 2012 年的工作,要重点把握好几个问题。

第一,坚持突出主业,在做强做优主业上下功夫。做强做优主业是调整优化布局结构、发挥国有经济主导作用的根本要求。当前一些中央企业在快速发展的过程中,存在着涉及领域过多过广、内部产业协同效应不明显、优质资源不能有效配置在主业发展上等问题。在越来越激烈的市场竞争格局下,这种情况持续下去将会降低企业的核心竞争能力,加大企业经营风险,甚至有可能使企业陷入困境。中央企业要清醒认识自身的使命和责任,在深入分析经济发展规律、行业发展规律和企业发展规律的基础上,明确战略定位,做强做优主业,不断增强可持续发展能力。要加快从过分追求规模扩张转到注重依靠科技进步、劳动者素质提高和管理创新的内生增长,把握产业发展方向,占领产业制高点,提升我国产业在全球的竞争能力。

第二,坚持改革创新,在完善体制机制上下功夫。改革创新是企业活力的源泉。经过多年来不懈努力,中央企业改革创新取得了重大突破，为企业持续健康发展提供了有力保障。但我们也要看到，一些企业的管理体制和经营机制还不完全适应市场竞争的要求，科技创新能力与国际一流企业相比还有很大差距。中央企业要努力建设具有国际竞争力的世界一流企业，必须进一步深化改革，着力解决影响和制约企业科学发展的体制机制性问题，特别是要加快解决一些长期积累的重点难点问题；必须加快提升自主创新能力，使企业持续健康发展更多建立在科技进步和创新的基础之上。

第三，坚持从严治企，在强化管理上下功夫。管理是企业永恒的主题，没有一流的管理就没有一流的企业。当前中央企业在内部管理方面还存在不少薄弱环节和漏洞，许多企业在规模快速增长的同时并未带来效益和现金流同步增长，治理模式、组织架构、业务流程、运行机制、管控体系不能完全适应企业发展需要。一些企业有规不依、管理粗放的情况仍然存在，由此带来的违规经营、违章操作、安全事故、资产损失和腐败行为时有发生，这既严重制约企业的长远发展，也给中央企业整体形象带来负面影响。中央企业必须充分认识强化管理对促进企业健康稳定发展的重要作用，从严治企，依法治企，苦练内功，不断增强企业内在素质，夯实企业发展基础，促进企业生产经营的平稳运行。

第四，坚持文化引领，在加强品牌建设上下功夫。文化是一种软实力，是一个国家和民族价值理念、文明传承和精神追求的外在体现，对企业而言也同样如此。我国企业缺少全球知名品牌，既有产品、技术、管理、服务等方面的差距，更有在品牌经营中文化提炼和传播的差距。打造世界知名品牌，不仅要在提升硬实力上下功夫，更要在提升软实力上下功夫。要深入贯彻落实党的十七届六中全会精神，把推动社会主义文化大发展大繁荣和建设优秀企业文化结合起来，提炼、弘扬和传播企业改革发展中长期积淀形成的使命、愿景和核心价值观，塑造和提升品牌的文化形象，提高市场和社会的认同感，加快培育具有国际影响力的知名品牌。

三、2012年要着力抓好的几项工作

2012年是我国发展历程中十分重要的一年，我们将迎来党的十八大胜利召开。2012年也是中央企业实现“十二五”改革发展目标承上启下的关键一年。新的形势对中央企业改革发展提出了新要求，也提供了新契机，要抓住机遇，突出重点，扎实做好各项工作。

（一）着力抓好应对复杂经济形势的各项措施，保持生产经营平稳较快增长

2012年国际国内形势相当复杂，不确定因素很多，各种突出矛盾和问题交织在一起，这些都会对企业生产经营带来影响。我们必须增强忧患意识和风险意识，认真做好应对各种困难和挑战的思想和工作准备。一是及时跟踪形势变化。国资委要坚持定期经济运行分析制度和重点企业综合分析制度，加强经济运行监测分析，及时向企业通报情况，提示风险，对企业面临的一些具有普遍性的重大问题，及时向有关方面反映，争取政策支持。中央企业也要密切关注国际国内政治经济形势的新变化和新趋势，超前做好各项应对措施和预案。二是加大市场开拓力度。欧债危机和主要发达经济体复苏乏力导致的世界经济增速下滑，国内部分行业产能过剩引发的竞争加剧，都会对市场带来影响。对市场竞争的严峻性和激烈程度，我们必须有充分的估计。企业一把手要高度关注市场，亲自调研市场，下更大的气力开拓市场。要加快调整产品结构，提高服务质量水平，创新市场营销模式，努力开拓新兴市场。要充分发挥技术、产业链等优势，大力开拓国际市场，提高市场占有份额。中央企业之间要加强战略合作，实现优势互补协作发展。三是切实保障资金链安全。要严格把握投资方向，不属于企业主业、不具备竞争优势的项目，要认真梳理，该缓建的缓建，该停止的坚决停下来。要加强成本费用管理，从紧控制各项费用支出，加大应收账款催缴力度，加快存货周转，防止成本过快增长。要加强资金管理，及时调整融资策略，采取多种方式筹措资金，通过强化资金集中管控降低财务费用，严控借贷规模和资产负债率，确保现金流安全。总之，我们要采取多种切实有效的措施，确保生产经营平稳较

快增长，防止出现大起大落。

（二）着力抓好“十二五”规划的落实，全面推进做强做优

2011年我们制定印发了“一五三”总体思路的实施纲要，2012年的工作重点是典型引领，重点推进。中央企业要结合自身实际，抓好组织实施。一是落实“一五三”实施纲要。结合企业发展实际和行业发展特点，制定和滚动调整企业总体发展战略和规划，明确重点突破方向和贯彻落实措施。二是积极探索具有本企业特色的战略实施路径。重点企业要配合国资委推进试点，发挥示范引领作用。其他企业也要研究提出战略实施的总体思路、目标、方向和具体措施，稳步推进。三是切实加强资源保障工作。高效调动资源，加强规划、投资、财务、人力资源等部门的协调联动，集中资源，形成合力，推动战略扎实推进，有效落地。国资委将选择实施基础较好的单位，重点指导，重点支持，着力推进中央企业做强做优，推进具备条件的企业争创世界一流。

（三）着力抓好改革调整，进一步提升企业发展质量和效益

要继续围绕转变发展方式、提升发展质量，抓好深化改革、调整结构、节能减排等重点工作，采取有效措施，取得突破性进展。一是继续深化改革，为做强做优提供体制机制保障。重点推进以下工作：第一，分类指导公司制股份制改革。继续推动具备条件的中央企业加快主营业务整体上市。对已实现主营业务整体上市的，推动企业加快存续资产处置。探索推动中央企业之间、中央企业内部相近业务板块之间联合重组上市。推进中央企业上市公司优化整合。第二，继续深化规范董事会试点，扩大试点范围，完善制度体系，探索规范运行模式，建立完善现代企业制度条件下党组织发挥政治核心作用的机制，积极推进所属企业建立规范的董事会。第三，进一步推动企业内部改革，深化企业人事制度改革，探索实施任期激励和非上市企业中长期激励，坚持职工薪酬水平同效益水平挂钩，完善职工收入分配调控机制，进一步规范职务消费和公务车管理。第四，抓紧解决历史遗留问题，力争在推进厂办大集体改革、分离企业办社会职能等方面有所突破。2011年国务院印发了在全国范围内推进厂办大集体改革的有关政策，中央企业要抓住政策机遇，把握工作节奏，积极稳妥推进这项改革。二是加快结构优化和资源整合。根据行业和企业发展实际，明确结构调整和转型升级的思路与措施，努力向产业链高端发展，向战略性新兴产业发展。进一步突出和精干主业，加快推进企业之间和企业内部业务优化整合。国资委将继续推进中央企业之间的战略重组，指导企业深化内部资源整合，推动中央企业之间非主业、非优势业务、同类业务之间的重组整合，继续推进中央企业非主业宾馆酒店分离重组。充分发挥中国国新在推进中央企业资源联合整合合作中的平台作用。三是强化节能减排。中央企业要进一步强化节能减排组织体系建设，完善机构设置，保障资金投入，强化行业对标，完善激励约束机制，确保完成节能减排目标。国资委将进一步完善节能减排统计监测体系，继续把节能减排目标完成情况纳入业绩考核。

（四）着力抓好科技创新工作，增强企业自主创新能力

坚持以科技创新战略为引领，加快提升自主创新能力，对中央企业保持良好发展态势，加快做强做优至关重要。一是强化创新攻关。围绕产业升级、结构调整、产品优化确定企业技术创新重点项目，集中资源、集中力量，力争突破一批关键核心技术。国资委支持中央企业参与重大技术攻关工程，开展关键核心技术前期研究。二是加大研发投入。要努力提高研发投入比重，有条件的要建立技术创新基金。加强技术研发机构建设，有条件的要建设“中央研究院”。国资委支持并推荐中央企业建设国家级研发机构。三是创新体制机制。建立科技人才的中长期激励机制，有条件的开展股权、期权、分红权等激励试点工作。创新科技人才选拔机制，建立健全科技带头人和科技专家制度，对科技人才实行分类管理。四是推进科技人才队伍建设。依托重点工程和重大科技专项，加快培养造就一批科技领军人才和创新团队，加大落实“千人计划”工作力度，积极引进海外高科技人才，继续推进人才创新创业基地和“未来科技城”建设。五是加强知识产权保护。更加重视专利申请，提高发明专利比重，提高核心技术领域的专利实施率。更加重视综合运用知识产权手段，加大知识产权的创造、应用、管理和保护力度，建立知识产权风险预警与应对机制。

（五）着力抓好管控机制建设，促进管理提升

针对企业经营管理中的突出问题和薄弱环节，要以管控机制建设为重点，进一步强化企业管理。一是完善经营业绩考核。坚持战略引领和价值导向，深入开展经济增加值考核，提升中央企业价值管理水平和价值创造能力，加强经营业绩考核对标体系建设，深化与国际国内一流企业经营业绩的对标管理，以短板考核促管理提升。深化全员业绩考核，确保国有资产保值增值责任全覆盖。二是加快提升集团管控能力。进一步优化组织架构，压缩管理层级，缩短管理链条，规范母子公司管理体制。深化资金集中管理和物资集中采购，加强重大经营事项集中统一管理，不断提高集团总部资源配置能力和管控能力。三是加快实施全面预算管理。完善全面预算管理组织体系，加大预算工作组织力度，加强关键指标预算控制，严格制定成本费用标准，强化预算刚性约束，加强预算执行结果监督。积极探索实施滚动预算，推动资源配置效率持续改进和提高。四是健全全面风险管理体系。要建立常态化的风险评估和内控评价机制，健全重大风险预警和报告制度，完善重大风险管控、效能监察和审计监督，切实加强金融衍生品等高风险业务的风险防范，完善债务风险监测和防范机制，严控资产负债率。健全完善法律风险防范机制、企业总法律顾问制度和法律管理工作体系。五是强化境外资产监管。落实境外资产经营管理责任，加强境外投资、融资、产权、资金、合同、资产处置等重大事项管理，开展境外业务与管理状况定期审计，加强境外业务的法律风险防范。六是大力加强信息化建设，深化应用信息化手段，推动管理创新和管理精细化。2012年我们将在中央企业全面开展“管理提升年”活动，集中力量推进中央企业整体管理水平的提升，夯实发展基础。

（六）着力抓好企业党的建设，把政治优势转化为企业核心竞争力

我们要以迎接党的十八大召开为契机，以改革创新精神提高党建工作科学化水平，扎实推进企业党建各项工作。一是认真做好中央企业系统（在京）党的十八大代表选举工作，做好会议期间组团工作，深入学习贯彻党的十八大精神。二是扎实开展创先争优活动。紧紧围绕企业生产经营中心任务，突出为民服务创先争优这一重点，扎实做好中央企业创先争优各项工作，注重总结好经验好做法，建立健全长效机制，确保创先争优活动成为群众满意工程。三是进一步加强企业领导班子建设和职工队伍建设。要深化“四好”领导班子创建活动，适应培育世界一流企业的要求，组织实施企业经营管理人才素质提升工程，促进企业领导人员不断提高素质、强化能力，推动企业领导班子不断优化结构、增强整体功能。要围绕落实人才强企战略，重点抓好高技能人才队伍建设，通过开展岗位练兵、技术比武、劳动竞赛等活动，提高一线员工职业素质和岗位技能。四是加强宣传思想文化工作。认真贯彻落实党的十七届六中全会精神，弘扬社会主义核心价值体系，维护、提升、创造优秀的国企文化，引导广大干部职工树立高度的文化自觉和文化自信。要加大新闻宣传工作力度，健全新闻宣传工作体系，统筹协调内部宣传与对外宣传、品牌宣传与形象宣传，不断提高对新媒体的适应和运用能力，大力宣传中央企业取得的突出成绩，大力宣传中央企业履行社会责任的优秀案例，大力宣传中央企业改革发展中涌现出的先进人物和事迹，进一步树立中央企业的良好形象。五是加强反腐倡廉建设。严格执行党风廉政建设责任制和“三重一大”决策制度，认真解决权力过于集中又得不到有效制约的问题。规范和严格监管采购和招投标活动。以强化廉洁风险防控为切入点，健全制度，完善措施，切实抓好惩防体系建设各项任务的落实。认真做好执行中央重大决策部署和国资监管任务情况的监督检查。加强和改进巡视工作，强化对企业领导人员的监督，着力解决加强作风建设和反腐倡廉建设中职工群众反映的突出问题。严肃查办案件，遏制和减少腐败发生。继续加强纪检监察组织建设。

最后，强调一下安全和稳定问题。中央企业主要负责同志要高度重视安全生产，切实落实安全生产责任制。要加强安全生产投入，规范工程建设发包承包管理，建立完善应急管理体系和应急预案体系，不断提高应急管理水平和应对突发事件能力，努力构建安全生产管理的长效机制，全面提升安全生产管理整体水平。特别是石油石化、危险化学品、煤炭、核电、建筑施工等重点行业的企业，要强化重特大危险源控制，消除隐患和安全死角，遏制重特大安全事故发生。要认真做好稳定工作。2012 年元旦、春节将至，各级领导要深入基层，做好困难职工帮扶工作，帮助他们解决一些实际困难。在推进改革调整重组过程中，必须依法合规，严格执行程序，切实维护职工合法权益。建立健全信访工作长效机制，及时解决职工群众合理诉求，预防和处置好群体性事件，为党的十八大召开创造和谐稳定环境。

同志们，让我们紧密地团结在以胡锦涛同志为总书记的党中央周围，全面贯彻落实科学发展观，按照党中央、国务院的决策部署，扎实推进中央企业改革发展，充分发挥中央企业在经济社会发展中的骨干和引领作用，为国民经济平稳较快发展作出新的更大贡献，以优异的成绩迎接党的十八大胜利召开。

完善国资监管 提升发展质量 充分发挥国有经济在经济社会发展中的骨干作用

国务院国资委主任、党委书记王勇

在全国国有资产监督管理工作会议上的讲话

（2012 年 1 月 5 日）

这次会议的主要任务是，贯彻落实党的十七大和十七届历次全会精神，贯彻落实中央经济工作会议精神，总结 2011 年工作，分析形势，交流经验，研究 2012 年工作。张德江副总理为本次会议专门作出重要批示，充分肯定了一年来国资监管和国企改革发展取得的成绩，对做好 2012 年各项工作提出了明确要求。我们要认真学习，深刻领会，扎扎实实贯彻落实。下面，我代表国务院国资委讲三点意见。

一、2011 年国有资产监管工作进展情况

2011 年是"十二五"开局之年，也是国有企业改革发展在新的起点上奋力拼搏、积极进取的一年。在党中央、国务院和地方党委、政府的正确领导下，各级国资委和广大国有企业认真贯彻落实党中央、国务院一系列战略部署，积极应对复杂多变的经济形势，切实采取有力有效的措施，国有经济实现了平稳较快发展。1—11 月，全国国资委系统监管企业累计实现营业收入 30.8 万亿元，同比增长 23.9%；实现净利润 1.4 万亿元，同比增长 10.5%；上缴税金 2.2 万亿元，同比增长 22.6%。中央企业和地方国资委监管的国有企业主要经济指标均创历史新高。

国有企业在自身快速发展的同时，服务经济社会发展全局，做出了积极贡献。广大国有企业落实国家"十二五"发展规划纲要和区域发展规划，积极推进结构调整，加快重点项目建设，促进国民经济平稳较快发展，在保增长中发挥了骨干作用；广大国有企业特别是涉及国计民生的企业，认真贯彻落实国家宏观调控政策，克服经营困难，加强生产组织，保障市场供应，在维护市场秩序和物价总水平稳定中发挥了积极作用；广大国有企业模范履行企业社会责任，加强安全生产和环境保护，积极参与保障性住房投资和建设，加强"三农"服务，支持扶贫开发和社会公益事业，承担急难险重任务，在保障和改善民生中发挥了表率作用。

一年来，各级国资委坚持以科学发展为主题，以加快转变发展方式为主线，紧紧围绕国资监管"两新目标"，认真落实"十二五"时期重点实施的"五项措施"，深化改革调整，强化国资监管，加强和改进党的建设，各项工作取得积极进展。

（一）加快推进改革调整，国有企业发展质量进一步提升

各级国资委围绕国企发展上新台阶的目标，紧密结合实际，采取切实有效措施，抓改革、调结构，在一些重点领域取得新的进展和突破。

一是公司制股份制改革扎实推进。各地通过推动企业整体上市、引进战略投资者等多种方式，加快

公司制股份制改革步伐。北京积极推进重点企业的股改上市工作，市属国有上市公司累计达到43家，市值超过5000亿元。安徽加快推进江汽集团、叉车集团引进战略投资者，进一步推进企业公司制改制。河南、湖北、陕西等地加快推进下属企业改革改制，一批企业实现了投资主体多元化。中央企业改制上市工作继续推进，有6家中央企业控股公司在境内外资本市场首次公开发行股票并上市，3家完成整体改制。

二是规范董事会建设步伐加快。按照现代企业制度要求，各地加快推进规范的董事会建设，建立完善董事会制度体系，优化董事结构，规范董事会运作，着力提高公司治理水平。深圳在规范董事会建设实现全覆盖的基础上，进一步完善运行机制，加大放权力度。江苏探索改革外部董事选用方式，从委机关选派业务能力较强的处长兼任外部董事。山东按照科学量化、注重实效的原则对外部董事进行评价，促进外部董事认真履行职责。广东形成建设规范董事会的一整套工作制度，启动了6家企业的规范董事会建设试点工作。海南、青海、陕西、甘肃、贵州、新疆生产建设兵团等地董事会试点工作取得积极进展。中央企业建立规范董事会试点企业扩大到42家。

三是企业重组力度加大。各地结合地方"十二五"规划，积极推动国有企业重组，加强与各类所有制企业合作，国有经济布局结构进一步优化，企业实力进一步增强。天津结合"十二五"规划，重点实施了医药、轻工、投资、外贸等行业的7个重组项目，推动优质资源向企业主业和优势企业集中。上海支持大型企业集团通过战略重组实现结构调整和创新转型，国资布局进一步优化。山西进一步推进煤炭资源整合，以7户大型煤炭企业为主体，调整整合了省内1037个小矿井。河南对下属24家国有粮食企业进行重组整合，实现省级粮食资源的集中配置。不少地方加强与中央企业的合作，湖南以湖南有色股权换取五矿股份股权，成为第一家持有中央企业股权的地方国资委。安徽、云南、贵州等十省市181家农电企业上划国家电网和南方电网，河北、吉林、辽宁等18省区96户粮库上划中储粮总公司，实现了资源优化配置。

四是产业优化升级取得新进展。各地根据区域发展战略的要求，进一步明确国有经济功能定位，发挥国有资本经营预算的引导带动作用，加大重点产业的培育发展，提升产业整体竞争能力，形成新的竞争优势。浙江围绕建设海洋经济示范区的战略部署，推动省属企业加大海洋经济产业培育、合作和开拓力度。云南推动省属企业在面向西南开放的桥头堡建设中发挥骨干和示范作用，积极推进瑞丽口岸国际物流园、红河综合保税区等重点项目。湖南着力培育一批先进装备制造、新材料、信息、生物等战略性新兴产业，推动监管企业逐步提高精深加工、高附加值产品以及高端业务比重。宁夏紧紧围绕深入实施西部大开发战略的产业政策和扶持项目，规划和建设了一批煤化工、新能源、新材料等具有战略意义的重点项目。江西在巩固提升传统资源能源优势产业的基础上，推动新材料、现代中药、生物医药等一批战略性新兴产业快速发展。

五是一些重点难点领域改革取得突破。各地积极争取政策，多渠道筹集资金，加大工作力度，加快推进解决历史遗留的重点难点问题。辽宁、宁夏、新疆等地集中力量终结了一批企业关闭破产工作。吉林在总结3个试点市的经验基础上，拟定了全省厂办大集体改革方案和实施意见。黑龙江、内蒙古、山西、河南、湖南、甘肃等地积极推进厂办大集体改革的前期工作。在国务院的直接领导和有关方面的支持配合下，电网主辅分离改革取得突破性进展，两家综合性电力建设集团公司正式挂牌。在黑龙江省委、省政府的大力支持下，驻黑中央企业供水、供电、供热和物业管理的分离移交试点工作顺利推进。

(二)完善国有资产监管体制，监管能力和水平进一步提高

各级国资委围绕国资监管上新水平的目标，牢牢把握定位，认真履行职责，不断完善国有资产监管体制和制度，增强国资监管工作的针对性和有效性，积极推动构建国资监管大格局，做了大量卓有成效的工作，取得了明显进展。

一是国有资产监管法规体系和组织体系进一步完善。各级国资委通过立法和政策引导等多种途径，深入推进国资监管体制和制度的完善。截至目前，国务院国资委共出台规章27件，规范性文件超过200件，各地立法也取得突破性进展。湖北、山东经过多方协调和艰苦努力，由省人大审议通过了企业国有资产监督管理条例，以地方性法规明确了国资国企改革发展中的一系列重大问题。福建全面修订国资监管制度，对100多项制度进行优化完善。各地基本建立国有资本经营预算制度，国有资本经营预算全面开展。不少地方积极推进市县两级国资监管机构的建立和完善。上海18个区县、江西全省11个设区市和云南16个州市全部建立了国资监管机构。目前，全国452个市(地)中，有274个单独设立国资委，其中作为直属特设机构的有123个。浙江进一步加强县级国有资产监管，要求按照"政企分开、政资分开"原则，明确县级国有资产监管的责任主体。

二是地方经营性国有资产集中统一监管逐步推进。各地按照党的十六大、十七大精神要求，坚持"三分开、三统一、三结合"的基本原则，积极推动经营性国有资产的集中统一监管，各地国资委监管覆盖面进一步加大。目前，已有14个省级国资委监管覆盖面达到80%以上，安徽、四川、江苏达到或者超过了90%，北京、天津、上海、重庆四个直辖市实现了经营性国有资产的全覆盖监管。全国有28个省级国资委和70个地市级国资委监管范围包含了金融类国有资产，10个省级国资委和68个地市级国资委监管范围包含了文化类国有资产。广东在部分县级市进行了将公有资产和土地储备纳入国资监管范围的探索。

三是国资监管工作针对性和有效性进一步增强。各地国资委在实践中，不断总结经验，查找问题，探索规律，创新机制，进一步整合监管资源，改进监管方式，形成监管合力。山东优化调整内设机构，完善内部运行机制，建立重点工作联席会议制度，提升了监管效率。各地因企制宜，分类指导，完善经济增加值考核和分类考核政策。吉林把定性考核与定量考核、纵向考核与横向考核、统一考核与分类考核、年度考核与任职考核相结合，进一步增强考核的导向作用。大连、青岛等地按照所属企业经营性、公益性等性质制定了相关考核标准。北京、广东等地加强与所出资企业的数据联网工作，构建查询、预警、分析等系统功能，进一步强化动态监管。各地普遍推进监事会监督与审计、纪检、巡视工作等有机结合，增强了监督的协同性和有效性。今年以来，国务院国资委建立了重点企业综合分析制度，整合委内监管资源，定期召开企业综合分析会，对企业进行会诊，对解决企业长期存在的一些重点难点问题起到了督促作用。

四是指导监督工作取得积极进展。各级国资委积极完善指导监督工作机制和制度，大力推进指导监督工作，上下级国资委沟通联系进一步密切，"大国资、一盘棋"理念进一步增强。国务院国资委召开指导监督工作会，印发年度指导监督工作要点，举办各类专题培训，加强对各地国资委的指导监督。各地将指导监督工作摆上重要议事日程，普遍成立了指导监督工作领导小组，明确了牵头部门，建立了分工协调机制，创新方式方法，精心规划部署，指导监督工作全面展开。安徽建立了委领导班子联系点制度，每人分别联系2—3个地市国资委，定期开展调研指导。云南将国资监管工作纳入省委、省政府考核，对州市国资监管工作进行考核评优。重庆加强对区县国资的指导和服务，将区县国资监管机构纳入"国企贡献奖"评选范围。河南积极拓宽指导监督领域，将10个省直管试点县直接纳入指导监督范围。在各地国资委的配合支持下，初步建立了全国国资委系统财务动态监测体系，健全了全国企业国有资产统计工作体系，实现了全国国有控股上市公司季度信息采集系统的全覆盖，实现了全国31个省级国资委及其选择确定的产权交易机构与国务院国资委国有企业产权交易信息系统的连通，信息交流更加顺畅，指导监督更加到位。

五是国资监管大格局初步形成。各级国资委在本级党委、政府的领导和支持下，以更加开放的工作姿态，依靠地方，联合部门，协调各界，工作合力进一步增强，国有资产配置效率进一步提高。国务院国资委通过与质检总局、科技部、商务部、外专局签订合作框架协议，助推中央企业做强做优。先后与天津、山东、广东、新疆等10多个省市实施战略合作，推动中央企业与地方经济对接，构建国有经济合作共赢格局。年中，我们首次将中央企业负责人和地方国资委主任研讨会合并召开，共同研究重大问题，促进了沟通交流，推动了央地合作。江苏与省财政厅、纪检监察、省委组织部等部门探索建立了国有资本经营预算、经营风险防控、企业党建工作等协作工作机制。

江西通过电视、报纸、广播等主流媒体，多层次、多方位、多视角向社会公开展示国有资产监管、国有企业改革发展的最新进展情况，取得了良好的社会影响。一些省级国资委之间进一步加强沟通协调，推动共同发展。4个直辖市和深圳市的国资工作交流会、华东片区国资监管工作座谈会已形成制度，沟通情况、交流经验、研究问题，收到很好的效果。

（三）深入开展创先争优活动，国有企业党建工作进一步加强

各级国资委以庆祝建党90周年为重要契机，深入学习贯彻胡锦涛总书记“七一”重要讲话精神，统筹推进创先争优活动、队伍建设和反腐倡廉工作，不断加强和改进企业党的建设，为增强企业活力和竞争力提供有力保障。

一是创先争优活动深入开展。各级国资委进一步加强对创先争优活动的督促和指导，围绕加强基层党组织建设和发挥共产党员先锋模范作用，不断深化创先争优活动。宁波组织开展“学标创标”等活动，通过抓“承诺、履诺、督诺、评诺”，“双强”创建示范点和“闪光言行”展示评选等，推动创先争优活动深入有效开展。河北在基层党组织开展了创“四强”、争“四优”、抓“四创”等活动，不断提高基层党组织的战斗力和凝聚力。吉林扎实开展“三帮扶”活动，把提高企业经济效益与开展创先争优活动统一起来，提高活动的针对性和有效性。广西大力实施结对共建、党群共建、承诺联评、典型示范、绩效考评五大行动，掀起创先争优推动科学发展的热潮。西藏派出34个工作组共136名工作人员进驻到那曲、日喀则等海拔较高、环境较差的基层行政村（居委会）开展强基础、惠民生活动。中央企业创先争优活动深入推进，召开“一先两优”表彰大会，大力宣传郭明义、吕清森、郝振山等一大批先进典型，激励广大党员在岗位上干事创业、创先争优。以一些窗口单位为重点开展的“为民服务创先争优”活动，取得积极成效。在山西潞安召开的学习贯彻胡锦涛总书记“七一”重要讲话精神暨创先争优理论研讨会，推动了创先争优深入开展。

二是企业领导班子和职工队伍建设进一步加强。各级国资委不断深化“四好”班子创建活动，国有企业领导班子综合素质进一步提高。北京在组织工作满意度调查和“一报告两评议”工作中，57家市属国企四项评价指标均高于党政机关、事业单位和全市平均水平。辽宁进一步推进企业领导人员选聘制度改革，与省委组织部联合对13个企业领导人员职位面向海内外公开招聘。各地围绕深化人才强企战略，开展岗位练兵、技术比武、劳动竞赛等活动，提高一线员工职业素质和岗位技能。上海引导企业通过“高师带徒、校企联合、待遇挂钩”等措施，多渠道做好高技能人才培养选拔工作。厦门举办企业青年干部培训班、企业经营管理人才培训班，加大对企业经营管理人员和后备干部的培养。国务院国资委围绕“做强做优、世界一流”目标要求，深入推进“四好”领导班子创建活动，以科技人才队伍建设为重点，大力实施“人才强企”战略，企业领导班子和职工队伍整体素质不断提升。

三是思想政治工作和企业文化建设进一步加强。各级国资委认真贯彻《关于加强和改进新形势下国有及国有控股企业思想政治工作的意见》，推进学习型党组织建设，加强精神文明和企业文化建设。四川精心组织国企党委（党组）中心组学习，结合纪念“5·12”汶川大地震三周年，培育“感恩奋进”的浓厚氛围。海南在各企业建立新闻发言人制度，加强与新闻媒体的沟通；坚持将企业文化建设作为思想政治工作和精神文明建设的重要载体，不断提高思想政治工作的活力和实效。国务院国资委专门召开了新闻宣传工作会议，引导中央企业以更加积极开放的心态加强与新闻媒体和社会公众的沟通交流，企业的发展环境不断改善。

四是党风廉政建设和反腐倡廉工作深入推进。各级国资委以完善惩防体系为重点，强化廉洁风险防控，对“三重一大”决策制度和廉洁从业规定执行情况实施有效监督，党风廉政建设责任制得到有效落实，企业领导人员廉洁从业意识进一步增强。上海运用“制度＋科技”，提升国资监管预防腐败和控制风险的能力。江西探索由纪委书记统一组织协调纪检监察、工会、审计、企业监事会等，形成内部全方位监督机制。湖北在专项试点的基础上，全面推进国有企业加强廉洁风险防控，规范权力运行。各地与所属企业签订党风廉政建设责任书，制订责任制考核办法和预防职务犯罪联席会议等制度，积极推动企业廉洁风险防控机制建设，推行“三公”资源进场交易。国务院国资委组织开展“五项制度”落实情况专项综合检查，查找问题，督促改进，发挥了监督合力。深入开展工程建设领域突出问题、商业贿赂、公务用车、清理庆典研讨会论坛和“小金库”专项治理，认真解决反腐倡廉过程中职工群众反映强烈的突出问题，严肃查办违纪违法案件，党风廉政建设取得积极进展。

一年来，国资监管和国有企业改革发展向“两新目标”迈出了坚实步伐，实现了“十二五”的良好开局。国有经济在经济社会发展中的骨干中坚作用更加凸显，各级党委、政府对国资委和国有企业更加倚重，国资监管的事业舞台更加宽广。这些成绩的取得，要归功于党中央、国务院和各级党委、政府的正确领导，归功于有关部门和社会各界的大力支持，归功于各级国资委和广大国有企业干部职工的团结拼搏。

在这里，我要代表全国国资委系统向各级党委、政府表示衷心的感谢，你们的重视、关心和指导，是国资监管和国有企业改革发展最为强大的依靠。我要代表全国国资委系统向各个部门和社会各界表示衷心的感谢，你们的理解、支持和帮助，是国资监管和国有企业改革发展最为有力的支撑。我要代表国务院国资委向各级国资委和广大国有企业干部职工表示衷心的感谢，你们的心血、汗水和奉献，是国资监管和国有企业改革发展最为坚实的基础。我相信，在党中央、国务院和各级党委、政府的正确领导下，在各个方面的大力支持下，我们上下同心，奋力开拓，国资监管事业一定会再攀新高，国有企业改革发展一定会再创辉煌！

二、2012年工作总体思路

前不久召开的中央经济工作会议，对国内外经济形势进行了深刻分析。总的看，今年经济形势将更为复杂多变，经济低速增长和物价高位波动相互交织，国际政治和经济问题相互交织，系统性和结构性风险相互交织，全球经济和国内经济结构调整相互交织，各种不稳定、不确定性因素增多，经济运行将面临不少新情况、新问题。对当前以及未来相当长一段时期经济形势的复杂性严峻性，我们要有全面深刻的认识，要深入分析国内外形势变化对国资监管和国有企业改革发展带来的各种影响，做好应对更大困难和挑战的准备，特别要关注以下几个问题。

一是要密切关注世界经济发展的新趋势。欧洲主权债务危机仍在蔓延扩散，欧元区国家财政政策全面转向紧缩，加剧了欧洲及全球经济下行的压力。美、日等主要发达国家经济增长乏力，失业率居高不下，消费不振，贸易低迷，进一步拖缓了全球经济复苏步伐。新兴经济体的增长速度也明显下降，部分国家金融市场波动加剧，系统性风险显著升高。全球经济将进入一个较长时期的低速增长期，这对企业最直接的影响是市场萎缩、需求不足，我们将可能面临较长时间的出口低速增长。

二是要密切关注全球产业调整的新情况。应对全球性经济危机的冲击，主要发达经济体都在推动经济结构加速转型，加快发展新兴产业，力图抢占未来发展制高点。一些发达国家提出了“再工业化”口号，加大了对本国制造产业支持力度，鼓励本土企业将海外公司回迁。国际知名跨国企业也纷纷调整发展战略，将产业基地向资源价格和要素成本更低的国家和地区迁移。这对国有企业加快转型升级、整合产业资源、提高产业竞争能力提出了更为迫切的要求。

三是要密切关注国际市场的新动向。受美元贬值、全球流动性过剩、粮食库存下降、国际投机资本炒作等多种因素影响，能源、原材料、农产品等大宗商品价格持续高位波动。主要发达经济体通胀率达到多年来的高位，新兴市场国家资产泡沫和通胀压力也在不断加大，多数国家物价面临较大上涨压力。这对企业的盈利能力带来较大影响，特别是处在产业链下游的传统制造产业将面临更大的挑战。

四是要密切关注国际政治形势的新变化。美国、俄罗斯、法国等国家今年进入选举年，国际地缘政治冲突持续不断，对全球经济的影响具有较大不确定性。一些西方国家对我国国有企业存在偏见，通过世贸组织对我国贸易政策进行严格审议，企图将“竞争中立性”政策等遏制手段上升为国际规则，并频繁采取反倾销反补贴措施，对我国国有企业进行遏制。这些对国有企业“走出去”开展国际化经营将带来十分不利的影响。

同时我们也要看到，我国经济仍处于重要战略机遇期，各种有利条件和积极因素还比较多；国有企业整体实力和竞争力进一步增强，应对危机抵御风险的能力和水平显著提升；全球经济的深刻调整，也给国有企业“走出去”在全球范围内配置资源提供了契机。我们既要保持清醒的头脑，增强危机感，引导企业及时化解各种可能出现的风险；也要坚定信心，抓住机遇，推动企业充分应用有利条件和积极因素，加快做强做优，努力保持生产经营平稳较快发展的势头。

根据党的十七届六中全会和中央经济工作会议精神，2012 年国有资产监管和国有企业改革发展总体要求是：坚持以科学发展为主题，以加快转变经济发展方式为主线，认真贯彻落实党的十七大及历次全会精神，贯彻落实中央经济工作会议的部署和要求，紧紧围绕“十二五”时期“两新目标”，着力推进国有企业改革，着力调整优化国有经济布局结构，着力完善国有资产监管体制和制度，进一步提升国有企业发展质量和效益，增强国有经济活力和竞争力，切实发挥国有经济在各地区经济社会健康发展中的骨干作用，为国民经济平稳较快发展作出新的更大贡献，以优异成绩迎接党的十八大胜利召开。

按照这个总体要求，做好 2012 年的各项工作，要注重把握“一个基调”，抓好“两个提升”，发挥“三个作用”。

把握“一个基调”，就是要牢牢把握中央经济工作会议提出的“稳中求进”工作总基调。中央经济工作会议强调要突出把握好“稳中求进”的工作总基调。这是党中央全面分析国内外形势作出的重要决策，对于保持经济社会发展良好势头具有十分重要的意义。对各级国资委和国有企业来说，把握“稳中求进”的总基调，就是要紧紧抓住科学发展这个主题和加快转变经济发展方式这条主线，坚持突出主业，坚持转型升级，坚持改革创新，坚定不移地做强做优实体经济。在“稳”的方面，要积极应对复杂形势带来的各种困难和挑战，全力采取措施，确保企业生产经营平稳较快增长，确保企业和谐稳定。在“进”的方面，要继续在深化改革、调整结构、加强管理、强化创新上下更大功夫，扎实工作，破解难题，切实推进企业在转变发展方式上取得新的更大成效。

抓好“两个提升”，就是抓好国资监管能力水平提升和国有企业发展质量提升。抓好国资监管能力水平提升，就是要不断完善国资监管体制制度，健全国资监管工作体系机制，提高国资监管队伍能力素质，进而实现国资监管工作在更高水平上助力国有企业改革发展。党的十六大以来，各地国资委在完善国资监管体制和制度、提高监管工作有效性和针对性方面做了大量探索，积累了很多宝贵经验。面对新形势下国资监管工作要求、环境、对象的新变化新情况，需要我们进一步总结经验，查找不足，继续探索创新，不断完善国资监管体制和制度，不断加强国资监管机构和队伍建设，不断提高国资监管的前瞻性、及时性、针对性、有效性，使国资监管能力水平更好地适应形势变化和企业需要，更好地引导国有企业加快转变发展方式，实现科学发展。

抓好国有企业发展质量提升，就是要紧紧抓住国有企业生产经营中存在的突出问题和管理短板，着力推进企业加快转变发展方式，在提升发展质量和效益上下更大功夫。近些年来，各地在推进国有企业改制重组和资源优化配置方面做了大量工作，涌现出一批具有较强竞争力和行业影响力的优势企业。但总体来看，在国有企业发展中，重规模轻质量、重速度轻效益的倾向仍然存在，管理粗放、创新能力较弱、资源配置不合理等问题比较突出，缺少一批在国内外具有较强影响力的知名品牌，整体实力还需要进一步加强。特别是在今年经济增速放缓、市场持续低迷的情况下，国有企业生产经营将面临更大难度，加快转变发展方式、提升发展质量的任务更显迫切。各地国资委要深入调研分析，梳理排查企业生产经营中的突出问题，切实采取措施促进企业做强做优、科学发展，为保持国民经济平稳较快发展作出贡献。

发挥“三个作用”，就是要更好地发挥国有企业在保持经济平稳较快发展中的骨干作用，在转变经济发展方式中的带头作用，在推动社会主义文化大发展大繁荣中的表率作用。

一是要发挥国有企业在保持经济平稳较快发展中的骨干作用。今年我国经济社会发展面临许多困难和挑战，保持经济平稳较快发展的任务更为艰巨。国有企业作为国民经济的重要支柱，必须全面落实中央经济工作会议精神，保增长，保稳定，防止大的起落，在保持国民经济平稳较快发展中发挥骨干中坚作用。各级国资委要把保持国有企业平稳较快增长作为首要任务，切实采取措施引导国有企业积极开拓市场，大力降本增效，加强资金管理，强化风险管控，努力保持良好发展势头，确保完成全年生产经营各项目标任务，为国民经济平稳较快发展和地方经济社会发展作出应有贡献。在保障和改善民生方面，国有企业特别是提供公共产品和服务的企业，要认真贯彻落实国家宏观调控措施，稳定市场供应，提升产品质量，参与民生工程，在促进社会和谐稳定中发挥国有企业不可替代的重要作用。

二是要发挥国有企业在转变经济发展方式中的带头作用。加快转变经济发展方式，既是国家重大战略部署，也是企业自身发展必由之路。国有企业主要分布在关系国家安全、国民经济命脉和涉及国计民生的重要行业和关键领域，大多处于行业排头兵地位，在加快经济发展方式转变中承担着重要任务，同时也有能力、有基础成为引领经济发展方式转变的主力军。各级国资委要立足国家经济结构战略性调整的大局，结合各地实际情况，从有利于国有企业持续健康稳定发展的角度，深入研究推进国有企业转型升级、调整优化产业结构的思路和措施，积极推动国有企业之间、国有企业与其他所有制企业之间的重组整合，改造和提升传统产业，培育和发展战略性新兴产业，不断提升企业科技创新能力和整体素质，努力做强做优做大一批有市场、有实力、有品牌的优势支柱企业，充分发挥国有经济在转方式、调结构方面的引领和带动作用，为促进经济社会实现科学发展作出积极贡献。

三是要发挥国有企业在推动社会主义文化大发展大繁荣中的表率作用。党的十七届六中全会提出了推动社会主义文化大发展大繁荣的重大任务，确立了建设社会主义文化强国的战略目标。国有企业不但承担着经济责任，还承担着政治责任和社会责任，不仅要为社会提供巨大的物质财富，而且要为社会提供丰富的精神财富。国有企业的性质、地位和作用，决定了在推动社会主义文化大发展大繁荣中必须发挥表率作用。要大力推进社会主义核心价值体系建设，通过培育和弘扬具有鲜明时代特色的国有企业精神，将社会主义核心价值体系融入到企业的思想政治工作和企业文化之中，通过坚持不懈、持之以恒的努力，使之真正成为国有企业干部职工的普遍共识、自觉行动和精神力量。要深化国有文化企业改革，加大结构调整和资源整合力度，培育一批核心竞争力强的国有或国有控股大型文化企业或企业集团，在推动文化产业发展和繁荣市场方面发挥主导作用。

三、2012年要注重抓好的几项工作

2012年是实现“十二五”发展目标承上启下的重要一年，我们党将召开十八大。做好今年各项工作，保持经济社会平稳较快发展意义十分重大。各级国资委要认真贯彻落实党中央、国务院的工作部署，围绕国资监管“两新目标”，结合国资监管和国有企业改革发展实际，注重抓好以下几方面的工作。

（一）积极应对复杂形势的风险和挑战，确保国有经济平稳较快发展

国务院国资委将坚持定期经济运行分析制度，加强经济运行监测分析，及时向中央企业通报情况，提示风险，帮助协调解决困难和问题。各地国资委也要加强形势研判，认真分析形势变化对国资监管和国有企业改革发展的影响和挑战，引导企业密切关注国际国内政治经济形势的新变化和新趋势，做好长期应对的思想准备，做好各项应对措施和预案。要引导企业建立健全风险评估常态化机制，高度关注生产经营中的风险，进一步健全全面风险管理体系，强化重大风险管控，切实保障资金链安全，防控重大资产损失。同时要引导企业抓住机遇，积极探索转“危”为“机”的有效途径，调整发展战略和经营策略，优化产品结构，开拓新兴市场，拓展发展空间。

（二）进一步深化改革，增强国有经济活力和竞争力

要结合各地实际，研究国有企业改革发展中一些突出问题，积极探索，协调推进，努力在一些领域取得新的突破。一是加快推进所属企业公司制股份制改革，注重通过资本市场和重点项目的实施，吸引和带动其他所有制资本参与国有企业改革。二是加大规

范董事会建设力度，建立健全制度体系和工作机制，逐步启动董事会、董事评价工作，加强董事队伍建设，提高董事履职能力，力争实现国资监管系统董事资源的优化配置。三是推动企业深化内部改革，加大公开招聘、竞争上岗力度，健全市场化选人用人机制；完善职工收入分配调控机制，调整内部收入与分配结构，坚持工资分配向科技人员倾斜，向一线职工倾斜。四是加大力度解决一批严重影响制约企业发展的历史遗留问题，特别是在政策性关闭破产和债转股有关遗留问题、分离企业办社会职能等方面，力争有所突破。国务院已经下发了在全国范围内推进厂办大集体改革的有关政策，各地要抓住机遇，把握工作节奏，积极稳妥推进这项改革。

（三）加快推进转型升级，提升国有企业发展质量和效益

要结合各地区域发展规划，抓住经济结构调整和产业结构升级的机遇，加快推进产业转型升级和企业结构优化。一是加强传统产业改造和新兴产业发展。引导企业进一步加大技术改造力度，提高装备水平，淘汰落后工艺技术和设备，加快产品升级换代；加大科技创新力度，集中力量发展一批符合本地实际、具有特色优势的新兴产业。二是加强资源整合，优化资源配置。积极推动企业之间和企业内部业务板块重组，推进企业压缩管理层级，优化业务流程，创新商业模式，提高运行质量和效率；进一步推动央地合作，发挥各自优势，形成发展合力；鼓励支持有条件的企业“走出去”，提高配置国际资源能力。三是强化节能减排。加强对重点企业的监测与分析，引导重点耗能企业加快节能技术改造，降低能源消耗；大力开展与绿色经济、循环经济、低碳经济相关的新技术研发，抢占新一轮节能减排技术制高点。

我们将在中央企业开展管理提升活动，集中力量推进中央企业整体管理水平的提升，夯实发展基础。各地国资委也要高度重视这项工作，牢牢抓住企业管理这一永恒主题，不断提升管理水平，向管理要质量、要效益，以管理的全面提升推进企业的转型升级和持续健康发展。

（四）加强国有资产监管，提高科学监管水平

经过近十年的探索，我们已经基本建立了比较完善的国有资产监管体系，要根据新形势、新任务的要求，不断加以完善，增强监管的针对性和有效性，提高执行力和科学监管水平。一是加强法规规章建设。国务院国资委将进一步完善国资监管法规体系，加强立法工作。《企业国有资产基础管理条例》已列入国务院立法计划，希望各地国资委积极配合做好起草工作。各地国资委要进一步完善相关规章制度，具备条件的推动国资监管规范性文件上升为地方性法规。二是增强考核的针对性。深化经济增加值考核，加强全员业绩考核，完善分类考核，探索对标考核，更好地发挥业绩考核的导向作用。进一步完善所监管企业负责人薪酬管理制度，合理调控薪酬水平。三是强化出资人监督。加强财务监督，引导企业进一步加强集团化管控、全面预算管理和财务信息化建设。强化国有产权交易监管，探索混合产权中的国有产权有效管理方式，规范上市公司国有股东行为，加强对境外国有资产的监管。继续增强监事会监督的有效性，加大对企业及其负责人履职行为、重要经营管理活动、重大决策及其程序合法合规性的监督。要加强对融资平台公司的监管，切实防范风险。四是加强出资人队伍建设。国务院国资委制定了机关建设“十二五”规划纲要，今年在国资委机关也将开展管理提升活动。各地也要高度重视自身建设，强化内部管理，加强学习培训，提升综合素质，不断提高履职能力和水平。

（五）努力构建国资监管大格局，凝聚发展壮大国有经济的合力

国资监管工作和国有企业改革发展，离不开各级党委、政府的领导，离不开各部门和社会各界的支持，要依靠地方，联合部门，协调各界，共促发展，积极构建国资监管大格局。一是要主动向省委、省政府、省人大、省政协汇报工作，加强与各部门的沟通协调，完善与有关部门联动协作的工作机制，形成关心支持国有企业改革发展的良好环境。二是要加大新闻宣传工作力度，改进宣传工作方式方法，加强与新闻媒体和专家学者的沟通交流，积极回应社会对国有企业改革发展的关切，主动宣传国有企业改革发展成就和履行社会责任情况，争取社会各界的更多理解和支持。三是

一、国有企业的性质地位和作用决定了国有企业必须在推进社会主义核心价值体系建设中发挥表率作用

社会主义核心价值体系在党和国家事业中居于灵魂位置,在社会主义先进文化中具有精髓意义,在中国特色社会主义发展中起着决定方向的关键性作用。国有企业要从建设中国特色社会主义的全局和战略高度,充分认识推动社会主义核心价值体系建设的重要意义,做社会主义核心价值体系的宣传者、践行者、捍卫者。

首先,国有企业是中国特色社会主义的重要支柱。公有制为主体、多种所有制经济共同发展是社会主义初级阶段的基本经济制度,也是中国特色社会主义的重要特征。搞好国有企业,发展壮大国有经济,是坚持中国特色社会主义共同理想的内在要求。经过30多年的改革发展,国有企业管理体制和经营机制发生了根本变化,国有经济整体实力进一步增强,综合素质进一步提升,在国民经济中继续发挥着主导作用,为建设中国特色社会主义做出了重要贡献。一方面,国有企业改革发展取得的成就,为坚定中国特色社会主义共同理想提供了强有力的支撑;另一方面,社会主义核心价值体系建设为国有企业改革发展提供了强大精神动力。这就要求,国有企业要不断深化改革,加快发展,坚定广大干部群众建设中国特色社会主义的信心和信念;国有企业广大干部职工要把个人奋斗融入建设中国特色社会主义事业的伟大实践中,以更加坚定的信念、更加坚韧的意志、更加坚强的团结投身于国有企业改革发展的事业中。

第二,国有企业是全面建设小康社会的重要力量。国有企业大多处在关系国家安全和国民经济命脉的重要行业和涉及国计民生的关键领域,是国家物质财富的重要创造者,是实现共同富裕的重要载体。国有企业不仅为社会提供了巨大的物质财富,而且为社会提供了丰富的精神财富,在社会主义文化建设中发挥着重要作用。国有企业在改革发展过程中创造的丰富多彩的企业文化,已经成为中国特色社会主义文化的重要组成部分;国有企业广泛开展的群众性文化活动,为传播先进文化理念、提升广大人民群众的文化素质发挥了重要作用;国有企业作为文化产业的骨干力量,为广大人民群众源源不断地提供了精神食粮。国有企业作为继承中国传统文化和创新时代精神的重要载体,过去是将来也必定是推进社会主义核心价值体系建设的重要力量,肩负着建设社会主义文化强国的历史责任。

第三,国有企业是我们党执政的重要基础。国有企业健全完善的党的组织体系,在宣传贯彻落实党的理论、路线、方针、政策方面发挥了重要作用。国有企业党组织的先锋模范作用和党员的战斗堡垒作用,极大地激发了职工群众的社会主义建设热情。长期以来,国有企业坚持不懈地深入开展理想信念教育,引导广大干部职工深刻认识中国共产党领导和中国特色社会主义制度的历史必然性和优越性,用中国特色社会主义理论体系武装头脑,以实际行动践行社会主义核心价值体系,在全社会发挥了表率和引领作用。

二、要把社会主义核心价值体系全面融入思想政治工作和企业文化建设中

推进社会主义核心价值体系建设,是一项重要的基础工程、灵魂工程、系统工程。要将社会主义核心价值体系融入到企业的思想政治工作和企业文化之中,通过坚持不懈、持之以恒的努力,使之真正成为国有企业干部职工的普遍共识、自觉行动和精神力量。

一是要毫不动摇地坚持马克思主义指导地位和中国特色社会主义共同理想。国有企业推进社会主义核心价值体系建设,首先要毫不动摇地坚持马克思主义指导地位和中国特色社会主义共同理想,从推进社会主义核心价值体系建设的全局出发,统一思想,加强引导。第一,要加强文化自信。在实践中我们已经探索出了一条中国特色国有企业改革发展成功道路,我们要对此充满自信,对肩负的神圣使命和重要责任充满自信,对搞好国有企业、发展壮大国有经济充满自信。第二,要坚持用马克思主义的立场、观点和方法分析问题解决问题。认真总结国有企业改革发展成功实践,不断深化对国有企业改革发展客观规律的认识,不断丰富和完善中国特色国有企业改革发

展理论体系，推动这一理论进教材、进讲堂、进头脑。第三，要采取多种形式广泛宣传国有企业改革发展的成就。大力宣传国有企业为经济社会发展做出的巨大贡献，大力宣传国有企业履行社会责任的典型事例，大力宣传国有企业在完成艰难任务中的先进事迹，讲好国有企业的故事。在全党全社会形成对国有经济地位作用的正确认识，形成推动国有企业改革发展的强大共识。

二是要大力弘扬培育国有企业先进精神，夯实社会主义核心价值体系在国有企业的实践基础。国有企业改革发展过程中形成了“两弹一星”精神、大庆精神、铁人精神、载人航天精神、青藏铁路建设精神等一系列富有各个时代特点的国有企业精神。推进社会主义核心价值体系建设，我们要认真总结、深入挖掘、提炼具有国有企业共同特点的核心价值理念，形成一个符合社会主义核心价值体系要求、符合时代特点的国有企业精神。要体现爱党爱国的精神，将党和国家的利益放在首位；要体现求实创新的精神，把解放思想、实事求是、与时俱进的思想路线贯穿于国有企业改革发展之中；要体现拼搏奉献的精神，面对困难勇往直前，服务人民甘于奉献；要体现诚实守信的精神，做完善社会主义市场经济体制的健康力量；要体现和谐包容的精神，促进经济、社会、环境和谐发展，做履行企业社会责任的表率。要通过弘扬和培育国有企业先进精神，将社会主义核心价值体系融入国有企业文化建设之中，形成国有企业特有的软实力和品牌形象。

三是要树立和践行社会主义荣辱观，提升广大干部职工思想道德素质。改革开放以来，国有企业广大干部职工的思想道德主流是好的，人们精神风貌昂扬向上，但是受社会上一些消极现象的影响，国有企业少数干部职工也存在着理想信念有所动摇，拜金主义、享乐主义有所滋长等现象，个别干部的腐败问题，败坏了国有企业的声誉，造成了很坏的影响。国有企业推进社会主义核心价值体系建设，要着眼于培育知荣辱、讲正气、促和谐的良好风尚，切实树立和践行社会主义荣辱观。要大力开展以“八荣八耻”为主题的实践教育活动，把“八荣八耻”的基本要求落实到职工的日常工作生活之中，落实到为企业添光彩、为他人送温暖、为社会作贡献的过程之中。要大力加强以爱岗敬业、诚实守信、办事公道、服务群众、奉献社会为主要内容的职业道德教育，增强职业道德意识，养成职业道德品格，不断增强道德荣誉感和道德判断力。要深入开展反腐倡廉教育，坚决反对拜金主义、享乐主义、极端个人主义，严厉惩处各种腐败行为。要坚持持之以恒，长抓不懈，建立经常化、长效化的工作机制，激励广大干部职工以更加饱满的热情和振奋的精神投身到国有企业科学发展、和谐发展当中。

四是要把社会主义核心价值体系转化为落实“十二五”规划做强做优国有企业的精神力量。“十二五”时期是国有企业贯彻落实科学发展观、加快转变发展方式的重要时期。国资委提出了“十二五”时期国资监管和国有企业改革发展“两新目标”和“做强做优中央企业、培育具有国际竞争力的世界一流企业”的中央企业改革发展核心目标。这些目标是当前和今后一个时期国有企业广大干部员工为之奋斗的共同愿景。“十二五”开局之年，国有企业认真贯彻落实党中央、国务院各项决策部署，积极应对错综复杂的国内外经济形势，克服重重困难，生产经营保持平稳运行。展望明年，世界经济形势仍将十分严峻复杂，经济运行中面临不少新情况、新问题，国有企业改革发展面临着新的困难和挑战。历史的经验证明，越是环境复杂、矛盾突出、挑战严峻的时候，越要加强企业思想政治工作，越是要鼓舞士气，增强信心。我们要把社会主义核心价值体系转化为推进企业改革发展的动力，转化为克服困难的勇气，转化为应对挑战和机遇的智慧。要紧紧抓住迎接党的十八大胜利召开的有利契机，不断深化创先争优活动，深化“四好”领导班子创建活动，增强党组织的创造力、凝聚力和战斗力，将国有企业的政治优势、组织优势、群众工作优势转化为企业的核心竞争力，为国有企业改革发展提供坚强的思想政治保证。

三、要把社会主义核心价值体系贯穿到国有企业改革发展的实践中

建设社会主义核心价值体系，必须贯穿改革开放和社会主义现代化建设的各个领域。对国有企业而言，推进社会主义核心价值体系建设，要注意把握好以下几个问题。

一是坚持党对国有企业的领导。坚持党的领导，发挥国有企业党组织的政治核心作用，是一个重大原则，任何时候都不能动摇。坚持党对国有企业的领导，是把社会主义核心价值体系贯穿到国有企业改革发展全过程的重要保证。要把建设高素质经营管理者队伍、人才队伍、党员队伍、职工队伍和增强国有经济活力、控制力、影响力贯穿国有企业党组织建设始终，保证党组织参与决策、带头执行、有效监督，发挥政治核心作用，推动国有企业做强做优，发展壮大国有经济。

二是坚持全心全意依靠工人阶级。推进社会主义核心价值体系建设，从根本上来说，是要以共同的理想、信念来团结人民群众，形成统一的意志，追求共同的目标。把社会主义核心价值体系贯穿到做强做优国有企业的实践中，就是要秉承我们党全心全意为人民服务的宗旨，全心全意依靠工人阶级办好国有企业。要更加注重尊重职工的主体地位和首创精神，进一步完善职工民主管理制度；更加注重促进职工的全面发展，提升队伍的整体素质；更加注重维护职工的合法权益，关心关爱职工，建设和谐团队。

三是坚持和谐包容的企业发展理念。树立和谐包容的发展理念，不仅是国有企业自身发展的需要，也是推进社会主义核心价值体系的要求。要更加注重诚信经营，为合作伙伴提供公平机会，带动产业链健康发展；更加注重环境保护，坚持走资源节约型和环境友好型发展道路；更加注重社区发展，积极参与社会公益事业；更加注重加强新闻宣传，主动和新闻媒体沟通，赢得社会各界的理解和支持。

四是坚持发挥国有企业在发展文化产业中的主导作用。党的十七届六中全会明确提出，要形成公有制为主体、多种所有制共同发展的文化产业格局，必须毫不动摇地支持和壮大国有或国有控股文化企业，毫不动摇地鼓励和引导各种非公有制文化企业健康发展。国有企业文化产业的发展面临着重大历史机遇，负有重要的政治责任和社会责任，必须有所作为，要培育一批核心竞争力强的国有或国有控股大型文化企业或企业集团，在推动文化产业发展和繁荣市场方面发挥主导作用。

国有企业推进社会主义核心价值体系建设责任重大，使命光荣。我们要紧密团结在以胡锦涛同志为总书记的党中央周围，统一思想，坚定信心，开拓进取，以高度的政治责任感、奋发有为的精神状态和求真务实的工作作风，努力开创推进社会主义核心价值体系建设工作新局面，为推动社会主义文化大发展大繁荣，为促进国有企业科学发展作出新的更大贡献！

2012

CHINA'S STATE-OWNED ASSETS SUPERVISION AND ADMINISTRATION YEARBOOK

中国国有资产监督管理年鉴

国有资产监督管理概况

第二篇

国有资产监管体制改革与国有企业改革发展综述

2011年是"十二五"开局之年，也是国有资产监管体制改革与国有企业改革发展在新的起点上奋力拼搏、积极进取的一年。在党中央、国务院和地方党委、政府的正确领导下，各级国资委和广大国有企业认真贯彻落实党中央、国务院一系列战略部署，积极应对复杂多变的经济形势，采取切实有效的措施，进一步完善体制，深化改革，加快调整，强化监管，加强和改进企业党的建设，国有资产监管体制改革与国有企业改革发展取得新的进展。

一、国有企业生产经营平稳运行，有效保障国民经济平稳发展

2011年，全国国有企业实现营业收入39.2万亿元，同比增长22.8%；实现净利润1.94万亿元，同比增长15.2%；上缴税金3.45万亿元，同比增长21.6%。

2011年，国务院国资委监管的中央企业(以下简称"中央企业")实现营业收入20.5万亿元，同比增长22.1%；实现净利润9136.1亿元，同比增长7.2%；上缴税金1.7万亿元，同比增长16.3%。中央企业资产总额超过千亿元的有61家，营业收入超过千亿元的有52家，利润总额超过百亿元的有23家。在2011年美国《财富》杂志公布的世界500强企业中，中央企业有38家，比2010年增加8家。其中，中国石油化工集团公司、中国石油天然气集团公司、国家电网公司进入前十强。

国有企业在注重自身发展的同时，服务经济社会发展全局，积极履行社会责任，努力发挥表率作用。中央企业上交2010年度国有资本收益692亿元。在2011年国有资本经营预算支出安排中，划拨40亿元到社保基金。广大国有企业积极落实国家宏观调控政策，全力保障成品油、天然气、电力和粮棉油肉糖盐等产品的市场供应，全力支持新农村建设和保障房建设。积极参与援疆援藏援青和定点扶贫，有44家中央企业在新疆、40家中央企业在西藏开展了各类援助帮扶工作，93家中央企业定点帮扶189个国家扶贫工作重点县。主动加强与利益相关方及社会各界沟通，有76家中央企业发布社会责任报告或可持续发展报告。

二、国有企业改革稳步推进，国有经济布局结构进一步优化

(一)中央企业改革发展"一五三"总体思路稳步实施

在2010年底中央企业负责人会议上，国务院国资委根据国家发展战略需要和中央企业改革发展实际，提出"十二五"时期中央企业改革发展"一大目标、五大战略、三大保障"的总体思路。一大目标是：做强做优中央企业、培育具有国际竞争力的世界一流企业；五大战略是：转型升级、科技创新、国际化经营、人才强企、和谐发展战略；三大保障是：深化国有企业改革提供动力保障，完善国资监管体制提供体制保障，加强和改进企业党建提供组织保障。经过深入调查研究，提出了培育世界一流企业的工作机制和工作方案，制定发布了"一大目标"顶层设计、"五大战略"实施纲要和"三大保障"工作思路及措施。同时，根据国家"十二五"发展规划纲要的总体思路，研究制定并发布实施了《中央企业"十二五"发展规划纲要》。

(二)公司制股份制改革取得积极进展

各地加大国有企业公司制股份制改革力度，积极推进投资主体多元化，全国国有企业改制面超过90%，地方大部分国有企业已经从国有独资改制为多元持股的公司制企业，中央企业及其下属子企业的公司制股份制改制面由2002年的30.4%提高到2011年的72.3%。2011年，有6家中央企业控股的公司在境内外资本市场首次公开发行股票并上市，中国水利水电建设集团公司实现主营业务整体上市，中国铁路

物资总公司、中国五矿集团公司和中国第一汽车集团公司完成整体改制。截至2011年底，已有43家中央企业实现主营业务整体上市，中央企业控股境内外上市公司359户，资产总额的52.9%、净资产的56.7%、营业收入的60.9%和净利润的83.5%都集中在上市公司。北京市市属国有上市公司累计达到43户，市值超过5000亿元。安徽省的江汽集团、叉车集团积极引进战略投资者，进一步推进企业公司制改制。河南、湖北、陕西等地的一批国有企业加快企业改革改制，实现了投资主体多元化。

(三)公司治理结构进一步完善

按照现代企业制度要求，各地国有企业加快推进规范的董事会建设，建立完善董事会制度体系，优化董事结构，规范董事会运作，公司治理水平得到提高。中央企业建设规范董事会试点工作取得突破，经过前几年的试点探索，中央管理的3家石油、2家电信、2家水运和1家军工企业进入试点，试点企业扩大到42家。电网主辅分离改革取得突破性进展，2家综合性电力建设集团公司正式挂牌。深圳市在规范董事会建设实现全覆盖的基础上，进一步完善运行机制，加大放权力度。山东省按照科学量化、注重实效的原则对外部董事进行评价，促进外部董事认真履行职责。广东省形成建设规范董事会的一整套工作制度，启动6户企业的规范董事会建设试点工作。海南、青海、陕西、甘肃、贵州、新疆生产建设兵团等地国有企业董事会试点工作取得积极进展。

(四)企业重组和结构调整力度加大

按照“有进有退、有所为有所不为”的原则，国有企业深入推进联合重组，国有资本进一步向关系国家安全和国民经济命脉的重要行业和关键领域集中。围绕做强做大主业持续推进中央企业战略重组，中国乐凯胶片集团公司并入中国航天科技集团公司，中商企业集团公司并入中国诚通控股集团有限公司，中国华星集团公司划入中国国新控股有限责任公司管理，中央企业户数由国资委成立时的196家，调整重组到117家。中央企业之间加强业务合作，注重整合内部资源，实现“集中资源办大事、联合起来谋发展”。中央企业加快剥离非主业资产，推进宾馆酒店和房地产等非主业业务有序退出。首次召开中央企业“走出去”工作会议，研究部署国际化经营工作，推动加快“走出去”步伐，优化市场布局，提高全球配置资源能力。天津市结合“十二五”规划，重点实施医药、轻工、投资、外贸等行业的7个重组项目，推动优质资源向企业主业和优势企业集中。山西省进一步推进煤炭资源整合，以7家大型煤炭企业为主体，调整整合省内1037个小矿井。不少地方加强与中央企业的合作，湖南以湖南有色股权换取五矿股份股权，成为第一家持有中央企业股权的地方国资委。安徽、云南、贵州等十省市181户农电企业上划国家电网公司和中国南方电网有限责任公司，河北、吉林、辽宁等18省区96户粮库上划中国储备粮管理总公司，实现了资源优化配置。

(五)产业优化升级步伐加快

各地根据区域发展战略的要求，进一步明确国有经济功能定位，发挥国有资本经营预算的引导带动作用，加大重点产业的培育发展，提升产业整体竞争能力，形成新的竞争优势。华润(集团)有限公司、中国医药集团总公司、中国建筑材料集团有限公司等企业发挥行业排头兵引领作用，推动联合重组，淘汰落后产能，引领行业转型升级。华侨城集团公司通过并购重组构建数字娱乐技术平台，完善旅游文化产业链。中国华录集团有限公司依托蓝光高清核心技术，加快向以信息产业为基础的新型文化产业转型。中国联合网络通信集团有限公司面向中小企业开展信息化应用巡展，为传统产业升级和发展现代服务业提供服务。浙江省围绕建设海洋经济示范区的战略部署，推动省属企业加大海洋经济产业培育、合作和开拓力度。云南省推动省属企业在面向西南开放的桥头堡建设中发挥骨干和示范作用，积极推进瑞丽口岸国际物流园、红河综合保税区等重点项目。湖南省着力培育一批先进装备制造、新材料、信息、生物等战略性新兴产业，推动监管企业逐步提高精深加工、高附加值产品以及高端业务比重。宁夏回族自治区紧紧围绕深入实施西部大开发战略的产业政策和扶持项目，规划和建设了一批煤化工、新能源、新材料等具有战略意义的重点项目。江西省在巩固提升传统资源能源优势产业的基础上，推动新材料、现代中药、生物医药

35.5%。主要监控企业固定资产投资增幅不大，其中：石油石化行业的3家企业固定资产投资只比上年增长6.4%，9家电力企业增长8.8%，电信行业3家企业增长11.4%，冶金企业增长17.6%，7家装备制造企业下降4.5%。

第二，主业投资继续保持在较高水平。2006年以来，中央企业主业投资比重持续保持在较高水平，2006—2011年保持在97%～99%，2011年保持在98.8%，但是，也有个别企业主业投资比例仍然偏低。

第三，新开工项目比例继续缩小。2006年至2008年，重点监控的中央企业新开工项目投资占总投资比重为45%左右，2009年开始，这一比例开始下降，2011年下降为39.7%。

四、中央企业科技创新工作不断推进

1. 编制印发《关于加强中央企业科技创新工作的意见》。在反复征求中央企业意见的基础上，国资委于2011年6月正式印发《关于加强中央企业科技创新工作的意见》(以下简称《意见》)，《意见》明确了“十二五”时期中央企业科技创新工作的指导思想、基本原则、总体目标、重点任务和相应的政策保障措施，是“十二五”和今后较长一段时间中央企业科技创新工作的“纲”，对推动中央企业科技创新工作，具有重要意义。

2. 组织召开中央企业科技创新工作会议。2011年6月23日，国资委组织召开“中央企业科技创新工作会议”，推动实施科技创新战略，研究部署中央企业科技创新工作。国资委在家的委领导全部参加会议，全国政协副主席、科技部部长万钢也应邀到会，科技部、发改委、财政部等13个部门的有关司局负责同志，委内各厅局负责同志和中央企业主要负责人、分管科技工作的负责人及科技管理部门的负责人共400余人出席会议。会上，万钢部长、王勇主任和黄丹华副主任都作了重要讲话。会议在中央企业中引起强烈反响，很多企业会后即着手传达会议精神、研究落实措施。

3. 参加国家科技体制改革和创新体系建设调研及文件起草小组相关工作。多次参加国务院组织的国家科技体制改革和创新体系建设有关调研与座谈会议，以及“国家科技体制改革和创新体系建设调研及文件起草小组”工作会议及办公室成员会议。根据会议安排，对国资委推进中央企业科技体制改革的有关工作情况和出台的有关文件进行梳理，提交《国资委关于中央企业科技体制改革重点问题研究和政策情况梳理报告》。分批组织召开由产业集团、军工集团、转制科研院所等近40家企业参加的座谈会，听取企业对科技体制改革和国家创新体系建设有关问题的意见和建议。在调研、座谈的基础上，向国家科技体制改革和国家创新体系建设调研及文件起草小组提交《国资委关于科技体制改革和创新体系建设重点问题调研情况的报告》。

4. 做好中央企业科技创新组织协调工作。一是组织中央企业申报863、973、国家科技支撑计划、新产品计划等国家重点科技计划项目，支持企业承担企业国家重点实验室等国家基础条件平台建设。二是推荐中央企业申报国家科技奖励、中国专利奖等国家级奖励，向中国科协八大、863专家库推荐代表、专家。三是会同发展改革委等部门赴多家中央企业开展“加强和发挥科技型央企的产业共性技术平台作用”问题调研并提出政策建议。四是积极参与北京中关村、武汉东湖、上海张江、天津滨海新区等国家自主创新示范区和绵阳科技城部际协调小组的有关工作。五是组织中央企业参加第十四届中国北京国际科技产业博览会(中央企业签约11个项目，签约额89.6亿元)。六是继续开展中央企业科技情况调查，发布《2010年中央企业专利情况排序》，继续完善“中央企业技术创新信息平台”。

5. 中央企业科技创新情况。2011年，中央企业加快实施科技创新战略，大幅提高研究开发经费，加强科技人才队伍建设，科研成绩取得丰硕成果，自主创新能力稳步提高，创新主体地位日益显现。

第一，科技投入情况。2011年，中央企业科技活动经费投入总额为3738.8亿元，同比增长21.4%，科技投入占主营业务收入比重为1.88%。其中，研发经费支出2747.2亿元，同比增长43.7%，占中央企业科技活动经费的73.5%，相当于全国研发经费支出总额的31.9%。研发投入占主营业务收入比重为1.38%，比上年提高0.22个百分点。其中，工业企业研发投入占主营业务收入比重为1.62%，高于2010年全国大中型工业企业0.93%的水平。

第二，科技人才队伍及研发机构建设情况。截至2011年底，中央企业拥有两院院士226人，“千人计划”、“百千万人才工程”等国家人才计划人员937人，科技活动人员131.6万人，研发人员62.7万人，高级技工与技师177.2万人。其中，研发人员数量增长较快，2009—2011年年均增长11.4%。截至2011年底，中央企业拥有国内研发机构1994个，境外研发机构19个，国家级研发机构526个。其中，企业国家重点实验室47个，占全国的47%；国家能源研发（实验）中心（重点实验室）44个，占全国的75%。

第三，专利数量及获得科技奖励情况。2011年，中央企业申请专利66882项，其中发明专利32874项，占申请总量的49.2%，高于全国32.2%的平均水平，同比分别增长27.9%和23.8%；获得授权专利41228项，其中发明专利11945项，占授权总量的29%，高于全国17.9%的平均水平，同比分别增长34.7%和58.7%。截至2011年底，中央企业拥有有效专利144895项，同比增长34.9%，其中有效发明专利40947项，同比增长36.5%，占总量的28.3%。2011年度国家科学技术奖励中，56家企业荣获93项科技奖励（合计133个奖次）。其中，国家科技进步奖一等奖7项，二等奖79项，国家技术发明奖二等奖6项，分别占同类奖项总数的35%、30%和12%。93项获奖项目中，中央企业独立或牵头完成53项，中国石化、中国石油、中国煤炭科工等企业获得多项科技奖励。

五、推动中央企业国际化经营工作

1. 组织中央企业在利比亚人员撤离工作。根据党中央、国务院的统一部署，2011年2月22日国资委委成立了撤离中央企业境外受困人员应急小组，指导、协调中央企业撤离在利比亚人员。应急小组成员单位紧密配合，克服重重困难，确保撤离工作有序进行，不仅安全撤回在利中央企业员工，同时还协助前方使馆撤离外籍人员1813人，其他中资企业员工、留学生约6000人。中央企业的撤离和国资委的组织工作得到了党中央、国务院的充分肯定与表扬。

2. 组织召开中央企业“走出去”工作会议。2011年4月28—29日，组织召开中央企业“走出去”工作会议，对“十一五”期间中央企业“走出去”工作进行总结，对“十二五”加快“走出去”、实施国际化经营工作进行部署。王勇主任、黄丹华副主任和金阳副主任参加会议，商务部陈健副部长也应邀到会，外交部、发展改革委、商务部、审计署等有关部门、委内各厅局负责同志和中央企业主要负责同志及分管海外业务的负责同志共430多人参加会议。会上，王勇主任和陈健副部长作了重要讲话，黄丹华副主任作《抓住机遇，迎接挑战，大力提升中央企业国际化经营水平》的工作报告，会议还组织中石油、中国远洋、中国有色、中国水利水电等4家企业进行大会经验交流，并印发25家企业的书面交流材料。

3. 其他推动中央企业国际化经营的主要工作。一是积极协调解决中央企业境外投资项目出现的问题，包括中央企业在境外涉嫌违规经营的问题、劳务纠纷、突发事件等；二是为企业通报境外项目的有关情况，组织中央企业与国外企业及政府有关部门开展对接和对话；三是协调解决中央企业之间在境外不正当竞争问题。

六、其他重点工作

1. 协调推进中央企业玉树地震灾后恢复重建工作。国务院玉树地震灾后恢复重建工作领导小组指定中建总公司、中国中铁、中国铁建、中国水电4家企业参与重建工作。为推进工作进展，协调解决重建工作中遇到的困难和问题，国资委成立中央企业玉树地震灾后重建工作协调小组，多次召开4家企业的座谈会，并赴玉树重建现场开展调研，深入了解企业的实际情况，及时了解掌握工作进展和存在的突出问题，与青海省有关部门、青海省玉树地震灾后恢复重建工作现场指挥部进行沟通，协调解决4家企业的实际困难和问题，扎实推进重建工作。多次召开4家企业与国家发改委、国家能源局的沟通汇报会，将有关情况向国家综合部门汇报和反映。4家企业均圆满完成2011年的重建任务。

2. 组织汶川地震恢复重建先进个人和先进集体的评选工作。经过三年的工作，国资委较好地组织完成中央企业汶川地震灾后恢复重建任务。2011年完成汶川地震灾后重建大事记的编制工作，并组织评选中国东方电气集团东方汽轮机有限公司、中国第二重型机械集团公司装备部、国家电网公司四川电力送变电建设公司、中国电信集团公司四川省电信公司等4家企业做为先进集体推荐对象，评选中石油的彭正福等7名同志做为先进个人推荐对象。上述单位和个人在2011年10月14日举行的汶川地震灾后恢复重建总结表彰大会上受到表彰。

（审稿人：张忠林　撰稿人：于天荣）

国有经济及中央企业经济运行情况综述

2011年，广大国有企业认真贯彻落实党中央、国务院的决策部署，积极应对复杂多变的国内外形势，深入学习实践科学发展观，坚定不移地深化改革，毫不动摇地发展壮大国有经济，努力加快转变发展方式，自觉模范地履行社会责任，充分发挥了中流砥柱的作用，为保持我国国民经济平稳较快发展作出了积极贡献。

一、国有经济稳步健康发展

2011年，全国国有企业积极面对错综复杂的国内外环境变化，加快推进发展方式转变，深化企业改革，调整布局结构，强化管理创新，各项工作取得了新的突破，生产经营总体保持了平稳运行态势。截至2011年底，中央79个部门（单位）所属企业、117家中央企业和36个省级单位（自治区、直辖市、新疆生产建设兵团及计划单列市）所属的非金融国有及国有控股企业（以下统称全国国有企业）共计144715户，其中，中央部门管理企业11195户，中央企业（含二、三级子企业）33037户，地方国有企业100483户。

（一）经济规模持续稳步增长，影响力进一步增强

全国国有企业不断完善产业链结构，逐步加强集团管控，国有经济布局结构进一步优化，国有企业市场竞争力、经营运行活力、抵御风险能力、科技研发能力不断提高，企业规模不断扩大。截至2011年底，全国国有企业资产总额85.4万亿元，同比增长24.4%；所有者权益（净资产）总额29.2万亿元，同比增长19.6%，其中，归属于母公司所有者权益为23.4万亿元，同比增长19.6%，少数股东权益为5.8万亿元，同比增长16.2%；合并国有资产总量为22万亿元，同比增长17.3%。2011年末从业人员为3906.2万人，占城镇就业人员的10.9%，同比增长3.9%；2011年末职工人数为3672.4万人，同比增长2%。全国国有企业控股的上市公司资产规模不断扩大。截至2011年底，全国国有控股上市公司资产总额25.6万亿元，同比增长37.8%，占全国国有企业的30%，比上年提高2.9个百分点；所有者权益（净资产）总额9.3万亿元，同比增长18.8%，占全国国有企业的31.8%。

（二）经济效益实现平稳较快增长，对国民经济贡献进一步增强

2011年，全国国有企业加大市场开拓力度，加强内部管理，调整产业结构，努力降本增效，优化资源配置，加强风险管控，经济效益保持平稳较快增长。实现工业总产值23.1万亿元，同比增长21.6%。实现工业增加值9.3万亿元，占全国全部工业增加值的49.3%，同比增长29.5%。固定资产投资总额为5.8万亿元，占全社会固定资产投资的18.6%，同比增长15.6%。实现营业收入39.2万亿元，同比增长22.8%；实现净利润1.9万亿元，同比增长15.2%；归属于母公司所有者的净利润1.4万亿元，同比增长18.6%；上缴税金总额3.4万亿元，占全国税收收入的37.9%，同比增长19.4%；国有资本保值增值率为106.5%，较好地完成了国有资产保值增值的任务。

（三）科技创新、安全生产和节能环保等领域投入力度不断加大，带动力进一步增强

全国国有企业加大科技创新、安全生产、环境保护及生态建设和节能减排的投入力度，自主创新能力日益增强，社会影响力进一步扩大，实现了企业与社会、环境全面协调可持续发展。2011年，全国国有企业科技资金来源4728.1亿元，同比增长14%，其中，

政府拨款768.6亿元，同比增长2.5%，企业自筹资金3619.1亿元，同比增长22.1%。科技支出合计4949.3亿元，同比增长15.5%。其中，研究开发费用支出3855.3亿元，占全国研究与实验发展经费的44.7%，同比增长17.4%，购买新技术、科研设备等支出450.5亿元，同比增长23.5%，其他科技支出643.4亿元，同比增长1.1%。拥有的自主知识产权专利213741项，其中，当年新增专利62775项。安全生产费用投入不断加大，当年提取安全生产费用1185.9亿元，同比增长12.7%；支出安全生产费用1124.4亿元，同比增长20.3%。节能减排、环境保护及生态建设取得积极进展，当年支出节能减排费用291.9亿元；支出环境保护及生态恢复481.3亿元，同比增长30.8%。

二、中央企业经济运行平稳较快增长

2011年，中央企业认真贯彻落实党中央、国务院的各项决策部署，深入推动"十二五"改革发展"一五三"总体思路的落实，积极应对国际金融危机的影响，加快转变发展方式，推进科技创新和传统产业转型升级，加大降本增效、增收节支力度，生产经营总体实现了平稳较快增长。

（一）中央企业基本情况

1. 户数进一步减少，从业人员和人均工资稳定增长。截至2011年底，国资委监管的中央企业共计117家，比上年减少7家，拥有各级子企业35846户，比上年增加2341户。中央企业年末职工人数1239.6万人，比上年增加39.7万人，增长2.3%；职工人均工资6.9万元，增长13.9%。

2. 资产规模和质量不断提高。截至2011年底，中央企业资产总额为28万亿元，比上年增加3.6万亿元，增长14.8%；所有者权益（净资产）总额为10.6万亿元，比上年增加1万亿元，增长11.2%，其中，归属于母公司所有者权益为7.8万亿元，同比增长10.6%；少数股东权益为2.8万亿元，同比增长12.8%；合并国有资产总量7.8万亿元，比上年增加0.7万亿元，增长10.1%；平均资产负债率为62.1%，比上年上升1.3个百分点。2011年，中央企业国有资本保值增值率为108.4%，高于全国国有企业1.9个百分点。

3. 经济效益显著提升。2011年，中央企业实现营业收入20.5万亿元，比上年增加3.7万亿元，增长22.1%；实现净利润9136.1亿元，比上年增加613.4亿元，增长7.2%；归属于母公司所有者净利润6072.9亿元，比上年增加538.7亿元，增长9.7%；平均净资产收益率为9%，比上年下降0.5个百分点；平均成本费用利润率为6.4%，比上年下降0.8个百分点。中央企业应交税金大幅增长，超过百亿元的企业不断增加。截至2011年底，中央企业应交税金总额为17283.4亿元，应交税金超过百亿元的企业有30户。有3家中央企业应交税金超过1000亿元，其中，中国石油应交税金4014.5亿元；中国石化应交税金3018.5亿元；中国海油应交税金1156.5亿元。

4. 上市公司总体呈增长态势。截至2011年底，92家中央企业上市公司共计368户，比上年增长9.2%，其中，境内上市公司280户，比上年增长4.1%，境外上市公司74户，比上年增长8.8%；上市公司资产总额14.8万亿元，比上年增长17.8%，占中央企业的比重为52.9%；实现营业收入12.5万亿元，比上年增长23.9%，占中央企业的比重为60.9%；实现净利润7626亿元，比上年增长2.1%，占中央企业的比重为83.5%；归属于母公司所有者的净利润6934.5亿元，比上年增长1.2%。

5. 境外单位资产和效益稳步增长。截至2011年底，100家中央企业在境外和港澳地区设立单位5894户，其中，境外子企业3973户，境外机构1921户。2011年末，中央企业境外经营单位资产总额3.1万亿元，比上年增长16.2%；负债总额2.2万亿元，比上年增长18.3%；所有者权益9008.2亿元，比上年增长11.4%，其中，归属于母公司所有者权益7954.4亿元，少数股东权益1053.6亿元；实现营业收入3.5万亿元，比上年增长36%；实现净利润1034.5亿元，比上年增长32.3%。

（二）中央企业经济运行总体保持稳健增长

1. 中央企业主要产品产量保持较快增长。中央企业加大市场开拓力度，加强内部管理，优化资源配置，大部分重点监测指标稳步增长。2011年，中央企业重点监测的26项生产经营指标中，有21项实现增长，增速高于15%的有7项。其中，房地产施工面积比上年增长34.7%；进口额、出口额同比增幅超过20%，分别为23.5%和21.4%；商品煤销售量、移动电话用户数、机车订单额、电力装机容量同比增幅超过15%，分别为19%、15.2%、15.1%和15%。主要产品产量保持较快增长态势。一是能源产销保持旺盛增长。原油产量26278.1万吨（含海外权益产量），比上年增长3.8%；成品油产量23725.7万吨，比上年增长5.7%；成品油销售量28119.4万吨，比上年增长9.9%；天然气产量1211.0亿立方米，比上年增长8.6%；天然气销量1053.8亿立方米，比上年增长15%；原煤产量75341万吨，比上年增长16%；商品煤销量79592.6万吨，比上年增长19%；发电量30757亿千瓦时，比上年增长12.7%；售电量39907.8亿千瓦时，比上年增长13.3%。二是原材料产销保持稳定增长。钢材产量12511.1万吨，比上年增长0.9%；钢材销售量12356.5万吨，比上年增长0.3%；乙烯产量1448.2万吨，比上年增长6.1%；水泥产量23996.2万吨，比上年增长21%；石膏板产量90800.3万平方米，比上年增长34.5%；氧化铝产量1179.5万吨，比上年增长8.2%。三是交通物流实现快速增长。航空运输总周转量457.1亿吨公里，比上年增长9.9%，其中，客运总周转量328.9亿吨公里，比上年增长12.3%，货物运输总周转量128.2亿吨公里，比上年增长4.2%；水运企业运输总周转量31127.3亿吨海里，比上年增长2.9%，其中，集装箱运输量2362.3万TEU，比上年增长8.9%。

2. 中央企业转变发展方式成效显著。中央企业结构调整和产业升级取得扎实成效，战略性新型产业发展取得初步进展，发展质量和效益显著提升，在转变方式、调整结构方面取得了初步成效。一是结构调整取得扎实成效。2011年，中央企业推进产业升级和优化资源配置，积极淘汰落后产能，大力发展新型能源和新兴产业，整体上市步伐不断加快。截至2011年底，中央企业户数减少至117家，较上年减少7家，控股境内外上市公司368户，上市公司资产总额、净资产、营业收入占中央企业的52.9%、56.7%和60.9%。二是战略新型产业发展取得初步进展。在新一代信息技术产业方面，由中央企业主导、全球企业广泛参与的TD-LTE完整产业链已经形成；在高端装备制造产业方面，中央企业研承担了大型客机、高速列车等我国绝大多数重大装备的研发生产任务；在新能源产业方面，中央企业主导着新一代核能技术的研发，并完全拥有自主知识产权的风机核心技术；在新能源汽车方面，中央企业组建了电动车产业联盟，自主研发的新能源汽车整车产品已经相继问世。三是兼并重组力度不断加大。中央企业按照战略有机协同、资源有效配置的原则，大力推进中央企业兼并重组和资源整合力度，主业投资制度进一步完善，国有资本进一步向国民经济命脉的行业和关键领域集中，管理链条进一步压缩，企业兼并重组取得积极成效。四是企业规模迈上新的台阶。2011年，中央企业资产总额达到28万亿元，营业收入达到20.5万亿元，在2011年美国《财富》杂志公布的世界500强企业中，中央企业占38家，比2010年新增8家。

3. 中央企业科技创新能力进一步增强。中央企业不断完善科研体制，科技投入逐年增加，人才队伍不断充实，研发能力显著增强，自主知识产权数量大幅增加。一是中央企业科技投入逐年增加，初步建立了科技投入稳步增长的长效机制。2011年，中央企业科技投入支出合计3640.7亿元，比上年增长21.6%，其中，研究开发费用支出合计2921.2亿元，比上年增长23.7%；购买新技术、科研设备等支出312.4亿元，比上年增长52.6%。二是人才队伍不断充实。中央企业培养和凝聚了一支高素质的科技人才队伍，拥有两院院士219人，引进海外高科技人才1300余人，科技人员和研究开发人员分别占职工总数的12.1%和2.7%。三是研发能力显著增强。中央企业建成并拥有一大批国家级科研机构。一批企业充分发挥自身优势，积极帮扶中小企业，起到了良好的示范带动作用，发挥了科技创新的骨干作用。四是自主知识产权数量大幅增加。截至2011年底，中央企业拥有的自主知识产权专利数量达到137030项，其中，本年度新增专利数量43480项，中央企业成为推动行业技术进步和技术创新的主力军，在国家技术创新体系中承担着重要任务，以“天宫一号”目标飞行器和“神州八号”飞船实现空中交会对接、载人深潜器“蛟龙”号成功完成5000米海试为标志，中央企业在建设创新型国家的作用进一步凸显。

5. 中央企业"走出去"成效显著。中央企业积极贯彻党中央提出的"走出去"战略，不断提升企业的国际化经营水平，"走出去"的步伐不断加快，境外经营规模、效益大幅提升。一是境外经营规模迅速扩大。截至2011年底，中央企业境外资产总额达到3.1万亿元，实现营业收入3.5万亿元。二是境外业务经济效益更加明显。2011年，境外业务利润总额达到1503.5亿元，比上年增长36%，境外业务经营成为中央企业新的利润增长点。三是对外投资和工程承包快速发展。2011年，海外权益原油产量7272.4万吨，比上年增长16.2%；天然气海外权益产量194.6亿立方米，比上年增长20.9%；建筑企业新签海外工程额3617.8亿元，比上年增长17.3%；海外工程数量3071个，比上年增长18.1%。四是境外工程项目技术含量不断提高。中央企业在世界各地建设了一批技术居国际领先的大型工程项目，影响力不断扩大。

6. 中央企业积极履行社会责任。中央企业在自身经营发展过程中，积极履行社会责任，加强安全生产和节能减排管理，加大对外捐赠和环境保护支出，积极维护企业社会形象。一是安全生产工作取得积极成效。中央企业牢固树立科学发展理念，认真落实企业主体责任，建立健全安全管理体系，不断夯实企业发展基础，安全生产形势总体平稳，为和谐发展做出了积极贡献。2011年，中央企业安全生产形势总体保持稳定，事故起数和死亡人数趋于下降，一些企业事故多发势头得到遏制。二是节能减排工作持续推进。中央企业节能减排保障机制初步建立，产业及能源结构趋于优化，科技创新的支撑作用得到加强，循环经济模式逐步推进，管理水平扎实提高，带动全社会节能减排作用显著增强。截至2011年底，二氧化硫排放量比上年减少4%；化学需氧量排放量比上年减少0.7%，为完成国家节能减排目标作出了积极贡献。三是加大对外捐赠支出力度。中央企业积极履行社会责任，加大对外捐赠支出力度，树立了良好的共和国长子形象。2011年，中央企业对外捐赠支出总额为37.7亿元，其中，公益性捐赠20.1亿元，救济性捐赠12.5亿元。

（三）存在的矛盾和问题

2011年，中央企业经济运行总体平稳健康，但还存在着一些值得关注的矛盾和问题。

1. 中央企业经济运行质量下滑，部分企业经营风险不断加大。一是盈利能力下降。中央企业净资产收益率（含少数股东权益）为9%，比上年下降0.5个百分点；净资产收益率（不含少数股东权益）为8.1%，比上年下降0.2个百分点；总资产报酬率为6%，比上年下降0.1个百分点；营业利润率为5.6%，比上年下降0.8个百分点；成本费用总额占营业收入比率为94.9%，比上年提高1.0个百分点。二是债务风险加大。中央企业资产负债率为62.1%，比上年提高1.3个百分点；已获利息倍数为4.7，比上年下降0.9；现金流动负债比率为15.6%，比上年下降3.7个百分点；短期借款占全部借款的比率为39.6%，比上年提高1.9个百分点；带息负债比率为51.8%，比上年提高2.1个百分点。三是经营增长指标放缓。中央企业营业收入增长率22.1%，比上年下降11个百分点；主营业务收入增长率为22.1%，比上年下降11个百分点；营业利润增长率为5.7%，比上年下降35.7个百分点；利润增长率9%，比上年下降30个百分点。

2. 部分重点监测指标增速回落的广度和深度有所增加，有16项指标增速回落。其中，原油产量增速连续10个月回落，发电量和售电量增速连续6个月回落，汽车产销量增速连续4个月回落，发电设备签订合同额和房地产施工面积增速连续4个月回落，钢材产量增速连续3个月回落。固定电话用户数量连续12个月负增长，造船承接新船订单连续7个月负增长。

3. 成本费用支出快速增长。2011年，中央企业成本费用总额支出19.2万亿元，比上年增长22.1%，高于同期营业收入增幅1.3个百分点；全年平均主业毛利率为16.8%，同比下降1.1个百分点。2011年，中央企业销售费用5692.7亿元，比上年增长11.6%；管理费用8270.6亿元，比上年增长16.9%；财务费用2650.1亿元，比上年增长27.0%，其中，利息支出3341.5亿元，比上年增长34%。

4. 部分行业安全生产形势依然严峻。2011年，中央企业较大及以上生产安全事故起数、死亡人数同比均有所下降,煤炭行业和建筑行业占事故起数和死亡人数的大部分,安全生产形势仍然较为严峻。2011年,中央企业发生特别重大安全事故1起,死亡40人;发生重大安全生产事故4起,死亡57人;发生较大生产安全事故21起,死亡90人。较大及以上安全生产事故共26起,死亡人数共187人。

(审稿人:刘南昌　撰稿人:陈国栋、赵国兴)

企业国有资产监管法制建设

2011年是"十二五"规划开局之年。国务院国资委继续完善企业国有资产监管法规体系,加强企业国有资产管理体制和制度建设,打开指导监督地方国资工作局面,推进中央企业法制建设,稳步开展各类专项工作,企业国有资产监管法制建设取得新进展。

一、企业国有资产监管法规体系进一步完善

加快推进企业国有资产监管法规体系基础性立法。一是研究起草《企业国有资产基础管理条例》。作为《企业国有资产法》重点配套法规,条例连续两年被列入国务院立法计划。经与国务院法制办等7个部委,湖北、陕西等4个省市国资委开展立法座谈,深入研讨企业国有资产基础管理的主体、范围和程序问题,结合既有制度建设成果和国有资产管理实践对清产核资、产权登记、资产评估、产权转让管理等作了规定。二是规范中央企业境外国有资产监管。正式印发《中央企业境外国有资产监督管理暂行办法》(国资委令第26号)和《中央企业境外国有产权管理暂行办法》(国资委令第27号),为规范中央企业境外国有资产的有效监控和管理提供了制度保障。

持续丰富企业国有资产监管法规体系内容。2011年,国务院国资委发布规章、规范性文件60件,其中规章3件,规范性文件57件,内容涉及落实"十二五"规划的具体实施方案和国资委自身建设规划纲要等方面内容。截至2011年底,国务院国资委制定现行有效规章25件、规范性文件241件,企业国有资产监管法规体系内容不断充实丰富。

二、国资监管体制和制度建设进一步加强

研究提出"十二五"期间完善国资监管体制保障中央企业做强做优的总体思路和主要任务。经联合国务院发展研究中心及高校专家开展完善国资监管体制课题研究,并赴辽宁等省市实地调研,起草印发《"十二五"期间完善国资监管体制保障中央企业做强做优的总体思路和主要任务》,明确以邓小平理论和"三个代表"重要思想为指导,深入贯彻落实科学发展观,坚持党的十六大、十七大确立的国有资产监管体制改革和完善的正确方向及基本原则,加大对中央企业的有效监管和服务支撑力度,为"十二五"时期做强做优中央企业、培育具有国际竞争力的世界一流企业提供坚实体制保障的指导思想,确定了健全依法履行出资人职责、加强国有资产监管的制度和机制,拓宽监管范围,推动构建国资监管大格局;加强国资委自身建设,整合监管资源,进一步增强国资监管的前瞻性、针对性、协同性和有效性;完善中央企业治理结构和管理模式,加快规范董事会建设,层层落实国有资产监管责任和保值增值责任等工作重点,提出了继续加强国有资产监管机构建设、加快完善国资监管法规体系、进一步强化国资监管工作体系、进一步健全国资监管工作机制、推进国有资产出资人代表层层落实到位、加大对中央企业服务支撑力度等6个方面33项主要任务。

研究制订在国资委系统推动构建国资监管大格局的指导意见。针对各地国有资产监管工作进展不平衡等问题,为进一步提升国资委系统履职能力和沟通协调机制,起草印发《国务院国资委关于在国资委系统推动构建国资监管大格局的指导意见》,明确提出培育合心合作合力的国有资产监管和国有企业改革发展的工作文化,加快健全联合融合整合的工作系统,不断完善指导监管有效、相互支持有力、沟通协调顺畅、共同发展有序的工作机制,努力推动"国资监管上新水平,国企发展上新台阶"的总体要求。各级国资委通过深入开展各项工作,以更加开放的工作姿

态，依靠地方，联合部门，协调各界，工作合力进一步增强，国有资产配置效率进一步提高，国资监管大格局初步形成。

三、指导监督地方国资工作局面进一步打开

完善指导监督制度规范。在《地方国有资产监管工作指导监督暂行办法》（第15号令）基础上，修订印发《地方国资监管工作指导监督办法》（第25号令），明确“指导、沟通、交流和服务”的总体要求，建立健全分工领导、协同配合、上下联动3项工作机制，按照完善国资监管体制、规范履行出资人职责、国企改革发展等8个类别细化工作事项，通过确立立法备案、法规政策实施督察、重大事项报告、专项监督等多项制度完善工作方式。北京、江苏等省市国资委据此制定了本省市指导监督办法，有力推动了指导监督工作的全面展开。

健全指导监督工作机制。制定印发《国务院国资委2011年度指导监督地方国资工作计划》，明确委内各厅局年内重点任务，提高指导监督工作的计划性和可操作性。建立地方国资监管工作信息资源系统，加强对各地国资情况的动态掌握。组织召开全国国资委系统指导监督工作座谈会和委内指导监督工作领导小组成员单位座谈会，总结交流经验，确定下一步重点工作，提出下一年工作设想。以委文形式转发湖北、山东《企业国有资产监督管理条例》和深圳恢复设立国资委的有关决定，推广地方经验做法。随着指导监督工作机制的建立健全，国资委系统建设不断加强。

指导地方加强国资委系统风险防控。通过实地调研了解各地融资平台公司情况，对全国省市两级融资平台公司的资产总额、负债总额、银行贷款等主要数据进行统计梳理，分析潜在风险，起草印发《关于加强国资委系统融资平台公司风险防范的通知》，针对债务风险管理、法人治理结构、投融资行为提出风险防范的原则要求。开展地方国资委涉及行政法律纠纷案件专题调研，向地方国资委通报相关情况，明确加强法律风险防范的工作要求。

四、中央企业法制建设进一步推进

总结验收中央企业法制工作第二个三年目标，研究部署第三个三年目标。制定《中央企业落实法制工作三年目标检查验收标准》，以公平、公正、公开为原则，对中央企业落实三年目标情况开展检查验收。同时组织开展“双十优”评比表彰，评出中央企业第二届十大优秀总法律顾问、十大优秀法律顾问、229名法制工作先进个人，宣传有关典型经验和先进事迹，取得良好社会反响。组织召开中央企业法制工作会议，系统总结中央企业第二个三年目标进展与成效，全面部署中央企业法制工作第三个三年目标。截至2011年6月底，中央企业规章制度、经济合同和重要决策的法律审核率分别达到97.3%、98.1%、99.4%，中央企业历史遗留的重大法律纠纷案件75%已得到妥善解决，因违法违规引发的新的重大法律纠纷已极少发生。会议明确提出第三个三年目标的总体要求是：紧紧围绕做强做优中央企业、培育具有国际竞争力的世界一流企业的大目标，按照“完善提高”的总体要求，力争再通过2012—2014年的三年努力，着力完善企业法律风险防范机制、总法律顾问制度和法律管理工作体系，加快提高法律顾问队伍素质和依法治企能力水平，中央企业及其重要子企业规章制度、经济合同和重要决策的法律审核率全面实现100%，总法律顾问专职率和法律顾问持证上岗率均达到80%以上，法律风险防范机制的完整链条全面形成，因企业自身违法违规引发的重大法律纠纷案件基本杜绝，为培育世界一流企业提供坚强的法律保障。

努力协调企业重大法律纠纷案件。2011年共收到中央企业和地方国资委报请国务院国资委协调处理的法律纠纷56起，涉案金额约102亿元，涉及中央企业34家，地方政府5个，一批重大法律纠纷案件得到妥善解决。据统计，从国资委成立至2011年底，共协调处理重大法律纠纷531起，涉案金额约760亿元，涉及几乎全部中央企业和10多个省级国资委，为中央企业挽回经济损失约228亿元。

加强中央企业法律顾问制度建设。完善企业总法律顾问制度。截至2011年6月底，在120户中央企业中，有117户建立了总法律顾问制度，占98%。在

1155户中央企业重要子企业中，有1058户建立了总法律顾问制度，占92%。有序开展企业法律顾问职业岗位等级资格评审。截至2011年底，已组织9户中央企业和4个省（市）地方国资委评出各级别法律顾问1100余人，其中一级法律顾问102人，二级法律顾问379人，三级法律顾问271人，助理级355人。

五、各类专项工作稳步开展

组织中央企业和国资委系统“五五”普法总结表彰和“六五”普法启动部署工作。开展中央企业和国资委系统“五五”普法总结表彰，圆满完成“五五”普法各项任务。根据全国普法规划要求，结合国资监管工作实际，制定印发中央企业和国资委系统“六五”普法规划，明确提出中央企业深入学习宣传宪法、深入学习宣传与企业经营管理密切相关的法律法规、深化完善企业依法决策、依法经营管理等三项主要任务，以及国资委系统深入学习宣传宪法、与国有资产监管和国资委中心工作密切相关的法律法规等三项主要任务，全面启动“六五”普法。

配合做好WTO贸易政策审议等工作。参与世贸组织第四次对华贸易政策审议，就国企改革、国企上市和公司治理等问题提出答复口径。在中美战略与经济对话框架下就国有企业议题开展磋商，接待欧盟竞争总司官员，积极增进外方对我国国有企业的市场主体地位的了解。

配合商务部开展企业经营者集中的反垄断审查。2011年共办理16起经营者集中反垄断审查案件，总涉案金额200亿元人民币。

深入推进中央企业知识产权管理与保护。督促指导中央企业加快制定实施知识产权战略，全面了解中央企业知识产权管理和保护工作现状，完成《中央企业知识产权现状调查报告》。配合商务部开展打击侵犯知识产权和制售假冒伪劣商品专项行动。组织航天科技集团、中石油集团等中央企业参加知识产权专项成果展，宣传展示中央企业尊重和保护知识产权的良好形象。针对部分中央企业驰名商标屡被侵权，协调国家工商总局列入专项整治，维护企业知识产权。推荐中央企业参加国家工商总局主办的“中国商标金奖”评比，中国移动获评商标创新金奖。

此外，组织召开首次中央企业农民工工作视频会议，全部央企2000多人参加，对中央企业担当社会责任进行有力宣传。配合有关部门做好农民工权益保护等专项课题研究，积极参与有关政策文件的起草。

（审稿人：周渝波　撰稿人：朱晓娴）

企业国有产权管理工作

2011年，国务院国资委紧密围绕国资监管和国企改革中心工作，坚持依法合规，遵循市场机制，在建设产权管理工作体系、形成国资监管合力、优化产权配置等方面取得了显著成绩，为深化国有企业改革，促进国有企业又好又快发展，发挥了基础性、枢纽性、战略性作用。

一、根据国资监管和国企改革发展要求，推动产权管理工作体系建设

2011年，为适应企业国有产权管理工作新形势、新任务、新要求，国务院国资委集中力量、凝聚智慧，推动以制度、机构、人员、信息化、检查为主要内容的产权管理工作体系建设。

在制度方面，国务院国资委进一步完善产权管理制度体系。一是出台《中央企业境外国有产权管理暂行办法》（国务院国资委令第27号，以下简称27号令）及《关于加强中央企业境外国有产权管理有关工作的通知》（国资发产权〔2011〕144号），加强企业境外国有产权管理。二是出台《关于规范中央企业选聘评估机构工作的指导意见》（国资发产权〔2011〕68号），为进一步提升评估机构选聘工作质量起到重要作用。三是发布《关于中央企业国有产权置换有关事项的通知》（国资发产权〔2011〕121号），进一步完善产权流转制度体系。四是发布《关于加强上市公司国有股东内幕信息管理有关问题的通知》（国资发产权〔2011〕158号），为规范上市公司国有股东行为，防控内幕交易，保障国有资源优化配置提供制度保障。五是发布《关

于建立中央企业债券发行监测管理系统有关事项的通知》(国资厅产权〔2011〕447号),提高了企业发债管理工作的信息化水平。

在机构和人员方面,国务院国资委进一步加强对中央企业及地方国资监管机构产权管理部门和人员的指导力度。一是组织召开中央企业产权管理工作会议和全国国有产权管理工作会议,王勇主任出席中央企业产权管理工作会议并作了题为《围绕打造世界一流企业目标,全面加强中央企业产权管理工作》的重要讲话,郭建新副秘书长受王勇主任委托出席全国国有产权管理工作会议并作了题为《围绕"两新"目标,全面加强企业国有产权管理工作》的重要讲话。二是举办约2500人参加的中央企业产权管理视频培训,对中央企业境外产权管理和选聘评估机构工作等新制度进行专题培训。三是继续推动对地方国资监管机构产权管理工作的指导监督,赴广东、广西、浙江、福建、贵州、内蒙古、重庆、四川等地走访调研,在贵州、广东召开两期地方产权管理业务培训班,对全国省市两级从事产权管理工作的600名相关人员进行培训。

在信息化建设方面,国务院国资委继续完善产权管理信息系统。一是正式启用中央企业债券发行监测管理系统。二是完成产权登记管理信息系统(网络版)开发工作。三是进一步推广企业国有产权交易信息监测系统,覆盖范围扩大至31个省区市。四是完成国有股东证券账户动态监测系统和国有控股上市公司运行情况监测系统的整合方案。五是启动企业国有产权交易信息再发布系统的开发。六是推进中央企业资产评估备案监测系统的研发工作。

在检查方面,国务院国资委继续开展中央企业综合检查工作,完成中国通用技术(集团)控股有限责任公司和中国交通建设集团有限公司产权管理综合检查,并将检查到的问题向企业进行反馈,督促其尽快整改,进一步提升了产权管理工作水平。

二、积极推动中央企业利用三个市场优化产权配置

遵循市场机制,就是要按照市场经济规律要求,推动中央企业充分利用证券市场、产权市场及债券市场扩大企业融资渠道,优化企业资源配置,提升企业价值。

(一)充分利用证券市场,推动国有控股上市公司优化资源配置

国务院国资委继续以规范国有股东行为为重点,指导中央企业利用好股票市场。一是赴中国香港完成中央企业及其控股境外上市公司调研工作,并与香港证监会、联交所进行沟通,了解香港上市H股、红筹股公司在市场管理、操作程序等方面与内地的差异,为进一步完善上市公司国有股权管理制度体系打下良好基础。二是与财政部、证监会、社保基金等部门就国有股转持政策执行中相关问题进行协调,积极推动召开四部委联席会议,推进追溯划转工作的开展。三是进一步协调证券监管与国资监管的关系,国务院国资委积极参与国务院法制办、证监会就《上市公司监管条例》起草中涉及上市公司国有控股股东监管相关问题赴中央企业进行的调研,并召开《上市公司监督管理条例》座谈会预备会,协助组织国务院法制办召集的座谈会,充分阐明国资系统对《上市公司监督管理条例》的意见和建议,为做好证券监管与国资监管的有效衔接奠定了基础。

2011年,国务院国资委共审核国有股东所持上市公司股份流转、国有控股上市公司发行股份、配股、发行可转换公司债等事项197项,指导中央企业控股上市公司通过境内外资本市场融资1397亿元。

(二)充分利用产权市场,为推动企业国有产权有序流转、优化资源配置、提升产权价值服务

国务院国资委继续指导中央企业和产权交易机构规范开展国有产权交易,促进产权市场规范发展。一是指导中国企业国有产权交易机构协会开展门户网站建设,对各交易机构业务开展情况进行摸底调查,着手国有产权交易信息再发布系统建设工作。二是召开两次中央企业产权交易机构协调会,交流企业国有产权交易情况,研究解决问题,总结企业国有产权交易典型案例,指导产权交易业务创新。三是继续扩大企业国有产权交易信息监测系统接入范围,落实陕西、宁夏、新疆、广东等地区的接入工作。四是指导中央企业规范利用产权市场,加强对中央企业产权转让信息备案管理,协调解决中央企业进场交易中出现

的问题。五是按照国务院办公厅要求对规范各类产权交易所、防范交易风险问题进行研究，参加国务院办公厅“关于规范各类交易所及其业务”专题会议，提出相关意见和建议。六是对中央纪委拟推动建立统一公共资源交易平台对产权市场建设的影响进行研究，并向中央纪委反馈意见。七是与高法协调关于涉诉国有资产拍卖进入交易所事宜，促进了《关于人民法院委托评估、拍卖工作的若干规定》(法释〔2011〕21号)的出台，涉诉国有资产的司法委托拍卖将由国资委选择确定的国有产权交易机构组织实施。

2011年，中央企业通过产权市场公开转让国有产权663宗，成交金额325.9亿元，平均增值率达到25%。

(三)充分利用债券市场，扩大融资渠道，筹集发展资金

国务院国资委继续以融通资金、防控风险为重点，指导中央企业利用好债券市场。一是完成中央企业债券发行监测管理系统在7户企业的试点工作，启动运行中央企业债券发行监测管理系统，并开展2008年以来各中央企业及其子企业发行债券数据的补录核对工作，为全面掌握中央企业债券发行情况、防控企业债务风险奠定了基础。二是与发展改革委和中国人民银行沟通协调，推进有关中央企业赴香港特区发行人民币债券事项，宝钢赴香港特区发行65亿元人民币债券获得批准。

2011年，中央企业及其子企业发行债券金额9976.8亿元(其中：企业债券200亿元，公司债券216亿元，中期票据3488.6亿元，短期融资券5583.7亿元，可转债358.5亿元，定向工具130亿元)，同比增加2990.3亿元，增幅为42.8%。

三、优化资源配置，推动国有产权在国资体系内加快重组

除通过市场化运作优化产权配置外，国务院国资委还积极推动中央企业通过无偿划转、协议转让、收购股权、增资扩股、新设控股等方式对外并购重组、对内清理整合，实现资源向主业集中，通过优化产权结构、减少产权层级、缩短产权链条，提高集团管控力和市场反应灵敏度。

2011年，国务院国资委积极推动农电体制改革，完成国家电网公司上收山东、安徽等8个省市154家农电企业产权划转有关文件资料的审核工作。至此，国家电网公司累计完成了371家地方供电企业国有产权划转工作，划入国有权益总额为267亿元，促进了农村电网资产使用权、管理权和收益权的统一，理顺了产权关系，实现了资源优化配置和规模效益。国务院国资委还完成中国南方电网有限责任公司上收云南、贵州等地27家农电企业产权划转有关文件资料的审核工作。至此，中国南方电网有限责任公司累计完成了333家地方供电企业的国有产权划转工作，辖区内理顺产权关系的县级供电企业占比达到96%，基本实现区域内电网的统一规划、统一建设、统一管理和统一调度。

2011年，国务院国资委指导中国储备粮管理总公司开展国债投资建设地方粮库的上收工作，完成96户粮库的地方国有产权划转工作，划入国有权益37亿元。至此，中国储备粮管理总公司累计上收地方粮库348家，涉及国债投资额153亿元，占国债建设粮库投资总额49%；涉及国债投资新建仓容494亿斤，占国债建库总仓容的47%。地方粮库上收，有效解决了国债投资粮库的遗留问题，理顺了粮库的产权关系，推动了中央储备粮垂直管理体制的进一步完善。

2011年，中央企业及其子企业无偿划转220项，涉及净资产795.05亿元；中央企业协议转让465项，成交金额977.13亿元；办理5户中央企业主辅分离项目37项；中央企业资产置换事项1项，涉及净资产229.74亿元。

四、服务中央企业改革发展，扎实开展产权管理基础工作

(一)适应混合所有制经济发展，发挥产权登记基础性作用

根据混合所有制经济发展的新形势、新要求，国务院国资委多年来对产权登记由行政性登记向出资人登记转型问题进行研究探索，起草《国家出资企业

产权登记管理暂行办法》。与此同时，继续做好产权登记及数据分析工作。2011年，共办理4201户企业产权登记，涉及国有资本24321.94亿元。截至2011年底，中央企业及其所属各级子企业登记户数为20624户，其中中央企业113户，一级子企业3622户，二级子企业10553户，三级及以下子企业6336户（见表1）。

从产权登记数据看，中央企业及其各级子企业具有以下几个特点：

一是企业组织形式以公司制企业为主。在20624户登记企业中，公司制企业14912户，占72%（见表2），且在公司制企业中国有控股公司又占多数。

二是国有资本在级次上主要集中在三级以上企业。从国有资本在各级企业的分布情况看，国有资本主要集中在中央企业集团及其所属一、二级子企业（见表3）。

三是国有资本主要集中在关系国家安全和国民经济命脉的重要行业和关键领域。以中央企业集团为例，石油石化、电力、电信等重点行业的国有资本为17134亿元，占全部中央企业集团国有资本总额的71.17%（见表4）。

表1　　2011年中央企业产权登记企业户数和级次分布

单位：户

年　份	合　计	其　他			
		中央企业	一级子企业	二级子企业	三级子企业
2011年	20624	113	3622	10553	6336

表2　　2011年中央企业产权登记企业组织形式

单位：户

年　份	国有企业	公司制企业				其　他
		国有独资	国有控股	国有参股	小计	
2011年	5454	3394	10311	1207	14912	258

表3　　2011年中央企业产权登记企业实收资本和国有资本级次分布

单位：亿元

项　目	中央企业	一级子企业	二级子企业	三级及以下子企业
实收资本	24076.45	28408.08	12662.36	3034.92
其中：国有资本	24075.37	26133.64	11151.52	2540.7
其中：国家资本	23580.32	218.03	81.87	13.18
国有法人资本	495.05	25915.61	11069.65	2527.52
国有资本所占比率（%）	100.00	91.99	88.07	83.72

表 4　　2011 年中央企业产权登记企业国有资本重点行业分布

单位:亿元

项　　目	中央企业	一级子企业	二级子企业	三级及以下子企业
国有资本合计	24075.37	26133.64	11151.52	2540.7
其中:石油石化	6246	6950	2471	322
电力工业	4811	6967	2450	622
通信业	6077	2295	606	138
三行业国有资本比重(%)	71.17	62.03	49.56	42.59

(二)加强核准备案,资产评估管理水平进一步提高

2011 年,国务院国资委办理资产评估备案项目 3680 项,涉及评估前净资产 7243.83 亿元,评估后净资产 13263.85 亿元,评估增值率为 83.11%。3680 个备案项目中,按经济行为类型分:整体或者部分改建为有限责任公司或者股份有限公司项目 246 项,占全部备案项目的 6.68%;以非货币资产对外投资项目 189 项,占全部备案项目的 5.14%;合并、分立、破产、解散项目 110 项,占全部备案项目的 2.99%;非上市公司国有股东股权比例变动项目 245 项,占全部备案项目的 6.66%;产权转让项目 1100 项,占全部备案项目的 29.89%;资产转让、置换项目 894 项,占全部备案项目的 24.29%;整体或者部分资产租赁给非国有单位项目 12 项,占全部备案项目的 0.33%;以非货币资产偿还债务项目 12 项,占全部备案项目的 0.33%;其他国有资产项目 157 项,占全部备案项目的 4.27%;收购非国有单位的资产项目 589 项,占全部备案项目的 16%;接受非国有单位以非货币资产出资项目 45 项,占全部备案项目的 1.22%;接受非国有单位以非货币资产抵债项目 6 项,占全部备案项目的 0.16%;其他非国有资产项目 75 项,占全部备案项目的 2.04%(参见表 5 和图 1)。

其中,国务院国资委对中国铁路通信信号集团公司整体改制项目、中国第一汽车集团公司整体重组改制并上市项目、中国长江三峡集团公司拟出售地下发电机组资产评估项目及中国核工业集团公司核电业务重组改制并上市项目进行核准,涉及评估前净资产为 364.02 亿元,评估后为 1615.16 亿元,增值额为 1251.14 亿元,增值率为 343.7%。

表 5　　2011 年中央企业资产评估核准、备案项目经济行为分布

金额单位:亿元

经济行为类型	项目数	净资产账面值	净资产评估值	增值率(%)
整体或者部分改建为有限责任公司或者股份有限公司	246	1184.14	3080.37	160.14
以非货币资产对外投资	189	854.93	1520.25	77.82
合并、分立、破产、解散	110	517.53	827.78	59.95
非上市公司国有股东股权比例变动	245	1141.88	1917.48	67.92
产权转让	1100	1915.57	2946.50	53.81
资产转让、置换	894	793.81	1054.89	32.89
整体或者部分资产租赁给非国有单位	12	4.12	6.17	49.76

续表

经济行为类型	项目数	净资产账面值	净资产评估值	增值率(%)
以非货币资产偿还债务	12	0.46	0.67	45.65
其他国有资产项目	157	341.05	683.37	100.37
收购非国有单位的资产	589	418.24	1091.93	161.08
接受非国有单位以非货币资产出资	45	11.88	40.13	237.79
接受非国有单位以非货币资产抵债	6	0.77	1.21	57.14
其他非国有资产项目	75	59.39	93.10	56.63
合　　计	3680	7243.83	13263.85	83.11

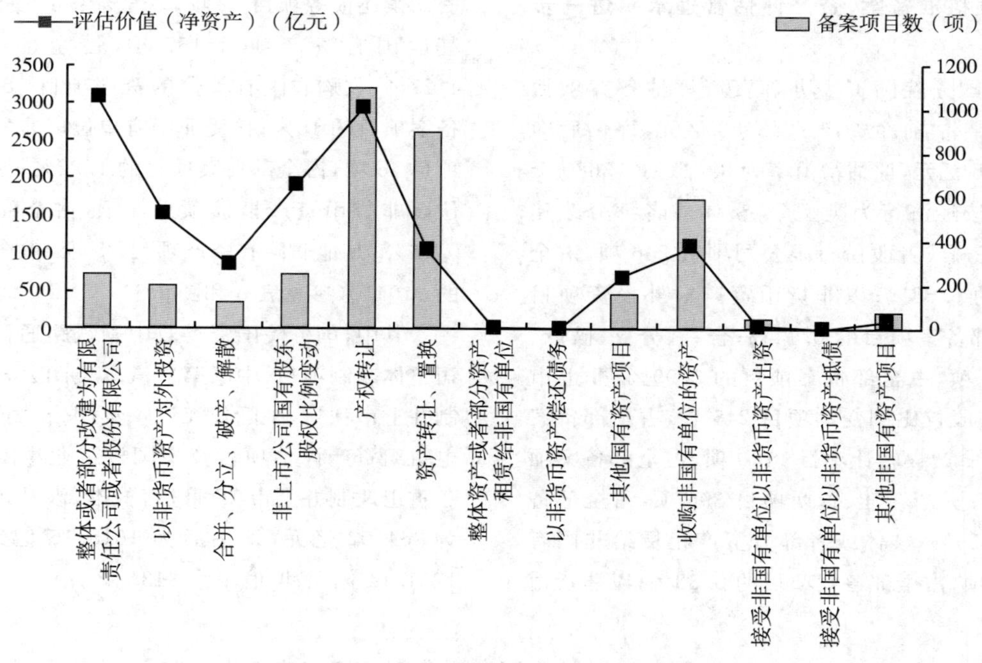

图 1　2011 年中央企业各类经济行为资产评估备案项目情况

(三)境外产权管理进一步加强,为中央企业实施国际化战略提供重要的制度保障

针对中央企业境外国有产权监管存在缺位的问题,国务院国资委于 2011 年 6 月出台 27 号令,境外产权管理工作翻开新篇章,从无章可循转向统一规范。27 号令的总体思路为:(1)牢牢把握国务院国资委履行国有资产出资人职责这一核心,填补境外国有产权管理法规制度上的空白,重规范,少审批。(2)强调产权归属原则与注册地适用原则相结合,境外国有产权管理要同时遵守国家的相关法律、行政法规以及注册地的法律、规定。(3)明确中央企业是其境外国有产权管理的责任主体,对本集团境外国有产权安全承担责任。(4)明确中央企业及其各级子企业独资或控股的境外企业对境内再投资形成的境内国有产权管理,比照国务院国资委境内国有产权管理的相关规定执行。(5)对以个人名义代持境外国有产权、设立离岸公司等特殊事项予以明确规范、从严管理。(6)区别对待重要子企业与非重要子企业的监管。

2011 年 9 月,国务院国资委下发《关于加强中央企业境外国有产权管理有关工作的通知》(国资发产权〔2011〕144 号),进一步要求中央企业加强境外产权管理工作体系建设,完善制度体系,明确负责机构和责任人员,对企业以各种形式对境外投资所形成的权益进行全面摸底,并对个人代持境外国有产权和设立离岸公司等特殊目的公司的情况进行清理规范。

五、注重对热点、难点课题研究

一是积极贯彻落实《国务院关于鼓励和引导民间投资健康发展的若干意见》(国发〔2010〕13 号)文件精神,开展对中央企业重组改制过程中实施产权多元化、吸引民间资本和外商资本情况的统计分析,形成初步报告。二是开展对场外市场建设问题的研究,形成意见并反馈证监会。三是推进"国有控股上市公司证券融资特性研究"和"'十二五'期间中央企业控股上市公司优化配置问题研究"两个软课题的研究。四是推进"国有股转持有关政策问题"的研究。五是与中国资产评估协会密切合作,就企业价值评估、无形资产评估准则等热点问题进行研究。六是启动企业国有产权管理工作案例集的编撰工作,总结国有企业产权配置好的经验和做法,并赴有关国有企业、地方国资监管机构和中介机构开展案例走访调研。

(审稿人:邓志雄　撰稿人:孟华强)

中央企业财务监督工作

2011 年,中央企业财务监督工作,紧紧围绕新时期国资监管战略目标,以推动中央企业财务转型,建设规范、稳健、高效的企业财务体系为重点,研究明确了"十二五"时期出资人财务监督工作思路,加强境外资产监督,推动实施全面预算管理,强化企业基层管理,财务监督工作体系日益创新和完善。

一、召开财务工作会,确立新时期出资人财务监督工作思路

财务管理是企业管理的中心环节,理清新时期财务监督工作的思路和重点任务,对于有效开展中央企业财务监督工作具有重要意义。为贯彻落实"十二五"时期中央企业"一五三"发展战略,推动企业财务转型和价值创造,2011 年 10 月国资委组织召开中央企业财务工作会议。会议在全面总结"十一五"期间中央企业财务管理成效和存在的突出问题基础上,研究明确"十二五"时期中央企业财务工作的总体思路和具体目标。会议提出"十二五"期间及未来十年中央企业财务管理工作的总体思路是"完善财务功能,提升财务能力,加快财务转型,实现管理一流",具体目标是"创造世界一流的财务绩效成果、达到世界一流的财务管理水平、建成世界一流的财务管控体系"。为实现"十二五"时期财务工作目标,会议要求中央企业着重采取四项措施:树立以实施战略和支撑决策为导向的财务管理理念,构建以权责清晰、管控有效为特征的财务治理结构,优化以面向业务、创造价值为目标的财务管理模式,打造以专业高效、结构优化为标准的财会人才队伍,同时要着重加强决策支撑、价值创造、风险管控、统筹协同和协调服务五大能力建设。

二、出台境外国有资产监管办法,加强境外资产监管

(一)制定印发境外国有资产监管办法

针对中央企业国际化经营步伐加快和境外资产监管需要,国资委在进行大量调研和广泛征求意见基础上,2011 年制定出台《中央企业境外国有资产监督管理暂行办法》(国资委令第 26 号),填补了境外国有资产监管制度空白。该办法定位于"落实管理责任、严控重大事项、规范特殊业务",从境外出资管理、境外企业管理、境外企业重大事项管理和境外国有资产监督等方面明确监管要求,为进一步加强境外国有资产监管工作提供制度依据。

(二)建立境外经营监测分析机制

为跟踪了解境外企业运营情况，根据 2010 年境外企业决算数据对中央企业境外企业经营状况进行全面梳理，对境外企业生产经营、业务结构与特征、财务绩效及存在的问题等进行系统分析。结合境外监管工作实际需要，2011 年进一步完善 2011 年境外企业财务决算报告，增加境外经营项目统计报表，并结合企业财务快报对 5000 万美元以上的经营项目建立监测分析制度，为进一步加强境外国有资产监管、防范经营风险提供信息支持。

三、以优化企业资源配置为目标，推动实施全面预算管理

(一)完成 2011 年财务预算审核，并强化预算执行监测

依据出资人监管重点和市场形势变化，2011 年贯彻分类管理的要求，分类审核全部中央企业 2011 年度财务预算，重点提示企业关注资源配置、降本增效、运行质量、风险防控等方面，并把明确的预算控制要求逐户反馈企业。结合企业月度财务快报，加强对企业预算执行情况的跟踪监测工作，对企业财务预算主要指标执行进度进行分析，并随财务动态按月反馈企业，按季度进行综合分析并实施滚动预测，督促企业落实预算审核意见。

(二)印发全面预算管理工作通知

为推动中央企业做强做优，提升资源配置效率和风险管控能力，国资委在深入调查研究的基础上，将财务预算监管转变为全面预算管理，印发《关于进一步深化中央企业全面预算管理工作的通知》(国资发评价〔2011〕167 号)，要求各中央企业加强预算工作组织，完善全面预算编制、执行、监督机制，强化集团总部在全面预算管理的统领和总控作用，优化预算管理流程；加强成本费用、应收账款等影响资源配置效率及风险水平的关键指标的对标管理和预算控制，努力提升经营效益和运行质量。

(三)布置全面预算管理工作

为推动中央企业实施全面预算管理工作，2012 年企业预算报表更加突出了业务预算与财务预算的融合，推动企业预算管理由财务预算向全面预算转变。结合中央企业预算管理进度，国资委于 2011 年 9 月组织召开预算工作视频会议，总结分析中央企业预算执行进展情况，并结合"做强做优、世界一流"的要求，动员布置中央企业全面预算管理工作。会议以"加快推进全面预算，努力实现做强做优"为主题，要求自 2012 年开始，除少数规模较小的企业之外，均要按照全面预算管理的要求组织年度预算工作，强调要加强组织，增进部门协同，完善预算管理流程与机制。

四、深化决算管理，推动企业强化基础管理

(一)完成 2010 年度财务决算审核清算工作

结合市场形势、企业管理状况和做强做优要求，研究确定 2010 年度中央企业财务决算审核重点和关注的问题，逐户撰写决算审核分析报告，总结每一户中央企业 2010 年度生产经营和财务绩效改进情况、存在的问题、年度内发生重大经营事项以及对企业的影响；逐户形成决算批复报告，确认主要经营指标，提出需要整改的问题及要求。2010 年 124 家中央企业实现营业总收入 16.8 万亿元，比上年增长 32.9%；实现净利润 8522.7 亿元，比上年增长 42.8%；平均国有资产保值增值率为 108.9%，114 家企业实现了国有资产保值增值；上缴税金总额 14840.4 亿元，比上年增长 31.7%，占全国财政收入的 17.9%，积极履行了社会责任；截至 2010 年末，中央企业资产总额 24.4 万亿元，比上年增长 16%。为提高国资监管透明度，国资委向社会公开披露 2010 年度中央企业整体运行情况、重点行业情况以及分户国有资产保值增值主要指标。

(二)完成 2011 年财务决算布置工作

为做好 2011 年度中央企业财务决算工作，制定印发《关于做好 2011 年度中央企业财务决算管理与报表编制工作的通知》(国资发评价〔2011〕173 号)，要求企业规范财务会计核算，加强资产清查、账户清理、债权债务核对等工作，夯实决算编制基础；加强基层企业管理，加大对资金、投融资、担保、利润分配、对外

捐赠等重大事项的管控力度，强化基础管理；加快财务信息化建设，提高决算报表管理水平和编制工作效率；并对如何做好决算编制上报提出明确要求。

（三）开展财务绩效评价工作

一是组织测算并公开出版2011年版企业绩效评价标准值，并从国内标准扩展到国际标准。二是推动中央企业开展内部各级子企业财务绩效评价工作，各中央企业在自评的基础上，开展内部各子企业财务绩效、各类重要财务指标的评价分析工作，揭示经营管理短板，提出改进绩效的建议，撰写财务绩效综合评价报告。三是组织完成全部中央企业2010年度财务绩效评价工作。运用统一测算的标准值，依据经审核的财务决算，对全部中央企业财务绩效进行逐户评价和分析，将评价结果以及需要改进的问题与企业财务部门进行沟通并随决算正式回复企业。四是组织撰写企业评价结果通报，分析中央企业绩效改进情况、存在的问题以及改进财务绩效的有关要求，印发各企业。

五、紧密结合形势变化，加强企业动态监测工作

针对形势和政策变化，在做好中央企业整体运行态势分析的基础上，加强企业动态监测工作，重点关注盈亏大户效益波动原因与影响，同时还重点关注市场和政策影响：一是针对国际经济回升缓慢和国内宏观调控政策，按季度跟踪分析水运、钢铁、房地产、铁路相关企业、电力等行业经济运行情况。二是针对大宗商品价格波动频繁、国内通货膨胀压力不断加大，重点分析企业成本费用增长结构，提示企业降本增效。三是针对国内宏观调控政策措施密集出台，逐月分析存款准备金率和借款利率上调对企业融资成本与规模的影响，组织测算资源税由从量计征改为从价计征对中央企业的影响，跟踪分析人民币升值对石油企业特别收益金以及企业汇兑损益的影响，分析煤炭价格上涨和利息增加对火电企业的影响等。根据以上重点，按时完成各月和季度财务状况动态监测分析工作，组织撰写25期行业分析报告。

六、加强融资环境研究，及时提示企业加强资金管理工作

一是组织资金形势研判并及时提出应对措施。针对2011年初国家信贷政策持续收紧，召开信贷政策变化与资金保障对策座谈会，了解企业资金保障状况，听取企业意见，及时印发《关于进一步做好中央企业资金保障防范经营风险有关事项的紧急通知》（国资发评价〔2011〕46号）。各中央企业紧急行动，未雨绸缪，采取切实有效的措施加强资金和投融资的管理，起到早预见、早提示、早应对的作用。二是加强资金状况监测分析工作，对企业货币资金余额、负债规模、应收应付款项、存货占用资金、利息支出等情况进行逐月分析，对于资金存在缺口和资金成本过快增长的企业进行重点分析和沟通。三是组织资金保障工作经验交流。组织多家中央企业交流多渠道融资、加速内部资金周转等经验，并邀请有关金融机构介绍境外融资策略与方式，发挥了较好的指导督促作用。四是继续推动中央企业开展资金集中管理，并对资金集中管理情况进行摸底调查。

七、完善重大事项监管方法，加强对外捐赠管理

自2009年国资委建立对外捐赠监管制度以来，中央企业对外捐赠工作已建立预算管理、规范决策、备案核准、定期公告的一系列制度。一是结合中央企业2010年度财务决算审核，逐户分析中央企业2010年度对外捐赠实际情况，结合企业对外捐赠预算，对超出预算、备案核准程序不规范等情况的企业提出明确的整改要求。二是对企业上报的2011年度对外捐赠预算进行逐户审核，提示企业严控预算外捐赠规模。三是依据中央企业对外捐赠向社会公开的工作要求，分季度按时公开中央企业对外捐赠情况，彰显央企社会责任，收到良好的社会效应。2010年度共有110家中央企业发生对外捐赠支出，累计支出总金额为419866.8万元，其中：救济性捐赠191012万元，占45.5％；公益性捐赠132945万元，占31.7％。

八、加强审计监督管理，增强监督针对性

一是组织实施特殊业务和重要事项的专项审计调查。组织完成火电企业成本、在建工程、财务公司、信托公司、保险公司等多项专项业务审计调查，在全面审计调查有关业务管理情况的基础上，分析存在的突出问题，研究提出监管政策与建议。二是稳步推进中央企业经济责任审计工作。2011 年根据中央企业重组情况以及企业负责人任免情况，组织开展 16 家企业负责人的经济责任审计工作，对企业经营管理状况和企业负责人受托经济责任的履职情况进行审查和评价。三是不断加强内部审计工作指导力度。2011 年组织召开五期中央企业内部审计工作座谈会，了解中央企业内部审计工作情况以及在转型中遇到的难点问题，为全面推进内控体系建设、推动内部审计功能转型提供基础和依据。

九、落实中央部署，全面完成“小金库”专项治理任务

一是认真组织“回头看”活动和全面复查工作。按照《2011 年“小金库”专项治理工作实施方案》（中治金〔2011〕2 号）的要求，国资委认真组织中央企业及各级子企业开展“回头看”活动和全面复查工作。二是组织完成督导抽查工作。按照工作要求，国资委于 2011 年 7—8 月组织由国资委财务监督与考核评价局、监事会工作局以及中介机构人员共 75 人的检查队伍，对 10 家中央企业及所属 732 户子企业进行督导抽查。对督导抽查发现的问题，国资委及时复函被检查企业，要求企业对相关负责人进行处理、对存在的问题进行整改。三是开展防治“小金库”长效机制建设。组织 6 家中央企业，召开防治“小金库”长效机制建设经验交流会，介绍长效机制建设的典型经验。起草《关于加强中央企业有关业务管理防治“小金库”的若干规定》和《关于加强中央企业特殊资金（资产）管理的通知》，对于容易引发“小金库”的有关业务以及企业特殊资产，提出明确的管理要求。

为提升中央企业财务监督工作水平，国资委坚持不断增强服务意识，做好税收、财金等政策的沟通协调工作，帮助企业做好重大经营事项的处理，促进中央企业做强做优、科学发展。

（审稿人：沈　莹　撰稿人：范翠梅）

全国国有企业资产与财务状况分析

2011 年，全国国有及国有控股企业（以下简称“国有企业”）积极应对国际国内复杂经济形势，加大市场开拓和降本增效力度，优化资源配置，推动管理创新，生产经营和经济效益总体稳步发展，为“十二五”开局之年国民经济的平稳增长作出了重要贡献。

一、国有企业资产规模不断壮大，发展质量稳步提升

（一）国有企业改革重组步伐进一步加快，八成以上国有企业完成改制

截至 2011 年底，上报国有资产统计单户报表的各级国有企业共 144715 户①，其中：国务院国资委监管的 117 家中央企业集团共计 33037 户，占总户数的 22.8%；79 个中央部门管理企业 11195 户，占总户数的 7.7%；36 个省（直辖市、自治区、计划单列市）上报地方企业 100483 户，占总户数的 69.4%。从地域分布看，国有企业主要分布在东部沿海地区，共有国有企业 78557 户，占 54.3%；中部地区的企业共 29537 户，占 20.4%；西部地区的国有企业共 32348 户，占 22.4%。从规模看，微型企业户数最多，达 59401 户，占 41.0%；中型规模和小型企业分别占国有企业总户数的 17.7% 和 35.6%；大型国有企业有 8248 户，占 5.7%。从行业布局看，分布于工业、商贸和社会服务业等行业的企业较多，其中工业企业户数占全部企业总户数的 27.4%。2011 年末，全国 144715 户国有企业

① 本年数据包含邮政储蓄银行。

中,117871户企业完成公司制改制,占81.5%,比重比上年提高5.1个百分点。其中:国务院国资委监管企业中已完成公司制改革的企业30247户,改制面达到91.6%,占全国完成改制企业户数的25.7%;地方国有企业中已完成公司制改革的企业79257户,改制面达到78.9%,占全国完成改制企业户数的67.2%。从监管范围看,国资委系统直接监管的8040家国有企业共90913户子企业中,公司制企业82042户,改制面为90.2%,高于非监管企业改制面23.6个百分点。

(二)国有企业资产规模进一步扩大,国资委系统占七成

2011年国有企业产业布局不断优化,改革发展取得显著成效,整体实力进一步增强,对国有经济发展显示出日益强大的支撑力、影响力和带动力。截至2011年底,全国国有企业资产总额85.4万亿元,比上年增长24.4%。从隶属关系看,117家国务院国资委监管企业资产总额28.0万亿元,比上年增长14.8%,占32.8%,其中资产规模过千亿元的企业比上年增加4家,达到61家;79个中央部门管理企业资产总额10.4万亿元,比上年增长14.1%,占12.1%,其中资产规模过千亿元的部门有8个;地方国有企业资产总额47.0万亿元,比上年增长33.8%,占55.0%,其中资产规模过万亿元的地方有19个,比上年增加2个。从监管范围看,国资委系统监管企业资产总额60.8万亿元,比上年增长17.3%,占71.2%。由于2011年企业融资比重普遍增加,债务规模增长较快,2011年末国有企业平均资产负债率为65.8%,比上年上升1.6个百分点;总资产周转率为0.5次,与上年持平;流动资产周转率为1.1次,比上年下降0.1次。

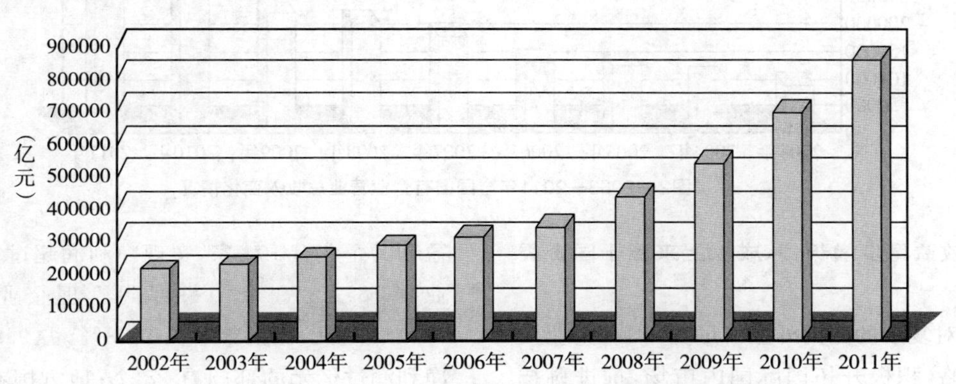

图1 2002—2011年全国国有企业资产总额增长变化情况

(三)国有资产总量平稳增长,国资委系统监管企业保值增值水平高于全国

截至2011年末,国有企业合并国有资产总量22.0万亿元,比上年增长17.3%。在全部国有资产总量中,国有资本及权益比年初净增加2.9万亿元,其中:企业经营积累增加1.4万亿元;因国家追加投资、资本溢价、无偿划入等客观因素增加2.2万亿元;因无偿划出、自然灾害损失、上交国有资本经营收益等客观因素减少5322.8亿元。扣除客观增减因素后,2011年国有企业平均国有资本保值增值率为106.5%,共有93464户企业实现保值增值,户数占比达到64.6%。从隶属关系看,117家国务院国资委监管企业国有资产总量7.8万亿元,比上年增长10.1%,占35.5%,平均国有资本保值增值率为108.4%,其中实现保值增值的企业有99家;79个中央部门管理企业国有资产总量2.4万亿元,比上年增长7.6%,占11%,平均国有资本保值增值率为108.3%,其中实现保值增值的中央部门有68个;地方国有企业国有资产总量11.8万亿元,比上年增长25%,占53.5%,平均国有资本保值增值率为104.8%,36个地方均实现了保值增值。从监管范围看,国资委系统监管企业平均国有资本保值增值率为106.7%,略高于全国平均水平,完成保值增值的企业有58257户,占64.1%。

二、收入效益实现双快增长，整体竞争力进一步提升

（一）收入规模保持较快增长，上榜世界500强的非金融国有企业达到55家

2011年全国国有企业实现营业总收入39.2万亿元，比上年增长22.8%。从隶属关系看，117家国务院国资委监管企业实现营业总收入20.5万亿元，比上年增长22.1%，占52.2%，其中实现营业总收入过千亿元的企业有52家，比上年增加9家；79个中央部门管理企业实现营业总收入2.6万亿元，增长11.3%，占6.7%，其中实现营业总收入过千亿元的部门有6个；地方国有企业实现营业总收入16.1万亿元，比上年增长25.9%，占41.1%，其中实现营业总收入超过5000亿元的地区有12个。从监管范围看，国资委系统监管企业实现营业总收入34.3万亿元，比上年增长23.3%，占87.3%。2012年《财富》发布的世界500强企业中，共有65家国有企业上榜，其中非金融国有企业有55家，比上年增加10家。55家上榜国有企业中，国务院国资委监管企业42家，地方国有企业11家，分别比上年增加4家和6家，中央部门企业有2家。上榜的55家非金融国有企业收入占世界500强企业合计收入的10.5%，比重比上年提高1.9个百分点。

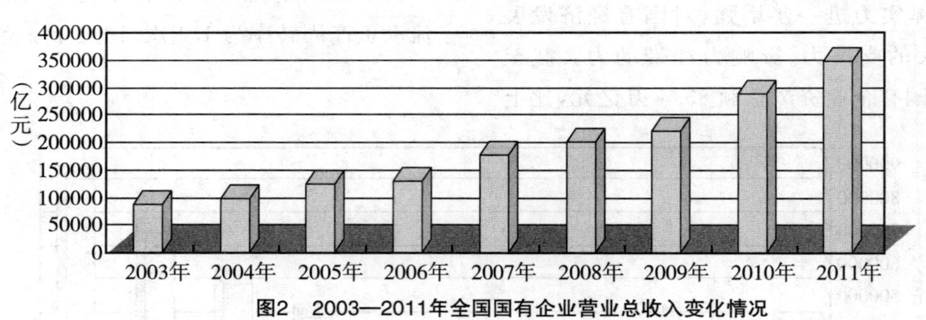

图2 2003—2011年全国国有企业营业总收入变化情况

（二）经济效益稳步增长，八成以上来源于国资委系统监管企业

2011年面对复杂的国内外经济形势，国有企业及时调整经营策略，积极开拓国际国内市场，推进科技创新和传统产业转型升级，大力开展精细化管理，在规模总量保持良好增长势头的基础上，经济效益继续呈现平稳较快增长态势。2011年全国国有企业实现净利润19369.7亿元，比上年增长15.2%。从隶属关系看，117家国务院国资委监管企业实现净利润9136.1亿元，增长7.2%，占47.2%，其中净利润实现盈利的企业有104家，实现净利润超过100亿元的企业有18家；79个中央部门管理企业实现净利润1904.3亿元，比上年增长10.8%，占9.8%，其中实现净利润过亿元的部门有28个；地方国有企业实现净利润8329.3亿元，比上年增长26.7%，占43.0%，其中实现净利润超过100亿元的地区有26个。从监管范围看，国资委系统监管企业实现净利润15585.2亿元，比上年增长11.9%，对全国国有企业效益的贡献率达到80.5%。

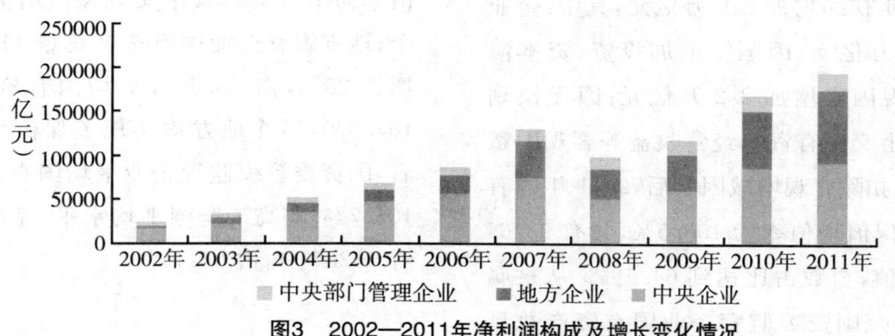

图3 2002—2011年净利润构成及增长变化情况

（三）重点行业收入利润稳步增长，部分行业受市场影响效益下滑

一是工业企业依然是收入、利润贡献大户。从行业分布看，2011年全国国有企业中，工业企业实现营业收入270613.6亿元，比上年增长25.5%，占全国国有企业总收入的69%；实现净利润17764.5亿元，比上年增长24.3%，对全国国有企业净利润的贡献为53.1%，其中：石油石化企业实现净利润6349.4亿元，比上年增长28.4%；机械企业实现净利润2690.3亿元，比上年增长11.9%；煤炭企业实现净利润2481.5亿元，比上年增长21.2%。二是石油石化、邮电通信、煤炭三大行业效益再创新高，拉动全年效益较快增长。三大行业全年累计实现净利润同比增加额共计2268.9亿元，对全国国有企业效益增长的贡献率为39.2%。三是冶金、电力、汽车制造等行业经济效益继续保持增长态势，但增幅回落，其中：冶金企业实现净利润1012.5亿元，同比增长14.5%，增幅比上年回落122个百分点；汽车制造企业实现净利润1805.2亿元，同比增长10%，增幅比上年回落42.2个百分点；电力企业实现净利润1695.5亿元，同比增长5.1%，增幅比上年回落17.9个百分点。四是钢铁和水上运输行业受市场需求持续低迷以及高成本、低价格的压力，效益下滑明显。钢铁企业实现净利润124.6亿元，比上年减利247.3亿元，下降66.5%；水上运输企业实现净利润318.5亿元，比上年减利113.1亿元，下降26.2%。

四、职工队伍稳定，工资水平保持适度增长

国有企业在履行经济责任的同时，更加关注民生，并勇担缓解社会就业压力的重任。2011年国有企业年末从业人员数为3908.0万人，新增就业人数147.4万人，比上年增长3.9%；年末职工人数为3672.4万人，比上年增加73.4万人，增长2%。从隶属关系看，国务院国资委监管企业年末职工人数1239.7万人，比上年增加39.8万人，占全国国有企业职工人数的33.8%；中央部门管理企业年末职工人数481.4万人，比上年减少5.2万人，占比为13.1%；地方国有企业年末职工人数1951.3万人，比上年增加38.8万人，占比为53.1%。从监管范围看，国资委系统监管企业年末职工人数2618.9万人，比上年增加81.5万人，占全国国有企业人数的比重为71.3%。2011年国有企业实际发放职工工资总额19704.6亿元，比上年增长20.2%，增幅与上年基本持平；职工人均工资5.4万元，比上年增加0.8万元，增长17.4%，增幅比上年回落0.3个百分点。

五、认真履行社会责任，推动社会和谐发展

2011年，国有企业在保持自身快速发展、增加财政收入、保障民生供应、确保国民经济平稳较快增长的同时，为社会和谐发展作出了重要贡献。2011年度《企业社会责任蓝皮书》显示，国有企业的社会责任指数为31.7分，其中：中央企业得分高达44.3分，为最高分，大幅领先于民营企业（13.3分）和外资企业（12.6分）；同时，国有企业得分比上年增加2.8分，显示国有企业社会责任工作整体积极推进。一是税收贡献进一步扩大。2011年全国国有企业上缴税金总额（含石油特别收益金）34488.8亿元，占全年财政收入（103874.4亿元）的33.2%，比上年增长19.4%，增幅高于净利润增幅4.2个百分点。从隶属关系看，国务院国资委监管企业上缴税金总额17283.1亿元，同比增长16.5%，占全国国有企业上缴税金总额的50.1%，其中上缴税金总额超过百亿元的企业有29家；中央部门管理企业上缴税金总额6782.8亿元，占19.7%，其中上缴税金总额超过10亿元的部门有9个；地方国有企业上缴税金总额10422.9亿元，占30.2%，其中上缴税金总额超过百亿元的地方有27个。从监管范围看，国资委系统监管企业上缴税金总额26138亿元，比上年增长18.4%，占75.8%。二是职工培训和社会保障工作稳步推进。国有企业人才队伍建设，是支撑国企繁荣发展的基石。2011年，国有企业更加注重提高职工队伍整体素质的建设，为职工创造技术业务培训和各种学习机会，使国有企业的职工队伍更加适应现代市场经济的需要，较好地实现了国有企业与国有企业职工的共同发展，同时不断加大社会保障力度。2011年累计支付的职工培训费用257.3亿元，比上年增加38.1亿元；为职工缴纳基本

养老保险、基本医疗保险、失业保险三险共计 4126.0 亿元，比上年增长 19.6%；为离退休职工支付养老金及福利性补助共 790.8 亿元，比上年增加 129.3 亿元。三是自主创新能力进一步提高。2011 年国有企业积极推进科技资源整合，加强自主知识产权和知名品牌建设，加大研发投入，努力突破居于领先地位的关键核心技术。截至 2011 年底，全国国有企业拥有的自主知识产权专利数量 21.4 万项，其中：2011 年新增 6.3 万项；2011 年全国国有企业科技支出共计 4949.3 亿元，比上年增加 664.2 亿元。四是安全生产、环境保护和节能减排工作取得积极进展。2011 年国有企业支出的安全生产费用 1124.4 亿元，比上年增长 20.3%；支出的环境保护及生态恢复费用 481.3 亿元；全年支出的节能减排费用共计 291.9 亿元。五是积极参与社会公益事业。2011 年国有企业承担了大量的定点扶贫和援疆援藏工作，并在玉树地震、西南旱情等自然灾害紧急捐赠活动中投入了大量资金。对外捐赠工作合规、有序，履行了国企责任、彰显了国企形象。在第七届中华慈善奖最具爱心捐赠企业评选活动中，共有 8 家国有企业上榜。

六、需要进一步关注的问题

2011 年我国国有企业总体经济运行状况良好，但经营发展中仍存在一些问题需要高度关注。一是部分国有企业盈利能力有待进一步提高。在 14.5 万户国有企业中，仍有 61561 户企业营运处于亏损和低效状态，占 42.5%，其中：处于净利润亏损状态的企业有 52426 户，亏损面达 36.2%，亏损额为 7405.2 亿元；有 42793 户企业实现净利润不足 50 万元（不含亏损），占 29.6%。2011 年全国国有企业平均总资产报酬率为 4.2%，比上年下降 0.2 个百分点，总资产报酬率不足 2%（不含亏损企业）的企业 35714 户，占 24.7%；净资产收益率不足 2%（不含亏损企业）的企业 34265 户，占 23.7%。二是各类成本上升较快，毛利率下降。2011 年全国国有企业成本费用总额支出 37.3 万亿元，同比增长 23.5%，高于同期营业收入增幅 0.7 个百分点；全年平均主业毛利率为 18.6%，同比下降 1 个百分点。14.5 万户国有企业中，成本费用总额增长快于营业收入增长的企业有 74599 户，占 51.5%，比重高出上年 2.5 个百分点；主业毛利率与上年比下降的企业有 51652 家，占 35.7%，比重高出上年 0.1 个百分点。三是部分企业财务风险加大。2011 年受货币政策趋紧影响，企业融资成本普遍升高，资金成本急剧上升，2011 年全国国有企业财务费用的利息支出高达 7820.5 亿元，比上年增加 2125.9 亿元，增长 37.3%，增幅高于上年 18 个百分点。受此影响，2011 年末全国国有企业平均资产负债率为 65.8%，比上年上升 1.6 个百分点；有 81588 户企业负债水平高于上年，占 56.4%，资产负债率超过 75%的企业共计 54829 户，占 37.9%。

（审稿人：廖家生　撰稿人：沈艳艳）

中央企业并购与重组

2011 年，国务院国资委按照党中央、国务院关于国有经济布局结构调整的战略部署，围绕“做强做优，培育具有较强国际竞争力的世界一流企业”的核心目标，稳步深入推进中央企业布局结构调整，提高资源配置效率，促进企业转型升级，取得了新进展。全年共有 5 组 10 户中央企业参与重组，中央企业户数从 2011 年初的 122 户调整至 117 户。同时，国资委积极指导推进中央企业加强内部资源整合，协调推进中央企业之间的资源整合与业务合作，着力提升中央企业整体资源配置效率。

一、电网主辅分离改革重组工作取得重要成果

电网主辅分离改革重组工作是电力体制改革的重要组成部分。这项工作情况复杂，推进难度大，多年来一直未取得实质性进展。经过国务院国资委会同有关部门不懈努力，2011 年 1 月，国务院批准同意电网主辅分离改革重组方案，并明确由国资委牵头组织实施。

这项改革涉及 4 家中央企业和 2 家电网公司所属 29 个省（区、市）的 134 家辅业单位（指电网公司所

属电力勘测设计、水电施工、火电施工和修造企业)，资产超过3000亿元，职工35.78万人，离退休人员26.12万人，尤其是分离重组的部分网省辅业单位经营相对困难，安全稳定压力大。考虑到上述情况，国资委将该项工作列为2011年中央企业改革重组的重中之重，提出要统筹好改革、发展和稳定的关系，坚持改革重组和生产经营“两不误、两促进”，确保各重组企业正常生产经营，确保企业和职工队伍稳定，稳妥推进电力体制改革。经过各方共同努力和认真筹备，9月29日，新组建的中国电力建设集团有限公司和中国能源建设集团有限公司揭牌暨国家电网公司、南方电网公司辅业单位划转给两家新公司的移交大会在北京召开。中国水利水电建设集团公司、中国水电工程顾问集团公司和14家网省公司辅业单位重组成立中国电力建设集团有限公司，中国葛洲坝集团公司、中国电力工程顾问集团公司和15个省辅业单位重组成立中国能源建设集团有限公司。这标志着电网主辅分离改革重组和中央电力施工设计企业布局结构调整工作取得重要成果。

二、稳步推进中央企业战略重组

中国航天科技集团公司(以下简称航天科技)和中国乐凯胶片集团公司(以下简称乐凯集团)进行重组，将乐凯集团整体并入航天科技成为其全资子企业。

航天科技是我国航天事业的主导力量，主营业务包括航天技术研发和航天产品制造、运营、服务，承担我国的载人飞船、月球探测、卫星、运载火箭和战略战术导弹武器的研制生产任务。乐凯集团前身为保定电影胶片制造厂，是我国影像信息记录产业规模最大的国有企业，也是我国特种感光材料的研制、开发、生产基地。近年来，为应对数字技术和市场环境的快速变化，乐凯集团积极推进战略转型，推动印刷材料向数字印刷和环保柔性印刷升级，借助“微粒”、“成膜”等技术积累，积极拓展中高档薄膜及涂层深加工产品。但是，乐凯集团由于资金实力不足，研发力量薄弱分散，战略转型面临诸多困难。

航天科技在人才、资金、科研和制造等方面具备较强实力，优势明显。重组后，航天科技可以通过加大资金投入、加强科研队伍建设等措施，提升乐凯集团自主创新能力和产业整合能力，促进其战略转型和发展。同时，乐凯集团与航天科技在高性能膜材料、太阳能电池、新材料、新能源汽车、印刷材料和印刷装备制造等领域具有较强的产业关联度，重组有利于整合两家企业资源，推动航天科技相关产业技术进步，促进军品和民品的有机结合，提升企业竞争力。

三、更好发挥资产经营公司推进中央企业布局结构调整平台的作用

1. 将中国华星集团公司(以下简称华星集团)划入中国国新控股有限责任公司(以下简称国新公司)管理，国新公司对华星集团履行出资人职责。

国新公司于2010年12月正式挂牌成立。根据国务院有关批复要求，将有关中央企业分期分批划入国新公司，由其进行重组整合，是国新公司的一项重要职责。华星集团是1995年原国内贸易部解决部属企业“散、小、差”及大面积亏损等问题成立的国有资产经营公司，先后划入了20户从事各类汽车及配件的销售和售后服务，摩托车及配件、机械设备的销售，再生资源利用，进出口业务及房地产业务的公司。成立以来，华星集团持续开展资产重组和业务清理，有效清理负债和往来款项近120亿元，关闭四级以下企业1000余家，妥善解决劳动关系并分流职工1.8万多人。近年来，企业为了维持正常运转，在萤石矿开采、氟化工产品深加工等领域进行业务拓展，但受实力所限，发展效果不明显。总体来看，华星集团所处行业不属于重要行业和关键领域，规模实力较弱，缺乏核心竞争优势。新拓展的业务受资金等条件制约，持续发展能力不足。由国新公司对华星集团主要业务进行重组整合，进一步清理企业投资和所属企业，发展具有市场前景的业务，有利于进一步推进国有资本有进有退和优化配置。

华星集团是国资委划入国新公司管理的第一家中央企业，标志着国新公司资产经营工作正式起步。

2. 中国诚通控股集团有限公司(以下简称诚通集团)重组中商企业集团公司(以下简称中商集团)，中商集团整体并入诚通集团成为其全资子企业。

诚通集团成立于1992年，是国资委首批董事会试点企业和国有资产经营公司试点企业。主要从事资产经营管理、现代物流、综合贸易和包装及特种纸制造等业务。中商集团成立于1994年，是原国内贸易部直属的综合性国有独资商业企业。主营业务包括现代零售与批发贸易、农产品流通、境外零售与综合物流服务等。中商集团受历史遗留问题等因素影响，逾期债务和或有负债较多，资金严重匮乏。总体来看，中商集团传统业务盈利能力较差，农产品流通业务受资金、资源等制约，难以实现较大发展。

两企业在资源和业务等方面具有较强的互补性，重组有利于优势互补、促进企业发展。诚通集团作为国资委确定的国有资产经营公司试点企业，先后托管、接收了多家中央企业，取得了积极成效。重组后，诚通集团将发挥资产经营的优势和经验，对中商集团实施有效的重组整合，并在战略指导、资源配置、市场网络和渠道等方面给予中商集团有力支持，促进其农产品批发和流通主业的快速发展。诚通集团也可借助中商集团在农产品业务板块的区域影响力，进一步完善仓储物流和综合贸易主业，增强企业核心竞争力。

四、积极推进中央企业资源整合

经过“十一五”期间的快速发展，中央企业在业务结构、业务链条、业务范围和业务模式等方面都更为复杂，资源整合的任务更为繁重，集团实施有效管控的难度加大。2011年以来，国资委更加注重重组质量与效果，对前几年开展的整合任务较重的重组项目加强指导。推进了鞍钢集团公司、中国外运长航集团有限公司等重组企业的整合，促进企业加快开展战略、业务、管理、文化等方面的深度整合。2011年7月，在北京举办中央企业内部资源整合经验交流与培训会。邵宁副主任出席会议并作重要讲话。要求中央企业今后要真正从追求规模扩张向注重提升质量效益转变，从粗放经营向集约经营转变，从占有更多资源向更好地优化配置资源转变。会上，国资委企业改革局介绍了中央企业重组整合的主要做法和经验，中国航空工业集团公司和中国建筑材料集团有限公司有关负责人分别就内部资源的专业化整合和资本化运作、推进联合重组强化管理整合作了典型发言，宝洁公司介绍了全球配置和整合资源的实践。中央企业负责改革重组的同志及相关部门负责人近280人参加会议。

积极推进中央企业之间资源整合与业务合作。10月，举办中央企业业务合作会议，推进中央企业在同类业务和产业链上下游企业之间加强整合与合作。要求中央企业注重发挥比较优势和专业化经营优势，联合起来发展新产业，防止和避免重复建设和恶性竞争，提高资源配置效率；要注重科技创新，整合科研力量联合攻关。同时，针对部分中央企业在对外并购中缺乏合作意识，导致重复建设和无序竞争、不利于产业结构调整升级的问题，国资委2011年以来加强协调，促进中央企业有效有序实施并购重组，维护市场公平竞争，保障国有资产合法权益。

此外，中央企业非主业宾馆酒店分离重组工作取得突破。本着积极稳妥的精神，2011年重点推进3家电信企业和中国南方航空集团公司宾馆酒店分离重组工作。中国移动通信集团公司所属重庆丽苑大酒店实现平稳划转移交中国港中旅集团公司。这标志着央企非主业宾馆酒店分离重组工作取得突破性进展，为今后深入推动这项工作探索了路子，积累了经验。

五、加强政策研究和指导协调，促进中央企业有序有效开展并购重组

为贯彻落实“做强做优中央企业、培育具有国际竞争力的世界一流企业”的核心目标要求，研究制定了《“十二五”时期深化中央企业改革、增强企业活力的总体思路与具体措施》（国资发改革〔2011〕160号），提出进一步优化布局结构、提高资源配置效率的思路和措施。要推进国有资本进一步向关系国家安全和国民经济命脉的重要行业和关键领域集中。要深入推进企业内部资源整合和重组后的深度整合，引导和鼓励企业持续开展业务结构调整与组织变革，提升中央企业的资源整合能力和竞争力。要统筹运用资产经营公司平台和业绩考核、国有资本经营预算等政策的导向作用，探索通过股份制等方式推动中央企业之

间非主业、非优势业务和同类业务的重组整合，提高中央企业整体资源配置效率和竞争能力。要引导规范中央企业对外并购，支持地方及其他所有制企业参与中央企业重组。要探索利用资产经营公司平台，创新布局结构调整途径与方式，将一些具备条件的企业以及中央企业整体上市后的存续资产、非主业资产交资产经营公司实施重组整合。

为发挥国有资本经营预算、业绩考核等政策对中央企业布局结构调整的支持和导向作用，支持中央企业兼并重组和产业整合，推进中央企业加快经济发展方式转变和结构调整，研究制定《国资委国有资本经营预算重组整合支出审核规范》（国资厅发收益〔2011〕68 号）等有关文件。

（审稿人：刘文炳　撰稿人：林庆苗、王丽萍）

中央企业董事会试点进展情况

2011 年是“十二五”规划的开局之年，围绕国资委“做强做优中央企业，培育具有国际竞争力的世界一流企业”、“全面提升企业管理水平”的改革发展的核心目标和总体要求，本着实事求是、与时俱进、科学实践、依法治企的精神，进一步探索适合中国国情、有中国特色的国有企业的公司治理模式，建立规范有效的董事会，深入推进建设规范董事会试点工作，为全面提升中央企业管理水平，深化国有企业改革提供了重要的体制机制保障。

一、推进符合条件的中央企业建设规范董事会，探索具有中国特色的现代国有企业制度

（一）建设规范董事会企业户数逐步增加

按照国资委加快推进符合条件的中央企业建设规范的董事会，积极探索中国特色国有企业公司治理结构的要求，在国资委党委的正确领导下，建设规范董事会试点工作取得了重大进展。2011 年，董事会试点工作办公室印发《关于中国兵器装备集团公司等 8 家企业做好建设规范董事会前期相关工作的通知》（董办〔2011〕17 号）和《关于中国石油天然气集团公司等 5 家中央企业建设规范董事会工作的通知》（董办〔2011〕39 号），将中国兵器装备集团公司、中国石油化工集团公司、中国海洋石油总公司、中国第一汽车集团公司、中国交通建设股份有限公司、中国中纺集团公司、中国铁路物资股份有限公司、中国国新控股有限责任公司、中国石油天然气集团公司、中国电信集团公司、中国远洋运输（集团）总公司、中国海运（集团）总公司、中国航空油料集团公司等 13 家中央企业列入建设规范董事会的范围。试点工作总体上进展顺利，初步实现了试点的目的。截至 2011 年底，国资委已明确建设规范董事会的中央企业共有 42 家，占国资委监管企业的三分之一，资产总量占到近一半。其中，已经选派外部董事的有 39 家。

（二）外部董事制度进一步完善

外部董事制度进一步完善，非外部董事、外部董事、职工董事和经理层人员的选聘、管理、履职、薪酬与考核评价体系基本确立。为探索外部董事专业化、职业化和市场化机制，加强外部董事队伍建设，2011 年，国资委从中央企业及有关单位聘任第一批共 9 名专职外部董事，并将逐步委派到建设规范董事会中央企业。外部董事具有丰富的经验和国际视野，独立客观地发表意见，勤勉履职，忠实地维护出资人和企业利益，为中央企业改革发展作出了贡献。

（三）建设规范董事会试点模式呈现多样化

从董事会组织结构和制度建设上看，各建设规范董事会中央企业董事会开始注重普遍性和特殊性相结合，初步实现个性化发展。一方面，各试点企业董事会基本组织架构和基本运作制度体系相似，各专门委员会的设置、董事会、经理层等有关各方的权责与国资委关于建设规范董事会的有关要求相一致。董事会及其专门委员会在战略决策、风险管控、经理层管理等方面力求规范有效。另一方面，各试点企业在实践中不断总结经验，根据各自企业的实际情况和需要，成立具有本企业特色的专门委员会、制定相应制

度,如有的企业董事会成立质量安全和应急管理委员会、特种装备委员会等。

(四)董事会运作的有效性逐步提高

在实现董事会规范运作的同时,董事会决策的科学性稳步增强,初步形成了权力机构、决策机构、监督机构和执行机构之间的制衡机制,董事会运作的有效性逐步提高。一是加强信息沟通和交流,努力发挥外部董事和专门委员会的作用,注重重大决策事项的前期沟通、调研;二是建立董事会决策执行情况的跟踪检查和评价机制,及时开展对董事会决议的跟踪督查,建立了决策的后评价制度,降低了决策实施过程中的风险;三是加强董事会与监事会工作上的有机衔接,形成合力;四是通过审慎授权,赋予经理层更多的应对市场竞争变化的决策权限,提高了企业的决策效率和应变能力。

二、认真组织中央企业董事会年度工作报告,完善年度工作报告制度,对董事会、董事进行评价

2011年,国资委对中央企业董事会年度工作报告的形式和内容做了新的尝试。按照《国资委董事会试点工作领导小组第十三次会议纪要》的精神,将建立规范董事会超过半年的22家中央企业纳入报告的范围。根据建设规范董事会试点工作进展情况,中央企业董事会年度工作报告采取了书面汇报和专题会议汇报相结合的形式,对董事会运作规范且企业运行平稳的企业以书面汇报为主,对新组建董事会、需要进一步完善和少数规模大、影响力较强的企业,采用专题会议的形式。为了提高对董事会评价的准确性和规范性,国资委董事会试点工作办公室与有关厅局和监事会沟通、协商,从董事会规范运作情况的总体评价、董事会运作中需要进一步改进和加强的工作及董事会需要关注和督促解决的问题等三个方面进行评价,明确了评价的主要内容,同时要求评价意见要准确、具体,重点突出,既要充分肯定董事会工作取得的成绩,又要指出存在的问题。通过研讨和多次征求董事会试点工作领导小组成员单位及有关监事会办事处的意见,董事会试点工作办公室分别形成22家建设规范董事会中央企业董事会的评价意见。各建设规范董事会中央企业对年度评价意见高度重视,针对评价意见提出的需要董事会进一步改进和加强的工作、需要关注和督促解决的问题,董事会认真研究,制定了切实可行的整改措施,董事会办公室适时将整改情况向董事会进行报告,各位董事将整改结果作为一项重要内容进行审议。国资委建设规范董事会试点工作办公室跟踪、了解整改措施落实情况,并向董事会试点工作领导小组成员单位通报有关整改情况。董事会年度工作报告制度,保证了出资人意志的有效落实,促进了规范董事会建设和规范运作,推动了企业改革发展。

三、指导试点企业董事会制度建设,为董事会规范运作提供制度保障

(一)进一步完善董事会运作制度体系

中央企业董事会运作已经具有一套可遵循的系统的制度框架,协调运转的工作流程基本建立,建设规范董事会制度体系基本形成。截至2011年底,在国资委有关厅局的共同努力下,下发中央企业建设规范董事会试点工作的规范性文件17件。根据建设规范董事会试点工作的需要,《外部董事履职指南》《董事会试点中央企业董事会秘书履职管理办法(试行)》《国资委关于建设规范董事会工作职责分工和协调机制暂行办法》等有关文件进入研讨和起草阶段。随着建设规范董事会工作不断深入,针对少数试点制度不能适应当前建设规范董事会需要等问题,还将对建设规范董事会试点工作文件进行梳理,以更好地指导中央企业完善公司法人治理结构,推动董事会规范有效运作。

(二)指导试点企业制度建设

按照《公司法》《董事会试点中央企业董事会规范运作暂行办法》(国资发改革〔2009〕45号)的规定,各建设规范董事会中央企业从实际需要出发,修订了公司章程,建立健全了董事会、各专门委员会、总经理办公会的议事规则以及董事会秘书工作规则等各项日常运作制度,初步规范了董事会、经理层和监事会等有关方面的权责,根据企业实际探索建立了董事会和

党委(党组)工作沟通协调办法。

国资委认真审核建设规范董事会中央企业的《公司章程》,在《公司章程》审核过程中进一步落实有关法律法规和建设规范董事会制度要求,在起点上保证了董事会规范运作。2011年,共审核6家中央企业修订的《公司章程》。为进一步规范国有企业决策机制,实现科学和民主决策,促进国有企业负责人廉洁从业、规范决策行为、提高决策水平、防范决策风险,探索党组织参与重大事项决策、更好地发挥党组织政治核心作用的有效方法和途径,国资委印发《关于建设规范董事会中央企业报送贯彻落实"三重一大"决策制度实施办法有关问题的通知》,各建设规范董事会中央企业根据各自企业的实际情况,制定落实"三重一大"的实施办法。国资委认真做好建设规范董事会中央企业"三重一大"实施办法的审核工作,对中国煤炭科工集团有限公司、中国恒天集团有限公司、中国钢研科技集团有限公司等11家企业贯彻落实"三重一大"决策制度暂行办法进行审核,为党组织参与决策、带头执行和有效监督提供制度保障。

四、进一步完善培训机制,组织做好建设规范董事会培训工作,不断提升董事履职能力,建立国资委与董事会之间的沟通渠道,加强对地方国资委建设规范董事会工作的指导

(一)开展培训工作,完善培训机制,提高董事履职能力

组织建设规范董事会中央企业董事会成员、经理层参加国内外培训工作,培育董事会文化,提高董事履职能力。2011年4月和11月,在珠海举办两期董事会运作专题培训班,对参加新加坡淡马锡董事会运作实务培训的中央企业有关人员进行预培训。随后,举办第13期和第14期新加坡淡马锡董事会运作实务考察交流,有关中央企业董事长、董事、董事会秘书,有关部委、委内厅局及地方国资委共76人次参加培训。在借鉴之前12期好的做法的基础上,2011年的两期新加坡淡马锡董事会运作实务考察交流注重与新加坡财政部和淡马锡及淡联企业专题研讨和考察,让董事们有更多机会与淡马锡及淡联企业的董事面对面深入交流,获得最直观的感受。2011年5月,国资委—清华大学董事课程培训班正式启动,陆续举办三期国资委—清华大学董事课程培训班,共有425人次参加培训。培训班聘请知名专家、清华大学教授和委内有关厅局负责同志做专题讲座。课程共开设六个模块的内容,分别是董事会运作、战略管理、投资决策、审计与内控、绩效管理与领导力、董事履职必要的财务知识。在成功举办三期培训班的基础上,根据试点工作的要求和企业的需求,经过认真研究,与清华大学研究制定建设规范董事会中央企业董事培训课程方案,进一步明确国资委对董事履职培训的目的、内容、方式和要求,促进了建设规范董事会试点中央企业董事培训工作,提高了董事专业知识水平和履职能力,为更好发挥董事会作用打下基础。

(二)加强国资委与企业董事会、董事之间的沟通

按季度召开董事沟通会,及时将国资委的工作要求和委领导讲话精神向外部董事进行传达学习,交流各企业先进经验和做法。为了加强委内厅局、地方国资委和建设规范董事会试点中央企业之间的沟通,相互借鉴取得的经验,探索试点工作存在的问题,加大对建设规范董事会工作的总结和宣传,从2011年起,开展《中央企业建设规范董事会工作简报》的编印工作,截至2011年底,共印发10期中央企业建设规范董事会工作简报。推动建立外部董事沟通室和董事信息沟通平台建设,拓宽与董事沟通交流的渠道。积极配合有关监事会主席和监事会办事处,做好董事会与监事会的协调沟通。组织召开研究解决中央企业"双层董事会"问题座谈会和建设规范董事会中央企业董事会秘书工作研讨会,探索了"神华模式"、"宝钢模式"、"中铁模式"等三类"双层董事会"治理模式,对如何将国有独资公司董事会与上市公司董事会治理规则相衔接,进行了有益尝试。

(三)加强对地方国资委建设规范董事会工作的指导

为推进地方国有企业建设规范董事会工作,完善公司法人治理结构,2011年4月,国资委企业改组局在深圳组织召开部分省市、中央企业建设规范董事会专

题研讨会，交流建设规范董事会经验、做法。各地国资委对所监管企业建设规范董事会工作进行积极探索，取得初步成效，也面临一定困难。下一步将继续加强中央和地方国资委建设规范董事会工作经验交流，更好地促进国有企业建立有效的公司治理机制。

五、积极开展建设规范董事会的前瞻性研究，进一步推动建设规范董事会运作的课题研究

按照国资委的工作布置，为了将建设规范董事会试点工作进一步推向深入，总结试点工作的经验，梳理试点工作中存在的问题，提出下一步工作思路和建议，国资委建设规范董事会试点工作办公室组织专门力量，对《中央企业建设规范董事会若干问题研究》《建设规范董事会的中央企业母子公司治理问题研究》《国资委对建设规范董事会的中央企业履行监督职责的协调机制研究》《建设规范董事会的中央企业董事会秘书管理问题研究》《建设规范董事会的中央企业完善董事会年度工作报告制度研究》《国外公司治理理论与实践最新进展研究》《中央企业董事会2010年度工作报告综合分析》等7个课题进行深入研究，对建设规范董事会工作涉及的理论和实践问题进行全面梳理，为下一步工作提供了理论指导。

中央企业开展建设规范董事会试点工作，是新形势下深化国有企业改革、构建国有企业科学发展的体制基础，也是推进中央企业转变发展方式、提高发展质量和提升管理水平的重要举措。经过8年来的不断探索，在分析比较国内外公司治理的做法和成功经验的基础上，从我国国情和企业的实际情况出发，初步建立了具有中国特色的国有企业法人治理结构，董事会在科学决策、风险防范和加强管理等方面的作用进一步显现。有关厅局、监事会调整改进对董事会运作的指导和监督方式，初步实现了国资委对企业的个性化管理，促进了企业改革、结构调整和决策组织的优化。完善公司治理是一个长期过程，我国国有企业建设规范董事会工作刚刚起步，一些深层次的问题没有现成的经验可以借鉴，需要在实践中不断探索和完善。

（审稿人：李　冰　撰稿人：王学军）

中央企业收入分配调控和薪酬管理工作

2011年，国资委认真贯彻党的十六大、十七大和中央企业负责人会议精神，紧紧围绕“一五三”总体思路，改革用工分配办法、探索分类调控方式、完善薪酬管理办法、创新激励约束机制、加强职位体系建设、构建和谐劳动关系，为提高企业劳动生产效率、增强企业竞争力、实现中央企业“十二五”良好开局作出了积极贡献。

一、中央企业职工收入分配情况

（一）中央企业职工收入分配调控主要工作

2011年，国资委坚持效益导向原则和市场化方向，着力完善分配制度，理顺分配关系，着重加强对重点行业、企业以及集团总部的调控，积极探索劳动、资本、技术和管理等生产要素参与分配的有效实现形式，努力推进收入分配工作的制度化和规范化。

一是继续完善收入分配调控机制。不断创新分配调控办法，继续完善职工工资总额决定机制，完善、细化工资总额预算管理，中央企业工资与效益联动机制初步形成，内部分配不断向科研人员和生产一线职工倾斜。

二是不断规范企业收入分配行为。2011年印发《关于进一步规范中央企业收入分配管理的指导意见》，进一步督促企业建立健全激励约束机制，规范企业尤其是各级子企业的收入分配行为。

三是加强重点行业、企业和集团总部调控。通过严格实施调控线制度，对重点行业、企业进行工资总额、工资水平的双重调控，着力理顺分配关系。明确集团总部人均工资增幅不得超过全部职工工资增幅，企业效益下降，企业负责人和集团总部职工工资不得增长。

四是稳妥实施分红权激励试点工作。为探索技

术要素参与收益分配的有效实现形式，国资委在2011年启动部分科技创新企业实施分红权激励试点工作，已经有7户企业经国资委审核同意开展试点。总体来看，7户试点企业成长性好，核心技术突出，符合国家产业导向，企业内部管理制度完善，市场化程度较高，符合激励机制创新的政策要求。通过开展分红权激励试点，7户企业科技人才积极性普遍提高，为促进企业加大科技创新奠定了基础。

五是积极推进企业年金制度建设。继续推动中央企业规范建立企业年金工作，截至2011年底，已经累计批复80户中央企业年金方案，基本涉及所有行业。总体来看，建立规范年金制度的企业，年金待遇水平合理，增长适度，运作规范，效果显著，年金工作正在步入规范化、常态化的轨道。

(二)中央企业职工收入分配调控工作的成效

2011年，国资委根据企业发展和效益情况，参照全国社会平均工资和劳动力市场价位，通过不断加强中央企业收入分配管理工作，建立了同企业经济效益联系紧密的职工收入分配体系，合理确定了与企业竞争力相适应的职工收入水平，进一步理顺了企业内外部收入分配关系。

一是中央企业职工收入分配格局总体稳定。2011年，中央企业完成增加值45909亿元，较上年增长11%。其中，中央企业2011年人工成本总额为13272亿元，占中央企业增加值的28.9%；中央企业上缴税金和缴纳五项社会保险费用共计18417亿元，占中央企业增加值的40%；中央企业2011年计提的固定资产折旧费用9835.6亿元，占中央企业增加值的21.4%。中央企业在为国家经济建设和财税收入作出较大贡献的前提下，兼顾了企业和职工的利益，三者的分配关系保持总体稳定。

二是人工成本投入产出效率持续稳步提高。2011年，中央企业人工成本支出较上年增长18.3%，其中，社会保险、住房公积金等刚性增长项目造成了人工成本总支出增速较快，但人工成本占总成本费用的比重由上年的7.2%下降为6.8%。同期，中央企业劳动生产率由2010年的34.7万元/人提高到36.7万元/人，人事费用率由2010年的6.7%下降为6.5%，投入产出效率进一步提高。

三是中央企业职工工资增幅显著回落。2011年，中央企业职工工资总额、职工平均工资增幅分别为18.2%和13.8%，与上年增幅20.9%和16.6%相比，分别回落2.7和2.8个百分点。中央企业职工平均工资增幅与全国城镇非私营单位、中央部门管理企业、地方国有企业及私营单位职工平均工资增幅14.3%、16.3%、20.7%和18.3%相比，低0.5～6.9个百分点。2011年，中央企业中高于全国城镇在岗职工平均工资两倍以上的较高收入企业有9户，比上年少2户，低于全国城镇在岗职工平均工资的企业有11户，分别占总户数的7.7%和9.4%，其余中等收入企业户数占83%，收入水平保持总体协调。

四是集团总部职工工资增幅得到有效控制。2011年，117户中央企业总部职工平均工资较上年增长10.5%，低于全部职工平均工资增幅，与全部职工平均工资的倍数有所缩小。其中，部门负责人、部门内设机构负责人平均工资分别较上年增长7%和9.1%，均低于总部职工平均工资增幅；专业技术人员平均工资较上年增长12.3%，高于总部职工平均工资增幅，企业内部收入关系更趋合理。

二、中央企业负责人薪酬管理工作情况

根据党中央、国务院关于加强中央企业负责人薪酬管理和规范职务消费的精神，以及“十二五”规划纲要中关于严格规范国有企业经营管理人员收入的要求，国务院国资委切实履行国有资产出资人职责，坚持“业绩升、薪酬升，业绩降、薪酬降”的基本原则，进一步完善中央企业负责人薪酬激励约束机制，努力构建结构合理、水平适当、管理规范、监督有力、与企业职工收入分配关系协调的企业负责人薪酬体系，进一步加强规范职务消费制度建设和监督管理，严格控制职务消费水平。

(一)加强中央企业负责人薪酬管理，统筹调控中央企业负责人薪酬水平

一是制定印发《关于加强中央企业负责人薪酬管理有关事项的通知》。针对个别中央企业存在的执行薪酬管理政策不严格、进行职务消费不规范等问题，重申并强调中央企业负责人薪酬管理相关政策要求，

明确了“十一个不得”，推动中央企业加强企业负责人薪酬管理工作，健全中央企业负责人薪酬约束机制。

二是组织完成中央企业负责人2010年度薪酬兑现和2011年度基薪调整工作。根据中央企业2010年生产经营状况和业绩考核结果，合理确定中央企业负责人2010年度薪酬水平和增长幅度，中央企业负责人薪酬水平与职工工资收入差距进一步缩小。

三是进一步修订完善中央企业负责人薪酬管理办法。根据人力资源社会保障部、国资委等六部门联合印发的《关于进一步规范中央企业负责人薪酬管理的指导意见》和中央企业负责人经营业绩考核办法的新要求，不断总结中央企业负责人薪酬管理工作经验，针对新形势、新情况、新问题，进一步修订完善《中央企业负责人薪酬管理暂行办法》和《中央企业负责人薪酬管理暂行办法实施细则》。

(二)完善建设规范董事会中央企业高管人员薪酬管理制度，进一步规范董事报酬管理

一是做好建设规范董事会中央企业高管人员薪酬调控工作。按照国资委确定的2010年度中央企业负责人薪酬调控总体原则，与各企业董事会薪酬委员会沟通一致后，拟定2010年度董事会企业高管薪酬调控原则和方案，并指导企业顺利完成备案等相关工作。

二是开展基础研究，加强沟通服务。通过调研、座谈会和研讨会等形式，研究拟订《董事会薪酬与考核委员会工作指引》。完成《A股上市公司高管人员薪酬与持股状况专题研究报告(2010年度)》，并将相关数据提供给各企业董事会参考。保持与各企业董事会薪酬委员会的良好沟通，主动了解企业需求，积极提出意见和建议，指导企业完善制度。

三是制定印发《建设规范董事会中央企业专职外部董事薪酬管理暂行办法》。明确了专职外部董事以基本薪酬、评价薪酬、中长期激励为主要组成部分的薪酬体系，确定了专职外部董事基本薪酬、评价薪酬的核定办法，标志着建设规范董事会中央企业各类董事(包括专职外部董事、兼职外部董事、非外部董事和职工董事)的薪酬管理制度体系已经基本建立，有利于外部董事队伍建设和规范董事会建设。

四是规范董事报酬管理，制定印发《关于做好建设规范董事会中央企业2010年度董事报酬管理等工作的通知》，组织完成2010年度建设规范董事会中央企业董事长和非外部董事、兼职外部董事年度报酬的审核备案工作。

(三)加强对国有控股上市公司实施股权激励的指导，探索研究任期激励等中长期激励机制

一是加强指导国有控股上市公司规范实施股权激励。进一步修订完善《国有控股上市公司实施股权激励工作指引》，细化和明确股权激励方案拟定、审核、实施、管理等操作规范，积极指导上市公司国有控股股东切实履行股东职责，指导国有控股上市公司规范实施股权激励。

二是探索研究任期激励等中长期激励方式。统筹考虑中央企业负责人薪酬结构和水平等因素，开展专题研究，分析各种中长期激励方式的特点、适用条件和实施程序等，探索适用于不同类型中央企业的中长期激励方式，为下一步相关政策奠定理论基础。

三是严格规范国有控股上市公司股权激励方案的审核批复工作。2011年审核批复14家中央企业控股上市公司股权激励计划，审核备案3家地方国有企业控股上市公司股权激励计划。

(四)进一步规范中央企业负责人职务消费管理，指导中央企业建立健全职务消费管理体系

一是制定印发《中央企业负责人职务消费管理暂行规定》。明确职务消费主体，对公务用车、通信、业务招待、差旅、国(境)外考察和培训等职务消费项目提出具体要求和约束性规定，指导中央企业建立健全规范企业负责人、集团总部和所出资企业负责人的职务消费管理制度体系，实施职务消费预算管理，加强企业内部民主监督和公开透明，严格控制职务消费水平，坚决杜绝超范围、超标准、超预算进行职务消费的行为。

二是制定印发《中央企业负责人公务用车管理暂行规定》。按照中央公务用车专项治理工作的总体部署和具体要求，明确中央企业负责人公务用车配备标准，对公务用车配备、运行管理和处置等关键环节作出具体规定，重点是严格控制配备标准，不得增加高档配置和豪华内饰，实行单车核算管理，不得向所出资企业调换、借用公务用车和转嫁各项费用，指导中央企业不断完善企业负责人公务用车管理制度。

（五）进一步加强中央企业负责人薪酬管理相关基础工作

一是加强对中央企业负责人薪酬管理工作的指导监督。积极组织中央企业配合纪检、监察、审计、监事和巡视等有关部门的监督检查，对监督检查中发现的中央企业负责人薪酬管理和职务消费方面的问题，与有关部门共同研究，提出处理意见，并指导和督促有关中央企业及时进行整改，增强出资人监督的及时性和有效性。

二是加强中央企业负责人薪酬管理信息系统建设。完成中央企业负责人薪酬管理信息系统软件开发工作，结合2010年度薪酬审核工作，完成系统测试工作，并采集录入2010年中央企业负责人年度薪酬等基础数据，使信息系统初步发挥效果。

三是加强对中央企业负责人福利保障政策的基础研究。完成中央企业负责人医疗保障和保健相关课题研究，为下一步健全中央企业负责人全面薪酬体系，以及相关政策出台奠定坚实基础。

四是加强对地方国资委薪酬管理工作的指导。通过会议、座谈、调研等多种方式，进一步加强与地方国资委之间的工作交流，指导地方国资委完善国有企业负责人薪酬管理制度体系，规范实施国有控股上市公司股权激励，严格控制公务用车等职务消费水平，全面加强国有企业负责人薪酬管理。

（审稿人：李燕斌　撰稿人：梁荣勃、王志平、李　鹏、吴诗旸）

全国厂办大集体改革工作情况

2011年4月，国务院办公厅印发《关于在全国范围内开展厂办大集体改革工作的指导意见》（以下简称《指导意见》）。《指导意见》指出，20世纪七八十年代，一些国有企业资助兴办的向主办企业提供配套产品或劳务服务的厂办大集体，对发展经济和安置回城知识青年、职工子女就业发挥了重要作用。但随着国有企业改革的不断深化和社会主义市场经济的发展，这些企业产权不清、机制不活、人员富余、市场竞争力弱等问题日益突出，大量企业停产、职工失业。为积极稳妥解决厂办大集体问题，促进社会和谐稳定，国务院2005年批准在东北地区选择部分城市和中央企业进行厂办大集体改革试点。试点工作取得初步成效，试点政策逐步完善，具备了在全国范围内推广的条件，国务院决定在全国范围内开展厂办大集体改革，用3～5年的时间，通过制度创新、体制创新和机制创新，使厂办大集体与主办国有企业彻底分离，使职工得到妥善安置，职工合法权益得到切实维护。

一、国资委对全国厂办大集体调查统计的基本情况

为做好厂办大集体改革工作，国资委对中央企业和地方厂办大集体的基本情况进行专题调查。经统计，截至2011年12月31日，全国共有厂办大集体企业29614户，账面总资产4152.6亿元，净资产539.8亿元；集体职工492.2万人，其中，在职职工353.3万人（占71.8%），离退休人员138.9万人（占28.2%）。中央企业及其所属企业共有厂办大集体7481户，账面总资产3291.6亿元，净资产852.1亿元；集体职工126.4万人，其中，在职职工90.5万人（占71.6%），离退休人员35.9万人（占28.4%）。

二、国资委和有关中央企业认真贯彻落实中央重大决策

国务院国资委积极贯彻落实《指导意见》精神，对开展厂办大集体改革工作进行动员和部署，研究制定指导中央企业做好厂办大集体改革工作的配套文件。

（一）对开展厂办大集体改革进行动员和部署

《指导意见》下发后，国资委立即于2011年5月12日召开部分中央企业厂办大集体改革工作座谈

会，邀请40家厂办大集体职工人数较多、改革任务较重的中央企业参加会议，并请一汽集团、攀钢集团、葛洲坝集团等基本完成改革任务的中央企业和攀枝花市人民政府负责同志介绍改革试点工作经验和改革中需注意的主要难点问题。邵宁副主任出席会议并对中央企业开展厂办大集体改革提出工作要求。

2011年8月31日，国资委会同财政部、人力资源社会保障部召开厂办大集体改革工作视频会议。有关中央企业和地方国资委有关负责同志共1000多人在110个分会场参加会议，邵宁副主任出席会议并作重要讲话，对中央企业和地方国资委下一步做好厂办大集体改革工作作出工作布置。

2011年12月8日，国资委召开地方国资委厂办大集体改革工作座谈会，28个省、自治区和直辖市国资委负责同志参加会议，交流了前期厂办大集体改革中存在的问题和一些经验。姜志刚副主任参加会议并作重要讲话。

为做好厂办大集体改革工作，国资委采取召开座谈会，赴有关中央企业和地方进行专题调研等多种形式，了解有关单位厂办大集体改革进展情况及下一步工作计划，共同分析厂办大集体改革存在的难点问题，研究提出政策建议，督促中央企业和有关地方积极稳妥开展厂办大集体改革。

(二)研究制定厂办大集体改革配套政策文件

为做好中央企业厂办大集体改革，国资委印发《关于做好中央企业厂办大集体改革工作的通知》(国资发分配〔2011〕53号)，要求中央企业充分认识厂办大集体改革的重要意义，切实加强领导，并做好组织实施工作。印发《关于推动中央企业规范做好厂办大集体改革工作有关事项的通知》(国资发分配〔2011〕111号)，从资产处置、业绩认定、国有资本预算等方面支持中央企业推进厂办大集体改革，并对厂办大集体改革中的有关工作进行规范。

国资委与财政部、人力资源社会保障部等有关部门相互协调，密切配合，在厂办大集体改革政策落实、方案审核等方面规范工作流程，指导各地做好厂办大集体改革工作。

(三)有关中央企业高度重视，积极稳妥推进厂办大集体改革

有关中央企业按照《指导意见》和国资委的要求，高度重视厂办大集体改革，截至2011年12月31日，有改革任务的中央企业均已成立由集团领导牵头负责的厂办大集体改革工作领导小组，落实工作责任。各中央企业结合本企业实际研究制订厂办大集体改革总体方案，并对所属厂办大集体的资产、人员、经营状况等进行逐户梳理，并与所在地方人民政府密切沟通，充分调动各方积极性，确保企业和社会的稳定。其中，厂办大集体职工人数较多、改革任务较重的中央企业均按国资委的要求报送厂办大集体改革工作计划。

(审稿人：李燕斌　撰稿人：高云飞)

中央企业经营业绩考核工作

2011年是"十二五"规划的开局之年，也是中央企业经济增加值考核(以下简称EVA)深入推进、全员业绩考核攻坚之年，中央企业经营业绩考核工作紧紧围绕"一大目标、五大战略、三大保障"和国资监管"两新目标"，健全机制，创新方法，夯实基础，不断取得新的进展和积极成效。

一、业绩考核目标管理更加科学

2011年，中央企业经营发展面临的国际国内形势更加复杂，不确定、不稳定因素较多，企业经营压力较大。国资委对2011年经营目标的审核，以深化EVA考核和持续改进管理短板指标为重点，更加注重引导企业转方式、调结构、提质量、做强做优、实现和谐发展。一是重点关注企业价值创造能力的提升。对资本占用明显不合理，资本成本增长过快，EVA持续下降的企业，要求企业把握投资节奏，合理控制资本增长速度；对EVA和△EVA均为负的企业，严格考核评级。二是强化管理"短板"考核。对经过改善已不再是管理短板的指标、针对性和引导性不强的指标以及不符合价值导向的规模类指标进行调整，2011 年共有 9 户企业调整分类考核指标；对成本费用增长过快、应收账款和存货较多、资金周转较慢、负债风险较大、研发投入和资源保障要求较高的企业，逐户约谈，强化考核约束；在分类指标目标值中引入基准值，按照“持续改进”要求确定考核目标。2011 年，119 家中央企业各项考核目标比上年有明显提升，利润总额目标值为历史最好水平，EVA 目标值比上年增长近两倍，绝大多数企业管理类指标明显好于上年。

二、经济增加值考核取得新成效

2011 年，在实现 EVA 考核稳健起步的基础上，国资委加大 EVA 考核工作力度，着手构建价值创造监测体系方案，编制《中央企业经济增加值(EVA)过程监测表》，强化考核过程监控。中央企业积极推进 EVA 考核，努力探索创新，逐步将 EVA 考核融入企业管理全过程，价值管理水平有了新的提高。

一是价值创造导向逐步强化。中核建设集团、中国电科、中国国电、鞍钢等企业以股东价值最大化为导向，把提高价值创造能力作为企业发展规划的出发点和落脚点，强化战略管理与价值管理的有效结合。兵器装备集团把经济增加值考核作为转变发展方式、提高发展质量的重要抓手，实施了对经济增加值的全过程管理。中国石油、中国海油、中国节能等企业将经济增加值纳入预算管理体系，探索以经济增加值为核心的全面预算管理模式。华润集团以资本、资金、资产为主线，聚焦资本结构、现金管理和资产配置，关注资本回报和价值创造，初步构建了“价值型财务管理体系”。中航工业、神华集团积极推进以经济增加值为导向的全价值链管理，降低了各项成本费用，提高了价值链各环节的协同能力。国家电网、南方电网、中国电信、中化集团、招商局集团等企业以经济增加值为核心，梳理价值创造的薄弱环节，逐层分解价值驱动因素，构建了经济增加值与关键业绩指标相结合的考核指标体系。

二是资产优化力度明显加大。大多数中央企业不断加大存量资产调整力度，进一步提高资源配置水平和资本运营效率。宝钢开展固定资产清查，根据单位资产的毛利贡献率，分类提出资产处置方案，优化资产配置，降低资本占用规模。航天科技、中国华能、中电投集团、南航集团、国投等企业，对资产进行分类管理，加快处置业务规模小、经济效益差的低效资产，坚决缩减、退出亏损的或价值提升空间受限的产品和业务，提高了资产运营质量。兵器工业集团、中智公司、中煤地质总局等企业，加大力度清理非主业三四级及以下公司，缩短管理链条，压缩管理层级，提升管控水平。一汽集团、中国五矿、建研院等企业，将应收账款和存货作为清理重点，加快回收账款，减少存货占用，提高了资金使用效率。

三是投资决策重视价值创造。越来越多的中央企业将价值创造作为投资并购决策的重要依据，资本成本意识不断增强。中国华能、神华集团、中粮集团等企业，坚持“不创造价值、不配置资源”的原则，对低于预期资本回报水平的投资项目一律不予批准，一定程度上抑制了下属单位争投资、争项目的冲动。中船重工、东航集团、中国建材等企业，加强投资决策的价值回报分析，初步实现了由“用了算”到“算了用”的转变，投资回报水平逐步提高。中国三峡集团、中国化工、中材集团、中国有色集团等企业在“走出去”的过程中，把是否符合战略布局和价值创造作为海外投资并购的主要决策依据，降低了投资并购风险。中国石化、东方电气集团、国旅集团等企业，重视投资后评价工作，加强对投资项目进入运营后的经营管理，确保投资项目真正创造价值。

四是资本结构不断优化。航天科技、中煤集团、恒天集团等企业，通过发行公司债券等方式，拓宽融资渠道，降低了整体融资成本，优化了债务结构。中国化学工程、矿冶总院、中国外运长航等企业，通过加强资金统一调度，提高整体信贷能力，降低带息负债水平，减少了财务费用。航天科工、中国铁建等企业充分发挥所属财务公司融资平台作用，保障主业发展资金需求，提高了整体资金使用效率。中国节能、中国水电集团等企业积极引入战略投资者，推动企业上市，改善资本结构，有效降低资产负债率，并为主业发展提供了资金支持。

三、全员考核实现新突破

为不断深化中央企业全员考核，国资委相继出台《关于进一步加强中央企业全员业绩考核工作的指导意见》《中央企业全员业绩考核情况核查计分办法》《关于进一步加强中央企业负责人副职业绩考核工作的指导意见》，并对中央企业全员考核情况进行监督检查，对全员考核工作开展不力的企业进行年度考核扣分处理。中央企业认真贯彻国资委的工作部署和要求，进一步健全组织体系，完善工作机制，在解决全员考核重点、难点问题上进行积极探索，全员考核工作取得初步成效。

一是副职考核有所加强。诚通集团、国机集团、中国钢研、国药集团、新兴际华集团等企业，充分发挥董事会的作用，完善副职考核政策，强化过程监督，适当拉开差距，严格奖惩兑现，副职的经营管理责任进一步落实。中国一重、中铝公司、中储棉总公司、武汉邮科院规范副职考核办法，明确考核主体、周期、指标及权重，进一步加大对副职考核的力度。中航工业、中储粮总公司、华润集团、上海贝尔等企业，采用定量考核与定性评价相结合的方式，多维度、多角度地对副职的经营业绩、履职能力、重点工作等方面进行考核。武钢、中国煤炭科工、汽研中心等企业，按照副职的岗位分工和承担的重点工作任务，分类设置个人关键业绩指标和薪酬系数，根据考核结果严格兑现岗位薪金。

二是职能部门和员工考核有所创新。中航工业对总部职能部门的考核，以目标管理为重点，按照岗位职责，实施季度业绩考核与年度360度评价相结合，落实了职能部门责任。中核集团将职能部门联系单位的经济效益和重点任务统一纳入职能部门的关键业绩指标，考核结果与部门奖金挂钩。航天科工制定针对市场营销人员的专项业绩考核方案，将绩效薪酬占薪酬总额的比重从40%提升到60%，调动了市场营销人员的积极性。中国二重依据员工工作业绩、劳动态度和工作能力的考核情况，分类确定员工的岗位薪酬和技术等级。中国南车将考核指标分为组织绩效、个人任务、个人行为三类，对不同岗位、不同层级员工，设定不同权重，提高了考核的针对性。矿冶总院、中国航材、中广核集团等企业采取上级面谈并通报考核结果的方式，让员工了解自己的不足，明确努力方向，实现了考核闭环管理。

三是考核的激励约束力度有所加大。武钢对厂处领导人员实行“前10后8”优胜劣汰机制，对位列考核排名后8%的人员除扣减绩效年薪外，还酌情实施岗位调整。通用技术集团、南光集团将年度考核结果与干部奖惩、调整、培养使用等相结合，并作为解决干部“能上能下”的一个突破口。中国联通强化考核结果在领导班子优化、管理人员使用等方面的应用，有9名高管人员因考核结果较差不再担任领导职务。中国电科将成员单位的考核划分为A、B、C、D四个等级，其中D级单位占13%，考核结果在集团范围内公开，引起了广泛震动。

四、对标考核迈出新步伐

为引导中央企业做优做强，培育具有国际竞争力的世界一流企业，在经营业绩考核工作中，国资委积极推动中央企业开展行业对标工作，并要求中央企业把对标作为深化短板考核的突破口。中央企业紧紧围绕“创建世界一流”的目标，努力探索与国际国内先进企业的对标，通过对标寻找差距，不断提升企业的发展质量和管理水平。

一是科学确立标杆企业。许多企业根据发展战略和行业特点，分层筛选标杆企业。航天科技围绕建设国际一流大型航天企业的目标，选取全球宇航企业100强作为对标对象。中国移动在公司整体层面，选取20家国际优秀电信企业作为对标对象，明确了集团的追赶方向；在下属公司层面，建立多维度、多层级、立体化的标杆体系，鼓励各公司之间开展对标。港中旅集团针对下属公司的业务规模、行业特点、成长阶段等实际情况，确定不同的标杆企业。中广核集团根据业务类型，分别在核电运营、核电工程、可再生能源等领域，与国内外相关龙头企业进行全方位的对标。南方电网以广州、深圳供电局为试点单位，开展与新加坡、香港电力企业的全面对标工作，努力缩小与国际先进电力企业的差距。

二是合理确定对标指标。中国石化建立由3个层面（事业部、企业和装置）、5个维度（盈利能力、成本控制、生产经营、资产运营、发展能力)、166个指标构成的对标体系。中交集团选取世界11家优秀建筑企业，从企业规模、运营能力、偿债能力、盈利能力、发展能力以及价值创造能力等方面进行多角度的对比分析，明确了自身在运营能力等方面的差距和追赶目标。中冶集团依据国内外同行的业绩表现，选取反映盈利能力、资产质量、债务风险、经营增长等方面的指标，建立标杆数据库。中航集团通过与35家全球航空领先企业的对标，运用差距分析法、因子分析法等手段，确定了运营绩效、资源投入、内部治理三个维度的对标指标。中国航信通过建立"财务绩效"和"业务效能"的二维对标体系，找到与国际先进企业在价值创造、成长能力、运营效率等方面的差距。

三是积极探索对标考核。华润集团根据各业务板块的发展阶段，分别以行业的优秀值或平均值为基准，确立考核目标，引导企业保持在行业中的竞争优势。中国化工以"世界级制造企业"的关键绩效指标和流程指标为基线，对试点企业制定相应的考核指标和工艺改进指标。中国航油设置"达标缩进率"指标，通过比较本企业考核指标与标杆企业的差距，实现了各层面对达标进展的实时监测和量化考核。东方电气集团将对标指标纳入企业业绩考核体系，占20%权重。兵器装备集团、诚通集团、中盐公司等企业，鼓励企业向行业优秀水平看齐，对下属企业达到或超过行业优秀水平的进行奖励。

五、专项考核取得新进展

为引导中央企业转变发展方式，更好地履行社会责任，增强服务经济社会发展全局的能力，国资委将技术创新、节能减排、安全生产等指标纳入中央企业负责人经营业绩考核体系，并建立中央企业安全生产和节能减排监管和考核的长效机制，出台科技创新相关奖励政策。中央企业高度重视，将三项工作全面纳入内部绩效考核体系，严考核、硬兑现，有力地推动了三项工作的开展。

一是自主创新考核进一步强化。中央企业不断加强自主创新考核体系建设，完善支持和鼓励政策，引导企业提升自主创新能力。中船集团、东风公司、鞍钢、中国北车、中国通号、华侨城集团等企业，将科研开发、自主创新投入等指标纳入考核体系，并视同利润在考核中予以认定。中国中纺集团将新技术积累、科研成果产业化等指标纳入考核内容，并将投资预算的60%用于支持科研成果产业化的转化项目。中国商飞、中轻集团把知识产权积累作为企业科技产出的主要考核指标，加大对所属企业科技投入、专利数量等指标考核力度。西电集团设立创新投入、创新产出和创新管理三大类24个指标，在所属企业全面开展科技创新综合能力的评价。

二是安全生产考核进一步强化。中央企业全面加强安全生产考核，加大了激励约束和事故问责力度。中船重工、兵器装备集团、中国华电、中电投集团、国机集团将安全业绩与管理人员的"帽子"、员工的"票子"捆在一起，坚持重奖重罚。中国建材、中国中铁、新兴际华集团、中国黄金等企业，实行安全生产"一票否决"制度，对发生重大及以上生产安全责任事故的，实行考核降级，并相应调整领导人员岗位。中国铁建实施安全生产业绩目标考核，完成全年安全生产目标的企业，所有员工都有奖励；未完成全年安全生产目标的企业，对班子成员进行经济处罚。中国水电集团根据子公司生产经营性质和安全风险的差异，对下属企业分类实施安全生产考核。葛洲坝集团向重点岗位员工提取一定金额的安全风险抵押金，依据其岗位风险及考核情况，返还或扣减风险抵押金，对安全业绩突出的给予一定的经济奖励，加大了安全生产考核的激励和约束。

三是节能环保考核进一步强化。中央企业把强化节能减排考核作为转变发展方式、提升管理水平的重要途径，引导企业实现绿色发展。中国国电将生产环保指标考核权重从5%增加到15%。宝钢以"三流一态"(制造流、价值流、能源流和设备状态)的能源管理体系为基础，通过与国际先进企业单位能效、环保指标对标，查找差距，持续提升节能减排综合管理能力和水平。中国电信将耗电总量作为约束性指标纳入考核体系，对超过目标值的予以扣分处理，2011年单位信息业务量综合能耗同比下降20%。保利集团将绿色建筑楼盘数量、级次作为考核指标纳入经营业绩考核范围。中国五矿强化对节能减排过程的考核，实行引入第二方监管和第三方审核制度，通过全方位节能减排动态管理和实时监控，确保企业完成节能减排考核目标。兵器工业集团对节能环保重大贡献或重大责任事故实施即时考核，一次性给予现金奖励或处罚。

2011年，中央企业面对国内外复杂多变的经济形势，加快转变发展方式，深化企业改革，落实经营责任，强化精细管理，取得了较好的经营业绩。在2011年公布的业绩考核结果中，47户企业评为A级，占全部中央企业的38.84%。A级企业主要分布在：军工9户，交通运输7户，电力和商贸各6户，建筑4户，石油石化3户，汽车、建材和冶金各2户，煤炭、通信、机械、房地产、投资和旅游各1户。华侨城集团、保利集团、东方航空、中国航油、中国黄金、中国南车、中国水电集团和中材集团8户企业为首次进入A级。51户企业评为B级、21户评为C级，分别占全部中央企业的42.15%和17.36%。有2户企业被评为D级。

（审稿人：赵世堂　撰稿人：刘　晋）

中央企业收益管理工作

2011年，按照紧紧围绕“做强做优中央企业，培育具有国际竞争力的世界一流企业”的战略目标，服务于中央企业“十二五”发展规划五大战略举措和国资监管的中心任务的总体要求，国有资本经营预算工作顺利开展，对推进国有经济布局和结构战略性调整，支持中央企业改革发展起到积极作用。

一、进一步完善资本预算管理制度体系

在认真总结近年来国有资本预算制度建设实践的基础上，将建立完善资本预算管理制度体系作为做好国有资本经营预算工作的关键抓手，进一步加强制度建设，确保资本预算管理工作的规范开展。

（一）加紧推进资本预算支出管理制度建设，出台资本预算支出的五个规范性文件

为规范中央企业国有资本经营预算支出管理工作，国资委起草并印发中央企业资本预算重组整合、技术创新、债转股企业、应对财务危机、灾后重建等五个专项支出审核规范。五个专项支出管理规定明确了资本预算专项支出标准，规范了资本预算安排行为，成为资本预算工作的重要依据，为资本预算工作的规范、透明和有序开展奠定了基础，同时也解决了资本预算执行中资本预算支出标准问题。

（二）积极开展资本预算执行报告制度建设，规范资本预算执行报告工作

印发《关于做好中央企业资本经营预算支出执行情况报告工作的通知》，进一步完善了预算执行的分阶段报告制度，明确了进度报告、决算报告和评价报告的时间、内容及预算调整等要求，规范了资本预算支出监督工作。在及时深入了解掌握中央企业资本预算执行情况的同时，为充分发挥资本预算的效用，落实安排资本预算的目标奠定了制度基础。

二、进一步健全资本预算工作机制

2011年，国有资本经营预算工作进一步健全工作机制，加强与各方面的沟通协调，取得了较好的效果。

（一）规范“两上两下”的资本预算建议草案编制程序

按照《国资委国有资本经营预算编制管理工作规则（试行）》，在坚持现行“自上而下”与“自下而上”相结合的编制方式基础上，参照公共预算编制方法，提出了既符合资本预算特点，又与公共预算编制相衔接的“两上两下”资本预算建议草案编制程序。即下达预算重点与方向、企业预申报、下达预算支出计划和企业正式上报预算支出计划。进一步明确了资本预算的流程，规范了企业申报内容，细化了国资委内相关厅局的职责，提高了资本预算建议草案的编制效率和质量。

（二）建立资本预算项目预申报工作机制

为做好2012年度资本预算的编制工作，按照“两上两下”的资本预算编制工作程序要求，印发《关于做好中央企业2012年度国有资本经营预算项目预申报工作的通知》，要求中央企业围绕国资委确定的资本

预算支出重点与方向，结合企业发展情况和自身特点，预申报资本预算项目。预申报工作机制的建立，拓展了资本预算项目的来源，完善了资本预算项目库的功能，加强了与国资委内相关厅局的沟通协作，提高了资本预算工作的影响力，为更好地发挥资本预算的引导带动作用提供了条件。

（三）加大与各方面的沟通协调力度

资本预算工作涉及面广，社会各方面关注度高。为做好资本预算工作，着力加大与各方面的沟通协调工作力度。一是加强与全国人大预工委的沟通汇报工作，就进一步完善中央企业资本预算工作事宜向全国人大预工委有关领导进行专门汇报。二是加强与人大代表和政协委员的沟通。通过认真完成人大建议和政协提案的回复，积极主动与有关人大代表和政协委员沟通，认真听取有关意见和建议，耐心细致地解释资本预算相关政策和工作进展，共同探讨下一步改进的方向和措施。三是积极与财政部沟通。在制度制订及建议草案编制和资金安排方面，充分沟通反馈国资委的意见和建议，并取得共识。四是加强与中央企业资本预算管理工作的联系。为全面了解掌握企业情况，把好资本预算支出项目选择关，保障资本预算支出的方向和重点，深入企业开展调研，对企业申报的项目逐户听取意见，对拟安排的项目与企业反复沟通，摸清情况；对已安排支出的项目，充分了解进展情况，及时跟踪执行进度，协调解决工作中的矛盾和问题，督促企业按计划实施。

三、进一步强化资本预算的执行监督

（一）认真做好资本收益组织上交工作

2011 年，国有资本收益管理工作力度不断加强，明确国有资本收益清算政策，认真清算审核，积极组织催收，圆满完成了年度收益上交工作。一是进一步明确国有资本收益清算政策。在总结以往清算工作基础上，积极与财政部沟通，就中央企业国有资本收益清算政策达成一致，明确法定公积金统一按归属母公司净利润的 10％抵扣，据此向企业公布收益清算政策，规范了收益清算工作，减轻了企业负担。二是完成 2010 年度国有资本收益申报的清算审核工作。在清算审核过程中，对企业调整财务决算期初未分配利润影响以前年度国有资本收益的情况予以重点关注，对部分中央企业进行补交。三是组织中央企业上交 2010 年度国有资本收益。向中央企业印发《关于上交 2010 年度国有资本收益的通知》，组织中央企业上交 2010 年度国有资本收益，并对部分企业进行催收。中央企业均按要求及时、足额将国有资本收益上交入库。

（二）认真落实资本预算执行计划

一是组织召开 2011 年中央企业资本预算工作布置会，下达资本预算支出计划和明确工作要求，组织开展对中央企业报送的资本预算支出计划补充材料的审核工作。二是分批起草 2011 年度中央企业资本预算支出计划补充材料审核报告，组织企业补充相关资料，报送财政部。三是就资本预算安排事项、数额等情况与财政部积极沟通，逐户落实并分批对 2011 年中央企业资本预算事项进行批复。四是根据企业生产经营的变化情况和财政部的审核意见，及时研究调整部分企业 2011 年资本预算支出项目计划。

（三）切实加强资本预算审计监督工作

为进一步了解中央企业资本预算工作的执行情况，规范资本预算执行报告行为，增强资本预算工作的针对性，在资本预算工作中加大资本预算工作执行监督和审计的力度。一是认真落实审计署《国资委 2009—2010 年中央国有资本经营预算执行情况的审计报告》揭示的问题，向有关中央企业下发整改通知。二是向审计署上报《关于 2009—2010 年中央国有资本经营预算执行情况审计问题整改的报告》，系统阐述资本预算工作的开展情况和难点问题，对审计发现的具体问题，提出整改措施。三是开展资本决算审核工作。根据《关于做好中央企业国有资本经营预算支出执行情况报告工作有关事项的通知》，要求中央企业上报国有资本经营决算报告，并对报告的内容进行审核，完成 2009 年国有资本经营决算的批复，对决算中发现的问题提出整改意见。

四、认真完成2012年资本预算建议草案的编制工作

针对资本预算编制时点前移的新情况，结合国资委的中心工作任务，按照提早启动、积极沟通、深入研究、强化审核的工作思路，及时编制完成2012年中央企业资本预算建议草案。

（一）研究提出2012年度中央企业资本预算支出重点与方向

按照王勇主任在中央企业负责人会议上的讲话精神和中央企业"十二五"发展规划纲要，紧紧围绕"做强做优中央企业，培育具有国际竞争力的世界一流企业"的战略目标和实施发展规划五大战略的重大举措，研究提出2012年度中央企业资本预算支出重点与方向。支出重点与方向主要集中在支持中央企业推进布局和结构调整、培育和发展战略性新兴产业、股权调整、实施国际化经营、支持民生产业发展和解决历史遗留问题等方面，使资本预算更好地服务于国资委中心工作。

（二）合理测算2012年度国有资本收益规模

在总结2010年收益预测工作经验的基础上，加大对企业日常经营情况的跟踪了解力度，根据企业财务快报数据和有关上交政策、比例，设计测算模型，并结合国家整体经济形势研判、重点企业盈利情况，按照积极稳健原则，对国有资本收益逐月进行测算，最终较为准确地预测2012年度可上交国有资本收益规模，为编制2012年中央企业资本预算建议草案奠定基础。

（三）编制完成2012年度中央企业资本预算建议草案

一是按照主任办公会审定的2012年度资本预算支出重点和方向，以及"两上两下"资本预算编制程序，在企业预申报和业务厅局审核推荐的基础上，根据测算的2012年度国有资本收益规模，研究提出2012年资本预算拟支持事项，提交资本预算协调小组和主任办公会审议通过后，组织中央企业编制资本预算支出计划。二是按照国资委确定的资本预算安排原则和标准，结合企业上报资本预算支出计划和委内相关厅局的反馈意见，统筹安排，综合平衡，编制完成2012年中央企业资本预算支出建议草案，经委资本预算协调小组审议，并提交委主任办公会审定通过，上报财政部。

五、大力推进理顺三家央企的股权关系工作

上海贝尔、中广核和南方电网三家股权关系不顺是国资委成立以来一直难以解决的历史遗留问题。国务院领导十分关心，国资委党委高度重视。为理顺三家企业股权关系，加强国资监管力度，完善法人治理结构，在委领导的直接推动下，收益管理局积极牵头拟定工作方案，参加有关协调小组，做了大量扎实的工作，取得重要进展。

（一）理顺上海贝尔股权关系工作基本完成

一是将上海贝尔中方红利及相应利息收归国库。二是完成将中国电信所属华信中心整体划转国新公司的相关手续。三是完成上海贝尔工会代管资产向华信中心移交工作。四是积极推进工信部持有的上海贝尔股权划转事宜。组织召开四部委（国资委、工信部、财政部、审计署）专门协调工作会议，研究提出长安通信股权划转实施方案，并完成工信部所属子企业长安通信持有的上海贝尔股份的划转工作。

（二）理顺中广核集团股权关系工作取得实质进展

一是中央企业持有中广核集团股权划转国资委进展顺利。二是积极与广东省沟通，就广东省持有中广核集团股份划转方案协商取得一致。

六、积极开展资本预算重大问题研究

积极开展资本预算重大问题研究对于进一步提升工作能力和水平，创造更好的工作环境，更深入地开展资本预算工作具有重要意义。

（一）积极开展对资本预算重大基本问题的研究

通过与财政部建立资本预算条例共同起草机制、召开资本预算座谈会、参与起草《企业国有资产基础管理条例》等途径，积极开展对资本预算管理体制、工作机制、职责定位等重大问题的研究，进一步理清工作思路，明确工作方向，提升理论水平，提高工作能力。

（二）积极开展对资本预算热点问题的研究和宣传工作

积极收集整理社会各界对资本预算和收益管理的热点问题，并充分研究，积极应对，主动宣传沟通。一是通过国资委举办的新闻发布会等形式对热点问题进行回应，特别是就中央企业利润构成、收益上交比例及资本预算取得的成效等热点问题进行主动解释宣传，在一定程度上达到了以正视听的效果，增强了正面声音的影响力。二是积极参与中美经济战略对话、国际货币基金组织对我国分红和国有企业改革问题的中期磋商，对有关问题提供书面应答材料，介绍我国国有企业改革和分红的真实情况，对有关误解进行正面说明。

（三）积极开展资本预算后评价制度研究

随着资本预算工作的深入开展，迫切需要逐步建立符合资本预算特点的后评价制度，以进一步加强支出管理，提高预算资金的有效性。通过与相关单位积极配合，深入研究，起草《国有资本经营预算后评价管理暂行办法（初稿）》，为下一步开展资本预算后评价工作奠定理论基础。

（四）积极开展资本预算监督管理研究

通过对资本预算监督管理的现状分析，借鉴其他国家、企业以及我国公共预算监督管理做法和经验，针对出资人在中央企业资本预算监督管理工作中遇到的困难和问题进行研究，提出有关政策建议和应对措施。

七、加强对地方国资委资本预算工作的指导

为使地方国资委进一步了解和学习国有资本经营预算工作的各项规章制度，熟悉相关工作流程，推进相关工作，2011 年国资委通过加强对地方国资委的调研和组织召开全国国资委系统资本预算工作会等多种形式，指导和推进地方国资委开展资本预算工作。

（一）召开地方国资委资本预算座谈会，加强调研工作

为进一步推动全国资本预算工作的开展，国资委召开全国资本预算工作座谈会暨培训班，孟建民副主任出席会议并做重要讲话。会议统一了思想，提高了认识，明确了下一步的工作思路，并就资本预算制度建设、编制管理和执行监督等方面进行专题培训。同时为了解各省市资本预算工作开展情况，总结工作经验，探索下一步工作思路，注重加强调研工作，并对资本预算条例、中央企业收益管理办法等重要制度征求地方国资委意见加强对地方资本预算工作的指导，同时也为地方国资委之间的工作交流创造了条件。

（二）积极开展地方国资委资本预算信息收集工作

一是加强对地方国资委开展资本预算工作情况的指导分析，对地方上报资本预算工作开展的基本情况和基础数据进行汇总分析。二是研究开发地方国资委资本预算信息系统，加大汇总分析工作力度，提高了对地方国资委资本预算工作信息的收集力度和时效性。

（审稿人：刘德恒　撰稿人：李光林、付　强）

国际交流与合作

2011 年是“十二五”规划开局之年，国资监管和央企改革发展步入新的阶段。国务院国资委系统国际交流与合作以“打造一流”为目标，紧密围绕中心，积极配合国家各项重大任务，圆满地完成了各项工作。

一、配合国家改革发展和外交大局，抓好组织协调

（一）做好第三轮中美经济对话有关工作

2011 年，征求相关部门意见，归纳出三大类 17 条成果建议，并结合 2011 年《中美联合公报》，形成 8 条着力推动的要价建议。2011 年 4 月，协调并组织参加在北京举行的前期磋商。2011 年 5 月，协调黄淑和副主任赴美参加对话，取得良好效果。2011 年，建立对话工作机制，保障成果落实和后续工作开展。

（二）做好第四次中英经济财金对话有关工作

2011 年，协调反馈第三次对话成果落实情况，征求双方主要关切及中方成果建议，参加相关内部协调

会，就我国有企业在英受不公平待遇等问题向对话领导小组提供相关材料，配合准备第四次对话。

（三）积极参与境外应急工作

2011年2—3月，派员参加国务院赴利比亚联合工作小组，参与一线撤侨，10天内，参与将3200多名央企员工、近1000名央企孟加拉籍和越南籍雇工带出险境的行动，护送760多名央企员工登上回国包机。其间，及时向国务院、外交部和商务部报送利比亚局势动态信息，一周内报送动态信息16期，8600余字。2011年4月，先后在国家行政学院和国资委内部召开央企利比亚撤离行动工作座谈会，总结经验，研提完善境外应急工作思路。

（四）做好博鳌亚洲论坛相关工作

2011年，配合做好博鳌亚洲论坛2011年年会筹备工作，协调黄淑和副主任出席4次中方联席会议，2011年4月，出席博鳌亚洲治理论坛2011年年会，以“防范风险 应对未来”为题发表演讲，并回答与会代表及记者的提问。

（五）做好港澳台工作

2011年，积极配合国家统一部署，召开有关会议，分析形势、研究问题、提出措施，做好港澳工作。2011年7月，与香港中联办协调香港大学生代表赴内地央企实习。2011年，就央企赴台工作向国台办提出建议。

（六）做好第二次中美创新对话有关工作

2011年，筹备参加第二次中美创新对话。2011年5月，协调黄淑和副主任赴美参加第二次中美创新对话高官会。

（七）做好第22届中美商贸联委会有关工作

2011年，协调回复国资委对美方议题清单、我方立场及议题的意见。配合商务部提供有关国有企业材料，参加第22届中美商贸联委会相关会议。

（八）做好中美投资论坛第四次会议有关工作

2011年2月，根据发改委要求，就国资委关注的问题，研提议题建议。

（九）配合国家有关部门处置一批涉及国家核心利益的事件

1. 2011年6月，配合商务部，协调相关央企参与首届中国—亚欧博览会。

2. 2011年10月，协助审计署安排非洲22国审计长研讨班考察南车集团南京浦镇车辆制造厂。

3. 2011年2月，协调并参加2011年与IMF中期磋商会，就中央企业红利问题进行介绍。

4. 2011年，协调央企参加2012年韩国丽水世博会事宜。

（十）做好上海世博会表彰有关工作

制作《中央企业参与2010年上海世博会工作总结片》。2011年1月，成功召开央企参与2010年上海世博会总结表彰视频会议。

（十一）做好境外非政府组织在华活动管理工作

2011年，出席部际联席会议，并向央企和直管协会传达会议精神，指导相关工作。报送2011年情况总结。

二、推进国际交流与合作，抓好管理、监督与服务

（一）组织、协调委领导出访

王勇主任5月赴马来西亚、澳大利亚、中国香港，考察中央企业“走出去”情况，并与澳大利亚西澳洲政府商议建立对话机制。

黄淑和副主任5月赴美国出席第二次中美创新对话和第三轮中美经济对话，10月赴中国澳门、中国香港，出席“2011中国（澳门）国际汽车博览会”并赴部分中央企业进行调研，10月赴西班牙、葡萄牙、土耳其，考察中央企业“走出去”法律风险防范和跨国公司业绩考核体系建设情况。

邵宁副主任10月赴德国、匈牙利、波兰，考察欧债危机现状、德国银行体系及承建的海外项目现场。

黄丹华副主任12月赴法国、阿根廷、巴西，考察中央企业“走出去”现状和国际化经营能力。

金阳副主任6月赴印度尼西亚、赞比亚、南非，考察中央企业境外机构党建工作开展情况。

孟建民副主任8月赴俄罗斯、哈萨克斯坦，考察中央企业境外投资工作情况。

李荣融同志5月赴西班牙、匈牙利、德国，考察全球经济及欧洲经济形势，6月赴中国香港出席来宝集团董事会会议，9月赴中国香港、新加坡出席来宝集团董事会会议，12月赴中国澳门出席来宝集团全球策略会议，赴中国香港出席香港公开大学荣誉博士授予仪式。

（二）加强委内因公出国（境）团组管理

2011年，办理监事会主席10个出访团组手续及多次往返港澳签注。办理委内局级及以下出国（境）团组137个，550人次。

1. 狠抓计划管理。2011年1月，召开直管协会外事工作会议，经认真细致的工作，按外交部要求将本年度省部级人员出访计划控制在34起，完成2011年度委省部级人员出访计划申报，确保零增长。及时向各厅局下达年度计划，并逐一提醒，确保出访工作顺利进行。

2. 明确工作要求。2011年3月，召开委2011年外事工作会议，传达党中央、国务院和委领导关于外事工作的指示精神，培训团组经办人员。

3. 及时总结提高。2011年11月，召开2011年度外事工作总结会议，总结外事工作总体情况，对下年度外事工作提出要求。

（三）细致服务委外事活动

2011年，按照“对等、相关、互利”的原则，与国（境）外机构和公司进行交流，组织安排委领导外事会见59次，接待外宾500余人次，组织厅局负责人外事会见与双边交流127团次，接待外宾1000余人次。主要有：

王勇主任陪同张德江副总理会见德国博世集团董事会主席菲润巴赫，会见卡塔尔副首相兼能源工业大臣阿卜杜拉·本·哈马德·阿提亚、澳大利亚驻华大使芮捷锐，会见爱立信集团总裁兼首席执行官卫翰思，阿尔卡特朗讯集团首席执行官韦华恩，新日铁社长宗冈正二，日产汽车公司CEO卡洛斯·戈恩、日本住友商事株式会社会长冈素之、美国GE公司董事长兼首席执行官伊梅尔特、欧盟新任驻华大使艾德和、新加坡淡马锡中国区总裁丁玮、汇丰集团行政总裁欧智华、南非国有企业部部长吉加巴、新加坡淡马锡公司CEO何晶，会见香港文汇报、大公报代表团，出席“中比企业CEO高级别午餐会”。

黄淑和副主任会见波兰国库部部长格拉德、三菱商事社长小林健、美国密歇根州州长斯奈德，会见日本青年领导访华团经济组代表团，出席博鳌亚洲论坛中方联席会议，会见澳大利亚驻华大使孙安芳。

邵宁副主任会见澳大利亚必和必拓公司CEO高瑞斯、西班牙桑坦德银行董事长博廷、美国摩立特集团CEO傅忠、宝洁公司副董事长葛斯勒。

黄丹华副主任会见国际商业机器（IBM）全球高级副总裁桑福德、希腊国务部长巴布基斯、法国阿尔斯通集团董事长兼首席执行官柏珂龙、新西兰副总理兼财政部长及基础设施部长英格利希、新西兰财政部副部长加里埃尔·马赫卢夫，英国国际贸易和投资代表约克公爵、王子安德鲁，会见美国“确保美国未来能源组织”代表团，出席主权财富基金国际论坛第三次会议并发表讲话。

金阳副主任会见越南共产党中央委员、中央企业口党委书记张光义、美国诺斯德集团公司董事长兼首席执行官杰高博。

孟建民副主任会见英国伦敦金属交易所主席布莱恩、香港特区政府财政司司长曾俊华、美国普华永道会计师事务所主席顾问方黄吉雯。

姜志刚副主任出席第八届中国一东盟博览会。

李荣融同志会见美国德勤会计师事务所首席执行官奎励杰、日产汽车CEO卡洛斯·戈恩、英国石油公司前任首席执行官唐熙华、三菱商事株式会社中国总代表木岛纲雄、凤凰卫视资讯台副台长吴小莉、淡马锡中国区总裁丁玮、美国德勤会计师事务所资深合伙人、德勤全球前首席执行官奎励杰，会见野村控股COO柴田拓美、日本住友商事会长冈素之。

阎晓峰副秘书长会见松下电器（中国）有限公司副总裁马云飞，出席“《财富》（中文版）15周年庆典暨2011最具创新力的中国企业颁奖活动”。

郭建新副秘书长出席诺顿罗氏集团研讨会，会见甲骨文公司全球总裁马克·赫德，会见日本企业首席信息官代表团，出席国家电网举办的2011智能电网国际论坛有关活动。

（四）积极组织开展国际合作

1. 2011 年 12 月，与国家外专局签订《国家外国专家局、国务院国有资产监督管理委员会关于引进国外智力为做强做优中央企业服务合作框架协议书》，建立部际引智合作机制，在更大领域、更广范围更加深入地开展引智合作，通过组织国资委系统干部、中央企业高级管理人员、项目管理人员、技术技能人员赴境外开展培训、引进国外专家来华交流等方式，进一步倾斜引智资源，在“十二五”期间有效满足国资监管和央企改革发展需要，提高国资委和中央企业各业务领域的转型升级、创新能力和综合协调发展能力。

2. 狠抓出国（境）培训成果。

2011 年，组织董事会建设、国资委系统法规建设、产权管理、薪酬分配、央企高技能人才和班组长建设等一批重点项目，成果突出，积极向国家外专局报送董事会建设、EVA 考核及央企高技能人才培养等 3 项“十一五”期间重大成果。

推进重点引智项目开展。2011 年，与欧盟驻华代表团、节能环保集团等各方多次协商，确定能源管理师项目的前期准备事宜，准备签署合作备忘录。持续开展国际注册管理会计师（CMA）、国际项目管理师资格（PMP）等 9 个国际职业资格认证培训项目，近 2000 人参加培训和认证考试，考试通过率达 90%～92%，高于国际通过率 20%以上，受到央企的热烈响应和国家外专局的充分肯定。

2011 年 3 月，配合国家外专局举办央企引进国外智力工作座谈会，了解各行业央企对海外人才的需求，并以此为契机，就引智工作与央企间建立沟通和合作机制，更新引进境外智力部门联络表，为后续开展工作搭建平台，构筑基础。2011 年，积极协调中央企业参加“友谊奖”评选。

（五）抓好国际组织和会议管理

压缩会议计划。2011 年，贯彻中央精神，压缩直管协会 2011 年在华举办国际会议数量，审批类会议数量同比减少近 2/3。2011 年 11 月，召开直管协会 2012 年度国际会议计划布置会，提出“降成本、上水平、抓重点、出精品”的要求，压缩会议数量、规模。

服务协会开展交流与合作。全年为国资委副部级领导因公出国（境）办理上报国务院请示件 33 件，协会申请加入国际组织请示件 2 件，邀请国外政要访华请示 1 件；申报直管协会在华举办国际会议项目 2 个，批复协会计划内国际会议 6 个。认真查处中国包装联合会违规组团事件，暂停其年度出访计划，责成主要责任人检讨、协会召开大会重申外事纪律；依照委外事工作管理办法，通报批评中国包装联合会。

三、服务央企“走出去”，抓好外协机制构建

（一）把握时机，搭建平台

1. 2011 年，根据王勇主任访澳期间与西澳洲总理巴奈特达成的共识，积极探索并建立国资委与西澳洲政府对话机制。研究起草《国资委－西澳洲推进企业经贸合作高层对话框架方案》，确定 6 项议题，先后在珀斯、北京安排两轮对话。

2. 2011 年 10 月，以我国与比利时建交 40 周年为契机，与比方联合举办以“比利时—中国企业投资欧洲和非洲的通道”为主题的中比企业 CEO 高级别午餐会，王勇主任，黄淑和、黄丹华副主任及比利时王储、副首相兼外交大臣出席，安排 12 户相关央企与比利时核能、化工、制药、材料、工程、冶金、节能环保等领域的 12 家知名企业进行洽谈，推动互利合作。

（二）整合资源，信息共享

1. 建立国际交流与合作信息交互平台，整合“国资委机关外事网上办公系统”和“中央企业领导人员因公出国（境）审批系统”等信息系统，逐步搭建与国家相关部门、央企及委直管协会外事机构、各省级国资委外事机构、驻我国外交使领馆及与境外对口部门、相关国际组织、跨国公司和国际咨询机构的沟通协调网络，为企业“走出去”服务保障工作奠定基础。

2. 通过多途径提供经贸合作信息。

2011 年，协调西班牙驻华大使馆商务处，探讨艾普勒斯集团在华建立电动汽车研发中心事宜。向相关央企提供波兰 2011 年国有企业私有化项目信息及希腊 2011—2015 年国有企业私有化项目信息。协调安排国新控股与野村控股商谈国际化运营、投资决策、风险

控制等合作事宜;协调研究巴基斯坦邀请央企参股巴国有企业、购买巴石油公司可转债事宜;协助国机集团、南光集团办理在澳门举办国际汽车博览会事宜;协调中铝海外控股公司与澳大利亚西太平洋银行 Hastings 基金管理公司开展进一步合作;协调中国华电集团公司、中国国电集团公司与美国贝利公司商洽合作事宜。

3. 整理各类文件信息。2011 年,摘录联合国决议、国批办件精神、各部委参阅件、明密电文、各级领导批示精神、讲话及会议精神、外事会见信息、重要通知等信息,视情以口头和文字等方式及时向央企传达。及时摘录、编译美中经济与安全评估委员会发布的《中国国有企业与国家资本主义分析》、野村证券等境外研究机构的经济研究报告,出刊《外事信息》,供相关领导及相关单位参考。

(三)加强协调,做好保障

2011 年,与外交部领保中心密切联系,处理攀钢钛业公司赴美采购组被美国 FBI 调查事件,积极整理提供信息、意见并跟踪事件发展。协调解决三峡集团、保利集团和中冶集团境外项目所遇困难。协调处理世行制裁中交集团事件。

(四)突出业务,培养人才

2011 年 7 月,与外文局合作,继续组织中央企业高级外事翻译培训班,为企业培养高级商务翻译人员。全年培训 200 余人,按英语口译、笔译、定稿人和其他语种四类分为 12 个班次,参训人员一致认为针对性、实用性强,效果突出。

(审稿人:陆志军　撰稿人:李官然)

企业领导人员管理

2011 年,国务院国资委党委围绕中央企业做强做优、培育世界一流企业的核心目标,以选强配优中央企业领导班子为重点,全面加强和改进企业领导人员管理工作,取得了积极成效。

一、加强中央企业领导班子建设

(一)加强领导班子思想政治建设

认真贯彻《2009—2013 年全国党政领导班子建设规划纲要》,加强和改进中央企业领导班子思想政治建设工作。注重把创先争优活动与深化“四好”班子创建活动相结合,要求企业领导带头创先争优,丰富了思想政治建设载体。结合干部考察、参加企业领导班子民主生活会、中心组学习和企业工作会议等工作,加强与企业领导人员的沟通和思想交流,及时了解掌握领导班子的思想状况,帮助解决存在的问题,不断提高领导班子的凝聚力和战斗力。

(二)调整优化中央企业领导班子

围绕中央企业“做强做优、世界一流”任务要求,全面对标国际先进企业,着力优化企业领导班子能力结构,增强班子整体功能。2011 年共任免国务院国资委党委管理的企业领导人员 344 人次,其中任职 256 人次,免职 88 人次;配合中央组织部调整正职领导人员 43 人次,其中任职 26 人次,免职 17 人次;交流任职 28 人次,其中纪委书记(纪检组组长)17 人次;对 164 名领导人员实行任前备案管理。完成 3 户企业并人移交工作;组建中国电力建设集团有限公司和中国能源建设集团有限公司领导班子。成立中国国新控股有限责任公司,指导组建规范董事会。

(三)全面开展中央企业领导班子和人员综合考核评价工作

按照中央组织部、国务院国资委党委联合印发的《中央企业领导班子和领导人员综合考核评价办法(试行)》(中组发〔2009〕17 号),中央组织部、国务院国资委党委对 80 户中央企业领导班子和领导人员全面开展了综合考核评价工作。通过深入企业开展测评,全方位听取意见,并征求监事会主席和有关厅局意见,结合中央企业经营业绩考核结果,形成年度综合考核评价结果。经报中央组织部、国务院国资委领导同意后,向企业主要领导通报对班子和成员的综合考核评价结果,向企业领导人员逐一通报测评结果,进一步强化企业领导人员接受组织监督和群众监督的意识，增强了规范行权的自觉性。

(四)加强企业领导班子职位标准建设工作

2011年，完成第三批10户企业领导班子职位标准建设任务。截至2011年底，基本实现中央企业第一阶段全部建设职位标准的工作目标。

二、扎实推进中央企业建设董事会相关工作

(一)加快建设规范董事会

按照国务院国资委党委关于中央企业建设规范董事会的部署，2011年新组建12户企业董事会，使建设规范董事会的企业达到42户。新增董事会企业是：中粮集团有限公司、东风汽车公司、国家开发投资公司、中国移动通信集团公司、中国兵器装备集团公司、中国石油化工集团公司、中国海洋石油总公司、中国远洋运输(集团)总公司、中国海运(集团)总公司、中国中纺集团公司、中国航空油料集团公司、中国铁路物资股份有限公司。

(二)组织开展董事会和董事评价工作

按照中央组织部、国务院国资委联合下发的《董事会试点中央企业董事会、董事评价办法(试行)》(国资发干一〔2008〕159号)的要求，2011年完成对23户建设规范董事会企业的董事会、董事评价工作，促进董事会规范有效运作、董事勤勉履职。

(三)注重遴选高素质外部董事

适应中央企业建设规范董事会工作的需要，2011年11月，国务院国资委组织召开中央企业外部董事专业资格认定委员会第二次会议，遴选34人充实外部董事人才库。截至2011年底，外部董事人才库A库289人，B库114人。

(四)加强专职外部董事管理服务工作

建立专职外部董事人才库，截至2011年底，已有7人经审批纳入人才库，指导中国国新控股有限责任公司设立专职外部董事管理服务部门。

三、深化中央企业人事制度改革

(一)召开中央企业提高选人用人工作满意度推进会

为认真贯彻落实《中央企业领导人员管理暂行规定》(中办发〔2009〕41号)和《中央企业领导班子和领导人员综合考核评价办法(试行)》(中组发〔2009〕17号)，2011年4月，中央组织部、国务院国资委党委联合召开第二次中央企业和中管金融企业提高选人用人工作满意度推进会。会议对中央企业人事制度改革情况进行全面总结，强调要进一步坚持德才兼备、以德为先用人标准，强化注重实绩和效益用人导向，进一步加强制度建设，努力形成符合国有企业特点的选人用人机制，强化监督检查，坚决防止和整治用人不正之风，同时要求企业领导人员要正确行使用人权，组织人事部门要深入开展“讲党性、重品行、作表率”活动，以创先争优精神不断加强自身建设。

(二)推动中央企业进一步加大竞争性选拔工作力度

2011年，中央组织部、国务院国资委组织开展中国第一汽车集团公司总经理竞争上岗和中国电信集团公司、中国商用飞机有限责任公司总经理行业内竞争性选拔工作。国务院国资委先后对中国远洋运输(集团)公司、武汉钢铁(集团)公司、国家开发投资公司、中国建筑设计研究院的5名副职实行竞争上岗。在竞争上岗工作中，坚持德才兼备、以德为先，合理确定民主推荐与考试成绩的权重，避免“一考定终身”；积极探索测评前移、公示前移，实现组织选人与扩大民主的较好结合；按照推荐测评与面试成绩进行综合排名，实行顺序考察，实现差额比选与顺序考察的较好结合，受到企业领导班子和职工群众的欢迎和好评。

四、为地方国资监管及经济建设提供服务

做好第六批48名援疆干部返回工作安排，组织部分企业完成第七批9名援疆干部的选派任务。落实5名西藏自治区属企业经营管理人员到中央企业挂职有关工作。

落实国资委党委与广西壮族自治区党委合作协议，选派5户5名中央企业经营管理人员赴广西壮族自治区属企业挂职锻炼，接收17户广西壮族自治区属企业选派17名经营管理人员到中央企业挂职。

2011年，从外部董事人才库中为湖南省、深圳市、云南省、广西壮族自治区等地方国有企业，推荐外部董事人选9人（A库2人，B库7人）。

（审稿人：董朝辉、郑泽民　撰稿人：于之伦、苏云成）

人才工作和人才队伍建设

2011年，国务院国资委党委认真贯彻全国人才工作会议精神和《国家中长期人才发展规划纲要(2010—2020年)》要求，围绕中央企业改革发展“一五三”总体思路，进一步加强对中央企业人才队伍建设的战略规划、宏观指导、政策研究和协调服务工作，推动中央企业更好地实施人才强企战略，各项工作取得了新的进展。

一、认真贯彻落实全国人才工作会议精神和《国家中长期人才发展规划纲要（2010—2020年）》

(一)召开中央企业科技人才工作会议

2011年9月28日，为深入贯彻落实胡锦涛总书记在庆祝中国共产党成立90周年大会上的重要讲话精神、党的十七届五中全会和全国人才工作会议精神，国务院国资委党委召开中央企业科技人才工作会议，就加强中央企业科技人才队伍建设进行专题部署，进一步深化人才强企战略，为加快中央企业科技创新步伐、实现“做强做优、世界一流”核心目标提供坚强人才保证。中共中央政治局委员、中央书记处书记、中央组织部部长李源潮同志出席会议并发表重要讲话，要求中央企业在中国企业界带头重视人才、带头培养人才、带头引进人才、带头用好人才，为打造世界一流企业提供人才保证。国务院国资委主任、党委书记王勇同志作了题为《大力加强科技人才队伍建设，依靠科技创新推动中央企业做强做优》的报告，对加快推进中央企业科技人才队伍建设作出全面部署。航天科技、神华集团、中国钢研三家企业在会上作了交流发言。

(二)颁布实施《企业经营管理人才队伍建设中长期规划(2010—2020年)》(中组发〔2011〕15号)

为认真贯彻落实全国人才工作会议精神和《国家中长期人才发展规划纲要(2010—2020年)》要求，建设高素质的企业经营管理人才队伍，促进企业科学发展，按照中央人才工作协调小组的统一部署，国务院国资委牵头研究制定《企业经营管理人才队伍建设中长期规划(2010—2020年)》，并于2011年7月5日由中央组织部、中央统战部、国务院国资委、工业和信息化部、全国工商联五部委联合印发实施。该规划明确了未来十年全国企业经营管理人才队伍建设的指导思想、战略目标和总体要求，从培养开发、选拔任用、考核评价、有效激励、优化环境等人才工作的关键环节提出加强企业经营管理人才队伍建设的具体举措。

(三)颁布实施《中央企业人才队伍建设中长期规划(2011—2020年)》(国资党委干一〔2011〕198号)

为认真贯彻落实全国人才工作会议精神和《国家中长期人才发展规划纲要(2010—2020年)》要求，指导推动中央企业更好地实施人才强企战略，全面加强人才队伍建设，2011年10月19日，国务院国资委颁布实施《中央企业人才队伍建设中长期规划(2011—2020年)》。该规划提出未来十年中央企业人才队伍建设的指导思想、战略目标、总体要求，以及加强中央企业出资人代表、经营管理人才、党群工作者、科技人才和技能人才五支人才队伍建设的具体措施。

(四)颁布实施《中央企业"十二五"人才强企战略实施纲要》(国资党委干一〔2011〕204号)

为深入贯彻党的十七届五中全会与国民经济和社会发展"十二五"规划纲要精神,落实《国家中长期人才发展规划纲要(2010—2020年)》和中央企业"十二五"发展规划纲要,实现"做强做优、世界一流"核心目标,2011年10月31日,国务院国资委颁布实施《中央企业"十二五"人才强企战略实施纲要》。该纲要分析了中央企业人才队伍建设的现状和面临形势,明确提出"十二五"人才强企战略的指导思想和主要目标,从科学规划、人才培养、人才引进、选人用人机制、人才考评、人才激励、人才发展环境等方面提出实施人才强企战略的政策措施。

(五)组织实施企业经营管理人才素质提升工程

该工程是《国家中长期人才发展规划纲要(2010—2020年)》提出的12项重大人才工程之一,中央人才工作协调小组明确由国务院国资委牵头组织实施,主要目标是到2020年,培养一批具有世界眼光、战略思维、创新精神和经营能力的企业家;培养1万名精通战略规划、资本运作、人力资源管理、财会、法律等专业知识的企业经营管理人才。为加强对工程实施的组织领导,国务院国资委会同中央组织部、中央统战部、工业和信息化部、全国工商联成立企业经营管理人才素质提升工程领导小组,国资委副主任金阳同志担任组长。2011年9月,国务院国资委、工业和信息化部研究制定《企业经营管理人才素质提升工程实施方案》(国资发干一〔2011〕143号),经中央人才工作协调小组审议并报党中央、国务院审批后正式颁布实施。该方案提出企业领军人才培训计划、企业经营管理人才专项培养计划和中小企业经营管理人才培养计划等三个专项计划,并制定相应的具体实施办法。

二、中央企业落实中央"千人计划"取得新突破

(一)引进海外高层次人才工作力度进一步加大

中央部署"千人计划"以来,国务院国资委党委高度重视,明确要求中央企业要把引进海外高层次人才、建设人才创新创业基地,作为提升企业自主创新能力、培育具有国际竞争力的世界一流企业的重大战略举措,用5年时间引进2000名以上海外优秀科研人才,入选中央"千人计划"的专家达到500名以上,建设50家国家级人才创新创业基地。2011年,国务院国资委进一步加大落实"千人计划"工作力度,国务院国资委主任、党委书记王勇同志在中央企业科技人才工作会议上专门对中央企业继续抢抓紧抓机遇,用好用足中央政策,把落实中央"千人计划"工作持续推向深入进行再动员、再部署、再推动。同时,在海外高层次人才引进工作专项办公室的指导下,国务院国资委组织开展两次"千人计划"创新人才评审工作,使中央企业海外引才工作掀起新高潮,实现新突破。截至2011年底,中央企业引进的海外优秀科研人才已经超过1200人,其中47家企业引进的246人已列入中央"千人计划"。

(二)中央企业人才创新创业基地建设步伐进一步加快

2011年4月14日,中央组织部副部长、中央人才工作协调小组副组长李智勇同志主持召开中央企业集中建设人才基地筹建工作小组第三次会议,听取国务院国资委关于中央企业集中建设人才基地工作总体进展情况汇报,明确将天津、浙江、湖北纳入未来科技城建设范围,并对下一步工作进行部署,要求各成员单位进一步增强工作的责任感、紧迫感,进一步明确工作定位,大胆创新人才工作体制机制,加快建设进度,加大引进用好人才力度。2011年6月10日,中央组织部、国务院国资委会同北京市共同召开北京未来科技城建设现场办公会,听取北京未来科技城15家参建央企建设工程进展情况汇报,实地考察北京未来科技城整体建设情况和央企人才基地工地,现场协调解决建设工作中存在的主要问题,中央组织部人才工作局局长徐家新同志对加快推进建设工作提出明确要求。截至2011年底,北京未来科技城15家参建央企中,神华集团科研楼正式投入使用,中国商飞科研楼已经建成,武钢综合实验楼、中国国电、中国华能、中国电信科研楼实现结构封顶,其他参建企业也在抓紧施工;天津、浙江、湖北未来科技城建设工作也取得了积极进展,出台一批支持央企建设的优惠政

策，吸引了航天科工、中国电信、中国移动等一批央企入驻。

2011年11月29日，在中央企业申报、国务院国资委组织专家评审和推荐的基础上，经中央人才工作协调小组批准，又有13家中央企业建设国家级人才创新创业基地，分别是：中国航天科技集团、中国航空工业集团公司、中国兵器工业集团公司、中国兵器装备集团公司、中国联合网络通信集团有限公司、中国中化集团公司、中国化工集团公司、中国大唐集团公司、中国华电集团公司、中国南方电网有限责任公司、中国东方电气集团公司、中国第一汽车集团公司、国家开发投资公司。至此，建设国家级人才基地的中央企业总数达到36家。

三、评优推先工作成果丰硕

（一）中央企业中国工程院院士新增12人

按照中国工程院《关于提名和遴选中国工程院院士候选人的通知》（中工发〔2010〕113号）要求，国务院国资委和中央企业开展中国工程院院士推荐和遴选工作。经中国工程院遴选，中央企业共有12人当选为中国工程院院士。分别是：徐銤（中国核工业集团公司原子能科学研究院）、刘连元（中国航天科技集团公司第一研究院）、陈祥宝（中国航空工业集团公司北京航空材料研究院）、唐长红（中国航空工业集团公司第一飞机设计研究院）、朱英富（中国船舶重工集团公司第七〇一研究所）、杨绍卿（中国兵器工业集团公司第二〇三研究所）、胡文瑞（中国石油天然气集团公司）、孙龙德（中国石油天然气集团公司）、张玉卓（神华集团有限责任公司）、王海舟（中国钢研科技集团有限公司）、丁荣军（中国南方机车车辆工业集团公司株洲电力机车研究所有限公司）、崔愷（中国建筑设计研究院）。

（二）中央企业11人荣获中国青年科技奖

根据《关于开展第十二届中国青年科技奖候选人推荐与评选工作的通知》（科协发组字〔2011〕30号）要求，国务院国资委组织开展中央企业和委直管协会中国青年科技奖推荐评选工作。经中国青年科技奖领导工作委员会办公室评审，中央企业共有11人获得中国青年科技奖，分别是：宋庆国（中国航空工业集团公司）、赵红梅（中国兵器工业集团公司）、王家进（中国石油天然气集团公司）、王晓云（中国移动通信集团公司）、张彦军、吕智强（哈尔滨电气集团公司）、刘军（鞍钢集团公司）、徐涛（中国五矿集团公司）、陈吉文（中国钢研科技集团公司）、何庭国（中国铁路工程总公司）、裴岷山（中国交通建设集团有限公司）。

四、中央企业人才基础工作扎实有效开展

（一）认真做好高层次人才服务工作

2011年6月，国务院国资委推荐4名中央企业优秀党员专家，参加党中央、国务院举办的北戴河暑期学习考察活动；2011年9月，国务院国资委推荐11名中央企业科研机构院所长，参加由中央组织部、科技部、国务院国资委和清华大学举办的第八期科研院所长现代管理高级研修班。

（二）组织开展中央企业人才资源年度统计工作

根据人力资源和社会保障部关于2011年人才资源统计工作的要求，国务院国资委部署中央企业人才资源统计工作。截至2011年底，中央企业人才总量为938.06万人，其中出资人代表4.06万人，比上年同期增长3.3%；经营管理人才210.17万人，增长5.5%；党群工作者16.81万人，增长3.8%；科技人才124.54万人，增长6.2%；技能人才582.48万人，增长3.7%。

（审稿人：龚治刚　撰稿人：王欢喜）

监事会监督检查工作

2011年，监事会认真贯彻党中央、国务院各项决策部署，紧密围绕中央企业“十二五”战略规划和改革发展总体思路，全面深化当期监督，有序组织专项检查，深入开展综合分析，有效推进监管协同，及时提交各类报告，不断推动成果落实，充分发挥了一线监督优势，为维护出资人权益、促进企业科学发展、推动国

资监管大格局建设发挥了重要作用。2011 年 8 月 31 日,国务院第 170 次常务会议对监事会工作取得的成绩,给予充分肯定和高度评价。

一、全面深化当期监督

截至 2011 年末,国资委履行出资人职责企业 117 户,派出监事会企业 114 户。除由于企业重组等客观因素外,均派出了监事会。

(一)加大日常监督力度

密切关注涉及国有资本权益、国有资产安全以及出资人关注的重大事项,深入分析企业生产经营活动,及时提示和报告企业存在问题和潜在风险,监督的有效性不断增强。通过听取汇报、参加会议、关注决策、了解过程、抽查凭证、深入现场、开展访谈等多种形式,增加了检查"深度"、拓展了监督"广度"、加快了反应"速度",及时捕捉企业重点问题,动态反映企业重要情况,在蓬莱油田溢油漏油事件、利比亚资产损失、日本核辐射影响、食盐抢购风波、"7·23"甬温线铁路交通事故等一系列重大突发事件中,做出了快速反应,积极报告有关情况,提出相关政策建议。2011 年,监事会实地检查企业集团总部及所属重要子企业 1849 户,涉及资产 14.5 万亿元;平均列席企业重要会议 81 次;平均与企业负责人及业务骨干谈话 113 人次。

(二)组织开展专项检查

根据国资监管工作需要,监事会开展对 117 户中央企业全员业绩考核和非主业投资情况的专项检查。王勇主任高度重视,对报告反映的问题和所提出的建议,批示有关厅局认真研究,加强对中央企业的指导和监管;黄淑和副主任专门听取各办事处负责同志关于对企业全员业绩考核检查情况的汇报,对监事会深入推进中央企业全员业绩考核工作所付出的努力和取得的成绩予以充分肯定。监事会通过非主业投资情况检查,全面梳理了国资委确认主业以来中央企业投资非主业情况,重点揭示了部分企业非主业投资管理存在的问题;监事会工作局汇总形成中央企业投资煤化工、金融等非主业情况的综合报告,得到委领导高度重视。

(三)积极创新监督方式

为适应国资监管和中央企业改革发展需要,监事会创新工作理念、工作方式和工作机制,监督的有效性不断提升。一是开展集中重点检查试点。继续对中央企业总部及所属重要子企业开展集中重点检查试点,重点检查企业资产质量和财务风险,重要子企业(项目)亏损情况、内控有效性、工程项目管理等情况。通过开展集中重点检查试点,发现了一些影响企业持续健康发展的深层次问题。针对试点发现的问题,印发整改意见通知,相关企业积极采取有效措施加以整改,有力促进了企业管理水平的提升。二是深化经济责任审计工作。组建第 28 办事处,开展对中央企业负责人的经济责任审计工作,全年组织开展对 16 户中央企业的经济责任审计,建立了经济责任审计协同工作机制,为有效整合委内监督资源、加强委内工作协同、深化监事会工作进行积极探索。三是探索境外资产监督试点。平稳推进对中央企业的境外资产监督试点,重点检查企业集团总部对境外单位的管控情况,境外企业(项目)运营状况等。通过开展境外资产监督试点,初步了解有关中央企业境外资产的管理模式、运行方式及运营状况,发现部分企业存在的境外业务发展中存在的问题,为深化境外资产监督、实现境外资产监督与境内资产监督相结合奠定了坚实基础。

二、完善监督成果体系

2011 年,监事会积极完善监督检查报告体系,通过各类报告及时快速反映监督检查成果,工作成效不断增强。

(一)切实提高年度报告实效

报经国务院领导同志同意,监事会进一步改进了年度报告制度。简化了结构,"报告"和"摘要"合二为一;精炼了内容,侧重反映企业的重大问题和风险;形成了闭环,逐项反映上年度重大事项的处理落实情况;加快内部运转,运转时间严格控制在 20 个工作日内,年度报告提交时间较往年提前 4 个月,报告质量和时效得到国务院和国资委领导的充分肯定。

(二)不断加大专项报告力度

在当期监督中,监事会高度关注出资人关心关注的问题以及企业存在的可能危及国有资产安全的经营行为、重大风险,以"专项报告"、"情况报告"等多种载体,及时反映企业重大问题和风险,进一步提高监督的时效性和针对性。全年共上报各类专项报告279份。

(三)逐步健全日常报告体系

监事会加大信息挖掘力度,深化监督动态成果应用,开辟了多层次日常报告渠道,及时报送大量企业"一线"信息,形成了贯穿当期监督全过程的报告体系。《当期监督信息简报》以企业重要情况、存在问题和风险、经营管理有效做法、综合分析工作动态等为主要内容,反映监事会工作情况和相关分析建议;开辟《央企决策信息》作为新的信息平台,以列席企业董事会会议、党委(党组)会议、总经理办公会议、党政联席会议等重要会议为切入点,及时了解掌握企业重大事项和情况,灵敏捕捉出资人关心关注的重要敏感信息。监事会工作局加大信息编报力度,2011年累计收录《当期监督信息简报》和《央企决策信息》316份;编发《情况反映》79期,《监事会专报》37期。

三、探索开展综合分析

2011年4月,国资委建立中央企业综合分析工作机制,以监事会工作为基础,汇集全委智慧,逐户对中央企业进行"联合会诊",分析解决企业改革发展和经营管理中存在的突出问题和重大风险,推动了企业突出问题和难点问题的解决,取得了积极成效。

(一)积极构建制度框架

根据王勇主任和孟建民副主任指示精神,充分吸纳委内有关厅局意见,研究起草《中央企业综合分析机制工作办法(试行)》,经国资委主任办公会议审议通过后印发试行,奠定了开展中央企业综合分析工作的制度基础。积极研究制定配套实施细则,明确各方职责,推动建立综合分析长效机制。

(二)组织召开三次会议

2011年,国资委先后召开三次会议,对21户中央企业进行综合分析。监事会主席高度重视,亲自主持召开办事处会议,周密部署综合分析工作。监事会办事处以扎实的当期监督为基础,系统梳理企业总体情况,以丰富的数据、事例为支撑,揭示企业经营管理和改革发展存在的问题、风险和薄弱环节,提出具有针对性的建议,形成内容全面、有说服力的综合分析材料。委领导和委内厅局对监事会综合分析工作给予充分肯定,认为监事会的分析准确到位,提出的建议切实可行,在综合分析工作中发挥了主体作用。监事会工作局充分发挥业务组织功能,在中央企业综合分析工作机制中发挥了重要作用。

(三)有效推动成果落实

综合分析会后,监事会主席代表国资委向企业领导班子传达综合分析意见和建议,明确提出整改要求。国资委以委函的形式向有关中央企业印发整改通知,监事会工作局与相关办事处紧紧把握综合分析工作"落地"的关键环节,认真督促检查企业整改落实情况,发现问题及时提出意见和建议,确保综合分析成果落到实处。从运行情况看,综合分析机制达到预期目标。中央企业普遍认为,国资委的评价意见切合企业实际,指出的问题准确、客观、深刻,点到穴位上。相关企业认真贯彻综合分析会议精神,积极采取措施落实整改,其中涉及完善发展规划、压缩投资、加强生产安全管理等具体管理问题,企业迅速贯彻落实,已经见到整改成效;涉及影响经营、改革和发展的长期性问题,相关企业也根据工作计划,加紧推进落实,部分事项已经取得阶段性成果。

四、积极构建监管闭环

围绕国资监管中心任务,监事会通过多种方式不断加强与委内厅局的工作协同,通过制度衔接、业务配合、信息沟通、人员交流、综合分析,推动优化监管资源配置,建立高效的监管协同联动机制,实现监管资源的融合、整合、联合,进一步形成国资监管工作的合心、合作、合力。

(一)业务协同深入推进

监事会将委内11个厅局提出的44个事项，列入年度检查重点。对委内的重点工作，积极运用成果，提供有效监督信息，发表书面评价意见，为国资委履行出资人职责提供重要参考。根据国资委对中央企业经营业绩考核要求，对发生重大安全生产责任事故的中央企业，提出扣分处理意见和建议；协同改组局，对22户建设规范董事会中央企业董事会提出了评价意见；配合企干一、二局，开展对建设规范董事会企业董事会、董事履职情况评价；配合纪委，做好惩防体系建设分工任务完成情况汇报；配合巡视组开展对10户企业的巡视工作。

(二)有效实现监管联动

监事会2010年度监督检查报告共揭示企业重大事项和问题356件，其中涉及国资委内部处理的事项48件，委内厅局认真反馈，积极落实，共同推动企业提升管理水平。监事会在当期监督中，针对企业经营管理和改革发展的深层次问题和重大风险，积极提出建设性意见和建议，委内厅局会同监事会联合研究提出处理意见，推动问题及时有效解决，实现了国资监管工作一盘棋。

(三)监管制度有机融合

委内厅局和监事会在制定监管制度时，逐步将互相听取意见纳入必经程序。监事会研究制订有关制度办法时，认真征求委内厅局意见，夯实监管融合基础。印发《建设规范董事会企业监事会监督工作规则》，从制度层面推动监事会与董事会的工作协同。在相关厅局大力支持下，编印《国有资产监督法律法规制度办法汇编》，汇集国资监管规章制度，为监事会监督检查业务工作提供制度支持。

五、着力强化业务组织

2011年，监事会工作局围绕监督检查中心任务，坚持业务组织与工作服务并举，进一步提升了工作质量效率。

(一)打造业务支撑平台

增强统筹协调能力，提高监督业务组织水平。有序安排专项检查，统筹安排集中重点检查和境外资产监督试点；认真组织中央企业经济责任审计，积极推进综合分析机制建立；全面改进报告编报制度，周密组织各类检查工作；撰写完成65户国资委管理主要负责人企业监督检查报告的汇总报告，提前三个半月上报国务院；起草完成向国务院常务会议的汇报稿，并在国务院常务会议上首次实现了“当年提交报告，国务院领导同志听取当年情况”的目标；召开全国国资委监事会工作研讨会，王勇主任对会议作出重要批示，进一步推动了全国国资委监事会工作的深入开展。

(二)健全业务制度体系

根据国务院立法计划，继续推进《国有企业监事会暂行条例》修订工作，广泛征求有关厅局和地方国资委意见，形成修订草案第八稿。适应当期监督工作需要，继续研究监督检查工作流程和方法，抓紧研究制定制度规范。全年先后出台《关于认真落实中央企业综合分析会议精神有关事项的通知》《关于做好建设规范董事会中央企业董事会2010年度工作评价有关事项的通知》《监事会集中重点检查工作规则(试行)》《〈企业年度工作报告〉填报质量综合评价办法(试行)》《关于加强监事会信息编报工作的通知》《关于2011年度监督检查报告编报有关事项的通知》等一系列业务规则，不断加强监事会制度体系建设。

(三)积极开展课题研究

监事会结合国资委中心工作和监事会工作实际，积极推进关于改进和深化监事会工作、提高监督能力水平的课题研究。组织开展《中央企业境外资产监事会监督研究》《中央企业内部监事会制度研究》《中央企业分行业运行特征研究》等课题研究；组织有关监事会主席担任组长开展汽车行业共性问题研究，推动形成具有监事会特色的研究报告和政策建议；配合改组局组织开展《监事会对建设规范董事会的中央企业履行监督职责问题研究》。在课题研究过程中，认真研究国资监管工作和中央企业改革发展重大问题，加强行业和企业发展共性、趋势性和前瞻性问题研究，探索国资监管和企业发展规律。

(四)强化工作信息宣传

为提升外派监事会队伍凝聚力，营造国资监督良好氛围，监事会工作局积极加强宣传工作。在经济管理类核心期刊《国有资产管理》杂志上开辟了“监事会工作局”专栏，刊载关于国有企业监事会工作理论和实践的文章，搭建在大国资体系下监事会工作的宣传和研究平台。2011年累计完成14篇文章近10万字的组稿、编辑及校审工作。监事会工作局加大信息归集、整理和交流力度，搭建监事会内部、监事会与委内厅局的多样化沟通交流平台，充分反映监事会当期监督成果，促进信息沟通和交流。2011年累计编发《监事会每周要报》50期、《内部情况通报》64期、《研讨与交流》31期、《财务经营监测快报》178期、《网上信息摘编》12期。

(五)全力做好服务保障

切实承担对26位监事会主席、28个办事处、300余名专职监事的服务职责，当好监事会行政信息枢纽，累计发文200余件，运转文件2500余件；加强与有关部委的沟通交流，在有关厅局的大力协助下，做好监事会行政保障和技术保障，为建设国资大家庭、推进形成国资监管闭环作出应有贡献。

六、切实提升队伍建设

2011年，监事会认真学习贯彻十七届六中全会精神，积极开展创先争优活动，扎实做好党建、人事和培训工作，严格遵守“六要六不”行为规范，按照“六要”要求，提高履职能力；严守“六不”底线，清正廉洁，始终保持队伍旺盛的生命力。

(一)加强党建工作

按照机关党委统一部署，与委党委中心组同步举办监事会主席和办事处主要负责人学习贯彻党的十七届六中全会精神理论培训班。各党支部以“立足岗位出精品”为载体，把创先争优活动与认真履行岗位职责、做好本职工作紧密结合起来。5个党支部的5项业务工作入选国资委直属机关党委精品工作，7个党支部荣获“先进基层党组织”、18名同志荣获“优秀共产党员”、2名同志荣获“优秀党务工作者”等荣誉称号。18位监事会主席参加中央党校、国家行政学院、国防战略班、浦东干部学院和延安干部学院学习；组织参加直属机关党委召开的“庆祝中国共产党成立90周年大会”、“光辉的历程歌咏大会”以及组织部分同志参观“复兴之路”大型主题展览活动；开展“党史知识竞赛”和“反腐倡廉知识竞赛”；组织50名同志参加“集体宣誓、重温入党誓词”的主题党日活动；推选直属机关第一次党代会监事会代表候选人，差额选举产生监事会党代表33名；搭建党建学习平台，加强党史党情教育，在外网平台推出《党史上的今天》学习专栏，编发《监事会党建工作》33期。

(二)深化队伍培训

印发《监事会2011—2015年培训规划》，组织实施监事会年度集中培训、新录用专业人员、中初级会计人员继续教育、新聘用事务所工作人员培训，组织3支监事会代表队参加委机关公文知识竞赛，开办监事会网络课堂，开展4期短信课堂，举办讲座38次，不断提高队伍素质和履职能力。

(三)培育监督文化

坚持社会主义核心价值体系，以国资委机关建设规划纲要为指引，以建设学习型党组织为平台，进一步加强监督文化建设。坚守监事会“六要六不”行为规范，打造监事会恪尽职守的职业精神、勤勉务实的工作作风和高效廉洁的监督文化。连续五年举办监事会迎新春联欢会，完善“部级领导干部书架”、办事处“图书室”。继续组织书法摄影比赛、拖拉机比赛、女职工跳绳比赛、第九套广播体操学习，组建监事会青年篮球队、羽毛球队，丰富职工业余文化生活，让文化建设成为深化当期监督、提高监督有效性的动力保障。

（审稿人：王文斌、薛梅梅　撰稿人：王晓灿、胡婉晶）

中央企业党建工作

截至2011年12月31日，中央企业系统共有党员5005595人，其中女党员1065730人，35周岁以下党员

1248612人，在岗职工党员3551084人，在岗工人党员1291704人，离退休人员党员1358951人，其他党员83259人；党组569个，党委18564个，党总支15816个，党支部219570个。2011年，中央企业各级党组织坚持以邓小平理论和“三个代表”重要思想为指导，深入贯彻落实科学发展观，全面贯彻党的十七大和十七届四中、五中全会精神，以深入开展创先争优活动为抓手，以建立健全企业党组织充分发挥政治核心作用的体制机制为关键，围绕“十二五”时期中央企业党建工作“健全一个格局”、“抓住两个关键”、“完善六个机制”的总体思路，以改革创新精神全面加强和改进党建工作，为中央企业改革发展稳定提供坚强的政治和组织保证。

一、扎实推进创先争优活动

一是明确阶段性工作重点。2011年“七一”前的第二阶段活动中，以加强党支部建设为重点，结合学习贯彻党的十七届四中、五中全会精神、纪念建党90周年深入开展创先争优活动；“七一”之后转入第三阶段，紧紧围绕中央企业的中心工作，以加强“五个意识”(服务意识、质量意识、安全意识、品牌意识、诚信意识)和企业机关党组织建设、建立健全科学发展长效机制为重点开展“为民服务创先争优”活动。

二是深入开展“为民服务创先争优”活动。按照中央的统一部署，2011年8月26日，中央企业创先争优活动领导小组召开中央企业深入开展“为民服务创先争优”活动动员部署会议。国资委党委书记、主任，中央企业创先争优活动领导小组组长王勇出席会议并讲话，中央组织部副部长、中央企业创先争优活动领导小组副组长王尔乘主持会议。国家电网公司、中国南方航空集团公司、中国建筑材料集团有限公司三家中央企业介绍了开展“为民服务创先争优”的经验和做法。

王勇同志在讲话中简要回顾了中央企业创先争优活动开展以来取得的显著成效，要求中央企业认真学习贯彻胡锦涛总书记“七一”重要讲话精神，努力推动创先争优活动取得实效，成为群众满意工程，使中央企业成为科学发展、服务人民的示范窗口、形象窗口、便民窗口。围绕“十二五”时期中央企业改革发展的总体思路，以更好地为民服务为重点，以群众满意为导向，充分发挥企业各级机关的示范引领作用，带动广大党员职工立足本职岗位，争创优秀业绩，不断增强中央企业的服务意识、质量意识、安全意识、品牌意识、诚信意识，努力树立“报效国家、造福社会、服务人民”的良好形象。

会议明确要求，“为民服务创先争优”活动要同创先争优活动的总体部署有机衔接起来，围绕企业改革发展的中心任务，确立民生为重、服务为先导向，按照先进基层党组织“五个好”、优秀共产党员“五带头”的基本要求和“为民服务创先争优”活动的目标任务，把“亮标准、亮身份、亮承诺，比技能、比作风、比业绩，群众评议、党员互评、领导点评”作为深入开展为民服务创先争优的主要载体和抓手，激发基层党组织和党员的争创活力，带动所在单位和职工争创群众满意窗口、争创优质服务品牌、争创优秀服务标兵。会议确定石油石化、电力、通讯、航空运输、医药、汽车、旅游和粮油食品及“三农”服务等行业23家中央企业作为重点联系企业。通过抓重点、抓典型，以点带面、整体提升，努力做到中央企业“为民服务创先争优”活动全覆盖。

三是举行中央企业创先争优活动先进事迹巡回报告活动。按照李源潮同志关于“在创先争优中树立和宣传先进典型”的要求，2011年4月28日，中央企业创先争优活动领导小组、国务院国资委党委举行中央企业创先争优活动先进事迹报告会，启动学习宣传“雷锋传人”郭明义、“时代先锋”吕清森、“海上铁人”郝振山3位同志先进事迹巡回报告活动。王勇同志出席会议并作讲话，王尔乘同志主持会议，国资委副主任邵宁，中央企业创先争优活动领导小组副组长、国资委副主任金阳出席会议。中央创先争优活动领导小组有关负责人、中央企业创先争优活动领导小组成员及国资委机关和中央企业干部职工代表6000余人参加视频会议。

王勇同志在讲话中指出，吕清森、郝振山、郭明义都是中央企业一线的优秀职工，是新时期中国工人阶级的优秀代表。他们的先进事迹，集中体现了中央企业广大共产党员忠于党、忠于祖国、忠于人民的坚定信念和艰苦奋斗、严于律己、无私奉献的崇高精神；集中体现了中央企业广大职工立足本职、爱岗敬业、勇于创新、争创一流的不懈追求和高尚品德。他们是中央企业的骄傲，也是大家学习的榜样。王勇同志强调，通过开展学习宣传创先争优先进事迹活动，把先进人物的崇高精神，转化为广大党员干部职工奋发向上、积极进取的强大动力，扎实做好中央企业改革发展的各项工作，切实加强和改进中央企业党建工作，全力推动"做强做优中央企业、培育具有国际竞争力的世界一流企业"目标的实现。

会前，王勇、王尔乘、金阳同志接见了中央企业创先争优活动先进事迹报告团成员。随后，中央企业创先争优先进事迹报告团先后赴武汉、德阳、西安等城市举办中央企业创先争优先进事迹巡回报告会，来自武汉钢铁(集团)公司、中国第二重型机械集团公司、中国西电集团公司等中央企业职工共计2500余人现场聆听了报告，在社会上引起了强烈反响。

四是开展中央企业海外单位党组织建设调研。中央企业创先争优活动领导小组高度重视央企海外党组织建设，将在创先争优活动中开展海外单位党组织建设调研、制定加强海外单位党组织建设的规范性文件，作为2011年央企创先争优活动的一项重点工作并进行专门部署。2011年5—8月，中央组织部和国资委党委联合组成了三个调研组，由金阳同志和中组部干部五局、国资委党建局有关负责同志带队，先后在国内并赴印度尼西亚、赞比亚、澳大利亚、沙特阿拉伯等国，对61家央企海外单位党组织建设情况进行调研，对党建工作的成绩、经验等进行认真总结梳理。

2011年12月21日，中央企业创先争优活动领导小组和国资委党委联合召开中央企业海外单位党组织建设经验交流会。会议由王尔乘同志主持，王勇同志讲话。王勇同志在讲话中总结了近年来中央企业海外单位在特殊环境和条件下，建立健全党的组织、努力实现党组织全覆盖等六个方面的经验，深刻分析了面临的形势和需要把握的六个重点问题，对进一步加强和改进海外单位党组织建设提出新的要求。中央党建工作领导小组秘书组、中央创先争优活动领导小组办公室对这次会议高度关注，专门安排有关同志出席会议。有海外业务的96家中央企业党委(党组)负责同志参加会议，中国兵器工业集团公司等8家企业在大会发言，中国海洋石油总公司等7家企业作了书面交流。

五是加强"为民服务创先争优"活动的监督检查。王勇、王尔乘等领导同志分别深入联系点和部分中央企业检查创先争优活动，指导面上的工作。领导小组办公室制定《"为民服务创先争优"活动检查工作方案》。2011年10—12月，领导小组组成11个检查组对23家重点联系企业开展为民服务创先争优活动情况进行集中检查。

2011年中央企业创先争优活动受到中央领导同志的充分肯定。习近平同志在四川视察工作时，高度评价国家电网公司四川电力公司共产党员服务队为民服务创先争优的经验和做法。李源潮同志多次对中央企业创先争优活动简报、专报作出重要批示，对中央企业带头搞好创先争优活动提出明确要求。

二、召开庆祝中国共产党成立90周年中央企业"一先两优"表彰大会

2011年6月29日，国资委党委召开庆祝中国共产党成立90周年中央企业"一先两优"表彰大会。中共中央政治局委员、国务院副总理张德江出席会议并颁奖，国资委党委书记、主任王勇出席会议并讲话。

会前，张德江同志会见中央企业先进基层党组织和优秀共产党员、优秀党务工作者代表并作重要讲话。张德江同志回顾了中国共产党成立90年来领导中国人民建立的丰功伟绩，回顾了国有经济发展历程，充分肯定了新时期以来国有企业改革发展取得的巨大成绩，强调只有坚持党对国有企业的领导、充分发挥企业党组织的政治核心作用和党员的先锋模范作用，国有经济才能不断发展壮大，在经济社会发展中发挥"顶梁柱"的作用。

张德江同志指出，国有企业要深入贯彻落实科学发展观，坚持党的领导，加强党的建设，继续深化改革，勇挑重担，奋发有为，为建设中国特色社会主义作出新的更大贡献。要坚持党对国有企业的领导，坚定不移地贯彻落实党的路线方针政策，使国有经济始终成为党执政的重要经济基础。要坚持加强党的建设，

充分发挥企业党组织政治核心作用和共产党员先锋模范作用，使国有企业真正成为一支特别能战斗的队伍。要坚持社会主义基本经济制度，毫不动摇地发展壮大国有经济，增强国有经济的控制力、影响力和竞争力。要坚持深化改革开放，建立现代企业制度，完善法人治理结构，加强内部管理，加快"走出去"步伐，把国有企业做强做优做大。要坚持科学发展，加快转变发展方式，促进国有企业高效发展、创新发展、节约发展、安全发展，实现发展质量的新飞跃。

王勇同志在讲话中回顾了中国共产党建党以来的光辉历程和伟大成就，总结了国资委成立8年来国有企业改革与发展的优异成绩和中央企业党建工作的主要成效。王勇同志指出，必须毫不动摇地坚持党对中央企业的领导，建立中国特色现代国有企业制度，努力做到充分发挥党组织政治核心作用、健全公司法人治理结构和全心全意依靠工人阶级的有机统一；必须坚持围绕中心、服务大局，把保证和促进企业改革发展，提高生产经营成效作为党建工作的出发点和落脚点；必须坚持把领导班子和领导干部队伍建设摆在突出位置，努力提高领导班子、领导干部引领和推动企业科学发展的能力，培养造就优秀社会主义企业家；必须坚持抓基层、打基础，不断加强基层党组织和党员队伍建设，提高基层党组织的创造力、凝聚力和战斗力；必须坚持全心全意依靠职工群众，充分尊重职工民主权利，切实维护好、实现好、发展好职工群众的积极性和创造性，努力构建和谐企业。

王勇同志强调，加强和改进中央企业党建工作，必须始终坚持把党组织政治优势作为企业最重要的资源加以整合配置，推动中央企业建立党建工作大格局，努力把党组织的政治优势转化为企业科学发展优势；始终坚持紧密结合企业实际、遵循企业规律、突出企业特色，开展党内集中教育和主题实践活动，理清发展思路，解决突出问题，推动科学发展；始终坚持反腐倡廉惩防体系建设与企业内控机制建设的有机结合，加强企业基础管理，强化制度建设与执行，从源头防治腐败；始终坚持以改革创新精神加强和改进党建工作，切实做到不僵化、不弱化、要细化，积极研究解决现代企业制度下党建工作面临的重大理论与实践问题。

王勇同志要求，加强和改进中央企业党建工作，要着力健全一个格局、抓住两个关键、完善六个机制。

健全一个格局——就是要按照中央关于全面推进思想建设、组织建设、作风建设、制度建设和反腐倡廉建设"五位一体"党的建设总体布局，围绕"十二五"时期中央企业改革发展总体思路，建立健全企业党委抓党建、书记对党建工作负第一责任，行政领导"一岗双责"，党委职能部门齐抓共管、群团组织各负其责、行政部门积极支持，形成合心、合作、合力的党建工作大格局。

抓住两个关键——就是要按照十七届四中全会关于建设"四支队伍"的要求，一是抓住领导班子和领导干部队伍建设这个关键，适应培育具有国际竞争力的世界一流企业目标的要求，努力打造一支政治坚定、视野开阔、懂经营、善管理，敢于与国际一流企业同台竞争，致力于为中央企业建功立业、得到职工群众衷心拥护的企业领导班子和领导干部队伍；二是抓住企业基层党组织和党员队伍建设这个关键，完善基层组织体系，实现党组织工作全覆盖，建立一个能够团结带领职工群众推进企业改革发展的坚强战斗堡垒，建设一支经得起困难和风险考验、在企业改革发展稳定中发挥先锋模范作用的党员队伍。

完善六个机制——就是要在推进中国特色现代国有企业制度建设过程中，不断完善党组织参与重大问题决策工作制度与公司法人治理结构运行规则相结合的科学决策机制；党管干部、党管人才原则与企业法人治理结构依法行使用人权和市场化选聘人才相结合的选人用人机制；宣传思想工作与企业文化建设相结合的企业社会主义核心价值体系培育机制；发挥职工民主管理作用、维护职工合法权益与尊重企业领导人依法行使管理权相结合的利益协调、诉求表达和矛盾调处机制；纪检监察监督与内控体系建设相结合的风险防范和反腐倡廉机制；开展党内集中教育和主题实践活动与整合提升创新经常性党建工作相结合的长效机制。

会议由邵宁同志主持，金阳同志宣读《国资委党委关于表彰中央企业先进基层党组织优秀共产党员优秀党务工作者的决定》（国资党委组织〔2011〕128

号)，对中国石油天然气集团公司中国石油管道公司党委等232个先进基层党组织、孙家栋等191名优秀共产党员、丁燕生等129名优秀党务工作者予以表彰。新兴际华集团有限公司、中国建筑工程总公司、国家电网公司的先进基层党组织、优秀共产党员和优秀党务工作者代表作了大会发言，中国航空工业集团等10家企业作了书面交流。

三、部署中央企业系统(在京)党的十八大代表选举工作

一是制定选举工作方案。2011年10月25日，中组部召开部署党的十八大代表选举工作会议后，按照会议要求和《中共中央关于党的十八大代表选举工作的通知》精神，迅速研究制定《关于中央企业系统(在京)党的十八大代表选举工作方案》。在国资委党委的领导下，成立中央企业系统(在京)十八大代表选举工作领导小组及办公室，国资委党委书记、主任王勇担任组长，国资委党委委员、副主任黄丹华，国资委党委委员、副主任金阳担任副组长，国资委党建工作局为组织牵头单位。

二是召开部署工作会议。2011年12月1日，召开部署中央企业系统(在京)十八大代表选举工作会议，学习传达中央关于党的十八大代表选举工作精神，部署中央企业系统(在京)十八大代表选举工作。王勇同志出席会议并讲话，金阳同志主持会议。王勇同志在讲话中指出，胜利召开党的十八大，是全党全国各族人民政治生活中的一件大事。做好党的十八大代表选举工作，是开好大会的重要基础工作。这是一项严肃的政治任务，时间紧、任务重、环节多、要求高，政治性和政策性都很强。中央企业系统(在京)要严把代表思想政治素质关，严格遵循规定程序操作，确保实现代表结构比例要求。把那些严格遵守党章，自觉贯彻执行党的路线方针政策，主动从政治上、思想上、行动上同党中央保持高度一致，严格遵守党的纪律，得到广大党员公认的优秀党员选为十八大代表。在京的国资委党委委员和监事会主席、在京中央企业党委(党组)负责人和部门负责人、国资委副秘书长和各厅局负责人，国资委直属机关党组织负责人参加会议。同时，印发《国资委党委关于做好中央企业系统(在京)党的十八大代表选举工作的通知》(国资党委组织〔2011〕221号)。

三是做好相关准备工作。向各省(市、自治区)组织部门发函，做好组织关系在地方的中央企业参加十八大选举工作。完成十八大中央企业工人先进模范党员人选的推荐工作。

四、以国有企业党建研究专业委员会为平台，推动国企党建理论和实践探索

一是完善工作机制。在北京、江西分别召开中央企业和地方委员单位联络员会议，建立57个调研工作联系点，加强与各委员单位和有关部门的工作联系；聘请69名特邀研究员，初步建立了一支专兼结合的研究队伍。

二是开展课题研究。制定印发2011年度课题研究计划，确立了专委会5项重点课题和6项调研课题，开展庆祝中国共产党成立90周年"创先争优与中央企业党的建设"征文活动，同《国企》杂志社联合开展"国企党建创新"征文活动，促进国企党建理论研究和实践探索。《创先争优与加强国有企业基层党组织建设研究》研究课题获得全国党建研究会2011年度重点课题二等奖。

三是召开理论研讨会。2011年9月23日—24日，国企党建研究专委会、中央企业创先争优活动领导小组办公室联合召开学习贯彻胡锦涛总书记"七一"重要讲话精神暨创先争优理论研讨会，金阳同志出席会议并讲话。金阳同志在讲话中，简要回顾了我党90年的光辉历程和丰功伟绩，总结概括了国有企业创先争优活动的特点、特色和取得的明显成效，对深入学习贯彻胡锦涛总书记"七一"重要讲话精神，加强创先争优和党建理论研究，进一步做好专委会工作提出了明确要求。金阳同志要求国资监管系统和中央企业立足领会精神实质、把握讲话精髓，立足破解党建难题，立足推动科学发展，学习贯彻胡锦涛总书记"七一"重要讲话精神；深刻认识和把握中央的精神和要求、深刻认识和把握企业改革发展的现实需要、深刻认识和把握加强基层党组织建设的内在需求、深

刻认识和把握构建创先争优长效机制的活动重点，加强创先争优理论研究，推动创先争优活动深入开展；始终坚持正确的政治方向、始终突出先进性建设主线、始终突出科学发展主题、始终立足解决现实问题，进一步深化国企企业党建理论研究。中央党建领导小组秘书组、中央创先争优活动领导小组办公室和全国党建研究会有关负责同志出席会议。山西潞安集团等12家单位介绍了经验，对33篇“创先争优与中央企业党的建设”论文和41篇“国企党建创新”征文进行表彰。

五、指导中央企业党委换届选举，做好党员教育管理和企业领导人员培训工作

一是加强对中央企业党委换届选举工作指导。认真梳理2011年到届和延期换届的中央企业党委情况，将42家中央企业党委（直属党委）列入2011年换届选举工作计划，举办换届选举培训班。加强对中央企业党代会的全过程指导，严格按照党章和党的基层组织选举工作暂行条例的有关规定审核选举程序，确保企业换届选举规范运作。2011年共完成18家中央企业党委（直属党委）换届沟通和签报工作，办理审批7家中央企业党委（直属党委）换届选举。调整企业党组织的领导关系，2011年共办理2家中央企业党组织更名、6家企业党组织领导关系调整、2家企业党组织设立、11家中央企业22名直属党委领导人员任免事项。

二是加强党员日常管理，做好“博士服务团”工作。完成中央企业全系统党组织和党员数据统计汇总、领导人员交叉任职情况统计工作，121家中央企业的1129家二级以上公司制企业中，党委（党组）成员进入董事会、监事会的有3219人，占董事会、监事会总数的34.39%，占党委（党组）成员总数的41.71%，328家企业党委（党组）书记同时兼任董事长。组织开展网上投票推荐全国优秀共产党员活动，2011年7月1日，国资委党委推荐的中国航天科技集团公司高级技术顾问孙家栋、中国铁路工程总公司高级技师窦铁成、中国北方机车车辆工业集团公司高级技师张雪松被评为全国优秀共产党员受到表彰。安排11名“西部之光”访问学者到中央企业研修并落实导师和岗位；选派14名博士参加中组部第12批“博士服务团”，召开中央企业博士服务团座谈会，在中组部召开的会议上介绍了博士选派工作经验。

三是做好中央企业领导人员培训工作。制定印发国资委2011年国内培训计划。组织225名中央企业领导人员分别参加国家行政学院等有关院校举办的培训班。配合中组部在全国组织干部学院举办中央企业、中央金融企业组织人事部门和党群部门主要负责人专题培训班。举办中央企业党委书记培训班，41家中央企业党组织负责人参加培训。

六、加强理论研究，提升中央企业党建工作科学化水平

一是制定印发《“十二五”时期加强和改进中央企业党建工作的总体思路和主要措施》，提出“健全一个格局、抓住两个关键、完善六个机制”的总体思路。二是同中组部一起研究起草《关于中央企业党委在现代企业制度下充分发挥政治核心作用的意见（试行）》，根据四中全会“参与决策、带头执行、有效监督，发挥政治核心作用”的要求，进一步探索中国特色现代国有企业制度下企业党组织发挥政治核心作用的有效途径，推进公司法人治理规范运作。三是开展调查研究。组织开展赴中石油联系点调研工作，配合中央党建领导小组秘书组到中石油东方地球物理公司调研海外党建工作。参加中央党建领导小组秘书组联络员工作会议。四是加强软课题研究工作。结合中央企业基层党组织建设的创新与实践，对加强中央企业基层党组织建设特别是海外党组织建设的理论与实践问题进行深入研究，在实地调研、问卷调查、广泛听取意见的基础上，形成《关于中央企业基层党组织建设研究》和《关于中央企业海外单位党组织建设研究》两份研究报告，为推动企业基层党建工作提供理论支撑。

（审稿人：刘汉滨　撰稿人：吴新明）

中央企业宣传思想文化工作

2011年，中央企业认真学习贯彻十七届六中全会精神，按照国资委、国资委党委工作部署和委领导指示精神，重点推进新闻宣传、思想政治工作、学习型党组织建设，认真抓好精神文明建设、企业文化建设、防范处理邪教等项工作。

一、全力做好新闻宣传工作

把做好中央企业新闻宣传工作纳入年度工作的重中之重 。制订《2011年中央企业新闻宣传和舆论引导工作方案》和《"两会"期间舆论引导方案》。召开国资委成立以来第一次中央企业新闻宣传工作会议，总结"十一五"时期新闻宣传工作成效和经验，对"十二五"时期新闻宣传工作做出全面部署并认真组织落实。

一是整合资源，健全工作体系。成立国资委新闻宣传工作领导小组，新增两位新闻发言人，不定期研究新闻宣传工作重大事项。成立新闻中心筹备工作领导小组，在委领导强力推动下，经多方努力，中编办于2月18日正式批准设立，财政补助事业编制30名。围绕筹备建立国资委机关报，对《中国企业报》《信息早报》等报刊进行深入调研并提交了相关情况报告。加强与中宣部、国务院新闻办等主管部门，新闻媒体及专家学者的联系，与国务院新闻办网络局建立了舆论引导工作机制，争取理解和支持。向全社会公布中央企业新闻发言人相关信息，推动中央企业建立健全新闻发布工作体系。依托中央企业，积极筹建中央企业媒体联盟和新闻工作者联盟；依托中国人民大学和有关企业，筹建中央企业品牌建设专家委员会和中央企业新闻发言人大讲堂。

二是加大新闻策划和正面宣传力度，主动引导社会热点问题，妥善处置新闻突发事件。采取多种方式做好"两会"期间及全年新闻宣传和舆论引导工作。在国新办组织举办新闻发布会，介绍"十一五"时期中央企业改革发展情况和"十二五"总体思路，主动回应社会关切。做好中央企业负责人、全国国资监管、节能减排、创先争优、科技创新、企业社会责任等30余次会议的宣传报道。协调人民日报、经济日报等中央媒体刊发委领导及厅局负责人文章10余篇。协调转载新华社长篇通讯《国家脊梁 负重致远——中央企业"十一五"时期改革发展纪实》，并在人民政协报等媒体刊出央企专版或专栏。组织开展央企转变发展方式、自主创新、利比亚撤侨、保障农民工权益、产业援疆、保大运、玉树灾后重建等主题宣传活动；围绕建党90周年开展先进典型宣传，组织媒体集中报道中国黄金西藏5300党支部、中国铁建祁连山隧道掘进队、大庆油田1205钻井队李新民等先进典型，与新华社《内部参考》开办"国企创先争优"专栏，报道有关中央企业优秀共产党党员和先进基层党组织的事迹，在《国内动态清样》介绍央企及海外党组织和党员发挥作用的情况。举办"国企新风貌"摄影大赛优秀作品展；协调中央对外联络部出版"走出去"中央企业海外宣传画册。组织武钢、东航、海信主要负责人在"两会"新闻中心举行网络访谈。指导协调帮助央企妥善处理60余起突发事件。配合研究局组织编写《国有企业热点问题白皮书》，指导中国石油有关单位策划出版和推广《央企真相》，引起广泛积极反响，中央党校已将该书列入干部培训参考读物。起草《国资委突发事件新闻处置办法》，探索建立重点企业负面舆情研判机制。对网络负面舆情进行24小时监测，及时编发《舆情参考》和《舆情快报》。

三是加强培训，提高队伍素质。与国务院新闻办联合举办国有企业新闻发言人培训班，指导帮助20多家央企抓好新闻发言人和宣传负责人培训。召开部分中央企业微博运用研讨会，学习掌握微博传播规律和应对方法。召开部分央企品牌建设研讨会，对如何处理新闻宣传和品牌建设的关系进行重点研讨。启动中央企业新闻宣传工作评价体系软课题研究。

二、深入学习宣传贯彻两办《意见》

将学习贯彻中办、国办转发的《中央宣传部 国务院国资委关于加强和改进新形势下国有及国有控股企业思想政治工作的意见》(厅字〔2010〕10号,以下简称《意见》)列入年度重点工作,积极推进。

一是搞好动员部署,营造舆论氛围。与中宣部联合召开电视电话会议,对学习贯彻《意见》提出明确要求。参加中宣部举办的专题研修班,做好专题辅导工作。召开学习贯彻《意见》座谈会,听取航天科技等20家中央企业思想政治工作进展情况汇报。在国资委网开辟"学习贯彻《意见》"专栏。协调中央主要媒体刊发委领导、航天科工等6家央企负责同志署名解读文章,协调央视"焦点访谈"播出宣传贯彻《意见》专题节目,协调中央主要媒体报道中航工业、宝钢学习贯彻《意见》的经验与做法。2011年12月,结合落实十七届六中全会精神,与中宣部联合召开国有企业社会主义核心价值体系建设经验交流会,王勇主任、中宣部申维辰副部长到会讲话,有力地推进了国有企业社会主义核心价值体系建设工作。

二是开展思想政治工作调研,启动评比表彰工作。赴甘肃、重庆、湖北、广东四省共15家企业调研,形成《关于部分省市国有企业开展思想政治工作情况调研报告》。协调中宣部领导到兵器工业、中航工业等多家在京中央企业调研。启动中央企业思想政治工作先进单位和优秀思想政治工作者评选表彰工作。

三是推进政工职称评审工作。完成2010年度政工职称评审工作。开展2011年度政工职称评审工作的材料审核和初审准备工作。修订《中央企业思想政治工作人员高级专业职务任职资格评定暂行办法》。举办2011年度政工职称评审工作培训班。按照《意见》要求,推动中央企业落实政工人员待遇。

四是指导央企党建政研会及其会刊开展研究和宣传。开展2009—2010年度党建政研会优秀研究成果和单位评审表彰。召开"国有企业思想政治工作基本经验"调研座谈会。举办中央企业党建政研工作业务培训班。指导协调60家企业开展课题研究。指导会刊《企业文明》紧密围绕国资委和中央企业中心工作开展宣传,策划的《给力民生》《国企论纲》等相关专题被新浪网、搜狐网等门户网站全文转载,引起强烈反响。

三、积极推进央企学习型党组织建设,做好"创先争优"活动和十八大代表选举宣传工作

国资委宣传局承担中央企业学习型党组织建设工作协调小组办公室、中央企业创先争优领导小组办公室宣传组的日常工作,同时负责中央企业十八大代表选举宣传工作,做到有条不紊、扎实推进、务求实效。

一是大力推进学习型党组织建设。印发《2011年中央企业学习型党组织建设工作要点》。学习传达中央建设学习型党组织工作经验交流会精神。召开中央企业学习型党组织建设工作经验交流视频会议,总结提炼中央企业加强学习型党组织建设的经验和做法。向中央建设学习型党组织工作协调小组推荐中航工业、中粮集团等企业的经验。协调中央主要新闻单位集中报道兵器工业学习型党组织建设工作的做法。组织学习宣传贯彻胡锦涛同志在建党90周年大会上的重要讲话。编发《简报》30余期。

二是做好创先争优活动和十八大代表选举宣传工作。举办央企创先争优活动先进事迹报告会,宣传推广鞍钢郭明义、国家电网吕清森、中国海油郝振山等先进典型,并组织巡回演讲。筹备中央企业先进精神巡回报告会,宣传航天科技、中国石油、中国中铁、中国铁建等企业的先进精神。宣传海外党建、为民服务创先争优活动中涌现的先进基层党组织和优秀共产党员的事迹。编发《活动简报》113期、《地方国企专刊》15期,专报9期。实现了72家央企创先争优活动专栏网址链接和央企创先争优活动专题链接。从12月开始,配合十八大代表选举工作,做好相关报道,编发简报11期。

四、深入开展企业文化建设和精神文明创建工作

组织学习贯彻十七届六中全会《关于深化文化体制改革 推动社会主义文化大发展大繁荣若干重大问题的决定》(以下简称《决定》)精神,着手研究和起草相关贯彻意见。在推进社会主义核心价值体系建设

的同时，注重通过进一步推进企业文化建设和精神文明创建工作，切实打造中央企业软实力，提升文明程度。

一是积极推进企业文化建设。加大调研力度。对60家中央企业业文化建设情况开展调查研究。到中国移动、南方电网等企业开展员工帮助计划（EAP项目）专题调研。召开中央企业EAP项目交流研讨班，受到企业普遍欢迎。走访北大等知名高校和研究机构的12名企业文化专家，筹建央企企业文化专家库和央企企业文化咨询委，制订相关工作规则。完成企业文化示范单位推荐上报工作，共有93家央企推荐上报118个基层单位参加评选。

二是深入开展精神文明创建工作。草拟和修改完善《中央企业文明单位管理暂行办法》。以文明单位考察推荐为抓手，组织完成第二批全国文明单位复查和第三批全国文明单位推荐考核工作，启动推荐2011年首都文明单位和首都文明标兵申报和考查工作，向中央文明办报送央企第三届全国道德模范建议名单，向首都文明办推荐4名“首都精神文明建设奖”人选，推荐航天科工二院23所史永乐、兵器工业北方车辆所杨玉仙为全国道德模范“助人为乐模范”奖项候选人。以主题活动为载体，推进中央企业精神文明创建工作，组织开展“央企精神家园网上建设”活动、“春节、元宵·我们的节日”活动、关爱农民工志愿服务活动、“修身律己 做文明人”文明短信传递活动、“激情广场——爱国歌曲大家唱”（东方电气篇、鞍钢篇）活动。加强精神文明建设工作研究，完成中央文明办交办的5个精神文明创建工作调研课题任务，报送《关于中央企业丰富农民工精神文化生活专题调研报告》，总结《公民道德建设实施纲要》颁布10年来中央企业公民道德建设情况，提交《中央企业公民道德建设情况报告》。召开央企“文明服务央企先行”经验交流会，命名表彰27家“文明服务示范窗口”，展示央企良好形象。

五、切实加强自身建设

切实加强班子建设，自觉坚持民主集中制，做到集思广益，科学决策；强化“一家人、一盘棋”理念，整合力量，和衷共济、团结协作，保证重点工作的质量和效率；推进学习型组织建设，按照“坚持学习强素质、立足岗位出精品、争创佳绩促发展”的工作思路，努力强化学习、献身事业创先争优；关注干部思想动态，及时化解矛盾，理顺情绪，营造风正、气顺、心齐、劲足的良好局面。

（审稿人：卢卫东　撰稿人：张义豪）

中央企业群众工作

2011年是“十二五”开局之年。在国资委党委和国资委领导的正确领导下，中央企业群众工作在职工队伍建设、援疆援藏扶贫、职工民主管理、创先争优、青年创新创效、军转稳定、统战侨联、女职工等工作上取得新进展，为做强做优中央企业，培育具有国际竞争力的世界一流企业创造和谐发展环境发挥了积极作用。

一、研究提出“十二五”时期中央企业群众工作总体思路

2011年2月25日，在北京组织召开中央企业群众工作会议，提出“十二五”时期中央企业群众工作的总体思路。即实现“两大目标”（建设一流职工队伍、创建和谐发展环境），把握“三个原则”（坚持党的领导与依法依规开展工作相统一、促进企业改革发展与维护职工权益相统一、建立现代企业制度与推进职工民主管理相统一），实施“五项工程”（创新创效、职工素质、职工民主管理、职工关爱、党群共建）。会议总结了中央企业群众工作“五个坚持”的基本经验，即：必须坚持党对群众工作的领导，牢牢把握正确的政治方向；必须坚持围绕中心服务大局，着力推动企业的科学发展；必须坚持依靠职工办好企业，切实维护职工的合法权益；必须坚持正确处理好改革发展稳定的关系，大力促进和谐企业建设；必须坚持强化体制机制建设，不断提高工作的科学化水平。

二、大力实施职工素质工程，切实加强职工队伍建设

（一）积极推进技能人才队伍建设

一是贯彻落实李源潮同志和国资委领导的批示精神，于2011年11月28日在上海宝钢组织召开中央企业职工经济技术创新现场经验交流会，推广宝钢经验，李源潮同志于2011年12月26日作出重要批示："很好。继续努力，创先争优。"二是联合国家外专局举办中央企业项目管理创新技能大赛，共42家中央企业72个代表队参加比赛。三是联合国家外国专家局加大国际化人才队伍的培训力度，共同举办8期国际化人才职业资格认证，组织培训各类专业人才1300余人。四是推动中央企业广泛开展职工技能大赛。共审核完成南方电网、中国海油、中国北车等21家中央企业的技能竞赛备案工作，共有85个工种207名选手申报"中央企业技术能手"称号。五是组织企业高技能人才培训团赴澳大利亚知名企业学习培训，努力借鉴和引进发达国家职业技能评判标准，探索建立中央企业高技能人才与国际行业的对标体系。六是借助社会力量，组织中央企业职工赴德国参加2011年度"嘉克杯"国际焊接技能大赛。中央企业共有7名选手获得三个项目、六个组别的第一名。

（二）扎实抓好班组建设

一是与清华大学联合开展中央企业班组长岗位管理能力资格认证远程培训项目实施。截至2011年底，上网学习的班组长总数达到4万人，其中2011年新增13600余人。在全国31个省、市、自治区83个城市举行首期中央企业班组长岗位管理能力资格认证考试，1万余名班组长参加考试，考试及格率达98%。二是举办班组长岗位管理能力资格认证远程培训（集团公司级）管理员培训班。三是于2011年8月和11月，分别召开中央企业班组建设经验交流会和中央企业班组管理创新经验交流会，进一步促进中央企业间交流。

（三）组织开展评选表彰及中央企业劳模培训和疗休养活动

一是于2011年6月，协调人力资源社会保障部，授予中国海洋石油总公司在建成"海上大庆油田"中作出突出贡献的10名职工"中央企业劳动模范"称号，授予在工作中取得优异成绩的5个基层单位"中央企业先进集体"称号。二是表彰奖励2010年度中央企业职工技能大赛优秀选手、优秀组织单位、先进单位和优秀工作者。三是举办两期中央企业劳动模范培训及疗休养活动。长期在艰苦地区、一线岗位工作的117名中央企业劳动模范参加活动。通过专题讲座、座谈交流、实地参观、身体检查等多种活动，增强了劳模的荣誉感，激发了劳模努力工作、再立新功的积极性，进一步调动了中央企业广大职工的积极性和创造性。四是联合国家公务员管理局深入中央企业基层，对中央企业劳模管理状况进行调研，并走访一线劳模。五是发放劳模慰问金68万元（全国总工会下拨），涉及70家中央企业的252名全国劳动模范。

三、扎实做好中央企业援疆援藏扶贫工作

（一）大力推进中央企业援疆工作

一是于2011年6月2日组织召开中央企业学习贯彻第二次全国对口支援新疆工作会议精神会议，全面总结中央企业"十一五"时期援疆工作，对2011年和"十二五"时期中央企业援疆工作作出全面部署。二是国资委和新疆自治区政府、新疆生产建设兵团于2011年8月20日共同召开中央企业产业援疆推介会。国资委和新疆自治区政府、新疆生产建设兵团分别签订《援疆工作合作备忘录》。33家中央企业与自治区政府、兵团及其有关单位签订88个投资合作协议，包括253个具体项目，签约项目计划投资总额7154.22亿元，根据项目需要，计划投资总额截至2011年底已追加到10510亿元。2011年，中央企业在疆完成投资1113亿元，比2010年增长33%。三是按照周永康同志的批示要求，对中央企业参与援疆建设工作情况进行全面调查统计和梳理，形成《关于中央企业参与援疆建设工作情况的报告》，于2012年10月25日专报给周永康同志。国资委和中央企业援疆工

作得到中央领导同志的充分肯定，周永康同志于2011年8月30日、10月27日两次作出重要批示，充分肯定了国资委和中央企业援疆工作取得的成绩，并寄予殷切期望。

(二)积极开展中央企业援藏工作

一是鼓励支持、指导推动中央企业与西藏密切开展经济技术合作交流，大力支持和积极参与西藏经济社会建设，鼓励中央企业加大对西藏建设项目的投入。截至2011年底，有15家中央企业与西藏自治区政府签订各类战略合作协议，2011年完成投资120.68亿元。二是切实做好对口援藏援青工作。2011年，有16家中央企业承担对口援藏任务，有13家中央企业承担对口援青任务。通过督导、推动，2011年，有关中央企业累计开展对口援藏项目139个，投入对口援藏资金2.84亿元；开展对口援青项目18项，投入对口援青资金4260万元。三是组织承担对口援藏、对口援青任务的22家中央企业于2011年7月20日参加中央在庆祝西藏和平解放60周年活动期间安排召开的对口支援西藏青海工作座谈会。贾庆林同志于2011年9月23日作出重要批示，对中央企业"十一五"时期对口援藏工作取得的显著成效给予充分肯定。

(三)稳步开展中央企业定点扶贫工作

一是对中央企业"十一五"时期定点扶贫工作进行全面总结。2011年11月29日，中央扶贫开发工作会议在北京召开，王勇同志作了发言，向中央领导同志报告中央企业"十一五"时期定点扶贫工作情况，对下一步中央企业扶贫工作作出安排。二是针对新阶段(2011—2020年)扶贫开发工作的新形势、新任务、新要求，对中央企业定点扶贫工作进行认真研究，起草《关于进一步做好国资委和中央企业定点扶贫工作的建议》并得到国资委领导批准，明确了国资委和中央企业在新阶段扶贫工作有关重要事项。三是积极参与新时期国家确定的14个集中连片特困地区扶贫工作。

四、积极推进企业民主管理，推动企业基层民主政治建设

一是按照全国厂务公开协调领导小组办公室的统一安排，开展厂务公开民主管理工作指导检查活动。二是对中央企业职代会制度建设状况进行调研。截至2011年底，117户中央企业中已有88户建立集团工会或工会工作委员会，约占企业总数的75.2%；已建集团职代会的79家，未建的38家，建制率67.5%。三是对中国铝业等未建立集团公司级职代会的企业进行专门沟通督导。四是参与中央企业董事会评价工作。2011年，建立规范董事会的42户国有独资企业中，有24户设立职工董事。2011年，对23户企业董事会年度总体运行情况，以及与职工董事履职效果相关的职代会建设、工会组织建设等状况进行认真核实和分析研究，并对加强试点企业董事会建设提出建议。五是按照巡视组的要求，2011年就18家中央企业的职代会建设和工会组织建设情况进行专门调研。六是积极推进工会组织建设，指导企业做好集团公司级工会换届工作。2011年，共有21家中央企业集团公司一级工会完成选举换届工作。举办中央企业工会主席培训班，72家企业124名工会干部参加培训。选派人员参加全国总工会在井冈山举办的全国厂务公开民主管理培训班。

五、做好中央企业统战、侨务工作

(一)中央企业统战"两支队伍"建设扎实推进

一是中央企业党外干部挂职和党外干部举荐工作取得显著成效。完成第一批21名中央企业党外挂职干部的考察鉴定和总结工作。召开2次中央企业党外挂职干部座谈会，深入总结挂职工作的经验和做法，编辑完成第一批党外干部挂职锻炼工作总结材料汇编，同时启动第二批19名党外干部选派工作，于2011年8月全部上岗。举办中央企业党外挂职干部迎春联谊会，组建2个党外干部学习联谊小组。协助中央统战部选派中国联通股份公司副总裁张范作为全国第一批10人党外挂职干部赴甘肃嘉峪关市挂职副市长，成为中央企业高级党外干部到西北省市挂职锻炼的第一人。先后三次向中央统战部、北京市委统战部推荐干部参加党外人士相关活动。二是中央企业党外干部培训工作取得突出成效。2011年9月1日至10日，国资委党委与中央统战部、中央社会主义

学院联合举办第九期中央企业党外干部理论研究班，来自全国各地的52名中央企业二级以上副职领导和高级专业技术人才参加培训。为调整充实中央企业党外重点人物库、促进党外干部举荐工作打下良好基础。三是举办首期中央企业统战部长培训班。2011年10月，国资委党委和中央统战部联合举办首期统战部长培训班，共有来自30家中央企业的统战工作负责人参加培训。

（二）中央企业统战工作总结调研取得扎实成效

2011年下半年，国资委党委与中央统战部联合开展国有企业统战工作总结暨“爱企业、献良策、做贡献”主题活动调研工作，全面总结近年来国有企业统战工作以及组织动员广大统战人士参与“爱企业、献良策、做贡献”主题活动、为企业改革发展和科技创新做贡献的经验做法，推动国有企业统战工作和“爱企业、献良策、做贡献”主题活动创新，努力提升国有企业统战工作水平。截至2011年底，中央企业上报统战工作总结调研材料和统战工作情况统计表、党外代表人士登记表共1000余份，为做好中央企业党外干部举荐和进一步建立充实完善中央企业统战工作数据库提供最新数据。

（三）加强党建带侨建、促进党群共建取得重要成果

以迎接建党90周年为契机，积极组织侨界群众开展庆祝建党90周年活动，组织召开中央企业侨联二届四次常委扩大会议。在侨联系统开展创先争优评选表彰活动，10个中央企业侨联先进基层组织、34名中央企业优秀归侨侨眷、10名中央企业优秀侨务工作者以及10名中央企业“侨之友”受到表彰。

（四）利用重大节假日开展走访慰问活动

在“两节”期间代表国资委党委走访慰问中央企业侨界重点人士屠善澄、党外重点人士张范等一批统战人士，在元旦、春节、中秋、国庆分别召开中央企业各界代表人士联谊（茶话）会，加强国资委党委与中央企业党外代表人士的联系，密切党群关系。

六、做好共青团和青年工作

一是组织召开首次中央企业青年工作会议和中央企业青联三届一次全委会，研究部署2011年及“十二五”时期的中央企业青年工作，修改中央企业青年联合会工作细则，选举产生青联新一届领导班子。二是广泛开展青年思想引导工作。开展中央企业青年思想状况调研，下发13万份调查问卷，进行上千次深入访谈，形成高质量的调研报告。开展“我与祖国共奋进”形势政策教育和“学党史、知党情、跟党走”主题教育活动共6003场，覆盖青年762333人次。运用多种媒体和工具加强青年思想引导。指导12户企业形成《青年引导手册》，在青年网发布各类信息8842条，在微博上开展“‘七一’党团话成长”活动，创作央企青年之歌——《青春央企》。三是围绕中心，深入推进创新创效和志愿服务活动。修订《关于进一步深化中央企业青年创新创效活动的意见》，由国资委、团中央联合印发文件，进一步推动了创新创效活动的深入开展。组织开展共青团关爱农民工子女志愿服务活动，共有11586名青年志愿者参与活动，服务农民工子女18968人，新增结对学校454所。截至2011年底，已与农民工子女结对逾20万对，参与的志愿者10万余人。四是加强自身建设，进一步完善组织网络和制度规范。贯彻落实《关于加强新形势下基层党建带团建工作的意见》，推动6户企业成立系统团委，7户企业筹建系统团委，配合企业党组织调整任命企业集团级团委负责人39人次。建立换届选举等8个组织工作流程，指导18户企业规范设置团组织。制订《中央企业团委负责人管理办法（试行）》，以国资委党委文件印发。建立团工委委员集体学习制度，组织4次中央企业团工委委员集体学习。举办第二期中央企业基层优秀团干部培训班和2011年度中央企业集团级团委书记培训班。编印《制度汇编》《青春印迹》《行动学习》等三本共青团和青年工作学习培训丛书，下发视频教学片《典型案例》。五是打造品牌，扎实做好央企青联工作。中央企业青联推动9户企业成立青联组织，进一步延伸了青年工作手臂。从增进共同理想信念、推进企业改革发展、服务青年成长进步、履行企业社会责任四个方面开展10期“行动学习”活动，覆盖

青联委员451人次。承办第五期"共创新世界"香港大学生暑期实习活动,选拔6所香港著名大学的35名学生赴10户央企实习。

七、做好党群共建创先争优工作

中央企业创先争优活动领导小组办公室群工组(央企共青团创先办)以抓好中央企业共青团创先争优活动为重点,推动指导总结工会、女职工层面的创先争优经验,把党群共建创先争优活动与各项群众工作有机结合起来。

一是先后三次召开中央企业党群共建创先争优经验交流会。总结经验、部署任务、推动工作。7820个群众组织组建创先争优活动领导机构,10398个群众组织下发创先争优活动实施意见。二是广泛开展评先表彰工作。开展中央企业党建带团建工作先进单位评选,表彰135个先进单位。开展央企青年五四奖章评选,表彰100名奖章获得者。开展五四评选表彰活动,表彰各类先进集体793个,各类先进个人975名。开展大运会保障、利比亚撤离、玉树地震灾后重建等三项重大工程、重大事件的先进评选,表彰35个先进青年集体和71个先进青年个人。开展央企优秀青联委员的评选,表彰100名优秀个人。三是深入开展创先争优调研指导。中央企业团工委建立活动领导小组成员联系点制度,到基层联系点调研督导40余次。先后到50多户央企进行党群共建创先争优活动专项调研,到2户企业进行为民服务创先争优工作检查。四是大力加强创先争优的宣传引导。在中央企业青年网设立共青团创先争优活动专题网页,刊登信息400余条。编写中央企业党群共建创先争优专刊10期(被采用7期);编发中央企业共青团创先争优简报79期,其中3期被团中央采用。五是举办窗口单位服务行业中央企业为民服务创先争优班组长培训班,120名基层班组长参加培训。

八、做好军转干部解困稳定工作

在敏感期间分别印发《关于认真做好2011年春节和"两会"期间部分企业军转干部解困和稳定工作的通知》和《关于认真做好"八一"期间部分企业军转干部解困和稳定工作的通知》,一年中四次召集军转干部人数较多、军转稳定工作中曾经存在问题的重点企业开会,听取企业情况介绍,对做好敏感期间军转稳定工作进行动员、部署和工作落实。2011年12月29日召开中央企业军队退役人员稳定工作会议,93家在京中央企业部门负责人参加会议。配合全国军转稳定和信访督查工作,印发《关于开展中央企业军队退役人员相关政策落实情况自查工作的通知》,进一步摸清底数,了解情况。截至2011年底,中央企业共有军队退役人员101.3万人。

九、做好女职工工作

一是围绕做强做优中央企业的目标,在中央企业女职工中开展"巾帼创新业、建功十二五"活动,进一步动员广大女职工在本职岗位上争先进、在日常工作中创优秀。二是按照全国创先争优领导小组、全国妇联关于在窗口单位、服务行业开展为民服务创先争优活动的要求,组织23家窗口单位、服务行业中央企业女职工开展"服务创一流,巾帼采风采"活动。三是积极向有关部委推荐表彰优秀女职工集体和个人。2011年"三八"节前夕,中央企业系统30个集体和17名个人受到全国妇联的表彰,其中全国三八红旗集体7个,十佳全国巾帼文明岗1个,全国巾帼文明岗22个,全国三八红旗手6名,全国巾帼建功标兵8名,全国巾帼建功活动先进工作者3名。组织中央企业女职工参加全国妇联中国妇女报社组织的第二届全国妇女书画摄影大赛。

(审稿人:谢　俊　撰稿人:刘瑞生)

中央企业纪检监察工作

2011年,国资委、国资委党委和中央企业认真贯彻落实十七届中央纪委第六次全会和国务院第四次廉政工作会议精神,把反腐倡廉建设融入国资监管和中央企业改革发展,严格执行党风廉政建设责任制,坚持改革创新，深入推进惩防体系建设，着力解决职工群众反映强烈的突出问题，各项工作取得新成效。

一、开展监督检查，促进了党中央、国务院重大决策部署的贯彻落实

一是开展加快转变经济发展方式监督检查。按照中央要求和国资委党委部署，以促进中央企业全面实施转型升级、科技创新、国际化经营、人才强企、和谐发展五大战略为目标。国资委对中央企业非主业投资情况进行检查，对16家企业资本预算执行情况、15家企业转方式情况进行抽查，对6家企业境外国有资产开展监督试点，对12个高铁在建项目进行专项督查，对13家发生安全责任事故的企业进行严肃处理。中央企业共开展检查17.4万余项，发现问题3.6万个，整改纠正3.2万个。中国华电、中国电信、中国中铁、中国铁建等将检查任务分解落实到职能部门，形成联合检查格局；神华集团、中远集团、中国化学工程、中材集团等重点对境外资产项目开展检查；许多企业组织自查自纠"回头看"，促进整改落实。

二是对五项制度执行情况进行综合检查。国资委组织中央企业对党风廉政建设责任制、《中国共产党党员领导干部廉洁从政若干准则》《国有企业领导人员廉洁从业若干规定》（以下简称《廉洁从业若干规定》）、"三重一大"决策制度以及《关于加强和改进中央企业和中央金融机构纪检监察组织建设的若干意见》（中纪发〔2010〕12号，以下简称12号文件）等五项制度贯彻执行情况开展自查，派出5个检查组抽查14家企业，提出整改建议42条，督促企业提高五项制度执行力。中国联通、中国建材、中国航信等组织抽查二、三级企业，兵器工业集团、中国有色集团、新兴际华集团、电信科研院、冶金地质总局等结合实际，丰富检查内容，认真整改落实，取得积极成效。

三是扎实推进效能监察工作。国资委印发《中央企业2011年效能监察工作指导意见》。中央企业按照国资委要求，针对企业管理的薄弱环节，深入开展效能监察。中国电子、中航集团、中化集团、中粮集团、国投、诚通集团、中国南车、中国黄金对重大项目、制度审核、商务管理、工资总额、非公开招标采购、合同管理等进行效能监察。中国二重加强效能监察网络建设，改进监察方式。2011年，中央企业效能监察共立项1.6万个，挽回经济损失33.7亿元，节约资金108.5亿元；提出监察建议4.4万条，做出监察决定3050个，整章建制2万多项，促进了企业科学化、规范化管理。

四是加强对企业领导人员的审计监督。国资委认真贯彻《党政主要领导干部和国有企业领导人员经济责任审计规定》，改革经济责任审计工作方式，形成多个业务厅局共同组织实施的联动机制，坚持离任审计与任中审计相结合、合规审计与效益风险审计相结合，对16家企业进行经济责任审计，督促有关单位制定整改措施。各中央企业对子企业普遍开展经济责任审计，中国海油整合审计资源，提高审计质量；中国海运全年开展经济责任审计41项，强化对领导人员的经济责任审计监督。

二、密切党群干群关系，领导人员作风建设进一步加强

一是促进企业领导人员转变工作作风。围绕"以人为本，执政为民"开展研讨，加强作风建设。多数企业领导班子认真贯彻执行民主集中制，完善职代会民主评议制度，自觉接受民主评议，强化了民主作风。一些企业不断创新和完善选人用人机制，严肃纠正用人上的不正之风。宝钢建立组织人事、纪检监察和审计相结合的领导人员任用管理办法，东航集团加强对选人用人的监督，纪委全面参与干部考核。

二是切实维护职工合法权益。中央企业认真落实国家有关政策，积极化解信访积案，重点解决厂办大集体、内退职工、协解人员、复转军人、企业退休教师待遇、职工社保等历史遗留问题。中国石化、一汽集团、东方电气、原攀钢、原葛洲坝集团等5家企业所属632家厂办大集体改革工作基本完成，分流安置职工8.9万人，改革总成本68亿元；中国石化还推进部分生活困难的协解人员再就业，对特别困难人员给予生活资助，维护了企业和谐稳定。中央企业高度重视农民工工作，完善相关制度，确保按时足额发放工资，改善生活条件，加强技能培训，鼓励参与企业管理，农

民工合法权益得到有效维护，密切了党群干群关系。

三、坚持惩防并举，惩防体系建设不断完善

国资委党委严格执行党风廉政建设责任制，全年召开15次会议研究反腐倡廉工作，在中央企业负责人会议、全国国资监管工作会议上提出要求，在中央企业反腐倡廉建设工作会议上部署任务，召开国资委第18次党风廉政建设和反腐败工作联席会议进行分工。主要领导切实履行第一责任人职责，党委委员认真履行分管责任，机关厅局各负其责，积极落实中央和国务院部署的8项牵头任务，4名委领导分别带队抽查10家企业惩防体系建设情况并督促整改。各中央企业签订党风廉政建设责任书30万份，对7万多家所属企业进行责任制考核，1933人因落实责任制不力被减扣薪酬，676人受到纪律处分，保证了惩防体系建设各项任务的完成。

一是以廉洁文化建设为重点，加强反腐倡廉教育。国资委印发《关于推进中央企业廉洁文化建设的指导意见》《国资委党委关于加强中央企业领导人员反腐倡廉教育的意见》，宣传推广中央企业101篇廉洁文化建设典型经验，开展"坚持中国特色反腐倡廉道路"等理论征文活动，结合"六五"普法工作，大力加强合规文化建设，增强反腐倡廉教育的针对性和有效性。南航集团制定廉洁文化建设实施意见，中国建筑推进廉洁文化建设标准化、常态化，兵器装备集团、中国三峡集团组织廉洁文化理念大讨论，中核集团对所属企业主要负责人进行廉洁从业专题培训，南方电网开展"以人为本强作风、廉洁从业守规矩"纪律教育月活动。2011年，中央企业开展廉洁从业宣传教育5万多场次，营造了以廉为荣、以贪为耻的良好氛围。

二是以廉洁风险防控为切入点，规范企业权力运行。中央纪委、监察部和国资委联合召开强化廉洁风险防控、加快推进国有企业惩防体系建设座谈会，总结交流实践经验，科学评估企业廉洁风险，研究制定风险防控措施。国资委召开惩防体系建设视频会，组织中央企业和地方国资委纪委组成8个组，分别召开廉洁风险防控专题座谈会，交流推广84篇典型经验材料，推动企业廉洁风险防控工作深入开展。完成2013－2017年中央企业惩防体系建设工作规划调研报告，完成《中央企业惩治和预防腐败体系的构建和运行研究》课题研究，初步建立具有中央企业特点的惩防体系"六、五、四、三"基本框架和运行保障机制。中航工业、国家电网、中国大唐、中国电力、鞍钢、武钢、中国商飞、中煤集团、中国化工、中国普天、中国外运长航等坚持把廉洁风险防控融入经营管理，有效规范权力运行，取得从源头上预防和治理腐败新成效。

三是以完善体制机制制度为保障，加大从源头上防治腐败力度。国资委积极推进公司制股份制改革和规范董事会试点工作，43家中央企业实现主营业务整体上市，42家建设规范董事会，监督制约机制不断健全，治理结构进一步完善。全面推进风险管理，中央企业法律风险防范机制不断增强。出台中央企业贯彻落实《廉洁从业若干规定》实施办法、企业负责人职务消费、对外捐赠、上市公司国有股东内幕信息管理等规章制度，发布反腐倡廉规范性文件29个，清理防止利益冲突制度18项，审核50多家企业"三重一大"决策制度实施办法；中央企业建立廉洁从业制度6469项，76家企业制定领导人员问责制度，反腐倡廉制度体系不断完善。

四是以查办违纪违法案件为手段，进一步发挥治本功能。2011年，国资委完善办案制度，规范办案程序，强化监督管理和统计分析，探索与司法机关、行政执法机关和金融监管等部门的协调配合机制，查办一批重大违纪违法案件；中央企业办案力度进一步加大，依纪依法、安全文明办案水平不断提高；探索"集体腐败"等案件新特点，不断把握案件规律；注重通过惩处腐败分子起到震慑和教育预防作用，开展警示教育4万场次，200多万人参加。中船集团、中国五矿等发挥办案治本功能，形成有效防治腐败的体制机制。

四、开展专项治理，一些职工群众反映强烈的突出问题得到纠正

2011年，国资委和中央企业按照中央统一部署，扎实开展专项治理工作，取得积极成效。工程建设领域突出问题专项治理方面，加大对工程监理、招标投标、质量安全、合同管理等环节的治理力度，积极推进项目信息公开和诚信体系建设，初步建立工程治理长效机制。航天科工、中国华能检查重大项目决策执行

情况，中核建设集团、国家核电对在建工程开展安全检查，中船重工等企业建立了合格供应商信息库和黑名单制度。治理商业贿赂方面，重点研究防范国际化经营中商业贿赂问题，积极推进境外国有资产监管，出台境外国有资产监管和产权管理暂行办法，防范国际化经营风险。清理和规范庆典、研讨会、论坛活动方面，制定实施方案，督促企业严格履行审批程序，严格控制庆典活动。公务用车问题专项治理方面，制定出台《中央企业负责人公务用车管理暂行规定》，规范企业用车管理。中国北车开展公务用车摸底调查，中冶集团清理公车私用问题，严格控制非生产性用车数量。

着力解决企业领导人员廉洁从业方面的突出问题。国资委对135名领导人员进行任职廉洁谈话。中央企业集团领导班子成员全部向国资委报告个人事项，70家企业581名领导班子成员向党员职工述职述廉，54万名各级领导人员进行廉洁承诺，纠正了一些违规兼职取酬、投资持股、职务消费问题。航天科技、通用技术集团等落实廉洁谈话制度，中国电科清理规范领导人员收入，东风公司对领导人员为近亲属及其特定关系人谋取利益问题进行专项治理。

五、加强组织建设，纪检监察干部队伍素质进一步提高

国资委党委认真贯彻落实中央纪委、中央组织部、监察部、国资委制定的12号文件，印发《关于加强和改进中央企业纪检监察组织建设的通知》，召开中央企业负责人视频会议，交流经验，提出工作要求，并对15家企业贯彻执行情况进行抽查；分4批组织64家企业召开座谈会，进一步推动纪检监察组织建设。截至2011年底，117家中央企业的纪检、监察机构分别增加10%和14.5%，人员编制增加16%。在推进组织建设的同时，中央企业注重加强纪检监察干部队伍思想政治素质和业务能力建设，近17万人次参加理论学习和业务培训。中国石油纪检组监察局、中国华电纪检组监察部被授予全国纪检监察系统先进集体称号，罗青春、李胜超被授予先进工作者称号，甘和全等6人荣获优秀纪检监察干部嘉奖。

（审稿人：阮国平　撰稿人：林　虎）

国资委对中央企业开展巡视工作情况

2011年，根据中央巡视工作领导小组的部署和要求，在国资委党委、国资委巡视工作领导小组的坚强领导下，在中央巡视工作领导小组办公室大力指导和国资委有关厅局支持帮助下，国资委巡视组和巡视工作领导小组办公室认真落实王勇同志关于巡视工作要"健全机构、完善制度、增强实效"的要求，边组建、边工作，着力加强组织建设和制度建设，着力推进成果运用，扎实开展对中央企业的巡视，各项工作取得新的进展。

一、认真贯彻落实贺国强同志重要讲话精神

（一）国资委党委提出贯彻落实要求

2011年9月26日，王勇同志主持召开国资委党委会议，认真传达学习贺国强同志在部分中央部门和企业、金融机构巡视工作座谈会上的重要讲话精神，对贯彻落实会议精神提出明确要求。一是进一步提高思想认识。国资委党委和巡视机构、各业务厅局、监事会要认真组织学习，并督促指导中央企业抓好贯彻落实，切实把思想统一到贺国强同志重要讲话精神上来，增强做好巡视工作的责任感和使命感。二是紧密结合国有资产监管实际做好巡视工作。进一步明确国资委巡视工作的职责任务和重点内容，准确定位，突出重点，增强针对性和实效性。要遵循企业发展规律，探索创新方式方法，提高巡视工作围绕中心、服务大局，了解真实情况、发现突出问题的能力，推动企业加强领导班子建设，改进经营管理，保证党的路线方针政策和中央重大决策部署以及国资委各项要求的贯彻落实。三是加强制度建设，完善巡视工作机制。在已有6项巡视工作制度基础上，细化和完善工作程序。建立健全巡视机构与业务厅局、监事会及中

央企业协作机制，提高巡视成果运用能力和水平，增强巡视监督综合效应。四是加强巡视机构组织建设。按照中央机构编制委员会办公室批复的要求，健全巡视机构，选好配强巡视干部，严明政治纪律、组织纪律、保密纪律和工作纪律，加强对巡视干部的管理。

（二）国资委巡视机构抓好贯彻落实工作

按照王勇同志要求，2011 年 9 月 23 日，国资委巡视工作领导小组办公室组织召开巡视机构全体人员会议，学习传达贺国强同志重要讲话精神。强卫东同志从进一步增强做好巡视工作的责任心和使命感、准确把握对中央企业开展巡视工作的定位、切实形成资源共享和协调配合的整体监督合力、强化成果运用、不断提高巡视干部队伍综合素质和业务能力，以及当前要抓紧做好的工作等五个方面，明确提出贯彻落实的要求。同时，国资委巡视工作领导小组办公室向中央企业印发《关于认真贯彻贺国强同志在部分中央部门和企业、金融机构巡视工作座谈会上重要讲话精神的通知》，督促指导企业切实抓好传达学习和贯彻落实工作。参加会议的 41 户中央企业党委（党组）高度重视，认真组织学习会议精神，表示要结合企业实际，进一步完善巡视工作领导体制，加强巡视工作制度建设，规范运行机制。

二、扎实开展对中央企业的巡视工作

（一）巡视工作进展情况

2011 年，国资委对中央企业巡视工作力度进一步加大。2011 年 3 月，完成第三批对中国核工业建设集团公司、中国国旅集团有限公司、中国农业发展集团有限公司等 3 户中央企业巡视的后续工作。2011 年 4 月至 10 月完成第四批对国家核电技术有限公司、中国外运长航集团有限公司、中国广东核电集团有限公司、中国国际工程咨询公司等 4 户中央企业的巡视工作。2011 年 11 月，国资委 6 个巡视组分别进驻中国节能环保集团公司、哈尔滨电气集团公司、北京矿冶研究总院、中国轻工集团公司、中国建筑科学研究院、中国华录集团有限公司等 6 户中央企业，开展第五批巡视工作。2011 年 12 月底，国资委 6 个巡视组完成在企业的实地巡视工作。

（二）发现企业存在的突出问题

通过巡视，了解掌握了被巡视企业大量真实情况，以及一些影响企业改革发展的突出问题。一是核电建设工程存在安全隐患等。二是集团公司管控能力有待提高。如有的企业管理链条多达 7 级，集团纳入决算报表范围的企业多达 745 户；有的财务管理较弱，存在下级单位设立银行账户审批不规范、清理银行账户不及时、灰色收入现象未完全杜绝等问题。三是执行“三重一大”决策程序不够规范。如有的企业未向国资委报批，以资金管理公司名义购买林地，违背了重大项目投资决策程序，并投资非主业项目。四是部分基层企业党建工作比较薄弱。如有的基层企业党组织生活不够规范以及新建企业没有同步建立党组织。有的企业党委对部分基层企业党组织缺乏有效管理，基层企业廉洁从业教育和反腐倡廉制度建设还有待加强。

三、加强巡视成果运用工作

一是会同巡视组督促被巡视企业做好巡视整改工作。认真审核巡视报告和巡视反馈意见，准确把握问题和建议，注重巡视整改工作的针对性和可操作性。协助巡视组做好对被巡视企业整改方案的审核和批复工作。二是做好巡视组建议事项的移送工作。将巡视组向国资委提出的建议进行分解，根据职能分工，分别移交有关厅局办理。三是做好巡视整改日常联络和督促工作。及时了解掌握企业整改工作进展情况，帮助企业解决整改工作中遇到的困难和问题。加强与委内厅局的联系，了解移交事项办理进展情况。四是认真落实中央巡视工作领导小组办公室移交事项的办理工作。对中央巡视工作领导小组办公室移交的有关事项及时进行分解，报经国资委巡视工作领导小组批准后，分别移送改革局、改组局、综合局、纪委办理落实。国资委已建立由巡视工作领导小组办公室牵头、巡视组审定企业整改方案、被巡视企业抓好对发现问题的整改、业务厅局和监事会对巡视组建议逐项研究、共同推进巡视成果运用的工作机制。通过强化成果运用，有力地促进了企业领导班子建设，推动解决了影响企业发展的突出问题。

四、研究制定巡视工作制度

（一）加强巡视工作调研

一是对中央企业开展内部巡视工作情况进行摸底调查，全面了解有关情况及工作中遇到的问题。截至2011年底，已有40多家中央企业开展内部巡视。二是加强对有关问题的研究。先后3次组织召开部分中央企业巡视工作座谈会，强卫东同志亲自听取企业巡视工作情况汇报，共同研究工作中遇到的重大问题，对进一步做好中央企业巡视工作作出重要指示。三是组织国资委巡视组和部分中央企业开展调研，对巡视工作有关重点难点问题进行深入研究，起草并向中央巡视工作领导小组办公室报送《关于开展巡视工作问卷调研情况的报告》。

（二）制定巡视工作制度

结合国有资产监管和中央企业改革发展实际，认真总结国资委两年多来开展巡视工作的有效做法，广泛听取中央巡视工作领导小组办公室、中央纪委法规室以及国资委巡视组意见，研究起草《国资委党委巡视工作暂行办法》《国资委巡视工作领导小组工作规则（试行）》《国资委巡视工作领导小组办公室工作规则（试行）》《国资委巡视组工作规则（试行）》《关于被巡视中央企业配合国资委巡视组开展巡视工作的规定（试行）》《国资委巡视组信访工作办法（试行）》等6项制度规定，经国资委党委审议通过后正式印发。巡视工作6项制度的发布实施，进一步明确了国资委巡视组、巡视工作领导小组办公室以及被巡视中央企业的工作职责和要求，确保国资委对中央企业的巡视工作规范有序运行。

五、加强巡视干部队伍建设

一是配合有关部门加强巡视机构队伍建设。认真落实中央机构编制委员会办公室《关于成立国务院国有资产监督管理委员会巡视工作领导小组办公室有关事宜的批复》（中央编办复字〔2010〕331号）精神，积极配合人事局做好巡视机构干部配备工作。2011年，国资委巡视组队伍不断壮大，由年初的3个巡视组发展到6个巡视组。二是加强巡视干部学习培训。2011年3月和9月，先后两次组织国资委巡视机构干部参加中央巡视工作领导小组办公室举办的巡视干部培训班，2011年第四季度，分批组织国资委巡视机构干部参加国资委直属机关党委组织的冬训班，着力提高巡视机构干部政治素质和业务能力。三是加强对巡视干部的教育、管理和监督。根据国资委巡视工作领导小组指示，国资委巡视工作领导小组办公室将中央巡视工作领导小组办公室印发的《关于在巡视中严格遵守有关纪律的通知》（中巡办〔2011〕210号）及时传达到国资委巡视组每位同志，要求严格执行，切实抓好贯彻落实。

六、加强对中央企业开展内部巡视工作的指导

一是协助中央巡视工作领导小组办公室研究制定中央企业巡视工作指导意见。二是选派国资委巡视组组长、副组长赴中央企业授课，从巡视工作内容、方式方法等方面，加强对中央企业开展内部巡视工作的指导。三是运用网络和刊物开展指导。在国资委外网建立巡视工作领导小组办公室子站，创建《国资委巡视工作》刊物，及时发布有关领导关于巡视工作重要讲话，收集编印中央关于巡视工作重要信息，推广中央企业内部巡视工作的做法和经验，促进中央企业巡视工作的交流。四是做好日常指导服务工作。加强与中央企业的日常联系，帮助中央企业解决巡视工作中遇到的困难和问题。

（审稿人：李春德　撰稿人：叶兴旺、曹　凯）

2012

CHINA'S STATE-OWNED ASSETS SUPERVISION AND ADMINISTRATION YEARBOOK

中 国 国 有 资 产 监 督 管 理 年 鉴

各省(区、市)国有资产监督管理概况

第三篇

北京市

一、北京市国有资产监督管理工作综述

2011年,在北京市委市政府的正确领导下,北京市国资委系统加快转变国有经济发展方式,深入推进国有企业改革调整,大力加强国有资产监督管理,不断创新国有企业党的建设,各项工作取得了积极的进展。

(一)加快转变发展方式,市属国有经济质量效益明显提升

经济效益稳步增长。截至2011年12月31日,市属企业资产总额19216亿元,同比增长15.6%;负债总额12984亿元,同比增长19.9%;所有者权益总额6232亿元,同比增长7.6%;营业收入7935亿元,同比增长17.0%,累计实现利润总额首次突破300亿元大关,达到387亿元,同比增长33.2%。上交税金总额468亿元,同比增长27.9%;职工人均工资5.6万元,同比增长16.7%。国有资本保值增值率103.2%,同比提高0.9个百分点。市属国有企业各项指标创出历史新高,实现“十二五”良好开局。

产业结构不断优化。北汽集团着力加强自主品牌轿车和新能源汽车的研发生产,产业发展逐渐向高端延伸,收入和利润增幅居国内五大汽车集团之首;祥龙公司主动应对政策调控影响,积极调整经营结构和产品结构,收入、利润实现同比较快增长,市场占有率进一步提高。京能集团大力发展新能源产业,清洁能源装机达325万千瓦,电力能源结构持续优化。首钢总公司加快建设“中国动漫游戏城”,电子控股成功举办“798艺术节”,国资公司与纺织控股合作打造“莱锦文化创意产业园”,推动了金融与文化的融合发展。

企业管理效益不断提升。市属国有企业积极创新管理手段,努力提升管理水平,企业管理效益逐步显现。首旅集团提高集团化管理水平,加强以资金归集等管理平台建设,节约资金成本4000余万元。京能集团、北汽集团组建财务公司,推动内部资金集中调配管理。市政路桥集团及时回收应收账款17亿元,资金使用效率进一步提高。住总集团积极推广综合信息管理系统,集团信息化应用获中国企业信息化卓越实践奖。

创新发展能力不断增强。召开全系统企业管理现代化创新成果发布会,4项国企管理创新成果获国家创新成果称号。一轻控股、二商集团等企业加强创新体制机制建设,成立研究院、研发中心等专门机构,自主创新能力不断增强。京城机电深入实施科研与产业对接战略,投入1.14亿元支持研发,形成了一批新产品、新技术。首农集团承担20余项重大科技项目,现代奶牛生产技术体系入选“十一五”国家重大科技成就展,企业品牌影响力不断提升。

(二)服务首都经济社会发展,国有企业功能作用进一步增强

提升城市承载和保障能力。京投公司、轨道交通、公交集团、地铁公司等企业加大交通设施投资建设力度,优化运营线路,公交出行比例达到42%,3条地铁新线路开通试运营,通车总里程达372公里。自来水集团、排水集团加快管网建设,热力集团、环卫集团提高公共服务质量,综合保障能力稳步提升。京粮集团、二商集团、首农集团等企业全力保障生活日用品供应,为首都物价稳定作出了积极贡献。

推进民生工程建设。按照市委市政府要求,组建了保障性住房建设投资中心和南水北调工程投资中心,国管中心融资100亿元支持保障性住房建设,市属企业保障房开工面积达707万平方米,占全市保障房开工面积的29%。建工集团、城建集团、住总集团、市政路桥集团4家企业完成玉树援建工程任务量的92%,实现预定的援建工作目标。公交集团、首旅集团等30多家国有企业分别参与“西保改”工程和“629”工程,为完成国家和北京市重点工程作出了突出贡献。

积极构建金融服务支撑体系。北京银行推出“创意贷”系列产品,累计发放贷款270余亿元,支持首都文化创意产业发展。华夏银行与保障性住房建设投资中心签署了战略合作协议,授信100亿元支持保障

房建设。北京农商银行加大涉农资金扶持力度，累计投放贷款160亿元，支持新农村建设和重点村改造。首创集团成立农业担保公司、小额贷款公司，有效拓展了北京市农村金融服务功能。国资公司加强对中小企业金融服务，再担保授信492亿元，惠及1.2万家中小企业。依托北京产权交易所，搭建"1+10"产权交易平台，推进要素市场建设，完善了首都金融服务体系。

加大重大项目建设力度。京东方8.5代生产线顺利投产，改写了我国大尺寸液晶屏完全依赖进口的历史。奔驰汽车在德国境外首个发动机工厂在京奠基，汽车合资企业核心技术领域取得重大突破，北控集团投资的曹妃甸海水淡化工程正式投产，北京自主品牌乘用车基地、同仁堂中药现代化产业园等一批重大项目陆续开工，北京现代三工厂、中航发动机、光伏发电等项目进展顺利。

(三)深化国有企业改革，国有经济布局和结构进一步优化

积极推动调整重组。科学制定并颁布北京市国资委国有经济"十二五"发展规划，完成直接出资企业规划审核及主业确认工作。成功推进北控集团与京仪集团等5个重组项目，直接出资企业减少至41家；推进市属企业与区县企业的开放合作，京粮集团与8家区县粮食企业签订重组协议，实现了市区两级资源整合的新突破。稳妥推进119户劣势企业退出。大力压缩管理层级，完成120户四级及四级以下企业清理整合工作。制定印发《关于进一步加强非经营性资产接收管理处置平台建设指导意见》，2011年房地集团共接收17家一级企业306万平方米非经营性资产。

加快改制上市步伐。积极推进国有资本证券化，金隅股份借壳太行水泥顺利回归A股，京能清洁能源股份H股在联交所成功上市，首创集团、首钢总公司收购两家境外上市公司，市属国有上市公司达44家，股票49支。加大重点企业改制上市工作力度，京粮股份、二商股份、市政路桥股份挂牌成立，北一数控、绿动力等多家重点企业的股改及上市准备工作取得积极进展。充分发挥上市公司融资平台作用，实施再融资项目8个，直接融资总额约363.5亿元，同比增长23%。国管中心与摩根大通签署合作协议，将发展基金扩充为人民币和美元试点基金，新设立北京宽街博华投资基金、北京中信投资基金，完善北京"1+3+N"基金产业布局。

优化企业改革发展环境。指导21家企业退出银监会口径的融资平台名单，下大力气解决首发43亿资本金问题，解决自来水集团等公用类企业28.2亿资金缺口，帮助企业化解一批重大疑难案件。国管中心发行100亿元企业债，支持重大项目建设，为企业改革发展提供有力的资金保障。协调解决企业土地确权问题，2011年土地办证率达到72.5%。与市科委建立科技创新联席会议制度，2011年安排国有资本经营预算1.89亿元，支持企业自主创新。

(四)创新监管方式，国有资产监管水平进一步提升

健全国资监管体系。2011年新出台22个规范性文件，国资监管体系逐步完善。推行总法律顾问制度，实现一级企业总法律顾问制度全覆盖。推进延伸监管，印发加强境外国有资产监督管理指导意见。扩大国有资本经营预算收入规模，2011年国有资本收益上缴18.65亿元，同比实现翻番。设立京国发股权投资基金，引导国有企业投资方向。完善考核分配体系，全面推行任期考核，强化激励约束机制，确保完成"十二五"规划各项任务目标。优化收入分配格局，建立职工收入正常增长机制。强化出资人财务监督，共向29家企业委派财务总监。加强对企业运行情况的监测，对四家企业下达警示通知单。以环卫集团和京粮集团两家企业为试点，推动市属国有企业内控体系建设。

完善法人治理结构。加强董事会建设，印发规范市属国有独资公司董事会建设的指导意见，听取18家市属企业2011年度董事会工作报告，向京能集团等8家企业试点委派董事长。整合北辰、金隅2家主业上市的集团公司与股份公司领导班子，创新了企业领导人管理机制。加大外部董事派出力度，向18家企业委派14名外部董事，董事会结构进一步优化。强化监事会监督检查，向王府井东安集团等三家企业派驻监事会，实现一级企业监督检查全覆盖。加强监事会重点监督和当期监督，监督检查工作实现由事后监督向当期监督转变,由揭示问题向推进整改转变。

建立监督检查整改长效机制。整合监管资源,综合运用监事会监督检查报告、审计报告、董事会工作报告等成果,形成监管合力,推动企业问题整改落实。开展整改情况专项检查,董事会评价和审计发现的问题已得到有效整改或取得实质性进展。对企业整改情况实施动态化管理,积极跟踪督促企业落实整改措施,促进了企业经营管理水平的提升。

加强区县国资监管工作。出台《关于加强北京市区县国有资产监督管理工作的指导意见》,增强了指导区县国资工作的针对性。区县企业效益稳步提高,截至2011年12月31日,区县国资机构监管企业资产总额5948.6亿元,同比增长20.6%;所有者权益1633.1亿元,同比增长23.3%;实现销售收入999.9亿元,同比增长21.2%;累计实现利润107.5亿元,已交税金111.3亿元,同比增长29.9%。

(五)深化国企党建,服务国企改革发展能力不断提高

深入推进党建工作创新。以学习实践科学发展观等活动为契机,广泛开展“两优一先”评选表彰等系列活动。深入学习贯彻“七一”讲话,抓好“领航工程”、“聚力工程”、“先锋工程”,明确24家窗口服务企业开展“为民服务创先争优”,打造了一批群众满意工程。出台《关于加强和改进新形势下国有及国有控股企业思想政治工作的意见》,指导企业加强思想政治工作和文化建设。推进学习型党组织建设,全系统13个基层党组织、37名共产党员被评为全国或市级先进单位和个人。实行党员代表任期制,完成17家市属企业及5家双管单位党委换届工作。

加强企业领导班子和人才队伍建设。制定并发布《北京市市属国有企业领导人员管理暂行规定》,出台重要子企业领导人员管理办法等6个配套文件。调整50家企业领导人员,竞争性选拔和市场化选聘的经理层成员占比保持在40%左右。加强企业与党政机关干部交流,8名企业领导干部到市级党政机关或区县政府任职。开展组织工作满意度调查和“一报告两评议”工作,57家市属国企四项评价指标均高于党政机关、事业单位和全市平均水平。编制市属国有企业“十二五”人才发展规划,举办以“国企自主创新与人才队伍建设”为主题的国企改革发展论坛,引导企业加强人才队伍建设。大力实施“人才强企”战略,8名海外高层次人才入选国家“千人计划”,19名入选“海聚工程”。

加强党风廉政建设。召开全系统党风廉政建设大会,深入落实党风廉政建设责任制。大力推进纪检监察组织机构建设,与市检察院一分院联合成立惩治和预防职务犯罪工作联络室,选择地铁、首农等6家企业进行纪委书记交流轮岗。大力推进企业效能监察,加大重大投资项目的跟踪检查力度。健全风险防控措施,一级企业实现廉政风险防控全覆盖,研究制定《关于进一步推进国有企业贯彻落实“三重一大”决策制度的实施意见》,切实规范企业决策行为。

做好安全稳定工作。加强安全稳定机制建设,与重点企业签订安全维稳责任书,推进安全生产业绩考核,督促企业落实主体责任。完善领导包案接访制度,加大矛盾协调化解力度,年内共排查出各类矛盾纠纷1070件,其中840多件矛盾已经得到基本解决,其余230件逐级确定包案领导,制定化解稳控措施。稳妥推进3555户农租房的腾退工作。

二、北京市国有资产总量与结构分析

表1　2011年北京市所属国有企业指标

项目	金额(亿元)
资产总额	26683.9
净资产	8382.6
营业收入	9251.5
利润总额	493.3

表2　2011年北京市国有企业户数情况

项目	2010年	2011年	比上年增长(%)
户数(户)	6020	6309	4.8

表3　2011年北京市国有资产地区分布情况

地　区	国有资产（亿元）	占国有资产总量比重(%)
全市国有企业	5729.0	100
市属企业	4444.6	77.6
市属监管企业	4191.6	73.2
市属非监管企业	253.0	4.4
区县属企业	1284.4	22.4
东城	72.0	1.3
西城	321.1	5.6
朝阳	156.7	2.7
丰台	47.1	0.8
石景山	28.6	0.5
海淀	111.0	1.9
门头沟	4.7	0.1
房山	32.4	0.6
通州	15.1	0.3
顺义	151.1	2.6
昌平	27.6	0.5
大兴	100.1	1.7
怀柔	34.1	0.6
平谷	19.9	0.3
密云	45.1	0.8
延庆	3.0	0.1
燕山	0.1	0.0
亦庄	114.7	2.0

表4　2011年北京市国有资产经营产业分布

续表

行　业	国有资产（亿元）	占国有资产总量比重(%)
(一)第一产业	48.9	0.6
其中：农林牧渔业	48.9	0.6
水利管理业		
(二)第二产业	2954.7	38.8
其中：工业	2723.5	35.8
建筑业	231.2	3.0
(三)第三产业	4610.3	60.6
其中：交通运输业	362.7	4.8
仓储业	14.7	0.2
批发和零售	403.6	5.3
房地产业	1200.6	15.8
社会服务业	2310.0	30.3
卫生体育福利业	4.8	0.1
其他行业	313.9	4.1

注：表中国有资产数据为2011年度全市单户企业叠加汇总数，表中汇总数与全市总量不等的原因是本表中未考虑集团内部抵消数。

表5　2011年北京市国有资产经营规模分布情况

经营规模	国有资产（亿元）	占国有资产总量比重(%)
大型企业	2611.1	34.3
中型企业	2243.5	29.5
小型企业	1655.8	21.7
微型企业	1103.5	14.5
合计	7613.9	100.0

注：表中国有资产数据为2011年度全市单户企业叠加汇总数，表中汇总数与全市总量不等的原因是本表中未考虑集团内部抵消数。

三、北京市国有资本保值增值综合分析评价

表 6　　2011 年北京市国有企业地区和行业保值增值情况

地　区	保值增值率(%)	行　业	保值增值率(%)
全市国有企业	102.9	(一)第一产业	101.9
市属企业	103.3	其中:农林牧渔业	101.9
市属监管企业	103.2	水利管理业	
市属非监管企业	105.0	(二)第二产业	102.9
区县属企业	101.8	其中:工业	103.0
东城	100.5	建筑业	102.3
西城	103.2	(三)第三产业	104.8
朝阳	101.3	其中:交通运输业	100.6
丰台	100.4	仓储业	100.2
石景山	103.1	批发和零售	113.0
海淀	106.2	房地产业	109.6
门头沟	103.6	社会服务业	102.1
房山	101.4	卫生体育福利业	94.7
通州	102.4	其他行业	102.3
顺义	100.0		
昌平	100.9		
大兴	104.0		
怀柔	98.2		
平谷	100.5		
密云	106.0		
延庆	107.9		
燕山	102.2		
亦庄	96.0		

四、北京市国资委监管企业股份制改革情况

(一)市属上市公司总体情况

截至 2011 年 12 月 31 日,市属上市公司共计 44 家,已发行股票 49 支,其中 A 股 29 支,红筹股 11 支,H 股 7 支,B 股 2 支。总市值合计 4573 亿元,比上年底减少 16.53%;总资产 28236 亿元,同比增长 24.34%;净资产 3690 亿元,同比增长 25.45%;营业收入 3217 亿元,同比增长 11.47%;净利润 397.65 亿元,同比增长 36.40%。

(二)企业改制上市工作取得积极进展

2011 年新增 4 家上市公司。金隅股份借壳太行

水泥在上交所挂牌上市，京能科技H股于12月底挂牌上市，首创、首钢分别收购新能源环保、首钢资源两家境外上市公司。同仁堂国药红筹上市已向港交所递交上市申请材料；北广科技进入上市辅导期。推进了北一数控、市政路桥控股、绿动力、兴大豪、建工集团、农商行等企业的股改及上市工作。协调解决北辰实业上市过程中的历史遗留问题。

五、北京市国资委监管企业并购重组与完善法人治理结构改革进展情况

（一）大力推进企业重组

深入研究行业特点和企业现状，按照资产重组、业务整合、体制改革、机制创新的原则完成5个重组项目，即：北控集团与京仪集团合并重组，将京仪集团整体划转至北控集团；京能集团与热力集团合并重组，将热力集团整体划转至京能集团；地铁车辆装备公司重组，完成北控集团对地铁车辆装备公司的增资控股工作，并启动引入战略投资者及置入上市公司等工作；北京粮食企业重组，以京粮集团为载体，将8家区（县）粮食企业的国有资产整体划转至京粮集团；市政院与北勘院重组，由市政院托管北勘院，同时将北勘院所持北勘公司等5家公司国有股权全部划转至市政院。

加大劣势企业退出力度。制定并印发《关于进一步推动“十二五”期间劣势国有企业退出工作的指导意见》，明确了“十二五”期间市属劣势国有企业退出工作的总体思路和目标以及支持政策、考核监督等。年内完成劣势企业退出119户，涉及资产总额26.49亿元，负债总额26.22亿元，在职职工2856人，离退休人员916人。

（二）完善法人治理结构

加强董事会建设。2011年出台《关于规范市属国有独资公司董事会建设的指导意见》，进一步规范董事会建设制度体系。督促企业落实文件精神，实现职工董事在市属国有独资公司的全覆盖。向地铁、京能等8家试点企业委派董事长，向京投、北汽等16家企业委派财务总监，向18家市属企业派出14名外部董事。完善董事会年度报告和评价工作机制，完成18家企业董事会专题报告及评价工作。加强外部董事管理，优化外部董事评价体系。召开董秘业务工作培训会，完成董事会信息系统建设及上线工作。

加强监事会监督检查。向王府井东安集团、新奥集团和郊旅总公司派驻监事会，实现监事会监督检查全覆盖。实施重点监督，完成54份专项报告、38份监督检查报告，揭示企业问题182个。制定实施《北京市国有企业监事会重点联系人工作办法》，修订《北京市国有企业监事会监督检查报告编报办法》和《北京市国有企业监事会职工监事管理办法》。加强境外国有资产监管，拟订市国有企业监事会境外国有资产监督检查工作方案。加大企业问题整改督办力度，突出解决影响企业发展的重点和难点问题。加强组织建设，调整补充2名监事会主席，公选局级、处级专职监事3名。

六、北京市国资委监管企业建立和完善经营业绩考核体系情况

（一）完善考核指标体系

全面推进任期考核，与45家监管企业签定考核责任书，将“上缴国有资本收益额及国有资本上缴率、科技支出占主营业务收入比重、资产负债率、应收账款和劣势企业退出”等指标纳入考核体系，突出对发展规划任务分解、分类考核、企业中长期经营发展以及自主创新和人才队伍建设的激励。实施考核目标值与财务预算值的比对，引导企业加大国有资本收益收缴力度、增强自主创新能力、防范经营风险以及提高预算管理水平。对在国有企业改革调整、企业自主创新等方面作出突出贡献的企业负责人给予特别奖励。

（二）优化收入分配格局

坚持企业负责人薪酬增长低于效益增长、低于职工工资增长的原则，2011年53家考核企业负责人平均薪酬同比增长低于职工平均工资增长水平。完成企业工资总额预算核定工作，实现职工工资增长与劳产率提高的同步。落实“限高提低”总体要求，在确保职工工资正常增长的基础上，推动收入分配向一线和

低收入职工倾斜,实现一线职工工资增长幅度高于职工平均工资增长幅度。印发《关于严格执行收入分配管理相关规定的通知》,规范农民工工资支付等行为。

(三)完善考核薪酬管理体系

修订并发布《北京市国有及国有控股企业负责人特别奖励暂行办法》《董事会管理经营层试点企业经理层经营业绩考核与薪酬管理工作指导意见》《关于进一步做好市属国有企业劳动用工和内部收入分配工作的指导意见》《重要子企业负责人业绩考核和薪酬管理指导意见》《加强境外企业负责人业绩考核和薪酬管理的通知》5 个文件。

七、北京市国资委监管企业负责人考核与选人用人机制改革情况

(一)创新和完善企业领导人员管理制度

修改完善《市属国有企业领导人员管理暂行规定》并以市委办公厅和市政府办公厅名义下发;同时制定《市属国有企业领导人员职务任期管理暂行办法》等六个配套文件辅助执行。针对部分主营业务上市资产占集团资产 90%左右的企业,研究完善企业领导机制。以金隅、北辰为试点,对集团、股份领导班子进行整合,更好地落实了管资产与管人、管事相结合的要求,优化决策程序,理顺管理关系,强化班子整体功能。

(二)制定企业领导人员队伍建设规划

起草《北京市市属国有企业领导班子"十二五"建设规划》和《2011—2020 年北京市市属国有企业后备领导人员队伍建设规划》,明确工作目标、任务和措施,提出以建设"四好"班子为目标,完善确保党委发挥政治核心作用的公司法人治理结构及其运行机制,健全领导班子和领导人员考核评价和激励约束机制,创新企业领导人员选拔任用机制,优化领导班子结构,加强后备领导人员培养锻炼,培养优秀年轻中层管理人员。

(三)做好领导人员交流调整工作

2011 年对 50 家企业领导人员进行调整,任免企业领导人员 244 人次,党委换届 17 家。其中,新提拔企业领导人员 60 名。办理双管单位任免 20 家,79 人次,党委换届 3 家。开展电子控股总经理的内部竞聘工作。完成市属国企 10 个经营层副职公开选拔工作,任用 11 人、交流提拔了 2 人。积极推进企业领导人员交流,2011 年交流 8 名企业领导人员到市级党政机关或区县任职;21 名党政机关领导干部交流市属企业任职;中央企业与市属企业以及市属企业间交流 17 人,其中选择地铁、首农等 6 家企业进行纪委书记交流。组织接收 3 名师职军转干部。

(四)完善企业领导人员考核评价机制

组织开展企业领导班子和领导人员综合考核评价,把市属国有企业划分为综合投资、城市公用、一般竞争和事业单位四个类别,分类进行比较分析。对 13 名财务总监进行综合考核评价。开展企业选拔任用工作"一报告两评议"和组织工作满意度调查。组织召开市属国有企业民主测评和满意度调查结果讲评会。

(五)培养锻炼优秀年轻管理人员

协调市属企业接收 34 人挂职锻炼,选派 27 人挂职锻炼,协调安排 13 名没有基层工作经历的市级机关科级干部到市属国企进行为期 2 年的锻炼;协调市属企业接收 43 名在京高校博士研究生挂职锻炼;协调市属企业为京外"985"高校应届优秀毕业生提供了 245 个岗位。

八、北京市国资委监管企业党的建设和廉政建设情况

(一)加强反腐倡廉宣传教育

组织学习《廉政准则》和《若干规定》,开展廉洁从业知识培训,组织党纪条规知识竞赛,掀起学习《廉政准则》《若干规定》的高潮。与市纪委、市检察院共同举办以预防工程建设领域职务犯罪为主要内容的教育巡展顺利启动,与市纪委、北广传媒联合拍摄反腐倡廉系列电视剧《以案说纪》;组织市国资委机关及国有企业 4000 余名党员干部参观最高人民检察院举办的预防渎职侵权犯罪展览。

(二)加强廉洁自律制度建设

制定并引发《北京市贯彻落实〈国有企业领导人

员廉洁从业若干规定〉实施办法(试行)》。印发《关于报送2011年"元旦"、"春节"期间落实廉洁自律要求情况的通知》,对落实情况进行检查。与相关委办局沟通协调,指导企业落实车改房改制度。

(三)加强廉政风险防控管理

推进廉政风险防控工作全覆盖和"两个延伸"。实现一级企业全覆盖。逐步健全风险防控措施,市属企业已建立廉政风险防控管理规章制度7068项。召开全系统现场工作会,推广首钢的工作经验。编印《北京市国资委推进廉政风险防控管理工作资料汇编》下发到各市属企事业单位。

(四)加强专项治理和效能监察工作

开展出国(境)、信息公开、论坛庆典研讨会、小金库、公务用车、工程建设领域突出问题等6项专项治理工作。制定《企业效能监察工作规范化操作规程》,以确保重大项目的"三个安全"为重点,加大对重大投资建设项目的跟踪检查力度,京东方8.5代线效能监察项目作为优秀典型,在中央纪委召开的全国廉政风险防控工作会议上得到推介。

(五)加强纪检监察队伍建设

起草《关于加强和改进市属国有企业纪检监察组织建设的实施意见》,对国企纪检监察机构设置、体制机制、班子建设、人员配备等进行明确规定。围绕纪检监察组织建设、履职水平、效能监察三个课题开展调研,形成课题报告和工作措施,有效促进了纪检监察工作。与市纪委联合举办纪检监察业务培训班,对近200名纪检监察人员进行反腐倡廉专职培训。

(撰稿人:刘　坤)

天津市

一、天津市国有资产监督管理工作综述

2011年,天津市国有经济实现平稳较快增长,发展质量和效益明显提高,大集团规模和实力不断壮大。全市国有及国有控股企业资产总额比上年增长19.2%,所有者权益比上年增长15.8%,主营业务收入比上年增长20.2%,实现利润比上年增长15.5%。

(一)国有经济布局结构调整取得积极进展

1. 结构调整和资源整合步伐加快。实施了医药、轻工、投资、外贸等行业的7个重组项目。重点推进228个总投资1500多亿元的主业项目。启动和完成26个东移搬迁改造项目,盘活土地协议变现资金100多亿元。境外投资实现突破,钢管集团投资10亿美元在美国建厂,是迄今为止我国在美国投资最大的制造业绿地项目。农垦集团在保加利亚建设海外饲料生产基地,这是我国在欧盟实施的第一个农业实体项目。资产总额超百亿元的集团达到31家,超千亿元的集团达到4家;经营规模超千亿元的集团达到4家。18家集团入选2011年中国企业500强,18家集团入选2011年中国制造业500强,21家集团入选2011年中国服务业500强。

2. 企业自主创新能力显著增强。全市国有企业拥有国家级企业技术中心17家。天津渤海化工集团企业技术中心综合实力跻身全国第七位,天津钢铁集团企业技术中心跻身全国钢铁行业前10强。天津金耀集团所属天津药业公司被认定为首批国家技术创新示范企业。顺酐催化剂和聚氯乙烯成套技术、摆线齿锥轮数控加工机床关键技术、砂加气制品在高层建筑应用技术等一批关键核心技术研发和产品实现重要突破,达到国际先进水平。品牌建设再创佳绩,新增中国驰名商标5件,总量增至36件;新增"中华老字号"企业22家,总量增至47家。

(二)国有企业改革调整扎实推进

1. 公司制股份制改革取得积极进展。全年完成国有企业改制58户,累计改制3642户,改制面达到96.8%。资本证券化步伐加快,培育了40户上市后备源企业,完成2户企业的上市辅导工作。天联燃气定向增发6.2亿元,物产集团浩物机电收购上市公司股权取得控股地位。推进15户厂办大集体企业改制工作,完成120户企业破产销壳。

2. 公司法人治理结构和治理机制不断健全。制定下发国有独资公司董事会建设指导意见等制度,调

整充实11家集团的27名董事。建立外部董事制度，开展引入外部董事试点工作。指导企业健全完善董事会议事规则，规范对重大事项的科学决策程序，48家企业制定"三重一大"集体决策的实施方案，董事会决策水平不断提高。

3. 和谐企业建设取得新成效。健全职工工资正常增长机制和企业负责人薪酬联动机制，国有及国有控股企业职工人均劳动报酬同比增长16%，创造就业岗位2.5万个。全年国资系统用于改善企业职工生产生活条件、丰富职工文体活动等方面的投入达到54亿元。

4. 服务国企发展效果突出。搭建资本运作平台，发挥渤海国资公司和津联控股公司两个境内外资本运作平台的功能作用，全年融资130亿元，其中境外融资50亿元。津联集团在香港首次成功发行5年期可交换债券2.5亿美元，息率1.25%，32%的换股溢价率创亚太地区可交换债券市场年度最好记录。完善供需对接平台，推进天津物产集团、渤海钢铁集团、一商集团等市管企业与央企、外省市大企业等开展供需对接活动，实现了资源共享、协同发展。完善"走出去"合作平台，组织开展"让天津国企携手走进美洲、非洲"等系列活动，与500余家国外企业进行对接，累计协议投资及贸易总额200亿元，提升了国际化经营水平。

(三)国资监管体系和制度更加完善

1. 监管制度和监管方式更加完善。市管经营性国有资产集中统一监管迈出新的步伐。制定和修订15件规范性文件，累计制定国资监管制度82项。市管集团和40%以上重要子企业建立了总法律顾问制度。全面启动了国有资本经营预算工作。以重大事项报告制度为重点开展专项检查，促进了制度的规范执行。

2. 业绩考核的激励与约束力度加大。加强对企业实现利润、科技创新和"短板"指标的考核，经济增加值考核试点由5家集团扩大到11家集团。根据考核结果，对8家集团进行特别奖励，对2家集团进行合并调整。

3. 过程监控与财务监督体系进一步完善。构建财务预警机制，加强经济运行分析监测。在5家集团进行内控体系建设试点。市国资委会同市审计局对3家集团国有资产使用运营情况开展专项审计调查。对4家集团国有资产运营情况开展监督检查，促进企业加强管理。

4. 产权管理和产权交易市场进一步完善。全年完成资产评估项目审核273个，账面净资产增值率达到46.4%。国有产权进场交易175宗，成交额104.4亿元，增值率18.4%，国有资产在流动中实现保值增值。产权交易中心创建农村产权交易所和文化产权交易所，增强了市场创新能力和服务水平。

5. 外派监事会工作实现新突破。依法向全部市管企业外派监事会，外派监事会监督基本实现全覆盖。外派监事会完成对16家集团2010年的监督检查，提出整改建议61个，90%以上的问题得到整改；对52家集团开展2011年度的监督检查活动，有效规范了企业决策和经营行为，促进了企业健康发展。

二、天津市国有资产总量与结构分析

(一)国有资产整体运营情况

全市国有企业4090户，比上年增加596户，同比增长17.1%；资产总额24265.1亿元，同比增长19.2%(其中市管企业占用资产20151.5亿元，区县属企业占用资产4113.6亿元)；所有者权益8033.9亿元，同比增长15.8%(其中市管企业所有者权益总额6506.8亿元，区县属企业所有者权益总额1527.1亿元)；主营业务收入9142.6亿元，同比增长20.2%(其中市管企业8880.7亿元，区县属企业261.9亿元)；实现利润214.6亿元，同比增长15.5%(其中市管企业实现利润189.1亿元，区县属企业实现利润25.5亿元)。

表1　2011年天津市所属国有企业指标

项　目	金额(亿元)
资产总额	24265.1
所有者权益总额	8033.9
主营业务收入	9142.6
净利润	173.7
本年实际上交税费总额	198.4
年末国有资本及权益总额	7226.6

表 2　2011 年天津市国有企业户数情况

项目	2010 年	2011 年	比上年增长(%)
企业户数(户)	3494	4090	17.1

(二)国有资产的结构特点

1. 按企业行政隶属关系划分。

全市市管国有企业 3502 户,资产总额 20151.5 亿元,所有者权益 6506.8 亿元,主营业务收入 8880.7 亿元,利润总额 189.1 亿元,分别占全市的 85.6%、83.1%、81%、97.1%和 88.1%。

表 3　2011 年天津市国有企业按行政隶属关系划分主要指标情况

隶属关系	户数(户)	占全市比重(%)	资产总额(亿元)	占全市比重(%)	所有者权益(亿元)	占全市比重(%)	主营业务收入(亿元)	占全市比重(%)	利润总额(元)	占全市比重(%)
市管国有企业	3502	85.6	20151.5	83.1	6506.8	81	8880.7	97.1	189.1	88.1
区县属企业	588	14.4	4113.6	16.9	1527.1	19	261.9	2.9	25.5	11.9
合　计	4090	100	24265.1	100	8033.9	100	9142.6	100	214.6	100

2. 按企业所属国民经济行业划分。

按照国民经济行业划分标准,全市国有企业分布在 95 类行业中的 84 个行业,占全部行业的 88.4%。按照综合行业划分,全市国有企业主要集中在社会服务业、工业、房地产业、建筑业、交通运输业以及批发和零售业等六大行业中,涉及企业 3619 户,资产总额 23446.7 亿元,所有者权益 7765.1 亿元,主营业务收入 8822.2 亿元,利润总额 200.1 亿元,分别占全市国有企业的 88.5%、96.6%、96.7%、96.5%和 93.2%。

表 4　2011 年天津市国有企业按国民经济行业划分主要指标情况

行　业	户数(户)	占全市比重(%)	资产总额(亿元)	占全市比重(%)	所有者权益(亿元)	占全市比重(%)	主营业务收入(亿元)	占全市比重(%)	利润总额(元)	占全市比重(%)
社会服务业	775	18.9	8610.1	35.5	3231.5	40.2	286.9	3.1	51.3	23.9
工　业	1182	28.9	5152.3	21.2	1395.4	17.4	3727.9	40.8	67.3	31.4
房地产业	438	10.7	2862.6	11.8	908.2	11.3	268.2	2.9	39.2	18.3
建筑业	242	5.9	2655.1	10.9	1000.7	12.5	554.5	6.1	12.5	5.8
交通运输业	181	4.4	2326.7	9.6	901.4	11.2	320.1	3.5	16.8	7.8
批发和零售业	801	19.6	1839.9	7.6	327.9	4.1	3664.6	40.1	13.0	6.1
合　计	3619	88.5	23446.7	96.6	7765.1	96.7	8822.2	96.5	200.1	93.2

3. 按企业规模划分。

按照国家统计局最新的《关于印发统计上大中小微型企业划分办法》(国统字〔2011〕75号)规定,全市国有大型企业135户,中型企业645户,小型企业1875户,微型企业1435户。大中型企业的户数仅占全市国有企业户数的19.1%,但资产总额、所有者权益、主营业务收入和实现利润分别占全市国有企业的60.2%、57.5%、66.4%和59.3%。按隶属关系划分,全市国有大中型企业主要集中在市级监管62家集团中,其中:大型企业120户,占全部大型企业总户数的88.9%;中型企业499户,占全部中型企业总户数的77.4%。

表5　2011年天津市国有企业按规模划分主要指标情况

经营规模	户数(户)	占全市比重(%)	资产总额(亿元)	占全市比重(%)	所有者权益(亿元)	占全市比重(%)	主营业务收入(亿元)	占全市比重(%)	利润总额(元)	占全市比重(%)
大型企业	135	3.3	7383.5	30.4	2428.2	30.2	3611.4	39.5	66.9	31.2
中型企业	645	15.8	7226.5	29.8	2191.8	27.3	2457.2	26.9	60.4	28.1
小型企业	1875	45.8	8720.1	35.9	3006.1	37.4	3013.7	30.0	81.1	37.8
微型企业	1435	35.1	935	3.9	407.7	5.1	60.4	0.7	6.3	2.9
合　计	4090	100	24265.1	100	8033.9	100	9142.6	100	214.6	100

4. 按企业组织形式划分。

按照组织形式划分,全市4090户国有企业中有3283户国有企业是公司制企业,占全市国有企业户数的80.3%,资产总额、所有者权益、主营业务收入和利润分别为23414亿元、7712.6亿元、8748.4亿元和201.3亿元,分别占全市的96.5%、96%、95.7%和93.8%。

表6　2011年天津市国有企业按组织形式划分主要指标情况

组织形式	户数(户)	占全市比重(%)	资产总额(亿元)	占全市比重(%)	所有者权益(亿元)	占全市比重(%)	主营业务收入(亿元)	占全市比重(%)	利润总额(元)	占全市比重(%)
(一)公司制企业	3283	80.3	23414.0	96.5	7712.6	96.0	8748.4	95.7	201.3	93.8
其中:国有独资公司	1327	32.4	12948.3	53.4	4559.4	56.8	3547.3	38.8	59.2	27.6
其他有限责任公司	1854	45.3	9048.9	37.3	2619.0	32.6	4230.7	46.3	104.3	48.6
上市股份有限公司	19	0.5	455.6	1.9	270.0	3.4	158.3	1.7	26.2	12.2

续表

组织形式	户数（户）	占全市比重（%）	资产总额（亿元）	占全市比重（%）	所有者权益（亿元）	占全市比重（%）	主营业务收入（亿元）	占全市比重（%）	利润总额（元）	占全市比重（%）
非上市股份有限公司	83	2.0	961.2	4.0	264.3	3.3	812.1	8.9	11.5	5.4
（二）非公司制企业	443	10.8	629.7	2.6	268.2	3.3	185.8	2.0	9.1	4.2
其中：非公司制独资企业	284	6.9	511.0	2.1	240.1	3.0	154.6	1.7	8.5	4.0
其他非公司制企业	159	3.9	118.7	0.5	28.0	0.3	31.2	0.3	0.6	0.3
（三）企业化管理的事业单位	40	1.0	35.4	0.1	17.4	0.2	10.0	0.1	2.0	0.9
（四）其他	324	7.9	186.0	0.8	35.7	0.4	198.3	2.2	2.1	1.0
合　　计	4090	100	24265.1	100	8033.9	100	9142.6	100	214.6	100

（三）国有企业资产运营的主要特点

从总体运行情况看，天津市国有经济运营总体上呈现资产规模快速增长，经营实力不断增强的特点。

一是国有企业资产规模快速增长。企业结构调整和资源整合的扎实推进，带动了资产规模平稳扩张。2011年，全市国有企业资产总额达到2.4万亿元，比上年增加3911亿元，同比增长19.2%。市级监管集团仍然是资产规模迅速扩张的主力军，2011年末资产总额达到2万亿元，比上年增加3156亿元，占全市资产增量的80%，同比增长18.6%，其中资产增量超百亿元的集团11家，资产增量超过10亿元的集团21家，资产增量超过亿元的集团19家。市级监管集团资产规模超百亿元的集团有31家，资产规模超500亿元的有12家，资产规模超千亿元的集团有4家。天津外经、有色、长芦等6家集团资产总额同比增长50%以上，天津住宅集团和一轻集团首次步入百亿集团行列，天津渤海化工集团和钢管集团资产规模突破500亿元。

二是经营实力不断增强。国际国内市场的拓展和延伸，加速了营业收入的增长。在国内，天津市国资委先后组织天津物产集团、渤海钢铁集团与中远集团，一商集团与天津滨海新区，天津市管企业与保定市国有企业的供需对接活动，构建起从产品销售、资源控制、物流服务到金融支持的综合优势，实现了企业间资源共享，携手发展。在国外，先后组织“让天津国企携手走进非洲”、“让天津国企携手走进美洲”等系列活动，与500多家国外企业进行对接，累计协议投资和贸易额达到200多亿元，提升了企业国际化经营水平。2011年，全市国有企业实现营业收入9608.8亿元，比上年增加1449.2亿元，同比增长17.8%。全市营业收入主要集中在市级监管集团中，2011年市级监管集团营业收入达到9185.1亿元，比上年增加1333.7亿元，同比增长17%，占全市营业收入的95.6%。营业收入超百亿元的集团19家，新增2家，其中超过千亿元的4家集团所实现的收入累计占到全市的85%。天津物产集团连续6年保持全国生产资料内外批发、零售业第一名，天津钢管集团和钢铁集团营业收入首次突破千亿元。

三是经济效益稳步提升。全市国有企业积极开展“对标”、“对接”活动，企业降本增效，生产经营稳步回升，效益水平进一步提高。2011年，市级监管企业实现利润181.4亿元，同比增长18.7%。港口业、社会服务业、医药和房地产行业等支柱产业创效能力不断提升。天津港集团、城投集团、天士力集团、泰达集团和天房集团等5家集团实现利润均超10亿元。

三、天津市国有资本保值增值综合分析评价

为了加强对企业国有资产的监督管理,依法履行国有资产出资人职责,真实反映企业国有资本运营状况,保障国有资产安全、完整和不断增值,天津市国资委对全市国有企业开展2011年度国有资本保值增值考核工作。

全市国有企业2011年度国有资本保值增值率完成101.9%,其中,市级企业国有资本保值增值率完成102%,区县属企业国有资本保值增值率完成101.6%。

表7　2011年天津市国有企业行业保值增值情况

行　　业	保值增值率(%)
工业	102.9
批发零售餐饮业	105.5
社会服务业	101.4
房地产业	103.1
交通运输仓储业	100.4
建筑业	101.3

四、天津市国资委监管企业重组整合情况

1. 完成天津科技发展投资总公司托管天津市科学器材公司工作。由科发投总公司组织推进科学器材公司资产重组和业务整合,进一步优化资源配置,提高企业经营管理效率,促进国有资产保值增值。

2. 完成津联集团控股海鸥表业集团工作,充分利用海外资本运作平台,增强营销和品牌运作能力,提升海鸥表业品牌影响力,做大做强海鸥手表,打造天津名片。

3. 实施渤海化工集团与比利时苏威公司战略合作,成立合资公司,引入资金和先进技术,提高企业市场竞争力,打造行业龙头企业。

4. 推进医药集团和津联集团重组工作,将资产注入境外上市公司,提升上市公司经营业绩,增强上市公司再融资能力。

5. 启动天津燃气集团与华润燃气(香港)的合资合作项目,组建合资公司,实现强强联合,引入华润燃气雄厚的资本实力和行业领先的经营管理水平,做大做强天津燃气事业,进一步增强对天津经济发展和居民生活用气需求的保障能力。

6. 启动轻工行业重组,整合行业优质资源,打造轻工产业发展新平台,发展名优特精产品,建成国内知名的消费品产业集团。

7. 启动粮油产业重组,以骨干企业为平台整合集团内部资源,打造粮油仓储物流业、粮油食品加工业、农副产品综合物流业等主业板块,提升企业自主创新能力和核心竞争力。

五、天津市国资委监管企业完善法人治理结构情况

向55家市管企业全覆盖派驻监事会,完成100多名兼职监事的遴选审批工作。制定《关于进一步加强市管国有独资公司董事会建设的指导意见(试行)》《天津市国有企业监事会当期监督工作实施办法》《市管国有独资公司外部董事管理办法》《市管国有独资公司外部董事报酬待遇实施细则(试行)》等10项制度规范。推动各监事会建立81项内部制度,18项监督检查办法等规章制度。如期完成2010年度的监督检查工作,共提出问题51项,提出改进建议61项。围绕"三重一大"决策制度制定和落实,通过采取企业自查、抽查、专项检查、联合检查等多种方式,对国有企业涉及"三重一大"决策事项3400多项进行检查,共提交检查报告53份,揭示问题113个,提出建议137条,当场解决问题48个,规范了"三重一大"决策行为。

董事会建设工作扎实推进。确定旅游集团、渤海钢铁、渤海国资、津联控股、物产集团、北方国际、建工集团7家企业作为董事会建设试点企业。向津联控股派出3名外部董事。优化董事会人员构成,对11家集团公司调整充实27名内部董事。积极推进集团公司建设董事会战略、提名、薪酬与考核、审计委员会,促进董事会科学决策。

六、天津市国资委监管企业建立和完善经营业绩考核体系情况

2011年，按照引导企业科学发展、提高整体竞争力的要求，针对各企业的薄弱环节加强短板考核，针对各企业行业的特点和不同加强分类考核，使考核更具有针对性，考核指标少而精，做到精准考核。

（一）增强考核针对性

一是围绕提高效益，加大利润指标考核。针对直接监管企业资产量大，盈利能力偏低的现状，加强对企业利润指标考核，加大利润指标在考核中的权重，促进企业提高经济效益。二是围绕提高企业运行质量，加大短板指标考核。在行业对标的工作基础上，重点考核反映企业营运能力和资产质量的关键绩效指标，引导企业在外延扩张的同时，更加注重内涵增长，提升企业经济运行质量。三是围绕提升企业核心竞争力，运用考核手段支持企业加大科技投入和成果转化步伐，鼓励企业上市或增发，采取视同业绩利润和给予特别奖励的办法进行鼓励。四是围绕夯实基础，加大对解决历史遗留问题考核。通过对集团困难企业销号工作的考核，促进企业彻底解决困难企业退出的遗留问题。通过考核引导，企业逐步转变发展理念，更加关注效益和效率，自觉查找自身短板，更加注重科技创新、提高管理水平和资产质量。

（二）构建全市统一的企业负责人业绩考核和薪酬管理体系

天津市国资委适应监管范围的不断扩大，从“统一规则、普遍适用、分类指导、更加精准”角度，针对新纳入企业的不同特点，在原有业绩考核和薪酬管理办法的基础上，增加了对市管金融企业、城市公用事业类企业的考核内容，实现考核全覆盖。根据监管企业的实际，研究考核等级的划分办法，特别是对A级企业，在原来单纯依据考核得分排名的基础上，引入利润对国资委的贡献率和关键指标在全国同行业保持先进水平等高标准条件，使A级企业更具有代表性，更好地提高考核的引领作用。

（三）进一步推进经济增加值考核

继续扩大经济增加值考核试点范围，由5户企业增加到11户。部分集团公司开始尝试对所投资企业采用经济增加值考核。引导企业管理者树立经济增加值理念，推动企业逐步建立以价值管理为导向的管理体系，改善资本结构，优化投资决策，提高国有资产质量和效益。

（四）进一步规范企业负责人业绩考核和薪酬管理工作

为确保国有资产保值增值责任落到实处，实现考核压力层层传递、责任层层落实、激励层层链接，出台《关于进一步加强市管国有集团公司对所投资企业负责人经营业绩考核和薪酬管理工作的指导意见》。针对少数单位存在企业负责人薪酬管理不规范的问题，下发《关于进一步规范企业负责人薪酬管理工作的通知》，逐步将企业负责人薪酬纳入规范化、制度化的管理轨道。

（五）完善国有企业负责人薪酬管理制度

按照“业绩升、薪酬升、业绩降、薪酬降”的原则，把国有企业负责人薪酬与经营业绩考核紧密挂钩，建立以出资人为主导的企业负责人薪酬核定、发放和监督的薪酬管理制度，改变以往国有企业负责人自定薪酬以及薪酬与业绩挂钩不严等现象。建立企业负责人薪酬与企业经济效益、职工报酬增长相协调的增长机制，实行“双挂、双率”原则，将企业负责人平均薪酬控制在职工平均工资的合理倍率之内。

七、天津市国资委监管企业党的建设和廉政建设情况

2011年，天津市国资委监管企业以深化落实党风廉政建设责任制为抓手，以推进国有企业惩防体系建设为重点，加强企业党风和反腐倡廉建设，发挥了纪律保证作用。

（一）国企惩防体系建设取得明显进展

1．落实“三重一大”决策制度。进一步规范和细

化领导班子议事规则,建立健全决策的回避、评估、纠错、责任追究等配套制度,开展对市管企业执行"三重一大"决策制度情况的专项检查。市管企业全部建立和完善了党政班子议事规则,38家集团制定"三重一大"实施办法。国资系统健全决策、评估、纠错等配套制度1008项,开展专项检查877次,提出整改建议702条,发现和纠正问题482个。

2. 构建企业廉洁风险内控机制。针对不同行业特点,分类查找重点领域、关键环节廉洁风险,编制廉洁风险防控手册,制定防控措施。通过效能监察,促进企业提高了廉洁风险防控水平。全年,效能监察立项1105项,开展各种监察活动2211次,提出监察建议731条,做出监察决定151条。

3. 促进企业领导人员廉洁从业。深入开展"学纪、知纪、守纪"主题教育,利用国有企业典型案例开展警示教育。进一步加强廉洁文化建设,36家市管集团相互学习观摩廉洁文化建设的经验做法。大力推进廉洁从业承诺制度,签订各类承诺书20952份,开展廉洁从业制度落实情况监督检查786次。

4. 推进信息化监控系统建设。推进企业建立健全资金管理类、物产采购类和操作实景摄取类监控系统,用信息化手段将企业生产经营数据库与集团财务中心对接,固化采购订货、进料检验、发票处理、供应商管理、价格及供货信息管理等物产采购全部程序,实现了对关键部位操作行为的实景化监督。

5. 加强信访案件工作。坚持信访案件定期分析制度,实行信访查办"阅办单"、"查办单"和"督办单"制度,及时处理群众的来信来访。全年国资系统共办理群众来信来访399件(次),其中,各级纪委直接受理230件(次),比上年同期下降9.8%。初核线索40件,新立案12件,结案12件,结案率100%。通过办案,对15人给予党纪处分,对7人给予政纪处分,对7人给予党政纪双重处分,挽回经济损失556.88万元。

(二)企业领导人员作风建设不断加强

1. 加强清廉作风建设。严格落实党风廉政建设责任制,增强了企业领导人员密切联系职工的自觉性。集团公司党政一把手与企业党政一把手层层签订责任书,形成一级抓一级,层层抓落实的责任网络。在工作执行上狠抓任务分解,在目标落实上狠抓考核评价,全系统共签订党风廉政建设责任书12853份,开展党风廉政建设责任制落实情况监督检查1155次,对责任未落实的实施责任追究6人。

2. 加强为民作风建设。畅通职工反映诉求渠道,及时化解企业内部矛盾。健全完善企业领导人员与职工代表沟通机制,并采取定期听取民情信息员情况反映、走访民情联系点、调阅领导人员《民情手册》等方式,对领导人员发扬为民务实清廉作风情况实施监督检查。认真落实企业各级领导人员定期接访下访、深入基层定点帮扶等制度,充实完善领导班子成员服务基层企业工作联系点,进一步加大对困难企业和困难职工的帮扶力度,着力构建服务职工、联系职工、保障职工权益机制。全系统共建立健全联系点和帮扶点2368个,帮助企业和职工解决生产和生活中遇到的各种困难问题10496个。

(撰稿人:张宾栋)

河北省

一、河北省国有资产监督管理工作综述

2011年,在河北省委、省政府的正确领导下,省国资系统以"调结构、转方式、促升级、增效益"为着力点,积极应对错综复杂的市场环境和形势,强化市场开拓,深化对标挖潜,努力降本增效,国企改革发展和国资监管各项工作取得新成效。2011年河北省国有企业实现营业收入8341.6亿元,同比增长29%;利税562亿元,同比增长7.2%;资产总额12084.5亿元,同比增长16.7%;所有者权益2758.8亿元,同比增长9%。其中,河北省国资委监管企业实现营业收入6844亿元,同比增长30.9%;利税377亿元,同比增长6.6%;资产总额6928.9亿元,同比增长17.5%;所有者权益1382.9亿元,同比增长9%,顺利实现"十二五"开局之年的开门红,为河北省经济平稳较快发展作出积极贡献。

（一）企业战略整合重组扎实推进

以大型骨干企业、优势龙头企业为依托，以整合资源为重点，以资本为纽带，深入推进上下游之间的资产整合和并购重组，拓展产业链，延伸价值链。冀中能源集团内联外拓、重组整合省内外煤炭、盐矿资源取得新突破。华北制药集团实施低成本扩张，兼并重组一批具有一定规模、一定潜力的制药企业和医药流通企业。河北省国有资产控股运营公司以打造上市公司为目标，出资设立河北国控化工有限公司，搭建整合重组全省民爆行业的投资控股平台。河北航空投资集团整合重组石家庄天鹅国际旅行社，组建旅游投资、酒店管理、房地产开发等关联产业经济实体。石家庄市北人集团加快扩张步伐，在保定、邢台、山西开设新卖场。随着河北省国有企业战略重组整合的深入推进，一批在同行业具有一定影响力和市场话语权的大企业大集团快速发展壮大，河北钢铁集团、冀中能源集团双双跻身世界500强，开滦集团进入全国煤炭前十强，河北建工集团、河北物流集团等5家企业进入全国500强，8家企业年营业收入超过百亿元。

（二）结构调整和产业优化进一步升级

以"十二五"发展规划落地实施为着力点，以上好项目、大项目为抓手，以保即期增长、促长远发展为核心，以科技进步和技术创新为支撑，全面促进结构调整、产业升级。一是积极推进重点项目建设。河北省国资委监管企业全年完成投资650亿元，一批潜力大、前景好、产业关联度强的重点项目进展顺利。河钢集团邯钢钢轧系统改造、开滦集团20万吨/年粗苯加氢精制一期等一批省市重点项目竣工投产，黄骅大港、石家庄机场改扩建、曹妃甸25万吨级矿石码头及港口综合物流园区等一批项目正在加快建设。二是增强产品技术研发能力。2011年研发经费投入15.83亿元，钢铁、煤炭、医药、化工行业加强企业技术研发中心建设，取得一大批技术研发成果。已认定技术中心11个，重点实验室4个；自主研发新产品105个，申请专利152项，获专利授权124项；加强与科研院所的合作，进一步实施重点产学研项目，企业产学研合作项目达210项。河北钢铁集团累计开发超低碳IF钢等新产品100余个，开滦集团"矿井水资源化处理技术研究与开发"和"三维数字化煤质矿山智能系统的研究与开发"两个项目综合技术均达到国际先进水平，华北制药集团再获8项专利授权，三友集团与中科院等科研院所开展有机硅下游系列产品等合作开发。三是加快发展战略性新兴产业。按照"再造、提升、加速"原则，培育和发展现代物流、投融资、新能源、生物制药、电子信息等战略性新兴产业。开滦集团立足煤、延伸煤、跳出煤，积极打造煤化工、现代物流、文化旅游等产业，成功探索出传统煤炭企业六大转型模式。河北建投集团风电、天然气等清洁能源产业发展迅猛，在12个省市占有风资源达到1361万千瓦。华北制药集团初步形成国内规模最大、技术最先进的抗肿瘤、生物药等五大产业基地，打造国内最完整的青霉素、头孢、维生素三大产业链。河北省国和汽车公司积极推进一基多元发展战略，加快打造第三方物流、煤炭销售等多元经营格局，新业务板块利润接近公司利润总额的一半。四是大力推进节能减排。继续深化以"管理一流、队伍一流、产品一流、环境一流"为标准的创建科学发展示范活动，加大节能减排技改投入，努力实现绿色可持续发展，河北省国资委监管企业全年共实施节能减排项目220余项，完成投资20多亿元。在"十一五""双三十"单位目标考核中，河北钢铁集团唐钢股份、邯钢股份、开滦集团、冀中能源峰峰集团、金牛能源、邯矿集团、唐山三友等先后被评为节能减排优秀单位，开滦集团以总分第一名的成绩被河北省评为节能减排目标考核优秀单位。河北钢铁集团淘汰钢铁落后产能、设备及生产工艺的力度进一步加大。开滦集团、冀中能源集团绿色矿山建设和煤矸石充填等新技术应用扎实推进。

（三）资源整合和资本运作取得新进展

紧紧围绕加快破解企业发展的瓶颈制约，进一步加大战略资源整合与开发力度，不断提高资本运营能力和水平。一是资源掌控规模进一步扩大。河北钢铁集团、开滦集团、冀中能源集团、河北建设投资集团等大型企业，积极实施"走出去"战略，在山西、内蒙古、新疆、青海以及澳大利亚、俄罗斯、老挝等省外、境外争取战略资源，2006年以来累计新增煤炭资源300多亿吨，铁矿石资源掌控量50多亿吨，盐矿资源1700亿吨。河北省国控矿业公司深入推进中小矿山资源整合，对承德小寺沟铜钼矿、邢台王窑铁矿、常胜煤矿、昌黎建龙矿业整合取得阶段性成果,铁矿资源储量增加到3.2亿吨。二是投融资平台建设明显加快。河北融投集团成功组建,担保资本金达到23.7亿元,成功为1000多家中小企业提供综合性融资服务200亿元,促进中小企业发展,为扩大社会就业作出积极贡献。开滦集团财务公司正式成立,河北钢铁集团财务公司已获国家银监会批复,正在加紧筹建。燕赵财产保险公司已报保监会待批。财达证券期货公司成功落户天津,营业网点增至102家,加快向综合券商迈进。经国家批准,省信产投、省科投设立近8亿元的三支创业基金。石家庄市宝德担保公司先后与十余家金融机构签订合作协议,拓展合作业务范围。三是上市工作取得重大进展。按照"发行上市一批、股改辅导一批、规划储备一批、整体上市一批"的工作思路,选择40家上市备选企业,加大培育力度。河北钢铁集团钢铁主业整体上市稳步推进,公开增发A股收购邯宝资产顺利完成。冀中能源完成股份公司对山西矿业的股权收购,启动金牛化工定向增发,注资增持华北制药股权。唐山三友集团化纤公司资产成功注入上市公司,实现集团主业资产整体上市。唐山市完成冀东盾石借壳上市和冀东股份公司、唐山港集团增发,直接融资27亿元。四是融资渠道不断拓宽。积极探索新的融资方式,拓展融资渠道,创新融资方式,河北省国资委监管企业仅通过中期票据、企业债、公司债、集合票据等方式,新增低成本融资500亿元,优化负债结构,保证企业资金链安全。

(四)对外开放拓展发展新空间

大力实施开放带动战略,推动形成企业新的经济增长点,积极构建全方位对外开放合作新格局。一是加强与央企对接合作。参与举办"百家央企进河北战略恳谈会",主动沟通对接,成功与9家央企签订合作项目,总投资301亿元;初步达成15个合作意向,意向投资额800亿元,截至2011年底,包括正在合作的项目共61项,总投资额达2250亿元。承德、张家口全力推动与央企合作项目落地,有色冶炼、煤炭、物流、核电等项目扎实推进。二是积极推进境外合作。组织省国资委监管企业参加河北省(香港)投资贸易洽谈会,协议利用外资11.45亿美元、境外投资7500万美元、进口贸易协议4.6亿美元。三是扎实推进冀台合作。组织传统产业转型升级考察团参加冀台经济文化交流周,河北航空集团等企业与台湾东元电机集团、华信航空集团等企业在新能源开发、航线开发、现代服务、装备制造等领域达成合作意向。四是深化冀疆合作。坚持援疆与经济合作相结合,签订产业援疆项目战略合作协议,冀中能源集团等4家监管企业就巴州钾盐开发、再生资源回收、番茄制造产业化深加工等项目成功签约。

(五)国资监管体系建设进一步完善

紧紧围绕国有企业科学发展,寓监管于服务与支持之中,不断完善国资监管体制机制,积极构建国资监管大格局。一是国资监管制度体系进一步完善。《关于进一步加强人才工作的指导意见》正式实施,《省国资委监管企业对外担保管理办法》《省国资委监管企业境外国有资产监督管理暂行办法》《省国资委监管企业境外国有产权管理暂行办法》《省国资委监管企业投资监督管理办法》(修订)等一系列规范性文件即将印发实施,截至2011年底,河北省国资委制定与《河北省企业国有资产监督管理实施办法》配套的规范性文件达37个。二是国资监管工作的针对性和有效性进一步增强。初步建立河北省国资委系统财务动态监测体系,实行河北省国有企业财务月报全覆盖制度。不断健全国有资本经营预算制度,国有资本经营预算的执行和监督得到进一步强化。业绩考核的导向作用不断增强,薪酬分配制度体系进一步完善。加强和改进监事会监督检查,监管效能进一步提升。认真开展企业领导人员离任经济责任审计,完成河北路桥集团、河北建工集团等五家企业原企业领导人员离任经济责任审计工作。三是积极研究探索构建国资监管大格局。着眼于构建有利于国有资源优化配置的大平台、大国资格局,在学习借鉴山东、湖北、北京、上海等先进省市的成功经验和做法的基础上,对全省企业国有资产分布状况、监管情况等情况进行研究分析,并着手制订《关于进一步完善全省企业国有资产管理体制的通知》《河北省构建国资监管大格局工作实施意见》及配套文件。邢台市出台市属经营性国有资产监管全覆盖的政策性文件。衡水市下发《关于开展市直经营性企事业单位国有资产专项调查活动的通知》,为全市国资监管全覆盖打下基础。石家庄、保定、沧州、邯郸、廊坊工作重点正逐步从抓破产改制为主向加强国资监管,促进企业科学发展转变,国有企业产权年检登记覆盖率达到100%。四是不断强化国资监管的指导监督。成立河北省国资委指导监督地方国资工作领导小组,在深入11个市区市、部分有代表性县调研的基础上,研究制订《河北省国资监管指导监督实施办法》和《2011—2012年度指导监督地方国资工作计划》,推动各市国资监管工作由抓改制抓稳定为主,向抓转型抓发展为主的重大转变,增强了对地方国资指导监督工作的规范性和可操作性。

(六)国有企业党的建设进一步加强

以庆祝建党90周年为契机,统筹推进创先争优活动、队伍建设和反腐倡廉工作,不断加强和改进企业党建工作,安全生产形势平稳,信访稳定工作扎实有效,为增强企业活力和竞争力提供有力保障。一是创先争优活动深入开展。加强对创先争优活动的督导,围绕加强企业基层党组织建设和发挥共产党员先锋模范作用,在驻冀央企、省属和市属企业中广泛、深入开展了创"四强"、争"四优"、抓"四创"等一系列形式多样、成效显著的活动,企业各级党组织的战斗力和凝聚力不断提高。河北省国资委、开滦集团、冀中能源集团和河北钢铁集团邯钢公司党委在庆祝建党90周年大会上受到中央表彰,并授予"全国先进基层党组织"荣誉称号。二是企业领导班子和人才队伍建设得到显著加强。印发《省属企业领导人员管理暂行办法》《省属企业领导班子和领导人员综合考核评价办法》《关于进一步加强监管企业领导人员选拔任用工作实施办法》《关于监管企业高级经营管理人员任用制度改革的实施办法》等一系列规范性文件,为企业领导人员的选拔、任用和管理提供健全规范的政策依据和制度保证。按照配强"董事长",配精"总经理",配优"董事会、经理层、党委会"成员的总体要求,对委监管12家企业的领导班子的51人进行调整充实,进一步优化年龄结构和专业结构,增强领导班子的战斗力。三是思想政治工作和企业文化建设进一步加强。全面加强企业文化建设,制定《关于进一步加强省国资委系统企业文化建设,推动文化产业发展的指导意见》,为企业整合重组、转型发展、做优做强提供强有力的精神文化支撑。组织举办河北省国资委系统庆祝中国共产党成立90周年文艺晚会,与河北日报联合开办《国资·国企》专刊,宣传国资、国企跨越发展新举措,营造全社会支持理解国企发展的良好环境。四是大力推进和谐国企建设。大力推进保障性住房建设,河北钢铁集团、开滦集团、冀中能源集团已开工6.1万户棚户区改造,超过目标任务1.8万户,将确保三年10.3万户目标的完成。五是党风廉政建设和反腐倡廉工作深入推进。以完善惩防体系为重点,认真落实党风廉政建设责任制,实施"三重一大"决策制度、廉洁从业规定等各项制度落实情况的综合检查,开展工程建设领域突出问题、"小金库"专项治理等活动,加大查办案件力度,纪检监察组织机构不断健全。

二、河北省国有资产总量与结构分析

表1　2011年河北省所属国有企业指标

项　目	数额	比上年增长(%)
三级以上法人单位(户)	2873	-1.9
资产总额(亿元)	12084.5	16.7
负债总额(亿元)	8325.0	18.9
归属于母公司的所有者权益(亿元)	2758.8	9.0
净资产(亿元)	3759.6	12.0
营业收入(亿元)	8341.6	29.0
主营业务收入(亿元)	7553.7	26.1
利润总额(亿元)	247.0	9.0
归属于母公司的净利润(亿元)	105.3	6.1
净利润(亿元)	171.5	4.1
上缴税金(亿元)	314.2	5.8
应交税金(亿元)	314.7	14.0
平均职工人数(万人)	83.1	-1.7
国有资产总量(亿元)	2667.8	9.1
资产负债率(%)	68.9	减少0.1个百分点
净资产收益率(%)	4.8	减少0.5个百分点
总资产报酬率(%)	3.6	持平
总资产周转率(%)	0.7	持平
国有资本保值增值率(%)	102.8	减少1.1个百分点

表 2　2011 年河北省国有企业户数情况

项　目	2010 年	2011 年	比上年增长(%)
户数(户)	2930	2873	－1.9

表 3　2011 年河北省国有资产地区分布情况

地　区	国有资产(亿元)	占国有资产总量比重(%)
全省国有企业汇总	2667.8	100.0
省属企业汇总	1502.6	56.3
省属监管企业汇总	1361.1	51.0
市县属企业汇总	1165.2	43.7
唐山市	397.7	14.9
沧州市	181.5	6.8
石家庄市	165.7	6.2
张家口市	146.4	5.5
承德市	68.1	2.6
秦皇岛市	51.1	1.9
邢台市	45.9	1.7
衡水市	40.9	1.5
邯郸市	34.1	1.3
保定市	28.1	1.1
廊坊市	5.7	0.2

表 4　2011 年河北省国有资产行业分布情况

行　业	国有资产(亿元)	占国有资产总量比重(%)
河北省全省国有企业汇总	2667.8	100.0
一、农林牧渔业	2.6	0.1
二、工业	1109.1	41.6
煤炭工业	240.4	9.0
石油和石化工业	0.2	0.0
冶金工业	479.5	18.0
建材工业	11.6	0. 4
化学工业	6 3.2	2.4
森林工业	0.0	0.0
食品工业	－0.9	0.0
烟草工业	0.0	0.0
纺织工业	7.0	0.3
医药工业	18.5	0.7
机械工业	23.7	0.9
军工工业	1.5	0.1
电子工业	4.3	0.2
电力工业	113.3	4.2
市政公用工业	107.6	4.0
其他工业	31.5	1.2
三、建筑业	145.3	5.4
四、地质勘查及水利业	0.8	0.0
五、交通运输业	470.9	17.7
六、仓储业	29.5	1.1
七、邮电通信业	0.1	0.0
八、批发和零售业	87.0	3.3
九、金融业	69.5	2.6
十、房地产业	97.4	3.6
十一、信息技术服务业	0.4	0.0
十二、社会服务业	612.2	22.9
十三、卫生体育福利业	－0.6	0.0
十四、教育文化广播业	35.4	1.3
十五、科学研究和技术服务业	6.4	0.2
十六、机关社团及其他	1.7	0.1

表 5　2011 年河北省国有资产经营规模分布情况

经营规模	国有资产(亿元)	占国有资产总量比重(%)
大型企业	718.1	26.9
中型企业	1127.8	42.3
小型企业	769.1	28.8
微型企业	52.7	2.0
合　　计	2667.8	100.0

三、河北省国有资本保值增值综合分析评价

(一)国有资本保值增值基本状况

据2011年河北省企业国有资产统计数据显示，2011年末全省国有资产总量为2667.8亿元，同比增长9.1%；国有资本保值增值率为102.8%，比上年下降1.1个百分点。

1. 按隶属关系划分，截至2011年底，省属企业国有资产总量为1502.6亿元，同比增长8.2%，占全省国有资产总量的56.3%，国有资本保值增值率为103.6%，比上年下降1.7个百分点。

其中，省国资委监管企业国有资产总量为1361.1亿元，同比增长9%，占全省国有资产总量的51%，国有资本保值增值率为102.9%，比上年下降1.4个百分点。

市及市以下企业国有资产总量为1165.2亿元，同比增长10.2%，占全省国有资产总量的43.7%。在地区分布方面，廊坊由于国有资本大力注入，国有资产增速最快，为42.8%；邯郸、秦皇岛、邢台、保定国有资产增速也超过20%，分别为24.3%、24%、23.1%、20.6%；石家庄由于宝石集团影响，国有资产减少2.3%。

市及市以下企业国有资本保值增值率为101.9%。除保定(94.5%)、廊坊(71.4%)、秦皇岛(96.5%)外，其他8个市全部实现保值增值，邯郸保值增值率最高，为116.9%。

2. 按行业分布划分，国有资产主要集中在工业、社会服务业和交通运输业，分别为1109.1亿元、612.2亿元、470.9亿元，分别占有全省国有资产的41.6%、22.9%、17.7%。各行业均保持了国有资本的增加，增长主要集中在工业、社会服务业、交通运输业、建筑和金融行业，分别增加70亿元、49亿元、43.7亿元、21亿元和12.6亿元。

工业是占有国有资产最多的行业，也是河北省国有资产增长的支柱产业。在工业企业内部，冶金、煤炭和电力国有资产总量为833.2亿元，占工业国有资产总量的75.1%，国有资本保值增值率分别为100.4%、106.4%和100.9%。纺织和电子行业国有资本减少最多，分别减少6.5亿元和3.5亿元；纺织和建材行业未能完成保值增值任务，国有资本保值增值率分别为95.1%和79.2%；食品业早已资不抵债，继续亏损，2011年末国有资产总量为-0.89亿元。

3. 按经营规模划分，截至2011年底，大型企业国有资产总量为718.1亿元，同比减少3.1%，占全省国有资产总量的26.9%，国有资本保值增值率为100.2%；中型企业国有资产总量为1127.8亿元，同比增长15.1%，占全省国有资产总量的42.3%，国有资本保值增值率为105%；小型企业国有资产总量为769.1亿元，同比增长15.1%，占全省国有资产总量的28.8%，国有资本保值增值率为102.9%；微型企业所占份额较小，国有资产总量为52.7亿元，占全省国有资产总量的2%。

(二)国有资产总量变动因素分析

1. 2011年国有资本及权益总额增加302亿元。国家投资无偿划拨和经营积累是最大的三项增加因素，分别为76.8亿元、38.6亿元和101.3亿元，合计占增加总量的71.8%。其中：(1)省国资委监管的航空投资集团(增加18亿元)、唐山市的唐山曹妃甸港口(增加18.6亿元)和唐山建设投资公司(增加6.9亿元)国家直接间接投入最多。(2)无偿划拨资产增长最多的分别为：河北省国资委监管的河北省建设投资公司(划拨4.7亿元)、河北省出版传媒集团(划拨3.7亿元)、邯郸市的市政公用事业管理局(划拨5.9亿元)和唐山市的南湖生态城开发建设投资公司(划拨4.2亿元)与唐山港口实业集团(划拨3.8亿元)。(3)企业实现盈利增加国有资本最多的分别是河北钢铁12.8亿元、河北省高速公路管理局11.8亿元、冀中能源9.8亿元、港口集团5.9亿元。

2. 2011年国有资本及权益总额减少89.1亿元。经营减值减少是主要因素，减少32.3亿元，占减少总量的36.3%；客观减少因素当中，上交红利13.2亿元，无偿划出7.6亿元，产权界定减少7.5亿元。其中：(1)由于效益不好导致减值的因素中，航空投资集团减少2.6亿元、河北省建投减少2亿元、唐山市的曹妃甸发展投资集团减少1.8亿元、邯郸市市政公用事业管理局减少1.5亿元。(2)河北省出版传媒集团有限责任公司无偿划出减少3.8亿元；产权界定减少主

要来自于石家庄市的宝石集团减少6.6亿元。(3)上交红利减少权益最多的企业分别为:河北钢铁1亿元、河北省高速公路管理局1.8亿元、磁县六合工业有限公司2.3亿元、磁县申家庄煤矿3.2亿元。

四、河北省国资委监管企业股份制改革及并购重组情况

河北省国资委大力推进国有企业股权多元化改革,积极引进省内外国有资本、民资、外资、投资机构在内的各类战略投资者参与国有独资企业的股权多元化改革。2011年8月17日,河北省国资委在石家庄市召开"全省推进国有企业改革重组上市提高国有资产证券化水平工作会议",下发《关于加快推进国有企业改革重组上市提高国有资产证券化水平的通知》(冀国资〔2011〕8号),力争"十二五"期间,使全省地方国有控股的境内外上市公司数量翻一番,到2015年末新增国有资产控股、参股首发上市公司20家以上,存量国有控股上市公司全部实现主业资产或分板块资产整体上市,国有资产证券化率达到或超过全国平均水平。2011年,河北省国资委监管企业先后筹资约5亿元在境内外组建发展24家公司制企业,鼓励12家企业直接设立多元化公司,预计新增营业收入579亿元、利润10多亿元。

河北省国资委始终坚持政府引导、出资人主导,以企业为主体,充分发挥市场配置资源的基础性作用,不断推进河北省国有企业的改革重组工作。河北钢铁集团继2010年重组河北敬业等五家民营钢企后,2011年继续以"渐进式股权融合"模式重组九江线材、河北新金等7家民营钢铁企业,同时重组控股石钢80%股权,进一步提高全省钢铁产业集中度,河北钢铁集团连续三年跻身世界500强行列,并由2010年的314位晋位到2011年的279位。冀中能源集团继续把山西、内蒙古、新疆作为重点发展区域,加快资源整合力度,重组山西大远煤业有限公司、内蒙古新兴煤炭有限公司和内蒙古伊金霍洛旗新庙阿会沟致富煤矿等9家大型煤矿,冀中能源集团2011年首次进入世界500强,位居458位。河北省国控公司出资设立河北国控化工有限公司,搭建整合重组全省民爆行业的平台,组建河北融投控股集团,形成以担保再担保为主体、融资租赁和创业投资为两翼的"一体两翼"的综合性投融资平台。

五、河北省国资委监管企业完善法人治理结构改革进展情况

以健全国有资产监管体制、规范国有企业法人治理结构为重点,河北省国资委研究起草《关于推进省国资委监管企业法人治理结构建设的意见》,加快推进现代企业制度建设。

(一)积极推进国有独资公司规范的董事会试点工作

按照管少、管精、管活的原则,以加强董事会建设为核心,以减少董事会、经理层人员交叉和引入外部董事为重点,以落实董事会、经理层的用人权为方向,学习借鉴国务院国资委及部分省市国资委的试点经验。一是研究起草《省国资委监管企业董事会建设试点工作的实施意见》,就健全完善监管企业法人治理结构,推进监管企业董事会建设,进一步明确了监管企业董事会建设试点工作的指导思想、主要目标、主要内容、主要工作、推进措施、进度安排与工作分工、组织领导等措施。二是积极探索试点企业规范企业领导人员任免工作,努力做到董事会人员与经理层人员相分离,决策权和执行权相分开。在试点企业经理层人员除总经理外,其他副总经理一般不再进入董事会,原来在董事会担任董事的副总经理,在试点工作开展后免去其董事职务。三是积极探索研究出资人选任和考核董事会、董事会选聘和考核经理层、总经理依法行使经营权、用人权,使董事会能够科学决策,经理层能够高效执行,监事会能够有力监督。通过外部董事制度的实行,努力使监管企业董事会建设迈上一个新台阶,使法人治理结构得到不断优化。

(二)积极建立专兼职相结合的外部董事队伍

一是积极筹备监管企业外部董事专业资格认定委员会。按照河北省国资委印发的《监管企业外部董事管理办法(试行)》的有关规定,组织起草《省国资委关于外部董事专业资格认定委员会组建方案》,对监

管企业外部董事专业资格认定委员会的组成、任务、组建方法等事项作了明确规定。二是采取组织推荐、社会公开选聘等办法筛选入库人员，建立百人以上的外部董事人才库。研究起草《省国资委面向社会公开招聘监管企业外部董事公告》，从三个方面选聘有一定影响力的外部董事。从央企、省属企业在职领导和刚退下来的领导人员中选聘；从党政机关经济管理部门刚退下来的领导人员选聘；从高等院校、科研院所和著名中介机构的知名专家学者中选聘。

（三）积极推进监管企业经理层全面引入竞争机制

研究起草《关于深化监管企业高级经营管理人员选拔任用制度改革的实施办法》，新进入经理层的人员，都要通过内部竞争、公开招聘、市场选聘、公推竞聘等方式产生，真正在"能上能下、能高能低"方面实现新的突破。

（四）积极建立和完善企业领导人员正常退出机制

为了探索企业领导人员年轻化、专业化的有效途径，建立完善正常退出机制，根据河北省《省属企业领导人员管理暂行办法》（冀办发〔2011〕7 号）和河北省国资委党委印发的《关于进一步加强人才队伍建设的指导意见》（冀国资党发〔2011〕11 号）的有关规定，制定印发《省国资委监管企业领导人员正常退出机制建设中有关具体问题的补充意见》，对监管企业领导班子副职年满 58 周岁的，一般不再担任企业领导职务，保留待遇，到龄退休等有关具体问题作了补充规定。已有 17 名监管企业领导班子副职人员被免去现职，保留待遇，到龄退休。

六、河北省国资委监管企业负责人考核与选人用人机制改革

始终坚持党管干部原则，以改革和完善企业领导人员管理制度为重点，着力创新选拔方式、考核模式、培养机制、交流机制、激励和约束机制，逐步完善与公司治理结构相适应的企业领导人员管理体制，健全符合现代国有企业制度要求的企业人事制度，积极营造优秀人才脱颖而出的环境，形成广纳群贤、竞争择优、能上能下、能进能出、充满生机与活力的选人用人新机制。

（一）河北省国资委监管企业负责人考核机制改革

河北省委组织部和省国资委一直非常重视省管企业领导班子和领导人员的考核工作，把对企业领导班子和领导人员的考核作为管理、监督、激励企业领导班子和领导人员的重要方法和手段，同时也非常注重考核方法的完善和改进，为此，《中央企业领导班子和领导人员综合考核评价办法（试行）》出台以后，马上部署、起草本省的相关规定，经过多次征求意见、修改，2011 年 1 月印发《河北省省属企业领导班子和领导人员综合考核评价暂行办法》。《河北省省属企业领导班子和领导人员综合考核评价暂行办法》共 5 章 31 条，明确规定综合考核评价的内容、方式和结果及运用。考核机制改革的突破点和创新点主要体现在：

1. 突出综合考评。对领导班子的考核内容为政治素质、经营业绩、团结协作、作风形象和重点工作，共 13 项指标；对领导人员的考核内容为素质、能力和业绩，共 8 项指标，涉及领导班子和领导人员工作的各个方面，体现对领导班子和领导人员考评的综合考评。

2. 注重工作实绩。对领导班子的考核评价，经营业绩（含 4 项指标）占 60%，政治素质、团结协作、作风形象和重点工作（含 9 项指标）占 40%；对领导人员的考核评价，业绩（含 2 项指标）占 50%，素质和能力（含 6 项指标）占 50%。

3. 采用多维度测评。对领导班子和领导人员的测评，通过企业内部（领导班子成员、中层管理人员、职工代表参加）民主测评、上级管理部门评价、监事会评价等方式，全方位、多维度地进行，并将多维度测评的结果，按照企业内部民主测评占 60%、上级管理部门评价占 25%、监事会评价占 15%的权重，通过加权汇总的方式计算出得分，作为确定领导班子和领导人员考核评价结果的重要依据。

4. 注重综合考核评价结果的运用。综合考核评价结果作为领导班子调整和领导人员培养、使用、奖惩的重要依据。领导班子考核评价为"优秀"的，授予

荣誉称号,并可给予物质奖励;评价为“一般”的,限期整改,并进行适当调整;评价为“较差”的,进行组织调查。领导人员考核评价为“优秀”的,在一定范围进行通报表彰,并可给予物质奖励;评价为“基本称职”的,由省国资委党委进行谈话,指出问题和不足,限期改进;评价为“不称职”或者连续两年评价为“基本称职”的,予以免职。

(二)河北省国资委监管企业负责人选人用人机制改革

1. 健全完善选拔任用机制。按照现代企业制度要求,建立有效制衡、规范运作的法人治理结构,积极推进以建立外部董事制度为重点的董事会建设,建立外部董事人才库。全面引入竞争机制,坚持组织选拔和市场化选聘相结合,加大公开招聘、竞争上岗等竞争性选人用人力度。全面实行企业领导人员任期制,建立完善企业领导人员正常退出机制,妥善解决能上不能下、能进不能出的问题。

2. 健全完善考核评价机制。对企业领导人员的考核评价,认真执行《省属企业领导班子和领导人员综合考核评价办法》,坚持监管企业领导班子向国资监管机构年度述职制度,每年组织专门力量,对企业领导班子和领导人员进行考核。对出资人代表,主要考核其责任意识、全局观念、决策水平、创新能力,评价国有资产保值增值状况。对经营管理人才,主要考核其经营决策能力、市场应变能力、诚信守法表现以及经营效果。建立健全考核结果反馈和通报制度,把考核评价结果作为企业领导班子调整和领导人员培养、使用、奖惩的重要依据。

3. 积极推进董事长与总经理分设。建立规范的法人治理结构,必须董事长与总经理分设,实现决策权与经营权分开,董事会管理经理层,对出资人负责,维护出资人利益,行使《公司法》赋予的职权。总经理对董事会负责,向董事会报告工作,主动与董事长沟通情况。

4. 健全完善教育培养机制。建立工学结合、校企合作、理论教育与实践锻炼并重的开放式人才培养开发体系。坚持分类培训、综合培养,着力提升企业领导人员治企能力,加快造就一批熟悉国际惯例、具有世界眼光的高层次优秀企业家和后备人才,培养引进一批高层次创业型和资本运作产业人才。

5. 健全完善人才交流机制。加强优秀年轻人才培养锻炼性交流,加大重要部门、关键岗位、不同企业的人才交流力度,积极推进企业之间、企业与党政机关之间人才交流。建立健全省国资委与企业优秀人才的双向挂职、任职制度。继续从省国资委选派有发展潜力和培养前途的年轻优秀人才到企业挂职、任职,从监管企业选派高素质、高知识层次的年轻优秀人才到省国资委挂职、任职。特别是将年轻有为、综合素质好、发展潜力大的国有企业领导人员选派到情况复杂、困难较多的企业任职,经受锻炼、增长才干。

6. 健全完善激励约束机制。进一步规范和完善企业领导人员薪酬管理指导意见,明确不同职位企业领导人员薪酬确定的科学标准和具体规程。逐步建立收入与岗位职责和业绩挂钩、精神激励与物质激励并重、短期激励与中长期激励互为补充、强激励与硬约束紧密结合、能体现企业领导人员贡献的薪酬分配体系。统筹处理好企业领导人员激励与职工收入分配的关系、激励与监督制约的关系,严格经济责任审计,加强监事会监督,完善国资损失责任追究制度。

七、河北省国资委监管企业党的建设情况

2011 年,河北省国资委监管企业党的建设工作以深入开展创先争优活动为主线,以加强企业党组织建设为重点,以更好地发挥企业党组织的政治核心作用、党支部的战斗堡垒作用和广大党员的先锋模范作用为目标,为调结构、转方式、促升级、增效益提供坚强的思想、政治和组织保证。

(一)创新实践,扎实推进创先争优活动

以胡锦涛总书记春节视察河北时的重要讲话为指导,把握主题,围绕主线,按照“巩固、深化、创新、提高”原则和“经常有动作、阶段有中心、节点有高潮”的具体要求,进一步深入开展创先争优活动,努力做到“三个坚持”即:坚持抓书记,书记抓,领导干部带头履职尽责。河北省国资委系统各级领导班子成员共建立联系点 7286 个,先后深入企业进行现场点评 12560 人次。《国企》杂志、《中国经济时报》《河北日报》《河

北经济日报》先后以整版篇幅对河北省国资委系统创先争优活动取得的成果、百家支部千名党员的典型经验和先进事迹进行系列报道。2011年"七一"前，河北省国资委、开滦集团、冀中能源集团和邯钢公司党委受到中央表彰，并授予"全国先进基层党组织"荣誉称号。

(二)夯实基础，进一步加强基层党组织建设

一是进一步完善党组织设置。坚持"三同步"即：企业在新设的同时，同步建立党组织，同步部署党建工作，同步进行党建工作考核。做到了基层党组织全覆盖，支部战斗堡垒作用得到充分发挥。二是认真落实党建工作责任制。各企业党组织负责人牢固树立"抓好党建是本职、不抓党建是失职、抓不好党建是不称职"的观念，认真落实党建工作责任制，通过党委会、党委扩大会、党政联席会等有效途径，积极参与企业重大问题决策，确保党的方针政策和省委省政府的重大决策部署得到贯彻落实。三是注重加强制度建设。2011年9月8日，会同河北省委组织部召开全省国有企业党的建设工作会议，下发《进一步加强和改进国有企业党建工作的意见》(冀组通字〔2011〕57号)，进一步明确企业党建工作的指导思想、目标任务、职能定位、机构设置和人员编制、经费保障等一系列重大问题，对提升党组织在企业中的地位和作用起到很好效果。

(三)强化教育培训，大力加强党员和党务工作者队伍建设

高度重视党员队伍建设，扎实推进"双培工程"，为企业发展培养和造就大批优秀人才。认真研究和把握新形势下党员管理工作的特点和规律，探索党员动态管理新机制，完善流动党员、下岗职工党员、离退休党员的管理。注重加强党务干部培训，分别在秦皇岛和石家庄组织举办河北省国资委系统企业基层党支部书记、党务工作者培训班，有效提升基层党务干部的能力和素质。

(四)拓宽思路，不断推进国有企业党建理论研究

2011年4月，组建成立河北省国有企业党建研究会和河北省国有企业党建研究所，搭建党建工作研究平台。以"国企党建创新"为主题，组织开展纪念建党90周年"河北钢铁杯"国企党建创新征文活动。编辑出版《探索、创新与发展》一书，为国企党建工作创新提供新经验和新做法。培育党建特色品牌，河北省国企党建研究会以服务企业为宗旨，深入企业跟踪调研，围绕建"四好"、创"四强"、争"四优"、抓"四创"活动和党建质量管控体系等特色工作，积极培育示范点。2011年2月，有4家企业党建工作入选河北省委党建特色工作案例，发挥党建工作品牌效应。

(撰稿人：刘喜增、赵建明)

山西省

一、山西省国有资产监督管理工作综述

2011年，山西省国资系统坚持以科学发展观为指导，认真贯彻落实省委省政府的各项决策部署，全面实施"十二五"规划，全力推进项目建设，不断深化改革创新，积极调整布局结构，着力推动转型跨越发展，国资监管和国有企业改革发展取得新的成果，实现了"十二五"的良好开局。省属企业资产总额和营业收入双双突破万亿元大关。2011年山西省国有企业资产总额达到13985亿元，实现营业收入11621亿元。省属监管企业资产总额达到10995亿元，所有者权益3311.4亿元，实现营业收入10476亿元，实现利税1152.6亿元，实现利润348.5亿元，实现国有资产保值增值率108.75%。省属企业各项主要经济指标在全国地方国资系统排名中位列前五位，其中营业收入仅次于上海，排名全国第二位。山西优势企业成长迅猛，山西煤销、太钢集团、焦煤集团、同煤集团、晋煤集团、潞安集团、阳煤集团资产总额、营业收入双双突破1000亿元。"双千亿"企业在资源配置、功能叠加、能力放大等方面跃上了更高的平台，代表着山西国有企业的实力和形象，具备了世界一流企业的冲击力。山煤集团、国际电力、经贸控股集团、经济建设投资集团、山投集团、太重集团、国际能源、国新能源、建工集团、汾酒集团、能源交通投资集团、中条山有色金属集

团等省属企业也保持快速增长速度。各市也涌现出兰花、凯嘉、离柳集团等一批规模较大、增长较快、效益较好的优势企业,为全省经济社会发展作出积极贡献。2011 年,山西省属企业投资总量高速增长,共完成投资 1600 亿元,比全省固定资产投资增速高出 23 个百分点,掀起转型跨越的新高潮。省属企业的产业结构不断优化,山西焦煤等 5 户煤炭企业加速推进以煤为基、多元发展战略,全年实现非煤收入 3312 亿元,非煤收入比重达到 59%,其中晋煤集团、阳煤集团、潞安集团超过 70%。招商引资创历史新高,转型跨越的支撑力显著提升,全年省属企业签约项目 182 个,总投资 7792.6 亿元,引资 1389.5 亿元,其中实体转型项目占 96%,初步走出一条上下游合作、产业链对接,变传统能源原材料供应为经济合作共生共赢的新路子。安全生产创历史最好水平。2011 年,省属煤炭企业发生死亡事故 17 起,死亡 22 人,是省政府下达指标的 32.8%,百万吨死亡率 0.049,是全省平均水平的 1/2 左右、全国平均水平的 1/10 左右,居于世界先进水平,其中潞安集团杜绝了重大事故,实现了零死亡。同时,化工、建筑、钢铁等非煤企业安全生产保障能力不断提升,安全状况持续改善,为全省安全生产形势持续明显好转作出了巨大贡献。

2011 年工作十大亮点:(1)省属企业资产总额和营业收入实现“双超万亿”,“双千亿”企业达到 7 个,省属企业综合实力迈上新台阶。(2)充分利用赴江浙沪招商引资和第六届中博会两个平台,组织省属企业签约项目 182 个,96%为实体转型项目;引资 1389 亿元,额度是 2010 年的 5.6 倍。省属企业转型跨越的支撑力显著提升。(3)编制并组织实施省属企业十二五发展规划,人才队伍建设规划,着力推进三大企业方阵战略和人才强企战略,努力实现产业转型升级的新突破。(4)加快煤炭资源整合和企业联合重组,大集团建设迈出新步伐。(5)修订完善企业领导人员经营业绩考核的指标体系,计分办法和安全生产否决指标,全面启动国有资本收益收缴工作,监管服务方式和水平有了新的创新和提升。(6)坚持矛盾纠纷排查和信访稳定形势分析,加大督促落实工作力度,妥善处置多起影响较大的群体性事件,和谐企业建设进一步加强。(7)首次面向全国公开招聘省属企业副总经理,首次在委机关公开选拔处级干部,推动委机关和省属企业干部双向交流锻炼机制的建立。(8)圆满完成省第十次党代会代表推荐和选举工作,深入推进和组织开展省属企业“创先争优”暨纪念建党九十周年一系列活动,党建工作取得新成效。(9)“五型”机关建设深入开展,履职水平进一步提高,服务意识明显增强,积极进取,团结向上,风清气正的氛围更加浓厚。(10)党风廉政建设和监督检查工作力度进一步加大,省直机关所属企业脱钩改革全面启动,“国企改革和发展论坛”成功举办,省属企业关闭破产工作基本完成。

二、山西省国有资产总量与结构分析

表 1　2011 年山西省属监管国有企业指标

项　目	金额(亿元)
资产总额	10995
所有者权益	3311.4
营业收入	10476
利润总额	348.5
净利润	211.8
归属于母公司所有者的净利润	132
应交税金总额	804
实际上缴税金总额	779

(一)山西省国有企业总体情况

1. 国有企业户数有所增加。

按照《企业国有资产监督管理暂行条例》和《企业国有资产统计报告办法》规定的汇编范围,2011 年纳入统计范围的国有企业(含国有控股参股,下同)5162 户,比 2010 年增加 724 户,增加的主要原因是从 2011 年起,山西省国有企业实现全级次上报。其中纳入统计范围的省属国有企业(包括监管及非监管,下同)2529 户,21 户省属监管企业共有 2078 户子公司。2007 年以来国有企业户数变化见图 1 所示,户数分布情况见表 2 所示。

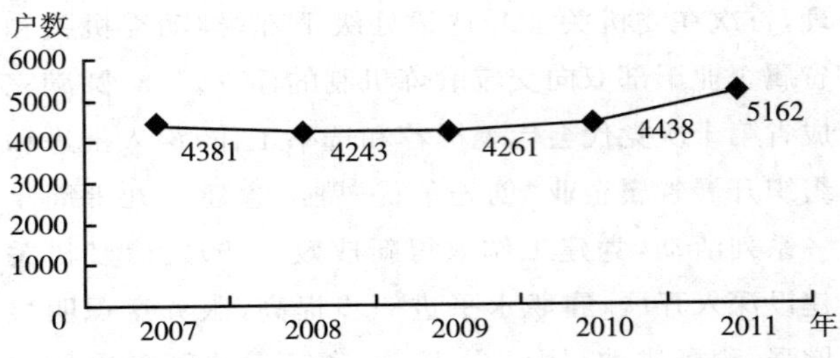

图 1　2007—2011 年山西省国有企业户数变化情况

表 2　2011 年山西省国有企业户数

类　型	户数(户)	比重(%)
按照经营规模户数分布：		
大型企业	300	5.81
中型企业	768	14.88
小型企业	1613	31.25
微型企业	2481	48.06
按照组织形式户数分布：		
国有独资公司	1401	27.14
其他有限责任公司	2149	41.63
上市股份有限公司	18	0.35
非上市股份有限公司	105	2.03
非公司制独资企业	799	15.48
其他非公司制企业	384	7.44
企业化管理事业单位	125	2.42
其他	181	3.51

按照隶属关系户数分布：

地　区	监管企业(户)	非监管企业(户)	市级以下企业(户)	合计(户)	占总户数的比重(%)
省属企业	2078	451		2529	48.99
市属及以下企业	406	569	1658	2633	51.01
太原市	89	214	174	477	9.24
大同市	26	11	95	132	2.56
阳泉市	118	32	39	189	3.66
长治市	24	72	203	299	5.79
晋城市	78	89	237	404	7.83
朔州市		12	49	61	1.18

续表

地　区	监管企业(户)	非监管企业(户)	市级以下企业(户)	合计(户)	占总户数的比重(%)
晋中市	28	21	73	122	2.36
运城市	17	8	158	183	3.55
忻州市	23	22	236	281	5.44
临汾市		70	211	281	5.44
吕梁市	3	18	183	204	3.95

2. 资产规模不断扩大。

2011 年山西省国有企业资产总额达到 13985 亿元，比 2010 年的 11446 亿元增加 2539 亿元，增长 22.18%，其中省属国有企业资产总额为 11858 亿元，占全省国有企业资产总额的 84.79%，比 2010 年的 9660 亿元增加 2198 亿元，增长 22.75%，省属监管企业截至 2011 年底资产总额为 10995 亿元，占全省国有企业资产总额的 78.62%。2007 年以来全省国有企业资产总额趋势变动情况见图 2 所示。

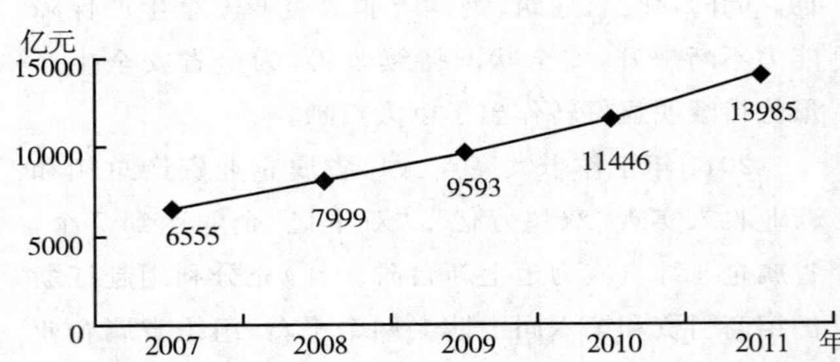

图 2　2007—2011 年山西省国有企业资产总额变化情况

3. 营业收入高速增长。

2011 年全省国有企业营业收入达到 11621 亿元，比 2010 年的 8423 亿元增加 3198 亿元，增长 37.97%。其中省属国有企业营业收入为 10824 亿元，占全省国有企业的 93.14%，比 2010 年的 7730 亿元增加 3094 亿元，增长 40.03%，省属监管企业 2011 年实现营业收入 10476 亿元，占全省国有企业的 90.15%。2007 年以来全省国有企业营业收入完成情况见图 3 所示。

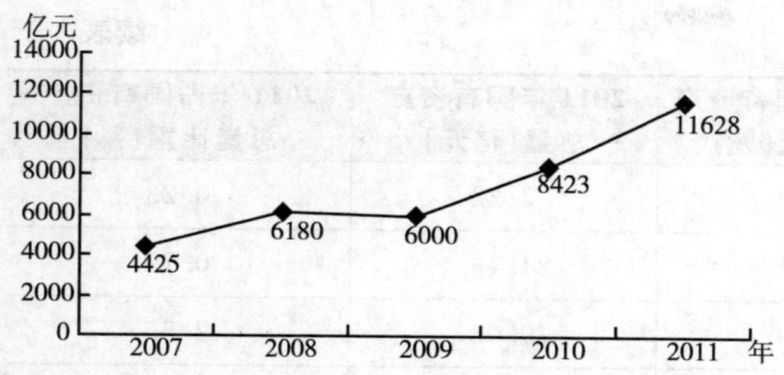

图3　2007—2011年山西省国有企业营业收入变化情况

4. 利润总额稳步提高。

2011年全省国有企业利润总额达到501亿元，比2010年的428亿元增加73亿元，增长率为17.06%。其中省属国有企业利润总额为370亿元，占全省国有企业的72.55%，比2010年的332亿元增加38亿元，增长率为11.45%。省属监管企业2011年利润总额为348.5亿元，占全省国有企业的69.56%。2007年以来全省国有企业利润总额变化情况见图4所示。

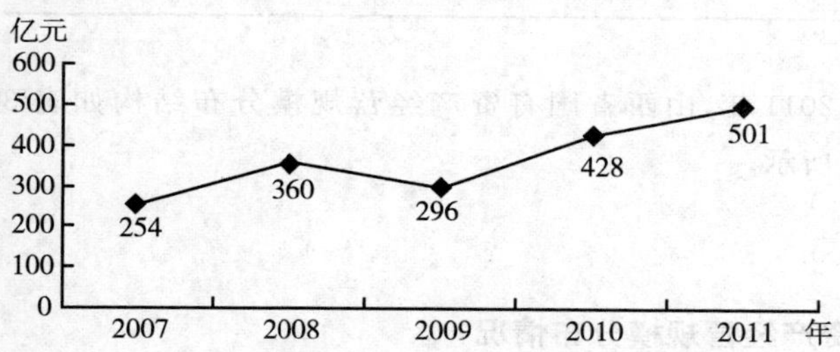

图4　2007—2011年山西省国有企业利润总额变化情况

(二)国有资产总量与分布结构

1. 国有资产总量持续增加。

截至2011年底，山西省国有资产总量达到3104亿元，比2010年末的2705亿元增加399亿元，增长14.75%。2007、2008、2009、2010、2011年国有资产总量占国有企业资产的比重分别为24.48%、28.67%、23.28%、23.63%、22.27%。五年来国有资产总量变化情况见图5所示，国有资产总量占国有企业资产总额的比重变化情况见图6所示。

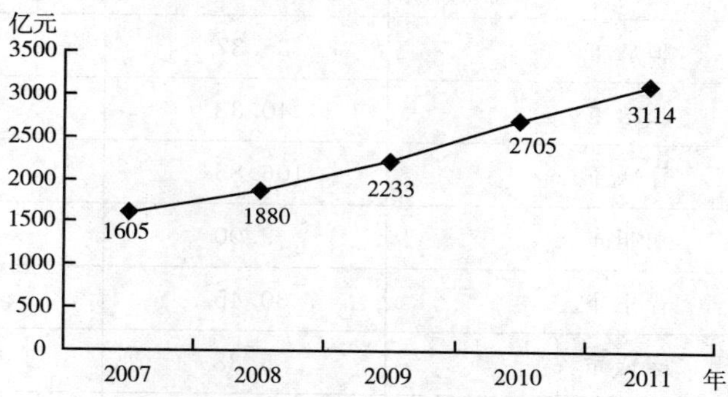

图5　2007—2011年山西省国有资产总量变化情况

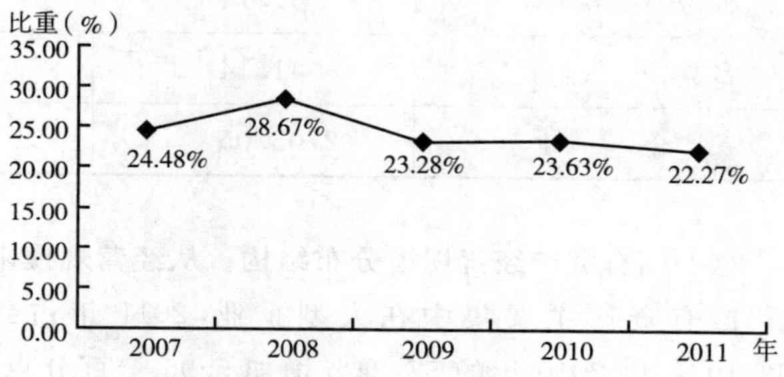

图6　2007—2011年山西省国有资产总量占国有企业资产总额的比重变化情况

2. 国有资产分布结构。

(1)国有资产地区分布结构。从统计数据可以看出，国有资产主要集中在省属企业，2011年省属企业国有资产总量为2492亿元，比2010年增加222亿元，占全部国有资产的比重达到80.03%。2010、2011年山西省企业国有资产地区分布结构如表2所示。

表3　2010—2011年山西省国有资产地区分布情况

地　　区	2010年国有资产总量(亿元)	2010年占国有资产总量比重(%)	2011年国有资产总量(亿元)	2011年占国有资产总量比重(%)
省属企业：	2270.26	83.92	2492.37	80.29
省属监管企业	2033.42	75.17	2236.23	72.04
省属非监管企业	236.84	8.75	256.14	8.25
市属企业：	434.79	16.08	611.76	19.71
太原市	54.89	2.03	55.82	1.80

续表

地　区	2010 年国有资产总量(亿元)	2010 年占国有资产总量比重(%)	2011 年国有资产总量(亿元)	2011 年占国有资产总量比重(%)
大同市	9.88	0.38	7.22	0.23
阳泉市	25.37	0.94	24.46	0.79
长治市	40.38	1.49	79.06	2.55
晋城市	106.85	3.95	169.88	5.47
朔州市	9.00	0.33	1.75	0.06
晋中市	30.45	1.13	93.28	3.01
运城市	5.38	0.20	3.14	0.10
忻州市	60.31	2.23	81.61	2.63
临汾市	51.14	1.89	60.35	1.94
吕梁市	41.14	1.52	35.20	1.13
合　计	2705.05	100.00	3104.13	100.00

(2)国有资产经营规模分布结构。从经营规模来看,国有资产主要集中在大型企业,2011 年占到 63.19%,比 2010 年的 57.24%增加 5.95 个百分点。2011 年,山西省国有资产经营规模分布结构如表 3 所示。

表 4　2010—2011 年山西省国有资产经营规模分布情况

经营规模	2010 年国有资产总量(亿元)	2010 年占国有资产总量比重(%)	2011 年国有资产总量(亿元)	2011 年占国有资产总量比重(%)
大型企业	1548.25	57.24	1967.39	63.38
中型企业	672.69	24.86	899.42	28.97
小型及微型企业	484.11	17.90	237.32	7.65
合　计	2705.05	100.00	3104.13	100.00

(三)企业资产质量、财务状况及经营成果分析

1. 资产质量。

(1)资产结构合理,资产的流动性保持在合理的状态。2011 年国有企业的资产分布基本持续上年的稳健态势,流动资产占总资产的 48.56%,但值得注意的是流动资产中应收款项有所上升,2011 年末达到 2095 亿元,比上年同期的 1914 亿元增加 181 亿元。固定资产占总资产的 26.42%,二者共占资产总额的 74.98%。各项资产比重分析见表 4 所示。

表 5　2011 年山西省各项资产比重分析

资产项目	2011 年初占总资产的比重(%)	2011 年末占总资产的比重(%)	比重变化百分点
流动资产	49.25	48.56	—0.69
非流动资产	50.75	51.44	0.69
其中:固定资产	26.74	26.42	—0.32
无形资产	6.47	7.10	0.63
资产总计	100.00	100.00	

(2)各项资产同比变动趋势(见表 5)呈良性态势,无形资产的比重稳步提高。总体来看,企业的资产结构未发生根本变化,即固定资产在企业资产中仍占有较大份额。从无形资产的趋势变动来分析,无形资产同比增长率较高,达到 34.96%,但占总资产的比重依然很低,仅占资产总额的 7.1%。这与山西省产业结构(属于能源、重工业基地)有关。流动资产和固定资产趋势变动率基本与总资产的变动相协调。

表 6　2011 年山西省各项资产变动情况

资产项目	2011 年初数(亿元)	2011 年末数(亿元)	增长额(亿元)	增长率(%)
流动资产	5637.32	6791.83	1154.51	20.48
固定资产	3060.79	3694.95	634.16	20.72
无形资产	740.25	993.24	252.99	34.18
非流动资产	5808.20	7193.36	1385.16	23.85
资产总计	11445.52	13985.18	2539.66	22.19

(3)资产营运保持较高的效率。2011 年国有企业固定资产投资占主营业务收入的 12.82%,比 2010 年的 10.82%提高 2 个百分点;国有企业总资产周转次数为 0.87 次,比 2010 年的 0.76 次提高 0.11 次;流动资产周转次数为 1.78 次,比 2010 年的 1.57 次提高 0.21 次;存货周转次数为 9.82 次,比 2010 年的 8.60 次,提高 1.22 次。

2. 财务状况分析。

(1)流动比率继续保持合理水平,表明国有企业总体的短期偿债能力较好。2011 年国有企业流动资产 6791.83 亿元,速动资产 5755.89 亿元,流动负债为 6136.77 亿元,流动比率为 1.11,速动比率为 0.94,比 2010 年国有企业流动比率 1.16、速动比率 0.98 略有下降。

(2)资产负债率有所上升,23.61%的企业资不抵债。2011 年末,国有企业总资产为 13985.18 亿元,负债总额为 9635.07 亿元,资产负债率为 68.89%,比 2010 年的 67.74%有所提高,达到五年来的最高值。所有者权益为 4350.11 亿元,比 2010 年的 3692.01 亿元增加 658.10 亿元,增长 17.83%,资产负债率变化情况见图 7 所示。

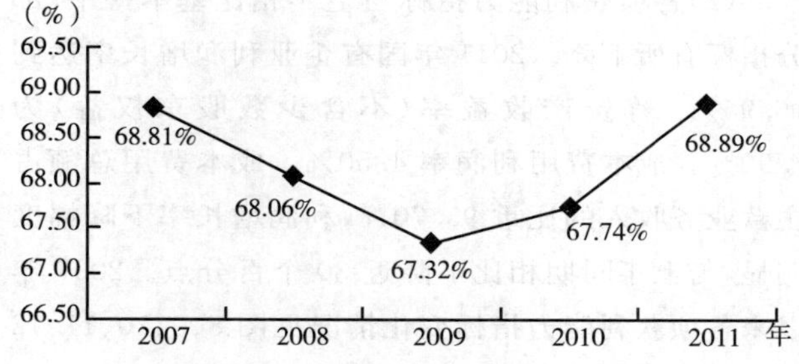

图 7　2007—2011 年山西省国有企业资产负债率变化情况

从单户企业分析,有 1219 户企业资产负债率高于 100%,占总户数的 23.61%,资不抵债企业主要集中在市、县级企业。

(3)现金流量充足,现金流动负债比率明显上升。2011 年末国有企业现金及现金等价物 1789.26 亿元,年初现金及现金等价物 1600.17 亿元,现金及现金等价物净增加额 189.09 亿元,增长 11.82%。2011 年现金及现金等价物净增加额中经营活动产生的现金流量净额 823.50 亿元,投资活动产生的现金流量净投入额 1331.09 亿元,筹资活动产生的现金流量净额

696.30亿元。

现金流动负债比率为13.42%，比2010年的9.46%，增加3.96个百分点。

3. 经营成果分析。

(1)营业收入、营业利润和利润总额大幅增加。2011年全省国有企业营业收入达到11621.28亿元，比2010年的8422.75亿元增加3198.53亿元，增长37.97%，其中省属国有企业销售收入为10823.54亿元，比2010年的7729.71亿元增加3093.83亿元，增长40.03%。营业收入超过10亿元的单户企业267户，比2010年的196户增加71户。

营业利润实现486.55亿元，比2010年的414.35亿元增加72.20亿元，增长17.42%。

利润总额达到500.73亿元，比2010年的428.17亿元增加72.56亿元，增长16.95%，其中省属国有企业利润总额为370.04亿元，占全省国有企业的72.55%，比2010年的331.63亿元增加38.41亿元，增长11.58%，利润总额超过亿元的企业有134户。

(2)各项获利能力指标与上年相比基本持平，部分指标有所下降。2011年国有企业利润增长率达到16.95%。净资产收益率(不含少数股东权益)为7.90%。成本费用利润率4.50%。成本费用总额占主营业务收入的比重95.70%，利润增长率下降幅度明显，与上年同期相比下降近30个百分点。2007年以来各项获利能力指标变化情况见图8、9、10、11、12所示。

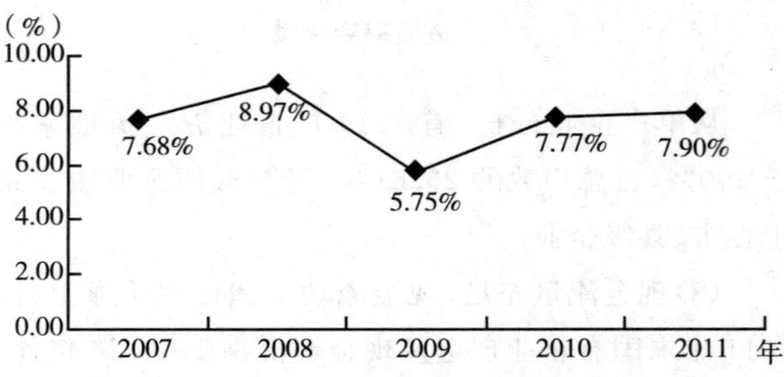

图8 2007—2011年山西省国有企业净资产收益率(不含少数股东权益)变化情况

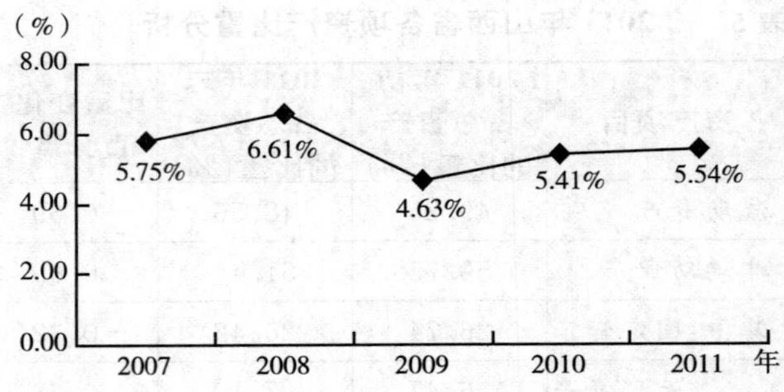

图9 2007—2011年山西省国有企业总资产报酬率变化情况

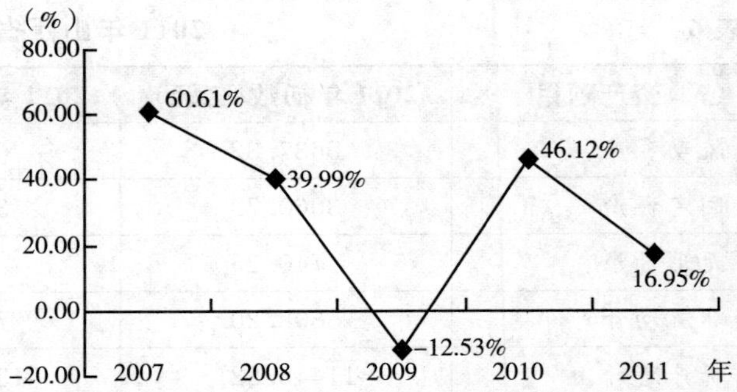

图10 2007—2011年山西省国有企业利润增长率变化情况

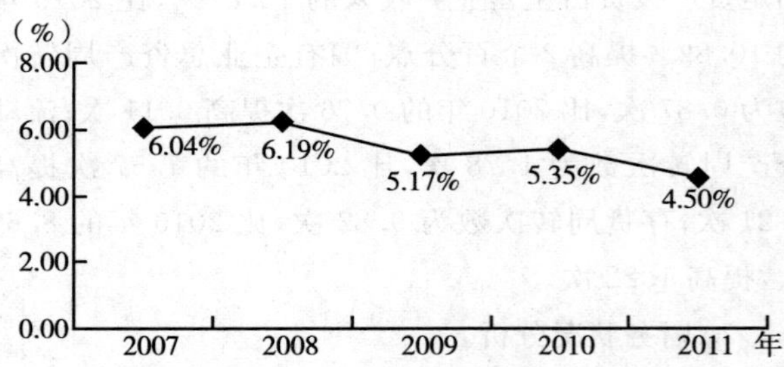

图11 2007—2011年山西省国有企业成本费用利润率变化情况

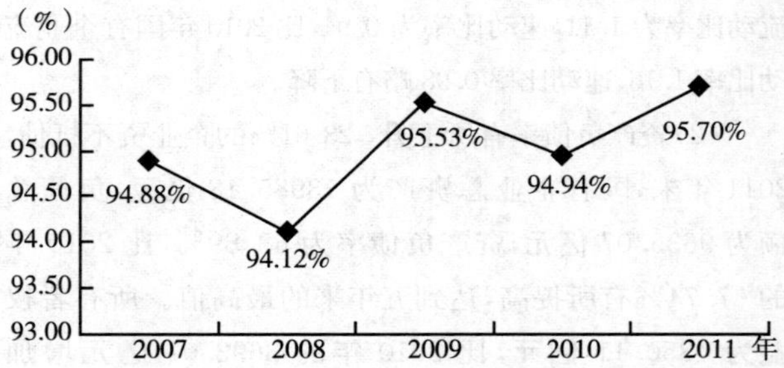

图12 2007—2011年山西省国有企业成本费用总额占主营业务收入的比重变化情况

(四)国有资产增减变动情况及其原因分析

2011年初国有资本及权益总额2774.27亿元,本年国有资本及权益增加458.72亿元,国有资本及权益减少129.90亿元,年末国有资本及权益总额3103.08亿元,比年初国有资本及权益净增加328.81亿元,增长11.85%。年末其他国有资金1.05亿元,年末国有资产总量达到3104.13亿元。

国有资本及权益增加主要来源于国有企业的经营积累,2011年增加320.59亿元,占国有资本及权益增加额的69.89%。国有资本及权益减少主要为经营减值49.42亿元,占到国有资本及权益减少额的38.04%。

企业经营活动引起国有资本及权益的变动中企业经营积累320.59亿元,经营减值49.42亿元,增减相抵企业经营活动引起国有资本及权益的增加额为271.17亿元。

三、山西省国有资本保值增值综合分析评价

(一)国有资产保值增值结果及其影响因素分析

山西省国有企业连续实现国有资产的保值增值,保值增值的原因主要来源于国有企业经营增值,国有资产得到保全并持续增长,国有企业权益资本的稳定增加,保证了国有企业较高抵御风险的能力和较强的持续发展能力。

1. 国有资产实现保值增值。

2011年全省国有企业保值增值率实现109.77%,比2010年的109.56%增加0.21百分点。2007年以来保值增值率见图13所示。

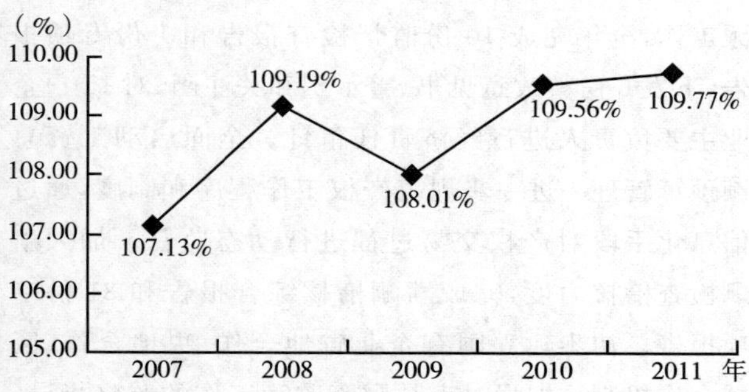

图13 2007—2011年山西省国有企业保值增值率变化情况

2. 国有资产保值增值影响因素分析。

(1)国有企业资本积累率略有下降但仍保持较高比率。2011年国有企业资本积累率为15.71%,比2010年的15.97%减少0.26个百分点。2011年末国有企业所有者权益为3224.22亿元(不含少数股东权益),比年初的2873.86亿元增加350.36亿元。其中,实收资本增加72.06亿元,增长5.13%,资本公积增加57.82亿元,增长7.89%,盈余公积增加17.40亿元,增长10.96%,未分配利润增加155.85亿元,增长50.48%。2007年以来国有企业的资本积累率见图14所示。

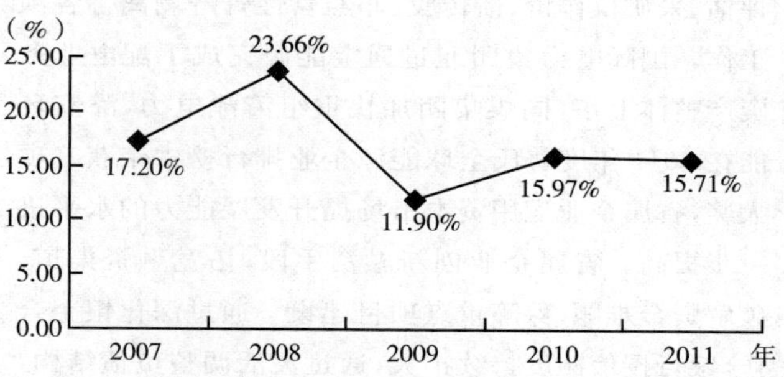

图14 2007—2011年山西省国有企业资本积累率变化情况

(2)国有资本保值增值率主要来源于省属监管企业的贡献。从分布结构来看,省属监管企业实现108.75%的保值增值率,贡献国有资本及权益2236.23亿元;省属非监管企业保值增值率为98.24%;市级及市级以下企业保值增值率为119.94%。

四、山西省国资委监管企业股份制改革与股权分置改革情况

(一)深化国有企业改革

国有企业改制破产不断深入。山西省国资委牵头启动省直机关所属企业脱钩改革。省市国有企业推进劣势企业有序退出,4户省属企业进入破产法律程序,15户企业解决了关闭破产补助费用6.76亿元,2011年破产费用的核拨企业户数、资金总额是上年的3倍。着手解决国有企业职教幼教退休教师待遇和省属企业分离办社会遗留问题,开展移交改制省

属煤炭企业广电网络、林场和厂办大集体改革的前期准备工作。国控集团克服重重困难，稳步推进困难企业破产工作。长治、临汾、吕梁、阳泉等市结合地方实际，重点推进困难企业破产改制工作，取得积极成效。大同市结合政府拆迁，完成困难企业破产终结121户。

（二）山西省属企业加快进入资本市场

山西省国资委积极推进山西天然气首发上市、阳煤化工借壳上市，同时参照央企改革的思路，积极推动晋煤集团、焦煤集团整体上市，扎实推进包括土地评估、采矿权作价、债转股、非经营性资产剥离等各项工作。国际电力集团通过通宝能源完成了配电业务资产整体上市，同煤集团加快重组漳泽电力，潞安环能在2011年度普氏全球能源企业排行榜中荣获三项大奖，省属企业运用资本市场提升发展能力的水平进一步提高。省属企业创新融资手段，拓宽融资渠道，破解资金难题，保障重点项目建设。通过深化银企合作，银行授信额度持续扩大；通过灵活调整负债结构，节约融资成本；通过担保和发行债券，全年融资328.49亿元。能源交通投资集团采取股权收益权转让等措施，确保铁路建设投融资全面完成。阳煤集团筹资140亿元，保证了跨越发展资金需求。山煤国际完成55亿元的非公开定向增发，资金结构得以优化。同煤集团将燕子山矿资产注入上市公司，融资22亿元。国际电力集团加强对持有的上市公司股份管理，稳健操作，扩大收益。

五、山西省国资委监管企业并购重组与完善法人治理结构改革进展情况

（一）加快实施企业联合重组

2011年，省属企业数量优化调整为21户。山西经贸控股集团、山西国控集团等重组企业着力创新组织架构和管控模式，实施专业化整合，发挥协同效应，形成了新的竞争优势，增强了企业承载力和执行力。在市场化、开放性重组方面，太重集团收购德国CEC公司55%股权，并购澳洲威利朗沃国际集团。潞安集团防爆公司与西门子公司达成组建合资公司意向。太钢集团联合央企收购巴西矿冶15%股权，渐进式重组美锦钢铁和星原集团的工作取得新的突破。在加强央地合作上，组建成立国药集团山西有限公司。此外，多家省属企业与华润、中电投等央企的合作也取得重大进展。

（二）加快煤炭资源整合

省属7户煤炭企业建立资源整合长效机制，关闭矿井620座，复工复产矿井298座，复工复产率77%，完成年度计划的110%。太原市、晋城市市属企业的部分资源整合矿井开工建设。资源整合的深入推进，标志全省全面挺进现代化大矿时代，夯实了煤炭的基础产业和主体能源地位，为转型跨越打下了坚实的安全和物质基础。

六、山西省国资委监管企业建立和完善经营业绩考核体系情况

2011年国资监管水平实现新提升。山西省国资委制定《重点项目及投资考核办法》，并将投资完成情况纳入企业领导人员经营业绩考核。为督促企业加快转变发展方式，加大利润总额的考核权重，将经济增加值作为辅助指标纳入考核，增加技术投入比率、不良资产比率等五个效益类指标，增加“重大工作任务目标”，设立单项特别奖，增加对进入世界500强企业的奖励。山西省政府出台《关于试行国有资本经营预算的意见》和《国有资本收益收取管理暂行办法》，国有资本收益收缴工作全面启动，省属企业全部纳入申报范围。进一步加大监督检查力度，17户省属企业聘任总法律顾问。加强对企业现金流的监控和风险提示，督促企业强化内部管控。完成监事会换届改派工作，全年完成10份监督检查报告和1份专项报告，下发6份整改意见书、警示函和关注函，对15户企业主要负责人进行经济责任审计。全面启动工资总额预算管理。进一步规范产权工作程序和制度，通过信息化手段对产权交易过程进行动态监督。加大薪酬检查稽核力度，完成薪酬稽核综合报告和31份专项报告。初步建立国有企业省地合作、央地合作、区域合作机制。加强对市县国资监管工作的监督指导，基本实现全省各级监管企业财务快报的及时汇总。

七、山西省国资委监管企业负责人考核与选人用人机制改革情况

山西省国资委党委进一步加强领导班子建设和人才队伍建设。山西省国资委坚持选配与管理并重，开展对省属企业领导班子的考核，培训企业领导人员120人次，全面提升企业领导班子整体素质。初步建立省国资委与省属企业干部双向交流锻炼制度。积极推行竞争性选拔干部，面向全国公开招聘3名煤炭企业副总经理。山投集团面向社会公开招聘11名中层管理人员。国际电力集团引进61名产业人才，并在子分公司领导班子成员中开始推行组阁制、任期制和流动制。

八、山西省国资委监管企业“十二五”规划实施及项目建设情况

(一)全面实施“十二五”规划，重点项目建设实现新突破

2011年，省属企业“十二五”整体规划、产业规划和专项规划全部编制完成。山西省国资委推动一批重点支撑项目进入全省“十二五”规划盘子，着力实施“双千亿、双五百亿、双百亿”三大企业方阵推进战略，建立重点项目协调推进机制，挑选60个在建的、30个前期准备的重点项目跟踪服务、协调推进。一批具有标志性、引领性、示范性的重大项目取得突破性进展。太钢集团宽幅光亮板生产线、袁家村铁矿，焦煤集团60万吨/年烯烃和晋兴、古交、庞庞塔循环经济园区，同煤集团24万吨/年聚甲醛、100万吨/年氧化铝，晋煤集团百万吨油一期、金匠煤机制造园区，阳煤集团太原化工新材料园区、二期70万吨/年氧化铝，太重集团大型铸锻件国产化项目开工建设。潞安集团工业硅和多晶硅项目成功投产，太阳能电池项目产能稳步扩大，硅产业链初步建成，21万吨/年煤基合成油示范项目达产达效，180万吨/年煤基合成油产业化项目前期工作有序推进。国际电力集团2个大型并网太阳能发电项目、国际能源集团6台300MW机组投入运营。

(二)加快以循环经济模式提升传统产业步伐

煤炭企业大型高产高效矿井建设步伐加快，同煤集团3个千万吨级矿井试生产，潞安集团整合周边260万吨/年的焦化产能。煤电一体化产业链加快形成，同煤集团坚持新建与并购并举，火电与新能源发电并进，电力装机规模迅速扩大。冶金企业加快产业升级和结构调整，太钢集团启动一批总投资300亿元以上的结构调整技改项目，中条山有色金属集团50万吨综合捕集回收技术改造工程开工建设。建工集团坚持多措并举、多元发展，大型业务、省外业务、非房建业务大幅度增长。晋煤集团、国新能源等省属企业主导的气化山西工程加快推进，全省气化人口覆盖率达到17%，位列全国第四位。太化集团合成氨生产线停产关闭，新厂区建设有条不紊展开，太原煤气化公司煤气厂已经拆除，为净化太原发挥了积极作用。

(三)省属企业影响力和竞争力不断增强

2011年，省属企业在煤炭、化工、冶金、煤层气、装备制造等主导行业的影响力和竞争力不断增强。山西焦煤、同煤集团、阳煤集团、潞安集团、晋煤集团、山西煤销集团、山煤集团七大煤炭集团原煤产量4.6亿吨，占全省的54%。太钢集团不锈钢产量突破300万吨，连续三年雄踞全球之首。晋煤集团地面煤层气抽采量12亿立方米、利用量8亿立方米，分别占全国的60%和52%。太重集团国际订货量比上年增长45%，海外市场不断扩大。汾酒集团发挥品牌效应，打造“国礼”精品，不断扩大市场，提高经济效益，“汾酒”品牌价值更加彰显。煤化工产品产量稳定增长，市场占有率和话语权持续提升。

(四)省属企业创新能力不断增强

科技创新方面，太钢集团在全球独家成功试生产出第三代汽车用钢，获国家专利50余项；太重集团3MW风电整机、500吨全路面起重机等产品完成设计，高速列车轮、轴完成试制；山煤集团时速380公里高铁轮对试制成功并批量生产；晋煤集团3个项目、潞安集团2个项目被评为国家科技进步二等奖；潞安集团与中科院、上海交大联合研发低碳能源转化和光伏技术取得阶段性成果。省属企业加大节能环保投入，加强技术改造，优化生产流程，实现了绿色发展。

太钢集团建成了国内首套冶金除尘灰资源化装置，与美国哈斯科公司合作建设了国内首个钢渣肥料制造项目。省属煤炭企业万元产值综合能耗和吨煤生产综合能耗持续大幅降低。管理创新方面，阳煤集团推行基数增长制、投资回报制和授权经营制，支撑企业的市场化转型。山煤集团全面启动干部职位、薪酬和绩效体系三项改革。国际能源集团组织日韩专家团帮助改进管理、会诊难题，技术指标和经济效益明显提升。汾酒集团以预算体系控制财务风险，以责任考核推动能力提升。经贸控股集团加强重大投资、重要合同的法律风险评估，有效防范了企业法律风险。潞安集团推行平衡计分卡和精益管理，促进企业内涵发展，企业发展质量和效益不断提高。

九、山西省国资委监管企业党的建设和廉政建设情况

（一）不断加强党的建设

认真组织选举产生出席党代会的代表；以庆祝建党90周年为契机，开展丰富多彩的主题教育和文化娱乐活动，表彰一批先进模范，选树一批先进典型。深入推进创先争优活动，组织召开省属企业创先争优活动党建理论研讨会，建立省属企业新闻发言人制度，与山西日报等主流媒体合作，对省属企业转型跨越发展和党建成就进行系列宣传报道，入选山西省2011年度十大经济新闻。省国资委着力加强学习型、廉洁型、服务型、实干型、创新型“五型”机关建设，开展纪律作风集中教育整顿和明察暗访，征集政风行风意见并加以整改，选拔交流一批干部，凝聚力和执行力明显增强。

（二）进一步加强党风廉政建设

加强对“三重一大”决策制度的监督，深入推进煤焦领域反腐败专项斗争和工程领域专项治理，严格规范招投标工作，推进企务公开和党务公开。加强廉政教育，整肃工作纪律，狠刹不良风气。全年省属企业1540项重大事项均履行了集体决策。加强效能监察，纠正违规问题443个，立案218件，给予党纪政纪处分640人，移送司法机关11人。

（三）加强和谐企业建设

山西省国资委全年接待来信来访184批1258人次，依法办结信访积案84件、重点信访案件31件，处置了多起影响较大的群体性事件。医药集团等省属企业投入大量人力物力财力，做好破产企业的稳定工作。省属企业建设共享机制，发展成果惠及民生，全年在岗职工人均工资达到5.5万元。省属煤炭企业积极履行社会责任，为全省低收入农户每户免费供应1吨煤，总计供应煤炭651.2万吨，影响销售收入37.34亿元、净利润29.93亿元，数百万户家庭从中受益，有力地保障了农民温暖过冬。太钢集团、晋煤集团、潞安集团等企业积极帮助员工子女就学就业。各煤炭企业保障性住房建设取得突出业绩。

（撰稿人：刘忠兵）

内蒙古自治区

一、内蒙古自治区国有资产监督管理工作综述

2011年，在内蒙古自治区党委、政府的领导下，内蒙古自治区国资委认真贯彻贯彻党的十七届五中、六中全会、自治区第九次党代会、全国国资监管工作会议和全区经济工作会议精神，紧紧围绕自治区“十二五”规划纲要和推进科学发展、实现富民强区中心任务，坚持深化国有企业改革，增强国有经济的活力和动力，加强国有资产监督管理，促进国有资产保值增值。出资监管企业保持了平稳较快发展的良好态势，发展质量和效益不断提高。主要经济指标创自治区国资委成立以来的最好水平。

（一）推动企业加快转变发展方式，着力构建科学发展的体制机制

按照科学发展观的要求，深入调研，进一步完善企业“十二五”规划。贯彻落实《国务院关于进一步促进内蒙古经济社会又好又快发展的若干意见》、自治区沿黄沿线经济带发展战略和“双百亿工程”部署，通

过主动帮助解决企业发展面临的突出矛盾和困难等多种支持措施,积极创造企业加快发展的有利条件,发挥国有企业的引领和带动作用。贯彻自治区政府关于通道建设的部署要求,积极调整优化提升现有监管资源,打造政府综合性投融资平台,稳步推进了组建内蒙古航空公司、建设呼准鄂铁路等重大项目。

加快企业技术创新步伐,引导企业依靠技术进步实现科学发展。开展国有企业技术创新体系建设的课题研究,提出"十二五"企业技术创新工作重点任务和政策建议。完善企业经营业绩考核指标设置,强化对企业技术创新的引导,增强企业可持续发展能力。研究探索将重大科技成果和成果应用与转化纳入企业负责人经营业绩考核。在任期考核指标体系中,增设企业技术创新特别奖,对荣获国家科技进步二等奖或者自治区科技进步一等奖、在制约企业生产经营的关键技术领域取得重大突破、在国际标准与国家标准制订中作出重大贡献的企业和个人,予以特殊奖励。在电力集团年度考核指标中增设科技投入指标,引导企业建立科技投入稳定增长的长效机制,确保企业科技活动经费和研发投入随同营业收入的增长而不断提高。

深入开展调查研究,发挥监管职能作用,建立协调联动机制,及时解决企业生产经营和改革发展中的难点问题,推动企业科学发展。深入研究国有经济改革发展稳定中的重点和难点问题,向自治区党委、政府提交内蒙古厂办大集体企业享受东北地区厂办大集体企业改革试点政策和关于加强自治区电力外送通道建设两项建议,作为自治区参加全国"两会"的建议和议案向国家层面进行反映。针对蒙能投公司运营中出现的特殊困难和问题,为支持企业尽快摆脱困境,步入良性发展轨道,委领导带队深入企业开展专题调研,向自治区政府和有关部门提出一系列支持企业发展的政策建议。为进一步推动区直大企业与盟市加强经济协作,发挥国有大企业在促进地方经济发展中的引领和带动作用,自治区国资委领导带领出资监管企业负责同志赴东西部各有关盟市调研,就发挥各自优势,推动区直企业和地方经济优势互补、深度融合、共同发展进行深入研究和对接。自治区国资委领导和包钢集团主要负责同志随同自治区领导赴曹妃甸新区,就自治区临港产业园和港口项目建设进行考察调研。指导包钢集团积极实施"走出去"战略,借助曹妃甸港区临海优势和便利的交通运输条件,畅通原料矿石进口和钢材产成品外销、存储及出口渠道,降低物流成本,推进包钢产业结构调整优化和转型升级,从战略高度谋划包钢未来发展蓝图,增强竞争实力,拓展新的发展空间。

(二)大力推进国有企业改革,企业活力进一步增强

调整重组工作取得新进展。按照国有企业股份制改革方向,继续引入战略合作者,增强企业的发展实力。鼓励出资企业"走出去"整合资源,面向俄罗斯、蒙古国开拓业务。积极处理国有企业改制遗留问题。抓好劣势企业包头铜厂的退出工作。按照现代企业制度要求,继续推进企业法人治理结构建设。参照国家实施电网主辅分离改革的做法,稳步推进电网企业主辅分离改革相关工作。按照国家和自治区的统一部署,积极稳妥推进厂办大集体改革和解决国有企业职教幼教退休教师待遇问题两项工作。

(三)完善国资监管体制和制度,国资监管进一步加强

国有资产监管体系进一步完善。结合贯彻落实《企业国有资产法》,进一步完善了法规体系。新制定和出台21项国资监管规章及规范性文件,规范开展企业法律顾问职业岗位等级资格评审和中介机构选聘工作,促进了国有企业法制建设和法律风险防控。在深入调研的基础上,出台《关于加强我区盟市国有资产监管工作的指导意见》,为深入开展指导监督工作,推动各盟市建立健全国有资产监管体制,完善国有资产监管政策法规体系,加强盟市、旗县级国有资产监督管理工作提供了依据。加强国有资产集中统一监管方式相关问题的研究,提出了自治区实行本级企业国有资产集中统一监管的初步方案。

国有资本经营预算工作稳步推进。规范开展国有资本收益申报和预算建议草案编报等基础工作,并积极向预算主管部门汇报协调,提出国有资本收益重点支出方向建议,支持国有企业发展。加强自治区本级投入到各类企业国家资本金的管理工作。

国有资产监管工作进一步加强。进一步完善了监管企业财务预算、财务决算、财务动态监测、绩效评价、统计分析、内部审计、重大事项报告等制度，出资人监督工作进一步加强。建立企业总会计师向国资委述职制度，在促进企业总会计师依法行权履职、加强企业财务基础管理和内控机制建设方面发挥了积极作用。由委领导分别带队深入各出资监管企业，对企业重大事项报告制度修订三年来的执行情况进行全面检查，认真分析制度执行中存在的问题，指出整改意见和要求，促进了企业科学决策和风险防范。

企业收入分配制度改革得到深化。制订《自治区国资委监管企业收入分配指导意见》，为规范企业劳动用工和内部收入分配行为，构建和谐劳动关系，提高企业竞争力提供了政策保障。加大对企业工资总额预算执行情况和企业负责人薪酬发放情况的监督，开展调研督查和专项审计，对个别企业擅自动用节余工资超发工资、自行确定领导人员年薪等问题进行通报批评和纠正处理。进一步规范企业负责人职务消费，在部分企业稳妥推进公务用车改革。坚持区别情况，分类指导，指导企业规范、稳妥实施住房公积金、企业年金制度，促进了企业薪酬福利体系建设。

依法规范开展产权管理各项工作。推进产权管理基础制度建设，出台《出资企业实物资产处置管理办法》等制度。加强上市公司国有股权管理，规范国有股东行为。强化产权交易监管，推动产权交易市场建设，就开展产权交易经纪会员认证工作进行部署。根据2010年开展全区国有产权交易监督检查情况，会同六部门形成联合监督检查报告，由自治区政府转发各盟市政府。坚持和完善“两库两公开”制度，进一步规范开展资产评估各项工作。贯彻落实自治区政府决策部署，依法规范开展华宸信托公司股权结构调整、抽水蓄能公司增资扩股和股权转让等重要国有产权变动相关工作。

加强和改进监事会监督工作。转变监督方式，优化监督流程，探索和建立当期监督检查的有效运行机制。继续深入开展集中检查和日常监督，注重强化对企业监督检查发现问题的整改落实，完善监督成果运用机制，监督的有效性不断增强。

业绩考核工作水平进一步提高。坚持考核基本原则、基本程序、基本要求与创新考核方式、提高考核质量相结合，按照依法依规、实事求是、严格标准的原则，完成对监管企业负责人2010年度经营业绩和领导班子履职情况考核工作。指导和推动企业实施全员业绩考核，确保国有资产经营责任层层落实。结合考核工作实际，修订完善了经营业绩考核办法。

(四)加强国有企业党的建设各项工作，党组织政治核心作用进一步发挥

紧密结合国有企业改革发展中心任务，继续深入开展创先争优活动。将“创先争优”工作融入日常监管，创新形式，突出企业特色，取得了明显成效。李源潮同志就内蒙古森工集团创先争优活动做出重要批示，给予充分肯定。企业基层党组织建设、领导班子建设和人才队伍建设进一步加强。企业党的建设和反腐倡廉工作深入开展。

高度重视企业安全生产管理和维护社会稳定工作。认真贯彻落实国家和自治区关于安全生产的一系列部署和要求，就落实安全生产责任制、做好安全生产工作进行安排部署。结合各企业生产经营特点，有针对性地开展安全生产检查并向各企业通报，对查出的事故隐患，责令企业认真整改。认真发挥职能作用，抓好信访问题的调查、核实、处理和督查，深入排查和化解社会矛盾，促进了企业和社会稳定。

二、内蒙古自治区国有资产总量与结构分析

(一)企业户数

截至2011年底，内蒙古自治区区地方国有及国有控股企业户数共有809户(独立核算企业)，比上年增加59户。国有资产总量1655.6亿元，同比增长16.89%。

809户企业中，大型企业46户，中型企业184户，小型企业565户，微小企业14户。自治区本级企业326户，占全部户数的40.3%。自治区国资委监管企业(独立核算企业)185户，占全部户数的22.87%，占本级户数的56.75%。自治区本级非监管企业141户，占全部户数的17.43%，占本级户数的43.25%。盟市、旗县级企业483户，占全部户数的59.7%。地

区分布情况依次为:呼伦贝尔市106户;赤峰市65户;鄂尔多斯市64户;锡林郭勒盟62户;巴彦淖尔市45户;呼和浩特市29户;乌兰察布市29户;通辽市27户;包头市21户;兴安盟18户;乌海市10户;阿拉善盟7户。

表1　2011年内蒙古自治区国有企业户数分布情况

项　目 / 企业类别	企业户数	占全区比重(%)
全区国有及国有控股企业	809	100
自治区国资委监管企业	185	22.87
自治区本级非监管企业	141	17.43
盟市、旗县级企业	483	59.7

(二)资产状况

截至2011年底,内蒙古自治区地方国有及国有控股企业资产总额为5157.7亿元,同比增长26.1%。其中自治区国资委监管企业资产总额为1821.5亿元,同比增长24.28%,占全部资产的35.3%;自治区本级非监管企业资产总额为698亿元,同比增长16%,占全部资产的13.5%;盟市、旗县级企业资产总额为2638.2亿元,同比增长30.4%,占全部资产的51.2%。

表2　2011年内蒙古自治区国有企业资产总额按地区分布情况

盟市名称	资产总额(亿元)	占盟市比重(%)
鄂尔多斯市	1564.9	59.31
呼和浩特市	259.5	9.84
通辽市	248.5	9.43
赤峰市	187.9	7.12
呼伦贝尔市	130.8	4.96
锡林郭勒盟	113.7	4.31
包头市	46.3	1.76
乌兰察布市	35.3	1.34
巴彦淖尔市	22.5	0.85
乌海市	13	0.49
兴安盟	12.5	0.47
阿拉善盟	3.3	0.12

表3　2011年内蒙古自治区国有资产按所属关系分布情况

企业类型 / 项目	全区国有及国有控股企业	自治区国资委监管企业	自治区本级非监管企业	盟市、旗县级企业
企业户数(户)	809	185	141	483
占全区户数比重(%)	100	22.87	17.43	59.7
资产总额(亿元)	5157.7	1821.5	698	2638.2
占全区资产比重(%)	100	35.3	13.5	51.2

从全区国有及国有控股企业资产分布情况看,盟市、旗县级企业户数最多、资产总额最大,占全区国有及国有控股企业总户数的59.7%,占全区资产总额的51.2%。

全区地方国有及国有控股企业负债总额为2985.7亿元,同比增长19.18%。资产负债率为57.9%,同比下降3.4个百分点。自治区国资委监管企业资产负债率为67.7%,高于全区平均水平9.8个百分点;自治区本级非监管企业资产负债率为64.2%,高于全区平均水平6.3个百分点;盟市、旗县级企业资产负债率为49.4%，低于全区平均水平8.5个百分点。

全区地方国有及国有控股企业年末所有者权益为2172亿元，同比增长37.1%。其中自治区国资委监管企业年末所有者权益587.6亿元，同比增长29.66%，占全部所有者权益的27.05%；自治区本级非监管企业年末所有者权益249.6亿元，同比增长17.07%，占全部所有者权益的11.49%；盟市、旗县级企业年末所有者权益1334.9亿元，同比增长45.3%，占全部所有者权益的61.46%。剔除少数股东权益后，年末国有资产总量为1655.6亿元。其中自治区国资委监管企业年末国有资产总量447.6亿元，占全部国有资产总量的27%；自治区本级非监管企业年末国有资产总量238亿元，占全部国有资产总量的14.4%；盟市、旗县级企业年末国有资产总量970亿元，占全部国有资产总量的58.6%。

表4　2011年内蒙古自治区企业国有资产按地区分布情况

盟市名称	国有资产总量（亿元）	占盟市比重(%)
鄂尔多斯市	499.6	51.51
通辽市	129.1	13.31
呼和浩特市	92.2	9.51
赤峰市	91.2	9.40
呼伦贝尔市	62.7	6.46
锡林郭勒盟	54.1	5.58
包头市	11.5	1.20
乌兰察布市	11.3	1.16
巴彦淖尔市	10.3	1.06
乌海市	3.7	0.38

续表

盟市名称	国有资产总量（亿元）	占盟市比重(%)
兴安盟	2.9	0.29
阿拉善盟	1.4	0.14

(三)效益情况

2011年，内蒙古自治区地方国有及国有控股企业实现主营业务收入1496.3亿元，同比增长16.68%。其中自治区国资委监管企业实现主营业务收入1104.9亿元，同比增长18.18%，占全部主营业务收入的73.84%；自治区本级非监管企业实现主营业务收入177.2亿元，同比增长15.06%，占全部主营业务收入的11.84%；盟市、旗县级企业实现主营业务收入214.2亿元，同比增长10.75%，占全部主营业务收入的14.32%。

全区地方国有及国有控股企业盈亏相抵后实现利润总额为191.71亿元，同比增长88.5%，其中自治区国资委监管企业盈亏相抵后实现利润138.5亿元，同比增长1.46倍；自治区本级非监管企业盈亏相抵后实现利润27.1亿元，同比增长26.05%；盟市、旗县级企业盈亏相抵后实现利润26.1亿元，同比增长8.75%。12个盟市中鄂尔多斯市、呼伦贝尔市、通辽市、赤峰市、呼和浩特市、锡林郭勒盟、巴彦淖尔市、兴安盟、包头市9个盟市实现盈利26.25亿元；乌海市、乌兰察布市、阿拉善盟3个盟市亏损1490万元。

全区地方国有及国有控股企业净利润为151.7亿元，同比增长84.16%。其中自治区国资委监管企业净利润为103.7亿元，同比增长1.63倍；自治区本级非监管企业净利润为24.9亿元，同比增长33.2%；盟市、旗县级企业净利润为23.1亿元，同比增长1.76%。

表5　2011年内蒙古自治区国有企业效益情况

项目 \ 企业类型	全区国有及国有控股企业	自治区国资委监管企业	自治区本级非监管企业	盟市、旗县级企业
主营业务收入(亿元)	1496.3	1104.9	177.2	214.2
利润总额(亿元)	191.7	138.5	27.1	26.1
净利润(亿元)	151.7	103.7	24.9	23.1

(四)主要指标分析

2011 年,内蒙古自治区地方国有及国有控股企业各项财务指标完成情况是:总资产周转率 0.32 次,比上年同期增加 0.02 次;总资产报酬率 5.03%,比上年同期增加 1.13 个百分点;净资产收益率 7.77%,比上年同期增加 2.67 个百分点;资产负债率 57.9%,比上年同期减少 3.4 个百分点;国有资产保值增值率 107.45%,比上年增加 1.75 个百分点。

三、内蒙古自治区国资委建立和完善经营业绩考核体系情况

按照规范科学、注重实效的原则,继续完善企业经营业绩考核体系。坚持考核工作的基本原则、基本程序、基本要求与创新考核方式、提高考核质量相结合,按照依法依规、实事求是、严格标准的原则,完成对监管企业负责人 2010 年度经营业绩和领导班子履职情况考核工作。国资委领导分别带队向各企业领导班子面对面反馈考核结果,指出企业存在的突出问题,以及改进工作的具体意见和建议。

把握行业特点和企业现状,力求突出科学性和针对性,制定企业 2011 年度经营业绩考核目标。继续强化指标约束和引导,督促企业自觉加强节能减排和安全生产工作。指导和推动企业实施全员业绩考核,确保国有资产经营责任层层落实。引入经济增加值考核指标,引导企业建立价值导向的决策管理体系,提升价值创造和可持续发展能力。

结合考核工作实际,修订完善经营业绩考核办法。新办法完善“两个机制”,即完善分类考核机制,完善目标值确定机制;强化“三个引导”作用,即引导企业贯彻落实科学发展观,引导企业增强价值创造能力,引导企业更加重视国有资产保值增值责任的层层落实。通过修订考核办法,力求充分发挥经营业绩考核的导向作用,进一步引导监管企业提高价值创造能力,提升发展质量,实现可持续发展。

四、内蒙古自治区国资委监管企业领导班子建设和企业人才工作情况

继续推进企业“四好”班子创建活动,着力增强领导班子的整体功能。结合对监管企业负责人综合考核、法人治理结构建设和企业改革发展实际,及时开展对企业负责人的调整、选配工作,有计划地推进了系统内干部交流。

大力实施“人才强企”战略,努力提升企业人才工作水平。指导各出资监管企业研究制定人才工作中长期发展规划。加强考核,落实责任,根据企业发展战略目标和结构调整、产品优化升级的需求,指导企业引进一批发展急需的高层次人才。在坚持引进的同时,不断加大企业人才培养培训力度。按照年度培训工作计划,与中国人民大学合作举办第五期“现代企业管理高级研修班”,组织企业经营管理人员在美国伯克利大学举办“企业融资运营与管理”培训班,加强对企业经营管理人才、专业技术人才、高技能人才“三支队伍”培训培养,着力改善企业各类人才的知识结构,提升综合素质,不断提高各类人才推动企业又好又快发展的本领。

五、内蒙古自治区国资委监管企业党的建设和廉政建设情况

企业基层党组织建设进一步加强。组织开展企业党委书记向国资委党委述职,有效促进了党建责任制的落实,提高了企业党委书记抓党建工作的责任意识和履职能力。

与自治区党委组织部共同召开全区国有企业党的建设工作会议。总结交流国企党建工作经验,分析存在的问题,进一步明确国企党建方向,就深入开展创先争优活动、进一步加强新形势下国有企业党建工作进行部署。

围绕纪念建党 90 周年,组织开展一系列丰富多彩的纪念活动,集中展示国有企业党的建设、企业文化建设的新成果。召开全系统纪念建党 90 周年暨“两优一先”表彰会,对国资系统“四好领导班子”、“先进基层党组织”、“优秀共产党员”和 “优秀党务工作者”进行表彰,以表彰先进,推进创先争优活动深入开展。

按照自治区党委的统一部署,精心组织,规范程序,组织召开国资委党员代表会议,选举产生国资委系统出席自治区第九次党代会代表,充分保障了党员

主体地位和民主选举权利。

扎实推进国有企业党风廉政建设和反腐倡廉建设。加快构建企业惩治和预防腐败体系基本框架，落实党风廉政建设责任制和“三重一大”决策制度。拟定或出台《落实党风廉政建设责任制和推进惩防体系建设考核办法》《内蒙古国资委关于进一步推进国有企业执行“三重一大”决策制度的实施意见》《内蒙古国资委贯彻执行国有企业领导人员廉洁从业若干规定实施办法》《内蒙古国资委出资监管企业厂务公开指导意见》等，党风廉政制度建设取得新进展。继续抓好对企业领导人员的教育和监督、从源头上防止腐败等工作。加大对工程建设、“小金库”、公务用车等问题的专项治理。进一步理顺企业纪检监察管理体制和工作机制，深入开展效能监察，在包钢集团召开全区国有企业效能监察现场会。组织召开国资委系统纪委书记党风廉政建设和反腐败工作专项述职会议，有效促进出资监管企业党风廉政建设和反腐败工作的落实，提高了基层纪委书记抓纪检工作的责任意识和履职能力。依法依规查办违纪违法案件，对监管企业重点、典型案件深入开展调研督查，强化责任追究；召开国有企业系统典型案件警示教育现场会，督促企业强化廉政教育和风险管理。

（撰稿人：吴大鹏）

辽宁省

一、辽宁省国有资产监督管理工作综述

国资监管工作进一步加强。辽宁省、市国资委注重把握出资人职能定位，不断完善监管体制，改进监管方式，国资监管工作的质量和水平明显提高。

国资监管体制和制度不断完善。辽宁省国资委积极协调和推动国资监管的地方立法工作，《辽宁省企业国有资产监督管理条例》已申报 2012 年立法计划。辽宁省国资委按照“政企分开、政资分开”的原则，大力推进经营性国有资产统一监管，有关意见和建议已被写进辽宁省“十二五”经济社会发展规划。在投资监管、科技创新、董事会建设、指导监督等方面研究出台了一批制度和办法，完善了国资监管制度体系。沈阳、大连等市根据企业改革发展需要，进一步加大制度建设力度，提升了国资监管水平和质量。

业绩考核体系和薪酬管理持续改进。辽宁省国资委继续开展提高经济增加值所占权重的试点。积极推行企业全员业绩考核，省属企业全部制定业绩考核办法。改进企业职工收入分配调控办法，全面推行工资总额预算管理，建立工资集体协商制度，实行工资集体协商的省属企业达到 70%，初步建立起企业职工工资正常增长机制和支付保障机制。

国有资产基础管理全面推开。辽宁省国资委加强国有资产统计工作，对 14 个市重点企业实现财务快报全覆盖。实行企业总会计师职责管理，已制定相关办法。调整国有资本收益征收比例，正式编制国有资本经营预算。深入开展部分市、县、乡镇产权交易市场建设试点，推进产权交易融入辽宁省公共资源交易系统。沈阳市顺利完成技术产权市场的整合，锦州市推进“金马甲”网络交易系统建设，国有产权交易竞价率和增值率明显提高。

监事会监督进一步加强。辽宁省国资委建立和完善外派监事会制度，深化监事会当期监督，在重点检查和专项检查上下功夫，特别是通过开展企业负债和现金流专项检查，发现和揭示一批带有深层次、内幕性、风险性的问题，增强监督的灵敏性和时效性。大连市延伸监事会监督检查范围，加强对重要子企业生产经营的监管。鞍山、辽阳等市外派监事会工作全面启动。

指导监督工作取得积极进展。辽宁省国资委加强对下级政府国资监管工作的指导监督，建立国资监管立法备案、法规政策实施督查和重大事项报告等三项制度，修订颁布《辽宁省国有资产监管工作指导监督实施办法》。成立辽宁省国有资产管理协会，搭建服务促进国资国企改革发展工作的新平台。

企业信访工作和安全生产保持总体稳定。辽宁省国资委和省属企业重视信访稳定长效机制建设，落实工作责任，加大资金投入，化解一批信访突出问题。省属特困企业离休干部货币化房补工作接近尾声。解决国企职教、幼教退休职工待遇和厂办大集体改革取得积极进展。省属企业安全生产工作成效显著，全年较大以上安全生

产事故“零”发生，被评为全省安全生产先进单位。

二、辽宁省国有资产总量及分布结构

(一)国有资产地区分布

2011年，辽宁省一级国有及国有控股企业(集团)1683户，比上年减少39户。其中：辽宁省国资委监管企业24户、省属非监管企业259户、各市所属企业1400户。辽宁省国有资产总量3565.6亿元，较上年2874.3亿元增加691.3亿元，增长24.05%。其中：辽宁省国资委监管企业697.7亿元、省属非监管企业225.5亿元、各市所属企业2642.4亿元(见表1)。

表1　2011年辽宁省国有企业国有资产分布情况

企　　业	户数	比重(%)	国有资产总量(亿元)	比重(%)
辽宁省省国资委监管企业	24	1.4	697.7	19.6
省属非监管企业	259	15.4	225.5	6.3
市属企业	1400	83.2	2642.4	74.1
合　　计	1683	100.0	3565.6	100.0

辽宁省国资委监管企业24户，国有资产总量为697.7亿元，其中：国有资产总量超过100亿元有1户，超过50亿元有3户，超过10亿元有10户。本钢集团等10户大企业国有资产总量合计为621亿元，占辽宁省国资委监管24户企业国有资产总量的89%，占全省国有资产总量的17.4%(见表2)。

表2　2011年辽宁省国资委监管企业国有资产分布情况

企　　业	国有资产总量(亿元)	比重(%)
本钢集团有限公司	253.5	36.3
辽宁铁法能源有限责任公司	64.8	9.3
辽宁能源投资(集团)有限责任公司	62.6	9.0
沈阳煤业(集团)有限责任公司	55.4	7.9
抚顺矿业集团有限责任公司	49.7	7.1
东北特殊钢集团有限责任公司	47.8	6.9
阜新矿业(集团)有限责任公司	34.0	4.9
华晨汽车集团控股有限公司	20.0	2.9
辽宁省国有资产经营有限公司	17.8	2.6
辽宁省大连海洋渔业集团公司	15.3	2.2
其他14户	76.7	11.0
合　　计	697.7	100.0

辽宁省省直部门企业的国有资产总量为214.9亿元，主要集中在供水集团、交通厅、出版集团、监狱管理局和辽宁报业传媒集团5个部门(企业)，这5个部门(企业)国有资产总量为195.7亿元，占辽宁省省直部门企业全部国有资产总量的91.1%(见表3)。

表 3　　2011 年辽宁省省直部门企业国有资产分布情况

企　　业	国有资产总量（亿元）	比重(%)
辽宁供水集团	148.7	69.2
辽宁省交通厅	19.7	9.2
辽宁出版集团	12.5	5.8
辽宁省监狱管理局	7.9	3.2
辽宁报业传媒集团	6.9	3.7
其　他	19.2	8.9
合　　计	214.9	100.0

辽宁省 14 个市一级国有企业 1400 户，国有资产总量为 2642.4 亿元。国有资产总量超过 100 亿元的城市有沈阳、大连、鞍山、营口和盘锦 5 个城市，5 个城市的户数合计 626 户，占各市企业户数的 44.7%，占辽宁省企业户数的 37.2%。5 个城市的国有资产总量合计 2466.2 亿元，占各市企业国有资产总量的 93.3%，占辽宁省国有资产总量的 69.2%（见表 4）。

表 4　　2011 年辽宁省各市国有资产地区分布情况

地　　区	户数	比重(%)	国有资产总量(亿元)	比重(%)
沈阳市	210	15.0	271.8	10.3
大连市	172	12.3	1170.5	44.3
鞍山市	115	8.2	266.7	10.1
抚顺市	119	8.5	14.6	0.6
本溪市	31	2.2	3.4	0.1
丹东市	166	11.9	34.4	1.0
锦州市	39	2.8	8.5	0.3
营口市	71	5.1	550.5	20.8
阜新市	189	13.5	51.8	2.0
辽阳市	58	4.1	4.7	0.2
铁岭市	62	4.4	3.8	0.1
朝阳市	54	3.9	50.8	1.9
盘锦市	58	4.1	206.7	7.8
葫芦岛市	56	4.0	4.2	0.2
合　计	1400	100.0	2642.4	100.0

（二）国有资产经营规模分布

2011 年.辽宁省三级以上企业共有 3005 户，其中：一级企业（集团）1683 户，二级及以下企业 1322 户。一级企业还是主要集中在省直部门所属企业和沈阳、大连、丹东和阜新（见表 5、6）。

表 5　　2011 年辽宁省国有企业户数情况

项　目	2010 年	2011 年	比上年增长(%)
户数(户)	2870	3005	4.7

表 6　**2011 年辽宁省企业级次分布情况**

分布	企业户数	一级企业	二级及以下企业
全省合计	3005	1683	1322
省国资委监管企业	507	24	483
省属非监管企业	450	259	191
各市合计	2048	1400	648
沈阳市	390	210	180
大连市	599	172	427
鞍山市	115	115	
抚顺市	119	119	
本溪市	31	31	
丹东市	166	166	
锦州市	39	39	
营口市	97	71	26
阜新市	189	189	
辽阳市	58	58	
铁岭市	62	62	
朝阳市	69	54	15
盘锦市	58	58	
葫芦岛市	56	56	

1683 户一级企业中，有大型企业 76 户，中型企业 220 户，小型企业 508 户，微型企业 879 户。76 户大型企业国有资产总量为 2133 亿元，占辽宁省国有资产总量的的 59.8%(见表 7)。

表 7　**2011 年辽宁省国有资产经营规模分布情况**

经营规模	户数	比重(%)	国有资产总量(亿元)	比重(%)
大型企业	76	4.5	2133.0	59.8
中型企业	220	13.1	298.2	8.4
小型企业	508	30.2	923.3	25.9
微型企业	879	52.2	211.1	5.9
合　计	1683	100.0	3565.6	100.0

(三)国有资产行业分布

2011 年，辽宁省国有资产主要集中分布在工业、社会服务业和交通运输 3 个产业。3 个产业国有及国有控股一级企业户数为 745 户，占辽宁省总户数的 44.3%；国有资产总量为 2952.2 亿元，占辽宁省国有资产总量的 82.8%(见表 8)。

表 8　2011 年辽宁省国有资产行业分布情况

行　业	国有资产总量(亿元)	比重(%)
农林牧渔业	36.8	1.0
工业	1088.6	30.5
建筑业	131.7	3.7
地质勘查及水利业	150.9	4.2
交通运输业	428.5	12.0
仓储业	25.5	0.7
邮电通信业	3.0	0.1
批发和零售业	41.9	1.2
金融业	31.3	0.9
房地产业	153.2	4.3
信息技术服务业	0.2	0.0
社会服务业	1435.1	40.2
卫生体育福利业	1.6	0.0
教育文化广播业	27.9	0.8
科学研究和技术服务业	9.4	0.3
机关社团及其他	0.1	0.0
合　计	3565.6	100.0

(四)上市股份公司分布

2011 年,辽宁省国有及国有控股上市股份公司共有 25 户,其中:辽宁省国资委监管企业 8 户、省直部门所属企业 1 户、沈阳 5 户、大连 9 户、营口 1 户、朝阳 1 户。25 户上市股份有限公司资产总额为 2703.9 亿元,占辽宁省资产总额的 20.7%。营业总收入为 2098.9 亿元,占辽宁省营业总收入的 46.9%。利润总额为 134.8 亿元,占辽宁省利润总额的 62.2%。国有资产总量为 347.9 亿元,占辽宁省国有资产总量 9.8%。

(五)企业资产运行状况及经营成果

2011 年,辽宁省国有及国有控股企业资产总额 13071.5 亿元,负债总额 8511.3 亿元,所有者权益 4560.2 亿元,国有资产总量 3565.6 亿元,实现营业总收入 4478.3 亿元,利润总额 216.8 亿元,净利润159.1 亿元,其中国有净利润 71.2 亿元。主要营运指标:资产负债率 65.11%,总资产周转率 0.33 次,流动资产周转率 0.72 次,速动比率 0.75,流动比率 1.06。辽宁省企业主要指标比上年度均呈现不同程度增长,同时资产负债率比上年下降,说明辽宁省企业偿还债务能力逐步增强,企业抗经营风险能力也在逐步增强(见表 9)。

表 9　2011 年辽宁省国有企业指标

项　目	金　额
资产总额(亿元)	13071.5
净资产(亿元)	4560.2
营业总收入(亿元)	4478.3
利润总额(亿元)	216.8
实际上缴税金总额(亿元)	334.8

三、辽宁省国有资本增减变动原因和保值增值情况

(一)国有资本增减变动及原因

2011 年末,辽宁省国有资本及权益总额为3787.3 亿元,比上年 3065.7 亿元增加 721.6 亿元,增长 23.54%。其中:无偿划入 196.6 亿元(其中各市所属企业 192.5 亿元),国家、国有单位追加投资 111.8 亿元(其中各市所属企业 73.5 亿元),经营积累 227.7 亿元,经营减值 70.7 亿元。辽宁省国有企业国有资本及权益变动情况为净增加 539.1 亿元,并且经营积累大于经营减值,反映出企业整体盈利能力稳步增长,保证了国有资产实现保值增值(见表 10)。

表 10　2011 年辽宁省国有资本及权益增减变动情况

国有资本及权益增减变动情况	金额(亿元)	比重(%)
一、主要增加因素	739.0	100.0
经营积累	227.7	30.8
无偿划入	196.6	26.6
国家、国有单位直接或追加投资	111.8	15.1

续表

国有资本及权益增减变动情况	金额(亿元)	比重(%)
资产评估增加	79.2	10.7
中央和地方政府确定的其他因素	57.8	7.8
会计调整	54.2	7.3
产权界定增加	11.8	1.6
二、主要减少因素	199.9	100.0
经营减值	70.7	35.4
中央和地方政府确定的其他因素	46.3	23.2
无偿划出	38.5	19.3
资产评估减少	16	8.0
消化以前年度潜亏和挂账而减少	9.6	4.8
企业按规定上缴利润	9.5	4.8
经国家专项批准核销	6	3.0
因主辅分离减少	3.4	1.7

2011年底,辽宁省国有资产总量为3565.6亿元,比上年2874.3亿元增加691.3亿元,增长24.05%。其中:辽宁省属监管企业国有资产总量为697.7亿元,较上年644.7亿元增加53亿元,增长8.21%;辽宁省属非监管企业国有资产总量为225.5亿元,较上年211.7亿元增加13.8亿元,增长6.52%;各市所属企业国有资产总量为2642.4亿元,较上年2017.9亿元增加624.5亿元,增长30.95%。在各市所属企业中,沈阳等7个市的国有资产总量比上年增加,鞍山等7个市的国有资产总量比上年减少(见表11)。

表11 2011年辽宁省各市国有资产总量变动情况

地区	2010年	2011年	增减(%)
沈阳市	222.9	271.8	21.9
大连市	738.9	1170.5	58.4
鞍山市	271.0	266.7	−1.6
抚顺市	16.3	14.6	−10.3
本溪市	4.5	3.4	−23.8
丹东市	20.9	34.4	64.6
锦州市	8.0	8.5	6.6
营口市	517.1	550.5	6.5
阜新市	58.0	51.8	−10.7
辽阳市	6.1	4.7	−23.3
铁岭市	3.6	3.8	6.2
朝阳市	56.9	50.8	−10.7
盘锦市	89.0	206.7	132.2
葫芦岛市	4.7	4.2	−11.4
合计	2017.9	2642.4	30.9

(二)国有资本保值增值结果

2011年,辽宁省国有及国有控股企业经济效益比上年同期稳步增长,辽宁省国有企业保值增值率为104.8%,实现国有资产保值增值。

辽宁省国资委监管企业国有资产保值增值率为103.8%,比上年下降1.6个百分点;省属非监管企业国有资产保值增值率为99.4%,比上年下降0.6个百分点;各市所属企业国有资产保值增值率为105.6%,比上年上升2.9个百分点(见表12)。

表12　　2011年辽宁省国有企业地区和行业资产保值增值情况

地　区	保值增值率(%)	行　业	保值增值率(%)
全省企业	104.8	农林牧渔业	106.2
省属企业	102.7	工业	115.8
各市	105.6	建筑业	102.1
沈阳市	99.4	地质勘查及水利业	97.9
大连市	114.2	交通运输业	101.1
鞍山市	100.1	仓储业	89.1
抚顺市	97.2	邮电通信业	102.3
本溪市	31.3	批发和零售业	117.9
丹东市	130.4	金融业	102.3
锦州市	101.1	房地产业	99.5
营口市	101.6	信息技术服务业	102.2
阜新市	97.4	社会服务业	100.4
辽阳市	104.5	卫生体育福利业	110.2
铁岭市	104.9	教育文化广播业	102.2
朝阳市	104.1	科学研究和技术服务业	111.9
盘锦市	101.3	机关社团及其他	100.2
葫芦岛市	59.8		

四、辽宁省国资委监管企业改革发展情况

2011年，辽宁省各地区、各部门按照省委、省政府总体部署，大力实施体制机制创新，着力解决国有企业历史遗留问题，辽宁省国有企业改革取得新进展。

（一）积极推进国有企业战略性重组

一是加快推进重点国有大型企业重组。重点推进本钢北钢重组后的深度融合，完成本钢集团的土地资产注入工作，一方面做实北营钢铁股本，另一方面提高集团公司对北营钢铁的控制力。同时，进一步加强新组建的本钢集团的资产重组和资本运营。辽宁省国资委专门派出资本运营小组，与本钢集团共同研究设计本钢总体资本运营规划整体上市方案和3个IPO项目。加大北钢分离办社会力度，北钢社会职能移交工作基本完成。锦化集团重组工作取得积极进展，锦化氯碱重组工作已经完成，锦化集团公司及华天集团依法破产工作正在抓紧进行。二是积极推进同一出资人企业间重组。辽宁省国资委组织专门人员对资产规模较小、资产质量不高的省属企业集团公司改制重组进行研究。基本摸清众汇集团的底数，并初步确定改制重组方案。沈阳市整合圣达热力、惠涌供热和供暖集团股权，组建沈阳城市公用集团，红梅集团、国合公司重组取得突破。鞍山市对银座大厦、国际大酒店实施股权转让。本溪市完成华夏集团的改制重组。三是省属企业子公司清理整合工作全面开展。辽宁省国资委积极推动省属企业子公司清理整合工作，围绕非主业、非控股、资不抵债、连续亏损、四级以下、停业和其他等七种类型对省属企业进行全面摸底调查，共清理出359户子公司。东特钢对2户子公司进行清算注销，对其他子公司进行整合，基本完成所属子公司的清理整合工作。能源、国合、利盟等3户企业所属的6户子公司的改制方案获辽宁省国资委批复，清理整合工作进入具体实施阶段。截至

2011年底,19户省属企业中有12户制定了所属子公司的具体清理整合方案。

(二)大力推进国有企业上市

辽宁省国资委在调研分析的基础上,结合企业实际,制定省属企业五年上市规划,确定21户(个)五年上市或整体上市的目标企业和板块,并建立上市工作季度调度制度,陆续开展上市方案设计、资产整合重组、引进战略投资者、股份制改造、上市辅导等具体工作。大连重工·起重集团华锐风电年初成功上市,2011年11月23日,大连重工·起重集团依托华锐铸钢整体上市获得中国证监会批准。辽宁省有2户企业上市申请材料已由中国证监会受理。大连大橡塑定向增发获得中国证监会批准,完成大橡塑上市以来首次再融资,预计可募集资金2.99亿元。沈阳东药、惠天热电定向增发工作进展顺利。辽宁省11户重点大中型企业上市前期准备工作加快进行。

(三)加强省属企业董事会建设

辽宁省国资委把加强省属企业董事会建设作为促进省属企业建立现代企业制度的一项重要举措来抓。2011年12月,在沈阳召开辽宁省省属企业董事会建设工作会议,对加强省属企业董事会建设工作进行部署。在沈阳、大连2个片区召开省属企业董事会建设座谈会,赴本钢、东特钢、成大等企业实地调研,征求对加强董事会建设的意见。在此基础上,组织起草并下发《关于加强省属公司董事会建设的指导意见》《辽宁省省属公司董事会规范运作暂行办法》《辽宁省省属公司外部董事管理办法(试行)》等规范性文件。围绕董事会建设,对省属公司章程进行全面清理。截至2011年底,基本审核完毕,并对8户企业公司章程进行批复。

(四)稳妥解决国有企业历史遗留问题

辽宁省国资委加快推进省属企业解决历史遗留问题,华晨集团在争取省财政补贴政策的同时,分批有序地解决托管企业金杯工业公司拖欠职工债务、保险问题,妥善处理职工劳动关系;众汇集团、利盟公司等企业也提出解决历史遗留问题方案。各市从实际出发,采取多种方式,解决历史遗留问题。抚顺市解决"壳企业"拖欠职工债务及养老保险接续等问题。锦州市抓住辽宁省政府给予的对2011年度改制企业经济补偿金实行省财政补贴三分之一的政策契机,全面推进全市58户国有企业改革工作并已经基本完成,累计安置职工1.5万人。丹东、锦州、辽阳、葫芦岛等市采取多种形式解决改制和破产企业职工社保问题。

五、辽宁省国资委监管企业建立和完善经营业绩考核体系情况

(一)进一步完善业绩考核指标体系,开展提高经济增加值所占权重试点工作

完成2011年度省属企业考核目标确定及2010年度经营业绩考核工作。根据《辽宁省省属企业负责人经营业绩考核暂行办法》要求,2011年对省属企业年度经营业绩考核目标进行核定和调整确认,并与省属企业签订经营业绩责任书,签约率100%。

在企业会计决算的基础上,按照新的考核办法,完成2010年度省属企业经营业绩考核工作,确定各企业考核结果和考核排名。除能源集团、中天证券和时代万恒3户企业只完成部分考核目标任务外,其他16户企业全部完成各项考核目标任务。进入A级的有5户企业,B级有12户企业,C级有1户企业。剔除未纳入考核范围等因素,省属19户企业实现利润总额44.72亿元,比核定目标37.72亿元增长18.56%。实现营业收入1061.28亿元,比核定目标971.34亿元增长9.26%。实现净资产收益率为3.08%,比2009年-2.39%增加5.47个百分点。

进一步加强、探索,实践经济增加值指标的考核工作。选择辽渔集团、辽煤集团、辽宁国合3户企业进行提高经济增加值考核权重试点工作,把经济增加值考核权重由原来的10%提高到40%。在2011年经济增加值指标核定工作中,辽宁省国资委按照不低于上年实际完成值和前三年实际完成值的平均值的核定原则,核定辽渔集团经济增加值考核目标值为13262万元,辽煤集团经济增加值考核目标值为4821万元,辽宁国合经济增加值考核目标值为1200万元,并在各企业2011年度经营目标责任书中作出明确要求。

跟踪监控省属企业第一任期(2010—2012 年)经营目标完成情况,掌握企业经营发展状况,提出改进措施及建议。

(二)推进企业全员业绩考核工作

在辽宁省各省属企业基本建立全员业绩考核制度基础上,建立省属企业内部业绩考核制度的备案管理等制度,15 户企业制定业绩考核办法并向辽宁省国资委备案,实行业绩考核方案备案制度的企业达到 80%以上。

(三)加强企业职工工资总额管理,加快建立职工工资正常增长机制、集体协商机制和支付保障机制

全面推行企业职工工资总额预算管理工作。按照《辽宁省省属企业工资总额预算管理试行办法》要求,2010 年在省属企业中正式实施工资总额预算管理方式,并完成了省属企业 2010 年度工资总额清算工作及 2011 年度工资总额预算管理申报、审核工作,清算上年工资总额 51 亿元,批复辽宁省省属企业 2011 年工资总额预算 71 亿元。

确保工资集体协商制度的推进,确保企业职工工资正常增长并按期支付,着手建立省属企业帮困救助体系。要求各省属企业按照工资管理的有关规定,建立工资集体协商制度,建立企业职工工资正常增长机制,并将这两项工作的实施情况作为审批工资总额预算的要件上报辽宁省国资委。实行工资集体协商的企业已达到 74%,具体包括本钢、时代、华晨、东特钢、辽渔、中天、国资公司、辽粮、机场、众汇、辽煤、展贸、建工、利盟共 14 户企业;企业职工工资正常增长机制初步建立,企业职工工资全部按期支付。辽宁省国资委与工会协商,共同研究建立和完善企业三级帮困救助体系问题,建立二级以上帮困救助体系的企业达到三分之一,包括本钢、时代、辽渔、机场、众汇、展贸共 7 户企业。加强企业职工工资集体协商工作的督查工作,检查面达到 50%以上。

开展省属企业职工收入分配情况调查。根据国务院国资委的要求,对辽宁省省属企业职工收入分配情况进行全面调查,从总体和结构上掌握职工收入的情况,为工资管理工作打下良好的基础,并据此完成 2010 年度人工成本分析报告。

(四)完善省属企业负责人薪酬管理

根据《辽宁省省属企业负责人薪酬管理暂行办法》规定,辽宁省国资委完成省属企业负责人 2011 年度基本年薪的测算核定工作。

完成 2010 年度企业负责人薪酬的计算,提出绩效薪酬分配方案,并经辽宁省政府同意完成兑现工作。

对 2010 年度企业负责人薪酬分配情况进行全面调研分析,提交企业负责人薪酬分配分析报告。总体看,辽宁省省属企业主要负责人薪酬水平分布比较合理,薪酬水平总体下降,与省属企业职工工资水平的差距进一步缩小,薪酬水平高低差距有所降低。

为规范省属企业负责人专项奖励和省属非上市企业负责人中长期激励约束机制,起草《辽宁省省属企业负责人专项奖励实施细则》和《辽宁省省属企业实施中长期激励试点办法》,向各有关部门征求意见,待修改完善后适时下发。

(五)规范省属企业负责人职务消费管理

对部分省属企业负责人职务消费开展调研工作,掌握省属企业负责人职务消费现状。完成《关于规范省属企业负责人职务消费的指导意见》的起草和修订工作,提出在辽宁省省属企业实施职务消费预算管理,并与辽宁省国资委纪委协商下一步工作程序,适时出台管理办法。

六、辽宁省国资委监管企业负责人考核与选人用人机制改革情况

(一)创新人才选用机制,面向社会公开选聘企业领导人员

为进一步深化省属企业人事制度改革,拓宽选人用人的视野和渠道,努力建设一支高素质的企业高级经营管理人才队伍,2011 年 5 月,中共辽宁省国资委党委积极把握省委面向社会公开招聘企业领导人员的有利机会,对负责管理的企业领导班子中的 5 个职位(其中正职职位 1 个、副职职位 4 个)面向社会进行公开招聘,成功选拔出 4 名优秀人才安排到相关企业的管理岗位,公开选聘工作取得圆满成功。

公开招聘企业领导人员工作得到社会各界的广泛关注和积极参与。共有来自上海、深圳、云南、吉林等省市265人参加这次公开招聘。整个公开招聘工作,表现出以下特点:一是准确把握企业人事制度改革方向,积极拓宽选人渠道、完善选人机制,不拘一格地吸纳优秀人才到省属企业工作;二是坚持德才兼备、以德为先的用人标准,在招聘中对应试人员的职业素养、专业素质、综合能力等方面进行重点测试和全面考察,并对进入面试阶段的人选进行能力心理素质测评;三是坚持民主、公开、竞争、择优原则,精心设计选聘工作程序,严格落实各项要求,保证公开招聘工作的质量和公信度;四是紧密结合企业实际、行业特点和岗位要求,委托中组部考试中心科学设计考试内容,实现对应试人员的全面测试;五是严肃公开招聘纪律,及时公开信息,积极接受社会各界的监督。

(二)完善方法和内容,不断提高年度考核工作质量

为扎实高效地开展2010年年度考核工作,进一步提高考核评价结果的客观性、准确性和科学性,增强年度考核工作的激励约束作用,在认真总结上年度工作经验的基础上,对企业领导班子和领导人员一是继续采取多维度测评与经营业绩考核相结合的综合考核评价方式,并向各企业印发年度考核工作实施方案;二是同步开展廉洁从业测评和领导人员重大事项报告工作;三是对企业“四好”领导班子创建工作进行测评。郭澍副主任组织召开年度考核工作动员会,并对年度考核工作的具体方法步骤、应注意的问题等向考核组的同志进行详细说明。在充分准备的基础上,由部分委领导和监事会主席带队,企干处、党建处、纪委、监事会各办事处相关同志,组成四个考核组分赴各企业开展年度考核工作,形成《省国资委党委管理企业领导班子2010年度考核综合报告》向中共辽宁省国资委党委进行专题报告,评价出各企业年度考核的等次,并将考核结果向各企业进行反馈。

七、辽宁省国资委监管企业党的建设和廉政建设情况

2011年,辽宁省国资委纪委在辽宁省国资委党委领导下,认真贯彻落实党的十七届五中全会精神,深入贯彻科学发展观,紧密围绕全省国资监管和推进企业改革发展的中心任务,把坚持以人为本、执政为民贯穿于企业反腐倡廉建设的全过程,落实党风廉政建设责任制,加大对“三重一大”决策制度的监督检查力度,加强省属企业党风建设和反腐倡廉工作,促进反腐倡廉工作与企业改革发展的良性互动,为企业应对国际金融危机,实现平稳较快发展提供坚强的政治保证。

(一)以贯彻落实“三重一大”决策制度的《意见》为重点,加强监督检查

出台《关于进一步做好省属企业贯彻落实“三重一大”决策制度实施办法审批工作的通知》,要求省属企业制定贯彻“三重一大”决策制度的实施办法,明确本企业决策事项的基本范围和量化标准,细化具体程序和操作流程。委内有关业务处室对省属企业制定的《实施办法》进行把关、提出修改意见,在有关处室会签的基础上,由省国资委下批复,为省属企业全面贯彻落实“三重一大”决策制度奠定重要的基础。完成对省属企业制定的《实施办法》的审批工作。

(二)以建立和完善省国资委机关权力运行为主线,全面推进“五大系统”建设

根据辽宁省委、省政府的部署,出台《省国资委党委贯彻落实全面推进“五大系统”建设的实施意见》,成立辽宁省国资委推进“五大系统”建设工作领导小组,明确“五大系统”建设工作目标和工作责任,全面推进“五大系统”建设,逐步形成内容科学、程序严密、配套完备、有效管用的符合辽宁省国资委实际的权力运行制约监督机制。其中,机关权力运行制度建设工作完成清权确权阶段的任务,并形成辽宁省国资委《权力申报表》。全委确定权力项目共32项,经委领导小组先后三次审核修改后,提交辽宁省国资委党委讨论通过,并上报辽宁省加强权力运行制度建设领导小组。

(三)深入开展巡视工作,进一步增强企业领导人员遵纪守法的自觉性

2011年3月上旬,根据辽宁省国资委党委的安排,辽宁省国资委纪委和监事会对省装备集团开展

巡视工作。在巡视工作期间，发现该企业董事长、总经理，严重违反“三重一大”决策制度和“小金库”治理有关规定，严重违反财经纪律，收缴违纪资金1211万元。根据辽宁省国资委纪委的建议，辽宁省国资委党委作出免去其董事长、总经理、党委副书记职务。同时，责成省装备集团召开领导班子专题民主生活会，深刻查找案发原因、教训以及管理中存在的漏洞，进一步加强集团各级领导班子思想政治建设，加强反腐倡廉建设，加强企业管理，推动企业又好又快发展。

（四）全面实行省属企业党的基层组织党务公开工作

按照中共中央办公厅《关于党的基层组织实行党务公开的意见》（中办发〔2010〕29号）要求和辽宁省委召开的基层党务公开工作电视电话会议精神，2011年初，辽宁省国资委党委研究决定在省属企业全面推进党务公开工作，成立省属企业党务公开领导小组，制定《关于在省属企业全面推进党务公开工作的实施意见》和党务公开工作目录。2011年5月，召开省属企业全面推进党务公开工作视频会议，就省属企业开展党务公开工作进行了专题部署。2011年8月，沈阳、大连两地对省属企业推进党务公开工作进行调研的基础上，2011年9月，召开省属企业实行党务公开工作座谈会，总结交流经验，进一步推动省属企业党务公开工作的深入开展。通过开展这项工作，进一步增强党员民主意识，推动企业转型跨越发展，带动厂务公开，实现党务公开与厂务公开的协调发展，推动企业领导人员的作风转变，为企业改革发展提供保证。

（五）继续深入开展“小金库”治理工作，建立和完善防治“小金库”的长效机制

2010年以来，辽宁省省属企业根据中央和辽宁省委、省政府的部署，按照辽宁省国资委的统一要求，组织开展“小金库”治理工作，取得显著成效。辽宁省国资委监管的23户省属企业中，发现“小金库”问题的企业17户，占全部企业的73.91%。23户企业本级及所属各级子企业401户中，共发现“小金库”137个，涉及金额2099万元。2011年5月24日，辽宁省国资委党委再次召开省属企业“小金库”治理工作视频会议，在全面总结2010年专项治理工作的基础上，进一步统一思想，深化认识，研究部署省属企业“小金库”治理工作。为做好省属企业2011年“小金库”专项治理督导抽查工作，辽宁省国资委下发《省属企业2011年“小金库”治理督导抽查工作方案》，并于2011年7月11日至7月31日，由各监事会主席带队，委内部分同志组成三个督导抽查组，对铁法能源、机场集团、能源集团、投资集团、国合和辽煤集团6户企业进行重点督导抽查。

（六）认真开展贯彻落实党风建设责任制和惩防体系建设情况考核，进一步推动企业领导人员“两手抓”的自觉性

2011年以来，辽宁国资委纪委根据国务院国资委纪委关于《国资系统促进惩防体系建设活动指导意见》有关精神和《关于国资系统惩治和预防腐败体系建设2011年度促进活动的安排》，以落实党风建设责任制为重点，对省属企业贯彻落实党风建设责任制和惩防体系建设情况进行考核。通过考核，进一步完善企业反腐倡廉工作体制，进一步增强企业各级领导班子“两手抓”的自觉性，推动党风建设责任制的落实，把反腐倡廉建设情况纳入对领导班子和领导人员考核评价范围，真正变成“硬指标”，推进省属企业反腐倡廉建设的深入开展。

（七）充分发挥查办案件的治本功能，深入研究案发规律和特点

辽宁省国资委严肃查处一批违纪违法案件，这些案件的成功查处，防止国有资产的严重流失，促进企业改革发展和稳定。辽宁省国资委纪委充分发挥查办案件在防治腐败方面的治本功能，注意研究和揭示企业经济运行中的风险点，对企业违纪违法案件进行梳理分析，总结近年来省属企业发生腐败案件的经验教训，深入研究案发规律和特点，并于2011年9月召开省属企业违纪违法案件案发规律研讨会。

（撰稿人：曹　妍）

大连市

一、大连市国有资产监督管理工作综述

2011年是“十二五”开局之年,也是大连市国资国企在新的起点上积极进取,取得突出业绩的一年。在大连市委、市政府的正确领导下,在全系统广大干部职工的共同努力下,深化改革,创新体制,加强监管,推进发展,实现国有资产保值增值,全面完成年初确定的工作目标。

(一)各项主要经济指标创历史最好水平

截至2011年底,大连市出资企业资产总额2230亿元,同比增长18.6%;净资产956亿元,同比增长23.9%。全年实现营业收入755亿元(含华锐风电为858亿元),同比增长16.2%;实现利润46亿元(含华锐风电为58.8亿元),同比增长19.3%;上缴税金36.6亿元,同比增长16.2%。各项主要经济指标均创历史最好水平,在全国地方国资系统增幅处于前列。根据辽宁省国资委全年统计,大连市国资委各项主要经济指标均占全省14个市总额的50%左右,其中资产总额占47.1%,净资产占57.5%,营业收入占48.9%,实现利润占59.1%。国资国企继续发挥骨干带动作用,为全市经济社会发展作出较大贡献。

突出装备制造、港航物流、投融资、资源、化工、公用事业六大主业板块,取得良好成绩。装备制造业资产总额950.1亿元,同比增长23.7%;净资产353.2亿元,同比增长58.7%;实现营业收入486.9亿元,同比增长13.1%;实现利润29.9亿元。港航物流业资产总额576.5亿元,同比增长19.3%;净资产264.1亿元,同比增长8.2%;实现营业收入55.5亿元,同比增长14.1%;实现利润8.1亿元。投融资和资源类资产总额1209.9亿元,同比增长23.1%;净资产531.7亿元,同比增长39.2%;实现营业收入452.2亿元,同比增长13.8%;实现利润33.9亿元。化工业资产总额184.7亿元,同比增长29.5%;净资产44.7亿元,同比增长40.2%;实现营业收入78.4亿元,同比增长34.8%。公用事业资产总额115.9亿元,同比增长3.2%;净资产95亿元,同比增长11.7%。

(二)骨干企业继续加快发展

经营性企业加强管理,调整结构,开拓市场,保持较好发展势头。大连港集团货物吞吐量2.6亿吨,同比增长10%,集装箱吞吐量640万标箱,同比增长20%,为实现3年千万标箱目标奠定基础。重工·起重集团通过整体上市,资产总额达到232.5亿元,实现营业收入126亿元,实现利润13.8亿元。大化集团资产总额150.3亿元,同比增长23.8%,实现营业收入74.3亿元,同比增长38.6%。冰山集团资产总额118亿元,同比增长10.9%,实现销售收入118亿元,同比增长16.8%,实现利润5亿元。国合集团资产总额96亿元,同比增长10.1%,实现营业收入34.6亿元,同比增长28.1%,实现利润4.2亿元,同比增长41.8%。瓦轴集团资产总额68亿元,同比增长10.3%,实现营业收入79亿元,同比增长27.6%,实现利润3.3亿元。机场集团旅客吞吐量实现1201万人次,同比增长12.2%,国际旅客吞吐量连续九年居全国第四位。机床集团实现销售收入182亿元,同比增长37.9%,实现利润6.7亿元,同比增长22.6%。大橡塑资产总额同比增长34.5%,营业收入同比增长52.3%。金重公司资产总额14亿元,实现营业收入12.1亿元,实现利润6600万元。辽无二公司资产总额同比增长20.8%,营业收入同比增长25.2%,实现利润2.7亿元。盐化集团资产总额同比增长1.5倍,营业收入同比增长15.7%,利润同比增长38.1%。三寰集团资产总额同比增长25%,营业收入同比增长76.9%,利润同比增长38.5%。星海会展旅游集团多种经营和综合经营能力显著提升,跨区域经营有新突破。水泥集团、棒棰岛食品集团、盛道集团、良运集团、航运集团适应形势变化,加强企业管理,积极开拓市场,取得明显成效。

公益性企业不断提高服务水平,认真履行社会责任,为市民衣食住行作出积极贡献。热电集团化解煤炭价格上涨等不利因素,保证供热质量,企业经济运行状况良好,被评为省“十一五”节能减排先进单位。公交客运集团稳步推进旅顺南线轻轨和金普城际铁

路建设,客运服务满意率94%以上,居全国同行业前列。交运集团实施全域发展战略,积极推进客运产业深度发展。燃气集团煤气生产供应持续安全稳定,天然气入连工作取得阶段性进展。自来水集团、供水公司保障城市供水安全稳定,扩大供水范围,积极推进重点工程,开拓水务市场新领域。

(三)企业上市和改革工作取得新进展

推进企业上市。按照《政府工作报告》要求,通过艰苦努力,实现了重工·起重集团A股整体上市,上市公司国有股权增值59.6亿元,整体上市使重工·起重集团可持续发展能力、竞争能力和投融资能力明显增强,对大连市装备制造业发展意义重大。经国家证监会批准,完成大橡塑定向增发,实现自2001年上市以来首次直接融资。热电集团整体上市工作取得实质性进展,理顺股权关系获国家证监会批准,历史遗留问题基本解决。瓦轴集团整体上市的前期工作取得进展。截至2011年底,大连市国资系统国有资产证券化率达44%,居全国前列。

深化企业改革。经市政府批准,完成大连地铁经营有限公司组建工作,由公交客运集团控股,国投集团、国有资源公司参股。完成大显集团国有股权转让,解决多年来困扰大显集团和相关企业的遗留问题。完成大连棒棰岛食品集团改制,由国有独资公司改建为国有参股、管理层入股的股权多元化企业。完成大连国有资源投资有限公司重组。完成大连机场集团改建为国有独资公司。基本完成国有企业职教幼教退休教师待遇落实工作。完成2户厂办大集体改革,2户企业破产终结,完成全市国有企业政策性关闭破产工作。完成棒棰岛食品集团、城建开发集团2户自管房剥离。

(四)投融资体系建设取得明显成效

按照加大"三资"工作总体要求,经过积极工作,大连市国资系统投融资体系建设进一步加强,直接融资能力继续提升,有力支持企业投资、改革重组和历史遗留问题处理等。一是制订《市国资系统加强资产重组资源整合资本运营的实施方案》。通过顶层设计,提高全系统对加强"三资"工作的认识,明确工作规划和措施,以此推动和加强全系统投融资体系建设工作。二是不断扩大国有投融资平台规模。大连装备、建投公司、国投集团、国有资源4户投融资平台公司资产总额达到1178.6亿元,支持企业发展能力有了很大提升,在推进重工·起重集团整体上市、完成大橡塑定向增发和企业改制中发挥重要作用。三是继续推进多渠道直接融资和增资。利用上市、发行企业债、建立产业基金、盘活股权和土地存量等多种方式,全年实现融资和增资184.1亿元。其中,大连装备发行短期融资券10亿元,建立新兴产业基金6亿元,为大连生态科技产业园配套融资25亿元。大连港集团发行境内外公司债54亿元,并组建大连市企业第一家财务公司。重工·起重集团发行短期融资券6亿元,上市增资59.6亿元。国投集团、盐化集团通过盘活存量融资20亿元。大橡塑通过定向增发融资3亿元。四是支持企业处理历史遗留问题。为支持上市解决了重工·起重集团大起破产、土地、房屋权属、历史担保、回购股权等历史问题,解决热电集团股权关系理顺、土地房屋资产确认等问题。国投集团为大重、大显、大化、棒棰岛食品集团等处置银行债权债务和不良资产8.5亿元,接收金重全部离退休人员。解决热电集团、辽无二公司为大显集团担保的历史遗留问题。部分解决染化集团搬迁改造和相关债务问题。

积极推进重点项目建设。企业项目投资总额977.8亿元,2011年实际完成投资235亿元。完成机场三期扩建工程、瓦轴新能源汽车轴承、国合集团新建船舶、国投集团对中国融资租赁公司增资扩股、大连装备集团保理公司等项目。积极推进重工·起重集团船用曲轴增资、5兆瓦级风电机组项目,大连港太平湾港区、长兴岛港区建设项目,红沿河核电二期、大伙房水库输水入连等项目。积极支持全域城市化建设,热电集团、自来水集团等为新市区供热、供水项目进入实施阶段。大连装备利用发债资金为重工·起重集团、瓦轴集团、金重公司、大橡塑、热电集团、辽无二公司累计解决技改和流动资金16亿元。

(五)国资监管工作进一步加强

加强制度建设。制定出台《大连市国资委出资企业"十二五"发展规划》,制定出台《大连市国资委出资企业内部审计管理暂行规定》《关于加强出资企业对外捐赠管理的办法》《大连市国资委系统党务公开工作实施意见》《关于进一步规范和完善国有独资、控股企业法人治理结构的意见》《关于进一步加强国有股权代表董事工作的办法》。加强产权管理。完成9个国企改制、产权转让资产评估项目核准，净资产总额99.5亿元，增值率109.2%。对9个资产评估项目进行备案。完成2户企业改制延伸审计。《国有产权动态监管体系》获大连市政府机关最佳服务奖。大连产权交易所完成交易140宗，交易额63.3亿元，同比增加77%。加强企业法人治理结构建设。完善外部董事管理工作，形成外部董事专报35期。考核22户、调整充实4户企业班子。完成地铁运营公司董事会组建。加强监事会当期监督和专项检查，延伸监督检查范围。加强维稳及安全生产工作。继续把处理历史遗留问题、上访老户息访、群体性上访事件处置作为信访工作重点。无进京、进省集体访，劝返进京、进省个体访7人次。接待群众上访738人次，处理上访信68件，上级督办件8件，解决重点信访案件10件，其中，2件由市主要领导包案的省交办重点案件结案息访，大显集团、染化集团等稳定工作进一步加强，为社会稳定作出贡献。加强安全生产监督检查，排查隐患，没有发生重特大生产安全事故。

二、大连市国有资产总量与结构分析

截至2011年末，大连市地方国有及国有控股企业(含企业化管理事业单位，不含金融企业)599户(含三级企业)，其中一级子企业169户(其中，市本级38户，县区企业131户)。国有资产总量1290.4亿元，比上年增长50.4%；实现利润57.5亿元，可比口径增长17.2%；上缴税金52.5亿元，与上年持平。其中，大连市国资委出资26户一级企业国有资产总量770.2亿元，比上年增长27.1%；实现利润52.8亿元，可比口径增长19.3%；上缴税金45.7亿元，与上年持平。

表1　2011年大连市所属国有企业指标

项目	金额(亿元)
资产总额	3401.9
所有者权益	1522.2
营业收入	796.9
利润总额	57.5
净利润	46.6
归属于母公司所有者的净利润	33.6
应交税金总额	51.3
实际上缴税金总额	52.5

表2　2011年大连市国有企业户数情况

项目	2010年	2011年	比上年增长(%)
户数(户)	600	599	—0.17

表3　2011年大连市国有资产地区分布情况

地区	国有资产(亿元)	占国有资产总量比重(%)
合　计	1290.4	100
市属	793.1	61.5
其中:监管	770.2	59.6
非监管	22.9	1.8
县区	497.2	38.5
金州新区	227.2	17.6
长兴岛临港工业区	137.9	10.7
旅顺口区	72.6	5.6
高新技术产业园区	31.9	2.5
普兰店市	20.6	1.6
瓦房店市	3.9	0.3
庄河市	2.5	0.2
保税区	0.4	0.03
长海县	0.02	

表 4　2011 年大连市国有资产行业分布情况

行　业	国有资产（亿元）	占国有资产总量比重（%）
农　业	1.2	0.09
工　业	300.8	23.3
建筑业	1.6	0.1
交通业	234.1	18.1
商　业	3.3	0.3
其他业	109.7	8.5
投　资	639.4	49.5
合　计	1290.4	100

表 5　2011 年大连市国有资产经营规模分布情况

经营规模	国有资产（亿元）	占国有资产总量比重（%）
大型企业	929.5	72.0
中型企业	99.9	7.7
小型企业	217.1	16.8
微型企业	43.2	3.5
合　　计	1290.4	100

三、大连市国资委监管企业股份制改革与股权分置改革情况

指导推进大连燃气集团改革工作，将采取存量吸引增量的办法组建大连市天然气有限公司。指导完成大连港集团出资组建瓦房店太平湾港有限公司公司审批工作。完成自来水集团设立普湾新区水务公司审批工作。完成交运集团设立保险代理公司审批工作。指导完成国投集团设立国通资产经营公司和增资中租公司审批工作。帮助国有企业解决职工安置问题。继续做好染化集团历史遗留问题处理，核定资金使用项目。完成城建开发集团"三供一房"剥离移交审批工作。指导完成棒槌岛集团职工安置工作和非经营性资产划转审批工作。按照市政府体制改革创新工作要求，对出资企业改革发展进行调研。为加大资产重组、资源整合、资本运作力度，制定大连市国资系统国有资本经营的顶层设计方案。制定大连国有资源投资公司股本结构调整方案并经市政府批准。推进国有、集体企业老工伤人员纳入保险统筹管理。推进模范劳动关系和谐企业建设，协同有关部门落实劳动关系三方会议工作。推进企业制度创新。指导大连第二电机厂改制报审工作，使其进入改制工作程序。推进市能源公司改制工作。参与市文化体制改革工作，提出体制改革相关意见，参与大连市杂技团事转企、企改制工作。参与市医药卫生体制改革工作。

四、大连市国资委监管企业并购重组与完善法人治理结构改革进展情况

（一）加强监管企业并购重组

继续推进海外并购工作。在完成收购加拿大麦克罗公司的基础上，大橡塑、国投集团又联合收购捷克布祖鲁克公司，并已完成项目交割，大橡塑国际市场拓展能力明显增强，为继续在二级市场融资打下基础。重工·起重集团在德国建立风电设备研发机构，并以此为依托推进海外并购。推进政策性破产工作。完成水产集团、锦达集团、大连化纤厂政策性破产项目的评估、审计工作。协调大连渔轮厂、中国工艺美术进出口公司大连分公司和中农垦集团下属企业 8 户政策性破产企业退出政策破产计划，协助完成大连中垦东北进出口公司和中国农垦大连公司 2 户企业进入破产程序，完成审计、评估工作。协助和指导大连电线电缆厂完成依法破产终结工作，协调市中级人民法院完成中国爱地在连 7 户企业依法破产的受理工作，处理金盐、皮化破产遗留问题，推进破产终结工作。按照省政府的要求，推进厂办大集体改革，对大连市厂办大集体有关情况进行调查摸底。通过产权制度改革和主辅分离等方式，支持鞍山钢铁集团公司大连轧钢厂厂办大集体改革工作，完成大连吉龙实业发展公司、大连电焊条厂、大连轧钢厂附属企业公司厂办大集体改革及产权出售工作。

(二)完善企业法人治理结构建设

制定下发《关于进一步规范和完善国有独资、控股企业法人治理结构的意见》,对部分企业的法人治理结构进行完善,国资委出资企业全部为公司制企业。加强董事会建设,进一步明确董事会、党委会、经理层、监事会的会议制度、议事规则、重大事项决策制度以及具体职责范围,规范工作细则和办事程序。制定下发《关于进一步加强国有股权代表董事工作的通知》,成立外部董事管理领导小组,由市国资委组织部、监事会工作处、国投集团组成国有股权代表董事管理服务机构,结合出资企业领导班子年度考核,对国有股权代表董事一并进行年度考核。完善企业外部董事管理工作,企业外部董事总数24人,比例占到董事总数的22.5%。市国资委系统实行董事长与总经理分设的企业14户;实行董事长兼任党委书记的企业13户;董事会与经理层的重合率下降到33.4%。

五、大连市国资委监管企业完善财务监督和经营业绩考核体系情况

(一)加强企业财务管理和业绩考核

完成全市国有资产统计并通过国务院国资委审定。完成出资企业决算审计、审核和批复。加强分类考核,在全国率先出台公共服务类企业模拟市场化业绩考核办法,全国国有资产监督管理工作会议报告给予肯定。完成2010年度企业负责人业绩考核及年薪兑现。出资企业年人均工资4.86万元,同比增长17.6%。

(二)加强预算管理和审计工作

完成出资企业2010年度实现利润应交国有资本收益的审核确认,上交国有资本收益1.5亿元。完成15户出资企业经济责任审计及内部控制工作验收。完成出资企业投资收益情况调查。

六、大连市国资委监管企业负责人考核与选人用人机制改革情况

坚持以思想政治建设为重点、素质能力建设为基础、科学制度建设为保障,逐步完善领导班子考评标准,深入推进"四好班子"创建活动。要求各级党组织和各单位的领导班子,团结带领好广大党员、干部和职工,同心同德,扎实工作,不断为企业实现科学发展做出新贡献。结合学习胡锦涛"七一"重要讲话,集中对企业领导干部进行学习培训,使领导干部自觉把思想和行动统一到讲话精神上来。加大干部交流、培养、使用力度,干部资源得到盘活,整体结构进一步优化。按照对企业领导人员的管理权限,对22户出资企业领导班子进行年度考核,提出考核评价意见;在选拔任用干部方面,坚持党的干部选拔任用标准,坚持科学的方法和正确的用人导向,先后对4户企业领导班子进行调整、充实。各企业领导班子认真履行带领企业发展的职责,严格落实领导干部岗位责任制,充分发挥核心作用,认真研究和解决问题,既抓好生产经营工作,又抓好思想政治工作和队伍建设,有力地推动和谐企业建设和科学发展,推动国有资产保值增值。

七、大连市国资委监管企业党的建设和廉政建设情况

(一)党建工作取得新成绩

按照中共大连市委要求,深入开展"凝心聚力,建设富庶美丽文明大连的大讨论"和"创先争优"活动,不断加强和改进党建工作。38名同志获国家五一劳动奖状、工人先锋号和省五一奖章;18个单位被评为省、市先进基层党组织,22名同志获省、市优秀共产党员或优秀党务工作者称号;32个单位被评为省、市思想政治工作先进集体,3个单位被评为市纪检监察系统先进集体,4名同志获省、市纪检监察系统先进个人称号。深入开展"大讨论"活动。省市媒体先后宣传报道国资系统"大讨论"情况100余次,发挥舆论引导作用。专题培训高中层经营管理者300人次,企业自主培训13500人次;推进企业星级平安稳定创建工作,企业上星率比上年提高10%。深入开展"创先争优"活动。突出公开承诺、领导点评、群众评议等重点环节,广泛开展"三亮三比三评"活动,设立党员先锋岗5900多个,组建党员责任区3300多个。举行纪念建党90周年活动,大连市国资委组织摄制的"国有企

业党建风采录”专题片，被辽宁省委组织部评为优秀党员教育课件，被大连市委组织部评为最佳党员宣传教育片。积极推进“党员之家”阵地建设，全系统共投入资金400余万元，建成“党员之家”活动阵地237个。深入开展基层党建工作研究，撰写党建和组织工作调研报告143篇。大力加强组织建设和队伍建设。完成3户企业党委换届工作。国资委机关提升或交流了22名处级干部。接收改制企业离休人员426名，共接收795人。

(二)加强党风廉政建设和反腐败工作

承办大连市党务公开培训工作现场会。开展落实党风廉政建设责任制情况检查考核，对26户出资企业进行专项检查。落实《廉政准则》专项检查。开展整治小金库“回头看”，复查率达100%。开展企业效能监察，完成立项74项，增加经济效益9931万元。完成5户企业主要负责人任期经济责任审计。制定《大连市国资委系统国有企业贯彻落实“三重一大”决策制度的实施办法》。立案查处违纪案13件。

（撰稿人：张世忠、张　智）

吉林省

一、吉林省国有资产监督管理工作综述

2011年，吉林省国资委及出资企业认真贯彻落实省委、省政府的决策部署，积极应对错综复杂的国内外经济形势，坚持以科学发展为主题，以转变发展方式和治理方式为主线，深化企业改革、调整优化结构、强化管理创新，生产经营保持平稳运行，各项工作取得新的成效。截至2011年底，出资企业资产总额达到1163亿元，同比增长13.4%。2011年，出资企业实现营业收入718.4亿元，同比增长21.5%；实现利润12亿元，同比增盈10.8亿元；实现增加值130亿元，同比增长41.7%；应交税费32亿元，同比增长29.6%；完成固定资产投资102.1亿元，同比增长25.7%，实现了“十二五”的良好开局。

(一)企业改革和规范治理工作进一步深化

积极推进企业股份制改革。完成中吉集团与欧亚集团、国联集团与金达洲集团改制重组工作。研究制定吉煤集团深化改革、整体上市的工作方案。完成吉粮集团改制后续工作。完成《省交通投资开发(集团)有限责任公司组建及融资方案》的起草、论证和报批工作。进一步规范企业法人治理结构。修订完善担保公司等5户企业的公司章程。搭建酒精集团法人治理结构。对交投集团、国华公司治理结构和党委班子进行全面考核。全年共调整企业领导人员56人次，其中任职49人次，免职7人。精心筹备厂办大集体改革工作。拟定全省厂办大集体改革相关工作方案，承办全国地方国资委厂办大集体改革工作座谈会。改制后续和历史遗留问题得到妥善处理。解决职教幼教退休教师待遇问题稳步推进。高度重视信访维稳工作，积极化解不稳定因素，加强平安企业建设，全系统全年共受理群众来访8276件次、32017人次，其中集体访1996批次、24025人次，申请信访救助资金939.8万元，解决一批信访难点问题，维护企业和社会稳定。

(二)结构调整和产业升级步伐进一步加快

坚持以战略规划引领结构调整。围绕《省国资委出资企业“十二五”发展规划》，指导各企业高起点、高标准编制自身的“十二五”发展规划，坚持上下规划相衔接，努力把规划编制过程作为转方式、调结构、上规模、增实力的过程。出资企业共谋划100个投资额超亿元的大项目，总投资1000亿元以上，其中有20个列入吉林省“十二五”规划纲要。坚持以项目建设促进结构优化和产业升级。2011年新建和续建32个投资5000万元以上的大项目，其中新开工项目20个。森工金桥地板工业园项目竣工，引进的无醛地板生产技术填补国内空白，地板年生产能力达到1000万平方米，成为亚洲最大的地板生产企业；吉煤集团八宝工业园项目突出循环经济特色，实现产煤、洗煤和煤矸石发电一体化，做到资源“吃干榨净”，成为国内煤炭行业样板工程。坚持加快发展新产业、打造新业态。昊融集团有色金属、新能源新材料、金融商贸三大板块已呈交汇支撑、互补共赢态势；国华公司现代物流产业、旅投集团现代旅游产业在原有基础上实现进一

步发展;信托公司在北京、长春设立理财中心,深化信托业务创新,提高公司自主经营能力。担保公司在东北袜业园开展贴近式服务,使担保业务成为产业园发展链条上的重要一环。

(三)重组整合和资源配置能力进一步增强

亚东公司参与富奥公司定向增发,实现对吉林省最大汽车零部件企业的相对控股,合并报表后亚东公司总资产规模可达70亿元,并完成富奥公司上市的前期审批工作,与广东盛润集团签订重组协议。在先期完成对长春天裕公司股权回购的基础上,重组松原吉安生化公司和乾安酒精公司,又与四平新天龙公司相互参股,共同组建酒精工业集团,酒精生产能力达到95万吨,达产后将成为国内最大酒精生产企业。信托公司实施金融类股权投资战略,强化国内区域市场布局,管理资产总额达到643亿元,综合实力在业内排位显著提升。担保公司以"托管吸收重组"模式整合全省信用担保资源,在吉林省设立分子公司15个,综合实力连续三年在全国同行业位列前五名。交投公司完成融资和代地方政府融资36.83亿元,保证了铁路建设的资金需求。旅投集团突出主业发展,剥离处理5户子企业的低效、无效资产。吉煤集团积极拓展域外煤炭资源,蒙东7.5亿吨煤炭开发权已获国家批准。昊融集团大力实施"走出去"战略,累计控制境外资源达211.4万吨金属量。吉森丰华收购黑矿储量1000万吨的白山大通矿业,实现投资当年见效。

(四)企业管理和创新发展水平进一步提高

深入开展"节本降耗,提质增效"活动。吉煤集团全面推行精细化管理,吨煤成本下降5.26元。公开发行中期票据融资19亿元,首期12亿元资金到位,极大降低企业财务费用。昊融集团推行内部模拟市场管理,规范采购流程,进一步降低生产成本。森工集团制订6个方面37项措施,可比成本费用比预算下降5%。富奥公司在汽车产业增速较大回落的情况下,严细质量管理和成本管理,实现利润4.7亿元。积极推进产学研合作。昊融集团羰基铁、羰基镍项目突破关键技术,实现连续生产,并成功开发出羰基钴产品;研究开发从红土矿和赤泥中提取钪的工艺。吉煤集团薄煤层工作面综采支架电液控制技术取得成功,实现减人提效,得到国家安监总局的高度赞扬。吉森丰华石墨提纯复选实验取得重大突破,样品达到国家锂电负极标准。加强知识产权保护和品牌建设。昊融集团有8项专利技术获得国家知识产权局批准。2011年吉林省共获得中国驰名商标11个,省国资委出资企业获得3个,其中森工集团2个,吉粮集团1个,有力地促进企业价值增进。

(五)和谐发展和社会责任意识进一步增强

吉煤集团强化全省煤炭资源保障,实施省内生产布局调整,年内增加产能552万吨,积极缓解吉林省"烧煤难"问题,同时加大安全生产投入,落实安全生产责任,加大安全工作力度,做到全年无一起责任事故。森工集团加强生态建设,严格落实二期"天保工程"要求,少采伐林木25万立方米,新增造林面积617公顷。面对复杂严峻的金融形势,担保公司降低担保准入门槛、调低收费标准、创新业务品种、扩大融资担保规模,新增担保额近200亿元,帮助近千户中小企业解决融资难题。亚东公司发起设立30亿元棚改基金用于吉林省重点棚户区改造,首期10亿元募集到位并完成发放,支持重大民生工程建设。森工集团林区65.5万平方米棚户区改造工程如期推进。坚持资源节约型和环境友好型发展,生产型企业全面完成节能减排指标。积极参与社会公益事业,8户出资企业为十二届冬运会捐款1100万元。

(六)企业党建和反腐倡廉建设进一步加强

认真学习贯彻胡锦涛总书记"七一"讲话和党的十七届六中全会精神,加强企业党委班子建设,加强基层党组织建设,加强思想政治工作和企业文化建设。开展"党员先锋岗"、"党员责任区"和"党员佩戴党徽"活动,增强党员的党性觉悟和责任意识。围绕建党90周年组织开展"忆党史"、"唱红歌"和创先争优、建功"十二五"活动。2011年"七一"党的关系在省国资委的9个先进基层党组织、13名优秀共产党员和党务工作者受到省委表彰,其中森工集团党委、辽矿集团党委受到中央表彰。深入开展"提升企业精神、提升员工素质、提升品牌形象"活动,企业凝聚力、职工积极性和企业形象进一步提高。认真开展"三帮扶"活动,吉煤集团筹措资金96.2万元用于"阳光助学”，帮助726名困难职工子女解决了上学难问题。森工集团建立5个党员养殖科技示范点、4个党员创业基地，设立3000万元扶贫帮困基金。加强人才队伍建设，18户企业的39名后备人才参加境外学习培训，有44名一线员工在全省组织的技师大赛活动中被评为首席技师，信托、亚东等公司利用网络平台开展学习培训，实现员工教育培训的经常化和制度化。认真开展省国资委党委系统十八大代表和省十次党代会代表推荐工作。切实加强企业反腐倡廉建设，推进惩防体系建设深度融入企业经营管理，强化了廉洁风险防控。认真落实党风廉政建设责任制和“三重一大”决策制度，企业领导人员廉洁从业意识进一步增强。认真组织转变发展方式的监督检查，推进工程领域突出问题治理等专项活动。加大案件查办力度，全年处理违纪人员153人，挽回经济损失260万元。

二、吉林省国有资产总量与结构分析

截至2011年底，吉林省地方国有企业共计908户，同比增长8%。国有企业资产总额为2563.0亿元，同比增长13.3%；负债总额1655.7亿元，同比增长18.4%；所有者权益总额907.3亿元，同比增长5%；归属母公司所有者权益总额775.1亿元，同比下降2%。

企业国有资产总量为642.8亿元，同比下降1%，其中省直企业国有资产总量217.5亿元，同比下降6%；省国资委监管企业183.8亿元，同比增长8%；市地企业国有资产总量425.3亿元，同比增长2%。与2010年相比，省直企业国有资产总量占全省国有企业比重下降1.9个百分点，市地国有企业占比上升1.9个百分点，其中省国资委监管企业占比上升3个百分点。

吉林省国有企业资产主要分布在建筑业、工业、社会服务业、农林牧渔业、金融业，占比分别为26%、24.2%、14.7%、10.7%、8.7%，以上五个行业国有资产总量占全省比例为84.3%。

2011年，吉林省国有企业完成营业收入961.0亿元，同比增长24%，其中主营业务收入884.6亿元，同比增长23.2%；实现利润总额42.2亿元，同比增长5.8%。

表1　2011年吉林省所属国有企业指标

项　目	金额(亿元)
资产总额	2563.0
所有者权益	907.3
营业收入	961.0
利润总额	42.2
净利润	28.0
归属于母公司所有者的净利润	22.4
应交税金总额	77.3
实际上缴税金总额	74.9

表2　2011年吉林省国有企业户数情况

项　目	2010年	2011年	比上年增长(%)
户数(户)	838	908	8.4

表3　2011年吉林省国有资产地区分布情况

地　区	国有资产(亿元)	占国有资产总量比重(%)
吉林省省直	217.5	33.8
长春地区	360.4	56.1
吉林地区	7.8	1.2
延边地区	40.0	6.2
四平地区	—3.7	—0.6
通化地区	3.6	0.6
白城地区	1.7	0.3
辽源地区	3.6	0.6
松原地区	2.3	0.4
白山地区	2.4	0.4
长白山管委会	7.4	1.1
合　计	642.8	100

表 4　2011 年吉林省国有资产行业分布情况

行　业	国有资产(亿元)	占国有资产总量比重(%)
一、农林牧渔业	68.9	10.7
二、工业	155.3	24.2
三、建筑业	167.1	26.0
四、地质勘查及水利业	2.1	0.3
五、交通运输业	17.6	2.7
六、仓储业	11.4	1.8
八、批发和零售业	16.6	2.6
九、金融业	55.9	8.7
十、房地产业	39.3	6.1
十二、社会服务业	94.3	14.7
十三、卫生体育福利业	0.2	0.0
十四、教育文化广播业	13.7	2.1
十五、科学研究和技术服务业	0.4	0.1
合　计	642.8	100

表 5　2011 年吉林省国有资产经营规模分布情况

经营规模	国有资产(亿元)	占国有资产总量比重(%)
大型企业	159.2	24.8
中型企业	348.0	54.1
小型企业	163.9	25.5
合　计	642.8	100

三、吉林省国有资产保值增值综合分析评价

表 6　2011 年吉林省国有企业地区保值增值情况

地　区	保值增值率(%)
吉林省省直	107.1
长春地区	99.6
吉林地区	95.8
延边地区	110.1
四平地区	108.3
通化地区	97.9
白城地区	93.4
辽源地区	86.9
松原地区	108.4
白山地区	91.6
长白山管委会	105.7

表 7　2011 年吉林省国有企业行业保值增值情况

行业	保值增值率(%)
一、农林牧渔业	103.3
二、工业	100.2
三、建筑业	103.4
四、地质勘查及水利业	100.3
五、交通运输业	46.8
六、仓储业	122.5
七、批发和零售业	109.0
八、金融业	107.9
九、房地产业	101.9
十、社会服务业	108.4
十一、卫生体育福利业	76.4
十二、教育文化广播业	101.7
十三、科学研究和技术服务业	91.9

四、吉林省国资委监管企业股份制改革、并购重组与完善法人治理结构改革进展情况

2011年,吉林省国资委加大出资企业改革重组力度,加强企业法人治理结构建设,各方面工作取得新的成绩。

(一)扎实推进出资企业改革重组

中吉集团与欧亚集团实现重组,盘活现有资产,为参与欧亚集团增发、推进资本证券化提供机遇;完成国联集团与金达洲集团重组,相关方案获得省政府批复,并解决动迁户多年上访问题;吉煤集团积极谋划深化改革,确定增量改革、整体上市的总体思路。吉粮集团推进改制后续工作,完成增资款项到位和新公司的工商注册。吉林昊融有色金属集团有限公司与民政部出资企业中社百企联合发展有限公司共同出资,设立中财昊融实业有限公司,并购吉林省油砂资源开发项目,进一步提升企业的获利能力,增强企业的发展潜力。

(二)妥善处理改制后续和历史遗留问题

国资公司处理14户托管企业改制后续问题,并完成东方资产包97.6亿元剩余未处置债权的处置工作,有效规避财务风险。国华公司完成16户企业改制收尾工作,并对8户政策性破产企业组织清算。交建集团改制后续问题在梳理确认的基础上加大协调处理力度。在国务院国资委的支持和协调下,辽源煤机、舒兰煤矿两户规划外政策性破产项目获得国家批准。报请省政府研究制定政策,将出资企业退休人员全部纳入职工医疗保险范围,解决17.6万人采暖费补贴问题。会同省直有关部门转发国家四部委《关于妥善解决国有企业职教幼教退休教师待遇问题的通知》,这项工作正在稳步推进中。

(三)积极推进厂办大集体改革工作

按照国务院要求,在认真总结三个试点市经验和广泛听取各方面意见的基础上,拟定吉林省厂办大集体改革方案、实施意见、风险评估报告、维稳工作方案、宣传工作方案以及相关配套政策等,为全面启动改革奠定基础。在全国地方国资委厂办大集体改革工作座谈会上,介绍吉林省试点工作情况,提出意见和建议。

(四)进一步规范法人治理结构建设

对吉林省信用担保投资有限公司、吉林省旅游投资开发有限责任公司、吉林省中吉实业有限公司、吉林省国有资产经营管理有限责任公司等出资企业的公司章程进行审核、修改和完善。起草下发吉林省酒精工业集团有限公司和吉林省交通投资集团有限公司章程。在相关出资企业章程的制定、修改和完善过程中,对出资人、董事会、监事会、经理层及党群组织的职权和义务等进行深入研究,并根据相关企业所处行业的实际情况,有针对性地提出关于权利分配与制衡、机构设置与人员搭配以及相关议事规则等事项的修改和完善意见。

五、吉林省国资委监管企业建立和完善经营业绩考核体系情况

(一)完善业绩考核办法

从2011年初开始,吉林省国资委对原有业绩考核办法进行修订完善和改革创新。以出资企业行业分类为基础,结合不同发展阶段和功能定位,分别制定考核细则,增强考核的针对性、实用性和有效性。一是统一考核指标体系。实现年度考核与任期考核指标体系的统一,有效解决以往年度考核与任期考核指标关联度不高,考核结果不一致的问题。二是考核目标相互衔接。年度业绩考核目标值以前三年考核指标实际完成值的平均值为基数上浮10%,并结合年度经济运行目标和企业发展规划目标确定,确保出资企业发展目标在全省保持领先水平。三是增加重点工作任务考核。对处于创建发展阶段的企业、承担政府指令性任务的企业以及改革改制任务的企业,引进重点工作任务考核,有力促进企业转型发展。四是引进经济增加值(EVA)考核。着力引导企业树立资本意识。五是创造性地提出对企业负责人实行特别奖励的考核。企业负责人的薪酬收入不做封顶设计,最大限度的调动企业负责人的积极性。六是增加荣誉奖励内容。将物质激励与精神激励结合起来,对任期

考核结果为A级的企业法定代表人,由吉林省国资委授予优秀经营管理者荣誉称号。

(二)健全业绩考核监督管理机制

一是建立科学的决策程序。设立国资委薪酬决策咨询委员会,对企业负责人业绩考核工作中的重要事项,需经国资委薪酬决策咨询委员会提出意见后,再由国资委主任办公会讨论决定。二是强化协同监管。通过业绩考核的引导作用对监管资源进行有效整合,促进各项监管职能协调配合,切实提高监管的有效性,推动国资监管工作不断加强。三是实行业绩考核目标责任制度。业绩考核指标及目标值确定后,与各出资企业签订业绩考核目标责任书,严肃业绩考核制度,使各企业负责人高度重视业绩考核工作,努力提高管理水平,确保业绩考核目标实现。

(三)推动出资企业提高绩效管理水平

一是推进经济增加值(EVA)考核。吉林省国资委于2011年正式对出资企业EVA进行考核,增强企业对价值创造和价值管理的认识,推动出资企业切实把EVA考核作为一种有效的价值管理工具,而不仅仅是一种考核方式来对待,把EVA考核融入企业经营管理全过程,认真梳理企业价值链条,从中发现并尽快解决对价值创造存在负面影响的关键因素与薄弱环节,切实把提高资本使用效率融入企业决策、执行、监督的全过程。二是加强对企业业绩考核工作的指导和培训。2011年4月举办经济增加值(EVA)考核培训班,邀请国务院国资委分配局的领导结合企业实际进行培训。2011年9月,对新修订的业绩考核办法进行了培训,进一步提高企业对业绩考核和绩效管理的认识,推动企业业绩考核工作不断深入开展。三是推动出资企业开展全员业绩考核工作。要求各企业切实加强对实施全员业绩考核工作的领导,企业主要负责人要亲自挂帅,认真研究业绩考核中的重大问题,建立健全领导机构和相应的工作机构,制定和完善相关工作制度,明确职责分工,强化业绩考核的组织保障和机制保证。同时,要加强对考核和激励的理论研究,根据自身的发展程度、业务性质、管理水平、人员结构、考核环境等因素,选择适合的考核理念和考核方法,通过业绩考核达到提高效率、优化管理、提升价值、促进发展的目的。

六、吉林省国资委监管企业负责人考核与选人用人机制改革情况

一是修改企业领导人员考评办法和激励约束机制,进一步完善企业领导人员考评制度体系。积极探索企业领导人员管理的新机制、新方法、新途径和全面考评企业领导班子及成员的综合考核评价体系,完善管理制度,改进考评办法,创新民主测评方式和内容,增加日常表现调查等形式,形成多维度、全方位、开放式考评,实现在考核方式、考核对象、考核内容等方面的创新突破。二是改进和完善董事、监事选派方式,进一步加强国有股权代表队伍建设。在董事、监事的选派方面,打破“学者化、官员化”思想,拓宽选派渠道,改进和完善董事、监事选派方式,提高外部董事、外派监事比例,建立一支身份多元化、知识专业化的国有股权代表队伍。2011年,共选派董事、监事15人,外部董事比例达到40%左右。三是坚持市场化与内部选拔相结合,进一步推进经营管理者队伍市场化、职业化进程。研究探索面向社会公开招聘、内部竞争上岗、行业内横行交流等多种选拔方式。2011年,共选拔经营管理者12人,有2人被确定为吉林省特殊引进人才人选,有3人被评选为吉林省第三期高级专家。与省工信厅等部门联合出台《吉林省职业经理人队伍建设试行办法》,建立职业经理人市场,有12人被中国中小企业协会、全国职业经理人协会评选为优秀职业经理人。四是进一步加大培训教育力度,不断提高企业领导人员整体素质。有针对性的选调企业主要领导人员参加中央党校、国家行政学院、上海浦东干部学院以及国务院国资委举办的各类培训班。结合企业领导人员、后备人才队伍建设的实际,充分利用省委党校、境外资源,加强培训教育。2011年,先后组织赴德国法人治理结构培训班、省委党校进修班,共有60名企业领导人员、后备人才参加培训。

七、吉林省国资委监管企业党的建设和廉政建设情况

积极组织开展纪念建党90周年活动。吉林省国资委党委系统企业开展形式多样的纪念活动和党性教育活动。组织召开党委系统纪念建党90周年暨国有企业党建工作会议，表彰101个先进基层党组织、10名优秀共产党员标兵、90名优秀共产党员和56名优秀党务工作者，总结十七大以来系统企业党的工作，以建功“十二五”为总要求，安排部署今后一个时期工作任务。及时组织系统企业认真学习胡锦涛总书记“七一”重要讲话精神。从企业实际出发，按照“三个结合”的要求，下发开展学习讲话活动的意见。认真组织开展创先争优活动，抓好“三帮扶”工作。突出企业实践特色，不断推动活动向深入发展，在全系统形成组织创先进、党员争优秀、职工提素质、企业上水平的生动局面。按照省委部署，扎实抓好“三帮扶”工作，突出帮扶工作的创新性和实效性，在认真搞好帮扶工作“四统筹”的基础上，确定10项重点帮扶工作任务，并召开专门会议进行部署，组织系统企业及时总结创先争优及“三帮扶”活动的先进经验和做法，积极开展理论和实践研讨，有8篇论文上报吉林省争先创优办公室。积极参加全国党建研究会、国企党建专委会和全国省际国企党建研究协作会的理论研讨交流活动。建立全国国企党建研究会在吉林省出资企业联系点和国务院国资委党委指定《国企》杂志（党建）吉林工作站。认真做好党代表推荐工作。按照省委部署，精心安排，周密布置，完成党委系统党代表会议69名代表的推选工作，并在此基础上，圆满完成吉林省十次党代会代表及十八大党代表的遴选、考察、公示及12名预备人选的推荐和向省委上报工作。积极开展党群干部培训。组织出资企业党委正、副书记及部分央企党委书记参加中央党校国务院国资委分校在北京举办的国有企业基层党建工作培训班；组织系统企业工会主席及骨干参加国务院国资委研究中心举办的推进工资集体协商研讨培训班。着力加强基层组织建设。指导中铁十三局和中水东北公司党委完成换届选举工作。按照省委组织部安排，华电新能源吉林分公司、平安财险吉林分公司、中城建第十一工程局3户企业党组织关系划入省国资委党委管理，同时，指导并完成其组建党委工作。结合企业改革重组，及时指导完成省酒精集团、欧亚中吉新建党委和担保公司党委换届改选工作等。另外，按省委统战部要求，扎实组织开展打造“同心”品牌推动“同心”实践活动。指导系统企业结合实际，本着“务实、管用、有效”的原则，分别组建27支科技服务团队，重点帮扶各企业原先扶持的农村乡镇和困难企业。

2011年，吉林省国资委党委高度重视党风建设和反腐倡廉工作，认真贯彻落实中纪委、吉林省委、吉林省纪委反腐倡廉决策部署，围绕中心，服务大局，以融入企业改革发展为主线，以规范权力运行为核心，以落实党风廉政建设责任制为抓手，不断健全和完善惩防体系，有效开展反腐倡廉教育，完善和落实各项制度机制建设，监督工作过程跟踪、保障作用得到体现，纠风和专项治理工作取得阶段性成果，惩处工作达到标本兼治效果，反腐倡廉建设呈现扎实推进态势，为出资企业健康快速发展起到有力的保障作用。

（一）扎实有效地开展反腐倡廉教育

各出资企业以“树廉洁理念、促国企发展”主题教育活动为主要载体，以企业领导人员和重要岗位人员为重点，突出针对性和实效性，活化形式，丰富内容，深入有效地开展理想信念教育、廉洁从业教育和艰苦奋斗教育。各出资企业坚持把先进典型教育与警示教育、主题教育与经常性教育、重点教育与全面教育相结合，既推动廉洁教育活动的深入开展，又营造浓厚的廉洁创业氛围。各出资企业还组织开展预防职务犯罪讲座、廉洁从业知识测试、观看反腐败教育片、深入监狱倾听犯罪人员现身说法、细算腐败七笔账等廉洁教育活动，进一步增强企业人员廉洁自律意识和拒腐防变能力。

（二）进一步规范权力运行

国资委纪委把企业规范用权行为的制度规定编印成《出资企业“三重一大”决策制度汇编》《出资企业领导人员廉洁从业制度汇编》下发企业。各出资企业以“三重一大”为重点，不断建立和完善决策、执行、监督制度机制，促进领导人员和重要岗位人员规范行使

权力。吉煤集团在贯彻落实“三重一大”决策制度的同时,建立领导人员职务消费和重点岗位管理人员廉洁从业等制度;信托公司通过明确责任部门、明确决策主体、明确工作程序的“三明确机制”,推动“三重一大”制度落实;担保公司围绕经营决策、执行运作、从业行为和责任追究四个关键环节,建立和完善重大事项决策、执行、监督制度;亚东公司纪委对公司重要事项从酝酿到决定全程参与监督,严格执行集体领导、民主集中、个别酝酿的议事决策规则;吉森丰华公司建立财务、审计、生产运行和监察“四位一体”监督机制,增强权力运行的监督实效。

(三)充分发挥案件查处标本兼治功能

2011年,国资委纪委初核案件3件,了结3件,立案1起,结案1起,党纪处分5人。各企业纪检监察组织认真履行职责,既严肃认真开展案件查处工作,又认真分析案件发生原因,加强防范,堵塞漏洞。吉煤集团始终保持案件查处的高压态势。森工集团坚持查违纪、查领导责任,案件查处实施调查报告和案件分析报告制度,即“一案双查”和“一案两报告”。国资公司深刻剖析以往案件的发案原因,查找制度漏洞和管理缺陷,完善资产处理和重要岗位人员管理制度。另外,按照省纪委要求,各企业认真开展清理“小金库”、会议庆典以及工程建设领域突出问题等专项工作,取得阶段性成效。

(四)围绕企业中心工作开展效能监察

各出资企业紧密围绕生产经营活动开展效能监察,积极为企业中心工作提供服务和保障。森工集团针对公司重大决策的贯彻落实、重点项目建设和员工关心的热点问题开展效能监察,规范工作程序,促进阳光操作,防止违规违纪问题发生,全年立项32项,增加收入1007万元,节省资金1912万元。吉煤集团围绕地销煤外运、物资采购、闲置设备处理等热点问题及容易产生腐败的重点领域实施效能监察,全年完成效能监察项目45个,提出监察建议110项,落实整改措施99项,增收节支3980万元。担保公司围绕担保项目、财务管理、大宗物品采购等业务活动进行效能监察,及时排查不廉洁因素。国华公司围绕重点工程和资产处置监察立项,严格执行项目建设程序和资产处置程序,防范了违规操作。

(五)党风廉政建设责任制得到较好落实

2011年初,国资委党委与各出资企业党委签订党风廉政建设责任书,明确党风建设和反腐倡廉工作任务,落实工作责任。各出资企业结合自身实际,采取相应方法和措施,进一步推动党风廉政建设“一岗双责”制的贯彻落实。森工集团建立集团、子公司、林场(班组)“三级联建”责任体系。吉煤集团主要领导带头履行“一岗双责”,坚持把反腐倡廉建设与企业生产经营管理工作同部署、同落实、同检查、同考核。担保公司明确责任主体、落实廉洁承诺责任。交投公司建立党政联席会议制度,共同研究部署任务,不断提高反腐倡廉建设水平。

(撰稿人:王显东、赵树权、徐晓春)

黑龙江省

一、黑龙江省国有资产监督管理工作综述

2011年,黑龙江省各级国资监管机构和国有企业在同级党委政府的正确领导下,以科学发展观为统领,以中央和省委经济工作会议精神为指导,紧紧围绕党委政府重大决策部署和国资监管要求,带领广大干部职工,积极应对复杂多变的经济形势,开拓创新,真抓实干,较好完成各项工作任务,国有经济实现平稳较快发展,取得显著成效。

(一)国有经济跨越发展

一是主营业务收入又上新台阶。2011年,省市两级国资监管机构出资企业实现主营业务收入941亿元,同比增长16.2%,自2009年实现670亿元起,连上800亿、900亿台阶。黑龙江省国资委出资企业主营业务收入实现606.6亿元,同比增长19.7%,比年初计划和全省GDP增幅均高出7个百分点。

二是大项目建设投资额创新高。哈尔滨市全年完成大项目投资额24.9亿元,同比增长148%。黑龙江省国资委出资企业全年完成大项目投资173.6亿

元，同比增长50.6%，高出全省固定资产投资增速20个百分点，其中产业项目投资比重达60%，高于全省10个百分点。

三是企业综合竞争实力较大提升。哈尔滨、大庆及省国资委一批出资企业经营规模不断扩大，综合实力进一步提升。省国资委出资企业建设集团继龙煤集团、哈药集团之后首次进入“中国企业500强”；辰能集团也跻身资产超百亿元行列。

（二）改革调整扎实推进

一是上市资源优化整合。各级国资监管机构注重运用资本市场机制，深化国有企业公司制股份制改革。哈尔滨市积极推进哈药集团以哈药股份为平台收购三精制药、生物制药等医药板块，通过资产重组推进主营业务整体上市。齐齐哈尔市积极支持丰源肉联加快上市前期准备工作。伊春市政府完成黑龙江省最后一家国有控股上市公司光明家具的股权分置改革。省国资委制定实施国企上市3年规划，加大力度推进了工大环保股份等公司上市工作。

二是股权多元化和规范董事会建设迈出新步伐。省国资委第一次完全借助资本市场推进出资企业辰能集团和新良集团在集团层面加快产权多元化改革。邀请国务院国资委改组局局长李冰对全省国资系统推进规范董事会工作进行培训，制定推进董事会报告工作、对董事会评价等制度，并选择一户企业进行试点。

三是战略重组加大力度。哈尔滨市整合工业资产成立工业投资集团，并出资控股民营企业顺源齿轮，为加快哈尔滨市工业结构调整和产业集聚搭建新的平台。大庆市积极推进工商业投资公司与工商业担保公司、公路客运枢纽站和客运集团业务合并和资本重组。龙煤集团大力开发省外资源，收购重组新疆、陕西等地煤矿，增强煤炭开采能力，提升资源掌控能力。

四是结构调整又结新硕果。各市地依据区域发展战略，加大重点产业的培育发展，大力发展新兴产业，促进了国有经济结构的优化升级。哈尔滨市国资委注重发挥投融资平台对大项目建设的支持作用，市创投公司与以色列基金合作，通过PE方式扶持一批创新型项目。哈药、恒丰纸业、一工制造、龙煤、建工、辰能等大型国有企业加强产品结构调整，促进国有企业整体结构优化。省国资委出资企业非煤产业收入贡献率、利润贡献率分别达43%、47%，同比分别增长5%和4%，比“十一五”期初分别提高9个和37个百分点。

（三）历史遗留问题解决实现突破

一是厂办大集体改革试点全国领先。在国务院、省两级国资委指导支持下，哈尔滨市厂办大集体改革试点任务圆满完成，资金等重点难点问题得到有效破解。截至2011年底，882户国有企业完成厂办大集体改革，涉及职工7.62万人，拨付经济补偿金9.92亿元，在国家财政部召开的厂办大集体企业改革政策培训会议上做了经验介绍。黑龙江省推进厂办大集体改革工作得到国务院国资委的充分肯定。

二是央企“三供一业”分离改造移交准备就绪。截至2011年底，哈尔滨市属53户国有企业“三供一业”分离移交圆满结束，全市累计分离家属区供水990万平方米，供热748万平方米，物业768万平方米。央企“三供一业”分离改造移交的准备工作就绪，移交工作原则、责任主体、资金来源、人员安置和改造标准等重大政策已经确定，积极推进落实，为驻黑龙江省央企轻装减负，更好地支持央企发展准备了条件。国务院国资委主任王勇在全国国资监管工作会议上给予表扬。

三是职教幼教提高待遇工作有序推进。各市地普遍成立以市领导抓总、各相关部门主要负责人为成员的领导小组，明确责任分工，积极推进工作落实。哈尔滨市在区县也设立相应推进机构，制定《哈尔滨市妥善解决国有企业职教幼教退休教师待遇问题维稳工作预案》，成立哈尔滨市妥善解决国有企业职教幼教退休教师待遇问题特殊疑难问题审核委员会，确保工作推进更加积极稳妥。

四是政策性破产遗留问题妥善处置。各市地积极推进国有企业政策性破产和历史遗留问题解决，落实中央财政补助资金10.7亿元，解决破产企业91万名退休人员参加基本医疗保险问题；协调落实补缴失业保险问题，5428名解除劳动关系人员享受失业保险待遇。

(四)创新合作亮点纷呈

一是科技创新成果凸显。哈药集团组建"哈药集团药物研究院",成为全国医药行业第一家"研究总院"。黑龙江省建设集团和龙煤集团成为黑龙江省第一批院士工作站,与有关院校、企业和有关机构的创新联盟已经形成。黑龙江省建设集团承建的哈尔滨松浦大桥获2010—2011年度中国建设工程质量最高奖—鲁班奖,成为黑龙江省唯一获奖工程。中盟集团龙新化工向中海油转让了自主研发的丙酮氰醇生产技术,开创黑龙江省地方国企向央企技术输出先河。

二是黑龙江省统一产权交易市场平台基本建成。在省领导重视支持下,大力度整合全省产权交易机构,成立黑龙江联合产权交易所,初步打造全省统一的产权交易平台,积极拓展多种产权交易功能和企业市场融资功能。2011年开业仅半年,实现中小企业股权登记托管129亿元,股权质押融资19.06亿元,开拓黑龙江省中小企业融资新渠道,得到王宪魁省长、张建星副省长充分肯定。

三是企业在资本市场直接融资获得成功。哈尔滨城投利用金融衍生品融资35亿元,确保棚户区改造等项目实施。牡丹江国投发行第二期15亿元企业债。省国资委出资企业建设集团和龙煤集团成功在全国银行间债券市场以中期票据、短期融资券工具分别融资6亿元和18亿元。

四是推进黑龙江省与央企务实合作获得突破。首次中央企业负责人和地方国资委主任研讨会在大庆召开,极大地推动了全国各省国资委、央企与黑龙江省各国资监管机构、国有企业之间的沟通、了解及合作,促使一批投资项目落户黑龙江省。省国资委牵头,成功举办央企与黑龙江省第二次签约,共签署战略合作框架协议6项,合作项目52项,签约金额1283亿元。这是黑龙江省2011年三次重大经贸活动中,签约金额最多、产业项目比重最大、项目开工率和资金到位率最高的一次。

(五)监管能力有效提升

一是国有资产基础管理有力加强。齐齐哈尔市在国企改革进入收尾阶段后及时转移工作重心,积极加强市直单位经营性国有资产、区属企业国有产权转让监管。大庆市国资委提出《关于进一步理顺职能、加强国资监管的意见》,经市委常委会讨论通过,强化对企业重大事项监管、实施绩效考核、统一党建和领导班子建设四项职能。双鸭山、鸡西、七台河、鹤岗、黑河、绥化、佳木斯进一步推进国有资产基础管理的科学化、规范化。大兴安岭地区行署定期对企业经营性国有资产进行总量、结构、效益分析,努力采取多种有效措施提高使用效益。哈尔滨市呼兰区、齐齐哈尔市富裕县、牡丹江市海林市、大庆市肇源县、大兴安岭地区行署漠河县等县区,认真完成省市两级国资监管机构交办的各项工作,积极履行国资监管职责。

二是国资监管工作有效性不断增强。各级国资监管机构按照"依法监管、制度监管、科学监管"的要求,深入研究解决监管实践中各类突出矛盾和问题,努力提升监管实效。哈尔滨市国资委注重发挥"会计、审计、统计"的复合监管作用,对12户监管企业全面实施绩效评价和业绩考核,并开始向二级企业延伸。大庆市国资委坚持寓监管于服务之中,在重大投资审查、资产处置等过程中,积极协调相关项目审批部门,帮助企业解决困难,提高审批便利性和效率。哈尔滨市国资委、省国资委分别出台国有及国有控股企业工资总额管理暂行办法,收入分配制度改革进一步深化。

省国资委成立全省国有企业法律顾问协会,搭建运用法律手段协调各方力量共同维护国有资产安全的新平台,疑难案件处理能力不断增强,有力地维护了国有资产安全。仅成立半年以来,全省协调处置重大法律纠纷案件20多件,涉案金额3.2亿元。各级国资监管机构普遍推进当期监督和结合重大事项开展专项检查,注重与纪检等工作有机结合。黑龙江省国资委首次向省政府专题报告国有企业监事会监督检查工作,增强监督的协同性和有效性。

三是"大国资"工作格局逐步构建。省国资委坚持出资企业与市地国资监管机构,工作部署一并考虑、国有资产基础管理一并推进、重大难题一并协调的"三个一并"原则,加强对市地国资监管机构的指导监督。大庆市国资委积极主动向市委、市人大常委会汇报国资监管工作,争取相关领导和部门的理解与支持,进一步扩大市国资委的监管范围。齐齐哈尔市指导区属企业利用市政府土地收储政策,通过回购债务等方式,解决改制资金缺口和6户企业改制难题。

(六)企业党建不断加强

一是积极开展纪念建党90周年活动。各级国资监管机构和国有企业围绕纪念建党90周年，开展系列纪念活动。哈尔滨市国资委举办党史知识竞赛、“国企职工跟党走——歌咏大会”，营造党建工作的良好氛围，增强工作活力。黑龙江省国资委出资企业龙煤集团开展“爱国爱企爱岗，立德立志立行”主题活动和感动矿山之星评比活动，引导员工树立正确的价值理念，被誉为“矿山保尔”的鸡西分子公司员工宋德金作为黑龙江省唯一一名受表彰的全国优秀共产党员，参加全国表彰会议并在人民大会堂做事迹汇报。一重集团水压机锻造分厂党总支被中央授予全国先进基层党组织称号。

二是深入开展创先争优和建设学习型党组织活动。哈尔滨市深入开展以争创“四强”、“四优”活动为主要内容的创先争优活动、“创业创新、全民成才”活动，“人才强企”战略进一步实施。齐齐哈尔市国资委开展“走进基层看机关”、“八个一”主题党日等活动，坚持转作风、提能力、树形象，较好地促进国企改革发展和国资监管工作。黑龙江省国资委党委会同省委组织部、宣传部指导全省国有企业深入开展创先争优和建设学习型党组织活动，积极发挥省国资委系统企业党建工作的影响和带动作用。

三是加强和改进思想政治工作。各级国资监管机构认真贯彻《关于加强和改进新形势下国有及国有控股企业思想政治工作的意见》，推进学习型党组织建设，加强精神文明和企业文化建设。黑龙江省国资委与省委宣传部联合制定《关于加强和改进新形势下国有及国有控股企业思想政治工作的实施办法》，指导全省国有企业扎实有效地开展思想政治工作。

四是加强党风廉政建设。各级国资监管机构以完善惩防体系为重点，强化对“三重一大”决策制度和廉洁从业规定执行情况监督，党风廉政建设责任制得到有效落实。齐齐哈尔市国资委党委主要领导以市直属企业改制中的违规违法案例为全体党员上警示教育课。黑龙江省国资委根据省纪委的报告和省委主要领导的批示，在省内外广泛调研的基础上，起草大宗物资采购管理办法，在全国率先探索建立大宗物资采购制度和运行平台，党风廉政建设水平进一步提高。

(七)国有企业积极履行社会责任

一是助力黑龙江省各市地及全省经济社会发展。齐齐哈尔市国资委积极推进东北特钢轧钢厂升级改造等全市四个重点项目推进工作。大庆市国资委四家投融资公司为吉利收购沃尔沃、西城工业园区等全市33个重点项目融资56.9亿元，担保余额达42.3亿元。黑龙江省国资委辰能担保公司增加资本金投入，2011年底实现担保余额7.9亿元。省市两级国资监管机构出资企业实现营业收入、投资额、上缴税金为拉动全省经济增长、促进产业发展和财源建设作出重要贡献。

二是在黑龙江省委省政府重大决策部署落实中勇当先锋。各级国资监管机构和国有企业在全省公路建设三年决战、新农村建设、扶贫开发和小城镇建设中勇当先锋，投入大量人力物力。黑龙江省公路建设三年决战中，龙煤集团投入建设资金12亿元，建设集团中标承建工程量占高速公路工程总量的1/4，工程优良率、合同履行率100%。黑龙江省国资委出资企业龙煤集团、建设集团的龙建股份等企业及个人被评为先进单位和先进个人，获得省委省政府的表彰。黑龙江省国资委多次被评为全省新农村帮建标兵或先进单位和全省扶贫先进单位。建设集团在哈尔滨尚志市一面坡古镇打造的集工业、农业、土特产品精加工和旅游度假为一体的名星镇，首期投资3.5亿元、8万平米住宅楼建设已主体完工，2012年确保回迁，为加快黑龙江省小城镇建设提供全新范例。

三是主动承担急难险重任务。大庆市国资委克服多种困难扎实推进市政府驻外办事处改革工作，为政府分忧解难。龙煤集团发挥技术和设备优势，主动承担七台河地方煤矿透水事故救援，不计代价地成功营救19名遇险矿工，得到黑龙江省委、省政府主要领导的充分肯定。

四是倾力投入民生工程建设。大庆市国资委先后成立大庆市东城热力、西城热力公司，同时为大庆市城建投资公司注资8.3亿元保证对民营热企的收购，提高供热质量，得到市民好评。各大型国有企业多途径安排大学生和农民工就业，注重提高职工收入水平。黑龙江省国资委出资企业2011年又投入棚户区改造建设资金3.7亿元，完成建筑面积12.8万平方米。

此外，驻黑龙江省的中央企业在推动龙江经济快速发展中发挥巨大的、不可替代的作用，是龙江经济社会发展的重要骨干力量，2011年为黑龙江省经济社会发展作出突出贡献。在工业增加值中，央企占43.3%；工业利税中，央企占72%；在国内生产总值中，央企占22%。近年来，央企与各市地、央企与地企之间合作不断加深，在项目建设、技术开发、党的建设等多方面开展了富有成效的相互支持与协作。

二、黑龙江省国有资产总量与结构分析

截至2011年底，黑龙江省地方国有企业户数从2005年的4340户减少到2867户，净减少1473户；较2010年的2886户减少19户，同时还有92户企业已进入改制程序中。企业户均资产1.16亿元，较上年增长16.0%，资产集中度进一步提升。黑龙江省地方国有企业资产总额3332亿元，较上年增加472亿元，增长16.5%；负债总额2226亿元，较上年增加204亿元，增长10%；所有者权益1106亿元，较上年增加268亿元，增长31.9%；2011年末国有资产总量935亿元，较上年增加248亿元，大幅增长36%，较上年增速提高25个百分点，呈加速增长态势。

2011年，黑龙江省地方国有企业实现营业收入1398亿元，较上年增加130亿元，增长10.2%，其中主营业务收入1318亿元，较上年增加136亿元，增长11.5%；实现利润总额48亿元，较上年减少8亿元，减少14%。其中，省级企业实现营业收入810亿元，较上年增加78亿元，增长10.6%；实现利润22亿元，较上年减少2亿元，减少8.3%。市级企业实现营业收入587亿元，较上年增加40亿元，增长7.3%；实现利润26亿元，较上年减少2亿元，减少7.1%。

表1　2011年黑龙江省所属国有企业指标

项　　目	金额(亿元)
资产总额	3332
净资产	1106
营业收入	1398
利润总额	48
实际上缴税金总额	113

表2　2011年黑龙江省国有企业户数情况

项目	2010年	2011年	比上年增长(%)
户数(户)	2886	2867	-0.6

(一)国有资产地区分布情况

从地区分布来看，黑龙江省市(地)属企业国有资产主要集中在哈尔滨、齐齐哈尔、牡丹江、大庆四市。哈尔滨市国有资产总量86亿元，占9.5%；齐齐哈尔市国有资产总量96.4亿元，占全省的10.3%；牡丹江市国有资产总量167亿元，占全省的17.9%；大庆市国有资产总量190亿元，占全省的20.4%。

表3　2011年黑龙江省国有资产地区分布情况

地　　区	国有资产(亿元)	占国有资产总量比重(%)
合　计	934.7	100.0
省直属企业	375.3	40.1
其中：厅局企业	132.2	14.1
省国资委监管企业	243.0	26.0
其中：出资企业	264.4	28.3
代管企业	-16.5	-1.8
市(地)国有企业	559.5	59.9
其中：哈尔滨市	89.1	9.5
齐齐哈尔市	96.4	10.3
鸡西市	-2.5	-0.3
鹤岗市	1.5	0.2
双鸭山市	0.7	0.1
大庆市	190.5	20.4
伊春市	1.7	0.2
佳木斯市	9.4	1.0
七台河市	2.8	0.3
牡丹江市	166.9	17.9
黑河市	2.4	0.3
绥化市	-5.3	-0.6
大兴安岭	5.0	0.5

(二)国有资产行业分布情况

黑龙江省地方国有资产主要集中在工业、社会服务业、交通运输仓储业及房地产业、农牧林渔业和建筑业等行业。工业企业资产1454亿元,占全省43.6%,国有资产总量277亿元,占全省29.7%;社会服务业资产685亿元,占全省20.5%,国有资产总量351亿元,占全省37.6%;粮库等交通运输仓储企业资产367亿元,占全省11.1%,国有资产总量30亿元,占全省3.2%;房地产企业资产221亿元,占全省6.6%,国有资产总量162亿元,占全省17.3%;农牧林渔业资产223亿元,占全省6.7%,国有资产总量85亿元,占全省9.1%;建筑业资产219亿元,占全省6.6%,国有资产总量27亿元,占全省2.9%。

在工业企业中,国有资产主要集中在煤炭、医药和机械工业等行业。煤炭企业资产680亿元,占工业企业46.8%,国有资产总量163亿元,占工业企业58.9%;医药企业资产186亿元,占工业企业12.8%,国有资产总量27亿元,占工业企业9.7%;机械工业企业资产186亿元,占工业企业12.8%,国有资产总量21亿元,占工业企业7.6%。

表4 2011年黑龙江省国有资产行业分布情况

行　业	国有资产(亿元)	占国有资产总量比重(%)
合　计	934.7	100.0
一、农林牧渔业	85.0	9.1
二、工业	277.0	29.6
三、建筑业	26.9	2.9
四、地质勘查及水利业	8.0	0.9
五、交通运输仓储业	32.4	3.5
六、邮电通信业	0.0	0.0
七、批发和零售、餐饮业	−28.7	−3.1
八、金融业	3.0	0.3
九、房地产业	161.7	17.2
十、信息技术服务业	0.3	0.0

续表

行　业	国有资产(亿元)	占国有资产总量比重(%)
十一、社会服务业	351.1	37.5
十二、卫生体育福利业	0.0	0.0
十三、教育文化广播业	18.2	1.9
十四、科学研究和技术服务业	2.6	0.3
十五、机关社团及其他	0.1	0.0

(三)国有资产规模分布情况

截至2011年底,地方国有企业中大型国有企业118户,占全省4.1%,资产1804亿元,占全省54.1%,国有资产总量509亿元,占全省54.4%;中型国有企业355户,占全省12.4%,资产483亿元,占全省14.5%,国有资产总量80亿元,占全省8.6%;小型国有企业2128户,占全省74.2%,资产1018亿元,占全省30.6%,国有资产总量358亿元,占全省38.3%;微型国有企业266户,占全省9.3%,资产27亿元,占全省0.8%,国有资产总量−12亿元,占全省−1.4%。以上数据表明,黑龙江省微小型企业户数多,分布广,规模普遍偏小,点多面广的的问题比较突出,国企整合重组和做强做大任务较重。

表5　2011年黑龙江省国有资产经营规模分布情况

经营规模	国有资产(亿元)	占国有资产总量比重(%)
大型企业	508.8	54.4
中型企业	80.3	8.6
小型企业	358.5	38.4
微型企业	−12.9	−1.4
合　计	934.7	100.0

三、黑龙江省国有资本保值增值综合分析评价

依据2011年度黑龙江省国有资产统计报表，黑龙江省国有企业汇总2867户，账面国有资本保值增值率103.20%，整体实现增值。13个地市中，5个地市整体实现增值；5个地市减值；3个地市因国有资本为负值而无法计算保值增值率。整体保值增值率最高的为大兴安岭行署，账面保值增值率为174.55%。

表6　2011年黑龙江省国有企业地区保值增值情况

地　区	保值增值率(%)
黑龙江省(2867户)	103.20
哈尔滨市(674户)	103.16
齐齐哈尔市(121户)	103.02
佳木斯市(147户)	94.58
牡丹江市(114户)	101.04
黑河市(146户)	87.52
鸡西市(47户)	
鹤岗市(56户)	35.82
双鸭山市(76户)	−21.96
大庆市(98户)	110.44
绥化市(251户)	
伊春市(35户)	
七台河市(43户)	83.49
大兴安岭地区(36户)	174.55

四、黑龙江省地方国有企业股权分置改革情况

2011年2月，光明集团家具股份有限公司(以下简称“光明家具”)启动股改工作，光明家具的股权分置改革采取“资产对价＋资本公积金转增”的组合方式。股改后，光明家具总股本为557134734股，国有股东光明集团股份有限公司的持股数由原来的50979308股增加至69855068股，持股比例由原来的27.45%减少至12.54%，由第一大股东变成第二大股东，虽丧失对光明家具的国有控股地位，但有效地解决光明家具退市、破产清算、股权分置改革和企业持续发展等诸多难题，挽救了黑龙江省为数不多的上市公司，最大限度地保护股东及国有股权的利益。2011年8月18日，光明家具股票复牌，至此，黑龙江省国有控股8家上市公司的股权分置改革工作全部完成。

五、黑龙江省国资委监管企业完善法人治理结构改革进展情况

一是组织召开黑龙江省国有重点企业董事会试点工作培训会议，邀请国务院国资委专家做董事会试点专题讲座，全省各市地国资系统及重点国有企业及省直有关部门130多人参加培训。组织出资企业董事会相关人员参加了中企联举办的公司治理与提升公司董事、董秘履职能力研修班；二是出台《省国资委出资企业董事会向出资人报告工作制度》，按照该制度，对10户企业2010年度董事会工作报告进行审核评价；三是制定并审议通过《省国资委出资企业董事会试点工作方案》，成立董事会试点工作领导小组及办公室，选定新良集团为董事会试点企业，批复新良集团董事会试点实施方案，结合产权多元化进程积极推进；四是对于东北特钢、北满特钢、铁路集团、航运集团等股权多元化企业23次召开股东会事宜，从国资委参会股东角度对相关议题认真研究，明确表决意见，维护股东权益，保障企业正常运营。

六、黑龙江省国资委监管企业建立和完善经营业绩考核体系情况

黑龙江省国资委切实履行企业国有资产出资人职责，不断完善业绩考核制度体系和考核方式方法。一是进一步发挥业绩考核的引导作用。2011年通过设定目标值、重点工作和财务绩效评价等考核内容，对企业进行横向和纵向考核。横比考核中，运用财务绩效评价与同行业同类型同规模企业比较，引导企业查找不足和差距，提高管理水平；纵比考核中，运用利

润总额和重点工作任务完成结果与目标比较，引导企业自树目标、自加压力，调动积极性。二是完善国有资产保值增值责任体系。通过与企业签订经营目标责任书，推动企业逐级分解任务，细化责任，引导出资企业构建从总公司到子公司一直到基层岗位的国有资产保值增值责任体系，引导企业建立和完善业绩考核制度，充分发挥激励约束机制，向发展要效益、向管理要效益。同时依据考核结果对企业负责人进行奖惩，有效落实激励约束机制。三是强化安全生产责任事故惩处机制。制订出台《省国资委出资企业安全生产监督管理暂行办法》，全面修订安全生产责任处罚内容，对发生安全生产责任事故的企业一律严格问责，有效发挥考核制约效果。四是进一步提升了企业竞争力。通过经营业绩考核，引导企业把业绩考核作为加强管理的重要手段，大力推动管理创新，强化企业战略管理、预算管理和风险管理，有效促进节能降耗、降本增效和科技进步等方面的工作，促进经济增长质量的提高和经济增长方式的转变，进一步提升企业的竞争能力。

七、黑龙江省国资委监管企业负责人考核与选人用人机制改革情况

2011年，黑龙江省国资委围绕国资监管和企业改革发展中心工作，着力提高企业领导人员队伍的整体素质，继续调整优化领导班子结构，进一步加强企业领导班子建设。

（一）加强企业领导班子建设

一是配齐配强企业领导班子人员。第一，配合黑龙江省委组织部及时调整选配部分省属企业班子正职。提出对旅游集团等10户企业班子正职调整选配和对新良粮油集团总经理管理权限调整的建议，配合省委组织部完成对辰能集团等7户企业班子正职的调整选配工作。理顺8户企业的领导班子正职任免职发文程序。第二，根据企业领导班子管理需要，理顺新良集团、龙兴集团、地煤集团、黑龙江联交所领导班子管理权限。第三，适应企业改革发展实际工作需要，及时调整选配领导班子成员。对龙煤集团领导班子进行调整，平职调动6名班子成员，选拔3名优秀干部充实到集团班子。根据企业业务拓展和生产经营需要，调整选配省铁路集团等9户企业领导班子副职。2011年共下发任免职文件17份，调整企业领导人员49人次，其中提职12人，改任职14人次，理顺职务10人，试用期任职2人，免职9人，退休2人。

二是以外部董事建设为重点，加强企业董事会建设。根据委董事会试点工作的统一部署，结合省属企业实际，研究起草《省属国有独资公司董事会试点企业外部董事管理办法（试行）》和《关于董事会试点省属企业董事会选聘高级管理人员工作的指导意见》两个讨论稿。对建设集团等10户省属企业董事会及中盟集团等3户企业经理层工作提出评价意见。

三是加强企业领导人员的日常管理。制定《完善企业领导干部实绩考核研究方案》，组织开展出资企业领导干部实绩考核调研工作，起草《关于进一步严格干部选拔任用工作的意见》《黑龙江省机场管理集团领导班子成员任免职协审管理办法》。对辰能集团等10户省属企业进行考核反馈工作。按照企业领导人员备案管理办法的规定，对龙煤备案管理企业18名领导人员进行任免职备案审核工作。督促企业定期召开中心组学习会。

（二）认真落实选人用人相关制度

一是落实企业领导人员任免职有关制度。组织对龙煤集团、地煤集团、铁路集团、中煤国际公司等12名提职企业领导人员党委无记名投票表决，推动干部选拔任用的民主化和科学化。

二是落实企业领导人员谈话制度。按照《关于建立和完善出资企业领导人员谈话制度的意见》的规定，省国资委主要领导对龙煤集团、地煤集团、铁路集团、中煤国际公司等四户企业领导人员进行任免职集体谈话，提出工作和廉政要求，指出存在的问题和努力方向。

三是进一步加强企业领导人员兼职管理。根据《关于进一步加强省属企业领导人员兼职管理的通知》精神，从严规范企业领导人员的兼职行为和薪酬待遇的报批制度。

四是认真贯彻落实领导干部选任责任追究等4个《办法》，组织省属企业开展“4+2”法规贯彻实施活动，对省属企业领导班子成员个人有关事项进行统计

分析。

(三)积极开展干部培训工作

一是制定完善相关培训制度,制定《省属企业领导人员2011年培训计划》。二是提高培训层次,丰富培训形式,完成有关培训任务。组织黑龙江省属企业领导人员参加新任副厅级干部任职培训班、中组部培训、省属企业思想作风建设培训班、"2011中国国有经济发展论坛"。通过高层次的培训,使企业领导人员提升理论素养,开阔视野,增长知识,提高政治敏感性和鉴别力。三是加强企业后备干部培训。组织50名黑龙江省属企业后备干部参加第三期省属企业后备干部培训班。

(四)做好企业离休干部管理服务工作

一是落实中组部提高部分离休干部医疗待遇、医疗费报销标准的要求,向黑龙江省委组织部上报提高离休干部医疗待遇和医疗待遇报销标准的请示;二是督促13户省属企业积极落实中组部"提高生活补贴标准及扩大发放范围"和哈尔滨市政府"对企业退休建国前老军人实行优待"的规定,为省属企业1852名离休干部提高生活补贴标准;三是向省财政厅申报航运集团等6户企业252名离休干部相关材料,申请解决这部分人员的医药费统筹资金。

八、黑龙江省国资委监管企业党的建设和廉政建设情况

截至2011年底,党的关系由黑龙江省国资委党委管理的中省管企业共有22户(其中包括6户中央一级和二级企业),有党组织1615个,其中党委137个、党总支部121个、党支部1357个;有党员27890名,入党积极分子5409名。2011年,黑龙江省国资委党委指导系统企业,进一步创新工作思路和方式方法,深入开展建设学习型党组织、创先争优等主题实践活动,巩固和加强企业党的建设。

(一)认真贯彻落实党的十七大和各次全会精神,深入开展思想政治工作,推进企业基层组织建设

研究制定《省委宣传部、省国资委关于进一步加强和改进新形势下国有及国有控股企业思想政治工作的实施办法》,把思想政治工作与学习型党组织建设、"四强四优"、创先争优、"先锋工程"等活动相结合,切实将思想政治优势转化为企业创新优势、竞争优势和发展优势。

(二)深入推进建设学习型党组织活动,进一步增强企业基层党组织引领作用和凝聚力

在黑龙江省委组织的建设学习型党组织活动评选表彰中,龙煤集团双鸭山分公司党委被评为全省学习型党组织标兵,哈尔滨汽轮机厂有限责任公司党委被评为全省学习型领导班子标兵,旅游集团董事长、党委书记奚河滨被评为全省学习型领导干部标兵,一重集团职工杨哲被评为全省学习型党员标兵。

(三)深入推进创先争优和创业、创新、创优活动,不断提升企业基层党组织建设活力

一是结合黑龙江省发展大局,不断创新和完善创先争优活动主题和载体。各企业党组织创新和完善创先争优活动主题50多个,设计活动载体120余个。二是结合企业中心工作,找准创先争优活动不断深入的切入点,切实提高活动的实效性。三是结合引导基层党组织和广大党员发挥先锋模范作用,不断激发创先争优活动的内生动力。各企业在推进创先争优活动中坚持抓班子、作表率,充分发挥领导干部的示范引领作用。坚持抓基层、强队伍,充分发挥基层党组织和广大党员在创争活动中的主体作用。坚持以推动基层党支部工作标准化和班组建设为抓手,不断推进支部书记队伍和班组长两支队伍建设,充分发挥堡垒作用,部分生产型企业标准化党支部比例达到75%以上,生产段队长、班组长等重点岗位党员比例达到70%以上,基层党组织和党员成为生产经营的中坚力量。四是结合重点环节,坚持以开展公开承诺焕发创争活动新活力,以领导点评作为落实党员领导干部抓创争活动责任的有效抓手,实现基层党组织和在岗党员公开承诺全覆盖。

(四)进一步推进落实各级党组织和党员领导干部抓基层党建工作责任制,及时调整理顺党组织设置

调整黑龙江省国资委党委委员抓党建责任制联系点的分工,进一步落实国资委党委委员抓基层党建

工作的责任制。全年各级领导干部共深入联系点指导推进开展党建工作700多人次，领导干部深入联系点开展创先争优活动点评1100多人次。国资委领导班子成员和机关职能部门共有40余人次分别参加指导各企业的领导班子民主生活会。企业各级党员班子成员带头参加双重组织生活会，共有400余人次参加指导下级领导班子生活会，接收理顺中化地质矿山总局黑龙江地勘院党组织关系。

（五）深入实施“党建带三建”工作，进一步加强企业基层工会群团组织建设

一是推进和加强企业班组建设，印发《加强全省国有企业班组建设的指导意见》，组织召开黑龙江省国资委系统企业工资集体协商会议，与黑龙江省总工会、省人社厅等部门联合举办全省第九届职工职业技能竞赛活动。二是深入推进实施“青工岗位技能振兴计划”，激发了广大青年职工爱企奉献精神，推动基层团组织建设。三是深入推进建立党建带妇建联试点工作，推动系统企业党建带妇建工作。四是深入开展统战工作。召开系统企业统战工作座谈会。

（六）广泛开展纪念中国共产党成立90周年系列活动

一是组织开展系统企业先进基层党组织和优秀个人评选活动。二是在黑龙江省国资委网站设立“系统企业庆七一、展风彩活动”专栏，组织开展领导荐书、征文、唱好歌、展国企新风貌摄影图片征集活动，共有20余万人次登录网站参与了活动。广泛开展摄影图片展、演讲比赛、党的知识竞赛、歌咏比赛、文艺汇演、巡回宣讲等多种形式的宣传庆祝活动。三是开展国有企业党建工作理论研讨和参加全国党建研究会国有企业党建研究分会有关调研课题的调研活动。

（七）党风廉政建设情况

2011年，黑龙江省国资委党委、纪委紧密围绕企业改革和加强国资监管工作，坚持以完善惩治和预防腐败体系为重点，以实施黑龙江省纪委确立的反腐倡廉建设“八项工程”为主线，积极推进反腐倡廉建设。一是进一步落实党风廉政建设责任制。与省纪委联合下发《黑龙江省国有企业2011年党风建设工作实施意见》，制定《黑龙江省国资委贯彻落实〈关于省（中）直单位2011年反腐倡廉工作任务的分工意见〉任务分解表》，确立工作重点，明确责任主体。二是进一步强化反腐倡廉教育工作。组织在哈出资企业领导人员200余人次参观预防职务犯罪图片展，组织观看《贪欲之害》等警示教育专题片，开展王天辉、乔洪涛等人违纪违法问题的案件剖析活动，组织开展网上答题和知识测试活动，建成并择优申报一批廉政文化基地。三是进一步深化规范权力运行和制度创新工作。加强规范重点领域权力运行制度建设，起草《国有企业大宗物资采购管理指导意见》和《关于组建黑龙江省国有企业大宗物资集中采购服务平台的意见》，研究制定《关于落实“三重一大”决策制度的实施办法》和《关于加强出资企业纪检监察机构和队伍建设的意见》。按照黑龙江省纪委要求，在出资企业龙煤集团开展廉政风险防控机制建设工作，建立起科学管用的风险防控机制制度体系，有效预防和控制腐败行为的发生。四是进一步加大效能监察和案件查办工作力度。组织召开出资企业工程建设领域突出问题专项治理工作情况汇报会和出资企业效能监察经验交流暨表彰会，出台《出资企业2011年效能监察工作指导意见》，围绕国有企业土地使用情况、企业安全生产等，指导出资企业统一选题立项，并针对工程和物资采购招投标管理领域存在的问题和企业财务资金管理、节能减排管理，自主选题开展效能监察工作。紧紧围绕国有资产保值增值，认真查处企业改革过程中出现的国有资产流失案件，贪污受贿、挪用公款案件，有力震慑违纪违法分子。对出资企业龙煤集团“11·21”事故有关责任人员给予党政纪处分。

2011年，黑龙江省国资委出资企业各级党政组织和纪检监察机关相应加大廉政建设工作力度，有力地维护了企业改革发展稳定的大局。

（撰稿人：王成海）

上海市

一、上海市国有资产监督管理工作综述

2011 年,在上海市委、市政府的正确领导下,上海市国资委党委、市国资委按照"创新驱动、转型发展"的要求,认真贯彻落实《关于进一步推进上海国资国企改革发展的若干意见》,坚持"牢记使命、深化定位、联合委办、服务企业"的工作方针,以发展为第一要务,以改革开放为根本动力,以市场为导向,以体制机制创新为突破口,努力推动上海市国资国企改革在重点领域和关键环节取得新突破。

二、上海市地方国资总量与结构分析

截至 2011 年底,上海地方国有企业资产总额 84802.47 亿元,同比增长 14%;负债总额 66272.83 亿元,同比增长 14.5%;国有权益为 12349.61 亿元,同比增长 12.1%。

实现营业总收入 20508.57 亿元,同比增长 20.7%;利润总额 1916.09 亿元,同比增长 14.6%;归属于母公司的净利润 1128.11 亿元,同比增长 12.5%。地方国有企业创造的生产总值 4003.28 亿元,同比增长 7.6%,占全市的比重为 20.9%;缴纳各类税金 1472.95 亿元,同比增长 23.0%,同比增加 14.5 个百分点。

其中,上海市国资委监管企业资产总额 26066.62 亿元,同比增长 13.4%;国资总量 6605.89 亿元,同比增长11.2%;累计实现营业收入 14570.55 亿元,同比增长 20.6%;利润总额 953.56 亿元,同比增长 15.2%;归属母公司净利润 430.67 亿元,同比增长 8.3%。

表 1　2011 年上海市地方国有企业指标

项　目	金额(亿元)
资产总额	84802.47
国有权益	12349.61
营业收入	20508.57
利润总额	1916.09
归属于母公司的净利润	1128.11
地方生产总值	4003.28
实际上缴税金总额	1472.95

2011 年,上海地方独立核算的国有企业总数为 10475 户(个),比上年增加 286 户(个),同比增长 2.8%。其中,市属企业 6692 户,同比增加 216 户;区县 3783 户,同比增加 70 户。

表 2　2011 年上海市国有企业户数情况

项目	2010 年	2011 年	比上年增长(%)
户数(户)	10189	10475	2.8

从行业布局看,2011 年底,分布于一、二、三次产业中的经营性国有资产的比重分别是 1.1%、27.3% 和 71.6%。其中,第三产业是上海市国有经济发展的重点。投入第三产业国有资产同比增加 3604.16 亿元,增长 13.4%。从国民经济具体行业看,排名前五名的行业分别是商务服务业、房地产业、金融业、汽车制造业和道路运输业。

表 3　2011 年上海市国有资产行业分布情况(前 10 个)

行　业	国有资产(亿元)	占国资总量比重(%)
商务服务业	7360.12	31.1
房地产业	4088.77	17.3
金融业	1585.67	6.7
汽车制造业	1738.67	7.3

续表

行　业	国有资产（亿元）	占国资总量比重（%）
道路运输业	1606.74	6.8
其他服务业	799.46	3.4
批发业	444.93	1.9
公共设施管理业	394.65	1.7
医药制造业	388.40	1.6
水的生产和供应业	371.84	1.6

从资产经营规模情况看，分布于大型、中型、小型企业国有资产分别为5888.44亿元、4449.43亿元、13317.64亿元，分别占上海市地方国有资产总量比重24.9％、18.8％、56.3％。

表4　2011年上海市国有资产经营规模分布情况

经营规模	国有资产（亿元）	占国有资产总量比重（%）
大型企业	5888.44	24.9
中型企业	4449.43	18.8
小型企业	13317.64	56.3
合　　计	23655.51	100

三、上海市国资委监管企业开放性市场化重组情况

制定上海市贯彻《国务院关于促进企业兼并重组的意见》的实施意见，以及《关于深化本市国企开放性市场化重组联合工作的通知》，引导企业通过开放性、市场化重组，加快转型发展。实施发电设备成套院与国家核电，临港集团与市工业区开发总公司的重组联合。调整上海纺控与纺织有限的管理体制。完成家化集团整体改制，积极探索形成优势企业开放性市场化重组的新方式，推动国资从一般充分竞争性领域退出，实现国资的保值增值，优化国资布局结构。同时，推动国资在更高层面、更大范围配置资源，探索形成有序流动、有进有退的国资运作新机制。

通过开放性、市场化重组联合，企业集团积极推进优化转型。上海电气在推进建设路桥、金泰公司，与瑞典山德维克、广西柳工联合重组的同时，与德国西门子、法国施耐德、美国斯必克和日本三菱电机等世界著名企业合作发展风电、建筑楼宇节能增效、节能控制技术等项目，加快向“制造商＋服务商”转型。光明食品集团对外收购四川全兴酒业、澳大利亚玛纳森食品代理公司，对内整合米业、乳业和糖业资源，加快向“实业＋贸易”全产业链集团转型。上港集团与同盛集团合作，加快洋山深水港区一体化经营，从单一“码头装卸服务商”向“综合物流服务商”转型。华谊集团布局内蒙古、安徽等资源基地，内部实施一体化管控，取得成效。

不少企业组成战略联盟联合“走出去”，形成上海国资国企的整体优势。上海建工与上海电气在承包国外重大工程项目上开展合作，成效显著。锦江国际与水产集团加强食品冷链合作，延伸高端水产品的产业链，丰富市民的菜篮子。百联集团与绿地集团优势互补，在开拓市场的同时，配套建设商业网点。

与外省市国企、非公经济合作也有新进展。上海城投与杭州城建、江苏农垦合作，构建以上海为中心、辐射长三角核心区域的“创投集群”。上海城建与央企中铁八局、民企龙元建设组成联合体，构建投融资、建筑设计与施工、物业管理“全产业链”。上实集团向民营企业转让五洲药业、新华联制药厂以及马利彩笔。据联交所统计，2011年非国有企业受让上海市国有企业产权275宗，资产总额达162.62亿元。

四、上海市国资委推进整体或核心资产上市情况

上海市国资委积极推动整体上市或核心业务资产上市，提高资本证券化率。截至2011年12月底，上海地方国有控股上市公司共70家。实现营业收入1.32万亿元，同比增长27.2％；利润总额1417.3亿元，同比增长28.9％；归属母公司净利润914.6亿元，同比增长24.5％。

2011年上海市地方经营性国资证券化额超过300亿元，证券化率达到34.7％。完成上海建工、上

汽集团整体上市,上海交运、上海城建重组方案获中国证监会通过。其中,上汽集团达到99.34%。上汽集团重组作为2011年A股市场规模最大的并购案例,获"2011年中国十大典型并购重组案例奖"。完成上海医药、徐家汇商城、上海梅林等融资项目,融(募)资158.76亿元,上海医药创造上海市产业类集团境外融资新记录,徐家汇商城成为上海市第一个登陆中小板的国有控股上市公司。认真研究企业集团整体上市后国资监管模式,严格执行重大重组信息实行知情人登记制度、企业经营管理信息保密承诺制度等。

五、上海市国资委监管企业法人治理结构、业绩考核及薪酬分配改革情况

以《公司章程》为载体,进一步规范市国资委与企业董事会,董事会与经理层、监事会等各责任主体之间的职责,光明食品集团、临港集团、上海仪电、机场集团、申能集团、世博发展集团等6家企业集团完成《公司章程》修(制)订。优化董事结构,规范董事会运作,提高公司治理水平。新聘10名外部董事,共有45名外部董事受聘15家企业集团,外部董事的独立意识和专业优势得到充分肯定。注重发挥董事会战略与投资、审计与风控、薪酬与考核等专门委员会作用。落实董事会"选人用人、投资决策、资产处置、考核奖惩"等职权,上海电气、上海建工、东方国际等企业董事会先后新聘30名经营层副职。监事会工作团队重点抓好经营业绩真实性、经营过程规范性、经营者责任性的检查和重大决策执行、审计整改后评估,共完成9项重大决策后评估项目。机场集团、百联集团等企业监事会开展对机场集团战略性绩效管控体系、联华超市并购整合华联超市等项目后评估,得到各方高度肯定。

分类完善企业领导人员经营业绩考核。50%产业类集团董事会实行任期考核,与产权代表年度经营业绩考核、领导班子和领导人员任期综合考评"两个衔接"。完成11家企业领导班子和领导人员任期综合考评,34家企业年度综合考核,45家企业产权代表年度经营业绩考核。

建立"决策规范、结构合理、标准科学、监管到位"的企业领导人员薪酬分配体系。制发《关于进一步完善国有企业领导人员薪酬分配的指导意见》,按照"重在建立机制、与职工收入联动、体现行业特点、分类制定方案"的原则,做到企业领导人员薪酬与职工收入、与企业效益"两个挂钩"。积极推进中长期激励,整体上市公司形成"基薪+绩效薪+中长期激励"的薪酬分配体系。加快科技创新激励机制建设,会同市发改委制定并由市政府批转《张江国家自主创新示范区企业股权和分红激励试行办法》,实施股权奖励、股权出售、股票期权、分红权、科技成果收益分成以及绩效奖励、增值权奖励等。

六、上海市国资委推进国资监管全覆盖工作的情况

坚持"统一授权、统一规则、分类监管"原则,完善市属经营性国资"出资监管为主、委托监管为辅"的体制。按照分级管理原则,市区两级国资落实"国家所有、分别代表、指导监督"的监管责任体系。对涉及国资基础管理工作,坚持统一规则、规范运行,全市国有企业统一执行战略规划、财务监管等12类117项制度。搭建信息沟通、事务协调、业务培训平台,提高委托监管单位和区县国资监管业务能力。在上海市经营性国资中,市属占75.8%,区属占24.2%;在市属经营性国资中,出资监管占72.5%,委托监管占27.5%。纳入市国资委快报统计的市属经营性国资达到98%,区属企业达到82%。

根据"责任有主体、行为有规范、问责有对象"的要求,委托监管单位积极推进各自领域国资国企的改革发展。上海市委宣传部加快文化体制改革,落实国家"三网融合"战略,完成百视通借壳广电信息上市,增强上海文化国资在数字新媒体领域的竞争力。市金融办积极发挥国有资本的杠杆效应和引领作用,聚合境内外资本、汇集国际化专业人才,成功募集并运作230亿元的上海金融发展投资等三个基金。

区县国资国企改革发展各项工作取得积极进展,完成行政审批制度改革工作。浦东新区国资委坚持分类指导,开发类企业加快向重点区域积聚要素资源,功能类企业通过结构优化增强综合实力,产业类

企业通过引进战略投资者加快发展。杨浦区国资委按照“产业对应企业、企业突出主业”的要求，对区属企业进行战略重组，形成6家具有核心竞争力的一级骨干企业，为实现“大集团带动区域经济大发展”目标奠定基础。

七、上海市国资委推进非主业调整，加快科技创新步伐工作的情况

加快非主业调整，收缩行业跨度和管理层级。稳妥退出“塑料制品业”等6个行业，涉及18家集团58户企业、82.45亿元资产，涉及并妥善安置员工8400名，行业跨度从年初70个收缩到64个。上海纺织、临港集团等企业层级压缩取得进展，有效管理层级控制在三级以内的企业集团从年初11家增加到15家。调整清理588家非主业企业、壳体企业。

落实上海市及国资国企改革“十二五”规划，36家企业集团完成“十二五”规划，17家企业集团完成新一轮三年行动规划，40家企业集团制定年度实施计划。上海市国资委系统企业集团全部确定主业，90%以上的新增投资聚焦主业以及战略新兴产业，72%的利润来自主营业务收入。加大重点产业的培育，安排国资收益和财政专项资金92亿元作为企业资本金。全系统319个重大科技开发项目中，50%以上列入国家、部市科技支持计划，1/4项目技术水平达到国际先进水平。

八、上海市国资委加强国资基础管理，提高监管效率工作的情况

主要采取“3个三”的措施：建立“制度加科技”监管网络平台，形成“3+X”运行格局。国资委层面，建立“财务风险预警、企业土地管理、产权交易预警监测”三大监管系统，企业集团层面，推广一批在“资金运行、财务管理、物资采购、资产处置、工程建设”等关键环节网上监管的成功做法。其中，财务风险预警系统覆盖51家委管企业、80家企业集团重点子公司接入系统。加强企业集团层面集中管理资金，上汽集团、久事公司等资金使用大户集中率达到80%以上。

健全统计、会计、审计“三位一体”监督体系。围绕“全面预算、动态监测、科学决算、严格审计、客观评价”五个环节，提高企业内控制度的完整性、有效性和执行性。完成建科院、化工院、锦江航运等5家企业（项目）审计。50%以上的企业集团形成三年一轮领导人员审计计划，全系统开展内部审计20274项，提出合理化建议6441条，增加效益或节约成本3.8亿元。

完善评估、产权、法务三大基础管理系统。制发《市国资委加强企业土地管理的指导意见》，实行企业土地权证集中管理，土地交易、抵押、出租集中审批。实施评估管理工作检查、项目抽查和交易后稽查“三查联动”。加强产权交易市场管理，降低交易成本、提高工作效率。完善以“法律意见书制度”为核心的法律风险防范机制，重大法律纠纷发案率同比大幅下降，涉案金额明显减少。大多数企业集团规章制度、经济合同法律审核把关率达到100%。

九、上海市国资委注重民生保障，积极履行企业社会责任的情况

完善职工工资与企业效益联动的正常增长机制，委管企业从业人员平均报酬6.66万元，同比增长13.9%，其中在岗职工平均工资8.27万元，同比增长12.0%。推进工资集体协商机制建设，上海建工等14家企业建立工资集体协商机制全覆盖。切实加强职工队伍建设，高技能人才占技能人才总数达到28.7%。规范劳务派遣用工管理，全系统93%的企业实现同岗同酬；96%的企业将劳务派遣员工纳入企业教育培训体系，培训人次近20万；劳务派遣用工总量减少3.2万人，1万余人转换为合同制员工。上海市国有企业参与全市50多个重大市政工程动迁配套商品房建设项目，形成“大企业对口大基地”的格局。开展食品安全、清理闲置厂房场所出租等专项行动，全系统没有发生重大安全生产事故。完善矛盾排查、初信初访、稳定风险评估机制，有效开展核查终结、重信重访专项整治，全系统没有发生重大不稳定事件。

十、上海市国资委加强党建工作，发挥党组织政治核心作用

截至2011年底，上海市国资委系统拥有1万多个

基层党组织、15 万名共产党员、1.2 万名入党积极分子。党建工作总的要求是,党委按照"参与决策,带头执行,有效监督"原则发挥政治核心作用,管好干部选用的"楼梯口"。基层企业党建工作要形成"专职为骨干,兼职为基础,人人搞党建"的工作新格局,在发挥企业党组织"凝聚力、渗透力、战斗力"上下功夫,保证国企党建工作有人做、有声音、有作为。

开展庆祝建党 90 周年系列活动。成功举办由400 多名企业干部职工参演的文艺晚会,展示干部职工昂扬向上的精神风貌和上海国资国企改革发展的丰硕成果。表彰并在解放日报、东方网等主流媒体上集中宣传全系统 100 个先进基层党组织、100 名优秀共产党员和 50 名优秀党务工作者,以及评为全国先进基层党组织的大众汽车党委,全国优秀共产党员的李斌,以及 20 位新世纪最具影响力的先进人物。

深化"创先争优"主题活动。深入开展"我为'十二五'开局作贡献"创先争优活动主题活动,发挥国资委系统"红旗党组织"等先进典型的示范引领作用。组织百联集团、光明食品、上海城投、久事公司等涉及公共交通、水电煤气、商场宾馆等行业的 9 家企业窗口单位向社会作出创先争优活动公开承诺。制定上海国资文化理念宣传三年工作计划,编撰《上海国资文化理念宣讲稿》《上海市国资委系统国有企业文化理念选粹》,全系统 458 家单位被评为市文明单位。

加强党的基层建设和基础工作。完成国际港务、仪电集团等企业党委换届选举。落实党组织向党员报告工作并接受评议制度,督促、指导基层党组织每年向党员(代表)大会报告工作。完成"万名书记进党校"培训,累计有 9600 名党组织书记参加培训,培训率达 95.4%。深入开展党内关怀帮扶工作,党内帮困及教育经费补助达 1346 万元。组织 150 多家企业投入 1155 万元开展郊区乡镇村"结对帮扶"。

优化领导班子和人才队伍建设。调整 37 家企业集团 133 名企业领导班子成员,在全系统"一报告两评议"中,选人用人总体满意度为 80%。配合市委组织部形成《上海市企业经营管理人才发展"十二五"规划》,完成上海"千人计划"国有及国有控股企业评审平台建设,建立由 8 名两院院士领衔的企业高端人才信息库。

落实党风廉政和反腐倡廉要求。指导推动 54 家企业集团 10433 个基层党组实行党务公开。开展"小金库"专项治理、违规收送礼金礼券购物卡专项工作。强化"不办案是失职,办案不整改、不治本是不尽职"的责任意识,加大案件查处力度。

此外,切实做好老干部工作,推进易地安置老干部医药费报销办法改革试点工作,做好企业划转中老干部安置工作,保证老干部各项经费的到位和使用。发挥工青妇等群众组织作用,深入推进党建带群建工作,落实厂务公开、提高职工民主管理水平。

(撰稿人:邱　强)

江苏省

一、江苏省国有资产监督管理工作综述

2011 年,江苏省国有企业和省、市国资委深入贯彻中央和江苏省委、省政府的决策部署,坚持以质量效益为核心,以转型升级、创新发展为重点,开拓进取,攻坚克难,取得企业发展改革和国资监管工作的新成绩,实现"十二五"良好开局,为江苏省经济社会发展作出新贡献。

(一)克服复杂经济形势带来的困难和挑战,国有企业实现了平稳较快发展

2011 年,江苏省、市国资委履行出资人职责的 169 户企业实现利润总额 508 亿元、归属于母公司所有者的净利润 269 亿元,分别比上年增长 7.7%、11.3%;资产总额 18845 亿元,归属于母公司所有者权益 6358 亿元,分别比上年末增长 9.5%、14.6%,国有资本保值增值率为 104.2%。其中,省属企业资产总额 5553 亿元,归属于母公司所有者权益 1416 亿元,分别比上年末增长 4.4%、8.2%,国有资本保值增值率为 106.9%。

积极应对市场环境变化,一着不落抓好生产经营,确保平稳较快发展。徐矿集团继续加大省外煤炭资源开发力度,省外煤炭产量超过省内产量,2011 年

煤炭总产量突破2000万吨。江苏省国信集团积极克服煤价上涨和运输成本上升的不利因素,2011年完成发电量207亿千瓦时,集团所属电力企业生产经营总体保持稳定。南京禄口机场公司在苏皖境内设立14个城市候机楼和5个城市货站,客运量达到1300万人次。江苏省盐业集团优化提升食盐专营业务,采用连锁经营模式对食盐营销网络进行改造升级,苏盐连锁首批400家门店正式开业。中江公司进一步扩大中东市场份额,提升高端项目承包能力,连续第17年入评"全球最大225家承包商"。针对欧美等发达国家需求减弱、人民币汇率上升的情况,江苏省属外贸企业优化产品结构和市场结构,在稳定进出口规模的同时实现贸易质量和效益的提高。徐工科技在巴西建立生产基地,工程机械产品进军南美市场。常柴股份在新加坡组建全资子公司,积极开拓东南亚市场。

积极应对资金供应趋紧的困难,拓宽融资渠道,优化融资方式,保障企业资金需求,降低财务成本。江苏省属企业通过发行短期融资券、中期票据、中长期债券,获批直接融资额度331亿元。江苏省国信集团通过发行中期票据、公司债实现融资90亿元。江苏交通控股公司直接融资存量规模近300亿元,在付息债务中占比22%,较上年提高4个百分点。海企集团等企业抓住外汇贷款利率较低的机遇,实施外汇融资。南京市国资委所属企业实现直接融资290亿元。盐城市国资委所属企业多渠道融资207亿元。镇江、常州、连云港等市国资委所属企业通过质押上市公司股权实施融资68亿元。

积极应对房地产和资本市场变化,主动调整经营策略,保持稳健发展。面对房地产宏观调控,省属房地产企业普遍采取适度投资、稳健经营策略,适当控制土地储备和新建项目开工进度,调整产品结构,积极开发商业地产、旅游地产等项目。江苏省国信集团、江苏省农垦集团所属房地产企业完成年度销售目标,加快资金回笼。江苏省苏豪控股集团整合房地产企业,组建规模实力较强的专业地产公司,增强应对市场变化的能力。钟山宾馆集团推进东海等地酒店项目建设,加快发展休闲旅游业。南京、南通、无锡、镇江等市国资委推动所属企业积极参与保障房项目建设。面对资本市场的持续低迷,江苏省属企业积极调整应对策略。华泰证券公司强化行业研究,优化投资组合,证券投资业务收益位居同行业前列。江苏高科技投资集团针对创业板估值水平下降的趋势,加强投资案源的尽职调查和企业估值分析,把握投资节奏,降低投资风险。江苏省再担保公司增强资本实力,开展直融增信业务。

积极应对复杂环境可能带来的经营风险,大力加强风险防控和企业管理。江苏省、市国资委通过召开专题会议、组织督查排查、印发规范性文件等多种方式,推动企业防控风险。江苏省属外贸企业在客户资信、合同签订、保证金收取、货款支付和货权控制等方面强化管理、严格把关,并积极向重点子公司增资,降低负债率,提高抗风险能力。江苏省盐业集团等企业加强重大经营决策、经济合同、内部管理制度的法律审核,建立健全法律风险防范机制。南京、盐城等市国资委密切跟踪投融资平台的运行情况,加强对投融资平台经营活动的指导,推动投融资平台稳健发展。

(二)推进转型升级,企业竞争力和发展能力进一步提升

项目建设力度加大。江苏省国有企业和省、市国资委认真研究制定并组织实施"十二五"发展战略规划,紧密围绕企业主业推进项目资源开发和项目建设,发展后劲增强,主业竞争力提升。江苏省属企业全年完成投资306亿元。江苏省国信集团、江苏交通控股公司、江苏省沿海开发集团、江苏省农垦集团等企业抢抓沿海开发战略机遇,20个项目列入江苏省沿海开发五年推进计划,计划总投资600亿元。江苏交通控股公司推进江六高速、宿新高速、崇启大桥、宿淮铁路等一批重点项目建设,完成投资92.4亿元,崇启大桥顺利通车。江苏省国信集团加快推进射阳港电厂66万千瓦机组、新海电厂100万千瓦机组等一批电力项目建设,电力权益装机容量占省网调度比重提高到19%。徐矿集团打造煤电气一体化产业链,积极开发新疆清洁能源项目,总投资300亿元的40亿立方米/年煤制天然气及2000万吨/年配套煤矿项目在新疆塔城地区奠基。禄口机场二期工程正式开工,完成投资14亿元。南水北调东线江苏段工程加快推进,全年完成投资31亿元,超额完成年度建设任务。江苏省沿海开发集团东台条子泥匡围一期工程正式开工,计划投资14亿元。金陵饭店二期工程进展顺利,主体工程已经封顶。江苏省粮食集团加快发展粮食物流业,省惠隆公司积极开发煤炭物流项目。无锡市国资委所属企业投资128个项目,年度投资额超过200亿元。南京市国资委推进高新技术产业项目建设,液晶面板六代线项目正式量产。

优化企业内部资源配置。清理整合劣势企业和低效无效投资的力度不断加大,企业内部资源加快向主业和重要子公司集聚。江苏省属企业2011年共清理整合劣势子企业41户,退出低效参股投资28个。华泰证券公司推进经纪、投行业务资源整合,业务体系的专业化、科学化水平进一步提高。江苏省苏豪控股集团打破原有管理层级,培育重要业务板块,推动资源加快向10家重要子企业集聚。汇鸿集团以推进战略规划实施、建立健全考核体系为主要抓手,整合配置内部资源,所属子企业重组取得新进展。南京市国资委依托优势企业,对所属制造业企业进行整合,加快发展高新技术产业和战略性新兴产业。宿迁市国资委推动酒业企业资源整合。

积极推进科技创新。扎实做好创新型企业建设工作,江苏省属各层级企业列入省创新型企业户数达到17户。江苏省农垦集团加强与院校合作,建立农业产学研战略联盟和研发平台,先后组织实施10个农业科技创新项目和4个国家级农业技术推广项目。江苏高科技投资集团、省盐业集团等企业建立博士后工作站,为企业发展提供专业化支持。江苏水源公司与东南大学组成科研攻关课题组,累计获得5项国家发明专利。金陵饭店集团创新质量管理模式,提升品牌影响力,所属股份公司荣获中国质量管理最高奖。徐州、苏州、南通、镇江等市国资委把科技创新作为转型升级的重要抓手,推动所属制造业企业不断加大科技创新力度。徐工科技研发费用占销售收入比重达到5%以上,2011年度新品市场投放量上百个。苏州创元科技获授权专利127个,发展成为国内瓷绝缘子、洁净环保行业龙头企业。南通大生集团获17项国家专利,推动传统产业改造升级。镇江索普坚持改造工艺、扩大产能并重,醋酸年生产能力达到140万吨,成为全球最大的单体醋酸制造企业。

金融板块发展势头良好。2011年,金融板块作为江苏省国资系统的重要组成部分,继续保持良好发展势头。江苏省农信社系统贷款余额达6470亿元,比上年增加1072亿元,总量和增量均居全国农信社系统第一位。华泰证券公司经纪业务在全国市场份额提高到5%以上,居同行业第二位。江苏省国信集团所属信托公司引进其他省属企业增资,扩大股本规模,实现股权多元化。江苏省苏豪控股集团所属弘业期货营业部增至30户,网点数量保持全国领先。江苏交通控股公司所属金融租赁公司注册资本增加至20亿元,竞争力进一步增强。江苏交通控股公司财务公司完成组建,挂牌运行。江苏省、市国有企业还积极参与利安人寿组建、紫金财险增资扩股等工作。苏州、无锡等市地方金融企业也保持良好发展势头,东吴证券、苏州信托、无锡国联信托、国联证券等企业市场影响力不断提升。

(三)企业改革继续深化,发展活力进一步增强

公司制股份制改革继续推进。徐矿集团、江苏省农垦集团主业板块股份制改革已经启动。中江公司清产核资、财务审计、资产评估工作完成,公司制改建进展顺利。南京市国资委稳步推进市属企业二级以下子公司的股权多元化改革。常州、连云港等市国资委积极推动企业引入战略投资者,进一步优化企业股权结构。徐州、镇江等市国资委进一步做好企业破产、兼并、重组等工作。

企业上市步伐加快。舜天船舶、凤凰传媒等4户国有控股公司实现首发上市,江苏省国有控股上市公司达到46户。江苏高科技投资集团投资的企业全年实现上市或通过发行审核数达到9个,投资企业累计上市数达到32个。徐矿集团、省农垦集团、省盐业集团等企业上市工作具体方案已经明确。南通、苏州等市国资委把国有控、参股股份公司上市工作作为国资监管重点任务,大力推动,成效明显。

企业内部改革特别是分配制度改革取得新进展。省属企业全面开展工资总额预算管理,按照初次分配兼顾公平的要求,推动收入分配向基层企业、一线职工和低收入职工倾斜。江苏交通控股公司所属扬子公司优化岗位管理体系,在对岗位价值进行评估的基础上,确定各岗位工资分配系数,以岗定薪、岗变薪调。徐矿集团、钟山宾馆集团等企业注重薪酬制度设计，进一步理顺内部分配关系。常州市国资委所属企业普遍建立全员业绩考核体系，员工收入与经营业绩紧密挂钩。

（四）国有资产监管体制不断完善，监管工作取得新的成效

基础管理不断加强。南京、苏州等市国资委完善经营业绩考核制度，科学选定考核指标，优化指标权重，进一步增强业绩考核的导向性。镇江、泰州等市国资委加强国有经济运行动态监测，积极开展经济形势分析和预警。淮安、盐城等市国资委健全企业财务快报网络，实现市、县两级财务快报全覆盖。宿迁市国资委规范国有产权登记工作。各市国资委加强县级经营性国有资产统计评价工作，国有资产总量、结构、分布等情况进一步清晰。省、市国资委进一步加强资产评估和产权转让管理，监管企业国有产权转让都能按规定进场交易。

重大事项管理扎实推进。江苏省国资委加强企业对外投资、财务预决算、对外担保、资产处置等行为监督，组织开展省属企业所属境外企业及境外资产清查工作。连云港、扬州、徐州等市国资委制定出资企业投资、发行债券等重大事项管理办法。镇江市国资委规范国有产权代表履职程序，建立国有产权代表报告工作制度。南通市国资委制定出资企业“三重一大”事项报告备案实施办法，指导企业规范决策行为。无锡市国资委建立国资监管信息系统，对企业“三重一大”事项实施监控。南京、苏州、淮安等市国资委加强企业财务监督，开展财务预算管理。省、市国资委加强国有资本经营预算管理，进一步规范国有资本收益收缴和支出安排工作。

公司治理进一步规范。部分企业对章程进行重新修订，进一步明确法人治理结构各个部分的权责。江苏省国资委选派机关干部进入企业董事会，进一步优化外部董事结构。积极探索国资委直接持股的有效方式，规范南京禄口机场公司、省再担保公司等股权多元化企业的股东会运作，以股东身份行使对重大事项的表决权。江苏省属企业监事会在完成年度财务检查和日常监督基础上，围绕企业重大项目、重要事项开展专项检查，促进企业提高风险防范意识和管控能力。南京、苏州、无锡、徐州、南通等市国资委进一步扩大监督检查覆盖面，完善监事会工作制度，规范监事会工作程序。连云港、扬州等市国资委加快监事会组建工作。

指导监督工作取得初步成效。江苏省国资委和无锡、连云港等市国资委研究制定对下级国资监管工作加强指导监督的意见，并报请政府进行转发，进一步明确完善国资监管体制的重大原则和工作重点。江苏省国资委组织召开市县国资监管指导监督工作会议，就贯彻落实国务院国资委相关工作精神和江苏省政府有关文件精神进行部署。省、市国资委建立指导监督工作机制和国资监管重大事项报告制度，指导监督工作初步实现经常化、制度化。扬州、无锡等市国资委经营性国有资产监管覆盖面超过90%。江苏省90%以上县区明确国资工作责任主体，21个县区设立相对独立的国资监管机构。

二、江苏省国有资产总量与结构分析

表1　2011年江苏省所属国有企业指标

项　目	金额（亿元）
资产总额	35185
所有者权益	14488
营业收入	7990
利润总额	668
净利润	545
归属于母公司所有者的净利润	403

（一）国有企业分布情况

2011年末，江苏省纳入企业国有资产统计的国有及国有控股企业（以下简称“国有企业”）数量为5118户，比上年末净增加395户，其中新增665户，减少270户。新增原因：一是投资设立；二是全级次录入；三是企业合并财务决算范围扩大。减少原因：一是企业改制退出、清理关闭、合并重组；二是某些市县、企业列入年度合并财务决算报表范围的企业减少。

1. 企业规模分析。全部国有企业中，大中型企业户数为1052户，占江苏省国有企业总数的20.6%；小型企业户数为1870户，占江苏省国有企业总数的36.5%；微型企业户数为2196户，占江苏省国有企业总数的42.9%。

2. 隶属关系分析。全部国有企业中，江苏省级、市级和县区级企业的数量分别为1870户、1751户和1497户，占比分别为36.5%、34.2%和29.3%。省级企业中，省国资委监管企业及其所属子企业1303户，其余567户企业主要为6个文化企业集团和省级部门所属事业单位投资的企业。市级企业中，南京市共计472户位居第一；宿迁市仅存21户。县区级国有企业数量不均衡，最多的为常熟市，共计88户，部分区县已无国有企业。

3. 行业分布分析。全部国有企业中，社会服务业企业1288户，占江苏省国有企业数量的25.2%；工业企业825户，占16.1%；批发和零售业企业780户，占15.2%；房地产企业490户，占9.6%；农林牧渔业企业345户，占6.7%。

表2　2011年江苏省国有企业户数情况

项　目	2010年	2011年	比上年增长(%)
户数(户)	4723	5118	8.4

(二)国有企业资产分布情况

2011年末，江苏省国有企业资产总额35185亿元，同比增加4519亿元，同比增长14.7%。江苏省国有企业归属于母公司所有者权益12965亿元，同比增加2379亿元，同比增长22.5%。

1. 企业规模分析。截至2011年底，大型企业占有资产总额达7185亿元，占江苏省资产总量的20.4%；中型企业占有资产7069亿元，占20.1%；小型企业占有资产14047亿元，占39.9%；微型企业占有资产6884亿元，占19.6%。

2. 企业隶属关系分析。截至2011年底，省级企业、市级企业和县区级企业资产总额分别为6478亿元、14838亿元和13869亿元，各占江苏省资产总额的18.4%、42.2%和39.4%。省级企业资产总额中，已列入国资委监管范围的资产总额为5552亿元，占省级资产总额的85.7%。市级企业中资产总额最多的为南京市，最少的为扬州市。

3. 行业分析。截至2011年底，社会服务业企业资产总额达15035亿元，占江苏省资产总量的42.7%；房地产企业资产总额6410亿元，占18.2%；工业企业资产总额4343亿元，占12.3%；交通运输业资产总额3250亿元，占9.2%；金融业资产总额1691亿元，占4.8%；其他各行业的企业占用资产规模相对较小。

(三)国有企业国有资产总量分布情况

根据国务院国资委规定的企业"国有资产总量"计算办法，2011年末，江苏省国有企业国有资产总量12718亿元(比江苏省国有企业归属于母公司所有者权益12965亿元少247亿元)，同比增加2847亿元，同比增长28.8%。

表3　2011年江苏省国有资产地区分布情况

地　区	国有资产(亿元)	占全省国有资产比重(%)
省　级	1646	13.0
苏州市	2757	21.7
南京市	1773	13.9
无锡市	1170	9.2
镇江市	1066	8.4
盐城市	908	7.1
常州市	626	4.9
徐州市	511	4.0
泰州市	436	3.4
淮安市	427	3.4
南通市	421	3.3
连云港市	406	3.2
扬州市	306	2.4
宿迁市	265	2.1
合　计	12718	100

表4　2011年江苏省国有资产行业分布情况

行　业	国有资产（亿元）	占全省国有资产比重（%）
社会服务业	6323	49.7
房地产业	2072	16.3
工业	1182	9.3
交通运输业	1132	8.9
金融业	581	4.6
建筑业	413	3.3
批发和零售业	285	2.2
教育文化广播业	161	1.3
科学研究和技术服务业	138	1.1

表5　2011年江苏省国有资产经营规模分布情况

经营规模	国有资产（亿元）	占全省国有资产比重（%）
大型企业	2007	15.8
中型企业	2467	19.4
小型企业	5389	42.4
微型企业	2855	22.4
合　计	12718	100

三、江苏省国有资本保值增值综合分析评价

2011年，江苏省国有企业实现营业收入7990亿元，全部企业盈亏相抵后实现利润668亿元，与上年相比增长7.7%；全部企业实现净利润545亿元，其中归属于母公司的净利润为403亿元，与上年相比增长10.5%。全部国有企业年初国有资本及权益总额为10347亿元，2011年末国有资本及权益为12666亿元，扣除当年各项客观增减因素，2011年末国有资本及权益为10773亿元，国有资本平均保值增值率为104.1%。

表6　2011年江苏省国有企业地区和行业保值增值情况

地　区	保值增值率（%）	行　业	保值增值率（%）
省　级	108.7	工　业	107.9
扬州市	107.3	教育文化广播业	107.2
徐州市	106.3	金融业	106.3
泰州市	106.3	批发和零售业	106.1
宿迁市	105.5	农林牧渔业	105.4
无锡市	105.2	建筑业	104.9
南通市	105.1	房地产业	103.8
淮安市	104	社会服务业	103.3
南京市	102.9	交通运输业	102.8
常州市	102.6	邮电通信业	102.4
镇江市	102.4		
盐城市	102.3		
苏州市	102		
连云港市	101.8		

四、江苏省国资委监管企业股份制改革、企业并购重组与完善法人治理结构改革进展情况

（一）以规划为引领，调整优化国有经济布局结构

江苏省市国资委和国有企业把编制修订和启动实施“十二五”发展规划摆在突出位置，高起点谋划转变发展方式、科学发展的思路和举措。江苏省国资委在全面总结国有企业“十一五”期间发展取得成绩、存在问题以及工作经验的基础上，把握国有企业改革发展的阶段性特征，完成编制《江苏省国有企业发展改革“十二五”规划纲要》，提出“十二五”期间全省国有企业发展改革的指导思想和主要目标，以及加快结构调整、转型发展和改革重组的工作措施，进一步明确坚持发展壮大国有经济、坚持健全现代企业制度、坚持完善出资人制度的国有企业改革方向。各省属企业均结合自身实际，突出增强核心竞争力和可持续发

展能力,制订"十二五"发展战略和目标,发展思路更加清晰,发展战略的导向性不断增强,主业布局进一步明确。围绕战略规划实施,省属国有资本进一步向基础设施、基础产业和战略性新兴产业领域集聚。经初步统计,2011年江苏省属企业增量投资主要投向交通、能源、高科技、现代服务业和城乡公用事业领域,在上述领域的投资金额占省属企业全部投资的比重超过80%。徐矿集团按照省政府与新疆实施能源战略合作决策部署,加快推进新疆能源项目的前期准备工作,塔城40亿立方米煤制天然气项目已奠基建设。江苏交通控股公司路桥和铁路投资、禄口机场二期、金陵饭店扩建、江苏省沿海开发集团沿海条子泥匡围工程、徐矿集团棚户区改造、省农垦集团危房改造等重点项目按计划有序推进。

(二)继续加大力度整合资源,清理劣势企业和低效投资

推动省属企业加快集团内同类业务的整合,优质资源向主业和重要子企业集聚。江苏省盐业集团实施井神盐化公司增资扩股,注入优质资源,做优做强盐化工板块。江苏省农垦集团有序启动垦区农业资源的整合,增强集团调控能力,加快转变垦区农业发展方式,提升现代农业发展水平。通过合并重组、产权转让、清理注销等多种方式,在确保稳定的基础上,加快清理退出三级以下企业、劣势企业、低效参股投资。江苏省苏豪控股集团、汇鸿集团分别对以前重组并入的企业资源进行优化配置,促进深度融合。徐矿集团妥善处理权台矿灾后处置工作,做好矿井关井歇业工作。江苏交通控股公司、江苏省沿海开发集团等省属企业,按照业务板块进行梳理整合,清理整合规模小、缺乏竞争力的三级以下子企业和低效投资,盘活存量资源。

(三)深化公司制股份制改革,推进现代企业制度建设

一是推动省属企业完善公司治理。按照落实出资人制度,健全公司治理结构的要求,江苏省国资委制订规范省属国有独资公司章程的有关文件,对江苏省苏豪控股集团、海企集团、汇鸿集团、江苏省粮食集团、南京禄口机场公司和徐矿集团等6户企业公司章程进行重新修订。至2011年末,大部分省属企业章程修订完成。加强董事会建设,深化外部董事制度试点工作。改革外部董事选用方式,进一步优化外部董事结构。二是公司制股份制改革继续推进。省属企业中唯一按《企业法》登记的中江公司,全面启动整体公司制改造,资产清查、审计、评估工作完成。三是持续推进企业上市。2011年,舜天船舶实现IPO,募集资金8.2亿元;还有一批省属企业子公司正在进行股份制改造,上市进程加快。截至2011年底,江苏省属国有控股上市公司为7户,省属企业资产证券化率进一步提高。

五、江苏省国资委监管企业建立和完善经营业绩考核体系情况

坚持把对企业负责人经营业绩考核作为国有资产监督管理体系的重要内容,作为国资委有效履行出资人职责的重要手段。2011年,江苏省国资委根据《江苏省省属企业负责人年度经营业绩考核暂行办法的通知》(苏国资〔2009〕89号)规定,认真开展企业负责人经营业绩考核工作。一是根据企业年度的合并财务决算报告及审计报告,结合企业年度总结分析报告,针对企业考核年度发生影响业绩的客观因素,调整确认企业年度经营业绩考核指标的完成结果。占有10%权重的综合评价指标由派驻企业监事会、委内4个业务处进行考核打分,最终逐户落实企业2010年度经营业绩考核得分、考核等级、企业负责人绩效薪酬确定等工作。二是根据考核办法规定,认真测算和审核2011年度企业负责人经营业绩考核指标及年度考核目标。三是进一步推进企业的分类考核工作,突出考核指标的针对性和可计量、可核查性,考核指标及年度考核目标经委务会讨论确定后及时下达企业执行。

六、江苏省国资委监管企业负责人考核与选人用人机制改革情况

一是扎实做好省属企业领导人员调配工作。江苏省国资委党委通过差额推荐、差额考察、差额票决等方式,选拔海企集团副总裁和钟山公司副总经理各

1名；通过民主推荐方式，选拔钟山宾馆集团副总经理1名。对江苏交通控股公司、海企集团部分领导人员的党内职务进行调整。对江苏交通控股公司、江苏省农联社、徐矿集团、江苏省苏豪控股集团等企业的6名同志任职试用期表现进行考察，并按程序转正。按规定办理江苏交通控股公司、徐矿集团、钟山宾馆集团等企业到龄人员免职退休手续；办理钟山宾馆集团、海企集团等企业部分领导人员辞职、免职手续。积极配合江苏省委组织部做好华泰证券公司、汇鸿集团正职调整配备工作，对江苏省粮食集团新任董事长、党委书记进行考察。全年共调整、任免9户企业18名领导人员。二是精心组织省属企业领导班子及成员年度考核工作。江苏省国资委党委印发《关于做好2010年度省属企业领导班子和领导人员年度考核工作的通知》，明确考核对象、内容和方法步骤，会同江苏省委组织部组成4个考核小组，先后对23户省属企业领导班子（含江苏银行等4户企业）、145名企业领导人员进行年度考核。在听取述职述廉的基础上，组织1442名企业中层副职以上管理人员、外部董事、监事会主席和职工代表进行民主测评。先后与673名企业中层正职以上管理人员及职工代表进行个别谈话，听取对企业领导班子和领导人员的评价意见和建议，形成23个考核分报告和1个总报告。

七、江苏省国资委监管企业党的建设和廉政建设情况

一是深入开展创先争优活动。省属企业、省国资委以庆祝建党90周年为契机，深入开展创先争优活动。省属企业各级党组织普遍开展了领导点评工作。对先进基层党组织和优秀共产党员进行表彰，激励党员干部干事创业、创先争优。江苏省国信集团被中央创先争优活动办公室选为信息直报点，江苏交通控股公司所属京沪高速公司党委被中组部评为全国先进基层党组织。二是评比表彰国有企业“四好”领导班子。持续推进“四好”领导班子创建活动，省属企业领导人员素质进一步提升。会同江苏省委组织部印发开展评比表彰活动通知，明确推荐条件、程序和名额，组成5个考核小组，对55户候选企业进行实地考核。经过全面考评，并经党委研究同意，对43户企业进行表彰。三是扎实推进党风建设和反腐倡廉工作。江苏省国资委和省属企业认真落实党风廉政建设责任制，深入推进以完善惩防体系为重点的反腐倡廉建设，加大违法违纪案件查处力度，努力营造良好发展氛围。江苏省国资委坚持把国有资产保值增值目标与反腐倡廉建设责任制工作目标同时下达，落实国资监管法规与党纪政纪条规同时检查，年度经营业绩考核指标与反腐倡廉工作目标同时考核。建立廉政教育常态机制，坚持不懈提高企业领导人员廉洁从业意识。深入开展企业公车、“小金库”、工程建设领域突出问题等专项治理活动，取得阶段性成果。江苏省国资委依托派驻企业监事会，组织开展部分省属企业的巡视工作，取得较好成效。四是着力加强群众工作和信访稳定工作。省属企业思想政治工作和群众性精神文明创建取得新成效，省农垦集团、省盐业集团等企业的做法和经验受到中宣部的肯定。徐矿集团积极推进社会主义核心价值体系建设，并在全国会议上交流经验。江苏省国资委和省属企业认真处理群众来信来访，建立健全信访稳定工作长效机制，努力化解各种矛盾，较好地维护企业和社会稳定。

（撰稿人：程　欣）

浙江省

一、浙江省国有资产监督管理工作综述

2011年是“十二五”开局之年。在浙江省委、省政府和国务院国资委的正确领导下，坚持以科学发展观为主题，以加快转变经济发展方式为主线，积极应对复杂的经济形势，深化企业改革，调整布局结构，强化管理创新，加强监管服务，提高质量效益，国有经济实现了平稳较快发展，为全省经济社会发展作出了积极的贡献。2011年省属企业实现营业收入4805.5亿元，同比增长22.5%；实现利润总额206.2亿元，同比增长9.0%；2011年末资产总额5328.1亿元，同比增长8.4%。三项主要指标均创历史新高，实现了“十二五”开门红。

(一)克服困难保增长,省属企业保持良好发展态势

2011 年以来,国内外经济环境出现许多新情况新变化,全球经济增速放缓,市场需求下降,成本刚性上升,通胀压力加大,信贷政策收紧,对省属企业的生产经营带来了非常不利的影响。面对严峻形势,浙江省国资委上下保持清醒头脑,强化指导、监督和服务,引导企业抢抓市场机遇,努力推进降本增效,提高资金使用效率,加强经营风险管控,确保了生产经营平稳运行。一是市场开拓更加深入。面对激烈的市场竞争,省属企业积极调整营销策略,优化产品结构,完善供销网络,拓展市场份额,取得了新的成效。物产集团把握经营方向和节奏,主要经营指标快速增长,全年营业收入超过 1670 亿元,据此测算在世界 500 强的排位可提升 50 位左右。能源集团狠抓经营管理,努力降本增效,在全国电力行业普遍亏损的情况下,2011 年实现盈利 52 亿元。杭州萧山机场继续深化与国内外航空公司合作,新开通了 7 条国际航线,确立了全国第四大国际航空口岸地位。许多企业根据市场变化,千方百计拓展新市场、新领域,"走出去"发展有了明显成效。机电集团在宁夏设立产业化基地,获得 100 万千瓦风电开发权;海外风机销售也取得实质性进展,与伊朗、波兰客户签订 68 台 1.5 兆瓦风机供货合同。建设集团新开辟南美、中亚市场,新签境外合同额 20 亿元左右。物产、建设 2 家集团还被省政府授予"统筹省内发展和对外开放加快实施走出去战略"的示范企业。二是战略合作继续深化。省属企业加强与中央企业、省内外地方政府以及省市县三级国资的多方战略合作,加强产业链上下游企业协同配合,在供应、服务、研发等方面打造新的发展平台。能源集团深化省际资源与产业合作,与新疆、内蒙古等地方政府签订 50 亿吨煤炭资源配置协议。2011 年底,根据浙江省委、省政府主要领导的指示,积极筹备并成功举办国务院国资委与省政府战略合作备忘录签署仪式暨浙江与中央企业合作洽谈会。这次活动共有 107 家央企本级及 79 家子企业共 480 多人赴会,与浙江省及有关企业签订合作协议 57 项,涉及项目总投资 4800 多亿元,许多都是投资大、层次高、带动力强的项目。省属企业在这次项目对接签约中取得了丰硕成果,能源、铁路、建设、交通、萧山机场等 5 家集团与中央企业签订合作协议 9 项,项目总投资达 1419 亿元。三是发展后劲不断增强。2011 年以来,省属企业按照"十二五"发展规划确定的目标任务,实施一大批重点发展项目,增强了企业发展后劲。能源集团嘉兴电厂三期、滨海电厂一期建成投产,六横电厂、独山港煤炭码头等项目获准开工建设,还有不少项目取得核准或拿到路条。交通集团有序推进头门港、上虞物流园区、湘潭九华等三大项目建设,为产业转型奠定了基础。杭州萧山机场大力推进航空城建设,机场二期工程和综合交通体系取得较大进展,厦航、顺丰速运基地等项目积极推进。巨化集团启动实施总投资 56 亿元的一批氟化工、石化材料等重大项目,同时分三期开展落后产能淘汰、功能布局优化工程,已相继淘汰 12 套落后装置,盘活发展用地 1500 亩。铁路集团有序推进"两线一枢纽"等重点项目建设,同时实施总投资 35 亿元的顺酐一体化、聚碳酸酯两大项目,加快优势资源向化工新材料板块集聚。

(二)集中精力定规划,省属企业发展方向更加明晰

为更好地发挥战略规划的引领作用,2011 年集中精力做好省属企业"十二五"发展规划的完善发布和实施启动工作。该规划经浙江省政府同意后正式发布,各企业分户规划在逐一对接完善后,也全部批复。省属企业"十二五"规划主要有三点特色:一是围绕省委"创业富民、创新强省"总战略,确定省属企业"转型强体、创新强企"的发展战略。二是根据实施"三大国家战略"、推进"四大建设"等决策部署,明确省属企业重点发展能源、交通、临港、制造、金融、优势服务业和战略性新兴产业等七大产业和相关工作举措。三是按照国有经济布局战略性调整的要求,明确省属企业在浙江省相关领域发挥作用的定位和责任。在规划编制过程中,与省属企业逐家开展沟通对接,结合产业导向、行业特点、发展规律和企业实际进行分析研判,使得规划编制过程成为上下统一思想、深入思考、明确思路的过程,成为加强沟通、增强合力、落实责任的过程。为推动规划顺利实施,各企业深入开展宣贯启动工作,建立规划实施工作体系,明确实施的步骤与措施,并加强对子公司规划的引导与管控。浙江省国资委也建立了任务分解、目标考核等规划实施机制，细化了规划实施的保障措施，制定了委内任务分解落实方案，并开展了企业规划实施进展情况调查和指导帮助。规划确定的一批重点项目进入实施阶段。

(三)调整结构促转型，省属企业发展后劲持续增强

一是加大海洋经济培育力度。围绕浙江省委、省政府决策部署，2011年7月浙江省国资委专题召开省属企业发展海洋经济现场会，对省属企业参与海洋经济建设相关工作进行研究，推动各企业在沿海基础设施、“三位一体”港航物流服务体系、沿海重化工产业、海洋能源和工程等产业上进行开拓和培育，形成新的产业发展重点。交通、铁路、能源等集团加快沿海港口岸线、高速公路、高速铁路和电源等项目建设，努力为区域发展、海陆联动打造良好的基础设施条件。物产、杭钢、农发等集团积极推进中国大宗商品交易中心、北仑金属矿产品交易中心、浙北生产资料交易市场、杭州湾商贸综合体等项目建设，努力打造集信息流、物流和金融于一体的现代物流网络平台。巨化、铁路等集团依托宁波临港石化基地，积极打造石化新材料项目，推动集团化工产业布局、产品和技术转型。机电、能源等集团介入海洋能源开发，积极开展海上风电装备制造和海上风电项目研究。交通、建设等集团加强临港、涉海工程技术研究，推进建筑施工从“陆地”向“海陆两栖”转型。二是加大主业经营提升力度。面对激烈的市场竞争，浙江省国资委积极指导和鼓励企业调整营销策略，优化产品结构，完善供销网络，拓展市场份额，突出主业发展和转型升级，努力向产业链价值链高端拓展。能源集团2台100万千瓦机组建成投产，由此迈入百万千瓦机组行列，60万千瓦及以上机组占装机容量的2/3，发电量首次突破1000亿千瓦时，电源结构进一步优化。物产集团积极发展连锁分销、配供配送、供应链服务等新业态，到2011年11月新业态实现销售额1136.9亿元，同比增长12.2%，占集团销售额的64.9%。商业集团加快商贸类企业连锁经营，家电业务门店总数达350多家，品牌空调批发销售量占省内市场的80%，形成了覆盖全省县乡市场的网络体系。农发集团着力做大农粮主业，加快“北粮南调”、新农都物流中心等项目建设，农粮板块销售收入同比增长1.7倍。旅游集团加快舟山、新昌等地旅游项目培育，并突出整体营销平台建设，积极拓展电子商务、文化会展等业态。长广集团积极发展生物质发电和新型墙体材料，其规模和技术水平位居全省前列。三是推进产融结合发展。2009年以来，省属企业依托实业资本，积极培育金融业务，金融业态持续拓展，发展实力也不断增强，促进了产融结合、互动发展。到2011年年底，省属金融企业资产总额330.1亿元，营业收入49.6亿元，利润总额8.6亿元。经过两年的重组消化，国贸集团的浙金信托复牌开业，集团与大韩生命保险合资的寿险公司正在筹建。商业集团浙商保险省级分支机构已有14家，2011年实现保费收入近19亿元，成立近3年实现盈利，并进入财险公司全省前10位、全国第25位(共56家财险公司)。铁路集团浙商产业基金成为浙江省首家在国家发改委备案的股权投资企业，首轮完成募资近40亿元，单体规模居全国第四位。交通集团财务公司获批组建，巨化财务公司也在申报之中。此外，为进一步推进产融互动工作，浙江省国资委深入研究，精心起草《关于推进省属企业实体产业与金融结合发展的若干意见》，《意见》上报省政府后，得到省领导的高度肯定。意见出台后，将为做强做大省属企业金融板块，推进产融互动提供有力的政策保障。

(四)改革重组强管控，省属企业发展内生动力增强

一是加快企业上市培育。积极推进重点企业上市培育工作，特别是对进入辅导期的企业，协调省有关部门采取现场办公、专题研究等形式，妥善解决问题，加快上市进程。百诚集团正在完善上市申报材料，浙能电力股份、天达环保正着手战略投资者引进工作，物产燃料、东方机电正在进行股份制改造，建设集团、浙商证券、省冶金研究院正在准备上市方案报批及相关准备工作。同时发挥已上市公司的平台作用，巨化股份等上市公司实施定放向增发，募集资金16亿元。二是加强集团管控建设。推动企业加强资本、成本、人本的“三本”管理，完善集团管控架构，推进扁平化管理，重点督促指导农发集团等企业管理层级压缩工作。省属企业管理层级基本压缩到4级以内。同时，继续推进企业法律顾问制度建设，不断健全法律风险防范机制。制发《加强省属企业法律风险防范机制建设的指导意见》,继续推进企业法务机构建设,与浙大法学院开展战略合作,为企业重大法律纠纷案件提供协调服务等。三是实现外派监事会全覆盖。在浙江省委、省政府的重视支持下,2011 年新组建 2 个省属企业外派监事会,分别派驻到物产集团等 6 家企业。除杭州萧山机场外,省属企业都健全了监事会制度。为推进该项工作,2011 年 5 月,召开首次省属企业监事会工作会议,修订完善了监事会工作制度、制订年度监事会工作要点、组织召开监事会季度工作例会和专职监事业务研讨会,并注重监事会工作监督成果的转发和运用。各监事会重点开展省属企业股票期货、担保情况等专项检查,为规范企业运作、完善国资监管提供了依据。

(五)管控协同增效益,营运水平有新提升

一是战略引领得到加强。抓好规划编制完善和启动实施是 2011 年的一项重点工作。浙江省国资委正式发布省属企业"十二五"发展规划,确定省属企业"转型强体、创新强企"的发展战略,提出省属企业重点发展的七大产业和相关重点项目、工作举措,明确省属企业在浙江省相关领域发挥作用的定位和责任,并对各省属企业的规划逐一进行批复。在规划编制过程中,浙江省国资委与省属企业逐家开展沟通对接,结合产业导向、行业特点、发展规律和企业实际进行分析研判,使得规划编制过程成为上下统一思想、深入思考、明确思路的过程,成为加强沟通、增强合力、落实责任的过程。为推动规划顺利实施,各企业深入开展宣贯启动工作,建立规划实施工作体系,明确了实施的步骤与措施,并加强对子公司规划的引导与管控。浙江省国资委也建立任务分解、目标考核等规划实施机制,细化规划实施的保障措施。省属企业"十二五"整体发展战略体系已建立,并有序全面地推进实施。二是集团管控不断推进。各企业着力完善管控架构,改造管理流程,增强总部战略引领和管控能力,进一步做好管理层级压缩工作,努力提高管理运营效率。省属企业管理层级基本已压缩到 4 级以内。2011 年,省属企业管理费用支出同比增长 16.2%,低于营业收入增幅 5.6 个百分点。物产集团努力对标国际一流企业,积极开展"五大服务平台、十大管控体系"建设,推动了企业经营管理变革。铁路集团实施管控体系优化提升三年计划,建立三个专业化管理委员会,加快治理规范化、控制集约化和管理价值化进程。巨化集团以风险管控为导向,着力加强投资、法律和安全生产等方面制度建设,改进重点环节和重大危险源管理,提高了风险防范水平。旅游集团全面开展对标管理,促进了企业服务品质和运营水平提升。交通、商业、建设、国贸等集团加强信息化建设,推动管理效率提升和集团协同发展。三是成本管理得到优化。省属企业通过强化资金集中管理、灵活调度盘活、积极运用金融衍生工具等措施,有效地应对货币紧缩政策影响,努力降低财务成本。2011 年浙江省国资委共批准省属企业申请发行短期融资券、中期票据等项目总额度 204 亿元,当年完成发行 71 亿元,以前年度批准发行本年存继余额合计 339 亿元。交通集团与省工行合作签订 20 亿元信用贷款合同,杭钢、铁路等集团积极开展境外融资,努力保障资金连安全。物产集团通过强化资金运营管理等举措,为上下游客户提供供应链金融支持 110 亿元,产生资金运营综合效益 4.4 亿元。国贸集团积极运用多种金融避险工具,规避汇率风险,实现汇兑净收益 1.5 亿元。同时,各企业加强目标成本管理,通过实施管理对标、技术创新、工序优化等方式,调整生产节奏,促进节能减排,降低生产成本。能源集团着力提升电煤燃用经济性,控股管理电厂平均煤耗同比下降 5 克/千瓦时。杭钢集团深入开展对标挖潜活动,全年降低各类成本费用 2 亿元以上。铁路集团所属 2 家化工企业大力推进技改项目,万元产值能耗同比下降 10%。

(六)创先争优聚合力,省属企业党建工作不断加强

按照浙江省委统一部署并结合企业特点,以庆祝建党 90 周年为契机,不断加强和改进企业党建工作。一是深入开展创先争优活动。重点开展新一轮党员公开承诺、"闪光言行"展示宣传、窗口单位和服务行业"对标创标"行动,培育一批基层服务型党组织建设典型,大力宣传创先争优活动先进单位和个人,努力营造奋发向上的浓厚氛围。积极推动基层党内民主建设,健全基层党组织换届制度,进一步推广基层党组织领导班子"公推直选"试点成果,有计划地建立企业党代表工作室，有序推进党建信息化工作，逐步提高企业党建工作科学化水平。二是加强企业领导人员和人才队伍建设。着力提高省属企业选人用人工作满意度，以选好配强企业领导班子为核心，完善党管干部与市场化选聘相结合的选人用人机制，加大市场化选聘中高层管理人员力度。深化“四好”领导班子创建活动，组织企业负责人培训轮训工作，开展“四好”领导班子先进集体和突出贡献奖评选表彰工作，促进企业领导人员组织、作风和能力建设，优化班子结构，提高综合素质，增强整体功能。试点开展省属企业领导人员换届和领导人员任期制度，试点开展领导人员综合考核评价工作。进一步加强后备人员培养和挂职交流锻炼。抓好省属企业人才发展规划的组织实施工作，制定省属企业人才引进工作实施意见，落实好省属企业人才资助项目经费管理制度，切实加大高层次人才引进力度。三是继续深化企业反腐倡廉建设。认真贯彻执行党风廉政建设责任制，建立健全反腐倡廉建设领导体制和工作机制，加强“三重一大”决策制度和廉洁从业规定执行情况监督，加大推行党务、厂务公开力度，切实规范和制约权力运行。以深化廉政风险防控机制建设为切入点，健全制度，完善措施，抓好惩防体系建设各项任务的落实。完善廉政教育机制和监督合力机制，深化企业廉政文化建设，推进廉洁文化进岗位、进项目、进工地、进班组。严肃案件查办，注重以惩促防，查找、堵住制度和管理漏洞，遏制和减少腐败发生。

二、浙江省国有资产总量与结构分析

2011 年浙江省（含宁波）上报国有企业 6522 户，同比增长 12.6%；2011 年末资产总额 24339.7 亿元，同比增长 19.3%；净资产 10175.1 亿元，同比增长 26.7%，其中归属于母公司所有者权益 8977.0 亿元，同比增长 27.4%。

2011 年浙江省国有企业共实现营业总收入 8662.1 亿元，同比增长 20.9%；利润总额 583.5 亿元，同比增长 28.9%；实际上缴税金 373.3 亿元，同比增长 17.2%。2011 年平均总资产报酬率为 3.6%，同比上升 0.3 个百分点；平均净资产收益率（含少数股东权益）为 5.1%，同比上升 0.3 个百分点。

表 1　2011 年浙江省所属国有企业指标

项　目	金额(亿元)
资产总额	24339.7
所有者权益	10175.1
营业收入	8662.1
利润总额	583.5
净利润	467.7
归属于母公司所有者的净利润	352.5
应交税金总额	383.9
实际上缴税金总额	373.3

表 2　2011 年浙江省国有企业户数情况

地　区	2010 年户数	2011 年户数	比上年增长(%)
全省汇总	5793	6522	12.6
(一)省本级	1928	2148	11.4
省级监管	1359	1532	12.7
省级部门	569	616	8.3
(二)市县汇总	3865	4374	13.2
其中:杭州市	731	896	22.6
宁波市	619	714	15.3
温州市	667	710	6.4
嘉兴市	495	583	17.8
湖州市	105	109	3.8
绍兴市	235	297	26.4
金华市	263	294	11.8
衢州市	68	67	−1.5
丽水市	180	179	−0.6
台州市	269	262	−2.6
舟山市	233	263	12.9

2011 年末浙江省国有资产总量达 8690.1 亿元，比上年增长 29.4%，增幅较上年提高 4.7 个百分点。

表3　2011年浙江省国有资产地区分布情况

地　　区	国有资产(亿元)	占国有资产总量比重(%)
全省汇总	8690.1	100.0
省本级	1650.5	19.0
其中:省级监管	1215.3	14.0
省级部门	435.1	5.0
地市汇总	7039.6	81.0
其中:杭州市	1969.8	22.7
宁波市	1403.8	16.2
温州市	649.4	7.5
嘉兴市	1024.5	11.8
湖州市	329.6	3.8
绍兴市	516.3	5.9
金华市	235.6	2.7
衢州市	18.5	0.2
丽水市	207.4	2.4
台州市	364.8	4.2
舟山市	320.0	3.7

从地区分布看,省级企业国有资产总量比重有所下降,杭州和宁波占全省的近40%。省级企业国有资产总量为1650.5亿元,同比增长11.4%,占全省年末国有资产总量的19.0%,所占比重较上年下降3.1个百分点。其中:省国资委监管企业国有资产总量为1215.3亿元,同口径增长7.9%,占全省的14.0%,所占比重较上年下降2.7个百分点;省级部门企业为435.1亿元,占全省的5.0%,所占比重比上年同口径下降0.3个百分点。市县企业国有资产总量为7039.6亿元,增长34.5%,占全省的81.0%,同比上升3.1个百分点。

从各市情况看,杭州市以1969.8亿元位居第一,宁波市以1403.8亿元排在第二位,两市合计约占市县企业国有资产总量的47.9%,占全省企业国有资产总量的38.8%。嘉兴、温州和绍兴分别达到1024.5亿元、649.4亿元和516.3亿元,三市合计占全省企业国有资产总量的25.2%。其他各市的企业国有资产总量均在500亿元以下,合计占全省企业国有资产总量的17.0%。

从各市增长情况看,增加最多的是杭州市、温州市,分别增加345.9亿元、342.8亿元,增长21.3%和111.8%;其次是嘉兴和宁波两市,增加额分别为300.5亿元和241.8亿元,分别增长41.5%和20.8%。

从行业分布看,社会服务业、交通运输业、工业依然是浙江省国有资产总量的主体(2011年行业和规模分析为汇总数据,不考虑合并抵销因素,上年同比数据也做同口径调整)。社会服务业以其拥有全省53.8%的国有资产总量位居各行业之首,所占比重较上年提高0.8个百分点;其次是交通运输业拥有全省12.7%的国有资产总量;再次是工业占11.9%,三者合计占全省企业国有资产总量的78.4%。另外房地产和建筑业分别占到10.2%和2.9%,批发、零售和餐饮业占2.5%。

表4　2011年浙江省国有资产行业分布情况

行　　业	国有资产(亿元)	占国有资产总量比重(%)
社会服务业	5691.2	53.8
交通运输业	1345.8	12.7
工业	1258.2	11.9
房地产业	1077.0	10.2
建筑业	308.4	2.9
批发和零售业	267.5	2.5
教育文化广播业	260.0	2.5
金融业	117.8	1.1
其他行业	253.2	2.4

注:行业结构分析为汇总数据,不考虑合并抵消因素。

从企业规模看,小微企业占到三分之二以上。2011年全省国有企业中,小型企业国有资产总量为4660.1亿元,占全省国有企业的44.0%;微型企业2933.1亿元,占到27.7%,两者合计占全省国有企业的71.7%。中型企业国有资产总量为1616.9亿元,占全省国有资产总量的15.3%,次于微型企业;大型企业国有资产总量占比最低，总量为1369.2亿元，占全省的12.9%。

表5 2011年浙江省国有资产经营规模分布情况

经营规模	国有资产（亿元）	占国有资产总量比重（%）
大型企业	1369.2	12.9
中型企业	1616.9	15.3
小型企业	4660.1	44.0
微型企业	2933.1	27.7
合　计	10579.4	100.0

三、浙江省国有资本保值增值综合分析评价

2011年浙江省国有企业共实现利润总额583.5亿元，同比增长28.9%；实现净利润467.7亿元，同比增长34.0%；实现归属于母公司所有者的净利润352.5亿元，同比增长36.4%。从相对指标来看，全年平均总资产报酬率为3.6%，同比上升0.3个百分点；平均净资产收益率（不含少数股东权益）为5.1%，同比上升0.3个百分点。全省国有企业国有资本保值增值率为104.85%。

2011年省级企业共实现利润250.4亿元，同比增长10.9%，市县企业实现利润333.2亿元，同比增长46.9%。从11个市利润排名情况看，嘉兴较上年上升2位，台州和舟山较上年上升1位，温州、绍兴较上年下降1位，湖州下降2位，其他各市排名不变。

从各地相对获利能力看，杭州和金华较强，净资产收益率（含少数股东权益）分别为6.7%和6.6%。此外衢州、舟山、台州获利能力较好，全年净资产收益率达到5%以上，分别为5.5%、5.5%和5.4%。嘉兴、湖州等市资产运行效益较差，净资产收益率在1%以下。

表6　　2011年浙江省国有企业地区和行业保值增值情况

地　　区	保值增值率（%）	行　　业	保值增值率（%）
全省汇总	104.85	全省汇总	104.85
省本级	107.44	教育文化广播业	112.90
其中：省级监管	107.11	批发和零售业	111.81
省级部门	108.37	科学研究和技术服务业	109.27
地市汇总	104.15	仓储业	108.98
其中：杭州市	106.48	房地产业	108.88
台州市	105.47	金融业	108.66
舟山市	105.05	邮电通信业	106.95
衢州市	105.01	工业	106.00
金华市	104.58	信息技术服务业	105.38
宁波市	103.87	卫生体育福利业	104.36
温州市	103.37	社会服务业	104.05
丽水市	102.69	交通运输业	103.78
绍兴市	102.56	建筑业	101.99
湖州市	102.00	地质勘查及水利业	101.72
嘉兴市	101.36	农林牧渔业	100.42

从各地区情况看,省级企业国有资本保值增值率为107.44%,其中省国资委监管企业国有资本保值增值率为107.11%,省级非监管企业国有资本保值增值率为108.37%。在11个地市中,杭州市以106.48%的国有资本保值增值率位列各市首位,台州、舟山、衢州分别以105.47%、105.05%和105.01%紧随其后,其他各市均实现保值增值。最低的是嘉兴市保值增值率为101.36%。

从行业情况看,教育文化广播业保值增值率最高,达112.90%;其次是批发、零售和餐饮业,保值增值率为111.81%;再次是科学研究和技术服务业,保值增值率为109.27%。各行业均实现全行业保值增值,农林牧渔最低,保值增值率为100.42%。

从单户企业看,全省6522户国有及国有控股企业中,实现国有资本保值增值的有4155户,占63.7%,较上年下降1.9个百分点,其中实现国有资本增值的有3848户,占59.0%,实现国有资本保值的有307户,占4.7%。2011年企业国有资本未能实现保值增值的有2367户,占36.3%。

四、浙江省国资委监管企业股份制改革与股权分置改革情况

2011年,浙江省国资委围绕上市目标,加大省属企业股份制改造力度,积极指导重点企业做好股份公司改建设立、资产重组、引进战略投资者及有关遗留问题处理等工作,培育上市后备资源。一是省能源集团下属浙江省电力开发公司股份制改建顺利完成。根据改制总体方案,在完成内部资产划转整合和引进战略投资者后,设立了浙能电力股份有限公司,该公司资产总额达740亿元、净资产为241亿元。二是省物产集团下属浙江物产燃料集团有限公司和省国贸集团下属浙江东方机电工程有限公司股份制改建取得重大进展。上述两家企业股份制改造方案已批复,股份制改建涉及的清产核资、资产评估工作已完成。三是其他重点企业股份制改革工作稳步推进。省商业集团下属浙江百城集团股份有限公司通过公开挂牌方式完成战略投资者的引进,省交通集团下属浙商证券有限公司正着手开展整体变更为股份公司方案制定和公司上市尽职调查工作,省国贸集团下属浙江塔牌绍兴酒有限公司的股份制改造方案已经批复,省建设集团有限公司、杭钢集团下属浙江省冶金研究院有限公司股份制改建涉及的有关重大问题的解决方案正在积极制定中。

浙江省已于2006年7月底在全国率先完成了所属国有控股上市公司的股改工作。2008年4月南方建材被省属企业收购纳入委监管体系后,省国资委及时启动了股改程序,股改工作于2008年6月顺利完成。

五、浙江省国资委监管企业并购重组与完善法人治理结构改革进展情况

2011年,浙江省国资委按照"转型强体、创新强企"发展战略要求,以组织实施"十二五"规划为重点,深入推进省属企业改革改组,强力推动资源重组整合,优化省属国有经济产业布局结构,提高省属国有经济的整体配置效率。一是重组整合省能源集团电力主业资产,推动企业整体重组改制上市。省能源集团电力主业资产整体重组改制上市总体思路经省政府常务会议和省委财经领导小组审议,总体方案获得省属国有企业改革领导小组批复,电开公司股份制公司于2011年10月底正式挂牌,有关土地资产处置工作完成。按2010年底数据测算,重组整合后,电开公司总资产将达到712.65亿元,归属母公司股东权益240.18亿元,分别占省能源集团2010年末总资产和净资产的66.40%、65.00%。二是推进省建设集团内部重组,做好企业上市前期工作。2011年,经省国资委批准,省建设集团对集团内部房地产开发资源进行整合,集团以全资子公司浙江省建筑房地产开发公司为平台,通过公司制改制组建浙江省浙建房地产集团有限公司,同时,由浙建房地产集团以2010年12月31日为基准日,按经审计的年报账面净资产价值,收购所有省建设投资集团直接投资的控股和参股的房地产项目公司股权资产。浙建房地产集团的组建,为集团房地产的开发经营打造了统一平台,将有效地推进集团房地产向专业化、市场化和品牌化发展。三是加快推进巨化集团改革发展和减负脱困工作。在省

领导的直接参与和各省级部门的大力支持下，经过反复沟通，慎密研究，《巨化集团"十二五"时期改革发展和减负脱困总体方案》已经省政府专题会议审议通过。方案明确了下一步推进巨化集团改革发展和减负脱困工作的目标、原则、主要任务和有关支持政策，为巨化集团在"十二五"时期实现转型升级，加快发展，打造在全国具有较强竞争力的氟化工强企创造了有利的条件。四是理顺萧山国际机场国有股权管理问题。浙江省政府同意组建浙江机场集团公司，以持有萧山机场公司和机场投资公司的省属国有股权，新集团公司仍为省国资委监管企业。浙江机场集团公司的组建，将形成股权归属清晰、管理规范的运营体制，为下一步重组整合省内机场资源打下基础。五是省属企业管理层级压缩工作成效明显。在2010年压缩工作的基础上，2011年省国资委着重推进省农发集团、商业集团等省属企业五级及五级以下子企业层级压缩扫尾工作。省属企业管理层级基本压缩到四级以内。管理层级压缩工作的进展，将有力地缩短企业管理链条，促进省属企业集团管控能力的提高。六是积极推进省属企业下属公司的改革重组工作。2011年积极推进省机电集团佳禾化工、省商业集团惠迪森药业、商拍卖公司、物产燃料、商业下属百诚集团、国贸东方机电等多家企业进行改制重组。

六、浙江省国资委监管企业建立和完善经营业绩考核体系情况

浙江省国资委秉承创新业绩考核方式方法，强化激励约束效应，促进省属企业加强集团管控，实现国有资产保值增值的理念，不断完善经营业绩考核体系。一是初步建立省属企业年度考评等级制度。为全面落实省属企业"十二五"发展规划，引导企业提升经营管理能力，推动企业做强做大，培育国际国内一流企业，浙江省国资委于2011年末发布《关于建立省属企业年度考评等级制度的通知》，从2011年度起在省属企业范围内试行年度考评等级制度。考评等级制度的考评指标分为发展类、管理类和责任类三大类14项指标。实行年度考评等级制度后，现行经营业绩考核办法保持不变，企业负责人的年薪确定方式也保持不变；年度考评分级结果，作为对经营者在年薪制外进行奖惩的依据。通过试行年度考评等级制度，浙江省国资委在引导企业提高集团管控能力和风险防控能力，履行社会职责方面迈出了坚实的一步。二是修改完善三年以上应收款项辅助指标的考核方法。为督促企业提高风险意识，加强应收款项回收力度，足额提取坏账准备，促进国有资产保值增值，从2011考核年度起，浙江省国资委在省属企业经营业绩考核中，对三年以上应收款项指标考核办法加大扣减力度。考核方法按照分档、累进、同口径、不重复扣减的原则，由原超过目标值的部分按50%扣减考核利润，统一调整为：考核年度期末三年以上应收款项净值超过目标值30%以内的部分，按50%扣减考核利润；超过目标值30%～60%的部分，按60%扣减考核利润；超过目标值60%～100%的部分，按80%扣减考核利润；超过目标值100%以上的部分，全额扣减考核利润。

七、浙江省国资委监管企业负责人考核与选人用人机制改革情况

（一）浙江省国资委监管企业负责人考核情况

一是修改完善《浙江省省属国有企业领导班子和领导人员综合考核评价实施办法》和《浙江省省属国有企业领导班子和领导人员年度考核实施办法（试行）》，并根据上一年度的考核情况，对有关考核指标进行调整，使其更加适合企业领导人员考核工作实际。根据年度考评办法，量化得分由民主测评（40%）和实绩考核（60%）两部分构成，其中领导班子实绩考核量化得分由常态指标、动态指标、公众满意度指标三部分组成。二是开展省国资委监管企业领导班子和领导人员2010年度考核工作，对15家企业领导班子和112名企业领导人员进行考核。综合企业领导班子年度工作目标完成情况、企业领导人员述职述廉报告、群众民主测评（评议）及考核了解情况，对企业领导人员评定年度考核等次。

(二)浙江省国资委监管企业选人用人机制改革情况

一是加大竞争性选拔力度,组织开展省属企业中层管理人员联合公选工作,共推出18家省属企业的37个中层管理职位面向全国或全省进行公开选拔,310名报考者通过资格审查,经过笔试、面试、考察等环节的层层选拔,有23个目标职位确定任职人选,并发现储备一批优秀人才。二是大力推进省属企业选人用人满意度工作提升,通过召开省属企业选人用人工作座谈会、举办省属企业选人用人工作培训班、开展省属企业选人用人工作专项检查"回头看",指导各企业根据自身实际,对选人用人工作进行整改提高。2011年,省属企业"万人评组工"调查分值大幅上升。省属企业四项测评指标的平均分值均超过90分,高于全省平均分,在省直三个系统中位居第一。三是同省委组织部研究制定《浙江省省属企业领导人员管理暂行办法》,管理办法对省属企业领导人员的管理原则、资格条件、职数、任期、选拔任用、考核评价、激励约束、职业发展、退出等方面都作了明确规定。四是推进公司治理结构完善。在2010年组建2个外派监事会的基础上,2011年再新组建2个监事会,基本实现省属企业外派监事会全覆盖。

八、浙江省国资委监管企业党的建设和廉政建设情况

(一)创先争优聚合力,党的建设不断加强

2011年,浙江省国资委以庆祝建党90周年为重要契机,不断加强和改进企业党建工作。广泛开展各种形式的建党90周年纪念活动,组织"两优一先"评选表彰、窗口单位和服务行业为民服务、"闪光言行"展示评选等活动,评选出30例省属企业"闪光言行",15例入选全省创先争优"闪光言行";开展基层党组织"公推直选"活动,省属企业12家二级单位和180多个基层单位党组织完成"公推直选"工作。加强企业思想政治工作,开展基层党组织书记加强和创新社会管理的集中轮训,提高群众工作能力。组织开展基层党建工作示范点创建活动,通过分类创建、重点培育、逐层推选、择优申报、企业互评、专家评审等步骤,评审出50个示范点。这些示范点较好地反映了各企业党建工作的特色,展现了基层党组织创先争优的面貌。

(二)党风廉政建设和反腐败工作不断加强

根据中央新修订的《关于实行党风廉政建设责任制的规定》,浙江省国资委首次与省属企业签订党风廉政建设责任书,制定出台《省属企业党风廉政建设责任制考核暂行办法》和《省国资委党委2011年党风廉政建设和反腐败工作责任分工》,建立省属企业反腐倡廉工作联席会议制度、预防职务犯罪联席会议制度和案件查处协调机制,开展"三重一大"决策制度落实情况等三项工作检查,进一步细化、量化各项工作的任务、措施和要求,并按照"三书两报告"制度,开展对牵头和参与工作落实情况的督促检查,推动省属企业反腐倡廉各项工作的落实。各省属企业结合各自实际,对责任制和考核办法作了进一步修订和完善。首次成功举办省属企业"国企清风"文艺汇演,加强对企业领导人员和委机关干部的党风党纪、法规教育和廉洁从业教育。认真落实"三谈两述一报告"制度,1366位企业领导人员报告个人有关事项,任前谈话358人次,诫勉谈话30人次,述职述廉1636人次,函询3人次。深化党务厂务公开工作,制定省属企业党务公开工作要点和党务公开目录,党务公开覆盖率达到100%。建立健全与执纪执法机关查案工作协作机制和预防职务违纪违法工作机制,省国资委与省检察院建立省属企业预防职务犯罪联席会议制度,并制定下发实施意见。企业效能监察工作取得新成效,2011年省属企业效能监察立项138个,提出监察建议200多条,作出监察决定70多个,节约资金近3940万元。党风廉政建设和反腐倡廉工作取得了明显成效。

(撰稿人:周继弟)

宁波市

一、宁波市国有资产监督管理工作综述

2011年，宁波市国资委在市委、市政府正确领导下，牢牢抓住主题主线，紧紧围绕工作目标，全力调结构强监管优服务，市属企业资产和利润总额继续较快增长，实现"十二五"发展的良好开局。截至2011年12月底，17家市属企业资产总额2362.01亿元，同比增长12.25%；所有者权益957.94亿元，同比增长13.65%；国有资产保值增值率达到112.52%。2011年实现利润总额57.38亿元，增长22.65%；实际上缴税费34.20亿元，同比增长27.63%。在确保企业国有资产保值增值的同时，全力推进"六个加快"战略实施，推动经济发展方式转变，市属国有经济进一步发挥引导、带动和支撑作用。

(一)抓规划强整合，国有经济作用进一步发挥

规划实施有序启动。紧密结合省、市"十二五"经济社会发展规划纲要和浙江海洋经济发展示范区规划，编制印发市属国有经济"十二五"发展规划，指导、督促出资企业研究编制"十二五"发展规划，确立宁波市属国有经济和各市属企业"十二五"发展的战略定位、总体目标、重点任务和战略举措等。规划所确定的重点任务和战略举措如期进入实施阶段。

整合重组不断推进。按照"大集团、大平台、大服务"方向，指导、推动企业按"三个收缩、三个集聚、六大领域"规划要求，推进企业整合重组。会同宁波市发改委等单位开展全市水资源统筹管理专项调研，形成改革方案，上报市政府审定。协调机场与物流园区管委会，加快推进栎社机场集团化改制。整合宁波市属相关旅游资源，组建城旅投资公司。贯彻落实十七届六中全会精神，积极参与文化体制改革，推动组建出版发行集团、演艺集团，配合有关部门深化报业集团、广电网络整合方案。

服务发展成效明显。积极实施"六个加快"战略部署，帮助企业破解资金、土地等要素制约，充分发挥企业在国际强港、重大基础设施、重大城市区块和重大民生等领域投资建设的主力军作用。宁波港全年集装箱吞吐量达1450万TEU，同比增长11.6%，稳居大陆港口第三位、世界第六位。一批重大项目有序推进，列入专项考核的、由宁波市属企业承担的10个市政府重大项目投资89.65亿元，2011年完成投资计划的110%。轨道交通、象山港大桥开发进展较快，分别完成年度目标的142%、124%。轨道交通1号线一期工程全面加快，2号线一期工程全面开工。绕城高速全线贯通。"五路四桥"完美收官。机场快速干道建成通车。和丰创意广场如期开园。南北外环快速路、文化广场、钦寸水库建设稳步推进。"两江北岸"开发、"三江六岸"滨江休闲带、三门湾大桥顺利启动。

(二)拓融资强防控，企业转型发展进一步推进

资本运作取得进展。推进"资产资本化、资本证券化"，开展企业上市资源培育工作调研，提出分类分梯次推进企业上市计划，拟定《关于加快推进市属企业上市工作提升国有资产证券化水平的意见》。指导和帮助企业拓宽融资渠道，构建融资协调机制。全年市属企业通过企业债券、公司债券、人保债权投资计划、金融租赁以及境外融资等渠道直接融资175亿元，有效缓解企业资金压力。指导、协助宁波港财务公司拓展业务功能，支持、帮助宁波港、宁兴集团、开投公司、工投公司等参与通商银行、东海银行等金融机构的增资扩股，提升企业资本运作能力。

风险防范得到强化。指导企业加强资本、成本、人本管理。推动集团公司财务集中管理，企业财务资源统筹运用的合力得到提升，资金的风险控制得到加强。加强经济运行监测和分析，重点对部分企业财务运行状况进行跟踪，督促资产负债率较高的企业制定偿债风险预案。强化企业投资、担保监管，着力防范系统性风险。开展企业资金风险调研，为宁波市委、市政府决策提出意见和建议。以建立健全法律工作机构为重点，推动企业增强法律风险防范能力。切实履行出资人指导和督促职责，深化"安全生产年"活动，促进企业安全生产。

转型发展有序推进。引导企业积极参与海洋经济建设，推动宁波港、引航公司等加大沿海基础设施

建设力度,指导开投公司开展镇海炼化大乙烯等临港大工业项目前期工作。参与"三位一体"港航物流服务体系建设,协同组建大宗商品交易所。积极参与海洋及相关产业的专业金融服务平台建设,协助开投公司联合有关企业发起成立海洋产业基金,并成立基金管理公司,推动宁波港参与投资东海航保公司。引导企业拓展新业态,助推转型发展,指导工投公司设立创业投资引导基金,参与组建东海融资租赁公司。推动市属企业与央企、省企开展合作,在港口建设、燃气、文化产业等领域合作取得较大进展,已签约13个项目,拟签约8个项目,项目投资总额超过1900亿元。

(三)健机制强管理,国资监管效能进一步提升

国资大格局显雏形。在调研基础上,起草《关于深化国资国企改革发展若干意见》,为构建国资工作大格局提供了制度保障。代拟的《关于推进企业国有资产统一监管的实施意见》,经市政府常务会议通过,市属经营性国有资产监管全覆盖工作取得进展。加强与市级有关部门联动协作,形成构建国资工作大格局的合力。联合市证监局、市金融办,组织召开市属企业推进上市工作座谈会,合力提升企业资本证券化水平。组织宣传市属企业推进"六个加快"战略实施等,营造国企改革发展的良好环境,并初步与新闻媒体建立起沟通联系的长效机制。

产权管理更加规范。出台《关于规范上市公司国有股东行为的若干意见》,上市公司国有股东行为更加规范,国有股权管理得到加强。严把公开转让信息发布审核关,国有产权交易监管更趋严格。2011年共审核产权转让19项,转让金额合计18.6亿元。开展2010年度企业国有产权处置专项检查以及企业产权登记、产权交易中介机构资格年检。加强重大资产、疑难项目评估管理,2011年共核准企业资产评估项目29个,涉及评估账面净资产22.05亿元,评估后净资产35.84亿元,增值62.54%。

考核分配不断完善。积极完善新一轮企业经营者业绩考核办法,探索研究国有控股上市公司经营者中长期激励办法。出台《宁波大宗商品交易所高管人员薪酬考核暂行办法》。完成2010年度宁波港等14家企业的经营者业绩考核和7家企业承担的10个市重大项目的专项考核,并确定7家企业承担的10个市重大项目列入2011年度考核。完成2010年度企业工资总额清算,并审核下达2011年度工资总额计划,企业工资总额调控管理得到加强。

财务监管日益加强。完成2010年财务预算执行、2011年预算编制以及"三报"审核汇编工作。执行2011年国有资本经营预算,编制2012年国有资本经营预算。完成商贸集团所属3家全资子公司的资产、负债、损益审计,提出管理建议并督促抓好整改落实。完成咏归路菜市场改扩建工程竣工财务决算审计等,在一审基础上核减工程结算款120万元。研究确定第二批基建项目抽审计划。出台操作指南,企业内部审计更加规范、有效。宁波市属企业一、二级内审机构全年共组织完成审计项目434个,企业采纳审计意见493条,核减工程结算款9446万元,查增收益1750万元,纠正违规资金3542万元。

监事会建设取得进展。实现宁波市属企业外派监事全覆盖,向7家企业委派监事会主席、16家企业委派了专职监事,并向3家重要子公司延伸委派监事会主席和专职监事。确定市属企业向监事会提供主要经济信息事项,建立企业与监事会联系人制度,完善监事会工作机制。出台《宁波市属国有企业监事会监督检查成果运用暂行办法》,进一步规范监督检查成果运用。宁波市属企业各监事会2011年共检查企业58户,提交各类报告32份,披露问题77个,提出整改意见或建议59条。

(四)重党建强保障,政治核心作用进一步扩大

主题教育活动深入推进。组织开展以"三思三创"为重要载体的创先争优活动,并与"四好四强四优"、争当"三个先锋"、"文化强企"以及"学习型企业"等创建活动统筹推进。开展纪念建党90周年系列活动,隆重表彰国资系统优秀党员、优秀党务工作者和先进基层党组织。城投公司被评为市先进基层党组织。宁波港荣获"全国企业文化建设优秀单位"和"市学习型党组织建设先进单位"称号。

领导班子建设切实加强。拟定宁波市属企业领导人员管理、兼职、经济责任审计等制度。会同组织部门,对企业领导班子及成员实施年度考核。完成城旅投资公司、大宗商品交易所等领导班子的选配工作,选拔5名经营管理人才充实企业领导班子。公开选拔

1名总会计师。配合组织部，组建宁波宁兴(集团)党委。组织市属企业领导人员报告个人有关重大事项。开展企业巡视监督试点。实施《宁波市属国有企业党务公开制度》，推进党内民主监督。加大教育、培训和锻炼力度，举办2期企业领导人员综合素质主体班、高级研修班，选派5名企业中层干部到政府部门挂职锻炼，推荐2名中层干部进入"中青班"学习。

企业反腐倡廉继续深化。健全"三重一大"保廉制度，部署贯彻落实"三重一大"决策制度意见，提出具体实施方案。组织召开市属企业领导人员廉洁从业教育大会。开展"四个一"专题警示教育，扎实推进廉政文化进项目、进工地、进港区、进岗位活动。实施专项监督检查，重点加强项目招投标监督。组织开展企业"小金库"专项治理回头看。认真查处信访举报件，共受理并妥处各类信访、举报、投诉307件，促进了企业的稳定和发展。

机关自身建设不断强化。创建学习型机关，以党委理论中心组学习为重要手段，带动机关干部学习。组织开展"三思三创"活动，提出"找标杆、破难题、促发展"实施方案，并认真实施"绩效对账"制度。组织开展"一线服务月"活动，服务企业、破解难题取得成效。完成委机关"三定方案"修订和中层领导干部竞聘工作。推进办公自动化，机关信息化管理水平进一步提高。机关岗位廉政风险防控机制建设工作方案深入实施。加强干部教育、培训和锻炼，选派机关干部到企业挂职和参加培训班学习，干部的综合素质和业务能力得到提升。

二、宁波市国有资产总量与结构分析

2011年是"十二五"发展的开局之年。面对错综复杂的国内外经济形势，全市各级国资监管机构和国有企业(以下简称"企业")按照"破难促调、创新开局"要求，认真贯彻落实市委市政府决策部署，积极践行"三思三创"，深入实施"六个加快"发展战略，奋力推进政府重大项目投资建设，不断深化企业改革和管理创新，全市国有经济实现平稳较快发展。

(一)企业总体运行情况

经济效益大幅提升。2011年宁波市企业实现利润总额68.73亿元，比上年同期增加13.83亿元，同比增长25.19%。实际上缴税费总额39.17亿元，同比增长22.14%。

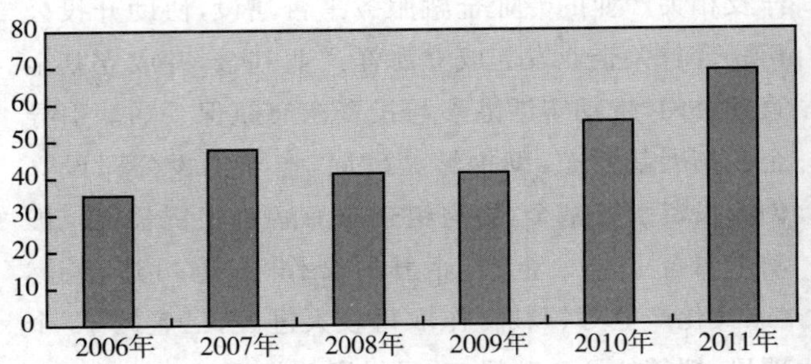

图1 2006—2011年宁波市企业利润总额走势(单位:亿元)

资产规模持续扩张。2011年末，企业资产总额达4535.91亿元，同比增长13.11%；净资产为1651.98亿元，同比增长20.78%。企业资产总额超过100亿元的有宁波港集团、开投公司、城投公司、交投公司和轨道交通等12家企业，资产总额合计为3581.39亿元，同比增长15.21%，占全部企业资产总额的78.96%。其中，城投公司突破700亿元(达734.92亿元)，同比增长10.65%，交投公司突破500亿元(达566.16亿元)，同比增长10.14%。所有者权益超过100亿元的企业主要有宁波港集团、城投公司和交投公司3家企业，分别为324.61亿元、204.23亿元和144.63亿元，分别同比增长10%、20%和5%。

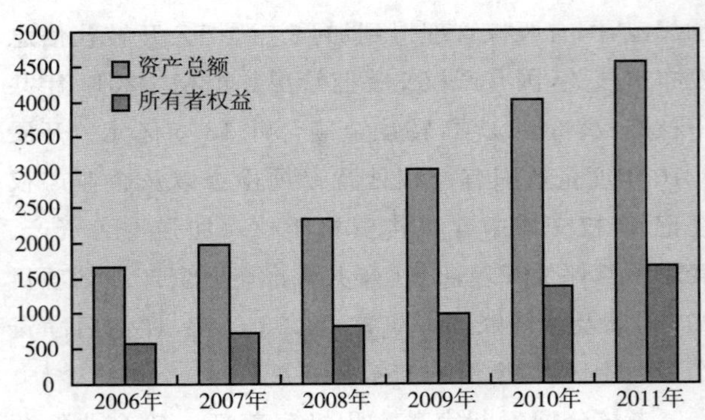

图2 2006—2011年宁波市企业资产总额、净资产走势(单位:亿元)

重大项目奋力推进。国有投资公司积极履行政府投资主体职能，奋力推进重大项目、重要城市功能区块和重要基础设施开发建设进度。据统计，纳入2011年度宁波市政府专项考核的10个重大项目完成投资89.65亿元,完成年度计划的110%。和丰创意广场如期开业运行,宁波绕城高速东段建成并投入使用,绕城高速全线通车。两江北岸开发启动。钦寸水库、文化广场项目等民生工程稳步推进。轨道建设2011年完成投资71亿元,其中工程投资完成59.8亿元,1号线一期工程地下车站全部完成主体结构封顶,2号线二期和轨道交通第二轮建设规划方案上报国家发改委。

生产经营平稳向上。宁波市企业生产经营保持平稳向上运行的态势,重点企业主要生产指标完成良好。如宁波港公司货物吞吐量完成3.86亿吨,同比增长19.4%,其中,集团(本港)货物吞吐量完成3.17亿吨,同比增长15.2%。集装箱吞吐量快速增长,实现了新的跨越,突破1400万标箱,达到1451.2万标箱,同比增长11.6%,集装箱吞吐量排名继续保持全国第三位,世界港口前六强。集装箱航线航班数量创新高,2011年净增航线12条,航线总数达到236条。基础货源量全面攀高。引航公司引领中外船舶达29750艘次,同比增长7.02%,完成公司年度计划的104.02%。交投公司下属高速公路通行费收入32亿元,增长15.23%。交工集团年完成工程产值19.57亿元,同比增长8.3%。开投公司下属热电企业完成供气量790万吨,同比大增32%。

资本运作能力不断增强。企业积极推动"资产资本化、资本证券化",与金融机构合作,拓展融资渠道,创新融资方式,做好融资、债券、中期票据、扩大银行授信等,企业融资结构得到优化,宁波市属企业直接融资合计175亿元。宁兴集团、开投公司积极开拓境外融资市场,宁波港集团财务公司拓展业务功能,有力提高了集团资金使用效率。富达公司电器板块已全部转型,优化产业结构。宁波港集团、宁兴集团、开投公司、工投公司等企业参与宁波国际银行等地方金融机构的增资扩股,提升国有企业资本运作能力。

(二)企业户数情况

纳入统计的全市企业共有714户,其中市本级364户(市国资委监管的下属子公司290户,非监管企业74户);县(市)、区350户。市国资委监管的企业比上年增加76户,县(市)、区总户数比上年增加10户。全市企业小(微)型企业数量依然较多,大中型企业相对偏少,2011年宁波市小(微)型企业604户,占84.59%;大中型企业110户,占15.41%。

(三)企业国有资产总量情况

2011年全市企业国有资产总量1457.7亿元,比上年增加270.75亿元,增长22.81%。

2011年全市企业国有资产按地区分布(见图3)情况是:市属企业国有资产总量816.98亿元,占全市国有企业56.05%,其中市国资委出资企业国有资产总量776.65亿元,占市属企业的95.06%。国有资产总量最大的是宁波港集团,达255.57亿元,其次是宁波城投156.22亿元和宁波交投99.41亿元,三家企业合计511.1亿元,占市属出资企业国有资产总量的66.75%;各县(市)、区企业国有资产总量为640.8亿元,占全市国有企业的43.96%。慈溪市以136.88亿元位居首位,奉化市、鄞州区分别以97.13亿元、74.61亿元排在第二位、第三位。

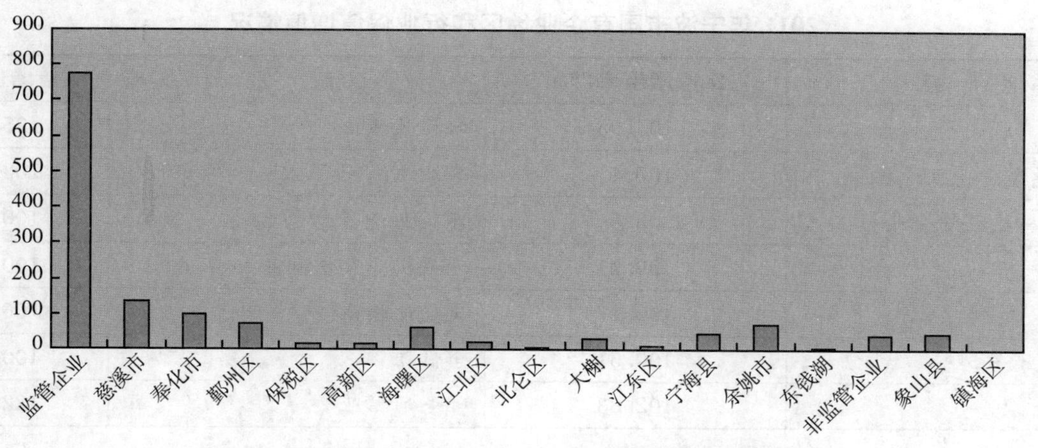

图3 2011年宁波市企业国有资产总量地区分布情况(单位:亿元)

2011年宁波市企业国有资产按行业分布(见图4)情况是:社会服务业国有资产总量837.09亿元,居首位,占总量的57.43%;交通运输仓储业330.23亿元,居其次,占总量的22.65%;工业和房地产业分别为106.53亿元、104.17亿元,居第三、第四位。以上四个行业国有资产总量达1378.02亿元,占宁波市企业国有资产总量的94.53%。

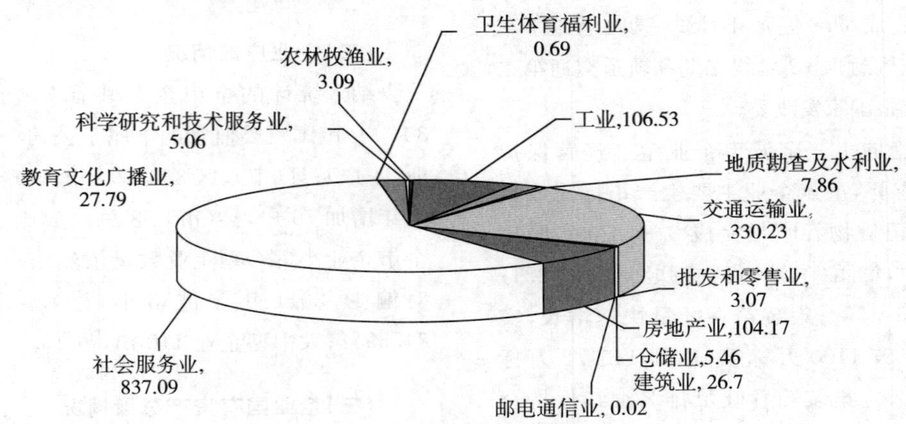

图4　2011年宁波市企业国有资产总量行业分布情况(单位:亿元)

(四)企业经济效益情况

2011年宁波市企业共实现利润68.73亿元,同比增长25.19%;实现净利润55.94亿元,同比增长28.8%。其中:市属企业实现利润62.9亿元,同比增长25.55%,占全市企业实现利润总额的91.52%;县(市)、区企业实现利润总额5.9亿元,比上年增加1亿元,增长20.41%,占全市企业实现利润总额的8.48%。2011年全市企业中赢利企业470户,赢利面为65.83%,比上年上升1.37个百分点。亏损企业244户,亏损面为34.17%,比上年下降1.37个百分点。

三、宁波市国有资本保值增值综合分析评价

2011年宁波市国有企业保值增值率为103.54%,比上年下降0.32个百分点。其中:宁波市本级国有企业保值增值率为105.95%,比上年减少0.06个百分点;县(市)、区国有企业保值增值率为101.12%,比上年增加0.46个百分点。

表1　　2011年宁波市国有企业地区和行业保值增值情况

地　　区	保值增值率(%)	行　　业	保值增值率(%)
市本级	105.95	农林牧渔业	95.12
其中:市属监管企业	106.1	工业	102.93
市属非监管企业	103.5	建筑业	100.17
慈溪市	99.21	地质勘查及水利业	100.41
鄞州区	100.17	交通运输业	106.3
保税区	100.51	仓储业	100.52
高新区	102.83	邮电通信业	122.08

续表

地　　区	保值增值率(%)	行　　业	保值增值率(%)
海曙区	100.95	批发和零售业	103.08
江北区	101.85	房地产业	101.82
北仑区	98.77	社会服务业	103.15
大榭开发区	100.38	卫生体育福利业	117.96
奉化市	99.21	教育文化广播业	109.07
江东区	104.77	科学研究和技术服务业	109.81
宁海县	100.14		
余姚市	100.51		
东钱湖	100.36		
象山县	109.86		
镇海区	97.2		

四、宁波市国资委监管企业股份制改革与股权分置改革情况

2011年,宁波市国资委积极推进"资产资本化、资本证券化"工作,开展企业上市资源培育工作调研,提出分类分梯次推进企业上市计划,拟定《关于加快推进市属企业上市工作提升国有资产证券化水平的意见》。引导市工投公司出资参与设立"创业投资引导基金",支持创业投资企业和初创期企业等,以此促进国内外优质创业资本、项目、技术、人才向宁波集聚。推动市开投公司出资参与以海洋产业为主导的引导基金,投资包括临港工业及工业集群、港口服务业、现代货代业、海运业、滨海旅游业、现代海洋渔业、海洋高科技及新兴产业等。坚持以"大集团、大平台、大服务"理念为先导,积极推进水务、能源一体化改革调研和栎社国际机场改制,指导城市基础设施建设有限公司转型和市教育集团改制,协助组建宁波出版发行集团,全力配合做好全市广电网络资产整合以及海洋基金公司筹建等相关工作。协助宁波港集团财务公司拓展业务功能,支持宁波港集团、工业投资集团等市属国有企业参与宁波国际银行、绿叶城市信用社等地方金融机构的增资扩股,提升国有企业资本运作能力。

五、宁波市国资委监管企业完善法人治理结构改革进展情况

2011年,宁波市国资委实现市属企业外派监事全覆盖,向7家企业委派监事会主席、16家企业委派专职监事,并向3家重要子公司延伸委派监事会主席和专职监事。确定市属企业向监事会提供主要经济信息事项,建立企业与监事会联系人制度,完善监事会工作机制。出台《宁波市属国有企业监事会监督检查成果运用暂行办法》,进一步规范了监督检查成果运用。

六、宁波市国资委监管企业建立和完善经营业绩考核体系情况

2011年,宁波市国资委健全制度,科学考核,进一步落实国有资产保值增值责任。积极完善新一轮企业经营者业绩考核办法,探索研究国有控股上市公司经营者中长期激励办法。出台《宁波大宗商品交易所高管人员薪酬考核暂行办法》。完成2010年度宁波港等14家企业的经营者业绩考核和7家企业承担的10个市重大项目的专项考核,并确定7家企业承担的10个市重大项目列入2011年度考核。完成2010年

度企业工资总额清算，并审核下达2011年度工资总额计划，企业工资总额调控管理得到加强。

七、宁波市国资委监管企业负责人考核与选人用人机制改革情况

2011年，宁波市国资委拟定市属企业领导人员管理、兼职、经济责任审计等制度。会同组织部门，对企业领导班子及成员实施年度考核。完成城旅投资公司、大宗商品交易所等领导班子的选配工作，选拔5名经营管理人才充实企业领导班子。公开选拔1名总会计师。配合组织部，组建宁波宁兴(集团)党委。组织市属企业领导人员报告个人有关重大事项。开展企业巡视监督试点。实施《宁波市属国有企业党务公开制度》，推进党内民主监督。加大教育、培训和锻炼力度，举办2期企业领导人员综合素质主体班、高级研修班，选派5名企业中层干部到政府部门挂职锻炼，推荐2名中层干部进入“中青班”学习。

八、宁波市国资委监管企业党的建设和廉政建设情况

主题教育活动深入推进。组织开展以“三思三创”为重要载体的创先争优活动，并与“四好四强四优”、争当“三个先锋”、“文化强企”以及“学习型企业”等创建活动统筹推进。开展纪念建党90周年系列活动，隆重表彰了国资系统优秀党员、优秀党务工作者和先进基层党组织。城投公司被评为市先进基层党组织。宁波港荣获“全国企业文化建设优秀单位”和“市学习型党组织建设先进单位”称号。

企业反腐倡廉继续深化。健全“三重一大”保廉制度，部署贯彻落实“三重一大”决策制度意见，提出具体实施方案。组织召开市属企业领导人员廉洁从业教育大会。开展“四个一”专题警示教育，扎实推进廉政文化进项目、进工地、进港区、进岗位活动。实施专项监督检查，重点加强项目招投标监督。组织开展企业“小金库”专项治理回头看。认真查处信访举报件，共受理并妥处各类信访、举报、投诉307件，促进企业的稳定和发展。

(撰稿人：谢孝宏)

安徽省

一、安徽省国有资产监督管理工作综述

2011年，安徽省国资系统认真贯彻落实省委、省政府决策部署，积极应对复杂多变的经济形势，采取扎实有效措施，大力引导国有企业转方式、调结构、拓市场、强管理，国有经济实现平稳较快发展。安徽省属企业多项经济指标创下历史新高。一是营业收入大幅增加。省属企业2011年实现营业收入5470亿元，增长31%。有12户企业实现营业收入过百亿元，同比增加1户。二是经济效益较快增长。30户省属企业都实现了盈利，2011年实现利润总额320亿元，增长34%。有24户企业利润总额过亿元，7户企业过10亿元。三是资产规模不断壮大。到2011年底，安徽省属企业资产总额达8116亿元，增长16%；所有者权益2634.27亿元，增长11%。有17户企业资产总额超过百亿元。四是社会贡献更加突出。安徽省属企业2011年上交税费总额351亿元，增长30%，占2011年省同期财政收入的近13%。省属企业“十二五”开局之年各项目标任务超额完成。截至2011年12月底，安徽省属企业资产总额、营业收入、净利润位列全国各省市区第八位、第七位和第五位。马钢集团、铜陵有色金属集团、安徽海螺集团、淮南矿业集团、徽商集团、江淮汽车集团、淮北矿业集团、皖北煤电集团、安徽建工集团、安徽国贸集团共10户省属企业进入全国500强行列。

(一)国资监管进一步加强和改进

一是夯实基础，提高监管效能。加强经济运行分析，完善财务动态监测体系，在全国较早形成覆盖全省的基础数据网络，出资人财务监督得到有效加强。强化监事会工作，深入企业开展日常监督、专项检查和集中监督检查，实行监事会监督检查与纪委巡视监督相结合，发现问题并督促企业进行整改。2011年共提交各类监督检查报告19份，揭示问题178个，提出

整改建议98条,向政府及有关部门反映企业存在的困难14项。其中,安徽省委书记张宝顺同志对监督检查报告作出重要批示,充分肯定了监事会监督检查工作,明确指出了对企业开展监督检查工作的必要性和重要意义,强调要继续坚持,注重发现突出问题的整改。

二是突出重点,创新监管制度。2011年,制订修订20多个管理办法。起草加强安徽省属企业董事会建设的有关办法,制定履行多元投资主体股东职责的办法。修订企业负责人经营业绩考核办法,加强分类考核,推进经济增加值考核,更加科学合理地评价企业负责人的经营业绩。完善薪酬管理办法,激励导向作用更加明显。建立全面预算管理制度体系,推动企业强化内部控制,提升管理水平。加强企业高风险业务监管,重点对担保和境外资产管理工作进行规范,强化企业领导人员任中经济责任审计和内部审计工作。

三是强化执行,狠抓工作落实。规范省属企业重大投资行为,2011年共审核投资项目46个,涉及总投资74.7亿元和15.6亿美元。加强国有资本收益管理工作,2011年共收取国有资本收益5.76亿元,安排支出5.9亿元,重点对重大基础项目、科技创新和企业改革等进行支持。发挥产权市场作用,安徽省2011年国有产权交易431宗,成交值72.8亿元。加强工资总额调控,企业一线职工收入稳步增长。企业年金覆盖面继续扩大,截至2011年,累计归集资金53.1亿元,覆盖职工33.9万人。积极挖掘就业潜力,安徽年新增就业4.2万人。制定省属企业法制工作"三年目标",强化三项重点法律审核,深入推进依法治企。

(二)"十二五"规划编制顺利完成并有效实施

顺利完成安徽省属企业"十二五"发展规划纲要的编制工作。纲要核心内容是:推进转型升级等"五大战略";发展新兴产业和现代服务业等"八大产业板块";实施"倍增计划",即省属企业主要经济指标实现倍增;实施"两大工程",即省属企业总资产超万亿和营业收入过万亿的"双万工程",6户左右企业资产总额、营业收入过千亿元的"双千工程"。30户省属企业编制了单户企业"十二五"规划,并通过论证和审核。为把规划落实好,围绕做大做强主业,精心谋划520个重点项目,计划投资7094.2亿元。2011年,安徽省首台百万千瓦机组——能源集团皖能铜陵公司5号机组正式投入商业运行,为安徽省迎峰度夏发挥重要作用。海螺集团2条日产12000吨水泥生产线竣工投产,水泥年产能达到1.8亿吨,居世界第二位,型材加工产能居世界第一位。淮北矿业杨柳、青东等4对矿井全部正式投产,新增产能630万吨,淮北矿业控股的定远年产100万吨聚氯乙烯项目一期工程试生产。皖维集团蒙维公司PVA项目一期建成投产,PVA年产能达15万吨,居世界第一位。安徽省属企业一批重大项目相继建成,提升企业发展的后劲,增强市场竞争力。

(三)企业改制重组工作扎实推进

先后组织完成建工集团与水建公司、投资集团与上海裕安、旅游集团与粮食集团3对企业的重组,促进资源优化配置和结构调整,增强企业竞争能力。马钢集团成功重组长江钢铁,进一步扩大钢铁体量,年产量突破1600万吨。海螺集团先后完成对云南、陕西、广西、贵州等地部分水泥企业的并购重组,加速区域产业整合,提升市场控制力。安徽省能源集团与神华集团合作取得实质性进展,对沿江三个电厂资产重组,实行煤电联营,实现扭亏为盈。推进合肥通用机械研究院重组安徽省机械设计院和安徽省冶金设计院工作。完成中化农化总公司重组安徽省石化集团。

积极推进竞争性行业省属企业的整体改制工作,研究制定有关企业整体改制方案。完成技术、轻工等重点外贸企业改制。完成安徽省建筑设计院等科技型企业改制。完成淮北矿业上市申报工作。加快中煤矿建上市准备。推进徽商集团、农垦集团核心子企业上市前期工作。淮南矿业顺利完成认购芜湖港非公开发行股票,增强对上市公司的控制力。2011年,安徽省属企业通过发行债券、上市公司增发、融资租赁等方式直接融资达459亿元,增幅超过2010年1倍以上,约占安徽省企业直接融资额的60%。加大不良金融资产打包处置工作力度,截至2011年底,安徽省13个市完成签约,省属企业不良资产包基本处置完毕。

(四)服务"三大平台"建设取得显著成绩

围绕服务安徽省发展大局,引导和推动省属企业积极参与、大力支持全省各项重点工作和“三大平台”建设，安徽省属企业支撑全省经济社会发展的作用进一步凸显。

一是积极服务皖江城市带承接产业转移示范区建设。安徽省属企业在示范区计划投资项目387个，投资规模532.1亿元，占省属企业省内年度投资规模的一半以上。其中，淮南矿业计划投资34亿元的江南和江北集中区城市化工业化建设项目、建工集团江南集中区起步区道路BT项目等一批重点项目相继开工建设。

二是积极助力皖北地区加快发展。出台安徽省国资委关于推动省属企业支持皖北地区发展的实施意见，召开省属企业支持皖北地区发展工作会议，现场签约合作项目78个，投资总额1343.8亿元。围绕特色产业园区和重点产业，加大省属煤炭企业煤电化一体化项目、江汽集团年产10万辆微车项目等重点项目的推进力度。

三是积极落实合芜蚌自主创新综合试验区和技术创新试点安徽省建设的各项措施。与安徽省科技厅共同实施省属企业自主创新和科技成果转化联合行动计划，江汽新能源汽车等16个项目经过审核，安排扶持资金8500万元，国有资本经营预算配套支持资金5000万元。淮南矿业、淮北矿业联合对“两淮矿区煤层群开采条件下煤层气抽采示范工程”开展攻关，获得国家发改委、科技部2.7亿元经费支持。铜陵有色“复杂难采深部铜矿床安全高效开采关键研究与应用”获国家科技进步二等奖。马钢集团被认定为国家级创新型企业，江汽集团国家电动客车整车系统集成工程技术研究中心获得科技部批准立项组建，皖北煤电淮化公司技术中心跻身国家级行列。截至2011年底，安徽省属企业有国家级创新型企业5家，国家级技术中心8家。

（五）推进与中央企业合作取得积极进展

一是着力推进合作发展工作规范化。起草《关于进一步加强与中央企业合作发展工作的意见》，是全国第一个以省委、省政府名义印发的加强与央企合作发展的文件，成为指导合作发展的纲领性文件。出台合作发展工作成果考核办法、合作发展项目省直接调度暂行办法等，有关工作步入规范化、科学化轨道。

二是扎实做好协调服务工作。完善“服务提前介入、分级协调处理、省领导小组定期研究解决有关重大问题”等工作机制，全面落实保障机制，强化全程跟踪，服务保障力度进一步加大。

三是狠抓项目落实。截至2011年底，安徽省与央企累计签约项目674个，投资规模17983.9亿元。其中，已开工项目357个，投资规模9229.1亿元，实际完成投资2720.4亿元。开工项目中已有58个项目竣工，投资规模522.6亿元。新增营业收入370.5亿元、利润9.6亿元、税收23.6亿元。截至2011年底，安徽省与央企新增签约项目155个，投资规模3701.2亿元。

（六）企业党建工作进一步加强

一是不断创新企业党建工作方式。紧紧围绕“为科学发展创先进、为安徽崛起争先锋”活动主题，大力开展以“四强四优”为主要内容的创先争优活动。高速集团的“微笑服务”、徽商集团商之都“为民服务、创先争优”等主题活动受到中央和安徽省委领导的高度评价。结合纪念建党90周年活动，对省属企业中涌现出的先进基层党组织、优秀共产党员和优秀党务工作者进行表彰。淮北矿业党委、铜陵有色党委、江汽股份党委获得全国先进基层党组织称号。完成安徽省第九次党代会代表选举工作。指导9户省属企业党委顺利进行换届选举。

二是不断加强企业领导班子建设。建立完善决策层和执行层相分离的公司法人治理结构，对部分企业的董事会、经理层进行调整充实。进一步发挥党组织在决策中的作用，按照“双向进入，交叉任职”的要求，对设立董事会的企业，安排总经理担任党委副书记职务。健全企业领导人员选拔任用、激励、监督机制，加强对企业领导人员的管理。坚持统筹安排，整体规划，分层次、分类别地开展省属企业经营管理人员教育培训，举办安徽省属企业高级经营管理人员培训班。

三是不断推进党风建设和反腐倡廉工作。认真落实党风廉政建设责任制，严格遵守廉政准则和廉洁从业规定。落实“三重一大”决策制度，与安徽省属企业主要负责人签订廉洁从业责任书，为中层以上党员领导干部建立电子廉政档案。认真实施惩防体系建设五年规划，开展廉洁风险防控管理试点工作。成功承办国务院国资委召开的“全国地方国资委纪委书记研讨会”。制定《省属企业党务公开试行目录》，深入开展“反腐倡廉制度落实推进年”活动。积极开展信访监督，坚持诫勉谈话、函询制度。加强组织体系建设，推动部分省属企业审计与监察机构合并，提高了纪检监察队伍的战斗力。

四是不断改进新形势下群众工作。牢固树立群众观点，建立健全以群众工作统揽信访工作的体制机制。坚持以人为本，畅通信访渠道，深入排查化解矛盾纠纷。推进安徽省属企业厂务公开民主管理和社会稳定风险评估工作，妥善处理信访突出问题。2011年，省属企业一大批信访积案得到有效化解，维护职工群众合法权益，促进企业和谐稳定。

二、安徽省国有资产总量与结构分析

(一)国有及国有控股企业基本情况

2011年度，安徽省纳入统计范围的国有及国有控股企业和实行企业化管理的事业单位(以下简称“国有企业”)共计2649户，比2010年增加294户。

表1　安徽省国有及国有控股企业户数情况

项目	2010年	2011年	比上年增长(%)
户数(户)	2355	2649	12.5
省属企业	1050	1331	26.8
省直单位企业	90	99	10.0
市县企业合计	1215	1219	0.3

2011年末，安徽省国有企业资产总额为15189.8亿元，较上年增长21.3%，所有者权益总额5863亿元，较上年增长24.7%，总资产负债率为61.4%，较上年下降1.1个百分点。全年共实现营业总收入7069.2亿元，同比增长26.4%；实现利润总额590.3亿元，同比增长25.5%；实际上缴税金总额429.9亿元，较上年增长26.9%，约占全省财政收入的16.4%，较上年下降1.4个百分点。

表2　2011年安徽省国有及国有控股企业指标

项　目	金额(亿元)	同比增减(%)
资产总额	15189.8	21.3
所有者权益	5863.0	24.7
营业收入	7034.6	26.2
利润总额	590.3	21.5
净利润	486.9	18.5
归属于母公司所有者的净利润	334.6	11.4
应交税金总额	421.3	18.3
实际上缴税金总额	429.9	26.9

(二)企业国有资产总量具体分布情况

截至2011年底，安徽省企业年末合并国有资产总量为4387亿元，按可比口径计算，较2010年年末增长30.5%。

1. 按规模划分。

表3　2011年安徽省国有资产经营规模分布情况

经营规模	国有资产(亿元)	占国有资产总量比重(%)
大中型企业	3903.1	89.0
小型企业	442	10.0
微型企业	41.9	1.0
合　计	4387.0	100.0

2. 按地区分。

表4　2011年安徽省国有资产地区分布情况

地　区	国有资产(亿元)	占国有资产总量比重(%)
省属企业	1488.1	32.7
省直单位企业	77	1.7
市县企业合计	2821.9	65.6
其中：合肥市	960.3	21.89

续表

地　　区	国有资产（亿元）	占国有资产总量比重（%）
芜湖市	793.2	18.08
淮北市	30.3	0.69
淮南市	131.7	3.00
蚌埠市	154.5	3.52
铜陵市	160.5	3.66
马鞍山市	170.6	3.89
宿州市	80.2	1.83
亳州市	163.4	3.72
安庆市	49.8	1.14
滁州市	30.8	0.70
池州市	23.1	0.53
宣城市	12	0.27
黄山市	21.6	0.49
阜阳市	31.7	0.72
六安市	8.2	0.19
全省合计	4387	100

3. 按行业分。

表5　2011年安徽省国有资产行业分布情况

行　　业	国有资产（亿元）	占国有资产总量比重（%）
农林牧渔业	17.0	0.39
工业	1250.8	28.51
建筑业	502.5	11.45
交通运输业	148.5	3.39
仓储业	11.8	0.27
批发和零售业	75.0	1.71
金融业	249.7	5.69
房地产业	77.4	1.76
社会服务业	1958.5	44.64

续表

行　　业	国有资产（亿元）	占国有资产总量比重（%）
卫生体育福利业	34.9	0.80
教育文化广播业	40.8	0.93
科学研究和技术服务业	4.4	0.10
机关团体及其他	15.7	0.36
合　　计	4387.0	100.0

（三）企业国有资产总量分布特点

从分布上看，安徽省国有资产配置呈以下特点：一是市县企业国有资产总量占比有所提高。2011年末，安徽省属企业国有资产总量为1488.1亿元，占32.7%，较上年下降5.4个百分点，省直部门管理企业国有资产总量77亿元，占1.72%，较上年下降0.3个百分点，市县企业国有资产总量2821.9亿元，占65.6%，较上年上升5.7个百分点。二是国有资产总量规模集中度不断提高。2011年末，国有大中型企业国有资产占有量为3903.1亿元，占89%，而小型微型企业国有资产总量为483.9亿元，占11%。三是国有资产不断向优势行业、支柱产业集中。2011年末，安徽省社会服务业、工业、建筑业国有资产总量位居前三位，分别为1958.5亿元、1250.8亿元和502.5亿元，占比为44.64%、28.51%和11.45%。

三、安徽省国有资本保值增值综合分析评价

2011年，安徽省国有及国有控股企业年初国有资本及权益总额3548.9亿元，2011年末国有资本及权益总额4301.7亿元，扣除客观因素752.8亿元后，国有资本保值增值率为107.8%，较上年下降2.3个百分点。其中，安徽省属企业的国有资本保值增值率为106.1%，同比下降0.9个百分点；省直单位管理企业国有资本保值增值率为110%，同比下降3.5个百分点；市县企业的国有资本保值增值率为108.8%，同比下降3.2个百分点。总体都实现了国有资本保值增值，较上年均出现不同幅度的下降。

表 6　　2011 年安徽省国有企业地区和行业保值增值情况

地　　区	保值增值率(%)	行　业	保值增值率(%)
省属企业	106.1	农林牧渔业	112.8
省直单位企业	110.0	工业	106.7
市县企业	108.8	建筑业	107.0
其中:安庆市	105.4	地质勘查及水利业	180.6
淮北市	100.3	交通运输业	105.8
蚌埠市	103.1	仓储业	103.9
阜阳市	108.0	邮电通信业	98.2
宿州市	105.8	批发和零售业	103.4
滁州市	104.2	金融业	101.7
马鞍山市	104.0	房地产业	117.9
亳州市	101.6	社会服务业	109.8
池州市	107.9	卫生体育福利业	102.8
合肥市	108.6	教育文化广播业	111.0
铜陵市	100.5	科学研究和技术服务业	106.2
淮南市	111.5	机关社团及其他	100.1
六安市	100.6		
芜湖市	114.5		
宣城市	106.7		
黄山市	107.3		
全省总体	107.8	全省总体	107.8

四、安徽省国资委监管企业股份制改革、股权分置改革和完善法人治理结构改革进展情况

2011 年,安徽省国资委重点围绕加快省属企业体制机制转换,不断加大省属企业改革重组力度。

(一)加大兼并重组力度,做强做大优势骨干企业

在引导省属企业进一步突出主业的同时,对主业相同或相近的省属企业实施合理合并。组织完成安徽建工集团有限公司与省水利建筑工程总公司、省投资集团有限责任公司与上海安徽裕安实业总公司、省旅游集团有限责任公司与省粮食集团有限责任公司 3 对省属企业重组。完成省技术进出口公司、省轻工进出口公司等重点外贸企业改制工作。

(二)加大利用资本市场力度,加快国有企业整体上市和资产证券化进程

强力推进首发整体上市工作,积极支持资产优良或主营业务资产优良的国有企业实现整体上市、主业资产整体上市和核心业务资产上市。推进淮北矿业(集团)有限责任公司煤电主业整体上市,协助企业向国家证监会报送发行审核申请,完成审核申请报送工作。推进中煤矿山建设集团有限责任公司主辅分离、主业资产整合、整体改制和引进战略投资者工作,为

2012 年首发整体上市做好相关准备。组织推进省徽商集团有限责任公司所属商之都、省农垦集团有限责任公司所属皖垦种业等安徽省属企业核心业务资产首发上市有关准备工作。

(三)加大引入战略投资者力度,加快安徽省属企业整体改制步伐

以增资扩股为主要方式,积极推进安徽省属企业引入战略投资者,加快省属企业整体改制步伐。认真研究制定部分省属企业整体改制方案,争取通过在集团层面以增资扩股为主要方式引入战略投资,促进省属企业产权多元化向更深层次、更广范围迈进。积极推进省属企业引进战略投资者,进一步优化省属企业股权结构,壮大资本实力,增强发展后劲。制定下发《合芜蚌自主创新综合试验区省属企业分红权激励试点工作实施细则》,并对省属企业试点工作进行部署。

(四)加强董事会建设,推进企业法人治理结构规范化

制定下发《关于加强省属企业规范董事会建设的若干意见》《安徽省属国有独资(控股)公司外部董事管理暂行办法》,进一步规范董事会运作,加快建立股东导向的法人治理模式,确保国有产权代表真正进入企业。对重组新设立的企业同步设立董事会,并实行董事长与总经理分设。对新组建的董事会,经营班子中除总经理外,其他成员原则上不进董事会,以实现决策权和经营权的分离。截至 2011 年底,30 户省属企业中,设立董事会的企业达 26 户,董事长与总经理分设的企业达 23 户。

五、安徽省国资委监管企业产权管理情况

一是完善安徽省属企业产权管理制度体系。2011 年 3 月,制定出台《安徽省省属企业担保管理暂行办法》,实现省属企业担保管理有章可循;5 月,制定出台《安徽省省属企业资产评估核准备案工作指引(试行)》,细化省属企业资产评估管理工作程序;7 月,制定出台《安徽省省属企业境外国有产权管理暂行办法》《关于加强上市公司内幕信息管理工作的意见》,有力促进了产权管理"制度化、程序化、规范化、信息化"。

二是安徽省属企业直接融资卓有成效。完成淮北矿业上市申报工作。加快中煤矿建上市准备。推进徽商集团、农垦集团核心子企业上市前期工作。淮南矿业顺利完成认购芜湖港非公开发行股票,增强了对上市公司的控制力。2011 年,安徽省属企业通过发行债券、上市公司增发、融资租赁等方式直接融资达 459 亿元,增幅超过 2010 年 1 倍以上,约占安徽省企业直接融资额的 60%。

三是加强产权变动过程监管。加强对企业国有产权转让、增减国有资本金、股权收购等引起国有产权变动的行为实时跟进和动态监控,掌握资产评估、进场交易、股权交割、合同履约、企业验资等过程,并依法进行监督指导。及时督促企业依法进行产权登记。初步实现产权登记全覆盖。将安徽省属境外企业、省属企业及其各级子企业的参股企业纳入登记范围,产权登记范围扩至省属企业拥有实际控制权的境内外各级企业及其投资参股企业,基本实现省属企业产权信息登记的全覆盖。

四是企业国有产权转让更加规范。严格审查安徽省属企业产权转让诉求,认真审核转让方案和内部决策程序,按照"能进则进,应进必进"原则推动企业国有产权转让进场交易,坚决杜绝不符合规定条件的协议转让行为。产权市场作用充分发挥,安徽省 2011 年国有产权交易 431 宗,成交值 72.8 亿元。

五是国有股权管理明显增强。认真收集汇总信息资料,及时、准确完成向国务院国资委数据上报工作,初步实现安徽省国有控股上市公司信息的实时监测和动态管理。坚持上市公司国有股东只为本企业及其全资或控股子企业提供融资质押原则,严格质押股份数量上限、还款计划可行等规定要求。在保持上市公司控股权的前提下,支持企业多途径解决资金问题。加强国有控股上市公司内幕信息管理,依法履行省属企业出资人监管职责,落实打击和防控资本市场内幕交易应尽责任和义务。指导拟上市公司和上市公司国有股东履行转持义务,充实全国社保基金。

六是融资性股权管理规范运作。收集安徽省属企业融资性企业信息,了解企业类型、结构分布、经营状况等情况,加强指导服务。制定"投资省内、分期投

入、有保底收益、管理费合理”基本原则，规范审核省属企业投资股权投资基金(企业)事项。根据“分级管理、规范程序、一般保证、严控对外”的原则，实行对外担保审批、对内担保备案制度，严格企业担保审批权限和决策程序，提升担保管理水平。

六、安徽省国资委监管企业建立和完善经营业绩考核体系情况

(一)修改完善考核办法

安徽省国资委从推动监管企业科学发展的需要出发，对考核办法进行一次全面的修订，并于2011年11月18日印发施行。新修订的办法吸收过去考核工作的宝贵经验，借鉴国务院国资委和兄弟省市的成功做法。主要表现在：一是建立目标考核体系。从新的任期开始，对安徽省属企业负责人的经营业绩全面实施目标考核。二是强化对标考核。建立“基本指标纵向比，分类指标横向比”的考核比较体系，对分类指标实施对标考核，根据指标的实际完成值在行业中所处位次来核定指标考核得分。三是优化考核指标体系。新修订的办法把经济增加值考核作为基本考核指标供企业选择，导入价值创造的监管理念，建立“国有股东价值最大化”的考核导向；兼顾不同行业企业的特点，对基础设施建设领域、社会服务型、承担重大战略任务较多和金融类的企业，实施分类考核。

(二)健全考核工作机制

一是调整充实考核委员会成员。于2011年12月6日印发《安徽省省属企业负责人经营业绩考核委员会及其办公室组成人员名单》，进一步充实业绩考核委员会成员，国资委主任担任委员会的主任委员，分管副主任、协管副主任及总会计师任副主任委员，委内相关处室的主要负责同志任委员。委员会下设办公室，办公室主任由业绩考核处处长担任，相关处室的有关负责同志任办公室副主任。二是更加注重发挥考核委员会作用。进一步明确考核委员会是对企业负责人履行经营业绩考核职责的专门委员会。考核委员会实行全体会议和例会制度，主要负责审核企业负责人考核目标，审核企业负责人考核与奖惩意见，提出修改完善考核办法意见建议，组织落实经营业绩考核重点工作和其他考核工作。三是细化委员会工作规则。印发《安徽省省属企业负责人经营业绩考核委员会工作规则》，明确考核目标审定、目标完成情况审核等考核工作程序。从实践上看，通过推进考核工作机制建设，明确考核职责，规范了考核流程，增强考核透明度。

(三)实施经济增加值考核

2011年3月30日下发《关于建立经济增加值考核测算值的通知》，建立考核测算制度，对所监管企业2008年至2010年期间创造的经济增加值进行全面的测算。在新修订的考核办法中，明确经济增加值考核的鼓励政策。一是企业上报经济增加值作为基本指标时，可以同时上报净资产收益率和增加值作为测算目标，考核结果以得分较高的指标体系为准。二是选择经济增加值作为年度考核基本指标，且目标值不低于基期值的，完成目标直接奖励加1分。这些政策收到明显成效，在2012年度目标申报中，有23户企业主动选择经济增加值作为年度考核的基本指标。

(四)导入国资监管工作考核

为了进一步强化企业安全发展意识，全面加强预算管理，深入推进全员业绩考核工作，新修订的办法把安全生产管理、全面预算管理、全员业绩考核工作纳入年度经营业绩考核工作范围，视工作开展情况分别作考核扣减0～3分处理。同时，于2011年11月29日、12月1日和12月6日分别印发《安徽省省属企业全员业绩考核评分标准》《安徽省省属企业安全生产考核计分细则》《安徽省省属企业全面预算管理考核评分标准》，具体明确考核计分细则。

七、安徽省国资委监管企业负责人考核与选人用人机制改革情况

(一)坚持和完善省属企业领导班子和领导人员定期考核制度

会同安徽省委组织部印发《关于开展省属企业领导班子和领导人员2010、2011年度定期考核工作的通知》，开展省属企业领导班子和领导人员2010、2011

年度定期考核工作。在往年定期考核的基础上，对考核评价结果的运用作了进一步修订，增加领导班子民主测评总体评价“优秀”和“良好”得票率达不到三分之二、领导人员“优秀”和“良好”得票率达不到三分之二，经组织考核认定确实存在问题的，都将予以相应处理，从而对省属企业领导班子和领导人员提出更高要求。

（二）加大人事制度改革，认真做好省属企业领导人员的选拔任用

一是进一步推进省属企业领导人员“双向进入，交叉任职”，海螺集团、淮北矿业集团等9户企业的总经理同时兼任企业党委副书记，更好地发挥总经理在企业党委决策中的作用。二是探索省属企业领导人员退出机制，对在企业兼并重组过程中，未进新班子的原企业领导人员，不再作同级安排，不再保留原职级待遇，减少新班子成员职数。在对省投资集团和上海裕安、建工集团和水建集团、旅游集团和粮食集团3组企业重组时，积极稳妥地做好新企业班子的组建，新任命企业领导人员34人，另有5名原班子成员调整为重组后企业中层管理人员，做到职务能上能下。三是完成2009年面向全国公开招聘7名省属企业高层经营管理者试用期考核，并正式办理任职手续。四是进一步加强对企业内部选拔任用工作的指导和监督，着力规范省属企业选拔任用工作的方法和程序，组织指导马钢股份公司领导班子成员以及皖北煤电、叉车集团等省属企业中层管理人员竞聘上岗工作。五是加强企业后备领导人员的培养。认真贯彻落实《2010—2020年省属企业后备领导人员建设规划》，指导省属企业采用挂职锻炼、交流轮岗等多种形式，加大对后备领导人员的培养，促进其尽快成长。2011年共推选12名省属企业优秀中层管理人员到县乡挂职锻炼。

八、安徽省国资委监管企业党的建设情况

（一）企业党建工作

一是强化理论武装，扎实推进学习型党组织建设。在省属企业广泛开展“争创学习型党组织、争当学习型党员”活动。二是大力开展创先争优活动。全年安徽省国资委党委成员和领导小组成员先后120多人次深入创先争优活动联系点调研创先争优活动开展情况。先后3次召开省属企业创先争优活动推进会，举办“创先争优在行动”主题征文演讲比赛，红色歌曲大家唱，“窗口和服务行业为民服务创先争优活动”等活动。三是进一步完善关怀激励机制。2011年春节期间，安徽省国资委党委、在肥省属企业各级党委共对151个党组织，861名党员（其中，生活困难党员583名，老党员278名）进行走访、慰问，共发放慰问金43.56万元。“七一”前夕，对省属企业137个先进基层党组织、155名优秀共产党员和79名优秀党务工作者进行表彰，并从留存党费中划拨31.2万元对表彰对象进行奖励。四是指导省属企业党组织换届选举。指导在合肥21户企业召开党员代表大会，选举产生出席安徽省国资委党员代表大会代表；指导海螺、高速集团等8户任期届满的企业进行党委换届选举。五是2011年9月19日，组织召开在合肥省属企业党员代表大会，大会在充分发扬民主、广泛酝酿讨论的基础上，采用差额选举的办法，以无记名投票的方式，选举产生14名在合肥省属企业出席中国共产党安徽省第九次代表大会代表。六是认真做好党员发展工作。2011年，安徽省国资委党委所属的21户在肥企业各级党组织共计确立入党积极分子1367名、确立发展对象436名，发展党员560名。七是扎实开展十七届六中全会和安徽省第九次党代会精神学习贯彻活动，结合省属企业的实际，制定下发《关于省国资委组织人事系统开展“三走进三服务”活动的实施意见》，全面推进五级书记大走访活动和组织人事部长“三走进三服务”活动。八是高标准完成党内统计年报工作。2011年，党内统计工作严格按照《中国共产党党内统计工作规定》和安徽省委组织部的要求，统筹安排，精心组织，圆满完成2011年度党内统计年报工作，被安徽省委组织部评为2011年度全优报表单位。据年报统计显示，2011年组织关系隶属于省国资委党委管理的21户在合肥企业各级党组织共计1196个（其中，党委97个，党总支74个，党支部1025个），党员20594名。九是安徽省国资委党委高度重视结对共建工作，成立领导小组，及时印发《关于

在省属企业开展城乡结对共建工作意见》，指导各省属企业党委结合自身实际制定结对共建工作实施方案、成立领导机构，与共建点签订了结对共建工作协议，结对共建工作扎实推进。至2011年底，省属企业共投入26万元，帮助共建点修建水泥路；投入4.8万元，为共建点改善人畜饮水问题；帮助共建点修建医疗卫生室、超市，积极帮助共建点村民解决子女就业问题。

(二)宣传工作和企业精神文明建设工作

一是围绕中心工作，积极开展主题宣传工作。组织举办"辉煌历程、皖煤华章"摄影比赛活动。二是不断研究探索新形势下加强企业思想政治工作机制，制定下发《省委宣传部、省国资委关于加强和改进新形势下国有及国有控股企业思想政治工作的实施意见》。三是深入开展省属企业精神文明创建工作。3月30日，召开省属企业精神文明建设工作会议，传达安徽省精神文明建设工作会议暨农村创建现场会精神。制定下发《省属企业企业文化建设指导意见》和《安徽省省属企业精神文明建设网络信息管理办法》，组建安徽省国资委系统精神文明建设信息员队伍。

(三)群团工作

一是进一步完善职代会制度。安徽省属企业每年都召开一次职代会，听取企业上年度工作报告，审议新年度的生产经营计划。凡涉及企业生产经营、改革发展等重大事项，都事先征求职工代表和群众意见，再提交职代会审议。省属企业职工群众参与企业管理的积极性不断提高，主人翁意识进一步增强。二是全面推进厂务公开。安徽省属企业把职工群众最关心的问题作为厂务公开的主要内容，定期公布，接受职工群众的监督。不少企业把厂务公开纳入到企业管理制度中，形成了厂务公开的常态机制。三是充分发挥工会、共青团、妇联等组织的作用。一大批团员青年成长为企业的技术骨干和中坚力量，在安徽省属企业发展中发挥越来越重要的作用。深入开展"巾帼文明示范岗"、"三八"红旗手、"三八"红旗集体、"好军嫂"等评比表彰，充分调动女职工的积极性。省属企业"双拥"工作深入开展并取得显著成效。

九、安徽省国资委监管企业廉政建设情况

(一)监管企业落实党风廉政建设责任制势态良好

根据《安徽省党风廉政建设责任制工作实施办法》，修订《安徽省国资委党风廉政建设责任制工作实施办法》，进一步明确监管企业落实党风廉政建设责任制的具体要求。安徽省国资委党委会同安徽省纪委召开省属企业党风建设和反腐倡廉工作会议，并组成8个检查考核组，检查考核监管企业2011年度推进惩防体系建设和落实党风廉政责任制情况。各监管企业坚持把落实党风廉政建设责任制作为反腐倡廉建设的"一号工程"，采取有力措施切实解决责任制落实工作中存在的突出问题，认真抓好责任分解、责任考核和责任追究，企业主要负责人认真履行第一责任人的职责，切实做到重要工作亲自部署、重大问题亲自过问、重点环节亲自协调；领导班子其他成员按照"一岗双责"的要求，认真抓好职责范围内的反腐倡廉工作，形成了党委统一领导、党政齐抓共管、纪委组织协调、部门各负其责、依靠职工群众广泛支持和参与的工作格局。

(二)监管企业风清气正的良好政治生态逐步优化

安徽省国资委组织监管企业以保持党同人民群众的血肉联系为重点内容，认真开展"以人为本、执政为民"主题教育活动，引导企业领导人员牢固树立群众观念，站稳群众立场，自觉抵制和纠正损害职工利益的不正之风。组织监管企业1000名党员干部参观全国检察机关惩治和预防渎职侵权犯罪展览、23711名党员参加中纪委组织的纪念建党90周年反腐倡廉知识竞赛。贯彻落实《国有企业领导人员廉洁从业若干规定》以及《安徽省贯彻执行〈关于领导干部报告个人有关事项的规定〉实施办法》，安徽省国资委组织监管企业4437名中层以上党员管理人员报告个人有关事项，并为上述人员建立电子廉政档案。各监管企业广泛开展一年一承诺、一年一兑现、一年一检查的廉洁从业承诺活动，在监管企业领导人员公开作出廉洁

承诺，与所属单位签订廉洁从业责任书的基础上，安徽省国资委主要负责人与各监管企业主要负责人签订廉洁从业责任书。广泛开展廉洁文化进企业活动，监管企业的10个单位被安徽省纪委授予安徽省第二批“廉政文化建设示范点”称号。

(三)监管企业源头治理工作科学化水平有效提升

以提高反腐倡廉制度执行力为主题，安徽省国资委组织监管企业开展为期半年的反腐倡廉制度落实推进年活动。各监管企业结合实际，注重在解决实际问题上下功夫，围绕权力运行的重点部位和关键环节，以及违纪违法行为易发多发的领域和环节，深入推进反腐倡廉制度建设与执行。通过开展反腐倡廉制度落实推进年活动，监管企业共修订完善和出台反腐倡廉制度866项。安徽省国资委党委制定《省属企业党务公开试行目录》，将党务公开8个方面的内容细化成66个具体事项，及时启动并积极推进监管企业党务公开工作。截至2011年底，监管企业近12000个基层党组织全部实行党务公开。安徽省国资委坚持“防范在前、预警在先”，将风险管理理论和现代质量管理方法引入反腐倡廉建设，把廉洁风险防控工作融入企业全面风险管理体系，组织5户监管企业积极开展廉洁风险防控管理试点工作，取得一批成果，为监管企业全面铺开廉洁风险防控工作提供宝贵经验。

(四)监管企业反腐倡廉基础性工作进一步夯实

重视监管企业纪检监察组织建设。认真落实安徽省四部门联合印发的《关于加强和改进省属企业纪检监察组织建设的意见》，狠抓监管企业纪检监察组织建设。规范监管企业纪委副书记和监察机构正职备案管理工作。选派100名监管企业纪检监察人员先后参加中纪委、安徽省纪委组织的纪检监察业务培训，提升纪检监察队伍履职能力。专项治理工作扎实开展。强力推进监管企业工程建设领域项目信息公开和诚信体系建设，监管企业完成项目信息公开网络平台建设。各监管企业注重以专项治理为手段、专项督查为平台，紧紧围绕经营管理工作的重要环节开展效能监察，着力解决工资分配、奖金发放、物资采购、项目建设等方面职工关心的敏感问题。信访办案工作力度进一步加大。对照《安徽省2009—2011年纪检监察基层信访举报工作目标管理规划》，组织监管企业狠抓“七个目标”、“六项指标”的落实，通过信访线索，开展信访监督，克服困难，自行查处一批案件。2011年，安徽省国资委纪委和监管企业纪检监察机构共受理信访举报670件(次)，初核违纪线索59件，立案30件，结案28件。监管企业共有632人主动上缴收受的现金、有价证券和支付凭证。

(撰稿人：卫　戍)

福建省

一、福建省国有资产监督管理工作综述

2011年，福建省国资委认真贯彻落实中央和省委、省政府决策部署，解放思想、奋力拼搏，省属企业领导班子和全省国资系统广大干部职工，以强烈的发展意识和责任心，着力转方式、调结构，不断提高管理绩效，有效克服了资金、成本、市场等重重困难和挑战，努力推进国资监管上新水平、企业发展上新台阶。

(一)壮大国企实力，支撑地位凸显

认真按照海西发展规划及省“十二五”规划纲要要求，制定实施省属企业“十二五”发展规划，分解落实省属企业2009—2012年三年发展规划，国有资产规模及经济效益不断提升，企业实力进一步增强。截至2011年底，福建省非金融国有企业资产总额1.34万亿元，同比增长19.6%；主营业务收入5049亿元，同比增长22.3%；实现利润总额330亿元，同比增长11.3%；上缴税金220亿元，同比增长14%，厦门建发、厦门国贸、海翼集团、象屿集团、三钢集团、能源集团等8家国有及国有控股企业进入2011年全国企业500强。国资系统为福建省实现“三个12%”同步发展目标作出重要贡献。17家省属所出资企业资产总额4947亿元，同比增长22.9%，增速比全国平均水平高6.6个百分点，占福建省非金融国有资产总量的36.9%；主营业务收入1470亿元，同比增长28.7%；

实现利润总额91亿元,同比增长14.8%,高于全省非金融国企平均水平3.5个百分点,冶金控股、高速公路和投资集团实现利润总额超10亿元,14家权属子企业利润总额超2亿元。

(二)提升竞争能力,发展后劲增强

一些企业进入全国乃至世界先进行列,工业企业大多发挥着龙头带动作用。厦门钨业、星网锐捷、南平铝业被授予国家级创新型企业。厦门钨业的永磁材料、储氢材料、发光材料等新材料研发达到国际先进水平,钨丝等4项钨产品产能居世界第一,钨资源开发关键技术获2011年国家科技进步一等奖;星网锐捷网络通讯产品国内市场占有率居前三强;冶金控股2011年取得专利43项,其中发明专利10项;电子集团权属企业共获各类专利149项,其中发明专利112项,同比增长21%;外贸集团的机织基布产量居国内第二,2011年集团获得专利7项;交通集团所属投资公司和华闽集团所属和声钢琴公司2011年分别获得专利8项和6项;轻纺控股所属省轻安公司主编的液化天然气汽车加气站设计与施工规范成为国家首部行业工程建设标准;鸿山热电厂新投产的热电机组,发电标煤耗居国内同类型机组最先进水平,并实现当年投产当年盈利;晋江燃气电厂是省"十二五"首批循环经济示范试点单位,人均创利税超320万元;海峡科化民爆产品生产综合实力居全国第四位;湄洲湾氯碱公司是国内首家掌握纯氢气从低压到高压关键核心技术的企业。

(三)实施项目带动,发展空间拓展

福建省属所出资企业在2009、2010年连续两年完成投资总额比增50%以上的情况下,2011年投资继续保持较快增长势头,完成投资746亿元。有35个项目建成投产,主要包括福橡合成橡胶、青纸人纤浆、南铝板带三期工程、厦钨长汀稀土深加工项目,福清泽歧、莆田后海等一批风电项目,翠屏山煤矿改扩建工程、鸿山热电厂一期热电机组、江阴4-5#泊位等项目。在建及新开工建设41个重点项目,主要包括东南电化搬迁、东南造船搬迁改扩建、厦船三期船坞工程、漳州招银疏港高速、马尾船政重工连江工业园、东南汽车三期扩建、新龙马汽车扩建项目、鸿山热电厂二期两台100万千瓦超超临界发电机组、戴姆勒研发中心基地、海西商务大厦等项目。这些在建项目投产达产后,年可新增产值超600亿元,将成为福建省经济重要的新增长点。在争取资源增强企业发展后劲上也取得新突破,厦门钨业和厦门三虹在江西投资进行钨矿山开发,并建设硬质合金项目,与龙岩、三明的稀土项目合作进展顺利;外贸集团的海峡汽车物流公司在福州江阴港成立,江阴港获批成为国家汽车整车进口的第六个口岸;能源集团与中石油天然气合作项目取得进展;交通集团新拓展古雷港口,并且在沿海港口整合中发挥重要作用;投资集团与部分县市的水务合作项目取得突破进展,水务产业成为投资集团的优势主业;海峡科化兼并控股青海民爆企业,并积极拓展中西部的民爆产品市场。

大力推进"三维"项目对接。在闽投资的央企超过60家。福建省国资委认真履行对接央企联席会议办公室职责,会同省发改委、经贸委全力推进与央企合作工作,组织省属企业与央企全方位、多层次对接。投资集团、能源集团、石化集团、交通集团、冶金控股、汽车集团等省属企业与央企合作项目有9项,总投资2255亿元,项目取得积极进展。漳州、莆田、南平、三明、龙岩、厦门、福州等设区市国资委在推进与央企合作过程中发挥重要作用。各设区市千方百计推动央企合作项目开工建设,2011年福建省共开工动工央企合作项目68项,总投资5318亿元。北京洽谈会合作项目开工58项,其中现场签约27个项目,开工22项,开工率达81%,超额完成福建省政府提出全年确保30个项目开工建设的目标。

(四)加强企业管理,整体实力增强

推动福建省属企业实施管理登高计划,深入推进集团管控,加强集团协作。通过开展生产经营管理咨询诊断,省属所出资企业实现降本增效达10亿元以上。能源集团内审工作被国家审计署授予"全国内审先进单位",经国家银监会批准,在省属企业中率先成立财务公司,投入运营后进一步加强了资金集中管理;高速公路、投资集团、石化集团成立集团资金结算中心,节约了财务成本,提高资金使用效率;三钢集团建立涵盖公司全员的对标体系,对标挖潜效益显著;轻纺控股成立生产经营咨询诊断专家库,实行横向交叉式企业诊断，降低生产成本；各企业间的业务合作、协作关系更加密切，资源优势得到进一步发挥。在2011年开展的省属所出资企业负责人年度经营业绩考核中，全部企业的考核结果都达到C级以上。投资集团、能源集团、石化集团、高速公路、机电控股、冶金控股、船舶集团等7家企业被评为A级。

（五）履行社会责任，保障能力提升

切实履行吸纳就业、诚信经营、节能减排等社会责任，主动融入福建省发展大局，不断提升服务地方经济和保障民生水平的能力。2011年，福建省属企业投入地方铁路、高速公路、港口码头、电力、煤炭、燃气、水务等关系地方国计民生重要领域的建设资金达575亿元。建成高速公路451公里，海西高速公路网通车里程达2702公里，基本形成“两纵三横”主骨架；建成投产电力装机容量606万千瓦，占福建省的18%；煤炭生产能力580万吨，占福建省当期产能的25%；燃气年供应量2.1亿立方米；建成和在建港口吞吐能力6500万吨，占福建省近30%。省属发电企业在发电成本倒挂情况下，2011年，福建上半年累计发电量同比增长103.47%，为福建省安全迎峰度夏实现“不拉闸不限电”作出重大贡献；轻纺控股积极应对抢盐风波，强化调度，组织企业满负荷生产，保障福建省食盐供应安全；建工集团承接的14个保障房项目，工程总造价逾32亿元，开工率达81%；交通集团依托江阴港区1—5号泊位形成一体化规模优势，积极开辟远洋干线和内贸主力航线，拓展港口延伸辐射功能，服务福建省经济社会发展。

（六）完善监管制度，监管大格局形成

福建省国资委全面修订国资监管制度，加快构建国资监管大格局，形成上下联动、规范有序、全面覆盖的指导监督工作体系，得到国务院国资委的充分肯定。福建省国资委贯彻落实苏树林省长在省属企业座谈会的要求，着力提高省属企业发展活力，对国资监管规章制度进行全面梳理，重新修订产权、投资等一系列管理制度，充分发挥企业市场主体作用；莆田国资委把2011年确定为“制度建设年”，制定企业违规决策责任追究等15项制度；龙岩市出台预算管理、投资管理等制度。各设区市加快构建国资监管全覆盖格局步伐，福州市、宁德市正在推进将所有经营性资产纳入国资委统一监管；厦门国资委积极争取将政府代建项目和城市公共资源34亿元注入市属国有企业，转增企业资本金；泉州国资委将部分企业实施委托管理；三明国资委推进各类经营性国有资产集中统一管理，对有稳定的主营业务、资产状况较好的市属经营性事业单位，由市政府授权市国资委履行出资人职责；南平国资委指导市非经公司对市直65个单位2105项资产进行梳理整合。福建省国资监管大格局基本形成。

二、福建省国有资产总量与结构分析

2011年，福建省国有企业资产规模持续扩张，经济效益稳步增长。至2011年底，福建省纳入国有资产统计范围的国有及国有控股企业（含厦门市，以下简称“国有企业”）共有4236户，比上年增加543户；资产总额12203.86亿元，同比增长17.8%；所有者权益4611.83亿元，同比增长22.5%；归属于母公司的所有者权益3872.63亿元，同比增长21.5%；2011年实现营业收入5204.11亿元，同比增长27.1%；实现利润总额325.54亿元，同比增长12.3%；实现净利润258.54亿元，同比增长8.8%，其中，归属于母公司所有者的净利润194.05亿元，同比增长4.3%。

表1　2011年福建省所属国有企业指标

项　目	金额（亿元）
资产总额	12203.86
所有者权益	4611.83
营业收入	5204.11
利润总额	325.54
净利润	258.54
归属于母公司所有者的净利润	194.05
应交税金总额	259.81
实际上缴税金总额	245.40

表2 2011年福建省国有企业户数情况

项 目	2010年	2011年	比上年增长(%)
户数(户)	3693	4236	14.70

表3 2011年福建省国有资产地区分布情况

地 区	国有资产(亿元)	占国有资产总量比重(%)
福州市	5163.59	42.31
厦门市	4259.83	34.91
漳州市	326.65	2.68
泉州市	831.54	6.81
三明市	283.10	2.32
莆田市	174.11	1.43
南平市	305.55	2.50
龙岩市	688.99	5.65
宁德市	170.50	1.40
合 计	12203.86	100.00

表4 2011年福建省国有资产行业分布情况

行 业	国有资产(亿元)	占国有资产总量的比重(%)
一、农林牧渔业	82.42	0.68
二、工业	2319.97	19.01
三、建筑业	1251.57	10.26
四、地质勘查及水利业	14.12	0.12
五、交通运输业	2650.61	21.72
六、仓储业	109.34	0.90
七、邮电通信业	15.02	0.12
八、批发和零售业	550.62	4.51
九、金融业	64.93	0.53
十、房地产业	2574.61	21.10
十一、信息技术服务业	22.59	0.19
十二、社会服务业	2325.61	19.06
十三、卫生体育福利业	100.4	0.82
十四、教育文化广播业	61.28	0.50
十五、科学研究和技术服务业	43.43	0.36
十六、机关社团及其他	17.34	0.14
合 计	12203.86	100.00

表5 2011年福建省国有资产经营规模分布情况

经营规模	国有资产(亿元)	占国有资产总量比重(%)
大型企业	2378.05	19.49
中型企业	5581.66	45.74
小型企业	4244.14	34.78
合 计	12203.86	100.00

三、福建省国有资本保值增值综合分析评价

表6 2011年福建省国有企业地区保值增值情况

地 区	保值增值率(%)
福州市	101.85
厦门市	106.12
漳州市	109.38
泉州市	101.94
三明市	103.27
莆田市	100.92
南平市	108.97
龙岩市	111.53
宁德市	100.10

表7 2011年福建省国有企业行业保值增值情况

行 业	保值增值率(%)
一、农林牧渔业	101.33
二、工业	105.59
三、建筑业	103.52

续表

行　业	保值增值率(%)
四、地质勘查及水利业	97.06
五、交通运输业	103.31
六、仓储业	103.53
七、邮电通信业	101.15
八、批发和零售业	36.73
九、金融业	107.9
十、房地产业	108.04
十一、信息技术服务业	127.07
十二、社会服务业	105.7
十三、卫生体育福利业	100.75
十四、教育文化广播业	106.48
十五、科学研究和技术服务业	119.45
十六、机关社团及其他	100.26

四、福建省国资委监管企业股份制改革与股权分置改革情况

按照"规划一批、改制一批、申报一批、辅导一批，上市一批"的总体要求，挑选一批符合国家产业政策导向、盈利能力强、成长性高的企业加快股份制改革步伐，推动漳州水仙药业等企业成功实现股份制改制，深圳市恒宝通和福建省建筑科学院正在实施股份制改制。2011 年，共推进 36 家企业完成公司制股份制改革，改制面为 92.08%，同比增加 10.79 个百分点。经与省上市办沟通，确定海峡科化等 8 家企业作为 2011 年省重点上市后备企业，同时，加大对拟上市公司指导和扶持的力度，积极协调帮助解决历史遗留问题，推动企业加快上市工作步伐。

2011 年，积极采取有效措施，持续完善上市公司法人治理结构，推动国有资本合理流动。

五、福建省国资委监管企业并购重组与完善法人治理结构改革进展情况

加快推进省属企业整合重组。认真分析省属企业现状，以做大做强进入全国 500 强和促进产业整合为主要目标，研究提出所出资企业一揽子整合重组方案，拟上报省政府批准后组织实施。加大省属企业内部资源整合力度。认真梳理，对业务相近、产业相关、资源相同的权属企业进行整合，优化内部资源配置，改变权属企业小、散、乱，甚至相互竞争的局面。同时，对非主业资产进行清理，推动优质资产向主业集中，做大做强主业，形成规模效应，提升企业竞争力。2011 年，指导督促省能源集团对酒店业、科研院所、商贸物流、煤炭及电力等领域企业进行整合重组；省交通集团对东方海运、八方物流、八方海上客运等企业进行整合重组，省石化集团整合改制贸易型企业，组建了集团营销公司(中心)。

2011 年，学习借鉴兄弟省市国资委先进经验，进一步修改完善《关于所出资企业国有独资公司董事会建设指导意见(试行)》及《关于所出资企业国有独资公司董事会及董事考核评价办法(试行)》，在 2009 年组织实施省华侨实业集团董事会、监事会试点工作的基础上，积极探索研究所出资企业外部董事和外派监事会制度。至 2011 年底，16 家所出资企业全部按《公司法》注册登记，二级、三级 81%以上权属企业按《企业法》登记注册的企业，逐步改为建立规范的公司法人治理结构和机制。

六、福建省国资委监管企业建立和完善业绩考核体系情况

2011 年，福建省国资委深入贯彻落实省委第九次党代会精神，紧紧围绕国务院国资委提出的"国资监管上新水平、国企发展上新台阶"的"两新"目标，经营业绩考核工作在探索中稳步推进，在创新中不断发展。省市国资委普遍建立了企业负责人经营业绩考核制度，"考核层层落实，责任层层传递，激励层层连接"的责任体系逐步得到确立和完善，国有资产保值增值制度体系和组织体系进一步健全。

(一)提质量，考核体系日趋健全

在建立"财务监督—业绩考核—薪酬管理—干部综合评价"完整链条的基础上，认真总结考核工作实践，对企业研发费用的确认口径、处置不同领导任期投资的金融资产等事项进行深入研究，出台考核配套

政策。做好所出资企业EVA指标模拟测算等准备工作,开展EVA考核培训,努力探索在业绩考核体系中引入EVA指标的新方法。

(二)抓管控,分类考核初见成效

积极完善分类考核机制,制定企业业绩考核类型评价实施细则,从战略、资产、财务、经营、资源等五方面的管控力实施评价,按照运营管控型、投资管控型和特殊型对企业进行分类,不同类型企业在考核指标及其权重、薪酬兑现系数等方面体现区别,以达到分类指导的目的。

(三)广覆盖,全员考核扎实推进

出台进一步加强所出资企业全员业绩考核工作的指导意见,制定核查计分办法,把全员业绩考核工作成效作为管理绩效考核的加分项目,切实发挥全员业绩考核对提升企业管理水平的作用,全面推进全员业绩考核向"大范围、广覆盖"的方向健康发展。

(四)强导向,业绩考核再上台阶

将业绩考核与企业发展战略紧密结合,抓住驱动主业发展的关键考核指标——主营业务收入增长率,将其作为任期考核指标和年度考核对标指标,要求企业的主营业务收入保持一定的增长,速度至少要保持在同行业的平均水平之上,以此持续引导企业聚焦主业、做强做大。有机结合财务预决算、审计监督和薪酬管理等多种监管手段,按照"口径统一,尺度适当"的原则,认真把握经营业绩考核政策标准,开展年度经营业绩考核评价工作。

七、福建省国资委监管企业负责人考核与选人用人机制改革情况

完善各类企业领导人员的考核和评价办法。印发《关于加强国有企业领导班子建设的若干意见》《福建省管国有企业领导班子和领导人员综合考核评价实施办法(试行)》,结合企业实际,运用多维度测评、定量考核与定性评价相结合,对省管国有企业领导班子和领导人员的政治素质、业务能力、工作实绩、勤勉尽职和廉洁自律等情况进行综合考核评价。其中,经营业绩占50%,突出以业绩为导向,科学、客观、辩证地分析评价企业领导班子和负责人。引导企业领导班子牢固树立正确的政绩观,促进其认真履行职责,增强工作的紧迫感和责任感。

切实加强企业领导班子后备人才建设,建立和完善企业后备人才库。经过企业层层考核和筛选,建立起了出资人代表、经营管理、科技人才、思想政治工作和高技能人才队伍,共560人。其中重点筛选165名平均年龄43岁的后备人才作为培养使用对象。采取召开座谈会、研讨会、国资大讲堂、集中培训、双向挂职、专向岗位实践锻炼、布置专项工作压担子等方式对后备干部进行培养和筛选,锻炼和储备一批素质较高、结构合理的年轻后备干部。

八、福建省国资委监管企业党的建设和廉政建设情况

(一)党的建设工作情况

2011年,福建省国资系统各级党组织围绕国资监管和国企改革发展的中心工作,全面贯彻学习党的十七届五中、六中全会、胡锦涛总书记"七一"重要讲话精神,贯彻落实福建省第九次党代会和省委九届二次全会精神,以科学发展为主题,以创先争优活动为载体,以建党90周年系列庆祝活动为契机,进一步加强学习型党组织建设,完善基层党组织建设,加强思想政治工作,圆满完成党建工作任务,为推进国有企业改革和跨越发展提供坚强的思想保证和组织保证。

1. 党的政治优势转化为企业改革发展的生产要素。各级党组织按照中央和省委的统一部署,凝心聚力、周密规划,在提升党建工作科学化水平上下功夫,切实把党的政治优势转化为企业改革发展的生产要素。一是解放思想谋发展。各级党组织采取党委中心组理论学习会、党政联席会、支部会、职工大会等形式,认真学习贯彻胡锦涛总书记"七一"重要讲话、党的十七届六中全会、中央经济工作会议和福建省第九次党代会、福建省委九届二次全会精神,把中央、福建省委的新要求新精神迅速传达到基层一线,渗透到每一位党员和广大职工群众,增强"等不起"、"慢不得"和"坐不住"的紧迫感和责任感。福建省石化集团、交通集团、能源集团、冶金集团以思想大解放推进企业

大发展，加快转变发展方式，促进转型升级，优化资源配置，着力做大做强，勇当海西建设的排头兵。厦门市国资委大力推进新一轮改革重组，构建起大国资发展格局，推动监管企业跨越发展。二是组织保证促发展。各级党组织把党建工作作为促进企业发展定位、正确决策、化解矛盾、确保持续快速发展的组织保证，推动建立健全公司治理结构，认真贯彻落实“三重一大”决策制度，把党组织参与企业重大问题决策的内容具体化、程序化、制度化，有效监督和保证党和国家方针政策在企业的贯彻执行。福建省轻纺集团、中旅集团抓党建增保障，确保企业平稳发展。三是凝心聚力助发展。全省国资系统积极开展形式多样的建党90周年系列庆祝活动，热情讴歌中国共产党走过的90年光辉历程，展示国有企业取得的辉煌成就，激发广大员工奋发进取、爱企如家的巨大热情。福建省电子集团、投资开发集团、华闽集团领导亲自组织亲自参与歌咏活动，极大鼓舞员工的士气，进一步彰显党组织的凝聚力。福建省船舶集团、汽车集团等企业召开纪念建党90周年暨“一先两优”表彰大会，发挥先进典型的示范作用。各设区市国资委组织开展革命传统教育、唱红歌、上党课、召开专题民主生活会等活动，动员和激励全体党员干部以饱满的精神推动企业改革发展。

2. 企业党组织标杆引领作用更加凸显。国资系统各级党组织通过标杆引领，使组织优势、政治优势转化为推进改革发展的经济优势、竞争优势，成效明显。一是充分发挥基层党组织的战斗堡垒作用。各级党组织实施“强基工程”，始终坚持抓基层、打基础，不断扩大党建覆盖面，党员队伍不断壮大，党员队伍结构进一步改善。2011年，福建省属企业共发展党员435名，新建基层党支部13个，党员队伍的整体素质和活力不断提高。三明市国资委通过延伸示范单位，全面推进监管企业实施“168”党建工作机制，提升企业党建科学化水平。二是扎实推进学习型党组织建设。各级党组织把建设学习型党组织工作摆在突出位置，发挥班子引领作用，开展各具特色的学习教育活动，不断建立健全学习制度，形成推进学习型党组织建设的长效机制。龙岩市国资委在全系统开展建设学习型党组织活动，学习覆盖面达98%。三是创新党建联系片工作方式。省属企业各联系片创新思维，充分发挥党建联系点的引领、带动和示范作用，组织片内成员单位到联系点企业参观、考察、交流，推广联系点企业党建工作好的做法和经验。采取请进来、走出去的办法，跨片区交流，提高工作实效。四是积极探索股权多元化企业党建工作模式。针对国有控股、相对控股和参股等不同类型的股份制企业，重点研究和探索了与股份制企业发展内在规律相适应的企业党建工作新思路、新途径、新举措，研究改进党组织发挥政治核心作用的方式，研究改进党员教育管理的长效工作机制，使企业党建工作真正成为企业管理的重要内容，成为促进企业改革发展的基本推动力量。福建省国资委党委在认真学习厦航经验的基础上，深入总结厦门钨业公司党委在股权多元化企业中创新党建工作的模式和方法，将其选树为党建工作先进典型，先后被中央组织部、福建省委授予全国、福建省先进基层党组织荣誉称号。

3. 创先争优成为推动科学发展跨越发展的强劲动力。福建省国有企业创先办按照中央、省委开展创先争优活动的统一部署，围绕企业“十二五”发展规划，扎实做好创先争优理论研讨工作，积极开展领导点评、基层党组织和党员公开承诺活动、深入基层大走访、开展群众评议等活动，将创先争优活动与巩固扩大学习实践活动成果相结合，与推进企业改革发展相结合，把加快发展与加快转变结合起来，在转变中谋发展、在发展中促转变，不断壮大总量、提高质量；继续打好“五大战役”，积极推进与央企的对接合作，进一步激发干部群众的干事热情，有力推动各项工作，确保“十二五”开局之年起好步，“开门红”，取得了明显成效。各级党组织和广大党员通过党员先锋岗、党员责任区、党员承诺制等有效载体，立足岗位创先争优，努力成为遵守规章制度的模范、完成工作任务的标杆、维护和谐稳定的柱石。福建省高速公路公司打造“文明高速”服务品牌，便民惠民，服务社会，锻造群众满意窗口，推进为民服务创先争优工作深入开展。2011年福建省国资委系统获得5个国家级、44个省级荣誉称号，省管企业创先争优工作得到省委书记孙春兰，省委常委、组织部部长姜信治的充分肯定。

4. 企业领导班子管理体制进一步完善。贯彻落实《关于加强国有企业领导班子建设的若干意见》,探索党管干部与市场化选聘相结合的选人用人机制。福建省国资委配合省委组织部做好所出资企业领导班子和领导干部年度考核,针对班子缺额情况,会同省委组织部积极做好企业班子缺额补选的相关工作。切实加强企业领导班子后备人才建设,建立和完善企业后备人才库,下发《关于报送企业后备人才名单的通知》,经过企业层层考核和筛选,坚持好中选优,重点培养 17 家企业上报的出资人代表、经营管理、科技人才、思想政治工作和高技能人才队伍,共 165 名后备人才,企业人才队伍结构进一步优化。据统计,上报人选年龄在 45 周岁以下 135 人,占 80%以上,94%人选具有高级工程师、高级会计师、高级经济师等专业技术职称。与此同时,各设区市国资委也在积极探索加强国有企业领导班子建设新举措上下功夫,宁德国资委强化监管全覆盖,在完善公司治理结构、创新运行机制方面进行有益的探索,具有很强的示范作用。

5. 企业文化建设成为党建工作的有效载体。各企业努力提党建工作的时代感和针对性、实效性,积极创建健康向上的企业文化,使企业文化建设成为党建工作的有效载体,将党建工作融入企业经济活动的方方面面,融入到具体工作的各个环节。2011 年,各企业以建设学习型组织为契机,在企业内大兴学习之风、培训之风、实践之风,在各级员工队伍中学习宣传党的理论、路线、方针、政策,宣讲讨论公司发展战略,进行各种技术培训,企业文化的凝聚力和向心力得到进一步增强。通过内部报刊、办公网络宣传企业的价值观、企业精神、企业理想,教育、引导、熏陶、激励企业职工,增强职工的归属感和使命感,提高职工思想素质,提升价值观念,充分发挥企业文化的智力支持作用。值得一提的是,厦门钨业公司多年来注重加强企业文化建设,不断提升企业文化"软实力",为党建工作注入活力和动力。公司根据实际,营造求新务实的企业文化,确立企业核心价值观,把企业文化建设作为管理的重要抓手,全体员工遵循"我们是企业"的理念,对公司负责、对股东负责、对合作伙伴负责,提升履职能力,彰显企业形象,增强企业核心竞争力。

(二)廉政建设工作情况

2011 年,福建省国资委党委及所出资企业党委认真贯彻中央和福建省委关于反腐倡廉建设的决策部署,坚持把反腐倡廉建设贯穿于国资监管和企业改革发展全过程,不断深化从源头上治理腐败,取得明显成效。

1. 党风廉政建设责任制进一步落实。福建省国资委党委坚持以落实党风廉政建设责任制为主线,以建立企业廉洁风险防控机制、强化对权力的监督制约为核心,以推进惩治和预防腐败体系建设为重点,采取有效措施,积极推动企业围绕实施"十二五"发展规划加强反腐倡廉建设。企业各级党委不断健全完善反腐败领导体制和工作机制,坚持把惩防体系建设纳入企业发展战略,与建立企业内控机制、加强风险防控等紧密结合,形成与企业改革发展融为一体的反腐倡廉机制。

2. 企业领导人员廉洁从业自觉性进一步增强。按照福建省国资委党委、纪委的统一部署,各企业党委认真组织开展大兴"四风"主题教育活动。采取中心组学习、专题辅导讲座、观看警示教育片、知识测试等多种形式,学习贯彻《廉政准则》和《若干规定》,共举办廉政教育活动 1273 场次,受教育达 44319 人次。认真落实企业领导人员任前廉政谈话、诫勉谈话、述职述廉、民主评议以及薪酬管理、职务消费管理、兼职管理等制度。2011 年,企业领导人员报告个人有关事项 1673 人次,述职述廉 1523 人次,诫勉谈话 180 人次,企业纪委负责人同下级主要负责人谈话 544 人次,进行任前廉政谈话 795 人次。企业领导人员主动上缴礼品礼金 7.94 万元。

3. 企业效能监察工作进一步深化。各企业坚持把效能监察作为促进企业强化管理、预防腐败、源头治理的重要工作积极推进。着重围绕实施企业"十二五"规划、重点项目建设和落实"三重一大"决策制度开展效能监察,加强对企业改革改制中资产评估、产权流转、资产处置和职工安置的监督检查,加强对企业财务资金管理和境外、省外资产管理的监督检查。2011 年,所出资企业效能监察共立项 330 项。通过效能监察,避免经济损失 4045.34 万元,挽回经济损失 1924.87 万元,增加和创造效益 5766.81 万元,建立

(修订)规章制度 529 项。

4. 源头预防腐败工作进一步加强。国资委研究制定企业全员业绩考核工作指导意见等规范性文件，修订投资管理暂行办法、企业改制工作程序等制度，进一步健全国资监管制度体系。深化企业公司制股份制改革，按照“一企一策”的原则，加快推进企业改制进程，所出资企业权属企业改制面达 91.61%。完善企业法人治理结构，着手研究制定董事会建设指导意见、外部董事制度、董事会及董事履职责任及考核评价办法。加强集团管控能力建设，深入开展企业生产经营管理咨询诊断，认真实施企业管理登高计划。开展企业财务检查与内部审计工作，强化企业内部审计管理。推进企业总法律顾问制度建设，逐步健全企业法律风险防控体系。加快海西产权交易市场建设，创新交易方式，拓展产权交易种类和范围，全面推进企业国有产权进场交易。注重加强企业内控机制建设，不断健全完善企业决策、经营、管理制度，规范权力运行。认真开展企业廉洁风险防控工作，着力构建以生产经营管理、“三重一大”决策制度、企业领导人员从业行为为重点的企业廉洁风险防控体系。认真开展企业党的基层组织党务公开工作，健全工作机制，制定工作方案，编制公开目录，促进了党内民主建设。截至 2011 年底，17 家所出资企业基层党组织全部实行了党务公开。

5. 专项治理工作进一步深入。认真组织“小金库”专项治理全面复查工作，着重抓好已发现“小金库”及财务管理问题的整改落实，健全完善“小金库”治理工作长效机制。2011 年，17 家所出资企业及权属 948 家企业全部开展复查工作，复查面达 100%，新发现“小金库”26 个，涉及金额 1026.68 万元，全部整改到位。持续开展工程建设领域突出问题专项治理，各企业认真查找项目决策、招标投标、资金使用、工程实施、质量安全等重要环节中存在的突出问题，深入排查整改，进一步健全完善制度，建立长效机制。认真组织开展企业领导人员持股、投资专项清理，通过调查摸底，共发现 35 家权属企业、526 名中层以上领导人员有持股、投资情况，提出了分类处理的意见。

6. 纪检监察信访举报工作进一步落实。企业纪检监察部门认真贯彻中央纪委、省纪委查办案件工作会议精神，切实加强信访举报和案件查处工作。进一步完善信访举报工作机制，通过开展信访核查，及时发现违法违纪案件线索。采取积极措施，严肃查处企业领导人员和关键岗位人员及工程建设、物资采购、招标投标等重点领域发生的各类违法违纪案件。2011 年，各级纪检监察部门共受理信访举报 311 件，查办违法违纪案件 2 件，党纪处分 5 人，挽回经济损失 210.4 万元。

(撰稿人：陈国仙)

厦门市

一、厦门市国有资产监督管理工作综述

2011 年，厦门市国资委着力推进国有企业科学发展，加快转变经济发展方式，全面拓展对台交流合作，促进国有企业积极参与“五个厦门”和岛内外一体化同城化建设，努力开创出新时期国资国企发展的新局面。面对复杂的国内外经济形势，国有企业在厦门市委、市政府的正确领导下，积极应对、强化管理、降本增效、谨慎投资、严控风险，做了大量扎实有效的工作，在保持生产经营平稳运行的基础上取得新发展、新成效。

(一)企业生产经营运行平稳

截至 2011 年 12 月 31 日，厦门市国有企业资产总额 4260 亿元，同比增长 15.0%；实现营业总收入 2815 亿元，同比增长 27.4%；实现利润总额 116 亿元，同比增长 9.2%；实际上缴税金 97 亿元，同比增长 8.0%；保值增值率 106.1%，同比下降 1.4 个百分点。其中市国资委履行出资人职责的 22 家企业资产总额 2982 亿元，同比增长 17.4 %；实现营业总收入 2680 亿元，同比增长 27.2%；实现利润总额 106 亿元，同比增长 12.0%；实际上缴税金 82 亿元，同比增长 11.0%；保值增值率 107.7%，同比下降 2.2 个百分点。2011 年，厦门建发股份、厦门国贸控股等 4 家企业进入“中国企业 500 强”，厦门象屿集团、厦门翔业集团等 8 家企

业进入“中国服务企业500强”，厦门海翼集团入选“中国制造业企业500强”。厦门象屿股份获评国家5A级物流企业。厦工股份、金龙客车等5家企业名列“中国500最具价值品牌排行榜”。

(二)国资监管不断规范完善

一是加强发展规划和投资管理。制定并印发《厦门市“十二五”国有经济发展规划》，组织有关专家对17家企业编制的“十二五”企业发展战略规划初稿逐一评审并下达评审意见，指导帮助企业制定“十二五”发展规划，明确国资监管和国企改革发展的目标和任务，形成以《厦门市“十二五”国有经济发展规划》为统领，以厦门市属国有企业“十二五”发展战略规划为基础和支撑，定位清晰、功能互补、统一衔接的规划体系。修订完善国有企业投资管理办法，出台《厦门市属国有企业重大投资项目专家评审实施意见》，完成2010年度投资完成情况分析和2011年度投资计划编报，加强投资管理，引导企业把资金投向主业、优势产业和支柱产业，2011年核准、备案企业投资总额171亿元，比2010年增长41%。

二是强化国有产权基础管理。2011年共完成资产评估备案核准项目67项，评估后资产总额135亿元，净资产74亿元，分别增值21.7%和48.9%。批复产权转让14项，协议转让6项，无偿划转8项；完成资产评估专家库换届更新并组织专家26人次对7项重大资产评估核准项目进行评审；进一步规范国有企业的资产出租行为，大幅提高资产出租效益，全年各企业租金收入达到6.79亿元；大力拓展产权要素市场。厦门产权交易中心创新开展国有企业重大资产出租项目进场交易试点，成立股权托管交易中心和碳及排污权交易中心，积极推进厦漳泉三地产权要素市场同城化建设，全年完成交易113宗，成交金额8.8亿元，比底价增值1.7亿元。

三是落实专项审计和责任损失追究。委托中介机构对部分市属国有企业重要子企业开展专项审计，选聘5家中介机构对厦门建发会展集团等7家重要子企业和厦门金原担保公司等5家涉及融资担保业务的企业开展专项审计，对审计中发现问题督促企业整改落实到位，有效规范企业的运行。

四是完善企业法制建设。召开企业法制工作会，推动企业完善企业法律事务管理组织体系、制度体系和工作机制。举办企业经营管理人员和法务人员研修班与法制培训班，参加人数500多人。帮助企业协调法律纠纷案件十多件，进一步促进企业建立健全法律风险防范机制。继续开展企业总法律顾问试点工作。深入推进法制宣传教育，印发《关于在厦门市国资委系统开展第六个五年法制宣传教育活动规划》，表彰一批“五五”普法先进单位和先进个人，厦门市国资委荣获福建省、厦门市“五五”普法先进单位称号，系统有5家企业和4位法务人员受到省、市表彰。

五是进一步规范企业管理运行。加强企业内控和风险管理，举办“厦门市属国有企业内部控制和风险管理培训班”，促进企业按照财政部等五部委发布的《企业内部控制配套指引》要求，健全完善内控制度，加强全面风险管理。强化企业财务风险控制。通过制订财务风险管理办法，建立财务风险预警模型，对所出资企业的财务风险状况进行实时跟踪监控，将财务风险状况超出预警线部分企业纳入重点关注范围，采取相应的控制措施。印发《关于加强从事担保、典当业务的国有企业风险管控的通知》，提示企业注意相关业务风险，加强风险防范。认真抓好国资委系统国企“小金库”及工程建设领域突出问题专项治理督导检查工作，督促企业对检查中发现问题落实整改，指导推进企业建立完善“小金库”专项治理和工程建设领域突出问题专项治理长效机制。进一步规范企业负责人职务消费。对市属国有企业负责人职务消费预算实行备案管理，将企业负责人职务消费及执行情况纳入企业负责人薪酬监管体系统一管理，作为企业负责人述职述廉的重要内容，接受市国企廉等部门的监督检查。对企业开展职务消费专项检查，推进企业规范完善负责人职务消费管理。

(三)交流合作发展加快步伐

一是加快对接两岸交流合作。推动国有企业主动承接台湾地区产业转移，加大对台金融业、航运物流业、先进制造业等的合作。厦门国贸控股积极参与两岸金融中心湖里片区建设，并与厦门国贸股份、台湾龙邦合资成立厦门国贸金融中心开发有限公司，开发的A1地块项目成为两岸金融中心最先启动的建设项目。厦门象屿、厦门国贸分别与台湾土地开发股份有限公司合作，以金门为发展据点，建立物流、金流与讯息的整合平台，带动两岸物流良性联动发展。

二是加快与央企省企的对接合作。推动中国中铁、中国铁建等六大央企与厦门签订战略合作框架协议，签约额达1170亿元。厦门轻工集团与国药控股战略合作，将星鲨制药打造成中国医药集团旗下唯一的非处方药和健康产业生产基地；厦门火炬集团动工建设厦门科技创新园，与中电30所、中船725所、中物院及美亚柏科等一批高层次研发机构和上市公司签订了入驻意向书。厦门顺承公司与福建省属企业合作新阳纸业项目开始主机安装，进展顺利。

三是推进厦门两岸金融中心建设。支持、引导厦门建发、厦门国贸、厦门象屿等有条件的企业集团加大产融结合，鼓励国有企业发展银行、保险、信托、担保、期货、典当、证券、基金等金融产业和业务，发挥厦门市国有企业在促进地方金融产业发展中的引资、对接、创新、服务的载体和平台作用，加快推进厦门两岸金融中心建设。厦门国贸控股积极参与两岸金融中心湖里片区建设，加快推进国贸金融中心大厦建设。厦门建发国际大厦和厦门金融中心大厦，高度达到250米左右，均已封顶，是两岸金融中心开发片区集商业、办公、休闲于一体的地标性建筑之一。

（四）推动发展方式加快转变

促进国有企业克服复杂形势的不利影响，积极开拓市场，加快“走出去”发展和“引进来”合作。厦门建发集团酒店品牌布局福建省，武夷山大红袍山庄建成运营，顺利接管福州温泉宾馆、西湖宾馆、鲤鱼洲宾馆；厦门国贸控股战略布局高端商业零售板块，成立美岁商业投资管理公司，加快推进高端百货的连锁扩张；厦门港务集团大力拓展海铁联运，将辐射网络扩展到台湾海峡东岸；厦门路桥集团积极开发游艇新产业，成功承办第四届中国厦门国际游艇帆船展；厦门翔业集团成功收购武夷山机场，加快整合福建省内四个机场资源和优势；厦门海翼集团合资成立德国福士液压技术厦门公司，建设海翼工业物流中心和龙海临港码头项目，推动厦门工程机械和汽车产业链升级发展；厦工股份加快国际化步伐，产品打进巴西市场，开启中国工程机械海外之路的新里程；厦门金龙联合汽车公司在北京国际客车展上发布业内首创的节油驾驶提醒系统等七项客车主被动安全和节能技术，将中国客车业电子电讯技术应用提高到一个新的水平。

（五）努力营造发展良好环境

一是全力以赴做好扶持服务。成立厦门市国资委企业重大法律纠纷案件处理等9个协调服务小组，采取有力措施，帮助解决企业改革发展中遇到的困难和问题，使国资委真正成为企业快速发展壮大的“推进器”。主动协调政法部门稳妥处理水产集团钢材贸易纠纷问题，促进企业积极追讨债权和止损；厦门市国资委主要领导带队赴云、川、渝等地区，加强与当地国资部门的交流互动，让其了解厦门市国企在当地的投资经营情况，并争取其对厦门市国企发展的大力支持。同时帮助厦门住宅集团到昆明解决万辉房地产公司合同仲裁纠纷，帮助厦门海翼集团到三明协调当地法院解决原奔马实业公司历史遗留案件并挽回经济损失。通过全力以赴做好扶持服务，切实形成服务企业长效机制，有力推进企业改革发展。

二是支持企业盘活壮大资产。支持、扶持企业合理利用、盘活显化存量土地资产，推进国有企业申请利用自有工业用地变更发展高端服务业项目24个，其中8个地块列入厦门市政府第一批“三旧”改造名单。厦门夏商集团海峡农业科技交流中心顺利封顶，厦门公交集团特运运营中心项目正在审批，这些项目的推进实施将有效地盘活企业资产。积极争取协调将厦门市政府代建项目和城市公共资源共计34.24亿元注入企业，转增企业资本金，做实做强企业投融资平台，有力地促进企业快速壮大发展。

三是发挥经营预算扶持作用。编制国有资本经营预算支出5.6亿元。其中，2亿元用于新设企业，2.4亿元用于厦门市政府确定项目，4500万元用于支持企业整合重组，3300万元用于扶持企业做强做大主业，1564万元用于促进对台经济交流，1000万元用于增加国有资本控制力，1000万元用于帮助企业防范财务风险，600万元用于补偿企业改革成本。

(六)加快构建国资发展格局

一是增强“大国资”联动发展合力。在厦门市委、市政府的领导和支持下,以更加开放的姿态,重视联合有关部门,紧紧依靠社会各方面的力量,大力加强国资系统内外的工作联合、资源整合和感情融合,努力争取各方支持,增强推动国企改革发展的工作合力。受厦门市政府委托向厦门市人大作了《关于厦门市国有资产运营情况的报告》,国有资产在厦门市经济和社会发展方面发挥的重要作用和国资系统的工作受到厦门市人大的充分肯定。2011 年,国务院国资委有 4 位委领导及十多位厅局长先后来厦召开会议并调研、指导厦门市国资国企工作,充分肯定厦门国资监管和国企改革发展的工作成效。上海、安徽、大庆、青岛等省、市国资委的领导也分别带队前来厦门交流探讨,通过互相学习借鉴经验和做法,共同提升国资监管工作水平。在推进国有资产优化配置上,统筹考虑各类国有资产,积极打造资源配置的大平台,与相关主管部门共同研究推进国有旅游、公共交通等资源优化整合工作,加强对区级国资监管的指导监督,促进市区两级国资共同发展;积极探索推进经营性国有资产的集中统一监管,切实提高国有资产的监管和配置效率。各企业化管理的事业单位也强化管理,增强活力,围绕中心,服务大局,为全市经济社会发展提供了更加便捷和高效的服务。

二是构建“大国资”工作文化。以科学发展为主题,以转变发展方式为主线,在国资系统内加快培育合心合作合力的国资监管和国企改革发展的工作文化,加快健全国资国企联合融合整合的工作系统,不断完善指导监管有效、相互支持有力、沟通协调顺畅、共同发展有序的工作机制,增强与企业的良好互动,加大对国有企业的正面宣传报道,厦门市国资委网站的建设成效显著,2011 年累计点击率突破 90 万次,成为国资国企宣传主力阵地。隆重召开“厦门国有企业改革发展与经济特区建设三十周年”座谈会,总结国企 30 多年改革发展的重要启示和基本经验,继承发扬国企优良传统和精神文化,凝聚国资国企发展共识合力。在厦门日报和厦门市国资委网站主办“国资国企改革发展 30 年”专栏,集中展示了国有企业 30 多年来改革发展的巨大成就以及在服务厦门建设、保障民生、履行社会责任等方面发挥的带头、骨干和主力军作用,展现新时期国有企业的风采。

(七)服务社会积极保障民生

一是出台《厦门市属国有企业履行社会责任的指导意见》。促进企业结合实际,进一步完善企业社会责任工作机制。各企业积极融入厦门发展建设,当好保障民生和服务发展的排头兵,加快推进落实打好“五大战役”,厦门路桥、厦门住宅、厦门特房、厦门火炬、厦门水务等 5 家企业被评为“五大战役”先进单位。国企承担建设的厦成高速、翔安机场造地、集美新城、高林居住区、环东海域火炬工业园、翔安文教园、污水处理厂改扩建、农村自来水管网改造等 60 多个福建省及厦门市重点工程正全面开工建设,进展良好。

二是积极保障民生回报社会。厦门夏商集团保障“菜篮子、米袋子”等生鲜食品的市场供应和食品安全,与厦门粮食购销等企业带头平抑物价,组织“平价菜、平价粮”让利于民。厦门水务、厦门燃气等企业贴近用户,推行用水用气“服务新水平,满意千万家”的贴心服务。厦门公交集团降低票价、优化线路、投放新车,惠民利民,服务水平走在福建省甚至全国前列。厦门市政、厦门场站、厦门旅游等企业认真做好市政、旅游休闲设施建设,增加站点、线路,为市民创造良好出行环境。国企热心社会公益,累计捐赠 2600 多万元。厦门住宅集团、厦门特房集团等企业积极奔赴援建一线支援灾区和新疆建设,克服援建任务重、施工难度大、援建区域跨度广的种种困难,圆满完成援建任务,在援建地区创造了建设速度最快、工程质量最好、优质项目最多的“厦门奇绩”。据统计,厦门市属企业援建新疆、南平等地项目 15 个,援建金额 5.14 亿元。

三是维护社会稳定企业安全。督促各企业在做好安全生产日常工作的基础上,加强对危险源和重点防范部位的排查和管理,保持企业安全生产稳定发展,顺利完成了厦门市政府下达的年度安全生产管理目标任务。同时认真做好接访和息访工作,较好维护社会和企业的稳定。

二、厦门市企业国有资产总量与结构分析

截至2011年12月31日，厦门市国有企业资产总计4260亿元，同比增长15.0％；负债总计2980亿元，同比增长10.3％；所有者权益总计1280亿元，同比增长27.7％，其中归属于母公司所有者权益1031亿元，同比增长26.3％；营业收入总计2815亿元，同比增长27.4％，其中主营业务收入2796亿元，同比增长27.4％；利润总额116亿元，同比增长9.2％；归属于母公司的净利润52亿元，同比下降3.7％。

表1　2011年厦门市所属国有企业指标

项　　目	金额(亿元)
资产总额	4260
所有者权益	1280
营业收入	2815
利润总额	116
净利润	87
归属母公司所有者的净利润	52
应交税金总额	99
实际上缴税金总额	97

表2　2011年厦门市国有企业户数情况

项目	2010年	2011年	比上年增长(％)
户数(户)	721	789	9.4

＊以上户数范围仅为厦门市国有企业三级及三级以上的企业，不含三级以下的企业。

厦门市下设思明、湖里、海沧、集美、同安、翔安六个区。从国有资产地区分布情况看：厦门市市属企业2011年年末国有资产总量899亿元，占厦门市2011年年末国有资产总量的87.2％，6个区所属国有企业2011年年末国有资产总量132亿元，占厦门市2011年年末国有资产总量的12.8％。

表3　2011年厦门市国有资产地区分布情况

地　区	国有资产(亿元)	占国有资产总量比重(％)
市属企业	899	87.2
区属企业	132	12.8
其中：思明区	18	1.75
湖里区	13	1.26
海沧区	35	3.39
集美区	39	3.78
同安区	23	2.23
翔安区	4	0.39

从行业分布看，厦门市企业国有资产分布的行业前五位是房地产业、社会服务业、交通运输和仓储业、工业、批发和零售业；分别占单户国有资产合计数①的36.65％、21.81％、12.32％、10.64％和7.88％，占全部国有资产的89.30％。

表4　2011年厦门市国有资产行业分布情况

行　业	国有资产(亿元)	占国有资产总量比重(％)
农林牧渔业	4	0.24
工业	177	10.64
建筑业	120	7.21
交通运输仓储业	205	12.32
批发零售、餐饮业	131	7.88
邮电通信业	6	0.36
金融业	19	1.14
房地产业	610	36.65
信息技术服务业	14	0.84
社会服务业	363	21.81
卫生体育福利业	2	0.12

① 这里的合计是单户国有资产的简单加总，不是指报表合并的国有资产数。

续表

行　业	国有资产(亿元)	占国有资产总量比重(%)
教育文化广播业	8	0.48
科研和技术服务业	5	0.31
合　计	1664	100

从企业经济规模看,厦门市国有资产主要集中在大中型企业,2011年年末大中型企业220户,占总户数的27.88%,大中型企业单户国有资产总量1047亿元,占厦门市2011年年末单户国有资产总量的62.92%;2011年年末小微型企业569户,占总户数的72.12%,小微型企业单户国有资产总量617亿元,占厦门市2011年年末单户国有资产总量的37.08%。

表5　2011年厦门市国有资产经营规模分布情况

经营规模	国有资产(亿元)	占国有资产总量比重(%)
大型企业	200	12.02
中型企业	847	50.90
小型企业	429	25.78
微型企业	188	11.30
合　计	1664	100

国有资产总量与结构分析表明,厦门国有资产数量继续保持增长的趋势,国有企业所有者权益稳步提高,总体上看,厦门市国有企业克服国内外复杂经济形势的不利影响,保持生产经营平稳运行。

三、厦门市国有资本保值增值综合分析评价

截至2011年12月31日,厦门市国有企业年末归属于母公司的所有者权益1031亿元,比年初数816亿元增加215亿元,增长26.3%。2011年末国有资产总量1031亿元,比年初数816亿元增加215万元,增长26.3%。

表6　2011年国有企业地区和行业保值增值情况

地　区	保值增值率(%)	行　业	保值增值率(%)
厦门市	106.12	农林牧渔业	87.09
市属企业	106.29	工业	106.90
区属企业	104.99	建筑业	101.03
其中:思明区	101.93	交通运输仓储业	106.77
湖里区	107.51	批发零售、餐饮业	116.25
海沧区	106.58	邮电通信业	100.98
集美区	105.24	金融业	114.27
同安区	102.38	房地产业	107.16
翔安区	105.42	信息技术服务业	102.50
		社会服务业	105.75
		卫生体育福利业	97.94
		教育文化广播业	104.39
		科研和技术服务业	115.17

从2011年国有企业统计汇总数据看,厦门市和各区的国有企业全部实现国有资产的保值增值,各行业也基本实现国有资产的保值增值。

四、厦门市国资委监管企业改革重组情况

一是资源整合重组进一步优化。将分散在各个国有企业集团中的同类资产进行优化重组,涉及整合的资产近1000亿元,整合组建成立厦门信息集团、厦门金圆集团、厦门轨道集团等3家大型的市直管国有企业,作为厦门市信息、金融、交通等行业和产业中的龙头,为这些产业的发展发挥巨大作用。积极推进厦门市政集团和港口码头资源整合。继续推动国有资本向优势产业、优秀企业、优秀上市公司和优秀管理团队集中,推动资金、技术、人才等各类资源向主业集中,提高资源配置效率,不断壮大企业规模和实力,到2011年底已整合形成14家市直管的、具有较大影响力和较强竞争能力的、成为福建省乃至全国知名品牌的大集团、大公司。

二是资产证券化步伐进一步加快。出台推进所出资企业上市的意见,集中力量做强上市公司。督促

各企业研究制定上市工作规划。启动上市资源项目库建设，培育首期 30 家主营业务突出、经营业绩较好的后备企业进入上市储备库。多途径、多渠道推进市属企业上市或通过实行借壳等方式来实现上市。推进厦门象屿集团对夏新电子资产重组，成功更名复牌上市，象屿市值增加 80 多亿元，创造资本市场借壳上市的经典案例，成为厦门市国企改革重组又一重大突破。支持企业多渠道融资。推进各企业成功发行债券 39 亿元，指导批复企业发行中期票据、短期融资券累计 49.5 亿元，为企业转型升级发展提供有力的资金支持。

三是区属国有企业改革进一步深化。在做好所监管企业改革发展的基础上，研究推进在全市范围内国有资产配置和整合，积极推动尚未纳入厦门市国资委监管范围的市属经营性国有资产逐步纳入厦门市国资委的监管范围。指导推进各区属企业及企业国有资产深化改革重组和优化配置。指导、帮助各区将分散的企业或资产重新优化整合，推动各区属企业不断做强做大并积极落实所在区委、区政府的决策部署，主动承担各区大量的拆迁安置、基础设施和重大项目建设及投资开发等任务，对各区经济建设和社会发展作出较大的贡献。

五、厦门市国资委监管企业完善法人治理结构进展情况

一是规范企业领导决策运行机制。会同有关部门对市属国有企业完善法人治理结构和贯彻落实“三重一大”决策制度执行情况进行检查，通过检查，发现问题，落实整改，推动企业进一步健全、规范和完善党委常委会、董事会、经营层议事规则，促进企业规范、完善“三重一大”决策制度，明确决策范围，细化决策内容、决策程序和决策流程。

二是进一步发挥监事会作用。各监事工作小组深入企业、深入一线，认真履职，在做好日常监督，强化当期监督的基础上，对十多家企业在贸易业务、资产出租、对外投资等方面进行专题调研，揭示存在的风险和问题，及时向企业反映沟通情况，促进企业规范管理、强化风险防范、完善法人治理、提高经营效益，切实维护国有资产的安全。

三是研究加快规范董事会的建设。研究建立健全规范董事会制度体系和工作机制，做好开展外派董事试点的各项准备工作。研究逐步建立完善并启动董事会向厦门市国资委报告年度工作的制度。探索加快董事队伍建设，健全董事会、董事与国资委沟通和交流工作机制。

六、厦门市国资委监管企业建立和完善经营业绩考核体系情况

一是抓好企业负责人业绩考核和薪酬管理工作。顺利地完成了 2010 年度所监管国有企业负责人业绩考核和 2011 年度薪酬管理工作。根据经会计师事务所审计的企业财务决算报表、企业财务决算审核报告和企业经营目标完成情况总结分析报告，充分考虑企业经营的客观因素，确定所监管国有企业负责人的绩效考核的分数及其 2010 年度薪酬，下发 2010 年度所监管国有企业负责人经营业绩考核结果。并就 2010 年度所监管企业报送的企业绩效薪酬结算方案、企业负责人年薪之外的其他货币性收入进行审核、批复，对其职务消费情况进行备案。下发所监管企业 2011 年度基薪手册，并进行核准和备案。

二是确定 2011 年度企业负责人经营业绩考核目标值。在对企业 2011 年预算编制、目标值申报及 2010 年度主要经营指标完成情况进行充分调研的基础上，对企业 2010 年主要经营指标完成情况和 2011 年预算情况进行分析，出具预算审核及目标建议值审核报告，提出 2011 年所监管企业负责人经营业绩考核目标值，并签订 2011 年度企业负责人经营业绩考核责任书。

三是进一步深化业绩考核与薪酬管理。修订并印发新的市属国有企业负责人经营业绩考核办法与薪酬管理办法。通过在业绩考核办法中引入经济增加值考核机制，促使国有企业牢固树立资本成本意识，实现真正意义上的全成本核算，切实保障出资人权益。通过在考核时对企业非经常性收益减半计算，引导国有企业集中主要精力做强主营业务，增强企业核心竞争力。通过在考核时将企业的研究开发费用视同利润加回，

鼓励企业培育自主创新能力,加大研发投入。

七、厦门市国资委监管企业考核与选人用人机制改革情况

一是完善经营管理人员考核选拔机制。深化企业人事制度改革,创新经营管理人员考核和选拔任用机制,进一步加强企业班子建设。按照“党管干部”的要求大力推进“四好”领导班子建设,企业领导人员综合素质得到普遍提高,一批讲政治、懂经营、善管理的领军人物迅速成长,在推动企业改革发展中发挥至关重要的作用。开展企业年度干部选拔任用工作“一报告两评议”。配合中共厦门市委组织部并会同有关部门做好国有企业领导班子及其成员的考核与调整,同时抓好重要子企业和内设部门主要负责人的管理。推进国有企业领导人员轮岗交流,开展企业内部公开招聘和市场公开选拔等方式选聘部分企业副职领导人员的试点工作。2011 年共任免企业各级班子成员和内设部门负责人 115 人,其中企业之间调整的有 8 人,市场公开选拔的 1 人。

二是加强人才培养引进工作。加强经营管理人员教育培训,举办企业领导班子成员、国资监管企事业单位经营管理人员、市属企业青年管理人才和各种专题培训班,1796 人参加培训。厦门市国资委举办机关讲坛十多期,促进机关干部业务能力水平的提升。进一步加大企业高层次优秀管理人才、专业化高技能人才的培养和引进力度,继续开展引进海外高层次创业创新人才申报工作。

八、厦门市国资委监管企业党建工作和党风廉政建设情况

一是将党的政治优势转化为企业改革发展的生产要素。厦门国资系统各级党组织围绕国资监管和国企改革发展中心,坚持加强政治理论学习,广大党员干部思想政治素质明显提高,战略思路进一步清晰,做大做强做优国有企业的信心和工作责任感进一步增强。坚持加强党员干部的教育培训,创建学习型党组织。各企业也加大对业务骨干的培训力度,利用周末课堂、培训超市、大讲堂、大学堂等载体,开展提升综合能力素质、企业经理人执行力专项等培训。通过强化培训,广大党员干部政治、业务素质和履职能力进一步提高。

二是把创先争优作为企业改革发展的加速引擎。按照中央和福建省委、厦门市委创先争优活动的统一部署,厦门国资系统深入开展创先争优活动。扎实做好创先争优理论研讨工作,围绕党建创新,打造一批企业优秀党建品牌,积极开展领导点评和群众评议、基层党组织和党员公开承诺、深入基层大走访、基层党支部书记谈创先争优、慰问特困党员等活动,将创先争优与企业改革发展相结合,把加快发展与加快转变结合起来,在转变中谋发展,在发展中促转变,不断壮大总量,提高质量,有力推动各项工作,确保“十二五”开好局起好步。有 46 个基层党组织和 110 名党员受到系统级以上的表彰,有 7 位同志被评为特区 30 周年杰出、优秀建设者。全面推进党务公开。各级党组织成立党务公开工作领导小组,制定实施意见,编制了参考目录,建立党务公开工作联系点,聘请党务公开监督员,100%的党组织已实行党务公开。召开厦门国资委系统党务公开工作交流会,促进和提升全系统党务公开工作的整体水平。选举出席福建省及厦门市党代会、人大、政协会议代表委员 42 人。认真落实党建工作责任制。自查总结国资党工委实施第七轮党建工作责任制情况,检查考核企业各级党组织落实第二轮党建工作责任制情况。做好与中共厦门市委签订第八轮党建责任书和与市直管企业党组织签订第三轮党建工作责任书的准备工作。加强和改进党员的教育管理。在国企整合中,及时调整理顺党的基层党组织关系。积极稳妥地做好党员发展工作。2011 年共发展新党员 241 名,预备党员转正 417 名。

三是党风廉政建设进一步落实。贯彻落实中纪委十七届六中全会和福建省、厦门市纪委会议精神,认真落实党风廉政责任制。全面部署国企廉工作,进一步加强对国有企业领导人员的教育、监督和管理。对国有企业落实党建和党风廉政建设责任制情况进行巡查,促进企业党风廉政建设责任制的层层落实。举办国有企业纪检监察干部培训班。强化反腐倡廉教育。完善反腐倡廉教育的常态化机制,结合国资国企业务培训抓好反腐倡廉教育,把廉洁自律等反腐倡

廉教育内容列为培训必选课程。推进"廉政文化进企业",开展丰富多彩的廉政文化创建活动。加强监督检查。组织开展市属国资监管企事业单位领导人员述职述廉,有150名企、事业领导人员作了年度述职述廉,3000多名职工代表参加。开展《廉政准则》贯彻执行情况专项检查,促进《廉政准则》在国有企业的进一步贯彻和落实。开展清理和规范庆典、论坛、研讨会工作,加强重要节日的廉洁自律教育。认真做好信访举报工作,严肃查处违法违纪案件,促进企业健康发展。

四是国企文化建设进一步加强。各国有企业创新党建工作,提高党建的时代感和针对性、时效性,创建积极健康向上的企业文化,使企业文化成为企业党建的有效载体,党建工作也融入企业生产经营的各个环节。围绕纪念建党90周年,召开庆祝大会、举办党史知识竞答比赛、千人红歌会、企业职工摄影书画作品展,编印《清风颂》第二册。开展市级理论进基层示范点、走访慰问党员等系列主题实践活动,进一步激发广大党员创先争优的内在动力,增强争创活动的感染力与实效性。在中央和福建省及厦门市的报纸刊物、市电视台、电台和网络及时宣传报道国资国企改革发展成就。在厦门广电媒体上进行国有企业公益广告系列宣传。围绕厦门市创建第三批全国文明城市工作,持续开展精神文明创建一系列工作。开展"城乡结对、文明共建"、文明志愿者交通文明督导、主题志愿者服务等活动,提升职工的文明素质和价值观念。围绕做好群团工作,扎实推进基层工会、共青团、妇女等各项工作开展。进一步完善厂务公开制度,举办企业厂务公开和工资集体协商培训班。开展对国企优秀团组织和优秀团员的表彰。

(撰稿人:刘聪斌)

江西省

一、江西省国有资产监督管理工作综述

2011年既是"十二五"规划开局之年,也是江西省出资监管企业转方式、调结构、优布局的关键之年。在江西省委、省政府的正确领导和国务院国资委的具体指导下,江西省国资委坚持以科学发展为主题,以加快转变经济发展方式为主线,紧紧围绕"国资监管上新水平、国企发展上新台阶"目标,大力实施"一个龙头、两翼发展"总体战略,深化改革调整,强化国资监管,国企改革发展和国资监管工作取得新成绩,实现了"十二五"良好开局。

(一)国有经济发展质量和效益进一步提升

截至2011年底,江西省出资监管企业拥有资产总额首次迈入5000亿元大关,达5269.2亿元,同比增长22.3%;净资产达2274.5亿元,同比增长18.5%;累计实现营业收入3034亿元,同比增长38.7%;实现利润总额185.2亿元,同比增长31.4%;累计完成增加值449亿元,同比增长16.3%。其中,江西省国资委出资监管企业拥有资产总额2131.6亿元、净资产904亿元,同比分别增长20.5%和19.15%,分别为"十二五"规划年度目标的112%和121.7%;累计实现营业收入2454.6亿元,同比增长43.1%,为"十二五"规划年度目标的141.2%;实现利润总额106.3亿元,同比增长26.4%,为"十二五"规划年度目标的123.6%;累计完成增加值339.2亿元,同比增长18.9%,为"十二五"规划年度目标的111.6%。主要生产经营指标均提前一个月超额完成年度计划。江西铜业集团公司、江西省煤炭集团公司营业收入、利税总额、工业增加值三项主要经济指标提前一年全面完成"三年工业强攻"目标任务。江西省建工集团公司营业收入首次突破100亿元,达到111亿元;江西铜业集团公司实现销售收入1345亿元,利税120亿元,创造历史新高。设区市国资委出资监管企业实现规模和效益的协同增长。截至2011年底,市属企业拥有资产总额为3137.6亿元,同比增长23.6%;拥有净资产1370.6亿元,同比增长18.1%;实现利润78.9亿元,同比增长38.8%;累计实现营业收入579.3亿元,同比增长22.9%。

(二)国有企业改革继续深化

在完成国有工业企业改革的基础上,2010年6月,江西省委、省政府又全面部署农垦、粮食、农业、水

利、林业、商贸流通、交通运输等七大系统国有企业改革,截至2011年底,列入改革范围的1782户企业,有1777户企业完成改制,占企业总户数的99.7%;安置在职职工34.6万人,占在职职工总数的95.2%。江西省属集团公司层面股权多元化改革加速推进,江西省建工集团公司、江西省招标咨询集团公司股权多元化改革基本完成;江西江中制药集团公司与中江集团公司分立工作完成;江西钢铁集团的组建方案制定并报省政府。改制企业历史遗留问题逐步得到解决。江西省国资委会同江西省教育厅、江西省财政厅、江西省人力资源和社会保障厅等部门共同制定并印发《江西省关于妥善解决国有企业职教幼教退休教师待遇问题的实施细则》。会同有关部门开展对江西省厂办大集体改革情况的调研工作,为尽快制定贯彻实施意见奠定基础。

(三)重大项目建设扎实推进

2011年,江西省出资监管企业完成固定资产投资超200亿元,其中江西省国资委出资监管企业完成投资超过100亿元。江西铜业集团公司德兴铜矿扩产技改工程、龙昌精密铜管二期,江西省煤炭集团公司丰龙煤矿等一批项目相继建成投产。江西铜业集团公司20万吨铅锌冶炼工程,江西稀有金属钨业(控股)集团公司4万吨镍钴新材料项目,凤凰光学集团有限公司3D立体影像产品、CCTV镜头项目,江西省投资集团公司天然气管网工程、九江长江大桥等一批重大项目建设进展顺利。江西稀有金属钨业(控股)集团公司集团3万吨钨综合冶炼、上饶镍钴粗炼、24万吨高导电铜杆线等一批项目完成开工准备工作。

(四)产业转型升级步伐不断加快

大力实施江西省属国有经济"十二五"发展规划,"一个龙头、两翼发展"的规模初步形成。有色金属、钢铁、煤电等传统资源能源优势企业得到巩固提升,截至2011年底,省属传统优势产业实现资产总额1568.8亿元,占省属企业资产总数的73.6%;实现营业收入2171.4亿元,占省属企业收入总数的88.5%;完成利润99.1亿元,占省属企业利润总数的93.3%。推动了金属新材料、非金属新材料、现代中药、生物医药、新能源等一批战略性新兴产业的快速发展,实现营业收入475亿元,同比增长42.1%,占省属企业收入总数的19.4%;完成增加值47亿元,同比增长27.9%,占省属企业增加值总数的19.4%。高端服务业已经起步,并呈现多元发展,实现营业收入47.3亿元,完成增加值2.4亿元。组建的江西省职业教育集团,已成为省属企业乃至全省产业发展培训高质量技术人才的平台。加强企业节能减排工作,积极推广节能新技术、新工艺、新设备,提高资源能源利用率。2011年,33户省重点用能企业共节约标煤120多万吨,均完成年度节能目标任务。

(五)招商引资工作成效显著

2011年,先后组织江西省属企业参加"江西省战略性新兴产业发展合作推介会"、"江西省赴澳大利亚、赞比亚、肯尼亚经贸考察活动"、"江西(香港)招商引资活动周"、"赣台经贸合作研讨会"、"第七届泛珠三角区域合作与发展论坛暨经贸洽谈会"、"第二届世界低碳与生态经济大会暨技术博览会"等六场大型招商活动。全年邀请参会客商达293人次,其中央企业"一把手"49人;在承办的各类招商活动中,累计签约项目17个,项目总投资额1447.7亿元人民币,同比增长146%;引进资金额达1112.2亿元人民币,同比增长104%,引进资金总量实现历史性突破。中国黄金集团公司、中国铁建股份公司、国家开发银行等16家有实力、有产品、有资金、有技术、有市场的战略合作者,成为江西省工业进位赶超的强大助推力。2011年省领导先后9次作出批示,对江西省国资委招商引资工作给予高度评价。

(六)企业"走出去"步伐铿锵有力

认真落实《关于印发全省"走出去"工作座谈会纪要的通知》(赣府厅字〔2011〕56号)精神,建立按月调度"走出去"工作机制。鼓励江西铜业集团公司、江西稀有金属钨业(控股)集团公司、新余钢铁集团有限公司、江西省煤炭集团公司等资源优势企业积极"走出去",加快对境外铜、钨及稀土、煤炭产业等矿山资源收购、开发建设步伐。注重发挥江西国际经济技术合作公司海外优势,由其牵头组建的江西国际矿业有限公司,逐渐成为江西省开发利用国际矿产资源的"航空母舰",截至2011年底,该公司依托江西国际经济技术合作公司海外优势,已在博茨瓦纳、赞比亚、津巴布韦等国获得14个探矿权和采矿权。中鼎国际工程有限责任公司等省属企业“走出去”重点项目取得重大进展，在江西率先获得国家援外成套项目A级实施企业资格，连续4年入选全球最大国际承包商225强，2011年中标阿尔及利亚8410套社会保障房项目，合同金额高达3亿美元。

(七)产融结合更加紧密

通过股票上市、资产重组、发行债券等形式，企业融资结构逐步改善，银行贷款融资比例大幅下降，债券融资规模逐年增加。安源实业股份有限公司资产置换方案获证监会有条件通过，江西省煤炭集团公司近30亿元主业资产进入上市公司。洪城水业成功融资11.6亿元，江西水泥、江西长运定向增发申请已上报证监会。新钢股份成功发债9亿元，并积极实施2008年发行的27亿元可转债转股工作。核准凤凰光学集团公司先后通过股权质押共融资5.4亿元，江西稀有金属钨业(控股)集团公司成功发行三年期中期票据10亿元，江西省煤炭集团公司发行首期6亿元中期票据，缓解企业资金压力。积极打造投融资平台。牵头开展水利融资平台建设，探索盘活全省水库存量资产。支持江西省投资集团公司成立鄱阳湖发展基金，江西铜业集团公司在中国香港、上海、北京成立投资公司，拓宽国际国内投融资平台。九江市国资委在信贷规模紧缩情况下，试行商标权质押、经营权质押、存货质押、股权质押等反担保措施。2011年批准担保项目67个、担保金额4.9亿元，完成融资担保额3.3亿元。累计到位项目127个，到位金额8.8亿元，在保余额5.27亿元，促进九江经济的发展。新余市国资委创新理念，信用担保融资平台实现跳跃式扩张，先后争取到国家无偿补助资金700万元，为117家企业提供贷款担保121笔，担保融资额达13.83亿元，在保余额16.19亿元。

(八)企业科技创新有效推进

支持江西铜业集团公司、新余钢铁集团公司建立院士工作站，搭建技术研发科技创新高端平台。完成省出资监管企业首届科技工作先进单位和个人评审及公示工作。着力抓好江西省创新型企业试点工作，江西铜业集团公司、江中制药集团公司、江西昌九农科化工有限公司3家国家级创新企业建设和新余钢铁集团公司、萍乡矿业集团公司等5家省级创新型企业试点工作有效推进。江西省投资集团公司所属江西省天然气有限公司被新增为2011年江西省创新型试点企业。督促企业抓好科技成果的管理工作，积极向江西省科技厅推荐江西省科技创新“六个一”工程专家59人。负责组织筹建的江西省有色金属标准化技术委员会经江西省质监局正式批复成立。组织遴选推荐的江西铜业集团公司等11家企业的58名企业标准化工作者和行业专家入选“江西省标准化专家”。

(九)国资监管体系继续完善

一是财务监管力度进一步加强。制定包括清产核资、动态监测、财务决算、国有资产统计、国有资本保值增值、中介审计委托、经济运行分析等一系列制度办法，财务监督制度体系已基本确立。在全国率先出台《出资监管企业高风险投资业务管理暂行办法》等文件，促进企业审慎经营、规范操作、严格管控，增强企业防范经营和投资风险的意识和能力。大力推动和指导部分集团公司实施权属企业财务总监委派制度，已有9家集团公司实行财务总监或财务负责人委派制，财务垂直监管模式和体系框架在企业集团内初步建立。二是企业法制建设体系日趋完善。出资监管企业及其重要子企业全部设立法律事务机构，企业法律风险防范体系基本建立。制定江西省辖区内国有及国有控股企业法律顾问职业岗位等级资格的评审管理工作实施意见，并开展第一次评审工作，共154人申报企业法律顾问岗位等级资格。积极协调企业涉法涉诉案件纠纷，全年避免和挽回经济损失10亿余元。三是监事会工作显著加强。新增2个监事会主席和2个外派监事会工作处，充实了监督力量。监事会监督由过去侧重事后监督转变为事前、事中、事后相结合，向立体化、全过程监督发展，加强专项监督力度，提高监督的时效性和针对性。2011年拟定或修订10项监事会工作制度，监事会业务流程、内控管理、协调沟通等各项工作运行机制得到健全完善。开展2010年度监督检查，制定《2010年度监督检查报告整改事项任务分解表》，加大对监督检查发现问题的落实整改力度。启动了任中经济责任工作。四是企业国有产权管理基础不断夯实。全面完成15家出资监管企业的产权登记集中检查工作，依照产权登记检查整改要求进行补充登记的共有187宗。加强评估机构执业质量管理，采用日常评价和年度评议相结合的办法，授予相应的业务准入。该项评定活动得到国务院国资委产权管理局和中国资产评估协会的高度重视和充分肯定。提高产权管理信息化水平，积极发挥在线运行的“企业国有产权交易监测系统”和“国有产权网络登记系统”的功能。正式启用“上市公司国有股权动态监测系统”和“国有控股上市公司季度运行信息采集系统”两个新系统并联网，实现实时动态监测。南昌市国资委健全完善了60多个制度规章，为国资监管工作奠定坚实的制度基础。萍乡市国资委完成《萍乡市企业国有资产监督管理办法》起草，并将其列入市政府2011年年度规范性文件计划。景德镇市国资委积极开展产权登记和资产评估备案工作，累计涉及资产评估价值2.3亿元。抚州市国资办会同市财政局对市直160余户单位经营性国有资产管理及收益情况进行全面调查摸底。

(十)“大国资”、“全覆盖”工作取得新进展

截至2011年底，上饶市、县两级行政事业单位经营性资产基本实现了全口径划转、全覆盖管理。宜春市国资委积极探索国有资产产权集中统一管理。对全市224个市直行政事业单位土地、房屋建筑等国有资产资源情况进行清理，实现统一监管。在强化市直行政事业单位资产监督管理的同时，及时将国资监管的触角向农村基层延伸，直至村组。鹰潭市国资办逐步扩大监管范围，将鹰潭华侨饭店、鹰潭宾馆和道源山庄三家酒店合并成立鹰潭市酒店集团公司，并履行出资人职责。对9户国有独资、控股、参股企业履行企业国有资产保值增值监管职责，对2户国有股权形式的国有资产履行出资人职责。

(十一)企业宣传思想文化建设加快推进，国企改革发展环境不断优化

大力宣传国资监管工作和国有企业改革发展取得的成绩，多层次、多方位、多视角展示国有企业“十二五”期间转变发展方式、加快创新发展的思路，全面展现省出资监管企业的先进集体和各类优秀人才在深化国有企业改革、加快国有企业发展中的精神风貌，取得了良好的社会反响。在企业重点开展以“深入学习贯彻党的十六届七中全会和省十三次党代会精神，加强企业文化建设，进一步深化国有企业改革”为主题的党委中心组学习和学习型党组织建设经验交流会。江西省国资委和江西电视台合办的52期《领“秀”江西》专题访谈节目，邀请省属企业的CEO和各岗位的先进人物、优秀班组等担任访谈嘉宾。通过访谈真实展示国企领军人物和优秀人才的成长故事、心路历程，引起广大国企职工和民众的共鸣，增强国企的凝聚力，树立国有企业良好的社会形象，进一步营造国企改革发展的良好环境。

(十二)机关自身建设不断加强

大力开展发展提升年活动，推行“首问责任制、服务承诺制、一次性告知制、限时办结制、责任追究制”五项制度，及时帮助企业解决改革发展稳定中遇到的突出问题和矛盾，服务重大企业、重点产业、重大项目能力进一步提升，被江西省委办公厅、省政府办公厅授予“2011年发展提升年活动先进单位”称号，被江西省省直机关工委、省直文明委员会授予“第八届省直文明单位”称号。采取公推比选方式，竞争性选拔干部，端正机关风气，激发了干部职工干事业的热情和活力，出资人履职能力和水平有效提升。

二、江西省国有资产总量与结构分析

2011年末，江西省企业国有资产总量7391.34亿元，比上年增加1516.88亿元，增长25.82%。分级次看，省属国有企业资产总量3399.4亿元，占江西省的45.99%，比上年增加720.7亿元，增长26.9%，其中，江西省国资委15家出资监管企业资产总量为2183.5亿元，占省属企业的64.23%，比上年增加408.2亿元，增长22.99%。设区市国有企业资产总量为3991.9亿元，比上年增加797.2亿元，增长24.95%。设区市中，南昌市资产总量最大，为1936.2亿元；鹰潭市资产总量最小，为8.2亿元；赣州市资产总量增长最快，增幅为114%。所有设区市资产量都有增长。分行业看，资产量最大的是工业行业，为2781.11亿元，占全省资产总量的33.17%，占比比上年下降1.54个百分点；工业行业中冶金工业资产量最大，为

1493.61亿元，同比增长23.28%。资产增长较快的是水利行业，增长42.16%。

表1　2011年江西省所属企业指标

项　目	金额(亿元)
资产总额	7391.34
所有者权益	3240.22
营业总收入	3521.76
利润总额	226.18
净利润	184.35
归属于母公司所有者的净利润	112.35
应交税费总额	168.86
实际上缴税费总额	154.03

表2　2011年江西省国有企业户数情况

项目	2010年	2011年	比上年增长(%)
户数	1454	1601	10.11

表3　2011年江西省国有资产地区分布情况

地　区	国有资产(亿元)	占国有资产总量的比重(%)
省属企业汇总	3399.44	46.44
赣州市	552.82	7.55
吉安市	176.7	2.41
景德镇市	279.74	3.82
九江市	212.84	2.91
上饶市	264.62	3.62
南昌市	1936.24	26.45
新余市	247.88	3.39
宜春市	52.95	0.72
鹰潭市	8.24	0.11
萍乡市	109.46	1.50
抚州市	150.42	2.06

表4　2011年江西省国有资产行业分布情况

行　业	国有资产(亿元)	占国有资产总量的比重(%)
一、农林牧渔业	83.84	0.98
二、工业	2814.70	32.75
三、建筑业	1053.95	12.26
四、地质勘查及水利业	95.59	1.11
五、交通运输业	768.83	8.95
六、仓储业	48.87	0.57
七、邮电通信业	0.16	0.00
八、批发和零售业	299.28	3.48
九、金融业	1131.10	13.16
十、房地产业	621.34	7.23
十一、信息技术服务业	0.21	0.00
十二、社会服务业	1415.51	16.47
十三、卫生体育福利业	9.08	0.11
十四、教育文化广播业	134.29	1.56
十五、科学研究和技术服务业	23.43	0.27
十六、机关社团及其他	93.52	1.09

表5　2011年江西省国有资产经营规模分布情况

经营规模	国有资产(亿元)	占国有资产总量的比重(%)
大型企业	2548.15	29.65
中型企业	3739.93	43.52
小型企业	1454.53	16.93
微型企业	851.08	9.90

三、江西省国有资本保值增值综合分析评价

(一)国有权益增减变动情况

2011年末,江西省国有企业国有权益总额为2728.8亿元,比年初增加526.2亿元,增长24.08%。省属企业2011年末国有权益总额1097.1亿元,比年初增加212.6亿元,增长24.3%,江西省国资委出资监管企业2011年末国有权益为550.1亿元,比年初增加87亿元,增长18.79%。设区市国有企业2011年末国有权益为1631.8亿元,比年初增加313.7亿元,增长23.8%。分行业看,国有权益最大的是冶金工业行业,国有权益总额为509.9亿元;增长较快的是水利行业,增长86.4%。

单位:亿元

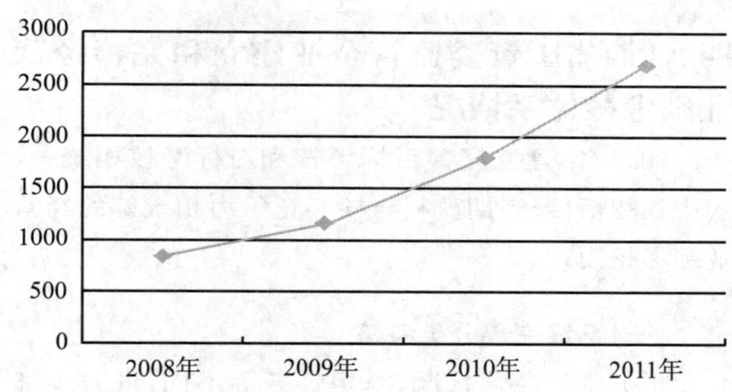

图1　2008—2011年江西省国有权益走势

(二)国有资本保值增值情况

2011年江西省国有资本保值增值率为104.82%,省属企业国有资本保值增值率为105.64%,江西省国资委出资监管企业国有资本保值增值率为107.8%,设区市企业国有资本保值增值率为104.28%。

表6　　2011年江西省国有企业地区和行业保值增值情况

地　区	保值增值率(%)	行　业	保值增值率(%)
省属企业汇总	105.64	一、农林牧渔业	99.81
赣州市	105.02	二、工业	108.86
吉安市	103.14	三、建筑业	102.83
景德镇市	108.01	四、地质勘查及水利业	100.02
九江市	102.67	五、交通运输业	104.87
上饶市	101.05	六、仓储业	101.89
南昌市	105.57	七、邮电通信业	134.35
新余市	101.32	八、批发和零售业	113.71
宜春市	100.07	九、金融业	116.2
鹰潭市	102.49	十、房地产业	101.38
萍乡市	100.64	十一、信息技术服务业	157.9
抚州市	106.23	十二、社会服务业	101.57
		十三、卫生体育福利业	97.48
		十四、教育文化广播业	102.14
		十五、科学研究和技术服务业	107.05
		十六、机关社团及其他	101.62

四、江西省国资委监管企业建立和完善经营业绩考核体系情况

2011年，建立完善目标考核和对标考核相统一、短中长相衔接、当期盈利与核心竞争力相统筹的经营业绩考核模式。

（一）继续完善分类考核

根据生产经营状况、承担任务等不同，进一步细化企业分类，将出资监管企业分为生产经营类、投融资资产管理类以及现代服务三大类。

（二）进一步加大对标考核力度

进一步完善目标考核和对标考核的二维比较考核模式，在完善目标考核的基础上，加大对标考核的力度、丰富对标考核内容。

（三）改革完善经营业绩考核指标设置

考核指标由财务类指标为主转向财务类和非财务类指标相结合。在强调当期效益同时，突出对企业培育和提升竞争力的考核。生产经营类企业主要考核三大类指标：财务绩效指标、市场竞争力指标及创新能力指标。投融资资产管理类企业主要考核社会效益及公司使命指标、财务绩效指标如、管理绩效指标。现代服务类主要考核人力资本创造价值。

（四）建立健全完善考核周期

为配合考核指标体系的调整，妥善解决短期效益与长期利益的分歧和矛盾，促进企业不断提升可持续发展能力，考核期限由每年的年度考核和三年任期考核，调整为短、中、长三类考核相结合，即由年度考核、任期考核及五年的规划考核组成。三类期限考核相互补充、相互制约。

（五）进一步完善中长期激励考核

将中长期激励与年度考核、五年规划考核、科技创新能力考核、节能减排考核、行业对标考核以及企业对个人考核结合起来。对生产经营比较稳定的新余钢铁集团公司、江西稀有金属钨业（控股）集团有限公司、江西省建工集团公司、江西省建材集团公司、江西省招标集团公司、江西省煤炭集团公司、江西国际经济技术合作公司、江西省盐业集团公司8户企业采用超额完成目标净利润进行“现金＋虚拟股权”奖励试点；对承担重大基础项目、投资大、期限长的投资类企业如江西省投资集团公司，江西省国资委将部分账面价值增值权让渡给管理层，以2010年底账面净资产为基数，结合“十二五”规划目标完成情况，“十二五”末结束时算一次总账；对整体上市的企业如江西铜业集团公司，选择同行业企业对标，对扣除资本成本后的税后净利润按一定比例进行“现金＋虚拟股权”奖励。

五、江西省国资委监管企业负责人选人用人机制改革与考核情况

（一）加强调查研究，探索完善企业领导人员管理的体制机制

修改完善《江西省管企业领导班子和领导人员管理暂行规定》。详细分析江西省出资监管企业的领导班子建设现状，认真研究存在的不足与问题，形成《十二五期间及2011年加强江西省出资监管企业领导班子建设的意见建议》专题报告，供领导决策参考。研究起草《关于省管企业领导人员职数设置的意见》，根据各企业资产规模、经营难度系数和改革发展等实际情况，对企业董事会、经理班子和党委会提出初步的职数设置。经江西省委省政府领导审定，进一步明确省管企业领导人员退休年龄的问题。先后研究起草并组织实施江中制药集团公司、江西省建工集团公司、江西直升飞机产业投资有限公司等监管企业的法人治理结构。据统计，2011年在江西省管企业民主推荐和实地考察拟任职人选15人，考察谈话近450人次，办理企业领导人员（含董事会、监事会、经理层、党委会）提拔、交流、调整、免职退休、备案管理、出国出境审批等共计73人次。

（二）创新年度考核方式方法，进一步完善企业领导班子和领导人员综合考核评价体系

研究修改《省管企业领导班子和领导人员综合考核评价办法》，组织实施2010年度企业领导班子和领导人员年度考核。本次综合考核评价共涉及14家省

管企业领导班子,考核对象118人,其中,按照综合考核评价标准进行考核的领导人员101人,按照财务总监和法务总监管理办法进行考核的财务总监10人、法务总监8人(其中1名法务总监兼任纪委书记同时列入综合考核评价对象)。共有878人参加领导班子和领导人员多维度民主测评,496人参加个别谈话。本次综合考核评价与往年相比主要有以下几个方面的改进:一是在考核方法上,更加注重经营业绩、注重出资人认可和注重群众公认。采用的多维度测评方式既有企业内部民主测评,又有考核组和外派监事会的外部评价,同时提高参加内部测评的职工代表人数比例(由2010年不少于10%提高到不少于15%)。此外,2011年首次开发综合考核评价系统软件,大大提升考核工作效率与科学性。二是在考核等次的综合评定上,既考虑考核得分情况,又考虑发挥考核的导向性作用;既考虑企业的经营业绩,又考虑企业为国有工业企业改革作出的贡献。三是在考核结果运用上,较往年相比力度更大。明确"同一企业领导人员副职年薪的分配系数与考核得分挂钩"的规定,使企业领导人员普遍比往年更加重视年度考核工作,增强了考核工作的导向性。

(三)积极妥善做好国企改革人事安排的后续工作

分批办理十二家集团公司原由江西省委省政府任命的企业领导人员回党政机关安排任职以后的免职手续。顺利实施江西省电子集团公司总部机关有关人员的安排工作。本着民主、公开、竞争、择优和"双向选择"的原则,组织实施江西省电子集团公司总部机关中层及以下人员安排工作,共涉及11人。积极协调解决十二家集团公司改革后回党政机关(事业)安排人员提前离岗、提前退休及原按企业退休此次改由江西省财政拿退休费人员的公费医疗、提前离岗人员的住房公积金问题。

(四)大力加强企业经营管理人才队伍建设

制定印发《关于"创新型企业家建设工程"实施方案》。配合江西省委组织部、与江西省中小企业局一道,加强对赴工业园区挂职锻炼的国有企业后备领导人员的跟踪服务工作,共同完成挂职锻炼人员总结表彰大会的筹备工作。抓好"赣鄱英才555工程"有关任务的落实。牵头组织实施首批29名企业创业类人选的考察和申报资格的审查。2011年有5家省管企业共推荐申报7名人选,其中,"领军人才培养计划"人选(创新类)5名,"领军人才培养计划"人选(创业类)2名。对江西省申报企业创业类共计48名申报人选资格进行审查,制定该类人选的初评和复评评审方案,并组织江西省内外专家进行评审,得到江西省委组织部的肯定。

六、江西省国资委加强和改进企业党的建设情况

(一)创先争优活动广泛深入开展

全省国资系统和国有企业广泛开展服务企业、服务基层、服务职工群众的"三服务"活动,省、市两级国资委(办)的近千名国资监管干部和全省5900多家国有及国有控股企业的党组织、14万多名在岗党员积极投身活动。有6200余名企业领导人员参加"进万名员工家门,送政策、送愿景、送温暖"的"一进三送"活动,为基层办实事1370余件,化解信访积案134件,走访慰问生活困难党员职工家庭1.12万户。

(二)认真履行社会责任

江西省国有企业为缓解七城会、第二届世界低碳大会、八一衡源足球俱乐部资金紧张,慷慨解囊,无私奉献。据不完全统计,这三项活动共捐助资金5000多万元,为确保这些重大活动开展作出重大贡献。除此以外,江西省国有企业还在建设希望小学、扶贫开发、新农村建设等公益活动中默默奉献,较好地履行社会责任。

(三)深入开展惩防体系建设,反腐倡廉效果明显

以"五大机制"为主线、"三项措施"为保障的惩防体系基本框架基本建成。在江西省煤炭集团公司和江西省建材集团公司两家企业开展集团公司二级企业纪检负责人直接管理的试点工作。组织500余名企业领导人员和各级管理人员参加最高人民检察院部署开展的惩治和预防渎职侵权犯罪展览全国巡展活动。在出资监管企业中全面推行风险岗位廉能管

理工作，从岗位职责、业务流程、制度机制、工作效率、外部环境五个方面积极查找各岗位可能存在的廉能风险点，完善防控措施，强化考核评估和责任追究。扎实开展小金库治理工作、工程建设领域突出问题排查"回头看"工作、专项治理工作，对各出资监管企业贯彻落实"三重一大"集体决策制度执行情况、贯彻执行《党员领导干部廉洁准则》情况及"小金库"治理和工程建设领域突出问题治理四个方面的情况进行专项检查，纠正企业不规范的地方，并督促企业建立健全管理制度，企业风险防范水平大大提高。

（撰稿人：蔡正孙）

山东省

一、山东省国有资产监督管理工作综述

2011年是"十二五"的开局之年。山东省各级国资监管机构和广大国有企业在山东省委、省政府和各市党委、政府的正确领导下，在国务院国资委的精心指导下，认真贯彻落实中央和省委、省政府的一系列决策部署，采取切实有效措施，积极应对复杂多变的经济形势，国有经济实现平稳较快发展。2011年，省、市两级国资监管机构履行出资人职责企业累计实现营业收入8898.22亿元，同比增长21.48%；实现利润734.57亿元，同比增长2.75%；资产总额16141.14亿元，同比增长16.05%。其中，山东省管企业实现营业收入5956.15亿元，同比增长17.33%；实现利润总额494.61亿元，同比增长0.47%；缴纳税费452.42亿元，同比增长14.77%；资产总额9569.47亿元，同比增长13.15%；归属母公司所有者权益1527.21亿元，同比增长14.64%。

（一）加快推进调整重组，国有经济布局结构进一步优化

山东省各级国资监管机构和国有企业围绕"十二五"规划，深入实施转型升级战略，加大产业整合力度，加快布局结构调整优化，推动国有资本向优势企业和优势产业集中，资源有效配置能力进一步提高。青岛市一揽子撤并重组5户资产经营公司、3户企业托管中心，清理整合权属企业26户。济宁市推进水务、供热、能源等骨干企业兼并重组，加快大企业集团发展步伐。山东省管企业加大内部产业重组整合力度，共有532户权属企业完成重组，其中清理注销200多户亏损企业，资产质量和管控效率大大提升。引导监管企业加强与国内外优势企业合资合作，借助优势企业资源促进自身发展。国务院国资委与山东省政府签署战略合作备忘录，为中央企业与山东省地方企业合资合作搭建平台，全省引进央企投资协议资金达600多亿元。济南市采取战略重组、引资扩股、股权多元化等方式引进战略投资11.54亿元，改善企业资产状况，促进结构调整升级。青岛市支持青啤股份、青岛港集团、海湾集团对外并购、联合投资，企业战略合作发展取得明显成效。兖矿集团先后收购澳大利亚新泰克公司、加拿大钾矿资源项目，获得海外煤炭资源17亿吨、钾矿资源397亿吨。山东重工收购意大利游艇制造企业法拉帝集团取得实质进展。浪潮集团收购奇梦达葡萄牙高端封装测试线，使国内首次拥有了12英寸集成电路的核心设计、研发和制造能力。结合制定"十二五"发展规划，引导企业培育发展战略性新兴产业。青岛市对19户企业主业和重要子企业进行调整确认，制定《"十二五"期间国有企业新兴产业发展工作方案》。聊城市通过推进重点项目建设，引导鲁西化工、中通客车等企业加快结构调整和产业升级。高速集团发挥公、铁、港、航产业优势，出资50亿元成立物流集团，高起点发展物流产业。

（二）不断推动发展方式转变，国有企业发展活力和后劲进一步增强

山东省各级国资监管机构指导企业利用资本市场，拓宽融资渠道，优化资本结构，开展对外并购，加大资本运营工作力度，取得显著成效。烟台市出台市管企业资本运营工作指导意见，鼓励市管企业开展对外投资并购，万华集团对外并购取得重大成果。济南、潍坊等市指导监管企业联合发行集合债券，优化贷款结构，降低融资成本，破解企业资金瓶颈。聊城市指导鲁西化工采取定向增发和发行公司债券的方式，筹集资金40亿元。枣庄市发挥市国资公司投融资平台作用，为市属和区属国有企业提供担保2.3亿

元,有效缓解企业融资难题。日照市提高日照港集团国有股权持股比重,推动集团核心主业整体上市。高速集团采取引进保险资金、发行短期融资券、企业债券、中期票据等多种方式,低成本融资120多亿元。黄金集团创新利用预付款、黄金租赁、发行票据等方式融资,有效降低资金成本。山钢集团境外低息融资120多亿元,比同期人民币贷款成本降低60%。指导企业编制"十二五"发展规划,加强战略管理,建立现代管理体系,建立保障规划落实的监督约束机制。济宁市严格企业预算审核,推动市管企业实施全面预算管理。威海市指导企业全方位实施预算管理,督促企业开源节流、降本增效。青岛市将国有投融资公司企业自营项目与政府公益项目分离,实施分类考核。枣庄市在出资企业全面推行总法律顾问制度,法律顾问全程参与资产重组、兼并收购、企业改革等重大事项,有效防控法律风险。加大对企业科技创新的支持力度,推动企业加强自主创新能力建设。聊城市积极引导企业加大科技投入,市管企业科技创新投入占销售收入的比重达到4%。青岛市从国有资本经营预算中安排专款扶持企业创新研发。烟台市严格落实鼓励企业自主创新的各项政策,万华集团、泰和新材等企业在一些重要领域和关键技术上实现重大突破。滨州市加大企业技术创新力度,渤海活塞、双峰石墨等企业取得一批重要研发成果。济南二机床集团中标福特汽车美国本部五条大型冲压生产线订单,实现了我国装备制造业在国际高端市场上的突破。山东重工加快技术研发平台建设,北美研发中心投入运行,欧洲研发中心规模达到259人,电控研究所规模达到80人,核心技术研发成绩突出。浪潮集团在全国率先发布云计算操作系统,成功研发出以云计算为支撑的智慧政府整体解决方案。华鲁集团鲁抗医药技术中心升级为国家级企业技术中心,承担课题列入国家863项目。兖矿集团"气化烧嘴在线投料方法"实现技术转让收入1.14亿元。

(三)加快推进体制机制创新,现代企业制度进一步完善

山东省各级国资监管机构指导企业不断加大改革力度,积极推进体制、机制和管理创新,激发企业内部活力,提升科学发展和可持续发展能力。威海市出台市管企业现代企业制度建设指导意见,完善企业董事会、监事会和总经理工作制度,规范企业公司治理运作。烟台市修订完善市管企业董事会年度工作报告制度,进一步规范董事履职行为。济宁市健全市管企业监事会会议、监督检查报告编报等制度,为推进外派监事会建设、规范监事会成员履职行为奠定基础。滨州市先后向滨化集团、滨岭矿业等5户企业派出了董事、监事。青岛市实现外派监事会全覆盖。深入实施"人才强企"战略,不断完善人才工作机制。烟台市制定加强市管企业人才工作的指导意见,加大对高层次人才引进培养力度,冰轮、氨纶2户企业各有1名专家获得"泰山学者"称号。济南市以实施百项自主创新、百项人才培养引进"双百工程"为突破口,加大科技投入和人才引进培养力度,面向全国公开招聘100名紧缺适用型创新创业人才。山东重工面向全球招聘国际化高端管理和技术人才65名,其中1人入选国家"千人计划",5人入选省"万人计划"。鲁商集团出台吸引和留住高学历人才的弹性待遇政策,全年引进上百名硕士以上专业人才,制药业引进两名"泰山学者"特聘专家。

(四)大力实施体制突破,国资监管工作水平进一步提升

一是国资监管法制化建设取得新进展。山东省政府出台《关于加快转变经济发展方式加强国有资产监管深化国有企业改革的意见》(鲁政发〔2011〕10号),山东省人大常委会审议通过《山东省企业国有资产监督管理条例》。各市围绕推进企业战略管理、全面预算管理、全面风险管理、对标管理、全员业绩考核和加强财务监管等,制定了一批指导性意见。济南、聊城、临沂、枣庄、日照等市先后出台加强国资监管、深化国企改革的意见。聊城市将隶属不同部门管理的31户企业纳入市国资委监管,并全部派驻财务总监,实现市属经营性国有资产监管全覆盖。临沂市政府授权市国资委对全部市属经营性国有资产履行出资人职责,出台《市属企业国有资产委托监管暂行办法》,积极探索经营性国有资产分类监管新模式。济南市制定《市属经营性国有资产实施集中统一监管方案》。

二是出资人监督进一步强化。加强国有资产基础管理，认真做好企业产权登记和年检工作，规范国有产权交易行为。山东省国资委制定出台《关于加强省管企业内部产权管理的意见》，省管企业内部共设置了产权管理岗位113个，配备产权管理工作人员110名；完成评估项目118个，净资产评估增值235.87亿元，增值率196.14%。青岛市改进评估方式，对重点项目实行专家论证，2011年净资产评估增值21亿元，增值率达到49%。各市抓住财务监督这个关键，进一步完善监督机制，加大监督力度。济南市出台监事会管理暂行规定，推进监事会监督、审计监督、中介机构监督和社会监督相结合，构建多角度监督信息共享平台。威海市国资委会同审计部门，加大对市属企业年终财务决算审计力度，保证企业资产质量和经营成果的真实性。青岛、烟台等市建立监管企业财务信息动态预警监测制度，通过对标分析相关指标，及时发出预警提示。烟台市完善企业对外担保台账，加强对市管企业特别是所属子企业的对外担保管理。临沂市大力推行企业财务预算管理制度，建立国有企业财务数据库。淄博市对市属重点国有企业及重要子公司三年资产财务状况进行审计检查，进一步强化财务监管。

三是业绩考核体系更加完善。围绕落实国有资产经营责任，不断健全激励约束机制，业绩考核的导向作用和有效性进一步增强。经山东省政府同意，省国资委修改《省管企业负责人业绩考核办法》；制定出台《进一步加强省管企业收入分配管理调整理顺收入分配关系的指导意见》。青岛市、聊城市分别对投资类和城市公共服务类企业负责人业绩考核评价与薪酬管理出台意见，探索建立分类、对标考核体系。济南、青岛、滨州等市将经济增加值、市场占有率、科技创新、节能减排等指标纳入考核体系，引导企业加快转方式调结构。威海市加大企业对标考核力度，增加了二级企业考核指标。泰安市在市属企业全面推行工资总额预算管理，实现国资委对市属国有及国有控股企业收入分配管理全覆盖。

四是指导监督工作开创新局面。各市进一步健全指导监督工作体系，完善工作机制，积极构建国资监管工作大格局。泰安市积极推进县级国资监管组织建设，3个县（市、区）成立独立的国资监管机构，宁阳县实现经营性资产集中统一监管，岱岳区、新泰市把资源性资产纳入监管范围。聊城市出台县级国资监管工作指导监督办法；东营市建立县级国资监管重大事项报告、规范性文件备案和联系点制度；青岛、枣庄、济宁等市对县级监管工作实行考核表彰，依法加强对县级监管工作的指导监督。

（五）充分发挥政治优势，国有企业党的建设进一步加强

山东省各级国资监管机构指导企业深入开展创先争优活动，进一步加强领导班子建设、基层党组织建设和反腐倡廉建设，全省国有企业保持积极进取的精神面貌和安全稳定的良好形势。省管企业继续深化"创先争优、争做齐鲁创业先锋"主题活动，积极推进党建工作与生产经营相融合，着力以创先争优推进企业精细化管理、提升服务水平、促进科技创新。泰安市量化"四强"党组织和"四优"党员评分标准，完善创先争优考评机制。枣庄市实施"党员计划书、先锋承诺书、社会评价书、组织鉴定书"制度，激发党员创先争优积极性。济南、烟台等市全面推行企业党务公开，保障党员知情权、参与权、监督权等权利。继续深化企业"四好"领导班子创建活动，大力推进领导人员交流和年轻化。济宁市在领导班子考核中把经营业绩与民主评廉、"四好"班子建设、党的建设等工作相结合，改进考核体系。滨州市进一步完善"双向进入、交叉任职"领导体制，健全党组织参与重大问题决策的领导体制和工作机制，党组织政治核心作用贯穿于决策、执行、监督全过程。推动企业进一步加强惩防体系建设，落实"三重一大"决策制度，强化思想政治工作，积极构建和谐企业。省国资委制定出台《省管企业党风廉政建设责任制考核办法》《山东省国有企业效能监察工作暂行办法》，与山东省纪委、省委组织部、省监察厅联合出台《关于加强和改进省管企业纪检监察组织建设的意见》；制定实施《省管企业贯彻落实"三重一大"决策制度实施意见》，组织对企业落实"三重一大"集体决策制度情况进行监督检查。菏泽市国资委联合市纪委、组织部、审计局等部门指导企业加强惩防体系建设，形成反腐倡廉工作合力。烟台市拓展监督渠道，以外派监事会为主体成立5个纪检监察工作督导组，初步形成步调协同和信息资源共享的监督机制。省管企业积极参与社会公益事业，带头履行社会责任,各类捐款总计7000多万元。

二、山东省国有资产总量与结构分析

(一)国有资产指标及分布情况

截至2011年底,山东省国有及国有控股企业(以下简称"国有企业")资产总额22822亿元,同比增长17.84%;负债总额15250亿元,同比增长17.89%;所有者权益7572亿元,同比增长17.74%;国有资产总额5263亿元,同比增长18.48%。其中,山东省、市国资监管机构履行出资人职责的企业资产总额16141亿元,负债总额11107亿元,所有者权益5034亿元,国有资产2926亿元,分别占全省的70.73%、72.84%、66.48%和55.60%。

表1　　2011年山东省所属国有企业指标

归属范围	资产总额(亿元)	负债总额(亿元)	国有资产总额(亿元)	营业收入(亿元)	利润总额(亿元)	实际上缴税金总额(亿元)
全省合计	22821.73	15250.19	5263.29	11299.21	889.12	794.09
省属小计	10172.70	6932.70	1827.30	6223.92	521.46	471.53
省管企业	9569.47	6622.95	1531.85	5956.15	494.61	452.42
省直企业	603.23	309.75	295.45	267.76	26.85	19.11
各市小计	12649.03	8317.49	3435.98	5075.29	367.66	322.56

(二)国有企业户数情况

2011年,山东省国有企业5360户,比上年增加346户,增长6.90%。

表2　2011年山东省国有企业户数情况

项　目	2010年	2011年	比上年增长(%)
户数(户)	5014	5360	6.90

(三)国有资产地区分布情况

从地区分布看,青岛、烟台、济南三市企业国有资产规模较大,分别为945亿元、625亿元、513亿元,占各市合计的27.50%、18.20%、14.93%。青岛市企业国有资产总额居17市之首;国有资产总额最少的是德州市,为14.53亿元。

表3　2011年山东省国有资产地区分布情况

续表

地　区	国有资产(亿元)	占国有资产总量比重(%)
全省合计	5263.29	100.00
济南市	513.15	9.75
青岛市	944.91	17.95
淄博市	31.88	0.61
枣庄市	108.75	2.07
东营市	53.45	1.02
烟台市	625.44	11.88
潍坊市	205.49	3.90
济宁市	132.14	2.51
泰安市	158.21	3.01
威海市	90.11	1.71
日照市	118.37	2.25
莱芜市	141.29	2.68
临沂市	102.30	1.94
德州市	14.53	0.28
聊城市	97.44	1.85
滨州市	50.44	0.96
菏泽市	48.09	0.91
省属企业	1827.30	34.72

（四）国有资产行业分布情况

从国有资产行业分布情况看，主要集中在工业、社会服务业、交通运输业。工业企业国有资产存量1974亿元，占总额的37.51％，其中，煤炭、冶金和机械三类企业的国有资产合计1279亿元，占工业企业的64.81％。交通运输业国有资产存量546亿元，占总额的10.38％。社会服务业国有资产存量1530亿元，占总额的29.07％。

表4　2011年山东省国有资产行业分布情况

行　　业	国有资产（亿元）	占国有资产总量比重（％）
合计（叠加）	5263.29	100.00
一、农林牧渔业	14.37	0.27
其中：农业	7.35	0.14
林业	1.08	0.02
畜牧业	0.64	0.01
渔业	－10.86	－0.21
二、工业	1974.29	37.51
煤炭工业	709.13	13.47
石油和石化工业	11.09	0.21
冶金工业	314.18	5.97
建材工业	30.93	0.59
化学工业	133.34	2.53
森林工业	－1.75	－0.03
食品工业	8.40	0.16
烟草工业		
纺织工业	14.13	0.27
医药工业	10.13	0.19
机械工业	256.05	4.86
军工工业	－0.70	－0.01
电子工业	88.34	1.68
电力工业	109.07	2.07
市政公用工业	251.67	4.78
其他工业	65.49	1.24

续表

行　　业	国有资产（亿元）	占国有资产总量比重（％）
三、建筑业	233.95	4.45
四、地质勘查及水利业	28.66	0.54
五、交通运输业	546.49	10.38
其中：铁路运输业	228.49	4.34
道路运输业	－48.86	－0.93
水上运输业	109.12	2.07
航空运输业	43.76	0.83
六、仓储业	52.24	0.99
七、邮电通信业	4.20	0.08
八、批发和零售业	90.34	1.72
九、金融业	189.62	3.60
十、房地产业	451.42	8.58
十一、信息技术服务业	8.77	0.17
十二、社会服务业	1530.16	29.07
十三、其他行业	138.76	2.64
其中：卫生体育福利业	2.92	0.06
教育文化广播业	95.96	1.82
科学研究和技术服务业	19.93	0.38
机关社团及其他	19.95	0.38

（五）国有资产按企业规模分布情况

山东省5360户国有企业占用的国有资产总量5263亿元，按企业规模分布看，大型企业314户，国有资产1621亿元，占总量的30.80％。中型企业999户，国有资产1282亿元，占总量的24.36％。小型企业2057户，国有资产1739亿元，占总量的33.05％。微型企业1990户，国有资产621亿元，占总量的11.79％。

表5　2011年山东省国有资产经营规模分布情况

经营规模	国有资产（亿元）	占国有资产总量比重(%)
大型企业	1621.01	30.80
中型企业	1282.26	24.36
小型企业	1739.30	33.05
微型企业	620.70	11.79
合　计	5263.29	100.00

三、山东省国有资本保值增值综合分析评价

2011年，山东省企业国有资本保值增值率为107.44%，比上年(110.94%)降低3.5个百分点。

分企业级次看，省属企业国有资本保值增值率为113.03%，比上年降低0.37个百分点，其中，省管企业国有资本保值增值率为113.48%，比上年降低0.31个百分点。市及市以下企业国有资本保值增值率为104.35%，比上年降低5.14个百分点。

从具体行业看，除农林牧渔业、地质勘查及水利业两个行业未实现国有资本保值增值外，其他各行业均实现了国有资本保值增值。批发和零售业国有资本保值增值率最高，为114.72%。

表6　2011年山东省国有企业地区和行业保值增值情况

地　　区	保值增值率(%)	行　　业	保值增值率(%)
全省合计	107.44	合计(叠加)	107.44
省属小计	113.03	一、农林牧渔业	95.96
省管企业	113.48	其中：农业	104.27
省直部门管理企业	110.55	林业	101.19
各市小计	104.35	畜牧业	117.96
济南市	100.29	渔业	109.95
青岛市	105.85	二、工业	112.56
淄博市	101.48	煤炭工业	132.38
枣庄市	118.54	石油和石化工业	117.55
东营市	106.10	冶金工业	111.54
烟台市	108.86	建材工业	95.62
潍坊市	100.88	化学工业	89.83
济宁市	114.55	森林工业	117.46
泰安市	104.38	食品工业	115.06
威海市	96.56	烟草工业	0.00
日照市	99.41	纺织工业	80.32
莱芜市	101.87	医药工业	112.83
临沂市	97.99	机械工业	105.03
德州市	108.15	军工工业	143.21
聊城市	96.48	电子工业	142.18

续表

地　区	保值增值率(%)	行　业	保值增值率(%)
滨州市	100.26	电力工业	95.53
菏泽市	101.52	市政公用工业	95.22
		其他工业	109.65
		三、建筑业	103.46
		四、地质勘查及水利业	98.21
		五、交通运输业	103.78
		其中:铁路运输业	100.93
		道路运输业	114.90
		水上运输业	97.78
		航空运输业	103.10
		六、仓储业	102.41
		七、邮电通信业	110.56
		八、批发和零售业	114.72
		九、金融业	111.03
		十、房地产业	103.91
		十一、信息技术服务业	102.11
		十二、社会服务业	102.34
		十三、其他行业	110.48
		其中:卫生体育福利业	102.32
		教育文化广播业	111.30
		科学研究和技术服务业	115.08
		机关社团及其他	103.99

四、山东省国资委监管企业改革改制情况

企业改制、依法破产工作取得新进展。对一般竞争性领域中缺乏技术、人才支撑和长期亏损的国有中小企业,采取改制、出售、破产、注销等多种方式加快国有资本退出步伐。建立困难企业改革情况调度和报告制度,完善省管企业改制审核程序和流程,加快推进困难企业改制、依法破产工作进程。对省国投公司所属省皮革公司等4户企业研究提出深化改革的意见;组织依法破产联席会议办公室完成了省丝绸集团、医药集团所属9户企业依法破产实施方案的审核;完成12户企业破产法律程序终结、25户省管省属有关企业整体改制和国有股权转让的批复、备案。以新矿集团、枣矿集团等6户省管煤炭企业为基础组建的山东能源集团正式挂牌成立,为增强山东省煤炭企业对外开发能力和市场竞争力注入新的活力。省管企业中小学退休教师移交已经签署移交协议746人,占全部应移交人数的93%。扎实推进解决职教幼教退休教师待遇问题,会同省教育、财政、人社、信访等部门起草了具体的《实施意见》(鲁政办发〔2011〕46号);配套制定《专项资金管理办法》《企业统筹外项目

补助审核办法》。厂办大集体改革稳步推进,代省政府起草《关于厂办大集体改革的实施意见》,在国务院18号文件的基础上,提出省厂办大集体改革的思路和政策,细化工作程序和保障措施。

五、山东省国资委监管企业完善法人治理结构改革进展情况

规范公司治理工作不断推向深入。董事会制度建设步伐加快,体系更加完善,制定《规范省管企业权属公司治理结构的指导意见》,修订印发《山东省国有独资公司外部董事管理办法》,对24户省管企业提交的董事会年度工作报告进行批复。监事会制度建设取得突破,《山东省省管企业监事会管理办法》经省政府常务会议研究通过并发布实施,就省管企业监事会的机构设置及任职条件、职责、工作方式、激励约束、支持保障等方面作出规定。制定《山东省省管企业监事会监督检查报告编报运用办法》,向12户省管企业印发对监事会揭示问题的整改意见,监事会年度监督检查报告的编报运用更加规范。在9户企业监事会开展综合分析制度试点,促进委机关与监事会的信息共享、工作联动。各省管企业进一步健全公司治理结构,规范运行机制,决策、执行、监督的科学性有效性不断提高。泰山保险制定董事会考核经营层的制度办法,对经营层组织实施董事会决议情况严格考核。国投公司逐户修订完善权属企业章程,出台董事、监事、股东代表和财务总监管理办法。

六、山东省国资委监管企业建立和完善经营业绩考核体系情况

全面修订企业负责人业绩考核办法。为引导省管企业在“十二五”时期加快转方式调结构,对《山东省省管企业负责人业绩考核暂行办法》进行全面修订。修订后的考核办法主要体现了六个方面的变化:一是实行任期考核与年度考核相统一的考核方式。统一设置任期考核指标与年度考核指标,均考核经济增加值、利润总额、净资产收益率、总资产增长率等四项基本指标。同时,于任期初一次性确定任期及分年度考核目标,并签订任期及分年度业绩考核责任书。二是建立以经济增加值为主体的考核体系。将经济增加值作为四个基本考核指标之一纳入业绩考核范围,并赋予其最高计分权重(40%),引导企业逐步建立以经济增加值为主体的业绩考核体系。三是实行行业对标考核与标杆企业对标考核相结合的考核方法。继续深化行业对标考核,按企业所处全国同行业等级档次不降低原则确定考核目标;鼓励企业实施标杆企业对标考核,按照较标杆企业差距值缩小原则确定考核目标,引导企业主动向国内外同行业先进水平看齐。四是细化分类考核指标的设置。根据考核企业自身特点、所处行业发展水平及发展规划目标,重点从体现企业主业特点,反映企业潜在能力、资产质量和经营成长的指标中,选择2～3项可量化、可对比、可操作的指标作为分类考核指标,任期内原则上不变。五是实行考核目标提报值与考核目标完成值相结合的计分方法。实行考核目标提报值和考核目标完成值双向计分,其中提报值得分占30%,完成值得分占70%,鼓励企业自我加压,提报具有挑战性的考核目标。六是强化可持续发展能力考核激励。在经营绩效考核中,把当年新增科技投入视同实现考核利润。对于企业在三年考核期内取得重大科技创新成果或获取具有竞争优势的矿产资源但未能在考核结果中得到充分体现的,给予适当加分或提高考核等级。同时,增设任期特别奖,引导企业自觉加大科技投入,切实增强可持续发展能力。

研究确定2011—2013年任期及分年度考核目标。在严格审核确认企业任期初考核指标完成值的基础上,按照考核办法有关规定,逐户核定24户考核企业任期及分年度业绩考核目标。要求企业提报的三年任期考核目标建议值原则上与企业“十二五”规划及三年计划发展目标保持同步,且考核期内各年度考核目标增长幅度应保持相互衔接。对于经济增加值、利润总额等绝对指标,考核目标原则上不低于企业上年完成值,第一年的考核目标值原则上不低于任期初完成值;对于净资产收益率、总资产增长率等相对指标,考核目标值原则上不低于上年所处行业水平,第一年的考核目标原则上不低于任期初发展水平,在进度上基本保证到“十二五”末实现收入、利润、资产总额翻番的目标。经核定,24户考核企业任期末

(2013年)经济增加值、利润总额考核目标分别为247亿元、701亿元，分别较任期初增长42.37%、43.35%；净资产收益率、总资产增长率所处行业水平分别较任期初提高8.52%、7.82%。净资产收益率、总资产增长率等相对指标中，85%的考核目标值将在全国同行业平均值及以上，其中，37%的考核目标达到同行业优秀水平，5%的考核目标达到同行业良好水平，33%的考核目标达到同行业平均水平。

审核确认2010年度及2008—2010年任期考核结果。依据经审核的企业财务决算，严格按照考核办法有关规定，统一客观因素调整原则和标准。同时结合企业全面预算管理、全面风险管理、三项制度改革、人才队伍建设、安全生产、信访稳定等年度及任期主要工作考核目标任务完成情况，审核确认了24户考核企业2010年度及2008—2010年任期经营业绩考核结果。其中，2010年度考核结果中，A级企业9户，B级企业11户，C级企业3户，D级企业1户；2008—2010年任期考核结果中，A级企业9户，B级企业7户，C级企业5户，D级企业3户。

七、山东省国资委监管企业负责人考核与选人用人机制改革情况

一是落实优化领导班子结构各项措施。适应大集团建设和提升经营管理水平的需要，着力优化企业领导班子结构，提升整体功能。分析企业领导班子建设需求，对部分企业领导班子进行了调整充实。2011年任免企业领导人员78名，其中正职33名，交流13名；调整备案管理人员41人。在推荐选拔过程中明确任职方向和专业要求，并重点选拔年轻、有培养潜力和有基层领导经验的人员，优化素质结构和年龄梯次，解决部分企业领导班子新老交替问题。对选拔任用工作各环节和重要情况实行全程记实，进一步提高选人用人公信度和制度化、规范化、科学化水平。

二是不断完善市场化选聘经营管理人员机制。组织海洋投资公司、海运股份公司公开招聘副总经理工作，启动公开招聘省再担保集团总经理、副总经理工作，进一步完善竞聘方案评审、无领导小组讨论、面谈等创新性选聘程序。指导部分企业内部竞争上岗等工作，完善了市场化选聘经营管理人员工作机制。

三是积极探索综合考核评价体系。对企业领导班子和领导人员进行年度考核，结合开展干部选拔任用“一报告两评议”等工作，按照综合考核评价办法，对3户试点企业进行履职评价和公认度考察，努力实现干部考核与工作业绩、经营绩效考核挂钩。

四是强化干部监督促进企业领导人员正确履职。下发《关于做好企业领导人员贯彻落实两项法规工作的通知》，36户企业252人报送个人重大事项。落实关于规范企业领导人员兼职的有关规定，在检查摸底基础上提出清理原则和审批程序。对企业领导人员经济责任审计发现问题进行梳理，对上年度审计结果提出办理意见，确保问题的整改落实。

八、山东省国资委监管企业党的建设和廉政建设情况

以开展庆祝建党90周年系列活动和创先争优活动为契机，促进企业党建工作在创新发展。广泛开展庆祝建党90周年系列活动。下发《关于在省管企业组织开展庆祝建党90周年系列活动的通知》，召开庆祝大会隆重表彰省管企业59个先进基层党组织、70名优秀共产党员和50名优秀党务工作者。省管企业5个基层党组织、5名共产党员和3名党务工作者受到山东省委表彰。组织开展“国企党建创新”征文活动、“学党史、增党性、当先锋”活动，组织党史知识竞赛。深入推进创先争优活动。先后召开省管企业创先争优、争做齐鲁创业先锋活动经验交流会和交流推进会，巡回展示创先争优活动促进企业管理创新、技术创新、服务创新等各项成果，推出先进典型10余个。通过党建带团建、带工建、带妇建等活动，省管企业上下形成组织创先进、党员争优秀、职工群众得实惠的良好局面。推进企业党内民主建设，组织和指导省管企业领导班子和党员领导人员召开民主生活会。扎实做好省管企业出席党的十八大和山东省第十次党代会代表推选工作，贯彻党内民主集中制，确定了代表候选人初步人选。注重抓基层、打基础，整体推进党建日常工作。组织2期共430余人参加的党员发展对象培训班。扎实推进党务公开工作，制定《省管

企业党的基层组织党务公开工作实施方案》和公开目录。健全党内关怀机制,春节前走访慰问40名老模范、老党员、老职工,发放慰问金8万元;"七一"前夕组织企业开展走访慰问老党员、老干部、历年受表彰的优秀党员和生活困难党员活动。

谋划长远系统推进,大力优化企业人才发展环境。遵循国有企业发展规律和人才成长规律,深入推进"人才强企"战略,创新人才工作机制。制定下发《省管企业中长期人才发展规划纲要(2011—2020年)》,提出今后10年省管企业人才工作的总体目标、基本原则、工作重点和政策措施。召开省管企业人才工作会议,系统总结企业人才工作经验,对深入实施"人才强企战略"、制订落实企业人才发展规划、优化人才发展环境、加大高层次创新人才培养引进力度、加强后备人才队伍建设等工作作了全面部署。加大人才工作机制创新力度。落实人才工作目标责任,会同省委组织部印发《山东省省管企业人才工作目标责任制考核办法(试行)》,组织对23户省管企业人才工作进行全面考核。对人才发展机制进行深入调研,起草了《关于建立和完善省管企业人才多通道职业发展机制的指导意见》,在企业人才"双轨制"发展方面进行初步探索。强化高层次人才引进实效。对山东省申报的企业领域海外高层次创新人才资料进行审核,组织泰山学者海外特聘专家进行了评审。聘请专家指导企业申报国家"千人计划",2011年新入选人选1人,另有1人顺利通过初评。组织企业根据发展战略需要,走出去引进人才,在美国洛杉矶和底特律先后召开2场引进海外人才推介会,发布21户企业113个岗位178名海外人才需求信息,与28名海外人才达成签约意向。坚持经营管理人才高端培养,举办中国特色现代国有企业制度系列专题研讨班。以培养具有现代经营管理理念的专业化、国际化人才为目标,选调24名年纪较轻、学历层次较高、发展潜力较大的中高级管理人员赴美进行培训。

稳步推进惩防体系建设,努力巩固反腐倡廉建设成果。深入贯彻山东省委、省政府、省纪委反腐倡廉工作要求,组织召开省管企业纪检监察工作会议。加强省管企业惩防体系建设监督检查力度,会同山东省纪委、省监察厅、省审计厅、省总工会对41户省管企业落实"三重一大"决策制度情况进行检查,推进省管企业"三重一大"决策制度建设和落实。扎实推进党务公开工作,制定《省管企业党的基层组织党务公开工作实施方案》,规范公开内容、形式和程序,省管企业制定公开目录374个、建设党务公开栏1241个、聘请党务公开监督员1523名、设立党组织新闻发言人221人,企业党务公开覆盖面达97%。进一步加大查办案件和信访监督力度。2011年,省管企业纪检监察机构共受理信访举报746件次,立案168起,给予党纪政纪处分139人,54人被移送司法机关,通过查办案件挽回经济损失564.4万元。发挥纪检监察工作在省管企业经营管理中的作用,不断深化效能监察工作,各省管企业围绕经营管理中心任务,共完成效能监察项目375项,提出改进管理建议1800多条,建立完善规章制度700多项,避免或挽回经济损失2.85亿元。突出廉洁文化建设,促进廉洁文化创品牌、进管理、增实效,建立廉洁文化进企业示范点和反腐倡廉教育基地,向山东省纪委推荐并确定4个企业廉洁文化示范点、2个反腐倡廉教育基地。深入开展"以人为本、执政为民"主题教育活动,指导省管企业开展警示和示范教育,先后组织300多名企业领导人员参观全国检察机关惩治和预防渎职侵权犯罪展览,省管企业累计开展廉洁从业活动和革命传统教育1300多场次、6万多人参加。重视纪检监察组织和干部队伍建设,与山东省纪委、省委组织部、省监察厅联合出台《关于加强和改进省管企业纪检监察组织建设的意见》,督促企业健全纪检监察机构,调整充实人员。实施纪检负责人"素质提升工程",先后组织40名省管企业纪检负责人参加中纪委业务培训,提高履职能力。

(撰稿人:曹金亮)

青岛市

一、青岛市国有资产监督管理工作综述

2011年,青岛市国资委认真贯彻落实中央和省、市的决策部署,突出"转型、整合、提升"三大主题,积

极应对复杂多变的经济形势，坚定不移地推进企业改革调整，加大转方式、调结构工作力度，国有经济实现稳步发展。2011 年，监管企业资产总额 3598.02 亿元，同比增长 16.20%；国有资产总额 765.57 亿元，同比增长 26.08%；企业主营业务收入 1582.75 亿元，同比增长 15.19%；利润总额 130.13 亿元，同比增长 0.88%；上缴税金 117.19 亿元，同比增长 18.16%。国有资产保值增值率为 104.35%(已扣除客观影响因素)。

(一)大力推进改革调整，国有资本布局结构进一步优化

国有资本发展布局更加清晰。2011 年 5 月 29 日，出台《青岛市国有企业"十二五"期间转方式调结构实现科学发展规划纲要》，明确"十二五"期间青岛市国有经济发展的指导思想、发展目标、主要任务和规划布局。组织 26 家监管企业完成三年发展规划编制。制定《"十二五"期间青岛市国有企业新兴产业发展工作方案》，确定海信集团、红星化工集团、海湾集团、青钢集团、海润自来水集团、热电集团、华通集团、房产置业集团等 8 家企业为发展新兴产业重点企业。形成《青岛市国有经济培育发展战略性新兴产业调研报告》，确定海信新一代信息技术、红星新能源材料、青钢焊接钢等特钢、海湾石墨新材料等 10 余项重点扶持的新兴产业项目和相关服务项目。

行业布局更趋优化。印发《关于调整确认监管企业主业和重要子企业的通知》，对青岛港集团、青岛国际机场集团、交运集团等 19 家监管企业分两批次进行调整确认企业主业和重要子企业工作。对监管企业实施非主业行业清理整合工作，2011 年共清理整合权属企业 26 户，国有资本的行业分布已从 2010 年 48 个收缩到 45 个。

企业管理层级更加科学。对政府投资类公司三级及以下公司进行清理整合，压缩企业管理层级。完成了包括青岛开源集团隶属关系调整、青建集团国有股权划转城投集团、国风药业国有股权划转华通集团等资产划转工作。推进非主业资产及非战略性股权的剥离重组，采取壳企统管、统一管控、股权托管等模式，清理三级以下非主业企业 22 户。

(二)引导企业转型发展，国有经济活力进一步提升

推动企业加强战略合作。继续推动大企业集团以国际化、品牌化为导向，积极开展战略合作，提升产权多元化水平，增强发展实力。青啤股份投资 24 亿元收购银麦、韶关、紫金滩三家企业并筹建海南新企业，品牌价值突破 500 亿元；海湾集团再度与日本住友株式会社合作，年产 30 万吨的化肥生产线投入运营；青岛港集团"四国八方"投资 21 亿元设立新的集装箱码头公司；海信集团收购美国 AT 公司，向光模块核心技术上游进军，引进全球知名私募基金以及 Ligent 公司，向海信宽带多媒体技术公司投资 2228 万美元。

指导企业投融资发展。指导企业利用资本市场，拓宽融资渠道，灵活融资方式，实现资本有效运作。支持企业债券融资，泰能集团发行企业债券融资 8 亿元；城投集团 17 亿元企业债券发行方案通过初审。支持企业实现增资发展，泰能集团实现增资 5 亿元；港投集团实现增资 9700 万元；青岛港集团实现增资 6000 万元。支持企业进行海外融资，青钢集团在香港组建新公司搭建融资平台，实现境外融资 22.83 亿元。支持企业创新投融资方式，投资各类金融机构，国信集团、国际机场集团投资 18 亿元参与青岛农村商业银行股份有限公司筹建重组；国信集团、华通集团出资 4.3 亿元对青岛银行实施定向增发；国信集团出资 2.1 亿元收购海协信托 28%股权；华通集团所属青岛担保中心、电站阀门作为主发起人出资 8000 万元发起设立小额贷款公司。

鼓励企业自主创新。发挥国有资本经营预算再投入的引导和扶持作用，安排 8%的国有资本经营预算支出用于支持企业科技创新。安排 5000 万元支持海信集团进行技术创新，大力支持海信研发智能电视。2011 年 8 月海信集团发布了全球首款个人智能电视；澳柯玛电动车具有独立知识产权的防冻墙低温增航技术、全寿命电池技术、动力倍增技术达到国际领先水平；双星集团率先创新研制出彩色轮胎，跻身中国轮胎业前五强。

引导企业发展低碳经济。青啤集团废弃物综合利用率 100%，荣获全国"2011 绿金环境奖"；青钢集团实施节能环保技术改造,投资5亿余元的环保洁净钢生产线技改工程、投资4.5亿元的优特钢高线技改工程相继竣工投产,综合能耗显著下降;海湾集团实施离子膜电解槽替代隔膜电解槽烧碱等节能项目,完成节能2.5万吨标煤。

指导企业强化内部管理。实施企业财务预算管理,指导企业建立健全全面预算管理制度。严格控制对外担保,进行企业担保专项监察。强化集团管控制度,强化成本费用行业对标,促进企业内部挖潜、降低成本。引导企业创新管理模式,国有投资公司探索实行事业部加公司制管理模式,建立程序科学、运作规范、监管严格的投融资管控体制;澳柯玛集团推行价值链团队(VCT)运营管理新模式,提高快速反应能力和价值创造能力。

(三)完善各项监管制度,提升出资人履职能力和水平

夯实基础管理。出台《关于企业国有产权管理有关问题的通知》,进一步规范企业国有产权变动行为。对上市公司国有股权的转让、受让行为以及证券账户国有股东标识的添加实施动态监管。市属国有企业产权交易入市率、挂牌交易率均实现100%,完成国有产权交易合同24个,实现价值增值8.7%。印发《关于进一步完善企业国有资产评估管理工作的通知》《关于监管企业评估备案工作有关问题的通知》,在对资产评估备案实行分级管理的基础上,加强对监管企业评估备案工作的监督和指导,共完成资产评估项目审核备案53项,净资产评估增值率55.87%。

完善激励约束机制。突出行业对标考核,每户企业选择2～3项指标与同行业国有企业进行比较,对标结果与企业经营业绩考核结果和负责人薪酬直接挂钩。深化经济增加值(EVA)考核,对全部考核企业实施以价值管理为导向的EVA指标考核。进一步完善对一般竞争类、基础设施类、政府投资类、城市公共服务类等实施的分类考核。组织完成年度经营业绩考核指标核定工作。完成2010年度及2008—2010年任期经营业绩考核与薪酬清算工作。完成海信科龙股权激励方案审核论证及上报备案工作。

健全风险防控体系。利用出资人财务监督信息平台,每月对标分析企业的经济效益、资产质量、财务风险、发展能力,及时发出风险预警提示,强化监管企业财务风险预警。青岛港集团等5家企业财务预算试点工作顺利实施。制定出台《青岛市企业国有资产稽查暂行办法》,重点对企业重大问题决策、重大项目安排、大额资金使用实施检查。拟定《关于加强国有投融资公司风险管控的意见》,将企业自营项目与政府公益项目分离,建立风险隔离机制。督促企业健全法律事务机构,实现国资委系统企业法律事务机构建设率达100%。

加强服务型机关建设。组织实施"能力建设年"活动,明确细化各项落实措施。开展"反思、整顿、创新、创造"处室大讨论,进一步解放思想、统一认识。深入推进处室联系服务企业活动,明确工作计划,制定服务承诺书,建立工作台账,落实各项工作措施。严格政务公开、强化社会监督,认真做好"行风在线"、"民生在线"、"网络在线问政"等活动的答复工作,答复满意率95%以上。

二、青岛市国有资产结构与运营分析

2011年,青岛市共汇编市直及区(市)所属国有独资及国有控股企业(以下简称青岛市国有企业)879户。其中,市直国有企业780户(其中,监管企业533户;政府部门管理企业及非监管企业247户);区(市)国有企业99户。

截至2011年底,青岛市国有企业资产总额4284.31亿元,所有者权益1264.12亿元,国有资产总额942.26亿元。2011年,全市国有企业累计实现销售(营业)收入1936.23亿元,实现利润136.28亿元,全年实际上缴税金130.29亿元。

(一)国有资产结构分析

青岛市国有企业资产总量构成。青岛市国有企业资产总额中,流动资产2157.54亿元,占总资产的50.36%;固定资产净额670.68亿元,占15.65%;在建工程292.32亿元,占6.82%;长期股权投资292.08亿元,占6.82%;无形资产125.88亿元,占2.94%;长期待摊费用等其他资产745.81亿元,占17.41%。

青岛市国有企业所有者权益构成。青岛市国有企业所有者权益总额中,实收资本410.89亿元,占所

有者权益总额的32.50%;资本公积487.6亿元,占38.57%;少数股东权益137.38亿元,占10.87%;未分配利润154.4亿元,占12.21%;盈余公积68.67亿元,占5.43%;一般风险准备等其他权益5.59亿元,占0.44%。

青岛市国有企业资产总额分布结构。青岛市国有企业资产总额中,市直国有企业资产总额3841.76亿元,占青岛市国有企业资产总额的89.67%(其中,监管企业资产总额3598.02亿元,占83.98%;政府部门管理企业及非监管企业资产总额243.74亿元,占5.69%);区(市)国有企业资产总额442.55亿元,占10.33%。青岛市国有企业资产总额中,大型国有企业资产总额2074.88亿元,占青岛市国有企业资产总额的48.43%;中型企业资产总额915.56亿元,占21.37%;小型企业资产总额1195.30亿元,占27.90%;微型企业资产总额98.56亿元,占2.30%。

青岛市国有企业国有资产总额分布结构。青岛市国有企业国有资产总额中,市直国有企业国有资产总额827.17亿元,占青岛市国有企业国有资产总额的87.78%(其中,监管企业国有资产总额765.57亿元,占81.25%;政府部门管理企业及非监管企业国有资产总额61.60亿元,占6.54%);区(市)国有企业国有资产总额115.09亿元,占12.21%。青岛市国有企业国有资产总额中,大型企业国有资产总额423.31亿元,占全市国有资产总额的44.93%;中型国有企业国有资产总额227.39亿元,占24.13%;小微型国有企业国有资产总额291.55亿元,占30.94%。

(二)国有资产运营分析

青岛市国有企业销售收入构成。2011年,青岛市国有企业累计实现销售收入1936.23亿元,其中市直国有企业实现销售收入1852.76亿元,占全市国有企业销售收入的95.69%(其中,监管企业实现销售收入1582.75亿元,占81.74%;政府部门管理企业及非监管企业实现销售收入270.01亿元,占13.95%);区(市)国有企业实现销售收入83.47亿元,占4.31%。

青岛市国有企业利润总额构成。2011年,青岛市国有企业累计实现利润136.28亿元,其中市直国有企业实现利润138.18亿元,占青岛市国有企业利润总额的101.39%(其中,监管企业实现利润130.13亿元,占95.49%;政府部门管理企业及非监管企业实现利润8.05亿元,占5.91%);区(市)国有企业实现利润-1.91亿元,占-1.40%。

青岛市国有企业实际上缴税金构成。2011年,青岛市国有企业实际上缴税金130.29亿元,其中市直国有企业上缴税金125.74亿元,占青岛市国有企业实际上缴税金的96.51%(其中,监管企业上缴税金117.19亿元,占89.95%;政府部门管理企业及非监管企业上缴税金8.55亿元,占6.56%);区(市)国有企业实际上缴税金4.54亿元,占3.48%。

(三)监管企业资产及运营状况

2011年,监管企业资产总额3598.02亿元,同比增长16.20%;国有资产总额765.57亿元,同比增长26.08%;企业主营业务收入1582.75亿元,同比增长15.19%;利润总额130.13亿元,同比增长0.88%;上缴税金117.19亿元,同比增长18.16%。国有资本保值增值率为104.35%(已扣除客观影响因素)。

表1　2011年青岛市所属国有企业指标

项　目	金额(亿元)
资产总额	4284.31
净资产	1264.12
营业收入	2014.97
利润总额	136.28
实际上缴税金总额	130.29

表2　2011年青岛市国有企业户数情况

项　目	2010年	2011年	比上年增长(%)
户数(户)	819	879	7.33

表3　2011年青岛市国有资产地区分布情况

地区	国有资产(亿元)	占国有资产总量比重(%)
区级	115.09	12.21
合计	942.26	100.00

表4　2011年青岛市国有资产经营规模分布情况

经营规模	国有资产(亿元)	占国有资产总量比重(%)
大型企业	808.76	85.83
中型及以下企业	133.50	14.17
合计	942.26	100.00

表5　2011年青岛市国有资产行业分布情况

行业	年末国有资本及权益总额(亿元)	占国有资产总量比重(%)
一、农林牧渔业	0.54	0.06
其中:农业	0.10	0.01
林业	0.11	0.01
畜牧业	0.17	0.02
渔业	0.00	0.00
二、工业	286.04	30.36
煤炭工业	0.00	0.00
石油和石化工业	0.00	0.00
冶金工业	23.81	2.53
建材工业	0.32	0.03
化学工业	49.25	5.23
森林工业	0.00	0.00
食品工业	0.01	0.00
烟草工业	0.00	0.00
纺织工业	3.78	0.40
医药工业	0.00	0.00
机械工业	7.29	0.77
军工工业	0.10	0.01
电子工业	99.01	10.51
电力工业	5.66	0.60
市政公用工业	65.71	6.97
其他工业	31.11	3.30
三、建筑业	18.98	2.01
四、地质勘查及水利业	0.02	0.00
五、交通运输业	219.61	23.31
其中:铁路运输业	0.00	0.00
道路运输业	11.61	1.23
水上运输业	12.45	1.32
航空运输业	25.92	2.75
六、仓储业	3.68	0.39
七、邮电通信业	0.00	0.00
八、批发和零售业	9.22	0.98
九、金融业	16.63	1.77
十、房地产业	137.28	14.57
十一、信息技术服务业	0.00	0.00
十二、社会服务业	233.25	24.75
十三、卫生体育福利业	0.07	0.01
十四、教育文化广播业	14.18	1.51
十五、科学研究和技术服务业	2.74	0.29
合计	942.26	100.00

三、青岛市国有资本保值增值综合分析评价

2011年青岛市国有资本保值增值率为105.85%(未扣除客观影响因素)。从青岛市国有资产涉及的十五个行业看,农林牧渔业、工业、建筑业、地质勘查及水利业、交通运输业、仓储业、批发和零售、金融业、卫生体育福利业、教育文化广播业、科学研究和技术服务业等实现了保值增值;房地产业、社会服务业等没有实现国有资本保值增值。

表6　2011年青岛市国有企业行业保值增值情况

行业	保值增值率(%)
一、农林牧渔业	105.09
其中:农业	107.81
林业	109.18
畜牧业	107.19

续表

行　　业	保值增值率(%)
渔业	0.00
二、工业	111.78
煤炭工业	0.00
石油和石化工业	0.00
冶金工业	100.57
建材工业	103.56
化学工业	102.64
森林工业	0.00
食品工业	59.07
烟草工业	0.00
纺织工业	100.98
医药工业	0.00
机械工业	105.29
军工工业	21.82
电子工业	137.61
电力工业	96.86
市政公用工业	93.37
其他工业	115.30
三、建筑业	103.89
四、地质勘查及水利业	147.98
五、交通运输业	107.08
其中:铁路运输业	0.00
道路运输业	88.78
水上运输业	102.59
航空运输业	105.09
六、仓储业	100.14
七、邮电通信业	0.00
八、批发和零售业	105.76
九、金融业	117.87
十、房地产业	98.75
十一、信息技术服务业	0.00
十二、社会服务业	99.74
十三、卫生体育福利业	100.22
十四、教育文化广播业	109.49
十五、科学研究和技术服务业	115.22

四、青岛市国资委监管企业重组与完善法人治理结构改革进展情况

资产经营公司改革调整顺利完成。将机械总公司、益青公司和二轻总公司的国有权益及权属国有企业划归华通集团，海珊集团划归市纺织总公司，顺利完成资产经营公司改革调整工作。进一步完善改革配套工作体系，将市工业企业托管中心、商业企业托管中心、物资企业托管中心进行整合，成立市企业托管中心，承接资产经营公司调整重组后的遗留问题。

国有投资公司资源整合加快推进。进一步明确功能定位，突出主业板块，对国有投资公司进行资源调整整合，完成了包括青岛开源集团隶属关系调整、青建集团国有股权划转城投集团、国风药业国有股权划转华通集团等资产划转工作。

困难企业改制退出有序推进。完成同泰橡胶厂和橡胶制品厂整体划转市北区工作。组织对84户在程序的破产企业进行清算审计工作。与各区(市)政府对接，加快推进国棉四厂、磁钢厂、电焊条厂等破产企业的土地处置工作，收回土地变现资金5.75亿元。组织落实国家和省关于国有企业职教幼教退休教师待遇的政策规定，牵头制定出台工作方案，完成摸底和宣传工作。

国有老企业搬迁改造工作进展顺利。列入搬迁计划的40户企业已有15户启动搬迁。青岛化工“一南一北”的产业园区规划发展雏形基本形成，海晶化工搬迁改造项目规划论证、土地征用和技术引进工作完成，双桃化工新河新区一期项目即将投入试生产；青钢集团整体搬迁改造计划稳步实施，董家口线棒材优特钢产业基地建设稳步推进。

法人治理结构更加完善。加强外派监督机构建设，推进董事会、党委、经营层、监事会四个平台建设，规范董事会决策职能，发挥党委的政治核心作用，提高经营层执行力。对外派监督工作机构进行调整，向泰能集团、热电集团、海润自来水集团和开源集团4家公用事业类企业和青岛市集体企业联社、青岛市企业托管中心等共6家企业新派驻了监事会，继续保持外派监督工作的全覆盖。深化日常监督检查，组织开展专项检查，

完成24家企业的年度监督检查,对发现的135个问题实行分类提示、限时整改,问题整改率达到85%以上。加强企业人才队伍建设,配合有关部门组织企业家赴台湾地区、新疆研习交流和学习考察。举办"宏观经济形势分析与预测"论坛和"企业管理创新暨全面风险管理战略"论坛,加强对企业高管和技术人才的培训。

五、青岛市国资委监管企业完善经营业绩考核体系与收入分配工作情况

创新完善考核体系。研究拟定《关于进一步加强市管企业经营业绩考核与收入分配管理工作意见》(以下简称《工作意见》),探索完善业绩考核体系,突出同行业对标考核,完善分类考核机制,优化考核指标体系,完善投资金融类和公用事业类企业考核模式。深化经济增加值(EVA)考核,对全部考核企业实施以价值管理为导向的EVA指标考核。鼓励引导企业发展蓝色经济,并将招商引资、自主创新、政府重点项目和重要工作任务等纳入考核体系,引导企业集聚优势资源,做优做强;将企业维护职工合法权益以及安全维稳、社会责任投资、参与扶贫开发、完成政府确定项目任务等履行社会责任情况与经营业绩考核挂钩,引导企业提升社会责任管理水平,实现和谐健康发展。

企业收入分配调控。印发《关于进一步加强监管企业收入分配调控工作的通知》,完善职工工资正常增长机制,分类确定职工人均工资增幅,根据企业所处行业特点、劳动力市场价位、企业经济效益和可承受能力、社会承受度等各方面因素,分别确定了制造类、基础服务类、投资金融类及公用事业类企业的工资增长幅度区间,并严格控制集团公司本部和所属子公司间的收入差距,适度调控低收入企业和职工群体的工资增长,引导企业实现职工工资增长与企业经济效益和可承受能力相适应。建立市管企业职工工资总额增长比例备案制度、企业职工收入报告制度以及企业重大收入分配情况专项报告制度,加强收入分配动态监控。

组织完成试点企业2011年度工资总额预决算工作。组织审核试点企业2010年度预算执行情况。研究提出2011年度工资总额预决算政策,对企业上报的工资总额预算方案,按照"两低于"、"两个总额控制"等原则政策进行严格审核,指导政府投资公司加强人工成本管控,对于新增人员工资支出,由企业报青岛市政府审核同意后列入预算。

开展企业职位薪酬调查。对23家企业集团本部及二级、三级企业,共计318户开展职位薪酬调查,主要调查企业人工成本信息,职工薪酬信息,收入分配制度改革决策信息包括税务缴纳、最低工资信息、应届生薪酬政策等,特别是区分三总师、部门负责人、部门内设机构负责人、基层管理人员、专业技术人员、文员、一线职工等职位类别按最高值、中位值、最低值和平均值进行调查分析,全面掌握监管企业职位薪酬信息,夯实了信息基础。薪酬调查共涉及全市23家市管企业下属的300多户国有企业。从调查情况看,企业人工成本总额同比增长15.3%;职工平均工资同比增长13.02%;在岗职工平均工资同比增长12.31%。在企业经济效益同比增长的情况下,保持了职工工资增长适度、差距合理的收入分配格局,促进国有企业的科学发展。

六、青岛市国资委监管企业负责人考核改革情况

开展年度及任期经营业绩考核与薪酬管理工作。完成2010年度及2008—2010年任期经营业绩考核与薪酬清算工作,选聘10余家中介机构对25家企业年度及任期经营业绩进行专项审计和审计稽查,计算形成企业年度和任期初步考核结果及薪酬奖惩建议。完成2011年度经营业绩考核指标核定工作,并组织25家监管企业签订经营业绩责任书。完成企业2009年度风险绩效年薪收缴暂存工作。

完善业绩考核专项审计稽核模式。在2010年组织青岛港集团、青啤集团、海信集团试点基础上,2011年实施企业年度财务决算审计、业绩考核专项审计及监督检查审计"三审合一",由承担年度财务决算审计的主审所同时提供业绩考核相关数据信息,并据此计算提出企业负责人经营业绩考核初步结果及薪酬初步建议。在此基础上,委托中介机构对企业经营业绩

实施审计稽查,依据审计稽查结果,计算调整企业负责人经营业绩考核结果和薪酬建议。"三审合一"夯实了企业财务决算管理基础,优化了审计资源配置,提升了业绩考核数据信息质量,提高了工作效率。

探索完善企业负责人年度薪酬体系。拟定的《工作意见》落实中央六部委规定,调整基本年薪、绩效年薪、任期激励奖各激励单元的计算方式,完善与业绩考核的挂钩机制;创新分配理念,实施地方税收贡献分类分档超收分享,建立增量收益分享机制,实施强激励硬约束;强化收入分配调控,关注低收入职工工资增长,引导企业关注和提高职工工资收入水平,实现企业负责人薪酬与职工工资收入的协调增长。

探索强化激励与约束力度。拟定的《工作意见》,建立部分绩效薪酬预先发放制度,增强薪酬激励的时效性;实施增量收益分享机制,推动企业提升价值创造能力;对任期激励奖实施上封顶,实行企业负责人风险绩效年薪和50%任期激励奖延期发放制度,在加强激励同时实现了硬约束。

七、青岛市国资委监管企业党的建设和廉政建设情况

企业党建工作扎实推进。实施"国企先锋赞"主题系列活动,庆祝建党90周年;创新企业党建"强基工程"工作考核形式,首次引入"企业交流互评",实现对45家企业考核工作全覆盖;开展"我是岛城先锋"主题实践系列活动,推进"创先争优"活动;青岛市政府国资委、青岛市委组织部联合印发《关于部分国有改制退出企业党组织关系移交属地管理的通知》,将青岛市纺织商厦有限公司等16户企业党组织移交属地;印发《关于切实做好2011年春节前市国资委系统走访慰问送温暖工作的通知》,国资委系统各级党组织共走访慰问困难职工11223人,走访慰问困难党员3122人,走访慰问困难军转干部232人,发放慰问金586.7万元,发放慰问物品价值362.6万元。完成青岛市政府国资委出席市第十一次党代会代表选举工作。推进党务公开工作,制定《青岛市政府国资委党委党务公开工作实施方案》,起草青岛市国有及国有控股企业党务公开目录。

企业廉政建设不断加强。下发《关于推进国有企业廉洁文化建设的指导意见》,促进企业建立廉洁文化的长效机制。督导企业贯彻落实好"廉洁从业"规定和"三重一大"决策制度。印发《关于推行岗位廉政风险防控工作的实施意见》,建立覆盖国资委机关全岗位风险防控机制,制定防控措施622条,开展岗位风险教育930人次。

企业文化建设向纵深推进。制定《新形势下深化我市国有企业文化建设指导意见》,明确加强企业文化建设的目标任务。引导企业积极参与文明城市创建活动。总结推广海湾集团、交运集团、公交集团宏达巴士公司等企业开展思想政治工作的经验做法。编印《企业文化建设专刊》4期。举办国资系统企业文化建设培训班。组织企业参加纪念青岛建置120周年电视知识竞赛活动。开展"创城·国企志愿者在行动"主题活动,组建26个国企特色志愿服务小分队。

国有企业履行社会责任更为积极。国信集团投资、承建、运营的胶州湾隧道竣工通车。城投集团、市政集团投资承建的胶州湾跨海大桥接线工程和胶州湾隧道接线工程竣工投入使用。泰能集团投资1.3亿元实施水清沟热电厂改扩建工程,突出发展天然气业务,年度天然气供应量达2亿立方米。热电集团投资4600余万元实施33个供热项目改扩建,两公司新增供热面积335万平米。交运集团购置校车20辆、更新公交车辆38辆,公交集团更新公交车辆253辆,改善了学生和市民的出行乘车条件。

(撰稿人:高红燕)

河南省

一、河南省国有资产监督管理工作综述

2011年是"十二五"的开局之年。在河南省委、省政府的正确领导下,全省国资监管机构和国有企业深入贯彻落实科学发展观,坚持"四个重在"实践要领,紧紧围绕国务院国资委"两新"目标和河南省"十二五"国资国企改革发展"12346"总体思路,转方式,调

结构,抓改革,强监管,国有经济保持平稳较快发展势头,为河南省经济社会发展作出积极贡献。

(一)克服困难挑战,国有经济持续平稳较快增长

面对复杂的经济形势,河南省国有企业抢抓机遇,积极开拓市场,呈现稳健发展态势。企业发展质量效益稳步提高。11户国企进入中国500强,河南煤化成功跻身世界500强。郑州机场客运吞吐量突破1000万人次大关。中原证券投行业务实现重大突破。国龙物流、郑州交运集团取得国家5A级物流资质。报业集团荣获"中国十大传媒集团"称号。影视集团三部影片获国家大奖。铁路集团单月运量连创新高。各省辖市国资机构监管企业实现规模和效益双提升,资产总额达到2992.4亿元,实现利润45.2亿元。对外开放力度进一步加大。河南保税物流中心封关运营半年来,进出口货物总值近20亿美元。平煤神马化工产品出口20多个国家和地区。郑煤机主导产品远销俄罗斯、蒙古等多个国家。河南国际成功在非洲多个国家开拓市场、配置资源。建设集团承接坦桑尼亚、也门等援建项目。郑州粮批服务领域拓展至河南省多个产粮大县。煤层气公司获得重庆页岩气区块探矿权。企业服务工作更加深入。河南省国资监管机构深化企业服务活动,帮助企业破解要素瓶颈,全力服务企业发展。郑州、安阳、濮阳、周口、三门峡等市围绕企业改制重组等重点工作,强化监管服务,取得积极成效。

(二)加快转变发展方式,可持续发展能力进一步增强

以项目建设为抓手,以科技创新为中心环节,推动企业转型升级迈出新步伐。重大项目建设进展顺利。省管企业在建和竣工固定资产投资重点项目215项,完成投资417亿元,同比增长15.5%。平煤神马年产500吨芳纶等40个项目竣工投产,河南煤化重型装备工业园等一批重大项目有序推进。科技创新取得新成效。省管企业投入研发经费88.4亿元,围绕煤炭深加工、化工、资源节约、环境保护等核心或共性技术,完成科研和新产品项目800多项。安钢集团研制出具有自主知识产权的热轧硅钢产品,打破少数企业的技术垄断。河南煤化的新型瓦斯抽采技术填补国内空白,轴承项目获机械工业一等奖。投资集团开发光伏玻璃新产品取得阶段成果。内部管理得到加强。义煤集团探索新型支护方式,减少投入1.2亿元,吨煤成本降低4.19元。洛硅公司太阳能硅片切割成本有效降低。郑煤集团优化管理流程,完善内控机制。报业集团、物资集团、洛铜集团等企业"管理年"活动取得积极成效。安全生产形势总体平稳。省国资委探索从出资人角度抓好安全生产,强化安全生产指标考核,引导企业安全发展。各企业严格落实"一岗双责"和安全生产责任制,加大重点部位隐患排查力度,煤矿安全生产形势稳定好转。

(三)深化国企改革,企业发展活力不断提升

深入推进企业改革改制,加快转换企业经营机制,打造一批充满活力和竞争力的市场主体。河南省面上国企改革稳步推进。310户企业实施不同形式的改革改制。省属中小企业改制工作基本完成,安置职工7200余人。稳妥推进豫泰公司产权制度改革,启动3户"壳公司"依法破产程序。安阳、商丘、信阳等市通过多种形式加快推进企业改制。市属企业脱钩改制全面推开。175户企业实现与主管部门脱钩和改制,安置职工1.7万人。郑州、洛阳、许昌、鹤壁、漯河等5市基本完成脱钩改制任务,南阳市75%的企业完成脱钩改制任务。稳步推进建设规范董事会试点工作。完善董事会建设相关制度。在总结建设集团试点经验的基础上,有序推进国控公司、中油气、郑州粮批等企业规范董事会试点工作。

(四)上下通力合作,与央企合作取得重大进展

河南省国资系统充分发挥牵头作用,以项目合作、资产重组为主要形式,深入推进与央企战略合作。成功举办重点项目签约仪式。河南省政府与11家央企、6家金融机构总部签订了19项战略合作协议;全省共与央企签订合作项目130项,涉及工业、高新技术、服务业、社会事业、生态环保等多个领域,总投资2898亿元。合作项目进展顺利。河南省与央企合作项目达317个,央企到位资金1461亿元,累计完成投资1318亿元。三大中央通信企业在我省完成投资163亿元。"无线城市群"、"智慧中原"、"光网城市"等高端通讯服务业项目、东风日产郑州60万台发动机等先进制造业项目有序推进。安阳“三新”产业基地、新乡电波科技城、焦作中兵光电产业园、平顶山中原电气城、许昌电气谷、南阳光电产业园等一批高端产业园区加快建设。建立有效的工作机制。省、市两级建立完善联席会议制度。郑州、洛阳、南阳、安阳、新乡等市把央企合作项目纳入市级重大项目管理。洛阳在国资委专设央企联络科。平顶山在联席会议成员单位中增加了国土、环保、规划部门。商丘建立了央企合作项目首席服务官制度。

(五)完善方式方法,国资监管效能不断提高

适应国企改革发展的新形势,进一步健全国资监管体制机制,强化系统建设,国有资产的经营责任有效落实。基础监管不断加强。注重规划管理,省市两级国资监管机构均编制“十二五”规划。强化投资监管,对省管企业年度投资计划进行审核,对固定资产投资和产权转让、收购项目进行备案。加强产权管理,漯河、周口、信阳、驻马店等市坚持产权进场交易。强化财务预决算管理,对监管企业财务预决算进行全面审核。加强省管企业总会计师职责管理,对15户企业总会计师进行履职评估。河南煤化、平煤神马、投资集团、义煤、国控等企业建立总法律顾问制度。业绩考核和薪酬体系不断完善。修订企业负责人经营业绩考核办法,推进EVA考核试点,引导企业提升价值创造能力。全面开展综合绩效评价和国有资本保值增值考核,省管企业2010年度综合绩效处于全国良好水平,3户企业处于全国国有同行业优秀水平,国有资产综合保值增值率达到106%。建立科学的薪酬管理机制,实行职务消费预算制度,进一步规范企业负责人职务消费行为。焦作、新乡、三门峡、济源等市完善企业负责人薪酬制度体系。监事会监督力度不断加强。坚持把集中检查和当期监督、监事会监督检查与会计师事务所审计相结合,检查资产总额4217亿元,揭示问题320项,提出整改建议190条,促进企业规范经营和科学发展。国有资本经营预算工作全面启动。健全完善国有资本收益制度,开展省管企业国有资本收益收缴工作,安排预算支出4.39亿元,带动投资65.98亿元。郑州、焦作、濮阳、周口、南阳、商丘、开封等市资本预算工作已经启动。构建国资监管大格局取得积极进展。建立完善国资工作指导监督体系,在省、市两级成立指导监督地方国资工作领导小组。省国资委以加强与央企合作、企业脱钩改制、平安建设为抓手,进一步密切国资系统沟通合作,不断推动系统融合。积极拓宽领域,将10个省直管试点县纳入指导监督范围。探索建立国资监管综合考评体系,对8个国资监管工作先进单位进行表彰。

(六)推进创先争优,企业党的建设全面加强

以庆祝建党90周年为契机,深入推进创先争优活动,不断加强和改进国企党的建设,为提升企业核心竞争力提供坚强保证。创先争优活动取得新成效。围绕“做科学发展表率,当壮大国企先锋”主题,扎实开展公开承诺、“双百夺旗争星”等系列活动。发挥典型带动作用,举办李文祥先进事迹和省管企业创先争优先进事迹巡回报告会,表彰一大批先进党组织和优秀党员。河南煤化党委被授予“全国先进基层党组织”称号。企业领导班子和人才队伍建设得到加强。对14户省管企业领导班子进行调整充实,启动了郑煤机经理班子竞聘上岗试点工作。完成《河南省企业经营管理人才队伍中长期发展规划》编制工作,全面启动第二批拔尖人才评选工作。基层党组织建设水平不断提高。抓基础、建机制、重融入、促创新,基本实现一线有支部、班组有党员、党建进项目、先锋到基层,充分发挥了党组织的政治核心作用和党员的先锋模范作用。交投集团创新党建模式,在11个在建项目设立临时党委。平煤神马“白国周班组管理法”得到张德江副总理充分肯定。宣传思想文化和群众工作呈现新局面。制定实施意见,加强和改进新形势下国有企业思想政治工作。建立省管企业新闻发言人制度,提高新闻宣传和舆论引导的主动性和时效性。拓宽新闻宣传平台,与河南电视台合作开办了《中原国企》栏目。坚持以党建带团建,组建省管企业团工委。扎实推进平安企业建设,妥善解决突出信访问题,全年共接访522起3450人次,立案调查110件,调解办理101件。党风廉政建设深入推进。开展以《廉政准则》为主要内容的反腐倡廉教育活动,落实党风廉政建设责任制。加强对“三重一大”及廉洁从业规定情况的监督检查,深入推进“小金库”、公务用车、煤炭领域腐败问题的专项治理。立案查处一批涉煤领域腐败案件,对77名违纪违规人员给予党政纪处分。

同时,广大国有企业积极履行社会责任,在保障煤电供应、救灾救援、促进就业、对口支援四川江油、新疆哈密等方面发挥了骨干表率作用。交投集团"绿色通道"年度免征过路费近10亿元。

二、河南省国有资产总量与结构分析

1. 河南省3973户地方国有企业2011年实现营业总收入6821.6亿元,同比增长23.2%;利润总额207.5亿元,同比减少14%;实现增加值1442.1亿元,同比增长16.2%;上缴税金403.3亿元,同比增长11.8%。截至2011年底,资产总额12439.5亿元,较年初增长14.9%;净资产3550.1亿元,较年初增长13.2%。其中省政府国资委监管企业全年实现营业总收入4592.8亿元,同比增长22.5%;利润总额128.2亿元,同比减少20%;实现增加值1033.6亿元,同比增长18.6%;上缴税金293.6亿元,同比增长17.4%。截至2011年底,资产总额6419.8亿元,较年初增长10.6%;净资产1861.1亿元,较年初增长4.1%。

表1　　2011年河南省所属国有企业指标

项　目	金额(亿元)
资产总额	12439.5
营业收入	6821.6
利润总额	207.5
净利润	117.7
归属于母公司所有者的净利润	65.3
本年应交税费总额	417.8

续表

项　目	金额(亿元)
实际上缴税费总额	403.3
所有者权益	3550.1

2. 企业户数有所回升。2003年以来,河南省经济布局结构调整力度不断加大,国有企业改组改制工作逐步深化,一批亏损企业相继关闭破产,国有企业户数总体呈现逐年缩减态势。据统计,全省三级以上国有企业总户数从2003年的7011户减至2010年的3622户,累计净减少3389户,年均递减9.9%。2011年,受河南省煤炭企业兼并重组小煤矿工作的全面开展和全级次上报等因素影响,企业户数较2010年净增加351户,增长9.7%,其中新投资设立244户,全级次上报新增177户。

表2　　2011年河南省国有企业户数

项　目	2010年	2011年	比上年增长(%)
户数(户)	3622	3673	9.7

3. 国有资产不断向中心城市集中。据统计各省辖市国有资产主要集中在郑州、洛阳、焦作、新乡等4个省辖市。4个省辖市的国有资产总量分别占市本级国有资产总量的32.9%、17.7%、10.2%、8.8%,国有资产区域集中度在增强,中心城市集群效应凸显。其余14个省辖市国有企业户数或资产总量出现不同程度的减少,国有经济大部分已从竞争性行业退出,国有经济已不占据主导地位。

表3　　2011年河南省各省辖市国有资产总量分布情况

地　区	户　数	比重(%)	国有资产(亿元)	比重(%)
合　计	2329	100.0	1304.1	100.0
郑州市	383	16.4	429.6	32.9
洛阳市	306	13.1	231.0	17.7
焦作市	90	3.9	133.0	10.2
新乡市	225	9.7	114.4	8.8

续表

地　区	户　数	比重(%)	国有资产(亿元)	比重(%)
漯河市	75	3.2	97.5	7.5
周口市	63	2.7	51.9	4.0
驻马店市	124	5.3	44.4	3.4
南阳市	244	10.5	37.2	2.9
鹤壁市	39	1.7	35.7	2.7
三门峡市	81	3.5	35.6	2.7
商丘市	39	1.7	31.2	2.4
济源市	12	0.5	18.5	1.4
信阳市	170	7.3	17.6	1.3
安阳市	140	6.0	9.2	0.7
平顶山市	127	5.5	8.8	0.7
许昌市	17	0.7	3.6	0.3
开封市	149	6.4	3.1	0.2
濮阳市	45	1.9	1.8	0.1

4. 国有资产逐步向优势产业集中。2011 年，河南省国民经济十五大类行业中，国有资产主要分布在工业和社会服务业两大产业，两大产业国有及国有控股企业总户数为 1711 户，占全省总户数的 43.1%，国有资产总量为 1357.2 亿元，占全省国有资产总量的 63.3%。

表 4　　2011 年河南省国有资产行业分布情况

行　业	户数(户)	比重(%)	国有资产(亿元)	比重(%)
合　计	3973	100.0	2624.0	100.0
一、农林牧渔业	107	2.7	26.7	1.0
二、工业	1260	31.7	860.1	32.8
三、建筑业	147	3.7	130.7	5.0
四、地质勘查及水利业	23	0.6	2.4	0.1
五、交通运输业	124	3.1	395.2	15.1
六、仓储业	679	17.1	3.2	0.1
七、邮电通信业	16	0.4	18.5	0.7
八、批发和零售业	806	20.3	10.9	0.4
九、金融业	22	0.6	186.3	7.1
十、房地产业	81	2.0	106.3	4.1
十一、信息技术服务业	19	0.5	0.6	0.0

续表

行　业	户数(户)	比重(%)	国有资产(亿元)	比重(%)
十二、社会服务业	451	11.3	799.7	30.5
十三、卫生体育福利业	33	0.8	9.5	0.4
十四、教育文化广播业	100	2.5	25.0	1.0
十五、科学研究和技术服务业	69	1.7	37.6	1.4
十六、机关社团及其他	36	0.9	11.3	0.4

5. 国有资产继续向大型企业集聚。2011 年，河南省 3973 户国有企业按规模分：大型企业 157 户，占 4.0%；中型企业 750 户，占 18.9%；小型企业 1225 户，占 30.8%；微型企业 1841 户，占 46.3%。157 户大型企业资产总额 7033.8 亿元，占全部汇总口径资产总额的 43.5%；占用国有资产总量为 1598.3 亿元，占全部汇总口径国有资产总量的 35.4%，均超过三成。中型、小型和微型企业的资产总额分别占全部的 23.2%、20.6%、12.7%，国有资产总量分别占全部的 23.3%、23.5%、17.8%。大、中、小和微型企业的户均资产占用总量分别为 10.1 亿元、1.4 亿元、0.9 亿元、0.4 亿元。

表 5　2011 年河南省国有资产经营规模分布情况

经营规模	国有资产(亿元)	占国有资产比重(%)
大型企业	1598.3	35.4
中型企业	1050.7	23.3
小型企业	1058.0	23.5

续表

经营规模	国有资产(亿元)	占国有资产比重(%)
微型企业	803.9	17.8
合　计	4511.0	100

三、河南省国有企业地区和行业保值增值情况

2011 年底，河南省企业国有资本及权益为 2624 亿元，较年初 2456.7 亿元，增加 167.3 亿元，增长 6.8%，扣除客观因素后国有资产保值增值率为 101.9%。增加的主要因素是无偿划入(152.3 亿元)、国家追加投资(116.8 亿元)、经营积累(107.6 亿元)等；减少的主要因素是其他因素(89 亿元)、无偿划出(71.2 亿元)、经营减值(61.9 亿元)等。经营积累占国有权益增加因素比例仅为 22.5%，反映出河南省国有及国有控股企业依靠自身积累，实现国有资本及权益增长的能力还有待加强。

表 6　2011 年河南省国有企业地区和行业保值增值情况

行　业	保值增值率(%)	地　区	保值增值率(%)
一、农林牧渔业	100.8	平顶山市	111.0
二、工业	102.2	南阳市	106.3
三、建筑业	101.9	商丘市	103.8
四、地质勘查及水利业	109.6	信阳市汇总	103.5
五、交通运输业	100.3	洛阳市	103.4
六、仓储业	536.5	新乡市	101.9

续表

行　业	保值增值率(%)	地　区	保值增值率(%)
七、邮电通信业	105.8	焦作市	101.1
八、批发和零售业	92.8	鹤壁市	101.0
九、金融业	110.2	郑州市	100.9
十、房地产业	105.4	周口市	100.8
十一、信息技术服务业	87.0	漯河市	100.6
十二、社会服务业	100.2	济源市	99.1
十三、卫生体育福利业	130.2	许昌市	98.4
十四、教育文化广播业	105.4	驻马店市	96.2
十五、科学研究和技术服务业	105.3	安阳市	93.5
十六、机关社团及其他	103.1	三门峡市	93.1
		开封市	90.4
		濮阳市	-165.0

四、河南省国资委监管企业股份制改革情况

2011年,河南省国资委加快省管企业公司制、股份制改革步伐,进一步推进企业经营机制转换,打造了一批合格的市场主体。按照"培育改制一批、辅导申报一批、发行上市一批"的工作思路,积极推进省管企业首发上市、整体上市、借壳上市。中原出版传媒成功借壳上市,实现河南省文化企业上市"零"的突破。义煤集团完成煤炭主业上市,并启动再融资工作。河南煤业化工集团收购银鸽投资后,成为银鸽投资的第一大股东。积极推进郑煤集团与郑州煤电的资产置换和增发股份,增强郑州煤电的融资平台功能,促进煤炭类资产实现整体上市。郑煤机发行H股、灵宝黄金回归A股上市工作进展顺利。开展中平能化易成新材料的上市培育,全力支持其做好各项基础性工作。对南阳防爆集团股份有限公司前期改制事项进行确认,完善焦作制动器上市的有关手续,化解了阻碍上市的疑难问题。

五、河南省国资委监管企业并购重组与法人治理结构改革进展情况

并购重组方面。按照市场化、专业化、规模化、集约化要求,推动国有资本向重要行业、优势企业集中,国有资本的聚集效应明显增强。重点重组项目加快推进。河南省实施重点重组项目182项,合同引进资金1047.5亿元,盘活资产38.3亿元,安置就业6.7万人,新建重大投资项目86项。通过省市企业资本重组成立河南民航投资公司。国控公司整合下属24户粮食企业组建豫粮集团。安钢集团与5家民营钢企实施联合重组。兼并重组小煤矿工作基本完成。六大煤炭企业按照"三真"要求,规范操作,累计投入126亿元,派出五职矿长1667人,确保兼并重组工作顺利推进。兼并重组的456处小煤矿中,165处已签订关闭退出协议,205处通过复工复产验收,复产84处。"四资"运作取得积极进展。投资集团筹资106亿元,推进产业产品结构调整。交投集团融资214.9亿元,确保河南省交通基础设施建设。铁投公司创新融资模式,保证客运专线和城际铁路项目建设。中原信托新增信托规模48亿元。农开和国控、文投、水投等企

业积极创新投融资业务。各市探索创新"四资"运作模式,郑州组建建投集团、地产集团,漯河组建公共住房建设投资公司,焦作成功组建"五大投",年内实现融资88亿元。

在法人治理结构改革方面,一是抓好制度建设,指导起草《外部董事管理办法》《董事会规范运作暂行办法》《董事会年度工作报告制度实施意见》等6个董事会工作规范性文件。二是深化省建设集团董事会试点工作,完成5名外部董事的续聘工作。三是逐步扩大试点范围,根据企业实际情况将试点企业调整为国控、粮批、中油气公司,并确定6名外部董事人选。扎实做好企业董事会、监事会换届工作,对安钢集团等4户企业董事会换届进行批复,对平煤神马、郑煤集团、粮食批发市场等企业董事、监事调整的议题进行批复或提出意见。

六、河南省国资委监管企业建立和完善经营业绩考核体系情况

针对考核实践中出现的新情况新问题,修订出台《河南省省管企业负责人经营业绩考核办法》,在坚持目标管理、考核指标"少而精"、"分类考核"、"短板考核"、"对标考核"等考核工作实践证明行之有效的做法的基础上,完善目标确定机制,确保目标确定公平合理,提高业绩考核的精准度;完善考核指标,明确将消化以前年度潜亏、安全投入增量、研发投入增量、政策性因素对利润的影响数等视同利润,客观反映企业经营业绩;探索经济增加值考核,提升股东回报和投资效益;加强对企业安全生产、科技投入、管理创新、节能减排的考核,引导企业科学发展;完善投资和基础设施类企业、金融类企业的考核方法,增强考核办法的适用性;强化考核结果运用,建立有利于企业长期发展的激励约束机制。

七、河南省国资委监管企业负责人考核与选人用人机制改革情况

加强干部工作的基础建设,进一步规范工作程序,完善相关制度。严格企业领导班子日常管理,在出国审查把关、外出学习锻炼等方面,严格按制度和规矩办事,堵塞漏洞,规范提高。会同河南省委组织部对省管企业领导班子管理体制进行深入研究,积极提出相关建议,为理顺省管企业干部管理体制打下坚实基础。认真做好企业领导班子考察调整工作,组织或参与对河南煤化、中平能化、安钢集团、投资集团、义煤集团、煤层气公司、洛单公司、中原信托、国合集团等13户企业领导人员调整进行考察,重点做好前期酝酿准备和有关基础工作。对省管企业领导人员职位职数设置问题进行认真研究。定期对省管企业班子现状和存在问题进行梳理,为河南省委决策提供参考。

八、河南省国资委监管企业党的建设和廉政建设情况

以科学发展观统领党风和反腐倡廉建设,坚持标本兼治、综合治理、惩防并举、注重预防的方针,严格执行反腐倡廉责任制,突出有效监督,突出源头治理,突出查办案件,努力拓展从源头上防治腐败的工作领域,为省管企业平稳较快发展、实现国有资产保值增值提供了强有力的保证。一是党委高度重视,把反腐倡廉建设摆上重要位置。委党委多次召开党委会研究重大问题,分析企业反腐倡廉工作形势。在年初召开的河南省国资系统工作会上,把反腐倡廉与国资监管、企业改革发展等中心工作一起研究,专题部署。与河南省纪委共同召开1000多人参加的全省国有企业反腐倡廉工作会议,河南省委常委、省纪委书记尹晋华同志和副省长陈雪枫同志到会作了重要讲话,对贯彻落实反腐倡廉若干意见的43项任务进行全面部署。二是落实领导责任,全面贯彻党风廉政建设责任制。指导省管企业认真落实反腐倡廉建设工作的要求,签订责任书921份,考核二级企业819户,中层以上干部8101人作出廉政承诺;落实责任追究145人,其中中层以上47人,受到经济处罚48人,纪律处分111人。三是强化制度建设,整体构建国有企业惩治和预防腐败体系。强化监督检查,督促省管企业贯彻落实河南省《实施办法》和《河南省省管企业惩防体系总体框架》。各企业把构建惩防腐败体系列入重要日程,将反腐倡廉工作渗透到生产经营的各个层面,建

立惩防体系机制45项。四是加强反腐倡廉教育，扎实推进领导干部廉洁自律。加强党员领导干部《廉政准则》学习教育，组织省管企业2万余人参加的《廉政准则》知识竞赛活动；结合纪念建党90周年，开展反腐倡廉宣传教育月系列教育活动。大力开展廉洁文化教育，组织反腐倡廉展演优秀节目深入省管企业汇演，使廉洁文化深入人心。对执行廉洁自律各项规定开展经常性监督检查，对违反规定收送现金、有价证券、公车私用、公款高消费娱乐活动等四个方面、七种行为进行了监督检查和重点整治。同时结合节假日进一步加强廉政教育，多数企业在节假日派出检查组明察暗访，督促领导干部廉洁自律。五是深入开展专项治理，全面推进反腐倡廉各项工作。深入开展"小金库"专项治理，对查实的小金库有关责任人进行追究。开展超标准使用公务用车专项治理，成立专门机构，下发《公务用车清理登记实施办法》，省管企业共清理登记公务用车4504辆。严格开展煤炭领域腐败问题专项治理，受理涉煤领域腐败案件156件，立案25件，给予党政纪处分69人。规范和整顿庆典(研讨会、论坛)等各类活动。六是强化监督检查，拓宽反腐败源头治理领域。规范企业在建工程项目和物资采购招投标活动，对排查出的招标单位资质低等21个问题进行督办整改。结合专项治理规范招投标工作，将50多家有违规违纪行为的供应厂商列入"黑名单"，同时新建规章制度125个，修订制度313个。围绕重点领域和关键环节深入开展效能监察，挽回经济损失1.61亿元，节约资金6.3亿元。七是加大信访和查办案件工作力度。2011年共接待群众来访160人次，收到群众反映和上级交办信函131件，转交企业和省辖市国资委查处98件，办结89件。省管企业处理信访举报501件，初核429件，立案173个，结案173个，给予党政纪处分409人，移交司法机关10人。

(撰稿人：曾宪报、李会展)

湖北省

一、湖北省国有资产监督管理工作综述

2011年，湖北省国资委紧紧围绕服务湖北科学发展、跨越式发展的大局，转变发展方式，提高配置效率、提高监管能力、提高党建水平，全面推进国资监管各项工作，促进了湖北省国有经济又好又快发展。

(一)国有出资企业基本情况

截至2011年，全省列入统计的各级国有及国有控股企业(不含中央在湖北企业)共2376户，资产总额11937.91亿元。省、市(州)、县(市、区)国资监管机构共监管国有及国有控股企业381户(一级企业)，监管企业总资产9360.20亿元，净资产2987.45亿元，职工33.24万人。

省出资企业状况。省出资企业39户纳入决算管理，职工6.68万人；资产总额3018.68亿元，同比增长133.05%；净资产1101.41亿元，同比增长157.18%；平均资产负债率63.51%，同比下降4.60个百分点；累计完成工业总产值485.02亿元，同比下降18.91%；累计完成工业增加值107.58亿元，同比增长54.35%；实现营业收入790.87亿元，同比增长24.33%；实现利润27.84亿元，同比增长30.09%。

市州出资企业状况。17个市州国资委(局、办)纳入统计范围的监管企业户数增至161户，比上年增加10户；职工23.30万人；资产总额5078.06亿元，同比增长18.18%；净资产1484.39亿元，同比增长29.50%。全年累计完成工业增加值327.20亿元，同比增长81.17%；实现营业收入1249.93亿元，同比增长29.23%；实现利润121.15亿元，同比增长53.45%。

县(市、区)国资监管机构监管企业181户，企业总资产1263.46亿元，净资产401.65亿元，职工3.25万人。全年累计完成工业增加值29.58亿元，实现营业收入167.28亿元，实现利润8.96亿元。

(二)国有资产监督管理基本情况

1. 加强指导监督,构建“大国资”体制。一是国资监管机构进一步健全。2011 年,3 个县(市、区)明确了国资监管责任主体,全省 130 个县级以上行政区划单位中累计已设立 128 个国资监管机构,其中:省级国资监管机构 1 个(省政府直属特设机构);市(州)级国资监管机构 17 个(独立设置的有 12 个,与其他部门合署办公的有 5 个)、县(市、区)级国资监管机构 110 个(独立设置的有 5 个、与其他部门合署办公的有 98 个、作为其他部门内设机构的有 7 个)。二是国资监管范围进一步扩大。湖北省市(州)国有资产监管主要分为四种类型:第一类为监管各类国有资产(包括经营性资产、行政事业资产),具体为鄂州市、潜江市、仙桃市。第二类为监管企业国有资产(包括金融类国有资产),具体为武汉、宜昌、襄阳。第三类为监管非金融类企业国有资产,具体为黄石、十堰、荆州、荆门、孝感、随州、黄冈、咸宁、恩施州和神农架林区。第四类为监管行政事业类资产,为省直管的天门市。

2. 加强国资监管,构筑“大防控”体系。一是完善制度体系。2011 年 5 月 26 日,湖北省第十一届人民代表大会常务委员会第二十四次会议审议通过《湖北省企业国有资产监督管理条例》,2011 年 8 月 1 日起施行。同年,制定《省国资委出资企业经济增加值年度考核试行办法》(鄂国资规〔2011〕1 号)、《省国有资产监管工作指导监督实施办法》(鄂国资规〔2011〕2 号)、《省国资委出资企业实施股权激励暂行办法》(鄂国资规〔2011〕3 号)、《省出资企业境外国有资产监督管理暂行办法》(鄂国资规〔2011〕4 号)、《省出资企业境外国有产权管理暂行办法》(鄂国资规〔2011〕5 号)、《省出资企业高风险投资业务管理暂行办法》(鄂国资规〔2011〕6 号)、《省国资委出资企业总法律顾问履职评议办法(试行)》(鄂国资规〔2011〕7 号)、《湖北省国资委出资企业工资总额预算管理办法》(鄂国资规〔2011〕8 号)、《湖北省国资委出资企业负责人经营业绩考核办法》(鄂国资规〔2011〕9 号)9 个与《条例》相配套的规范性文件。二是加强企业法律风险防范。全年协调重大法律纠纷 16 起,直接涉案金额 5 亿元,避免和挽回经济损失近 2 亿元。审核出资企业 240 项股东会、董事会议案。健全总法律顾问制度,出台《关于进一步加强企业法律顾问制度建设防范法律风险的意见》(鄂国资法规〔2011〕27 号)、《湖北省国资委出资企业总法律顾问履职评议办法(试行)》(鄂国资规〔2011〕7 号)。加强总法律顾问队伍建设,全省 175 户地方重点国有企业中,设立法律事务机构的 115 户、占 66%,实行总法律顾问制度的 109 户、占 62%,共配备法务工作人员 318 人。省国资委出资企业配备的总法律顾问全部进入企业领导班子。三是加强国有产权管理。审核 14 户企业 41 个资产评估项目;办理上市公司国有股权质押备案 13 项,质押 1.73 亿股,融资 12.04 亿元。办理国有产(股)权划转及转让 26 项,推动国有资产有序流转。四是加强产权市场建设。出台《湖北省人民政府关于进一步加强湖北产权市场建设的意见》(鄂政发〔2011〕42 号)。武汉光谷联合产权交易所将 7 个市(州)的产权交易机构改为其控股子公司,新组建武汉股权托管交易中心有限公司、武汉城市矿产交易所,获批开展中央企业实物资产进场交易业务。全年全省产权交易机构交易项目 2030 项,交易额 681.78 亿元。省出资企业国有产权转让进场交易率 100%。五是加强国有资本经营预算管理。省及部分市(州)国有资本经营预算体系基本构建,省级国有资本经营预算收支规模突破 10 亿元。六是加强财务监督管理。2011 年,在外购费用项目价格不断上涨的情况下,企业百元营业收入发生的销售及管理费用同比下降 0.46 元,节省费用 14.1 亿元;财务决算合格率达 97.5%;指导全省 13 个市(州)国资委建立独立的国有资产统计工作体系,30 个县(市、区)共 109 户企业纳入财务快报范围,监测范围从地市级延伸到县级监管企业;在财务审计监督方面,对 16 户企业负责人开展任期和离任经济责任审计;在资金管控方面,推行资金集中管理,积极支持省出资企业通过发行企业债、公司债、中期票据、信托产品等方式直接融资 67 亿元。七是加强监事会当期监督。对监事会派驻企业进行第三轮换届调整,向 16 户省属国有独资企业外派监事会,向 11 户控(参)股企业推荐(提名)监事会主席、监事,完成对 16 户省属国有独资企业 147 户母子公司的年度监督检查。

3. 加强央企对接,增创“大招商”优势。以《湖北省国有经济结构调整和发展“十二五”规划纲要》为指导，加强与中央企业对接合作。3月5日和9月19日，在北京和武汉分别举办"2011湖北—中央企业共谋发展论坛"和"湖北省与中央企业深化合作暨项目签约仪式"。2011年，湖北省政府与中央企业签订战略合作协议15个，协议总投资额2325亿元；市州政府、省出资企业与中央企业签订项目合作协议96个，总投资额4126.69亿元，年内32个项目开工，涉及投资额1006.57亿元。

4. 加强平台建设，发挥"大资本"的功能。3月1日，湖北省人民政府出台《关于加强管理促进省级国有投融资平台公司规范发展的试行意见》(鄂政发〔2011〕14号)，从明确功能定位、理顺管理体制、完善治理结构、建立补偿机制、规范经营管理5个方面作了相关规定。截至2011年底，5家省级国有投融资平台公司(湖北省联合发展投资集团有限公司、湖北省鄂西生态文化旅游圈投资有限公司、湖北省长江产业投资有限公司、湖北省交通投资有限公司、湖北省高新技术产业投资有限公司)合计注册资本88.74亿元(其中省政府出资59.54亿元)，资产总额2145.23亿元，净资产836.85亿元，平均资产负债率60.99%；累计实施项目498个，完成投资686.29亿元；累计完工项目445个，投资额361.35亿元；累计带动社会投资2050.07亿元；累计融资552.11亿元；实现营业收入47.07亿元，实现利润7.94亿元，上缴税金4.59亿元，同比分别增长55.35%、17.98%、102.2%。地方投融资平台公司部分由同级国资监管机构履行出资人职责，部分由相关政府部门代行出资人职责。2011年，50家地方投融资平台公司合计注册资本282.8亿元，资产总额3773.7亿元，净资产1282.81亿元，平均资产负债率66.01%；累计完成投资2969.52亿元，累计带动社会投资5854.66亿元，累计融资2655.09亿元；实现营业收入217.35亿元，实现利润57.25亿元，上缴税金14.82亿元。

二、湖北省国有资产总量与结构分析

截至2011年底，全省国有及国有控股企业(不含中央在湖北企业，下同)共有2376户，资产总额11937.91亿元，同比增长47.11%；负债总额8384.11亿元，同比增长39.46%；所有者权益3553.80亿元，同比增长68.95%；实现营业收入2581.11亿元，同比增长28.26%；实现利润总额204.84亿元，同比增长49.85%(其中：净利润164.67亿元，同比增长51.63%；归属于母公司所有者的净利润119.49亿元，同比增长52.41%)；国有资产总量3043.06亿元，同比增长74.75%；应交税金总额150.97亿元，同比增长20.20%；实际上缴税金总额140.71亿元，同比增长20.06%。

表1　2011年湖北省国有及国有控股企业指标情况

指　标	金额(亿元)
资产总额	11937.91
负债总额	8384.11
所有者权益	3553.80
营业收入	2581.11
利润总额	204.84
净利润	164.67
归属于母公司所有者的净利润	119.49
国有资产总量	3043.06
应交税金总额	150.97
实际上缴税金总额	140.71

表2　2011年湖北省国有及国有控股企业户数情况

项目	2010年	2011年	比上年增长(%)
户数(户)	2135	2376	11.29

(一)国有资产地区分布

2011年全省国有及国有控股企业共2376户，其中，省直企业618户，各市(州)企业1758户。全省国有资产总量为3043.06亿元，其中，省直企业1119.39亿元，各市(州)企业1923.67亿元。

表 3　　2011 年湖北省国有资产分布情况

分　布	户数(户)	比重(%)	国有资产(亿元)	比重(%)
合　　计	2376	100.00	3043.06	100.00
省直企业	618	26.01	1119.39	36.78
市(州)企业	1758	73.99	1923.67	63.22

湖北省国有资产主要集中于省内长江沿岸及几个工业城市。省直企业国有资产总量 1119.39 亿元,武汉市企业国有资产 922.55 亿元,黄石市企业国有资产 251.23 亿元,宜昌市企业国有资产 210.50 亿元,襄阳市企业国有资产 123.84 亿元,黄冈市企业国有资产 92.40 亿元,恩施州企业国有资产 78.22 亿元,孝感市企业国有资产 72.63 亿元,荆州市企业国有资产 67.73 亿元,上述国有资产总量合计 2938.48 亿元,占全省国有资产总量的 96.56%。国有资产总量超过 10 亿元的 4 个地市是咸宁市、随州市、十堰市、荆门市,其他地市国有资产总量不到 10 亿元。

表 4　2011 年湖北省国有资产地区分布情况

地　区	国有资产(亿元)	占国有资产总量比重(%)
合　计	3043.06	100.00
省本级	1119.39	36.78
武汉市	922.55	30.32
黄石市	251.23	8.26
十堰市	18.43	0.61
宜昌市	210.50	6.92
襄阳市	123.84	4.07
鄂州市	0.12	0.00
荆门市	16.37	0.54
孝感市	72.63	2.39
荆州市	67.73	2.23
黄冈市	92.40	3.04
咸宁市	32.66	1.07
随州市	28.07	0.92
恩施州	78.22	2.57

续表

地　区	国有资产(亿元)	占国有资产总量比重(%)
仙桃市	0.47	0.02
潜江市	4.90	0.16
天门市	1.40	0.05
神农架林区	2.15	0.07

(二)国有资产行业分布

2011 年,全省国民经济 16 个行业,国有资产主要分布在建筑业和社会服务业。建筑业国有资产总量 701.11 亿元,占全省总量的 23.04%;社会服务业国有资产总量 1219.04 亿元,占全省总量的 40.06%。两个行业合计占全省企业国有资产总量的 60%以上。

表 5　2011 年湖北省国有资产行业分布情况

行　业	国有资产(亿元)	占国有资产总量比重(%)
合　　计	3043.06	100.00
农林牧渔业	28.16	0.93
工业	350.44	11.52
建筑业	701.11	23.04
地质勘查及水利业	12.02	0.39
交通运输业	164.55	5.41
仓储业	10.30	0.34
邮电通讯业	12.53	0.41
批发零售业	38.52	1.27
金融业	93.31	3.07
房地产业	249.84	8.21
信息技术服务业	33.43	1.10

续表

行　业	国有资产（亿元）	占国有资产总量比重(%)
社会服务业	1219.04	40.06
卫生体育福利业	43.32	1.42
教育文化广播业	79.54	2.61
科学研究和技术服务业	6.83	0.22
机关社团及其他	0.14	0.00

2011年末，湖北省国有及国有控股企业户数2376户。按企业规模划分：大型企业68户，占全省国有及国有控股企业户数的2.86%；中型企业388户，占16.33%；小型企业893户，占37.58%；微型企业1027户，占43.22%。大型企业国有资产总量为390.22亿元，占12.82%；中型企业国有资产总量为1105.02亿元，占36.31%；小型企业国有资产总量为1184.22亿元，占38.92%；微型企业国有资产总量363.60亿元，占11.95%。

表6　2011年湖北省国有规模企业经济指标

经营规模	资产总额（亿元）	主营业务收入（亿元）	国有资产总量（亿元）
大型企业	3281.48	1321.23	390.22
中型企业	3880.48	838.71	1105.02
小型企业	3063.73	343.94	1184.22
微型企业	1712.22	18.62	363.60
合　计	11937.91	2522.50	3043.06

表7　2011年湖北省国有资产经营规模分布情况

经营规模	国有资产（亿元）	占国有资产总量比重(%)
大型企业	390.22	12.82
中型企业	1105.02	36.31
小型企业	1184.22	38.92
微型企业	363.60	11.95
合　计	3043.06	100.00

按隶属关系划分，在省直企业中，大型企业23户，占3.72%；中型企业113户，占18.28%；小型企业255户，占41.26%；微型企业227户，占36.74%，微小型企业占省直企业户数的78%。

市(州)企业中，大型企业45户，占2.56%；中型企业275户，占15.64%；小型企业638户，占36.29%；微型企业800户，占45.51%，微小型企业占市(州)企业户数的81.8%。

从经营规模看，456户大中型企业资产总额7161.96亿元，占全省国有及国有控股企业资产总额60%，平均资产达到15.71亿元。

三、湖北省国有资本保值增值综合分析评价

(一)国有资产增减变动原因

2011年末，湖北省国有资产总量为3043.06亿元，同比增长74.75%。增加因素有国家、国有单位直接或追加投资、无偿划入、经营积累、资本(股票)溢价、中央和地方政府确定的其他因素、会计调整增加、资产评估增加等，其中无偿划入688.92亿元(主要为2011年度清产核资划转国资委资产)，占国有资产增加总量的58.73%；国家追加投资225.40亿元，占国有资产增加总量的19.22%。减少因素有中央和地方政府确定的其他因素、经国家专项批准核销、企业按规定上缴红利、经营减值、消化以前年度潜亏和挂账而减少、无偿划出和产权界定减少等，其中经营减值31.16亿元，占国有资产及权益减少总量的17.05%。

表8　2011年湖北省国有资产及权益增减变动情况

国有资本及权益增减变动情况		金额(亿元)	比例(%)
一、主要增加因素		1173.03	100.00
1	国家、国有单位直接或追加投资	225.40	19.22
2	无偿划入	688.92	58.73
3	资产评估增加	30.08	2.56
4	清产核资增加	14.79	1.26
5	产权界定增加	0.74	0.06

续表

国有资本及权益增减变动情况		金额(亿元)	比例(%)
6	资本(股票)溢价	78.54	6.70
7	接受捐赠	0.19	0.02
8	债权转股权	0.50	0.04
9	税收返还	0.51	0.04
10	补充流动资本	1.94	0.17
11	减值准备转回	0.00	0.00
12	会计调整	4.96	0.42
13	中央和地方政府确定的其他因素	13.45	1.15
14	经营积累	113.02	9.63
二、主要减少因素		182.81	100.00
1	经国家专项批准核销	2.59	1.42
2	无偿划出	22.51	12.31
3	资产评估减少	0.33	0.18
4	清产核资减少	1.14	0.62
5	产权界定减少	2.79	1.53
6	消化以前年度潜亏和挂账而减少	3.42	1.87
7	因自然灾害等不可抗拒因素减少	0.01	0.01
8	因主辅分离减少	0.00	0.00
9	企业按规定上缴红利	20.44	11.18
10	资本(股票)折价	6.59	3.6
11	中央和地方政府确定的其他因素	91.83	50.23
12	经营减值	31.16	17.05

(二)国有资产保值增值结果及影响因素分析

2011年,在国际金融危机再掀波澜、国内经济运行环境复杂,宏观经济不景气、银行信贷紧张、银行利率连续上调,企业经营面临重重困难的复杂环境下,企业加强经营与管理,全省国有资产保值增值率达104.11%。

2011年,全省国有及国有控股企业中,盈利企业1474户,占总户数的62.04%,实现利润239.20亿元,同比增加41.20亿元,增长20.80%;亏损企业902户,亏损面37.96%,亏损额74.54亿元。

2011年,全省国有企业实现利润总额204.84亿元,同比增加68.14亿元,利润增长率为49.85%。净资产收益率5.50%,连续五年实现国有企业整体盈利。

四、湖北省国资委监管企业股份制改革情况和脱钩改制情况

(一)推进出资企业公司制股份制改革

2011年,省国资委先后推进8家企业改制。省良友畜禽公司由有限责任公司改制为股份公司;湖北自动化研究所实行转企改制,20%的国有股由省高新技术产业投资有限公司代持,80%的股份由管理层和员工收购;洪山宾馆、湖北饭店由国有独资企业改制为湖北省鄂西生态文化旅游圈投资有限公司的全资子公司;三环集团武汉客车厂引入战略投资者,由国有独资企业改制为国有参股公司;湖北省航道工程公司、湖北利航交通开发公司、湖北省水运工程咨询监理公司合并重组为一家国有独资公司。武汉市国资委完成全市85户集体企业改革改制,全力推进金属压延厂、江北铸造厂等5户困难企业政策性破产工作,对3600多名职工进行分流安置。襄阳市国资委改革后续工作进展顺利,新增破产结案企业23户;襄樊电力开发总公司改制为襄阳能源有限公司,出资人由襄樊市城投公司变更为襄阳市国资委。

(二)推动企业上市提高资本证券化率

2011年,骆驼股份(襄阳市)、天喻信息(武汉市)、华中数控(武汉市)、鼎龙股份(武汉市)、宜昌交运(宜昌市)、三丰智能(黄石市)6家国有控(参)股企业在证券市场首发上市,共募集资金41.07亿元。大冶有色金属股份有限公司在香港联交所上市获得核准;湖北省联合发展投资有限公司相对控股上市公司东湖高新,持有14.36%股权。湖北省能源集团再融资的方案上报中国证监会;武汉市经济发展投资(集团)有限公司发起设立循环产业基金管理公司,首期基金规模50亿元;湖北安琪酵母股份有限公司定向增发2400

万股，融资8.3亿元。

（三）推动新一轮脱钩改制

一是研究制定《湖北省省直托管企业退出工作规划》，计划到“十二五”末，采取整体转让重组、依法破产、清算注销三种方式使105户托管企业全面退出市场。二是完成省级部分交通资产划转。11月23日，湖北省交通厅和湖北省交通投资有限公司签署《资产移交协议》，1379.56亿元交通资产正式移交湖北省交通投资有限公司。三是部分地市脱钩改制力度加大。荆门市将涉及粮食、住建、交通、商务、农业、林业、教育7个部门的26户国有企业授权荆门市国资委履行出资人职责。咸宁市全面推进市直商贸系统有经营性资产的70户企业脱钩改制，安置职工5700人，职工国有身份退出率81.8%。

五、湖北省国资委监管企业重组与完善法人治理结构改革进展情况

（一）企业重组情况

1. 出资企业之间的重组整合情况。省出资企业重组：一是三环集团公司与深圳宝丰实业公司重组，将湖北省国资委持有的深圳宝丰实业公司68.55%国有股权无偿划转给三环集团公司。二是省工业建筑集团有限公司与中南勘察设计院（湖北）有限公司重组，将湖北省国资委持有的中南勘察设计院（湖北）有限公司51%的国有股权无偿划转给省工业建筑集团有限公司。三是种子集团与省宏泰国有资产经营有限责任公司重组，将湖北省国资委持有的种子集团30%国有股权委托省宏泰国有资产经营有限责任公司持有。四是省自动化研究所与省高新技术产业投资有限公司重组，将省自动化研究所20%的国有股权交由省高新技术产业投资有限公司持有。五是省冶金科学研究所与省长江产业投资公司重组，省冶金科学研究所整体划转给省长江产业投资有限公司。六是将湖北省高速公路实业开发有限公司、湖北捷龙交通运业有限公司、湖北远大交通实业发展有限责任公司、湖北海陆景置业发展有限公司、湖北省公路工程咨询监理中心划转湖北省交通投资有限公司。七是将湖北新大地酒店、省建筑标准设计院划转省联合发展投资集团有限公司重组。

市州出资企业重组：武汉市国资委将4家房地产开发企业整体划转（托管）至武汉市地产集团（武汉市房地产开发公司、武汉市住宅开发公司、武房股份公司的国有产权划转到武汉市地产集团，扬子江公司交由武汉市地产集团托管），打造武汉市保障性住房建设开发平台；推动港务集团与新港投集团股权融合，将武汉市国资委持有的港务集团47.24%股权中的21.24%作为对新港投集团的增资，提高集团融资能力，减少同业竞争。宜昌市国资委推动酒店业兼并重组，促进峡州酒店管理集团做大做强。宜昌兴发集团重组宜昌磷化有限公司，磷矿资源综合利用得到提升。宜昌交运集团对长阳、枝江、宜都、五峰4个县（市）国有道路客运企业进行兼并重组。

2. 出资企业对外并购重组情况。三环集团开展收购美国通用轴承股权工作；与克拉斯、法国赛科等国际知名企业进行电动车、新型商用汽车和农业机械项目合作。襄阳市旅游发展公司与上海星信捷投资有限公司合资成立市旅游投资有限责任公司，搭建旅游投融资平台。襄阳市水务集团从三峡新能源公司收购宜城江河供水有限责任公司全部股权，促进城市供水一体化进程。宜昌物资集团收购车溪风景区，实现青龙峡、车溪风景区的整合。

3. 出资企业引资重组情况。大冶有色金属集团控股有限公司增资扩股，引进中国有色矿业集团有限公司投资33.6275亿元。湖北省高新技术产业投资公司引进中信逸百年资本有限公司、富煜（天津）股权投资管理有限公司投资10亿元，设立湖北高富信股权投资基金。武汉乔治重工锻造有限公司引进中广核工程有限公司投资10.6亿元，在中广核湖北核电产业工业园建设核电装备配套项目。湖北省粮油进出口公司引进中国信达资产管理公司湖北分公司投资1.8亿元。湖北省粮油（集团）有限责任公司引进湖北中储粮粮油收储有限公司投资5亿元，拓展粮油收储业务。南方集团引进中央新闻纪录电影制片厂（集团）、湖北碧海置业有限公司投资60亿元，开发建设华中影视文化产业基地。中国长江动力公司（集团）引入航天科技集团投资30亿元，共同打造航天科

技航天装备制造中心。武汉重工集团引入中国兵器工业集团公司投资40亿元,设立重型装备集团。武汉城市一卡通有限公司引进神州数码八达通公司注资8000万元。襄阳高新科技股份有限公司引进三江航天集团武汉房地产开发有限公司投资50亿元,建设襄阳科技城。襄樊水务集团有限公司引入中环保水务投资有限公司投资4.5亿元,重组成立襄阳中环水务有限公司。

(二)完善法人治理结构情况

1. 规范董事会建设。一是完善政策。研究制定《湖北省国资委出资企业董事会建设指导意见(试行)》(鄂国资改组〔2011〕456号),明确了董事会建设"一个覆盖、四个规范"的工作体系。二是扩大试点。按照成熟一家、启动一家的原则,新增三环集团、省工业建筑集团有限公司为试点企业,从规范职责权限、规范董事结构、规范运行规则、规范评价考核等方面推进试点企业建立规范董事会。三是合理授权。对公司法人治理结构完善、外部董事过半、董事会运作规范的国有独资公司董事会,结合企业实际情况,逐步将企业重大投融资决策权、对经理层的选聘、考核与薪酬决定权授权给董事会,让董事会切实承担起对企业重大事项的决策权和行使对经营者的管理权。四是优化外部董事结构,将符合一定条件的企业退休领导、长期在经济管理、专业技术领域及高等院校工作的专家学者选聘为外部董事。五是加强外部董事管理,实行外部董事履职情况报告制度。

2. 调整优化企业法人治理结构。2011年,调整充实省联合发展投资集团有限公司、省长江产业投资有限公司、鄂西生态文化旅游圈投资有限公司、湖北省交通投资有限公司4家平台公司及湖北能源集团股份有限公司、湖北清江水电开发有限责任公司、湖北时代汽车有限公司、湖北省宏泰国有资产经营有限责任公司、湖北省铁路公司、湖北中经中小企业投资有限公司、深圳市湖北宝丰实业有限公司、武汉光谷联合产权交易所、湖北福汉木业集团发展有限责任公司、长江证券股份有限公司、湖北省工业建筑集团有限公司领导班子及成员,共有40余人职务调整,其中配合省委组织部调整充实平台公司领导班子成员15人。规范理顺10余户企业派驻监事会及任职,达到全覆盖。

六、湖北省国资委监管企业建立和完善经营业绩考核体系情况

1. 开展经济增加值考核试点。2月28日,印发《省国资委出资企业经济增加值(EVA)年度考核试行办法》(鄂国资规〔2011〕1号),确定从2011年起,各企业按照该办法进行经济增加值模拟测算,中南建筑设计院股份公司按照该办法进行经济增加值考核,湖北能源集团股份有限公司按照该办法实行经济增加值模拟考核。

2. 修订完善业绩考核办法。对原有业绩考核暂行办法进行第二次修订,出台《湖北省国资委出资企业负责人经营业绩考核办法》(鄂国资规〔2011〕9号),从提高目标值确定的公开透明程度、完善对标考核机制、调整绩效薪金基数计算方法、改变考核计分评级方法、全面引入经济增加值考核内容等五个方面进行修订。

3. 制订出台平台公司考核办法。根据《湖北省人民政府关于加强管理促进省级国有投融资平台公司规范发展的试行意见》(鄂政发〔2011〕14号)的文件要求,结合省级投融资平台公司的政策性定位和投融资业务特点,制定《湖北省级投融资公司负责人经营业绩考核试行办法》(鄂国资考核〔2011〕474号)。

4. 对14户出资企业负责人2008—2010年任期经营业绩考核目标值完成情况进行核定。湖北能源集团股份有限公司、三环集团公司、大冶有色金属公司、中南建筑设计院股份有限公司、湖北省铁路公司、湖北盐业集团有限公司、湖北省路桥集团有限公司、湖北省工程咨询公司等8户企业为A级,湖北南方集团有限公司、湖北省煤炭投资开发有限公司、湖北福汉木业(集团)发展有限公司、湖北省医药有限公司、湖北省旅游集团有限公司等5户企业为B级,湖北省设备工程招标有限公司1户企业为D级。

5. 开展年度经营业绩考核。对29户省出资企业2011年度经营业绩考核目标执行情况进行考核,经企业申报、专家组讨论、省国资委业绩考核委员会审定,15户企业评定为A级、11户企业评定为B级、3户企

业评定为C级。

七、湖北省国资委监管企业负责人考核与选人用人机制改革情况

(一)开展企业领导班子集中考察

10月,湖北省国资委与湖北省委组织部组成联合考察组对23户省出资企业领导班子和165名班子成员进行三年一次的集中考察,对企业班子及成员进行民主评议和满意度测评,查找主要问题和不足63个,提出合理化意见建议64条,评选出省属国有企业创建"四好领导班子先进集体"9个。

(二)深化人事制度改革

制订《省属企业领导人员管理暂行办法》(鄂组通〔2011〕88号)、《湖北省国资委公开招聘省属国有企业领导人员办法(试行)》(鄂国资党企领〔2011〕7号)、《湖北省出资企业领导人员任前公示办法(试行)》(鄂国资党企领〔2011〕45号)、《关于加快推进省出资企业公开招聘经营管理者和内部竞争上岗工作的意见》(鄂国资党企领〔2011〕97号)4个与《湖北省企业国有资产监督管理条例》及企业领导人员管理相衔接、配套的指导性文件。

(三)实施"123"企业家培育工程

按照湖北省人才发展规划总体要求(即力争在未来10年内,重点培养1名能够带领企业进入世界500强的卓越企业家,10名能够带领企业进入国内500强的优秀企业家,200名能够带领企业在同行业中处于领先地位的骨干企业家,3000名具有良好发展潜力的成长型企业家),制定《湖北省"123"企业家培育计划实施方案》;实行湖北省国资委党委领导干部人才工作联系点工作制度;9月,举办省首批重大人才工程启动仪式;9月27日,"湖北省企业家培训基地"在华中科技大学管理学院隆重挂牌,湖北省国资委、湖北省经济和信息化委员会与华中科技大学管理学院签署合作备忘录。全年组织2期国外培训班、8期"湖北干部讲堂"、1期省企业高级经营管理人才教育讲坛,550余人(次)参加培训。

八、湖北省国资委监管企业党的建设和廉政建设情况

(一)党的建设情况

截至2011年底,党的日常工作由省国资委党委管理(或协助管理)的企业共82户,其中中央在鄂企业57户、省出资企业25户。归口管理企业共有党员307602名,党组织15489个,其中党委917个、党组20个、党总支1168个、党支部13404个。

2011年,坚持以提高党建工作科学化水平为目标,以创先争优活动和"五个基本"、"七个体系"建设为主线,扎实工作,开拓创新,国有企业党的建设有效推进。中国建筑第三工程局有限公司党委、湖北能源集团股份有限公司党委被授予"全国先进基层党组织"荣誉称号,东风汽车公司李京桥被授予"全国优秀党务工作者"称号,另有28个企业基层党组织、25名党员受到省委和国务院国资委党委通报表彰。

1. 党的组织建设富有成效。基层党组织在全省国有企业实现全覆盖。武汉钢铁集团、长江电力、湖北能源集团等6户企业大力开展党建工作创新,党建创新项目被省委组织部纳入省级项目管理库。

2. 创先争优活动不断深化。年初,全省国有企业创先争优活动指导小组制订下发《全省国有企业创先争优活动2011年工作要点》和《关于进一步做好创先争优活动公开承诺的通知》,对深入开展创先争优活动,落实公开承诺、领导点评、群众评议做出总体部署。各企业积极参加"城乡互联、结对共建"、对口帮扶脱贫奔小康、"万名干部进万村入万户"、"万名干部进万村挖万塘"等活动,积极解决"三农"问题,推动党的惠民利民政策的落实。3月,对75户企业党委(党组)及下属的64个二级党委、152个党支部2010年度基层党组织建设情况进行检查考评,对检查中发现的692个问题,提出整改项目和整改时限。12月,对归口管理企业党的基层组织和党员公开承诺情况进行检查考评,对77户企业进行2011年基层党建检查考评。

3. 扎实推进学习型企业建设。各企业以党委中心组学习为龙头,以党员领导干部为重点,把社会主

义核心价值体系建设贯穿于学习全过程,充分运用党的历史、中国国情、社会主义实践开展理想信念教育、国情省情教育、革命传统教育和改革开放教育。省国资委组织形势政策报告会、学习型党组织建设经验交流会、"学习型党组织建设网上谈"等活动。

4. 深入开展文化建设和精神文明建设。153 家企业被评为 2009—2010 年度省级(最佳)文明单位,广泛开展省级文明单位结对共建文明新村活动,积极参与援建"文明共建连心桥",18 户企业捐款 81 万元。组织全省国有企业开展"向党献礼"——创建文明和谐企业主题活动,举办以"做文明诚信企业,创佳绩向党献礼"为主题的庆祝建党 90 周年文艺晚会,编辑出版纪念画册和《国有企业党建创新与实践》。

5. 群团组织建设工作机制不断健全。省国资委党委制定下发《关于加强出资企业群团组织建设的通知》,对群团组织的机构设置、人员安排、业务培训、经费保障提出具体明确的要求。省出资企业实现工会组织全覆盖。注重完善职工代表大会制度,抓好厂务公开建设,全省国有及国有控股企业职代会和厂务公开制度建制率达到 95%和 98%。

6. 组织开展党建工作调研。完成调研课题《国有企业创先争优长效机制建设研究》。组织开展的"新形势下国有企业思想政治工作研究"课题获湖北省社会科学基金项目课题正式立项。完成《国有企业政治优势转化为企业核心竞争力研究》和《国有企业基层党组织建设特别是党支部建设研究》2 个课题报告,上报全国国企党建专委会。

(二)廉政建设情况

1. 全面落实党风廉政建设责任制。对 77 户归口管理企业落实责任制情况进行检查考核,反馈检查情况、下达整改意见。

2. 扎实开展反腐倡廉宣传教育。在湖北省国资委门户网上开辟廉政文化专栏,开展"两节"廉政教育。组织归口管理企业开展勤廉事迹报告会、《党员领导干部廉洁从政若干准则》知识答题、研读《镜鉴》、建党 90 周年专题征文、参观洪山监狱、上廉政党课、典型案例说法 7 项主题教育活动,发送宣传教育资料 3000 余册、光盘 200 余张。开展廉洁文化示范点创建活动,召开企业廉洁文化推进会,总结交流经验,展示成果,表彰先进典型,营造良好氛围。

3. 深化廉洁自律。组织归口管理企业党员领导干部对照《党员领导干部廉洁从政若干准则》开展自查自纠,对企业领导人员配偶和子女从业、投资入股、出国(境)外定居等重大事项进行备案登记,开展专项检查。

4. 推进惩防体系建设。一是认真贯彻落实《湖北省国有企业廉洁风险防控工作的意见》,成立全省国有企业廉洁风险防控工作领导小组,按照"一年试点、两年推广、三年全覆盖"目标,指导武汉钢铁(集团)公司、东风汽车公司等 10 家企业开展试点工作。二是推进廉洁风险防控。22 家省出资企业制定廉洁风险防控措施 2916 条,制订工作流程图 294 个,完善业务流程 574 项,初步形成各具特色的廉洁风险防控工作制度体系。制定印发《湖北省国有企业廉洁风险防控评价考核办法》,组织 7 个检查组对企业进行复核检查。三是建立产权交易电子监察系统。武汉光谷联合产权交易所开发建成产权交易系统,与全省 17 个分支机构联网,规范各分支机构国有产权交易流程,实现了全省市(州)信息联发、联网交易。同时,在省监察厅、省国资委设立监测终端,实现对产权交易全程跟踪监管。

5. 推进源头治腐。一是开展工程建设领域专项治理、"三公一金"专项清理、行政权力和服务事项专项清理规范等。二是对湖北省国资委 2008 年以来制定的规范性文件进行清理,开展廉洁性评估。

6. 加强效能监察。召开"效能监察对口帮促工作座谈会",推动中央企业帮助指导湖北省出资企业开展效能监察。积极推进党务公开、厂务公开。加强政府采购项目监督、干部选拔任用监督、办公设备报废审核,重大招投标项目监督。

(撰稿人:吕晓华、夏玉泉、吴慧敏、赵茜、李红、梅萌、刘俊、吴玉祥、张辉、隋豫军)

湖南省

一、湖南省国有资产监督管理工作综述

2011年，湖南省国资委系统坚持以科学发展为主题，以加快转变发展方式为主线，紧紧围绕国资监管上新水平、国企发展上新台阶的总体目标，全力以赴推进工作开展，取得良好成效。

(一)省级国资监管工作规范创新

坚持依法科学履职，省级国资监管工作在实践探索中不断规范创新，更加有效到位。加强制度建设，全年新出台国资监管和国企改革发展规范性文件6件；初步建立了省级国有资本经营预算制度，收取15户省属监管企业2010年度国有资本收益5.6亿元。强化资产处置和产权管理工作，推动以省政府名义出台进一步理顺、完善省属企业国有资产处置程序的政策文件，2011年完成资产评估备案项目62个、净资产评估值211.5亿元，指导省联合产权交易所完成省属企业国有产权交易项目31宗、金额13.95亿元。严格经营业绩考核，核定监管企业负责人2010年度经营业绩考核目标实际完成值，下达监管企业2011年度和2010—2012年任期经营业绩考核目标，改进完善短板考核、分类考核；积极推进企业中长期激励试点，指导湘煤华磊光电、天心种业实施经营层持股，稳妥推进企业年金工作。加强出资人财务监督，强化企业对外担保、重大投资、金融衍生品、委托理财等重大财务事项的核准或备案管理；大力推进全面预算管理，强化企业财务决算问题的整改督办，深入推进"小金库"治理，湖南省国资委连续第二次被国务院国资委评为"地方企业国有资产统计工作先进单位"，连续第二次被评为湖南省"小金库"专项治理工作先进集体。加强企业重大事项和战略管理，指导监管企业完成"十二五"规划编制工作；为监管企业积极争取省新型工业化引导资金9700万元，占湖南省比例26.17%。加强监事会当期监督，外派监事会全年提交专项监督检查报告46份、年度监督检查评价报告20份，并组织对企业整改情况进行督查。

(二)市州国资监管工作不断加强

组织召开湖南省国资监管工作会议，加强对市州国资监管工作的指导和监督，制定《湖南省国有资产监管工作指导监督办法》《湖南省国资委指导和监督市州国资监管2011年工作计划》，着力构筑"大国资"工作格局。各市州国资委进一步完善监管体系，创新监管模式，拓宽监管领域，长沙市、郴州市通过直接监管和委托监管相结合，实现经营性国有资产监管全覆盖；株洲市绝大部分县市区都成立独立的国资监管机构，实现县级国资监管体制改革新突破。各市州国资委着力加强制度建设，国资监管工作基础不断夯实，郴州、衡阳等市切实加强企业国有资本收益管理，国有资本收益大幅增长；岳阳、邵阳、怀化等市推动国有资产处置全部公开进场交易；湘潭、衡阳、永州、张家界等市健全完善经营业绩考核、财务监督、企业领导人员管理等制度。各市州国资委积极探索、不断深化国企改革，衡阳市提出"三先三后"改制新模式，加快推进所属企业改制；长沙、岳阳、益阳、株洲等市国资委妥善处理改制企业遗留问题，有力促进了企业的改革发展稳定。各市州国资委进一步健全与央企、省企对接联系制度，成功引进一批规模大、发展快、效益好的重大项目，永州、郴州、长沙、常德等市与央企、省企对接合作项目数量、投资总额、到位资金实现快速增长。

(三)省属监管企业营运效益大幅提升

湖南省国资委坚持寓服务于监管之中，"一企一策"深化支帮促工作，组织开展"转变方式建'两型'、转变作风惠民生"作风建设主题月活动，建立监管企业经济运行月调度分析会制度等，切实帮助企业解决生产管理、经营环境、市场销售、资金周转等方面的实际困难，有效应对复杂多变环境带来的不利影响，"十二五"开局之年实现了开门红。2011年，纳入决算范围的22户监管企业资产总额达到3182亿元，同比增长15%；净资产1031亿元，同比增长14%；实现营业收入2077亿元，同比增长26.5%；实现利润首次突破百亿大关，达到138亿元，同比增长72.4%；省属监管

企业国有资本保值增值率达到107.7%。

二、湖南省国有资产总量与结构分析

2011年末，湖南省国有企业户数为2001户，较2010年增加51户；企业职工总数51.4万人，其中2011年末在职职工42.6万人；资产总额8949亿元，同比增长17.8%；负债总额5185亿元，同比增长18.3%；所有者权益3764亿元，同比增长17.2%；国有资本及权益总额3063亿元，同比增长16.7%。2011年实现营业总收入2903亿元，同比增长23.5%；利润总额202亿元，同比增长50.8%；净利润170亿元，同比增长60.4%；国有资本保值增值率104.0%。

表1　2011年湖南省所属国有企业指标

单位：亿元

项　目	2010年	2011年	同比增长(%)
资产总计	7594.03	8948.28	17.83
负债合计	4382.88	5184.65	18.29
所有者权益合计	3211.15	3763.63	17.21
国有资本及权益总额	2625.39	3062.61	16.65
营业总收入	2350.81	2902.55	23.47
利润总额	134.09	202.24	50.82
净利润	105.88	169.79	60.36
归属于母公司所有者的净利润	122.45	140.02	14.35
实际上缴税金总额	125.39	149.46	19.20

表2　2011年湖南省国有企业户数情况

项目	2010年	2011年	比上年增长(%)
户数(户)	1950	2001	2.62

表3　2011年湖南省国有资产地区分布情况

地　区	国有资产(亿元)	占国有资产总量比重(%)
全省合计	3062.61	100
省属小计	803.71	26.24
监管企业	507.9	16.58
非监管企业	295.81	9.66
市州小计	2258.91	73.76
长沙市	1135.83	37.09
株洲市	397.73	12.99

续表

地　区	国有资产(亿元)	占国有资产总量比重(%)
常德市	348.04	11.36
湘潭市	110.26	3.6
张家界市	75.92	2.48
岳阳市	62.83	2.05
邵阳市	45.08	1.47
郴州市	37.92	1.24
衡阳市	16.61	0.54
永州市	9.62	0.31
怀化市	8.92	0.29
湘西自治州	4.24	0.14
娄底市	3.85	0.13
益阳市	2.06	0.07

表4　2011年湖南省国有资产行业分布情况

行　业	国有资产(亿元)	占国有资产总量比重(%)
全省企业	3062.61	100
一、农林牧渔业	33.20	1.08
其中:农业	11.02	0.36
林业	6.86	0.22
畜牧业	14.10	0.46
渔业	0.59	0.02
二、工业	1010.91	33.01
煤炭工业	94.62	3.09
石油和石化工业	0.00	0.00
冶金工业	547.25	17.87
建材工业	2.01	0.07
化学工业	38.01	1.24
森林工业	1.78	0.06
食品工业	11.86	0.39
烟草工业	0.00	0.00
纺织工业	9.23	0.30
医药工业	0.87	0.03
机械工业	132.58	4.33
军工工业	−0.05	0.00
电子工业	3.06	0.10
电力工业	95.54	3.12
市政公用工业	42.14	1.38
其他工业	34.81	1.14
三、建筑业	191.58	6.26
四、地质勘查及水利业	59.54	1.94
五、交通运输业	648.99	21.19
其中:铁路运输业	1.89	0.06
道路运输业	569.09	18.58
水上运输业	6.16	0.20
航空运输业	69.70	2.28
六、仓储业	13.08	0.43

续表

行　业	国有资产(亿元)	占国有资产总量比重(%)
七、邮电通信业	11.25	0.37
八、批发和零售业	46.28	1.51
九、金融业	30.86	1.01
十、房地产业	645.43	21.07
十一、信息技术服务业	0.78	0.03
十二、社会服务业	1182.46	38.61
十三、卫生体育福利业	54.73	1.79
十四、教育文化广播业	137.47	4.49
十五、科学研究和技术服务业	65.55	2.14
十六、机关社团及其他	1.44	0.05

表5　2011年湖南省国有资产经营规模分布情况

经营规模	企业户数	户数比重(%)	国有资产(亿元)	占国有资产总量比重(%)
大型企业	86	4.3	1154.53	37.70
中型企业	335	16.74	938.98	30.66
小型企业	636	31.78	1051.11	34.32
微型企业	944	47.18	−82	−2.68
合　计	2001	100	3062.61	100

三、湖南省国有资本保值增值综合分析评价

2011年,湖南省国有企业年初国有资本及权益总额为2625亿元,2011年末国有资本及权益总额3063亿元,增加438亿元,增长16.7%。其中,客观因素增加415亿元,经营积累125亿元;客观因素减少83亿元,经营减值19亿元。2011年国有资本主要变动因素有:

1. 政府投入、资产评估及经营积累等因素共增加权益540亿元。其中客观因素增加415亿元,占2011年增加权益的76.9%,主要是:国家、国有单位直接或间接追加投资205亿元,无偿划入86亿元,资产评估增加28亿元,资本(股票)溢价30亿元,补充流动资本

1亿元，产权界定增加44亿元，税收返还3亿元，会计调整8亿元，中央和地方政府确定的其他因素增加10亿元。主观因素增加即经营积累增加125亿元，占本年国有资本及权益增加的23.2%。

2. 消化潜亏挂账、资本(股票)折价及经营亏损等因素共减少权益103亿元。其中客观因素减少84亿元，占2011年减少权益的81.6%，主要是：无偿划出23亿元，资产评估减少17亿元，清产核资减少3亿元，产权界定减少6亿元，消化以前年度潜亏和挂账减少1亿元，企业按规定上缴红利10亿元，资本(股票)折价9亿元，中央和地方政府确定的其他因素减少15亿元。主观因素减少即经营减值19亿元，占2011年国有资本及权益减少的18.4%。

3. 2011年湖南省国有企业国有资本保值增值率104.0%，较上年104.6%下降0.6个百分点。按隶属关系看，省属国有企业国有资本保值增值率105.8%，较上年107%下降1.2个百分点；湖南省国资委监管企业国有资本保值增值率107.7%，较上年107.5%上升0.2个百分点；省属非监管企业国有资本保值增值率102.1%，较上年105.9%下降3.8个百分点。市州企业国有资本保值增值率为103.4%，较上年103.6%下降0.2个百分点，全省14个市州中有11个市实现国有资本保值增值。

表6　2011年湖南省国有企业地区和行业保值增值情况

地　区	保值增值率(%)	行业	保值增值率(%)	行　业	保值增值率(%)
全省合计	104.03	一、农林牧渔业	103.29	四、地质勘查及水利业	99.29
省属小计	105.75	其中：农业	101.1	五、交通运输	100.07
监管企业	107.69	林业	103.09	其中：铁路运输业	111.14
非监管企业	102.1	畜牧业	105.7	道路运输业	100.04
市州小计	103.37	渔业	98.75	水上运输业	99.08
长沙市	101.64	二、工业	106.04	航空运输业	99.78
常德市	103.39	煤炭工业	111.97	六、邮电通信业	114.8
株洲市	102.15	石油和石化工业	0	七、批发和零售、餐饮业	114.3
郴州市	103.28	冶金工业	105.77	八、金融业	101.65
湘潭市	101.02	建材工业	97.59	九、房地产业	103.62
张家界市	101.92	化学工业	112.93	十、信息技术服务业	100.64
邵阳市	104.92	森林工业	95.98	十一、社会服务业	101.63
永州市	98.85	食品工业	103.16	十二、卫生体育福利业	103.49
怀化市	102.64	烟草工业	0	十三、教育文化广播业	105.78
衡阳市	103.61	纺织工业	95.02	十四、科学研究和技术服务业	168.51
岳阳市	178.04	医药工业	119.13	十五、仓储业	138.92
益阳市	68.5	机械工业	108.31	十六、机关社团及其他	148.51
湘西自治州	93.16	军工工业	-54.34		
娄底市	102.8	电子工业	73.87		
		电力工业	100.46		
		市政公用工业	98.71		
		其他工业	107.12		

四、湖南省国资委监管企业改革及上市公司国有股权管理情况

(一)深入推进省属国企改革扫尾深化工作

按照湖南省政府省属国企改革专题会议精神和省政府办公厅转发的《加快推进省属和中央下放国企改革扫尾及遗留问题处理工作实施方案》(湘政办函〔2011〕41号)要求,加大省属国企改革扫尾及遗留问题处理工作力度。衔接有关部门出台政策,在改革企业困难帮扶、社区建设及职工再就业、社保全覆盖、棚户区改造等方面重点倾斜,着力推进非资源枯竭关闭破产工业企业留守机构移交工作。积极争取国家政策和资金支持,衔接落实省属监管企业中央财政医保救助资金2.3亿元,占中央在湘安排资金的67.8%;争取国务院初步明确湖南省为解决国企改革遗留问题试点省。截至2011年底,湖南省属国企改革剩余16户企业的改革扫尾工作完成9户。有序推进改革遗留问题处理工作,部分企业职工应参保未参保等问题已基本解决;对承接资产和处理遗留问题及服务市州国企改革的平台公司组建问题已进行调研并提出方案;初步拟定湖南省厂办大集体改革"1+6"政策性文件,推动省政府办公厅出台《关于妥善解决国有企业职教幼教退休教师待遇问题的实施意见》(湘政办发〔2011〕92号);着力加强对市州国企改革的指导和协调,提出指导服务市州国企改革的具体意见。

(二)大力推进监管企业资产证券化工作

组织对22户监管企业资产证券化工作情况开展调研并提出具体指导意见,加强跟踪管理。对湖南路桥集团、湖南轻盐集团和湖南建工集团的资产证券化工作全程指导,推动湖南盐业股份公司完成组建工作、湖南华升与湖南汇一完成股权置换工作,指导湘煤黑金时代、兴湘春光九汇、湘电重装、湘投金天铝业顺利完成增资扩股工作;指导、督促南岭民爆与神斧民爆集团正式启动重组整合工作。继续稳健开展国有控股上市公司市值管理试点工作,建立上市公司监测系统数据库,对17户湖南国有控股上市公司进行动态监测,及时了解掌握国有资本上市公司运行情况。指导省属国有及国有控股企业全年完成资本市场融资约93亿元。

五、湖南省国资委监管企业并购重组与完善法人治理结构改革进展情况

(一)大力推进企业并购重组

一方面,以提高产业集中度、打造具有较强竞争力的大公司大集团为重点,着力推进湖南省内企业加快同业整合。启动神斧民爆集团与南岭化工集团的重组整合工作,加快推进兴湘投资控股集团与省贸促会所属环球公司重组。另一方面,以开放合作、实现优势互补为重点,不断深化拓展央企对接合作工作。承办召开全省央企对接合作工作会议,对"十二五"期间的对接合作工作进行全面部署;完善对接合作长效机制,推动以联席会议制度名义出台央企对接合作考核奖励办法;先后指导株洲、湘潭、郴州、湘西、怀化等市州举办与央企省企及战略投资者对接合作专场活动。2011年,湖南省新增央企对接洽谈项目15个,签订意向协议32个,湖南省政府与央企签署战略合作框架协议4个,涉及投资金额1238多亿元,国药控股湖南物流中心、中机国际工程技术研发中心、长沙中电软件园等十余个央企对接项目开工奠基或竣工投产。湖南的央企对接合作工作成功获选湖南省"加速推进新型工业化十件大事"之一。

(二)逐步完善企业法人治理结构

积极推进现代企业制度建设,修改完善长丰集团体制创新实施方案,并经湖南省国资委行政办公会审议原则通过;指导南岭化工厂顺利完成公司制改造,整体改制为国有独资有限责任公司,初步形成比较规范的法人治理结构。稳步推进董事会建设试点,完成对华天集团、金鑫黄金集团两户试点企业的董事会和董事考评工作;启动湘电集团董事会建设试点,实现外部董事过半;向神斧民爆、南岭化工分别派出外部董事。加强产权代表管理,确定有关企业产权代表及首席产权代表,听取产权代表履职情况汇报。

六、湖南省国资委监管企业建立和完善经营业绩考核体系情况

2011 年，湖南省国资委进一步完善考核制度，规范考核流程，强化过程控制，扎实开展企业负责人经营业绩考核工作，较好地发挥业绩考核的引导作用。

一是完善制度机制，不断夯实业绩考核工作基础。针对近年来企业负责人经营业绩考核工作中遇到的实际问题，修改完善并出台《湖南省国资委监管企业负责人经营业绩考核办法补充规定》，在坚持目标考核、完善目标管理的基础上，进一步加强经济增加值考核、行业对标考核和纵向对比考核，更好地引导企业增强自主创新能力，不断提高核心竞争力和价值创造能力，实现持续健康发展。

二是加强调度审核，严格核定业绩考核目标结果。结合企业"十二五"规划，审核确定 20 户监管企业负责人 2011 年度经营业绩考核目标值和 17 户企业 2010—2012 年任期经营业绩考核目标并签订经营业绩责任书。按季调度监管企业经营业绩考核指标进度完成情况，编印《省国资委监管企业 2011 年业绩动态》并及时呈报湖南省委、省政府领导。根据中介机构出具的企业负责人经营业绩专项审计意见，严格核定 18 户监管企业负责人 2010 年度经营业绩考核结果，其中：A 级企业 5 户，占 27.8%；B 级企业 6 户，占 33.3%；C 级企业 5 户，占 27.8%；D 级企业 2 户，占 11.1%。18 户实行经营业绩考核和 2 户董事会建设试点的监管企业共实现营业收入 1617.37 亿元，同比增长 32.2%，完成考核目标的 108.4%；实现考核利润 82.01 亿元，同比增长 13.6%，完成考核目标的 124.5%；净资产收益率 12.02%，同比提高 0.59 个百分点，超过全国国有企业良好水平 2.1 个百分点。

三是积极探索创新，充分发挥考核激励导向作用。探索开展参股企业国有产权代表考核工作，对中国五矿湖南有色、二十冶、湖南铁合金、中盐株化等 4 户湖南省国资委参股企业的 11 位省属国有产权代表 2010 年度工作目标完成情况，从履职能力、勤勉程度、工作业绩等三方面进行考核，并书面下达考核结果，有效促进参股企业国有产权代表正确、规范履职。着力推动全员绩效考核，着重加强对企业副职负责人的考核工作，指导监管企业完善绩效考核制度，层层分解落实绩效考核目标，严格考核和奖惩。

七、湖南省国资委监管企业负责人考核与选人用人机制改革情况

一是加强综合考核，强化结果运用。在监管企业中全面实施《省属企业领导班子和领导人员综合考核评价办法》，组织对监管企业的 211 名企业领导班子成员开展 2010 年度工作考核，其中 30 名企业领导人员被确定为优秀等次，179 人被确定为称职等次，1 人被确定为基本称职等次，1 人考核不定等次。强化考核结果运用，在监管企业中全面通报企业领导人员年度考核结果，并将考核结果与企业领导人员的年薪挂钩，加大奖惩兑现力度。

二是注重选人用人，优化班子结构。实施人才强企战略，制定《湖南省企业经营管理人才发展规划(2010—2020)》和《湖南省高层次企业经营管理人才能力提升计划》，举办企业中高层管理骨干培训班 6 期，共培训人员 245 人次；多渠道、多层次引进优秀人才，全年共引进海外高层次人才 25 人，入选湖南省委"百人计划"5 人。截至 2011 年底，监管企业经营管理人才和专业技术人才总量较上年增长 0.7%。加强企业领导人员管理，推动湖南省委办公厅、湖南省政府办公厅"两办"联合印发《湖南省省属企业领导人员管理暂行规定》。2011 年组织对 40 户企业及其重要子公司的部分领导人员进行调整配置，并适时对泰格林纸集团、五矿湖铁、中盐株化、中建南方水泥等湖南省国资委参股企业的产权代表进行调整任免，共涉及 241 人次，其中提拔 42 人，免职(含退休)40 人。省属监管企业领导班子的结构进一步优化，平均年龄 49.2 岁，大学本科以上文化程度的占 78.6%，硕士以上学历学位的占 31.6%，具有高级职称或相当于高级职称资质的占 68.4%。积极推进干部交流，2011 年推动在企业间交流任职 2 人，从地方交流到企业任职 1 人。

八、湖南省国资委监管企业党的建设和廉政建设情况

2011年，湖南省国资委以党的十七大和十七届四中、五中、六中全会精神为指导，以庆祝建党90周年为契机，努力提高党建科学化水平，为国有企业改革发展提供坚强有力的政治和组织保障。

(一)企业创先争优活动取得阶段性成果

紧紧围绕“推动科学发展、促进社会和谐、服务人民群众、加强基层组织”的总体要求，按照中央精神和省委统一部署，继续深入推进省属国有企业创先争优活动，取得实实在在的成效。中央企业创先争优活动办公室2011年3月21日以《湖南省国有企业创先争优活动工作扎实效果明显》为题，对湖南国企做专题推介；中央创先办第1867期简报以《湖南路桥建设集团公司创新创先争优模式组织流动党员在推动企业发展中建功立业》为题，推介湖南路桥集团探索“四同三比”模式抓实农民工党员创先争优的经验。截至2011年底，省属监管企业的党组织和党员在创先争优活动中共提合理化建议22158条、开展技术革新项目10725个，带来的经济效益约12.8亿元；为职工群众做好事、办实事13176件，完成急难险重任务9862个。

(二)企业党的建设科学化水平有力提升

一是扎实做好党建基础工作。以开展创建“四好”领导班子和“四强”党组织、“四优”党员活动为载体，大力推进企业学习型班子和学习型组织建设，组织召开湖南省国资系统庆祝中国共产党成立90周年暨“七一”表彰大会，2011年共举办企业党务干部和党员培训班四期，深入学习党的十七届五中、六中全会和湖南省第十次党代会精神。积极扩大党内民主，落实党员主体地位，圆满完成湖南省国资委在长沙企业出席党的十八大和湖南省第十次党代会代表选举工作，指导路桥集团、二十三冶等9户企业党委圆满完成换届选举任务。省属企业党的基层组织建设得到切实加强，中联重科、湘电集团党委被中央和省委授予先进基层党组织称号，省属监管企业中有4名同志分别被湖南省委授予优秀共产党员、优秀党务工作者称号；省属监管企业中产生“湖南省五四红旗团委”4个、“湖南省五四红旗团支部(总支)”10个、“湖南省优秀共青团干部”2名、“湖南省优秀共青团员”4名、“湖南省优秀青年农民工”2名并被湖南省政府给予二等功奖励。

二是着力推进党建制度落实。坚持推行“两项制度”，落实党要管党、从严治党方针，于2011年5月以“切实履行好企业党支部书记职责”为主题，组织召开了第四次省属监管企业党委(党组)书记联席会议。将中央、湖南省委、湖南省国资委党委近年出台的党建工作制度汇编成《国有企业党建工作学习手册》，分发给企业党支部书记以上的全体党务工作者。编发《省属监管企业党小组工作规范读本》和《省属监管企业党员工作规范读本》约10万余册、辐射八省市，并结合开展“庆建党90周年，展党员学习风采”红色谜语竞猜活动，形成了广泛影响，得到中央党校权威专家的充分肯定。

三是切实狠抓精神文明建设。积极开展文明创建活动，中联重科被评为全国文明单位，金源大酒店等4户企业被评为省级文明窗口，湖南化工研究院分析检测中心等6个单位被评为湖南省国资委文明窗口单位。积极推进厂务公开、民主管理，监管企业职工满意度经抽查达到99.5%以上，湘钢等4户企业被评为湖南省“厂务公开民主管理”先进单位。狠抓企业班组建设，湖南省国资委与清华大学联合举办第一期企业班组长通用管理技能远程教育培训班，共培训企业班组长2100多人；开展“优秀班组”、“优秀班组长”评选活动，共评出63个优秀班组和68名优秀班组长，并遴选40名优秀班组长赴清华大学免费参加面授学习。组织举办“湘电杯”省属监管企业职工技能大赛，2名企业职工荣获“湖南省技术能手”荣誉称号，10名企业职工荣获“湖南省省属国有企业技术能手”荣誉称号。

(三)企业党风廉政建设和反腐败工作持续加强

一是深入推进作风建设和惩防体系建设。2011年，组织在省属监管企业中深入开展“廉洁从政”、“廉洁从业”执行年活动，湖南省国资委主要领导亲自给全委党员干部及监管企业主要负责人上了一堂题为《认真学习“准则” 坚决执行“准则”》的廉政党课。组

织召开省属监管企业惩治和预防腐败体系建设工作情况汇报会,对2008年以来湖南省国资委系统惩防体系建设取得的主要成效和存在的问题作全面总结,对下一步工作提出具体要求,进行部署安排。通过丰富多彩的形式积极推进企业廉洁文化建设,专门在《清风》杂志开辟“国企廉洁文化建设成果展”专栏,加大反腐倡廉宣传教育力度,推进将廉洁意识植根于企业文化土壤中。监管企业层层分解落实党风廉政建设责任制,并将其纳入日常工作和绩效考核之中,形成齐抓共管的党风廉政建设良好格局。

二是切实加强纪检监察工作。认真组织开展工程建设领域突出问题专项治理工作,对监管企业领导人员亲属在企业从事业务往来情况进行全面清理。组织开展监管企业“小金库”专项治理和公务用车专项治理工作,对监管企业“三重一大”决策制度落实情况开展全面检查,积极主动督促有关企业扎实落实湖南省委巡视组巡视反馈意见,大力进行整改。2011年底,湖南省国资委党委班子成员分别带队,组成7个小组对监管企业年度党风廉政建设工作进行严格考核。湖南省国资委纪委系统全年共处理信访举报件938件,其中立案118件,挽回经济损失6984万元。深入推进效能监察,监管企业2011年效能监察立项633项、完成552项。避免和挽回直接经济损失3.87亿元,创造经济效益6.61亿元。

(撰稿人:黄　旭)

广东省

一、广东省国有资产监督管理工作综述

2011年,广东省国资委和国有企业认真贯彻落实广东省委、省政府的决策部署和“十二五”规划,紧紧围绕“加快转型升级,建设幸福广东”这一核心任务,积极应对复杂多变的经济形势,加强国资监管,深化国企改革,国有经济实现平稳较快发展。

(一)国有企业改革发展取得新成效

一是规范董事会建设步伐加快。按照现代企业制度要求,各地加快推进规范董事会建设。深圳、珠海监管企业全部建立规范的董事会,进一步完善运作机制。广州完成万宝集团、广州友谊、珠江钢琴等首批企业规范董事会建设验收。

二是资本运作扎实推进。各地充分利用资本市场加快企业发展,不断放大国有资本功能。广州启动广州药业、广州发展、东方宾馆等企业主业资产整体上市。深圳制定《上市公司股权市值管理指导意见》等多项制度,有效开展持股上市公司市值管理工作。韶关加快韶铸集团等优质国有企业重组上市步伐。

三是企业调整重组力度加大。各地积极推动国有企业重组和结构调整,国有经济布局结构进一步优化。清远组建七大企业集团,资产涵盖矿业、交通、水务、农业等重要行业。阳江整合自来水公司、铁路公司、国恒投资等5家企事业单位,组建公用事业集团。梅州采取产权整体转让改造等形式加快金雁集团公司、齿轮厂和磁性材料厂等重点企业重组。

四是企业自主创新工作不断加强。广州出台《关于加快推进监管企业自主创新能力建设工作的意见》,支持企业科技创新,工业企业高新技术产品产值达到工业总产值41.54%。东莞投入8000万元资金支持福地电子技术研发,加快LED生产线升级改造。

五是重点项目建设进展顺利。各地国有企业主动承担重点项目建设,有力支撑地方经济社会发展。深圳国资系统在大运会场馆建设运营、道路建设、后勤保障等方面发挥重要作用,彰显国企“不一样的精彩”。珠海推进49项重点项目建设,涉及总投资额1040.14亿元。佛山顺德区发挥国有企业的主力军作用,有效推进产业新城项目建设和南方智谷项目开发。

六是重点领域和重点工作取得突破。各地国资委围绕改革发展中的难点重点问题,迎难而上,主动作为,取得明显成效。惠州2011年完成11家企业有序退出,优化国有经济结构,有效化解社会矛盾。久而未决的江门甘化股份公司股份转让及职工安置等工作取得实质性进展,江门市国资委将所持甘化公司股份成功转让给德力西集团,支付第一期职工安置费用7000多万元并启动社区移交等工作。

(二)国有资产监管取得新进展

一是国资监管制度体系和组织体系进一步完善。各地结合贯彻《企业国有资产法》,不断完善国资监管制度。惠州、东莞、河源等市出台一系列管理制度,进一步规范国有企业投融资、财务管理和产权转让等工作。广东省国资委共出台包括董事会建设、监事会监督、审计监督、财务管理、投资管理、资产评估管理、资本运营、信息化等十多项制度。各地认真落实国务院国资委25号令等政策文件,不断健全组织体系,新设立和加强茂名、韶关南雄、惠州惠阳、汕尾陆丰等一批市县级国资委。广东省21个地级以上市中有19个市单独成立国资委;49个县(区)单独设立国资委或相应机构,占全省121个县(区)的40%,位居全国前列,广东省县(区)国资监管机构监管的实际资产超过3000亿元。

二是国资监管工作导向性和有效性进一步增强。各地不断完善国有企业经营业绩考核制度,充分发挥业绩考核对促进企业科学发展的引导作用。广州将"十二五"规划目标分解到年度进行考核,对已上市企业的高管人员和未上市企业重要的科技和管理骨干,实行激励与约束相结合的中长期股权激励机制,强化国有资产和个人财富共同增长机制。深圳不断完善经济增加值(EVA)考核办法,得到国务院国资委的充分肯定。中山按照企业所处的不同行业和不同的资产质量,实行"一企一策"分类考核,提高考核精准度。

三是全面风险管控进一步强化。各地国资委不断完善财务监管,积极探索完善监事会、审计监督的履职方式及工作机制,加强产权监管、全面风险管理和法律审核,从源头上防范经营风险。珠海建立面向出资人的专项财务报告制度,准确掌握企业资产及财务状况。惠州强化对企业大额资金监管,将20户重点企业、涉及13家银行的178个账户大额资金使用情况纳入实时监管范围。

四是地方经营性国有资产统一监管进一步拓展。各地不断拓宽监管范围,扩大监管资产规模。通过努力,在推进国资监管全覆盖方面,广州、深圳等市基本实现经营性国有资产统一监管,佛山制定"大国资、全覆盖"总体工作思路和方案,重点发展城市基础设施和城市中央商务区建设、公用公共事业。在延伸监管范围方面,顺德将土地及区域开发、民生公用事业、金融文化及高校经营性资产、政策性及公建物业等纳入监管范围,江门台山市、广州番禺区等由国资部门对工业园区实行统一规划、统一监管。

五是国资大格局初步形成。组织召开由地市和省属企业参加的国资监管工作会议,互通情况、增进交流、加强合作。分片区召开国资监管工作座谈会,总结交流各地市国资监管和国企改革发展的做法和经验。组织地市国资委赴兄弟省市学习交流。举办广东省国资监管机构领导干部培训班,广东省18个地级市和顺德区国资监管机构共40名领导干部参加培训。与有关部门形成合作机制、共同推进工作,如与省经信、科技部门共同推进省属企业自主创新,与财政部门共同支持省属企业重点项目建设,与建设部门共同推进棚户区改造,与国土资源部门共同推进"三旧"改造。保持与新闻媒体畅通的沟通渠道,大力宣传国有企业改革发展典型,树立国有企业良好形象。广东省推进"大国资"的做法在全国国有资产监管工作会议上作了交流。

二、广东省国有资产总量与结构分析

截至2011年底,广东省国有企业(不含央企、其他省份驻粤企业,下同)的资产总额为28860.13亿元,同比增长10.60%;全年实现营业收入10838.77亿元,同比增长13.05%;实现利润总额855.63亿元,同比增长5.16%;实现净利润(归属于母公司)327.57亿元,同比增长-7.12%。

(一)国有资产地区分布

2011年广东省国有企业共8439户,其中省直企业2713户,各市企业5726户。在省直企业中,广东省国资委监管企业为2261户(其中一级企业集团24户),其他省直部门监管的企业有452户。全省2011年末国有资本及权益总额为8123.49亿元,其中省直企业2063.68亿元,各市企业6059.81亿元。在省直企业中,广东省国资委监管企业年末国有资本及权益总额为1824.94亿元,其他省直部门监管企业为238.74亿元(见表1)。

表 1　　2011 年广东省国有资本及权益总额按隶属关系分布情况

地　　区	企业户数(户)	占全省比重(%)	年末国有资本及权益总额(亿元)	占全省比重(%)
全省合计	8439	100.00	8123.49	100.00
省直国有企业	2713	32.15	2063.68	25.40
其中:省国资委监管企业	2261	26.79	1824.94	22.46
其他省直部门监管企业	452	5.36	238.74	2.94
各市国有企业	5726	67.85	6059.81	74.60
广州市	1,784	21.14	2584.29	31.81
深圳市	1088	12.89	1730.99	21.31
珠海市	336	3.98	479.1	5.90
汕头市	354	4.19	42.78	0.53
佛山市	181	2.14	341.54	4.20
韶关市	126	1.49	22.46	0.28
河源市	89	1.05	31.27	0.38
梅州市	105	1.24	14.02	0.17
惠州市	279	3.31	82.78	1.02
汕尾市	78	0.92	8.79	0.11
东莞市	66	0.78	215.8	2.66
中山市	74	0.88	117.64	1.45
江门市	127	1.50	103.98	1.28
阳江市	66	0.78	17.55	0.22
湛江市	151	1.79	136.6	1.68
茂名市	103	1.22	16.23	0.20
肇庆市	202	2.39	86.16	1.06
清远市	60	0.71	18.51	0.23
潮州市	175	2.07	-3.27	-0.04
揭阳市	220	2.61	13.16	0.16
云浮市	62	0.73	-0.57	-0.01

2011 年末广东省国有企业年末国有资本及权益总额分布呈现如下特点：

1. 国有权益仍主要集中在珠江三角洲地区，呈现城市集群效应。在企业户数的地区分布中，珠江三角洲地区的国有企业有 6824 户，占广东省的 80.86%。在国有权益的地区分布中，珠江三角洲地区国有企业的国有权益总额为 7799.16 亿元，占广东省的 96.01%。

2. 广东省国资委、广州和深圳这三家企业户数合计为 5133 户，占全省国有企业的 60.82%，但国有权益总额达到 6140.22 亿元，占全省的 75.59%，是全省国有企业的主体。特别是广州和深圳的国有企业，国有权益总额占全省国有企业的份额从2006年的47.96%上升到2011年的53.12%，两个中心城市作为广东省区域经济发展的龙头，呈现出不断加快发展的态势。

3. 国有企业户数、权益总额在不断增加。2011年全省国有企业共8439户，比上年的8184户增加255户。归属于母公司的所有者权益总额也不断增加，2011年为7891.21亿元，比上年的7196.00亿元增加695.21亿元，增长9.66 %。

（二）国有资产行业分布

2011年末在国民经济15个大行业中，广东省国有企业户数分布继续以工业、批发零售餐饮业和社会服务业三个行业为主。这三个行业的企业户数为4963户，占全省国有企业的58.81%。但从国有权益总额看，全省国有企业主要分布在交通运输仓储业、工业和社会服务业这三个行业。这三个行业的国有资产总量为6155.58亿元，占全省国有企业的77.78%（见表2、表3）。

表2　　2011年广东省国有企业户数行业分布情况

行　　业	2010年户数(户)	2011年户数(户)	比上年增长(%)	所占比重(%)
全省国有企业	8184	8439	3.12	100.00
一、农林牧渔业	413	417	0.97	4.94
二、工业	1478.00	1602.00	8.39	18.98
三、建筑业	472	483	2.33	5.72
四、地质勘查及水利业	26	19	—26.92	0.23
五、交通运输仓储业	985	995	1.02	11.79
六、邮电通信业	7	34	385.71	0.40
七、批发和零售、餐饮业	1624.00	1419.00	—12.62	16.81
八、金融业	39	52	33.33	0.62
九、房地产业	749	720	—3.87	8.53
十、信息技术服务业	52	55	5.77	0.65
十一、社会服务业	1830.00	1942.00	6.12	23.01
十二、卫生体育福利业	31	132	325.81	1.56
十三、教育文化广播业	301	317	5.32	3.76
十四、科学研究和技术服务业	149	216	44.97	2.56
十五、机关社团及其他	28	36	28.57	0.43

表3　　2011年广东省企业国有权益总额行业分布情况

行　　业	2010年末国有权益总额(亿元)	2011年末国有权益总额(亿元)	比上年增长(%)	所占比重(%)
全省国有企业	6998.18	8123.49	16.08	100.00
一、农林牧渔业	28.71	62.61	118.08	0.77
二、工业	982.67	1259.62	28.18	15.51

续表

行　业	2010 年末国有权益总额(亿元)	2011 年末国有权益总额(亿元)	比上年增长(%)	所占比重(%)
三、建筑业	245.86	345.46	40.51	4.25
四、地质勘查及水利业	－3.45	－55.42	－1506.38	－0.68
五、交通运输仓储业	2127.37	2286.73	7.49	28.15
六、邮电通信业	6.45	36.32	463.10	0.45
七、批发和零售、餐饮业	166.88	283.34	69.79	3.49
八、金融业	329.55	328.41	－0.35	4.04
九、房地产业	626.41	637.04	1.70	7.84
十、信息技术服务业	31.25	67.81	116.99	0.83
十一、社会服务业	2295.33	2609.23	13.68	32.12
十二、卫生体育福利业	4.77	45.34	850.52	0.56
十三、教育文化广播业	172.48	192.62	11.68	2.37
十四、科学研究和技术服务业	56.93	103.14	81.17	1.27
十五、机关社团及其他	－73.02	－78.76	－7.86	－0.97

与 2010 年对比,15 个行业中有 12 个行业的国有权益总额有所增加。而从产业性质看,三种产业均有不同程度的增长(见表 4)。

表 4　2011 年广东省国有企业国有权益总额按产业作用分布情况

行　业	2010 年末国有权益总额(亿元)	2011 年末国有权益总额(亿元)	比上年增长(%)
合　计	6998.18	8123.49	16.08
基础性行业	3080.30	3429.55	11.34
一般生产加工行业	311.57	500.49	60.63
商贸服务及其他行业	3606.30	4193.44	16.28

(三)国有资产经营规模分布

2011 年末,广东省国有企业中大型企业有 436 户,占 5.17%;中型企业 1484 户,占 17.59%;小型企业 4990 户,占 59.13%;微型企业 1529 户,占 18.12%。从不同规模企业的国有权益总额看,大型企业为 3798.38 亿元,占 46.76%;中型企业为 2587.82 亿元,占 31.86%;小型企业为 1954.90 亿元,占24.06%;微型企业为－217.6 亿元。

表 5　2011 年广东省各种规模国有企业主要财务指标

经营规模	户数(户)	资产总计(亿元)	营业收入(亿元)	利润总额(亿元)	国有权益总额(亿元)
大型企业	436	13726.51	4765.60	533.42	3798.38
中型企业	1484	8534.21	4143.96	196.15	2587.82
小型企业	4990	6637.48	1782.70	109.08	1954.90
微型企业	1529	220.42	146.51	16.98	－217.6
合　计	8439	28860.13	10838.77	855.63	8123.49

三、广东省国有资本保值增值综合分析评价

2011年，广东省国有企业国有资本保值增值率为103.72%，比2010年下降1.42个百分点。其中，广东省国资委监管企业国有资本保值增值率为102.87%；其他省直部门监管企业国有资本保值增值率为107.91%；各地市国有企业国有资本保值增值率为103.85%。

从各行业的情况看，15个国民经济行业中，有10个行业实现国有资本保值增值。其中，批发零售餐饮业、房地产业和卫生体育福利业的国有资本保值增值率分别达到117.84%、116.56%和110.15%。与上年相比，只有5个行业实现了国有资本保值增值率的同比上升。

表6　　2011年广东省国有企业国有资本行业保值增值情况

行　业	国有资本保值增值率(%)		
	2010年	2011年	同比增减(个百分点)
全省国有企业	105.14	103.72	−1.42
一、农林牧渔业	101.93	105.11	3.18
二、工业	111.88	105.15	−6.73
三、建筑业	106.95	102.44	−4.51
四、地质勘查及水利业	107.2	100.18	−7.02
五、交通运输仓储业	102.84	103.50	0.66
六、邮电通信业	101.46	104.73	3.27
七、批发和零售、餐饮业	123.15	117.84	−5.31
八、金融业	110.67	109.76	−0.91
九、房地产业	107.93	116.56	8.63
十、信息技术服务业	101.01	99.77	−1.24
十一、社会服务业	101.84	98.65	−3.19
十二、卫生体育福利业	96.13	110.15	14.02
十三、教育文化广播业	107.09	102.75	−4.34
十四、科学研究和技术服务业	106.6	99.3	−7.3
十五、机关社团及其他	128.32	99.4	−28.92

从地区分布情况看，2011年所有区域均实现国有资本保值增值。除了西翼和山区国有企业国有资本保值增值率有所上升外，其余地区的国有企业国有资本保值增值率均有所下降(表7)。

表7　　2011年广东省国有企业国有资本保值增值率地区情况

地　区	国有资本保值增值率(%)		
	2010年	2011年	同比增减(个百分点)
全省国有企业	105.14	103.72	−1.42
珠江三角洲地区	105.26	103.77	−1.49
东翼	104.76	100.11	−4.65
西翼	102.82	103.1	0.28
山区	100.5	103.55	3.05

四、广东省国资委监管企业并购重组与完善法人治理结构改革进展情况

广东省国资委积极推进省属企业资本运作，出台《关于推进广东省省属企业资本运营的意见》，推进重点企业、重点项目资本运营。粤电整体上市相关方案已报证监会审核；星湖科技、粤水电通过增发实现再融资；珠江桥、宏大爆破IPO上市取得实质性进展；广新控股成功并购香港联交所上市公司兴发铝业；恒健公司持有的华强集团9%国有股权置换为拟上市公司华强股份6.705%和上市公司贵糖股份25.6%的股权，并将贵糖股份股权划转广业公司持有，实现资产盘活与重组整合、资产证券化的有机结合。

广东省国资委重点推进企业内部板块以及相关业务的重组。根据广东省政府的工作部署，广东省国资委牵头推进韶钢分离办社会职能工作，优化股权置换方案，为广东省与宝钢集团的重组提供有力保障；交通集团汽运公司加快整合全省汽车运输企业、站场等资源，发展成为全国第二的行业标杆；物资集团整合内部汽车销售板块，同时吸纳航运集团从事汽车销售的航兴公司，该板块2011年营业收入143亿元、利润总额1.66亿元，均实现较大幅度增长。粤海集团分别与广州番禺、南沙和东莞常平等签署合作协议，进一步拓展水务主业。

在完善企业法人治理结构方面，广东省国资委出台省属企业规范董事会建设系列制度文件，启动广业公司、广新控股等7家企业规范董事会建设工作，向广业公司派出4名外部董事，省属企业董事会建设取得实质性进展。广东省“制度先行、稳步推进”的模式得到国务院国资委的好评。

五、广东省国资委监管企业建立和完善经营业绩考核体系情况

2011年，广东省国资委遵循“坚持实事求是、实行分类考核、要求适度从严、实现公平公正”的原则，不断完善省属企业经营业绩考核体系，充分发挥经营业绩考核的“引领”和“导向”作用，提升省属企业科学发展水平。

一是不断改进分类考核办法，完善不同企业类型的考核体系。结合产业政策、行业特点和企业定位进一步完善分类考核指标设置，竞争性企业以经济效益指标为主，包括矿产资源、工程建筑、贸易流通、酒店旅游等企业；准公共类企业，如机场、粤电、交通、盐业等企业，在分类指标设置上考虑企业承担的特殊任务，兼顾社会效益和经济效益，同时考核政策性任务的完成情况；平台类的特殊企业，如恒建、铁投、联合收费、产权中心等企业，根据实际情况实行特殊的考核办法，不确定考核等级。

二是进一步突出“短板”考核，引导企业优化管理。在考核过程中，除了注重考核企业利润指标等基本指标外，突出抓好“短板”考核。在深入了解企业的生产经营情况的前提下，针对不同企业经营管理中的“短板”设置分类指标。继续强化考核应收账款周转率、速动比率和存货周转率指标，促使企业强化应收账款和存货管理，要求所有企业应收账款增长比例不得超过销售收入增长比例，积极引导企业有针对性地强化管理，增强企业增创效益、防范风险的能力。

三是开展省属企业经济增加值(EVA)模拟考核。研究制定EVA考核有关暂行办法，对EVA完成值计算的调整事项进行明确。2011年要求企业自行测算EVA目标值，申报但不纳入考核得分，年度结束后对企业报送数据进行汇总整理，并编报分析报告。推行EVA考核的目的是增强省属企业资本成本理念，待有一定基础后，再在省属企业中逐步实施。

四是加大对企业创新扶持力度，鼓励企业创新发展。起草《广东省省属企业创新发展考核办法》，完善对企业创新发展的考核与激励措施，鼓励企业加大科技创新力度，消除因重大投资对企业业绩的不利影响。将企业重大项目研发支出和勘探支出视同考核利润，提高企业重大科技创新项目所产生的效应在年度保值增值中的计分权重，对企业因自主创新、资本运营、品牌培育等工作取得明显成效的给予加分，提高企业创新发展的积极性。

五是积极探索研究任期考核和中长期激励机制。为促使企业负责人关注企业长远发展，减少短期行为，广东省国资委积极研究国有企业负责人经营业绩任期考核办法，拟对国有企业负责人进行3年为周期

的经营业绩考核，并设置任期特别贡献奖。与此同时，研究实施中长期激励办法，采取股权激励和分红激励等方式，调动企业负责人和骨干人员的积极性和创造性，努力推动企业可持续发展。

六、广东省国资委监管企业负责人考核与选人用人机制改革情况

（一）选优配强，着力增强领导班子战斗力

推进国有企业的改革发展，关键在于选准配强能真正有效贯彻落实科学发展观的领导班子。广东省国资委始终坚持围绕推动科学发展选干部、配班子，好中选优，优中配强，强化领导班子整体功能和合力，推进省属企业健康快速发展。

一是配合广东省委组织部选好配准企业领导班子正职。企业的董事长和总经理在企业的发展中处于关键地位，有着至关重要的作用，他们素质的高低直接影响到一个企业的发展。在配合广东省委组织部选配领导班子正职时，广东省国资委特别慎重把握企业正职的提名权，做到标准更高、更严格，切实把有科学发展观头脑、政治上强、民主作风好、清正廉洁、有驾驭全局能力的领军人物推荐到企业主要领导岗位上来。2011 年，协助广东省委组织部考察调整省属企业正职 9 人，提出许多中肯的考察和使用意见，保证提拔人选的质量。

二是培养选拔年富力强的企业领导班子副职。广东省国资委注重选拔具有基层领导经历，在企业经营管理中实绩突出的优秀年轻管理人员。同时，在省属企业积极推进“差额推荐、差额考察、差额酝酿”的差额选拔领导人员工作。2011 年，差额选拔航运、铁投、物资等企业的班子副职 3 名。2011 年 8—10 月，在物资集团开展企业领导班子副职的竞争上岗工作，通过差额推荐（1:3）、笔试、演讲、测评等环节，对综合得分排名前两位的人员进行差额考察确定候选人，历时 3 个月，在物资集团引起强烈反响，得到群众的广泛认可。2011 年，调整、交流、提拔省属企业副职 22 人，省属企业各级领导班子年龄结构、知识结构进一步优化。

（二）动态管理，切实加强领导人员的监督

广东省国资委从加强领导干部管理入手，延伸干部考察触角，拓宽干部监督渠道，实现干部考察工作与干部监督工作的有效衔接，对加强领导干部的监督约束与鞭策激励起到明显的作用。

一是坚持跟踪考察，对班子成员进行动态管理。2011 年，广东省国资委会同广东省委组织部先后完成对广业、广弘、广晟、粤电、交通、航运等 12 家省属企业领导班子及成员的跟踪考察工作，通过述职述廉、民主测评、民主谈话等方式重点了解领导班子及其成员在德、能、勤、绩、廉等方面的基本情况，肯定成绩，指出不足和差距，提出领导班子成员的使用意见。通过跟踪考察，全面动态地掌握领导班子及成员的情况，及时发现班子成员在履职过程中存在的问题，为进一步加强班子建设，调整和改善班子结构掌握第一手资料，也为企业领导人员正确履行职责、规范职务行为、接受用人监督起到警醒督促的作用。

二是开展集中检查，进一步加强和规范选人用人工作。从 2011 年 6 月下旬开始，广东省国资委和广东省委组织部联合组成 8 个检查组，对省属 29 家企业（广东省国资委监管的 26 家和粤财控股公司、农垦集团、农信社 3 家省属企业）选人用人情况进行一次集中检查。集中开展选人用人工作检查在省属企业还是第一次，为提高检查工作质量，广东省委组织部和广东省国资委印发《省属企业选人用人工作手册》，并用 1 天时间对检查组成员进行集中培训，对检查的程序、方法、重点和纪律提出具体要求。这次检查，历时 1 个月，共发放调查问卷 2883 份，抽查近 3 年来提拔的领导人员档案 505 卷，查阅会议记录 1632 份，抽查直属企业 29 家。检查结束后，检查组向每个被检查企业作了反馈，在充分肯定成绩的同时，采取写实的办法指出存在的问题，提出意见建议 92 条。2011 年 8 月 2 日，广东省委组织部和广东省国资委召开省属企业组织人事工作座谈会，对检查中发现的突出问题进行查摆，以会议文件的形式对人事工作中存在的十方面问题进行明确和规范，促进省属企业选人用人工作水平的提高。

七、广东省国资委监管企业党的建设和廉政建设情况

(一)创先争优活动和学习型党组织建设扎实推进

各地紧紧围绕国有企业改革发展的中心任务,将“创先争优”工作融入企业日常管理,创新形式,突出企业特色,形成了党组织创先进、党员争优秀、职工提素质、企业上水平的良好局面。佛山运用信息化手段推进党建工作,积极做好党员 E 家阵地建设。围绕纪念建党 90 周年主题,省国资委和省属企业开展党的知识竞赛、纪念建党 90 周年舞蹈比赛、纪念建党 90 周年大会等系列活动,进一步增强企业凝聚力和广大干部职工的主人翁精神。

(二)国有企业党风廉政建设和反腐倡廉工作深入开展

各地加快完善企业惩治和预防腐败体系,加大对工程建设、商业贿赂、“小金库”等突出问题的专项治理,开展对企业管理重点环节的效能监察,党风廉政建设责任进一步落实。珠海督促企业建立项目“廉政评价档案”,扎实开展工程建设领域专项治理工作。东莞积极做好国有企业厂务信息公开电子监察系统建设工作,将虎门港集团、东江水务等 5 家试点企业纳入市厂务信息公开监察系统。广东省国资委认真吸取新广国际案的教训,扎实抓好反腐倡廉建设,有针对性地加强财务管理、投资管理和信息化监管,强化廉洁风险防控,推进惩防体系建设,组织开展纪律教育学习月、清风颂廉书画摄影展、效能监察优秀项目评比等工作,多措并举合力确保国资监管工作到位,有效促进省属企业党风廉政建设。

(三)履行社会责任效果明显

国有企业自觉服从和服务于广东省经济社会发展大局,主动成为重大公共基础设施和重要公共服务的承担者、实施者和管理者,体现国有企业的良好风范和形象。佛山、江门、潮州、河源、湛江等市发挥国有企业在城市公共交通、供水、燃气、农贸市场等基础服务领域的作用,注重服务当地民生。广州建筑集团和广百集团秉承“广州国资,产业援疆”理念,投资 72 亿元建设疏附“广州新城”。

广东省国资委系统精心组织扶贫“双到”工作,定点扶贫 39 个贫困村,派出驻村干部 62 人,投入资金 6046 万元,进行危房改建、修路建桥、修复水利等基础设施建设,为贫困户种养提供经费、技术、种苗等支持,取得明显的社会效果。组织召开省属企业、中央企业座谈会,落实省政府关于做好“广东扶贫济困日”活动的要求,仅省属企业现场认捐就超过亿元。此外,粤电集团等发电企业全面实施“蓝天工程”二期,稳步推进现役燃煤机组的脱硝工程建设,省水电集团大力发展水电、风电等清洁能源,均取得明显成效。

(撰稿人:钟振华)

深圳市

一、深圳市国有资产监督管理工作综述

2011 年,面对错综复杂而又严峻的外部形势,为在“十二五”起好步、开好头,深圳市属国资国企紧紧围绕“深圳质量”发展主题和转变经济发展方式主线,迎难而上,强化创新,狠抓经营,科学监管,控制风险,实现了市属国有经济平稳运行。2011 年末市属国企总资产和净资产分别达到 4357 亿元和 2224 亿元,比年初增长 10.4%和 0.6%;2011 年实现营业收入 846 亿元,同比增长 9.2%;上缴税金 114 亿元,增长 17.6%;利润总额 182 亿元,增长 3.6%。市属国企保持较强的价值创造能力和经营管理能力,总资产利润率、销售收入利润率和成本费用利润率连续多年居全国国资系统前列。创新投、深圳国际、燃气等企业积极拓展主业、准确把握市场机会,实现了快速发展,利润再创历史新高;房地产企业积极采取措施,节约成本、压缩费用、加强营销,通过艰辛努力完成预算目标,确保经营稳定。全年各项工作取得较好的成效。

(一)发挥功能,在提升城市发展质量中勇为生力军

重大项目建设进展顺利。深圳市属国企承担 33

个市政府重大投资项目，投资总额300亿元，占全市47%，2011年超额完成投资预算。机场二跑道正式投入使用，T3航站楼钢结构封顶。盐田港现代物流中心一期主体完工，三期码头建设进展顺利。农产品公司平湖海吉星国际物流园顺利开业。天然气高压输配系统西段工程全线贯通，天然气利用工程基本完工。福田综合交通枢纽建设有序推进。华星光电8.5代液晶面板开始量产。深纺集团盛波光电偏光片坪山基地基本建成，一期项目开始试产。地铁三期工程建设、深圳湾科技生态城、宝安垃圾焚烧电厂二期项目正式启动。深业科之谷、深圳国际华南国际物流中心等项目正在积极推进。

投融资体制改革实现突破。认真贯彻深圳市委市政府的战略部署，发挥市属国企市场化运营优势，组建了深圳特区建发集团，拓展了地铁集团和投资控股公司功能，增强了国有企业投融资和发展能力，承担着特区新一轮建设发展的重要使命。2011年，市投资控股公司获银行授信额度267亿元；地铁集团与三号线公司有效整合，100亿元中期票据完成审批、注册，首期40亿元成功发行，完成融资租赁25亿元；特区建发集团完成组建，划入深业、机场、盐田港集团、远致公司和城市规划设计研究院全部股权，完成年度融资40亿元，积极探索城市综合开发运营商的运作模式。国资收益积极支持投融资体制改革，为特区建发、机场集团和远致公司出资注资共计23亿元；为财政高新技术重大项目专项资金支出3亿元，划转社保7000万元，援疆援藏2300万元。

(二)围绕大局，在服务保障大运工作中甘当排头兵

综合保障效应显著。深圳地铁二期工程5条线路全线开通，大运期间运送乘客2500万人次，发挥了重要交通保障作用，深圳迈入地铁网络化运营时代。深圳国际为美化大运通道环境投入2.9亿元优化高速公路照明及场站景观。投资控股公司出资7200万元用于大运场馆和接待酒店的维修改造、环境整治和管理运营。农产品公司建立大运食品安全防护网。粮食集团投放粮油3万吨，确保市场稳定及军粮供应。路桥集团、粤通公司积极维护改造北环大道、南坪快速等大运专用通道。能源、水务、燃气集团确保了大运场馆及大运村的水电气供应和质量安全。机场集团投入8100万元保障大运航空服务，被国家民航局评为"大运会航空运输保障先进集体"。

赛事服务精心到位。深圳国资系统积极开展"迎大运当先锋"主题活动，29家企业直接服务大运，抽调3500名人员服务赛会，推荐外语等各类人才214名，圆满完成政府交办任务。深圳国资系统7个比赛场馆共产生金牌161枚，占306枚大运金牌总数的53%，累计服务比赛661场次、观众90万人次，受到国际大体联高度称赞。燃气集团投入233万元，保障开幕式火炬顺利点燃和赛期持续燃放。巴士集团完成大运专项运营1.1万车次，运送人员16万人次。投控、长城集团下属酒店出色完成接待任务，被评为"官方酒店大运服务先进单位"。广电、报业、出版发行集团精心策划宣传，高效播报赛况。市属国企积极投身于"办赛事、办城市"的巨大工程中，为大运会成功举办发挥了重要作用，得到深圳市委市政府的肯定、各行业主管部门和主办单位的众多表彰，以及外宾、广大市民的一致好评，彰显了国有经济"不一样的精彩"。

(三)开拓创新，在转变经济发展方式中争当先行者

转型升级步伐加快。深纺集团成为广东省传统优势产业转型升级龙头企业之一。能源集团不断推动风电、垃圾发电和油改气工程，积极向清洁能源供应商转变，清洁能源装机占比达42%，远超全国、全省平均水平。巴士集团投放新能源和清洁能源车达1280辆，成为国内新能源车辆规模最大企业，累计减排二氧化碳1.7万吨，被评为"中国低碳公交优秀企业"。通产集团争取中国包装新材料研发中心落户深圳，并积极推动"国际新材料技术创新基地"项目建设。粮食集团大力发展电子交易，进一步从传统粮油供应商向供应链平台转变。

自主创新成效明显。加大自主创新扶持力度，国资收益支出1950万元扶持奖励16个项目，引导作用不断加强。企业基础创新能力不断提升，盛波光电、水务利源公司获得国家级高新技术企业认定。赛格深爱、盛波光电分别获得国家1000万元产业化扶持资金。通产丽星获得国家级企业技术中心认定，新增天健集团、特发信息两家市级企业技术中心。粮食集团平湖粮库创新低温绿色储粮技术,被列为全国试点,信息化粮仓被国家粮食局作为新标杆推广全国。建科院获"全国绿色建筑创新一等奖"。积极推进可持续可复制的商业模式创新,农产品公司"绿色交易"、电子化交易模式在全国逐步复制推广,并成功承办了国际批发市场行业影响力最大、级别最高的"世批联大会";赛格集团积极发展自持物业电子市场、电子商务,获得"中国电子专业市场经营创新奖"。企业管理创新不断强化,能源、地铁、巴士获得广东省企业管理现代化创新成果一等奖。

先导扶持作用突出。市属国有经济积极扶持深圳市创新型企业发展。创新投集团共扶持 11 家企业上市(其中深圳 5 家),筹建广东省政府创投引导基金,管理 46 家地方政府创投引导基金,在全国名列第一,连续四年蝉联全国最佳创投机构,名列国家发改委"优秀创业投资机构"榜首。高新投对战略性新兴产业企业提供担保额同比增长 137%,中小担、联交所也在支持创新型企业发展上发挥了重要作用。

(四)积极进取,在资本运作中激发国资国企新动力

顶层设计不断强化。以提高资产证券化率、实现国资跨越发展为目标,为构建体系化、制度化的资本运作工作格局,完善资本运作体制机制,深圳市国资委制订《资本运作项目管理指引》《上市公司股权市值管理指导意见》《关于推动市属国有企业整体上市的意见》等多项制度。进一步理顺市国资委与远致公司的协同运作模式,有效发挥资本运作平台作用,创新设置特聘岗位,打造专业高效团队。

上市及融资力度加大。积极推进高新投与赛格三星的借壳上市和国信证券 IPO,稳步推进深爱半导体、建科院等优势企业的上市培育,开展部分企业上市的前瞻研究。机场、燃气、深深宝、特发信息、农产品公司的增发、可转债等一批再融资项目取得实质性进展,能源、特发、机场股份的短期融资券及地铁、水务集团的中期票据成功发行,机场中期票据、特区建发香港人民币债券发行工作积极推进。2011 年,企业市场化融资取得新成绩,市属国企实现直接融资 152 亿元,直接债务融资规模相当于市国资委成立到 2010 年的总和,有效缓解了企业资金紧张局面,降低了融资成本。

资源整合深入推进。港口、地铁、人力资源、体育场馆等资源实施整合,同业资产的集约效应进一步发挥。深超并入投控,增强了投控的战略性新兴产业培育功能。深圳国际对深航股权的战略增持正积极推进。投控电检中心引进战略投资者中检集团,共同打造华南规模最大测试基地。建设集团、华星光电股权顺利转让,特发与中小担的股权置换有序推进。深业整合内部地产资源,加快发展商业地产。积极推进引进央企落地工作,加大与中国北车、中航油等央企的战略合作,不断放大深圳市属国有资本的影响力和控制力。

方式方法积极创新。积极开展市值管理,不断提升国有股权及上市公司价值。资本运作专项资金运转有效,推进国有资本合理动态调整,进一步增强深圳市属国资在资本市场的影响力。赛格小额贷款公司获市金融办批准成立。产业基金发展取得新进展,乾能新能源产业基金有序推进,是深圳市国资委成立以来首个参与发起设立并市场化运作的新兴产业基金;新材料、高端装备业等产业和并购基金正在积极筹建。

(五)不断探索,进一步深化国资国企体制机制改革

国资监管不断优化。加强战略指导,在深圳市率先与市发改委联合发布"十二五"规划,明确深圳市属国资国企改革发展的总体目标、任务和路径;各企业围绕总体规划,认真编制企业规划,发展方向更加明确。修订投资管理、业绩考核等 15 项监管制度,进一步理顺监管机制、提升监管效能。积极推进中长期激励,2 家企业长效激励方案获得国务院国资委审核备案,振业等 14 家 EVA 试点企业的价值创造能力得到改善,得到国务院国资委高度评价。积极开展投资后评价,指导企业对 9 个重点投资项目进行评估分析,总结提升企业投资管理水平。加强全国产权登记管理改革试点工作,推进提升信息管理系统建设。改进监督稽查方式,提高审计监督质量,完善两监队伍管理体制,监督效果进一步增强。有序推进指导监督区属国资工作,逐步落实国务院国资委提出的构建"大国资、一盘棋”工作格局的要求。加强市国资委机关内部管理和队伍建设，规范业务流程，强化内部协同，进一步提高服务企业的意识、效率和水平，市国资委全年共11人立功受奖，集体受到各类表彰10次。

国企改革深入推进。深入贯彻落实企业领导人员选拔任用改革“1＋5”文件，制定完善董事会选聘、考核评价等工作流程和相关制度，优化外部董事配备与强化评价，董事会运作更加规范有效，能源集团董事会被评为“主板上市公司最佳董事会”。加大公开选聘力度，全年新任提拔企业领导人员24人，免职20人，交流16人，任免董事监事67人，市场化改革继续走在全国前列。加大培训力度，与北大、厦大等高校合作举办企业管理与发展、财务管理等高级研修班，邀请著名专家举办形势报告会，不断提高培训的系统性、针对性和时效性。三项制度改革持续深化，启动企业薪酬方案优化工作，引导与市场接轨；继续完善行业薪酬数据库建设，夯实收入分配改革工作基础；推动企业组织机构优化，构建改革长效机制。深入推进全面风险管理、内部控制、资金集中管理和财务预警，房地产企业首次开展“压力测试”，风险管控成效明显。加强内部审计，燃气集团被国家审计署评为“全国内部审计先进集体”。加强对标管理考核，不断强化对标工作的实效性，企业内部管理水平进一步提升。

(六)勇担责任，在建设和谐、幸福社会中成为模范者

地铁、粮食等11家企业圆满完成《政府公共服务白皮书》任务，不断提升公共产品服务质量。农产品实施平价惠民工程，流动平价商店效果明显。市属国资国企系统积极参与广东省扶贫开发“双到”工作，全力推进对廉江8个村的造血式帮扶活动，创建“公司＋基地＋农户”的经营和长效扶贫模式，得到省、市有关单位的高度肯定，长山生态养殖有限公司被确定为省扶贫开发“双到”工作示范基地。援疆和贵州帮扶工作顺利推进。全系统扶贫济困累计捐款1380万元。直管企业主动向社会公开财务，接受社会监督。能源集团积极推进脱硫、脱硝改造和废水零排放技术创新，节能减排成效突出，被评为“中国节能减排特殊贡献企业”，并被联合国工业发展组织授予“能源与环境促进事业国际合作奖”；水务集团消减污染物化学需氧量17万吨，占全市66%。地铁集团承担的2.1万套保障性住房建设顺利推进。信访维稳工作成效突出，来访批次、人次分别下降35%和45%，国资委信访室被评为“全市综治维稳先进集体”。大力落实安全生产各项责任，有力维护了企业和社会稳定。

二、深圳市国有资产总量与结构分析

(一)国有企业经济指标和户数情况

表1　2011年深圳市所属国有企业指标

项　目	金额(亿元)
资产总额	4968.2
所有者权益	2550.4
国有资产总量	1731.0
营业收入	1020.0
利润总额	196.8
净利润	150.3
归属于母公司所有者的净利润	80.2
应交税金总额	115.8
实际上缴税金总额	118.5

表2　2011年深圳市国有企业户数情况

项　目	2010年	2011年	比上年增长(%)
户数(户)	1011	1088	7.6

(二)国有资产地区分布情况

表3　2011年深圳市国有资产地区分布情况

地　区	国有资产(亿元)	占国有资产总量比重(%)
东部沿海地区	1665.4	96.2
中部内陆地区	22.2	1.3
西部边远地区	25.1	1.4
其他地区	18.3	1.1
合　计	1731	100

(三)国有资产行业分布情况

深圳市国有资产主要分布在交通运输业、社会服务业、房地产业、工业和金融业五大行业。2011 年,全市国有资产总量为 1731 亿元,其中五大行业国有资产总量合计为 1636.1 亿元,所占比重为 94.5%。交通运输业主要是地铁、机场、公交和港口类企业;社会服务业主要是投资、控股公司和创投公司等;工业企业主要是电力、供水、燃气和电子生产制造企业;金融业主要是证券、担保公司。

表 4　2011 年深圳市国有资产行业分布情况

行　　业	国有资产(亿元)	占国有资产总量比重(%)
交通运输业	655.9	37.9
社会服务业	599.6	34.6
房地产业	154.3	8.9
工业	148.0	8.6
金融业	78.3	4.5

(四)国有资产经营规模分布

从国有资产总量看,深圳市国有企业仍以大型企业为主,中小型企业所占比重较小,2011 年新增分类的微型企业国有资产规模为 0.4 亿元。

表 5　2011 年深圳市国有资产经营规模分布情况

经营规模	国有资产(亿元)	占国有资产总量比重(%)
大型企业	1614.8	93.3
中型企业	85.3	4.9
小型企业	30.5	1.8
微型企业	0.4	
合　　计	1731	100

三、深圳市国有资本保值增值综合分析评价

2011 年,深圳市国有企业全年经营情况良好,较好实现了国有资本保值增值,国有资本保值增值率为 104.4%。

表 6　2011 年深圳市国有企业地区和行业保值增值情况

地　区	保值增值率(%)	行　业	保值增值率(%)
东部沿海地区	104.7	金融业	115.2
中部内陆地区	109.3	批发和零售业	109.8
西部边远地区	98.7	邮电通信业	109.4
		房地产业	109.2
		信息技术服务业	108.3
		科学研究和技术服务业	105.3
		教育文化和广播业	104.4
		仓储业	104.2
		社会服务业	103.9
		农林牧渔业	103.7
		交通运输业	102.3
		工业	101.5

从地区保值增值情况看,中部内陆地区国有资本保值增值率最高,为 109.3%。从行业保值增值情况看,除卫生体育福利业外,其他行业均实现了国有资产的保值增值。其中,金融业保值增值率为 115.2%,保值增值水平最高;批发和零售业、邮电通信业、房地产业、信息技术服务业、科学研究和技术服务业等保值增值水平较高,超过平均水平。

四、深圳市国资委监管企业股份制改革情况

2011 年,深圳市国资委继续大力推进企业股份制改革和资本市场再融资工作,全年有 3 家上市公司完成再融资工作。

深圳燃气完成上市后首次再融资。2011 年 12 月,顺利完成深圳燃气自 2009 年上市以来第一次再融资,非公开发行 90300000 股 A 股股票,发行价格 10.90 元/股,募资 9.84 亿元,全部用于西气东输二线深圳配套项目。

深深宝非公开发行顺利完成。深深宝 2010 年度

非公开发行股份于2011年7月在深圳证券交易所上市。本次深深宝非公开发行，以8.70元/股的价格，共向8名投资者合计发行68977066股A股股票，共计募集资金约6亿元，用于以集成、组合的产业链形式投资茶及天然植物领域，打造国内首座茶及天然植物科技城，公司由此正式步入绿色茶产业新程。

深圳机场可转换债券发行工作顺利完成。深圳机场2011年8月向社会公开发行面值总额人民币20亿元可转换公司债券，期限6年，面值人民币100元/张，按票面金额平价发行，发行数量2000万张，原股东优先配售占本次发行总量的72.61%。本次募集资金主要用于深圳机场航站区扩建主体工程的T3航站楼建设，有效缓解了深圳机场当期的资金压力。

此外，为培育优势企业上市，深圳市国资委长期坚持企业的上市前期研究工作，并致力于优势企业的上市培育工作。

资本运作管理体系进一步完善。2011年，根据内设机构与职能调整要求，深圳市国资委从有效推动深圳市国有资产的资本运作出发，认真梳理和研究资本运作的职责与工作方式，资本运作管理工作的制度性、计划性以及开展资本运作研究的前瞻性有所提高，以资本运作项目管理为主线，初步构建起以项目计划、实施、评价与激励为主要内容的资本运作管理框架，着力于资本运作工作面的铺开，企业开展资本运作的主动性也有所提升。

项目管理注重前瞻性战略性研究。深圳市国资委以市属国资国企“十二五”战略规划为依据，结合宏观环境和资本市场状况，积极开展前瞻性研究，深入研究分析个别行业及重点企业，按照市场化方式和原则，以项目管理为主线，积极研究并推进跨行业或重点企业的重组整合及价值提升工作，以提升资本运作的战略性前瞻性，统筹资源，优化配置。制度管理立足于系统性的资本运作管理机制的设计，初步搭建资本运作管理架构。通过设计管理框架，初步构建以编制计划、落实跟踪、督促评价、考核激励为主要内容的管理体制，建立一系列日常信息沟通与报告机制，力图将资本运作工作纳入企业日常运营全过程。

五、深圳市国资委监管企业并购重组与完善法人治理结构改革进展情况

在市属国资存量资源整合重组方面，一是顺利完成特发集团划转市国资局直管工作，进一步优化国有经济产业布局，增强国有资本运营能力，加大特发集团土地资源的整合开发力度，提高资源配置效率。二是有力推进港口行业资源整合工作，根据市属港口行业资源整合方案，将大铲湾公司45%股权划转至盐田港集团。三是立足于全市国有资源整合，顺利完成了科之谷(原赛格日立项目)的股权重组工作，初步测算实现运作收入达30.7亿元。四是创新投引进战略投资者工作全部完成，顺利实现3家战略投资者的增资扩股，引进资金15亿元，在保持市属国有控制力前提下，解决了解除国有股东身份标识问题，避免了投资产品上市时的国有股转持问题，节约了成本，增加了企业后续发展动力。五是完善粮食集团的产权主体多元化工作方案，以深入转换粮食企业经营机制，促进产业升级，更好地完成政府下达的各项粮食储备和军供任务。六是妥善解决赛格三星重组历史遗留问题的善后工作，妥善处理其生产经营、重组善后以及与韩国三星的谈判等，成效明显。七是积极推进上市公司后续整合及运作，顺利完成深物业股改承诺的后续资产置换和注入以及深深宝公司定向增发工作，推动深纺织公司圆满完成定向增发。

在完善公司法人治理结构方面，一是在基本实现国有独资公司董事会建设试点“全覆盖”基础上，深入推进试点建设工作，持续跟踪董事会建设情况，不断规范董事会运作，修订各试点企业章程及议事规则。二是做好董事人才库建库工作，完成董事人才信息管理系统的开发及企业领导人员和董事人才数据核对，在库董事人选信息达410条。三是对各直管企业董事会现状进行梳理和初步评估，根据企业实际，提出具体的优化配置建议，加强直接沟通交流。四是赴国务院国资委和中央试点企业调研，完成《国有独资公司董事会建设工作调研报告》等重要研究成果。深圳的董事会建设试点工作得到国务院国资委领导及国务院国资委董事会建设办公室的高度评价与肯定。

六、深圳市国资委监管企业建立和完善经营业绩考核体系情况

(一)围绕目标管理,不断优化年度考核和任期考核

在年度考核中,深圳市国资委严格实施经营业绩与企业负责人薪酬直接挂钩,考核以全面预算为基本目标、以对标考核为奖励手段,使用历史指标与行业指标两个维度进行对标,促进企业实现"自我超越、行业超越"。在年度业绩考核工作日趋成熟的基础上,2007年正式启动企业负责人任期经营业绩考核工作,并于2010年底实现任期考核工作在直管企业范围内的全覆盖,建立中短期相结合的企业负责人业绩考核体系。任期考核核心指标仍然是国有资产保值增值,突出对企业负责人履职情况的考核,同时对战略规划的执行情况、重点工作的完成情况、创新能力以及企业的"短板"进行多方面考核。同时,积极探索将任期考核与长效激励机制的衔接,并将任期经营业绩考核结果直接导入对企业负责人任免的综合评价中。随着董事会建设试点工作的逐步推开,深圳市国资委制定了对国有独资公司董事会评价办法,主要评价公司经营业绩情况、董事会建设和规范运行情况、公司发展战略制订和执行情况、对经理层的考核与管理等,该办法实施3年,对企业完善法人治理结构发挥了较好的作用。

(二)完善法人治理结构,引导企业建立董事会对经营层的考核体系

为进一步完善国有企业法人治理结构,深圳市国资委于2010年出台《深圳市属国有独资公司董事会建设试点企业董事会对高管人员业绩考核指导意见》。在市国资委的大力推动下,大部分直管企业董事会对经营层考核工作进行积极探索,建立专门的考核机构,并根据指导意见规定的基本原则、指标体系、考核程序等因素,结合本企业实际情况制定董事会对经营层的具体考核办法,开展相应的考核工作。市属国有企业开展董事会对经营层考核的主要做法有以下几个特点:一是采用目标考核模式,通过董事会与经营层签订经营目标责任书,对企业经营层进行业绩考核。考核周期以年度考核为主,同时辅以季度考核。二是通过不同的业绩导向实现差异化考核,考核结果与经营层的薪酬兑现、岗位轮换挂钩,通过考核形成良性的激励约束机制。

(三)引入先进理念和考核工作,不断深化企业内部考核体系

在深圳市国资委的组织指导下,各直管企业结合劳动人事分配制度改革工作,探索引进先进的绩效管理理念和考核工具,建立完善企业全员的绩效考核体系,增强了员工的责任意识、竞争意识,提升了企业绩效管理效能。首先,在企业战略层面,通过明确企业战略需求,制定关键绩效指标(KPI),使企业围绕清晰的目标导向建立绩效管理体系。其次,根据企业战略目标以及企业实际情况,确定平衡计分卡(BSC)的各个维度,将关键绩效指标分解到企业部门及下属企业。企业各部门或下属企业的业绩指标关注公司资源配置的合理性,对于员工则以能力和业绩为导向,实行全员绩效考核。同时,采用配套的绩效跟踪和督察制度,及时准确反馈各部门各下属企业绩效指标的落实情况,如果偏离度高,立即进行修正或者对不切实际的指标进行调整。最后,落实责任机制,将奖惩制度与指标完成度紧密结合。将考核结果与员工个人收入、职级升迁挂钩。

七、深圳市国资委监管企业负责人考核与选人用人机制改革情况

(一)继续推进企业领导人员选拔任用改革,完善管理制度,健全业务流程

一是健全相关业务流程。根据《关于深化深圳市属国有企业领导人员选拔任用改革的若干意见(试行)》等"1+5"系列文件,对原来的企业领导人员业务流程进行梳理,制订有关董事会选聘、考核评价高级经营管理人员操作指引和工作流程以及董事会换届、选聘董事等工作流程,并对其他相关业务流程进行完善,共梳理流程13项,明晰职责权限,规范操作程序,确保改革的顺利推进。二是狠抓落实、强力推进。一

方面加强“1+5”系列文件培训，印制《关于深化深圳市属国有企业领导人员选拔任用改革的若干意见(试行)》系列文件汇编，认真组织企业学习；另一方面，按照“1+5”系列文件和有关操作流程，坚持原则，克服各种困难和阻力，强力推进，先后指导投资控股公司、巴士集团等企业董事会对原经营层进行任期考核，指导燃气集团、投资控股公司、特发集团等企业董事会开展选聘高级经营管理人员工作，采取系统内公开竞聘方式先后选聘了8名副总经理。三是完善相关制度。对企业领导人员管理的相关制度进行全面回顾、梳理，明确下一步企业领导人员管理制度建设的思路和措施；组织对试用期考核制度进行修订，完善试用期制度，加强试用期考核。

(二)加强跟踪沟通协调，扩大董事人才库，扎实深入推进国有独资公司董事会建设，不断提高董事会建设的规范性和有效性

一是加强对董事会建设的持续跟踪。认真组织列席企业的董事会会议，了解董事会和董事履职情况，及时发现董事会运作中出现的问题，并反馈企业予以解决，不断提高董事会建设的规范性。二是对直管企业的董事会进行评估，提出改进意见，有针对性地优化外部董事的配备。三是加强董事人才库建设。开发和完善了人才库管理软件，扩大了董事人才库的来源，增加了一大批高素质董事人才，为选好、配强董事奠定了基础。四是强化外部董事履职的激励约束机制。实行外部董事履职评价记录制度，对外部董事每次会议履职情况进行评级，评级结果将作为外部董事年度评价的重要参考；对连续多次评级较不理想的外部董事，还将进行专门约谈。五是加强沟通交流。发挥董秘了解董事会运作各方面情况的优势，定期召开董秘座谈会，及时了解和研究解决董事会建设中有关问题。

八、深圳市国资委监管企业党的建设和廉政建设情况

深圳市国资委党委坚持解放思想、求真务实，以改革创新精神推进党的建设，使市属国有企业党建工作焕发出新的生机与活力，为企业改革、发展、稳定提供了坚实的思想和组织保障。

创先争优活动扎实有效。组织引导市属国企系统基层党组织和广大党员积极开展争当科学发展、联系群众、服务大运、扶贫济困、基层党建“鹏城先锋五大行动”，创先争优活动不断深入推进。围绕大运会开展“迎大运当先锋”主题实践活动；在窗口单位和服务行业，开展亮化形象、深化服务、优化考核、固化品牌“四化”活动；围绕扶贫开发“双到”工作，与对口帮扶村联合开展创先争优；围绕增强基层组织创造力凝聚力战斗力，开展基层组织建设处活动等等，在推动科学发展、促进社会和谐、服务人民群众、加强基层组织等方面取得了明显成效。特别是在保障服务“大运”工作中，高质量保障、高水平服务，彰显了市属国资国企“不一样的精彩”。

党组织发挥政治核心作用进一步发挥。实行“双向进入、交叉任职”，党委班子和董事会、经营班子互相渗透，互相配合，各司其职，确保党组织能够及时参加公司重大事项决策。深化对班子一把手和专职党委副书记队伍的整束、交流和培训，确保了党建工作和企业经营管理相结合，杜绝了“两张皮”现象。2011年，市国资委党委推行实践多年的“双向进入、交叉任职”做法，获得“深圳基层党建创新案例优秀奖”。

基层组织党建工作基础进一步夯实。近年来，先进性教育、学习实践科学发展观、创先争优等主题实践活动深入开展，增强了基层党建工作创新与活力，基层党组织的活力明显增强，激发了广大党员的积极性和创造性；公推直选工作全面推进，党内民主建设进一步加强。2011年，市国资委党委全面推进公推直选工作，被评为“深圳基层党建创新案例十大品牌”；深圳能源集团党委被中组部评为全国先进基层党组织，深圳市地铁集团运营公司评为全省先进基层党组织。

企业发展软实力进一步提升。企业文化是国有企业的核心竞争力。市国资委党委将企业文化建设作为党建工作的延伸和重要载体，为企业提供队伍培训、交流经验、检查督促等多项工作平台，各企业的文化建设不断深入开展，成效明显。2011年，机场集团被中国民航局授予“全国民航先进劳动关系和谐企业”、农产品公司《“工作幸福指数”在员工管理的应

用》获得二十一届广东省企业管理现代化创新成果一等奖、能源集团的制度建设获得“全国企业管理创新成果”二等奖、燃气集团获得深圳知名品牌称号。

国企党建取得新成效。以建党90周年为契机，深入推进创先争优活动，基层党组织的战斗堡垒作用进一步增强，党员队伍素质不断提高。能源集团被评为全国先进基层党组织，路桥公司获“全国模范职工之家”，盛波光电公司邱韶华同志荣获“全国五一劳动奖章”。积极推进公推直选，全年共完成粮食集团等6家直管企业公推直选换届工作。企业文化建设不断加强，年内召开企业文化建设交流会，长城集团被评为“全国企业文化建设优秀单位”，音乐厅荣获“全国文明单位”称号，粤通公司被评为“深圳十大书香企业”。

廉政建设开创新局面。认真贯彻落实《国有企业领导人员廉洁从业若干规定》，重申企业领导人员正确行使经营管理权的纪律要求，认真开展自查自纠，进一步规范企业领导人员履职行为。加强廉洁从业宣传教育，直管企业“一把手”亲自上台宣讲廉洁从业教育课。全面复查“小金库”专项治理，严肃查处违规违纪案件，强化对企业领导人的监督，企业干部员工廉洁意识不断增强。加强自身队伍建设，创办《国资党风廉政建设简报》和《国资纪检参阅》，开展企业纪委书记和纪检监察信息员专题培训，进一步提升履职能力。

(撰稿人：谢　伟)

广西壮族自治区

一、广西壮族自治区国有资产监督管理工作综述

2011年，面对异常复杂多变的国内外环境、异常繁重艰巨的改革发展任务，广西自治区各级国资委和国有企业全面贯彻党的十七大、十七届历次全会精神和胡锦涛总书记“七一”重要讲话精神以及自治区第十次党代会精神，深入贯彻落实科学发展观，紧紧围绕“转方式、调结构，做大做强做优国有企业”这一中心任务，积极应对错综复杂的国内外经济形势，团结拼搏，攻坚克难，着力抓生产拓市场提质增效，抓项目调结构转型升级，抓改革强管理增添活力，抓监管防风险保值增值，充分发挥国有企业在全区经济发展中的骨干带头作用，继续保持了全区国有经济发展的良好态势，实现了“十二五”良好开局，为全区经济平稳较快发展作出了积极贡献。据统计，广西国资委系统监管企业2011年累计实现增加值529.93亿元，同比增长22.2%；营业收入3147.77亿元，同比增长30.2%；利润总额132.74亿元，上缴税金154.19亿元，同比分别增长—3.2%和31.0%；固定资产投资额605.12亿元，同比增长17.4%；2011年末资产总额8933.40亿元，所有者权益总额2836.07亿元，分别同比增长32.5%和24.4%。其中，自治区国资委43户国有及国有控股监管企业实现增加值400.25亿元，同比增长28.0%；营业收入2359.78亿元，同比增长37.38%；利润总额93.65亿元，上缴税金101.29亿元，同比分别增长9.60%和35.47%；固定资产投资额394.87亿元，同比增长23.70%；2011年末资产总额4954.93亿元，所有者权益总额1438.92亿元，分别同比增长38.86%和29.91%。柳钢集团营业收入突破500亿元，玉柴集团、建工集团、广西投资集团营业收入超过300亿元，柳工集团、港务集团营业收入超过200亿元，有色集团、交投集团、五菱集团营业收入超过100亿元；玉柴集团利润超过20亿元，港务集团、柳工集团利润超过15亿元；北部湾银行、交投集团资产总额超过1000亿元。广西区农信联社实现营业收入113.67亿元、利润46.91亿元、资产总额3610.67亿元、所有者权益总额213.97亿元，同比分别增长40.9%、47.6%、23.7%和23.2%。全区国资委系统监管企业整体实力和发展水平迈上了新台阶。

二、广西壮族自治区国有资产监管机构工作进展情况

国有资产监管制度体系和工作体系不断健全完善。广西各级国资委围绕落实国有资产保值增值责任，不断加强自身建设和制度建设，不断完善国有资

产监管体系，努力提高国资监管工作科学化水平。自治区国资委起草制定了24个规范性文件，涵盖“三重一大”决策、经营业绩考核与薪酬管理、战略发展规划、投融资管理、法律顾问制度建设、人才工程建设、外部董事试点等相关制度，梧州市修改完善《企业国有资产监督管理暂行办法》，百色市出台《百色市国有企业改制资产处置暂行办法》，崇左市研究制定《监管企业负责人经营业绩考核暂行办法》和《市属国有企业负责人薪酬管理暂行办法》，进一步健全和完善了全区国资监管法规制度体系。自治区国资委和14个市分别成立指导监督国资工作领导小组，推进全区县级国资监管面上指导工作；河池市加大工作力度，在宜州、南丹、天峨等县市建立了国资监管机构。

产权与收益管理工作得到新加强。广西各级国资委着力夯实以产权登记为核心的基础工作，完善以产权界定、清产核资、财务审计、资产评估、进场交易为主要环节的国有资产定价体系，有效防止国有资产流失，促进国有资产保值增值。梧州市通过划转行政事业单位经营性国有资产产权，实行集中管理、集约经营，国有资产得到有效流动配置。贺州市建立与工商部门的联动机制，明确企业国有产权在发生变动时必须经过国资监管机构审核批准方可进行工商变更登记。自治区国资委加强产权管理制度建设，建成了动态管理的产权登记数据库、评估信息系统、预算管理信息系统和上市公司股权管理监测网，产权基础管理工作和股份公司国有股权管理工作得到有效加强。各市还不断完善国有资本经营预算制度体系，积极组织国有资本收益上缴，合理安排预算支出，有效发挥了资本预算在深化企业改革、优化布局结构中的引导带动作用。

财务监督、业绩考核与薪酬管理体系更加完善。广西各级国资委着力加强财务监督、业绩考核和收入分配管理工作，企业运营质量进一步提高。财务监督方面，防城港、钦州、贵港、玉林等市继续完善财务监督管理工作体系，强化预决算管理，做好国有资产统计和企业财务动态监测与分析，促进企业财务管理上水平；自治区国资委加强月度快报监测，强化财务预算管理和财务绩效评价，切实提高出资人财务监督服务水平。业绩考核与薪酬管理方面，各市重视加强薪酬管理工作，推行经营业绩与工资总额和薪酬挂钩，将考核结果与经营者薪酬紧密结合，激励约束机制作用得到有效发挥。河池市采取以当年承担的工作任务为基础、注重经济效益、一年一定的考核办法，充分调动了企业高管人员的积极性。自治区国资委修订经营业绩考核办法，对一般竞争性企业、承担政府投融资任务企业、金融企业进行分类考核和差异化薪酬设计，使考核和分配工作更具导向性和针对性。

监事会监督的针对性和有效性明显增强。广西各级国资委切实加强监事会监督工作，围绕企业生产经营热点问题和“三重一大”事项，加强当期监督，增强监督时效，促进企业规范运作，改善经营管理，防范经营风险，保持健康发展。南宁市加强企业经济责任审计并对整改情况进行动态专项检查，强化监督的实效性。柳州市完善国有企业外派董事、外派监事、财务总监工作座谈会制度。自治区国资委每个季度召开监事会主席联席会议，完善企业重点联系人制度，开展日常监督、集中检查、专项检查，深化了当期监督；提交年度监督检查报告、情况报告、专项报告60多份，丰富了监督成果；督促企业抓好整改落实，提高了监督成效；推进企业领导人员任中、任期经济责任审计，充分发挥审计的监督作用。

监管企业“十二五”规划编制完成。广西各级国资委把研究制定企业中长期发展战略、编制“十二五”发展规划作为一项重要工作认真抓实抓好，自治区国资委制定《自治区国资委监管企业“十二五”规划纲要》，明确了监管企业发展方向、目标任务、具体措施，以科学的规划引领企业科学发展。南宁、柳州、百色等市将中长期发展战略与近期规划结合起来，编制完成涵盖国有资产监管和国有经济发展的“十二五”发展规划。各企业围绕规划编制，组织专门力量，落实工作责任，加强调查研究，深入分析形势，认真谋划举措，制定了符合企业实际、加快做大做强做优的“十二五”发展规划。

三、广西壮族自治区国有资产总量与结构分析

(一)国有企业户数分布及变化情况

2011 年,广西汇总一级国有企业 2191 户,比 2010 年减少 71 户,减少 3.14%。其中,自治区国资委监管国有企业 43 户,与 2010 年持平;自治区本级非监管国有企业 180 户,比 2010 年减少 10 户,减少 5.26%;各市国资委监管国有企业 315 户,比 2010 年增加 8 户,增长 2.61%;市级非监管国有企业 1653 户,比 2010 年减少 69 户,减少 4.01%。

汇总各级单户国有企业 3417 户,比 2010 年增加 109 户,增长 3.30%。其中,自治区国资委监管国有企业 614 户,比 2010 年增加 88 户,增长 16.73%;自治区本级非监管国有企业 554 户,比 2010 年增加 39 户,增长 7.57%;各市国资委监管国有企业 586 户,比 2010 年增加 51 户,增长 9.53%;市级非监管国有企业 1663 户,比 2010 年减少 69 户,减少 3.98%。

户数变动的主要原因:一是自治区国资委接收政府新划入金融企业,使一级国有企业户数增加一户,上年广西鱼峰集团有限公司与广西鱼峰集团水泥有限公司作为单户,2011 年合并为一户,使一级国有企业户数减少一户,总体上一级国有企业户数与 2010 年持平;企业为了做大做强,不断拓展新业务,加大对外投资和控股,新设了不少子公司,使各级单户国有企业户数大幅增加。二是自治区本级非监管国有企业继续深化改制、重组、整合等工作,并加大对外持股、新设子公司,使一级国有企业减少,各级单户国有企业户数增多。三是各市国有企业继续进行国有股份制改革,部分实行关、停、并、转,致使汇总一级国有企业户数和各级单户国有企业同步减少,其中,减少较多的是南宁市和柳州市,分别减少 15 户和 21 户。

表 1　2011 年广西壮族自治区国有企业户数情况

项　目	2010 年	2011 年	比上年增长(%)
户数(户)	3308	3417	3.30

(二)国有资产运营基本状况

生产销售快速增长。2011 年,受国家宏观政策利好影响,全区国有企业生产销售实现快速增长,产销衔接良好。据统计,2011 年共完成工业总产值 2432.64 亿元,比 2010 年度增长 17.45%;实现增加值 779.52 亿元,比 2010 年增长 15.57%;实现营业总收入 3811.88 亿元,同比增长 29.05%。其中,自治区国资委监管企业完成工业总产值 1508.12 亿元,比 2010 年增长 14.58%;实现增加值 383.03 亿元,比 2010 年增长 19.22%;实现营业总收入 2359.78 亿元,同比增长 37.38%。

盈利水平明显回升。受国内经济复苏、企稳回升大环境的影响,全区国有企业盈利水平持续上升。一是实现利润稳步上升。2011 年全区国有企业实现利润总额 196.12 亿元,同比增长 4.60%,其中,自治区国资委监管企业实现利润 93.65 亿元,同比增长 9.60%;自治区本级非监管国有企业实现利润 23.02 亿元,同比增长 39.26%;各市国有企业实现利润 79.45 亿元,同比下降 7.10%。二是盈利面进一步扩大。2011 年,在全区 2191 户一级国有企业中,盈利企业为 860 户(不含利润为零的企业,下同),盈利面为 39.23%,比 2010 年提高 1.12 个百分点;盈利企业盈利额为 211.38 亿元,同比增长 8.61%。其中,自治区国资委监管企业盈利面为 88.64%,比 2010 年提高 9.57 个百分点;自治区本级非监管国有企业为 56.67%,比 2010 年提高 4.04 个百分点;各市国有企业为 36.53%,比 2010 年提高 0.65 个百分点。

国有资本保值增值明显增强。随着盈利水平回升,国有资产保值增值能力明显增强。2011 年末全区国有企业国有资本及权益总额 3138.60 亿元,比 2010 年增长 22.02%,其中,自治区国资委监管企业 1198.71 亿元,比 2010 年增长 37.62%;自治区本级非监管国有企业 462.07 亿元,比 2010 年增长 14.04%;各市国有企业 1461.91 亿元,比 2010 年增

长13.94%。

固定资产投资大幅增长。2011年是"十二五"开局之年，全区国有企业固定资产投资力度继续保持较快增长，增速超过上年，全年累计完成固定资产投资额765.05亿元，比2010年增长44.79%，增幅比2010年增幅提高16.66个百分点。其中，自治区国资委监管企业完成固定资产投资394.87亿元，比2010年增长23.7%；自治区本级非监管国有企业完成59.40亿元，比2010年增长23.34%；各市国有企业完成310.78亿元，比2010年增长93.03%。

国有企业的布局结构持续优化。进一步加大国有经济布局结构调整力度，关闭破产一批亏损企业，改制重组一批国有中小微企业，做强做大一批优势企业，国有企业布局结构逐步得到优化。一是总资产规模迅速扩大。截至2011年底，全区国有企业资产总额达10619.62亿元，同比增长30.17%。其中，自治区国资委监管企业资产总额4954.93亿元，同比增长38.86%；自治区本级非监管国有企业资产总额1203.71亿元，同比增长19.66%；各市国有企业资产总额4460.98亿元，同比增长24.47%。二是户均资产规模逐步扩大。2011年末，汇总的一级企业2191户，户均资产规模为4.85亿元，同比扩大45.65%。其中，自治区国资委监管企业户均资产112.61亿元，同比扩大62.78%(增幅较大主要原因是新增广西北部湾银行股份有限公司)；自治区本级非监管国有企业户均资产6.68亿元，同比扩大23.48%；各市国有企业户均资产2.27亿元，同比扩大31.98%。三是国有资产向具有国内竞争力的大企业集团集中。2011年，全区资产总额超过50亿元的企业集团有32户，比2010年增加5户，这32户企业的总资产8408.65亿元，占全区国有企业的79.18%。其中资产总额超过100亿元的有21户，比2010年增加3户，超100亿元企业的总资产7670.65亿元，占全区国有企业的72.23%。全年营业收入超过50亿元的14户，比2010年增加1户，其中营业收入超100亿元的10户，比2010年增加2户。这14户企业2011年共实现营业收入2829.89亿元，占汇总的全区国有企业营业收入总额的74.24%。四是不具有市场竞争优势的国有中小微企业实现逐步退出。截至2011年底，一级企业中，小微型企业户数为1923户，比2010年净减少98户，减少4.85%。通过多年来的关、停、并、转等改制、改革措施，一批长期亏损、扭亏无望、资不抵债的企业先后退出市场，解决了许多企业的历史遗留问题。

国有企业的社会贡献不断增大。国有企业在自身快速发展、效益回升的同时，不忘履行社会责任，为自治区经济社会平稳较快发展作出了积极贡献。一是上缴税费快速增长。2011年全区国有企业实际上缴税费总额203.37亿元，比2010年增长32.71%，其中，自治区国资委监管企业上缴税费99.88亿元，比2010年增长33.28%；自治区本级非监管国有企业上缴税费22.88亿元，比2010年增长22.75%；各市国有企业上缴税费79.19亿元，比2010年增长32.36%。二是国有企业从业人员有所增加。2011年，在一级企业户数减少70户情况下，全区国有企业年末从业人员664525人，仍比2010年的623124人增加41401人，增长6.64%。就业人员的持续增加，为自治区社会和谐发展作出了积极贡献。

表2　2011年广西壮族自治区国有企业指标

项　目	金额(亿元)
资产总额	10619.62
净资产	3505.92
营业收入	3811.88
利润总额	196.12
实际上缴税金总额	203.37

(三)国有资产地区和行业保值增值情况

2011年，广西国有企业国有资产保值增值率为104.15%，同比提高3.73个百分点，其中，自治区国资委监管企业为104.65%，同比减少0.53个百分点；自治区本级非监管国有企业为105.32%，同比提高1.04个百分点；各市国有企业为103.39%，同比提高7.96个百分点。

表 3　　2011 年广西壮族自治区国有资产地区分布情况

地　区	国有资产(亿元)	占全自治区国有资产总量比重(%)	保值增值率(%)
自治区本级	1676.36	53.41	104.85
南宁市	445.44	14.19	101.78
柳州市	478.44	15.24	103.35
桂林市	64.30	2.05	101.10
梧州市	34.34	1.09	103.14
北海市	0.90	0.03	99.97
防城港市	40.11	1.28	102.82
钦州市	133.75	4.26	102.39
贵港市	3.79	0.12	98.67
玉林市	65.19	2.08	125.03
百色市	74.22	2.36	102.81
贺州市	32.43	1.03	99.94
河池市	12.33	0.39	98.56
来宾市	48.07	1.53	100.38
崇左市	28.94	0.92	106.65
合　计	3138.60	100	104.15

表 4　　2011 年广西壮族自治区国有资产行业分布情况

行　业	国有资产(亿元)	占国有资产总量比重(%)	保值增值率(%)
农林牧渔业	210.08	6.69	105.45
工业企业	758.18	24.16	106.17
交通运输仓储业	309.78	9.87	106.47
批发和零售、餐饮业	35.82	1.14	123.52
社会服务业	997.22	31.77	101.58
其他行业	827.52	26.37	105.80
合　计	3138.60	100	104.15

四、广西壮族自治区国资委监管企业改革与发展情况

(一)积极应对复杂经济形势带来的困难和挑战，国有企业保持平稳较快发展

抓经营、拓市场的能力进一步增强。面对激烈的市场竞争，各企业围绕主业谋发展，积极优化产品结构，改进营销方式，完善供销网络，扩大市场份额，取得较好成效。柳钢集团积极化解钢铁行业不景气带来的影响，根据市场变化组织生产运营，多生产适销对路新产品，灵活调整钢材销售价格，钢产量达 955

万吨，钢材产量突破1000万吨，产品效益实现了最大化。港务集团加大港口码头建设、加快港口转型升级，全年港口吞吐能力达1.41亿吨。建工集团采取拓展“高、大、难、新”项目、“走出去”抢占区外海外市场等措施，多方位多层次拓展经营，全年承接工程任务超过500亿元。金融投资集团强化中小企业信用担保品牌推广，担保规模占全区60%以上。机场集团积极探索航线开发新模式，实现了由单一的包机向联营、分包等多种方式共存的转变，旅客吞吐量突破1300万人次。五菱集团后桥、后制动器等多项产品相继打入东风小康、奇瑞、北汽福田的配套体系。十一冶努力提高工程质量，拓展区内外市场，经营产值比上年翻了一番。

降成本、增效益的能力进一步增强。面对成本上升的压力，各企业有针对性地采取扎实有效措施，努力提高挖潜增效水平。物资集团全面实施集约化经营的运控模式，促进机电业务扭亏增盈，全年利润增长近50%。有色集团抓住有色金属市场价格走高利好时机扩大产能，努力降低生产成本和管理成本，利润涨幅超过60%。北部湾银行不断优化业务经营结构，由传统单一的存贷业务向多元化盈利模式转型，利润超10亿元。港务集团大力发展临港工业、综合物流、商贸等，效益增长显著，利润达16.6亿元。北部湾投资集团积极争取国家西部大开发和广西北部湾经济区双重税收优惠政策，企业所得税率从25%调整到9%。田东石化采取目标利润倒算法加强成本控制，万元产值能耗同比下降4.11%。国威公司加强生产设备管理和工艺指标分析、控制，玻璃产品单位成本下降15%左右。

强管理、控风险的能力进一步增强。自治区国资委组织开展“企业管理年”活动，企业管理理念不断更新，管理体制和制度不断健全完善，对标管理成效进一步显现，抵御风险能力进一步提高，管理水平进一步提升。柳工集团重视加强管理，增强集团管控能力，为集团公司开展兼并重组、多元化经营、国际化扩张提供了有力支撑。北部湾银行强化对标考核，在世界资产增长率前25名银行中排名第四位；广西投资集团铝锭平均综合交流电耗、氧化铝单耗达到国内同行业先进水平。金融投资集团、交投集团、铁投集团等企业聘请风险管理专业咨询公司完善全面风险管理体系。广西区农信社强化全员风险管理意识，筑牢制度防线、检查防线、控制防线三道风险管理防线，企业持续稳健发展。大锰公司开展南非项目后评价工作，有效加强了海外投资项目风险管理。

(二)加快推进转方式调结构，企业发展实力不断提升

投资和项目建设取得重大进展。面对货币政策收紧、征地拆迁难度加大等不利影响，各级国资委积极支持监管企业多渠道筹集项目建设资金，帮助协调解决项目审批、环评、征地拆迁等困难和问题；各企业把项目建设作为转方式调结构的重要抓手，认真谋划，精心组织，扎实推进，较好地完成了各级党委、政府下达的重大基础设施建设任务和企业年度项目建设任务。自治区国资委积极协调9家监管企业从平台类公司转为一般经营性公司，支持监管企业申请发行企业债、公司债、中期票据、短期融资券135亿元，一批事关全区发展大局和企业可持续发展的重大项目建设取得新进展。交投集团全年融资210亿元，六寨至河池、河池至宜州等19条续建高速公路建设加快推进。铁投集团筹融资49.4亿元，完成铁路出资额81.3亿元，拨付征地拆迁资金34.3亿元，南宁至钦州铁路、北海铁山港铁路支线等13个在建铁路项目按计划推进。城投集团规划馆如期建成并对外开放，美术馆主体结构封顶并进行室内外装饰。旅投集团北海冠岭山庄建成并对外试运营。柳钢集团完成了1号360平方米烧结机和6米焦炉扩孔技术改造，中板热处理生产线竣工投产。广西投资集团宁夏30万吨铝加工项目竣工投产，柳州银海铝业35万吨铝加工项目、黔桂公司“上大压小”改建工程等一批项目有序推进。有色集团梧州30万吨再生铜冶炼工程一期20万吨高品位熔炼系统投料生产。港务集团一批大型专业化码头、北海诚德镍铬合金新材料项目等一批临港工业项目相继建成投产。北部湾投资集团凭祥综合保税区正式封关运营，钦州保税港区二、三期海域吹填工程顺利完工。南宁市为监管企业筹措、拨付项目建设资金19.8亿元，完成固定资产投资115.7亿元，轨道交通轻轨一号线火车东站换乘站项目、富士康沙井工业园区、广西体育中心二期、五象新区总部路网等一批重大项目建设扎实推进。百色市大力推进煤炭、电力、水务、城市基础设施等重大项目建设,完成投资41亿元。北海市做好跟踪服务,支持企业加快推进民生路网、老城保护改造等项目建设。

资本运作及资产整合迈出新步伐。加快推进企业资产资本化、资本证券化,国海证券成功借壳上市,成为全区第一家上市的金融企业;五菱集团通过增资扩股,成为香港上市公司五菱汽车集团控股有限公司第一大股东;中国证监会受理华锡集团IPO行政许可申请。深化与中央企业合作,有色集团与中铝公司、有研稀土公司、中色集团在稀土、有色金属产业方面开展合资合作,中铝广西有色稀土开发有限公司、中国有色集团(广西)平桂飞碟股份有限公司、中国有色桂林矿产地质研究院有限公司挂牌成立,引进资金10亿元;广西投资集团与神华集团合作建设北海煤炭配送中心,与中石油在天然气营销服务领域合作,取得积极成效。大力推动跨区域、跨所有制并购重组,柳工集团控股上海金泰工程机械有限公司,并购波兰HSW公司工程机械业务,收购首钢重汽42%股份,与美国康明斯公司建立合资公司引进国际先进技术生产发动机;引进31亿元民间资金参与自治区直属国有企业投资、改制重组;柳州市、梧州市、防城港市支持监管企业对外重组收购,加强与中央企业、省外上市企业、区直企业和民营企业合作,取得较好成效。自治区国资委积极实施"走出去"战略,支持企业到境外开发资源、投资办厂,境外投资13.2亿元。

企业改革改制深入推进。自治区国资委加快推进全区规模以上国有企业改革工作,组织制定《关于加快推进全区规模以上国有企业改革的实施意见》,完成规模以上国有企业改制28户。各市也结合自身实际,加快推进企业改制工作,钦州市全面启动20户企业改制工作;玉林市支持玉柴集团剥离改制18户与主业关联度不高、无竞争优势的企业;柳州市率先在全区推进农口企业改革;桂林市努力破解改制资金难题,采取先借资安置职工后处置资产等办法,加快推进困难企业改制工作。自治区国资委开展规范董事会试点工作,柳工集团、五菱集团外部董事全部派驻到位,董事会配套制度不断健全完善,公司治理结构进一步规范。各级国资委认真开展大排查、大接访、大调解、大防控活动,切实维护企业和社会稳定。自治区国资委监管企业积极履行社会责任,落实帮扶资金2500万元,参与全区5个名镇、11个名村、以及25条村屯道路的帮扶帮建工作;为全区和谐稳定基金、见义勇为基金捐赠资金1100万元。

科技创新能力进一步提高。企业自主创新意识进一步增强,加大资金投入,加大人才培训培养,依靠技术进步实现转型升级。柳钢集团研究开发了船体用结构钢钢板和钢带、碳素结构钢热轧钢板和钢带等20多个新产品,高技术含量、高附加值的品种钢率超过70%。柳工集团根据泰国市场需求自主设计生产CLG842加长臂装载机,针对区域化需求的研发实力进一步增强;主持制定《斜拉桥钢绞线拉索技术规程》和《体外预应力索技术规程》2个国家标准。五菱集团投入4亿多元,成功研发V2移动式警务车、V2校车、V210柴油车及CNG/LNG双燃料动力车等一系列新产品。有色集团在采矿、选矿、冶炼、材料加工等有色金属产业共性关键技术攻关方面取得新进展。鱼峰集团结合用户对专门用途水泥的需求研发海工硅酸盐水泥、核电水泥等新产品。化工研究院研发推出10.8%滴酸草甘膦新产品,机械研究院开发生产的自控式喷雾燃硫成套设备达到国内同类设备领先水平,农机院承担的农业部和自治区科技厅多项科研项目取得实质性进展,其他科研院所企业也围绕为广西特色产业和千亿元产业提供科技支撑选题攻关,企业研发实力进一步增强。

五、广西壮族自治区国资委监管企业党建工作情况

(一)创先争优活动深入开展

广西各级国资委进一步加强对创先争优活动的指导,推动企业结合实际,深化结对共建、党群共建、承诺联评、典型示范、绩效考评"五大行动",激励基层党组织和广大党员围绕生产经营目标和企业改革发展中心工作,攻坚克难、创先争优。全区国资委系统在活动中涌现出56个先进党组织、61名先进个人,树立23个示范单位(点),交投集团被评为全国、全区先进基层党组织。自治区国资委统筹抓好企业基层党

建工作，完成10个企业党委换届工作；认真做好自治区第十次党代会代表推荐、党的十八大代表候选人推荐提名工作；举办建工集团全国诚实守信道德模范牙高峰先进事迹报告会，宣传交投集团创先争优先进典型陈荣驹同志，营造了学先进、赶先进、创先进的浓厚氛围。柳州市积极开展“向身边党员学习”，梧州市推进“书记创新工程”等“七项工程”，防城港市开展企业与结对行政村“手拉手共建双赢”活动，创先争优显成效。

（二）思想政治、宣传群工和文化建设工作扎实推进

广西各级国资委认真贯彻党的十七届六中全会精神，积极推进社会主义核心价值体系建设，不断加强思想政治工作、精神文明建设和企业文化建设，为推动企业科学发展、加快转变经济发展方式提供思想保证和精神动力。加强和完善中心组学习制度，深入推进学习型党组织建设；加强思想政治工作，认真贯彻落实《关于加强和改进新形势下国有及国有控股企业思想政治工作的实施意见》；加强企业文化建设，14户企业成为广西企业文化建设示范基地。来宾市国资委机关干部和企业职工深入系统学文件、学理论，思想理论水平和业务素养不断提高。北海、钦州、崇左等市以庆祝建党90周年为契机，在企业开展主题演讲、唱红歌等活动，丰富职工精神文化生活，引导广大职工抒发爱国爱企感恩之情，激发工作热情和动力。

（三）企业领导班子建设和人才队伍建设进一步加强

广西各级国资委深入开展“四好”领导班子创建活动，不断健全企业领导人员选拔任用、管理、激励和监督机制。自治区国资委配合自治区党委组织部研究制定《广西壮族自治区直属企业领导人员管理暂行规定》《企业领导班子和领导人员综合考核评价办法》等5个文件；落实和推进中央企业与广西自治区直属企业互派企业领导人员挂职锻炼工作，首批安排20名自治区直属企业负责人到中央企业挂职学习，同时接收5名中央企业干部来桂挂职；组织开展企业选人用人公信度和组织工作满意度工作，在全国组织工作满意度民意调查中，区直企业评价得分大幅提升，得到了自治区党委组织部的肯定和表扬；与国内知名院校联合举办培训班、高级研修班，开展职工技能竞赛等，不断提升监管企业人才队伍的整体素质和能力水平。南宁市面向全市开展15个市管企业领导职位的公推公选，贵港市公开推荐、差额选任企业负责人，贺州市落实企业干部“广推优选”计划，企业领导班子结构得到优化，能力进一步提升。

（四）企业党风建设和反腐倡廉工作取得新成效

广西各级国资委以完善惩防体系为重点，认真抓好“三重一大”决策制度和廉洁从业规定的贯彻落实，牢牢构筑反腐倡廉防线，促进企业领导人员廉洁从业。百色市以“内控管企促廉”为抓手，严格规范管理，加强监督检查，有力推进了党风廉政建设。贺州市加强党性党风教育，通过“学习钟世才，争做四表率”等主题学习教育活动，用正面典型筑牢思想道德防线。自治区国资委坚持标本兼治、综合治理、惩防并举、注重预防的方针，紧紧围绕权力运行的重点部位和关键环节，以廉洁风险防控为切入点，把惩防体系建设融入企业的生产经营管理之中，扎实推进监管企业惩防体系建设阶段性工作任务的落实，党风廉政建设和反腐倡廉工作取得积极进展。

（撰稿人：覃　哲）

海南省

一、海南省国有资产监督管理工作综述

2011年，海南省国资委紧紧围绕全省“十二五”发展规划目标任务和海南国际旅游岛建设各项决策部署，推进新一轮战略性、集约性优化调整重组，打造主业明确、各具优势、分工协作的大型国有企业集团群体；以重点项目建设为载体，改造提升传统优势产业、培育发展战略新兴产业；以创新和完善国资监管体制机制为关键措施，增强监管的针对性、有效性、前瞻性，提高科学监管水平；在保增长、保稳定、保民生中发挥了积极作用，实现了国资国企工作“十二五”的良

好开局。

(一)国资国企发展速度和经营业绩再创历史新高

根据2011年度国有资产统计报表汇总，海南省国有企业2011年末资产总额为1948.10亿元，营业收入278.26亿元，利润总额27.94亿元，实际上缴税费总额18.92亿元，分别同比增长23.9%、17.3%、46.7%、49.1%。其中，省属重点监管企业资产总额、营业收入、利润总额分别达到745.01亿元、188.6亿元和17.2亿元，同比分别增长41.7%、16.2%和48.5%。海口、三亚市监管企业资产总额、营业收入和利润总额同比分别增长13.8%和13.6%、13%和31.6%、216%和6.8%；县级监管企业资产总额和营业收入分别增长22.6%和107%，总体实现扭亏。2011年省属重点监管企业上缴税金12.1亿元，同比增长55.4%，较地方公共财政收入高29.9个百分点；销售收入增长率较海南省GDP增长率高10.6个百分点；利润总额增长率较地方公共财政预算收入增长率高出52.5个百分点。根据国务院国资委企业绩效评价结果，海南省建设集团有限公司绩效评价为优秀，在资产总额小于100亿元的企业中排名第29位。

(二)国有企业在国有经济重点领域和优势产业的影响力进一步扩大

2011年，海南省国资委重点监管企业实施82个重点项目(其中列入省重点项目15个)，计划总投资规模约870.3亿元。中央驻琼企业在海南建设项目列入省重点项目有21个，计划总投资额970.7亿元。东环铁路、龙潭岭山庄、多晶硅太阳能电池一期100兆瓦扩建项目、20兆瓦光伏并网示范工程正式投产，成功举办“2011环海南岛飞行拉力赛”，昌江核电、红岭水利枢纽、大广坝二期(灌区)工程、海口至屯昌高速公路、洋浦至白马井跨海通道工程南连接线工程、海南(国家级)水产物流交易中心等项目按年度计划推进。西环铁路可行性报告获国家发改委正式批复。

(三)国有企业资本运作能力不断提升

海南矿业联合有限公司首发申报材料获证监会受理并正式反馈了积极意见。海南海汽投资控股有限公司、海南建设工程股份有限公司、海南省水利电力集团有限公司上市工作正抓紧推进。12家省属企业与9家银行签署23项战略合作协议，累计获得授信额度302.4亿元，使用贷款77.2亿元。海南省发展控股有限公司成功发行15亿元企业债券。海南海钢集团有限公司投资5亿元参与组建海口农商行。注入100多亿元的资产支持海南省旅游投资控股集团有限公司、海南省农村信用社重组和设立交通控股公司。海南联合资产管理公司下属中小企业信用担保公司支持100余家企业融资，带动海水养殖等企业产值30余亿元，促进就业1万多人；在小额贷款公司支持下，38家微型企业和工商个体户、农户获得发展。

(四)国有企业管理创新、和谐企业建设取得显著成绩

各企业进一步建立健全资产、资金和重大事项集中管理制度，扎实推进全员绩效考核、全面预算管理等工作，大力推进集团化财务管理，逐步提高企业集团控制力。海南海宁经济发展总公司管理和革新成果获得国家奖项。海南省建设集团有限公司获评20项省级工法，占全省26个获评项目的77%，其中3项获国家级工法，实现了海南本土建筑企业历史性突破，通过省内外科技成果鉴定11项，23个项目被评为“2010年度海南省建设施工优质结构工程”；海南海汽运输集团股份有限公司通过了国家服务标准化试点项目验收评估，成为全国汽运行业服务标准化的创建企业。海南省水利电力集团有限公司和海南海宁经济发展总公司分别荣获“全国模范劳动关系和谐企业”奖和“全省模范劳动关系和谐企业”奖。

(五)国资监管专业化、规范化、系统化水平明显提升

海南省国资委制定《省国资委及党委2011年重点工作责任分解表》《2011年海南省国资委集中办量办大事工作安排》《省属企业归并整合方案》。与省属企业签订经营业绩、党建工作及廉政建设三大责任书，落实了责任主体。

同时积极推进综合考核、薪酬分配和经营责任体系建设；建立健全防范投资风险、资金管理风险和法律风险为重点的风险防范体系；完成企业银行账户的调查统计和初步归并工作，建立了反映企业投资和股权动态变化的结构图，初步建立了企业人工成本数据分析机制。率先在全国开展对总会计师履职进行评价。出台《省国资委所出资企业重大事项报告管理办法》，依法厘清国资委与监管企业的权责边界。以监事会监督检查为基础，建立省属企业综合分析诊断工作机制，着力解决企业长期存在的重点难点问题。

（六）国资国企开放合作有新突破

初步建立全覆盖的财务监测体系，在全国率先将监测范围扩大到市县监管机构；分别在三亚、儋州、东方、万宁等市县举行投资合作恳谈会，推动项目的落地和发展。加大对市县国资监管工作的指导力度，重点对三亚、琼中、五指山、儋州、东方等市县国企改革工作进行指导。顺利推进海南省政府与国务院国资委及各中央企业签约进程，与金融机构、新闻媒体、各有关厅局建立沟通协调机制。

二、海南省国有资产总量与结构分析

（一）国有企业户数及国有资产总量情况

2011年底海南省国有资产总量648.75亿元，比2011年初467.51亿元增加181.24亿元，增长38.77%。

表1　2011年海南省国有企业户数情况

项目	2010年	2011年	比上年增长(%)
户数(户)	699	687	-1.7

表2　2011年海南省所属国有企业指标

单位：亿元

项目	2010年	2011年	同比增长(%)
资产总额	1572.52	1948.10	23.9
所有者权益合计	539.66	775.93	43.8
营业总收入	237.29	278.26	17.3
利润总额	19.05	27.94	46.7
净利润	15.79	22.59	43.1
归属于母公司所有者的净利润	13.34	19.19	43.8
应交税费总额	15.84	18.24	15.2
实际上缴税费总额	12.69	18.92	49.1
合并国有资产总量	479.87	648.75	35.2

（二）省属企业国有资产总量情况

省属企业经营性国有资产统计共292户（含重点监管企业和各林场、盐业系统、粮食系统企业、托管企业），其中一级企业50户，二级企业151户，三级及以下企业91户。以上企业2011年末资产总额881.78亿元，比2011年初615.8亿元增加265.98亿元，增长43.2%；负债总额354.31亿元，比2011年初272.47亿元增加81.84亿元，增长30%；所有者权益总额527.47亿元，比2011年初343.32亿元增加184.15亿元，增长53.6%。国有资产总量421.94亿元，比2011年初288.41亿元增加133.53亿元，增长46.3%。

（三）省国资委重点监管企业国有资产总量情况

海南省国资委重点监管企业（2011年财务月快报口径）共18户，2011年末资产总额745.01亿元，比年初504.38亿元增加240.63亿元，增长44.5%；负债总额275.78亿元，比年初212.33亿元增加63.45亿元，增长29.9%；所有者权益总额469.23亿元，比年初292.05亿元增加177.18亿元，增长60.7%。国有资产总量392.26亿元，比年初267.17亿元增加125.09亿元，增长46.8%。

（四）各市县国有资产总量情况

海南省各市县（含洋浦开发区管委会）所属企业395户，2011年末资产总额1066.32亿元，比年初935.66亿元增加130.66亿元，增长14%；负债总额817.85亿元，比年初744.72亿元增加73.13亿元，增长9.8%；所有者权益总额248.47亿元，比年初190.95亿元增加57.52亿元，增长30.1%。国有资产总量226.81亿元，比年初179.1亿元增加47.71亿元，增长26.6%。

从全省看，国有资产主要集中分布在省属重点监管企业及海口市和三亚市。

表3　2011年海南省按隶属关系和行政区划国有资产分布情况

隶属关系和行政区划	国有资产（亿元）	占国有资产总量比重(%)
海南省	648.75	100.00
海南省属企业	421.94	65.04
海南省国资委重点监管企业	392.26	60.46
海南省其他监管企业	29.68	4.57
海南省市县级国资监管企业	226.81	34.96
海南省地市级监管企业	187.05	28.83
海口市	135.88	20.94
三亚市	38.69	5.96
儋州市	12.47	1.92
洋浦经济开发区	0.01	0.00
海南县级监管企业	39.77	6.13
万宁市	11.97	1.85
琼海市	7.32	1.13
文昌市	6.96	1.07
东方市	4.61	0.71
保亭县	4.57	0.70
五指山市	2.14	0.33
琼中县	0.95	0.15
定安县	0.40	0.06
澄迈县	0.23	0.04
陵水县	0.16	0.02
昌江县	0.16	0.02
屯昌县	0.11	0.02
白沙县	0.10	0.02
乐东县	0.09	0.01
临高县	0.01	0.00

(五)国有资产行业分布情况

从行业看国有资产分布，海南省国有资产主要分布于工业、服务业、房地产业、交通运输业、建筑业等。

表4　2011年海南省国有资产行业分布情况

行　业	国有资产（亿元）	占国有资产总量比重(%)
一、农林牧渔业	9.00	1.39
二、工业	115.63	17.82
三、建筑业	28.41	4.38
四、地质勘查及水利业	0.41	0.06
五、交通运输业	56.73	8.74
六、仓储业	0.50	0.08
七、邮电通信业	0.00	0.00
八、批发和零售业	0.73	0.11
九、金融业	1.76	0.27
十、房地产业	100.83	15.54
十一、信息技术服务业	0.31	0.05
十二、社会服务业	167.75	25.86
十三、卫生体育福利业	2.74	0.42
十四、教育文化广播业	7.20	1.11
十五、科学研究和技术服务业	156.70	24.15
十六、机关社团及其他	0.06	0.01
合　计	648.75	100.00

(六)国有资产经营规模分布情况

海南省经营性国有资产较为分散，67户大、中型企业约占42%，620户小、微型企业约占58%，小、散的状况没有根本改变。

表5　2011年海南省国有资产经营规模分布情况

项　目	户　数	国有资产（亿元）	占国有资产总量比重(%)
大型企业	10	140.54	21.66
中型企业	57	130.07	20.05
小型企业	188	126.46	19.49
微型企业	432	251.68	38.79
合　计	687	648.75	100.00

三、海南省国有资本保值增值综合分析评价

（一）基本指标变动情况

表 6　海南省国有资产基本指标变动情况

项　目	金额(亿元)
1. 年初国有资本及权益总额	467.51
2. 本年国有资本及权益增加	221.63
(1)国家、国有单位直接或追加投资	60.74
(2)无偿划入	11.15
(3)资产评估增加	117.30
(4)清产核资增加	0.25
(5)产权界定增加	
(6)资本(股票)溢价	2.49
(7)接受捐赠	0.04
(8)债权转股权	0.02
(9)税收返还	0.03
(10)补充流动资本	0.03
(11)减值准备转回	0.00
(12)会计调整	0.75
(13)中央和地方政府确定的其他因素	3.94
(14)经营积累	24.91
3. 本年国有资本及权益减少	16.41
(1)经国家专项批准核销	0.15
(2)无偿划出	0.8
(3)资产评估减少	0.24
(4)清产核资减少	0.31
(5)产权界定减少	
(6)消化以前年度潜亏和挂账而减少	0.30
(7)因自然灾害等不可抗拒因素减少	
(8)因主辅分离减少	0.38
(9)企业按规定上缴利润	3.32
(10)资本(股票)折价	0.39
(11)中央和地方政府确定的其他因素	2.57
(12)经营减值	7.94
4. 年末国有资本及权益总额	672.74
5. 年末其他国有资金	6.14
6. 年末合计国有资产总量	678.88
7. 年末合并国有资产总量	648.75

扣除客观影响因素后，海南省国有企业国有资本保值增值率103.63%，比上年103.13%上升0.5个百分点。

（二）按隶属关系和行政区划保值增值情况

表 7　2011 年海南省国有企业地区保值增值情况

地　区	2011 年国有资本保值增值率(%)	2010 年国有资本保值增值率(%)
海南省全省国有企业	103.63	103.13
海南省省属企业	104.10	105.20
海南省国资委重点监管企业	104.16	105.27
海南省国资委其他监管企业	103.33	104.35
海南省市县级国资监管企业	102.88	100.63
海南省地市级监管企业	102.35	100.84
洋浦经济开发区	158.22	198.93
海口市	102.49	100.24
儋州市	103.29	103.28
三亚市	101.73	102.03
海南县级监管企业汇总	106.64	98.12
白沙县	331.30	133.07
东方市	184.99	97.79
临高县	142.43	65.88
五指山市	138.31	124.35
定安县	131.14	95.49
文昌市	124.35	93.19
昌江县	121.75	118.44
乐东县	102.39	106.99
琼中县	101.96	101.28
保亭县	100.66	99.62
澄迈县	99.94	93.66
琼海市	97.69	100.24
万宁市	94.95	100.76
陵水县	80.51	97.12
屯昌县	36.59	79.32

(三) 分行业国有资产保值增值情况

表8　2011年海南省国有企业行业保值增值情况

行　　业	2011年国有资本保值增值率(%)	2010年国有资本保值增值率(%)
一、农林牧渔业	92.54	105.30
二、工业	103.99	109.23
三、建筑业	107.09	140.89
四、地质勘查及水利业	73.96	102.02
五、交通运输业	105.80	102.64
六、仓储业	208.44	100.01
七、邮电通信业	133.04	
八、批发和零售业	93.23	103.04
九、金融业	48.60	102.69
十、房地产业	102.16	103.16
十一、信息技术服务业	88.76	95.42
十二、社会服务业	106.53	100.02
十三、卫生体育福利业	102.13	101.28
十四、教育文化广播业	100.02	99.59
十五、科学研究和技术服务业	102.54	88.55
十六、机关社团及其他	104.43	100.12
合　　计	103.63	103.13

1. 总体看,2011年海南省国有资产实现了保值增值。从结构上看,省属企业,包括省国资委重点监管企业国有资产保值增值的水平高于全省国有企业总体水平,有8个市县区超过总体水平;从行业看,工业、建筑业、交通运输业、仓储业、社会服务业等行业国有资产保值增值率超过全省总体水平。

2. 从国有资产变化情况看,海南省国有资产总量平稳上升,呈现良好发展态势。

表9　2008—2011年海南省国有资产变动情况

年　度	国有资产(亿元)	增长率(%)
2008年	237.35	
2009年	317.41	33.73
2010年	479.87	51.18
2011年	648.75	35.19

四、海南省国资委监管企业股份制改革与股权分置改革情况

海南矿业海矿股份首发上市申报材料正式获中国证监会的积极反馈意见。将金运公司变更为海汽投资,并将省国资委持有海汽集团70%股权无偿划转海汽投资持有,其引进战略投资者工作仍在抓紧进行,待全部确定后发起成立股份公司。2011年11月海汽股份正式挂牌。水电股份股份制改造职工安置方案经职代会审议通过,完成水电股份主业资源整合工作。建设股份股份制改造职工安置方案经职工代会审议通过,按组建股份公司实施方案,建设股份完成主业资源整合,二期增资正在进行。

五、海南省国资委监管企业并购重组与完善法人治理结构改革进展状况

按照省委常委会议精神及省政府关于进一步深化国有企业改革改组和资产重组要求,海南省国资委制定并实施《企业归并整合的方案》。将海南省金城国有资产管理公司与海南省林业总公司进行归并重组,成立金林集团,整合资产资源发展现代农林产业。将庞龙公司及原托管的医药总公司等3家企业一并委托华盈公司管理,庞龙公司不再列为省国资委重点监管企业,经清理后庞龙公司的部分国有资产将注入华盈公司;调整联合资产公司托管企业,原省咨询公司改制后国有股权划转由省水电集团持有;指导联合资产同信达公司多次沟通,寻求解决信达资产管理公司武钢债务重组途径;加快整合盘活海钢集团滨海大酒店等资产;审查省中旅社债务重组方案,并对其一揽子解决债务重组、企业改制、职工安置及华侨大厦

重建提出审查意见等。

稳妥推进董事会试点，完善公司法人治理结构。出台《关于完善和规范董事会建设的工作指导意见》《海南省国有独资公司治理指引》《董事会年度工作报告制度实施意见》等制度；积极做好企业公司章程的制定和修改审批工作，并加强对各公司新设立的二级公司章程的指导；加强对新组建的海南海汽运输集团有限公司、海南省建设集团有限公司、海南省水利电力集团有限公司、海南省文化投资管理有限公司等四家企业的董事会筹建工作的协调指导；完善各试点企业的公司治理结构，进一步完善省属企业董事会建设工作。

监事会监督检查工作成效显著。2011 年监事会向省政府和国资委报送 15 份年度监督检查报告和 1 份年度监督检查综合报告，揭示存在问题 54 个，提出整改建议 74 条。向企业下达 15 份整改意见书，企业完成 41 个问题的整改，其他综合性问题也取得了阶段性成效。

六、海南省国资委监管企业建立和完善经营业绩考核体系情况

明确落实国有资产经营责任和保值增值责任。坚持与企业负责人签订年度经营业绩目标责任书、党建工作责任书及廉政建设责任书；同时制定《省国资委及党委 2011 年重点工作责任分解表》《2011 年海南省国资委集中办量办大事工作安排》《省属企业归并整合方案》，明确工作目标和任务。加强基础管理，积极推进综合考核、薪酬分配“二位一体”的考核评价和经营责任体系建设。对企业施行分类考核制度，将企业分为政策性企业和正常生产经营型企业。前者以政府任务指标考核为主，财务指标考核为辅，后者全部采用财务指标进行考核。推行全员经营业绩考核体系，建立起企业内部经营业绩考核规范。实施经济增加值考核，针对投资类企业和非投资类企业给予不同比率的经济增加值调整系数，并采用动态指标确定资本成本率。积极探索企业总会计师工作职责管理方法，率先开展总会计师履职评价。

七、海南省国资委监管企业负责人考核与选人用人机制改革情况

不断完善企业负责人考核评价体制机制，从规范职位分类与职业标准入手，建立以能力和业绩为导向，以岗位为基础，以绩效目标为核心的各类考核评价指标体系，完善评价标准、考核指标和测评技术。严格对经营管理者的全面考核，将年度考核和任期考核相结合，定性评价和定量评价相结合，业绩考核和组织评价相结合，结果考核和过程考核相统一；定期选聘人力资源机构、会计师事务所等中介组织进行第三方评价。将第三方评价与出资人考核、市场评价有机结合，改进企业领导人员考核评价方式，建立科学规范的考核评价机制。健全有效激励约束机制，进一步完善年薪制，发挥薪酬分配对激发企业经营管理人才积极性的重要作用；强化精神激励，努力推动增加各级人大代表、政协委员中优秀企业家的数量，提高企业家的社会地位，推荐有突出贡献的企业经营管理人才为政府经济顾问，在享受政府特殊津贴、评选劳动模范、评选省级专家或顶尖人才等方面向优秀企业家群体倾斜；强化事业激励，选聘优秀经营管理人才到具有开拓性、挑战性、经营难度大和对经济发展有重大影响的企业任职。

积极探索与现代企业制度相适应的选人用人机制。编制《海南省企业经营管理人才中长期发展规划(2010—2020 年)》，制定《海南省国资委人才工作目标责任制实施方案》。坚持配齐配优企业领导班子，按照对 68 名企业领导人员进行任职调整配备。加快推进企业市场化选聘高级经营管理者的进程，规范企业选人用人行为，组织对 11 家企业选人用人工作情况进行集中检查。深入推进“人才强企”战略和开展“百名商业精英工程”等活动，按民主推荐、党组织审批、干部人事部门考察等程序，产生后备干部人选，形成国资委和企业两级储备的可持续发展的企业家后备队伍梯次。建设企业后备干部人才库，按业务专长实行分类、动态管理。坚持分期分批从省属国有企业中筛选一批年龄较轻、文化程度较高、业务能力较强、业绩比较明显的人员纳入后备人才库，并进行跟踪培

养、考察和测评管理,定期考核。

八、海南省国有企业党的建设和廉政建设情况

以创先争优活动为载体,积极推进对标管理,大力构建党建工作与生产经营融为一体的目标管理责任制。通过创先争优活动,充分发挥基层党组织的战斗堡垒和党员的先锋模范作用,增强企业党组织的活力和战斗力。在各企业设立新闻发言人制度,加强与新闻媒体的沟通,不断提高思想政治工作的活力和实效。

以规范权力运行为关键,积极推进党风廉政建设,坚持把惩防体系建设融入国企经营管理之中。出台《关于进一步推进省属国有企业贯彻落实"三重一大"决策制度的实施意见》,健全企业落实"三重一大"决策制度跟踪检查机制,注重推动企业围绕"三重一大"事项加强效能监察,共立项15项,节约资金163万元,直接增加经济效益1199.09万元。深入推进工程治理、"小金库"治理、公车治理等系列专项治理工作,坚决遏制重点领域和关键环节的腐败现象。进一步完善国资监管体系,规范企业国有产权转让行为,防止国有资产流失,开展产权项目检查26个,建立完善财务、鉴证、信息等16项规章制度,提升了产权交易规范化服务和风险防范能力。深入推进政务公开、党务公开、厂务公开,所属企业48各党组织实行党务公开覆盖率为100%。对落实党风廉政建设责任制检查考核中发现的六个方面问题,提出38项整改措施,不断增强监管工作的有效性、针对性,坚决查处违法违纪行为和腐败行为。

以人为本,扎实推进信访维稳和改善民生工作。以切实维护职工群众合法权益和企业的根本利益为出发点扎实开展"书记大接访"和"信访积案排查化解"活动。共接待职工群众来信来访185件,与上年同期相比减少110件,办结率91%。推进省属国有企业利用存量土地资产开发保障性住房,进行职工危旧住房区成片改造、棚户区改造,解决职工住房难题。2011年有11家企业在建的保障性住房项目57个,建设规模17167套,已开工建设1万套。

(撰稿人:冯　玲)

重庆市

一、重庆市国有资产监督管理工作综述

2011年,重庆市国有企业按照"立足内需全球配置资源,对标先进深化改革调整,转变方式加速发展赶超"的经营理念,推动主要经营指标再创新高,实现了"十二五"的精彩开局。据重庆市2011年度企业国有资产统计报表显示,纳入统计范围的国有企业2344户,资产总额21759亿元,同比增长26.9%;所有者权益7798亿元,同比增长32.1%。

(一)资产权益再上台阶,企业实力持续增强

2011年,重庆市国有企业积极应对国内外复杂的经济形势,着力培育新的经济增长点,以"促发展、强管理、控风险、保增长"为举措,推动企业资产权益实现新跨越。38户市级监管企业资产总额14519亿元,同比增长20.9%,其中,农商行、重庆银行、高速集团分别以3444亿元、1272亿元、1136亿元位列市级监管企业资产总额前三位;所有者权益3832亿元,同比增长18.6%,户均所有者权益101亿元,同比增长12.2%。市级非监管企业资产总额1027亿元,同比增长82.1%,所有者权益483亿元,同比增长68.3%,其中两江新区开投集团资产总额676亿元、所有者权益361亿元,带动了市级非监管企业资产权益的大幅增长。区县国有企业资产总额6213亿元,同比增长36.7%;所有者权益3483亿元,同比增长45.4%。其中,涪陵区、江北区、璧山县分别以617亿元、483亿元、413亿元位列各区县资产总额前三位。

(二)营业收入大幅攀升,经济效益稳步增长

2011年,重庆市国有企业紧紧抓住全球产业转移的机遇,准确预判宏观经济政策和市场的变化,积极采取应对措施,合理布局产业结构,精心组织生产经营,在经济不景气的大背景下实现逆势增长。重庆市国有企业实现营业收入3497亿元,同比增长36.3%;实现利润总额256亿元,同比增长19.6%。纳入统计

范围的企业中，盈利企业1506户，所占比重64.2%，同比提高0.2个百分点。其中，38户市级监管企业实现营业收入2991亿元，同比增长37.3%。商社集团、建工控股、重钢集团、化医集团、机电集团、轻纺集团、能源集团、外经贸集团、农商行等9户企业营业收入突破百亿元。实现利润总额187亿元，同比增长14.7%。此外，还上缴土地增值收益214亿元。农商行利润总额达到55亿元，位列市级监管企业之首，水务资产、重庆银行分别以20亿元、19亿元位列第二、三位。

（三）结构调整加速推进，资源配置更趋优化

2011年，重庆市国有企业以大项目带动大产业，大重组带动大调整，新产业、新技术、新工艺推动转变发展方式，企业进入升级转型加速期。机电集团联手渝富集团、对外经贸集团，组建全国第二大直升机产业投资公司；化医集团财务公司获准全牌照经营；四联集团、进出口担保公司率先组建重庆市首家国有小贷公司；重组水务资产，推动全市进入"大水务"时代；组建金融后援服务中心、兴农担保集团等，产业布局进一步优化。

（四）积极服务民生，社会责任深度践行

重庆市国有企业在增强自身活力的基础上，紧紧围绕党和政府发展地方经济社会、保障和改善民生的大局，积极探索国有企业的功能作用。2011年，市级监管投资类企业投资总额突破1000亿元，达到1016亿元；上缴国有资本经营收益36.7亿元，主要用于涉及补充养老保险、补贴微型企业、政府购买企业服务等惠及民生方面支出，充分体现国企利润全民共享的理念。市级监管企业通过帮助"两翼"区县工业园融资50亿元，形成助推区县产业发展的功能作用链，2011年市级监管企业在区县建成项目36个，实现营业收入308亿元，上缴税金12亿元。此外，市级监管企业帮助非公企业融资1238亿元，与13.2万个中小微企业形成了产业链，带动了非公经济的快速发展，实现了国有企业经济效益与社会效益的双丰收。

二、重庆市国有资产总量与结构分析

表1　2011年重庆市所属国有企业指标

项　目	金额（亿元）
资产总额	21759.2
所有者权益	7797.8
营业收入	3496.8
利润总额	256.0
净利润	211.9
归属于母公司所有者的净利润	191.64
应交税金总额	192.79
实际上缴税金总额	188.55

表2　2011年重庆市国有企业户数情况

项　目	2010年	2011年	比上年增长（%）
户数（户）	2172	2344	7.92

表3　2011年重庆市国有资产地区分布情况

地　区	国有资产（亿元）	占国有资产总量比重（%）
万州区	97.7	1.44
涪陵区	241.3	3.55
渝中区	1171.1	17.23
大渡口区	100.8	1.48
江北区	682.7	10.04
沙坪坝区	302.1	4.44
九龙坡区	91.8	1.35
南岸区	27.2	0.40
北碚区	133.2	1.96
万盛区	41.8	0.61
双桥区	5.7	0.08
渝北区	1508.5	22.19
巴南区	144.4	2.12

续表

地　区	国有资产(亿元)	占国有资产总量比重(%)
黔江区	88.8	1.31
长寿区	176.1	2.59
江津区	91.6	1.35
合川区	158.8	2.34
永川区	260.6	3.83
南川区	92.4	1.36
綦江县	198.5	2.92
潼南县	51.2	0.75
铜梁县	91.9	1.35
大足县	83.8	1.23
荣昌县	19.2	0.28
璧山县	354.3	5.21
梁平县	22.1	0.33
城口县	37.1	0.55
丰都县	73.2	1.08
垫江县	48.7	0.72
武隆县	80.5	1.18
忠县	14.6	0.21
开县	7.8	0.11
云阳县	63.4	0.93
奉节县	26.1	0.38
巫山县	1.3	0.02
巫溪县	8.7	0.13
石柱县	43.6	0.64
秀山县	55.5	0.82
酉阳县	58.7	0.86
彭水县	10.2	0.15
市外	30.7	0.45

表4　2011年重庆市国有资产行业分布情况

行　业	国有资产(亿元)	占国有资产总量比重(%)
一、农林牧渔业	88.5	1.30
二、工业	681.6	10.03
三、建筑业	932.6	13.72

续表

行　业	国有资产(亿元)	占国有资产总量比重(%)
四、地质勘查及水利业	152.4	2.24
五、交通运输业	773.0	11.37
六、仓储业	50.8	0.75
七、邮电通信业	2.4	0.04
八、批发和零售业	56.3	0.83
九、金融业	143.1	2.11
十、房地产业	1637.6	24.09
十一、信息技术服务业	0.6	0.01
十二、社会服务业	2249.9	33.10
十三、卫生体育福利业	5.9	0.09
十四、教育文化广播业	18.5	0.27
十五、科学研究和技术服务业	2.8	0.04
十六、机关社团及其他	1.8	0.03

表5　2011年重庆市国有资产经营规模分布情况

经营规模	国有资产(亿元)	占国有资产总量比重(%)
大型企业	1044.2	15.36
中型企业	2502.3	36.81
小型企业	2592.3	38.13
微型企业	658.9	9.69
合　计	6797.7	100.00

三、重庆市国有资本保值增值综合分析评价

2011年,重庆市国有企业国有资本保值增值率为103%。其中,市级监管企业国有资本保值增值率为103.9%,高于重庆市平均水平0.9个百分点;市级非监管企业国有资本保值增值率为101.7%;区县企业国有资本保值增值率102.2%。

从行业看,金融业、工业、房地产业、建筑业、社会服务业等11个行业实现国有资本的保值增值。其中,批发和零售业国有资本保值增值率达到116.5%,

高于重庆市平均水平 13.5 个百分点；教育文化广播业、科学研究和技术服务业以 112.1%、111.0%分列第二、三位。从综合分类来看，109 户大型企业利润占比 45.7%，国有资本保值增值率达到 104.2%，高于重庆市平均水平 1.2 个百分点；412 户中型企业经营积累占比 56.5%，国有资本保值增值率 103.9%，高于重庆市平均水平 0.9 个百分点。

表 6　　2011 年重庆市国有企业地区和行业保值增值情况

地　区	保值增值率(%)	行　业	保值增值率(%)
万州区	103.13	一、农林牧渔业	100.48
涪陵区	101.24	二、工业	98.73
渝中区	104.70	三、建筑业	103.47
大渡口区	103.11	四、地质勘查及水利业	101.64
江北区	105.01	五、交通运输业	101.16
沙坪坝区	101.99	六、仓储业	101.99
九龙坡区	109.36	七、邮电通信业	86.08
南岸区	102.48	八、批发和零售业	116.51
北碚区	100.37	九、金融业	110.04
万盛区	100.75	十、房地产业	103.24
双桥区	103.15	十一、信息技术服务业	78.89
渝北区	102.69	十二、社会服务业	103.67
巴南区	104.13	十三、卫生体育福利业	98.2
黔江区	101.93	十四、教育文化广播业	112.08
长寿区	96.00	十五、科学研究和技术服务业	111.04
江津区	100.28	十六、机关社团及其他	0
合川区	103.42		
永川区	105.14		
南川区	102.65		
綦江县	101.87		
潼南县	100.75		
铜梁县	102.98		
大足县	99.84		
荣昌县	102.07		
璧山县	100.69		
梁平县	130.82		
城口县	99.78		

续表

地　区	保值增值率(%)	行　业	保值增值率(%)
丰都县	100.83		
垫江县	101.02		
武隆县	99.46		
忠县	100.94		
开县	103.51		
云阳县	99.57		
奉节县	99.78		
巫山县	107.62		
巫溪县	99.38		
石柱县	104.67		
秀山县	100.22		
酉阳县	99.58		
彭水县	100.87		
市外	106.90		

四、重庆市国资委监管企业人才队伍建设情况

(一)启动实施中国企业领军人才培养项目

重庆市国资委在全国首创“中国企业领军人才培养项目”,即:选拔高层次经营管理人才到清华大学进行定点培养,打造能带领重庆国有企业进入世界500强或中国500强,在全国乃至全世界都有重要影响力的优秀企业家和企业领袖。首期培养班于2011年7月初开班,参加首期培养的有20名企业集团领导。该培养项目创造性地提出培养企业领军人才队伍这个理念,实施“量体裁衣”式的全方位专项培养模式,对已有MBA、EMBA高端工商管理知识的企业领导人员培训涵盖除经济与管理知识外,还涉猎哲学、社会、历史、文学、美学、宗教、科技等前沿领域,学习方式不仅限有课堂教学,还有导师解惑、读书研讨、参观交流、企业实践、精英沙龙等。该培养项目是贯彻落实中央和市委、市政府“人才强国”、“人才强市”战略的创新性重大举措,在全市乃至全国产生重要影响。

(二)牵头编制完成重庆市企业经营管理人才中长期规划

为贯彻落实全国、全市人才工作会议精神,由市国资委牵头编制《重庆市企业经营管理人才队伍建设中长期规划(2010—2020年)》,于2011年11月底全面完成并正式印发,成为重庆市经济社会发展重要人才支撑性文件。

(三)推进EMBA和国资大讲坛等精品人才培训项目

继续与重庆大学、厦门大学合作,举办高级管理人员工商管理硕士(EMBA)培训班。2011年共开班4个班次,选派了120名企业领导人员参加学习。继续举办“重庆国资大讲坛”,共开讲12期,邀请魏杰、易中天、楼宇烈、高西庆、斯蒂芬·罗奇等国内外经济界、文化界、企业界的名人大家做了讲座,参加人数达4000余人次。该项目成为重庆市有重要影响力的人才培训品牌。

(四)圆满完成各项日常人才培训工作

在清华大学、重庆大学、市委党校等举办各类定期培训班共开班7期,培训各层次企业经营管理人才

240人。牵头对全市推荐的60名市委直接掌握联系高级经营管理专家候选人进行初评，最终评审确定22名。推荐国企10名“重庆市杰出技能人才”和51名“重庆市优秀技能人才”表彰人选。组织国有企业参加各类人才招聘工作，引进各类中高层次人才1000余人，招聘大学生10000余人。

经过探索创新，重庆市属国有重点企业人才队伍建设初步形成“着眼未来、统筹全局、高端引领、梯队培养”的全新的发展态势和格局，国企领军团队正在加速成长，国企人才高地和人才聚集效应正在加速形成。

五、重庆市国资委监管企业并购重组与完善法人治理结构改革进展情况

(一)并购重组稳步推进

2011年，重庆市国资委监管企业实施并购重组项目60个，其中，重庆市国资委出资企业重组整合项目4个，重庆市国资委监管企业与市级部门下属国企间整合项目2个、与区县国资监管企业间整合项目2个、对外并购项目41个、重组项目11个。

利用合并、分立等方式，稳妥推进企业资产重组。重庆市水务资产经营有限公司、重庆市水利投资(集团)有限公司通过合并方式实施重组，搭建统筹全市重点水源、城乡供水、污水处理、大江大河治理、地方水电及骨干渠系工程等城乡水务建设管理的千亿集团公司；重庆交通旅游投资集团有限公司、重庆市地产集团分别与其下属企业重庆旅游投资集团有限公司、重庆悦来投资发展有限公司通过分立方式实施重组，优化二级公路债务结构，保障市级重点工程项目建设；重庆渝信路桥发展有限公司整体划转监管企业重庆对外经贸(集团)有限公司作为子企业进行管理，实现企业优势互补，综合竞争能力提高。

利用国际、国内经济发展的有利时机，加快并购重组步伐，将“走出去”与“引进来”有机结合，实现经济效益和整体实力同步提升。2011年完成41个对外并购项目，其中涉及海外并购项目2个。

11户市属国有企业通过增资扩股完成重组。重庆四联光电科技有限公司通过增资扩股，成功引进境外战略投资人，为进一步深化掌握蓝宝石国际领先技术、巩固全球引领地位、快速在运用领域扩大市场占有力和影响力提供了重要保障。

(二)企业法人治理结构进一步规范完善

完成能源集团、渝富集团等企业的董事会、监事会正常换届调整工作。继续加大外部董事(独立董事)配备力度，新任职外部(独立)董事7人，32户企业实行外部(独立)董事制度，占总数的82%。全面推进了监事会体制改革后监事会成员的配备完善，新任职监事长5人，内部监事10人，外部监事9人，职工监事14人。

六、重庆市国资委监管企业建立和完善经营业绩考核体系情况

2011年，重庆国有企业的考核分配工作步入一个崭新的发展阶段，企业分配制度改革进一步深化，企业各层次人员的考核体系和短期与中长期激励相结合的考核分配体系基本形成。

(一)修改完善企业负责人经营业绩考核与薪酬管理办法

修改后的考核分配办法要求更严格，对企业负责人业绩考核更加科学，激励措施更到位，具有鲜明的特点：突出分类考核，分类确定考核指标体系，深化考核的针对性，真正体现考核量身定做的分类考核理念，真正做到“一企一策”，充分考虑企业的行业特点和企业的发展阶段，实行差异化考核；突出“短板考核”，通过横向对标，强化目标管理，引导企业解决发展中面临的突出问题和管理“短板”；突出经营绩效考核，体现出资人的价值导向；坚持一体化考核，将经营业绩与财务预决算结果、综合绩效评价、规划、改革、稳定、安全生产等有机结合，形成监管合力。

(二)探索建立企业负责人任期激励机制

为了有效克服企业负责人的短期行为，重庆市国资委积极构建了企业负责人中长期激励机制，将企业负责人任期经营目标完成情况与任期激励挂钩，探索企业负责人中长期激励缺失问题。中长期激励机制的建立，将引导企业负责人在关注当期经营目标的同

时，更加重视企业的长远发展。

(三)出台企业全员业绩考核办法

企业全员业绩考核办法的出台，进一步促进国有资产保值增值责任层层落实，标志着“管理者能上能下、员工能进能出、薪酬能升能降”的有效激励约束机制有了具体实施方案。重庆市国资委对直接监管企业、直接监管企业对内部管理部门及二级企业、二级企业对三级企业负责人的经营业绩考核制度逐步建立，国有资产经营责任层层落实到位，极大调动全体员工的积极性和创造性。

(四)推行企业工资总额预算管理

企业工资总额实行预算管理，工资预算作为财务预算的组成部分，由企业根据人力资源配置计划、发展战略、业务计划等参照市场薪酬水平及自身承受能力等编制，重庆市国资委参照行业工资水平、效益情况等对企业的工资预算进行审核，坚持“限高、稳中、提低”的调控原则，科学调节行业间、企业间的工资水平。坚持分配向一线科技人员和业务骨干倾斜，有效维护一线职工的利益。工资预算管理制度的推行极大地提升了工资调控的效率和质量，有效促进企业分配的科学性与和谐性。

(五)出台企业年金指导意见

年金制度的出台，促进企业职工养老保障体系的完善，有利于保障和提高企业职工退休后的生活水平，改善企业薪酬福利结构，对企业开展年金制度具有很强的指导性。年金试行阶段，坚持“低起点，广覆盖”原则，充分考虑企业承受能力的情况下，让更多的职工建立年金制度，共同分享改革的成果。年金使职工退休后的生活更有保障，是一个很有效的长期激励制度，必将在企业引进人才、留住人才，促进企业发展发挥积极作用。

(六)国有企业考核分配的组织体系基本形成

重庆市国资委成立企业负责人考核工作办公室，企业也成立以企业主要负责人为组长的考核分配领导小组，统一领导和综合协调考核分配工作。部分企业在董事会下设立考核及薪酬管理委员会，建立考核分配的工作机构，配备较强的工作力量，有的企业还聘请中介机构及专家为企业的考核分配工作提供了智力支持。为加强人力资源人才队伍的建设，聘请北京大学和人力资源和社会保障部专家，组织企业的人力资源部门负责人就《劳动合同法》、经营绩效考核、薪酬设计进行专题培训。

七、重庆市国资委监管企业负责人考核与选人用人机制改革情况

(一)进一步完善企业领导班子管理制度规范

结合企业改革发展新形势新情况，对《资深经理管理暂行办法》《骨干子企业领导人员任免暂行规定》等已有制度进行修改，草拟《企业领导人员管理暂行办法》《企业领导班子和领导人员综合考核评价办法》《企业领导人员任免工作细则》《企业董、监事任免程序办法》等新制度，共涉及10余项制度。

(二)稳妥做好企业改革发展中领导班子调整配备

对水务集团与水投集团等外部重组整合企业的领导班子稳妥配备到位，对港务物流、商社集团整体上市过程中的内部结构调整企业的领导班子稳妥配备到位，平稳实现交旅集团托管过程中管理体制和领导班子的调整，稳妥实现悦来公司、兴农担保公司、金融后援服务公司等新成立企业领导班子配备。

(三)着重加大企业领导人员交流提拔力度

按照“重能力、重业绩、重公认”和“轻资历、轻背景”的“三重两轻”原则，在企业内部提拔使用一大批“能力强、业绩优、群众公认”的优秀年轻干部，2011年共提拔企业领导人员40人，其中主要领导12人，新提拔人员平均年龄46.6岁，具有研究生学历或硕士以上学位的占44.4%；打破企业之间行业、级别、资产规模等界限，针对每户企业领导班子结构和每位企业领导人员特点，在企业集团之间实施大范围的交流任职，重新激发企业领导人员的工作潜能和热情，全年共交流企业领导人员6人，其中主要领导2人，涉及企业10户次；积极支持配合全市干部的统筹调配，全年共有14名党政领导干部交流到企业集团担任领导职务，其中厅局级干部9人。同时，推荐1名企业集团领导和2名骨干培养对象交流到区县担任市管党政领导职务；坚持企业领导人员退出机制，继续实行资深

经理制度，让年龄偏大、履职能力较弱的现职企业领导改任资深经理，初步建立企业领导人员“能上能下、能进能退”的良性机制。2011年共有7名企业领导人员改任资深经理，其中主要领导4人。

(四)不断强化选人用人工作监督检查

完善选人用人监督制度，印发实施《国有企业选人用人工作监督检查办法》《国有企业中层管理人员选拔任用工作“一报告两评议”办法》等制度办法，初步形成选人用人监督检查的制度体系；对近年来选拔任用企业领导人员的程序和有关材料进行全面自查清理，并严格按有关要求进行整理归档；对企业选人用人工作进行了全面检查，督导各企业进行了企业内部选人用人情况自查、抽查。

2011年，共完成39户企业领导班子调整充实工作，涉及企业领导人员166人，办理任免手续294人次，调整力度、幅度和数量再创历年新高。在大规模调整过程中，坚持“整体考虑、逐步完善、注重实绩、程序规范、慎重酝酿、高效实施”等原则和程序方法，整个市属国有重点企业领导班子呈现出“团结和谐稳定、风清气正劲足”的良好局面，为企业跨越式发展提供坚强的领导团队支撑。

八、重庆市国资委监管企业党的建设和廉政建设情况

(一)党的建设

紧紧围绕国企改革发展大局，以“纪念建党90周年，深化创先争优活动”为主线，着力提升党建工作科学化水平，强化党建带群建工作，推动党群工作实现创新发展。

组织召开全市国有企业党的建设工作会议。重庆市委组织部、重庆市国资委于2011年2月16日共同召开全市国有企业党的建设工作会议，专门研究和部署国有企业党建工作，统一思想，振奋人心，极大地鼓舞了广大国企党务工作者的信心。

创新开展创先争优活动。重庆市国有企业在全市创先争优活动中首创“一讲二评三公示”模式：“一讲”，即党员每月向支部、支部每两月向上级党组织讲述汇报创先争优活动情况；“二评”，即支部每月对党员、上级党组织每两月对支部创先争优活动进行点评；“三公示”，即定期公示评比结果。国有企业创先争优活动和“一讲二评三公示”实现基层组织全覆盖、党员职工参与全覆盖。通过活动，国有企业共创建“全国先进基层党组织”、“全国巾帼文明岗”、“全国五四红旗团委”各1个，“市级党建示范点”5个，“五个好党委”404个、“为民服务品牌”15个，“委级党建示范点”43个。中共中央政治局委员、中组部部长李源朝视察长安工业，中组部副部长李智勇视察四联集团，对创先争优活动给予高度评价。在市级机关和窗口服务单位创先争优活动推进会上，市领导高度评价国有企业创先争优活动：“全市创先争优活动一讲二评三公示，国有企业搞得最好。”

组织纪念建党90周年庆祝活动。组织安排12项纪念庆祝活动，得到党员职工的广泛参与，实现企业职工的全覆盖，直接参与人数超过10万人；召开重庆市国资系统纪念中国共产党成立90周年暨创先争优表彰大会，表彰170个先进集体、303名先进个人。重钢集团党委被评为“全国先进基层党组织”，20个集体、62名个人受到市委表彰。

进行群众工作模式的探索创新。以“国资大舞台”、“国资大赛场”等文化品牌为载体，推动国资系统群众活动制度化、常态化。先后邀请中国交响乐团、上海歌舞团、上海东方青春歌舞团来渝为国企职工演出。组织国企系统职工在人民大礼堂、市委礼堂分别举行颂歌献给党文艺汇演。“国资大舞台”系列活动被纳入全市红五月群众文化活动，全年重庆国资系统共举办各类庆祝活动250多场次。

关心困难群众节日送温暖形成制度。把元旦、春节、五一、端午、中秋、国庆作为开展节日送温暖活动的集中时段，国资系统全年六大节日共发放慰问金1.12亿元，慰问48.08万人次。

建立学工活动基地。认真开展接收大学生到国有企业开展社会实践工作，举行“全市大学生学工活动启动仪式”，重庆市委副书记张轩出席启动仪式，并称赞重庆国资委工作扎实。重庆市国有企业全年共为高校学生提供1.5万个寒暑期带薪实习岗位，实际接收9667人，支付工资等1667.16万元。同时，接收

香港大学等 6 所香港高校的 14 名大学生暑期实习。

国有企业党建理论研究获全国优秀奖。《重庆国有企业党组织发挥政治核心作用路径探索》被中组部评为“2010 年全国组织工作重点课题优秀奖”;在市科委申请立项软科学课题 1 项。承办全国部分省市企业党委书记会 2011 年度秘书长会议、第五届省际国有企业党建研究协作会,协办“党的建设理论创新与实践重庆研讨会”。组织开展纪念建党 90 周年暨创先争优理论研讨,编辑出版《国企党的建设研究与实践文集》。

(二)党风廉政建设

认真贯彻落实党风廉政建设责任制,积极推进惩防体系建设融入企业经营管理,着力强化了监督检查增强制度执行力,国有企业党风建设和反腐倡廉工作取得新的进展和明显成效。

党风廉政建设责任制和惩防体系建设深入推进。与 76 户重点企业党委签订《党风建设和反腐倡廉责任书》,指导督促企业及时将责任目标分解落实,实现国资系统党风建设和反腐倡廉责任制全覆盖。2011 年,各级企业开展惩防体系检查 3038 次,实施责任追究 31 人次,查找问题 179 项,提出整改措施 94 条。

纪念建党 90 周年系列活动亮点纷呈。以纪念建党 90 周年“展卫士风采,为党旗争光”为主题,开展国资系统“党性党风党纪”教育月、“重咨杯”党史党纪知识竞赛、反腐倡廉理论研讨论文评比、反腐倡廉先进集体先进个人评比表彰等系列宣传教育活动。在中央纪委举办的“党旗飘飘、廉风和畅——庆祝建党 90 周年”摄影大赛上,重庆电信和能投集团两幅作品获得全国铜奖。

领导人员廉洁从业教育鲜活深刻。组织开展国有企业领导人员廉洁从业专题教育活动,召开市属国有重点企业负责人谈心会。重庆市国资委纪委深入企业宣讲《国有企业领导人员廉洁从业若干规定》等有关法规制度 40 余场次,企业干部职工参与人数达 3000 余人。市国资系统组织参观廉政教育基地、观看警示教育片、举办廉洁从业专题讲座、剖析典型案例、赠阅廉洁教育书籍、开展廉洁谈话和廉洁法规知识考试等形式多样的教育活动 941 次,参与人数达 15313 人次;开展廉洁谈话 6427 人次;780 余名新提任企业领导人员参加廉洁法规知识培训考试。

反腐倡廉制度体系不断完善。审批通过《重庆机电集团“三重一大”决策实施办法》,先后制定出台《关于重庆市属国有重点企业试行企业年金制度的指导意见》《重庆市市属国有企业重大财务事项管理暂行办法》《重庆市属国有重点企业人员出国(境)管理暂行办法》《关于印发市属国有重点企业中层管理人员选拔任用工作“一报告两评议”实施意见(试行)的通知》等一批重要制度文件;指导企业建立健全企业领导人员职务消费、个人重大事项报告、厂务公开、薪酬管理等系列制度,共建章立制 2302 项。

监督检查专项治理成效明显。着力开展市政府重点工程项目、公租房建设、“三项行动”、工程建设领域专项治理、“小金库”专项治理、企业效能监察等专项监督检查。配合市委巡视组对 5 户企业开展巡视;对国资系统 5000 万元以上规模的工程建设项目实现了排查治理全覆盖;全面排查企业缴纳职工“五险一金”情况;效能监察选题立项 834 个,提出建议 1986 条。

党务公开工作全面推进。制定《实施细则》《公开目录》和《工作要点》,层层贯彻落实。党务公开检查指导组深入企业调研、检查 90 余次,在工作推动中总结出的“7+X”党务公开模式,在企业得到有效推广。各级企业建立党务公开联系点 2639 个,聘请党务公开监督员 3532 人,建立党务公开网站 541 个,电子屏 547 个,设置公开栏 3872 个,开展党务公开宣传教育活动 5329 次。市属国有重点企业、中央和外地在渝大型国有企业及其下属子企业的 675 个党委、506 个党总支、7900 个支部实现党务公开全覆盖。

办信办案力度进一步加大。2011 年,重庆市国资系统纪检监察部门共受理群众信访举报 923 件次,针对群众反映国企领导人员违反廉洁从业规定的问题,采取信访谈话、发信访说明通知书等方式开展信访监督,为 53 名反映不实的党员领导澄清事实。重庆市国资委纪委再次荣获重庆市纪检监察办案先进集体一等奖。

纪检监察队伍建设强力推动。与重庆市纪委、重庆市监察局联合制定出台《关于加强和改进重庆市属国有企业纪检监察组织建设的若干意见》。组织 2 期共计45名新提任的企业纪委纪委书记参加中央纪委综合业务培训。开展国有企业纪检监察课题研究，形成一批有较高理论水平和较强借鉴价值的调研成果。调研文章《以风险管理推进国有企业惩防体系建设》在《中国监察》2011年第12期刊载，《当前企业腐败案件的表现形式、特征及对策措施》在《中央企业纪检监察工作》上登载，8篇信息稿件在《中国监察》和重庆市纪委《党风廉政》等期刊登载。重庆市国资委纪委、重钢集团纪委监察处荣获"重庆市纪检监察系统先进集体"称号；1名同志荣获中央纪委、监察部"十七大以来纪检监察突出成绩"嘉奖，2名同志荣获"重庆市纪检监察系统先进工作者"称号，4名同志荣获重庆市纪委、重庆市监察局嘉奖。

（撰稿人：龚　政）

四川省

一、四川省国有资产监督管理工作综述

2011年，四川省国资委在省委、省政府的正确领导下，认真贯彻落实科学发展观，坚持把国企改革发展作为主要任务，把国资有效监管作为根本职责，把国企党的建设作为重要保障，开拓进取，扎实工作，国有资本实现保值增值，国有经济运行良好。

33户省重点国有企业资产总额7762亿元、所有者权益2324亿元，实现营业收入2552亿元、利润222亿元，分别同比增长23.3%、21.4%、26.2%、28.2%。27户省国资委监管企业超额完成省政府下达的目标任务，资产总额4435.19亿元、所有者权益1451.89亿元，实现营业收入1202.66亿元、利润46.4亿元，分别同比增长24.21%、19.90%、25.96%、31.38%。21个市（州）国有企业资产总额17116.71亿元、所有者权益5866.57亿元，实现营业收入2566.58亿元、利润350.01亿元，分别同比增长22.16%、34.22%、22.55%、36.02%。

（一）重大项目建设加快推进

2011年，33户省重点国有企业共完成投资632亿元，同比增长19%。充分依托"1＋N"省级产业性投融资平台，加大融资力度，保障了项目建设的资金需求。2011年，四川发展新增融资157亿元，向专业投资公司提供资金179亿元；铁投集团完成融资104亿元，交投集团完成融资355.6亿元。绵阳市绵投集团等三大平台公司完成融资60亿元；宜宾市国资公司完成融资35.9亿元；南充市公交公司通过金融租赁破解融资难题，重新焕发生机和活力；广元、遂宁、广安、达州、眉山、资阳、凉山等地大力规范投融资平台建设，融资能力明显提升。

2011年，一批重大项目加快推进。在西部综合交通枢纽建设上，成兰、成渝、成绵乐等铁路项目加快建设；广陕高速、纳黔高速纳溪至叙永段建成通车，广南、达陕、雅泸高速公路基本完工；双流机场新货站和二跑道建成投入使用，九黄机场三期扩建基本完成；泸州国际集装箱码头一二期工程建成运营。在优势资源转化利用上，官地水电站首台机组即将发电，锦屏一级、二级和桐子林等水电开发项目加快建设，凉山矿业10万吨铜冶炼项目建成投产。在"两化"互动上，华西集团资阳九曲河综合整治项目深获好评，泸州酒业集中发展区入驻企业100多家。

（二）企业经营效益改善

2011年，四川省地方国有企业实现营业收入3814.16亿元，较2010年增长23.48%，增速放缓，较上年下降3.75个百分点，其中，市（州）企业增速为22.55%，绵阳市、成都市、宜宾市增量超过百亿元，3个市合计增量占全省增量的51.68%，21个市（州）中除广安、眉山、资阳受统计范围变化同比下降外，其他18个地区均较2010年增长，有10个地区同比增幅超过20%；省本级企业增速为25.42%，省级监管企业增量为247.83亿元、占全省总增量的34.18%，同比增速为25.96%。在收入快速增长的同时，全省地方国有企业效益也快速提升，2011年实现利润399亿元，较2010年增长37.04%，增速超过收入增速13.56个百分点，其中，省本级企业利润同比增长44.85%，超

过全省平均增速 7.81 个百分点;市(州)企业利润增速低于全省平均增速 1.02 个百分点,21 个市(州)中 15 个地区同比增长,成都市增量为 39.41 亿元,宜宾市增量为 23.40 亿元,两市合计增量占全省总增量的 58.24%,遂宁、内江、南充、巴中、雅安同比翻番,6 个地区较 2010 年下降,德阳市、阿坝州 2011 年亏损。

2011 年,四川省地方国有企业的净资产收益率为 4.11%,总资产报酬率为 2.70%,成本费用利润率为 10.68%,分别较 2010 年上升 0.19 个、0.15 个、1.05 个百分点,企业盈利能力有所提升,其中,市(州)企业净资产收益率为 4.67%,总资产报酬率为 2.60%,成本费用利润率为 13.95%,分别较 2010 年上升 0.03 个、0.12 个、1.35 个百分点,21 个市(州)中有 11 个地区净资产收益率和总资产报酬率较上年上升,13 个地区成本费用利润率较上年上升;省本级企业净资产收益率为 1.60%,总资产报酬率为 3.08%,成本费用利润率为 3.99%,分别较上年上升 0.55 个、0.27 个、0.54 个百分点。同时,四川省地方国有企业的总资产周转率为 0.20,流动资产周转率 0.44,存货周转率为 1.35,总资产周转率与 2010 年持平,流动资产周转率较 2010 年上升 0.02 个百分点,存货周转率较 2010 年下降 0.02 个百分点。

(三)国资监管水平提高

2011 年,四川省国资委牢牢把握出资人定位,健全制度,改进方法,确保国有资本保值增值。一是完善监管体系。加大对各市(州)国资监管机构设置和工作开展的指导力度,巴中等地进一步强化国资监管职能,攀枝花、乐山、南充、雅安等地完善国资监管制度体系,泸州、广元、遂宁、达州等地国资委加强对行政事业单位国有资产管理。二是强化监管手段。积极做好投资项目的跟踪检查。努力探索建立符合企业功能定位和考核导向的业绩考核与薪酬管理方式,省属企业负责人考核面达到 100%。规范推进省属企业国有资本经营预算管理,乐山、宜宾、广安、南充等 17 个市(州)国有资本经营预算工作全面开展。注重财务监督日常管理,建立涵盖中央在川企业、省国有重要骨干企业的大监测网络。抓好产权监管,规范产权交易行为,大力推进境外企业和上市企业国有产权监管,成立西南联交所西藏分所及四川联合环境、金融资产等交易所。全年完成国有产权交易 107 宗,成交金额 25.4 亿元,平均增值率 32%。三是加强监事会监督。着力改进和加强新形势下的监事会工作,各监事会坚持日常监督和年度检查相结合,依法依规对企业进行监督检查。顺利完成四川省政府监事会第四届轮岗工作,38 名企业职工监事首次进入监事会。6 个监事会共列席省属企业决策会议 532 次,检查资产额达 2795 亿元,首次对 2 户企业的境外资产进行监督检查。

二、四川省国有资产总量与结构分析

截至 2011 年 12 月 31 日,四川省地方企业国有资产统计报表汇编范围企业 3467 户,资产总额 21659.69 亿元,负债总额 14296.16 亿元,归属于母公司的所有者权益 6659.02 亿元,2011 年末国有资产总量 6268.64 亿元,国有资本增值保值率 103.42%,实现营业收入 3814.16 亿元,利润总额 399 亿元,归属于母公司的净利润 247.35 亿元,上缴税金 313.91 亿元。与 2010 年比较,全省地方国有企业各项主要经济指标增速在 20%以上,效益增速超过 30%,其中资产总额增长 22.53%,归属于母公司的所有者权益增长 32.02%,营业收入增长 23.48%,利润总额增长 37.04%,归属于母公司的净利润增长 38.08%。2011 年全省地方国有资本实现保值增值,保值增值率较 2010 年度上升 0.09 个百分点。

2011 年,四川省地方监管企业 2384 户,比 2010 年净增加 85 户,资产总额 20206.65 亿元,负债总额 13494.53 亿元,归属于母公司的所有者权益 6020.86 亿元,实现营业收入 3529.62 亿元,利润总额 374.60 亿元,归属于母公司的净利润 229.82 亿元,分别较 2010 年增长 20.97%、17.46%、29.51%、22.82%、35.05%、35.37%,各项经济指标均平稳较快增长。全省地方监管企业资产总额占全省的 93.29%,营业收入占全省的 92.54%,利润总额占全省的 93.88%,各项指标的比重均在 90%以上,非监管企业在四川省地方国有企业中的比重很小,监管企业是推动各地国有经济发展的主要力量。同时,全省地方监管企业的国有资本保值增率为 103.54%,净资产收益率为 4.22%,总资产报酬率为 2.73%,成本费用利润率为

10.86％，均高于全省平均水平，其盈利能力明显优于非监管企业。2011年，省级国资委监管集团企业27户，资产总额4435.19亿元，负债总额2983.30亿元，归属于母公司所有者权益1151.40亿元，实现营业收入1202.66亿元，利润总额46.40亿元，分别较2010年增长24.21％、26.42％、22.03％、25.96％、31.38％，资产规模增速高于全省地方监管企业平均水平。同时，省级监管企业的国有资本保值增值率为101.41％，成本费用利润率为3.92％，净资产收益率为1.46％，总资产周转率为0.29。

2011年，四川省地方国有企业资产规模继续快速扩张态势，资产总额超过2万亿元。与2010年比较，全省地方国有企业的资产总额增加3982.36亿元，归属于母公司的所有者权益增加1615.20亿元，增幅分别为22.53％、32.02％，资产规模在前两年高速扩张的基础上继续快速增长。其中，省本级资产总额4542.97亿元，归属于母公司的所有者权益1195.98亿元，同比增幅分别为23.95％、21.42％，资产增幅超过了全省平均增幅1.42个百分点；成都市资产总额突破万亿元大关，为10971.01亿元，归属于母公司的所有者权益2891.68亿元，同比增幅分别为18.87％、33.89％；21个市（州）中除成都外，绵阳和宜宾两市资产总额超过千亿元，泸州、乐山等13个地区的资产总额超过百亿元，有10个地区所有者权益超过百亿元，较2010年增加2个地区。在规模继续扩张的同时，全省地方国有企业高度重视债务风险，总体债务负担有所减轻，资产负债率为66％，较2010年下降2.19个百分点，21个市（州）中16个地区债务负担减轻。

2011年，四川省地方国有企业完成工业总产值1919.46亿元，较2010年增长4.23％，完成增加值1052.53亿元，较2010年增长59.17％，其中，市（州）企业完成工业总产值1551.83亿元，较2010年增长4.74％，完成增加值756.07亿元，较2010年增长62.02％，绵阳市产值最大为819.31亿元，同比快速增长21.53％，其次是宜宾市383.03亿元、凉山州101.43亿元，成都市、绵阳市、宜宾市的增加值超过百亿元，21个市（州）中13个地区产值同比增长，20个地区增加值同比增长；省本级企业完成工业总产值367.63亿元，较2010年增长2.10％，完成增加值296.26亿元。同期，全省地方国有企业实际上缴税金313.91亿元，较2010年增长37.55％，省本级企业增速为40.63％，超过全省平均增速，全省的利税总额迈上600亿元关口。

三、四川省国有资本保值增值综合分析评价

2011年，四川省地方国有企业国有资本及权益6268.48亿元，2011年末国有资产总量6268.64亿元，较2010年增长29.17％，超过资产增速，由生产经营产生的经营净积累为175.64亿元，国有资本保值增值率为103.42％。另外，国家、国有单位直接或追加投资537.32亿元，无偿划入346.73亿元，国家继续加大投资力度，促进了四川省地方国有企业做强做大。其中，市（州）企业的国有资本保值增值率超过平均水平为103.88％，较2010年上升0.16个百分点，21个市（州）中17个市（州）实现国有资本保值增值，宜宾市最高为112.19％，其次是泸州市109.3％、凉山州108.66％、甘孜州106.09％，4个市（州）未实现保值增值，眉山市最低为97.23％；省属监管企业的国有资本保值增值率为101.41％，较上年下降0.84个百分点，27户企业中21户实现保值增值，航空集团最高为148.94％，其次为医药集团126.38％、锦江宾馆117.71％，华西集团、盐业总公司、木综厂均超过110％。

四、四川省国资委监管企业改革发展情况

2011年，四川省国资委坚持不断深化改革、推进开放合作。大力推进公司制股份制改造。省属监管企业公司制改造达到100％。医药股份、机场股份等14户企业股份制改革完成。阿坝州、甘孜州与省电力公司合作，电力体制改革取得了阶段性成效。省属企业及自贡、攀枝花、德阳、内江、凉山等地国有企业改革脱困工作扎实推进，厂办大集体改革、分离办中小学校工作等稳步实施。有序推进企业上市工作。成都市启动实施“千亿资本证券化”行动，泸州、绵阳、宜宾等市加快所属企业上市步伐。四川省地方国有上市企业达到19户，总市值约2555亿元，国有股权市值1331亿元；五粮液市值达1214亿元，泸州老窖市值达

517亿元。积极开展企业规范董事会建设试点。组织省属企业先后赴深圳、珠海进行董事会建设的考察学习,华西集团等企业试点工作已经启动。大力推进开放合作。在第十二届西博会上,四川省政府与国务院国资委签署合作备忘录,省属企业及部分市(州)国有企业与中石油、神华集团等央企签约金额达1383亿元。能投集团、水务投资集团积极与市(州)对接项目,签订投资框架协议。川煤集团加快推进贵州和云南两大煤炭基地建设,路桥集团在新疆、福建等地成功中标一批建设项目,华西集团承建的老挝国际机场等海外项目进展顺利。

五、四川省国资委监管企业选人用人机制改革情况

2011年,四川省国资委积极深化企业人事制度改革,创新完善企业领导人员选任方法,出台《四川省国有重要骨干企业领导人员管理暂行规定》。认真开展"改进和完善干部酝酿、讨论的操作程序及办法"、"先谈话推荐、后会议民主推荐"等企业人事制度改革试点工作,探索和完善企业领导人员的选任程序和方法,有效提升选人用人公信度和组织工作满意度。积极运用人事制度改革试点成果,紧跟国有企业改革发展和整合重组步伐,及时配备了能投集团等3户新组建企业的班子,调整补充了18户企业领导班子,共任免企业领导人员101人(属新提拔59人),一大批领军型、成长型、专业型人才得到提拔重用,领导班子结构更加优化。同时,协助完成水电七局、华西铝业等9户中央在川企业57名领导人员的任免工作,完成2010年度省国有重要骨干企业领导班子及成员年度考核和"一报告两评议"的汇总分析,并向省委有关领导和国资委党委上报专题报告。

2011年,在做好省委党校主体班培训的基础上,按照"千名企业家培育计划"的统一安排,依托国内外知名高校,以提升政治素质和治企能力为重点,举办一系列高端专题培训班,共190人次。其中,"自主创新与大型企业集团培育"新加坡南洋理工大学培训班,属首次在境外专门针对省国有重要骨干企业主要负责人举办的培训;四川大学EMBA学位班,为第一次为提升企业领导人员学历层次、优化知识结构举办的高级工商管理硕士班;第二期清华大学"明日之星"企业家培训班,是对第一期培训班的延伸和拓展,被校方评价为"多年来在职培训班中学习纪律最好、学习氛围最浓的班"。

同时,推荐4名企业主要领导参加大连高级经理学院专题研讨班,选调100名中高级管理人员参加"企业家全球化视野培育"论坛活动,在四川大学举办第二期企业人力资源培训班。此外,认真做好15名国资系统援藏干部人才的管理服务工作,选派3名化工、水电、交通方面的企业管理人员到广安、阿坝、雅安挂职服务。

2011年,按照中央和四川省关于实施海外人才引进计划的部署,省国资委紧贴国有企业改革发展的实际需要,着力加强引才指导、抓好平台建设、制定政策措施、完善工作机制,积极组织企业参加大连"中国海外学子创业周"、成都"2011海外高新科技暨高端人才洽谈会"等引才活动,使海外高层次人才引进取得实质性突破。引进海外人才400余人,其中9人已列入中央"千人计划"或省"百人计划"资助,有效促进了国有企业核心竞争力的增强。针对四川省国有企业加快上市步伐和铁路大通道建设的需求,积极争取2名来自中国证监会和天津市市政工程设计研究院的"博士服务团"成员到四川省国资委和铁投集团挂职,为相关工作提供了重要的外联渠道和智力支持。着眼提升企业自主创新能力,积极争取组织部门支持,从长虹、九洲等企业选派4名技术骨干作为"西部之光"访问学者,是近年来首次从省国有重要骨干企业选派人员参加这一研修计划。同时,认真开展省级院士(专家)工作站推荐申报、人才职称和职称评审委员会批复及四川杰出创新人才奖、全国青年拔尖人才、全国全省青年科技奖候选人的选拔推荐工作,激发了人才活力。

六、四川省国资委完善监管企业负责人薪酬管理情况

2011年,四川省国资委初步建立了薪酬与业绩联动机制。认真执行《四川省国有企业负责人经营业绩

考核暂行办法》，按照"业绩上、薪酬上，业绩下、薪酬下"的原则，根据考核结果确定负责人薪酬，初步构建起负责人薪酬与业绩的联动机制。

坚持效率优先、体现公平原则，兼顾出资人、企业、职工等各方合法权益，正确处理负责人薪酬分配的关系。一方面，坚持"两低一不"的调控原则，合理调控负责人薪酬水平。即负责人薪酬的增长必须低于企业经济效益的增长；负责人平均薪酬的增长，必须低于在岗职工平均工资的增长；本企业职工工资没有增长的，负责人薪酬不得增长。另一方面，合理调控负责人薪酬与职工平均工资的差距，防止收入差距过分悬殊。2010 年四川省企业负责人正职平均薪酬 31.36 万元，较上年增长 9.33%，低于业绩利润增长 16.65 个百分点，低于监管企业在岗职工平均工资增长 6.34 个百分点，是在岗职工平均工资的 7.07 倍。

建立健全负责人薪酬方案备案制度，对企业负责人年度薪酬分配方案进行审核，对不符合规定的企业不予备案，并发出纠正函要求企业予以纠正；制定《四川省省属企业负责人职务消费预算管理暂行办法》，使职务消费有规可依、公开透明；通过年度工资专项审计，对负责人薪酬执行情况进行日常检查；将负责人薪酬发放情况纳入省属企业党风廉洁建设责任制考核范围，对超过省国资委核定标准发放负责人薪酬的企业，扣减党风廉洁建设责任考核得分。

（撰稿人：杨宇轩）

成都市

一、成都市国有资产监督管理工作综述

2011 年，成都市国资委围绕成都市中心工作和国资监管主要任务，着力做好"提升服务、完善监管、促进发展"各项重点工作，全面推进国资监管工作，圆满完成全年目标任务。截至 2011 年 12 月末，纳入统计的国有及国有控股企业 666 户，国有资产总额首次突破万亿，达到 10971.01 亿元，实现营业收入 811.88 亿元，利润总额 125.1 亿元，上缴税金总额 66.88 亿元，负债总额 7962.78 亿元，资产负债率 72.58%，2011 年上交国有资本经营收益 5.14 亿元。其中，直接监管企业资产总额 7110.2 亿元，利润总额 99.69 亿元，资产负债率 82.34%；委托监管企业资产总额 28.44 亿元，资产负债率 95.57%，各区（市）县企业资产总额 3832.37 亿元，利润总额 25.37 亿元，资产负债率 54.31%。

成都市属国有企业固定资产投资 138.78 亿元，为城乡重大基础设施、重大产业化及民生工程项目融资 481 亿元，投资 453 亿元，担保 290 亿元，提供贷款、委贷、借款 41 亿元，全力推进交通枢纽、现代物流、文化旅游、生态环境、地铁建设、城中村改造等城乡基础设施建设，狠抓智能化公交、污水处理、公益设施等民生项目建设，开工保障性住房 350 余万平方米，完成农村新型社区安置房建设 284 万平方米，成立大型工业产业投资基金，为富士康、四川石化、市级战略功能区、仁宝、各区（市）县工业园区等产业化项目提供资金支持 142 亿元。

成都市国资委通过专家调研、专题讨论等方式，并经专家咨询评审会评审，在国内省会城市率先编制《成都市国资经营"十二五"发展战略规划》；指导督促市属国有企业依据《成都市国资经营"十二五"发展战略规划》修改完善企业"十二五"发展规划，梳理企业主营业务。

审批同意成立新公司 13 户（控股及国有独资公司）；审批投资项目 50 项，投资金额 55.21 亿元；审批贷款、担保 8 项，共计金额 32.84 亿元；审批更名及变更经营范围 3 项。支持企业以各种金融产品开展融资工作，审核同意成都交通投资集团有限公司申请非公开定向发行债务融资工具 30 亿元、成都工业投资集团有限公司申请发行 9 亿元公司债券以及成都文化旅游发展集团有限责任公司申请发行 5 亿元短期融资券和 5 亿元中期票据。

授权成都投资控股集团有限公司对成都鼎立资产管理有限公司和协成资产管理公司金融不良资产进行处置；通过企业自查、座谈、查阅相关资料等方式，对 2008 年成都建筑工程集团总公司授权经营事项实施情况及授权后企业经营效果进行评估，分析存在的缺陷和问题。

制订《成都市国有企业涉及群众利益重大事项信访稳定风险评估试行办法》《成都市市属国有企业负责人经济责任审计暂行办法》等8件规范性文件；在对出资人履职事项进行清理的基础上，编制涵盖企业投融资审批、财务监督、产权管理、业绩考核等履职内容的24项办理指引，进一步规范出资人履职行为；加强重大决策的法律审查工作，组织专业律师团队对2010年以来委办公会议决的130项有关履行出资人职责事项进行法律审查和风险评估，进一步完善履职决策程序；启动"六五"普法工作，面向各市属国有企业、各区(市)县国资监管机构以及党组织关系在成都市国资委党委的中央企业公开征集法律讲座课题，继续推进"国资监管公益大讲堂"活动，获得四川省国资系统法制宣传教育先进单位及市"五五普法"先进单位荣誉；做好监管企业重大法律纠纷案件调处，协调处理原成都联交所产权处置法律纠纷、成都锦江电器制造有限公司劳资纠纷等多起企业重大法律纠纷，积极推进原都江堰东风水泥厂国有资产追索案的诉讼工作和华西出租公司国有产权界定进程；对市国资委和市属国有企业中介机构聘用管理情况进行调研，按成都市政府相关规定撤销成都市国资委中介机构备选库，制订《成都市国资委中介机构聘用管理暂行办法》；在调查了解市属国有企业经营潜在风险及风险管理工作基础上，举办市属国有企业风险管理知识培训，推进市属国有企业风险管理基础工作。

开展成都市国资委审批的投资项目调研，分析存在的问题及原因，提出解决办法；摸底调查成都市国资委成立以来市属企业投资新设公司的运营情况，形成《关于进一步规范市属国有企业新设公司和加强子公司整合的意见》。

2011年，基本完成市属企业国有产权基础数据的收集、汇总等工作；制定《成都市市属国有及国有控股企业资产租赁暂行规定》，规范资产租赁行为；办理企业增加注册资本14.79亿元，转增资本公积金19.68亿元；办结评估备案项目69宗，办理企业国有产权转让12宗，成交金额为7369.21万元，无偿划转企业国有产权9宗，划转金额25.43亿元，配合完成成都城建投资管理集团有限责任公司22所和成都兴城投资集团有限公司3所已建成幼儿园的移交。

出台《成都市属国有企业负责人经济责任审计暂行办法》《市属国有企业内部审计管理暂行办法》《国有资本保值增值考核确认暂行办法》《企业财务决算报告管理暂行办法》《企业财务状况动态监测报告暂行办法》《企业财务预算报告制度》等规范性文件，建立并完善财务审计监督体系、经济责任审计监督体系和国有资本经营预算管理体系；编制2011年国有资本经营预算建议草案，有序推进市本级试点企业试行国有资本经营预算工作，10户试点企业上缴利润5.14亿元，全部用于补充国有资本金；与国家审计署成都特派办成都市市长葛红林任期经济责任审计组进行沟通，配合完成市长任期经济责任审计审前调查、审计取证和审计报告等工作；实施出江煤矿矿长王鸿离任经济责任审计；实施成都市兴蓉投资集团有限公司的农村中小学标准化建设项目财务决算审计，完成《兴蓉投资集团有限公司农村中小学标准化建设项目竣工决(结)算审计》项目专题审计报告。

按国务院国资委全级次统计口径的新要求，首次完成2010年度全级次市本级国有及国有控股企业和区(市)县国有企业的财务决算报表及国有资产统计报表，并获得四川省国资系统国统报表先进单位；对年报披露的重大问题，与企业逐一沟通，督促限期进行整改；汇审2010年市本级企业的财务预算报告；汇编《2010年度成都市国有企业统计报表数据汇编》，对市属直管企业2010年度财务决算报表进行批复；布置2011年度企业财务决算报表和国有资产统计报表编审工作；依据国务院国资委"全口径、全级次、新准则"要求，按月、按年逐级上报财务快报，完成了第一次大监测下的财务快报工作，初步建立了"国资大监测工作体系"。

二、成都市国有资产总量与结构分析

表 1　2011 年成都市所属国有企业指标

项　目	数　额
资产总额(亿元)	10971.01
所有者权益(亿元)	3008.23
营业总收入(亿元)	811.88
利润总额(亿元)	125.10
净利润(亿元)	100.26
归属于母公司所有者的净利润(亿元)	87.77
应交税费总额(亿元)	80.11
实际上缴税费总额(亿元)	67.38
年末从业人员人数(万人)	9.47
年末职工人数(万人)	9.67
其中:年末在岗职工人数(万人)	9.27
从业人员人均利润(万元/人)	13.54
从业人员人均资产(万元/人)	1159.02
职工人均利润(万元/人)	13.26
职工人均资产(万元/人)	1135.08
全年职工人均工资(万元/人)	5.42
全年在岗职工人均工资(万元/人)	5.66
人均实际上交税费(万元/人)	8.49

表 2　2011 年成都市国有企业户数情况

项目	2010 年	2011 年	比上年增长(%)
户数(户)	655	666	1.68

表 3　2011 年成都市国有资产地区分布情况

地　区	国有资产(亿元)	占国有资产总量比重(%)
成都市本级	950.32	35.43
锦江区	73.30	2.73
青羊区	15.19	0.57
金牛区	94.19	3.51
武侯区	40.01	1.49
高新区	63.80	2.38
成华区	79.33	2.96
龙泉驿区	298.04	11.11
青白江区	67.59	2.52
温江区	185.05	6.90
郫县	254.85	9.50
崇州市	132.93	4.96
新都区	6.68	0.25
都江堰市	89.35	3.33
双流县	7.07	0.26
新津县	91.15	3.40
邛崃市	138.26	5.15
金堂县	24.18	0.90
彭州市	47.03	1.75
蒲江县	8.68	0.32
大邑县	15.54	0.58
合　计	2682.52	100.00

表 4　2011 年成都市国有资产行业分布情况

行　业	国有资产(亿元)	占国有资产总量比重(%)
一、农、林、牧、渔业	64.55	2.41
二、采矿业	0.43	0.02
三、制造业	8.94	0.33

续表

行业	国有资产(亿元)	占国有资产总量比重(%)
四、电力、燃气及水的生产和供应业	82.21	3.06
五、建筑业	504.34	18.8
六、批发和零售业	4.27	0.16
七、交通运输、仓储和邮政业	172.7	6.44
八、住宿和餐饮业	2.98	0.11
九、信息传输、软件和信息技术服务业	6	0.22
十、金融业	152.69	5.69
十一、房地产业	459.04	17.11
十二、租赁和商务服务业	172.74	6.44
十三、投资与资产管理	549.74	20.49
十四、科学研究、技术服务和地质勘查业	2.49	0.09
十五、水利、环境和公共设施管理业	305.73	11.4
十六、居民服务和其他服务业	106.8	3.98
十七、教育	2.23	0.08
十八、卫生和社会工作	61.15	2.28
十九、新闻、广播、文化、体育和娱乐业	23.51	0.88
合计	2682.52	100.00

表5　2011年成都市国有资产经营规模分布情况

经营规模	国有资产(亿元)	占国有资产总量比重(%)
大型企业	164.02	6.11
中型企业	1054.34	39.30
小型企业	1214.86	45.29
微型企业	249.29	9.29
合计	2682.52	100.00

三、成都市国有资本保值增值综合分析评价

表6　2011年成都市国有企业地区和行业保值增值情况

地区	保值增值率(%)	行业	保值增值率(%)
合计	102.55	合计	102.55
一、成都市本级	104.31	一、农、林、牧、渔业	101.22
锦江区	101.02	二、采矿业	89.48
青羊区	108.90	三、制造业	107.12
金牛区	100.08	四、电力、燃气及水的生产和供应业	108.73

续表

地　区	保值增值率(%)	行　业	保值增值率(%)
武侯区	100.00	五、建筑业	101.37
高新区	104.31	六、批发和零售业	94.47
成华区	104.68	七、交通运输、仓储和邮政业	97.32
龙泉驿区	102.09	八、住宿和餐饮业	95.50
青白江区	101.49	九、信息传输、软件和信息技术服务业	151.47
温江区	101.61	十、金融业	114.61
郫县	99.88	十一、房地产业	101.98
崇州市	99.97	十二、租赁和商务服务业	105.21
新都区	98.99	十三、投资与资产管理	100.40
都江堰市	101.71	十四、科学研究、技术服务和地质勘查业	103.19
双流县	100.72	十五、水利、环境和公共设施管理业	102.61
新津县	100.20	十六、居民服务和其他服务业	98.25
邛崃市	105.60	十七、教育	107.00
金堂县	100.72	十八、卫生和社会工作	104.99
彭州市	97.36	十九、新闻、广播、文化、体育和娱乐业	105.23
蒲江县	100.11		
大邑县	99.47		

四、成都市国资委监管企业股份制改革与股权分置改革情况

聘请全球知名的德勤财务咨询公司为常年财务和融资咨询顾问，建立战略合作关系；出台《加快培育和推动市属国有企业上市工作的意见》，明确了上市重点版块和重点企业，新批复成都工业投资集团有限公司上市立项。

受成都市政府委托，向中国电子(CEC)、中电科(CETC)、四川长虹3户企业发出重组成都锦江电器制造有限公司邀请函，聘请德勤咨询(上海)有限公司北京分公司评审CEC、四川长虹重组锦江电器公司方案。

按照股份公司上市的有关规定，实施公司公开发行股票涉及的国有股转持和国有股管理相关问题相应的审核和规范工作，审核四川升和药业股份有限公司拟公开发行A股股票中涉及的国有股权管理方案，并报经四川省国资委审核、确认；对2010年已审核的成都天保重型装备股份有限公司拟公开发行A股股票国有股权管理方案，鉴于其上市保荐人变更、公司推迟申报等因素，重新审核并报经四川省国资委审核、确认。

五、成都市国资委监管企业并购重组与完善法人治理结构改革进展情况

对19户市属直接监管企业建立现代企业制度、完善法人治理结构等情况进行调研，深度推进市属国有企业所属二、三级及其以下公司整合工作；审核成都市新曙光旅游(集团)有限公司、成都城建投资管理集团有限责任公司等10户公司章程；完成3508厂破

产终结与成都经济技术开发总公司等3户企业经济性裁员及职工安置工作。

梳理成都市国资委成立后新启动的改革改组企业存在的问题，提出解决措施；完成出江煤矿的职工安置工作；会同市中院加快推动四川锅炉厂破产结案工作；制定相关管理办法，完善国企改革专户资金的管理；配合相关部门推进成都市电影发行放映公司转企改革。

首创监事会主席署名报告年度监督检查情况，对15户子企业进行延伸检查，揭示企业存在的问题45项，提出45项建议；修订市政府国有企业监事会工作规范等相关制度，在调研市属国有企业向子公司委派监事工作情况的基础上，规范市属国有企业向子公司委派监事工作。

六、成都市国资委监管企业建立和完善经营业绩考核体系情况

对2006年以来的业绩考核工作和形成的各项考核制度进行认真总结和梳理，在对监管企业、省会等城市作了大量调研的基础上，参照国务院国资委、四川省国资委考核办法，结合成都市实际，按照国有资本保值增值、资本收益最大化和可持续发展的要求，在细化分类考核、优化薪酬结构、改进薪酬与业绩挂钩办法等方面着力，提出完善市属国有企业负责人业绩考核和薪酬管理办法的意见。全面完成2010年19户企业考核和17户企业薪酬确定、兑现工作。结合任期考核结果和任期经济责任审计情况，兑现成都交通投资集团有限公司、成都市现代农业发展投资有限公司等4户企业任期内延期绩效薪酬；与19户企业签订2011年度经营业绩责任书。

对市属国有企业工资总额执行情况实行动态管理，完成2010年度和2011年度市属国有企业职工工资总额执行情况的统计汇总和分析工作。按职工实际工资水平随经济发展适度增长原则，对21户“工效挂钩”企业根据经济效益和保值增值情况、居民消费价格上涨情况，确定2011年度工资基数按7%～10%的工资增长幅度。

稳步推进企业年金工作，备案2户企业新试行年金方案，审批1户企业修改年金方案。

指导企业规范职务消费，将职务消费纳入企业的年度预算，纳入企业公开和领导人员年度述职述廉的重要内容。

七、成都市国资委监管企业负责人考核与选人用人机制改革情况

制定《成都市市属国有企业领导人员管理暂行规定》及其配套的《成都市市属国有企业公开招聘经营管理者试行办法》《成都市市属国有企业领导班子和领导人员综合考核评价办法》；探索市场化选拔任用机制，首次面向社会公开招聘市公交集团总经理；调整企业领导班子10户，办理企业领导人员任免手续39人次；协助中央在蓉企业做好企业领导班子建设，参与12户中央在蓉国有企业领导班子考察，办理32名中央在蓉国有企业领导人员的任免复函，协助中航集团对161厂等4户企业领导班子进行年度考核，参与中国电子科技集团对29所、30所领导班子任期换届考察。

建立市属国有企业经营管理者“人才库”，遴选129名优秀人员入库，向市委组织部推荐报送25名优秀年轻干部；与武汉市国资委分别确定8名市属国有企业中层管理人员岗位互换挂职锻炼；择优选择3位市属国有企业经营管理人员到委机关进行为期三个月的挂职锻炼；选派5名市属国有企业优秀年轻管理人员到成都市区(市)县挂职锻炼；办理市属国有企业高级职称任职资格22人，清理所属事业单位机构编制；审核7户市属国有企业增岗增员。

八、成都市国资委监管企业党的建设和廉政建设情况

成都市企业的党建工作按照市属国有企业，中央及省、外地在蓉国有及国有控股企业，改制为非国有性质企业三大类进行分类管理。2011年完成6户企业党组织换届选举，新组建2个临时党委，办理8户企业9名党委委员增补，调整2户企业党委书记。组织6个企业党建片组召开2轮工作会，举办新党员和入党积极分子培训班4期，培训入党积极分子545人；与

市委组织部、市委党校联合举办2期党委书记加强社会管理培训班，培训186人；举办党支部书记、组工干部培训班5期520余人；继续推进"企业党代会闭会期间充分发挥党代表作用"和"企业党支部书记公推直选"试点工作；制发《关于深化和扩大发展党员培养教育期与预备期"两期统筹"试点工作的实施意见》，召开8户试点企业发展党员"两期统筹"试点工作座谈会；结合纪念建党90周年，指导各企业党组织开展了"主题实践日"、"党员奉献周"等活动；分别推荐2个基层党组织、4名优秀共产党员、3名优秀党务工作者和30个先进基层党组织、89名优秀共产党员、15名优秀党务工作者受到四川省委与成都市委表彰；积极推进并深化创先争优活动，发现、推广中国电子科技集团公司第三十研究所所长助理兼成都卫士通信息产业股份有限公司原总经理李学军同志先进事迹，并完成追认其为中国共产党党员相关工作，配合《人民日报》(内参部)参与采写《心系国家信息安全、爱岗敬业对党忠诚》，得到中共中央政治局委员、国务院副总理张德江，国务院国资委主任王勇的肯定性批示，并在全国国资系统推广。

制订市国有及国有控股企业思想政治工作实施意见，指导成都城建投资管理集团有限公司开展学习型党组织建设试点；组织志愿者走进彭州市葛仙山镇杨柳村杨柳和风社区开展"歌唱祖国，感恩奋进"法律讲座暨文艺演出；开展"慈善日·一日捐"活动，成都市国资系统干部职工总计捐款130余万元；指导企业开展"双走访"、红色圣地、地震灾区"三基地一窗口"参观学习、书记上党课、群众性文艺演出、唱红歌比赛、红色经典颂读比赛、演讲比赛等庆祝建党90周年活动；组织成都日报"七一"特刊国资国企主题宣传、国企一线先进典型系列报道等宣传工作。

制定《成都市国资委党委关于国有企业党组织全面实行党务公开工作的实施意见》，确定4户企业为党务公开先行试点单位，深入推进党务公开工作；成立深化完善共创共享机制维护群众合法权益主题活动领导小组，开展企业效能监察巡查；在学习与调研的基础上，制定《成都市属国有企业惩治和预防腐败体系基本框架实施意见》，构建了成都市市属国有企业惩治和预防腐败体系基本框架；成都市国资委系统共办理信访127件，初核案件6件，立案8件，结案8件，结案率100％。给予党纪政纪处分8人，挽回经济损失122.5万元。协助市纪委、检察院等司法部门办案15次；继续深化市国有企业"小金库"专项治理工作。

制定《成都市国有企业涉及群众利益重大事项信访稳定风险评估试行办法》，与市属国有企业和党组织关系在市国资委党委的企(事)业单位分别签订《成都国资系统信访维稳工作目标责任书》，完善《处置市属国有企业群体性事件应急预案》，建立成都市国资系统"大调解"工作网络。集中开展矛盾纠纷排查化解主题工作，建立矛盾纠纷排查化解长效机制，排查出矛盾纠纷55起，成功化解51起；接待来访职工群众108批383人次，妥善处置企业群体性事件5起。

九、成都市国资监管"三位一体"监督机制改革工作情况

全面推进国资监管"三位一体"监督机制改革工作，建立由成都市国资委纪委、市政府国有企业监事会(纪工委、监察室)、企业纪委组成的"三位一体"的监督机制；制定《成都市国资委党委关于"三位一体"监督机制改革工作例会议事规则》和"八不准"监督工作纪律要求，建立运行机制和相关工作制度；坚持每月召开工作例会，举办实施"三位一体"监管机制改革培训，召开市属国有企业及市国资委纪委第一批延伸联系的二级企业推进"三位一体"工作座谈交流会。"三位一体"监督机制改革工作得到中央纪委和国务院国资委的肯定与推广，并在全市纪检监察工作会上交流。

(撰稿人：周　良)

贵州省

一、贵州省国有资产监督管理工作综述

2011年，贵州省各级国资监管机构紧紧围绕"加

速发展、加快转型、推动跨越”主基调,加强监管,深化改革,推动发展,实现“十二五”良好开局。一是国有经济保持平稳较快的良好发展态势。2011年,贵州省国有企业生产经营快速增长,经济效益大幅提升,经济增速再创新高。二是国资监管体系建设进一步完善。机构建设进一步推进,制度建设进一步完善,基础管理工作进一步规范,国资监管机构运行体系进一步健全,国有资产保值增值责任得到较好落实。三是改革调整重组步伐进一步加快。通过公司制股份制改革、改制破产、深化企业内部改革等途径,加快国有企业改革步伐;按照该进则进、该退则退、该放则放的工作思路,推动所属企业进退流转,国有经济布局结构得到优化,在工业化、城镇化和招商引资等方面发挥积极作用。四是国有企业党建工作进一步加强。组织指导企业开展“创先争优”、“三个建设年”、“四帮四促”等活动,不断增强企业党组织的凝聚力、创造力和战斗力;加大党风廉政和反腐倡廉工作力度,惩治和预防腐败体系进一步完善,企业领导人员廉洁从业意识进一步增强。

二、贵州省国有资产总量与结构分析

表1　　2011年贵州省所属国有企业指标

单位:亿元

地　区	资产总额	所有者权益合计	营业收入	利润总额	净利润	归属于母公司所有者的净利润	应交税金	实际上缴税金
省属本级企业	4374.86	1304.72	1770.08	183.60	138.50	83.91	195.45	199.12
其中:省本级非监管	1690.95	312.16	308.83	6.30	5.26	5.26	13.68	14.17
国资委监管	2683.91	992.56	1461.26	177.30	133.24	78.65	181.77	184.96
地州市所属企业	3287.58	1244.18	321.32	39.69	32.91	32.84	31.18	26.47
其中:铜仁市	228.95	180.02	7.30	-0.94	-1.03	-1.03	0.34	0.44
安顺市	79.35	37.96	9.24	0.56	0.47	0.47	0.93	0.83
毕节市	57.23	30.19	9.58	0.09	0.06	0.06	0.50	0.49
贵阳市	2377.29	726.62	190.61	35.94	30.41	30.34	20.16	15.52
六盘水市	69.11	22.30	24.19	0.25	0.15	0.15	1.77	1.69
黔东南州	143.21	81.36	13.74	1.62	1.53	1.53	0.86	0.87
黔南州	105.00	70.19	9.43	0.27	0.17	0.17	0.76	0.79
黔西南州	55.77	24.52	31.17	0.54	0.13	0.13	3.29	3.31
遵义市	171.67	71.02	26.07	1.35	1.02	1.02	2.58	2.52
贵州省汇总	7662.43	2548.9	2091.41	223.28	171.41	116.75	226.63	225.59

表2　　2011年贵州省国有企业户数情况

项目	2010年	2011年	比上年增长(%)
户数(一级)	1310	1281	-2.21

表3　2011年贵州省国有资产地区分布情况

地　区	国有资产（亿元）	占国有资产总量比重（%）
省属本级企业	1100.13	48.36
其中：省本级非监管	300.04	13.19
国资委监管	800.09	35.17
地州市所属企业	1174.85	51.64
其中：铜仁市	180.05	7.91
安顺市	37.47	1.65
毕节市	29.99	1.32
贵阳市	658.50	28.95
六盘水市	22.30	0.98
黔东南州	81.36	3.58
黔南州	69.89	3.07
黔西南州	24.52	1.08
遵义市	70.77	3.11
贵州省	2274.98	100.00

表4　2011年贵州省国有资产行业分布情况

行　业	国有资产（亿元）	占国有资产总量比重（%）
一、农林牧渔业	8.26	0.36
二、工业	734.77	32.30
三、建筑业	378.49	16.64
四、地质勘查及水利业	64.20	2.82

续表

行　业	国有资产（亿元）	占国有资产总量比重（%）
五、交通运输业	39.80	1.75
六、仓储业	5.72	0.25
七、邮电通信业	13.77	0.61
八、批发和零售业	39.26	1.73
九、金融业	11.28	0.50
十、房地产业	107.27	4.72
十一、信息技术服务业	-0.19	-0.01
十二、社会服务业	769.63	33.83
十三、卫生体育福利业	53.21	2.34
十四、教育文化广播业	12.20	0.54
十五、科学研究和技术服务业	1.59	0.07
十六、机关社团及其他	24.66	1.08

表5　2011年贵州省国有资产经营规模分布情况

经营规模	占国有资产总量（亿元）	占国有资产总量的比重（%）
大型企业	1140.22	50.12
中型企业	645.83	28.39
小型企业	450.31	19.79
微型企业	27.57	1.21
合　计	2263.93	99.51

三、贵州省国有资本保值增值综合分析评价

表6　2011年贵州省国有企业地区和行业保值增值情况

地　区	保值增值率（%）	行　业	保值增值率（%）
贵州省省属本级企业	108.73	一、农林牧渔业	99.32
其中：非监管企业	102.07	二、工业	111.35
国资委监管企业	111.07	三、建筑业	102.21
地州市所属企业	103.19	四、地质勘查及水利业	106.50
其中：铜仁市	99.75	五、交通运输业	102.28
安顺市	103.78	六、仓储业	93.39
毕节市	99.55	七、邮电通信业	91.31

续表

地　　区	保值增值率(%)	行　　业	保值增值率(%)
贵阳市	104.94	八、批发和零售业	107.59
六盘水市	100.85	九、金融业	134.87
黔东南州	100.05	十、房地产业	111.29
黔南州	100.85	十一、信息技术服务业	100.31
黔西南州	102.78	十二、社会服务业	102.47
遵义市	101.20	十三、卫生体育福利业	103.24
贵州省汇总	106.32	十四、教育文化广播业	107.20
		十五、科学研究和技术服务业	120.59
		十六、机关社团及其他	100.46

四、贵州省国资委监管企业改革重组与完善法人治理结构情况

根据贵州省委、省政府的要求和重点产业调整振兴规划,强力推进调整重组。整合省开投和贵财投资组建产投公司。完成盘江集团与六枝工矿重组工作,引进中信大锰控股重组汇兴公司,与林东矿业重组工作正在推进。乌江公司完成华电贵州公司资产整合,积极参与煤矿兼并重组,初步形成"水火互济、电煤并举、产业协同"的发展格局。监管企业旅游酒店类资产逐步整合注入贵州饭店国际会议中心,组建贵州旅游发展公司,建立发展壮大贵州旅游酒店产业的基础平台。黔晟公司两户建安企业重组进入七冶公司。以白酒、煤电、化工、冶金、建安、商贸流通、旅游酒店、新材料等产业为支柱的布局结构已经明晰,发展大企业大集团的态势基本形成。

积极推进公司制股份制改革,企业改革持续深化。建工集团出资人关系进一步理顺,实现公司制改革。成立水矿控股集团公司,推进设立水矿股份公司。盘江煤层气公司上市工作启动。省农信社加大股权改造力度,积极推进村镇银行组建工作。盘江集团引进台资发展新型环保材料,赤天化集团、遵义钛厂引进民营资本发展下游产业和配套业务。盘江集团等企业规范的董事会建设成效明显,茅台股份公司再次荣获全国质量奖,华创证券连续三年被证监会评为A类优质证券公司。瓮福集团深化"三项制度"改革,积极推行扁平化管理。金元集团大力推进管控一体化改革,实现对产业集群协同管理。贵盐集团围绕"四大板块"业务深化薪酬分配和选人用人制度改革。水红铁路专业化管理水平有新提高。进一步完善企业法人治理结构,在17户独资、控股企业开展规范的董事会改革基础上,在盘江集团、赤天化集团开展"外大于内"试点。

五、贵州省国资委监管企业负责人考核与选人用人机制改革情况

进一步完善监管企业负责人经营业绩考核和收入分配管理工作,制定工资总额预算管理制度,对《贵州省国资委监管企业负责人经营业绩考核暂行办法》及相关配套办法进行修订。对纳入2010年度经营业绩考核范围的19户监管企业和纳入第二任期经营业绩考核的18户监管企业负责人的责任目标完成情况进行考核并兑现薪酬,启动对18户监管企业负责人2011年度和第三任期的考核工作,分别与18户监管企业的主要负责人签订2011年度和2011—2013年任期的经营业绩责任书。大力加强"团结、务实、勤奋、廉洁"的领导班子建设,进一步完善领导人员管理制度,调整充实了瓮福集团、七冶、水红等11户企业领导班子。加大培养选拔优秀年轻干部力度,启动每户监管企业选配1名40岁以下领导班子副职的相关工

作。大力实施优秀企业家培养工程，采取多种形式，加强企业人才队伍建设。

六、贵州省国资委监管企业党的建设和廉政建设情况

积极探索实践党建工作融入企业决策、融入生产经营管理、融入职工生活的新途径，促进企业的科学发展。通过深化党建工作责任制度、领导干部联系点制度、企业党委书记双向述职制度、党建工作保障制度、党建工作绩效管理制度等五项制度，全面落实基层党建工作责任制。隆重庆祝中国共产党成立90周年，开展一系列丰富多彩的庆祝活动。圆满完成贵州省第十一次党代会省企业系统党代表选举工作。认真贯彻落实"三重一大"集体决策制度，有效规范权力运行。深入推进创先争优、"四帮四促"等活动和"挂帮"工作，围绕"强基础、破难题、增活力、促发展、凝人心"主题，以融入中心一体化、支部建设标准化、党员作用主体化、服务管理人文化"四化"建设为载体，提升基层党组织推动发展和服务群众的能力。2011年系统基层党建活动经费2070.41万元，新建、改扩建党员活动室302个，系统各级领导班子分别联系840个示范点和120个后进党支部。不断提高新形势下做群众工作的能力和水平，建立1749.37万元困难职工帮扶救助资金，帮扶困难职工1.2万余人，党员领导干部与职工群众结成帮扶对子1200余对。实施27.63万平方米棚户区改造工程，解决2560户职工的住房问题，职工工资收入由2010年的3.87万元提高到4.77万元。以惩防体系建设为重点整体推进企业反腐倡廉建设。开展工程建设领域突出问题、国有产权交易、"小金库"等专项治理工作。加强源头治理，建立重大事项报告管理、重大资产损失责任追究和专家辅助决策等制度机制。加强案件查办，认真抓好信访举报工作。继续推进监管企业效能监察工作，在赤天化、茅台、开磷、贵绳集团等4户企业继续开展廉洁从业风险防范管理工作试点。

（撰稿人：王　曦）

云南省

一、云南省国有资产监督管理工作综述

2011年，在中共云南省委、云南省人民政府的正确领导下，云南省国资委认真贯彻落实国家宏观调控政策，积极应对复杂多变的经济环境，加快推进产业升级和结构调整，大力提升企业管理水平，抢抓桥头堡建设机遇，扎实工作，努力拼搏，国资监管取得新的成就，国企发展质量和效益显著提升。针对国内外错综复杂的经济环境，云南省国资委多次召开省属企业经济运行分析会，提出加大资本运营力度、加强财务管理、提高投资效益、"抱团取暖"等应对措施。各省属企业按照国资委的要求部署，狠抓生产经营关键指标，降低成本费用，加强资金管理，合理控制负债规模，加快集团内部资金融通，企业实现了平稳较快增长，各主要指标均创历史新高。据决算统计，2011年，18户省属企业资产总额5301亿元，同比增长16%；净资产总额1652亿元，同比增长13%。2011年实现营业收入2791亿元，同比增长21%。其中，营业收入在400亿元以上的有云天化、昆钢和云铜，冶金、云锡首次突破200亿元，物流、十四冶首次突破100亿元，云投首次突破50亿元。2011年实现利税221亿元，同比增长45%；2011年实现利润97.6亿元，其中，云天化、昆钢、云铜3户企业利润超过30亿元；昆钢、云天化、白药、云铜、云锡5户企业利润超过10亿元。省属企业2011年完成固定资产投资571亿元，同比增长46%。实现增加值442亿元，同比增长19%，拉动全省经济增长3.3个百分点，对全省经济增长贡献率为18.3%。

二、云南省国有资产总量与结构分析

表 1　2011 年云南省所属国有企业指标

项　　目	金额(亿元)
资产总额	13292.44
所有者权益	4932.86
营业总收入	3461.41
利润总额	189.55
净利润	153.56
归属于母公司所有者的净利润	115.26
应交税金总额	203.26
实际上缴税金总额	193.36

表 2　2011 年云南省国有企业户数情况

项目	2010 年	2011 年	比上年增长(%)
户数(户)	2337	2666	14.1

表 3　2011 年云南省国有资产地区分布情况

地区	国有资产(亿元)	占国有资产总量比重(%)
云南省	4328.28	100
一、省本级企业	1627.56	37.6
省属监管企业	1121.08	25.9
省本级非监管企业	506.48	11.7
二、地州合计	2700.72	62.4
昆明市	1748.51	40.4
普洱市	206.66	4.77
迪庆州	126.89	2.93
红河州	112.07	2.59
大理州	99.44	2.3
楚雄州	90.52	2.09
德宏州	81.19	1.88
怒江州	49.74	1.15
曲靖市	48.01	1.11
玉溪市	39.95	0.92
保山市	24.26	0.56
临沧市	24.2	0.56
丽江市	15.8	0.37
昭通市	13.8	0.32
文山州	11.25	0.26
西双版纳州	8.42	0.19

表 4　2011 年云南省国有资产行业分布情况

行　　业	国有资产(亿元)	占国有资产总量比重(%)
云南省	4328.28	100
一、农林牧渔业	68.47	1.58
二、工业	789.8	18.25
三、建筑业	431.05	9.96
四、地质勘查及水利业	41.42	0.96
五、交通运输仓储业	568.18	13.13
六、邮电通信业	4.15	0.1
七、批发和零售业	47.37	1.09
八、金融业	16.46	0.38
九、房地产业	149.31	3.45
十、信息技术服务业	4.05	0.09
十一、社会服务业	1729.82	39.97
十二、卫生体育福利业	18.01	0.42
十三、教育文化广播业	28.33	0.65
十四、科学研究和技术服务业	408.3	9.43
十五、机关社团及其他	23.56	0.54

表 5　2011 年云南省国有资产经营规模分布情况

经营规模	国有资产(亿元)	占国有资产总量比重(%)
大型企业	1307.38	35.35
中型企业	757.88	20.49
小型企业	1633.64	44.17
合　　计	3698.90	100.00

三、云南省国有资本保值增值综合分析评价

表6　　2011年云南省国有企业地区和行业保值增值情况

地　区	保值增值率(%)	行　业	保值增值率(%)
云南省	102.21	云南省	102.21
省本级企业	103.68	一、农林牧渔业	105.97
其中:监管企业	105	二、工业	105.97
非监管企业	103.86	三、建筑业	101.69
德宏州	109.27	四、地质勘查及水利业	117.48
保山市	104.61	五、交通运输业	101.37
丽江市	103.81	六、仓储业	101.88
迪庆州	102.73	七、邮电通信业	107.89
大理州	102	八、批发和零售业	109.07
昆明市	101.69	九、金融业	107.73
文山州	100.65	十、房地产业	106.85
临沧市	100.53	十一、信息技术服务业	65.87
楚雄州	100.4	十二、社会服务业	100.67
昭通市	100.04	十三、卫生体育福利业	99.33
玉溪市	99.98	十四、教育文化广播业	101.23
红河州	99.8	十五、科学研究和技术服务业	100.14
普洱市	99.74	十六、机关社团及其他	101.81
曲靖市	99.43		
西双版纳州	99.33		
怒江州	97.73		

四、云南省国资委监管企业运营发展与完善法人治理结构改革进展情况

(一)转方式调结构情况

云南省国资委始终把转方式调结构作为重点工作着力推进,突出主业、做强相关多元、努力发展新兴产业,培育现代产业体系成效明显。在产业结构上,国有资本进一步向优势行业、优势企业和新兴产业集聚,有色、冶金、化工等传统产业继续保持快速发展,新材料、新能源、高端制造业、现代服务业等新兴产业发展迅猛。省属企业相关多元和新兴产业投资增长率超过传统产业10%。在区域布局上,省属企业以资源聚集地、物流集散地、交通枢纽地、沿边开放地为重点,在16个州市进行战略布局。在项目规划上,在企业新建项目中,相关多元和新兴产业项目比重大幅增加。云天化利用炼油附产品发展石油化工项目,预计投资150亿元。昆钢集团的新材料、装备制造,建工集团的钢结构、房地产,物流集团的现代物流业,云白药的大健康系列项目等,已经成为企业持续发展的重要支撑。在利润构成上,传统产业逐步成为稳定的利润源,相关多元和新兴产业正成为新的利润增长点,重化工业占营业收入比重过大的局面初步改观。昆钢的相关多元产业实现增幅98%,占利润总额的比例已达

74%;云锡的锡深加工产品销量比重达到43%;云白药逐渐从单一医药生产向综合医药经营服务企业转型。

(二)提升企业管理水平情况

扎实开展“管理水平提升年”活动,制定下发工作计划和考核实施细则,成立工作督导检查组,完成检查考评。通过努力,企业管理水平整体得到提升。基础管理逐步完善,各项规章制度进一步建立健全,决策、控制、运行、管理、风险防范逐步系统化、制度化。作业环境明显改善,安全生产不断加强。战略管理不断优化,以规划为指引,各企业及时研究制定“十二五”发展规划,采取有力措施确保规划实施,实现了良好开局。风险管控进一步加强,企业财务风险、投资风险、法律风险防范能力进一步增强。昆钢通过加强全面风险管理,建立预警机制,及时防范和化解风险。云天化集团进一步完善风险评估和管控制度,风险防范能力大为提高。管理效益逐渐显现,昆钢通过对标挖潜,吨钢成本大幅降低。建工集团积极推进集团化、实体化、扁平化管控模式,利润大幅上升。机场集团以规范化、科学化、程序化和精细化管理为基础,管理效率明显提高。经过考核,昆钢、云天化、机场为优秀企业,建工、云锡等12户企业为良好企业。

(三)股份制改革情况

云南省国资委监管的18户省属企业全部完成公司制改革,机场集团、城投公司、工投集团、冶金集团、西交集团实现股权多元化。西交集团通过引入湖南华鸿、福建万盛荣等投资者,极大地改善公司治理,增强了企业发展能力。通过改革发展,省属企业逐渐形成“产权明晰、权责明确、政企分开、管理科学”的现代企业制度。

(四)并购重组情况

加快“走出去”重组步伐。云南省国资委监管企业在周边国家概算投资128亿元。云天化集团、云南冶金集团、云南锡业集团等企业在内蒙古、新疆、东北、湖南进行战略布局取得重大进展,云南建工集团、昆钢集团进入东南亚、南亚国家的步伐明显加快,不少企业走出国门到非洲、澳洲、美洲开展兼并重组工作,拓展发展空间。

加快与央企的联合重组。云南能投集团成立后,先后与三峡集团、大唐国际等战略投资者签订战略合作框架协议。世博旅游集团引入中国国际旅行社重组昆明国旅,新的昆明中国国际旅行社有限公司正式挂牌运行。建工集团、十四冶集团、冶金集团、云锡集团等企业与央企的合作正在有序推进。

构建新的资本运营平台。成功组建云南省首家省属股权投资公司云南圣乙投资公司,并由工银国际与圣乙投资共同出资3000万元设立矿业、文化产业两家基金管理公司。建工集团、工投集团也成立股权投资基金公司,城投公司等省属企业发起成立首家地方保险公司。昆钢煤焦化成功借壳ST马龙,云投集团对云南绿大地生物科技股份有限公司的控股权收购工作,使云投集团正式成为绿大地第一大股东,新增控股上市公司1户。

积极推进农垦集团改革重组。根据云南省委、省政府关于推进农垦改革发展的安排部署,云南省国资委牵头研究制定农垦集团改革重组方案,基本完成农垦集团资产下划地方工作,推动农垦集团所属医疗机构实现整体移交地方政府管理,集团层面的重组正在有序推进。

(五)参与桥头堡建设情况

云南省国资委与监管企业牢牢把握云南面向西南开放桥头堡建设给省属企业跨越发展带来的重大历史机遇,统一思想、提高认识,充分发挥省属企业在桥头堡建设中的骨干、支撑、引领作用。及时部署安排,适时召开加快建设面向西南开放重要桥头堡省属企业座谈会,下发省属企业参与桥头堡建设的贯彻实施意见,提出具体的思路、目标和途径。加大课题研究,组织省属企业开展30个重大课题研究,取得一批针对性、操作性强的重要研究成果,对参与区域经济、做强产业、争取支持、优化规划布局形成意见。积极推进一批产业园区、物流园区、空港经济区、重大项目搬迁建设。据统计,昆钢草铺新区建设、云南城投环湖一级土地开发等项目,总投资近370亿元。参与沿边开放经济带建设,规划投资项目15项,概算投资117亿元。在边境经济合作区建设方面,云白药投资建设西双版纳国家温泉养生项目,城投、世博旅游积极打造边境地区无障碍示范性国际旅游合作区;在对外对内经济走廊建设方面,昆钢依托红钢打造滇南建材产业集群，冶金的文山、建水两大基地在建投资总额达到150亿元。

（六）加大直接融资情况

2011年，省属企业借助资本市场，积极开展直接融资工作，累计完成直接融资305亿元。上市公司再融资成效显著，云铜股份、云天化、贵研铂业定向增发融资51亿元，锡业股份、云维股份首次发行公司债，共融资22亿元。省属企业还通过发行中期票据、短期融资卷、信托产品等方式融资超过200亿元。企业通过资本市场、债券市场、融资创新等多种渠道融资，有效地改善了融资结构，缓解资金压力，促进资本证券化率的提升。资本证券化水平逐步提高，昆钢煤焦化成功借壳ST马龙，云投集团实现控股绿大地，到2011年底，省属企业资本证券化率提高到30.89%。

（七）完善法人治理结构情况

加大推进董事会建设力度。根据《云南省省属企业外部董事管理暂行办法》和云南省国资委党委关于对省属企业外部董事实行“一年一考核，一年一聘任”的要求，对聘期已满一年的10户省属企业的17名外部董事，通过自我评价、企业评价、听取有关人员意见与考核对象面谈、查阅董事会记录等方式，进行全面的年度履职情况考核，并提交省属企业外部董事年度履职情况考核综合报告。为进一步推进外部董事制度的实施，与国务院国资委积极协调，从中央企业中推荐财务、资本运作等方面的专业人才到省属企业任外部董事，在云南省专家学者中选拔合造人选充实到相应企业的董事会。对未配和没有配齐外部董事的省属企业，结合对企业情况的具体分析及实际需要，拟定外部董事选配方案。

加强对企业的监督检查工作。为更好地发挥监事会的职能作用，增强监事会的独立性和权威性，使出资人监督的有效性得到充分发挥，结合监事会三年一轮换的原则，在坚持省属企业监事会“外派内设”方式和“点对点，沉下去，各司其职，各负其责”的运行模式下，制定下发《省属企业监事会2011年工作要点》《关于2011年度省属企业监事会专项检查工作的通知》《关于进一步加强监事会报告工作的通知》等多个文件，进一步促进监督检查工作质量的提高。为加强各监事会工作交流，云南省国资委组织召开三次监事会主席联席会议。组织三批监事会成员共60人（其中职工代表监事15人）对监事会制度建设与工作实务、企业内部控制与风险管理等知识进行专题培训学习。

五、云南省国资委监管企业建立和完善经营业绩考核体系情况

2011年，纳入云南省国资委考核的省属企业共有16户。

金融危机以后，按照转方式调结构实现企业科学发展的战略目标，在总结以往经验的基础上，云南省国资委于2010年12月出台《云南省省属企业管理者经营业绩考核暂行办法》，2011年是全面实施新的业绩考核办法的第一年。

按照新的业绩考核办法，2011年度经营业绩考核的内容由目标考核、对标考核和管理评价三大部分组成，形成以目标考核为主体，对标考核和管理评价为两翼的“一主两翼”考核模式。目标考核指标包括基本指标和分类指标。基本指标包括利润总额、净资产增长率、现金综合指数和经济增加值，适用于所有省属企业。分类指标主要包括云南省国资委转方式调结构目标任务分解到各省属企业的年度量化指标，以及省属企业近期应完成的重大项目和重点工作任务等。对标考核包括反映企业当期盈利能力、资产质量、债务风险和经营增长四方面能力和状况的22个财务绩效指标，具体参照《中央企业综合绩效评价管理办法》规定执行。管理评价涉及企业战略管理、发展创新、经营决策、风险控制、基础管理、人力资源、行业影响、社会贡献、党建工作等方面。

通过新办法的实施，2011年业绩考核呈现七个方面的特点：

一是目标值的确定与企业战略规划相结合。对利润总额、净资产增长率等关键指标，原则上以经云南省国资委批复的规划目标分解值为考核目标值，确保规划落实。

二是分类考核突出转方式调结构的具体要求。在分类指标中，根据云南省国资委下达的结构调整目

标要求及企业行业特点，将企业销售收入划分为传统业务、相关多元、转型升级三个板块，考核各板块的收入比例完成情况，以考核产品销售收入倒逼企业调整优化产业结构，促进传统业务转型升级，培育发展战略新兴产业，同时，将企业改革发展的重点工作和重大项目纳入分类考核，例如，机场集团昆明新机场的搬迁，白药集团新生产基地的建设、农垦集团农场移交地方等重点工作及企业IPO工作推进、直接融资工作等，有效推动这些重要工作的开展。

三是强化对标考核。改变过去只选取部分指标进行对标的做法，全方位与全国同行业先进企业进行对标，进一步提高对标水平。

四是扩大视同利润的范围。对企业因科技研发支出、处理历史遗留问题和员工培训支出影响当期效益及因转方式调结构的新建项目造成亏损的，按投产年份亏损情况视同利润，2011年，纳入考核的省属企业视同利润数额占当年度企业利润总额的10%以上。

五是强化管理评价。2011年云南省国资委启动了省属企业管理工作提升年活动，业绩考核与管理提升年活动紧密结合，将管理提升考核结果纳入业绩考核得分，促进企业夯实基础管理，建立健全基础管理长效机制。

六是强化现金流管理。在以往关注企业销售回款率即应收账款安全性的基础上，2011年增加企业利润现金比和现金流动负债比两个指标，在2011年以来信贷趋紧的背景下，省属企业现金流状况仍得到较大改善。

七是关注特定事项。企业法定代表人或相关管理者违反国家法律法规和规章、企业章程和管理规定，导致重大决策失误，造成国有资产重大损失；发生生产安全或环境污染与破坏的重大、特大事故及质量责任事故；发生综治维稳考核一票否决事项；企业管理者发生重大违纪违法案件；出现国有资本减值及未按照出资人要求按时足额上缴国有资本收益等。上述事项不发生不加分，若发生，则视发生的事项对企业生产经营秩序危害或影响程度及给企业造成的经济损失等，直接扣减管理者年度或任期考核综合得分或降低考核级别。

六、云南省国资委监管企业负责人考核与选人用人机制改革情况

（一）建立省属企业领导人员综合考核评价体系情况

制定《云南省省属企业领导班子和领导人员年度综合考核评价实施细则(试行)》，对省属企业领导班子和领导人员的考核程序、考核内容、考核范围、测评权重、统计汇总方法、考核评价方式等作较大的调整和创新，综合考核评价工作呈现以下几个特点：

一是科学设置考核评价内容。根据有关规定，结合省属企业实际，云南省国资委将年度综合考核内容确定为企业负责人经营业绩考核、多维度民主测评、考核组评价三大部分，按照业绩考核占70%、多维度民主测评占20%、考核组评价占10%的不同权重加权汇总计算领导班子和领导人员综合考核得分。对领导班子年度综合考核，以企业管理者经营业绩考核为重点内容，所占权重最大。对业绩考核指标和考核内容的设置相应作了较大的调整，改变以往单一的目标考核，加入行业对标和管理工作评价两个内容。在目标考核中，利润总额和经济增加值(EVA)权重最大，突出效益和价值导向；在对标考核中，净资产收益率和总资产报酬率权重最大，突出以盈利能力为核心；在管理工作考核中，主要考核企业管理者在年度所采取的各项管理措施和成效，通过提升管理水平来提高企业效益，使得业绩考核更加科学合理，考核结果更加符合企业实际。

对领导人员年度综合考核，以个人业绩评价为重点内容，所占权重最大。企业领导人员个人业绩考核的主要指标由通用指标和个人贡献两个部分组成，权重分别为70%、30%。通用指标是对班子的业绩评价，个人贡献主要是考察领导人员能否胜任本职工作和在岗位上所作出的实绩，采用民主测评中“负责工作、协助工作、临时任务、务实创新”四个指标的测评结果，以此来区别每个企业领导人员在不同的岗位上、不同的职责中，为企业所作出的贡献度。

二是实行多维度民主测评。企业领导班子主要测评思想政治建设、基础管理、经营绩效、反腐倡廉四

个方面的内容，共11项指标，权重分别为20%、30%、40%、10%。领导人员主要测评个人品质、业务能力、工作成效、廉洁自律四个方面的内容，共10项指标，权重分别为20%、30%、40%、10%。

由企业领导班子成员、中层管理人员、监事会成员、职工代表参加对领导班子和领导人员的民主测评，分别赋予不同的权重，加权汇总后得出领导班子和领导人员的民主测评分值。

三是严格规范考核程序。考核组严格按照《考核细则》规定程序实施考核：各企业进行自检自查，形成自检自查报告；考核组分别在考核企业发布考核预告，公布联系电话，设立意见箱；召开考核动员会，企业主要领导进行述职述廉，其他领导述职述廉由企业提前安排进行，向考核组提交书面述职述廉报告；开展民主测评；考核组与企业领导班子成员、监事会主席、集团综合部门主要领导、重要子（分）公司党政主要领导进行个别谈话；查阅董事会、党委会、经营班子相关会议记录和工作台账；考核组深入企业集团所属各2户以上二级企业进行实地调研。

四是充分体现出资人意图。云南省国资委党委代表省委和出资人，对省属企业领导班子和领导人员实施年度综合考核，进行定性和定量评价，指出存在的问题和不足，提出建设性意见和建议；考核组根据个别谈话、查阅资料、走访调查等考核中了解到的情况和相关部门平时掌握的情况，对领导班子和领导人员进行综合分析，实行量化评价，充分体现出资人的意图，使得企业改革发展目标与出资人意图基本达成一致，确保出资人利益得到较好维护。

五是严格审定考核评价结果。考核组根据综合考核情况，集体研究形成考核评价工作报告，客观公正地评价企业领导班子和领导人员，并提出对企业领导班子和领导人员综合考核评价等次的建议。云南省委组织部、省国资委党委对领导班子和主要领导人员进行综合分析评价，提出考核评价意见和综合考核评价等次建议，报云南省委审定。其他企业领导人员的综合考核评价意见、考核评价等次，由云南省国资委党委审定，报云南省委组织部备案。

六是及时反馈和充分运用考核评价结果。对领导班子的民主测评结果、综合考核得分、综合考核评价意见、考核评价等次，由考核评价组反馈企业领导班子成员，并在一定范围内进行通报；对领导人员民主测评结果、综合考核得分和综合考核评价等次，由考核评价组反馈企业主要领导和本人。企业年度综合考核评价结果，作为企业领导班子建设和领导人员选拔任用、培养教育、管理监督、激励约束的重要依据，并与绩效年薪挂钩。

七是综合考核评价工作导向明确。以质量和效益为导向，引导企业提升价值创造能力：业绩考核突出以盈利能力为核心，使企业更加注重发展质量和效益。以净资产规模为导向，引导企业增强发展能力：新的业绩考核办法对净资产的统计口径进行调整，鼓励企业做大净资产规模。以现金流安全为导向，引导企业稳健发展：综合关注企业的现金安全和保障状况，保证实现利润的质量。以转方式调结构为导向，引导企业走科学发展之路：转方式调结构贯穿于整个业绩考核，鼓励企业自主创新，加快转调步伐。以行业标准为导向，引导企业提升在行业中的地位：把财务指标与全国行业标准值进行对标，促使省属企业高度关注自身在全国同行业中的水平和地位。以管理创新为导向，引导企业全面提升管理水平：要求企业在抓改革发展和转方式调结构的同时，必须通过管理创新来提升管理水平、提高企业效益。以承担社会责任为导向，引导企业依法诚信经营：考核中设置社会关注的直接扣减综合得分或降低考核级别、等次以及一票否决事项，促使企业积极履行社会责任。

（二）选人用人机制改革情况

一是深化对领导班子和干部队伍建设重要性的认识。通过对云南省第九次党代会和云南省委九届二次全委会以及全国、全省组织部长会议精神的深入学习领会，进一步提高对省属企业领导班子和干部队伍建设重要性的认识，清醒认识到党的建设所处环境的深刻变化、组织工作承担的重大使命和省属企业领导人员管理工作面临的突出问题，切实增强对企业领导班子和干部人才队伍建设的责任感使命感，使企业领导人员管理工作更加符合省属企业转方式调结构、实现跨越发展的新要求，更加符合企业广大干部职工的新期望。

二是严格执行制度，规范选人用人工作。认真学习贯彻落实《干部任用工作条例》和《云南省省属企业领导人员管理暂行规定》等有关政策法规制度,从思想上找差距,从机制上求突破,从工作上找抓手,紧紧围绕"公信"、"公认"和"两满意"、"两提高"的目标,不断深化干部人事制度改革,严格执行选人用人制度;始终坚持正确导向,防止选人用人工作中的不正之风;大力整合监督资源,健全企业领导人员选拔任用监督机制,省属企业领导人员选拔任用工作取得较好成效。

三是不断提升干部监督管理规范化水平。建立省属企业领导人员、中层管理人员报告个人有关事项工作制度,建立报告事项个人档案 2611 份。对干部选拔任用工作进行监督检查,在对省属企业年度综合考核时增加了选人用人"一报告两评议"内容,并同步开展省属企业选人用人工作问卷调查,企业选人用人工作由干部职工来评价,省属企业选人用人民主测评满意度逐年提高。2011 年 7 月,组织开展省属企业选人用人自检自查工作,省属企业选人用人工作和自检自查工作得到云南省委组织部的高度评价。认真开展省属企业负责人年度述职述廉工作,省属企业主要领导人员在企业干部职工大会进行述职述廉,其他企业领导人员进行书面述职述廉,进一步规范企业领导人员的日常监督管理工作。

四是优化班子结构,增强整体合力。按照企业改革发展的要求,不断改善和优化企业领导班子的年龄结构、知识结构、专业结构。根据云南省委关于将物流集团、十四冶集团、工投集团、城投集团、西交集团 5 户企业纳入省属重要国有骨干企业进行管理的决定,按照《云南省省属企业领导人员管理暂行规定》,本着"规范程序、竞争择优、分类实施、优化结构、平稳过渡"的原则,由云南省委组织部、云南省国资委党委、云南省纪委、云南省总工会组成工作组,对 5 户管理体制调整企业的领导人员进行选配。通过开展基础知识测试、民主测评、民主推荐、组织考察等工作,提拔董事长、党委书记 5 人;公选总经理 2 人,在企业内部提拔总经理 2 人;在企业内部提拔交流副职 32 人;省直机关提拔交流到企业任职 3 人,5 户企业领导人员选拔配备工作顺利完成。

2011 年,调整充实昆钢控股等 6 户企业 9 名领导人员;完成对 2010 年公开选聘的十四冶、西交集团总经理等 4 名企业领导人员的试用期考核和 1 名延长试用期人员的延长试用期考核;搭建新成立的圣乙公司董事会和经营层班子;配合云南省委组织部完成对云锡集团、云天化集团、冶金集团、建工集团、省电子工业行业协会、省流通行业协会、省农业厅等单位干部的推荐考察工作;对党组织关系由省国资委党委管理的部分中央驻滇企业和其他企业党委、纪委人选进行考察、审批。

五是加大公选力度,拓宽用人渠道。积极探索党管干部原则与市场化选人用人有机结合的途径和方式,打破单位所有、部门所有、条块分割和身份界限,加大市场化选拔任用企业经营管理人员的力度,大力推行公开招聘、竞争上岗、差额选拔制度,初步建立与市场经济要求相适应和符合企业特点的选人用人机制。2011 年,通过履职基础知识测试、综合素质测评、专家面试、组织考察等程序,市场化选聘世博旅游副总经理 1 名。

七、云南省国资委监管企业党的建设和廉政建设情况

云南省国资委党委始终紧扣科学发展这一主题,紧紧围绕企业中心工作,坚持不懈地把国有企业党组织的政治优势转化为竞争优势,推动企业党建工作迈上新的台阶。

(一)党建工作情况

以云南省委名义召开云南省国有企业党建工作会,以省委办公厅、省政府办公厅文件形式下发《关于加强和改进新形势下云南省国有及国有控股企业思想政治工作的实施意见》,有力推动云南省国企党建工作。深入开展创先争优活动和学习型党组织建设,进一步完善机制,丰富内容,创新方法,增强实效。昆钢集团动力能源分公司党委荣获全国"先进基层党组织"称号,3 个先进基层党组织、8 名优秀共产党员和 4 名优秀党务工作者受到省委表彰。对基层党建工作示范点、学习型党组织建设示范点进行考核授牌,昆钢集团党委、云南电网公司党组等 6 户企业被云南省委组织部命名为"省级基层党建工作示范点";建工集

团党委、国电云南电力有限公司党组等3户企业被云南省委宣传部命名为“云南省学习型党组织建设示范点”。通过举办报告会、座谈会、演讲会等形式，掀起学习杨善洲同志热潮，云南省国资委党委系统共开展集中学习动员4193次，召开专题民主（组织）生活会3215次。组织开展建党90周年系列活动，隆重召开云南省国资委党委系统庆祝建党90周年大会，表彰41个先进基层党组织、61名优秀共产党员和31名优秀党务工作者；举办“国资杯”庆祝中国共产党成立90周年歌咏比赛；组织省属和中央驻滇企业选送节目参加云南省庆祝建党90周年文艺汇演，取得多个奖项。

不断创新企业宣传文化工作，着力打造促进企业科学发展的“软实力”，起到对内凝心聚力，对外展示形象的目的。与云南省委外宣办联合举办以“国资监管助腾飞 国企发展谋崛起”为主题的专场新闻发布会，向社会各界全面展示近5年来云南省国资监管和国企改革发展所取得的巨大成就和辉煌业绩，引起强烈反响。创新社会管理，企业群众工作得到加强，与省维稳办联合下发《关于进一步推动云南省国资委和省属企业重大事项社会稳定风险评估工作的通知》，进一步加强重大事项社会稳定风险评估各项工作，为维护稳定提供制度保障。切实做好特殊时段和敏感节点信访维稳工作。2011年，云南省国资委和省属企业共接待群众来访6472批次、13513人次。积极开展“平安企业”创建活动，主动承担社会责任，为盈江地震灾区捐款2500余万元，充分展示国有企业的良好形象。

（二）廉政建设情况

认真贯彻落实十七届中央纪委六次全会和省纪委八届六次全会精神，深入推进惩治和预防腐败体系建设，为省属企业改革发展稳定提供有力的政治和纪律保证。重点开展省属企业转方式调结构、“十二五”规划贯彻落实、提升企业基础管理等方面的监督检查，保证党委、政府重大决策部署在省属企业的贯彻落实。认真落实推进惩治和预防腐败体系建设暨党风廉政责任制，建立责任分工、检查考核、责任追究等一系列配套制度和措施，反腐倡廉责任体系基本建立，云南省国资委党委和云南省国资委监管的云天化集团、建工集团、机场集团、工投集团被省委表彰为党风廉政建设责任制优秀单位。以廉洁文化建设为载体，大力加强省属企业反腐宣传教育，与省总工会联合下发《进一步加强省属企业廉洁文化建设的实施意见》，云锡控股、昆钢板带厂、云锡松树脚分矿、省建二公司、物流集团等5户企业被省纪委监察厅确定为第一批省级廉洁从业培训班。举办“省属二、三级企业百名总经理廉洁从业培训班”，增强了企业各级领导人员廉洁从业意识。深入开展“小金库”、工程建设领域等专项治理长效机制建设，巩固专项治理成果。深化效能监察，提升企业管理水平和效益，省属企业效能监察立项520项，节约资金9919.35万元，挽回经济损失6877.68万元，增加经济效益60913万元；提出监察建议902条，完善规章制度225条。严肃查办案件，云南省属企业和云南省国资委纪委、监察室共收到信访举报283件，初核15件，立案8件，给予党政纪处分25人。其中，云南省国资委纪委收到来信来访72件，完成上级督办件9件，初核案件线索9件，立案2件，诫勉谈话17人。对某集团部分领导人员违规投资入股问题和个别领导人员违反规定兼职取酬的问题进行查处，收缴违规所得110余万元。对个别企业领导人员擅自决定借款问题进行纠正，收回长期未还的8500多万元本息。

（撰稿人：刘　云、徐　锐）

西藏自治区

一、西藏自治区国有资产监督管理工作综述

2011年是中国共产党成立90周年和西藏和平解放60周年，也是实施“十二五”规划第一年。在西藏自治区党委、政府的正确领导下，西藏自治区国资委深入贯彻落实中央第五次西藏工作座谈会、胡锦涛总书记“七一”讲话和关于西藏工作的一系列重要指示、习近平副主席出席庆祝西藏和平解放60周年活动时的一系列重要讲话，牢牢把握主题主线，紧紧围绕“一个目标”，着力实施“六大战略”，扎实推进“十项工程”，深入开展“国有经济发展年”活动，国有企业改革

发展稳定和国资监管各项工作都取得新进展,国有经济继续保持快速发展的好势头,实现"十二五"时期良好开局。

二、西藏自治区国有资产总量与结构分析

2011年,西藏自治区国有企业共有382户,比2010年减少1户,全部企业实现营业收入72.1亿元、利润总额6.1亿元、上缴税金6.5亿元。截至2011年12月31日,西藏自治区国有企业资产总额达到234.5亿元、所有者权益144亿元。从国有资产经营规模分布情况来看,2011年西藏自治区大型企业国有资产65.7亿元,占国有资产总量的28%;中型企业国有资产20.4亿元,占国有资产总量的8.7%;小型企业国有资产148.4亿元,占国有资产总量的63.3%。

表1　2011年西藏自治区所属国有企业指标

项　　目	金额(亿元)
资产总额	234.50
所有者权益	144.00
营业收入	72.10
利润总额	6.10
净利润	5.00
归属母公司所有者的净利润	3.90
应交税金总额	6.60
实际上缴税金总额	6.50

表2　2011年西藏自治区国有企业户数情况

项　目	2010年	2011年	比上年增长(%)
户数(户)	383	382	-0.26

表3　2011年西藏自治区国有资产经营规模分布情况

经营规模	国有资产(亿元)	占国有资产总量比重(%)
大型企业	65.7	28.0
中型企业	20.4	8.7
小型企业	148.4	63.3
合　　计	234.5	100

三、西藏自治区国资委监管企业股份制改革情况

积极探索深化国有企业股份制改革的新方式、新途径,着力创新发展理念,转变发展方式,通过国有股权转让、增资扩股、收购兼并和重组上市等各种形式,实现股权多元化,谋求企业更大的发展空间,进一步增强国有资本的活力、影响力和带动力。坚持分类指导、一企一策,结合监管企业实际,通过资本市场和重点项目实施,积极研究引进具有资本、技术、市场和管理优势的战略投资者参与国有企业改革。在国有企业改制工作中,坚持以稳定为前提,以维护职工群众切身利益为出发点和落脚点,充分利用国家、西藏自治区国有企业改制优惠政策,积极争取西藏自治区人民政府出台土地变性、职工安置等新的扶持政策,把改革的速度与职工、社会可承受度结合起来,通过职代会让职工了解支持国有企业改制工作,通过健全政策和机制保障职工合法权益、合理诉求,积极稳妥地解决企业历史遗留问题。

四、西藏自治区国资委监管企业并购重组与完善法人治理结构改革进展情况

积极推进国有经济战略性调整。从理顺和完善企业经营内外部机制入手,深入研究促进企业集团做大做强的机制,努力将企业的资源优势转化为经济优势,不断提高企业可持续发展能力。按照"主业相同、产业相近、行业相关、优势互补"的原则,以横向同业整合、纵向产业链延伸为主要方式,打破地域、部门、

行业、所有制界限，加快重组整合步伐，推动国有资本向重要行业和关键领域集中，向优势企业集中，向企业主业集中。深入研究论证组建新能源、绿色饮品、农产品深加工、民族手工业等企业集团的可行性、发展战略和经营管理方式，着力对市场前景好、盈利能力强、具有竞争力的企业进行整合重组，逐步实现资产集合、资本集聚、资金集中和资源集约，努力打造培育西藏特色优势产业领域引领带动作用强的大企业大集团。按照“有进有退，有所为有所不为”的原则，加快劣势企业退出市场步伐，提升国有经济整体质量。西藏中兴商贸集团挂牌成立，商贸企业划转整合工作步伐加快。西藏矿业、高新建材、国际旅游、宇妥藏药等产业集团实体运营工作积极推进。国有资产投资控股公司、能源投资公司组建前期工作扎实开展。西藏火柴厂、藏北金萨公司政策性破产工作有序进行。

不断完善法人治理结构。按照现代企业制度要求，找准深化改革开放的突破口，明确深化改革开放的重点，注重国有企业领导人激励约束与股份制改革同步，积极引入共同治理机制。充分发挥外部董事及监事、工会、职代会和利益相关者代表的作用，正确处理企业党组织与法人治理结构的关系，确保企业党组织政治核心作用有效发挥。理顺和完善集团公司层级治理结构，妥善处理新老“三会”关系，规范股东会、董事会、监事会和经理层的权责关系，基本形成责、权界定清晰、关系协调、运行规范、各司其职的法人治理结构和权力机构、决策机构、监督机构、经营管理者之间有效运行、制衡运行机制。

五、西藏自治区国资委监管企业建立和完善经营业绩考核体系情况

经营业绩考核制度体系不断完善。结合新情况、新要求修订出台新的《企业负责人经营业绩考核试行办法》《企业负责人薪酬管理试行办法》，认真研究制定中长期激励、特殊贡献奖励、企业年金、基薪调节系数、任期考核计分等相关配套办法，监管企业也结合实际对内部考核分配制度进行修改。

经营业绩考核组织体系不断健全。成立考核分配工作领导小组和办公室，督促指导监管企业健全考核分配工作机构，确定专门工作人员，明确职责分工，规范了工作程序和沟通机制，考核分配工作程序不断规范，工作流程更加优化。通过目标分解落实，逐步建立了西藏自治区国资委→监管企业→下属企业或部门→基层岗位的责任链条，形成“目标层层分解、压力层层传递、责任层层落实、激励层层链接”的组织体系。

经营业绩考核指标目标值确定机制不断改进。年度考核指标统一设置为营业收入、利润总额、职工年平均收入、净资产收益率、流动资产周转次数 5 项基本指标，考核指标目标值的确定由谈判协商改为计算确定。每月初召开经济运行分析例会，一是监督企业经营指标责任的层层分解落实情况，二是统计核实企业生产经营指标的完成情况，三是总结分析生产经营中存在的问题并及时督促企业整改落实。在此基础上，制作监管企业生产经营情况台账，加大对企业生产经营情况的动态监控力度，实现结果考核和过程监督相结合。

全员业绩考核工作更加规范。考核范围逐步覆盖到企业负责人、职能部门管理人员、子企业和全体职工，并将此项工作纳入企业负责人经营业绩考核内容。围绕企业总体目标和发展战略，针对管理层和部门的不同职责、职工所处的不同岗位，科学合理分解落实目标责任，合理确定考核结果的分级比例，避免考核等级的平均化倾向，注重考核结果的运用和奖惩兑现，有效发挥激励约束作用。

六、西藏自治区国资委监管企业负责人考核与选人用人机制改革情况

（一）不断加强监管企业负责人考核管理

进一步完善考核指标和目标值确定机制。把安全生产作为约束性指标纳入考核分配体系并严格兑现奖惩。没有发生死亡事故的、年度安全生产考核合格和获得自治区级及以上表彰的，对企业领导班子进行奖励；发生安全生产事故以及造成人员伤亡的，对企业领导班子进行惩罚。对营业收入、利润总额、职工年均收入考核指标目标值年度增幅作出明确规定。

净资产收益率和流动资产周转次数指标目标值按照不低于前3年平均值、好于上年实际完成值的原则，并按纳入考核范围的全部监管企业上年相应指标的加权平均增长幅度确定增长值。

合理调整考核等级，建立考核预警机制。按照有关标准确定A、B、C、D、E共五级企业，其中E级企业为发生了重特大安全责任事故、影响社会稳定重特大事件、严重腐败案件、不按规定决策和对外担保造成重大经济损失的企业。考核综合得分低于120分的，不得评为A级企业。对于减亏但仍然处于亏损状态的企业，考核级别不得超过C级。企业年度考核综合得分100分以上(含100分)且完成5项主要经营指标目标值中4项以上的为合格。对第一年考核不合格的企业进行黄牌警告，对连续两年不合格的企业可撤换企业主要负责人。

创新企业负责人薪酬管理。一是统一基本年薪。对西藏自治区一级企业主要负责人(董事长、党委书记、总经理)和其他企业主要负责人基薪作出统一规定。二是设置基薪调节系数。基薪调节系数根据企业经营规模、安全生产管理难度、主要资产地域分布集中程度、行业竞争程度、企业风险与成本控制等因素加权计算。三是建立基薪定期调整机制。完成任期内各年度考核指标且任期考核合格的企业负责人基薪每三年调整一次，任期考核不合格的负责人基薪暂不调整，企业本年度经济效益没有实际增长的不核增负责人当年基薪。如在下一任期考核结束时，完成考核不合格任期的经营指标的，其基薪可按考核不合格任期的基薪调整幅度进行调整。四是把企业负责人在岗履职情况纳入经营业绩考核，并与绩效薪金当期兑现部分紧密挂钩。五是企业负责人薪酬与职工工资正常增长挂钩。把职工年平均收入作为常规主要指标纳入企业负责人经营业绩考核，对职工年平均收入指标权重和目标值每年增幅、企业负责人基薪调整幅度、企业负责人基薪和职工年均收入关系等都一一作出明确规定。

(二)不断深化企业选人用人机制改革

加强对监管企业的领导。始终坚持党管干部原则，对国有企业实行分类划级，积极落实《西藏自治区区管国有企业分类划级暂行办法》和《西藏自治区区管国有企业领导人员管理暂行办法》，推进企业领导人员管理科学化、制度化、规范化。加强企业领导人员考察工作，按照“管资产与管人管事相结合”的要求，根据企业改革发展实际需要，动态调整监管企业领导班子，加大交流使用力度，真正把政治坚定、实绩突出、能力强、人品好、群众威信高的优秀干部选拔到领导岗位上来。

重视人才培养锻炼。牢固树立人才是第一资源的理念，大力实施人才强企战略。加强业务知识和职业技能培训，组织开展岗位练兵、技术比武等活动，全面提升职工综合素质，努力建设国资监管队伍、经营管理人才队伍、科技人才队伍、高技能人才队伍、党群工作者队伍。2011年共申请财政培训经费1000万元，审核落实培训项目52个，培训各类人员5460人次。派遣机关处级以上干部和监管企业高管人员分别到国务院国资委、中央企业挂职。选派监管企业高管人员到国家行政学院学习培训。

七、西藏自治区国资委监管企业党的建设和廉政建设情况

积极响应西藏自治区党委号召，深入开展创先争优强基础惠民生活动。切实加强组织领导，认真落实“建强组织、维护稳定、帮助致富、感恩教育、办好实事”五项任务，推动和促进基层经济加快发展、局势持续稳定、社会长治久安。西藏自治区国资委系统共派出148名干部职工奔赴6个地区、13个县、22个乡(镇)的37个村(居委会)开展驻村工作，累计投入资金672.8万元为农牧民群众办实事、解难事、做好事，探索形成了“三统一、三结合”的管理方式，活动取得明显成效。

认真贯彻落实党的十七届六中全会和西藏自治区第八次党代会精神，大力推进企业文化建设，逐步建立具有时代特征、西藏特色和鲜明特点的企业文化。加强对职工的理想信念和道德教育，大力弘扬以爱国主义为核心的民族精神、以改革创新为核心的时代精神、以艰苦奋斗为核心的“老西藏”精神，积极引导职工树立与社会主义市场经济相适应的思想道德和价值理念，提升核心价值体系的引领力。以热烈庆

祝中国共产党成立90周年和西藏和平解放60周年为契机，组织开展形式多样的活动，充分展现西藏国有企业的文化特色和干部职工的精神风貌。

坚定信心，加大力度，不断加强反腐倡廉建设。落实党风廉政建设责任制，努力把反腐倡廉工作做深、做细、做实，做出成效。严格执行“三重一大”集体决策制度，完善决策机制，规范决策，科学决策，避免决策失误给国有资产带来重大损失。加大责任追究和督查督办力度，对违纪违法案件严肃查办。

严格落实基层党建工作责任制，同七地(市)国资委、监管企业及机关党委签署《中共西藏自治区人民政府国资委委员会2011年度基层党建工作责任书》，进一步推进基层党建工作科学化、制度化、规范化。参与起草制定《西藏自治区党委宣传部、西藏自治区政府国资委关于加强和改进新形势下国有及国有控股企业思想政治工作的实施意见》，为推进西藏国有及国有控股企业思想政治建设指明方向。加大新闻宣传力度，围绕中央、西藏自治区的一系列重大会议、重大活动，及时组织西藏日报、西藏电视台等媒体宣传报道，全方位展示国有企业改革发展的新形象。

党建工作取得较为明显的成绩。2011年，西藏自治区国资委监管企业西藏天路建筑工业集团有限公司荣获“全区先进基层党组织”荣誉称号，西藏日喀则扎布耶锂业高科技有限公司欧珠江措同志荣获“全区优秀共产党员”荣誉称号，西藏汽车工业贸易总公司普布和西藏高争(集团)有限公司唐广顺两位同志荣获“全区优秀党务工作者”荣誉称号。

(撰稿人：温立省)

陕西省

一、陕西省国有资产监督管理工作综述

2011年，在陕西省委省政府的坚强领导和国务院国资委的有力指导下，按照“国资监管上新水平，国企发展上新台阶”的目标要求，陕西省国资委坚持以科学发展观为统领，团结拼搏，锐意进取，各项工作取得了新的成效，并在2011年度全省目标责任考核中被省委省政府评为“优秀单位”。截至2011年底，陕西省国资委监管企业(以下称监管企业)资产总额8484.8亿元，同比增长29.7%；实现营业收入4268.9亿元，同比增长25.8%；所有者权益2828.6亿元，同比增长22.9%；实现利润总额331.6亿元，同比增长33.6%；实现税金总额610亿元，同比增长21.3%。

(一)深入推进改革改制，国有企业活力显著增强

一是着力推进战略性整合重组。顺利完成省能源集团、燃气集团、金融控股集团等7户企业集团的组建，进一步提高了产业集中度。二是积极推进投资主体多元化。新设立陕煤化集团与开米股份合资组建西安开米绿色科技有限公司等35户股权多元化企业，股份制改革步伐进一步加快。三是大力发展混合所有制经济。出台《关于积极发展混合所有制经济吸引各种所有制经济参与监管企业改制重组的指导意见》，监管企业全部制定混合所有制经济发展方案，新设立混合所有制企业14户。四是企业改制上市取得历史性突破。组织召开监管企业上市工作推进会，制订监管企业“十二五”上市工作规划，出台《加快陕西省国有企业改制上市工作的指导意见》。陕煤股份和西部证券获得中国证监会发审委审核通过。

(二)切实加快结构调整，资源配置进一步优化

一是制定省属企业“十二五”发展规划。通过规划引领，加快转方式、调结构，实现“十二五”又好又快发展。二是扎实推进重大项目建设。重点抓好延长石油集团靖边能源化工产业园区等10个园区建设，积极推动法士特集团与美国卡特彼勒公司合资设立双特智能传动公司等一批事关企业长远发展的重大项目。监管企业全年共实施项目224个，完成固定资产投资960亿元。三是加快推进并购重组。陕西有色集团收购澳大利亚协利金矿等18个并购重组项目顺利完成，增强企业综合实力。四是围绕优化产业结构，进一步加强与各市的战略合作；成功举办西洽会“陕西国有企业重点项目推介会”，推介项目104个，产业项目总投资2348亿元。

(三)积极实施科技对标，企业自主创新不断加强

一是召开首次省属企业科技创新工作会议。出

台《关于加强监管企业自主创新工作的意见》,将科技创新作为引领企业科学发展的战略举措,纳入企业年度目标责任考核。二是狠抓机构设立和成果开发工作。新设立省级技术研究中心2个,工程研究中心1个,国家重点实验室2个,承担省部级以上课题49项,申请专利145项。三是印发《加强省属企业高层次创新型人才队伍建设的指导意见》,8户企业获得院士活动站授牌。四是积极为企业争取科技发展专项资金,累计组织推荐申报各类创新基金项目26项,其中重大科技创新专项资金计划项目10个。

(四)完善制度创新方法,监管能力和水平明显提升

一是完善监管制度体系。修订《陕西省国资委重大事项管理暂行办法》等6个制度,制定《陕西省国资委监管企业境外国有资产监管暂行办法》等11个制度,监管制度体系更加科学完善。二是推动监管企业财务精细化管理。推广财务分期决算办法和资金集中管控系统,开展全面预算管理试点;建立月快报分析、季综合评价的财务动态监测和预警机制,监管效率进一步提高。三是切实加强过程监督。下发《关于进一步加强国有企业监事会工作的意见》,认真做好日常监督和集中检查。全年形成专项报告25份,反映决策事项和问题146项;集中检查各级企业198户,提交年度监督检查报告23份。四是积极落实经营责任。完成监管企业负责人2010年度和2007—2010年任期目标责任考核及薪酬兑现工作,签订2011年度和2011—2013年任期目标责任书。全面推行经济增加值考核,完善对企业的激励和约束。五是夯实监管基础工作。完成2010年度国有资本收益收缴和2011年度国有资本经营预算草案编制,建立监管企业项目建设、改制重组和股权投资等数据库。全年办理产权登记136户,完成资产评估报告核准备案50项,进场交易项目117个,成交额31.28亿元,增值率12.12%。

(五)切实加强企业领导班子建设,企业党建工作成效明显

一是企业领导班子建设不断加强。制定《关于省属企业经营管理人员选拔任用工作有关事项报告及民主评议办法》等制度,调整和优化领导班子结构,扩大外部董事试点范围。加强教育培训,企业领导人员整体素质进一步提高。二是“为民服务、创先争优”主题实践活动深入开展。广泛开展党员承诺和党组织工作对标,丰富创优活动的形式和载体。西部机场集团创造性地开展“亮身份、作表率”活动,获得陕西省“宣传思想文化工作创新奖”。三是企业党组织建设得到加强。举行庆祝建党90周年表彰大会等系列活动,切实抓好改制重组或新设立企业的党组织组建工作;积极开展“爱企业、献良策、做贡献”主题活动,扎实推进职代会建设和厂务公开工作,坚持党建带团建,大力开展共青团品牌活动,企业群众基础进一步巩固。四是党风廉政建设扎实有效。扎实推进惩防体系建设,全面推进“三重一大”制度落实。认真开展反腐倡廉宣传教育月活动,切实做好工程建设领域突出问题、公务用车和“小金库”专项治理工作。认真落实党风廉政建设责任制,坚持反腐倡廉建设与生产经营同部署同检查同考核。

(六)扎实做好稳定工作,努力推进和谐企业建设

一是建立完善稳定信访工作领导体制和工作机制。切实加强领导力量,配备工作骨干,形成沟通机制和工作合力,层层落实稳定信访工作责任。二是严格落实维稳信息研判和稳定风险评估制度。坚持每月定期分析研判,及时排查化解不稳定因素;对企业改革改制等重大事项实施前进行稳定风险评估,努力从源头上预防中不稳定问题发生。三是积极做好下访慰问工作。实行排查首问责任制和限期办结制,重点抓好领导带头包案,推动疑难信访问题解决。四是全力做好群体性事件处置和信访积案化解工作。妥善处置一批群体性上访事件,化解一批信访积案,维护企业和社会稳定。

(七)认真实施精细化管理,机关建设成效明显

一是确立“发展好、服务好、监管好”的总体目标和“责任、服务、精细”的工作理念。坚持“寓监管于服务”之中,积极推进精细化管理,加强制度建设,规范工作流程,改进工作作风,服务质量和执行力不断提升。二是机关工作日趋规范。狠抓工作中的薄弱环节,积极推动管理创新,修订完善会议、公文处理、档案、财务、车辆、公务接待等制度办法，极大地提高了机关工作的规范化水平。三是坚持依法行权履责。委机关带头开展法制宣传教育，建立和选聘常年法律服务机构，开展法律事务培训。坚持“决策先问法，违法不决策”，认真落实规范性文件审核和备案制度。四是机关党的建设不断改善。认真开展创先争优和学习型党组织创建活动；制定《机关党支部工作规范》《机关工作服务承诺制》《机关干部业务学习制度》等，党建工作更加规范，凝聚力显著加强。五是抓好目标责任考核和督办工作。及时细化年度目标任务，加强督促检查，注重平时考核，坚持周计划、月自查、季度检查、半年小结和年终考核制度，机关工作质量和水平再上新台阶。

二、陕西省国有资产总量与结构分析

(一)所属国有企业指标

2011 年，陕西省国有企业运营状况良好，企业又好又快发展的基本态势没有改变。截至 2011 年底，陕西省国有企业共有 3156 户，资产总额大幅增加，达到 14561.4 亿元，同比增加 2731.0 亿元，增长 23.1%。企业营业总收入上升至 4956.3 亿元，同比增加 1036.3 亿元，增长 26.0 %。企业实现利润总额 474.8 亿元，同比增加 132.2 亿元，增长 39.0%。国有企业上缴税金持续增长，上缴 687.9 亿元，同比增加 141.1 亿元，增长 25.80%。国有企业固定资产投资势头旺盛，投资总额达到 1681.3 亿元，同比增加 556.4亿元，增长 49.46%。陕西省国资委监管企业经营效益更为突出，各项经济指标均位居前列。从规模上看，与中小型国有企业相比，大型企业集团更具有市场竞争力，盈利能力更强，固定资产投资更大。从产业结构上分析，第一产业受经济波动影响较大，经营能力较弱，第二产业依然保持优势地位，第三产业发展速度较快，产业结构更趋优化。陕西省国有企业朝着健康的方向快速发展。

表 1　2011 年陕西省所属国有企业指标

项　　目	金额(亿元)
资产总计	14561.4
所有者权益合计	4593.7
营业总收入	4956.3
营业收入	4853.7
利润总额	474.8
净利润	381.5
归属于母公司所有者的净利润	309.2
应交税金总额	702.7
本年实际上缴税金总额	687.9

(二)国有企业户数情况

截至 2011 年底，陕西省国有企业共 3156 户，比 2010 年底净增加 148 户，增长 4.92%。对 2011 年全省国有企业户数进行分类统计：从隶属关系来看，省属企业户数增加 125 户，同比增长 9.82%；市属以下企业户数增加 23 户，同比增长 1.33%；陕西省国资委监管企业户数减少 18 户，同比减少 5.19%。从盈亏情况来看，盈利企业为 1863 户，比重达到 59.03%；亏损企业户数为 1293 户，比重为 40.97%。

表 2　2011 年陕西省国有企业户数情况

分类			2010 年户数	比重(%)	2011 年户数	比重(%)	增减量	增减率(%)
按隶属关系	市属以下		1735	57.68	1758	55.70	23	1.33
	省属企业	省属监管	926	30.78	1069	33.87	143	15.44
		省属非监管	347	11.54	329	10.42	−18	−5.19
		小计	1273	42.32	1398	44.30	125	9.82

续表

分类		2011年户数	比重(%)	2010年户数	比重(%)	增减量	增减率(%)
按盈亏情况	盈利	1754	58.31	1863	59.03	109	6.21
	亏损	1254	41.69	1293	40.97	39	3.11
合计		3008	100.00	3156	100.00	148	4.92

(三)国有资产地区分布情况

截至2011年底,陕西省企业国有资本及权益增加额为914.61亿元,增长30.69 %,保持近年来国有资本及权益总量迅速增长的趋势。其中,基于企业自身经营积累的净增加额为510.50亿元。企业的国有资本保值增值率为116.69%,实现国有资本增值。

表3　2011年陕西省国有资产地区分布情况

地　　区	国有资产(亿元)	占国有资产总量比重(%)
省属国有企业	2638.7	67.75
省国资委监管企业	2549.9	65.47
省属非监管企业	88.8	2.28
市属国有企业	1255.9	32.25
宝鸡市	30.6	0.79
西安市	799.8	20.54
咸阳市	89.5	2.30
安康市	1.3	0.03
渭南市	−0.5	
榆林市	208.3	5.35
汉中市	42.4	1.09
商洛市	10.2	0.26
杨凌示范区	7.8	0.20
铜川市	1.9	0.05
延安市	64.5	1.66
合　　计	3894.6	100.00

陕西省国资委监管企业国有资产总量为2549.9亿元,比2010年底增加661.6亿元,增长35.04%,占全省国有资产总量的65.47%。省属非监管企业国有资产总量为88.8亿元,比2010年底增加9.2亿元,增长11.56%,占全省国有资产总量的2.28%。市属国有企业国有资产总量为1255.9亿元,比2010年底增加243.7亿元,增长24.08%,占全省国有资产总量的32.25%。在市属国有企业中,西安市企业国有资产总量占陕西省的比重最大,为20.54%;渭南市国有资产总量仍为负值。

(四)国有资产行业分布情况

表4　2011年陕西省国有资产行业分布情况

行　　业	国有资产(亿元)	占国有资产总量比重(%)
合计	3894.6	100.00
工业	1447.6	37.17
煤炭工业	163.7	4.20
石油和石化工业	422.3	10.84
冶金工业	243.5	6.25
化学工业	209.1	5.37
机械工业	202	5.19
电子工业	−8.9	−0.23
医药工业	7.6	0.20
建筑业	233.6	6.00
交通运输仓储业	952.1	24.45
批发和零售、餐饮业	33.9	0.87
金融业	97.0	2.49
社会服务业	755.8	19.41
其他	374.6	9.62

从行业分布来看,工业占用国有资产总量最大,为1447.60亿元,占37.17%。工业中,石油和石化工业、冶金工业、化学工业占比较大,分别占陕西省国有资产

总量的10.84％、6.25％和5.37％。其次是交通运输仓储业，占用国有资产总量952.1亿元，占24.45％。居第三位的是社会服务业，占用国有资产总量755.8亿元，占陕西省国有资产总量的比重为19.41％。

（五）国有资产按经营规模分布情况

表5　2011年陕西省国有资产经营规模分布情况

经营规模	国有资产（亿元）	占国有资产总量比重（％）
大型企业	1579.8	40.56
中型企业	1302.2	33.44
小型企业	756.7	19.43
微型企业	255.9	6.57
合　计	3894.6	100.00

从经营规模来看，大型企业占用国有资产总量1579.8亿元，占陕西省企业国有资产总量的40.56％，保值增值率为129.55％；中型企业占用国有资产总量为1302.2亿元，占陕西省企业国有资产总量的33.44％，保值增值率为110.37％；小型企业国有资产总量为756.7亿元，占陕西省企业国有资产总量的19.43％，保值增值率为104.82％；微型国有企业国有资产总量为255.9亿元，占陕西省企业国有资产总量的6.57％，保值增值率为100.64％。

三、陕西省国有资本保值增值综合分析评价

2011年，陕西省企业国有资本保值增值率为116.69％，实现国有资本增值。

表6　2011年陕西省国有企业地区和行业保值增值情况

地　区	国有资产（亿元）	保值增值率（％）	行　业	保值增值率（％）
省属国有企业	2638.7	120.22％	一、工业	116.91
省国资委监管企业	2549.9	120.74	煤炭工业	133.21
省属非监管企业	88.8	107.27	石化工业	134.20
市属以下国有企业	1255.9	109.14	冶金工业	99.40
宝鸡市	30.6	97.05	化学工业	98.13
西安市	799.8	107.97	机械工业	105.99
咸阳市	89.5	98.58	电子工业	115.66
安康市	1.3	99.04	医药工业	113.90
渭南市	－0.5		二、建筑业	107.16
榆林市	208.3	136.85	三、交通运输仓储业	134.09
汉中市	42.4	99.38	四、批发和零售、餐饮业	169.93
商洛市	10.2	97.06	五、金融业	145.17
杨凌示范区	7.8	97.74	七、社会服务业	101.70
铜川市	1.9		八、其他	
延安市	64.5	98.23		
合　计	3894.6	116.69	合　计	116.69

从隶属关系来看，省属监管企业保值增值情况最好，保值增值率达120.74％，其次是省属非监管企业，保值增值率为120.22％。市属以下企业总体实现国有资本保值增值率109.14％，其中西安、榆林两市实现国有资本增值，保值增值率分别为107.97％和136.85％；宝鸡、咸阳、安康、汉中、商洛、杨凌、延安、

铜川八市区出现国有资产减值;渭南在国有资产为负的情况下继续减值。

从行业分布看,批发和零售、餐饮业的保值增值率最高,达到169.93%,主要是由于行业涵盖范围广,行业内大量国有资产为负数的企业抵减国有资本基数,导致国有资本基数小,全行业保值增值率远远高出全省水平。保值增值率居第二、三、四位的行业分别是金融业145.17%、交通运输仓储业134.09%、工业116.91%。工业的国有资产保值增值率虽然只居各行业第四位,但由于占用国有资产总量达到陕西省国有资产总量的37.17%,对国有资本保值增值率贡献最大。

四、陕西省国资委监管企业股份制改革和企业并购重组情况

以实现股权多元化改制为重点,大力发展混合所有制经济,推动监管企业深化改革。一是建立监管企业改制重组数据库,将已批复的改革项目,按照改制、并购重组、新成立、增资扩股、划转、托管、其他等七大类分别录入,整理自2004年7月省国资委成立以来审查批复的所有改制重组项目,建立完整的企业改制重组数据库系统。二是指导监管企业发展混合所有制经济。在深入调研的基础上,出台《监管企业"十二五"期间大力吸引各种所有制资本参与国有企业改革积极发展混合所有制经济方案》,指导监管企业制订混合所有制经济发展方案。监管企业通过项目合作、产业园区建设、吸引社会资本参与改制等措施积极开展股权多元化改制。2011年省国资委审批设立股权多元化改制企业35户。三是抓住国际国内经济调整机遇,大力开展并购重组。在省内,整合重组陕西省能源、金融服务、水利、体育行业有关企业,组建陕西能源集团、陕西燃气集团、陕西金融控股集团、陕西水务集团、陕西体育集团等集团公司,促进资源进一步向优势企业集中。深入拓展新兴市场,加快实施"走出去"战略,监管企业完成一批有影响的并购项目,批复延长石油集团收购香港启正集团、陕有色集团收购澳大利亚协利金矿、省投资集团收购海南鑫瑞森公司、陕煤化集团与陕煤地质集团共同收购澳大利亚煤炭资源等4个大的并购重组项目。四是抓好困难企业改革发展工作。深入省农垦集团等困难企业开展调研,理清发展思路,确定发展方案,引进战略投资者,通过改制重组激发企业发展活力。

五、陕西省国资委监管企业完善经营业绩考核体系情况

2011年,陕西省国资委按照省委、省政府的工作部署,结合重点工作,不断完善和优化考核体系,引入对标考核机制,形成了企业经营业绩、行业对标、经营管理、领导班子建设和党建等五大方面的综合考核体系。一是围绕中心,把握原则,突出考核导向作用。2011年把保增长作为省属企业的首要任务,把调结构作为应对挑战的战略举措,把提质量作为做优做强的内在要求,把科技创新作为可持续发展的根本保证,把抓管理作为企业健康发展的牢固基础,融入考核,发挥考核导向作用,确保重点工作任务完成。二是全面考核,综合评判,真实评价企业工作业绩。陕西省国资委认真组织实施实地考核、对标考核、业绩考核等工作,联合省委组织部成立3个考核组,分别对26户监管企业年度目标任务完成情况进行实地考核,经过企业法定代表人述职、企业领导班子和成员民主测评、厂务公开民主管理满意度测评、企业管理评价调查问卷、个别谈话等环节,对企业年度考核内容进行评价打分。同时依据中介机构财务审计结果,对企业年度经营业绩完成情况和行业对标情况根据进行科学评定,最终确定各企业的年度考核结果,并根据考核结果合理核定企业负责人薪酬。三是坚持考核结果与薪酬挂钩,业绩升、薪酬升,业绩降、薪酬降。依据中介机构出具的年度财务审计报告,企业经营业绩完成情况,行业对标考核结果,企业经营管理、领导班子建设和党建工作等将企业年度目标考核结果分为A、B、C、D、E五个级别。以基本年薪为基数,绩效年薪为基本年薪的一定倍数。企业负责人平均薪酬的增长必须低于企业在岗职工平均工资的增长,并且薪酬水平不超过本企业在岗职工工资的10倍。职工平均工资没有增长的,企业负责人薪酬不得增长。2011年26户监管企业目标责任考核结果为:最高得分

93.78分，最低得分67.55分，其中11户企业考核结果为A级，9户企业为B级，2户企业为C级。

六、陕西省国资委监管企业选人用人机制改革情况

2011年，省国资委进一步加强企业领导班子和人才队伍建设，积极创新，不断完善体制机制，选人用人改革取得明显成效。

(一)进一步做好企业领导班子建设

一是合理确定企业领导职数。根据企业规模大小和实际情况，确定并从严掌握董事会、党委会、经理层的领导职数。省属企业领导职数配置基本符合各企业发展的实际需要。二是认真做好外部董事管理工作。出台《省属国有企业外部董事管理暂行办法》，明确外部董事来源，制定其应具备的经营管理能力、任职经历、学历职称等9项条件。外部董事考核评价主要采取任职公司评价、董事自我评价、董事相互评价等方法，听取监事会、经理层及企业党委成员、职工代表的意见，并对出勤到会和表决投票情况进行统计，作为评价的重要内容。三是积极创新领导人员选聘方式。省国资委积极探索实践内部选聘与社会公选相互补充的选任机制，在做好企业领导班子日常调整的基础上，坚持把民主推荐、公开招聘和竞争上岗作为企业领导人员选拔的基本方式。每年通过面向社会公开选聘的方式，选拔一批具有专业技术背景的高层次人才补充到省属企业。通过连续三年来的公开招聘和公开选拔，企业领导班子结构得到进一步优化，精神面貌发生明显变化，企业领导人员整体素质得到大幅提升，拥有博士，硕士及研究生学历的领导人员持续增加，成为推进和带领国企改革发展的中坚力量。三是加快年轻干部选拔步伐。制定《关于加快培养选拔优秀年轻企业领导人员的意见》，提出把企业总经理助理职位作为优秀年轻干部选拔培养、进退流转的平台，锻炼优秀年轻干部。扩大竞争上岗范围，集中选择部分关键岗位在省国资委系统企业实行竞争上岗。为每户企业选拔配备一名40岁左右的优秀年轻干部，力争在“十二五”期间明显缩小与中央企业的差距。

(二)进一步加强企业高层次人才队伍建设

一是召开省属企业人才工作座谈会。召开省属企业人才工作座谈会，总结交流经验，4户企业做交流发言，10户企业书面交流，印发《省属企业人才中长期发展规划》。二是加大高层次人才队伍建设。充分利用省委出台的有关政策，经过积极努力，延长石油集团、煤业化工集团、秦川机床集团等8户企业被陕西省委人才工作领导小组批准成为陕西省首批院士专家工作站单位，为吸引高层次人才打造了平台。在陕西省人才办的大力帮助下，第十一批博士服务团成员有1人留在陕汽工作，同时也为延长石油集团、陕煤化集团等4户企业接收4名博士服务团成员，指导企业引进陕西省“百人计划”2人，推荐国家“千人计划”1名，为企业发展解决急需的高级专业技术人才。三是加大人才培养和政策扶持力度。赴上海市、山东省和宝钢集团考察学习高层次创新人才队伍建设工作情况，借鉴经验，制定下发《关于加强省属企业高层次创新型人才队伍建设的指导意见》。设立省属企业高层次人才发展基金，每年从国有资本收益中专项列支经费，用于高层次人才各项奖励、资助和补贴。四是聘请中国工程院院士为陕西省国资委能源化工产业首席科学家，并签订合作协议，将为陕西省能源化工产业提供强有力的智力支持。

七、陕西省国资委监管企业党的建设和廉政建设情况

(一)认真做好企业党建工作，组织保障力明显加强

一是深入开展“为民服务、创先争优”主题实践活动。及时制定活动方案，召开现场推进会，广泛开展党员承诺和党组织工作对标，层层开展领导点评和党员互评，创新活动载体，丰富活动内容，实施分类指导，活动取得实效。西部机场“亮身份、作表率”活动得到中组部和中央创先办的充分肯定。二是精心组织开展庆祝建党90周年系列活动，隆重表彰一批先进典型。切实抓好改制重组或新设立企业党组织的组建，指导督促法士特集团等11户企业进行党代会换届。深入开展企业党建理论课题研究，积极探索现代企业制度条件下党组织政治优势转化为企业竞争

优势的途径和方式。三是注重挖掘和宣传国企改革发展重大典型。深入开展学习型党组织创建，认真抓好文明单位创建和评选工作。召开陕西省国企文化建设座谈会，全力推进企业文化建设，切实提高企业的凝聚力和影响力。在国务院国资委组织的纪念建党 90 周年国企新风貌摄影大赛中，陕西省国资委荣获优秀组织奖。陕煤化黄陵矿业被中煤政研会评为"5+5"岗位管理文化品牌，地电集团荣获全国电力行业企业文化优秀成果一等奖。四是积极开展"爱企业、献良策、做贡献"主题活动，扎实推进职代会建设和厂务公开工作，坚持"党建带团建"，大力开展共青团品牌活动，切实加强职工技能人才建设，企业群众基础进一步巩固。

(二)加强培训工作力度，提高干部队伍素质

陕西省国资委坚持系统学习培训和日常学习培训相结合，通过组织安排和个人学习相结合的方式，围绕建设学习型干部队伍的目标，每年向党校、行政学院有计划的输送学员，对企业领导人员坚持教育培训常态化。省国资委与清华大学、浙江大学等联合组织省属企业领导人员培训班。抽调近几年新进入领导班子的企业领导人员到中央党校参加集中轮训。同时，通过国家外专局资助安排三批近 60 名省属企业领导人员到美国、欧洲等发达地区的知名大学、著名企业培训考察，进一步提高领导人员综合素质，扩大了企业家的视野。

(三)深入推进党风廉政建设，廉洁从业能力显著提高

一是积极推进惩治和预防腐败体系建设。召开陕西省国资委系统纪检监察暨惩防体系建设工作会议，承办了全国国资委系统惩防体系建设促进会，认真落实党风廉政建设"五个一"要求，做到党风廉政建设与业务工作同部署、同落实。二是积极开展反腐倡廉宣传教育月活动。以理想信念和党性党风党纪教育为重点，深入开展示范教育、警示教育和岗位廉政教育，增强反腐倡廉宣传教育的针对性和实效性。三是认真落实党风廉政建设责任制。将年度反腐倡廉工作任务进行分工，按照"一岗双责"的原则，层层落实责任，全系统签定责任书 4455 份。坚持做到反腐倡廉建设与生产经营等中心工作同安排、同考核。四是加大反腐倡廉检查力度。深入开展工程建设领域突出问题、"小金库"、论坛庆典、公务用车等专项治理，严格落实各个环节的具体要求，对发现的问题及时整改。五是抓好反腐倡廉制度建设。开展"反腐倡廉制度建设执行落实年"活动，切实提高反腐倡廉制度的执行力，推动反腐倡廉建设的深入开展。

(撰稿人：方启权)

甘肃省

一、甘肃省国有资产监督管理工作综述

2011 年，在甘肃省委、省政府的正确领导下，甘肃省政府国资委和各省属企业加强战略谋划，积极主动应对，坚持一手抓监督管理，一手抓改革发展，生产运行保持平稳较快增长，国资监管效能和企业发展质量不断提升，各项工作取得新的进展，实现"十二五"跨越发展的良好开局。

企业保增长取得积极进展。面对日益激烈的市场竞争，各企业及时调整营销策略，优化产品结构，拓展市场份额，取得积极成效。2011 年省属 35 户监管企业实现营业收入 2780.2 亿元，同比增长 35.56%；完成工业总产值 1743.8 亿元，同比增长 83.91%；实现工业增加值 459.9 亿元，同比增长 72.83%。资产总额达到 3797.3 亿元。金川集团营业收入超过 1200 亿元，成为甘肃省首家营业收入过千亿元的企业，并荣获中国工业领域最高奖——"中国工业大奖"。酒钢集团产钢和钢材双双突破 1000 万吨，成为西北首家钢产量突破千万吨的钢铁企业。甘肃电投全年新增装机容量 30.45 万千瓦。兰州电机 2MW 风电机组成功下线，兰石集团换热器产品成功进入我国第三代核电项目领域，西北永新涂料产品打破国外垄断进入风电市场。省水电工程局巩固扩大省内、青海市场，拓展开发新疆市场，产值、任务再创历史新高。

企业效益增长显著。面对成本上升的压力，各企业采取一系列扎实有效的措施，加强管理，降低成本，增加效益。2011 年，35 户省属监管企业累计实现利

润总额107.8亿元，同比增长74.15%。酒钢集团非钢产业总收入同比增长62.65%，利润同比增长2.3倍，钢铁主业27项对标挖潜指标同比进步22项，达到行业先进水平2项，实现创效4.8亿元。白银集团充分利用国际与国内两个市场，运用现货与期货两种手段，有效规避风险，全年销售产品价比市场平均价高出6%，利用人民币升值获利近1亿元。甘肃建投集团强化企业管理，加大拖欠款清理回收力度，清理2010年底以前拖欠款22.29亿元，2011年工程款回收率达到82%。长城电工完成三大产业的优化整合，组建物流公司，实现对大宗原材料的统一采购，有效降低了采购成本。西北永新果断淘汰了天虹公司高污染、高耗能的颜料生产工艺，建成13条各类管材生产线，实现了天虹公司有史以来第一次盈利。

企业改革不断深化。一是现代企业制度建设取得新成效。出台省属监管企业外部董事管理暂行办法和建立外部董事制度实施意见，国资委管班子企业已经实现了外部董事全覆盖。建立健全股东代表、外部董事、外部监事的派出、履职、报告管理制度，规范了出资机构和企业负责人履职行为。完成监事会三年任期结束后的换届工作。二是企业整合重组取得新的进展。全面完成四川腾中与兰通厂、浙江银亿集团与兰光集团的战略重组。金川集团等拟上市公司积极引进行业龙头企业增资扩股，加强战略合作。白银集团引进湖南有色金属投资公司重组白银红鹭氟业公司，合作盘活存量国有资产。靖远煤业整合区域矿用机械企业，组建甘肃靖煤矿用装备集团。长城电工组建天水电工电器集团公司，为加快产业园建设奠定了体制基础。八冶集团在香港设立八冶国际公司，为开拓海外市场特别是东南亚市场搭建了平台。甘肃农垦电力局整体上划省电力公司，理顺农垦电力系统管理体制。三是省属非工业困难企业改革进程加快。165户困难企业改制攻坚，47户企业已经完成改制工作任务，安置职工1.04万人，其他企业正在抓紧进行财务审计、资产评估和方案制定工作。四是妥善解决企业改制遗留问题。启动并基本完成陕西省"五七工"、"家属工"参保工作。全面启动厂办大集体企业改革工作，涉及省属和市州共142户企业、3.3万名职工。制定解决在甘国有企业职教幼教退休教师待遇工作方案，正在抓紧组织实施。长风集团政策性破产6月底终结，九条岭煤业公司正式移交武威市管理，兰通厂重组资产转让移交、兰轴厂土地出让金上缴等遗留问题顺利解决，新业公司成功打包回购部分企业为6户省属破产企业提供担保的债权，省属监管企业政策性破产工作全面完成。兰光科技资产重组方案终获中国证监会批准，2011年8月26日顺利恢复上市，历时数年的兰光科技重组工作彻底完成。

企业发展质量进一步提高。一是项目建设取得新的进展。全年完成固定资产投资235.59亿元，同比增长16%。酒钢集团100万吨新棒材线、金川集团20万吨阴极铜工程、白银集团20万吨阴极铜项目、东兴铝业45万吨铝合金、省电投河口电站和杂木寺电站、兰石集团青岛重型容器生产基地、兰州电机兆瓦级风力发电机组及机组产业化项目等重点项目建成投产。据不完全统计，这些新完工项目可新增工业总产值320.00亿元、工业增加值84.88亿元、利润27.90亿元，成为2011年甘肃省属企业实实在在的增长点。酒钢集团榆钢支持灾后重建项目、不锈钢冷轧二期工程、2×350MW自备热电联产工程、金川集团6万吨电解镍、1万吨/年羰基镍生产线、刘化集团15万吨浓硝酸、华煤集团20万吨聚丙烯项目等重点项目开工建设，这些项目建成后将进一步推动省属企业结构调整和产业优化升级。二是资源控制取得新的进展。省电投与靖远煤业联合华能集团组建甘肃能源集团，金川公司与靖远煤业联合大唐电力组建金远煤业公司，加强了省属企业对甘肃省煤炭资源的控制和开发转化。白银集团完成陇南厂坝铅锌资源整合，酒钢集团控股开发小柳沟钨钼矿。资源型企业实施"走出去"战略取得新进展，白银集团成功收购南非第一黄金公司，新增黄金资源金属量675吨，金川集团、酒钢集团的海外资源项目进展顺利，省电投、靖远煤业、窑街煤电等企业在周边省份的资源开发项目也迈出实质性步伐。三是产业升级取得新的进展。各企业按照改造提升传统产业、培育发展新兴产业的部署，强化自主创新，强化结构调整，努力推进产业转型升级。金川集团成功进入二次电池、动力电池、太阳能集热器及真空镀膜等新产业领域，新产品销售收入占公司销售总额的20%以上。东兴铝业淘汰兰州基地落后产能,在陇西先后建成40万吨电解铝生产线,利用技术优势与酒钢集团合作,在嘉峪关投资建设最先进的45万吨电解铝生产线,一跃成为甘肃省最大的电解铝生产企业。八冶集团武威年产10万吨钢结构项目正式投产,成为西北最大的钢结构生产基地。省建投集团转变发展方式,产值、任务双双突破200亿元大关。刘化集团18000空分重点技改项目正式投产,拥有了国内最先进的空气分离装置和技术。华龙证券经纪业务成功转型,投行业务实现新的突破,企业竞争实力和行业地位明显提高。稀土集团针对原料制约强化技术改造和自主创新,延伸产业链,提高附加值,增强生产系统柔性应变能力,稳固行业龙头地位,2011年经济技术指标创历史最好水平。

资本运作取得新局面。一是加强投融资平台建设。在甘肃省政府的主导下,理顺省国投公司管理体制,调整融资方式,为省属工业企业率先实现跨越发展提供融资保障;成立省公路航空旅游投资集团有限公司,实现交通产业资产的集中统一管理;成立省煤炭资源开发投资有限责任公司,为全省煤炭资源勘查开发提供投融资保障和服务;组建省保障性安居工程建设有限公司,在为全省保障性安居工程发挥投融资功能的同时,也为省建投集团拓展市场提供平台。二是着力加强信贷融资。省属企业通过加强银企对接、信用互保等措施扩大间接融资额度,全年向银行融资达360多亿元。金川集团、酒钢集团财务公司先后挂牌成立,加强资本运营和金融服务,填补甘肃省金融机构的一项空白。三是切实加快企业上市步伐。金川国际收购澳门投资控股成功登陆香港资本市场;省电投重组西北化工已获国务院国资委批复和中国证监会核准;白银集团通过收购南非第一黄金公司,拥有海外上市公司;金川集团、白银集团、兰石重装加快首发上市步伐;兰州电机、陇神药业等企业完成股份制改造,正在加快推动私募融资和上市辅导;西部重工、新洲矿业、紫轩酒业等企业已纳入股改上市规划。四是加大资本市场融资力度。靖远煤业加快相关资产整合,主业整体上市前期工作基本完成;酒钢宏兴、亚盛集团正在实施非公开发行股份,预计募集发展资金约107亿元;酒钢集团、甘肃电投等企业通过发行中短期票据融资105亿元;华龙证券、兰石集团、金川集团通过增资扩股融资24.96亿元;长城电工非公开定向增发工作启动。

国资监管、行权履责工作稳步推进。一是加强经营业绩考核工作。实现出资企业经营业绩考核全覆盖。修订完善经营业绩考核和薪酬管理办法,对生产经营类、投融资服务类、管理类企业实行分类考核,增强考核的针对性,规范企业负责人基本薪酬,突出绩效薪酬的激励作用。二是加强企业战略规划和投融资管理。在规划纲要和各企业发展规划的基础上,科学制订省属监管企业"十二五"发展规划。规范企业主业管理和投融资管理,启动企业重点项目后评价工作。健全省属企业投融资项目论证审批机制,建立专家库,提高科学决策水平。启动行业对标管理工作。三是加强国有资产基础监督工作。加强企业财务监督,对30户企业下发财务决算整改通知书,并跟踪检查整改落实情况,指导企业提高财务管理水平。加强国有控股上市公司动态监控,建立上市公司运行信息季报制度,督促企业防控风险和稳健经营。夯实国有产权基础管理,探索加强境外国有产权的管理。加强和改进监事会监督,围绕出资人关注的重大事项开展专项监督检查,及时揭示企业重大风险和隐患,进一步提高了监督的针对性、协同性和有效性。四是加强对市州国资监管部门的指导监督。按照国务院国资委"大国资、一盘棋"的监管理念,召开全省国资监管工作座谈会,出台《甘肃省贯彻落实国务院国资委〈地方国有资产监管工作指导监督办法〉的实施意见》,建立健全全省统一的国有资产基础管理工作机制和制度,密切国资委系统的纵向联系,切实加强对市州国资监管机构的指导监督。

企业党建工作进一步加强。一是创先争优活动取得明显成效。各省属企业以庆祝建党90周年为契机,将创先争优活动与巩固扩大学习实践活动成果相结合,与推进企业改革发展相结合,集中解决一批影响企业发展稳定的突出问题,党组织和党员的先进性明显增强,创先争优氛围更加浓厚,呈现出"组织创先进、党员争优秀、企业上水平、职工提素质"的生动局面。扎实开展党组织创"四强"、党支部创"六有"、党员争"四优"活动,进一步增强基层党建工作活力,提升党组织的创造力、凝聚力和战斗力。在纪念建党90周年创先争优活动表彰大会上,对近两年涌现出来的一批先进基层党组织、优秀共产党员和党务工作者进行表彰奖励。二是企业领导班子和人才队伍建设取得突破。加强领导班子思想政治建设，完善企业领导人员管理和考核办法，调整充实9户企业领导班子，加大了企业领导人员交流力度，企业领导班子整体素质和引领、推动企业科学发展的能力进一步提高。积极推动省属企业深入实施人才强企战略，制定企业经营管理人才中长期发展规划和人才工作考核评价办法，加强规划引导和考核保障。全面落实甘肃省委关于引进急需紧缺人才的重要工作部署，推进省属企业在抓好人才引进方面取得了新进展。大力组织实施企业干部培训项目，开展企业领导人员境外培训，依托兰州大学举办高级工商管理研究生班，突出抓好高层次、高技能和复合型人才的培训培养。三是反腐倡廉建设取得新进展。以落实党风廉政建设责任制为龙头，全面推进惩防体系建设，认真开展反腐倡廉教育，加强企业廉洁文化建设，企业领导人员廉洁从业意识进一步增强。制定出台党务公开指导意见，集中开展落实"三重一大"决策制度、廉洁从业规定等五项制度的综合检查，深入推进工程建设领域突出问题、产权交易、商业贿赂、"小金库"、公务用车专项治理和清理规范庆典、研讨会、论坛活动，不断深化效能监察，严肃查处违纪违法案件，为企业健康发展提供有力保障。

二、甘肃省国有资本运营情况

甘肃省国有企业2011年主要经济指标。一是国有企业户数变动情况：2011年，甘肃省国有资产统计报表由省属监管企业519户（包含纳入统计范围的全部子企业，其中一级企业35户）、省级20个非监管部门共265户、14个市、州共634户；合计统计企业共计1418户，比2010年的1369户净增加49户。二是资产变动情况：全省汇总企业2011年底资产总额4742.57亿元，比年初的3908.85亿元增加833.72亿元，增长21.33%。三是负债变动情况：全省汇总企业2011年底负债总额3012.18亿元，比年初的2403.50亿元增加608.68亿元，增长25.32%，增幅高于资产增幅3.99个百分点。四是权益变动情况：全省汇总企业2011年底权益总额1730.40亿元，比年初的1505.35亿元增加225.05亿元，增长14.95%。五是利润完成情况：全省汇总企业2011年全年实现利润总额126.78亿元，比2010年的95.73亿元增加31.05亿元，增长32.44%。

国有资本运营状况的变化和特点。一是国企改革改制、重组力度不断加大，国有经济布局分散的状况得到改善。随着甘肃省国有企业改革重组工作进程的加快，国有企业总户数呈大幅缩减态势，减少企业主要集中在县属、亏损、小型和三产等方面，国有经济布局分散的状况得到改善。2011年甘肃省国有资产统计逐步实行全省覆盖，汇编范围更加完整。因此，2011年全省企业户数比2010年增加49户，主要是应报未报、部分新增、会计核算方式发生变更后上报等因素造成。总体来说，增加的是一些小企业。随着中小企业破产、兼并、出售和改制、改组步伐加快，以产权制度为重点的国有企业改革取得实质性进展，国有企业破产重组工作稳步推进，劣势企业退出机制逐步形成。二是甘肃省国有企业行业集中度逐年提高，分布领域和范围日趋优化。2004年以来，甘肃省国有企业在国家政策积极引导和支持下，通过政策性破产、企业重组以及产业和产品结构调整，经营方向调整等多种方式有序退出一些不宜存在和发展的行业和领域。从2011年统计分析来看，国有经济继续向关键领域集中，进入资源密集型、基础型行业和产业。这种情况一方面是因为非公有制经济在经历一定阶段的原始积累后，进入规模化快速发展阶段，在一些一般性竞争领域很快形成对国有企业的挤压，迫使部分国有中小企业在这些领域退出；另一方面也是受消费需求升级和结构变化的引导，产业结构同步演进，一些居于传统行业的"夕阳产业"必然消亡，居于这些产业的国有老企业在产业结构调整和转产无力的条件下被迫全面退出导致的结果。三是资产总量稳步提高、集中度不断提高，大企业大集团迅速成长。2011年末，甘肃省国有及国有控股企业资产总额为4742亿元，比2010年的3434亿元增加1308亿元，增长38.09%。2011年末，甘肃省国有企业户均资产为33422万元，比2010年25088万元增加8334万元。甘肃省国有企业资产总量排在前列的如金川公司、酒钢集团、电投、白银公司等十几户企业资产规模几年来显著扩张，占全省企业经营性资产的比重显著提高，成为省属企业的中坚。四是经济效益逐步提高，资产运营质量逐步改善。2011年以来甘肃省国有企业紧抓市场需求，理性经营，收入和效益呈现出稳步增长的态势。国有企业资产运营状况得以改善。甘肃省国有及国有控股企业实现营业收入及利润总额不断增长，成本费用控制进一步加强，继续保持了稳中向好的发展势头。五是国有资产总量稳步增长，国有经济控制力增强，国有资本向基础工业、大型企业集中，形成主导地位。2011年末国有资产总量为4742亿元，较年初的3908亿元增加834亿元，增长21.34%。甘肃省1418户国有及国有控股企业国有资产总量中，金属冶炼、电气机械制造、煤炭开采、电力等基础工业中，国有资产存量占全省工业企业国有资产总量的70%以上，一般性竞争行业国有资产总量分布逐年下降，中小企业的国有资产总量逐年呈缩减态势。而大中型企业国有资产总量占全省国有企业国有资产总量的比重却逐年加大，国有资本向大中型企业聚集的特征十分明显。

2011年甘肃省国有及国有控股企业国有资本保值增值率为103.03%，基本与2010年持平，总体上实现国有资产的保值增值。

三、甘肃省国资委监管企业股份制改革情况

2011年，甘肃省国资委因企施策，积极处理做实注册资本、职工股权清理、土地资产过户等重点难点，使企业基础管理进一步规范，股权结构进一步优化。一是完成金川集团整体股改上市阶段性工作任务。根据省政府部署，金川集团整体股改上市工作启动以来，指导金川集团制定股改上市工作方案，成立领导小组和相关工作机构，编制形成金川集团战略引资、股份制改制和镍都实业公司改制注资工作子方案，按期完成金川集团股份制改制等工作任务，为上市辅导申报奠定基础。二是甘肃电投重组西北化工取得明显工作成效。根据甘肃省政府安排，按照“把握大局、依法操作、积极推进”的工作原则，积极协调甘肃电投与永新集团就西北化工股权质押、酒钢集团借款、资产划转方式等事项达成一致意见，完成了西北化工国有股权无偿划转手续，重组双方审议通过重组预案并向社会公告，西北化工按期复牌交易。三是靖煤集团煤炭主业整体上市工作有序推进。靖煤集团2011年底基本完成纳入上市范围资产的审计评估、资产重组预案编制等工作，12月上旬完成重组预案审议并公告，靖远煤电按期复牌交易。四是兰石重装实施资产重组并完成发行材料申报。根据证监会对兰石重装首次发行材料的反馈意见和整改要求，多次召集企业、中介机构和有关专家进行论证，启动兰石重装与兰石重工的评审评估、换股吸收等资产重组工作，2011年9月底前全面完成资产重组任务和相关8户企业的工商变更。同步推进上市材料编制，于11月初向中国证监会递交重组后兰石重装的发行材料，并组织企业、券商和中信证券等机构与证监会进行良好沟通。五是甘肃陇神制药顺利实施股份制改制和增资扩股。在清产核资、审计评估工作基础上，指导永新集团和相关中介机构，研究制定甘肃陇神戎发制药有限公司的股份制改制方案和引入管理层、实施增资扩股的工作方案，2011年8月经甘肃省政府国资委正式批复实施，为引进战略投资、上市辅导和申请发行搭建良好的工作平台。

四、甘肃省国资委监管企业建立和完善经营业绩考核体系情况

改革经营业绩考核方式。一是新修订发布《业绩考核办法》。新办法有以下几个显著特点：第一，将经营业绩与企业负责人的薪酬和奖惩紧密挂钩，经营业绩作为企业负责人任免的重要依据；第二，实现监管企业的全覆盖；第三，实行分类考核，对生产经营类、投融资服务类和管理类企业采用不同的考核办法，使考核更加符合企业实际，更有针对性；第四，考核的导向作用更加突出，通过考核指标的设置，引导企业关注核心业务，改善薄弱环节。二是完成对监管企业2010年度经营业绩的考核工作，考核结果是A级企业8户，B级企业18户，C级企业4户。三是完成2012年度省属监管企业经营业绩考核目标确定工作。围绕省属监管企业“十二五”规划，按照确保实现省政府提出的5年翻一番、委党委提出的8年翻两番、企业负责人第三个任期考核目标圆满完成的工作思路，确定2012年度省属监管企业负责人经营业绩考核目标

值，并组织签订《经营业绩考核责任书》。

完善《薪酬管理办法》。一是参照《关于进一步规范中央企业负责人薪酬管理的指导意见》，甘肃省国资委参与《关于规范省属国有企业负责人薪酬管理的意见》的制定工作，对原《甘肃省省属企业负责人薪酬管理暂行办法》进行修改完善。修订后的新办法于2011年10月发布实施。新办法进一步加大对企业负责人的奖惩力度，增加单项奖励，体现“业绩升、薪酬升，业绩降、薪酬降”的原则。二是依据新修订的《薪酬管理办法》和2010年度业绩考核结果，确定省属监管企业负责人2010年度薪酬，并予以兑现。三是按照“调低、扩中、限高”的原则，对34户省属监管企业2010年工资总额预算逐户进行衔接和核定，并出具核准意见。对部分企业的新增工资总额，进行适当调整。

五、甘肃省国资委监管企业负责人考核与选人用人机制改革情况

建立健全法人治理结构。2011年着重对一些企业领导班子进行法人治理结构的组建和班子考察工作。在调查研究、日常了解的基础上，按照“保持稳定、适度调整”的原则，先后深入八冶、二十一冶、稀土、刘化、东兴铝业等8户企业，开展班子考察调整工作。同时，完成二十一冶、东兴铝业等企业党委会、董事会、监事会换届的考察批复工作。协调中材集团，对祁连山集团班子换届提出完善法人治理结构的意见。一年来，考察调整和提请委党委批复26户(次)企业领导班子，共涉及企业领导人员109名(其中提任13名，交流3名，改任8名，免职退休5名，换届调整批复80名)，同时，从甘肃省国资委机关干部中，派出和调整挂职董事、监事13名，加大监管企业之间干部交流力度。

有效开展年度考核工作。以提高经营管理水平、激励和鞭策全面完成任务为目标，以《甘肃省国有企业领导班子和领导人员年度考核评价办法(试行)》为依据，省政府国资委对委管企业领导班子和领导人员进行2010年年度考核。根据委管企业改革改制和领导班子建设的实际情况，省国资委党委确定2010年进行年度全面考核的企业领导班子18个。考核结果评定为“好”的领导班子9个，占50%；“较好”的领导班子9个，占50%；没有“一般”和“差”的领导班子。进行全面考核的18户企业中，共考核企业领导人员130人。考核结果评定为“优秀”的领导人员26人，占20%；“称职”的领导人员103人，占79.2%；“基本称职”的1人，占0.8%，没有“不称职”的领导人员。

积极开展企业人才工作。一是抓好制度建设。年初在广泛调查研究的基础上，组织起草《甘肃省省属企业人才工作考核评价办法(试行)》(草稿)。2011年5月，书面征求30户监管企业意见和委内相关处室的意见。在此基础上，又组织部分企业人力资源部门负责人，进行集中讨论修改，形成《甘肃省省属企业人才工作考核评价办法(试行)》(征求意见稿)。2011年6月，在省委组织部召开的企业人才座谈会上，对《考核评价办法》再次征求意见，再次修改。2011年9月，《考核评价办法》以甘肃省委组织部和甘肃省国资委党委文件形式联合下发实施。二是做好规划的制定工作。借鉴《国家中长期人才发展规划纲要(2010—2020年)》和甘肃省中长期人才发展规划，制定《甘肃省省属企业中长期经营管理人才发展规划(2010—2020年)》，切实把建设高素质企业经营管理人才队伍纳入“工业强省”战略的全局来谋划和落实。三是做好人才摸底申报和集中引进工作。按照甘肃省委关于引进海外省外高层次人才工作的部署，组织会议动员部署，深入企业调研指导，在甘肃省政府国资委监管的14户企业，认真开展急需紧缺人才摸底申报工作，2011年6月下旬，完成监管企业急需紧缺人才的调研摸底和申报工作。2011年10月甘肃省引进急需紧缺人才公告后，重点督促7户企业抓好重点关键岗位急需高层次人才引进工作，指导企业做好其他急需紧缺人才主要是大中专毕业学生的引进工作。

加强企业干部培训工作。按照甘肃省委组织部大力推行的项目培训管理制度，组织企业干部进行培训。一是积极创造条件，举办一期企业领导人员境外培训班，15名企业领导人员参加以装备制造业管理为主题的考察学习活动。二是开展企业领导人员2011年在甘肃省委党校、省行政学院的常规培训工作，60多名企业领导人员完成学习培训任务。三是积极落实定单式人才培养制度。按照企业对紧缺人才的需求计划，积极指导各企业与各大院校、培训机构联系，

认真做好"订单式"、"定向式"人才的培训工作,有针对性地指导做好校企联合办班工作。甘肃东兴铝业公司与兰州资环学院、甘肃祁连山水泥集团与兰州建材学院、八冶建设公司与长春工程学院等省内外高等院校,建立良好的校企联合办学合作关系,开办面向企业人才的各种适应性培训。四是实施企业高层次人才学历教育工程。以提高企业青年经营管理人才的文化素质和管理能力为目的,依托兰州大学,在9月份举办1期由25名企业领导人员参加的EMBA研究生班,为提高企业领导班子综合素质创造条件。

(撰稿人:马国智)

青海省

一、青海省国有资产监督管理工作综述

2011年,是"十二五"规划的开局之年。面对国内外环境新变化和省内经济运行新情况,青海省国资监管系统和国资委出资企业在省委、省政府的坚强领导下,紧紧围绕科学发展主题,以转变发展方式为主线,以实现"跨越发展、绿色发展、和谐发展、统筹发展"为主要路径,准确把握形势变化,积极应对复杂环境,全面贯彻落实省委、省政府一揽子重大举措,国有资产监管和国企改革发展取得了新进展,超额完成了省属出资企业各项目标任务,为青海省经济在"十二五"开局之年起好步、开好头作出了积极贡献。

国有经济实现持续快速发展。2011年,青海省各级国资委出资企业实现增加值151.9亿元,比上年增长17%。其中,省国资委出资企业实现增加值144.3亿元,增长17.27%,完成工业投资218.6亿元,增长48.3%。

国有企业发展实力明显增强。青海省各级国资委出资企业2011年末总资产达1961.3亿元,同比增长20.2%;净资产695.9亿元,增长27.6%;实现利润64.7亿元,增长27%。其中,省国资委出资企业年末总资产达到1510亿元,增长23%;净资产484.5亿元,增长30.5%;完成销售收入536.12亿元,增长24.2%;实现利润总额63.1亿元,增长27.9%。国有资本保值增值率115.5%。

国有企业重点项目取得积极进展。西钢集团1080立方米3号高炉顺利竣工投产,技术改造步伐进一步加快;盐湖股份资源综合利用一期具备投产条件、二期建设接近尾声,百万吨钾肥扩能项目开工建设,金属镁一体化项目进展顺利;投资集团高精铝项目建成投产,瑞合铝箔和轨道交通铝型材项目部分投产;西部矿业电解锌和碳酸锂二期项目开工建设,10万吨高纯氢氧化镁项目进展顺利;水利水电集团聚能钛项目一期投产,后续深加工项目稳步推进,100兆瓦太阳能电池片组件生产线开始安装等项目,有力促进了资源精深加工和循环经济发展,在加快国有经济结构调整、增强企业发展后劲等方面迈出了坚实步伐。

国有企业谋发展促和谐的责任意识显著提高。面对2011年底严峻的经济形势,省国资委出资企业积极响应政府号召,不折不扣地贯彻落实省政府十项重大举措,带头保增长、主动调结构、全力促稳定,发挥了重要的表率作用。在发挥经济领域影响力的同时,各企业积极承担社会责任,2011年投入到"百企联百村"、捐资助学、扶贫济困等活动中的资金累计达到2000余万元,表现出高度的政治自觉性和强烈的社会责任感。在玉树灾后重建中,青海省物产集团、水利水电集团始终以大局为重,努力克服企业亏损、灾区条件艰苦等困难,全力确保灾区大宗建材和电力供应,为平抑灾区建材价格、推进灾后重建作出积极贡献。

(一)加强规划指导,科学谋划国有经济"十二五"发展

在认真总结国有经济"十一五"发展改革经验的基础上,紧密衔接青海省"十二五"及工业和信息化"十二五"发展规划,深入开展企业规划的评审论证工作,围绕贯彻国家和全省经济社会发展战略,指导国有企业编制"十二五"发展规划,研究制定《进一步推进省国资委出资企业"十二五"改革发展的指导意见》,将深化改革、推动发展、节能减排、促进就业、保障供给等重点工作纳入国有企业长远发展目标,明确全省国有经济"十二五"改革发展的重点任务和保障措施,为促进国有经济持续稳定健康发展奠定了基础。

（二）强化国企责任，注重发挥国有经济重要主导作用

一是认真贯彻落实省政府“十项举措”，努力保持国有经济平稳较快发展。2011年10月以后，针对部分国有企业销售市场萎缩、流动资金不足、利润空间收窄、生产经营下滑等突出问题，青海省国资委全力落实省政府“十项举措”，落实联点帮扶责任，强化组织协调和跟踪服务，成立工作组深入西钢、投资集团、机电控股公司等企业，“一企一策”研究保增稳产工作措施，帮助解决困难企业实际问题，并组织开展银企对接、产销对接，指导企业开展挖潜增效、开拓市场等活动，会同相关部门优化发展环境，减轻企业负担。特别是及时安排了一批保增长、促转型的短平快“填平补齐”项目，不仅增强了国企勇挑重担、共克时艰的信心和能力，也为全面超额完成年度目标任务、推动全省经济平稳较快发展发挥了重要作用。二是大力实施工业“双百”行动，加快转变经济发展方式。把落实“双百”行动与推动国企发展上新台阶结合起来，加强组织领导，落实行动部署，狠抓项目投资，加快基础设施建设，着力推进国有企业技术创新和改造升级，重点加快金属镁一体化、煤基多联产、太阳能光伏发电等带动力强、关联度大、促进产业融合发展的大项目好项目，使国企在加快项目建设、引领方式转变中发挥了重要带动作用。截至2011年12月底，列入“双百”行动的10家省属出资企业完成投资105.44亿元，占全部“双百”项目完成总投资的32%；实现销售收入428.3亿元，占37.1%。同时，通过余热发电、低压无功补偿等先进工艺的推广应用，省属出资企业单位增加值能耗保持全省行业领先水平。

（三）优化国有资本配置，稳步提升国有经济基础支撑作用

2011年，青海省国资委通过股权吸收合并、参股重组、资本注入等形式，积极深化企业股份制改革，促进投资主体多元化，优化国有资本配置，推动国有经济做优做强。

围绕做强做大企业主业，增强国有经济实力，完成盐湖镁业公司60亿元的增资扩股工作，为加快推进金属镁一体化项目创造了有利条件；西矿集团成功收购四川会东铅锌矿，增强了西矿集团铜铅锌板块实力和资产盈利能力；西钢集团整体收购正维集团，为企业完善循环经济体系、延伸产业链奠定基础；完成深圳青鹏集团组建天津青鹏投资有限公司工作。

围绕增强国有经济发展活力，进一步加快改革调整，完成对鱼卡矿区企业及矿业权的整合重组，组建青海省能源发展集团公司，实现“一个矿区、一个开发主体”的要求，明确了企业“十二五”期间建设目标；完成青海银行增资扩股、西钢矿业和哈密博伦矿业增资等工作；参与制定青海航空投资有限公司组建方案，并由省国投牵头完成公司组建；按照省政府要求，省国投公司投入资金积极参与青海碱业重组工作；积极稳妥制定实施木里矿区企业整合重组方案，整合的两个新公司——青海矿业股份公司和青海大美煤业股份公司完成工商注册，为煤基多联产项目顺利实施创造了基础条件，办成一件多年来一直在努力推动但未能如愿的大事。

围绕加快工业科学发展，大力支持企业融资工作，完成省发展投资公司整体划转省国投公司工作，增强了融资平台融资能力；物产集团出资3亿元，搭建临空经济区产业发展融资平台；国投增资2亿元，支持柴达木循环经济试验区建设；推动社会资本参股青海省低碳产业发展基金，支持新兴产业发展；指导西部矿业、盐湖股份等企业采取发行债券等方式，融资90多亿元，有力地支持了重大项目建设。

（四）深化国企改革，不断增强国有经济内在发展活力

一是制定《青海省关于贯彻落实〈国务院关于促进企业兼并重组的意见〉的实施意见》，有效规范了企业兼并重组，促进了国有企业股权多元化。二是积极推动国有独资公司董事会试点工作，研究提出《青海省国有独资公司董事会及董事评价办法（试行）》等5个制度办法和指导意见，国企董事会建设取得了新进展。三是努力构建和谐劳动关系。加强出资企业收入分配管理工作，改革创新收入分配管理制度，引导企业加强职工收入管理，建立职工收入正常增长机制。2011年，省属出资企业职工平均工资达4万元，比上年增长9%。四是妥善解决国企改革遗留问题。原黎明化工厂由青海宜化兼并重组后，继续会同地方政府帮助企业解决改革发展中的矛盾，提升管理水平，企业焕发了生机；解决遗留多年的国企厂办中小学退休教师和职幼教师待遇问题；协调解决原省三运公司破产资产变现及人员安置问题；完成原光明化工厂生活区整体搬迁和原民和镁厂生活区属地移交工作。同时妥善处理涉及国有企业改制信访、上访事宜，切实维护稳定。

(五)创新监管机制，有效保障国有资产健康运行

2011年，围绕业绩考核、产权管理、财务监督和监事会监督等重点领域，先后研究出台10余项制度和办法，努力依托制度创新规范监管行为，强化监管措施，有效保障国有资本保值增值，防范国有资产流失。

一是创新经营业绩考核工作。在全面完成2010年度出资企业负责人经营业绩考核工作的基础上，积极创新业绩考核模式，探索建立了出资企业业绩考核动态预警管理机制和考核结果审核评估制度，建立企业经营业绩监测与预警信息平台，提高了考核的准确性和有效性。大力探索推进分类考核和全员业绩考核，开展对标和短板目标考核，重点引入和推进经济增加值(EVA)考核模式，有效提升了出资企业绩效管理和人力资源管理水平，增强了企业做强主业、控制风险、提升发展质量、增强价值创造和可持续发展的能力。

二是加强财务监督与评价工作。按照省政府办公厅《关于开展全省国有及国有控股企业户数清理工作的通知》要求，对全省各地区、各部门所属及占用的国有资产、具有独立法人资格的企业及其全部子企业进行全面清理，建立完善了国有资产统计、评估和财务管理体系。认真组织开展出资企业2010年度财务决算审计、2011年度财务预算等工作，强化对国有资产评估结果的核准和资产损失等重大财务事项的审核，为提高决策的科学性提供了可靠依据。对出资企业开展综合绩效评价，在推动企业降低成本费用，优化资源配置，全面提高经营绩效水平方面发挥了积极作用。

三是强化产权管理工作基础。促进国有股权有序流转，规范产权交易行为，建立完善了产权交易市场动态监测系统，规范了国有资产产权交易行为，实现了国有产权转让项目全部进场交易。制定《西宁国家低碳产业基金投资管理有限公司青海方出资人监督管理暂行办法》，深化国有参股企业监管工作。顺利完成2011年产权登记年度检查及数据汇总上报工作，实现产权交易市场的规范有序发展。同时，稳步推进国有资本经营预算制度，在探索完善国有资本收益分享机制方面取得新的进展。

四是加强监事会监督工作。围绕强化监督，加快调整转换监事会工作体制，先后制定印发《青海省国资委出资企业派出监事会工作暂行办法(试行)》《监事会主席联系会议制度》等5项制度、规则。督促企业调整和改选企业监事会，完善并落实"三重一大"决策制度，逐步建立新形势下符合监事会工作职能的监督检查体系，对省属出资企业"三重一大"决策制度执行情况开展专项监督检查。特别是各监事会确定重点监督企业，深入了解掌握生产经营和企业管理方面存在的薄弱环节，及时与企业负责人交换意见，有效提高了监事会工作质量和水平，为强化企业管理、确保国有资产保值增值发挥了重要作用。

五是狠抓企业安全生产。认真落实《2011年省属出资企业安全生产工作要点和分工方案》，将安全生产纳入企业负责人年度经营业绩考核工作中，通过开展"安全生产年"、"打非治违"等专项活动，有效提高了企业安全水平和事故防范能力。同时，制定出台《青海省省属出资企业安全生产监督管理暂行办法》，建立安全监督检查和考核奖励机制，省属出资企业安全生产形势继续保持稳定向好态势，事故发生率不断下降，省国资委被评为全省安全生产监督管理先进单位。西部矿业等企业的一批安全生产系统项目入选国家首批两化融合促进安全生产重点推进项目。

六是加强企业法律顾问制度建设。围绕加强以规章制度、协约合同、管理决策为重点的法律审核工作，继续深入推进企业法律顾问制度建设。以青海省企业法律顾问协会为平台，组织企业管理人员进行专题学习和研讨，指导企业认真开展"六五"普法活动，企业依法经营和维护合法权益的意识不断增强，省属出资企业法律风险防范机制建设稳步推进。

(六)加强企业党建，进一步发挥好政治核心作用

一是深入开展国有企业"创先争优"和"第三个基

层组织建设年”活动，组织三次专项检查，召开两次现场观摩交流会，对2000多名企业基层干部进行社会管理创新培训；精心组织开展建党九十周年系列纪念活动，选树一批先进典型。二是制定印发《青海省省属国有企业领导班子建设五年规划》，加快推进国有企业经营管理者选拔任用制度改革，首次面向全省公开招聘4家企业副总经理（副行长），进一步优化了省属国有企业领导班子年龄结构、知识结构，促进了干部交流。对西钢集团、盐湖股份、机电控股公司领导班子进行调整补充。三是加强反腐倡廉工作，认真组织开展“三重一大”制度执行情况专项检查，出资企业党风廉政建设工作稳步推进。四是注重发挥基层党组织联系职工群众的桥梁纽带作用，不断加强企业政治思想文化建设和群众工作，会同省委宣传部印发《关于加强和改进新形势下国有及国有控股企业思想政治工作的实施意见》，并深入开展群众性爱国主义教育活动，积极推动省属出资企业物质文明建设和精神文明建设协调发展。

二、青海省国有资产总量分布结构及国有资本保值增值分析评价

2011年，青海省地方国有及国有控股企业（不含中央驻青企业、以下简称“国有企业”）积极开展国有资产管理体制改革和国有企业改革，加大结构调整力度，优化产业布局，转变经济发展方式，强化企业经营管理，转换企业经营机制，增强企业自主创新能力，国有企业经济实力进一步增强，资产运行质量不断改善，经营效益大幅增长，实现利润创历史最好水平，国有资产保值增值能力进一步提高。

截至2011年末，全省地方国有企业一级企业户数223户，企业总户数545户（含企业集团所属子企业户数，以下称企业户数同此口径），比上年度净增加27户。2011年末，全省国有企业资产总额2316.92亿元，比上年增长30.3%，所有者权益（净资产）827.65亿元，比上年增长35.8%，国有资本及权益（国有资产总量）591.45万元，比上年增长44.3%。2011年累计实现营业总收入590.48亿元，比上年增长23%，累计实现利润总额67.92亿元，比上年增长30.1%。2011年累计上缴税金52.20亿元，比上年增长8.71%，企业职工年平均工资达到38470元，比上年增长15.8%，实现增加值152.62亿元，比上年增长14.4%。上述数量指标均创青海省地方国有企业历史最好水平。

（一）国有企业资产总量分布与结构

2011年末，青海省545户地方国有企业国有资产总量591.45亿元，比上年增加181.50亿元，增长44.3%，比上年30.3%的增幅增加14个百分点，同比增长35.2%（注：同口径对比，含企业户数变动、审计调整等，下同），国有企业国有资产总量大幅增加，资产运营质量显著提高，经济实力进一步增强。

按隶属关系划分：青海省国资委出资企业国有资产总量250.51亿元，占全省国有企业国有资产总量的42.4%，同比增长55%；省级部门管理的企业国有资产总量75.33亿元，占12.7%，同比下降2.3%；州地市及县属企业国有资产总量265.61万元，占44.9%，同比增长33.8%。

按规模划分：大型企业国有资产总量354.48亿元，占全省国有企业国有资产总量的59.9%，同比增长37.7%；中型企业57.28亿元，占9.7%，同比增长14.9%；小型企业105.24亿元，占17.8%，同比增长35.6%；微型企业74.45亿元，占12.6%，同比增长41.9%。其中，国有资产总量50亿元以上的一级企业3户（西宁城投、省发展投资公司、盐湖股份），国有资产总量10亿元～50亿元的一级企业9户（格尔木投资集团、能发集团、西部矿业、西钢集团、省投资集团、海东投资集团、西宁投融资公司、青海银行、西宁城市交通投资公司），国有资产总量10亿元以上的一级企业共12户，国有资产总量481.84亿元，占全省国有企业国有资产总量的81.5%。

按组织形式划分：国有控股企业国有资产总量203.72亿元，占全省国有企业国有资产总量的34.4%，同比增长57.7%；国有独资企业国有资产总量387.73亿元，占65.6%，同比增长25.8%。

按盈利或亏损划分：盈利企业国有资产总量549.11亿元，占全省国有企业国有资产总量的92.8%，同比增长37.7%；亏损企业国有资产总量

42.34 亿元,占 7.2%,同比增长 9.5%。

按产业作用划分:基础性行业国有资产总量 123.49 亿元,占全省国有企业国有资产总量 20.9%,同比增长 45.6%;一般生产加工行业国有资产总量 101.62 亿元,占 17.2%,同比增长 50.4%;商贸服务及其他行业(含投资与资产管理)国有资产总量 366.34 亿元,占 61.9%,同比增长 28.6%。

按企业所属行业划分:社会服务业(含投资与资产管理,下同)国有资产总量 312.21 亿元,占全省国有企业国有资产总量的 52.79%,同比增长 26%;工业企业国有资产总量 211.10 亿元,占 35.69%,同比增长 46.7%;地方金融业(省国资委出资的青海银行和各级政府及企业集团出资组建的非银行金融企业,非全部地方金融企业,下同)的国有资产总量 27.47 亿元,占 4.64%,同比增长 140%;农林牧渔业国有资产总量 7.60 亿元,占 1.28%,同比增长 41.6%;房地产业国有资产总量 6.71 亿元,占 1.13%,同比增长 32.8%;地质勘查及水利业国有资产总量 5.95 亿元,占 1.01%,同比增长 50.8%;建筑业国有资产总量 5.73 亿元,占 0.97%,同比增长 25.3%;科技服务业国有资产总量 4.07 亿元,占 0.69%,同比增长 5%;交通运输业国有资产总量 3.8 亿元,占 0.64%,同比下降 11.7%;仓储业国有资产总量 3.24 亿元,占 0.55%,同比增长 25.3%;其他行业国有资产总量 3.57 亿元,占 0.61%,同比增长 1.5%。

工业企业中,化学工业国有资产总量 75.97 亿元,占全省国有工业企业国有资产总量的 36%,同比增长 52.7%;冶金工业国有资产总量 53.35 亿元,占 25.3%,同比下降 4.4%;煤炭工业国有资产总量 51.70 亿元,占 24.5%,同比增长 367%;电力工业国有资产总量 9.58 亿元,占 4.5%,同比下降 2.6%;建材工业国有资产总量 7.10 亿元,占 3.4%,同比增长 5.5%;机械工业国有资产总量 3.06 亿元,占 1.4%,同比增长 19%;市政公用工业国有资产总量 2.99 亿元,占 1.4%,同比增长 68.5%;医药工业国有资产总量 1.41 亿元,占 0.7%,同比增长 2.5%;食品工业国有资产总量 1.18 亿元,占 0.6%,同比增长 58.8%;其他工业国有资产总量 4.76 亿元,占 2.2%,同比下降 0.4%。

青海省国资委成立以来,全省国有企业国有资产总量迅速增长,2011 年末国有资产总量比省国资委成立之初的 2004 年增长 443.8%,7 年年平均增长 27.4%。

(二)国有资本保值增值分析评价

2011 年,青海省地方国有企业年末国有资本及权益总额(国有资产总量)591.45 亿元,比年初 437.33 亿元,增加 175.30 亿元,减少 21.18 亿元,净增加 154.12 亿元,增长 35.2%。因客观因素影响国有资本及权益增加 142.18 亿元,减少 17.52 亿元,扣除客观因素后年末国有资本及权益 466.79 亿元,国有资产增值 29.46 亿元,国有资产保值增值率 106.7%。2011 年青海省地方国有企业实现了保值增值,按照国务院国资委发布的《2011 年度企业国有资产保值增值标准值》作为评价标准,全省地方国有企业国有资产保值增值水平在全国国有企业中处于良好水平。

2011 年,全省国有企业国有资本及权益增加的 175.30 亿元中,经营积累增加 33.12 亿元,占总增加数的 18.9%,因客观因素影响增加 142.18 亿元,占 81.1%;国有资本及权益减少的 21.18 亿元中,经营减值减少 3.66 亿元,占总减少数的 17.3%,因客观因素影响减少 17.52 亿元,占 82.7%。

因客观因素影响国有资本及权益增加的 142.18 亿元中,国家、国有单位直接或追加投资增加 88.47 亿元,占因客观因素影响增加总数的 62.2%;无偿划入增加 29.01 亿元,占 20.4%;会计调整增加 20.33 亿元,占 14.3%;资本(股本)溢价增加 2.81 亿元,占 2%;税收返还、资产评估等其他因素增加 1.56 亿元,占 1.1%。

因客观因素影响国有资本及权益减少的 17.52 亿元中,资本(股本)折价减少 8.44 亿元,占因客观因素影响减少总数的 48.2%;消化以前年度潜亏和挂账减少 3.87 亿元,占 22.1%;无偿划出、资产评估等其他因素减少 5.21 亿元,占 29.7%。

545 户地方国有企业中,国有资产增值的企业 254 户,占总户数的 46.6%;国有资产保值的企业 48 户,占总户数的 8.8%;国有资产减值的企业 212 户,占总户数的 38.9%;不能确定国有资产保值增值的企业 31 户(国有资本及权益年初数为零的企业),占总户数的5.7%。

545户地方国有企业中，国有资产保值增值水平在全国同行业同规模企业中处于优秀水平的企业120户，占总户数22%；处于良好水平的企业35户，占总户数的6.4%；处于平均水平的企业99户，占总户数的18.2%；处于较低水平的企业105户，占总户数的19.3%；处于较差水平的企业72户，占总户数的13.2%；不能确定国有资产保值增值水平的企业114户，占总户数的20.9%（国有资产总量年初数为零或年末为负数的企业）。

（三）国有资本保值增值分类分组分析评价

按隶属关系划分：省国资委出资企业国有资本保值增值率为117.5%，保值增值水平在全国国有企业中处于优秀水平；省级部门管理的企业国有资本保值增值率为100.1%，保值增值水平在全国国有企业中处于较低水平；八个州地市中国有资本保值增值的6个，减值的2个。增值的六个州地市中，海东地区国有企业在全国国有企业中处于平均水平，西宁市、海西州、海南州、海北州、黄南州国有企业处于较低水平；减值的两个州地中，玉树州国有企业处于较低水平，果洛州国有企业处于较差水平。

按组织形式划分：大型企业国有资本保值增值率为109.1%，保值增值水平在全国同规模企业中处于良好水平；中型企业国有资本保值增值率为112.4%，保值增值水平在全国同规模企业中处于优秀水平；小型企业和微型企业保值增值率分别为100.1%、99.5%，保值增值水平在全国同规模企业中均处于平均水平。

按行业划分：农林牧渔业、工业、邮电通信业、金融业、卫生体育业5个行业，国有资产保值增值率分别为106.6%、116.3%、110.8%、117.8%、111.3%，保值增值水平在全国同行业国有企业中均处于优秀水平；建筑业、交通运输业、仓储业、房地产业、科研服务业5个行业，国有本产保值增值率分别为107.5%、104.3%、103.6%、105.2%、106.3%，保值增值水平在全国同行业国有企业中均处于平均水平；社会服务业、教育文化业2个行业，国有本产保值增值率分别为101.2%、100.1%，保值增值水平在全国同行业国有企业中均处于较低水平；地质勘查及水利业、商贸业2个行业，国有资本保值增值率分别为98.8%、63%，保值增值水平在全国同行业国有企业中均处于较差水平。

14个行业中，在全国同行业国有企业中处于平均水平以上的共10个行业，占14个行业的71.4%；处于较低、较差水平的共4户，占14个行业的28.6%；

工业企业中：煤炭工业、化学工业、食品工业国有资本保值增值率分别为151%、135.4%、111.5%，保值增值水平在全国同行业国有企业中处于优秀水平；建材工业国有资本保值增值率106.3%，保值增值水平在全国同行业国有企业中处于良好水平；市政公用工业国有资本保值增值率104.9%，保值增值水平在全国同行业国有企业中处于平均水平；医药工业、电力工业、机械工业、冶金工业国有资本保值增值率分别为100.5%、100.4%、99.9%、98.3%，保值增值水平在全国同行业国有企业中均处于较低水平；电子工业国有资产减值，因国有资产总量年初、年末为负数，不能确定保值增值水平；其他工业国有资本保值增值率110%，保值增值水平在全国国有企业中处于良好水平。

表1　　2011年青海省地方国有企业按隶属关系保值增值情况

单位：万元

隶属关系	年初国有资产总额	2011年国有资产因客观因素增减额	扣除客观因素后年末国有资产总额	国有资本保值增值率（%）	在全国的保值增值水平
全省汇总	4373275.1	1246644.3	4667884.7	106.7	增值——良好水平
省属国有企业	2387566.3	586760.1	2671694.7	111.9	增值——优秀水平
其中：省国资委出资	1616073.1	605775.8	1899286.2	117.5	增值——优秀水平
省级部门管理	771493.2	－19015.7	772408.5	100.1	增值——较低水平

续表

隶属关系	年初国有资产总额	2011年国有资产因客观因素增减额	扣除客观因素后年末国有资产总额	国有资本保值增值率(%)	在全国的保值增值水平
州地市汇总	1985708.8	659884.2	1996190.0	100.5	增值——较低水平
其中:西宁市	1571345.1	229199.2	1578213.6	100.4	增值——较低水平
海西州	259534.0	247154.7	261309.7	100.7	增值——较低水平
海南州	62552.0	4956.2	62646.1	100.2	增值——较低水平
海北州	41039.3	2979.8	41601.8	101.4	增值——较低水平
海东地区	33096.9	160457.0	34857.5	105.3	增值——平均水平
黄南州	9007.8	14464.7	9043.6	100.4	增值——较低水平
玉树州	7050.7	—501.2	7014.9	99.5	减值——较低水平
果洛州	2083.0	1173.8	1502.8	72.1	减值——较差水平

表2　**2011年青海省国有企业分类分组保值增值情况**

单位:万元

项　目	年初国有资产总额	2011年国有资产因客观因素增减额	扣除客观因素后年末国有资产总额	国有资本保值增值率(%)	在全国同行业同规模企业的保值增值水平
全省汇总	4373275.20	1246644.10	4667884.50	106.7	增值——全国良好水平
一、按规模划分					
其中:大型企业	2573839.90	735894.90	2808891.20	109.1	增值——同规模良好水平
中型企业	498591.80	12609.50	560249.70	112.4	增值——同规模优秀水平
小型企业	776262.80	275474.70	776917.80	100.1	增值——同规模平均水平
微型企业	524580.80	222665.10	521825.60	99.5	减值——同规模平均水平
二、按组织形式划分					
其中:国有独资	3081554.20	685608.20	3191676.40	103.6	增值——全国平均水平
国有控股	1291721.10	561035.90	1476208.10	114.3	增值——全国优秀水平
三、按盈利亏损划分					
其中:盈　利	3986662.60	1189228.70	4301836.00	107.9	增值——全国良好水平
亏　损	386612.70	57415.30	366048.60	94.7	减值——全国较差水平
四、按产业作用划分					
其中:基础性行业	848315.60	326392.90	908567.60	107.1	增值——行业良好水平
一般生产行业	675669.40	175224.00	840974.40	124.5	增值——行业优秀水平
商贸服务等其他	2849290.20	745027.30	2918342.50	102.4	增值——行业较低水平
五、按行业划分					

续表

项　　目	年初国有资产总额	2011年国有资产因客观因素增减额	扣除客观因素后年末国有资产总额	国有资本保值增值率(%)	在全国同行业同规模企业的保值增值水平
(一)农林牧渔业	53634.9	18765.1	57192.9	106.6	增值——行业优秀水平
(二)工业	1439388.4	437419.3	1673541.8	116.3	增值——行业优秀水平
煤炭工业	110695.8	349819.0	167136.8	151.0	增值——行业优秀水平
冶金工业	557777.1	－14903.3	548385.1	98.3	减值——行业较低水平
建材工业	67201.8	－482.8	71465.2	106.3	增值——行业良好水平
化学工业	497577.3	86045.2	673676.6	135.4	增值——行业优秀水平
食品工业	7420.9	3514.6	8271.9	111.5	增值——行业优秀水平
医药工业	13754.6	272.4	13826.7	100.5	增值——行业较低水平
机械工业	25718.8	4911.8	25703.2	99.9	减值——行业较低水平
电子工业	－5155.0	5.7	－5399.2	0.0	减值
电力工业	98339.5	－2925.4	98730.9	100.4	增值——行业较低水平
市政公用工业	17763.1	11282.7	18639.5	104.9	增值——行业平均水平
其他工业	48294.6	－121.3	53105.9	110.0	增值——行业良好水平
(三)建筑业	45734.9	8133.2	49166.9	107.5	增值——行业平均水平
(四)地质勘查水利业	39433.8	20539.1	38946.5	98.8	减值——行业较差水平
(五)交通运输业	34037.5	2525.7	35509.1	104.3	增值——行业平均水平
(六)仓储业	31451.8	－198.2	32588.5	103.6	增值——行业平均水平
(七)邮电通信业	12292.1	1117.3	13620.5	110.8	增值——行业优秀水平
(八)商贸业	18539.5	－10272.3	11676.0	63.0	减值——行业较差水平
(九)金融业	114450.1	139925.8	134783.1	117.8	增值——行业优秀水平
(十)房地产业	50520.7	13956.4	53162.3	105.2	增值——行业平均水平
(十一)社会服务业	2477982.3	613578.4	2508515.8	101.2	增值——行业较低水平
(十二)卫生体育业	8046.2	715.7	8958.1	111.3	增值——行业优秀水平
(十三)教育文化业	9028.8	940.2	9035.5	100.1	增值——行业较低水平
(十四)科研服务业	38734.3	－501.6	41187.6	106.3	增值——行业平均水平

(四)青海省国资委出资企业国有资本保值增值分析评价

青海省国资委出资的企业集中了全省国有经济的支柱企业、行业骨干企业和资源型优势企业。截至2011年末，青海省国资委出资的17户企业集团、公司资产总额和净资产总额分别为1541.15亿元和476.56亿元，分别占全省国有企业的66.5%和57.6%；2011年青海省国资委出资企业实现营业收入和利润总额分别为545.21亿元和65.46亿元，分别占全省国有企业的92.4%和96.4%；上缴税金和实现增加值分别为49.36亿元和135.22亿元，分别占全省国有企业的94.5%和88.6%;2011年17户企业集团、公司所属各级子企业242户,年末从业员工69626人,分别占全省国有企业的44.4%和62.9%。可以说,省国资委出资的国有企业是青海省国有经济各行业的骨干龙头企业,是构成青海省经营性国有资产的主体,青海省国有企业经济效益的源泉和主要增长点。因此,省国资委出资企业国有资本保值增值情况,对全省国有企业整体国有资本的保值增值影响极大。

17户出资企业年末国有资本及权益总额250.51亿元,比年初161.61亿元,增长55%,因客观因素影响国有资本及权益净增加60.58亿元,扣除客观因素影响后年末国有资本及权益189.93亿元,国有资产增值28.32亿元,国有资本保值增值率117.5%,比全省国有企业平均保值增值率高10.8个百分点,在全国国有企业中处于优秀水平。

表3　　2011年青海省国资委出资企业国有资本保值增值情况

单位:万元

企业名称	年初国有资产总额	2011年国有资产因客观因素增减额	扣除客观因素后年末国有资产总额	国有资本保值增值率(%)	全国同行业同规模国有企业保值增值水平
省国资委出资企业汇总	1616073.1	605775.8	1899286.2	117.5	增值——优秀水平
青海煤业集团有限责任公司	39045.8	-79.8	90066.1	230.7	增值——优秀水平
青海银行股份有限公司	46057.1	77109.0	63948.4	138.8	增值——优秀水平
青海盐湖工业股份有限公司	551078.2	162234.5	709168.3	128.7	增值——优秀水平
青海省汽车运输集团有限公司	15498.1	-85.6	17973.5	116.0	增值——优秀水平
青海省投资集团有限公司	165510.1	-1354.3	188262.7	113.7	增值——优秀水平
省国有资产投资管理有限公司	47285.6	27769.6	53499.4	113.1	增值——优秀水平
青海省三江集团有限责任公司	37772.2	4689.8	42328.6	112.1	增值——优秀水平
青海省物资产业集团总公司	42730.2	-6408.3	47575.9	111.3	增值——平均水平
青海创安有限公司	22288.1	809.9	22969.8	103.1	增值——较低水平
省水利水电集团有限责任公司	47968.3	-240.6	49355.4	102.9	增值——平均水平
青海机电国有控股公司	15796.4	0.0	16207.3	102.6	增值——良好水平
西部矿业集团有限公司	330315.4	-11414.3	337194.0	102.1	增值——平均水平
西宁特殊钢集团有限责任公司	228734.8	-1140.4	232809.3	101.8	增值——平均水平
深圳市青鹏集团有限公司	10262.6	-3009.7	10384.4	101.2	增值——较低水平
青海金诃藏医药集团有限公司	19599.6	1716.6	19638.1	100.2	增值——较低水平
能源发展(集团)有限责任公司	0.0	355179.4	1162.4	0.0	
省公路桥梁工程集团有限公司	-3869.4	0.0	-3257.4	0.0	增值

17户出资企业中,16户企业实现国有资本保值增值,青海能源发展(集团)有限责任公司因2011年新组建,不能确定国有资本是否保值增值。国有资本保值增值水平在全国同行业同规模国有企业中处于优秀水平的企业7户,占总户数的41.2%,比上年增加5户;处于良好水平的企业1户,占总户数的5.9%;处于平均水平的企业4户,占总户数的23.5%;处于较低水平的企业3户,总户数的17.6%;不能确定保值增值水平

的2户，占总户数的11.8%。

三、青海省国资委监管企业调整重组情况

2011年，青海省国资委从出台政策意见、完善制度规则、引入战略投资者增资扩股、投资入股等方式，加快推进企业改革和结构调整，出资企业调整重组力度进一步加大，国有经济的控制力和影响力稳步提升。

根据国务院国发〔2010〕27号文件精神，制定出台青海省《关于贯彻落实〈国务院关于促进企业兼并重组的意见〉的实施意见》。为充分发挥董事会在公司治理结构中的作用，稳步推进国有独资公司董事会试点工作，先后起草下发《青海省属国有独资公司规范董事会建设指导意见(试行)》《青海省国有独资公司董事会年度工作报告制度(试行)》《青海省国有独资公司董事会及董事评价办法(试行)》《青海省国有独资公司外部董事管理办法(试行)》《青海省国有独资公司职工董事管理办法(试行)》等制度办法。

根据省政府工作部署，按照市场化运作的方式，联合中国铝业股份有限公司、黄河上游水电开发有限公司等中央企业及青海省投资集团、青海煤业集团、青海盐湖集团、省国投公司、青海煤炭地质局等省内外骨干企业，对鱼卡地区煤炭资源进行整合，以股份制形式组建青海省能源发展(集团)有限责任公司，为统一开发鱼卡矿区煤炭资源，提高对全省煤炭资源的支撑能力奠定了良好基础。

围绕加快木里煤田矿区企业的整合工作，研究提出《青海省木里矿区企业及下游产业整合重组总体方案》，整合成立两个新公司——青海矿业股份公司和青海大美煤业股份公司，为加快木里煤炭资源开发，确保煤基多联产项目顺利实施创造了基础条件。

四、青海省国资委监管企业建立和完善经营业绩考核体系情况

2011年，青海省国资委注重发挥业绩考核工作的“指挥棒”、“风向标”和“责任牌”的激励与约束作用，改革经营业绩考核模式，创新经营业绩考核方法，完善考核制度，建立考核专项审计程序，强化动态管理，积极探索分类和对标考核机制，经营业绩考核工作不断科学规范和有效。

创新业绩考核工作模式，提高业绩考核评价水平。建立了业绩考核动态管理工作机制，实施月统计、季调度、年考核的动态监测预警工作制度，并按季度召开省属出资企业经营业绩考核目标动态分析会，强化了业绩考核的全过程管理。

完善业绩考核监督工作机制，提高精准考核水平。对原有的业绩考核评价监督工作环节进行重大调整与改革，建立《出资企业经营业绩考核结果审核评估制度》，省国资委监事会主席、各处室与出资企业和中介机构三方共同审核评估企业经营业绩考核结果，客观评价企业一年来的经营业绩，实事求是分析经营业绩目标完成情况，确保了企业经营业绩考核在公开、公正和透明的环境下进行，提高了考核精准水平。

突出重点环节，推动业绩考核改革创新。围绕加快修订业绩考核和年薪制两个暂行办法的工作意见，在积极组织省内外学习调研的基础上，以推行经济增加值、实施分类考核、强化对标考核为突破口，邀请国务院国资委有关领导面向青海省出资企业负责人开展经济增加值和实施分类考核的专题辅导。聘请中介机构对出资企业近三年的经济增加值进行测算摸底，全面掌握出资企业真实的盈利状况，并提出分类考核的意见，制定分类考核实施方案，加快研究制定更科学、更规范、更合理的业绩考核与年薪分配办法。

坚持求真务实，深化企业收入分配管理。认真贯彻落实国家和省上关于加强收入分配管理的各项方针政策，引导企业加强职工收入管理，建立职工收入正常增长机制。在全面完成出资企业负责人2010年度年薪兑现工作的同时，加强出资企业薪酬管理工作，分组深入企业了解实情、核实数据，进一步加大对企业工资总额执行情况的检查落实工作。对投资集团《关于特殊岗位用工薪酬管理办法、中层管理人员年薪制度暂行办法》和水电集团《经营班子及本部机关中层管理人员年薪制暂行办法》等进行审核备案，对煤业集团、能发集团等企业年金方案予以批复，确保企业年金基金的安全、保值和有效增值。

强化协调联动，努力构建和谐稳定的劳动关系。

依据《关于进一步促进省属出资企业劳动关系和谐稳定有关问题的通知》精神,严格按照《劳动合同法》规定,抓好企业劳动用工管理,指导企业建立多层级的困难职工帮扶体系,保障困难职工基本生活,推动企业持续健康发展。特别是抽调专人参与省人社厅、省总工会、省工商联等部门组成的"三方四家"机构,对省内企业构建和谐劳动关系进行调研指导,不仅掌握了企业劳动用工情况,督促企业严格执行国家相关法律法规,也为全省构建和谐劳动关系先进表彰暨经验交流会奠定坚实基础。

五、青海省国资委监管企业选人用人机制改革和企业人才队伍建设情况

着力加强企业党建,发挥好政治核心作用。深入组织开展国有企业"创先争优"和"第三个基层组织建设年"活动,通过专项检查,召开现场观摩交流会,引导广大党员干部职工立足岗位创先争优,推动企业改革发展,并对2000多名企业基层干部进行社会管理创新培训。结合开展建党九十周年系列纪念活动,选树一批先进典型,进一步激发了企业干部职工的工作热情,提高了党组织的凝聚力、号召力和带动力。

制定规划、创新方法,狠抓企业领导班子建设。组织人员深入省属出资企业调研,形成《加强和改进国有企业领导班子建设的调研报告》,由省委办公厅印发《青海省省属国有企业领导班子建设五年规划(2011—2015)》。按照"四好"领导班子建设标准,先后对西钢集团、盐湖股份、机电控股公司等省属企业领导班子进行调整补充。围绕加快推进国有企业经营管理者选拔任用制度改革,首次面向全省公开招聘4家省属企业副总经理(副行长),进一步优化了省属企业领导班子年龄结构、知识结构,促进了干部交流。同时,积极推动省属企业开展好经营管理者内部竞争上岗工作,不断为企业发展注入新的活力。

强化内引外联,大力加强企业人才队伍建设。为进一步加大企业经营人才、专业技术人才、高技能人才的培养力度,与省委组织部共同考察,将暨南大学作为青海省省属企业高级经营管理人员培训基地。组织西宁特钢、省投资集团等5家省属企业开展中层管理人员培训940人次。会同省教育厅下发《关于青海大学与企业联合开创卓越工程培养教育试点工作的通知》(青高教〔2011〕64号),由青海大学联合有关国有企业开展机械设计制造与自动化、冶金工程、材料成型及控制工程、水利水电等四个专业卓越工程师教育培养试点工作,探索建立联合高校加强企业高技能人才建设的长效机制。

六、青海省国资委监管企业党风廉政建设情况

因企制宜,加快推动企业惩防体系建设。2011年,省属出资企业把教育、制度、监督、改革、惩处、纠风紧密融入企业生产经营管理之中,加快了企业惩防体系建设步伐。围绕将惩防体系建设植根于内部控制和风险管理,青海银行开展"案防制度执行年"活动,对业务档案和所有信贷账户等进行一次全面清查,发现和解决了不合规的问题,提升了企业经营管理水平。围绕促进惩防体系内部各要素的协调运行,青海省投资集团坚持具体工作从整体角度抓、单项工作从综合角度抓,创新方式方法,实现了惩防体系建设与经常性工作的协调统一。围绕优化监督资源配置,改善监督体制,西矿集团和下属各单位建立监督联席会制度,加强监督资源整合,实现信息资源共享,增强了监督效果。围绕提高惩防并举的综合效应,西钢集团公司以廉政教育为基础,以风险防控制度建设为根本,采取多种监督方式,将预防和惩处相结合,使惩治腐败和预防腐败相辅相成、相互促进,提高了惩防体系各项工作的效果。

对照整改,稳步提升领导人员廉洁从业意识。积极组织省国资委和各企业党员干部学习贯彻《中国共产党党员领导干部廉洁从政若干准则》,对照《廉政准则》找差距,抓整改,增强了党员领导干部廉洁从业的自觉性。特别是以通报《关于广东省新广集团有限公司重大经济案件的通报》《青海盐湖股份有限公司李树青、李新海违法违纪行为》等案件为契机,认真组织开展各种形式的警示教育活动,促使企业领导人员认真权衡遵纪守法与贪污腐败的得失轻重,克服侥幸心理,筑牢思想道德防线,起到了以案说法,以案施教的

作用。

突出重点，强化对权力运行的监督。一是抓“三重一大”集体决策制度的贯彻落实。对所属企业“三重一大”事项集体决策制度执行情况进行专项检查，制定完善贯彻落实“三重一大”集体决策的具体实施办法。二是抓各项监管制度的健全完善。大部分企业结合实际制定关于规范权力运行的各项管理制度。青海能源发展(集团)公司制定《集团公司纪检工作管理制度》《集团公司工程建设领域商业贿赂管理制度》等制度。三是抓风险岗位廉能管理。督促各企业根据省纪委、省国资委的要求，大力开展风险岗位廉能管理活动，初步形成廉洁风险防范管理工作平台。

完善机制，扎实落实党风廉政建设责任制。始终将落实党风廉政建设责任制、落实《实施纲要》及《建立健全惩治和预防腐败体系 2008—2012 年工作规划》作为党风廉政建设和反腐败工作的主线，与各出资企业签订目标责任书，分解任务，细化职责，责任到人。同时制定严格的考评标准，做到企业党风廉政建设与中心工作同安排、同部署、同检查、同考核，形成主要领导亲自抓，分管领导具体抓，层层抓落实，一级抓一级的党风廉政建设工作机制，并贯穿到企业改革和生产经营的全过程，如青鹏集团将经营目标、党风廉政建设和综治目标都纳入《公司年度责任目标责任状》，确保“一岗双责”的落实；西钢集团坚持中层以上干部每半年填报一次党风廉政建设责任落实自查表，并将材料归入干部廉政档案；物产集团将责任制的落实延伸到普通党员，支部与每一个普通党员也签订党风廉政建设责任状，使党风廉政建设责任制真正实现了群众的支持和参与。

分类指导，深入开展各项专项治理。扎实推进治理商业贿赂专项工作、工程建设领域突出问题专项治理、“小金库”专项治理、专项资金监督检查等，认真分析容易诱发腐败问题的重点环节、重点部位和重要岗位，有针对性地明确廉政监督的内容和方法。重点对企业专项资金划拨、物资采购、所属出资企业工程招标投标、工程分包、工程变更等环节实行监督；对工程项目实行纪检监察督察巡视制，对专项资金的管理使用进行跟踪监督并定期审计，规范企业从业单位和人员的行为；加强对《廉政责任书》的签订考核检查，改进了企业薄弱环节的监督，巩固了企业发展成果。

转变作风，认真解决群众反映的突出问题。深入推进各出资企业“抓作风建设、促工作落实”主题实践活动，坚持不懈地抓好党员干部职工的思想作风建设、学风建设、工作作风建设、领导作风建设和生活作风建设。结合“创先争优”活动和行风评议工作，向社会公开聘请监督员，特别是把群众反映干部违纪违法和作风方面的问题作为党风廉政建设和反腐败工作中的重要工作，坚持党政“一把手”亲自过问，重点查处监管企业领导干部在工程招投标、项目评审、项目投资、产权交易以及企业改制重组过程中以权谋私和侵害职工群众合法利益等问题，2011 年共收到各类信访件 28 件(重复件 5 件)，办结 17 件，正在办理 6 件，接待上访人员 38 人次。通过有效解决人民群众反映强烈的突出问题，提高了广大群众对出资企业工作的满意度、支持度，为出资企业又好又快发展营造了稳定和谐的环境。

(撰稿人：李国雄)

宁夏回族自治区

一、宁夏回族自治区国有资产监督管理工作综述

2011 年，宁夏国资委认真贯彻落实自治区党委、政府决策部署，紧紧围绕国有资产保值增值这一核心任务，强化措施，狠抓落实，国资监管和国企改革发展取得更加明显的成效。

(一)各项指标再创新高

截至 2011 年底，宁夏回族自治区地方国有企业资产总额达到 3513.44 亿元、净资产 939.43 亿元，比 2010 年分别增长 20.6%和 19.4%；2011 年实现营业收入 838.71 亿元，实现利润 129.09 亿元，分别增长 18.8%和 32.9%；已缴税费 73.83 亿元，增长 46.1%；国有资产保值增值率达到 114.63%。其中，自治区属国有企业资产总额达到 3244.14 亿元、净资产 821.37

亿元,比 2010 年分别增长 20.0%和 15.6%;全年实现营业收入 785.98 亿元,实现利润 127.20 亿元,分别增长 18.4 %和 31.2%;已缴税费 70.74 亿元,增长 46.6%;国有资本保值增值率达到 117%,大大高于全国 104.7%的平均水平,位居各省市区前列。

(二)国企改革继续深化

完成银川佳通长城轮胎公司、银川佳通轮胎公司的国有股权转让工作,解决一批"老大难"问题;在做好宁夏建筑机械厂等 11 户企业关闭破产扫尾工作的同时,组织实施宁夏物资集团公司及所属 16 户企业的关闭破产,彻底消灭一批亏损源;批复设立宁夏国际会展公司、宁夏演艺集团公司、宁夏储备粮管理公司等 10 户新公司,解散注销宁夏富宁投资集团公司、宁夏星日电子科技公司等 4 户企业,对宁夏亘元集团公司、宁煤集团公司等 3 户企业进行清算。

(三)结构调整取得进展

2011 年,宁夏自治区属国有企业完成固定资产投资 265 亿元。一大批项目的建成投产,有力促进产业产品结构优化升级。另外,充分利用 2011 宁洽会暨第二届中阿经贸论坛这一契机,加大与中央企业合作及招商引资力度,与神华集团公司等一批中央企业签定 2800 亿元战略投资协议,占宁洽会签约资金总额的 62%。这些项目的签约和实施,将使中央在宁企业资产总额翻一番,对推动全区经济结构调整和经济社会跨越发展起到极其重要作用。

(四)国资监管更加规范

将净资产收益率在全国同行业的位移作为经营业绩考核主要指标的同时,对多个主业的企业分行业考核综合对标,切实发挥业绩考核在国资监管中的导向和激励作用;研究制定《自治区国有企业选聘财务审计资产评估机构有关事项的通知》,深入开展全区国有企业"小金库"专项治理工作,建立和实行国有资本经营预算制度,规范和加强企业工资管理;紧紧围绕检查企业财务和监督企业董事、高管人员履职行为两大重点努力做好监事会工作,督促企业认真整改监事会揭示的 75 个问题,着力提高监督检查效能。

二、宁夏回族自治区国有资产总量与结构分析

2011 年末,纳入国有资产统计范围的宁夏回族自治区三级以上国有独资、国有控股和参股企业 548 户,属于地方政府履行出资人职责的国有净资产总量 795.40 亿元,比 2010 年增长 19.32%;户均占有国有净资产 1.45 亿元,比 2010 年增加 0.28 亿元。

表 1　2011 年宁夏回族自治区国有企业指标

项　目	金额(亿元)
资产总额	3244.14
所有者权益	821.37
营业收入	785.98
利润总额	127.20
净利润	107.86
归属于母公司所有者的净利润	104.97
应交税金总额	71.84
实际上缴税金总额	70.74

表 2　2011 年宁夏回族自治区国有企业户数情况

项　目	2010 年	2011 年	比上年增长(%)
户数(户)	360	343	—5

表 3　2011 年宁夏回族自治区国有资产行业分布情况

行　业	国有资产(亿元)	占国有资产总量比重(%)
农林牧渔业	71.14	8.94
工业	567.9	71.40
建筑业	13.09	1.65
地质勘查及水利业	13	1.63
交通运输业	132.81	16.70
仓储业	4.27	0.54
邮电通信业	2.34	0.29
批发和零售业	8.32	1.05

续表

行　　业	国有资产（亿元）	占国有资产总量比重（%）
金融业	29.41	3.70
房地产业	18.03	2.27
信息技术服务业	0.09	0.01
社会服务业	117.76	14.81
卫生体育福利业	1.51	0.19
教育文化广播业	4.66	0.59
科学研究和技术服务业	1.78	0.22
合　　计	795.4	100

表4　2011年宁夏回族自治区国有资产经营规模分布情况

经营规模	国有资产（亿元）	占国有资产总量比重（%）
大型企业	425.09	53.44
中型企业	107.14	13.47
小型企业	163.65	20.57
微型企业	99.53	12.51
合　　计	795.4	100.00

三、宁夏回族自治区国有资本保值增值综合分析评价

2011年，宁夏回族自治区国有企业国有资本保值增值率为114.63%，比2010年下降2.44个百分点；52.6%的企业实现保值增值。其中，自治区属企业国有净资产综合保值增值率为117%，比2010年下降2.41个百分点；市县属企业综合保值增值率为100.52%，比2010年增加0.72个百分点。

表5　2011年宁夏回族自治区国有企业行业保值增值情况

行　　业	保值增值率（%）
农林牧渔业	102.78
工业	116.87
建筑业	111.16
地质勘查及水利业	100.70
交通运输业	115.46
仓储业	102.18
邮电通信业	117.31
批发和零售业	103.26
金融业	115.43
房地产业	116.91
信息技术服务业	106.74
社会服务业	101.97
卫生体育福利业	111.01
教育文化广播业	104.76
科学研究和技术服务业	107.88
合　　计	114.63

四、宁夏回族自治区国资委监管企业并购重组与完善法人治理结构改革进展情况

（一）区属国有企业并购重组情况

完成宁夏恒力股份公司、宁夏电投钢铁公司、宁夏富宁投资集团公司、西北轴承股份公司4户企业的重组工作，解决一批“老大难”问题；成功增发宁夏恒力股份公司和宁夏东方钽业股份公司股票，共募集现金14.62亿元；在克服种种困难中稳步推进“银广夏”重整重组，重整计划正在执行，2012年有望重组成功。

（二）法人治理结构改革进展情况

研究制定《关于加强自治区国有企业董事会建设的通知》，对董事会建设尤其是外部董事聘用方式、任职条件、评价管理、责任追究、廉洁自律等方面作出明确规定，从体制和制度上保证企业决策机构、执行机构、监督机构真正做到“权责明确、运转协调、有效制

衡”。同时,建立外部董事人才库,指导一些企业董事会建立战略、审计、提名、薪酬与考核等专门委员会,完善相关工作规则,促进企业董事会工作制度化、规范化建设。

五、宁夏回族自治区国资委监管企业负责人考核与选人用人机制改革情况

对董事会、党委会、经理班子、监事会、纪委按照法律、政策及公司章程赋予的职能分类考核并依据考核结果确定其成员薪酬,既增强了考核的针对性和实效性,又促使企业完善公司治理结构、规范经营运作和提高管理效能。积极探索选人、用人新机制,坚持选配与管理并重,在对企业领导班子和领导人员综合考核基础上,调整部分企业领导班子,优化了班子结构,增强了班子活力。

六、宁夏回族自治区国资委监管企业党的建设和廉政建设情况

2011 年,面对复杂多变的宏观经济形势,宁夏国有企业各级党组织认真贯彻落实中央、自治区党委关于加强和改进国有企业党的建设的部署要求,紧紧围绕生产经营这一中心任务,积极探索政治核心作用的方式和途径,国有企业党建工作取得新的成效,有力促进企业改革、发展与稳定。

(一)领导班子建设不断加强

深入开展“四好”领导班子创建活动,坚持选配与管理并重,进一步优化班子结构,增强了班子活力;加强企业管理人员的教育培训,举办企业党建工作专题培训班、企业党委书记和高管人员培训班,企业领导人员思想政治素质明显提高、开拓创新能力不断增强;研究制定《关于加强自治区国有企业董事会建设的通知》,建立外部董事人才库,指导督促企业抓好董事会建设,提高董事会的决策水平。

(二)创先争优活动深入推进

以创先争优活动为载体,全面加强基层党组织建设。坚持党建带工建、妇建、团建,开展多种形式的创争活动,形成创先争优的强大合力;坚持把推行公开承诺贯穿活动始终,企业各级党组织和广大党员围绕生产经营目标任务提出公开承诺,形成“承诺—践诺—再承诺—再践诺”的动态循环机制;加大典型培育、选树力度,表彰一批先进基层党组织、优秀共产党员和优秀党务工作者,大力宣传群众信服、党员佩服、组织信赖的先进典型,激励广大职工创先争优;全面推行“三对标”、“三进入”,推进了创先争优活动常态化和科学化,得到国务院国资委的肯定。神华宁煤集团羊场湾煤矿的“三亮两带创一流”活动,受到国务院国资委主任王勇的好评;宁夏电力公司号召全体党员“走在前,作表率”,建立覆盖党委和支部两级的对标体系;中色(宁夏)东方集团公司创先争优“项目化”的做法、经验被中色集团在全系统内运用和推广。

(三)党建工作水平明显提升

党内民主建设取得新进展,神华宁煤集团乌兰煤矿等企业基层党委采取“公推直选”的方式完成换届;基层党组织负责人培训取得新成效,宁东铁路股份公司、宁夏发电集团公司、国电英力特集团公司等企业党委充分利用网络和党校等平台,加大党支部书记培训力度,提升基层党组织负责人的能力素质;党员队伍建设得到新加强,加大在生产工作一线骨干中发展党员的力度,全年发展党员 2001 名;党建理论研究实现新突破,成立国有企业党建研究专业委员会,形成一些有价值的理论成果,为进一步探索和创新企业党建工作提供理论支持。

(四)宣传工作力度不断加大

抓住纪念建党 90 周年这一契机,开展一系列丰富多彩的活动。制作宁夏自治区国有企业向建党 90 周年献礼公益宣传片,广泛宣传国企取得的重大成绩;组织唱红歌系列活动,编排一批主题突出、健康向上、特色鲜明的文艺节目,举办庆祝建党 90 周年展演活动,展示国有企业文化建设成果和广大员工奋发向上的精神风貌;举办创先争优活动图片展,展示全区国有企业党建工作取得的成绩。

(五)反腐倡廉建设日益加强

认真学习贯彻中央、自治区纪委会议精神,严格落实党风廉政建设责任制,积极推进惩防体系建设。抓

好反腐倡廉教育，企业各级党组织通过集中学习党风廉政建设有关规定、观看警示教育纪录片、到监狱接受警示教育等多种方式，强化各级管理人员的廉洁自律意识；严格落实“三重一大”决策制度，扎实推进廉洁风险防控体系建设；深入开展工程建设领域突出问题、商业贿赂和“小金库”专项治理，认真解决存在的突出问题；加大信访调查工作力度，对来信来访及时进行处理，严肃查处个别企业违纪违规问题。

（撰稿人：马　存）

新疆维吾尔自治区

一、新疆维吾尔自治区国有资产监督管理工作综述

2011 年，新疆维吾尔自治区国资委认真贯彻落实自治区党委、人民政府的各项工作部署和要求，紧紧围绕“跨越式发展和长治久安”两大历史任务，坚持以科学发展为主题，以加快转变经济发展方式为主线，按照“国资监管上新水平、国企发展上新台阶”的“两新目标”，扎实推进各项工作，取得令人鼓舞的业绩。

（一）国资监管工作再上新水平

坚持“以发展引领监管、以监管促进又好又快发展”理念，以促进国企改革发展为目标，不断完善国资监管工作体系，昌吉、克拉玛依明确县（市）、区监管责任主体，落实监管责任，实现了国资监管的全覆盖。完成区级国有经济“十二五”发展规划的制定和监管企业发展规划及主业的审定工作，乌鲁木齐、昌吉、巴州结合本地实际，编制本地国有经济“十二五”规划，使之成为开展监管工作的基本依据和重要指南。大多数地州市按照“十二五”规划确定国有企业考核目标值，并通过修订业绩考核、薪酬管理办法、推行企业年金制度、规范职务消费等措施，调动企业“谋发展、促改革、强管理、惠民生”的积极性。扎实推进企业内控制度建设工作，出资人财务监督体系不断完善。强化产权管理，完成中泰化学股权整合、风能公司股权置换等工作，进一步优化企业股权结构，增强控制力。加强法规制度体系建设，制定出台 9 项规范性文件，推动“法治进企业”工作，帮助企业协调解决重大涉诉案件 13 件，涉案金额 8300 余万元，确保国有资产安全。进一步强化监事会监督，各级国资监管机构注重监事会工作的开展和成效，监事会工作在不断探索和创新中进一步深入，监督检查工作重点突出，针对性和有效性不断提高，监督成果得到及时应用。落实安全生产责任制，推进节能减排和环境保护工作，促进企业安全、绿色发展。

（二）深化企业改革取得新成效

积极推动企业改制重组工作。制定《关于推进自治区国资委监管企业“十二五”期间改制上市工作意见》，批复国际经济合作公司等企业公司制改革方案，完成天川毛纺织集团改制和国有产权整体转让工作，路桥总公司重组工作正加快进行。以参股中石化在疆三家分公司为契机，积极推动中央驻疆企业体制改革，促进中央企业和地方国有企业的融合发展。伊犁、巴州、石河子、阿克苏等地依托优势资源，积极引进战略投资者，推进国有企业改革重组，带动区域经济快速发展。企业关闭破产工作基本终结。六道湾煤矿、原建工集团化建公司和水利公司已终结破产清算法律程序。加大企业办社会职能移交和历史遗留问题解决力度。哈密盐化厂、原乌鲁木齐铝厂、原新疆水利水电建设工程局等企业办社会职能实现顺利移交，争取国家政策资金近 1.4 亿元，解决有色集团原破产项目的职工带资安置问题。哈密、昌吉、巴州、喀什等地集中力量终结一批企业关闭破产工作，解决一批企业改制历史遗留问题。自治区厂办大集体改革有序推进。

（三）中央企业产业援疆成果丰硕

为贯彻中央提出的“加快产业兴疆步伐”精神，新疆国资委积极行动，提出“中央企业产业援疆”这一命题，主动与国务院国资委就中央企业在疆发展和产业援疆工作进行对接，推动中央企业产业援疆合作平台和工作机制的建立。在国务院国资委、自治区党委、人民政府、生产建设兵团的共同推动下，2011 年 8 月 20 日，中央企业产业援疆推介会在乌鲁木齐召开，120

家中央企业的负责人参加会议,会议取得积极成果。国务院国资委与自治区人民政府及生产建设兵团正式签署《中央企业产业援疆工作合作备忘录》,中央企业和自治区、生产建设兵团签署一系列援疆投资项目协议,共签约在2012年底前开工建设的项目88个,项目投资额超过7000亿元。进疆中央企业讲大局、讲政治,加大项目投资落实力度,2011年,实际开工新项目196个,项目计划投资总额达4581亿元,已完成投资701.48亿元,有力促进新疆经济发展和新型工业化建设,为地方国有企业融入央企产业链、提升自我发展能力创造了条件。

(四)地方国有企业实力明显增强

一是产业整合深入推进。根据自治区党委、政府决策部署,以探索煤炭资源有偿使用新机制为突破口,积极筹划新疆能源集团;以风能公司股权结构调整为契机,积极谋划新疆新能源集团组建工作。按照"做大产业、做强企业"的思路,积极推动中泰集团的组建,有序推进化工集团与中电投重组、金纺股份引入战略投资者、大西部旅游资源整合等工作。乌鲁木齐市加快水业和公交资源整合步伐,提高国有资本在公共服务产业的控制力。二是重点项目建设取得显著成效。有色集团10万吨铜冶炼、30万吨磷酸二铵、呼的合铜矿600万吨/年采选项目、新投集团与中石油联合建设的120万吨PTA项目、中泰化学甘泉堡工业园、大黄山工业园项目、化工集团华巨化工公司20万吨聚乙烯醇项目等建设、启动,加快优势产业升级,极大增强地方国有企业的发展后劲。三是国有企业发展质量进一步提升。有色集团、新投集团、中泰化学、新业公司等直接监管企业资产规模、营业收入、利润总额实现大幅增长;国有资产投资公司、金融投资公司、融资担保公司、广电网络、新粮集团等委托监管企业利润增幅明显;昌源水务、国药新疆药业、华融国际信托、葛洲坝新疆工程局、中盐新疆盐业等重组、参股企业效益提升显著。交建集团、新昆轮胎、雪峰民爆等企业还突破了一批关键核心技术,累计申请专利、开发新产品400余项,促进企业转型和产业升级。

(五)国有资本优化配置取得新突破

一是企业上市步伐加快。西部黄金、雪峰民爆、交建集团、新粮油脂、广电网络、西域春乳业等企业股份制改造工作进展顺利,为下一步上市创造条件。截至2011年12月31日,新疆国有参、控股企业有近40家进入上市后备企业资源库。有色集团新鑫矿业H股回归A股工作启动。二是企业投融资能力快速提升。2011年,新疆国有及国有控股企业实现投资收益18.3亿元,同比增长58.2%。新投集团进一步发挥投融资平台功能,为化工集团、交建集团、新昆轮胎等企业主业做强做优、重点项目实施提供有力的资金支持;中泰化学与国家开发银行签署"十二五"280亿元综合融资合作协议,2011年共融资85亿元,为企业跨越式发展创造条件。三是区域性产权交易市场建设取得重大进展。新疆产权交易中心分别与上海联合产权交易所、联合国南南全球技术产权交易所合作,设立环境能源、技术产权的交易平台,2011年产权交易额11.9亿元,实现历史最好水平。四是不良资产打包处置工作取得新进展。与长城资产管理公司达成协议,打包收购25.43亿元的自治区国有企业金融不良债权。五是地州市国资委积极探索资产资本化新途径。昌吉州着力推进政府投资补助和优势资源转国有股权工作,吐鲁番地区以土地及资金注入形式增加国有资本金,壮大地方国有经济实力。

(六)重点民生工程和维稳工作取得新成果

积极推进"定居兴牧"水利工程援建工作,国有企业冠名援建的27座牧区小水库全部开工,9座已交付使用,出资额7.01亿元。扎实开展未就业大学生培养安置工作,协调企业落实就业岗位6588个,超额完成工作任务。积极协调有关部门,解决企业离退休医务人员、幼教职工退休待遇问题。大力推进"强企增收"计划,进一步完善收入分配调控机制,引导企业改善民生。2011年,新疆国有企业职工人均收入达到4.4万元,增幅超过20%;有色集团、新投集团、化工集团、宝钢集团八一钢铁公司、潞新公司等企业棚户区改造项目完成新建安置住房3957套。创新帮扶工作思路,扎实开展于田县定点帮扶工作,协调10家单位落实帮扶资金930万元,实施帮扶项目37个。切实加强重要节假日及敏感节点的维稳工作,严格落实信访工作责任制,全力推进信访积案化解工作,积极稳妥地处置了边疆宾馆、路桥总公司、金纺股份及自治区交通企业职工上访问题，共接待群众来访89批次、1231人次，有效预防群体性上访事件的发生，维护企业和社会稳定。

(七)企业党组织展现新活力

组织召开自治区国有企业创先争优活动经验交流推进会，深入开展创先争优活动，扎实开展中国共产党成立90周年系列庆祝活动和党史、党的优良传统教育，认真做好国资系统自治区第八次党代会代表选举工作，企业党组织的政治核心作用和党员的先锋模范作用进一步发挥。以"热爱伟大祖国、建设美好家园"主题教育活动为契机，推进企业文化建设和民族团结教育工作，激发各族干部职工建设美好新疆的积极性和创造性。推动企业"四好"领导班子创建活动向基层纵深发展。制定《新疆中长期国有企业经营管理人才队伍建设规划纲要(2010－2020年)》，积极开展国资系统人才自主培训和调训工作，推进人才强企战略的实施。认真落实党风廉政建设责任制，围绕国资监管和国有企业改革发展，着力推进惩防体系建设，创新反腐倡廉机制，严肃查处违纪违法案件，深入开展企业效能监察和工程建设领域突出问题、"小金库"等专项治理工作。

二、新疆维吾尔自治区国有资产总量与结构分析

2011年，新疆国有及国有控股企业累计实现营业收入632.45亿元，同比增长34.30%；实现利润总额61.28亿元，同比增长28.66%；上缴税金39.49亿元，同比增长46.69%。截至2011年底，全区国有及国有控股企业资产总额3427.82亿元，同比增长32.92%；净资产1324.35亿元，同比增长39.83%，各项指标均创历史最好水平。其中，自治区本级监管企业累计实现营业收入332.64亿元，同比增长39.30%；实现利润总额32.86亿元，同比增长30.66%；上缴税金20.34亿元，同比增长43.44%；资产总额1025.43亿元，同比增长26.25%；净资产534.42亿元，同比增长12.39%。地州市监管企业实现营业收入299.81亿元，同比增长29.17%；实现利润总额28.42亿元，同比增长26.42%；上缴税金19.15亿元，同比增长50.31%；资产总额2402.39亿元，同比增长35.98%；净资产789.93亿元，同比增长67.50%。伊犁、克拉玛依、哈密、昌吉、阿克苏等地国有净资产增幅超过100%，乌鲁木齐、克拉玛依、哈密、喀什等地营业收入和利润总额大幅提升，为实现"十二五"新跨越奠定坚实基础。

表1　2011年新疆维吾尔自治区所属国有企业指标

项　目	金额(亿元)
资产总额	3427.82
所有者权益	1324.35
营业收入	632.45
利润总额	61.28
净利润	48.63
归属于母公司所有者的净利润	34.32
应交税金总额	38.22
实际上缴税金总额	39.49

表2　2011年新疆维吾尔自治区国有企业户数情况

项　目	2010年	2011年	比上年增长(%)
户数(户)	952	952	持平

表3　2011年新疆维吾尔自治区国有资产地区分布情况

地　区	国有资产(亿元)	占国有资产总量比重(%)
自治区本级	380.98	33.02
乌鲁木齐市	343.60	29.78
巴音郭楞蒙古自治州	66.89	5.80
克拉玛依市	116.56	10.10
哈密地区	6.39	0.55
伊犁哈萨克自治州	66.33	5.75
阿克苏地区	45.61	3.95
石河子市	39.89	3.46
昌吉回族自治州	21.32	1.85

续表

地　　区	国有资产(亿元)	占国有资产总量比重(%)
吐鲁番地区	11.80	1.02
博尔塔拉蒙古自治州	15.10	1.31
喀什地区	28.81	2.50
塔城地区	1.72	0.15
阿勒泰地区	6.40	0.55
和田地区	2.12	0.18
克孜勒苏柯尔克孜自治州	0.40	0.03

表4　2011年新疆维吾尔自治区国有资产行业分布情况

行　　业	国有资产(亿元)	占国有资产总量比重(%)
农林牧渔业	40.10	3.48
工业	142.02	12.31
建筑业	11.14	0.97
批发业	9.01	0.78
零售业	8.69	0.75
交通运输业	70.06	6.07
仓储业	6.74	0.58

续表

行　　业	国有资产(亿元)	占国有资产总量比重(%)
住宿业	5.27	0.46
餐饮业	0.02	0.00
信息传输业	4.53	0.39
房地产开发经营	51.12	4.43
物业管理	0.49	0.04
租赁和商务服务业	584.47	50.65
其他行业	220.26	19.09

表5　2011年新疆维吾尔自治区国有资产经营规模分布情况

经营规模	国有资产(亿元)	占国有资产总量比重(%)
大型企业	656.86	56.92
中型企业	179.11	15.52
小型企业	242.50	21.02
微型企业	75.45	6.54
合　　计	1153.92	100.00

三、新疆维吾尔自治区国有资本保值增值综合分析评价

表6　2011年新疆维吾尔自治区国有企业地区和行业保值增值情况

地　　区	保值增值率(%)	行　　业	保值增值率(%)
自治区本级	105.20	农林牧渔业	104.00
乌鲁木齐市	103.25	工业	109.67
巴音郭楞蒙古自治州	102.80	建筑业	112.58
克拉玛依市	116.53	批发业	104.56
哈密地区	106.38	零售业	110.82
伊犁哈萨克自治州	102.90	交通运输业	97.44
阿克苏地区	105.04	仓储业	120.43
石河子市	100.90	住宿业	97.18

续表

地 区	保值增值率(%)	行 业	保值增值率(%)
昌吉回族自治州	104.90	餐饮业	101.59
吐鲁番地区	99.97	信息传输业	112.35
博尔塔拉蒙古自治州	100.35	房地产开发经营	102.65
喀什地区	100.98	物业管理	99.44
塔城地区	85.35	租赁和商务服务业	103.71
阿勒泰地区	101.79	其他行业	105.70
和田地区	100.70		
克孜勒苏柯尔克孜自治州	87.10		

四、新疆维吾尔自治区国资委监管企业改革和完善法人治理结构情况

(一)监管企业改革情况

一是企业改制工作取得重大进展。新疆路桥总公司与广东晶通集团出资共同设立的新疆路桥建设集团公司完成工商登记,路桥总公司依法破产程序适时启动;天川毛纺集团改制工作有序进行,国有产权整体转让工作接近尾声;金纺股份公司资产重组中增资扩股和产权出让引进战略投资者工作完成,新公司项目建设正在实施中;审核批准交建集团、国际经济合作公司、陆通交建公司、新粮油脂公司等企业的公司制改革方案;积极推进西部黄金、雪峰民爆、呼图壁种牛场股份制改造工作,为下一步整体上市创造了条件。二是关闭破产工作基本终结。新疆区属国有企业40户破产规划项目已终结28户,其余规划范围内12户项目进入收尾阶段,六道湾煤矿、原建工集团化建公司和水利公司终结破产清算法律程序。三是加大企业办社会职能移交和历史遗留问题解决力度。哈密盐化厂、原乌鲁木齐铝厂、原新疆水利水电建设工程局等企业办社会职能实现顺利移交,争取国家财政补助资金1.4亿元,解决了有色集团原破产项目的职工安置问题。自治区厂办大集体改革方案报自治区人民政府审定。

(二)监管企业完善法人治理结构情况

一是下发《关于建立和完善监管企业领导人员谈话和函询制度的意见》,建立与企业领导人员进行定期谈话工作制度,及时了解和掌握企业领导人员的思想动态,进一步加强对企业领导人员教育和管理工作。二是对部分国有企业领导人员进行优化调整。截至2011年12月31日,共对雪峰民爆、昆仑公司、国际合作公司、联合产权交易所公司等13家直接监管企业(控股公司)的31名企业领导人员进行交流、调整和充实。三是按要求对天川集团、路桥公司和雪峰民爆3名离任的企业主要领导人员进行经济责任审计。

五、新疆维吾尔自治区国资委监管企业建立和完善业绩考核体系情况

2011年,为加快推进监管企业科学跨越发展,充分发挥业绩考核的导向作用。一是将科学确定监管企业业绩考核目标作为推进"十二五"规划顺利完成的有力抓手。新疆国资委将企业考核目标与自治区本级国有经济和各企业"十二五"规划衔接、与财务预算挂钩,通过年度分解,避免前轻后重,实现了"十二五"开门红,13家直接监管企业利润总额同比增长35%,资产总额同比增长25%;12家委托监管企业利润总额和资产总额均同比增长20%。二是积极引导监管企业在外延扩大再生产的同时,加大转变经济发展方式、调整经济结构的力度,通过降本增效、提高劳动生产率等方式深度挖潜,走内涵式发展之路。同时,为真正体现硬约束、强激励的机制,充分调动监管

企业积极性,对全部完成国资委下达的业绩考核目标,且业绩净利润较考核目标有所增加的企业,给予企业负责人和全体在岗职工超额奖励。三是开展任期考核,构建短期效益和长期效益有机结合的科学考核体系。2011年,新疆国资委对监管企业首次开展任期考核,以2011—2013年为任期,确定企业负责人任期考核目标,加大年度考核与财务预算挂钩、任期考核与发展规划挂钩的紧密度,发挥任期考核与年度考核相互补充、相互衔接的作用,促进企业可持续发展。

六、新疆维吾尔自治区国资委监管企业负责人考核与选人用人机制改革情况

(一)监管企业负责人考核情况

会同自治区党委组织部,将对13家直接监管企业领导班子和109名企业领导人员的年度综合考核与企业经营业绩考核、党建目标管理考核、党风廉政建设责任制考核、惩治和预防腐败体系检查以及企业安全生产检查等项目紧密结合,严格按照述职述廉、民主评议、民主测评、召开座谈会、个别谈话、征求意见、评定考核等次、反馈等八个程序进行考核,共有9家企业领导班子年度考核定等为好,14名企业领导人员年度考核优秀,其中,9名企业领导人员连续三年考核优秀。

(二)监管企业选人用人机制改革情况

一是加大市场化选聘工作力度,引导企业制定企业领导人员公开招聘和竞争上岗办法,形成"管理人员能上能下、员工能进能出、收入能增能减"的科学用人机制,探索打破企业人才部门所有、条块分割、身份限制的壁垒,为优秀人才脱颖而出创造条件。二是对监管企业人才队伍进行年度统计汇总。三是加大人才培训工作,2011年,通过各种途径,共为企业培训各级管理人员2970人,其中少数民族160人,女性461人,党外人员900人。四是加强企业政工队伍建设,加大培训力度,2011年,共有199人获得高级政工师职称。

七、新疆维吾尔自治区国资委监管企业党的建设和廉政建设情况

一是认真开展效能建设。深入推进机关效能建设,通过广泛动员宣传、完善考核指标、制定配套制度、加强检查督导等方法,有效推动了机关作风转变,服务质量明显提升,工作效率明显提高。大力推进企业效能监察工作,各企业紧紧围绕生产经营管理重点环节、职工群众反映的热点问题以及惩防体系建设的总体要求,认真进行选题立项,共立项155个,增收节支6046万元,提出改进管理建议80多条,完善管理制度60余项,提升了企业管理水平和抵御风险的能力。二是加强教育和监督,促进企业领导人员廉洁从业和廉洁自律。认真开展第13个党风廉政教育月活动,组织1000多名领导干部参观全国检察机关惩治和预防渎职侵权犯罪展览。扎实开展《廉政准则》贯彻执行情况专项检查,严格落实廉洁自律各项规章制度,据不完全统计,2011年国资系统606名领导干部报告个人有关事项,组织开展廉洁谈话444人次,任前廉洁谈话887人次,诫勉谈话137人次,1100多人进行述职述廉。三是严肃查处违纪违法案件。2011年,国资委系统共立案11件,移送司法机关1人,给予党纪政纪处分14人,挽回经济损失863.95万元。四是扎实开展专项治理工作。继续开展工程建设领域突出问题、"小金库"、商业贿赂、公务用车问题和庆典、研讨会、论坛过多过滥问题等专项治理工作,共查处"小金库"3个,涉及金额138.52万元,查处"小金库"的案例被中央治金办收录为典型材料。五是加快惩防体系建设。高度重视惩防体系建设,认真履行主体责任,及时研究解决惩防体系建设中的重大问题,各地州市国资委、各企业把构建惩防体系与落实党风廉政建设责任制结合起来,发挥党风廉政建设责任制在加强组织领导、开展监督检查和严格考核追究等方面的积极作用,提升了惩防体系建设的整体水平。各企业主要负责人认真履行惩防体系建设第一责任人的责任,把构建惩防体系与企业标准化管理、风险防控和信息化建设等工作紧密结合,拓展了惩防体系融入经营管理的深度和广度,增强了反腐倡廉工作实效。六

是加强纪检监察队伍建设。深入开展“做党的忠诚卫士、当群众贴心人”主题实践活动。组织开展反腐倡廉经验总结和理论研究，形成一批创新成果。积极推进制度创新，新疆国资系统共制定制定和修订规章制度300余件，形成较为完备的制度体系。

（撰稿人：陈　强）

新疆生产建设兵团

一、新疆生产建设兵团国有资产监督管理工作综述

2011年，在兵团党委、兵团的正确领导下，兵、师国资委坚持以科学发展观为统领，认真贯彻落实全国对口援疆工作会议、全国国资监管工作会议和兵团党委六届六次全委（扩大）会议精神，努力克服企业经济运行中存在的困难，以提高兵团国有经济发展质量和效益为核心，以转变企业发展方式为主线，抢抓机遇，加快改革和发展步伐、调整优化结构、推进机制创新、提升管理水平、加强和改进企业党的建设，各项工作都取得新的进展。

2011年，兵、师两级国资委监管企业资产总额1770亿元，同比增长15.65％；净资产440亿元，同比增长7.65％；累计实现营业收入928亿元，同比增长26.95％；实现利润总额38亿元，同比增长21.37％；上缴税金44亿元，同比增长50.71％。国有经济保持了良好的发展势头。

（一）大力推进调整重组，国有经济布局结构进一步优化

引进战略投资者力度加大。兵、师国资委抓住内地省市、中央企业援疆机遇，有效整合优势资源，积极引进战略投资者，做强做大优势产业。通过大力实施优势资源转换战略，以重点项目建设为抓手，促进国有经济结构有序调整。2011年8月，在中央企业产业援疆推介会上，兵团与神华集团、中国国电集团、招商局集团、中国医药集团、中国航天科工集团5家央企签署战略合作框架协议。9个师、2家兵直企业分别与9家中央企业签署12个项目合作协议。

上市公司培育步伐加快。兵、师加大对企业重组上市工作的指导力度，积极培育企业上市。三师组织各方力量，加快推进昆神股份公司上市。四师积极推动南岗集团整体上市，增强企业发展的内在动力。六师规范准噶尔农资、种业公司法人治理结构，积极培育拟上市企业。八师精心培育上市资源，除现有的上市公司外，2家企业完成股改，7家企业进入自治区“百家成长性企业培育工程”。兵团投资公司积极拓展股权投资，参股兵地拟上市公司，为企业上市助力。

引导国有资本从有关行业和领域有序退出。国有资本有进有退、合理流动机制不断健全。六师针对国资公司权属的部分企业小而散，缺乏市场竞争力的特点，积极推动国有资本退出，重点采用挂牌交易和协议转让等方式完成7家公司的国有股权退出工作。十三师充分发挥国有资本主导作用，引导国有资本向新能源产业流动，逐步退出高耗能、高污染、低效益产业，将国有资本从新鲁硅业这类高耗能产业退出，收回全部国有投资。

（二）加快国有企业改革步伐，现代企业制度进一步完善

在兵团团场国资公司组建方面进行有益探索和尝试。十三师率先在团场成立和组建国有资产经营公司。一师对团场国有资本运营、团场工业项目进展情况进行调研，指导团场国资公司规范运作。四师拟定《农四师组建团场国有资产经营公司的指导意见》，指导70团、75团成立团场国有资产经营公司。团场国资公司的组建，对于加快团场经营性国有资产统一管理，延伸兵、师国资监管链条，实现企业国资监管的全覆盖具有重要现实意义。

全面风险管理工作继续推进。兵、师国资委确定23家全面风险管理试点企业，以风险管理体系建设和实际操作为重点，以规范公司治理为切入点，不断完善企业内部控制的各项规章制度，为防范、化解各类风险和加快企业健康发展打下坚实基础。四师国资委在伊力特股份公司积极推进全面风险管理工作，公司建立风险管理控制组织机构，完成全面风险管理体系建设，企业风险防范能力不断提高。银隆公司坚持

现金流预算管控,强化投资并购风险管理,全面提高资金的流动性、安全性,不断增强风险防控能力。兵团石油公司把全面风险管理与企业内控管理、信息化管理有效结合,建立一整套具有兵团石油特色的内控制度体系,实现了全员、全过程、全方位的内部控制,有效防止了企业经营风险的产生。

(三)深化国资监管体制改革,国资监管工作科学化水平进一步提高

国资监管制度体系进一步完善。2011年,兵、师国资委在国资监管制度建设方面,本着"制度先行,有章可循,依法监管"的原则,积极探索国资监管方式的有效途径,在基础管理、改制重组、完善法人治理结构、业绩考核、薪酬激励、法律风险防范与控制机制等方面制定出台一系列规范性文件,不断完善符合兵团实际的国有资产监管制度体系。

产权管理工作继续加强。按照产权管理要坚持制度化、程序化、信息化、规范化的工作要求,各师不断加强制度建设,做好产权登记、资产评估等工作,加强对投资、担保、产权交易等重大事项监管。建工师从推进经济结构调整的大局出发,针对存在大量海外业务的特点,拟定《建工师企业境外国有产权管理暂行办法》,为兵团如何加强境外国有资产管理进行有益探索。兵、师国资委对"十一五"期间企业的产权转让行为进行检查,二师和八师国资委还紧密联合师纪委(监察局)、财务局、工商等部门开展检查,对规范企业国有资产评估、交易和处置起到促进作用。

财务监督不断强化。兵、师国资委不断强化企业财务监督职能。兵团国资委进一步强化监管企业财务预决算管理,加强对监管企业财务预算方案的审核,把审核重点放在成本费用、投资规模、资金安排以及财务风险等方面,督促企业进一步压缩可控费用,减少非经营性支出,降本增效,有效发挥了财务预算对企业经营管理的事前引导作用,推动企业预算管理水平进一步提升。一师将企业预算管理与业绩考核工作挂钩,将企业推行全面预算管理工作的情况纳入企业负责人的考核范围。六师在决算审计中通过完善中介机构选聘制度、规范财务决算审计内容、建立审计质量评估制度等方式,促进企业提高决算审计工作质量。兵团国资公司通过对财务预算指标层层分解、动态分析、滚动考核,加强企业财务预算管理,有效发挥预算执行的监督控制作用。

二、新疆生产建设兵团国有资产总量与结构分析

截至2011年底,纳入统计范围的556户兵团国有企业,资产总额2716.69亿元,比上年增加519.06亿元,增长23.62%;负债总额2223.57亿元,比上年增加447亿元,增长25.16%;所有者权益总额493.12亿元,比上年增加72亿元,增长17.11%。2011年兵团国有企业实现营业总收入1421.88亿元,较上年增加292.54亿元,增长25.90%;实现利润总额42.6亿元,较上年增加7.19亿元,增长20.3%,扣除所得税费用后,实现净利润27.17亿元。2011年末,兵团企业国有资产总量为345.53亿元。

表1　2011年新疆生产建设兵团所属国有企业指标

项　目	金额(亿元)
资产总额	2716.69
所有者权益	493.12
营业总收入	1421.88
利润总额	42.6
净利润	27.17
归属于母公司所有者的净利润	16.73
应交税费总额	67.22
实际上缴税费总额	65.45
年末国有资产总量	345.53

(一)国有企业户数情况

截至2011年底,兵团国有企业556户(含农牧团场),比上年减少14户,减少2.46%。

表2　2011年新疆生产建设兵团国有企业户数情况

项　目	2010年	2011年	比上年增长(%)
户数(户)	570	556	−2.46

(二)国有资产地区分布情况

2011年末,兵团国有企业国有资产从地区分布来看,兵团国资委监管企业占用70亿元,占20.26%;农八师占用68.95亿元,占19.95%;农二师占用24.49亿元,占7.09%;农一师占用22.59亿元,占6.54%。以上地区国有资产占到兵团国有企业国有资产总量的53.83%。

表3　2011年新疆生产建设兵团国有资产地区分布情况

地　区	国有资产(亿元)	占兵团企业国有资产总量比重(%)
农一师	22.59	6.54
农二师	24.49	7.09
农三师	13.22	3.83
农四师	20.66	5.98
农五师	17.27	5.00
农六师	19.42	5.62
农七师	17.73	5.13
农八师	68.95	19.95
农九师	6.60	1.91
农十师	9.08	2.63
建工师	20.99	6.07
农十二师	17.32	5.01
农十三师	9.40	2.72
农十四师	2.88	0.83
兵团国资委监管企业	69.99	20.26
兵团直属企业	4.94	1.43
合　计	345.53	100.00

(三)国有资产行业分布情况

2011年,兵团国有企业国有资产按所属行业划分,社会服务业占用国有资产112.71亿元,占32.62%;工业企业占用国有资产111.26亿元,占32.20%;农林牧渔业占用国有资产75.40亿元,占21.82%;建筑业占用国有资产30.11亿元,占8.71%。

表4　2011年新疆生产建设兵团国有资产行业分布情况

行　业	国有资产(亿元)	占兵团企业国有资产总量比重(%)
一、农林牧渔业	75.40	21.82
二、工业	111.26	32.20
三、建筑业	30.11	8.71
四、地质勘查及水利业	0.95	0.28
五、交通运输业	0.57	0.17
六、批发和零售业	12.96	3.75
七、房地产业	0.79	0.23
八、信息技术服务业	0.00	0.00
九、社会服务业	112.71	32.62
十、教育文化广播业	−0.03	−0.01
十一、科学研究和技术服务业	0.80	0.23
合　计	345.53	100.00

(四)国有资产经营规模分布情况

2011年末统计的556户兵团国有企业,按企业规模划分,大型企业97户,占用国有资产255.83亿元,占74.04%;中型企业178户,占用国有资产89.9亿元,占26.02%;小型企业266户,占用国有资产−1.1亿元;微型企业15户,占用国有资产0.9亿元,占0.26%。

表 5　2011 年新疆生产建设兵团国有资产经营规模分布情况

经营规模	企业户数	国有资产(亿元)	占兵团企业国有资产比重(%)
大型企业	97	255.83	74.04
中型企业	178	89.9	26.02
小型企业	266	−1.10	−0.32
微型企业	15	0.90	0.26
合　计	556	345.53	100.00

三、新疆生产建设兵团国有资本保值增值综合分析评价

2011 年汇编的 16 家单位中，按地区划分，扣除客观增减变动因素后，实现国有资本保值增值的 14 家，其中，建工师保值增值率 235.12%，农一师保值增值率 125.09%，农四师保值增值率 117.66%。国有资本减值的有 2 家。

表 6　2011 年新疆生产建设兵团国有企业地区保值增值情况

地　区	保值增值率(%)
农一师	125.09
农二师	108.31
农三师	111.86
农四师	117.66
农五师	103.24
农六师	81.18
农七师	96.82
农八师	104.51
农九师	113.56
农十师	101.03
建工师	235.12
农十二师	112.26
农十三师	110.06
农十四师	110.30
兵团国资委监管企业	101.23
兵团直属企业	111.53
合　计	105.99

2011 年，兵团国有企业十一类行业中，十类行业实现保值增值，其中，信息技术服务业保值增值率 145.42%，科技研究与技术服务业保值增值率 124.31%，建筑业保值增值率 127.34%。

表 7　2011 年新疆生产建设兵团国有企业行业保值增值情况

行　业	保值增值率(%)
一、农林牧渔业	107.29
二、工业	104.48
三、建筑业	127.34
四、地质勘查及水利业	94.64
五、交通运输业	109.04
六、批发和零售业	110.92
七、房地产业	104.94
八、信息技术服务业	145.42
九、社会服务业	103.11
十、教育文化广播业	122.47
十一、科学研究和技术服务业	124.31
合　计	105.99

四、新疆生产建设兵团国有企业股份制改革情况

2011 年，兵、师国资委积极推进企业公司制股份制改革，通过转让股权、增资扩股、引进战略投资者等多种措施，不断加大改革力度，公司制股份制改革步伐加快。截至 2011 年底，兵、师国资委监管一级企业 103 户，完成公司制改革的企业 80 户，占 77.7%。其中，国有独资的有限责任公司 61 户，占 59.2%；国有控股的有限责任公司 14 户，占 13.6%；国有控股的股份有限公司 5 户，占 4.9%。一师、四师、八师、建工师、十二师、十三师、十四师国资监管企业全部完成公司制改革。兵团国资委 5 户监管企业，除兵团供销合作总公司外，其余 4 户完成公司制改革。

五、新疆生产建设兵团国有企业并购重组和完善法人治理结构改革进展情况

2011年，兵、师国资委充分用好对口援疆政策，通过引进外部资本、战略投资者及民营资本，与优势企业合资合作、整合相关产业等多种方式，加快企业重组和内部资源整合，增强了竞争实力。五师通过整合资源，引入民营资本，先后对艾比湖大酒店和畜牧公司进行改制重组。九师将电厂并入绿翔糖业公司，重组后的公司优势显现。兵团供销合作总公司完成新疆万达有限公司股权多元化改制，并联合山东天鹅棉机设备有限公司及兵团相关企业组建新疆现代农业装备股份有限公司。兵团国资公司与中国长城资产管理公司等共同出资重组原伊犁哈萨克自治州信托投资公司，组建长城新盛信托有限责任公司。通过积极推进国有企业改革重组，国有经济布局结构进一步得到优化。

继续大力推进董事会和监事会建设。2011年，兵、师国资委采取多种措施，推动企业进一步完善公司法人治理结构。各监管企业认真落实《兵团国资委监管企业(国有独资)外部董事管理办法》，不断加强企业董事会建设，80家公司制企业董事会成员中，外部董事和独立董事的比例为22%，公司制企业董事会结构正在发生积极变化，一支专业化、懂管理的队伍逐步形成。同时，兵、师国资委进一步完善外派监事会制度，外派监事会工作在实践中不断推进。一师、五师国资委通过外派或推荐监事会主席、监事的方式落实国有资产的监督权。建工师国资委积极构建监事会组织体系，出台《建工师企业监事会管理暂行办法》，在监事会职责、管理模式、工作方式等方面进行规范。

六、新疆生产建设兵团国资委监管企业建立和完善经营业绩考核体系情况

2011年，通过不断探索完善考核体系，业绩考核的导向作用和有效性进一步增强。兵团国资委在监管企业中宣传经济增加值理念，推行经济增加值考核，引导企业更加注重资本成本和价值创造，强化考核的价值导向，提高企业的价值创造力。在做好企业负责人年度经营业绩考核工作的同时，全面开展任期考核，通过年度考核与任期考核的有效结合，企业负责人经营业绩考核基本体系初步形成。一是建立健全业绩考核组织体系，建立健全领导机构和工作机制，制定和完善相关工作制度，明确职责分工。二是真正建立起横向到边、纵向到底、不留死角、无缝连接的考核工作网络。三是针对企业所处不同行业、管理层和部门的不同职责，员工所处不同岗位等，科学合理地确立考核指标，突出分类考核，不断强化考核的导向性、针对性和实效性。四是认真做好监管企业2012年度、2012－2014年任期业绩考核目标值的申报工作，要求各企业确定经营业绩目标不光要同过去的业绩比，还要学会自加压力，主动把全国或同行业先进企业的经营业绩作为自己的标杆，引导企业对考核目标值作相应的调整，促使企业不断提高自身经营管理水平。2011年，兵团国资委制定下发《关于进一步加强兵团国资委监管企业全员业绩考核工作的指导意见》，《指导意见》的出台，加大对监管企业业绩考核的力度、广度和深度，确保企业资产保值增值的责任和压力从上到下层层传递，促使企业真正建立起完善的业绩考核机制，彻底消除考核死角。

七、新疆生产建设兵团国资委监管企业负责人考核与选人用人机制改革情况

2011年，兵团国资委在对监管企业负责人考核与选人用人机制的改革上，以围绕有利于国资监管工作开展为前题，着力推进监管企业负责人考核与选人用人机制改革。一是不断完善监管企业负责人考核评价体系。在对企业负责人的素质、能力、业绩考核方面制定了综合考核评价要点及标准，重新确立企业负责人的综合考核评价指标，对企业负责人着力突出抓好其素质、能力、业绩等的考核评价。在素质方面重点考核其政治素质、职业素养、廉政从业等情况；在能力方面重点强调决策能力、执行能力、创新能力的提升；在业绩方面重点评价个人贡献。二是坚持党管干部的原则和董事会依法选择经营管理者与引入市场机制相结合的选人用人机制。在对监管企业负责人

选拔任用机制改革方面,从加强企业领导班子建设入手,继续坚持党管干部,德才兼备、以德为先,民主、公开、竞争、择优,出资人认可、职工群众认可、市场认可,依法管理的原则和董事会依法选择经营管理者与引入市场机制相结合,通过组织选拔推荐、公开招聘、竞争上岗等方式,调整补充监管企业领导班子成员 4 人次,其中,组织选拔 2 人在公司党内任职,建议公司董事会免去 1 人担任的董事职务,免去 1 人担任的公司监事、监事会主席职务。

八、新疆生产建设兵团国资委监管企业党的建设和反腐倡廉建设情况

加强国有企业基层党组织思想、政治建设。根据兵团党委党建工作的总体要求,2011 年初,制定下发《兵团国资委监管企业 2011 年党建工作要点》,对年度党建工作作出安排部署。一是实行党建工作责任制。为进一步加强基层党建工作,与各监管企业党委签订了党建工作责任书。2011 年 8 月,组织各监管企业分管党建工作的领导、党建机构负责人,召开党建工作推进会,听取各监管企业落实责任制、党建工作的开展情况、存在的问题和下一步工作打算,国资委领导对党建工作落实情况进行讲评,对企业党委履行责任、如何抓好党建工作提出明确要求。二是严格落实各项基本制度。制定下发《关于认真组织好 2011 年度党委中心组学习的通知》《关于创建学习型企业的意见》《关于在监管企业中开展企业干部作风建设年活动的指导意见》《关于认真抓好企业干部作风建设年活动各项工作落实的通知》,指导基层严格落实党委中心组学习、领导干部民主生活会、基层党组织“三会一课”等制度,切实加强基层党组织自身建设。三是严肃整顿基层后进党组织。针对基层党组织建设实际,制定下发《关于做好 2011 年基层党建两项工作的实施意见》,2011 年 1 月至 4 月,指导监管企业采取学习文件、谈心谈话、查找问题、征求意见等多种方式,从健全基层组织、优化组织设置、理顺隶属关系、健全组织体系、增强班子合力、充分发挥作用、建立长效机制等方面,集中时间对后进基层党组织进行整顿,使党的基层组织建设不断规范,战斗堡垒、先锋模范和骨干带头作用不断加强。四是抓好基层党务工作人员培训。按照兵团党委抓基层、打基础,构建坚强有力的基层党组织要求,2011 年 3 月至 4 月,分两期聘请兵团党委党校教授、八钢集团公司及监管企业党务工作者为辅导老师,以兵团党委六届六次全委(扩大)会议精神、企业党支部工作概述、基层党支部工作实务、思想政治工作的基本方法、加强基层党组织建设为基本内容,采取理论学习、经验介绍、互动交流、问卷调查等形式,对 138 名监管企业基层党支部书记、委员,进行为期 3 天的业务素质培训。着力提高基层党支部书记依靠组织开展党建工作,依靠制度化解矛盾问题、依靠集体实施正确决策的工作能力。

进一步加强党风廉政建设。2011 年,兵团国资委党委认真贯彻落实十七届中央纪委六次全会和兵团六届纪委四次全会精神,按照“围绕中心、服务大局、融入监管、抓住关键、强化监督、促进发展”的要求,以构建科学有效的惩治和预防腐败体系、落实党风廉政建设责任制为总抓手,以规范权力运行为核心,以提高制度执行力为着力点,创新思路,健全机制,开创了党风廉政建设和反腐倡廉工作的新局面。一是严格落实党风廉政建设责任制,着力推进惩防体系建设。以落实党风廉政建设责任制为龙头,全面贯彻落实《建立健全惩治和预防腐败体系 2008—2012 年工作规划》,把惩防体系建设与国资监管紧密融合,与业务工作一起部署、一起考核。通过层层签订党风廉政建设责任书,构建了责任制网络体系。制定《兵团国资委监管企业党风廉政建设责任制考核细则》,细化责任制的考核内容、量化考核标准,逐步实现党风廉政建设责任制检查考核制度化。二是深入开展反腐倡廉教育。认真开展示范教育、警示教育、岗位廉洁教育,积极引导广大党员干部讲党性、重品行、做表率。以“廉政文化建设月活动”为载体,紧紧围绕“弘扬兵团精神、传承廉政文化”主题,有力地推动廉政文化建设,通过读书思廉、教育引廉、家庭助廉、承诺保廉等形式,进一步增强了廉政文化的渗透力、说服力和影响力,大力推进廉洁文化进班子、进岗位、进管理、进家庭等廉政文化活动,不断拓展廉政文化的广度和深度,充分发挥廉洁文化在反腐倡廉建设中的教育、示范、熏陶和导向作用。三是进一步完善反腐倡廉制度

建设。指导监管企业从发展战略、管理流程和重点部位关键环节三个层面，把廉洁从业要求落实到企业权力运行、经营管理、全面风险防控的全过程，不断完善重大事项报告、对外投资、融资和担保监管、薪酬管理、财务管理、风险管理等制度，做到用完善的制度规范权力运作，用严格的程序规范从业行为，用清晰的流程防范腐败风险，大大降低了决策风险和经营风险，提升了监管企业管理水平。2011年，为进一步规范和推进监管企业效能监察工作，制定《兵团国资委监管企业效能监察工作实施办法》。同时与兵团监察局、财务局联合下发《关于规范兵团国有产权转让权属变更有关事宜的通知》。四是加大监督检查力度，进一步规范和制约权力运行机制。指导监管企业制定或修改完善与企业管理体制和运行机制相适应“三重一大”决策制度的实施办法，并将“三重一大”决策制度融入到公司章程之中。为加强对产权流转各个环节的监管，有效防止国有产权转让中暗箱操作和不廉洁行为的发生，由兵团国资委、监察局和财务局组成联合检查组，对“十一五”期间兵团企业国有产权转让情况进行专项检查。五是专项治理工作不断推进。按照“高标准、严要求、全覆盖”的要求，继续深入开展工程建设领域突出问题专项治理工作，对存在的突出问题进行全面整改，认真清理有关规章制度，建立健全长效机制。加大对监管企业“小金库”的治理力度，组织监管企业进行全面复查，彻底排查在生产经营管理、财务和资产管理等方面存在的各种隐患，对存在“小金库”的问题，进行深入剖析，及时完善制度，堵塞管理漏洞，建立健全防治“小金库”的长效机制。

（撰稿人：胡杨军）

2012

CHINA' S STATE-OWNED ASSETS SUPERVISION AND ADMINISTRATION YEARBOOK

中国国有资产监督管理年鉴

中央企业改革与发展

第四篇

中国核工业集团公司

【基本概况】 2011年是“十二五”开局之年，中国核工业集团公司(以下简称“中核集团”)经受了重大的考验，在党中央、国务院、中央军委的正确领导下，在上级部门的大力支持和帮助下，突出科学发展这一主题，贯穿加快发展方式这一主线，求真务实，积极进取。面对日本福岛核事故带来的负面影响，集团公司党组坚决贯彻中央领导指示和国务院常务会议精神，团结带领全体员工统一思想、沉着应对、知难而上、奋力拼搏，实现了“十二五”改革发展的良好开局，在打造集团核心竞争力上迈出了坚实的步伐。

中核集团以“开放、包容、合作、共赢”为发展理念，按照转方式、调结构、促发展的要求，加快推进“4+4”产业板块结构调整，在做大做强主业的同时，积极寻求和打造集团公司新的经济增长点。通过管理功能定位和管理流程再造，部门管理职责更加明晰、管理流程更加优化、管理队伍更加精干、管理工作更加高效，战略规划、经营计划与监督考核、项目管理、运行协调等各项工作有序推进，规划导向、计划牵引、项目驱动、运营管理的管理新模式基本形成，主要工作目标顺利实现，为全面推进“十二五”工作打下坚实基础。

【主要指标】

1. 主要经济指标完成情况。

2011年，集团公司主营业务收入达到450.7亿元，比上年增长3.9%；资产总额同比增长17.7%，净资产同比增长9.07%，利润总额同比增长17.4%，净资产收益率为8.87%，总资产报酬率为4.14%。剔除客观因素后，2011年集团公司国有资本保值增值率为105.84%。

2. 经营业绩与财务分析。

2011年，集团公司经济保持较快增长，经济效益显著提高，各项财务指标均超额完成国资委下达的年度考核目标。从主要盈利的核电板块看：2011年，中核集团九台在运机组累计发电444.35亿千瓦时，比上年增加30.57亿千瓦时；累计上网413.73亿千瓦时，比上年增加29.06亿千瓦时。各机组性能指标继续保持较高水平。

资产负债率为74.43%，速动比率0.69，流动比率1.09，结合持续盈利能力情况判断，具备良好的偿债能力。

【改革发展】

1. 改制与结构调整。

积极推进资本运作，中核核电整体改制重组申请获国务院批复，中国核能电力股份有限公司完成工商注册。秦山核电基地业主公司和运行公司获得国家核安全局颁发的联合持有的运营许可证，秦山地区专业化改革开始实质运作。

继续加大主辅分离和非生产经营资产调整的力度，共减少非主业企业96户。至此，历时三年的非主业调整工作，在各有关部门的通力合作下，取得显著进展。截至2011年底，中核集团原有三级及以下公司495户(含房地产11户)，其中主业及相关公司115户，保留在企、事业单位的优质非主业公司70户。经过业务整合、资产或股权转让、关闭清算等操作，共减少非主业企业305户(含房地产11户)，占310户拟调整三级及以下非主业公司的98.4%。

通过非主业调整，现有的三级及以下公司的资产质量明显提高，基本消除亏损的三级及以下公司，中核集团主业发展更加集中、产业结构得到优化，经营风险得到规避和控制，为集团公司加快转变经济发展方式奠定基础。

2. 干部人事制度改革。

重点加强中核集团总部建设，首次实施总部全员竞聘和双向选择，面向全社会公开招聘48个职位。加快高层次人才培养选拔，快堆首席专家徐銤同志当选中国工程院院士，被中央领导称赞为当代科技工作者学习的楷模；聘任中核集团第二批首席专家3位、科技带头人8位。创新选人用人机制，完成51家单位领导班子组建、换届、调整，全年交流集团党组管理干部64人，选配后备干部74名。

3. 财务管理。

坚持集团化融资，克服国家紧缩银根政策和福岛核事故不利影响，全年完成外部融资 490 亿元人民币和 19 亿美元。坚持下浮优惠贷款利率，年节省财务费用 2.4 亿元。坚持集团化保险，运营核电站续保费用进一步降低。成本精益管理取得突破，成本费用占主营收入比率指标处于军工行业领先水平。2011 年，集团公司财务集团化运作管理成果获国家管理创新一等奖；获国防科技工业企业管理创新奖 10 项。

4. 审计和风险管理。

深入开展任期经济责任审计，风险管理监督与改进机制建设逐步加强。福清核电、二〇二厂被国家审计署评为“2008－2010 年内部审计先进集体”。全面完成国资委第二个三年法制工作目标。积极推进全系统总法律顾问制度建设，法律风险防范能力得到提升。保密管理工作全面加强。

5. 安全环保工作。

积极应对日本福岛核事故带来的负面影响，开展全面安全检查，针对极端自然灾害情况评估，修订应急预案，编制应急整改方案。加强安全环保风险管理，对中核集团 114 项重点安全环保风险实行分级管理。深入开展隐患排查治理，开展“百日安全无事故”活动。推进铀矿冶安全标准化和环保专项行动，强化铀矿冶安全环保工作。进一步加大“三同时”监管力度，对全系统建设项目进行核安全、环保、职业安全、职业卫生执法情况全面普查，对存在的问题进行整改。2011 年，集团公司核设施安全稳定运行，放射性废物、尾矿库、放射源等安全受控，全系统未发生工伤死亡事故，职业照射个人剂量水平继续下降。

6. 保密管理。

在集团公司党组的高度重视与领导下，中核集团大力推进保密管理精细化，努力提高保密管理水平。2011 年，各项保密要求重新明确，保密管理进一步规范，各级各类人员的保密责任得到落实，保密教育和培训工作全面加强，得到上级有关部门的肯定，既为中核集团赢得荣誉，又为今后集团公司的生存与发展奠定重要基础。

【重大项目】

1. 核电产业。

核电产业安全稳定发展，运行的 8 台核电机组全年完成发电量 444 亿千瓦时，平均负荷因子达到 87.87%。秦山一期实现安全运行 20 周年。秦山二期扩建工程全面完成，4 号机组于 11 月 25 日成功并网，已具备商运条件。海南昌江 1 号机组完成穹顶吊装，实现全年节点目标。方家山项目全面进入安装阶段。福清 1、2 号机组实现 220kV 倒送电目标。三门 AP1000 项目 1 号机组进入主系统安装阶段。巴基斯坦恰希玛 2 号机组提前 111 天竣工。核电技术服务收入稳步增长，中核核电技术服务有限公司的组建工作有序推进。

2. 铀矿地质。

铀矿地质钻探完成工作量，矿床勘查成果显著，大中型矿床的合作取得新进展。尼日尔阿泽里克矿实现试生产。新疆伊犁铀矿资源综合利用示范基地建设全面启动，为铀矿资源开发利用起到带头作用。

3. 核燃料产业。

核燃料产能进一步提升，405 新工程四期工程提前 9 个月投产；504 示范工程实现重要节点目标；AP1000 元件生产线开始基础施工；与阿海珐合作成立的锆材制造专业公司，已生产出合格锆合金材料；与中广核集团签订了十年长期核燃料供应合同，使中核集团锁定中长期市场。积极开拓国际市场，核燃料保税库正式启用。

4. 退役治理工作。

退役治理工作有序推进，清原公司与田湾核电站签订我国首个乏燃料运输长期服务协议。瑞能公司积极推进后处理产业化。

5. 核技术应用产业。

由中核集团研发的，利用重水堆生产钴－60 国产化项目是国家高新项目，于 2004 年立项，2011 年 1 月通过验收，其研发成功打破了国外对钴－60 产品的垄断，实现产业化生产后，可以满足国内市场 80% 的需求。

【重大创新】

1. 技术创新。

科技创新取得多项成果。按照国家最先进的标准要求，自主三代核电技术 ACP1000 完成顶层设计，转入工程设计阶段。多用途模块化小型堆 ACP100 开始初步设计。AP1000 核电技术转让和自主化步伐不断加快。中国实验快堆于 2011 年 7 月 21 日实现并

【改革发展】 现代公司治理深入推进，母子公司体制进一步完善，子公司董事会、监事会全部组建到位，集团总部完成了董事会试点申报。资本化运作取得新进展。实施上市重组项目共15项，开展再融资项目6项，中航工业飞机公司主业资产整体上市方案获得证监会批准，中航国投在新加坡成功上市，中航电子完成资产资源重组等，完成注入上市公司净资产合计75亿元。完成中航工业飞机公司增资扩股工作，引入陕西省投资集团投资10亿元。中航工业资产证券化率超过55%。积极推进专业化整合，6家地区资产管理公司完成布局。

根据子公司做实的需要，积极推进干部管理体制改革，构建总部、直属单位、成员单位领导人员三级管理新体制。研究下发《关于进一步下放干部管理权限的通知》，构建"集团公司直接管理直属单位领导班子和主机厂所主要领导，授权直属单位管理成员单位领导班子"的领导人员管理新体制。探索将组织选拔与竞争性选拔相结合，直属单位领导班子12名领导人员实现公开招聘。

不断完善薪酬分配机制，积极推进企业与市场接轨。开展薪酬分配三级管控模式研究，制订保障三级体制运行的分配激励制度，明确三级架构下中航工业各层级单位薪酬分配管控的角色定位。加强工资总量调控，理顺分配关系，规范劳动用工行为。积极推进薪酬体制改革，按照三级管控模式要求，研究制定直属单位主要负责人年薪管理办法、成员单位负责人薪酬管理工作指导意见，规范了企业负责人年薪管理；积极推进以股权、期权以及分红权等为代表的中长期激励试点工作，并取得实质性突破，中航科工试行限制性股票激励计划获得国资委批复并有效开展。完善分配结构，规范企业补充养老保险制度，制订下发《中国航空工业集团公司企业年金方案》，20家单位年金方案(或细则)顺利进入实际操作阶段。

积极加强科技人才、技能人才队伍建设，唐长红、陈祥宝等年轻一代专家当选中国工程院院士。多渠道引进人才，成效显著，2011年获得"中国最具规模实力的品牌雇主"。加大国际化人才引进和培养力度，持续推进航空青年骨干赴英、法留学项目，与英国诺丁汉大学和荷兰代尔夫特理工大学建立人才培养合作关系，批量选派15名技术骨干赴英国诺丁汉大学攻读硕士、博士学位。

【重大项目】 按计划完成航空武器装备科研生产任务。新舟系列飞机交付7架，新签订单23架，累计订单187架，国外用户覆盖亚非拉10个国家。新舟700飞机完成前期研究。大型客机发动机验证机完成了概念设计。中法合作的中等功率级民用涡轴发动机——涡轴16已完成详细设计评审。C919各项工作稳步推进。ARJ－21飞机全面配合试验和试飞。C系列飞机获批"民用飞机大部件高技术产业化示范工程"，完成了后桶段首架交付。AC313大型直升机成功实现青藏高原8000米高空试飞，并完成适航取证。AC310轻型多用途民用直升机实现首飞。AC311和EC175中型直升机适航取证高效推进。QD128民用燃机首次走出国门实现出口销售。

通航产业提速发展，蛟龙600飞机完成气水动布局优选试验，开展关键技术攻关；海鸥300飞机完成适应性试飞；积极通过自主研制与国际合作发展公务机产业；L162飞机年产突破200架，小鹰500飞机交付20架，运五B飞机交付5架。

非航空民品和现代服务业取得突破发展。中小尺寸液晶等重要支柱民品发展为国内第一、国际领先；创新商业模式，铁岭市、晋中市和阜阳市专用车7S广场实现挂牌运营；锂离子动力电池1.2亿安时生产线全面投产；持续开拓支线航空市场，幸福航空拥有6架新舟飞机在国内14条航线上运营；环控、生命保障等近百项系统为"神州八号"成功上天提供了重要保障。

【走向海外】 加快融入世界通用航空产业链，成功并购了美国"大陆航空活塞发动机公司"(全球第二大航空活塞发动机制造商)和美国"西锐公司"(全球第二大通用飞机制造商)，这两次成功的并购，使中航工业通用飞机研发能力跻身世界先进水平。积极融入世界汽车产业链，成功并购在汽车传动系统领域世界第三、在汽车转向系统领域销售收入世界第四的美国耐斯特公司，使得中航工业在该领域的研发能力跻身世界一流。成功并购日本NEC公司的液晶业务等。中航工业境外子公司共84户，主要分布于中国香港、美国、德国、坦桑尼亚、新加坡、阿尔及利亚、澳大利亚、韩国、马来西亚、秘鲁、日本、瑞士、斯里兰卡、泰国、英国、英属维金群岛、赞比亚、智利等国家和地区。境外子公司资产总额约200亿元，所有者权益110亿元，实现营业收入175亿元，实现利润3.9亿元。

积极开拓国际军贸市场，外贸出口持续增长。通过加快研制新一代军贸产品、拓展新兴市场，签订一批重大军贸出口合同，成交总额24.5亿美元，创下中航工业年军贸成交新记录。

【重大创新】 攻克一批关键核心技术，促进航空装备发展。在民机科研方面，C919等一批重大基础实验设施通过立项论证评估。利用技术创新基金共资助项目26个，推动一批重大项目的开展，如锂离子动力电池全自动生产线研发项目完成全部研发内容，且有4条生产线投入使用等。中航工业全年获得3项国家科技进步奖。完成专利申报3711项，发明专利授权621项。

初步建立以价值创造为核心的管理创新体系。导入了EVA、IBSC、精益六西格玛等管理工具。EVA成为管理创新活动的工作重点，价值创造理念已运用到经营业绩考核等工作中；IBSC作为一项卓越的战略管理工具在全集团得到系统推进，6S管理、精益管理和六西格玛管理等持续深入，有效保障科研生产的顺利开展。

【党建工作】 党建和思想政治工作成效显著，持续强化基层党组织建设，激发党员先锋意识，"为民服务创先争优"、"重点型号攻关之星"等活动促进科研生产任务圆满完成。9家单位11名同志分别荣获"全国五一劳动奖状"和"全国五一劳动奖章"，位列中央企业前茅。思想政治研究工作成绩突出，有两项课题分获全国党的建设研究会一等奖和中央企业政研会一等奖。开展纪念建党90周年系列活动，中航工业作为全国唯一的企业代表，在全国学习型党组织建设经验交流会上做了经验介绍；在全国国有企业推进社会主义核心价值体系建设座谈会上，中航工业的经验受到与会人员的好评。贯彻落实党风廉政建设责任制，整体推进惩防体系建设，坚持开展警示教育，注重加强案件剖析，深化拓展效能监察，有效促进企业健康科学发展。

【企业文化】 以新中国航空工业创建60周年为契机，开展系列活动，加强对我国航空工业改革发展的宣传力度。在人民大会堂隆重举行纪念新中国航空工业创建60周年大会，中共中央政治局委员、国务院副总理张德江出席纪念大会并讲话。在《人民日报》《光明日报》《求是》杂志、中央电视台等主流媒体广泛宣传新中国航空工业60年的辉煌成就，发行纪念专题邮票，举办航空工业成就展，首次举办无人飞行器创新大奖赛、直升机博览会等，宣传我国航空工业，提升国民航空意识，提升中航工业的品牌价值。以7家集团文化建设示范单位为代表，开展丰富多彩的文化建设实践活动，荣获"全国企业文化三十年实践十大典范组织奖"。

高度重视新闻攻关和舆情管理工作，加强对外宣传和舆情引导，为企业改革发展保驾护航。把握集团峰会、集团成立三周年暨媒体日活动、全国两会、新中国航空工业创建60周年纪念大会等重大活动以及巴黎航展、莫斯科航展、迪拜航展、北京航展、天津直升机博览会、珠海通用航空产业论坛等重点新闻事件，加强舆情管理和宣传力度，取得良好的传播效果，打造企业品牌。在中央企业新闻工作会、中央企业负责人会议上，中航工业作了新闻宣传工作的经验交流。

积极承担中央企业的社会责任。以"牢记嘱托，真情帮扶"为主题的社会责任实践，荣获"2011中央企业优秀社会责任实践"的荣誉称号。

【信息化建设】 多项目协同平台在军工系统率先通过国防科工局的集团级重大信息化专项批复。信息化与工业化融合发展获得国家信息化专家委和全军信息化专家委的高度评价，专家咨询委员会起草的调研报告——《促进中航工业两化深度融合的建议》得到温家宝总理和郭伯雄副主席的重要批示。

强化管理，规范信息化工作方法和流程。认真组织中航工业信息化标准的编制并推进标准的实施，共审定发布MBD等标准28项。大力推进统一代码工作，发布《人员代码编制规则》《单位及供应商代码编制规则》《物品码编制规则》等标准。编制发布《中国航空工业集团公司金航网涉密信息系统管理办法(试行)》和《中国航空工业集团公司金航网涉密信息系统安全策略》，完善集团公司总部信息系统制度体系，规范了涉密信息系统的建设、运行和管理要求，明确各项网络管理工作的职责，固化网络建设和运维管理的

【党建工作】 2011 年，中船集团公司不断创新党建工作模式，丰富党建工作内容和形式，以庆祝建党 90 周年为契机，隆重召开集团公司党建工作会议，党建工作科学化、制度化水平不断提高。学习型党组织建设切实推进，创先争优活动成效明显，干部和人才队伍建设迈出新步伐，制度建设和反腐倡廉建设系统强化。

中船集团公司以党组中心组学习为引领，认真制定专题集中学习计划，坚持月度集中学习；以"帮学促"为抓手深入开展创先争优活动，分步推进 9 对 20 家单位的"帮学促"工作；研究制定《领导人员选拔任用工作暂行规定》等 6 项干部选拔和管理规章制度，有效提高队伍建设和管理的科学化、制度化和规范化水平；重点加强领导制度体系建设，对建立党组织与公司制度有机融合的国有企业领导体制进行积极探索，出台《集团公司党组关于进一步加强党的建设的意见》；研究制订一批涉及基层组织建设、党务公开、"三重一大"决策、反腐倡廉等方面的制度，组织签订新版《党风廉政建设责任书》。

【信息化建设】 2011 年，中船集团公司自主软件推广试点工作不断深入。以自主软件、尤其是以 SPD 系统和 SEM 系统的集成应用为契机，在试点企业进行现代造船模式建立和转换的有益探索，形成一批蕴含先进造船理念的业务规范和基础数据，自主软件推广工作取得成效。各企业围绕生产经营不断加强信息化建设，提升管理水平。黄船公司率先实现 SPD 系统和 SEM 系统的集成应用。集中采购电子商务平台大规模应用，集团公司总部 OA 全面运行。

【履行社会责任】 2011 年，中船集团公司全面履行保军职责，顺利出色地完成了各项军工任务。同时，继续自觉履行中央企业社会责任，在实现与员工共同成长的基础上，积极投身社会公益事业，连续五年被云南省政府评为社会帮扶先进集体。

中船集团公司认真贯彻落实国务院扶贫办、国务院国资委有关扶贫政策，累计直接拨付 1000 多万元资金，从教育、水利、电力、救灾救济、安居工程、卫生建设、就业培训等方面开展扶贫工作。

（撰稿人：王光睿）

中国船舶重工集团公司

【基本概况】 中国船舶重工集团公司（以下简称"中船重工"）是军民结合的装备制造集团，主要承担海军武器装备、民用船舶及配套、非船舶装备的研发制造，是我国海军武器装备研制的主体力量和船舶工业的主导力量，现有总资产 3500 亿元，员工 15 万人。

2011 年，中船重工认真贯彻落实中央的一系列方针政策，积极应对国际金融危机等不利影响，把握大势，强化创新，开拓进取，科学发展，主要经济指标持续增长，连续第七年在国资委央企业绩考核中被评为 A 级，成功进入世界 500 强，成为我国首家世界 500 强船舶企业，实现了新的发展。

一是军工任务按期全面完成。

二是民用船舶生产经营取得新发展。船舶完工 1092 万吨，同比增长 17.1%；38.8 万吨和 30 万吨矿砂船、9.3 万吨散货船、6600 箱集装箱船、首艘执行 PSPC 标准的 2.4 万吨多用途船、300 英尺自升式钻井平台等新船型及海工项目完工交付；深潜水工作母船、9000 吨不锈钢化学品船和 20.3 万吨散货船等下水。新承接船舶订单 84 艘、507 万吨，吨位同比下降 47%。

大力推进全面建立现代造船模式，造船周期持续缩短，超大型原油船（VLCC）稳定实现 40 天左右开一次坞门，18 万吨散货船水下周期最快达到 38 天、从铺底到交船最快达到 123 天，造船效率不断提升。

船舶配套产值 185 亿元，同比增长 3.5%；主要配套产品产量保持增长，完工柴油机功率同比增长 14%，锚绞机、舵机、低速机曲轴等产量保持快速增长；首套国产化海洋平台主电站发电机组成功交付，拥有完全自主知识产权的船舶压载水处理装置实现批量接单。

全年修理船舶 498 艘，改装船产值占修船产值的比重达到 48%。

三是非船产业快速发展。非船产业经济总量 747 亿元，同比增长 18.6%，占中船重工经济总量的比重达到 41.2%。

重点产业持续发展，风电整机产量同比增长35％，风电叶片、齿轮箱、偏航变桨系统等关键配套设备实现快速增长；蓄电池、桥梁工程、输变电设备、医疗器械、热塑制品、办公耗材等保持较快发展；AP1000三代核电主管道完工交付，大型海水淡化成套设备首次在三代核电实现工程总包，核电站辐射监测系统实现国内总包；物资贸易克服市场低迷、价格下降等影响，大力拓展业务范围，保持15％以上增长。

科研院所实现民品收入146亿元，同比增长25.8％，占院所总收入的比重首次超过50％，达到52.4％；承接合同162亿元，同比增长30.3％。

一批新产品、新领域取得突破，2MW风机成功出口，2.5MW风机顺利下线，具备并网发电条件；分布式能源由天然气冷热电三联供拓展到能源利用等多个产业领域；首套30MW级燃压机组、洗选煤用振动筛等交付用户；捣固装煤推焦一体车首次实现出口；橡塑复合材料、集成供冷站、屏蔽门成功中标地铁市场；森林灭火系统实现首次接单。

经营模式不断创新，桥梁钢结构由装备制造拓展到BT模式，承接了长江大桥、体育场等工程项目；风电装备产业由零部件、整机经营延伸拓展到风电场开发运营；分布式能源由装备销售拓展到能源项目总成运营；钛产业形成了国内唯一的从海绵钛，到钛铸锭、板带材、管材、钛制设备及工程应用服务的完整产业链。

【主要指标】 2011年完成经济总量1810亿元，同比增长14.9％；实现营业收入1625亿元，同比增长14％；完成增加值330亿元，同比增长11.4％；实现利润总额92.5亿元，同比增长10.2％；承接合同金额1651亿元，同比增长2.6％；截至2011年底，手持合同1245亿元，手持船舶订单2210万载重吨。

2011年中国船舶重工集团公司主要经济指标

续表

项　目	2010年	2011年	比上年增长(％)
资产总额(亿元)	3181	3505	10.2
所有者权益(亿元)	810	903	11.5
营业收入(亿元)	1425	1625	14.0
利润总额(亿元)	83.95	92.5	10.2
净利润(亿元)	68.51	75	9.5
归属于母公司所有者的净利润(亿元)	51.61	54	4.6
技术开发投入(亿元)	121.73	137.2	12.7
利税总额(亿元)	131	119.7	－8.6
应交税金总额(亿元)	47.05	44.5	－5.4
(工业企业)全员劳动生产率(万元/人·年)	20.52	21.31	3.8
净资产收益率(％)	9.3	8.8	减少0.5个百分点
总资产报酬率(％)	3.6	3.6	持平
国有资本保值增值率(％)	109	108	减少1个百分点

【改革发展】 进一步推进改革改制，大连船舶重工集团有限公司、渤海船舶重工有限责任公司、山海关船舶重工有限责任公司、青岛北海船舶重工有限责任公司等4家企业注入中国船舶重工股份有限公司，该项重组获中国证监会2011年度并购重组案例奖第一名。

进一步完善成员单位负责人经营业绩考核和薪酬管理办法，不断扩大自主创新激励分配试点企业范围，劳动、用工、分配制度改革取得新进展。

【重大项目】 一批重点项目建成投产，天津新港船舶重工临港造修船基地造船区一号坞、山海关船舶重工有限责任公司修船大坞、中船重工(重庆)海装风电设备有限公司内蒙风电项目、风帆股份有限公司太阳能薄膜电池生产线，以及中船重工第七一二所青岛产业园、第七二五所军品科研产业园建成投产。全年新开工建设项目65个，完工52个，完成固定资产投资85亿元。

一批国家重大科研项目取得重要进展，“蛟龙”号深海载人潜器成功完成5000米级海试；自主品牌船用中速柴油机取得了中国船级社认证，正式推向市场；国内综合性能最先进的科学考察船下水；AP1000三代核电主管道、30MW级燃压机组研发成功并顺利通过国家能源局鉴定;大型液化天然气船工程开发完成;深海半潜式钻井平台工程开发主体研究基本完成。

【重大创新】 形成一批新产品、新成果,万箱级集装箱船等一批船舶和海洋工程产品研发成功,自主研发的大型转叶式舵机通过中国船级社检验,国内最大的海洋平台起重机研制成功,2MW 风电机组快速一次性通过低电压穿越测试,矿用救生舱通过国家鉴定,新能源汽车动力集成系统研制成功并列入国家推荐目录。

一批重点项目和创新平台建设获得国家支持,自主品牌船用高速机、高效节能螺旋桨应用技术研究等20余项重点科研项目获得国家批准立项;船舶能效设计指数(EEDI)验证评估技术研究、大型海洋平台电站集成技术研究及关键设备研制等正式启动,立柱式生产平台(SPAR)关键设计技术研究等正在抓紧实施;极低频探地(WEM)工程获得正式批复;全年共获得国家科学技术奖3项,国防科学技术奖58项,国家专利授权1006项,其中发明专利300项。

【党建工作】 深入开展创先争优活动,不断深化学习型党组织建设,推进精神文明建设。中船重工第七〇一所党委被评为全国优秀基层党组织,重庆齿轮箱有限责任公司党委、西安东风仪表厂党委、中船重工第七二五所风电叶片党支部被评为中央企业先进基层党组织,一批同志被评为中央企业优秀共产党员和优秀党务工作者。

深入推进反腐倡廉建设,领导干部和重要岗位管理人员的廉洁从业意识和纪律意识进一步增强,进一步规范"三重一大"制度,开展廉洁风险防控专项活动,取得较好成效。

【履行社会责任】 积极履行社会责任,持续开展爱心捐助和扶贫公益行动,在中牟土寨村希望小学和中船重工纳卡希望小学,开展助学助教和捐赠教学物资等活动;与湖北秭归县、云南勐腊县等地区建立结对帮扶活动;积极开展社区建设、志愿者活动,推进社区文明创建工作。全年捐赠718万元。

细化落实措施,加强监督检查,推进节能、减排和增效"三统一",万元增加值综合能耗同比下降9%,排放总量同比下降3%,全面完成计划目标。

(撰稿人:朱雪松)

中国兵器工业集团公司

【基本概况】 中国兵器工业集团公司(以下简称"集团公司")是陆军武器装备研制发展主体和三军毁伤与信息化装备研制发展的骨干力量,是我国国防现代化建设的战略性基础产业。

2011年,公司深入学习实践科学发展观,按照"创新发展模式,推进结构调整,跨越提升兵器工业技术地位、市场地位和战略地位"的工作总要求,以建设与我国国际地位相适应的兵器工业为目标,紧紧围绕提升自主创新能力、提高发展质量、履行社会责任三大任务,着力推进重点工程、技术创新、管理创新、调整重组、核心能力建设、军民融合发展、精益生产和精细管理、创先争优等重点工作,较好地完成各项目标任务,实现"十二五"发展良好开局。

【主要指标】 2011年,集团公司全年实现主营业务收入3066.6亿元,同比增长29.8%;在自主研发投入43亿元、人工成本增加15亿元的情况下,实现利润86.3亿元,同比增长26.2%;实现全员劳动生产率13.75万元/人·年,同比增长21.8%;实现净资产收益率7.55%,同比提高0.39个百分点。

2011年中国兵器工业集团公司主要经济指标

项 目	2010年	2011年	比上年增长(%)
资产总额(亿元)	2284	2619.6	14.7
所有者权益(亿元)	851.4	927.1	8.9
主营业务收入(亿元)	2361.9	3066.6	29.8
利润总额(亿元)	68.4	86.3	26.2
净利润(亿元)	56.3	67.1	19.2
归属于母公司所有者的净利润(亿元)	36.0	38.6	7.2
技术开发投入(亿元)	76.6	79.5	3.8

续表

项　目	2010 年	2011 年	比上年增长(%)
利税总额(亿元)	144.0	169.1	17.4
应交税金总额(亿元)	80.0	93.2	16.4
全员劳动生产率(万元/人·年)	11.29	13.75	21.8
净资产收益率(%)	7.16	7.55	增加 0.39 个百分点
总资产报酬率(%)	3.93	4.65	增加 0.72 个百分点
国有资本保值增值率(%)	107	107.5	增加 0.5 个百分点

【改革发展】 2011 年,集团公司意志坚定地推进组织结构调整重组,原直接管理的 130 多家企事业单位重组为 31 个军民融合、产研融合或产研结合、核心使命明确、专业化或区域化的子集团和 10 多个直管单位,为进一步推进产品结构、产业结构、资产结构、人力资源结构、区域布局结构调整以及对外重组搭建了平台、奠定了基础。子集团在调整重组中以充分的智慧进行融合,创新能力以及市场地位、战略地位都有所提升。在如此大规模的调整重组中,集团公司各级干部队伍表现出强烈的大局意识,确保调整重组工作稳定有序推进,确保改革调整和当期经营两不误,为集团公司可持续发展奠定坚实的基础。

【重大项目】 所属物资集团完成整体改制,引入上游资源战略投资 9.19 亿元,进一步密切与上游资源的战略合作关系;兵器工业股权投资基金完成注册,引入战略投资 6 亿元,并完成对首个项目——纳米污水处理项目的市场化决策和投资;成功实现与武重集团的重组。西安军民融合产业园完成 5527 亩土地指标报批工作,移交项目用地 4855 亩,部分项目建成投产。盘锦石化和精细化工产业园以建设国家级军民融合石化和精细化工产业基地为目标,论证制订重点发展七大产业链的精细化工产业群发展规划,其中丁苯橡胶项目正式开工建设。包头高端装备产业园完成 4800 亩用地争取、项目论证和园区整体规划设计,新增 5 万辆重车总装、10 万台车架项目奠基开工。以上进一步提升兵器工业集团在重大高端装备制造领域的技术地位、市场地位和战略地位。

【走向海外】 合资合作方面,与美国佩卡公司就整车、发动机合资项目,与安哥拉就炼油、乙烯合资项目,与德国 ZF 公司变速箱合资项目,华锦集团和北化集团与埃克森美孚、赢创、戴维、SW 公司、欧季亚、朗盛、KBR、UOP、三菱化学、西班牙石油公司、亨斯曼及石科院等国内外知名化工公司、研究机构就石化下游深加工项目的技术交流和合资合作洽谈等工作有序推进。凌云集团、微机电集团与德国 KKT 公司签定收购股权协议。

海外战略资源开发方面,哈萨克斯坦 KAM 油田项目全年生产原油 63 万吨;伊拉克艾哈代布油田项目一期 300 万吨产能建设和二期 600 万吨产能建设顺利竣工投产,实现原油作业产量 120 万吨。叙利亚戈贝贝油田项目在叙安全局势日益恶化、限产严重的情况下,累计生产原油 59 万吨。新项目开拓积极推进,缅甸仁安羌与稍埠油田项目顺利完成交割,各项工作平稳过渡,全年生产原油 11.8 万吨。新资源获取工作取得重要进展,正式签订缅甸蒙育瓦 S&K 矿产品分成合同。

【重大创新】 高端领军型人才队伍建设规划积极实施。制订实施了院士培养计划、高端人才引进计划,全年引进高层次人才 38 人,19 人通过"千人计划"评审,1 人通过"青年千人计划"评审,累计引进"千人计划"人才 23 名,集团公司被授予"海外高层次人才创新创业基地"。在灵巧弹药领域做了大量创新性工作、作出了重要贡献的杨绍卿同志当选中国工程院院士。

市场化、个性化管理取得初步成效。坚持市场化、个性化的方向,进一步调整完善总部机构和职责,重点加强绩效管理、权益管理等出资人职责以及产业发展顶层引领职责;积极推进个性化管理,按照一个子集团一套个性化管理办法的要求,制订个性化的投资管理办法、权益管理办法、绩效与薪酬管理办法以及领导人员管理办法,根据不同子集团的不同情况,赋予不同的投资、权益、领导人员管理权限。

精益生产、精细管理、合理化建议活动积极推进。精益生产、精细管理在 16 个子集团和直管单位中开展试点,认真贯彻落实"全员参与、持续改进"的理念,按照党委领导、行政主抓、工会助推、全员参与的要求，由试点转向全面开展。

【党建工作】 以创先争优为抓手，党建工作进一步融入发展，进一步融入“十二五”规划落实、子集团重组、重点工程建设、核心关键技术攻关、精益生产和精细管理以及当期经营各项重点任务之中。坚持技术地位决定市场地位、市场地位决定企业地位，坚持资本、技术、人才与文化底蕴同步积累，坚持顺应市场的力量、发挥机制的力量、培育文化的力量，坚持抓大扶强、打造行业领先者，坚持党政“一岗双责”，坚持以人才集聚推动事业发展，促进了“说”和“做”、“知”和“行”的统一。坚持以战略和文化为引领，始终把是否符合市场化、个性化导向，是否有利于强化集团公司的出资者功能和提升企事业单位的市场主体地位作为制度建设的基本出发点，在促进战略落地、文化底蕴积累以及共同价值观培育等方面发挥了积极作用。大力弘扬“把一切献给党”的人民兵工精神，组织开展人民兵工创建80周年系列纪念活动，修复官田兵工厂旧址群，拍摄了建党90周年和人民兵工创建80周年献礼影片《吴运铎》，在《人民日报》发表人民兵工创建80周年纪念文章，拓展“工人阶级贡献革命的伟大事业”的内涵，唱响“建设与我国国际地位相适应的兵器工业”的豪迈誓言。

反腐倡廉建设工作坚持标本兼治、综合治理、惩防并举、注重预防的方针，坚决贯彻以人为本、执政为民的基本要求，融入中心、突出重点、强化责任，开展全方位的监督检查。狠抓党风廉政建设责任制、领导人员廉洁从业规定和“三重一大”决策制度的执行，扎实做好反腐倡廉建设的长期性、基础性工作。大力推进惩防体系建设，不断完善和规范大监督体系。严肃法纪，继续保持查办案件工作力度，积极发挥查办案件的治本功能。反腐倡廉建设的扎实推进为中国兵器工业集团公司各项目标的顺利实现提供坚强的政治保证。

【信息化建设】 2011年，集团公司信息化工作以数字化工程为重点，顺应集团公司研制生产模式的转变和管理模式的变化，通过强化顶层设计、深化系统应用、综合信息开发等一系列工作，有效地推动了各项信息化工作的开展。一是加强基础建设，为信息化应用提供支撑，进一步完善涉密专网建设，扩充视频会议系统覆盖范围，为子集团和直管单位提供便利，有效降低管理成本。二是以顶层设计和领域方案设计为重点，全面推动集团公司数字化工程建设，开展标准规范与软件选型基础研究，逐步促进协同研制流程优化和共享数据规范化；实施集团公司数据中心和骨干网建设，按“建、研、用”思路，组织各单位在推进数字化工程实施进程方面取得初步成果。三是稳步推进管理信息化建设，提升信息综合应用能力。以实现集团公司战略管控为目标，开展管理信息化顶层设计；梳理信息化管理现状，开展信息化工作管理办法编制工作；升级投资项目管理系统功能，确保项目建设有序进行；构建安全管理信息体系，规范安全管理流程；深入推行个性化开发，满足人力资源管理个性化需求，稳步推动财务管理信息化建设；深化综合管理系统建设，提升信息综合应用能力。

【履行社会责任】 2011年，集团公司高度重视企业社会责任，积极开展责任管理，梳理责任理念，完善责任管理体系，创新责任管理机制，努力提升责任管理能力和水平，秉承“有抱负、负责任、受尊重”的责任理念，将社会责任纳入战略管理，融入日常生产经营，全面推进社会责任工作。制定实施《“十二五”社会责任规划》，明确“十二五”期间集团公司履行社会责任的指导思想、发展思路、发展目标、重点任务和保障措施。建立由集团公司主要领导、各部门负责人组成的社会责任领导小组，子集团和直管单位成立相应的社会责任领导小组，并明确社会责任主管部门。针对重点社会责任议题相应建立了安全生产、节能减排、扶贫开发等领导小组。致力于与利益相关方建立和谐、互信的合作共赢关系，关注并真诚回应利益相关方的愿望和要求，建立包括社会责任报告、中英文门户网站社会责任专栏、《中国兵工报》等多形式的沟通渠道。每月印发《信息动态》，客观真实地反映全系统质量、安全、节能环保重点指标完成情况、重点工作开展情况、社会责任履行情况、各子集团和直管单位重点运行工作状态以及国家行业动态。积极履行各子集团和直管单位股东、上市公司实际控制人信息披露责任和义务，规范集团公司、各子集团和直管单位及上市公司的信息披露行为，努力构建多种渠道和方式，加强与各类投资者及相关方的交流，加强与国资委、证监会等家督机构的沟通，不断完善公司治理，与各方建立良好的工作关系，树立公司诚信形象，实现公司价值和股东利益的最大化。

（撰稿人：李峙澎）

中国兵器装备集团公司

【基本概况】 中国兵器装备集团公司（以下简称“集团公司”）是中央直接管理的国有重要骨干企业，是国防科技工业的核心力量，是我国最具活力的军民结合特大型军工集团之一。2011年集团公司以科学发展观为主题，以加快转变发展方式为主线，大力实施“211”战略，圆满完成国资委下达的各项考核目标。集团公司位列世界500强排名第227位，较上年提升48位，两年内跃升201位；位列中国企业500强第23位、制造业500强第六位，并连续五年获得中央企业负责人经营业绩考核A级。

【主要指标】 2011年，集团公司实现营业收入2790.3亿元，同比增长8.52%；利润82.23亿元，同比增长9.02%；职工年人均收入4.31万元，比上年增长12.58%；实现外贸收入227.2亿元，同比增长20.5%；上缴税金160.2亿元；完成国资委65.3亿元利润总额考核目标的125.57%，经济规模与经济效益实现同步增长。

2011年中国兵器装备集团公司主要经济指标

项　目	2010年	2011年	比上年增长(%)
资产总额(亿元)	2193	2611	19.05
所有者权益(亿元)	609	745	22.44
营业收入(亿元)	2571	2790	8.52
利润总额(亿元)	75	82	9.02
净利润(亿元)	59	62	4.33
归属于母公司所有者的净利润(亿元)	15	11	－25.11
科技开发投入(亿元)	91	90	－0.82
利税总额(亿元)	237	222	－6.45
应交税金总额(亿元)	159	139	－12.28
全员劳动生产率(万元/人·年)	15.2	15.3	0.65
净资产收益率(含少数股东权益)(%)	10.35	9.05	减少1.30个百分点
总资产报酬率(%)	4.77	4.52	减少0.25个百分点
国有资本保值增值率(%)	105.92	103.91	减少2.01个百分点

【改革发展】 建立健全现代企业制度，严格按照国资委要求开展建设规范董事会试点工作。深入推进集团专业化管理。以中国长安为平台的汽车业务整合和文化融合进展顺利；实现南方摩托的公司化统一管理；搭建以天威集团为基础的输变电、新能源专业化管理平台。精益管理和成本领先行动计划成效明显。工业企业精益管理水平普遍达到2.0级以上，创造直接效益4.38亿元，全年累计节约成本超过20亿元。基础管理不断加强。举办总经理培训班，切实推动企业提高管理水平。加强监督防控体系建设。开展战略执行风险流程审计，启动项目后评价工作，全年完成审计、监督和评价任务440项，审计机构首次出具标准无保留意见报告。本质安全管理体系建设深入推进，产品质量持续提高。企业改革不断深化。清理对外投资非主业子公司14家，平稳推进2户企业整体退出，剥离移交4个办社会机构，历史遗留问题逐步得到妥善解决。

全面推进领导人员分层分类管理。确立集团公司、专业公司（事业部）、企事业单位三层领导人员管理模式。突出“管重要管核心”、“充分授权、强化监督”与“历史继承与创新”的干部管控原则，体现党组管标准、管制度、管流程、管职数、管核心的“五管”干部管控思想。优化考核指标。按照目标管理、战略管理、价值管理的原则完善考核办法，初步建立具有兵器装备集团公司特色的“重业绩、讲回报”的激励和约束机制。集团公司坚持效益决定分配原则，理顺内部收入分配关系，在经济效益提高的基础上，不断提高员工收入水平。

【重大项目】 积极融入地方经济，与湖北省、浙江省、哈尔滨市等省市签订战略合作协议。创新合作模式，与神华集团、大唐集团、中广核、中建材等中央企业开展战略合作，努力实现互利共赢。完成天威保变配股、长安汽车增发等工作，实现直接股权融资66.84亿元，改善了资本结构；通过发行公司债、中期票据、短期融资券等方式，实现直接债券融资148亿元。重点项目建设稳步推进，长安标致雪铁龙整车项目获得国家批准并开工建设；北京汽车基地实现试生产；在重车领域和福特、江铃开展务实合作。输变电继续巩固在特高压产品上的竞争优势，500千伏及以上产品国内市场占有率不断提高，自主研制生产的1000千伏特高压交流变压器成功应用于世界首条投入商业运行的特高压输电试验示范工程；新津年产3000吨多晶硅项目建成投产，双流太阳能组件二期项目生产线顺利投产，天威新能源扬州出口加工区300兆瓦组件项目实现试产。

【走向海外】 大力实施"走出去"战略。积极开拓海外市场，重庆长安增资1450万欧元，全面升级位于意大利都灵的长安欧洲设计中心，进一步巩固长安汽车"五国九地、各有侧重"的全球研发体系。天威保变携手大唐集团，创新合作方式，成功布局澳大利亚市场。

【重大创新】 大力实施科技兴司战略。技术创新体系不断完善，拥有国家级技术中心9家，国家重点实验室和国家工程实验室各1家，省部级技术中心36家，长安汽车和天威集团技术中心创新能力双双排名行业第一。成立汽车产业美国研发中心；与福特、马自达、标致雪铁龙建立联合研发中心；进一步推进开放型科研开发体系建设，与国防科技大学、北京理工大学、清华大学等院校开展合作；与中国钢研科技集团建立战略合作关系，打造新材料研发平台。围绕制约产业发展的150项关键技术，实施创新型企业推进计划和关键技术攻关计划。知识产权工作取得新成效。2011年专利申请突破2000件，专利授权突破1000件，累计拥有有效专利突破7000件，连续多年居央企前列。2011年，集团公司共获国防科学技术奖励10项，获国家科学技术奖励1项。

【党建工作】 一是深入推进"四讲"主题创先争优活动。制定下发"四讲"主题创先争优活动5个指导文件；隆重举行"纪念建党90周年暨创先争优表彰大会"。二是着力开展党建研究与创新。圆满完成中组部课题《引入战略思维、突出价值导向、以改革创新精神探讨国有企业党的建设科学化评价机制》，并入选建党90周年高层论坛论文集；指导直选基层党支部书记试点，成功经验被中组部全国推广。三是扎实推进学习型党组织建设，宣传思想工作取得新成效。初步形成"六学法"模式，被国资委在央企推广。四是完善超越领先文化体系。制定集团公司企业文化建设考核评价试行办法，指导全行业开展企业文化建设；完成官田中央兵工厂军工教育基地建设；完成《中国兵器装备集团公司十年史》《中国人民兵工史》(1931—2011)和《中国共产党军工史》编写大纲等3部史书的编纂工作。五是注重抓好群团和维稳工作。先后开展11次大型文体活动，活跃精神文化生活；推行民主管理，开展职工董事选举，加强群团工作领导，召开第二届一次会员代表大会。六是认真抓好直属党委工作。召开直属党委2011年工作会议；成立工作机构，全面启动中央企业系统十八大代表选举工作。

【信息化建设】 大力实施信息化"登高计划"和军工数字化工程。建立健全信息化标准体系，打造以数字化协同研发为标志的资源共享平台，不断改善数字化设计、仿真、试验和验证条件，产品开发周期平均缩短50%。2011年集团公司在信息化建设方面总投资达3.9亿元。提出了"构建两个基础网络、建成两类私有云服务、健全三大保障体系、提升四类数字化能力、推进四个重点任务、达到七项指标"的总体目标。实施中间件平台建设方案，实现不同业务系统之间的信息共享和功能整合。

【履行社会责任】 集团公司积极履行社会责任，投入扶贫资金45万元对口云南省泸西县开展教育、卫生、科技、产业扶贫和生态村建设。扶持泸西县吉双村农户种植灯盏花1000亩，实现创收580万元，户均增收达3500元，使该村经济发展赶上和超过当地县人均收入水平。在汶川和玉树地震灾后重建、云南旱灾救助、绿化长江和组织义务献血等活动中开展了富有成效的工作，受到社会好评。在国资委组织的"优秀社会责任实践评选"中，集团公司推荐的"推动灾民就业 支持灾区重建"被评为优秀社会责任实践案例。

集团公司积极完善社会责任组织体系，初步形成全面履行社会责任的机制保障，并编制完成《中国兵器装备集团公司社会责任十二五规划》。成功发布《中国兵器装备集团公司 2010 年社会责任报告》，受到国资委和社会好评。

（撰稿人：张　玲）

中国电子科技集团公司

【基本概况】 中国电子科技集团公司（以下简称"中国电科"）是在原信息产业部直属电子研究院所和高科技企业基础上组建而成的国有大型高科技企业集团，是中央直接管理的十大军工集团之一，国有重要骨干企业。主要从事国家重要军民用大型电子信息系统的工程建设，重大装备、通信与电子设备、软件和关键元器件的研制生产。在国务院国资委中央企业负责人 2004 至 2010 年度经营业绩考核中连续七次获得 A 级和任期考核中连续两次获得 A 级。

中国电科自 2002 成立以来，秉承"国家利益高于一切"的核心价值观，践行"构建国家经络体系，巩固国家富强基石"的历史使命，发扬"自力更生、创新图强、协同作战、顽强拼搏"的预警机精神，坚持走军民结合、寓军于民的发展道路，承担了预警机、国庆 60 周年大庆及首都阅兵、北京奥运会、上海世博会、广州亚运会等一大批国家重大任务，积极开展关键元器件国产化推进工程顶层策划，承担"核心器件、高端芯片和基础软件"（核高基）、载人航天、探月工程等 9 项国家重大科技专项，承建国家电子政务网、全国气象雷达网、空中交通管理系统和轨道交通系统等一大批国家重大信息系统工程，为国防和国民经济建设作出重要贡献。

中国电科积极履行社会责任，展现共和国长子顶梁柱作用。在汶川地震、玉树地震和舟曲特大泥石流的抢险救灾中，中国电科提供应急指挥通讯、卫星导航、气象探测、机载电子测绘等先进的电子信息装备及技术支持，为党中央实施抗震救灾指挥作出了重要支撑。

中国电科积极实施"走出去"的战略，拓展国际贸易市场，初步建成覆盖全球重点市场的外贸营销网络。相继与几十个国家的政府部门和知名企业建立了合作关系，并代表国家参加多个国际组织，在国际市场上树立了良好的 CETC 品牌和形象。

【主要指标】 2011 年，中国电科实现主营业务收入 704 亿元，同比增长 29%；利润 71 亿元，同比增长 34%，均超额完成年初确定的目标。

2011 年中国电子科技集团公司主要经济指标

项　目	2010 年	2011 年	比上年增长（%）
资产总额（亿元）	970.86	1108.63	14.19
净资产（归属于母公司所有者权益）（亿元）	391.93	481.47	22.85
主营业务收入（亿元）	543.96	703.96	29.41
利润总额（亿元）	53.15	71.14	33.84
技术开发投入（本年科技支出合计）（亿元）	85.41	154.9	81.36
全员劳动生产率（万元/人·年）	17.32	17.13	−1.10
净资产收益率（不含少数股东收益）（%）	10.78	11.63	增加 0.85 个百分点
总资产报酬率（%）	6.45	6.87	增加 0.42 个百分点
国有资本保值增值率（%）	111.93	112.94	增加 1.01 个百分点

截至 2011 年底，中国电科共有职工总人数 98060 人，包括专业技术人员 46863 人，经营管理人员 14102 人，技能人员 37095 人。其中，高级专业技术人员 10008 人，研究员级高工 1706 人，中级专业技术人员 18036 人，初级专业技术人员 15125 人。职工中，具有研究生学历 13985 人，本科学历 35157 人，大专学历 18878 人，大专以下学历 30040 人。

中国电科拥有中国工程院院士 10 名，有突出贡献中青年科学、技术专家 35 人，享受国务院政府特殊津贴人员282人，百千万人才和新世纪百千万人才工程国家级人选27人，国家科技奖项负责人191人，中央联系专家信息库入库人员28人。

【改革发展】 2011年，中国电科在全系统深入开展转变思维方式、转变组织方式、转变工作方式的“三个转变”大讨论活动，形成了全面推进转型、实施跨越发展的共识，为实现“国内卓越、世界一流”战略目标奠定了坚实的思想基础。集团公司新一届领导班子提出了“一二五四三”发展总体思路：即实现一个目标，到2020年，把中国电科打造成“国内卓越、世界一流”的企业集团。实施“两步走”战略，到2015年，成为我国军事电子技术与装备及信息技术产业领域中具有影响力、控制力和一定带动力的大型现代国有企业集团；到2020年，成为世界一流的高端电子信息产品供应商、信息技术为支撑的系统集成商、电子信息营运服务商。构建五大业务体系——军工电子、民品产业、技术创新、资产经营、资本运作。深化四项改革——管理体制、科技体制、用人制度和分配制度。强化三大保障体系——党建和企业文化建设、风险防范体系、信息化。

人力资源方面：一是以改革创新精神积极探索干部人事制度改革。新一届领导班子上任后，对集团总部部门职能进行部分调整，并新增设董监事工作部门，此外，对总部12个部门领导进行调整。组织对成员单位领导班子进行较大规模的调整，全年共任免领导干部231名，在总部与成员单位、成员单位之间实施49名干部的交流或轮岗。采取组织选任与内部公开竞聘相结合的方式在7个单位中选拔25名党政副职领导干部；完善领导干部退出机制，落实咨询审议委员会制度；坚持做到考察预告，任前公示，不断提高选任用人的公信度和透明度。除此之外，首次开展总部对社会公开招聘工作，26人通过公开竞聘从1157名应聘者中脱颖而出，走上管理岗位。积极推进薪酬制度改革，建立起工资总额与经济效益联动机制。加强工资总额调控管理，有效调动了广大职工的积极性，促进集团公司经济目标的实现。事业单位改革工作稳步有序推进，组织开展并完成清理规范相关工作。

二是以打造科技领军人才为重点，加强专业技术人才队伍建设。根据打造“国内卓越、世界一流”企业战略目标要求和发展需要，制定《中国电科首席科学家和首席专家管理办法》，构建“两院院士—首席科学家—首席专家—高级专家—专家”的高层次专业技术领军人才发展通道，明确专业技术人才的职业发展方向和个人成长路径，更好地调动他们的积极性和创造性，促进专业技术人才快速成长。按照制度规定，组织评选出首席科学家4名，首席专家16名，初步建立起集团公司高科技领军人才队伍。

三是打造“学习型”组织。通过开展继续教育、公派留学、员工培训、网络教育、干部培训、外部培训等途径，有计划地对技术人才和干部职工进行分类培训，不断提高科技人才和各类管理人才的专业技能和综合素质。组织开展总部员工网络上线培训。年内还举办150余名领导干部参加的培训班，集团公司领导、大型企业集团高管以及机关总部有关部门领导相继授课，使广大干部增长了知识，开拓了视野，为思维方式、组织方式和工作方式的转变起到积极的推动作用。

资产经营方面：加强投资管理和资产经营工作，成立集团公司资产经营部（董监事工作部），加快推进投资管理向资产经营转变，资源配置向集团主导转变。完善集团公司投资管理办法和投资决策流程，筹建投资审议委员会，为全面开展资产经营工作做好准备。

2011年完成各项投资近76亿元，其中股权类投资15亿元，审慎稳妥地开展对外股权并购；开展产权转让工作，建立退出机制；推动企业改制工作，为建立规范的法人治理结构创造条件；进一步推进核心民品公司迈向资本市场，杰赛科技成功上市。

加强2012年投资预算的管控力度，顶层管控，确保各类投资符合集团公司发展战略规划的要求。

与地方及企业的合作：2011年，中国电科积极融入地方经济，加强与跨国公司、民营企业的深入合作，促进战略性新兴产业的发展，取得良好的经济效益和社会效益。其中，与浙江省签署战略合作协议，标志中国电科将与浙江省加深在智慧城市建设、海事电子等（领域）工作；与上海市建立战略合作关系，建设信息产业园，支持“华云计划”、物联网等重大产业在沪发展;深化与北京市合作,承担了“平安北京”顶层设计”,推动电子政务云及集成电路制造装备产业的发展。在国际方面,与 IBM、HP、CISCO 等世界一流企业加强交流沟通,寻求开展新的合作。

【重大项目】 重大军工任务方面。2011 年,中国电科军工科研生产试验任务全面完成,科技创新取得新突破,为军队信息化建设作出重要贡献。

在中国载人航天事业中,中国电科作为载人航天工程副总指挥长单位,在载人飞船、运载火箭、发射场、测控通信、返回着陆、空间应用、航天员所有七大系统中承担重要任务,负责测控通信、雷达探测、太阳能电池和大量关键元器件的研制任务,设备分布于各基地、指挥中心及船、箭、航天服等,为载人航天工程的顺利实施作出突出贡献。顺利完成“神舟八号”与“天宫一号”的交会对接各项任务,受到党中央、国务院、中央军委的表彰。

为保障探月工程的顺利实施,中国电科承担测控、地面应用、卫星电源等系统的研制任务,有力保障探月工程的顺利实施,为我国进一步和平开发利用月球和太空作出了重要贡献。

重大民品项目方面:2011 年,中国电科民品产业定位于占领产业链和价值链,产业实现持续、高速增长,推动一批规模大、水平高、效益好的项目实施。充分发挥技术优势,在全国范围内开展“智慧城市”、“平安城市”建设,重点实施平安重庆、智慧北京等重大项目,为促进社会的和谐稳定和发展作出积极贡献;在软件与信息服务产业领域,以发展“云计算”产业为契机,加强政务信息化、行业信息化建设,通过信息化与工业化融合;在电子装备制造领域,启动的 65～45 纳米大束流离子注入机项目将成为我国核心电子装备制造业的又一次技术突破;在民航空管领域,自主研发的空管自动化系统、空管一次雷达、二次雷达先后获得民航总局颁发的使用许可证,标志着我国自主研发的空管装备取得了重大突破,打破跨国公司垄断;在轨道交通领域,首次以总承包的身份承担轨道交通建设项目,全线使用具有自主知识产权的轨道交通电子装备和系统;建立与国内外大企业合作,推进集成电路,太阳能工艺设备的系统开发;积极争取国家部委支持,获得国家科技部重大专项、发改委高技术产业化项目、工信部电子发展基金项目等共十余项,通过产业化项目的示范带动作用,极大提升产业化能力。

【走向海外】 2011 年,集团公司积极实施“走出去”战略,以军贸为核心、重大工程为抓手,大力策划推进国际经营业务,提出以“构建三大平台、拓展四项业务、打造五个板块”为主的国际化经营重点工作内容,持续提升国际化经营的规模和水平,塑造 CETC 国际品牌形象,开创国际业务新格局。

进一步加大市场开拓力度,扩大国际化经营范围。全年实现进出口成交额 20.1 亿美元,其中进口 5.5 亿美元,出口 14.6 亿美元。通过大系统、大项目的出口,带动相关产品技术的出口,形成价值链条。通过加大投入,提升自主创新能力,逐渐形成军民贸产品体系,产品结构不断升级,出口方式逐渐从单一产品向系统化、集成化装备转变,向技术、系统、服务、人才培训一体化发展,出口局面不断扩大,集团化运作能力和水平不断增强,逐渐发挥出集团公司的整体竞争优势。四人获得国防科工局国防科技工业出口先进个人荣誉称号。

围绕集团公司战略实施,组织策划重大国际合作专项,开展国际合作平台建设,积极争取国家优惠政策支持,促进国际化经营能力与水平的提升。通过积极争取,2 个项目被列入科技部国家科技合作专项,2 个成员单位分别获得商务部 A 类物资类援外企业和对外承包工程资质。

规范外事管理,做好风险防控与应急预案,既服务国家总体外交大局和经济工作,同时保障“走出去”战略的顺利实施。通过高层出访深化与重点战略合作伙伴的关系,积极推动项目进展,取得了实质性成果。

组团参加第十四届中国北京国际科技产业博览会(简称“科博会”),展示了智能城市、物联网、安全电子、新能源等项目,显示出集团公司雄厚的科研、生产、经营和国际合作的实力,彰显了中国电科作为电子信息产业“国家队”的整体形象和品牌实力,被组委会授予最佳展示奖。

【重大创新】 2011 年中国电科集团围绕“国内卓越、世界一流”的战略目标,组织制定“十二五”科技发展规划，在全面分析新的形势以及现有科技体系不足的基础上，提出构建“决策、组织、资源、保障”四位一体技术创新体系重构的总体设想。通信网络传输与分发技术重点实验室挂牌，标志着集团第15个国家重点实验室进入正式运行，实验室数量居各军工集团公司首位。

2011年，中国电科面对任务重、战线长、科研生产高度交叉的严峻形势，始终坚持以军为本，牢牢抓住重点工程不放松，以高度的责任感和使命感，按计划高质量全面完成各项军工科研生产任务。“核高基”重大专项总体进展正常，部分成果率先实现工程应用、产业化，大幅提升电子整机装备研制水平。初步建立3英寸三代半导体综合技术平台；Ka波段空间行波管样管指标达到100W，在国内首次实现行波管总效率达到60%以上，接近国际先进水平；C波段、Ku波段星用固态放大器具备卫星应用条件；TDI CCD首次在试验四号卫星上成功应用；30万门抗辐照FPGA实现小批量供货；军用中间件软件实现与部队现役系统的互连互通；先后发布汽车电子基础软件平台1.0版、2.0版、3.0版，并在一汽、上汽、奇瑞、长安等汽车厂家多种车型上得到应用验证。中国电科军工电子国家队的地位进一步巩固，重要电子装备和关键元器件拥有核心技术和自主知识产权，在我军信息化建设中的引领作用日益突出。2011年，承担各类科技创新项目1700余项，投入经费27亿元，同比增长23%。专利申报总数和发明专利申报总数分别比2010年增加10%和15%。在“载人航天与探月工程”中承担了重要研制任务，有力保障了“天宫一号”与“神舟八号”交会对接；在“高分辨率对地观测”专项中很好地发挥了民用地面系统总体作用，为专项实施奠定了坚实基础；“北斗二代”工程中承担导航卫星有效载荷总体任务，并担任卫星系统副总设计师；“核、高、基”专项中继续发挥主导作用，突破一批制约国防工业和国民经济发展的关键技术，显著提升基础元器件的国产化水平。

2011年获得国家科技进步一等奖1项，二等奖1项；获得国防科学技术进步特等奖1项，一等奖6项，二等奖17项，三等奖30项，技术发明三等奖1项；集团公司科学技术奖131项，其中特等奖2项，一等奖25项，二等奖37项，三等奖67项。

【党建工作】 大胆探索，不断创新，推动“量化有效型”党建工作体系构建。集团公司党组提出“量化有效型”党建工作体系构建的基本思路，并结合实际，在认真继承总结多年来党建工作的优良传统和实践经验的基础上进行积极有效地探索和实践。“量化有效型”党建工作体系把思想引领、作风形成、基础建设、干部人事、人才支撑、激励驱动、内控监督、文化凝聚、群团合力九大保证作为融入中心的“路”与“桥”，把党建工作作用于中心工作的结果作为衡量党建工作成效的标准，实现党建工作的价值创造能力，通过体系构建推动集团公司党的建设工作转型，从而使党建工作更好地作用于中心工作。同时，集团公司党组组织有关力量借鉴ISO9000质量管理体系、保密认证体系的思路和办法，制定集团公司“量化有效型”党建工作考评体系。考评体系把党建工作作用于中心工作的效果作为评价标准，突出党建工作对中心工作的保证作用，突出考评标准的可量化和重考核，是党建工作科学化的一次大胆尝试，考评体系已经下发全系统征求意见。

思想政治建设取得新进展。全系统各级党组织按照集团公司党组《关于推进学习型党组织建设的实施方案》的要求，全面加强学习型党组织建设。认真学习贯彻胡锦涛总书记“七一”重要讲话和十七届六中全会精神。成功召开云湖会议，集中全系统党政主要领导和总部各部门负责人，对集团公司未来发展思路进行深入研讨，促进思想统一和观念转变。各级党组织积极创新学习方法，广泛开展“三个转变”大讨论活动，取得很好的效果，推动广大干部员工的思想解放和观念转变，进一步强化全系统的科学发展、转型升级、改革创新、战略联盟等意识。

创先争优活动取得新实效。组织开展创先争优阶段性量化考核和领导点评工作，实现全系统领导点评全覆盖。全面启动创先争优活动第二阶段工作，积极开展“党员创新工程”、“党员责任区”、“党员先锋岗”等特色活动，很好地发挥基层组织的战斗堡垒作用和共产党员的先锋模范作用，促进中心工作，收到良好的效果。结合庆祝建党90周年，进行“七一”表彰活动，表彰在创先争优活动中涌现出来的52个“七好”先进基层党组织、74名“七好”优秀共产党员、20名优秀党务工作者和10个成绩突出的争创项目，营造学先进赶先进争先进的浓厚氛围。2011年，14所党委被授予“全国先进基层党组织”荣誉称号，28所、13所党委、3所第八党支部荣获中央企业先进基层党组织称号，3名同志荣获中央企业优秀共产党员和优秀党务工作者称号。创先争优活动的有效开展激发广大党员、干部和员工的进取精神和拼搏激情，为保证国防重点工程和各项目标任务完成发挥重要作用。

党风廉政建设和反腐败各项工作稳步推进。认真贯彻落实十七届中央纪委六次会议和中央企业反腐倡廉工作会议精神，按照“坚持一个统领、贯穿一条主线、突出一个重点、抓好五个方面、强化两项保障”的工作思路，扎实推进惩治和预防腐败体系建设。与集团领导、总部各部门负责人及成员单位党政主要领导签订《2011年度党风廉政建设责任书》，通过明确责任内容，强化责任追究，进一步推进党风廉政建设。深入贯彻落实中央四部委12号文件精神，大力推进纪检监察队伍自身建设。全系统专职纪检监察人员从原来的97人增加到122人。落实纪委书记向纪检组述职制度，在书面述职的基础上，安排11家成员单位的纪委书记进行当面述职。在全系统组织开展“以人为本创和谐、风清气正促发展”主题演讲比赛活动，所有成员单位都组织人员参加活动，共组织演讲比赛80余场，参赛选手近500人，听众达一万余人次，收到良好的效果。认真受理来信来访和举报，对反映的情况及时进行排查和核实，做到件件有着落。对上级机关交办的重要违纪案件线索，深入调查，并根据查实结果进行严肃处理。各级纪检部门全年共受理信访举报162件(次)，立案4件，给予党政纪处分4人。继续开展巡视工作试点，积极探索规范权力运行的有效方式，积极探索有效开展巡视工作的组织模式和运行机制。开展“三重一大”决策制度贯彻落实情况和对外协作管理效能监察工作，通过效能监察，普遍提升全系统对贯彻落实“三重一大”决策制度和强化对外协作管理的认识，有效推动制度的贯彻执行，促进对外协作管理水平的提升。开展中层以上领导人员持股清理和规范工作、加快转变经济增长方式及院所领导人员收入监督检查工作；同时持续深入开展工程建设领域突出问题、“小金库”、商业贿赂等专项治理工作，有效促进集团公司的规范运行和健康发展。

企业文化建设进入新阶段。把弘扬“自力更生、创新图强、协同作战、顽强拚搏”的预警机精神作为集团公司企业文化建设的重要内容。对预警机精神的内涵进行系统发掘、整理和升华。加大预警机精神宣传力度，在北京、成都、南京、合肥、郑州等地进行9场巡讲，听众达万余人，在集团公司内外产生了很好的影响，得到上级领导和有关部门的充分肯定，全总专门授予预警机项目全国五一劳动奖状、奖章。其中，电科院、27所荣获全国五一劳动奖状，王小谟等14人荣获全国五一劳动奖章。中宣部《时事报告》、新华社等重要新闻媒体都对预警机精神宣讲活动进行专题报道，提升集团公司的认知度和美誉度。

群团组织建设取得新成果。结合庆祝建党90周年，成功举办“红歌颂党、激情腾飞”文艺演出，展现中国电科人奋发有为、开拓进取的精神风貌。开展十大营造和谐氛围工程和十大青年创新工程评选活动。成功举办以“凝聚青年力量、推动创新发展”为主题的首届青年科技创新论坛。共青团工作先后荣获团中央和中央企业团工委奖项42个。

【信息化建设】 2011年，信息化工作取得显著进步。中国电科以“十二五”信息化规划为引领，全面启动科研网升级改造，进一步完善信息化制度规范体系和信息安全体系，总部多项管理信息系统上线运行。在国资委信息化水平测评中达到B级水平，在保密资格审查认证中发挥了信息化重要支撑作用。

【履行社会责任】 2011年，紧紧围绕集团公司“一二五四三”的战略部署，深入落实“三个转变”的总体要求，“以构建国家经络体系，共享平安智慧生活”为责任理念，以“创一流企业，担一流责任”为工作目标，立足于推进社会责任与企业发展深度融合，促进企业可持续发展，重点围绕“树理念、建体系、推示范、发报告”等方面，全面部署工作、分步推进重点和实践工作，形成“四融”、“三全”、“三明”的推进工作思路和“维护国家安全利益、促进产业经济发展、推绿色环保进步、助力社会和谐建设”的责任模型。

成功发布集团公司首份社会责任报告，取得良好社会反响。成为首家通过“中国企业社会责任评级委员”报告评级的军工集团，并获"4星级优秀报告"评价。在《中国企业社会责任报告白皮书2011》对全国688家企业报告排名中名列12位(央企第九，军工集团第一)。

率先建立集团公司首个社会责任示范基地。在电科国际成功举办"集团公司首个社会责任示范基地挂牌仪式"，成为国资委倡导的"走进央企"活动的典范，全面地展现中国电科作为中央企业负责任的共和国长子形象，加强社会对中央企业的理解、支持与认同。

社会责任管理推进和实践工作不断深入，并获国资委表彰。社会责任规划纳入集团中长期战略规划纲要重要内容；通过召开各类工作、研讨座谈会议，开展优秀案例征集、社会责任简报、内外网站专栏建设等加强社会责任理念宣传、体系建设和重点实践的策划与引导，涌现出27所等20个单位的25个优秀管理、实践案例。集团公司"固责任之本，行科学管理"等两个案例入选国资委"央企优秀案例"，成为获奖最多的央企之一。

【其他情况】 2011年9月24日和25日，集团公司总部以486分的高分顺利通过国家军工保密资格认证委的一级保密资格单位认证。2011年，集团公司所属16家成员单位通过一级保密资格单位认证、20家通过二级保密资格单位认证。

(撰稿人：蒋晓琳)

中国石油天然气集团公司

【基本概况】 中国石油天然气集团公司(China National Petroleum Corporation，英文缩写"CNPC"，中文简称"中国石油")是国有重要骨干企业，是以油气业务、工程技术服务、石油工程建设、石油装备制造、金融服务、新能源开发等为主营业务的综合性国际能源公司，是中国主要的油气生产商和供应商之一。2011年，在世界50家大石油公司综合排名中位居第五位，在《财富》杂志全球500家大公司排名中位居第六位。中国石油天然气股份有限公司是中国石油集团最大的控股子公司，截至2011年底，中国石油集团拥有其86.35%的股权。

【主要指标】 2011年，面对复杂多变的宏观经济形势，中国石油大力实施资源、市场、国际化战略，突出抓好发展、转变、和谐三件大事，平稳组织生产经营，有效应对各种风险和挑战，全面完成了各项目标和任务，主要生产经营指标均创历史好水平。全年实现营业收入2.38万亿元、利润总额1817亿元，应缴税费4015亿元，同比分别增长38.4%、5.3%和28.2%。

勘探与生产业务立足国内主要探区，取得多项重要发现和深层重大突破，在四川盆地实现震旦系天然气勘探重大突破，在鄂尔多斯盆地拓展下古生界天然气勘探新领域。全年新增探明石油地质储量7.15亿吨、天然气地质储量4879亿立方米，探明油气储量当量连续第五年超过10亿吨，资源接替状况良好。油气生产方面，连续第三年开展以注水为核心的"油田开发基础年"活动，加大新区产能建设力度，国内油气田主要开发指标持续好转，稳产基础进一步夯实，油气产量稳定增长。全年国内生产原油10754万吨、天然气756亿立方米。

炼油化工业务统筹优化原油资源，加强生产运行管理，主要技术经济指标持续改善。全年国内加工原油14483万吨、生产成品油9300万吨，同比分别增长7.1%和7.7%。炼化布局战略性结构调整取得新进展，辽阳石化炼油改扩建工程投产，成为公司第八个千万吨级炼油基地。化工业务围绕市场需求，增产适销对路产品，产销量同比均实现较大幅度增长。

销售业务采取多种方式筹集资源，克服自然灾害、运力紧张等困难，强化资源调运，通过开辟加油绿色通道、完善便民利民措施、销售网络和客户服务体系等保障供应。全年国内成品油销售量突破1亿吨，同比增长12.2%，零售量8556万吨，市场份额稳步提升。进一步巩固并强化燃料油、沥青业务在国内市场最大供应商的地位，持续优化润滑油业务市场布局。

加快发展天然气业务，天然气产量已占到公司国内油气总当量的36%。天然气销售加强产运销储衔接，加大市场开拓力度，有效推进天然气下游利用业务，加强新投产管道沿线用户开发，天然气销售量达到827亿立方米，同比增长23.7%，供应范围扩大到全国28个省市区，确保了城市居民、公用事业和重点工业用户的安全平稳供气。

重点工程建设项目取得重要进展。油气管道总里程突破6万千米，约占国内的2/3，基本形成遍布全国、连通海外、资源多元、运行高效的油气供应保障体系。西气东输二线干线工程全线建成投产，成功将中亚天然气引入能源需求旺盛的长三角和珠三角地区，有利于缓解国内天然气供应紧张局面。公司自主设计和施工的江苏、大连LNG项目建成投运，开始向西气东输管网和东北地区供气。

国际业务运作质量和效益稳步提升，海外合作综合一体化发展格局初步形成、优势充分发挥，合作领域从上游勘探开发拓展到炼油化工、管道储运、销售贸易、工程技术服务等。现有油气合作项目保持平稳运行，油气作业产量当量突破1亿吨，权益产量当量超过5000万吨。国际贸易继续保持快速发展态势，经营规模和效益持续提升，全球范围内优化配置资源的能力得到加强。全年实现贸易量2.5亿吨，同比增长29.1%。亚洲、欧洲、美洲三大海外油气运营中心初具规模。

工程技术、工程建设和装备制造业务的服务保障作用和市场开拓能力持续提升，公司综合一体化优势更加明显。金融业务稳健发展，投资结构进一步优化，境内外融资卓有成效，为公司发展提供资金支持。

表1　2011年中国石油天然气集团公司主要经济指标

项　目	2010年	2011年	比上年增长(%)
资产总额(亿元)	26299.6	30278.8	15.1
归属于母公司所有者权益合计(亿元)	13956.5	15139.2	8.5
营业收入(亿元)	17208.9	23812.8	38.4
利润总额(亿元)	1726.6	1817.2	5.3
净利润(亿元)	1241.8	1305.3	5.1

【改革发展】 中国石油天然气集团公司是国有独资企业。中国石油根据《中华人民共和国公司法》《中华人民共和国企业国有资产法》等相关法律、法规的规定和国务院国有资产监督管理委员会的部署，推进规范董事会建设，构建并不断完善股东、董事会、监事会和经理层，权责分明、各司其职、有效制衡、科学决策、协调运转的法人治理结构。公司实施两级行政、三级业务管理，对全资企业、控股企业、参股企业的资产，依法行使资产收益、重大决策和选择管理者等出资人权利，对国有资产依法进行经营、管理和监督，并承担国有资产保值增值责任。

2011年，为进一步明确职责定位，清晰管理界面，中国石油对总部部分部门进行机构归并、职能调整和名称变更。整合节能减排业务职能，将节能节水业务职能、机构和相关人员由质量管理与节能部划转安全环保部管理。根据职能调整情况，质量管理与节能部更名为质量与标准管理部，安全环保部更名为安全环保与节能部。调整部分部门名称。预算管理办公室更名为预算管理部，国际事业部(外事局)更名为国际部(外事局)，监察部加挂监察局牌子，维护稳定工作办公室(综合治理办公室)更名为维稳信访工作办公室(综合治理办公室)并加挂保卫部牌子。

面对外部环境变化带来的诸多挑战，中国石油深入贯彻落实科学发展观，积极转变发展方式，强化风险防范，提升管控能力，生产经营保持稳定健康发展，实现“十二五”良好开局。

中国石油始终把安全环保放在突出位置，以推进HSE管理体系建设为主线，以风险管理为核心，采取一系列固本强基措施提升安全环保管控能力，实现安全环保形势的总体稳定和持续好转。2011年，制定并印发《中国石油天然气集团公司工程建设承包商管理办法》，努力从源头管控承包商安全。发布《中国石油天然气集团公司建设项目环境保护管理办法》，强化对立项论证、环评报批、设计施工、竣工验收等关键环节的环保监管，以确保重大项目依法合规建设和运行。

与此同时，深入贯彻质量方针，建立健全质量管理体系和企业标准体系，产品、工程、服务质量和水平持续提升。截至2011年底，主营业务所属企事业单位质量管理体系建立率达到97.3%，应认证单位第三方认证率达到94%；其中，油品销售企业质量管理体系认证率达到100%。企业标准体系进一步完善，全年共制修订国家标准、行业标准和企业标准390项。国际标准化组织煤层气技术委员会落户中国石油煤层气国家工程研究中心，对于确立公司在国内煤层气领域的主导地位具有重要意义。

中国石油不断创新管理思路和方法，加强基层建设和基础工作。深入推进自有核心技术的标准化、有形化，科技贡献率持续提高。着力提高员工基本素质，突出技术人员、一线员工的专业技术和技能培训。培训的针对性和实效性进一步增强，岗位应知应会、操作规范、HSE知识技能培训等收效明显。总部组织实施培训项目114个，培训近2万人次；所属企事业单位累计培训管理人员26.3万人次、专业技术人员16万人次。公司远程培训平台日趋完善，配置培训课程600多门，具备在线培训和异地同步视频培训能力。

国际化人才队伍建设和海外人才属地化进程取得新进展，海外项目外籍员工比例达到91%。中国石油在厄瓜多尔的安第斯项目和秘鲁的6/7区项目，当地员工比例已达到90%以上；在委内瑞拉的合资公司，中方员工比例不到当地员工的5%。土库曼斯坦阿姆河天然气项目通过“师傅带徒弟”、脱产、外派等多种培训方式，全年培训土方员工1336人。尼日尔项目根据当地实际情况，建立一支理论和实践经验丰富的内部讲师团队，按需施教，帮助尼方员工尽快掌握相关工作技能。公司还为南苏丹举办钻井和电焊技工培训。

【重大项目】 中国石油把保障国家能源安全和市场稳定供应作为首要责任。2011年，中国石油国内油气产量创历史高水平，天然气业务保持了快速发展势头，炼化重点项目和油气骨干管网建设有序推进，原油加工量、成品油和天然气销售量均实现较大幅度增长，成为保障国家能源安全的中坚力量。

大庆油田连续九年实现4000万吨稳产。大庆油田自1959年发现以来已投入开发52年，是国内第一大油田。它的勘探开发印证我国科学家提出的陆相生油理论，形成一套行之有效的大型陆相多层砂岩油田开发技术。大庆油田原油年产量自1976年达到5000万吨之后，公司通过实施“稳油控水”工程等举措，全力控制油田自然递减率和含水上升速度，并将原来的单一水驱开发转变为水驱和聚合物驱并存的开发方式，使大庆油田连续27年保持5000万吨高产稳产。

2003年以来，随着大庆油田的主力油田逐步进入“特高含水、特高采出程度”的“双特高”开采阶段，大庆油田原油产量也逐年下调。大庆油田依靠科技进步，采用新技术，尝试新的开采方式，经过多年的现场试验和攻关，形成适合“双特高”油田开发和稳产的新技术。通过采用以水驱控制油田递减率、聚合物驱提高开发效率和三元复合驱提升稳产基础的技术系列，截至2011年，大庆油田连续九年保持4000万吨以上年产规模，占公司同期国内原油总产量的30%以上。

2011年，大庆油田重点推进精细油藏描述、精细高效注水、精细措施挖潜和精细生产管理，挖掘各类油层、各套井网和措施的增油潜力。在精细油藏描述的基础上，实施以细分注水为主的注采结构调整，加细注水层段，加密测试周期，油田产量递减和含水上升大幅减缓。此外，复合驱油配注、举升工艺进一步完善，强碱、弱碱三元复合驱工业性试验提高采收率均达到20%以上，为大庆油田实现更长时期的稳产提供技术路径。

长庆油田油气当量突破4000万吨。2011年，长庆油田油气当量达到4060万吨。其中，近四年年均增产500万吨以上，是国内油气产量增长最快的油气田。

长庆油田勘探开发区域主要位于鄂尔多斯盆地，横跨陕西、甘肃、宁夏、内蒙古、山西五省区。鄂尔多斯盆地地质构造复杂、油气藏分布高度分散，储层致密，开采难度大。20世纪70年代以来，长庆油田立足低渗透岩性油气藏，突出碳酸盐岩新领域勘探，提出多层系复合成藏理论和大型致密岩性气藏理论并完善碳酸盐岩成藏理论，实现了姬塬、苏里格等地区油气储量的快速增长。2008年以来，新增探明石油和天然气储量每年保持在2亿吨和2000亿立方米以上。

由于新增油气储量以低渗透、特低渗透和超低渗透油气藏为主，长庆油田建立超低渗透油藏开发管理模式，以提高单井产量为目标，形成以储层快速评价、有效驱替系统优化、水平井多级压裂改造、地面优化简化、低成本钻采配套、水平井开发为主要内容的六大技术系列19项特色技术，实现超低渗透油藏的有效动用。2011年，超低渗透油藏原油年产量达到550万吨，占长庆油田原油总产量的1/4左右，成为长庆油田原油产量新的增长点。苏里格气田按照勘探开发一体化模式，突出产能建设的计划性和规范性，自2006年实现规模有效开发以来，截至2011年底已具备170亿立方米/年天然气生产能力，成为国内天然气生产规模最大的气田。

在油气通道及储运设施建设方面，2011年，兰成原油管道等十余条油气管道建设项目相继开工，西气东输二线干线、秦沈天然气管道、大沈天然气管道、山东天然气管网等骨干管道和配套管网建成投产。

西气东输二线是我国第一条引进境外天然气资源的大型管道工程，包括霍尔果斯—中卫—广州干线和靖边、轮南、十堰、泰安、湘潭、上海、南宁、深圳8条支干线，干线及支干线总长8704千米。其中，干线长4978千米，支线长3726千米。管径1219毫米，设计压力10兆帕，设计输气能力300亿立方米/年。以宁夏中卫为界，分东西两段进行施工。

2008年2月，西气东输二线西段(霍尔果斯—中卫干线)率先开工建设，并于次年12月投入运营。2009年2月，东段中卫—广州干线开工，2011年6月30日竣工投产。至此，西气东输二线干线工程全线建成投运，实现与西气东输管道、陕京天然气管道系统、忠武天然气管道等国内重要输气干线和管网的连通，成功将中亚天然气引入能源需求旺盛的长三角和珠三角地区。

中亚天然气管道是公司首条在境外跨多国建设和运营的天然气长输管道。管道起自土库曼斯坦和乌兹别克斯坦边境格达伊姆，经乌兹别克斯坦、哈萨克斯坦到达中国境内新疆霍尔果斯，采用A、B双线并行方式敷设，全长3666千米。2010年10月26日，中亚天然气管道双线贯通，中亚天然气管道输气能力增至150亿立方米/年。2011年，1、4、6号压气站建成投运，使中亚天然气管道输气能力提升至230亿立方米/年，全年输送天然气158.6亿立方米。

在大型炼化基地建设方面，公司全年新建成13项重点工程共计36套炼化装置。随着辽阳石化炼油改扩建工程投产，公司千万吨级炼油基地升至8个。长庆石化、乌鲁木齐石化和锦州石化三个质量升级配套项目建成投产。抚顺石化千万吨炼油百万吨乙烯项目建成中交，呼和浩特石化500万吨/年炼油扩能改造项目机械竣工，四川石化大型炼化一体化项目、大庆石化乙烯项目等重点工程进展顺利。

宁夏石化500万吨/年炼油项目是西部管道沿线炼化产业带的重要组成部分，包括改扩建500万吨/年常压蒸馏装置、260万吨/年催化裂化装置、60万吨/年连续重整装置、10万吨/年聚丙烯装置等12套装置及配套公用工程。项目于2009年12月开工，2011年12月进入试生产阶段。

乌鲁木齐石化炼油升级改造项目包括新建600万吨/年常减压装置、150万吨/年蜡油加氢装置、120万吨/年延迟焦化装置、200万吨/年柴油加氢精制装置和4万吨/年硫磺回收装置，以及改建40万吨/年连续重整装置等，预计2013年整体建成。2011年，200万吨/年柴油加氢装置、120万吨/年延迟焦化装置先后投产，生产出合格产品。

【保障油品供应】 2011年国内成品油市场需求快速增长，公司所属销售企业综合采取有效措施，有效保证成品油市场稳定供应。一是加大协调力度，多渠道筹集资源，全年购进资源11414万吨。二是加强调运组织，确保资源及时到位。积极争取铁道部的支持，加大铁路运输力度；合理安排乌兰、兰成渝、兰郑长等管道输送批次；积极协调国内主要航运企业，加大东北资源的下海组织，实现了库存向销售前沿摆布。三是突出重点行业、抗旱救灾和农业的油品供应。按照保增长、保民生、保稳定的要求，努力满足农用、公交、物流运输等用油需求，保障好大型工矿企业、基建工程以及电力、机车、民航等行业。农业“春耕”、“三夏”和“秋收”期间，组织下属销售企业单位采取设立绿色通道、组织流动加油、增设橇装加油设施等措施，做好春耕送油下乡及配套服务。四是强化加油站服务和管理，保障平稳有序运行。下发《成品油市场保障供应预案》，通过强化预案演练、科学排班、机关人员驻站等措施，保证加油站现场服务水平。

【走向海外】 中国石油1993年开始“走出去”，经过十多年的发展，国际业务合作领域从上游勘探开发拓展到炼油化工、管道储运、销售贸易、工程技术服务等。

2011年，中国石油进一步优化海外资产配置，强化风险防范和管控能力，国际油气业务运作质量和效益稳步提升。一批重点项目取得突破性进展。伊拉克产能建设项目顺利推进，艾哈代布项目建成600万吨/年产能规模，成为伊拉克20年来第一个投产的新建油田项目；与BP公司合作开发的鲁迈拉项目实现快速上产；与道达尔公司合作开发的哈法亚项目进展顺利。乍得、尼日尔两个上下游一体化项目全面竣工投运。

中国石油在海外持续推进风险勘探和滚动勘探，加大自主勘探力度，获得一系列重要发现。乍得H区块在邦戈盆地东部新区发现油气区带。通过滚动勘探，公司在哈萨克斯坦、印度尼西亚、南美等国家和地区的合作项目取得一系列新进展。

油气生产方面，现有油气合作项目保持平稳运行。公司加强老油田精细挖潜和新井实施力度，推广注水开发、水平井开发等成熟工艺技术，水平井占同期开发总井数的27.7%。海外油气作业产量实现快速增长，油气作业产量当量突破1亿吨，权益产量当量超过5000万吨。全年原油作业产量达到8938.2万吨、天然气作业产量170.6亿立方米，同比分别增长17.9%和24.5%。

中国石油在海外运营的油气管道总里程超过1万千米。其中，原油管道6672千米，天然气管道3822千米，全年输送原油3919.6万吨、天然气177.6亿立方米。中哈原油管道、中俄原油管道等长输油气管道保持安全平稳运行，中亚天然气管道输气能力提升至230亿立方米/年，全年输送天然气158.6亿立方米。此外，公司分别与乌兹别克斯坦国家油气公司、哈萨克斯坦国家油气公司签署了中亚天然气管道C线建设和运营协议，C线将与已建成投运的A/B线并行敷设，输送来自土库曼斯坦、乌兹别克斯坦和哈萨克斯坦3个国家的天然气，建成投运后将使中亚天然气管道全线输气能力提升至550亿立方米/年。

中国石油与资源国在下游领域的合作不断深化，海外原油加工量达到3478万吨。乍得恩贾梅纳炼油厂、尼日尔津德尔炼油厂等下游合资项目按期建成投产；苏丹喀土穆炼油厂、哈萨克斯坦PK奇姆肯特炼油厂等炼化项目积极优化生产方案和工艺，实现安全平稳高效生产；中国石油收购的新加坡和日本大阪等合资炼厂运行平稳。

【科技创新】 2011年，中国石油持续加强科技研发投入，在油气勘探、油气生产、炼油化工、工程技术服务等主营业务领域取得一系列重要进展和成果。全年共申请专利3026件，其中发明专利1234件；获得授权专利2304件，其中发明专利448件。9项科研成果获得国家奖励。其中，"中国石油海外合作油气田规模高效开发关键技术"和"环烷基稠油生产高端产品技术研究开发与工业化应用"两项成果获得2011年度国家科技进步一等奖；"万米级特深井陆用钻机设计制造与工业化应用"、"中国中高煤阶煤层气地质理论、关键技术与工业化应用"、"大型高含硫气田安全开采及硫磺回收技术"、"内陆坳陷湖盆低渗透油田勘探开发技术及应用"等6项成果获得国家科技进步二等奖；基于光纤振动传感的油气管道安全预警技术与应用，获得国家技术发明二等奖。

在油气勘探领域：建立中国海相碳酸盐岩油气藏勘探开发理论，形成12项碳酸盐岩勘探开发配套技术，有效指导碳酸盐岩勘探和新区产能建设。通过歧口富油气凹陷专项研究获得多项地质新认识，丰富和发展渤海湾盆地富油气凹陷石油地质理论。岩性油气藏、前陆盆地、非常规油气资源等勘探开发理论和配套技术不断完善，建立低孔渗一致密砂岩优质储层成因模式，构建深部有效储层发育模式，初步建立我国页岩气资源评价技术规范与标准等。海外油气勘探及综合配套技术研究进一步丰富和完善，有效指导了海外勘探实践。

在油气田开发领域：注水开采工艺技术不断完善，二类油层聚合物驱油技术实现工业化应用，研制出适合弱碱三元复合驱油体系的石油磺酸盐表面活性剂等，为大庆油田持续稳产提供有力支撑。初步攻克超低渗油气藏开发关键技术，研发超低渗透油层增产改造新技术、低渗透油藏整体调剖工艺及三大类堵剂体系，创新形成超低渗透油层小水量精细注水技术、水平井分段压裂改造技术、数字化撬装增压地面配套工艺技术，有力保障长庆油田快速上产。CO_2驱油及埋存技术攻关和现场试验取得重大进展，在吉林油田初步建成国内首个CCS-EOR减排增效一体化示范基地。火山岩天然气藏开发配套技术在新疆、大庆、吉林油田实现商业化应用，动用地质储量2000多亿立方米，年产量超过25亿立方米。

在炼油化工领域：劣质重油轻质化关键技术、大型乙烯装置工业化成套技术、大型氮肥工业化成套技术研究和开发取得重要突破。炼油催化剂方面，研制开发出LDO系列5个牌号的催化剂产品并在国内外10套装置上推广应用。Hostalen淤浆工艺聚乙烯催化剂工业应用试验、乙丙橡胶生产装置中试等重大工业化试验项目全面启动，取得较好效果。

在工程技术和装备制造领域：ES109地震仪实现产业化升级，完成15000道100平方千米三维高密度地震采集现场试验；研制的G3有线地震仪5000道样机开始野外试验。三维成像测井等高端测井仪器研制取得显著进展，基本形成电磁波电阻率、可控源中子孔隙度、方位伽马等地层评价随钻测井技术系列，使我国成为全球极少数掌握岩性、饱和度和孔隙度3个参数地层评价随钻测井技术的国家。精细控压钻井系统、BH—VDT5000垂直钻井系统试验应用取得重大进展。研制成功20MW电驱压缩机组、30MW燃驱压缩机组和大口径高压全焊接球阀等新产品，全部具备工业应用条件。

重点实验室和试验基地建设持续推进，先后启动油藏描述、油气地下储库、天然气质量控制与能量计量重点实验室，以及CO_2埋存与驱油、气举、化工催化剂及高性能合成材料试验基地建设。国家石油天然气管材工程技术研究中心、国家能源液化天然气研发(实验)中心获得国家批准建设。截至2011年底，公司已拥有11个国家级重点实验室/研究中心。同时，中国石油以重大项目为依托，通过与中国科学院及国内高校建立长期合作、与国外知名院所和大学建立战略联盟等方式，开展技术合作和联合研究；并积极推动和参与SPE、SEG、IGU等国际学术组织的交流与合作，拓展科技合作空间。

【节能降耗】 节能降耗是中国石油建设资源节约型、环境友好型企业的重要方面。2011年，中国石油建立以合同能源管理为主的市场化节能机制，在塔里木油田、宁夏石化等所属企业试点取得较好效果。今后将逐步推广合同能源管理，使之成为实施节能技术改造的重要方式之一。同时，努力克服生产规模扩大和新建项目陆续投产带来的能耗挑战，以源头控制为重点，开展新建项目节能评估审查和污染减排数据核定及现场核查，有效推进“十大节能工程”和“十大减排工程”。全年实现节能量122万吨标准煤、节水量2353万立方米，资源节约和污染物控制全面达标。荣获“节能减排优秀企业”称号。

【党建工作】 2011年底，中国石油全系统共建有各级党委2103个、党总支2832个、党支部33064个。党员总数646223名，其中女党员136300名；在岗党员463702名；离退休人员党员有161963名。各级党组织认真贯彻落实集团公司党组的要求和部署，始终坚持党的领导，全面履行经济、政治、社会“三大责任”，充分发挥党组织的政治核心作用；始终坚持强“三基”、固堡垒，创新方式方法，增强工作活力，充分发挥党支部的战斗堡垒作用；始终坚持抓好党员教育管理，引导党员讲党性、重品行、做表率，保持先进性，充分发挥先锋模范作用。

坚持贴近实际、贴近基层、贴近员工，坚持团结稳定鼓劲、正确引导舆论，抓生产从思想入手，抓思想从生产出发，知员工情、答员工疑、解员工难、聚员工心，巩固员工团结奋斗的共同思想基础，不断提高员工的思想道德和科学文化素质，充分调动员工的一切积极性和创造性，努力打造一支有理想、有道德、有文化、有纪律的铁人式员工队伍。

认真贯彻落实《集团公司企业文化建设纲要》，以弘扬大庆精神铁人精神为核心，努力建设符合企业发展方向、具有鲜明时代特征和石油特色的企业文化。大力实施文化强企战略，内强素质，外塑形象，不断增强企业凝聚力，提高企业竞争力，努力实现企业文化与企业战略的统一，企业发展与员工发展的统一，企业文化优势与竞争优势的统一，不断提升企业软实力。

认真贯彻落实《集团公司基层建设纲要》，以夯实基础管理为重点，以提高员工基本素质为根本，以促进企业与员工的共同发展为目标，切实加强以党支部建设为核心的基层建设、以岗位责任制为中心的基础工作、以岗位练兵为主要内容的基本功训练的“三基”工作。

坚持全心全意依靠工人阶级办企业的根本方针，加强对工会、共青团等群众组织的领导，支持群众组织按照法律和各自章程创造性地开展工作，充分发挥组织群众、引导群众、服务群众、维护群众合法权益的作用，积极动员广大员工、青年、妇女群众积极投身企业改革发展稳定的实践。

【信息化建设】 2011年，中国石油完成了勘探与生产ERP、管道完整性管理系统等13个项目建设，持续推进工程项目管理、装备制造设计与生产管理系统等11个项目实施，累计建成应用63个集团公司级统一的信息系统平台，实现"十二五"信息化建设的良好开局。

作为集团公司的战略性基础工程，ERP系统将财务管理与采购、生产、销售、库存、设备等业务综合集成，促进以业务流程为导向的跨部门协同工作和信息共享，以及各类资源的优化配置和生产成本的精准核算，加强经营管理各环节的过程管控。ERP系统按计划累计在八个业务领域、132家企事业单位全面上线，圆满实现党组提出的"三年建成ERP系统"目标。

信息系统应用效果显著。一是把业务管理搬到网上运行，打造网上中国石油。79%的会计凭证由ERP系统自动生成，保证财务与业务数据的一致性。二是把人与物的流动变为电子流动，提升日常工作效率。通过信息系统应用，将与信息传递相关的人和物流动转变为电子流动，使有价值的方法、标准、知识和经验能够更加便捷、在更大范围内充分共享和有效利用，大幅提升日常工作效率。三是助力生产运行模式优化，提高劳动生产率。通过信息化与自动化集成，实现现场生产数据自动采集、远程传输和生产运行监控，创新生产作业方式，压缩管理层级，优化员工布局，提高劳动生产率。如长庆油田建立"电子巡井、人工巡站、远程监控、中心值守"的生产组织方式，形成"作业区—监控中心—单井"的管理模式，将作业区生产管理终端由区域监控中心直接延伸至井口。苏里格气田电子巡井频率为每5至10分钟一次，效率比过去每3天一次提高近千倍。四是支持经营管理模式创新，提升业务发展质量。五是支持过程管控，促进源头治理。六是支持基础管理工程建设，促进精细化管理。七是支持安全节能环保，促进企业绿色发展。八是落实以人为本理念，提升员工素质。

信息技术基础设施持续完善。信息系统运行维护水平有效提升。构建信息系统三级运行维护体系，12个专家中心和38个支持中心正式挂牌设立，一些单位逐步建立企业级运维队伍。

持续实施信息安全整体解决方案，完成桌面安全管理、广域网边界防护、用户身份管理与认证三个项目建设，基本建成计算机终端、网络和应用系统由外及里、层层防护的信息安全体系架构。

强化信息技术标准管理，全年共制修订22项行业技术标准、21项企业技术标准，涵盖基础设施、数据、应用、安全、运维及管理六个方面。项目实施过程中，采用统一标准、统一模板对数据进行采集、传递、分析和维护，为实现信息共享和业务协同奠定了基础。公共数据编码平台在132家企事业单位上线应用，保障了公共数据的一致性、准确性和完整性。

【履行社会责任】 中国石油高度重视和支持社会公益事业，坚持扶贫济困、抗灾救灾、捐资助学、服务社区和倡导文明风尚，以企业的和谐发展促进社会的和谐发展。通过教育投入、医疗援助、公共设施建设等多种方式和途径，与当地社区建立长期稳定的伙伴关系，为社区建设和地方经济社会发展贡献力量。

表2 **2011年中国石油天然气集团公司社会公益投入情况**

类别	项目	投入金额(万元)	合计(万元)
扶贫帮困	定点扶贫新疆、河南、贵州、江西，对口支援西藏、青海、重庆等	23963	23963
支持教育	接建学校	16536	19008
	助学金	1134	
	奖学金	1113	
	科研开发	225	
赈灾捐赠	为云南盈江地震、南方洪涝灾害、日本东部大地震等捐助	18481	18481

续表

类别	项目	投入金额(万元)	合计(万元)
公益捐赠	公共设施建设	24329	32244
	医疗卫生	2832	
	文化艺术	3090	
	体育事业	1993	
环保公益	植树造林	3336	6952
	其他环境公益	3616	
总计			100648

定点扶贫。2011年，中国石油继续在新疆、西藏、河南、贵州、江西、青海和重庆七省市13个县（区）开展定点扶贫与对口支援，投资5100万元，援建23个项目，力求解决贫困地区居民最关心、最直接、最现实的民生问题。获得国务院扶贫开发领导小组授予的“全国扶贫开发先进集体”荣誉称号。

公司将《中国农村开发纲要（2011—2020年）》作为实施扶贫工作的新纲领，保障和改善受援地民生，促进当地经济社会发展。同时，协助贫困地区提高自我发展能力，加大启智帮扶力度，加强培训教育和医疗卫生项目建设。全年共计投入620万元，举办14期培训班，培训受援地各级干部和技术人员999人。

在河南，援建的范县陆集村台小学配套工程使校园环境得到有效改善，台前县中医院投入运行；公司为河南台前县“碳四芳构化项目”提供石油脑、碳四两项石化原料13万吨，带动当地中小石化企业快速发展，创造就业机会1600多个，实现利税4500多万元，拉动当地年财政收入25%、农民人均年增收3500元，该项目被中国扶贫开发协会授予“2011年度中国扶贫创新项目奖”。此外，公司还在贵州习水县和江西横峰县各投入200万元，用于援建通村道路等。

对口支援西藏那曲双湖特别区。2002年中国石油与西藏那曲双湖特别区建立对口支援关系以来，双湖地区基础设施和牧民生活不断改善。截至2011年底，公司已累计投入资金2亿多元，援建了84个民生项目，派出五批共8名干部赴双湖任职。

在项目援藏、干部援藏的同时，公司大力推进以教育培训为重点的“智力援藏”，持续增强当地“自我造血”功能。先后为双湖特别区举办9期中层以上干部培训班，组织200多名干部员工和专业技术人员赴内地培训，提升当地干部员工管理水平、开拓视野和思路。赠送1800种价值30万元的图书，结束了双湖没有图书馆的历史。

2011年，为解决当地牧民看病难问题，公司派出第三批健康巡诊医疗小分队深入嘎措、雅曲两个乡的三个村，为散居牧民进行义诊并发放药物。《西藏日报》发表专题报道，称赞中国石油“生命禁区普大爱”。中共西藏自治区委员会、西藏自治区人民政府致信感谢中国石油长期以来对西藏建设的支持。

支持教育事业。多年来，公司通过设立石油奖学金和助学金、捐建学校等多种方式，支持国内教育事业发展。2011年，公司设立了新一轮中国石油奖学金，与国内13所高校签署合作协议，加大对贫困学生和低年级学生的资助。此外，还组织青年团员发起“油海助学希望书架”捐赠活动，为青海省贫困农牧区学校捐赠1000个书架、20万册图书，帮助当地青少年扩大视野、丰富精神生活。截至2011年底，已捐赠600个书架、12万册图书。

海外社区建设。公司积极支持海外业务所在社区教育事业发展、医疗卫生条件改善和当地基础设施建设。伊拉克项目向当地BERJESIA小学捐赠学习和体育用品。乍得恩贾梅纳合资炼厂援建的ALKOUDOU小学投入使用，并向在校学生捐赠书包、文具和体育用品。委内瑞拉陆湖项目合资公司为当地社区三所小学提供助学金，并在当地社区援建电力改造、住房和饮用水建设工程。秘鲁1AB/8区合资公司出资改善Corrientes River流域原著民的医疗条件，6/7区项目在环境治理及天然气净化方面投入专项资金，并组织员工志愿者参加油区周边海滩环境清理、市政建设野外踏勘和社区环境调研评估等活动，多次受到当地政府以及能源环境事务总局的感谢。哈萨克斯坦PK项目与当地社区和社团组织建立了良好关系，因在企业劳动保护、履行社会责任、环境保护等方面的突出贡献获得2011年度哈萨克斯坦“企业社会贡献总统金奖”。

苏中阿布欧舍友谊医院投入运营。2011年7月，苏中阿布欧舍友谊医院在苏丹杰济拉州阿布欧舍镇竣工，这是中国石油首次与中国的非政府组织——中国扶贫基金会合作开展的援非公益项目。投入使用的阿布欧舍医院是一家以妇幼保健为主，兼顾其他科室的综合性医院，拥有妇产科、外科、骨科、内科、眼科、儿科等22个医疗科室，各类病床180张。2011年1—11月，医院接诊病人39459人次，开展手术5073例。中国扶贫基金会和苏丹比尔特瓦苏慈善组织共同组成的评估小组对医院运行状况进行的评估显示，前来就诊的病人及其家属对医院提供的干净整洁的医疗环境十分满意。该项目获得中国扶贫基金会“国际援助项目特殊贡献奖”和中国外交部“2011年公共外交优秀案例奖”。

为中缅油气管道沿线援建医疗和教育设施。2011年是中缅油气管道工程全面启动社会经济项目的第一年，公司与缅甸能源部签订对缅援建合作意向书。根据合作意向书，中国石油将分期按需向缅方提供600万美元，用于开展管道沿线社区医疗卫生和教育事业相关公益项目，并负责援建和改造项目的方案设计、设备采购、工程建设、人员培训等，项目执行过程中将尽可能多地为当地提供就业机会。

公司在中缅油气管道沿线首批援建的8所学校，包括6所小学和2所中学进入具体实施阶段，将于2012年缅甸新学年开学前完工。12月18日，公司又与缅甸卫生部签署协议，将对缅甸卫生部19所医疗分站进行援助，改善管道沿线社区的医疗卫生环境。其中，若开邦7所、马圭省1所、曼德勒省6所、掸邦5所。

中缅油气管道项目开工建设以来，严格遵守当地相关法律法规，聘用缅籍员工2505人，占参建人员总量的50%以上，并为当地员工建立了社会保险。公司高度重视中缅油气管道建设土地补偿工作，始终坚持“村民自愿”、“尽可能少占用耕地”和“不补偿不施工”三大原则，并将土地补偿款直接发放到每一户村民手中。从未发生强征、强拆现象，也没有接到任何已领取补偿款村民的投诉。

（撰稿人：王志明）

中国石油化工集团公司

【基本概况】 2011年，面对复杂多变的外部形势，中国石油化工集团公司（以下简称“中国石化”）广大干部员工深入贯彻落实科学发展观，紧紧围绕扩大资源、拓展市场、挖潜增效，精心组织生产经营，全力抓好运行优化，统筹推进市场保供和降本增效，创造了历史最好的经营业绩。坚持以市场为导向、以效益为中心，积极应对市场变化，努力把握工作主动权，生产经营实现较快增长。全年生产原油6480万吨，增长6.3%，其中境外权益油产量首次突破2000万吨，达到2207万吨，增长19.9%；生产天然气156亿立方米，增长25.1%；加工原油2.19亿吨，增长2.8%；境内成品油经营量达到1.51亿吨，增长7.6%，其中零售量首次达到亿吨级规模；乙烯产量首次迈上千万吨大台阶，达到1004万吨，增长9.2%；化工产品经营量达到4325万吨，增长19.5%；国际贸易持续增长，原油和成品油第三方贸易量大幅增长。

围绕公司发展战略目标，积极开展发展规划的动态优化研究，着力抓好投资优化，精心组织重点工程建设，结构调整取得重要进展。油气勘探取得一批重大突破，特别是致密油气、页岩油气等非常规资源评价、技术攻关和勘探开发取得初步成效，普光大湾气田、元坝气田产能建设加快；长岭、北海等炼油改造建成投产，茂名、安庆、石家庄等炼油改造加快推进；武汉乙烯稳步实施，中科合资广东炼化一体化等一批重点项目积极推进；一批原油和成品油管道建成投用，新发展加油站1638座。同时，一批重点项目前期工作全面展开。

牢固树立安全发展、绿色低碳发展理念，积极引入现代管理理念和方法，推行“七想七不干”工作要求，深化“我要安全”主题活动，深入查找身边“十大薄弱环节”，不断强化安全生产、节能减排等各项措施，落实了责任，取得了成效。全年万元产值综合能耗下降1.5%，工业废水排放量、外排废水COD总量分别下降8.7%、16.9%，二氧化硫排放量、氨氮排放量、氮氧化物排放量分别下降9.8%、34.9%、3.4%。

紧紧围绕主业发展，加强重大项目攻关，加快战略性技术开发，科技创新的驱动作用更加明显。非常规油气勘探开发技术取得突出进展，水平井分段压裂技术应用成效显著；60万吨/年甲醇制烯烃（MTO）、对二甲苯（PX）吸附分离、柴油液相循环加氢等工业化示范装置建成投产。一批合成材料、催化剂新产品成功开发并投放市场。全年申请国内外专利4030件，获得国内外专利授权1352件，创历史新高。

注重提升管理水平，全面推进制度标准化信息化改造和业务流程体系建设，推进“比学赶帮超”工作常态化，推广改善经营管理建议，扎实开展全员目标成本管理，各项挖潜增效措施得到切实落实。加强资金管理，广开融资渠道，资金集中管理获得国家管理创新一等奖。深化信息化建设与应用，信息化工作再次被评为中央企业信息化A级企业第一名。不断加强内控、审计、监察、法律等监督管理，有效防范各类风险。

【主要指标】 2011年，中国石化实现营业收入2.55万亿元，同比增加5829.09亿元，增长29.6%；实现利润总额1201.19亿元，同比增加144.53亿元，增长13.68%；实现净利润831.4亿元，同比增加105.65亿元，增长14.56%。

实现利税总额4005.07亿元，同比增加527.88亿元，增长15.18%。全年实现税费3298.15亿元，同比增加484.95亿元，增长17.24%。

资产总额为17453.07亿元，同比增长17.47%；所有者权益为7223.43亿元，比年初增加932.30亿元，增长14.82%；归属于母公司的所有者权益为5764.03亿元，同比增长15.31%。资产负债率为58.61%，同比上升0.96个百分点。

净资产收益率为11.36%，同比上升0.33个百分点；国有资本保值增值率为111.76%，同比上升0.1个百分点。

2011年中国石油化工集团公司主要经济指标

项　目	2010年	2011年	比上年增长（%）
资产总额（亿元）	14856.91	17453.07	17.47
所有者权益（亿元）	6291.12	7223.43	14.82
营业收入（亿元）	19690.42	25519.51	29.60
利润总额（亿元）	1056.67	1201.19	13.68
净利润（亿元）	725.75	831.40	14.56
归属于母公司所有者的净利润（亿元）	520.96	611.13	17.31
利税总额（亿元）	3477.19	4005.07	15.18
实现税费（亿元）	2813.20	3298.15	17.24
净资产收益率（%）	11.03	11.36	增加0.33个百分点
国有资本保值增值率（%）	111.66	111.76	增加0.1个百分点

【改革发展】 2011年，中国石化按照建设世界一流能源化工公司的发展战略目标，继续以深化改革为动力，以强化管理为支撑，解放思想，把握方向，抓实重点，改革管理的成效日趋凸现，有力推动公司科学发展。

创新体制机制，落实公司发展模式和发展战略。设立集团公司董事会，实行董事长和总经理分设，探索建立中国特色现代企业制度；以控股公司和事业部制为方向，推进完善本公司管理体制构架，不断提升组织管理效率和实现集团价值最大化；在硫黄、石蜡销售，天然气经营等领域，加强专业化管理，推动专业化发展，进一步提升中国石化整体资源优势；开展海外公共服务平台建设，完善国际化经营管理体制，支撑国际化发展战略。

领导班子和干部队伍建设。以增强党性修养、改进作风形象为重点，不断加强领导班子思想政治建设。举办党政正职培训班，引导各级领导干部讲政治、讲大局、讲责任、讲奉献，充分发挥引领带动、模范表率作用；以探索实施竞争性选拔工作为抓手，积极推进干部人事制度改革；以提高选人用人公信度和满意度为主线，不断加强干部监督工作，健全完善并保证干部管理制度的严格执行。

人才队伍建设。切实加强高层次人才和青年骨干人才培养。制定出台《中国石化领军专家管理规定（试行）》《中国石化拔尖技能人才管理规定（试行）》，建立完善领军专家和拔尖技能人才管理机制。举办首席专家培训班以及直属单位首席技师培训班，有针对性地抓好高层次人才培养工作。

积极开展人才引进配置工作。启动高层次人才引进计划，确定职位需求，公开招聘，经过评审，纳入本公司高层次人才引进计划名单。围绕重点项目、重点市场、重点职位，有序推进系统内人才资源集约化配置和公开招聘。通过博士后站引进和培养青年创新科技人才。

加强海外人力资源管理工作。组织开展国际化经营急缺人才快速培养，选派人员赴海外实岗锻炼；组织举办优秀外籍员工培训班，提升外籍员工综合素质；组织开展外派员工薪酬福利调整实施工作，完善外派员工人工成本、薪酬福利管理。

改进完善人才评价发现机制。树立重能力、重业绩、重贡献的导向，深化职称制度改革；立足人才成长和提升职业化能力，加大一线员工技能鉴定力度；着眼拔尖技能人才队伍建设，突出抓好高级技师评审；组织开展职业技能竞赛，涌现了一大批岗位能手和技术骨干，调动了广大一线员工岗位成才的积极性和主动性。

劳动薪酬管理。在生产经营快速发展、主业规模持续扩大的情况下，用工总量得到有效控制，劳动生产率持续提高。

进一步调整用工结构，加强劳动用工行为规范管理，积极构建和谐劳动关系。建立劳务派遣用工业务骨干激励机制，拓宽生产经营一线技能操作人员补充渠道，对符合规定业务范围、岗位范围和相关条件的劳务派遣用工业务骨干调整用工形式，并建立长效机制，有效调动了劳务派遣用工的积极性。中国石化有6家单位被授予“全国模范劳动关系和谐企业”称号。

完善薪酬分配制度，建立正常增长机制。员工基本薪酬与物价、企业效益、本人岗位、能力变化及考核结果等情况协调联动，进一步增强薪酬分配的激励约束作用；增设高端职位薪酬等级，不断提高薪酬制度的竞争力；坚持在经济效益提高的基础上，参照劳动力市场价位，不断理顺各类人员收入分配关系，保持员工收入的稳步增长；同时，协调有关群体利益，促进企业和谐稳定。

员工培训。坚持以人为本，着眼于企业和员工的共同发展，把企业发展战略与员工职业发展规划紧密结合，把员工培训与开发融入企业发展规划协调推进，全面加强各类员工培训，实现人力资本的保值增值。

倡导建设学习型企业和学习型团队，致力于构建具有中国石化特色的培训体系，为各类员工的学习、锻炼与发展搭建宽阔的平台。2011年，中国石化远程培训系统开通运行，初步配套涵盖职业素养、基础管理、专业技术、技能操作、国际化等相关内容课程600多门，开展管理、技术等专题实时课堂转播。

深入实施“三项培训工程”，加大人才培训力度。2011年，中国石化总部直接组织培训各类重点人才3248人，其中培训高层经营管理人才674人、培训高层次专业技术人才1083人、培训高级技能人才730人、培训国际化人才761人，培训各类关键岗位人才5600人。各直属单位结合实际，分层分类开展大规模全员培训，参加脱产培训员工累计达99.7万人次，促进了员工队伍整体素质的提高。

【重大项目】 2011年，中国石化完成固定资产投资（不含进损益费用）2333.89亿元。其中，“走出去”海外油气勘探开发及炼化项目完成842.92亿元，国内油田企业完成投资653.19亿元，炼化企业完成投资468.01亿元，油品销售企业完成投资278.11亿元，国际化物流及商储基地建设完成投资61.33亿元，科研信息等完成投资30.33亿元。

勘探在准噶尔北缘哈山地区、川西地区中浅层、塔中地区卡塔克隆起北坡碎屑岩领域、松南新区、海域深层5个区域实现重大突破；开发方面重点地区产能建设顺利推进，大湾区块建设顺利推进，元坝气田产能建设一期工程全面启动；完成加拿大日光能源公司权益收购，签署沙特延布合资炼厂项目。

全年共安排油田地面、炼化和管道储运等重点工程26项，建成投产项目包括26套炼化装置、2条长输管道。新增炼油综合加工能力750万吨/年、重油加氢170万吨/年、加氢精制920万吨/年，新增乙烯10万吨/年、丙烯10万吨/年、乙苯12万吨、双酚A 15万吨、醋酸乙烯30万吨/年、合纤原料4万吨/年、树脂23.5万吨/年。

胜利油田埕岛中心三号平台是埕岛油田主体区域的第三座综合中心平台，设计日处理液体4万立方米、天然气15万立方米、污水2万立方米，对于胜利油田加快海上开发具有重要意义，截至2011年底工程施工已完成93%。普光气田大湾区块是气田主体的重要资源接替阵地，设计产能30亿立方米/年，地面集输工程主要包括8座集气站、1座污水站、24千米酸气管线等，项目施工进入后期，即将具备投用条件。

2011年，中国石化各大炼厂继续抓紧实施汽柴油质量升级改造工作，包括新建催化汽油吸附脱硫(S-Zorb)、柴油加氢等装置，11个柴油质量升级项目有4个投料试车成功(镇海、济南、沧州、石家庄)、2个中交(九江、广州)；同时，一大批油品质量升级改造工程建设全面展开。北海炼油异地改造工程建成投料试车，茂名、安庆、石家庄、上海、金陵、武汉炼油改造工程建设稳步推进。武汉80万吨/年乙烯工程施工进入高峰期，中国石化首套煤化工项目——中原甲醇制烯烃(MTO)装置建成并一次开车成功，川维30万吨/年醋酸乙烯工程高标准建成投产，燕山石化15万吨/年双酚A装置产出合格产品等。

日照—仪征原油管道是中国管径最大、输量最多、技术最先进的输油管道，2011年10月建成投产。总投资愈百亿元的山东LNG项目现场建设工作全面铺开。规划总库容371万立方米的海南洋浦成品油罐区，2011年8月开工建设。北海—南宁—百色成品油管道2011年底建成并具备投用条件。甬绍金衢、珠三角二期、贵阳—重庆、湖南、苏北等成品油管道建设进展顺利。

全年新发展加油(气)站1638座。

【走向海外】 2011年，中国石化抓住发展机遇，积极实施“走出去”战略，发挥集团化、一体化优势，坚持引进来与走出去协调发展，不断拓展国际化经营新业务和新领域，境外油气资源开发实现快速发展，境外工程技术服务稳步增长，国际贸易规模持续扩大，境内合资合作层次和水平明显提升，国际合作事业取得了新的丰硕成果。

境外油气勘探开发。成功签约收购加拿大Daylight公司100%股份、葡萄牙Galp公司巴西资产30%权益、美国Devon公司部分资产33.3%权益等7个项目，成功交割澳大利亚APLNG公司15%权益、喀麦隆PCC公司80%股份等6个项目，境外油气资源储产量规模快速扩大。围绕获得商业发现和增加经济可采储量，优化勘探部署，精心组织施工，探井成功率58.14%，取得巴西BM-S-9区块G油田、安哥拉15/06区块西北区、哈萨克斯坦S区块、加蓬G4-188区块等4个商业发现。开发生产实现持续稳定运行，境外权益油产量达到2207万吨，同比增长19.9%，权益气产量首次获得9.94亿立方米。

境外炼化合资合作。完成与沙特阿美石油公司合资的沙特延布2000万吨/年炼厂项目的合资谈判、审批和交割等工作。该项目初始股比为沙特阿美62.5%、中国石化37.5%，总投资约91.6亿美元，计划2014年第四季度投产。完成新加坡润滑油调和基地的商务审批工作，项目正式开工建设。南非Mthombo炼厂、俄罗斯西布尔丁腈橡胶、阿联酋富查伊拉仓储等一批境外炼化项目已签署合作备忘录，正在按计划有序开展前期工作。

境外石油工程技术服务。沙特、巴西执行合同额超20亿美元，阿尔及利亚超10亿美元，科威特、尼日利亚、苏丹、土库曼斯坦等超5亿美元，中东、非洲、拉美、中亚等规模化经营格局更加稳固，海外石油工程技术服务产业链条初步形成。截至2011年底，上游企业在38个国家执行522个石油工程技术服务合同，合同额119.2亿美元。全年新签合同额35.5亿美元，完成合同额24.4亿美元。拥有海外队伍406支，海外员工总数16919人，其中中方员工4177人、外籍员工12742人。

境外炼化工程技术服务。在沙特、哈萨克斯坦、阿联酋、伊朗、新加坡、古巴、美国、新西兰等8个国家共执行21个承包合同，合同总额70.4亿美元。完成新西兰化肥可研、美国宾州IGCC投资估算、古巴Matanzas炼厂EPC封顶价编制等3个项目，正在执行18个项目。中标哈萨克斯坦阿特劳炼厂石油深加工(FCC)项目EPC总承包主合同，合同金额16.8亿美元。全年新中标项目18个，新签合同总额33.4亿美元，完成合同额12.1亿美元。截至2011年底，炼化工程企业在海外执行项目管理和作业人员15055人，其中中国石化员工1858人，国内雇佣及分包人员4519人，国外雇佣及当地分包人员8678人。

国际贸易。原油进口贸易坚持多元化战略，长期合同比例稳步提高，资源获取能力、市场运作能力和综合贸易实力显著增强，保障国内需求，降低采购成本。2011年实现原油进口1.71亿吨，第三方贸易原油6266万吨。灵活组织成品油进出口，全年共进口成品油19万吨，出口成品油413万吨。新签LNG资源长期采购合同430万吨/年。海外燃料油业务加快发展。以新加坡子公司为平台，开发新加坡本地船加油市场和海外第三方贸易，实现经营量400万吨。借助对外合作平台在巴拿马、富查伊拉实现海外船加油的突破。以催化剂、润滑油、石油焦、石蜡、沥青等炼化小产品为核心业务，全力开拓炼化小产品国际市场。全年实现炼化小产品、设备材料等国际贸易额24.3亿美元，同比增长52%。统筹国内外化工产品资源和市场，保障下游客户和生产企业原料供应。全年化工产品进口量470.8万吨，同比增长21.3%；出口量120万吨，同比增长11.1%。

【重大创新】 2011年，中国石化共申请国内外专利4030件，同比增长37.2%；获得国内外专利授权1352件，同比增长28.0%，实现历史新高。13项技术获2011年度国家科技进步奖和技术发明奖，其中“环烷基稠油生产高端产品技术研究开发与工业化应用”获国家科技进步一等奖。“全硫化可控粒径粉末橡胶及其制备方法和用途”获第13届中国专利金奖，6项专利获得优秀奖。

战略性新技术。建立适合中国南方的页岩气选区评价体系，形成岩性油藏成藏和高产富集区带评价方法，优选有利勘探目标区；水平井分段压裂技术取得突破。浆态床费托合成中试装置建成并投运；植物油脂为原料的生物航煤工业示范装置顺利投运；开展微藻生物柴油技术研究。建成60万吨/年甲醇制低碳烯烃装置并顺利投产，标志着自主研发成套技术步入产业化阶段；建成合成气制乙二醇中试装置并开展试验研究，完成工业装置工艺包开发；完成生物法生产1,3-丙二醇技术中试试验。开展CO_2捕集纯化技术中试试验，编制完成百万吨级CO_2捕集技术工艺包；开展CO_2驱油试验，获得良好效果。

重大核心技术。建立海外油气勘探开发快速评价指标体系；塔河外围、济阳深层、元坝、川西等油气富集规律研究逐步深入，为扩大储量提供科技支撑；缝洞型油藏开发关键技术、油水井带压作业技术、超稠油油藏蒸汽驱先导试验等取得新进展。催化汽油吸附脱硫技术在企业成功推广应用，柴油液相循环加氢成套技术首次实现工业化应用，环保型芳烃橡胶填充油生产技术实现工业应用。100万吨/年乙烯成套技术、15万吨/年乙烯裂解炉技术、65万吨/年乙苯成套技术通过技术鉴定，装置实现长周期稳定运转；芳烃吸附分离技术开发及工业示范装置建成并产出合格产品；溴化丁基橡胶成套技术、高性能聚乙烯纤维成套技术实现工业应用。环氧丙烷/苯乙烯装置废气处理技术工业应用成功；持续开展油气管道内检测器的开发与应用，为油气管道安全运行提供技术保障。

新产品开发。丙烯/1-丁烯无规共聚产品、beta晶型聚丙烯管材专用料、高速自由端纺纱专用涤纶短纤维等新产品实现工业化生产。无重金属膜级聚酯切片工业生产，实现国内聚酯产品首次获得欧盟食品级认证，已出口到欧盟国家。

【党建工作】 2011年，中国石化以“推动科学发展、促进企业和谐、服务职工群众、加强基层组织”为目标，突出“大力开展‘比学赶帮超’活动，强‘三基’、除‘四害’”这一主题，更加注重在结合、深化、带动上下功夫，深入开展创先争优活动，有力促进企业的中心工作。从2011年下半年开始，按照中央突出“服务人民群众”的要求，中国石化“创先争优”的活动重点转到“为民服务创先争优”上，以“客户、员工双满意”为目标，按照“党内带党外”、“二线保一线”、“内部促外部”的工作思路，从对内对外两条线开展活动，突出抓好公开承诺这一关键环节，全面查找并切实整改存在的问题，窗口单位的社会形象明显改善，机关作风进一步转变，干群关系更加和谐。经过动态抽样调查和群众测评，社会公众和内部员工对“为民服务创先争优”活动的满意度达90%以上，窗口单位的服务满意度更是高达95%以上。及时向中央和中央企业创先争优办公室上报中国石化开展创先争优活动的经验做法20多篇，共计采用8篇。

打造“高度负责任、高度受尊敬”企业大讨论活动。中国石化各企事业单位按照中国石化党组要求，结合单位实际，认真组织干部职工围绕如何才能负责任、如何才能受尊敬开展大讨论，同时将讨论成效融入企业生产经营活动之中，在基层引起强烈反响，觉得“让人眼前一亮，心头一动”。通过大讨论，干部职工的大局意识、责任意识和奉献意识进一步增强，艰苦奋斗、勤俭办企业优良传统进一步弘扬，对中国石化的热爱和忠诚度、自豪感、责任感和使命感有所恢复。

庆祝建党90周年系列活动。中国石化按照中央要求，及时向各企事业单位安排部署庆祝建党90周年系列活动。完成了5年一次对全系统“一先两优”的评比表彰，表彰150个先进基层党组织、300名优秀共产党员、150名优秀党务工作者；成功举办直属机关“永远跟党走”红歌会，44个部门和单位组成39支代表队2100余人参加选拔演出，集团公司党组领导和总部机关、在京单位部分干部职工近400人一起观看汇报演出；组织总部机关党员观看电影《建党伟业》；组织庆祝建党90周年知识答题；“七一”期间慰问老党员96人、困难党员44人。

【信息化建设】 2011年，中国石化信息化紧紧围绕“建设世界一流能源化工公司”目标，坚持“六统一”原则和“建用结合，以用为主”工作方针，大力完善信息化“三大平台”功能，积极推进两化深度融合，为公司加快发展方式转变，创建世界一流企业提供有力支撑。

ERP建设与应用又有新进展。ERP建设在海外公司取得突破，完成物装（国事）、化工销售、燃料油等企业所属海外公司ERP系统实施，实现股份公司境内外单位全覆盖。未上市企业ERP建设稳步推进，国勘（海外）ERP总体方案设计基本完成。ERP系统进一步完善，提升安全生产费用、科研国拨项目、物资储备制度等系统功能，实现投资计划管理系统与108家企业ERP系统集成，提高投资计划执行的控制力度；以企业ERP系统和股份报表合并系统（BW&BCS）为基础建成油田经营管理分析系统，预算管控层级由二级单位延伸至采油厂，实现油田板块统一在线预算管理和企业生产经营状况的有效监控。企业ERP整体规范应用水平迈上新台阶，深化应用又取得新成效，通过ERP与相关系统集成，开展多系统数据综合挖掘和分析应用，支持管理决策和生产经营活动分析，推进管理创新，促进降本增效工作。

重点管理系统推广应用取得新成效。集团会计集中核算、股份会计报表合并、资金集中管理等系统实现全覆盖应用。未上市部分实现了会计信息“一本账”，上市企业建立了直接以ERP数据出具报表的“以账汇表”新模式，会计信息质量和报表编报效率明显提高；资金集中管理系统应用范围进一步扩大，全年集团境内外资金集中度超过90%，集中结算金额比2010年增长120%。远程教育系统全面运行，发布课件678个，用户超过5万人，学习次数达到68万次。人力资源管理、合同管理、制度管理等系统建设快速推进。人力资源管理（HR）系统完成65家推广，累计有78家单位上线运行，系统管理的组织机构达8万个、员工94万余名；合同管理系统完成52家单位上线运行，在线运行合同数量达7万多份；制度管理系统完成上载查询模块推广和制度编制模块15家试点建设。油品销售、润滑油、化工销售等客户关系管理（CRM）系统应用不断扩大，客户服务水平得到进一步提高。

生产营运管控和资源配置优化能力又有新提升。总部生产营运指挥系统在集成应用方面取得新突破。实现与19家炼化企业MES系统、1.5万余座加油站经营动态、33家炼化及销售企业重点装置、罐区视频监控的集成，总部与企业数据集成度有了较大提升，提高了炼化板块生产营运动态数据分析质量和工作效率，实现了与企业应急指挥中心的应急联动。“三剂”管理系统在20家炼化企业上线运行，提升“三剂”整体管理水平。物联网技术在化工销售物流管理方面取得应用突破，有6000多台车辆、4000多台自备罐车运行动态纳入监控，公路运输危化业务实时监控面达到95%以上。生产计划优化(PIMS)模型全面升级,整体资源配置优化效果显著。炼油企业利用新模型,全年实现综合降本增效超过11亿元;化工企业利用新模型,实现了化工装置投入产出标准化,为化工小板块的考核和管理提供支撑。

企业深化应用迈上新台阶。油田企业数据资源等建设持续推进,信息共享应用水平大幅提升。源头数据采集在9家油田企业完成推广,共有4200个基层队、6万多口油气水井的生产数据实现每天及时规范采集和规范应用。钻井工程、油气藏综合解释等自主知识产权软件广泛应用,实现开发方案动态把握、新井设计网上审批、开发生产动态管理、油藏工程方法等集成应用。油气集输与注水系统试点应用效果明显,江苏油田每年减少碳排放1.1万吨,综合节能率达到5.7%;中原油田2个采油厂的年节能降耗达到4%以上。炼化企业生产执行(MES)、先进过程控制(APC)等系统快速推广,精益生产、节能降耗作用明显。生产执行系统(MES)实现主要炼化企业全覆盖,应用企业已达到30家,促进企业精细化生产,提高管理效率,物料管理实现"班跟踪、日平衡、旬确认、月结算",生产数据实现"数出一门,量出一家",支持月结提速。先进过程控制系统(APC)完成在20套装置的建设。累计已在25家炼化企业的122套生产装置上投用APC,平均投用率达到90%,系统的控制质量、提高收率、节能降耗作用显著,平均每套系统可年增效益100万元以上。实验室信息管理系统(LIMS)实现炼化企业全覆盖应用,提升了企业的产品质量管控能力。销售企业加油卡、零售管理等系统全面建成,进一步增强市场开拓能力。新加油卡系统在区外十省市公司成功上线运行,实现加油卡的区内区外互通,真正做到"一卡在手,全国加油";零售管理和非油品管理系统完成推广,加油站的人财物、数质量、安全、油站改造等基础管理实现信息化,加油站经营数据上报及时率达到99%以上,非油品业务的供应商、商品等主数据实现标准化管理,基层加油站的精细化管理水平明显提高。科研单位、工程企业系统集成应用进一步深入。科研单位通过三维远程应用等技术,为海内外勘探开发综合研究提供服务,为石油工程提供远程决策支持。炼化工程企业建立基于网络的协同工作平台,有效提高设计质量,缩短建设周期,降低工程费用。

基础设施与信息化管理再上新水平。企业网络进一步完善,未上市50多家企业网络得到提升,建成2个国内区域网络中心,开通沙特、巴西、英国等12个国家和地区的海外网络专线。信息安全管理进一步加强,制定信息系统等级保护标准,完成83家单位1000多个信息系统的定级审查,在103家企业部署数字证书管理系统,对总部13个重要系统和40家企业进行信息安全检查。统一运维体系进一步健全,MES、BW&BCS、资金集中管理等系统运维纳入总部统一管理。以"为民服务创先争优"为主题的信息化"比学赶帮超"活动全面展开。ERP、MES、APC、源头数据采集等系统应用达标、竞赛活动,促进企业持续提高系统应用水平,典型企业的示范带动效应进一步显现,企业的集成应用、创新应用不断取得新成效,信息化水平评价A级企业达到50家,比2010年增加17家,整体信息化能力进一步提升。在2011年中国石油和化工行业两化融合推进大会上,集团公司被授予"融合创新奖",胜利油田、燕山石化、浙江石油等36家企业被授予"优秀实践奖"。

【履行社会责任】 2011年,中国石化在保障国家能源安全、为经济社会的持续发展提供经济、稳定、可靠、充足的能源保障的同时,继续在和谐社区建设、赈灾济危、扶贫援藏、关爱健康、捐资助学以及发展国家体育事业、推动全民健身等方面作出积极贡献,全年共计向社会捐助款项折合人民币超过1.4亿元。2011年获得民政部颁发的"中华慈善奖爱心捐赠企业"称号,连续第二年获得中华健康快车基金会颁发的"光明功勋特别奖"。

支援贫困县。2011年,中国石化在安徽颍上、岳西,湖南泸溪、凤凰4个定点扶贫县共投入扶贫资金1280万元,实施了15个扶贫项目。其中,修建通村水泥路11条共52千米,完成劳动力转移培训1800人,资助家庭贫困的优秀大学生和高中生1257人,完成修建桥梁、建设人畜饮水、资助建设蔬菜大棚等扶贫项目。

支援西藏。2011年,中国石化投入援藏资金2786万元,共实施完成9个援藏项目,有力促进班戈县经济社会发展和民生切实改善。

支援青海。2011年是中国石化援青工作的起步之年。全年投入资金400万元,帮助青海茫崖修建一座建筑面积达8008平方米的文化路集贸市场,总投资2120万元,计划2012年建成投用。这是中国石化对口援建青海的首个项目。

支援贵州抗旱救灾。2011年,贵州遭遇特大旱情,黔西、大方两县受灾最为严重。中国石化贵州分公司援助2000升抗旱用柴油。同时,中国石化总部还向贵州省人民政府捐款700万元,重点帮扶受灾严重地区抗旱救灾,尽快恢复正常的生产生活秩序,得到地方政府由衷感谢。

资助"春蕾"女童。2011年,中国石化出资199.2万元,继续资助3320名女童完成高中学业,6月她们顺利参加高考,其中2700名"春蕾"女生考入全国各地的高校。截至2011年,中国石化共捐款5509.8万元,资助20358名"春蕾"小学生完成小学学业,资助9960名"春蕾"高中生,其中有6539人圆大学梦。

资助贫困学子。2011年,中国石化各企业共投入200万元,资助家庭贫困的优秀大学生和高中生1257人,其中新入学大学生226人、高中生1031人,收到感谢信上百封。

和谐关系建设。中国石化坚持"融入地方、借势发展、合作共赢"理念,2011年先后与多个省市签署战略合作协议,建立更加紧密的企地合作机制,主动参与并大力推动当地社会就业和企业发展。开展"文明和谐示范小区"创建活动,积极推进和谐社区建设,在为社区居民提供一个设施安全、生活便利、清洁卫生、环境优美的生活环境的同时,营造健康向上的文化环境,受到当地政府及群众的称赞。

回报当地。中国石化海外业务的发展离不开当地各方的支持和帮助,在依法诚信经营的基础上,关注所在国的民生和社会进步,积极参与当地改善民生的重大基础设施项目建设,有效地推动了当地经济发展和社会进步;热心慈善事业,为当地社会和谐发展作出了贡献。2011年,中国石化注册成立的Addax基金,在教育、医疗、社区关系和环境等4个方面为非洲和中东的欠发达国家提供帮助。

(撰稿人:蒋　琦)

中国海洋石油总公司

【基本概况】 2011年中国海洋石油总公司(以下简称"中国海油"或"公司")在公司新一届党组带领下,开拓奋进,扎实工作,公司综合实力、国际竞争力、社会影响力和可持续发展能力持续提升,基础管理不断优化,深水战略迈出实质性步伐。生产经营创历史最好业绩。中国海油主要经营质量和效益指标均好于国内行业优秀水平和国际行业优秀水平,各项主要经营指标均创历史新高,实现"十二五"良好开局。综合实力和核心竞争力进一步增强。国际化发展取得重大进展,节能减排与安全环保工作扎实推进,科技创新及重大装备建设成果丰硕,为保障国家能源安全和促进国家经济社会发展作出了应有贡献。公司治理结构变化重大。按照中央要求,中国海油设立董事会,董事长和总经理分设,是中国海油发展史上一件具有里程碑意义的大事,董事会机制在2012年将正式运转。研究制定公司长期发展战略。在新一届党组领导下,在中国海油初步建立起较完整的海洋石油工业体系、实现"一次跨越"的基础上,公司成立专门机构,广泛调研、深入研究,制定指导公司未来20年发展的《中国海油"二次跨越"发展纲要》,将于2012年正式发布并开始实施。

【主要指标】 2011年公司主要经营质量和效益指标均处于行业优秀水平。生产原油4661万吨,天然气167.0亿立方米,成品油679万吨、乙烯98万吨、化肥321万吨,LNG进口量首次超过1000万吨,达到1081万吨。实现营业收入4882亿元,同比增长37.6%;利润总额1123亿元,增长15.0%;净利润867亿元,增长16.8%;缴纳利税费1243亿元,增长44.9%;资产总额达到7185亿元,较年初增长16.4%;净资产达到4590亿元,较年初增长17.5%;全员劳动生产率217万元/人·年,同比增长12%;总资产收益率达到13%,国有资本保值增值率119%。在中央企业中,营业收入排第五位,净利润排第三位,成本费用利润率排第五位,总资产排第六位;在"世界500强企业排行榜”列第162位，“世界最大50家石油公司综合排名”列第34位，为公司实现新的跨越发展奠定了坚实基础。

2011年中国海洋石油总公司主要经济指标

项　目	2010年	2011年	比上年增长(%)
资产总额(亿元)	6172	7185	16.4
净资产(亿元)	3906	4590	17.5
营业收入(亿元)	3548	4882	37.6
利润总额(亿元)	977	1123	14.9
净利润(亿元)	742	867	16.8
上缴利税费(亿元)	858	1243	44.9
全员劳动生产率(万元/人·年)	194	217	11.9
总资产收益率(%)	13.1	13.0	减少0.1个百分点
国有资本保值增值率(%)	121.2	119.0	减少2.2个百分点

注:上缴利税费为税、留成油、特别收益金与国有资本收益之和。

【改革发展】 公司重要人事变更。2011年4月8日，王宜林任中国海洋石油总公司董事长、党组书记。2011年8月31日，杨华任中国海洋石油总公司董事、总经理。2011年12月7日，武广齐任中国海洋石油总公司副总经理，吴孟飞任中国海洋石油总公司党组成员，张健伟任中国海洋石油总公司党组成员、党组纪检组组长。

公司治理结构变化重大。2011年，按照中央要求，中国海油设立董事会，董事长和总经理分设，这是中国海油发展史上一件具有里程碑意义的大事，董事会机制将在2012年正式运转。

总部机关改革调整工作取得新进展。集团层面机构优化整合基本完成，公司的管理水平和治理能力得到明显改进。

研究制定《中国海油“二次跨越”发展纲要》。2011年，公司研究制定《中国海洋石油总公司“二次跨越”发展纲要》。《纲要》明确“突出、加快、有效、集约、择优”的产业发展方针，突出发展油气主业，加快发展液化天然气、煤层气产业，有效发展专业服务、油品销售和石油贸易产业，集约发展炼油化工、综合服务和金融等产业，择优发展新能源产业，形成“上游更大，下游更优，专业技术服务更强”的基本产业布局；明确了“合作、稳健、差异化”的产业发展原则，继续扩大与地方政府、国有企业、民营经济和国际同行的合作，坚持从自身实际出发，遵循客观规律，依法合规运营，努力防控风险，实现持续健康发展，充分发挥自身优势，努力形成具有自身特色的产业结构、产品结构和发展路径；明确了分两步走全面推进国际一流能源公司建设的战略部署，力争经过10年的发展，基本建成国际一流能源公司，再经过10年的努力，全面建成国际一流能源公司。

【重大项目】 重大装备建设进展顺利。“海洋石油981”深水钻井平台、“海洋石油201”深水起重铺管船、十二缆深水物探船、深水工程勘察船等重大装备建设顺利完工，公司深水作业船队基本建成，深水战略迈出了实质性的步伐。一批新的油田项目建设全面展开。锦州25－1、涠洲11－2、陆丰13－2等5个项目年内建成投产，陆丰13－2调整、涠洲6－9、涠洲6－10、涠洲11－2、流花4－1、崖城13－4等重大油气田项目在建，为核心主业新一轮快速健康发展打下了基础。LNG项目建设取得进展。浙江LNG项目、珠海LNG项目、海南LNG项目以及沿海四张省级管网建设顺利推进，沿海天然气大动脉的构想正逐步由蓝图变为现实。

【走向海外】 公司持续优化海外业务布局和投资结构，提升海外项目运作质量和效益，海外业务取得一系列重要成果，国际化经营规模持续扩大。2011年，海外原油产量766万吨，天然气产量56亿立方米；全年完成石油和化工原料贸易2528万吨，同比增长35%，其中，原油贸易量2158万吨，成口油贸易量59万吨，燃料油贸易量130万吨，化工原料贸易量181万吨。“2011年中国100大跨国公司”排名中，中国海油位列第四。

2011年公司海外发展突出几个特点：第一，海外并购从机遇型收购向战略引导型并购的转变，在地缘布局上，首次涉足东部非洲国家的油田项目，收购乌干达三个区块的权益，获得油气可采资源量超过

10亿桶；第二，在资源类型上，努力实现从传统油气资源向页岩气、油砂等非常规油气业务的拓展，再次收购美国切萨皮克能源公司岩油气项目权益，获得资源总量50亿桶，收购加拿大油砂生产商OPTI公司，获得沥青资源量11亿桶，成为公司非常规油气业务新的重要增长点；第三，与加拿大Nexen公司合作，再次进入世界海洋石油热点区墨西哥湾，开展深水风险勘探；第四，油田专业服务在海外作业领域继续拓展，竞争能力持续提升，海外市场开发能力不断增强。

【重大创新】 科技创新的积极成果，为产业发展提供了重要的引领和支撑作用。承担的"十一五"国家重大科技专项"大型油气田及煤层气开发"顺利通过国家验收，海洋石油勘探开发的重大装备研制、重大技术攻关和示范工程建设等方面均取得重大进展；"渤海活动断裂带油气差异富集与优质亿吨油田群重大发现"获得2011年度国家科技进步二等奖，将为渤海油田增储上产作出更大贡献；公司首套天然气液化装置成功投运，填补了多项国内技术空白；自主研发的深水固井水泥浆体系在深水现场试验成功，初步具备深海钻井固井作业能力。

【党建工作】 深入开展创先争优主题活动，大力弘扬"敢闯新路、勇担责任、善于学习、包容创新"的海油精神；以纪念建党90周年为契机，开展"学党史、知党情、跟党走"、"永远跟党走——唱响红歌"主题教育活动；召开年度党建思政会，加强学习型党组织建设，加强企业文化建设，推动共青团和青年工作，加强团的建设，加强基层工作，不断丰富政治优势转化载体和内涵，不断加强党建思想政治工作，继续推进将国有企业政治优势转化为企业核心竞争力工作，为实现海洋石油工业持续发展提供强大精神动力和组织保证。

【信息化建设】 2011年是信息技术重点项目集中实施、生产安全平稳运行、管理探索创新的一年，公司完成技术支持、项目建设、系统保障和服务管理四大核心职能领域，圆满完成ERP系统升级和MPLS云状网络等重大项目建设。

【履行社会责任】 中国海油各类公益项目按计划有效推进，扶贫、助学等领域的公益项目力度进一步加大。2011年，公司向援藏、扶贫、援川及其他公益慈善项目共捐赠2.36亿元。公司多年支持的"健康快车"、"母亲水窖"、"希望工程"、"中国海油大学生助学基金"等项目继续顺利实施，取得良好社会效果，得到受援地区政府和社会各界高度赞誉和充分肯定。2011年，中国海油被中国妇女发展基金会授予中国海油"十大关爱女性企业"；被中华妇女联合会、中国儿童少年基金会联合授予中国儿童慈善奖"突出贡献奖"；被中华健康快车基金会授予"光明功勋奖"。

（撰稿人：涂　菲）

国家电网公司

【基本概况】 国家电网公司（以下简称"公司"）成立于2002年12月29日，是经国务院同意进行国家授权投资的机构和国家控股公司的试点单位。公司名列2011年《财富》世界企业500强第七位，是全球最大的公用事业企业，公司连续七年被国资委评为业绩考核A级企业。

公司是关系国民经济命脉和国家能源安全的国有重点骨干企业，承担着保障更安全、更经济、更清洁、可持续的电力供应的基本使命，经营区域覆盖全国26个省（自治区、直辖市），覆盖国土面积的88%，供电人口超过10亿人。公司运营菲律宾国家输电网和巴西7家输电特许权公司。

【主要指标】 2011年，110(66)kV及以上交流线路开工5.49万km，投产5.48万km；变电容量开工2.64亿kVA，投产2.56亿kVA。

2011年国家电网公司主要经济指标

项　目	2010年	2011年	比上年增长(%)
资产总额（亿元）	20775	22116	6.45
主营业务收入（亿元）	15159	16591	9.45
利润总额（亿元）	451	538	19.32

续表

项　目	2010 年	2011 年	比上年增长(%)
利税总额(亿元)	1268	1371	8.12
固定资产投资(亿元)	2911.2	3304.7	13.5
电网建设与改造投资(亿元)	2605.8	2958.8	13.5
全员劳动生产率(万元/人年)	47.60	59.43	24.86
净资产收益率(%)	4.45	4.54	增加 0.09 个百分点
流动资产周转率(次)	4.66	5.61	提高 0.95 次
资产负债率(%)	61.83	60.02	减少 1.81 个百分点
售电量(亿 kWh)	26891	30925	15.0
国家电力市场交易电量(亿 kWh)	3585	3999	11.5
线损率(%)	5.98	6.53	增加 0.55 个百分点
35kV 及以上输电线路(万 km)	75.31	81.99	8.9
35kV 及以上变电容量(亿 kVA)	23.09	25.97	12.5
城市供电可靠率(%)	99.906	99.921	增加 0.015 个百分点
农村供电可靠率(%)	99.636	99.665	增加 0.029 个百分点

【改革发展】 公司总结"十一五"改革发展成就，提出转变公司发展方式和电网发展方式，建设电网坚强、资产优良、服务优质、业绩优秀的现代公司，加快建设世界一流电网和国际一流企业的战略部署。滚动修订公司发展规划，优化调整"十二五"电网发展规划。推动特高压和智能电网纳入国家"十二五"规划纲要，促进各省级电网规划与地方经济社会发展规划紧密衔接。

公司坚持市场化改革方向，有序推进了电力交易机制建设和交易合同的规范。积极组织跨区跨省交易，缓解电力供需矛盾。组织三峡、阳城、锦界、府谷、田湾、秦山等能源基地电厂的外送交易和电能消纳，确保我国煤炭、水能等能源资源的就地转化和远距离输送消纳，促进了我国大煤电、大水电、大核电、大型可再生能源基地的集约化开发，实现能源资源在全国范围内的优化配置。公司落实国家节能减排战略，服务新能源电源发展，不断创新工作机制，做好风电、光伏等新能源电源的并网服务和电能消纳等工作。

根据国资委深入推动管理提升活动，加强集团管控、压缩管理层级的要求，优化总部机构和职能，成立五个分部，初步形成总部、分部一体化格局，优化了公司治理结构。江苏省电力公司、重庆市电力公司先行试点，建立了科学的组织架构和业务模式，为公司"大规划、大建设、大运行、大检修、大营销"体系建设奠定了基础。

按照国资委统一部署，落实电力主辅分离改革重组实施方案，完成 121 家辅业单位、845 亿元资产、21.8 万名职工(含离退休)划转移交工作。主多分开和集体企业管理取得重要进展。省级层面主多分开全面完成，地(市)县层面主多分开全面启动，集体企业管理进一步规范。理顺农电管理关系，完成 197 家县供电企业地方产权上划工作。

【重大项目】 特高压和智能电网纳入国家"十二五"规划纲要，公司加快建设以特高压为骨干网架，各级电网协调发展的坚强智能电网。1000kV 淮南—浙北—上海(皖电东送)输变电工程获得核准并开工建设。1000kV 特高压交流试验示范工程扩建工程、宁东—山东±660kV 直流输电工程、三峡地下电站送出工程等跨区跨省重点工程竣工投运。战胜高寒缺氧、冻土施工、生态脆弱、保障健康等重重困难，"电力天路"青海—西藏 750kV/±400kV 交直流联网工程提前一年建成，创造了世界高海拔地区输电工程建设的新纪录，从根本上解决了西藏缺电问题，全国电网除台湾省以外实现全面互联。中俄直流背靠背联网工程投入试运行。四川藏区电网建设全面启动，地震灾区电网三年恢复重建任务圆满完成。支持新能源发展，甘肃酒泉风电基地一期送出工程竣工投运，国家电网经营区域并网风电装机超过 4200 万 kW。区域和省级主网架建设继续加强，开展新一轮农村电网改造升级建设。加强工程建设、造价、质量管理,220kV及以上输变电工程优质工程率达到85%。特高压交流试验示范工程荣获中国工业大奖,向家坝—上海±800kV特高压直流输电示范工程荣获国家优质工程金奖。

世界上第一个集风力发电、光伏发电、储能系统、智能输电于一体的国家风光储输示范工程竣工投运。自主研发建设了具有国际领先水平的智能调度技术支持系统。柔性直流输电(上海南汇)、天津中新生态城、750kV延安智能变电站等一批智能电网示范工程竣工投运。安装应用智能电能表5162万只,累计实现7645万户用电信息自动采集。建成北京高安屯充换电站、苏沪杭电动汽车城际互联首期工程、青岛薛家岛充换储放一体化站等一批电动汽车充换电示范工程。新建充换电站156座、充电桩6252个。

【国际业务】 2011年,公司加快实施国际化战略,开展国际化经营,稳步推进与周边国家的电力能源合作,探索能源资源领域的合作。2011年是菲律宾国家电网公司(NGCP)第三监管期的开局之年,电网运营稳定,电能质量和供电可靠性稳步提升。实现对巴西7个输电特许权公司的顺利接管和成功运营。公司发挥新成立的驻美国、俄罗斯、欧洲、巴西、印度、菲律宾、中国香港办事处作用,以点带面,整体推进国际业务发展,组织跟踪欧洲、南北美洲、俄罗斯、印度等国家和地区合作项目50多个。与欧洲、美国、印度、南美洲相关电力企业就股权投资合作、新能源、设备供货等开展谈判。与俄罗斯进行中俄直流背靠背联网工程商务谈判,完成项目工程建设及投运前有关调试工作。2011年中俄电力边贸完成交易电量12.3亿kWh。公司作为中朝水电理事会理事,促进水丰大坝防洪设施改造工程主体工程提前完工,6月顺利移交朝方使用。

2011年,公司统筹安排开展智能电网、清洁能源、储能技术、电动汽车等方面的交流考察。6月,公司应邀加入全球可持续电力合作组织,并应邀参加联合国工业发展组织峰会。公司总经理、党组书记刘振亚在峰会上作了主题为"加强交流合作,发展坚强智能电网,构建能源发展新格局"的发言。公司还成功举办2011智能电网国际论坛、高压直流输电用户会议、国际特大电网运行者组织(VLPGO)会议等国际会议,提升公司在世界电网领域的影响力。

参加国际组织活动,制定国际电力标准。2011年,公司提出的智能电网用户接口项目委员会(PC118)在国际电工委员会(IEC)成立,这是继公司提出高压直流技术委员会(TC115)之后第二个由我国自主提出并成立的新技术委员会。公司在智能调度、智能电网用户接口等领域的四项IEC标准提案获得通过。公司发起的与智能电网相关的"储能系统接入电网设备测试标准"正式获得电气与电子工程师协会(IEEE)标准协会批准通过。IEEE成立了特高压交流标准工作组,制定"1000kV及以上特高压交流系统过电压与绝缘配合"等三项特高压输电技术标准。

【重大创新】 2011年,公司获国家科技进步二等奖4项、中国专利优秀奖2项;获中国电力科学技术奖54项,其中一等奖5项,创历史最好成绩;另有82个项目获省部级科技奖励,其中一等奖7项。评选出公司科技进步奖129项,其中"±800kV特高压直流输电技术研发与工程应用"被授予特等奖。公司首次设立专利奖,科技奖励体系得到完善。

2011年,公司重点突破特高压和智能电网核心技术及关键设备的研发,取得一批国内外领先的重大创新成果。特高压串补、双柱特高压变压器、63kA特高压开关设备研制成功并投入工程应用,特高压可控高抗完成单相样机研制。电力系统仿真中心等国家级重点实验室、特高压输变电系统开发与示范等项目通过国家验收,一批智能电网科技项目获得国家科技重大项目立项批复。公司申请专利、授权专利分别较2010年增长56.7%和41.9%。

【党建工作】 2011年,公司深入贯彻落实党的十七大和十七大以来历次中央全会精神,以"迎接党的十八大,创先争优当先锋"为主题,以党的先进性和纯洁性建设为重点,切实加强基层党组织建设和党员队伍建设。

按照中央和中央企业创先争优活动领导小组的总体部署,以纪念建党90周年为契机,坚持高起点谋划、高质量启动、高标准要求、高水平推进,着力加强党组织全覆盖,健全工作机制,强化分类指导,大力选树先进典型,全面深化创先争优活动。公司涌现出全国优秀党务工作者1名,全国先进基层党组织2个,中央企业先进党组织5个、优秀共产党员4名、优秀党务工作者5名。各级党组织和广大党员履职尽责创先进，立足本职争优秀，发挥了政治核心、战斗堡垒和先锋模范作用，为公司实现"十二五"发展良好开局提供了坚强保证。

创建"四好"领导班子，优化班子结构，提升整体功能，各级领导干部的领导力、执行力明显增强。落实党风廉政建设责任制，严格执行《国有企业领导人员廉洁从业若干规定》，落实"三重一大"决策制度。加快构建科学的管控与惩防体系，成立协同监督工作委员会，形成了齐抓共管的协同监督工作格局。

【信息化建设】 2011年，公司信息化建设位居中央企业第二名。在此次评价的五个一级指标中，公司信息化领导力、信息化应用与效果排名第一，IT服务管理与IT治理排名第二，信息化基础建设和信息化人力资源两个指标均名列前茅。公司申报的"输变电设备状态监测系统"项目成为工信部公布的首批两化融合促进安全生产重点推进项目之一，公司被列为首批两化融合促进安全生产重点推进项目承担单位并获授牌。

2011年是公司SG—ERP信息系统建设的全面启动年，各项工作有序推进，直属单位ERP系统全面上线运行。开展大容量骨干传输网、高清会议电视系统、智能电网通信管理系统试点建设，各网省传输网进一步加强、业务网和支撑网进一步提升。2月，公司集中式信息系统(数据级)灾备中心建成投运，覆盖总部、省市公司、直属单位十大类千余套业务系统。

2011年，全网新增光缆8.3万km，较2010年增长14.7%，总长度达到64.8万km；变电站光纤覆盖率220kV及以上达到100%，110kV达到97.9%，35kV达到84.8%；新增各类通信站点共计2139个，新增光纤覆盖站点3187个；全网共完成投资71.4亿元，占五年规划总投资的14.0%。通过公司系统通信人员的精心运维，光缆、光传输等通信设备保持较高运行水平，各类通信设备故障总次数同比降低17%，故障总时间同比减少43%，支撑了继电保护、安稳控制、调度自动化等电网业务的可靠运行，未发生因通信原因造成的电网事故。

【履行社会责任】 不断深化"四个服务"(服务党和国家工作大局、服务电力客户、服务发电企业、服务社会发展)，推出公司大众传播口号——"你用电，我用心"，采用户外广告、平面媒体、视频广告等形式，在公司系统营业厅、电动汽车充换电站等场所，面向公众全面推广。扎实开展"塑文化、强队伍、铸品质"供电服务提升工程，供电可靠性和电压合格率不断提高。2011年，公司经营区域城网供电可靠率达99.921%，综合电压合格率达99.759%，城市年户均停电时间6.92h。精心编制保电方案和应急预案，圆满完成了建党90周年、西安世园会、全国"两会"、全国残运会等重要保电任务。

在窗口单位广泛开展"为民服务创先争优"活动。涌现出四川电力共产党员服务队等先进集体和"电力雄鹰"吕清森、"爱心大使"韩克勤、"不倒的铁塔"江小金、"助学老人"解黎明、"高原铁塔"丁燕生等先进个人。公司被中央创先争优活动领导小组确定为为民服务创先争优重点联系单位。公司各单位在地方行风评议中名列前茅。

2011年，为3.5万户无电户13.7万无电人口解决了通电问题，公司经营区域基本实现"户户通电"。加强农村用电基础实施建设，推进新一轮农网改造升级，2个县域电网告别孤网运行，53个县域电网实现与主网强联结，消除"低电压"用户912万户，改造居民户表设施540多万户；公司供电区域内建成新农村电气化县123个、电气化乡镇1432个、电气化村24541个。

持续开展援疆、援藏、援青、扶贫、助学、助老、助残工作，公司系统全年累计捐赠1亿多元。积极应对重大自然灾害和社会突发事件，支援"7·23"甬温线特大铁路交通事故、8·23"七台河煤矿透水事故和"9·18"西藏亚东县电网受地震灾害影响的应急救援。深入开展"青春光明行"志愿服务，2011年末累计拥有青年志愿者31.8万人。

(撰稿人：刘　薇)

中国南方电网有限责任公司

【基本概况】 2011年，中国南方电网有限责任公司(以下简称"公司")认真贯彻落实党中央、国务院的决策部署，牢牢把握科学发展的主题和加快转变经济发展方式的主线，以公司中长期发展战略为统领，以创先争优活动为动力，以提高集团管控能力为重点，系统地规范各项管理，努力构建和谐企业，实现了“十二五”良好开局。公司连续5年被国资委评为业绩考核A级企业，在世界500强企业排名第149位，比2010年上升7位。

【主要指标】

2011年中国南方电网有限责任公司主要经济指标

项　目	2010年	2011年	比上年增长(%)
资产总额(亿元)	4907.73	5229.74	6.56
所有者权益(亿元)	1585.71	1793.62	13.11
营业收入(亿元)	3685.74	3913.82	6.19
利润总额(亿元)	101.15	73.86	−26.98
净利润(亿元)	71.79	51.59	−28.14
归属于母公司所有者的净利润(亿元)	69.40	48.84	−29.63
技术开发投入(亿元)	36.81	29.92	−18.72
利税总额(亿元)	213.61	231.85	8.54
应交税金总额(亿元)	248.70	261.08	4.98
全员劳动生产率(万元/人·年)	31.9	33.94	6.3
净资产收益率(%)	4.62	2.96	减少1.66个百分点
总资产报酬率(%)	4.25	3.70	减少0.55个百分点
国有资本保值增值率(%)	104.40	103.63	减少0.77个百分点

【电力供应】 超前分析安全运行的潜在风险，对关键设备进行特巡特维，楚穗直流实现长时间满负荷安全运行。通过与当地群众群防群治，山火引发线路跳闸次数大幅下降，防雷击工作成效明显。南方电网系统没有发生较大及以上事故，一般事故、一类障碍首次实现了“双下降”。加强应急管理，完善各级各类应急预案3250个。

2011年迎峰度夏期间供电形势很严峻，由于缺煤少水导致全网总体缺电10%以上、个别地区缺电30%以上，公司促请广东、广西、贵州省政府出台发电补贴政策，实现电力供应“保安全、保居民、保民生、保重要用户”；充分调剂网内外资源，提前建成广东500千伏祯宝线工程，增加粤东送出能力450万千瓦，同时配合政府制定并严格执行有序用电方案；与上游发电企业及下游客户进行有效沟通，取得社会各界的理解支持。优化营销服务，推进供电方案、业扩工程标准化设计，有效缩短业扩配套项目建设周期。强化客户停电管理，建立网、省、地、县客户停电时间统计体系，推行“先算后停”等管理手段，公司系统客户平均停电时间同比下降26%。通过全网的艰苦努力，以有效、有序的电力供应，支撑了各省区经济的较快增长，实现了政府满意、发电企业满意、客户满意的多赢局面。

【电网建设】 完成南方电网“十二五”规划修编。与广西、贵州、海南省区政府签订战略合作框架协议。完成南方电网“十二五”电力供需形势分析报告并上报国家能源局。理顺固定资产投资项目管理，首次实现公司系统固定资产投资计划的统一平衡下达。优化电网投资结构，不断加大中低压配电网投资规模。加快工程前期工作，溪洛渡、糯扎渡送电广东直流工程、深圳抽水蓄能电站等重点项目获得核准并正式开工。2011年完成电网建设投资708亿元，投产重点工程11项。惠州抽水蓄能电站全面投产。攻坚克难，按期完成了海南联网工程海底电缆后续保护工程。500千伏桂山变电站工程荣获“鲁班奖”。积极实施农网升级改造，完成县级电网建设投资213亿元，并解决11个行政村、4.38万户无电人口的用电问题，实现供电区域内的行政村“村村通电”。

【企业经营】 2011年全年完成售电量6667亿千瓦时，同比增长10.6%；西电东送电量966亿千瓦时。加快资金集中管理步伐，全网实现了资金统一计划、统一调度、统一监控和统一融资平台，资金安全性、效益性、流动性大幅提高，在国家货币政策全面紧缩的情况下，保证公司资金链的正常运转。通过发行中期票据、超级短期融资券，开展短期资金运作等方式，节约资金成本13亿元。推进全面预算管理，完成“十二五”期间的预算编制。将EVA指标分解融入公司经营管理全过程，推进成本精细化管理，编制《全面预算管理工作手册》和《南网成本词典》。

【节能减排】 编制公司“十二五”节能减排综合性工作实施方案和公司支持低碳省市试点工作方案。首次发布公司《绿色发展报告》。完成“十二五”新能源发展规划，研究提出新能源接入南方电网标准体系和有关标准。通过深化节能发电调度，全网火电机组发电煤耗率同比下降 4 克/千瓦时。通过加强线损“四分”管理，使得综合线损率实现 5.42%，同比下降 0.86 个百分点。在广州建成全网首家电动汽车换电体验中心。推进合同能源管理，为广东、云南 3000 家用电规模达 25 亿千瓦时的工商业客户实施节能诊断。公司荣获“‘十一五’中央企业节能减排优秀企业”称号。

【科技创新】 公司核心技术领域的科技攻关取得重大突破，“高压直流输电工程成套设计自主化技术开发与工程实践”荣获 2011 年国家科技进步奖一等奖，是公司成立以来科技创新取得的最高荣誉；全年公司系统共获得省部级以上科技奖励 32 项，新增专利申请 282 项，获得授权 151 项。

【基础管理】 出台公司中长期发展战略，以战略巡回宣贯等方式加以落实。有效推进一体化管理，初步建立各层级一体化的组织架构，形成基于业务分类的一体化制度、流程、标准关联体系框架。全年完成新编及修订制度 383 项。制定《公司“三重一大”决策管理办法》，对“三重一大”事项进行清晰的界定，增强可操作性和规范性。实行综合计划统一管理，建立综合计划指标体系和平衡优化模型。切实加强基建管理，全面建立各电压等级电网工程的标准设计和典型造价，首次在公司系统推行里程碑进度计划管理，全网 816 个业主项目部逐步组建到位，公司系统配网工程全部开展可研工作。施工、设计、监理的公开招标率达到 100%。严格工程造价管理，实际工程结算较概算下降 12.5%，共节约资金 13.3 亿元。构建具有南网特色的供应链管理体系，推行物资集中招标，集中度达到 61%。大力开展清仓利库，公司系统库存物资同比下降 40%，闲置物资再利用节约投资 14.7 亿元。法律风险专项治理取得初步成效，一批历史遗留重大法律纠纷案件基本解决，减少公司经济损失 24.4 亿元。加强民主管理，有序开展职工代表巡视检查和厂务公开工作。

【体制薪酬改革】 按照国资委统一部署，积极稳妥开展主辅分离改革，明确对辅业单位“扶上马”、“送一程”的具体支持措施，分别与中国电建、中国能建签订整体划转移交协议，平稳完成分离企业管理权责的正式移交。农电体制改革取得新进展，接收广东、云南、贵州 72 家县级供电企业及农电机构，总资产 159.2 亿元、农电员工 2.8 万名。在充分调查研究的基础上，出台职工持股清理整顿指导意见。在海南电网公司建立董事会。推进广州、深圳供电局管理模式改革，将其从广东电网公司分立为公司直接管理的子公司，支持其全面接轨国际先进。完成规范劳动用工及薪酬分配改革试点工作。建立完善以绩效为导向、将考核结果与岗级晋升和绩效工资挂钩的薪酬分配机制；薪酬分配向一线关键生产岗位倾斜，一线班组员工薪酬水平比上年平均增长 6.8%。注重落实离退休人员“两个待遇”，用工资总额的 1%建立了困难离退休人员生活补贴机制。

【队伍建设】 全面加强领导班子思想、组织、能力和作风建设，制定《2011—2020 年公司所属单位领导班子及干部队伍建设规划纲要》。不断加大竞争性选拔干部力度，拓宽选人用人视野，首次面向全国公开招聘 7 名高级管理人员。对广州、深圳供电局领导班子 8 个副职岗位进行公开竞争选拔、竞争上岗。加强年轻干部培养，举办“百名优秀年轻干部培训班”，安排部分年轻干部任职锻炼。加大干部交流力度，选派 19 名干部到各省公司及政府机关任职或挂职锻炼，选拔 58 名基层优秀年轻员工到总部开展为期 1 年的学习锻炼。实施人才发展“六大工程”，开展技术专家选聘工作，公司系统共选聘 18 名技术专家和 87 名助理技术专家。公司入选第三批海外高层次人才创新创业基地。整合全网教育培训资源，成立公司教育培训评价中心及公司党校（干部学院）。公司系统全年举办培训班 2.2 万期、培训员工 137 万人次，培训合格率 98%。

【党建工作】 创新党建工作，制定党组织先进性测评办法，提出先进性的量化要求。加强党内民主建设，推进基层党支部书记公推直选和党务公开工作。积极开展庆祝建党 90 周年系列活动。深入推进为民服务创先争优活动，做好“六走进”和“五到位”，集中力量重点解决群众用电问题。全系统共成立为民服务队3168个，征求意见建议近万条，逐一落实改进措施。在全公司推进员工辅导计划，建立南网幸福指标体系。公司系统涌现出一大批先进典型，其中，获得全国五一劳动奖状奖章等国家级集体荣誉72个、个人荣誉41个，省部级集体荣誉79个、个人荣誉268个。

出台《公司惩治和预防腐败体系基本框架》。首次实行反腐倡廉建设岗位责任通知书制度，严格落实党风廉政建设责任制。举办领导人员廉洁从业研讨班，开展纪律教育月活动，强化"诚信做人、规矩做事"的理念。制定《公司党组巡视工作办法》，首次派出巡视组对海南电网公司开展巡视。建立"大监督"机制，深入开展内部审计、效能监察和固定资产投资建设监督检查，共审计资产量3367亿元，对发现的主要问题落实整改措施。通过效能监察避免经济损失2902万元，节约资金1亿元。

【履行社会责任】 公司坚持"大灾当前、责任在先"的理念，在抗击贵州冰灾、云南盈江地震、强台风"纳沙、尼格"等自然灾害中，做到"知灾、人到、旗到、电通"，发挥中央企业"顶梁柱"的作用。更为科学、精细地开展深圳大运会保供电工作，比赛期间每天安排近2万名技术人员巡查电网设备，并开展延伸服务，坚守场馆，从电源一直保到灯头和插座，实现"零事故、零差错、零投诉"，确保万无一失。在中央首长视察广州军区时，保电工作安排周密、措施得当，避免一起重大停电事故。进一步深化"绿色行动"，发挥节能减排示范作用，全年协助客户节能19.75亿千瓦时，实施节能发电调度相当于节约标准煤227万吨。在广州建成启用全网首家电动汽车换电体验中心。在佛山实施的国家"863"分布式供能示范工程通过科技部验收。公司及全体员工累计向灾区捐款捐物达1805万元，其中为"广东扶贫济困日"活动捐款1530万元。在五省区同步开展社会责任日活动，首次召开全网范围的大客户座谈会，诚心实意听取意见建议。公司的供电服务在广东、云南社情民意调查中连续多年荣获综合满意度第一，在其他各省区的政府满意度评价中也名列前茅。

（撰稿人：安华云）

中国华能集团公司

【基本概况】 2011年，中国华能集团公司（以下简称"公司"）在党中央、国务院的正确领导下，认真落实公司年度、年中工作会议精神，按照"四个进一步"、"五个突出抓"的总体要求，较好地完成国资委业绩考核指标和年度各项目标任务。公司安全生产总体平稳，狠抓落实安全生产责任制，全面推进安全生产管理体系建设，安全管理制度化和规范化水平进一步提高；经营工作卓有成效，营销工作不断加强，燃料管理水平进一步提升，资金管理和保障工作得到加强；调整优化深入推进，发展全过程管理进一步加强，低碳清洁能源发展积极推进，火电结构继续优化；产业协同不断加强，煤炭产能、产量和内部供煤比例进一步提高，金融产业的服务功能和业绩支持作用得到较好发挥，科技产业化工作积极推进；资本运营和实施"走出去"战略取得重要进展，积极培育市场自我发展主体，发挥资本市场融资功能，强化海外项目管理；科技创新迈出新的步伐，实施"十二五"重大科技项目规划，明确了发展目标和任务；节能减排取得新的成绩，深入推进节约环保型企业创建工作，深入开展主力机型能耗指标创优活动，二氧化硫排放总量继续下降，氮氧化物排放总量得到有效控制；企业管理扎实推进，深入开展总部建设"效率年"活动，加强EVA管理，强化成本管控，推进标准化建设，推进全面风险管理，强化审计监督和整改；党的建设得到进一步加强，扎实推进学习型党组织建设，深入开展创先争优活动，完善干部"两化"管理，深入建设具有华能特点的惩防体系，着力加强思想政治工作、精神文明建设和企业文化建设。

【主要指标】 2011年主要指标完成情况：

安全绩效。未发生重大及以上事故，生产、经营、政治和形象安全得到有效保障。

经营绩效。完成发电量6046亿千瓦时，同比增长12.5%；完成煤炭产量6406万吨，同比增长38.5%。完成供电煤耗318.68克/千瓦时，同比下降

4.04 克/千瓦时；完成厂用电率 5.08%，同比下降 0.14 个百分点。

发展绩效。投产新机 1215 万千瓦，2011 年底公司境内外全资及控股电厂装机容量达到 12538 万千瓦，同比增长 10.5%。新增煤炭产能 405 万吨/年，煤炭生产能力达到 6817 万吨/年，同比增长 6.3%。核准电源项目 1666 万千瓦，核准煤矿项目 180 万吨/年。

党建绩效。党和国家的方针政策在公司得到全面贯彻落实；学习型党组织建设和创先争优活动取得实效，基层党组织和党员队伍建设进一步加强；领导班子和干部队伍建设扎实推进；未发生企业领导人员违法、违纪案件；职工队伍保持稳定。

2011 年中国华能集团公司主要经济指标

项　目	2010 年	2011 年	比上年增长（%）
资产总额（亿元）	6623.99	7531.88	13.71
所有者权益（亿元）	1042.62	1143.49	9.67
营业总收入（亿元）	2279.94	2681.73	17.62
利润总额（亿元）	77.83	61.41	−21.10
净利润（亿元）	49.79	29.92	−39.91
归属于母公司所有者的净利润（亿元）	1.94	1.65	−14.95
技术开发投入（亿元）	2.57	1.95	−24.12
全年上缴税金总额（亿元）	172.66	195.78	13.39
全员劳动生产率（万元/人·年）	45.30	48.52	7.10
净资产收益率（含少数股东权益）（%）	5.00	2.74	减少 2.26 个百分点
总资产报酬率（%）	4.02	4.16	增加 0.14 个百分点
国有资本保值增值率（%）	92.2	96.3	增加 4.1 个百分点

【改革发展】 人事制度改革取得重大进展。2011 年 6 月 16 日，中国华能集团公司召开 2011 年部门副主任级岗位公开竞聘第一次领导小组会议。会议审议通过《集团公司 2011 年部门副主任级岗位面向公司系统公开竞聘公告》，决定面向系统对集团公司部门副主任级的 25 个岗位进行公开招聘，标志着公司深化干部人事制度改革、切实提高选人用人满意度工作取得新的进展。

企业管理扎实推进。深入开展总部建设"效率年"活动，转变作风、服务基层，总部工作效率和服务水平不断提高。推进科技、煤炭、物资、煤化工等专业体制改革，成立煤业公司（煤炭事业部）、物资公司、煤化工办公室。加大全方位对标力度，开展国际对标体系研究。完善绩效管理机制，全面推行企业负责人年薪制，实现了薪酬兑现与效益指标按月挂钩。加强 EVA 管理，对所有二级单位实施 EVA 考核。强化成本管控，建立和完善以战略为导向、以资产为主线、涵盖资产全寿命周期的全面成本管理体系。推进标准化建设，生产、经营、建设、人力资源等方面的定额标准体系基本形成。推进全面风险管理，编制完成总部内控手册。强化审计监督和整改，内部审计的"免疫功能"有效发挥。

【重大项目】 2011 年 6 月 10 日，华能新能源股份有限公司（"华能新能源"，代号：00958）在香港联合交易所开始挂牌交易。

2011 年 12 月 7 日，甘肃碌曲多松多水电站投入商业运行。该电站位于甘南藏族自治州碌曲县境内的洮河干流上，为低坝无调节引水式电站，安装 3 台混流式水轮发电机组，总装机容量为 2.1 万千瓦。

2011 年 12 月 15 日，华能左权电厂一期工程 1 号机组顺利通过 168 小时满负荷连续试运行，是华能集团首台投运的间接空冷燃煤机组。

2011 年 12 月 16 日，上都电厂三期工程 6 号机组一次通过 168 小时满负荷连续试运行，正式投入商业运行。至此，该工程两台 66 万千瓦超临界燃煤空冷节能环保发电机组全面竣工投产。两台机组投产后，以 500 千伏电压等级接入京津唐电网，每年可向电网多输送 70 亿千瓦时电量，极大地缓解了华北电网的供电压力。

2011 年 12 月 26 日，继 4 号机组顺利投运后，华能功果桥水电站 3 号机组（22.5 万千瓦级）顺利通过

72小时试运行，投入商业运营。至此，功果桥水电站顺利实现了“一年双投”目标。

2011年12月26日，华能北京热电厂燃气热电联产扩建工程通过机组整套168小时满负荷连续试运行。工程额定容量92.3万千瓦，预计年发电量41.6亿千瓦时，年供热量674万吉焦，可以扩大供热面积约1300万平方米，项目采用天然气作为发电燃料，与同等级燃煤机组比较，折合减少标煤110克/千瓦时，减少二氧化碳排放274克/千瓦时。

【走向海外】 “走出去”战略取得重要进展。新加坡大士能源公司（TPL）优化竞争策略，税前利润大幅增加，大士电厂5号机改建、登布苏项目建设进展顺利。加强对澳洲电力公司（OzGen）的运营、风险和财务管理，克服电价低迷和洪灾带来的不利影响，生产经营保持稳定。成功收购国际电力公司（InterGen）50％的股权，管理对接工作顺利完成，通过完善法人治理结构及日常管理加强对运营工作的监管。加大国际化人才选拔培养力度，强化海外资产职业管理团队建设。公司海外业务领域扩展至四大洲七个国家，境外权益装机接近600万千瓦。

【重大创新】 科技创新迈出新的步伐。实施“十二五”重大科技项目规划，明确了发展目标和任务。推进示范工程建设，绿色煤电天津IGCC示范工程进入全面调试阶段；石岛湾高温气冷堆核电站示范工程获得国务院常务会议审议通过。加强发电技术研究，120万千瓦等级高效大型机组、太阳能光热发电等先进技术研发取得新进展，700℃超超临界燃煤发电技术等4个国家级科技项目获得批复并正式启动。积极推进科技成果转化，拥有自主知识产权的现场总线控制系统和三塔合一技术在秦岭电厂得到示范应用，二氧化碳捕集技术在挪威中标，西安热工院向日本、印度等8个国家提供设备监造、性能试验等30多项技术服务。加强科技创新平台建设，国家能源高效清洁火力发电技术研发中心、国家能源水能高效利用与大坝安全研发中心获准设立，火力发电等3个产业技术创新创业联盟组织筹备工作进展顺利，北京人才创新创业基地开工建设。全年公司获得省部级科技成果奖15项，国家授权专利66项，其中发明专利22项。

【党建工作】 公司系统认真学习贯彻胡锦涛总书记“七一”重要讲话和党的十七届六中全会精神，坚持融入中心、进入管理、服务大局，党建工作科学化水平不断提高。扎实推进学习型党组织建设，带动了学习型企业、学习型班子和学习型员工建设。深入开展创先争优活动，完善了“三级点评”制度（集团公司点评二级公司、二级公司点评基层企业、基层企业党委点评基层党支部）。

完善干部“两化”管理，加强领导干部和后备干部队伍建设。开展竞争性选拔“重点推广年”活动，完成总部和部分在京单位10个处级岗位、公司系统25个副主任级岗位的公开竞聘工作。加大干部交流力度，继续开展挂职锻炼。认真做好国家“千人计划”人选推荐工作，积极开展海外引才。

全面贯彻十七届中央纪委六次全会和中央企业反腐倡廉建设工作会议精神，认真落实党风廉政建设责任制，全面推进廉洁风险防控工作，具有华能特点的惩防体系建设取得新的进展。围绕贯彻执行《若干规定》，扎实推进廉洁文化建设，广大干部职工的思想作风得到提升，促进了企业健康发展。

【信息化建设】 人力资源管理信息系统在公司全面应用；资产财务管理一体化系统在山东、四川公司推广上线，并在股份公司、吉林、澜沧江公司全力推进；移动办公、电子商务系统试点获得成功；信息化集中管控能力得到进一步提升。

【履行社会责任】 认真履行社会责任，推进援藏、援青和定点扶贫，启动新一轮援疆工作，积极参与公益事业和社会主义新农村、新牧区建设。2010年公司可持续发展报告被联合国全球契约中国网络中心评为典范报告。

【其他情况】 2011年7月7日，《财富》杂志中文官方网站发布2011年《财富》世界企业500强排行榜，中国华能集团公司排名276位，比2010年上升37位，营业收入达到336.81亿美元。

2011年8月2日，国务院国资委网站公布2010年度中央企业负责人经营业绩考核结果，中国华能集团公司获评A级企业。

2011年6月，国资委下发《国资委关于表彰“十一五”中央企业节能减排优秀企业的决定》，授予中国华能集团公司等32家中央企业"'十一五'节能减排优秀企业"称号。其中,华能排名第十,在发电企业中保持领先。

2011年12月2日,第十一届中国年度管理大会在北京召开,中国华能集团公司等16家企业被评选为"2011年度最具价值管理榜样"。

2011年11月12至13日,由中国企业文化研究会组织的"企业文化30年实践路径与方式——中外企业文化2011北京峰会"隆重召开,中国华能集团公司荣获"企业文化30年实践十大典范组织"奖。

(撰稿人:陈广宇)

中国大唐集团公司

【基本概况】 2011年,中国大唐集团公司(以下简称"公司")深入贯彻落实科学发展观,坚持以经济效益为中心,努力克服电煤价格高位上涨、电价调整严重滞后、财务费用显著增支等重重不利因素,精心制定并认真落实"一保一降"方案,围绕"电为基础、多元经营,七大板块、协调发展"16字方针和调整"四大结构"主攻方向,加快推进"转方式,调结构,强机制,练内功,增效益",全面完成了国资委下达的各项考核指标。在各种不利因素影响减利170亿元的情况下,当年实现利润16.05亿元,同比增加0.83亿元;净利润4.02亿元,同比增加5.47亿元;归属母公司净利润同比减亏21.72亿元;资产负债率87.75%,比上年末下降0.02个百分点。

截至2011年底,公司发电装机容量达到11105.7万千瓦,水电、风电等新能源和可再生能源装机比重达到21%,比组建时提高9.13个百分点;消耗性指标和排放指标持续大幅度优化,供电煤耗达到321.47克/千瓦时,比组建时下降49.71克/千瓦时;上市公司达到4家;投产及已核准煤炭产能合计达到4330万吨;多伦煤化工项目基本打通全部工艺流程;金融、物流、科技等非电产业增收盈利能力稳步提高。

2011年,中国大唐集团公司再次入选世界500强企业,居374位,比2010年提升38位。

【主要指标】

2011年中国大唐集团公司主要经济指标

项　目	2010年	2011年	比上年增长(%)
资产总额(亿元)	5205.82	6055.27	16.32
所有者权益(亿元)	636.42	754.55	18.56
营业收入(亿元)	1754.26	1911.68	8.97
利润总额(亿元)	15.22	16.05	5.45
净利润(亿元)	—1.45	4.02	增利5.47亿元
归属于母公司所有者的净利润(亿元)	—30.28	—8.56	减亏21.72亿元
技术开发投入(亿元)	0.37	1.27	243.2
利税总额(亿元)	109.92		
应交税金总额(亿元)	113.86		
全员劳动生产率(万元/人·年)	40.18	35.92	—10.60
净资产收益率(%)	—23.22	—6.98	增加16.24个百分点
国有资本保值增值率(%)	79.2	92.4	增加13.2个百分点

【改革发展】 2011年,中国大唐集团公司按照建设规范董事会要求,完成有关基础制度、工作规则及议事规则制定工作。成立董事会,外部董事、职工董事全部到位,召开董事会会议四次和专门委员会会议七次。调整总部机构,增设资本运营部、科技信息部、物资管理部、煤炭产业部等部门,并通过公开竞聘选拔充实有关岗位人员,进一步加强总部建设。深化"两全"管理,基本形成体系完善、机制健全、联网运行的格局。理顺贵州公司管理体制,启动河南、安徽分公司改制相关工作。健全总法律顾问制度,设置专职总法律顾问,加强法制工作队伍建设,提升依法规范运作水平。

【重大项目】 2011年是中国大唐集团公司结构调整和资本运作力度最大的一年,也是成效最显著的一年。

完善并加快推进"十二五"产业发展规划,当年核准电源项目839.9万千瓦,开工446.47万千瓦,投产

519.12万千瓦，清洁能源项目分别占52.85%、88.45%、52.13%。核准煤矿项目3个，新增核准产能3030万吨。非电产业实现利润同比增长184%。

积极开展股权融资及债券发行工作，先后完成集团公司短期融资券、私募债和大唐新能源公司债发行工作；启动集团公司及海外公司、大唐国际境外债券融资等项目的研究、报批工作；大唐国际A股非公开增发逆势闯关，募集资金67.4亿元；加强与煤炭企业合作，推进资源整合，与中煤集团签署战略合作协议，完成沙拉吉达煤田整合及股权转让工作；与华能集团合作，收购沙井子煤矿，优化了煤炭产业布局；与陕煤化集团合作，完成信阳华豫和信阳发电重组工作；与唐山市国资委重组唐山新区热电厂，进一步促进了资源优化配置。

【走向海外】 2011年，中国大唐集团海外投资公司稳步推进在建项目的工程建设。柬埔寨电网项目按计划全面完成线路及变电站土建施工、机电设备安装、系统调试工作；柬埔寨水电项目实现一期、二期工程截流。

前期项目取得新进展。哈萨克斯坦鲁特尼奇水电项目12月8日正式开工建设。老挝萨拉康和北本水电项目取得老挝政府的筹建期开工许可。海外公司与缅甸电力部和金山公司签署开发缅甸东西部水电项目的谅解备忘录和合作协议，取得装机超过500多万千瓦的缅甸东西部水电项目的开发权。

【重大创新】 2011年，中国大唐集团公司大力推进中长期（2010—2020）科技发展规划的实施，加快科技产业发展，创新成果不断涌现。获得授权专利20项（其中发明专利11项），获得软件著作权10项。在国家能源科技奖方面，获得国家能源科技二等奖3项，三等奖5项。在水利电力科技奖方面，获得三等奖4项。在全国电力职工技术创新成果奖方面，7个项目获奖。经中央人才工作协调小组批准，集团公司被确定为国家第三批“海外高层次人才创新创业基地”。国家能源高铝煤炭开发利用重点实验室、国家能源非粮生物质原料研发中心落户集团公司，标志着中国大唐集团公司科技创新研发平台开始进入到国家级行列。

【党建工作】 2011年，中国大唐集团公司各级党组织认真贯彻落实胡锦涛总书记“七一”讲话精神，突出主题，创新载体，融入中心，不断深化创先争优活动。开展“强基固本葆先进、创先争优促发展”、“爱党爱国爱大唐、争创年里创佳绩”等主题教育活动，引导党员和员工坚定信念、积极投身中心工作。加强学习型党组织建设，开展“建设学习型团队，争当知识型党员”主题活动，营造了团队学习的良好风气。加快推进科学发展上水平与创先争优常态化的有机融合，建立对标点评台账和评价、公示规范，搭建对标点评信息平台，建立完善集中点评、个别点评、现场点评、随机点评等多种方式结合的新机制，唱响“争科学发展之先，创和谐企业与一流业绩之优”的主旋律。

【信息化建设】 2011年，公司稳步推进信息化重要项目建设，完善信息化规划、制度、标准、规范体系，建立覆盖全集团的广域网，实现分子公司与集团的数据共享。重点开展并完成以财务一体化、两全系统为核心的管理信息系统建设，为加强集团管控、规范业务管理、提高工作效率和管理水平提供信息技术手段，满足生产经营需要的各类信息化网络和系统基本形成。在国资委2011年信息化水平测评中，中国大唐集团公司由C级晋升为B级。

【履行社会责任】 2011年，中国大唐集团公司坚持安全发展、清洁发展、节约发展的理念，积极履行社会责任，兑现“提供清洁电力，点亮美好生活”的庄严承诺。圆满完成建党90周年、迎峰度夏和深圳第26届世界大学生夏季运动会等保电工作。14家火电企业实现“零非停”，35家供热企业中有21家供热期实现“零非停”；机组等效可用系数完成94.14%，继续保持行业先进水平。供电煤耗完成321.47克/千瓦时，同比降低3.36克/千瓦时。脱硫设备健康水平进一步提高，脱硫台均非停1.55次。14台机组进行旁路烟道封堵，无旁路运行机组达到20台，确保各项污染物的达标排放。在全国大机组竞赛中，中国大唐集团公司13台60万千瓦等级机组获奖，占获奖机组的17.33%，其中一等奖占21.43%；25台30万千瓦等级机组获奖，占获奖机组的30.49%，其中一等奖占50%。2011年，中国大唐集团公司被国务院国资委授予“‘十一五’中央企业节能减排优秀企业”称号；在第二届节能中国宣传表彰大会上，荣获“2011节能中国十大贡献单位奖”，是获得该荣誉的唯一一家发电集团公司；“打造金牌机组，提高发电供热可靠性”成果被国务院国资委授予“2011年中央企业优秀社会责任实践”成果。在由联合国环境规划署、中国生态文明研究与促进会等多家单位联合主办的第四届中国绿色发展高层论坛上，中国大唐集团公司被评为“中国十佳绿色责任企业”。

（撰稿人：王新波）

中国华电集团公司

【基本概况】 中国华电集团公司（以下简称“中国华电”）是国家实施电力体制改革、由国务院批准组建的五家全国性国有独资发电企业集团之一。2002年12月29日，中国华电在人民大会堂揭牌成立，注册资本120亿元人民币，主营业务为：电力生产、热力生产和供应；与电力相关的煤炭等一次能源开发；相关专业技术服务。

中国华电始终认真贯彻国家能源战略，以科学发展为主题，以转变发展方式为主线，以创造可持续价值为目的，以改革创新为动力，加快调整结构布局，注重提升质量效益，推进做强做优，着力提升发电、煤炭、金融和工程技术四大产业发展绩效，努力打造价值华电、绿色华电、创新华电、幸福华电，建设具有国际竞争力的世界一流能源集团。截至2011年底，中国华电发电装机容量9410万千瓦，资产总额5259亿元，控股煤矿产能2560万吨/年，资产主要分布在山东、贵州、黑龙江、四川、福建、江苏等27个省（自治区、直辖市）以及俄罗斯、柬埔寨、印尼等国家。拥有世界首台百万千瓦超超临界空冷机组、国产化程度最高的百万千瓦超超临界机组、国内最大的分布式电源项目、在发电集团中比重最大的天然气发电机组。控股华电国际电力股份有限公司、华电能源电力股份有限公司、国电南京自动化股份有限公司、贵州黔源电力股份有限公司和沈阳金山能源股份有限公司等上市公司。

【主要指标】 2011年，中国华电深入贯彻落实科学发展观，牢固树立价值思维理念，积极应对煤价高位运行、资金成本大幅攀升、水电来水特枯等前所未有的困难和挑战，按照“抓落实、见成效”的总体要求，全力加快结构调整，深化管理创新，提升经济效益，各项工作取得新的成效。完成发电量4178.55亿千瓦时，同比增长16.3%；生产原煤2260万吨，同比增长142%；完成供电煤耗321.1克/千瓦时，同比下降7克/千瓦时；二氧化硫排放绩效2.6克/千瓦时，同比下降10个百分点。

【改革发展】 按照管理创新活动“上台阶”的总体要求，围绕提升执企能力和盈利能力，持续加大管理创新推进力度，集中召开基建管理、星级发电企业创建等系列现场经验交流会，开展系统标杆企业管理创新专题调研，总结推广成功经验，表彰活动先进单位，促进了系统企业管理水平整体提升。持续健全管理体制机制，三级管控界面更加清晰，二级机构的管理责任进一步得到落实；完善集团总部机构设置，增设煤炭产业部，专业化管理进一步得到强化。成立中国华电集团科学技术研究总院有限公司，建立起了中国华电系统高端科研和技术服务平台。深化物资体制改革，组建成立中国华电集团物资有限公司，物资集约管理得到有效加强。以星级发电企业创建为抓手，深入开展对标管理，提升指标水平，供电煤耗、厂用电率等指标进一步改善。大力推进竞争性选人用人改革，面向系统内外组织了8个主任级岗位公开选拔、11个总部专责岗位公开招聘，全年公开选拔各级领导人员125名，占新增和空缺岗位的40%。积极推行市场化用工，煤炭、金融和工程技术产业全面实行了市场化用工。以绩效薪酬为杠杆，健全考核体系，在金融和工程技术板块建立了与关键效益指标直接挂钩的工资决定机制。大力加强经营管理，狠抓扭亏增盈工作，自上而下派出督导组，重点帮扶亏损企业，部分区域和企业实现了大幅减亏。加强经营动态监控，将日利润管理纳入企业经营体系，改进经济活动分析模式，增强了工作针对性和时效性。创新工程管理，组织开展“造价管理年”活动，通过造价全过程管理、集中采购、效益预期分析等措施，提升了项目盈利能力。贵州黔源北盘江光照发电厂荣获“中国电力优质工程奖”。

与国家和地方“十二五”发展规划、公司五年发展纲要紧密衔接，编制完成中国华电集团公司“十二五”

发展规划，配套制订煤炭、金融、工程技术等产业专项规划和区域规划，立足战略区域，突出发展重点，全力推进结构调整和布局优化，取得明显成效。水电开发取得重要进展，金沙江上游水电规划通过审查，金沙江上游、雅鲁藏布江中游等流域多个水电项目取得"路条"；宁夏海原、甘肃环县等百万千瓦风电基地开工建设，风电装机容量突破300万千瓦。宁夏灵武百万千瓦超超临界空冷机组♯4机组投入运行，建成国内最大的空冷发电基地；江苏句容、望亭等一批重点项目获得核准，60万千瓦及以上机组占煤电装机比重上升至42%。煤炭发展步伐不断加快，国内首座电力企业自主建设与管理的千万吨级煤矿——不连沟煤矿实现了当年投产当年达产，隆德煤矿投入试生产，华电煤业集团有限公司跻身国内煤炭行业50强。金融产业获批筹建合资寿险公司，增资控股川财证券，管理金融资产规模实现翻番。工程技术产业市场化进程加快，曹妃甸装备制造基地一期项目投产运营，与GE、ABB、美卓等国际知名企业成为战略合作伙伴，发展活力进一步增强。

【重大项目】 国内最大的空冷发电基地建成投产。2011年4月25日，华电宁夏灵武发电有限公司二期工程4号机组顺利通过168小时满负荷试运行，标志着国家"西电东输"最大电源支撑点项目——灵武二期2×1060MW工程胜利竣工。至此，华电灵武公司装机容量跃至3320MW，成为全国最大的空冷发电基地。灵武二期工程自2009年3月16日开工建设以来，3号机组作为全球首台百万千瓦空冷机组，创造了国产化程度最高、整体质量最优、节能环保性能最好、工程建设时间最短等多个国内第一，改变了我国空冷机组技术、设备依赖进口的历史。此次完成168小时试运的4号机组，各项指标均达到国内先进水平。两台百万千瓦级超超临界空冷机组项目的建成，对于加速推进我国大型电站空冷系统国产化实施进程，确保我国富煤、贫水地区电力工业的可持续发展具有重要意义。

国内首座电力企业自主建设管理的千万吨级特大型煤矿竣工投产。2011年6月30日，由我国电力企业自主开发建设的国内第一座千万吨级特大型煤矿——中国华电集团公司内蒙古蒙泰不连沟煤矿在鄂尔多斯市竣工投产。截至2011年12月19日，原煤产量突破1000万吨，提前12天完成全年生产任务，标志着这座千万吨级特大型煤矿顺利实现当年投产、当年达产的目标。不连沟公司是中国华电按照"电为主体，煤为基础，产业协同"的发展思路，着力打造的第一个大型综合性能源项目，煤矿设计生产能力为1000万吨/年，煤矿自2007年11月开工建设，2009年12月底投入试生产，建设工期仅用了25个月，煤矿主、副斜井井筒荣获煤炭行业工程质量最高奖"太阳杯"。试生产当年达到了综采单面单月生产原煤102万吨和年生产原煤530万吨的同行业最好水平。

【走向海外】 中国华电稳步实施"走出去"战略，按照"严控风险、建并结合、效益优先"的原则，通过境外项目投资、海外工程承包、对外技术服务和国际贸易业务"四轮驱动"，不断拓展国际发展空间，强化境外资本运作和国际合作交流。俄罗斯捷宁斯卡娅燃气蒸汽联合循环电站和印尼巴厘岛燃煤电站两个项目获得国家发改委核准，柬埔寨最大水电项目额勒赛下游水电站和印尼巴淡燃煤电站等在建项目建设进展顺利。积极推进国际交流与合作，中国华电集团公司与美国通用电气（GE）公司合资成立华电通用轻型燃机设备有限公司，国电南京自动化股份有限公司与ABB、苏兰美卓等国际企业成立四家合资公司，国际合作取得实质性成果。

【节能减排】 2011年，中国华电加大节能技术研究及应用力度，先后完成31台机组汽机侧热力系统优化，节约标煤53万吨。实施10台机组整体优化改造，大幅降低了供电煤耗。扎实推进脱硫脱硝和除尘器改造，启动脱汞监测试点，完成"十二五"减排责任书年度治理项目。中国华电荣获"中央企业'十一五'节能减排优秀企业"称号，索风营水电站荣获"全国水土保持示范工程"称号。加强科技进步和自主创新，全面启动国家级创新型试点企业建设，着力抓好"863"、"973"计划和国家科技支撑计划课题研究，"万吨级甲醇制芳烃、厨余垃圾制备生物质燃气及并网发电技术"等3个项目获得科技部立项并开展研究工作。中国华电工程有限公司、国电南京自动化股份有限公司分别荣获"国家能源分布式能源研发中心"、"第十八批国家认定企业技术中心"资质；海外人才创业基地获得中共中央组织部批准。在2011年度中国电力科学技术奖的评选中，中国华电共有8项科技成果获奖，其中“分布式供能系统集成技术研究与应用”荣获二等奖，“石灰石——石膏湿法烟气脱硫系统的运行优化”等7项成果获得三等奖。大力推进清洁发展机制，全年共有21个CDM项目在联合国成功注册，是历年注册总和的两倍，实现收益超过5亿元。

【党建工作】 围绕企业中心工作，深入开展创先争优活动和学习型党组织建设，通过庆祝建党90周年、创先争优专题交流、向王清文同志学习、集团总部作风建设等系列活动，发挥政治优势，促进了企业科学发展。大力加强队伍建设，制定实施人才队伍建设五年规划，深入开展“四好”领导班子创建活动，重点抓好队伍能力素质提升，认真落实“企业领导人员三年轮训计划”，全年培训7400人次。深入推进“大纪检”，着力抓好惩防体系建设，继续开展工程建设领域突出问题、“小金库”等专项治理和监督检查，加强“三重一大”执行、燃料管理等效能监察，有效开展巡视工作，保证了企业健康发展。中国华电党组纪检组、监察部荣获“全国纪检监察系统先进集体”称号。开展品牌建设研究，修订《华电宪章》，充分发挥了文化引领作用。发挥工团组织作用，开展燃煤采制化、集控运行、水电工程造价管理等技能大赛，凝聚了队伍合力。集团总部荣获“全国文明单位”称号。

【履行社会责任】 认真履行社会责任，积极参加援疆援藏和社会公益事业，大力支持企业所在地新农村建设，促进地方经济社会发展。发布2010年社会责任报告和国内首份水电可持续发展报告，引起社会积极反响。中国华电社会责任发展指数位列全国十强。“华电金沙江中游水电开发‘16118’移民安置”入选“中央企业优秀社会责任实践案例”。

（撰稿人：李成东）

中国国电集团公司

【基本概况】 2011年，面对复杂严峻的生产经营环境和艰巨繁重的改革发展任务，中国国电集团公司（以下简称“公司”）以科学发展观为指导，全面贯彻党中央、国务院的重大部署，认真落实国资委等上级单位的具体要求，同心同德，迎难而上，各项工作扎实推进。截至2011年底，公司系统未发生人身死亡和较大及以上设备损坏事故，电力、煤矿、基建安全均保持历史最好水平。资产总额6634.07亿元，装机容量10672万千瓦，完成发电量4770亿千瓦时，供热量13926万吉焦，营业收入2088.60亿元。在燃料成本、财务费用上涨增支154.7亿元的情况下，实现利润60.89亿元。实现经济增加值（EVA）2.3亿元。在国资委考核中蝉联“A”级，世界企业500强排名同比上升73位，荣获国资委中央企业“十一五”节能减排优秀企业称号，圆满完成各项工作任务。

【主要指标】

2011年中国国电集团公司主要经济指标

项　目	2010年	2011年	比上年增长（%）
资产总额（亿元）	5358.38	6634.07	23.8
所有者权益（亿元）	968.70	1065.49	10
营业收入（亿元）	1624.26	2088.60	28.6
利润总额（亿元）	62.05	60.89	－1.9
净利润（亿元）	40.42	40.31	－0.3
归属于母公司所有者的净利润（亿元）	7.72	－5.91	－23
技术开发投入（亿元）	9.17	9.69	5.5
利税总额（亿元）	166.89	195.15	16.9
应交税金总额（亿元）	91.42	134.02	46.6
现价劳动生产率（万元/·年）	158.79	163.50	2.9
净资产收益率（含少数股东权益）（%）	4.67	3.97	减少0.7个百分点
总资产报酬率（%）	3.86	3.99	增加0.13个百分点
国有资本保值增值率（%）	106.01	100.39	减少5.62个百分点

【改革发展】 深化体制机制改革，加大创新力度，省为实体的三级管理体系更加完善。管控模式更加科学。调整本部和二级单位机构设置，强化省级公

司的管理职能。完善法人治理结构，加强“三会”业务管理，议案审核率100%。修订完善目标责任制考核办法，积极推进EVA考核，加强总资产利润率考核，与国资委考核体系全面对接，实现考核全覆盖。完善“三类五级”考核体系，实行预算管理与工效挂钩相结合的工资总额决定机制。对企业领导人员实施EVA奖励，17家企业领导人员获奖。总经理奖励基金突出价值创造、战略发展、科技创新和安全生产。信息一体化平台建设深入推进，实现关键数据指标的采集、统计、分析功能。

内控体系更加完善。制定实施“三重一大”决策制度，健全完善了内控体系，建立风险评估和预警机制。基建财务内控体系建设取得阶段性成果。强化领导人员经济责任审计、重大工程建设项目跟踪审计，全年避免经济损失9377万元。严把经济合同法律审核关，有效防范了法律风险。

电厂转型不断深化。积极抢占热力市场，参与城市热网建设，供热企业达到55家。扩大配煤掺烧煤种，累计掺烧4100万吨，节约成本21亿元。因地制宜开展煤炭经营，拓展城市水务产业，提高粉煤灰产品附加值，规划开发闲置土地，盘活资产资源，培育新的利润增长点。

加大选人用人力度。对21个领导岗位和23个本部副处级以下岗位进行公推比选和公开招聘。14家单位开展公推比选和竞争性选拔工作。组织干部交流，直管干部交流92人次，第二批东部与中西部干部双向挂职交流参与单位增加到32家。加强基层领导班子建设，12家二级单位、64家基层单位被评为“四好”领导班子。启动“十百千引才工程”，引进国家“千人计划”人才6名，引进急需紧缺的核心骨干人才161名。加强各级各类人员教育培训，员工队伍素质能力得到有效提升。

提高安全环保水平。深化“安全生产年”活动，圆满完成迎峰度夏和大运会等重大保电任务，194家发电企业中191家安全无事故。做好安全性评价，完成46家发电企业评价和整改复查。加强工程建设重大危险源点治理，对61个项目进行安全检查和隐患整治。煤矿安全生产三级管理体系全面建立，8个矿井进入国家级安全质量标准化煤矿行列。积极开展环保评价，扩大脱硫特许权经营范围，在运脱硫机组比例已达94.2%，全年减少二氧化硫排放8万吨。

【项目推进】 围绕“十二五”发展规划，准确把握发展节奏，合理控制投资规模。持续优化电源结构。新投机组中大容量火电和清洁可再生能源占63%，谏壁100万千瓦、南宁60万千瓦等大容量机组投产。火电平均单机容量提高到32.7万千瓦，30万千瓦及以上机组占87.9%，60万千瓦及以上机组占40.2%。全年关停小机组13台共124万千瓦。清洁可再生能源已占总装机容量的22%。风电装机容量达到1226万千瓦，新增331万千瓦。国内首座海上潮间带示范风电场、首座大型低风速风电场顺利投产。水电“四区一流域”开发布局形成，深溪沟电站全部建成投产，并购小水电64万千瓦。太阳能发电装机达到23.5万千瓦，蒙电四子王旗、宁夏马场湖光伏项目、新疆槽式太阳能热发电项目投产发电。2011年新增CDM注册项目66个，碳减排收益8.2亿元。

加强清洁高效火电和清洁可再生能源项目储备。天生港、黄金埠二期、织金等大容量火电项目获得核准或取得“路条”。猴子岩水电站获得核准，四川、云南、西藏、青海公司水电开发稳步推进。储备风电资源超过9000万千瓦，华东、山西公司风电开发取得重要突破。国电电力储备太阳能项目400万千瓦、核准7万千瓦，河北公司围场风光电一体化项目获得核准。与中核集团合作的一批小型堆和大型核电项目前期工作有序开展。南方、海南、山东、浙江公司燃气项目快速推进。

煤炭产业迅速壮大。“三片一线”布局更加完善，煤炭储量和产能快速增长，控制资源150亿吨，煤炭产量6505万吨，同比增长38.4%。平煤集团产煤3776万吨，蒙电贺斯格乌拉煤矿产量突破2100万吨。在建煤矿项目18个，设计产能6200万吨，国兴煤矿生产优质动力煤166万吨，察哈素煤矿产出工程煤30万吨。成功并购蒙东能源，锗资源储量全球第一。贵州公司整合并购区域中小煤矿，新增产能180万吨。燃料公司建立了7个煤炭储配中心，秦皇岛港煤炭中转量突破2000万吨，海运船队自有船舶12艘，全年下水海运煤3000万吨。煤化工项目稳步推进，英力特公司电石法PVC生产线主要指标达到世界先进水平，正在建设宁东煤基多联产循环经济示范园区。蒙能公司煤制化肥项目进入试生产准备阶段。

新能源高端设备制造和电力科技环保产业快速发展，形成了一批行业优势品牌。等离子点火应用装机已达2.39亿千瓦。脱硫特许经营、脱硝EPC业务市场占有率国内领先。电站空冷系统核心设备实现国产化，应用装机容量行业领先。自主研发的大型火电机组DCS控制系统国内市场份额达到20%，百万千瓦机组DCS项目投入商业运行。联合动力3兆瓦风机推入市场，6兆瓦风机成功下线。国电光伏公司打造太阳能全产业链，承担的195兆瓦EPC项目全部并网。

金融保险和物资物流产业快速发展。资本控股公司取得了多项稀缺牌照，发起设立长江财产保险公司，投资瑞银证券获得证监会批准，"国电网银"覆盖集团公司630家成员单位，形成了集财务公司、财险、寿险、基金、保险经纪、商业银行等业务于一体的金融平台。物资集团构建了以物联网为核心的电子商务平台，在中国物流企业50强中排名第24位，外销比例56.3%。积极开展钢材统购分销业务。风机塔筒制造能力1800套。物资集中采购节省采购成本10%以上。物资超市和联合储备业务减少资金占用近4亿元。

【经营创新】 深化"双学"活动，加快"三型"电厂建设，挖潜增效、永无止境的理念更加深入人心，多项管理创新在公司系统全面推广，科技创新能力显著提升。累计获批国家级研发中心6个，企业技术中心8个，被命名为国家"创新型企业"。全年新增专利190项，同比增长90%，累计获得专利363项。新获国家科技进步二等奖2项。成立中国国电集团公司科技委员会，构建了产研结合的研发体系。能源研究院完成专题研究64项、评估咨询248项。电科院被认定为国家级高新技术企业，"火电机组状态及性能全息诊断"等三项成果获国家能源科技进步奖，"静电除尘高频电源技术"可减少烟尘排放40%，节能70%。

生产管理更加精细。深入开展星级发电企业创建活动，加大对标管理力度，机组主要经济技术指标持续改善。完成供电煤耗321.3克/千瓦时，同比降低5克/千瓦时。发电厂用电率5.3%，同比降低0.16个百分点。火电机组等效可用系数达到93.5%。创新技改模式，完成合同能源管理项目21个。加大火电企业治亏力度，13家电厂减亏。

工程建设稳步推进。加大"绿色工程"建设力度，开展设计优化，着力推进专业化、标准化、精细化、数字化管理。工程建设质量进一步提高，新投产火电机组效率平均提高1.5个百分点，工程造价平均较概算降低6.8%。瀑布沟大坝荣获"堆石坝国际里程碑工程奖"。谏壁13号、南埔3号机组供电煤耗分别为280克/千瓦时、297克/千瓦时，达到国内同类机组先进水平。陕西公司采用新型桩基技术，单个风场造价平均降低500万元以上。进一步规范招标管理，完成35批次超过410亿元项目的集中招标，降低成本28亿元。

燃料管理全面加强。健全管理体系，理顺管理关系，保供控价能力明显增强。加强与重点煤炭企业的战略合作，打通蒙东自有煤炭向华北、山东、华中、华东等地区的铁路运输和水运通道。公司系统全年库存平均保持在20天以上，未发生缺煤停机现象。建立煤炭市场信息体系，全年采购海外低价煤炭545万吨，节约燃料成本1.36亿元。开展商业储煤，实现效益6.6亿元。入厂验收进一步规范，入厂入炉煤热值差控制在0.4兆焦/千克以内。

财务管理优势明显。调整完善财务管理战略，创新预算管理体系，建成了总部利润预测分析系统。加大资金供应保障，综合运用多种融资方式，全年新增融资909亿元，引进各类低成本资金627亿元，增发短期融资券98亿元，发行私募债150亿元，启动130亿元私募债增发工作。加强资金集中管理，资金归集率达到90%。科学动态调整债务结构，将长期融资占比由45%提高到56%。抓好增值税进项税抵扣工作，全年实现固定资产抵扣进项税约80亿元。认真落实资产处置、财政补贴等收益，预算口径全年非经常性损益25.9亿元。

审计工作深入开展。一方面审计覆盖面全面扩大，形成有效的监督屏障。年内组织实施领导任期经济责任审计19项，三年内审计覆盖面达到100%。组织实施建设项目跟踪审计44项，有效避免了经济损失。同时还组织绩效审计、大修技改审计等多种专项审计；另一方面在审计成果利用和审计理念方面创新突破。审计成果利用方面，通过召开经济责任审计结果座谈会，将经济责任审计结果向当事人和其上级管理单位当面反馈，大大提升审计成果的利用效果。审计理念方面，贯彻“眼睛向内、挖潜增效”精神，针对企业面临的电煤矛盾开展绩效审计，总结、推广先进的管理经验，促进企业解决难点问题，更大的发挥审计促效益的功能。

市场营销卓有成效。以“争量保价、增效保收”为重点，创新市场营销工作。全年设备利用小时5012小时，高于全国平均水平281小时。重点抓好发电权交易，优化量价结构，全年完成交易电量264亿千瓦时。争取电价调整政策，年内两次获调上网电价，平均上网电价同比提高1.97分。加大电费回收力度，全年电费回收率99.55％。

资本运作多点推进。国电科环成功在中国香港上市，融资21.3亿元，成为央企中首家境外上市的科技环保类企业。国电电力成功发行55亿元可转债。龙源电力在中国香港成功发行9.5亿元人民币债券。龙源技术股价较发行价增长90％以上。英力特定向增发17.1亿元方案获得审批。平庄能源启动瑞安矿业等收购工作。东北公司引入10亿元信托股权资金。

【走向海外】 按照“立足自身优势，凝聚力量，以新能源和战略性新兴产业为重点走出去”的海外发展战略，年内海外风电项目投资并购实现突破，高科技产品出口取得新的成绩，电力投资项目前期工作稳步推进。所属公司龙源集团收购加拿大安大略省9.9万千瓦风电项目开发权，风电境外投资取得突破。龙源集团还积极开展南非风电项目，其中三个共计19.8万千瓦风电项已签署土地租赁协议、取得环评许可、获得至少一年的测风资料，具备参与投标的基本条件。

国电联合动力技术有限公司向美国德州供应6台1.5MW共计9MW风机，已并网发电。国电光伏、龙源环保、烟台龙源和智深签订出口合同总金额达2.11亿元人民币，其中国电光伏出口太阳能组件1.9599亿元，已执行871.99万元，龙源环保为印尼一台66万千瓦火电机组提供干除渣设备合同613万元，智深为印尼和印度的火电项目提供硬件及工程服务合同251万元，烟台龙源签署美国一家电厂低氮燃烧改造分包合同，等离子点火技术成功进入韩国、俄罗斯、印尼等市场。稳步推进与柬埔寨工业、矿产和能源部签署的《柴阿润和松博水电项目可行性研究谅解备忘录》后续工作。稳步推进柴阿润水电项目，可研通过水规院组织的评审，提交柬工业部。

【信息化建设】 2011年，中国国电集团公司成立信息中心，明确信息化管理职责，落实“GD193”规划，推进信息一体化平台建设，制定指标数据规划，梳理指标数据4621个，关键指标1322个，实现业务主题分析近百个；建立集团公司企业门户和集团下属26个二级单位企业门户和领导驾驶舱；初步建成数据中心，实现专业数据的信息化报送、统计、汇总、审批和展示。完成集团燃料信息系统建设，对各发电企业每日燃料进、耗、存及入厂、入炉价格进行统计分析，实现燃料计划、合同、审批、结算等关键环节的信息化管理。升级改造视频会议系统，视频信号全部实现高清显示，全年召开各类视频会议69次，总参会人数约3.9万人次。扎实推进集团公司及各级下属单位的信息系统等级保护测评工作，完成第一批重点系统的等保测评。

【党建工作】 2011年，中国国电集团公司党建思想政治工作坚持融入中心、服务大局，党建科学化水平不断提升，深入开展创先争优活动，扎实推进基层党组织建设，召开首次党支部工作座谈会，党组织的政治核心作用、战斗堡垒作用和党员的先锋模范作用充分发挥。开展“访问100个基层党支部和班组，访问100名一线党员和职工”活动，通过三级联动大走访，累计访谈11000余人次，密切了党群干群关系。开展建党90周年系列庆祝活动，首次评选表彰“十佳”先进基层党组织和优秀共产党员，3个集体、4名个人受到国资委党委表彰。中国国电集团公司建设社会主义核心价值体系的经验做法，在全国国有企业推进社会主义核心价值体系建设座谈会上进行交流，6家单位荣获全国文明单位称号。加强企业文化建设，制定“家园”文化建设规划，召开首次企业文化建设工作会议，命名首批企业文化示范基地。共青团深入开展“我为转型做贡献”主题实践活动，20个青年集体和个人获得团中央和中央企业团工委荣誉称号。《人民日报》刊发集团党组书记、副总经理乔保平署名文章《把思想政治工作优势转化为发展优势》，中宣部

《党建》杂志宣传国电集团在转型发展中创先争优的经验做法。中国国电集团公司党建思想政治工作的典型做法先后30多次在人民日报、新华网、国资委网站等媒体上刊载。

反腐倡廉工作深入开展。2011年，中国国电集团公司各级党委（党组）和纪检监察机构认真贯彻落实十七届中央纪委六次全会、中央企业反腐倡廉建设工作会议精神，扎实推进党风和反腐倡廉建设工作，各项工作有了新的突破，取得了新的成效。一是加快推进惩防体系建设，进一步健全和落实党风廉政建设责任制，制定完善"三重一大"决策制度和决策机制，扎实开展反腐倡廉宣传教育，大力加强纪检监察组织建设，完善纪检监察工作领导机制，惩防体系框架基本形成。二是深入开展转变经济发展方式的监督检查，继续开展"小金库"问题和工程建设领域突出问题专项治理工作，不断加大燃料监管、招标监管工作力度，大力推进效能监察工作，围绕中心工作、融入企业生产经营管理推进纪检监察工作的力度明显加大。三是认真总结巡视工作经验，对进一步加强和改进党组巡视工作作出安排。巡视工作得到上级单位的肯定，在中央纪委召开的中央单位巡视工作座谈会上作了经验介绍。四是继续加大案件查办工作力度，严肃查处物资采购、燃料管理、财务管理等领域的违纪违法行为。两次召开会议通报系统内发生的典型案例，起到很好的警示效果。

【履行社会责任】 2011年，中国国电集团公司在建设一流综合性电力集团的战略中，把履行社会责任纳入公司治理，经营管理水平持续提升，安全生产基础更加牢固，科技创新力度不断加大，科学发展业绩再创新高，和谐国电建设成效显著，政治、经济、社会责任得到有效履行，职工与企业、企业与社会和谐共建水平不断提高。

积极推进传统清洁能源高效利用，加大节能减排力度，严细节能环保评价监管，发电机组主要指标持续改善，供电煤耗持续降低，降幅达3.82克/千瓦时。94.2%的在运机组实施脱硫，全年减少二氧化硫排放8万吨。加大环保技改投入，在可比企业中最高。被国资委授予"十一五"央企节能减排优秀企业称号。

（撰稿人：朱　锋）

中国电力投资集团公司

【基本概况】 中国电力投资集团公司（以下简称"中电投集团"）是国内五大发电集团之一，是国家三大核电开发建设运营商之一，是集电力、煤炭、铝业、铁路、港口等产业于一体的综合性能源集团，在全国惟一同时拥有水电、火电、核电、新能源资产。公司在科学发展观的指引下，确立了"三步走"发展战略目标，坚持"电为核心，煤为基础，产业一体化协同发展"的发展思路，加快转变发展方式，不断推进结构调整，形成了蒙东、青海、贵州、宁夏、新疆五大产业集群，逐步实现产业链向价值链转变，为建设国际一流能源集团打下了坚实基础。截至2011年底，公司拥有电力装机容量7680万千瓦，其中水电装机容量1795万千瓦，居五大发电集团第一位，在全部装机容量中清洁能源比重近30%，居五大发电集团第一位。公司拥有煤炭产能7350万吨，居国内涉煤央企第三位，电解铝产能260万吨，居全国第二位，世界第五位。公司资产总额5034亿元，拥有7家上市公司，员工总数12.6万人。

【主要指标】

2011年中国电力投资集团公司主要经济指标

项　目	2010年	2011年	比上年增长（%）
资产总额（亿元）	4433.93	5030.25	13.45
营业收入（亿元）	1266.49	1571.16	24.06
利润总额（亿元）	50.2	26	−48.21
净利润（亿元）	32.58	4.97	−84.75
归属于母公司所有者的净利润	15.03	−7.68	−151.10
技术开发投入（亿元）	0.67	5.7	750.75
利税总额（亿元）	106.42	111.81	5.06

续表

项　目	2010 年	2011 年	比上年增长(%)
应交税金总额(亿元)	108.04	111.18	2.91
净资产收益率(%)	5.07	0.72	减少 4.35 个百分点
总资产报酬率(%)	3.93	3.88	减少 0.05 个百分点
国有资本保值增值率(%)	103.68	98.74	减少 4.94 个百分点

【改革发展】 2011 年,中电投集团坚持在改革中破解发展难题,着力创新体制机制,增强发展的内在活力和动力。管控一体化改革是中电投集团 2011 年影响最广、力度最大、效果最为显著的一项工作。在管控一体化改革推进中,集团公司顺利完成了总部和二级单位本部的组织机构和人员调整,基本理顺了各级管理关系和产权关系,明晰了管理职能。围绕"七统一"和专业化服务平台建设,开展业务流程再造,清理 37 家四级以下公司,减少相当部分的管理层级,精简和优化三级组织结构,清理大批劳务人员,解决大量历史遗留问题。通过管控一体化改革,促进了组织机构更加科学合理、人员配备更加精简高效、管理界面更加清晰明确、管理流程更加简洁顺畅。

结合管控一体化调整,各项改革同步深化。按照"自上而下、先易后难、试点先行、逐步推开、限期完成"的工作步骤,基本完成"一厂多制、一厂多公司"改革和辅业改革。全面开展调研工作,根据国家政策,深入研究大集体改革思路。

继续深化干部人事和工资分配制度改革。采取组织选配、双向选择、面向系统公开选聘和面向社会公开招聘等多种方式,在总部和部分二级单位大幅度开展领导人员竞争性选拔,深化了干部制度改革,促进了干部职工思想观念的转变。继续推进工资分配制度改革。以岗位价值、绩效导向为核心的新的工资制度全面实施。试行市场化用工与协议工资相结合的制度,建立了企业年金制度,对竞争性强的技术创新型企业,探索中长期激励的制度设计,凝聚高端人才、稳定骨干人才、引进紧缺人才。集团公司业绩考核管理获国资委先进单位称号。

【重大项目】 2011 年,中电投集团清洁能源发展取得新进展。西南地区水电新增和在建规模超过 200 万千瓦。伊江上游其培电站获得中缅两国政府核准和 BOT 特许经营权。核电参股容量 143 万千瓦,在建控股容量 466 万千瓦。海阳核电项目完成年度重大工程里程碑,红沿河核电项目 1 号机组完成冷试。与浙能签订合作协议,共同开发浙江核电项目。风电当年投产 107 万千瓦,创历史最好水平。太阳能光伏发电规模从 0.2 万千瓦增加到 38 万千瓦,居国内第一。青海格尔木一期工程是世界上最大的单体太阳能光伏电站。在规模不断扩大的同时,清洁能源比重 29.83%,继续保持五大发电集团第一。黄河公司、宁夏能源铝业以及新组建的河北公司、江苏分公司等单位在清洁发展方面取得突出成绩。

火电结构调整步伐加快。芜湖、景德镇、贵溪、福溪、清河、燕山湖 6 台 60 万机组顺利投产。新疆乌苏热电 2 号机组被确认为全国发电装机容量突破 10 亿千瓦标志性机组。广东横琴岛燃机项目取得核准,安徽田集二期、平圩三期、广东东莞燃机项目取得"路条",江苏滨海、常熟扩建、上海漕泾二期、浙江燃机项目取得积极进展,实现了在珠三角、长三角布局发展的新突破。

集团整体战略协调推进。蒙东、宁夏、新疆、贵州煤炭项目加快实施,木担坝、左家寨煤矿投产,巴其北煤矿探矿权得到延续,推进新疆、贵州区域煤矿整合。铝业产能顺利释放。新疆煤制气、内蒙煤制烯烃项目前期工作继续推进。西宁电子级多晶硅项目投产。制约"锦赤"铁路建设的跨越国铁问题得到全面解决,"赤大白"铁路完成初步验收,"锦白"全线扩能方案通过内部审查,锦州港、滨海港按计划推进,九江港获国家发展改革委核准,"蒙煤南运"大通道加快建设。

【走向海外】 中电投集团坚持合作共赢,有效利用国际国内两个市场、两种资源,海外发展有序推进。伊江上游水电项目是集团公司优化产业布局、加快清洁发展的重点项目,规划建设七级大型水电站及一座配套施工电源电站,2011 年,施工电源电站建设基本完成,板其和乌广公路、密松大桥正在施工,流域前期工作稳步推进。几内亚铝业开发项目是集团公司铝产业协同发展的战略资源项目，按照一体化运作，整体规划，分期建设，以资源开发为基础，兼顾配套交通设施和电站建设，逐步形成集团公司氧化铝海外基地。2011年，项目铝土矿资源勘查和项目总体规划工作完成，与几内亚政府签署了铝业项目合作议定书，完成项目可研审查。集团公司积极利用人才、技术优势，稳步推进中东、东南亚等海外电站工程承包、设备监造、运营维护等电站服务项目。

【重大创新】 2011年，中电投集团大力实施应用型技术创新。《核电前期成果利用标准化研究》获2011年国家能源局核电最高奖。蒙东循环经济示范项目和褐煤提质项目进入国家重点支持项目库。集团公司自主研发的发电优化辅助决策系统在九龙电力、上海电力、吉电股份试点运行取得良好成效。蒙东能源和上海电力开展了褐煤提质示范工程工业装置开发设计，为实现跨区域煤电联营提供技术保障。在宁夏能源铝业、蒙东能源应用新型阴极钢棒技术。宁夏能源铝业成功研制出世界最大规格的电解铝用阴极炭块。黄河公司多晶硅项目填补了国内电子级产品空白，得到国家工信部良好评价。加快完善技术创新体系。远达环保、青铜峡铝业分别被认定为国家级企业技术中心，组建了集团公司核电技术中心。积极做大环保产业，脱硫特许权经营规模居国内第二位。国家科技支撑项目、重大课题研究取得良好进展。

【党建工作】 中电投集团围绕企业中心工作，深入开展"为民服务"创先争优活动。通过"五争一创"，"五比五赛"以及党员责任区、先锋岗、突击队和共青团青年志愿者活动等多种载体，促进挖潜增效、控亏减亏，涌现出山东核电"党建共建"、宁夏能源铝业"党员工程"、东北公司"创先争优项目化管理"、河北公司"情暖万家、优质服务"等一批典型经验和做法，得到各方面的好评。

发挥中央企业党建工作优势，提高党建工作水平。把党建工作着力点放在基层组织建设上，扎实开展"党支部标准化建设年"活动。在组织结构调整中，健全和加强各级党群工作机构，充实力量。云南国际境外项目"大党建"模式得到中央领导充分肯定。持续深入开展"四好"领导班子创建活动，各级领导班子整体战斗力进一步加强。广泛开展干部培训、岗位练兵、技能大赛，干部职工队伍素质不断提升。扎实推进惩治和预防腐败体系建设，持续开展反腐倡廉宣传教育，全面启动廉洁从业风险防控工作，不断深化对权力运行的监督，着力打造"阳光工程"，深入推进工程建设专项治理，连续第三年开展"小金库"专项治理。

【信息化建设】 信息化建设积极推进。确定"管控＋ERP"的信息化推进路径，启动基础数据标准化工作。信息化"登高计划"目标全面实现。对标管理系统、生产调度系统、燃料管理系统得到应用推广。

【履行社会责任】 中电投集团充分发挥企业党组织的政治核心作用和战斗堡垒作用，以关爱员工、维护稳定为重点，努力构建和谐企业。完善职工特重病救助和"送温暖"工作长效机制，救助患病职工，慰问基层一线困难职工、劳动模范、离退休职工。认真履行社会责任，年度社会责任报告再次被联合国全球契约组织评为典范报告。继续开展援青、援疆工作，援青、援疆干部得到当地政府的高度评价。

（撰稿人：王　聪）

中国长江三峡集团公司

【基本概况】 2011年，中国长江三峡集团公司（以下简称"中国三峡集团"）深入贯彻落实科学发展观，积极应对错综复杂的国内外经济形势，努力克服长江上游来水严重偏枯等不利因素影响，精心组织三峡工程建设运行，加快推进金沙江下游水电开发，稳步拓展新能源业务，积极实施国际化战略，初步建立三总部管理体系，加强预算和成本控制，全面超额完成国资委下达的年度经营业绩考核指标，实现经济效益持续稳步增长。

根据中国三峡集团"十二五"发展规划，积极推进体制机制创新，建立三总部管理架构，加强制度和流程建设，初步形成符合公司业务特点和发展需要的管理体系。三总部初步实现有序运转。根据六大业务板块布局和价值创造主轴线、服务线、保障线的职能划分，优化调整组织机构，设立北京管理总部、宜昌生产总部和成都建设总部。北京管理总部负责协调指挥和管理集团全局，宜昌生产总部主要负责电力生产和三峡枢纽建设运行管理，成都建设总部主要负责金沙江下游电站建设运行管理。编制完成三总部“三定”方案，通过选聘、竞聘与组织安排相结合，各总部员工分批有序到岗，整个过程公开、公正、公平，实现平稳过渡和有序衔接。

按照现代企业制度要求，在建立健全中国三峡集团工作规则、董事会议事规则、党组议事规则、总经理工作规则等法人治理制度的基础上，研究确立三级管理制度体系，全面启动管理制度修编，系统梳理投资、合同、预算、资金、科技、业绩考核、人员进出、干部管理八大主要业务流程。经过各部门、各单位的共同努力，制度修编工作取得阶段性成果，5个一级制度、26个二级制度已经颁布试行。

【重大项目】

1. 三峡枢纽运行。2011年，通过精确预报、科学调度，三峡工程再次成功蓄水至175米。坚持统筹防洪、抗旱、供水、航运、生态、泥沙、发电七大调度，全面发挥三峡工程综合功能。

防洪抗旱功能显著。2011年汛期，三峡工程实现安全度汛，对汛期出现的3次大于每秒30000立方米的洪水实施滞洪调度。2011年1—6月，包括长江中下游在内的北半球大部分地区遭遇百年一遇的持续干旱，三峡水库累计向下游补水200多亿立方米，平均增加下泄流量1520立方米/秒，抬高长江中游干流水位0.7～1.0米，有效缓解长江中下游生活、生产、生态用水紧张局面，改善通航条件。首次开展生态调度实验，有效促进宜昌下游河段鱼类自然繁殖。

船闸货运量再创新高。加强三峡船闸管理维护，实现安全、高效、畅通运行，全年过闸货运量突破1亿吨，同比增长27.3%，上行单向货运量提前达到2030年设计目标。

电力生产安全平稳。2011年，长江上游来水比多年平均值减少24.7%，通过科学调度、精益运行、充分利用中小洪水资源，三峡和葛洲坝梯级电站累计发电946亿千瓦时，其中节水增发电量50亿千瓦时。电力市场营销工作成效显著，三峡电站“十二五”电能消纳方案基本确定。

三峡尾工项目进展顺利。地下电站全年实现4台机组投产发电，全厂检修和事故备用容量增加，调峰能力进一步提高。地下厂房工程及首批机组通过国家验收，世界首台采用蒸发冷却技术的70万千瓦机组投产，国产硅钢片首次在70万千瓦机组和变压器成功应用。三峡升船机齿条、螺母柱等关键设备研制取得成功并开始现场安装，混凝土浇筑超额完成年度计划。坝区深度规划总体设计全面完成，坝区环境持续改善，水土保持设施通过竣工专项验收。全年接待中外游客超过175万人次，同比增长21%。

2011年，三峡工程被评为国家优质投资项目特别奖。葛洲坝水利枢纽实现安全运行30周年，被誉为20世纪中国水电建设的丰碑。

2. 金沙江水电开发全面推进。2011年，中国三峡集团合力攻坚，克服向家坝、溪洛渡混凝土浇筑强度高、移民任务重等难点，全面完成年度工程建设和移民搬迁安置任务。

工程建设进度满足蓄水要求。向家坝、溪洛渡两座电站全年完成混凝土浇筑800万立方米，创历史新高。向家坝二期大坝最高浇至364米高程，导流缺口正在回填，坝后厂房完成土建向机电第一次交面，右岸地下电站全面开始机组本体安装。溪洛渡大坝最高浇至518米高程，1号、6号导流洞下闸封堵，地下厂房6台机组进入本体安装。两电站蓄水验收相关基础工作全面展开，向家坝电站通过云南、四川两省蓄水验收初审。

移民工作取得重要进展。充分发挥金沙江下游移民协调机制作用，加强与四川、云南两省各级党委政府的沟通协调，全力推进向家坝、溪洛渡移民工作。2011年，向家坝、溪洛渡工程共完成搬迁安置4.86万人，基本具备10.6万人安居和生产条件。其中，向家坝库区屏山、绥江新县城和集镇建设全面展开，新开工房屋面积505万平方米，自主安置农村移民基本搬迁完毕；溪洛渡库区农村移民安置总体规划报告编制完成，自主安置农村移民搬迁正在进行，库区集镇和县乡公路等基础设施建设全面推进。移民代建项目建设有序进行。

电力生产筹备扎实推进。向家坝和溪洛渡电厂筹建机构设置和人员配备工作基本完成，筹备人员按“建管结合、无缝交接”的理念全过程参与工程设计、制造、验收、安装、监理等各个环节，全面开展生产技术准备和运行管理筹备。两电站水库调度规程编制基本完成，电能消纳原则基本确定。

水电前期工作有序开展。乌东德、白鹤滩枢纽工程可行性研究报告编制完成，可行性研究阶段重大技术方案通过审查，现场筹建工程稳步推进。乌东德移民实物指标调查全面完成，白鹤滩移民实物指标调查接近尾声，两电站施工区和围堰区移民安置规划大纲编制基本完成，库区移民安置规划工作全面展开。金沙江下游水电开发环境影响及对策研究通过审查，乌东德、白鹤滩“三通一平”环评报告通过技术评估。

【新能源业务】 优化资源配置，完成三峡新能源与长江新能源合并重组，为建设新能源融资平台创造条件。面对国内风电核准难、上网难、结算难、弃风严重等严峻形势，中国三峡新能源公司积极开拓市场，全年新增风电装机40.7万千瓦。其中，内蒙古化德风电场五至八期19.8万千瓦机组全部并网发电，青海高海拔3兆瓦试验风场、江苏响水近海6.5兆瓦试验风场成功并网运行并达到预期试验目标。全年风力发电12.4亿千瓦时，新投产风电项目均实现盈利。

呼和浩特抽水蓄能电站上库、下库、引水系统、地下厂房四大主体工程全面展开。青海格尔木10兆瓦光伏电站建成投产，集团太阳能发电实现零的突破。

【走向海外】 根据国际化战略部署，组建三峡国际公司，初步搭建国际业务平台。积极拓展海外市场，掌握、跟踪一批项目资源。国际业务成绩显著。中水电公司全年新签国际承包合同总额约123亿元，实现营业收入62亿元，均创历史最好成绩。马来西亚沐若项目全年实现营业收入19亿元。老挝南立1—2电站全年实现发电量5.6亿千瓦时。老挝南椰2水电站开工建设。缅甸孟东水电站中缅泰三方联合体协议签署。巴基斯坦风电一期正式开工，风电二期完成开发权收购。

【公司管理】 加强投资管理。中国三峡集团成立战略发展部和发展研究院，加强项目论证，规范投资程序；成立资本运营部，实现参股股权归口管理；调整投资结构，完成7项对外股权投资的转让退出，完成长投公司清算，清理转让4家公司，资源进一步向主业集中。加强财务管理。加大对参股单位借款清理回收力度，加强资金集中管理，资金集中度达到96.6%。完成中国三峡集团首次国际信用评级，获得标准普尔A、穆迪A1的较好结果。在国内银行间市场获得重点AAA发行人资格认定。

加强成本费用管理。中国三峡集团全面梳理水电运营、风电建设和运营的成本项目和属性，初步完成成本目录编制和定额标准测定的基础工作。对管理费用进行深入分析，进一步修订规范差旅费、会议费、出国费、接待费定额标准。加强审计整改工作。积极配合审计署做好三峡工程竣工决算审计，充分发挥内部审计的监督作用，坚持审计整改与堵塞管理漏洞、完善内控机制、防范经营风险相结合。

各专业化公司不断加强内部管理，积极提升服务水平，有力支持主业发展。

【党建工作】 扎实开展创先争优活动。中国三峡集团以庆祝建党90周年为契机，围绕中心任务，创新活动载体，丰富活动内容，形成基层党组织和个人创先进、争优秀的生动局面。出台《规范建立基层党组织的指导意见》，加强基层党组织建设和党员队伍建设。认真组织开展党史知识竞赛、唱响红色经典等系列庆祝活动，党员的党性观念和宗旨意识进一步增强。2011年，中国三峡集团被湖北省委授予“党建工作先进单位”称号。

认真落实党风廉政建设责任制，加强教育、制度、监督并重的惩防体系建设，扎实开展工程建设领域突出问题专项治理。加强基层纪检监察工作，充实干部队伍力量。认真开展“小金库”专项治理自查自纠和效能监察工作。

【新闻宣传和群众工作】 强化宣传和舆论引导，充分发挥社会媒体和自办媒体作用，加强舆情研判，有效应对舆情危机，为中国三峡集团发展营造良好舆论环境。建立职代会制度，认真研究落实职工提案，加强民主管理。启动医疗体制改革，建立基本医疗保险、企业补充医疗、大病医疗救助多层次医疗保障体系。全面启动宜昌、北京、成都、昆明基地建设，为职工安居乐业创造条件。

【信息化建设】 信息化建设为三个总部和各业务板块高效运转提供可靠技术支撑，在2011年中央企业信息化考核评价中排名第六位。

【履行社会责任】 在大型水电开发中，努力加强生态环境保护，切实维护移民群众利益。注重发挥三峡工程社会效益，主动履行企业社会责任。积极支持库区经济社会发展。与全国妇联共同设立水库移民妇女发展扶持基金。联合浙江、云南、四川组织召开浙江中小企业与金沙江下游库区经济交流合作大会，300多名浙商代表与凉山、宜宾、昭通代表团现场对接，对感兴趣的100多个项目进行深入洽谈，已有部分企业落户库区。积极发展三峡坝区旅游业，促进库区产业结构调整和移民就业。

积极做好定点扶贫、对口支援、企地共建工作，积极参与社会救灾等公益活动。全年扶贫、救助等公益性捐赠支出4500万元，完成定点扶贫项目11个，荣获国务院扶贫开发领导小组“全国扶贫开发先进集体”称号。

（撰稿人：乔仁贵）

神华集团有限责任公司

【基本概况】 神华集团有限责任公司（以下简称“神华集团”）是于1995年10月经国务院批准设立的国有独资公司，是中央直管国有重要骨干企业，是以煤为基础，电力、铁路、港口、航运、煤制油与煤化工为一体，产运销一条龙经营的特大型能源企业，是我国规模最大、现代化程度最高的煤炭企业和世界上最大的煤炭经销商。神华集团总部设在北京。由神华集团独家发起成立的中国神华能源股份有限公司分别在中国香港、上海上市。神华集团在2011年度《财富》全球500强企业中排名第293位。

截至2011年底，神华集团共有全资和控股子公司20家，生产煤矿62个，投运电厂总装机容量4283万千瓦，拥有1466.53公里的自营铁路、1亿吨吞吐能力的黄骅港、4500万吨吞吐能力的天津煤码头和现有船舶12艘的航运公司，总资产6269亿元，在册员工17.64万人。

2011年，神华集团深入贯彻落实科学发展观，以加快转变发展方式为主线，精心组织生产经营，着力推进结构调整、节能减排、科技创新、管理创新和人才队伍建设，努力提高发展的质量和效益，提前两年实现“五年经济总量翻番”的战略目标，向“建设具有国际竞争力的世界一流煤炭综合能源企业”宏伟目标迈进，实现了“十二五”良好开局。

2011年，神华集团生产原煤4.07亿吨、百万吨死亡率0.018，商品煤销售5.03亿吨，自营铁路运量完成3.2亿吨，发电2099亿千瓦时，港口吞吐量完成1.26亿吨，营业收入2803亿元，利润总额742亿元。神华集团国有资本保值增值率处于行业优秀水平，企业经济贡献率连续多年居全国煤炭行业第一，年利润总额在中央直管企业中名列前茅，安全生产多年来保持世界先进水平。

【主要指标】

2011年神华集团有限责任公司主要经济指标

项　目	2010年	2011年	比上年增长(%)
资产总额（亿元）	5509	6269	13.8
所有者权益（亿元）	3392	3889	14.7
主营业务收入（亿元）	2165	2768	27.9
利润总额（亿元）	585	742	26.8
净利润（亿元）	469	585	19.8
科技投入总额（亿元）	24	42	75
应交税金总额（亿元）	417	552	32.4
净资产收益率（%）	13.04	14.51	增加1.47个百分点
国有资本保值增值率（%）	116.39	115.91	减少0.48个百分点

【改革发展】 神华集团致力于构建与综合性国际能源公司相适应的人力资源开发体系，打造能源领域一流人才队伍。在人才的发掘与选拔过程中，始终贯彻人才发展战略理念：五湖四海纳人才，不拘一格降人才，人人是人才，人尽其才。

2011年神华集团新引进海外人才23人，有13人新通过国家“千人计划”审核。

组织高层次人才参加国家级专家评审，张玉卓总经理于2011年当选为中国工程院院士；有8人获得政府特殊津贴。积极组织员工参加国家技能竞赛，有6人获得煤炭行业“技能大师”、“技术能手”称号。

积极响应中央号召，从2011年开始实施大学生村官"双六工程"，即五年选聘6000名任职期满的大学生村官到神华工作、三年投入6000万元援助西部地区大学生村官创业。2011年的大学生村官选聘，共有来自全国31个省市区的1.75万人报名，近万人在全国11个地区的446个考场参加考试。通过资格审核、组织部门推荐、笔试、面试、公示等环节，最终选聘1458人。2011年11月25日，"神华助推大学生村官创业行动"正式启动。

【重大项目】 战略合作全面推进。2011年是神华集团成立以来签订合作协议最为集中的年份。先后与安徽省、福建省等12个省(区)市签署战略合作协议，与中国兵器、航天科技等21家企业签署业务合作协议，进一步完善和巩固与铁道部的定期会商机制。

【走向海外】 加快"走出去"步伐。以海外公司为平台，深入研究神华集团实施国际化战略的路径，高度关注国外优质煤矿资源，发挥神华集团在技术、资金和管理上的优势，推动蒙古、澳大利亚、俄罗斯等国家项目的合作开发，加快神华集团在国外煤炭生产基地和运输通道的建设。借助印尼项目成功运行的经验，依托自有的煤基清洁转化技术，合理布局煤电、风电项目，推动神华国际化发展迈出新步伐。

【重大创新】 神华集团努力推动实施科技领先战略和"十二五"科技创新规划，按照"完善体制机制、提升创新能力、支撑引领发展"的要求，推动实施科技创新"十大重点工程"，不断提升科技创新能力，支撑神华科学发展，引领行业科技进步，增强企业的科技竞争力，引领全球煤炭科技高端水平。

科研投入不断加大。2011年，神华集团完成111个重大科技创新项目的立项工作，涉及研发资金投入13.9亿元。全年研发投入资金达到22.5亿元，研发投入强度达到0.8%。

专利申请硕果累累。2011年，神华集团共申请专利558项，其中发明专利220项，2011年专利申请量和发明专利量较2010年分别增长47%和57%。加强国外专利申请工作，通过PCT途径申请国外专利9项。截至2011年底，集团公司共申请专利1336项，申请国外专利11项，累计拥有有效专利654项。

科研项目屡获殊荣。神华集团主持开发的"百万吨级煤直接液化关键技术与示范"科技创新项目荣获2011年"中国煤炭科学技术奖"特等奖，这是神华集团成立以来获得的第二个特等奖。煤直接液化百万吨级示范工程、煤制烯烃工程转入商业化运行，开工率、能源转化效率达到较高水平，初步实现了安稳长满优运行。

【党建工作】 2011年，神华集团党组围绕贯彻落实党的十七届五中、六中全会精神，以深入开展创先争优活动为主线，坚持融入中心抓党建，抓好党建促发展，取得突出成绩。党建科学化课题研究荣获中央企业思想政治优秀成果一等奖，并被列为全国纪念建党90周年党建研讨会书面发言材料；习近平副主席三次对神华的党建工作做出重要批示，给予高度评价和充分肯定；国资委王勇主任把神华作为创先争优活动联系点，先后4次视察集团及所属企业，神华集团主要领导两次在中央企业创先争优经验交流会上做了现场发言；以政治本安体系建设为平台，构建一套具有神华特色的政治风险管控体系；进一步完善一岗双责和交叉任职的领导体制，强化基层支部机构设置，稳步推进公推直选试点工作；成立集团公司巡视工作领导小组，启动2个单位的巡视试点工作，基本建立起"党组直管、专兼结合、一办六组两依托"的巡视工作模式；制定《神华集团"十二五"人才发展规划》，形成"子(分)公司—业务板块—集团公司"三位一体的人才规划体系，13人入选国家"千人计划"，高层次人才引进工作走在央企前列；启动神华企业文化升级准备工作，探索神华企业文化"一主多元"的建设新模式；1人荣获全国优秀党务工作者称号，2个党组织获中央企业"党建带团建"先进单位，3个单位荣获"全国文明单位"。

【信息化建设】 信息化水平晋升央企A级。神华集团信息化水平从C级跨越到A级，实现了集团党组提出的"当年见成效，两年进A级，三年树标杆"的阶段性目标。在2011年度测评中，神华集团成为央企信息化水平进步最大的企业。

【履行社会责任】 神华集团一贯高度重视环境保护，努力打造环境友好型企业，各产业能源利用效率明显提高，区域生态环境全面改善，超额完成千家企业节能量考核和各年度节能环保目标考核任务。

2011年，神华集团荣膺“中国低碳榜样”奖，荣获国资委中央企业“十一五”节能减排优秀企业称号。

通过多种方式回馈社会，在援藏援疆、抗震救灾、扶贫救困、捐资助学、环境保护以及棚户区改造等方面作出突出贡献，16年累计捐赠额度逾35亿元。

2011年，通过神华公益基金会，捐资5000万元开展“神华爱心行动”项目，主要救助14周岁以下贫困家庭的白血病和先心病患儿，全年各不少于365名。截至2011年12月31日已救助“两病”儿童1236名，其中白血病儿童466名，先心病儿童770名，在总预算不变的情况下超出计划506名。

捐赠3000万元开展“神华爱心学校”项目，分别在瑞金市、井冈山市、吉安县、新干县、余安县建立五所神华爱心学校。

依托团中央、新闻出版总署与中国光华科技基金会发起的“书海工程”，神华集团出资1550万元，分别向宁夏、新疆、青海地区中小学捐赠图书。此项目惠及宁夏、新疆、青海1135所学校、125万学生。

2011年12月8日，由人民网主办，中国发言人俱乐部承办的“公益传播·慈善中国2011年中国发言人俱乐部年会暨企业公益传播论坛”在京举行，神华公益基金会荣获“2011年公益特别贡献奖”。

（撰稿人：贾　雯）

中国电信集团公司

【基本概况】 2011年，面对激烈的市场竞争和繁重的发展任务，中国电信集团公司（以下简称“中国电信”）以科学发展观为指导，持续深化企业战略转型，扎实推进“新三者”战略，加快发展，强化管理，改善服务，圆满完成各项工作任务，企业发展取得新的成效。

认真贯彻“为民服务创先争优”活动要求，紧紧围绕“三争创、三提升、一满意”目标，出台九大举措，落实“三亮、三比、三评”，发布“五个一”服务承诺，自觉接受群众监督，改善客户感知。网络质量持续提高，用户投诉持续下降，宽带装移机履约率、修复时限、修障及时率保持行业领先。围绕移动网络利用率、营销资源使用效率和营业厅运营效益三个方面，扎实推进划小核算单元工作。注重投资效益，优化投资结构，加大宽带、移动等重点网络与业务投资力度。实施省级财务集中核算，强化资金动态管控。精确管控专项成本，优化铜退激励政策。强化IT和运行维护工作，有效支撑业务发展。强化集采工作，提升企业综合效益，累计节约资金86亿元。认真开展转变发展方式、增值业务发展等调查，积极配合国家审计署完成经济责任审计和3G网络等重大建设项目专项审计，加强内部审计监督，有效防范和堵塞了管理漏洞。大力推进节能技改和共建共享，节省企业发展成本。

【主要指标】 2011年，中国电信全面完成各项业务指标。截至2011年底，资产总额为6538.41亿元，净资产达到4346.45亿元；全年实现经营收入2920.24亿元，比上年增长12.14%；利润总额为156.67亿元，比上年增长13.47%；技术开发投入88.26亿元，比上年增长94.59%；归属母公司净资产收益率为1.03%，总资产报酬率为2.81%，国有资本保值增值率为101.24%。

2011年中国电信集团公司主要经济指标

项　目	2010年	2011年	比上年增长（%）
资产总额（亿元）	6476.53	6538.41	0.96
所有者权益（亿元）	4292.15	4346.45	1.27
营业收入（亿元）	2604.06	2920.24	12.14
利润总额（亿元）	138.07	156.67	13.47
净利润（亿元）	84.59	95.60	13.02
归属于母公司所有者的净利润（亿元）	29.67	36.00	21.33
技术开发投入（亿元）	45.36	88.26	94.59
利税总额（亿元）	230.72	258.26	11.94
应交税金总额（亿元）	146.12	162.66	11.32
全员劳动生产率（万元/人·年）	70.5	74.5	5.67

续表

项　目	2010 年	2011 年	比上年增长(%)
净资产收益率(%)	0.87	1.03	增加 0.16 个百分点
总资产报酬率(%)	2.55	2.81	增加 0.26 个百分点
国有资本保值增值率(%)	101.7	101.24	减少 0.46 个百分点

【改革发展】 2011 年,中国电信加大改革力度,激发企业活力,有效支撑了各项业务的发展。

深入推进产权管理工作,提高企业运营效率。2011 年中国电信被国资委选定为国家出资企业产权登记信息管理系统(以下称“产权登记信息系统”)和国有资产评估管理信息系统(以下称“评估信息系统”)的试运行单位。两个系统的试运行,进一步优化了产权管理信息化手段和管理流程,在贯彻落实“产权管理制度化、制度执行程序化、程序操作信息化、系统运作规范化”的工作方面取得成效。

以企业家精神为核心,进一步加强领导人员队伍建设。开展战略引领的各级领导人员、新兴业务领域创新型人才培训,提高领导班子全业务驾驭能力、创新能力、开放合作意识。进一步深化干部人事制度改革,坚持德才兼备、以德为先,强化业绩导向、基层导向和群众公认。加大竞争性选拔力度,坚持民主、公开、竞争、择优,推进干部队伍年轻化,各级班子结构得到进一步优化和调整。探索移动互联网等新兴业务领域领导人员选拔方式,引入现代人才选拔工具和方法,选人用人的科学化水平进一步提高。

加快高层次专业人才和高技能人才队伍建设。组织开展集团公司 IP、IT、市场经营、无线与移动等 A、B 级人才评选;创新“专家选专家”的选拔方式,突出“市场认可、行业认可、企业认可”的选拔标准,有效激发业务骨干人才的积极性和活力。以 FTTH、VIP 客户服务、客户网络维护等岗位为重点,加大岗位认证力度,开展大规模培训,培养和提升一线员工服务和运营维护技能。完善高层次人才的选拔、使用、激励和培养管理,建立有利于专业人才成长的长效机制,营造尊重人才、尊重创造的企业氛围。

在基础业务领域开展人力资源改革综合试点,把人力资源改革推向纵深。建立全业务运营岗位体系,加快岗位和人员结构的调整与优化;进一步完善员工职业发展机制,促进员工与企业共同发展;积极探索全口径人力资源管理,提升人力资源管理的精确化水平;优化内部资源配置方式,制定人工成本弹性预算调整政策,同岗同绩效工作稳步推进。在创新业务领域,推进产品基地公司化运作,支撑孵化平台建设;着力建立面向市场、面向竞争,充分授权的人力资源管理新机制;通过选拔、内部培养、孵化创业等机制,初步建立起一支适应移动互联网发展要求的创新型人才队伍。

以人为本,关心关爱员工,建立健全共享企业发展成果的机制。坚持基层导向,持续提高一线员工待遇水平,持续改善基层工作条件,帮助员工解决实际困难和问题。

【重大项目】 2011 年,中国电信各项重大建设项目进展顺利,主要包括以下几个方面:

宽带提速。2011 年,中国电信启动“宽带中国 光网城市”战略,加大光进铜退步伐,规模部署 FTTH 建设,着力推进接入网由铜缆网向光缆网转变,大幅度提升有线接入带宽和速率。2011 年,新增 FTTH/O 覆盖住宅套数超过 2000 万户,南方 21 省城市地区宽带线路 20M 带宽接入能力覆盖率达到 70%,较上年提升 12 个百分点。商务楼宇通光缆比例达到 99%;行政村通光缆比例达到 72%。

3G 扩容优化。中国电信在建成国内规模最大的 3G 网络的基础上,不断扩大网络覆盖,提升网络质量。2011 年,新增 3G 室外基站 5 万个、1X 基站 2 万个,3G/2G 基站共站比达到 90%,较上年提升 10 个百分点。3G 网络覆盖县城以上所有城市和 93%以上的乡镇;3G 覆盖和网络质量在高铁、重点旅游景区也均处于行业领先地位。

IMS 规模商用。2011 年,中国电信完成第一期 10 个省 IMS 试点工程,承接超过 300 万光进铜退及 PSTN 端局用户。同时,还及时启动和部署第二期 21 个省 IMS 工程建设。IMS 部署与建设,一方面推进现网升级与演进,充分承接现有的传统业务;另一方面还在固网保存量、固移融合、宽带业务填充、新业务提供等方面，积极发挥了 IMS 网络融合多媒体业务的能力。

云计算部署。2011 年，中国电信对外发布“天翼云计算”战略，统筹规划云数据中心布局，启动上海、广东、四川节点建设，建成5000 台云主机、8PB 云存储的业务提供能力，为客户提供云主机、云存储等商用云计算产品。同时，积极部署集团公司、20 个省公司业务平台云计算资源池建设，将分散独立的业务平台纳入统一的云计算资源池，提高业务平台集约运营效率与效益。

中卫国脉重组。本次重大资产重组包括资产、业务出售和资产购买两部分，中卫国脉向中国电信集团公司出售与数字集群、综合电信销售、呼叫中心和增值业务、通信工程业务相关的资产和业务，以非公开发行股份方式向中国电信股份有限公司购买其持有的商旅公司 100%股权，以非公开发行股份和现金方式向中国电信集团实业资产管理中心购买其持有的通茂控股100%股权。重组完成后，中卫国脉主要从事商旅预订、酒店运营及输出管理业务，有利于发挥两项业务的协同效应，同时有效解决同业竞争的问题，切实提高股东的回报率，实现国有资产的保值增值。

【走向海外】 2011 年，中国电信积极实施“走出去”战略，坚持“务实、创新、积极、稳妥”的原则，充分发挥网络规模和客户规模优势，走出一条符合企业实际的海外拓展道路。通信主业先后在美洲、中国香港、欧洲成立子公司，在 15 个国家和地区设有 23 个分支机构，实业上市公司在 42 个国家和地区开展业务。主实业协同联动，在海外为“走出去”的中资企业提供互联网转接、电路出租和增值业务，并为其全球组网项目提供一站式服务。同时，为海外跨国企业和运营商等客户提供通信网络的设计、施工、监理、网络和设备维护、系统集成等服务，以及电信网络建设项目、ICT 建设项目总承包服务。2011 年，海外业务收入达到 76 亿元。

【重大创新】 2011 年，中国电信不断加大创新力度，优化资源配置、提升基础管理、强化信息化支撑，为可持续发展提供强大动力。

智慧农业。充分应用计算机网络、物联网、音视频、3G 通信等先进技术，实现农业生产的实时监控、精准管理、溯源、远程控制和信息支撑的综合智能信息化解决方案。由智能大棚、智能水产养殖、智能仓储、智能灌溉、农产品溯源等应用系统组成。智慧农业产品的开发设计克服了农业应用传感器类型多样、感知数据格式非标、各种农业垂直应用数据分散以及建设成本高等技术难题，充分发挥了中国电信在 3G 无线网络、云计算、物联网、全球眼、ZigBee、IPv6 等先进技术上的积累和优势，可广泛应用于农林牧渔等大农业生产领域。通过智慧农业系统，可以实现精准的农业生产管理，通过手机或电脑观察农业现场情况、远程智能调节相关设备，并提供从“田间到餐桌”的全流程安全溯源应用，为政府监管以及广大农产品消费者提供详尽、丰富和真实的农产品溯源信息。

大运会信息通信系统。中国电信承担大运会信息通信系统总设计、总集成、总建设、总运行四大任务，承担固定通信、移动通信、系统集成三大角色。范围包括“三大系统”即赛事成绩系统、组委会业务和赛事管理系统包括人员注册系统、赛事指挥系统；“五张网络”即竞赛专网(Games)、赛事管理网(Admin)、公众网络、安保传输网络、广电传输网络五张网络，还有110 个场馆信息技术设施。中国电信在大体联基本要求的基础上，以竞赛为核心，以赛事管理和媒体服务为重点，建设一套科学而实用的通信和信息系统，以其“安全、可靠、实用、先进、经济”的特性为运动竞赛服务，为新闻媒体服务，为组委会指挥服务，为广大的观众和公众服务，体现了科技大运会的思想。

环保 e 通。实现了对污染源排放信息，水、空气、噪声环境质量信息的自动监测监控，为环境监察、减排/限排工作提供执法依据和辅助管理。整个系统将固网应用与移动应用相结合，通过多种视角(数据、视频、图形、GIS、移动应用)监控、分析管理对象，切实保障监察职能的贯彻、执行，大幅提升环保部门运行效率。

云计算。中国电信优化整合云计算、物联网领域的内外资源，对内成立云计算研究中心，完成开发、测试、体验演示和服务创新四位一体平台规划，对外建立 Open Cirrus 全球云网组织中国区首批节点，加入 4 个国内云计算物联网产业组织并任要职；编制云计算技术规范；开发中小企业云宽带、商密云存储等产品或技术原型；在国内外出版《云计算解码》等多部专业技术专著。

下一代互联网。根据地址枯竭现状分析及 IPv6 技术的引入需求，明确下一代互联网演进架构，提出技术选择路线，实现现网试验部署，开展新型过渡技术研究，支撑过渡技术规模部署。

移动互联网。制定中国电信位置服务能力优化和平台开放的技术方案及相关技术规范；进行手机 IM/SNS 化、网络管道媒体化运用、富媒体直播与大容量传送、多点基站定位、WIFI 定位、位置搜索、位置商务、精准广告投等技术原型验证。

IPTV。中国电信发布 IPTV 相关技术规范（3.0 版），明确在光纤到户网络环境下 IPTV 业务各种技术指标，制定 CDN 技术规范，为三网融合相关的现场试验工作提供技术支撑。开展富通信相关标准制定及产品原型开发。

【党建工作】 2011 年，中国电信认真落实党风廉政建设责任制，党建和反腐倡廉工作取得明显成效。

围绕推动科学发展、解决实际问题、化解基层矛盾、提升企业形象、增强服务能力等目标，通过深入开展为民服务创先争优活动，突出抓好重点领域的创先争优活动；广泛发动、扎实推进、健全机制、细化方案，以“三争创、三提升、一满意”为目标，通过“天翼飞扬”党员走访客户、“五个一服务承诺”等活动，努力做好为民服务工作，全面提升客户服务水平；不断深化党群共建创先争优活动，各级群团组织大力开展各具群团特色、群众欢迎、形式多样、影响面广的党群共建活动，如“我与祖国共奋进争做企业先锋”、“为民服务创先争优一青年文明号在行动”等主题实践活动，引导基层群团组织和广大员工、青年、妇女在实现推动企业新发展中、在完成急难险重任务中、在做好本职工作中、在提高自身素质中创先争优。根据中组部有关要求，成立“基层党组织建设问题研究”课题组，由中国电信党组主要领导和分管领导分别担任正副组长，成立四个课题小组进行调研，认真总结分析中国电信基层党组织建设的基本情况、工作经验和存在的问题，并对下一步加强中国电信基层党组织建设工作提出建议。组织参加第三届全国文明单位评选，2011 年中国电信有 21 家单位被评为全国文明单位。

2011 年，中国电信认真落实党风廉政建设责任制，以完善惩治和预防腐败体系为重点的反腐倡廉工作呈现出系统推进、协调发展的良好局面。持续深化反腐倡廉教育，完善廉洁从业教育机制，积极创新廉洁文化建设，围绕“自觉廉洁从业、珍惜职业生涯”为主题开展“反腐倡廉宣传教育月活动”。组织开展“SP/CP 管理、社会渠道代理商管理等五个重点领域”问题整改情况效能监察，累计查找出问题和风险点 1699 个，提出整改措施 1717 条，企业经营风险防范能力得到有效提升。不断加大信访案件工作力度，强化对重点领域和关键环节的监督检查。各级企业全面开展《廉政准则》和《廉洁从业若干规定》、“三重一大”决策制度落实情况综合检查。继续深入开展工程建设领域突出问题、“小金库”专项治理工作，扎实开展转变加快转变经济发展方式监督检查。推进反腐倡廉制度建设和改革创新，制定下发《中国电信集团贯彻落实“三重一大”决策制度实施办法》和《中国电信集团领导人员问责办法》，把监督植入经营管理制度和流程。加强责任制落实和纪检监察组织建设，健全了反腐倡廉领导体制和工作机制。

【信息化建设】 2011 年，中国电信加快实施聚焦客户的信息化创新战略，以智能管道的主导者、综合平台的提供者和内容应用的参与者为目标定位，积极引入物联网、云计算、移动互联网等新一代信息技术应用，整合内部资源，扩大与业内领先的应用服务商合作，聚焦政务监管、社会民生、行业企业三大领域，在电子政务、城市管理、公安、工商、司法、环保、税务、医疗、交通物流、数字企业等十大行业，形成了专业化服务能力，打造了全球眼、天翼黑莓、天翼对讲、加密通信、综合办公、协同通信、销售管家、翼机通、旺铺助手等一批具有差异化优势的融合产品和综合信息化应用解决方案。截至 2011 年 12 月底，为 2300 多个省、市、区（县）政府提供电子政务网络及应用整体服务，参与近 300 个平安城市建设和公安部全国城市报警与监控技术系统建设，参与近 200 个数字城管项目建设，为 1 万多家医院提供数字医院服务；在交通物流行业，物流 e 通、综合配货、客运 e 通服务用户上百万，通过全业务信息化解决方案切实帮助客户提升服务民生和社会管理水平，提高工作和管理效率，积极助力经济和社会转型发展。

作为大型国有企业，中国电信长期与各级政府保持密切合作，与31个省政府均签署战略合作协议，在2011年落实实施的重大信息化项目3000多个。同时中国电信积极对“智慧城市”开展前瞻性市场研究和顶层设计，梳理整合各类行业应用，形成“中国电信‘智慧云海’信息化推进纲要”，与70多个城市签署“智慧城市”战略合作协议，并加快信息化项目实施。在行业信息化建设领域，中国电信不断开拓创新，积极进取，充分发挥了国家信息化建设主力军作用。

【履行社会责任】 2011年，中国电信贯彻落实国务院国有资产监督管理委员会关于《中央企业“十二五”和谐发展战略实施纲要》的要求，依法诚信经营，在认真履行对股东的应尽责任、保持企业稳健发展的同时，积极履行对国家、客户、员工、环境、社会公益等方面的责任，努力促进社会的和谐与进步。

本质责任方面。持续完善3G、宽带等基础网络，启动实施“宽带中国·光网城市”工程，计划在三年内实现所有城市光纤化，在三至五年内将客户接入带宽提升10倍以上。持续实施“村通工程”，完成普遍服务的年度目标。积极参与云南盈江地震、西藏亚东地震，以及干旱洪涝等多起重特大自然灾害的抗灾救灾工作，成功完成大运会、世园会等多项重大任务的通信保障。倡导绿色健康的网络文化，弘扬文明风尚，注重防范利用中国电信网络传播不良信息的行为。推进自主创新，促进产业发展。

客户责任方面。结合新业务特点及客户需求，创新客户服务体系。部署开展“为民服务创先争优”活动，做精做细宽带服务，大力提升3G服务，提升基础服务感知，工业和信息化部申诉和省内投诉持续下降。携手商业伙伴，推进移动互联网、云计算、物联网、智能终端等新技术新业务的应用，为政府和社会事业、企业、家庭和社区、个人等各类客户提供时尚、适用、丰富的综合信息服务。推进农村信息化建设。

员工责任方面。开展安全生产宣传和教育，全面落实安全生产责任制和安全管理制度，推行安全生产标准化建设，创造良好的安全环境。完成为期三年的基层“四小”（小食堂、小浴室、小卫生间、小活动室）建设任务，基层员工的工作生活条件得到显著改善。加强对经营管理者、专业人才和基层员工的培训，帮助员工在行业变革和企业转型中成长。

环境责任方面。构建绿色采购管理体系，打造有利于企业、社会、环境的绿色供应链。推进网络技术演进和技术创新，加快老旧高能耗低能效设备的退网改造，企业的能耗增幅得到有效控制，单位信息流量能耗持续下降。推进网络基础设施的共建共享工作，提高电信基础设施利用率。推广环保信息化产品，助力客户的节能减排与绿色发展。

公益责任方面。自觉向遭受自然灾害的灾区伸出援助之手，帮助灾区群众解决实际困难。扶危助困，组织开展中国电信员工“十二五”公益性扶贫援藏捐款活动，定点资助四川省盐源、木里县和西藏自治区边坝县。持续支持科教文卫等社会事业的发展。

（撰稿人：胡　博）

中国联合网络通信集团有限公司

【基本概况】 2011年是中国联合网络通信集团有限公司（以下简称“中国联通”）加快建立差异化优势、积极深化管理变革、持续塑造品牌形象、有力提振信心士气的一年。一年来，中国联通认真贯彻落实党中央、国务院和上级部委部署，深入学习实践科学发展观，按照“经营要有新突破、服务要上新台阶、管理要上新水平、队伍要有新活力”的总体要求，把加快提升市场份额作为发展基本导向，以3G“三领先”为引领，顺应移动互联网发展新趋势，着力调整和转变营销服务、资源配置和管理激励方式，不断激发企业活力，主要领域出现积极变化，各项工作取得新的成效，在发展道路上迈出了新的步伐，在世界500强排名由2009年的第419位提升到2011年的第371位。

【主要指标】 2011年，中国联通累计完成营业收入2162.8亿元，实现利润总额37.0亿元，资产总额达到5237.5亿元。

2011 年中国联合网络通信集团有限公司主要经济指标

项目	2010 年	2011 年	比上年增长(%)
资产总额(亿元)	5126.7	5237.5	2.2
所有者权益(亿元)	2455.6	2457.1	0.1
营业收入(亿元)	1768.1	2162.8	22.3
利润总额(亿元)	−15.3	37.0	342.3
净利润(亿元)	−25.7	22.4	187.4
归属于母公司所有者的净利润(亿元)	−41.4	4.7	111.3
技术开发投入(亿元)	16.4	17.1	4.4
利税总额(亿元)	87.8	172.3	96.3
应交税金总额(亿元)	106.8	144.3	35.1
全员劳动生产率(万元/人·年)	27.1	28.4	4.9
净资产收益率(%)	−2.6	0.3	增加 2.9 个百分点
总资产报酬率(%)	0.3	1.4	增加 1.1 个百分点
国有资本保值增值率(%)	100.1	103.6	增加 3.5 个百分点

【改革发展】

1. 经营发展实现新突破。中国联通 2011 年主营业务收入同比增长 14.2%,收入增长速度居行业首位。其中移动业务收入同比增长 26.7%,宽带互联网业务收入同比增长 19.3%。移动用户净增 3223.4 万户,达到 19966 万户,3G 业务成为推动发展第一驱动力,净增用户 2595.9 万户,达到 4001.9 万户。互联网宽带用户净增 842.7 万户,达到 5565.1 万户。

2. 通信能力得到新提升。2011 年,移动通信网、固网 IP 网、线路能力得到持续增强。移动交换机数量达到 433 个,移动交换机容量达到 30027.5 万户。3G 基站数量达到 23.7 万个,同比增长 28.8%;2G 基站数量达到 37.4 万个,同比增长 13.7%。重点解决了京沪高铁覆盖等影响用户感知的热点区域网络质量问题。在全国 56 个重点城市完成 HSPA+升级建设。宽带接入端口总数达到 8587.0 万个,同比增长 30.4%。IP 网中继电路总带宽达 162615.0G,同比增长 30.6%。光缆线路总长度达到 6663.8 万纤芯公里,同比增长 16.9%。

3. 服务水平迈上新台阶。公开"两项服务承诺",开展 3G 客户感知提升行动,实施服务质量持续改善计划,构建面向 VIP 客户的服务管理和产品体系,完善客户质量投诉快速解决机制,3G 服务客户满意度指数居行业第一。开展"营业服务提升工程",通过优化业务流程、简化办理手续、提高系统支撑能力等,缩短用户在营业厅办理业务的排队等候时长。实施"两大便民举措",加快推广便民的电子自助服务,推出惠民通信信息服务。全面推广普及千元智能手机,大幅降低用户入网消费门槛。推出"全国一卡充",实现用户缴费充值不受地域与时间限制。借助 116114 呼叫中心,在全国范围推广以预约挂号为主的惠医信息服务、在线学习辅导和教育资讯为主的惠教信息服务、宽带与 3G 下乡为主的惠农信息服务,为超过 10 万家大客户和 400 万家中小企业客户提供综合信息化服务。

【重大项目】

1. 中国联通以发起人身份参与设立中国出版传媒股份有限公司,为公司拓展数字阅读、手机阅读等新媒体领域,扩充在文化产业领域战略布局及扩大产业链延伸提供良好合作机会,对公司主营业务产生明显协同效应。

2. 中国联通作为香港电讯盈科第二大股东,在电讯盈科公司分拆旗下电讯业务并以香港电讯商业信托架构形式在香港联交所上市时进行优先认购(出资主体为下属全资子公司中国网通(BVI)有限公司),进一步保障并提升了公司投资权益价值。

3. 开展"核高基"、"新一代宽带无线移动通信网"等 40 多项国家项目;自主开发"沃·云"、云终端、基于云计算的海量用户上网记录查询和分析系统;组织 LTE、IMS 等多项重大技术试验和软课题,为网络演进和业务开展奠定技术基础。

4. 实施 WO+平台化开放策略,围绕四个能力建设,即能力共享、智能营销、产品聚合和智能管道,形成顺应移动互联网发展的 WO+业务体系,打造 WO+产业合作联盟。

5. 积极开展多渠道融资,优化负债结构,降低融资成本,成功发行 4 期总金额为 240 亿元的超短期融资券和2期230亿元的短期融资券。

【走向海外】 2011年,中国联通语音国际漫游新开通缅甸、哥斯达黎加、厄瓜多尔、赞比亚等7个国家和地区;开通范围达到246个国家和地区的548家运营商。3G高速数据国际漫游业务新开通委内瑞拉、巴布亚新几内亚、马达加斯加、约旦等13个国家和地区,开通范围达到112个国家和地区的287家运营商。在美国纽约和韩国首尔分别设立办事处,境外机构达到5个运营公司和3个办事处,进一步提升海外市场拓展能力和客户服务水平。为优化国际网络出口布局,在原有北京、上海、广州国际局基础上,新设南宁区域性国际局,促进了中国至东盟国家的信息交流。完成亚欧海缆2号(APCN2)、跨太平洋直达海缆(TPE)等海缆工程扩容,海缆出口带宽达到2036G。大力发展境外POP,境外POP数量从19个扩充到82个,覆盖全球53个国家和地区、69个城市,极大地提高国际网络覆盖能力和全球服务水平。

【重大创新】 在经营领域,不断完善营销组织体系,探索实施网格化营销,推动集团客户、营业厅等自有渠道营销模式转型,组建新产品运营支撑体系,有效提升市场响应速度;顺应互联网时代潮流,遵循电子商务发展规律,首创业界第一个一级架构模式、完全基于互联网的电子渠道系统,为用户提供网上营业厅、手机营业厅、自助终端等7×24小时全业务与全方位服务,提供业务受理、在线客服、话费交纳和产品销售等百余种通信业务,积极把电子渠道打造为销售服务主力军,电子渠道使用用户已经突破1亿户。

在管理领域,建立基于市场规模和资源使用效益的分配激励机制,搭建可调控的成本激励模式和增量挂钩模型,使人工成本资源有效渗透到市场前端。积极建设涵盖紧密型外包人员费用的全口径人工成本评价体系,促进人工成本资源使用效率和投入产出效益的提升。以本地网为主体,突出市场导向,强化资源配置,全面启动和推进2012—2014年发展规划编制工作。优化投资结构,完善以项目为载体的投资管理模式,推动资源配置过程公开透明。持续开展本地网全成本对标评价,树立本地网标杆典型,聚焦专题持续改进;搭建全成本管理核算体系,优化本地网聚类分档模型,推动本地网全成本评价向全成本管理转化。优化人员队伍结构,组织开展融合重组以来最大规模的高管人员公开竞聘。推进以岗位价值为核心的人岗匹配,完善了员工职业发展机制。推进内部人才交流,开展海外人才引进,促进专业人才的合理配置。

在研发领域,以沃Phone课题为代表的一批国家科技重大专项取得突出成果,有力增强中国联通在新一代宽带移动通信技术领域的话语权和主导力,其中沃Phone课题推出我国首个具有自主知识产权的智能终端操作系统,入选国家"十一五"成就展。

【党建工作】 在深入开展"为民服务创先争优"活动中,各级党组织紧紧围绕"让客户满意消费,让信息服务民生"主题,公开"两项服务承诺",实施"两大便民举措",积极探索党建融入企业中心工作方式,坚持党群共建,认真实施"三亮三比三评"工程,广泛开展"党员示范岗"和"发展排头兵"等主题活动,形成了创先争优良好氛围,员工队伍和信心士气得到明显提升,基层党组织建设得到明显加强。基层党组织的战斗堡垒作用和党员的先锋模范作用有效转化为公司竞争发展的内在动力,服务质量明显改善,用户满意度持续提升。2011年,中国联通所属31个单位获评"全国文明单位",13个单位被授予"全国青年文明号"荣誉称号。

【信息化建设】 2011年,中国联通以实现"一个集团、一副面孔"为切入点,搭建集中化、一体化IT支撑架构,实现了全公司一本账,促进了信息透明和数据统一,信息化支撑能力和管控水平进一步加强。一是在全国31个省(自治区、直辖市)建立由客户关系管理系统、综合计费账务系统、综合结算系统以及经营分析系统构成的核心系统,支撑移动业务及固网业务发展。二是强化以数据为中心,推动全网集中一体化系统建设,集中渠道管理系统、集中结算系统,初步构建面向全业务的电子化销售服务管理系统,建立集中数据分析系统以1点沉淀、加工和呈现企业核心数据。三是实施报表整合,统一报表服务,推进数据仓库建设,统一数据服务平台,确保数据来源和服务界面统一,提升数据分析质量,提高数据使用效率。四是推动标准化、扁平化流程建设,优化资源配置,提升对资源控制与运营管理的效率。

【履行社会责任】 2011年，中国联通以"责任融入核心业务，聚焦提升客户感知，共同践行社会责任"为指导，把"诚信、绿色、平安、活力、责任"的履责要求融入运营管理全过程，模范履行社会责任，取得了新进展和新成效，被评为"最具社会责任的上市公司"和"最佳投资者关系进步公司"，《破解信息化瓶颈，积极推进新型农村合作医疗服务》的先进经验入选国资委"2011中央企业优秀社会责任实践"。一是圆满完成重要通信保障任务。完成世界大运会、世园会、全国残运会、"神舟八号"和"天宫一号"对接等重要通信保障任务，云南盈江地震、抚宁森林火灾、抗寒防汛、7·23列车大救援等通信抢险工作。二是不断完善农村信息网络基础设施，推进"村通工程"建设，完成1619个自然村通电话和4244个行政村通宽带建设任务。三是积极提高信息安全管控水平，营造文明健康、安全有序的网络环境。加强网站备案和资源接入管理，清理违规资源转租ISP 59家。规范手机上网代收费行为，建立业务日常拨测机制，拨测业务数近6万项。综合治理垃圾短信，垃圾短信处理及时率达到98%。推进信息安全系统建设，构建事前防范、事中阻断、事后溯源的信息安全技术保障体系。四是持续创建"资源节约型企业"和"环境友好型企业"，推进高效、低成本、绿色发展。扎实推进节能减排工作，百元主营业务收入能耗费用下降3.6%。积极推动基础设施共建共享，铁塔共建率达到72%，共享率达到88%；杆路共建率达到57%，共享率达到89%。五是积极投身社会公益事业，促进和谐社会建设。做好扶贫和援藏工作，支持教育事业发展，设立爱心基金，成立"联通未来青春创业社"，援建"中国联通春蕾小学"。

【其他情况】 2011年，中国联通的发展业绩得到了资本市场和投资者的高度认同。2011年，在香港恒指累计下跌20%的情况下，中国联通红筹公司股票逆市上涨47%，涨幅在恒指成份股中居于首位，在全球市值前40大的电信运营商中排名首位；联通红筹公司的市值在全球主要电信运营商中由第17位提升至第九位。

（撰稿人：何　倩）

中国移动通信集团公司

【基本概况】 2011年，面对严峻的外部形势和行业竞争压力，中国移动通信集团公司（以下简称"中国移动"）在国务院国资委等上级部门的领导和支持下，坚持以科学发展为主题，以加快转变发展方式为主线，推进发展改革稳定工作取得新的成效，为铸就国际领先、实现可持续发展奠定坚实基础。

【主要指标】 2011年全面完成经营业绩目标，移动电话客户数约6.6亿户；营业收入5660亿元，同比增长9%；利润总额1499亿元；成本费用占收入比重71.7%，较好地实现了国有资本保值增值。

2011年中国移动通信集团公司主要经济指标

项　目	2010年	2011年	比上年增长(%)
资产总额(亿元)	10591.53	11632.64	9.8
净资产(亿元)	7512.66	8355.42	11.2
营业收入(亿元)	5190.16	5659.72	9.0
利润总额(亿元)	1363.42	1499.45	10.0
科技支出金额(亿元)	136.16	143.51	5.4
交纳税金总额(亿元)	579.36	646.8	11.6
净资产收益率(%)	13.63	13.65	增加0.02个百分点
总资产报酬率(%)	13.74	13.55	减少0.19个百分点
国有资本保值增值率(%)	117.2	118.6	增加1.4个百分点

【改革发展】 努力克服发展困难，继续保持平稳增长态势。面对各方面日益严峻的挑战，加强业务拓展，较好完成各项生产经营任务。在CPI处于高位的情况下，通信业务资费仍继续下调，通过进一步加强规模经营，既更好地满足社会对通信信息服务的需求，又促进业务增长。全年净增客户6500万户，客户

总数达6.6亿户；数据增值业务收入占比达到26.4%。国际影响力和竞争力进一步提升，《财富》"世界500强企业"排名第87位；连续四年入选道琼斯可持续发展指数企业，保持较高的品牌价值。

切实顺应发展要求，推进管理改革迈出坚实步伐。建设规范董事会工作进展顺利，集团公司董事会开始规范运行，公司治理结构进一步完善，为公司深化管理改革，加快形成科学决策、规范运行、执行高效、发展有序的治理机制，铸就国际领先提供强有力的保障。充分发挥"一个中国移动"的规模优势，财务、采购、网络维护、营销服务等集中化程度进一步提升，有效促进低成本高效运营。适应形势发展需要，组建国际公司、终端公司、财务公司、信息安全管理与运行中心等机构，提升专业化经营水平。加强与铁通公司建设、业务、服务等协同，在固网全行业持续下滑的情况下，铁通公司发展势头趋好，减亏增效明显。

【重大项目】 自2009年初国家颁发3G牌照，将自主知识产权TD－SCDMA的建设运营重任交给中国移动以来，中国移动坚决落实中央要求，以高度的政治责任感和使命感，大力推进我国主导通信技术标准应用发展。至2011年底全面实现国家提出的TD－SCDMA建设和运营的三年目标。一是加强网络建设和优化。TD－SCDMA网络基本实现全国地级市、县级市及县城的覆盖，网络稳定性和业务支持能力与其他3G标准基本一致。二是用户市场份额好于预期。倾斜营销服务资源推动TD－SCDMA规模应用。截至2011年底，TD－SCDMA用户数达到5100万，约占我国内地3G用户的40%，在与欧美技术同台竞争中，实现了"三分天下有其一"的预期目标。三是形成了完整产业体系，带动了民族通信企业发展。通过大力推动TD－SCDMA的建设和运营，在通信信息领域形成了完整的自主创新产业体系，带动了我国芯片、设备、终端、软件、集成等各个领域的发展，培育了一批具有国际竞争力的高新技术企业。TD－SCDMA建设和运营三年目标的全面实现，打破了长期以来欧美主导的电信技术在基础网络领域中一统天下的局面。

与此同时，推动TD－LTE国际化、产业化发展取得突破。TD－LTE作为TD－SCDMA后续演进技术，已被列为国家重大科技专项。TD－LTE增强型技术成为4G国际标准，与欧美主导的LTE FDD实现同步发展、融合发展。在国内，完成上海、杭州、南京、广州、深圳、厦门TD－LTE规模技术试验网建设。从试验结果看，TD－LTE技术、产品、组网性能和产业支持能力等方面与LTE FDD基本处于同等水平。TD－LTE业务在上海世博会、广州亚运会和深圳大运会上进行应用演示，反响良好。在国际上，TD－LTE产业链基本形成，国际化商用启动。中国移动发起"全球TD－LTE发展倡议"的国际化平台，有34家国际运营商成员。全球主要通信设备系统厂家、芯片制造商全部支持TD－LTE技术，形成由我国企业主导、全球主流企业广泛参与的TD－LTE产业链。日本、沙特等国启动TD－LTE商用服务，这为通信信息领域实现"中国主导技术、全球规模应用"带来重要历史机遇。

【重大创新】 依托TD－SCDMA发展演进，中国移动创新体系不断完善，创新能力不断增强。专利申请量跻身全球运营商第一阵营。以中国移动技术创新体系为核心的创新工程获国家科技进步奖二等奖。大力开展网络创新，推进GSM/TD－SCDMA/WLAN/TD－LTE四网协同发展，有效满足迅猛增长的无线上网需求。WLAN建设运营效果提升显著，成为承载数据流量的重要手段。推动IP化运用。加快云计算布局。加强基础网络资源规划与布局。持续深入推进业务创新。在保持移动话音业务发展的同时，大力推进移动互联网、物联网、云计算等技术应用和业务发展，在无线城市建设、移动应用商场（Mobile Market）发展等方面取得积极进展。

【走向海外】 国际化拓展取得新成效，国际网络布局规划基本成型。在中巴员工共同努力下，中国移动巴基斯坦公司迅速发展，客户当年增量居当地运营商首位，累计客户数从收购之初的100万户增长至1400万户。与韩国KT、日本NTT DoCoMo签署战略合作协议，致力于增强亚太运营商对全球产业发展的影响力。

【运营服务】 积极把握产业趋势，拓展新领域、探索新模式取得新的成效。一是围绕提升城市管理、市民生活的信息化水平，大力推动无线城市建设，实现无线网络从全面覆盖到全面应用的提升。全国30个省(市、区)200多个城市上线政务、交通、医疗、就业等无线城市应用超过1.3万个,促进了社会信息化。二是加快手机应用软件商场建设,移动应用商场(Mobile Market)上线应用超过10万个,应用下载量超过6.7亿次,成为全球最大的中文应用软件商场。三是加快物联网应用拓展,在城市管理、交通调度、工业自动控制、安全生产等多个方面进行积极探索,机器到机器应用领域和规模显著扩大。同时,手机视频、手机阅读、手机支付等业务迅速成长,引领了新业态发展。探索跨行业合作进展良好,与新华社合资的盘古搜索上线运行,与中央电视台合作的手机电视台筹备工作加紧进行,促进了产业融合与价值提升。

运营能力稳步提升,服务水平保持领先。加快全网集中化的基础设施建设,在呼和浩特、哈尔滨规划建设大型"云计算"数据中心;在江苏淮安、河南洛阳规划建设集中的呼叫中心。网络能力持续增强,移动通信基站超过90万个。网络质量保持整体领先,业务体验不断改善。深化服务创新,基础服务水平进一步提升,透明消费体系日益完善,电子渠道实现100%业务承载,客户满意度保持行业领先。

【党建工作】 注重发挥党的政治优势,召开全集团党建工作会议,总结党建工作成效,部署新时期加强和改进党建工作的目标任务和重点工作。认真落实中央部署,扎实开展"为民服务创先争优"活动。聚焦解决网络质量、资费透明、信息安全等热点问题,重点抓好净化网络环境、优化资费服务、推进透明消费、提升网络服务质量、提升窗口服务质量、维护客户权益、推进信息惠民等七项工作,让人民群众得到了实惠。持续加强惩治和预防腐败体系建设,推动党风廉政建设责任制和"三重一大"集体决策制度在各个层面得到落实。认真反思和深刻检查个别领导人员发生违纪违法问题的根源,果断采取措施,从加强采购风险防控、推动数据增值业务健康发展、从严教育管理监督领导人员等方面,集中力量推动整改,不断加强反腐倡廉建设。

【履行社会责任】 与各地政府在通信信息基础设施建设等方面深化战略合作,加强与地方经济的对接,为各地经济发展、社会进步、民生改善提供服务支撑。积极发挥运营企业的影响力和带动力,与上下游企业广泛合作,共同完善通信服务、促进新型信息消费,有力地带动了产业链协同发展。在十年来移动电话综合资费下降达80%的基础上,2011年继续下降2.9%,为稳物价、扩内需作出积极贡献。扩大村村通电话工程成果,累计为9.8万个偏远农牧乡村提供移动电话服务。与海军合建南沙群岛移动通信基站,得到海军领导高度评价。出色完成各项应急通信保障任务。坚决打击手机网络淫秽色情信息、垃圾信息,在促进移动互联网文化健康发展方面发挥积极作用。联合产业链持续推动"绿色行动计划",利用信息化手段服务和支撑传统产业技术改造,提升能源利用效率。积极投入援疆援藏援青等对口支援工作。依托中国移动慈善基金会深化开展扶贫济困、教育捐助等大型公益项目,连续四年荣获"中华慈善奖"。

(撰稿人:陈晓杰)

中国电子信息产业集团有限公司

【基本概况】 2011年是实施"十二五"规划的开局之年,也是中国电子信息产业集团有限公司(以下简称"中国电子")"保增长、调结构、促转型"的关键之年。一年来,中国电子坚决贯彻中央的决策部署,紧紧抓住全球电子信息技术产业转型升级和国家发展战略性新兴产业的重大机遇,锐意进取,克服困难,深化改革,加速市场化转型。投资力度不断加大,科技创新能力加快提升,质量和效益明显改善,生产经营呈现了在2010年较高基点上的平稳增长,核心能力和在国家的战略地位不断提升,为"十二五"时期的改革发展创造良好开局。

【主要指标】 2011年中国电子实现营业收入1682.36亿元,同比增长4.6%;实现利润总额37.36亿元,同比增长2.61%;净利润和归属于母公司净利润分别完成28.77亿元和13.12亿元,同比增长1.52%和44.81%,实现经济增加值13.34亿元,均创历史新高;

净资产收益率达到9.39%，同比增加2.34个百分点。2011年底中国电子资产总额达到1447.83亿元，同比增长17.32%；归属母公司所有者权益148.03亿元，同比增加16.57亿元，增长12.6%。截至2011年底，中国电子拥有二级企业36家，控股上市公司15家，员工总数12万余人，业务遍布全球100多个国家和地区。2011年7月，中国电子以237.6亿美元的营业收入首次上榜《财富》世界500强，列第408位。

2011年中国电子信息产业集团有限公司主要经济指标

项　目	2010年	2011年	比上年增长(%)
资产总额(亿元)	1234.11	1447.83	17.32
所有者权益(亿元)	405.32	426.45	5.21
营业收入(亿元)	1608.45	1682.36	4.6
利润总额(亿元)	36.41	37.36	2.61
净利润(亿元)	28.34	28.77	1.52
归属于母公司所有者的净利润(亿元)	9.06	13.12	44.81
技术开发投入(亿元)	38.95	44.62	14.56
利税总额(亿元)	65.21	64.75	-0.71
应交税金总额(亿元)	27.70	29.58	6.79
全员劳动生产率(万元/人年)	9.84	10.04	2.03
净资产收益率(%)	7.05	9.39	增加2.34个百分点
总资产报酬率(%)	4.11	3.70	减少0.41个百分点
国有资本保值增值率(%)	108.10	112.08	增加3.98个百分点

【改革发展】 2011年，中国电子紧密围绕年初工作会提出的“八个坚持”和三十项科技创新、产业化以及产业、研发基地建设目标任务，以科学发展为主题，加快产业转型升级，狠抓结构调整和科技创新，狠抓深化改革和对外合作、人才工程，狠抓党建和企业文化建设，各项工作取得新的进展。

一是积极应对市场变化，全力以赴保增长。积极采取措施，巩固传统市场，大力培育新业务、开拓新市场。中标核电应急指挥、银行银税信息共享及长春、武汉、南京等多个城市轨道交通信息系统重大信息化项目。加快技术与服务、产品结构的调整，深化云计算应用，参与多个省市的智慧城市建设，组织实施云计算核心解决方案。狠抓降本增效和扭亏增盈。

二是继续落实战略规划引领，科学发展能力加快提升。编制完成软件与服务、集成电路与关键元器件、新型平板显示、专用整机及关键零部件、产业园建设等业务板块专项规划；编制科技、人才、资本运作、财务及品牌等职能保障战略规划，以及LED、新能源锂离子电池等战略性新兴产业发展规划。各企业以集团发展战略为引领，全面实现与集团战略的有效对接。

三是加强项目工程顶层谋划，对外合作取得新成果。基于自身发展优势、央企的使命责任与国家信息安全的战略高度，中国电子集聚内外部优质资源，积极谋划显示技术、信息安全和电子信息产品交易平台三项重大系统工程建设。以高层次海外人才创新创业基地(北京未来城)为基础，建设中国电子信息安全技术研究院；与中国信息安全测评中心、北京邮电大学等机构签署信息安全战略合作协议；与湖北省、陕西省、深圳市等地方政府继续深入推进战略合作；与清华大学、东南大学、南京理工大学、厦门大学等研究机构加强产学研合作，不断吸纳外部创新力量和资源。正式加盟成为“中央企业电动车产业联盟”成员。

四是继续推进企业重组和资本运作，资源配置进一步优化。制定并推进《“十二五”企业重组与资本运作规划纲要》实施，完成成都锦江电器、长城电脑、冠捷科技等有关收购重组项目。加强对并购企业与集团所属企业相关业务的有机融合，增强产业协同性、互补性，使并购企业积极融入到中国电子的整体发展。此外，完成长城高腾、综勘院、上海信虹等的对外转让、业务重组和清理，理顺产权关系，推动内部资源的集中和优化配置。完成清理整合三级及三级以下企业近60户。

五是继续强化财务、产权、全面风险、审计、保密和安全生产等基础管理，发展基础进一步夯实。成功注册5年期中期票据50亿元，获得6.5亿元国有资本经营预算专项资金；中国电子可自由支配资金归集度

70%以上，内部资金集中减少利息支出超过2.8亿元；加强产权管理，规范上市公司资本运作，指导上市公司做好信息披露；加强业绩考核，全面风险管理和企业生产经营进一步结合，引导企业注重价值创造和管理，提高可持续发展能力；强化审计监督和效能重大项目实施的监察工作。2011年中国电子积极配合国家审计署对中国电子2010年度财务收支审计，对审计过程中提出的意见建议进行积极整改。对下完成审计项目25项，审计资产规模262亿元，查出和纠正不规范事项金额3.45亿元，避免损失1.44亿元。中国电子荣获全国法制宣传教育先进单位、全国内部审计机构先进集体等荣誉称号。

【重大项目】 继续实施重大项目牵引，产业转型升级成效显著。

一是大力推进南京高世代TFT－LCD面板及模组项目（“六代线”）等重大项目实施，提升产业水平。仅用17个月建成“六代线”项目，并于2011年3月投产，于2011年年底顺利实现32英寸月产80K产能和良品率93%以上的计划目标，产业配套及与南京市建设更高世代液晶面板生产线的战略合作积极推进。

二是实施国家重大信息化工程和项目，推动产品结构调整。承担了“金税三期”、金农工程、“浦软汇智IT服务云”、中低速磁悬浮交通综合监控系统项目、“银医一卡通”、北京市“祥云工程”等项目；与中国银联签署战略合作协议，在金融IC卡、移动支付等领域全面合作；参与发起成立国家汽车移动物联网联合设计中心等。

三是大力发展战略性新兴产业，寻找新经济增长点。有效推动LED、OLED、锂离子动力电池、太阳能逆变器等产业及项目发展。

四是大力推进产业园区建设。推动北京未来科技城、浦东软件园、中电科技北海产业园、海南软件生态园等项目建设。北海产业园完成一期686亩工业用地开发，实现年产值100亿元，已成为广西自治区规划建设的北海千亿元电子信息产业新城的核心；海南软件生态园一期建成开园；西安产业园完成规划报建并奠基；长城信息长沙中电软件园68户企业首批入园；东莞产业园松山湖项目按期开工；南京地区滨江电子装备产业园、华东电子科技园等项目如期推进。

【走向海外】 中国电子与全球最大的存储设备及软件开发商美国EMC公司、VMware公司签署云存储战略合作，与美国SEEO、加拿大水力公司在新能源动力电池领域达成合作，不断拓展海外市场，大力培育新业务、开拓新市场。在东南亚、中非、南美等地区与多个国家签订海外工程等项目；具有自主知识产权的AFC核心设备开始走向国际市场；中标印度钦奈地铁轨道交通系统项目；蓄电池出口收入、交货量均创新高；液晶电视生产制造全面进入俄罗斯市场；利用香港平台开展SIM卡海外业务，开辟智能卡芯片海外市场新渠道。

【重大创新】 2011年，中国电子自主可控软硬件系统整体解决方案加快推进建设，发布了安全云操作系统。加强研发体系和科技创新平台建设，不断提升创新能力。完成科技投入44.6亿元，同比增长14.9%；新产品实现销售收入844.16亿元，销售利润37.36亿元；申请专利1507项，同比增长49%；授权专利667项，同比增长21%，其中授权发明专利137项，同比增长33%；软件著作权登记269项，同比增长58%；集成电路布图设计登记74项，同比增长95%。多项产品获得2011年度国家科技进步奖和省、部委科技奖。完成“核高基”重大专项和各项重点高新科研生产任务，开展产学研合作，推进专业研究院和国家地方联合工程研究中心、省市重点实验室建设，不断增强在产业核心领域和产业链关键环节的影响力和带动力。

中国电子拥有6个国家认定企业技术中心、4个国家工程研究中心、11家博士后工作站，初步形成了相对完善的研发架构体系。

【党建工作】 中国电子各级党组织以庆祝建党90周年为契机深入推进创先争优活动，党组织的凝聚力和战斗力进一步提高。贯彻落实企业文化建设实施纲要，“一主多元”的企业文化融入生产经营，不断深入人心。

继续加强党风廉政建设和反腐倡廉、惩防体系建设工作。开展“以人为本，执政为民”专题教育活动，突出教育、制度、监督三位一体。加大案件查办力度，直接挽回财产3234万元；指导企业查办案件，避免和挽回经济损失9300余万元；认真做好巡视工作，巡视和延伸巡视企业19家，促进解决了一些突出问题。

维稳和群众工作继续得到加强，没有发生一起越级上访或群体性事件，继续保持了和谐、稳定发展局面。举办首届青年文化艺术节，组织中国电子青年大讲堂等10项主题活动，团组织在青年中的影响力和凝聚力进一步提高。

【信息化建设】 完成中国电子高清视频会议系统项目(一期)项目并投入使用，在北京、南京、上海、武汉、深圳、长沙、成都、贵阳等城市的十家企业(含总部)建成20个视频会议室。初步完成全面风险管理信息平台二期建设，初步编制完成中国电子企业云平台建设规划纲要。在国资委中央企业信息化水平评价中评级为B级，实现了信息化登高计划阶段目标。中国电子集团公司网站进入中央企业评级A级行列，信息工作进入年度中央企业先进单位行列。

【履行社会责任】 作为国内最大的国有综合性IT企业，中国电子始终坚守“诚信、业绩、创新、责任”的价值追求，以创新的技术，优质的产品、服务，诚信经营和良好的业绩回报国家和社会，推动国民经济、社会信息化的发展，保障国家信息安全。2011年，中国电子建立了社会责任工作体系，以“知变图新、协同高效、诚达天下”为核心向社会发布首份社会责任报告。援疆扶贫工作取得新成果，获得国家扶贫工作先进集体荣誉称号；组织企业开展绿色电脑扶贫、“点亮爱”关爱农民工子女志愿者服务行动等公益活动；参加共青团中央发起的关爱农民工子女建设“七彩小屋”公益活动，受到社会各界好评；一项案例入选“2011中央企业优秀社会责任实践”。

(撰稿人：韩丽群)

中国第一汽车集团公司

【基本概况】 2011年，中国第一汽车集团公司(以下简称“一汽”)下设19个职能部、5个分公司、6个全资子公司、4个控股子公司。在册员工总数125020人。其中，工程技术人员16303人；专业管理人员13584人；服务管理人员1596人；见习期大学生1843人；生产操作人员76320人；未上岗职工15374人。有博士以上学历203人；硕士学历4747人；大学本科学历25932人；大学专科学历26632人；中专及以下学历67506人。资产总额2142.1亿元。

2011年，整车销售260.14万辆；销售收入3685.3亿元，实现利润330.4亿元；实现利税630.5亿元。

2011年，一汽列美国《财富》杂志世界500强第197位，列中国机械500强第三位。被中国机械工业联合会授予“装备中国功勋企业”称号；被国务院授予“全国文明单位”称号；连续第五年被中共中央、国务院授予“全国先进基层党组织”称号。董事长、党委书记徐建一荣获CCTV中国经济年度人物“自主创新奖”、中国机械工业联合会“装备中国功勋企业家”称号。

【主要指标】

2011年中国第一汽车集团公司主要经济指标

项　目	2010年	2011年	比上年增长(%)
资产总额(亿元)	1725.5	2142.1	24.1
所有者权益(亿元)	697.4	1077.9	54.6
营业收入(亿元)	2930.4	3673.0	25.3
利润总额(亿元)	309.6	330.4	6.7
净利润(亿元)	249.0	265.1	6.5
归属于母公司所有者的净利润(亿元)	143.9	148.5	3.2
技术开发投入(亿元)	58.2	66.0	13.4
利税总额(亿元)	571.9	630.5	10.2
应交税金总额(亿元)	404.7	479.2	18.4
全员劳动生产率(万元/人·年)	74.6	78.7	5.5
净资产收益率(%)	36.27	22.66	减少13.61个百分点
总资产报酬率(%)	20.71	17.32	减少3.39个百分点
国有资本保值增值率(%)	139.85	125.90	减少13.95个百分点

【改革发展】 一汽深化企业改革，主业重组、集团改制取得重大进展。2011年6月28日，注册成立

"中国第一汽车股份有限公司"。中国第一汽车集团公司注入资产，持股比例为99.6154%；一汽资产经营管理有限公司持股比例为0.3846%。

加强对海外及衍生业务管理。组建成立一汽海外事业部，统一管理海外业务。衍生业务加快发展，成立汽车金融公司，筹建鑫安汽车保险股份有限公司；财务公司的汽车金融、集团金融、证券业务、保险经纪四大业务全面发展，年内利润超过7亿元。物流规划有序实施，东山物流、轴齿中心园区物流、大岭物流园区项目进入建设阶段。

【经营管理】 2011年，一汽生产体系以生产计划为抓手，注重挖潜增能，转变生产管理工作模式。生产计划大纲完成率达99.24%，实际完成与计划大纲吻合度偏差低于10%，集团管理作用凸显。物流体系围绕统一规划建设、统一资源整合、统一管理标准的工作思路，全年整车发运244.37万辆，完成计划的97.84%；在铁路车皮计划保障率、公路运力配置保障率、铁路和公路发运准时率上均获得有力保障。持续开展丰田生产方式(TPS)推进工作，自主改善成果突出，全年实现改善22.97万项，较2010年增长83.31%；人均改善数量增长110%。设备故障停台时间比2010年减少17.8%。大力实施节能管理。2011年万元产值综合能耗（可比价）比2005年下降49.52%，万元增加值综合能耗（可比价）下降53.22%；全年组织完成节能改造项目106项，投资7000万元，比2010年增加45.6%；吉林省质量技术监督局对能源计量和能源消耗量化达标复查，一汽获得全省最高分96分。全年以污染减排为主线，主动履行社会责任，COD和二氧化硫排放量实现双下降。安全管理实现零死亡、零重伤的突破，实现重大事故隐患整改率100%、特种作业人员持证上岗率100%的工作目标，被确定为机械行业2个安全生产标准化典型示范企业之一。

深入推进员工素质提升工程。制定《集团公司2011年员工素质提升工程实施意见》，全面开展分级分类培训。重点针对高级经理及后备、二级经理及后备、专家人才、分公司和子公司领导班子成员、职能部员工、重点岗位工程技术人员、新入职大学生开展思想素质、管理能力、技能方法等进行形式多样的培训培养。制定下发《培训管理评价细则》《教育经费管理规定》，加强培训体系建设，择优选聘覆盖专业管理、专业技术、生产操作的集团级兼职培训师，逐步丰富职务序列和部分重点专业工种的培训内容。全年开展各级经理人员培训9700人次；职能部员工和项目管理人员分层轮训9062人次；专业技术人员培训1.3万人次；生产操作人员培训12.58万人次；新入职大学生培训和管理培训生培训1600人次。

深化专家人才队伍建设。加强专家人才聘期考核，阶段性完成重点项目工作1920项，完善标准制度280余个，提出合理化建议800余条，撰写论文700余篇，培训培养后备骨干700余人次。组织优秀专家人才推荐工作，推荐吉林省管高级专家25人、长春市第九批优秀青年大学毕业生4人、第十二届中国青年科技奖候选人1人、吉林省留学人员科技创新项目资助经费申请1人、长春市第五批有突出贡献专家15人。制定《职能系统人才队伍建设指导意见》，形成《人力资源系统人才队伍建设方案》。

推进职位资格体系建设。在2010年软课题项目研究成果基础上，组建职位资格体系前期导入筹备组，形成《职位体系、资格体系和配套体系框架》方案草稿，初步制订各职位层级的资格标准，研讨评价方式、职位晋升及薪酬晋级等体系操作细节，完成咨询公司的选择和技术方案的确定。

加强薪酬管理。强化绩效结果应用，完善高级经理绩效年薪分配办法，修订《高级经理业绩考核结果运用实施细则》《绩效年薪基数计算办法》。建立职能工资与绩效考评结果挂钩的分配制度。启动薪酬分配制度改善研究，为建立一汽统一的3P薪酬分配制度作前期准备。监控职工薪酬预算执行情况，形成各单位年度工资总额管控方案并进行实时跟踪。编制一汽2010年人工成本管理报告。进一步强化职工福利性支出及劳务派遣人员费用管理。

深化绩效管理。健全绩效管理组织机构，制定相关制度流程，出台《关键绩效指标评价细则》和《全员绩效管理指导意见》，开展对集团公司班子成员、职能部及子公司绩效指标的制定、分解、考核、评价，推进了全员绩效管理；制定并实施了高级经理、二级经理、高级专家和专家绩效指标考核；进行了一般员工绩效管理工作试点。

推进信息化建设。从建立基础资源数据库开始，重新定位驾驶舱管理功能，推动产品生命周期管理流程在“A级车项目”上的运行。监控集团和子公司部分在线经营数据和23个集团重大风险管理状态，完成系统原型设计和数据源确认及数据抽取周期，年底正式上线运行。在ERP项目上，完成夏利公司28.5%、吉林汽车公司70%的项目进度；完成解放青岛汽车公司、锡柴厂的项目验收和车桥项目的计划修订。在CAPP项目上，完成大连客车公司54%、无锡客车公司99%的项目进度；完成解放发动机分公司项目的上线运行。为加强统一的数据源管理，启动集团数据中心机房建设。

【重大项目】 2011年一汽进入预算项目170项，投资规模1404亿元，年度预算307亿元，实际完成232亿元。

【重大创新】 整车产品开发。在商用车方面，开发J6P 6×4轻量化牵引车、J6P自卸车改进型、J5M 8×4国Ⅳ自卸车、长头国Ⅳ牵引车、J6系列消防车底盘、J6M平板运输车、J6M车载旋挖钻机等新车型，投放8.6米、10米团体客车和城市消防车；推出坤程皮卡。在乘用车方面，投放奔腾B70年型车、奔腾B50天窗版、奔腾B50年型车；威志局部改进车、夏利N3局部改进车、R008、V80、V70周年版、V52加强版、V52大马力实用型等产品进入生产准备，增强了自主品牌的市场竞争力。

核心总成及关键技术。电控单体泵发动机、新道依茨发动机、10TA和12TA变速箱、轻量化小速比后桥、单层车架、少片簧等自有核心技术、核心总成产品，被广泛应用于解放整车；CA3GA1、CA4GA1T1发动机点火成功，CA6DN1发动机、换代轻型车用4DD1发动机、CA8GV增压发动机、6T123换代变速器、超级重型贯通桥等重点项目有序推进；围绕节能环保、安全舒适、可靠耐久、电子智能和工艺材料五大领域以及汽车电子技术和新能源技术开展的技术研究，取得新进展。

生产制造技术。全面启动“十二五”规划的56个制造技术专题。2011年制造技术创新项目157项，结题90项。开展对解放公司、轿车公司、吉林汽车公司、客车公司、铸造公司、夏利公司、富维公司等7家子公司16个单位的工艺管理评审及整改跟踪评价。推进技术改进1081项，推进管理改善131项，整改率100%。“U型杆输送系统开发”、“汽车涂装车间监控及故障诊断系统开发”、“轿车涂装线设备标准化和模块化设计”、“双轨悬挂旋转输送机”、“汽车涂装烘干生产线废气焚烧供热系统开发”等成果，已经应用于新基地建设，提高了一汽核心装备水平。

【海外基地建设】 按照“布大局、谋长远、建基地”战略构想，海外基地建设取得重大进展。全年进口各种整车105250辆，进口金额4.19亿美元。出口整车10913辆，比2010年增长9.3%；出口金额2亿美元，比2010年增长41.71%。

建立驻印度机构。2011年7月，成立一汽进出口公司驻印度办事处。办事处位于印度古捷拉特邦(Gujarat)库驰地区(kutch)普捷市(Bhuj)。

中重卡车基地项目。(1)巴基斯坦重卡项目。在巴基斯坦建成单班年产1500辆CKD解放重卡工厂并投入运营，解放卡车第一次实现海外建厂，当地销量超过日本品牌和其他中国品牌，连续两年位居第一，打破了日系重卡几十年来对该市场的垄断。(2)俄罗斯商用车项目。成立集团级项目组，组织规划部、解放公司、技术中心、九院、生产部、进出口公司、财控部等单位协同推进嘎斯(GAZ)项目进展，完成投资股比、投资形式、合资产品、市场单位以及工艺设计、组织机构、公司章程等项准备工作，双方拟按50:50比例、初步投资100万美元生产中重卡车，年生产纲领0.5万辆，面向俄罗斯市场投放，下步将正式签署合资合同，由一汽解放公司负责该项目的对口建设及运营。(3)南非卡车项目。新成立的一汽非洲投资有限公司与中非发展基金以55:45的投资股比，在南非建设年产0.5万辆产能的中重卡车生产厂，双方批准投资8000万美元，基地选在曼德拉市库哈(COEGA)开发区，已完成预可行性研究，由一汽青岛汽车分公司牵头组建项目组，年内正在细化优化投资建设方案。(4)伊朗中重卡车项目。全面展开品牌与网络推广、服务站筛选、服务技师培训等前期工作，全年首批100辆CKD组装车投入生产。

乘用车基地项目。在埃塞俄比亚，夏利N5轿车组装出厂，一汽首次实现轿车在海外散件组装。在伊朗，与伊朗工业发展及革新组织（IDRO）签定联合开发、本地化 CKD 生产备忘录，利用一汽轿车平台开发并生产联合品牌轿车，合资建设年产 15 万辆以上能力的工厂及研发中心，已完成实车测试、产品选型、前期商务谈判。在独联体，完成俄罗斯、乌克兰市场调研和实车测试、产品适应性改进调研、合作伙伴筛选及初步接触、乌克兰前期市场开发和产品导入计划。在巴西，完成前期市场调研和奔腾 B50、威志、威志 V2 预排放试验。在南非，启动森雅、威志 V2 等产品右置开发。

轻微客车基地项目。在乌克兰，轻卡组装项目恢复生产。在哈萨克斯坦，轻卡组装开始批量生产。在墨西哥，优化 SKD 当地接货、索赔流程；引进赛虎轻卡和新款微卡，完成样车路试。在巴基斯坦，启动轻卡小批量当地组装。在越南，与 GMC（解放汽车股份公司）合作 CKD 生产新型加长微卡，客车公司为越南五一厂专门设计的 CA6110D84－3 客车底盘已交付客户。

【党建工作】

1. 党内重点项目攻关。2011 年，一汽以科学发展观为指导，深入贯彻党的十七届五中、六中全会精神，紧密围绕“三年两改观”和“十二五”重点任务，确立集团级党内重点攻关项目 8 类 38 项，发动基层党组织和广大党员大力开展党内重点项目攻关活动。各基层单位确立党内攻关项目 2289 项，明确时间节点、评价标准和责任人，确保责任落实到位。各基层党组织和党员先后确定绩效目标 56248 项，承诺立项 33642 项，完成急难险重任务 1077 件，完成改进改善项目 12743 项，提合理化建议 54551 条，干出一批党员精品项目、精品工程。

2. 基层党组织建设。持续推进基层党组织自身建设，强化执行力，增强创造力，提高凝聚力，努力构建基层党组织创先争优、保持先进性的长效机制。年内，严格按标准开展集中换届改选，对符合换届条件的单位加强指导监督。狠抓支部建设，健全组织机构，配齐配强党支部书记；指导基层在“三会一课”制度上创新形式、拓展内容。解放公司的“一点课”、富维公司的“小课堂”、技术中心的“特色主题党日”、一汽大众公司的“技术党课”、财务公司的“党务之窗”等，都在形式创新上取得了良好效果。以“把党员教育培养成能人，把能人教育培养成党员”为手段，全年集中培训党员 29605 人次。以庆祝建党 90 周年为契机，广泛开展一汽共产党员风采展示活动，通过讲述党员先进事迹、评选“身边好党员”、巡回演讲等多种形式，深入挖掘党员先进典型，展示先进党员的时代风采。大力开展“提能力、强服务、促发展”和“百个职能部门下基层”活动，围绕管理、作风、能力、服务等方面存在的短板和问题，理顺管理关系，完善管理流程，健全管理制度，共征求意见 5752 条，梳理问题 3818 条，制定措施 2688 条；建立帮扶联系点 630 个，解决实际问题 722 个，结对帮扶困难职工 1925 人、困难党员 653 人。

3. 人才资源配置。坚持党管人才，把人才工作作为企业先导工程来抓。建立高级经理选拔的科学、客观、公正的评价体系。完善二级经理 TAS 测评技术，基本形成测评体系。实施高级经理后备队伍能力素质综合分析，全年考核、访谈高级经理后备 114 人。深化干部考核，全面掌握领导班子及高级经理队伍状况，全年干部考核覆盖率达到 95.8%，配合中央巡视组完成高级经理谈话 338 人。优化干部资源配置，加大竞争性选拔力度，组织实施高级经理内部公开竞争上岗。对铸造技术类、生产质量类、共青团类、党群类等 4 类 12 个高级经理职位（资格）实施公开选拔招聘，应聘报名 174 人，进入面试环节 86 人，竞聘中首次引入评价中心技术，确保公开、公平和公正。面向社会公开招聘一汽汽车金融公司总经理和一汽保险公司副总经理。组织实施高级经理交流调配 7 次，其中交流 34 人、提职 8 人、新提拔 1 人；实施高级经理助理选拔 8 次，提拔 19 人。部分基层单位进行二级经理公开竞聘、民主推荐工作。

4. 反腐倡廉。各级纪检监察组织扎实推进“担双责、践双诺、争双优”主题实践活动，强化经营管理人员反腐倡廉建设和经济工作两个责任，践行经营管理目标和廉洁从业两项承诺。全年效能监察立项 85 项，挽回和避免经济损失 472 万元，节约资金 1.8 亿元，直接增加经济效益 2466 万元，建立完善管理制度 309 个。以查办阻碍和影响自主投资项目实施的失职渎职案件、私设“小金库”、违反廉洁从业规定以及侵害企业和职工利益的案件为重点，共受理信访64件，处理违纪违法人员17人，其中经理人员9人，挽回经济损失616万元。

5. 企业形象传播。年内，开展一汽品牌故事征集活动，把“品质、技术、创新”的品牌内涵转化为生动具体的品牌故事和品牌案例，增强了品牌形象的影响力和品牌文化的感染力。以创先争优活动为契机，围绕一汽推动科学发展，在《求是》《党建》杂志发表署名文章；在中央电视台《红旗飘飘》等多个栏目播发李骏研发团队的事迹。人民日报、新华社、经济日报、中央电视台等中央主流媒体，围绕一汽做强做大自主品牌、坚持自主发展与开放合作“双发展”宣传主题进行联合采访和深度报道，有效提升了一汽的企业形象和品牌形象。

6. 员工利益维护。一汽各级党政工团组织深切关注和认真解决事关员工切身利益的重大问题，充分发挥职工代表作用。年内，职工代表向职代会、战略研讨会提交提案150件，均得到及时解决和反馈。各级领导班子认真贯彻落实为民服务和创先争优活动要求，集团公司领导班子成员和高级经理与困难职工结对子，在物资、技能等方面给予直接帮扶。各级工会组织以“进百家、访千户”为主题，开展送温暖活动，走访困难职工1124户，送去慰问金、慰问品折合人民币187万元。开展“金秋助学”和“温暖母亲”活动，提高助学标准，为特困职工子女发放助学金19万元。继续实施廉租住房分配工作，集团公司成立困难职工住房分配监督工作小组，制定《一汽困难住房管理规定》《困难职工住房分配办法》，114名困难员工入住廉租房。

【履行社会责任】 一汽坚持践行企业公民理念，认真履行社会责任，以务实行动回馈社会。继续推进一汽“333爱心助学”系列活动，首批“333爱心助学班”毕业生入职一汽大众成都分公司。全年在支援西藏、投资教育、扶贫济困等方面捐赠2594万元，其中由一汽对口扶贫的吉林省“镇赉解放社区”一期工程竣工，80户农民喜迁新居。为支持高校培养更多的科技型、实用型专业技术人才，向吉林大学、哈尔滨工业大学捐赠整车、发动机和变速箱等设备，用于高校教学与科研。大力开发低碳节能技术，在第十四届上海车展上发布“蓝途战略”，详细阐述一汽在节能减排和新能源技术方面的思路、布局与目标。一汽统战人士积极参加“同心献智”活动，通过各种形式，为服务社会作出贡献。

（撰稿人：杜　克）

东风汽车公司

【基本概况】 2011年，东风汽车公司（以下简称“公司”）有效应对各种风险和挑战，保持经营稳健较快增长，加快自主发展、改革创新和经营协同步伐，实现“十二五”良好开局，取得了行业领先的经营业绩。

公司产销高质量跨上300万辆台阶。2011年销售汽车305.87万辆，同比增长12.25%，增速高于行业9.8个百分点、位居百万辆级企业第一。销售规模稳居行业第二。综合市场占有率达到16.53%，比2010年提高1.45个百分点。

各项事业均衡发展。乘用车在各细分市场增速均高于行业，市场占有率均有所提升，SUV、MPV销量位居行业第一；商用车整体增幅优于行业，重卡、中卡销量位居行业第一。

【主要指标】 2011年东风汽车公司经济效益再创历史新高。全年实现营业收入4070.87亿元，同比增长6.98%；实现利润309.13亿元（统计口径），同比增长5.98%；上缴税费372.2亿元，同比增长19.8%。国资委考核指标全面完成。

【改革改制】 公司董事会建成运行，工作体制、制度体系基本完成构建，公司治理更加科学。立足增强集团管控力和对事业发展的支撑力，明确了集团总部“三个中心”定位，按照“五强化、五突出”总体要求，完成对集团总部组织机构的全面调整。同步展开了对各项业务的改革调整：一是推进主体业务的改革调整。加快中重型商用车业务的改革重组，提高中重型商用车业务的核心能力和国际化能力，对整车产能布局进行局部的调整优化。二是推进非主体业务的改革调整，着眼于主体业务轻装上阵、做强做优，进一步明确公司物流、检测、房地产、工厂设计等业务的集中调整和改革改制方向，并逐步推进。三是推进大集体企业、辅业及有关企业的改革改制。按照中央要求，积极探索大集体企业的改革改制方案，完成东风朝柴的改制。

公司加大管理创新力度。进一步健全东风特色的绩效管理体系，完善绩效考评的动态调整机制，增强 KPI 指标设定的科学性、导向性。加强质量管理，公司民品、军品质量体系完成重构，并不断完善。全面风险管理、应急管理深入展开，各单位的风险防范、控制水平及应急能力得到不断提升。

【组织机构调整】 2011 年 7 月 4 日，公司宣布对东风公司组织机构及领导分工进行调整。这是东风推进“十二五”发展战略的一项重大举措，也是公司自 2003 年以来对组织机构进行的最大的一次调整。此次组织机构调整的主要内容是梳理、调整、补充公司总部现有机构和职能，将规划投资部更名为“战略规划部”，对运营管理部的职能进行调整，更名为经营管理部，新成立组织信息部、国际事业部、资本运营部(资产管理公司)、社会事业管理中心等。组织机构调整后，突出了东风总部在“十二五”期间战略定位——成为战略规划的决策中心、集团运营的管控中心、和谐东风的推进中心。在此基础上，公司对领导分工也作出了相应的调整。公司原有的领导分工强调的是板块管理，调整后围绕“十二五”战略、经营重点，以业务模块和职能管理为主线，形成领导矩阵式管理。

【董事会建设】 2011 年 4 月 18 日，国资委在湖北省武汉市召开东风汽车公司建设规范董事会工作会议。此前，为给东风公司建设规范董事会做好准备，中组部、国资委面向全球招聘东风公司总经理，4 月 12 日，经中央和国务院批准，朱福寿出任东风公司总经理。

2011 年 7 月 20 日，公司在武汉召开首届董事会第一次会议，公司董事长、党委书记徐平主持会议，董事朱福寿、马良杰、马之庚、文传甫、张晓铁、李家、曹兴和、范仲出席会议，国资委国有企业监事会主席王寿君、公司董事会秘书蔡玮等列席会议；10 月 17 日至 18 日，公司召开首届董事会第二次会议。两次会议建立了东风公司董事会制度，审议通过公司章程，并批准呈报国务院国资委审批。

【“十二五”战略目标】 公司明确“十二五”发展目标，提出“十二五”做强做优、建设国内最强、国际一流汽车制造商的战略目标，确立了加快转变发展方式、加快自主发展步伐两项重点任务，提出全面提升公司国际竞争力、自主创新能力、国际化运营能力、人才竞争力、和谐发展能力五方面能力的要求。经营规模在高质量、可持续发展的基础上向 500 万辆迈进，经营质量保持行业领先，事业结构更加优化，改革开放迈出新的步伐，企业综合实力、自主创新能力、国际竞争力、可持续发展能力、抵御风险能力显著提高，企业更加和谐稳定，职工物质文化生活水平普遍提高，把东风建设成为全体东风人引以为豪的物质、精神家园和广受社会尊重的魅力企业。

公司在布局 2011 年工作的基础上，放眼“十二五”发展，在科技创新、人才建设、海外事业、企业文化等方面全面发力。4 月 12 日，东风公司 2011 年科技工作会议主题为“科学发展、自主跨越，为‘十二五’构建成为创新型企业而奋斗”。5 月 5 日，公司发布东风 2011 年至 2015 年的人力资源中期事业计划。8 月 18 日，公司“十二五”人才发展规划发布“1258”人才规划，对企业自主创新、人才队伍建设等工作进行详细规划。9 月 1 日，公司推动公司海外事业战略转型。9 月 28 日，公司发布“十二五”企业文化建设指导意见，对公司企业文化和党建工作提出指导意见。10 月 28 日，公司发布东风公司“十二五”科技创新重大战略项目。

【自主品牌】 公司自主品牌汽车年度销量历史性跨上百万辆台阶，销售 112.65 万辆，同比增长 4.74%，快于行业 9 个百分点。自主品牌商用车竞争优势继续扩大，累计销量位居国内第一，同时位居全球第一；自主品牌乘用车加快发展，产品阵容进一步丰富，销量增速位居行业自主品牌乘用车销量前 6 家企业之首。自主品牌“乾”D300 计划发布实施，自主品牌发展目标、路径、措施进一步明确。

公司进一步加大科技创新力度，加快提升自主创新能力。梳理事关公司全局的重大科技创新战略课题，确定东风“十二五”科技创新重大战略项目，并展开实施。继续加大科技攻关，2011 年公司有 10 个项目获得中国汽车工业科技进步奖，申请专利 900 多项。着眼研发能力提升，对集团资源进行调整优化，完善公司技术中心的组织体系，提升技术中心全价值链的竞争力；对新能源汽车研发资源进行集中调整，增强新能源汽车的研发实力。继续加强科技人才队伍建设，公司发布实施“十二五”人才发展规划，把科技人才队伍建设作为重中之重。公司入选国家“千人计划”9人，全年引进海外人才4人，公司被国家确立为“创新型企业”。

【经营协同战略】 着眼于发挥集团整体优势，公司加快推进经营协同，明确了协同的重点领域重点课题，完善协同的体制机制，积极营造良好的协同环境。

重点推进自主事业的协同发展。建立组织体系和工作机制，推进自主品牌乘用车在技术研发能力、商品平台、品牌和网络渠道、动力总成、新能源事业和海外事业等6个领域的协同；推进商用车重点领域的13个协同课题。

进一步加强整车带动零部件、新事业反哺老基地力度。积极构建新老事业、整车与零部件的交流沟通机制，安排部署整车对零部件、新事业对老基地的具体协同帮扶项目。整车及合资事业对零部件、装备等企业采购量、采购额进一步提高，扶持力度进一步加大。通过带动，公司十堰基地的零部件、装备等业务加快了产品结构和业务结构调整，市场竞争力逐步增强，发展振兴步伐进一步加快。

【安全生产与节能减排】 强化安全生产管理，深化宣传教育和专项整治，加强建设项目“三同时”管理，从源头上提升本质安全水平。全年安全生产实现五个杜绝，安全事故明显减少，同比下降10.7%。

节能减排工作以控制“三大指标”为中心，加强监督、检查和审计，推进落实重点单位、重点项目的责任。与2009年比，公司万元增加值能耗降低39.5%，COD、SO_2分别减排13.3%、28%，全面完成控制目标。

【市场销售】 在“十二五”开局之年，东风不仅跑赢大市，产销更是节节飘红，成为逆势上扬的舞者。其中，产能持续提升和新品迭出是东风高质量跨越300万辆的重要支撑。全年公司各事业单元产能持续提升，东风·十堰新基地暨商用车动力总成新工厂奠基，东风商用车重卡新工厂投产，东风日产郑州工厂20万辆产能建设项目开工，东风日产郑州发动机工厂奠基，东风日产花都第二工厂竣工投产，神龙公司第三工厂奠基，东风新汽新工厂奠基，东风裕隆汽车有限公司正式投产，东风实业龙门工业园竣工投产，东风股份微车发动机项目落户常州，东风装备工业园动工，东风零部件武汉工业园奠基，郑州日产新研发中心奠基。

全年公司新品迭出。东风凯普特N300、东风悦达起亚K5、东风标致508、东风悦达起亚K2、东风日产楼兰、东风裕隆纳智捷大7 SUV、东风标致308陆续上市；东风裕隆首款客车“回归线”落户杭州，东风股份纯电动车EJ02正式载入国家公告目录，东风风神A60首度亮相，东风日产启辰D50揭开神秘面纱。

【反哺十堰基地】 2011年，协同工作被纳入公司战略规划，公司推进协同的力度不断加大，各事业单元协同的自觉性、积极性不断提高，协同的体制机制进一步完善，协同的效果逐步显现。5月6日，神龙公司召开2011年东风系供应商战略发展研讨会。加大整车单元带动零部件单元、新基地帮助老基地的推进力度。在“十二五”时期，公司把新事业支持老事业、整车带动零部件、新基地帮助老基地，作为一项重要工作来抓。5月14日，公司召开2011年春季市场营销研讨会强调：“要从协同的角度来研究如何构建东风营销体系、提升东风营销能力。”在公司的主导和引导下，不同层面的协同行动逐步铺开。10月28日，公司召开经营协同会，落实签订经营协同合作协议项目50项，发布经营协同项目100项。11月15日，公司召开东风大自主乘用车协同工作中期汇报会，大自主乘用车工作的组织体系和运行机制得以进一步确立和优化。11月27日，东风大商用车战略正式起航，标志着东风在商用车战场上将形成集团整体作战的态势。

与此同时，协同发展成为公司反哺十堰基地的重要载体。5月22日，公司召开重点帮扶东风活塞轴瓦公司项目督办工作推进会；5月26日，公司组织有关主机厂及整车企业，在东风活塞轴瓦有限公司召开重点帮扶工作专题会；8月29日，东风乘用车公司正式启动东风乘用车带动东风系零部件发展工作。在新一轮发展中，东风在保持新事业快速发展的同时，更加注重老基地的发展振兴，在战略上优先考虑，在资金上优先投入，在项目上优先安排，在情感上优先关心，在资源上优先支持，反哺十堰基地取得突破性进展。

【百万辆汽车下线】 2011年12月10日，东风自主品牌年度百万辆汽车下线仪式在东风乘用车公司厂区隆重举行。自主品牌汽车年度销售突破百万辆，是东风自主品牌事业发展的重要里程碑，是东风公司长期坚持自主创新和自主发展的重大成果。在东风自主品牌年度百万辆汽车下线仪式上，公司发布了东风自主品牌"乾"D300中期事业计划。总体目标是，到2016年，东风自主品牌汽车年销量达到300万辆；未来5年，将投资300亿元以上，用于自主品牌产能提升和商品投放。

【走向海外】 公司推进海外事业战略转型，构建有东风特色的海外事业运营模式。成立国际事业部，公司海外事业战略职能得到进一步加强；积极研究海外事业总体规划，东风海外事业中期事业计划制定完成；按照"四个统一"原则，加快理顺公司各出口主体的关系；加速推进海外事业基地建设。

2011年，公司出口继续呈现较快增长。全年出口汽车6.38万辆，同比增长34.94%；实现出口金额11.02亿美元，同比增长38.15%。

东风加强对"走出去"战略的整体规划和战略布局，加强对国际市场的研究，统筹好国际国内市场的战略安排，抓紧制定积极的海外市场发展计划，海外事业不断加速。2011年10月21日，东风汽车俄罗斯有限公司成立；1—11月，东风公司累计出口汽车57684辆、同比增长37.9%，累计出口总额9.5亿美元、同比增长37.5%。

公司海外事业发展过程中，以"四个统一"（即统一规划出口产品、统一谋划海外市场、统一树立海外形象、统一安排海外业务）原则为指导，增强市场风险管控意识，在加速中稳步推进，确保海外事业的稳健发展。公司各板块和部门树立全局意识，根据实际寻找共识和共赢点，携手推动东风海外事业的进步；不断提升自身海外事业工作水平，形成有东风特色的海外事业模式。

【和谐东风建设】 公司进一步优化社会事业管理职能。优化员工薪酬，完善职工社会保障体系，加大员工分享企业发展成果的力度。继续加大对困难职工的帮扶。加强对离退休老同志的关爱。

面对改革发展的新任务和职工队伍的新变化，东风公司切实加强和改进新形势下的职工群众工作，更加注重认真贯彻落实党的全心全意依靠工人阶级的指导方针，坚持发展和谐劳动关系、维护职工合法权益不动摇，不仅建立了民主沟通"四项制度"（总裁与工会主席定期会晤制度，总裁向职工代表定期通报制度，劳动管理情况通报协商会制度，劳动保护、安全生产、环境保护、职业健康情况通报协商会制度），而且大力推进工资集体协商。5月27日，全国机械冶金建材系统工资集体协商现场经验交流会在东风公司召开，会议重点推介了东风公司建立"四项制度"、推进工资集体协商、推动企业和谐发展的典型经验。新华社、人民日报、中央电视台、中央人民广播电台、光明日报、工人日报等21家国内主流媒体也专程前来采访东风公司建立"四项制度"、推进工资集体协商工作的先进经验。

公司积极履行社会责任，努力促进地方经济发展。认真落实援藏任务，继续加大对恩施、丹江口、浠水等地的对口支援和帮扶，积极参加湖北省"三万"活动，公司"三万"活动工作组在全省1.8万多个工作组中被评为湖北省"三万"活动先进工作组。东风"帮扶大学生村官"项目入选"2011中央优秀社会责任实践"。在公司统一指导下，各事业板块社会责任工作积极有为，公司负责任的企业公民形象得到进一步凸显。

【胡锦涛总书记视察东风】 2011年6月1日，在湖北考察工作的中共中央总书记、国家主席、中央军委主席胡锦涛专程到东风公司技术中心视察。6年前，胡锦涛曾视察过公司襄阳基地，勉励东风大力推进自主创新。这次，胡锦涛总书记勉励东风公司：坚持以市场需求为导向，以科技创新为动力，突破更多核心关键技术，研发更多新型汽车产品，努力实现从量的增长向质的跨越转变，为提升我国汽车工业发展水平再立新功。

在技术中心办公楼门前展区，胡锦涛总书记参观了东风公司40多年来自主开发的50款代表性车型。这些车型覆盖了军车、商用车、乘用车、客车、微型车、新能源汽车等领域，是东风公司40年来的心血、汗水和自主创新成果之集大成。公司董事长、党委书记徐平、公司总经理朱福寿向胡锦涛总书记介绍了东风汽车产品开发的相关情况，汇报了东风公司概况、"十一五"经营发展情况以及"十二五"发展思路，重点介绍了东风公司新能源汽车的发展情况。

胡锦涛总书记高度重视新能源汽车的开发和关键技术的掌控，仔细询问公司新款电动轿车设计开发情况，并与技术人员就电动汽车的关键技术和发展方向进行深入探讨。胡锦涛总书记仔细观看东风自主品牌乘用车同比例新车模型的制作过程，要求东风公司高度重视品牌建设，高度重视自主创新，努力掌握核心技术。总书记还参观东风公司纯电动轿车、电动车关键零部件、自主发动机以及正在开发试制的自主品牌乘用车。胡锦涛总书记坐进一辆即将投放市场的东风纯电动轿车内仔细查看，称赞此车空间宽敞，适合家庭使用。

临行前，胡锦涛总书记在技术中心造型室前厅亲切接见公司劳模和国家“千人计划”技术专家代表，并与徐平、朱福寿、李绍烛、童东城、范仲、刘卫东等一一握手话别。

【党建工作】 2011 年，公司党委统一部署，公司150 多个党委、1600 多个党支部深入开展创先争优活动，高质量完成党员公开承诺、领导点评、评比表彰等重点环节任务。整个活动组织有序，推进有力，主题鲜明，载体丰富，全员参与，齐争共创，党建工作对生产经营的引领力进一步增强。

3 月 28 日，东风公司召开创先争优活动集中汇报点评会，公司董事长、党委书记徐平总结了公司一年多来开展创先争优活动积累的经验。6 月 29 日，公司表彰 2010—2011 年度五星级“四强”党支部、“四优”共产党员和优秀党务工作者。9 月 27 日，公司召开“为民服务、创先争优”推进会，明确“为民服务创先争优”活动是下一阶段创先争优工作的重点和主题。12 月 2 日，公司董事长、党委书记徐平一行深入东风品牌专营店对销售窗口“为民服务、创先争优”工作进行调研。

（撰稿人：王　英）

中国第一重型机械集团公司

【基本概况】 中国第一重型机械集团公司（以下简称“中国一重”），是关系国家安全和国民经济命脉的重要骨干企业，主要为我国钢铁、电力、能源、汽车、矿山、石化、交通运输等各行业及国防现代化建设提供重大成套技术装备、高新产品和技术服务。2008 年创立中国第一重型机械股份公司。2010 年 2 月成功实现了整体上市。现拥有 20 个子公司和事业部，地跨七省市，资产总额 340 多亿元。

2011 年，在全球经济环境恶化的大背景下，中国一重有效应对核电政策调整、资金供应紧张、市场竞争异常惨烈、原材料价格上涨等诸多困难和风险，经受住了复杂多变的国内外经济环境和市场形势的严峻考验，保证产出水平不下滑、经营订货有突破、技术创新有进展，全面完成了 2011 年的各项任务。2011年，中国一重成功生产了世界首件 AP1000 核电稳压器下封头锻件、国内首套自主制造的卧式辊磨机、国内自制最大的 5500 毫米重型支承辊，共完成成套核电压力容器 5 套、石化容器 79 套、压力机 51 套、电站转子 460 件以及轧辊 645 件等。

2011 年，中国一重国有资本保值增值率为 102.6%。

【主要指标】 2011 年，中国一重生产经营继续保持稳定态势，全年实现商品产值 120.18 亿元，外销收入 86.2 亿元，利润 5.3 亿元。

2011 年，中国一重完善内部关联交易价格体系；在资本市场成功融资 25 亿元；积极争取国家优惠政策，获税款减免及财政补贴 2.43 亿元，申请到国有资本经营预算资金 5 亿元。

2011 年中国第一重型机械集团公司主要经济指标

项　目	2010 年	2011 年	比上年增长（%）
资产总额（亿元）	287.62	347.67	20.88
所有者权益（亿元）	166.71	170.61	2.34
营业收入（亿元）	86.21	87.49	1.48
利润总额（亿元）	11.50	5.31	−53.83
净利润（亿元）	8.03	4.40	−45.21
归属于母公司所有者的净利润（亿元）	4.93	2.71	−45.03

续表

项　目	2010 年	2011 年	比上年增长(%)
技术开发投入(亿元)	4.25	4.25	
利税总额(亿元)	17.92	7.71	－56.97
应交税金总额(亿元)	9.60	4.69	－51.15
全员劳动生产率(万元/人·年)	23.73	21.16	－10.83
净资产收益率(%)	7.36	2.61	减少 4.75 个百分点
总资产报酬率(%)	5.39	2.53	减少 2.86 个百分点
国有资本保值增值率(%)	109.3	102.6	减少 6.70 个百分点

【改革发展】 2011 年，中国一重完成《2011—2013 年企业滚动发展规划》的编制工作；修订和完善"十二五"发展规划。根据发展需要，设立大连石化装备有限公司和天津风能设备有限公司，成立营销事业部、海洋工程事业部和重型技术装备基础科学研究院。围绕主业开展有关的兼并重组工作，合资设立马鞍山重工有限公司，控股成立绍兴重型机床有限公司、常州华冶轧辊有限公司，开始产业布局和产品结构的完善调整，为企业实现转型升级和科学发展打下坚实的基础。

在人事制度改革方面，拓宽干部选拔任用方式，逐步加大竞争性选拔干部的力度，实行竞聘上岗，并对近年来新提拔的中层干部进行群众满意度测评。此外，修订《干部任前公示制度》，把任前公示时间延长为 7 天，接受匿名反映，并进一步规范 D 组及以上干部的任免档案。在薪酬分配制度改革方面，下发《2011 年度薪酬考核方案》，建立"以岗定薪、岗变薪变、工效挂钩、激励与约束并重"的薪酬分配体系，有效地发挥了薪酬分配的调节、激励和约束作用。完善"总经理科技特别奖"、"企业特殊贡献年金"评选和申报政府特殊津贴和发放购房补贴等人才激励机制，构建覆盖全员、较为完善的人才激励体系，极大地调动员工的主动性和积极性。在劳动用工制度改革方面，修订《劳动合同管理制度》《考勤管理制度》和《薪酬管理制度》；新制定《考勤公示管理办法》《员工请假管理办法(暂行)》等 6 个制度(办法)。同时，加大人才引进力度，全年引进海外高层次人才 10 名，外籍专家 4 名，招聘博士生 13 名，在职人才 20 名，企业需要的其他人员 522 名。在员工培训方面，编制 2011 年度员工培训计划，严格执行培训实施项目审批制度。2011 年，中国一重共举办各类培训班 236 期，培训员工 16571 人次，完成年度培训计划的 110.5%。

【重大项目】 2011 年，中国一重"四大基地"建设规划在突出专业化、自动化、信息化与生产流程化全面融合的基础上已着手完善，完成马鞍山重工有限公司高端装备制造基地项目规划方案设计及一联合厂房工艺平面设计；大型石化容器制造基地等 2 个项目列入国家重点技术改造专项计划。

在技术改造方面，中国一重富拉尔基基地完成污水处理站、天然气调峰站、铸件粗加工厂房、石化筒节厂房及配套设施建设，大型树脂砂、筒节加热炉、600 吨钢锭热态翻转装置、700 吨吊钳、4500 吨快锻、炼钢自动上料系统等完成安装调试并投入生产使用；大连基地检测中心大楼装修竣工、热丝 TIG 工作站调试完成；天津滨海基地综合楼、三联合厂房二期建设及 12 台机床基础施工全部完成。

【走向海外】 2011 年，中国一重在保持主要产品国内市场占有率领先的基础上，积极开拓国际市场，扩大大型成套设备和石化容器设备等优势领域产品的出口，热连轧成套设备继续出口韩国，支承辊产品首次进入印度，冶金备件在欧洲取得突破，全年签订出口合同 6.3 亿元。此外，在德国成立一重集团国际有限责任公司，负责欧洲市场的产品订货和售后服务工作；逐步完善销售代理制，代理范围不但有所扩大，而且进一步发展多家国内国际代理商，先后获得 5000 吨热模锻压力机和多项冶金备件合同。

【重大创新】 2011 年，中国一重技术创新工作成效显著。一是按期完成国家项目。承担的国家"十一五"科技支撑计划课题通过科技部组织的验收；"百万千瓦核电关键设备大型铸锻件研制"课题，使中国一重掌握了核电全套铸锻件的制造技术，并在国内率先实现了产业化，有力地支持了国家核电工程建设。二是产业化项目稳步推进。核电锻件、空心钢锭、曲轴、超超临界转子、铸铁工作辊、铸钢支承辊等产业化课题已迈入正轨。三是重点战略项目取得突破。成功研制在线喷淋、自动翻转机等辅助装备；自主设计制造400吨·米锻造操作机；基本掌握蒸发器和堆内构件关键部件制造技术，核电主管道试制成功；海洋工程、海洋风电、煤气化等新产品研发工作有所推进。2011年，中国一重承担的12项国家级课题顺利验收。全年获省部级以上科技进步奖5项，其中"特薄带钢高速酸轧工艺与成套装备研究开发"、"中国实验快堆关键设备研制"、"百万千瓦核电转子大型开合式热处理炉成套设备、工艺及应用"分别获中国钢铁工业科技进步特等奖、中国核能行业科技进步一等奖、中国机械工业科技进步一等奖；申请并获得国家知识产权局受理专利94项，其中发明专利授权16项，比例明显提高。同时，制定行业标准2项。

【党建工作】 2011年，中国一重按照党中央和国务院国资委党委的要求，认真组织广大党员、干部学习贯彻党的十七届六中全会精神以及《中共中央关于深化文化体制改革　推动社会主义文化大发展大繁荣若干重大问题的决定》，并开展推进文化发展的研讨活动。成功召开中国一重第十二次党代会，对今后五年的党建工作进行部署和安排，并提出要突出抓好支部堡垒工程、党员旗帜工程、能力提升工程、人才强企工程、廉洁诚信工程和文化创新工程等六大工程。同时，制定《2011年直属党组织规范化管理考核细则》和《2011年基层党支部标准化建设达标验收细则》，继续深入开展"创先争优"和学习型党组织建设活动。2011年，中国一重有15个先进党组织、33名先进个人受到上级党组织表彰，其中全国先进党组织1个、全省先进党组织1个、中央企业优秀共产党员1名。

在党风建设和反腐倡廉工作中，中国一重深入开展反腐倡廉教育，设立党风廉政电子举报信箱和一重信息港举报窗口；组织观看《贪欲之害》等反腐倡廉警示教育片；开展党风廉政建设理论研讨活动，举办纪检监察工作业务培训班。同时，修订《关于实行党风廉政建设责任制的规定》和《纪检监察巡视工作管理制度》，加大纪检监察专项巡检和工程建设领域专项治理力度，对重要招标工作进行监督检查。2011年完成效能监察项目23项，受理信访举报22件，其中立案2起，给予政纪处分2人。

【信息化建设】 2011年，中国一重以"信息化要满足企业运行，促进企业改革，助力企业战略"为指导方针，全面推进信息化建设工作，在生产专业化与精细化管理、业务信息系统优化升级、网络基础设施建设、降本增效等方面取得了显著成效，在2011年国资委信息化建设综合测评中定为B级。

为进一步落实国家关于企业转型升级的要求，中国一重结合内部市场化开发资金管理系统；根据公司生产管理需要，开发厂内铁路转运、性能件周转等管理软件；为促进降本增效，开发润滑油集中管理、铸锻钢事业部库房资产管理等应用系统，使信息化价值在中国一重得到了进一步体现。

【履行社会责任】 2011年，中国一重全面贯彻执行国家节能减排方针政策，以建体系打基础，树立全员节约观念，从管理节能和技术节能入手，充分挖掘节能潜力，实现节能减排指标。2011年主要污染物COD、SO_2、氨氮、氮氧化物较2010年分别减少33.7%、13.8%、58.9%、12.4%。

在加大节能减排、打造环保工业的同时，中国一重积极做好社会公益工作，每年都投入资金，支援和支持地方政府防汛防洪和城市绿化建设项目，对周边的生活区道路进行修缮与改造，完成居民住宅楼上下水、楼梯照明，墙体等各类日常维修。积极参加社会主义新农村的帮建工作，对帮建的依安县依龙镇农民村进行实地考察，支付帮建资金5万元。

【其他情况】 企业文化。修订《中国一重企业文化建设纲要》《中国一重2012—2014年企业文化建设规划》；扎实推进企业文化"创新年"活动，开展一重文化论坛以及"怎样建设好一重"主题问卷调查活动，出版《一重文化论坛优秀论文集》；制作各类宣传片23部；编撰《2009—2010年社会责任报告》。

新闻宣传。对新闻发布、外部媒体采访等18项工作制度进行修订；开展建党90周年系列宣传活动；全年出版《中国一重报》53期，并将《中国一重报》电子版在中国一重内网发布；开展"解放思想、全面创新"先进典型评选活动。此外，强化品牌宣传，在新华社、中央电视台等媒体发表稿件65篇，扩大企业知名度和影响力。

工团组织。开展"创建学习型班组、争当知识型职工"和"一帮一"结对子活动，完成班组建设"双十星"评定工作，开展以"苦干巧干、百日决战"为主题的劳动竞赛。同时，举办纪念建党90周年"唱支红歌给党听"专场演出，广泛开展形势政策教育和"读红书、知党史"活动，认真实施青年素质提升工程。

（撰稿人：米英心）

中国第二重型机械集团公司

【基本概况】 中国第二重型机械集团公司（以下简称"中国二重"），是关系国民经济命脉和国家安全的重要骨干企业，也是四川省重大装备制造基地的龙头企业。截至2011年12月31日，中国二重拥有总资产264亿元，职工总数13264人，从业人员13089人。2011年，中国二重认真贯彻落实党中央、国务院各项决策部署和国务院国资委的部署和要求，以科学发展为主题，以调结构转方式上水平为主线，加快推进"四大转变"，着力推进产品结构调整，奋力推进"一个中心，两个基地"建设，持续深化改革，强化内部管理，加强风险管控，经济运行总体平稳。

【主要指标】 2011年，中国二重完成攀钢2050、浙江永杰1850、东上1450等冶金成台套设备以及东北特钢80MN快锻机、许昌40MN热模锻等一批重大技术装备研制任务，完成了彭州、武汉、安庆、金山、济南等多个石化项目重型容器的产出。

面对严峻形势和激烈竞争，采取灵活策略，千方百计抢抓订单。在锦宁巨科、银海铝业、无锡银邦等多个铝轧项目上实现工程总包，签订蒂森克虏伯、重庆通耀、广东富华3条热模锻压力机生产线，承揽向家坝800MW水轮机大轴和哈电320MW燃气轮机转子精加工任务，与沙钢、唐山港陆签订3台新型矿渣立磨，与扬子石化签订6台双超加氢反应器，与宏华集团签订我国首套拥有自主知识产权的海洋平台提升装置主齿轮箱供货合同。全年实现经营订货90亿元（其中外贸出口订货7000万欧元），营业收入69亿元。

加快"走出去"步伐，股份公司与宝钢工程公司合资成立印度子公司，与中钢设备公司联合组建面向海外市场的冶轧项目战略联合体；首次在韩国获得冶金成套设备制造合同；成功进入国际民用航空装备领域，与法国赛峰公司签订空客新机型大型模锻件试制合同。

完成工业炉窑全面节能改造、废钢切割烟尘治理等节能减排项目。安全生产工作继续巩固创建一级安全质量标准化机械制造企业成果。

受国内、国际两个市场不景气的影响，2011年企业效益下滑。

2011年中国第二重型机械集团公司主要经济指标

项　目	2010年	2011年	比上年增长（%）
资产总额（亿元）	227.94	263.92	15.78
所有者权益（亿元）	60.50	69.79	15.36
营业收入（亿元）	68.67	70.06	2.02
利润总额（亿元）	1.91	−2.44	−227.75
净利润（亿元）	2.00	−2.47	−223.50
归属于母公司所有者的净利润（亿元）	0.92	−1.94	−310.87
技术开发投入（亿元）	3.55	3.75	5.63
利税总额（亿元）	4.97	1.62	−67.40
应交税金总额（亿元）	3.06	4.06	32.68
全员劳动生产率（万元/人·年）	15.23	11.89	−21.93
净资产收益率（不含少数股东权益）（%）	2.84	−4.48	减少7.32个百分点
总资产报酬率（%）	2.17	0.59	减少1.58个百分点
国有资本保值增值率（%）	102.01	89.74	减少12.27个百分点

【改革发展】 按照进一步推进公司化改革方案的总体思路，自7月中旬开始制定实施方案，到12月18日召开新建事业部、子公司成立授牌大会。集团公司和股份公司两级总部共设置16个管理部门，其中股份公司有11个管理部门受托承担集团公司相应管理职责。以产品划分为原则，整合归并同类业务，将集团公司和股份公司经营生产主体整合为3个事业部、5个子公司、子企业。公共平台共设置6

个服务单位。搭建运行国家工程实验室。设计院构建起工程总包、科研开发、产品设计三大功能清晰的业务板块。

制定公司“十二五”发展战略规划和三年滚动发展规划、“十二五”科技发展规划和信息化发展规划。全面开展“质量提升年”活动,大部分项目初见成效。顺利通过ASME核证和军品质量管理体系换证。加强财务管理体系建设,推进全面预算管理。开展建立健全风险管理、完善内部控制体系建设工作。全面配合审计署对企业主要负责人任期经济责任审计、灾后重建项目专项审计以及国务院国资委对企业加快转变经济发展方式的监督检查。

深入推进降本增效活动,从严从紧控制支出。进一步加大库存物资、废旧物资再利用力度,盘活资源,提高效益。实施“增收节支,深挖潜力,确保全年收入”专项措施。千方百计加大账款催收力度,密切加强与金融机构合作,积极争取国家政策资金支持。股份公司发行14亿元短期融资券申请获得中国银行间市场交易商协会注册,首期7亿元募集资金到位。非公开发行股票申请获得证监会核准,完成路演推介。

【重大创新】 充分发挥技术创新对产品和产业优化升级的驱动作用,强化关键核心技术研发和攻关。加强以AP1000三代核电为重点的核电产品研发,成功获得有关技转文件使用权,率先研制出示范工程主管道、压力容器支撑及预埋件,顺利启动全套锻件材料的投料;三峡升船机齿条、螺母柱、埋件研制取得重大突破,齿条通过专家组鉴定,螺母柱、埋件实现了批量供货;燃气轮机轮盘等锻件通过上汽、哈汽引进压气机型技术认证并获取订单;在成功开发水泥立磨的基础上,积极开发矿渣立磨产品,取得显著成效;风电产品积极适应市场多元化需求,加大新机型开发力度,成功开发出2.0MW半直驱增速机;围绕煤化工、海洋工程等领域积极寻求技术引进和合作。

中国二重被认定为国家级创新型企业,二重股份公司被认定为“四川省高新技术企业”。获批设立“国家能源极端装备虚拟制造重点实验室”,启动筹建模锻件研究所。牵头承担的《大型水电机组关键铸锻件制造技术研究》等3项“十一五”科技支撑计划项目顺利通过国家级验收。年内获得专利权42项,其中发明专利11项。继续加大创新成果激励力度,对66项科技创新项目进行表彰和奖励。顺利通过热处理专业Nadcap(国际特殊工序认证制度)认证审核,为进入国际民用航空产品制造领域创造了必要条件。

【重大项目】 加快推进“一个中心,两个基地”建设。成都研发中心建设,大型铸锻件数值模拟国家工程实验室投入使用。德阳基地建设,800MN大型模锻压机主机本体安装工作基本完成,80MN快锻机完成安装调试,水压机扩能改造等重点工程建设项目有序推进。镇江基地建设,一期工程核电容器厂房收尾竣工,成套装备厂房大型设备基础具备安装条件,110KV总降压站等生产配套设施投入使用;二期工程高资河内港池码头基础工程施工完毕。全年完成固定资产投资18亿元,完工单项工程180余项,新增生产设备139台。

【党建工作】 深入学习贯彻党的十七届六中全会精神和胡锦涛总书记“七一”重要讲话精神,邀请中央党校教授和四川省委宣讲团前来中国二重进行专题辅导。深入推进创先争优活动,圆满承办中央企业创先争优活动先进事迹报告会;结合庆祝建党90周年,广泛开展“我为党旗添光彩”主题活动和“十个一”党性教育活动;以深入基层、服务一线、服务客户为重点,扎实开展“为民服务创先争优”活动;大力开展学习型党组织建设,开展“学习党史、坚定信念、创先争优”党史学习活动。

成功召开中国二重第十二届职工代表大会暨工会第十二次会员代表大会。党建带团建工作获得国务院国资委表彰,公司员工首次获得“中央企业青年五四奖章”。

【履行社会责任】 公开发布《2010年社会责任报告》。中国二重被授予“全国文明单位”、“四川省文明单位”称号。深入开展“送温暖”活动。对罗江县调元镇酒娅村进行帮扶,广泛开展“金秋助学”活动。中国二重被授予“2006—2010年中央企业法制宣传教育先进单位”、“四川省普法依法治理工作先进单位”称号。生活区灾后重建工作全面完成,绝大部分住户已搬入新居。

(撰稿人:胡亚荔)

哈尔滨电气集团公司

【基本概况】 哈尔滨电气集团公司(以下简称"哈电集团")是由国家"一五"期间前苏联援建的156项重点建设项目中的6项沿革发展而来,是在原哈尔滨"三大动力厂"(哈尔滨电机厂、哈尔滨锅炉厂、哈尔滨汽轮机厂)、阿城继电器厂及哈尔滨绝缘材料厂的基础上,组建而成的我国最早的发电设备、舰船动力装置、电力驱动设备研究制造基地和成套设备出口的国有重要骨干企业集团之一,也是中央管理的54户关系国家安全和国民经济命脉的国有重要骨干企业之一。

2011年,是"十二五"的开局之年,也是哈电集团应对挑战、谋求发展的关键一年。在党中央、国务院正确领导下,哈电集团全面贯彻落实党的十七大和十七届四中全会精神,以科学发展为主题,以调整结构、转变发展方式为主线,全体干部员工迎难而上,奋力拼搏,扎实推进各项工作,保持集团平稳发展的良好态势。截至2011年底,哈电集团资产总额达555亿元,资产负载率72%。全年实现营业收入322亿元,利润总额18.4亿元,正式合同签约483亿元,发电设备2233万千瓦。

【主要指标】 2011年,哈电集团财务状况稳健,风险控制得力,利润总额、经济增加值、流动资产周转率等指标同比上升,成本费用占营业收入比重等指标同比下降,各项经济指标保持在合理水平。

2011年哈尔滨电气集团公司主要经济指标

项　目	2010年	2011年	比上年增长(%)
资产总额(亿元)	546	555	1.6
所有者权益(亿元)	135	155	14.8
营业收入(亿元)	323	322	-0.3
利润收入(亿元)	15.4	18.4	19.9
净利润(亿元)	12.3	15.1	22.8
归属于母公司所有者的净利润(亿元)	5.4	6.7	24.1
技术开发投入(亿元)	21.8	26.2	20.2
利税总额(亿元)	33.6	36.8	9.5
应交税金总额(亿元)	23.6	27.6	16.9
全员劳动生产率(万元人·年)	20.6	26	26.2
净资产收益率(%)	9.6	10.4	增加0.8个百分点
总资产报酬率(%)	3.0	3.5	增加0.5个百分点
国有资本保值增值率(%)	109	109.8	增加0.8个百分点

【改革发展】 人事工作不断创新。通过与国内知名高校举办大学生夏令营活动,开辟宣传哈电品牌、加强校企合作的新方式、新途径。通过开展干部交流工作,加强总部工作力量。深入贯彻落实《国家中长期人才发展规划纲要(2010-2020年)》精神,下发《集团公司中长期人才发展规划纲要》,组织召开哈电集团人才工作会议,并系统地提出"45411"的人才发展目标。组织哈电集团首批集团级技术专家的评定工作,评定出集团首席技术专家4人,集团级技术专家14人,在科技人才队伍建设方面迈出可喜的一步。建立全集团人力资源年度管理台账,对年度台账进行系统设计,总共设计统计表9类25张,全面覆盖人力资源各项工作数据,实现人力资源的可视化管理。

薪酬体系进一步调整,分配体系不断完善。2011年,哈电集团以效益导向和业绩导向为原则,以充分发挥薪酬的激励作用为目的,进行局部的薪酬改革和尝试。哈电集团部分企业在确保利润目标的前提下,进行薪酬改革,对单位工时价格、岗位工资等方面进行调整,不断规范工资结构,薪酬管理工作得到进一步提升。在分配机制方面,哈电集团遵循按劳分配、合理拉开收入分配差距和重业绩、重贡献等原则,针对不同层级和不同岗位建立不同的工资政策和分配机制，各成员企业根据实际，在薪酬分配机制上进行大胆尝试和改革，薪酬分配机制不断成熟。

考核体系不断完善，考核工作逐步深入。一是加强规章制度建设工作，并将考核结果与奖金分配挂钩，以制度建设保证考核工作深入推进。二是考核手段科学合理，采取360度反馈考核评价体系进行多维度、全方位考核，提高考核评价科学性、全面性。三是强化业绩考核的基础工作，对各层次人员根据不同的考核内容建立业绩考核档案，使考核结果有章可循、有据可查。四是高度重视业绩考核结果的应用和反馈，针对考核结果提出改进方向，引导先进企业、优秀管理者和员工不断创造卓越业绩。

【重大项目】 2011年，哈电集团不断加快产业结构调整步伐和自主创新力度，加快发展新能源产业，开展了风电镇江基地建设、重型燃气轮机关键部件研制重点实验室和水力模型试验台建设等项目。

截至2011年底，核电主泵电机制造基地建设项目、常规岛国产化完善项目、100万千瓦等级核电辅机技术改造项目和新建水力模型试验站技术改造项目等基本完工，科研基地一期工程、大型煤化工等技术改造项目、"三室"建设项目、重型燃气轮机关键部件研制重点实验室项目、核电核岛主设备制造自主化完善项目、核电辅机产品制造自主完善化项目、核电反应堆冷却剂泵组制造技术改造项目、核用电机技术改造项目、大功率海上发电机组基地建设项目等正在按计划实施。

2011年，哈电集团阿继集团依法破产法院正式受理，破产管理人全面展开工作，诚通集团拨付的首期职工安置费用到位；阿继电器重大资产重组申请材料由证监会正式受理；"三供一业"移交工作稳步推进，成员企业哈锅实业公司在供水移交的基础上又实现物业和自供热移交。

【走向海外】 2011年哈电集团出口订单244亿元，占全部新增订货额的52%，同比增长33%。南美市场开拓取得新成效，获得厄瓜多尔中速柴油机热电EPC项目、3台9万千瓦冲击式水轮发电机组订货合同。签署美国西德特福德能电站(WDES)项目凝汽器设备采购合同，标志哈电集团电站设备首次迈进美国，走进发达国家市场。

【重大创新】 2011年，哈电集团全年完成科技投入17.9亿元，完成科研课题370项，新产品研发281项，获得省部级科研成果14项，并获得国家创新型企业授牌。

"超超临界100万千瓦火电重大装备研制与国产化"、"弯扭叶片关键技术研究及在大型汽轮机中的工程应用"两个项目荣获国家科技进步二等奖。国产首台具有自主知识产权的印度阿达尼66万千瓦超临界锅炉顺利投运。国家科技支撑计划项目"高压三项感应电动机节能关键技术研究"通过验收。"白鹤滩100万千瓦水轮发电机局部真机全模拟通风冷却试验"通过三峡专家组验收。签订AP1000技术转让许可协议，正式获得AP1000反应压力容器、蒸发器、主泵、爆破阀等15项核岛关键设备的设计和制造相关技术使用权。

科技创新体系不断健全。组建哈电集团科技委员会，重大科技事项决策功能进一步加强。国家级研发机构功能得到强化，水力发电设备国家重点实验室水力模型试验站投入使用，发电设备国家工程研究中心运行机制进一步完善，佳电股份公司"国家防爆电机工程技术研究中心"通过国家评审，"防爆电机院士工作站"获得省科技厅批准后正式挂牌。继续加强产学研合作，联合多所知名高校共同攻克技术难关，提高了企业自主创新能力和核心竞争力。不断完善规章制度，制定《哈电集团科技工作管理办法(试行)》和《哈电集团科学技术奖励办法(试行)》，加强和规范哈电集团科技管理工作。

知识产权管理逐步强化，出台《关于加强专利工作的指导意见》，2011年度哈电集团共申请专利266件，专利授权112件，其中发明专利授权15件。"用电子束焊接的带有坡口面结构的汽轮机喷嘴"专利获得2011年度第13届中国专利奖优秀奖。

【党建工作】 哈电集团坚持以科学发展观指导，深入贯彻落实党的十七届四中全会、中央纪委十七届六次全会、国资委中央企业反腐倡廉建设工作会议精神，紧紧围绕企业改革发展中心工作，充分发挥党的政治核心作用，深化惩防体系建设，积极探索在现代企业制度条件下发挥党组织政治核心作用的有效方法和途径，有力提升公司核心竞争力。

在党建工作方面，通过组织广大基层组织和党员开展创先争优活动，形成基层党组织履行职责、争创一流业绩的良好局面；以纪念建党 90 周年一系列活动为载体，在全集团范围内掀起一股学党史、评先进、推典型、促发展的活动热潮，进一步增强广大员工的凝聚力和向心力，为哈电集团持续健康发展提供有力保障；通过组织干部公开招聘、干部挂职交流、干部年度考核工作，干部队伍建设工作得到逐步强化。

在反腐倡廉工作方面，哈电集团坚持"标本兼治、综合治理、惩防并举、注重预防"的方针，在领导人员廉洁从业教育、执行党风廉政建设责任制、深化惩防体系建设、深入开展效能监察、不断完善纪检监察组织建设等方面开展一系列扎实有效的工作。一是以制度学习、廉洁文化建设、进行廉洁谈话等形式牢筑思想防线，进一步促进领导人员廉洁从业；二是不断促进中央纪委、国务院国资委各项工作部署的贯彻落实，针对重点领域和关键环节，深入开展专项治理工作，加大监督检查力度；三是与全面风险管理相结合，积极推进惩防体系建设，为哈电集团风险管理体系全面铺开积累经验，奠定基础；四是不断加强队伍建设，为纪检监察工作发挥应有的效能提供保证。

【信息化建设】 信息化建设工作取得新进展。按照"统一规划，分步实施"的原则，研究构建哈电集团整体信息化系统，提出思路和目标，同时组织开展完善的系统业务建设工作。加强信息化基础环境建设，实施网络升级改造方案、统一通讯整体解决方案。开展公司域名保护，实施集团统一邮箱方案，软件正版化工作有效推进。哈电集团各成员企业加大信息化建设力度，全年投入 4000 万元，信息化水平进一步提高。

【履行社会责任】 2011 年，哈电集团以高度的社会责任感，认真履行中央企业各项责任和义务。发布首份社会责任报告，经中国社会科学院综合评级为 4 星，达到优秀水平。既响应党中央和国务院国资委的总体要求，也向政府、股东、客户、媒体、员工、社区等成功展示哈电集团积极向上、高度负责的中央企业形象。

加大社会捐赠力度。向藏区旅游文化国际化试验区捐款 300 万元人民币建设甘孜州红军长征博物馆改建七个项目中的一项，履行哈电集团作为中央企业肩负的政治责任和社会责任。同时，哈电集团加强社会捐赠预算管理，2012 年社会捐赠上报国务院国资委预算金额为 360 万元人民币。

认真落实节能减排责任。哈电集团大力开发清洁高效、环保节能发电设备产品，高效节能环保机组占全部发电设备的 66%，单位能耗 2011 年同比下降 10%，万元增加值综合能耗(可比价)同比下降 7.9%，SO_2 排放量同比下降 1.4%，COD 排放量同比下降 1.7%，为全社会节能减排作出贡献。成员企业电机公司成为我国机械行业首家通过能源,管理体系认证的企业。

加强安全生产管理。2011 年哈电集团安全技改投入 1227 万元，开展应急演练 99 次，参加人员达 5578 人次，千人工伤事故率 1.06‰，电机公司建设高水平的安全文化展馆，成为哈尔滨市安全生产宣传教育基地。在行业经营风险和竞争压力进一步加大等复杂多变的生产经营形势下，哈电集团安全生产保持稳定。

（撰稿人：张　帅）

中国东方电气集团有限公司

【基本概况】 中国东方电气集团有限公司（以下简称"东方电气集团"）是党中央确定的涉及国家安全和国民经济命脉的 53 户国有重点骨干企业之一，是我国最大的发电设备制造基地之一，是国务院国资委批准改制设立的国有独资企业。东方电气集团总部位于成都，集团所属企业主要分布在四川、广东、天津、浙江、江苏、河南、湖北、甘肃、内蒙古等九个省市自治区，截至 2011 年末，东方电气集团资产总额 981.15 亿元，平均从业人数为 27395 人。

东方电气集团可批量生产单机最大到 1000MW 等级的火电机组、单机最大 800MW 等级的水轮发电机组、1000MW～1700MW 等级核电机组主设备、重型燃气轮机设备、风电设备、太阳能光伏发电设备及大型电站锅炉烟气脱硫脱硝和大型化工容器等产品，约占中国国内火电市场份额的三分之一和水电市场份额的一半左右。核电、风电居于国内领先地位，已形成“六电并举”的产品格局。2011年，东方电气完成发电设备总产量42660MW，连续8年保持发电设备产量世界第一的记录。

东方电气集团拥有国家级企业技术中心，以大型发电成套设备、电站工程承包和电站服务为主业，具备大型发电设备的开发、设计、制造和电站工程总承包能力，致力于改善人类生存环境，积极发展清洁能源。东方电气积极拓展海外业务，产品运行在世界各地，从1994年起连年入选全球225家最大工程承包商之列，2011年全球排名第80位。

【主要指标】 2011年是“十二五”开局之年，也是东方电气集团经营业绩又创历史新高的一年。在国务院国资委的关心指导下，东方电气集团按照“调结构、抓创新、强管理、上水平”的年度工作方针，积极应对国际金融危机。克服日本地震及福岛核危机事件的不利影响，营业收入、利润总额、发电设备产量等主要指标均创历史最好水平，全面完成2011年度各项经营目标。截至2011年底，资产总额981.15亿元，比上年减少2.04%；实现利润总额30.80亿元，同比增长11.07%；实现主营业务收入493.28亿元，比上年增加47.07亿元，同比增长10.55%。全年完成发电设备4266万千瓦，其中，水电653.6万千瓦，为计划的101.3%；火电(含核电、燃机)3466.5万千瓦，为计划的108.8%；风电145.4万千瓦，为计划的60.6%；完成电站汽轮机(含核电、燃机)3916.7万千瓦，为计划的112.4%；完成电站锅炉2190.2万千瓦，为计划的104.3%；完成单晶硅1122吨，太阳能电池片118兆瓦，保持持续、稳定、良好的发展态势。

2011年获得新生效订单445亿元，低于上年同期水平。其中国内订单295亿元，国际订单23亿美元，占合同总量的三分之一。

火电方面。对重点地区和重点项目统筹安排，通力合作，国内市场占有率稳中有升，循环流化床机组保持国内领先水平；获得新疆农六师4×1100MW项目，为集团公司单机容量最大的超超临界项目合同。签订印度阿必杰集团10×660MW项目合同；获得委内瑞拉中央电厂项目，600MW主机产品首次进入南美市场。

水电方面。保持市场占有率地位，签订桐子林4×150MW水轮发电机等设备供货合同。签订波西塔斯项目一期机电设备总承包等批量水电项目合同，进一步巩固集团公司在土耳其水电市场的地位；相继实现水电设备在老挝、伊朗市场零的突破。

核电方面。核电产品形成批量生产能力，但受日本福岛核泄漏事故的影响，部分核电产品交货期有所延后。完成核能机组四套(红沿河2号机组、宁德2号机组、福清1号机组、方家山1号机组)，另外，完成核能汽轮机2台(台山1号、红沿河3号)；与法国电力公司签署低压加热器供货合同，实现核电产品首次出口欧洲。

燃机方面。产品产量稳步提升，形成批量生产能力。完成燃机3套(戚墅堰1号)，获得天津陈塘庄热电厂燃机项目，是集团公司签订的最大容量燃机机组。

风电方面。为适应国内风电市场的需要，成立新能源处，统一协调整合全集团风电营销资源。2MW双馈式风电机组陆续获得批量订单。由于订单减少，2011年风电机组产量低于2010年。

太阳能产业方面。利用全产业链优势，积极拓展太阳能光伏发电站和风光互补示范项目市场；与西班牙索日太阳能公司签订太阳能电池产品供货合同，在欧洲、中东等地区就合作开发太阳能电站签订战略协议。太阳能产品产能得到提升，但受市场需求不足影响，产品产量受到较大影响。

电站服务方面。以提供整套机组改造服务为主线积极开拓国内外电站服务市场，新增订单超过17亿元。

表1　2011年中国东方电气集团有限公司主要经济指标

项　目	2010年	2011年	比上年增长(%)
资产总额(亿元)	1001.58	981.15	-2.04
所有者权益(亿元)	181.94	212.34	16.71
营业收入(亿元)	446.21	493.28	10.55
利润总额(亿元)	27.73	30.8	11.07

续表

项　目	2010 年	2011 年	比上年增长(%)
归属于母公司所有者的净利润(亿元)	11.26	8.8	−21.85
技术开发投入(亿元)	15.39	18.589	2.084
利税总额(亿元)	69.11	46.51	−32.7
应交税金总额(亿元)	48.93	27.18	−44.45
全员劳动生产率(万元/人·年)	28.45	33.58	18.02
净资产收益率(%)	15.13	12.54	减少 2.59 个百分点
总资产报酬率(%)	3.04	3.28	增加 0.24 个百分点
国有资本保值增值率(%)	112	101.46	减少 0.54 个百分点

【改革发展】 进一步完善董事会制度。加强董事会制度建设,不断完善决策机制。董事会 5 位外部董事全部到位,法人治理结构更加完善。董事会决策程序规范,董事会、党组、经理层职责划分清晰,各负其责、协调运转、有效制衡的机制已经形成。董事会充分发挥重大事项决策把关作用,努力实现决策的科学化、规范化。正确处理董事会与监事会的工作关系,及时发现并督促解决集团公司生产经营中存在的问题和隐患,有力促进全集团生产经营活动的顺利开展。

董事会以发挥战略决策职能、提高科学决策水平为目标,着重加强对重大事项特别是发展战略、重大投融资等问题的研究,强化风险管理,开展卓有成效的工作。董事会一如既往地重视制度建设,根据公司发展变化和国资委提出的新要求,不断完善修订董事会的有关制度,有力地保障制度的合规性、合理性与有效性。2011 年,董事会修订《公司章程》《集团公司负责人职务消费管理暂行办法》,提出对集团公司高级管理人员开展绩效考核的原则意见。

加强发展战略研究,确定东方电气集团中长期发展目标。董事会高度重视东方电气集团发展战略研究,按照集团公司"十二五"规划纲要及董事会议事规则要求,通过主题务虚和专题审议等形式,对东方电气集团未来发展涉及的资产重组整合、协同能力提升、风险管理防范等重大问题进行研究,审议通过东方电气集团 2011—2013 三年滚动发展规划。董事会还对东方电气集团发电设备产业、服务产业、新产业等产业板块的管理构架、各产业发展中存在的困难和问题以及相关战略目标进行认真研究分析,提出发展各产业板块以及搭建相应平台的建议意见。

审时度势,合理确定年度经营目标及工作重点。2011 年上半年,由于世界性金融危机的持续加深、国家宏观经济政策调整、日本福岛核电站事故、市场环境发生变化等因素影响,东方电气集团核电、太阳能、风电新能源产业形势遭遇突如其来的变化。2011 年 8 月,董事会在认真分析上半年财务预算执行情况的基础上,结合对全集团下半年总体生产经营形势的判断,根据经营层关于调整年度预算的建议,本着积极稳健的原则,及时对东方电气集团 2011 年度财务预算方案进行适度调整,确保预算执行的科学性。

加强财务预算管理。在实际工作中,严格要求经营层做好预算编制基础工作,保证预算准确性,切实起到预算对经营管理工作的引领作用;引导企业根据生产经营形势的变化对预算做出适当的调整,较好地做到预算执行的严肃性和灵活性的统一。积极发挥集团财务公司资金集中管理平台作用,提高集团内部资金周转效率,为集团节约整体财务费用超过 3 亿元。

推动全面风险管理。坚持全面风险管理工作与日常经营管理相结合。颁布实施《全面风险管理手册》。将合同管理、授权管理纳入信息化管理平台,对合同管理、对外投资管理等业务环节进行管理优化。建立完善重要决策、经济合同、规章制度的法律审核决策机制。结合对外投资等项目决策开展法律审查,强化事前和事中风险防范。

【重大项目】 努力做到科学决策,严格把关重大投融资项目。出台《集团公司对外投资管理办法》,明确集团公司对外投资主体职能。严格项目审批,加强重点投资项目建设监管和协调力度,投资项目总体顺利,全年固定资产投资 29.4 亿元,为年度计划的 48.7%。

东方武核建设完成,并顺利进入民用核电市场,已实现赢利；东方迈吉二期扩建工程基本完成；东方阿海珐二期产能扩增项目顺利竣工。

围绕提升集团公司核心竞争力，促进新能源产业发展，实施有针对性的投资，成立东方电气（酒泉）太阳能发电有限公司、投资参股山东龙口、四川能投等风电项目，开始向产业链下游延伸。

实施老挝南芒河水电 BOT 投资项目，这是集团公司首个海外 BOT 项目，开辟海外拓展的新模式；参股中煤平朔第一煤矸石发电有限公司，为具有自主知识产权的 600MW 循环硫化床锅炉技术和技术创新提供依托机组。

【结构调整】 新能源比重逐年上升，结构调整成效突出。集团公司积极响应国家关于调整产业结构的号召，主动大力调整产业结构，开发风电、核电、太阳能光伏等新能源产品，新能源产品占营业收入比重逐年上升，传统的火电从前几年占 80%左右调整到 2011 年只占到 48%左右。虽然 2011 年因宏观环境因素核电受到非常大的影响，但新能源比重保持较高比例，其中，核电占 11%、风电占 15%、太阳能占 2%，结构调整成效显著。

表 2 2008—2011 年中国东方电气集团有限公司新能源产品收入情况

项目 \ 年度	2008 年	2009 年	2010 年	2011 年
新能源产品收入(亿元)	36.1	85.8	130.6	141.3
所占比重(%)	11	22	30	28

【节能减排】 2011 年，东方电气集团提出“十二五”节能减排的总体目标（即万元增加值综合能耗下降 16%；工业固体废物综合利用率和其他节能减排指标降幅不低于国家总体要求），并通过制定规划及年度计划等方式对主要任务予以确定和落实。主要企业也制定自身的“十二五”节能减排规划及滚动规划，提出实施措施，对节能减排目标任务按年度进行分解。

2011 年，东方电气集团各项节能减排考核目标处于受控状态，积极承担央企社会责任，投入节能减排资金 1600 万元，加强节能环保产品研发，特别是加大对清洁高效发电设备和环保产品的研发力度。通过加强自主创新，东方电气集团为社会提供更多优质、高效的节能环保装备、技术和服务。积极推行能源管理体系，积极推进结构调整，推动产品和产业结构升级，提升价值创造力。通过强化组织体系和制度建设，明确企业节能减排工作岗位的任务和责任，为节能减排工作提供组织和制度保证。

为提高企业能源利用效率和减少污染物排放水平，并降低生产经营成本，东方电气集团各企业积极创新，进行多项节能减排实践活动，并取得较好实效。东方锅炉用高照度，低功率，使用寿命长，安全更好的灯具替代原有行车照明灯，将原平均功率为 800W 左右的照明灯，改造为 250W。仅通过 2011 年 17 台行车，85 盏照明灯的改造，年节约用电量预计就达到 22 万千瓦时；东方汽轮机的一个分厂也对厂房照明进行改造，在不影响生产的情况下，减少照明顶灯数量，一年节电约 40 万千瓦时，效果显著；东方峨半通过对单晶炉上排气热场改造使得热场功耗明显降低，且减少回熔次数，年节约用电量超过 150 万千瓦时。通过循环水改造项目，东方峨半将一60、04、05 冷却水由生产水改为循环水，不仅保证设备要求的供水压力，且水质也大大提高，有利于设备更稳定、安全地运行，并实现良好的减排效果，改造后用水量平均每月节省 2 万吨。

主要节能减排指标完成情况。2011 年东方电气集团完成企业增加值（可比价）88.8 亿元，同比增长 6.2%。全年能源消耗总量为 19.3 万吨标煤，同比增长 5.5%；万元企业增加值综合能耗（可比价）为 0.2161 吨标煤，同比减少 0.8%。2011 年东方电气集团 SO_2 和 COD 排放量分别为 84.8 吨和 66.5 吨，比 2010 年略有增长。2011 年东方电气集团的综合能耗较上年同期有所增长，但下半年的综合能耗（8.9 万吨）同比减少 7.8%。主要原因在于根据市场形势及客户需求的变化，为控制生产经营风险，在 2011 年下半年东方电气集团对部分产品的产出进度进行调整，特别是下调多晶硅、硅片等太阳能光伏产业产品的产出量，使得东方电气集团下半年的综合能耗不仅远低于上半年（10.4 万吨），也低于上年同期水平（9.6 万吨）。

【走向海外】 东方电气集团积极打造电站工程

服务板块，构建相对完整的国际工程业务平台。2011年8月，将原工程分公司和进出口分公司的资产、人员、业务合并，成立"东方电气股份有限公司国际工程分公司"。充分发挥驻外机构窗口作用，进一步增强国际市场开拓力量和执行能力，全年国际订单23亿美元。签订印度阿必杰集团10×660MW项目合同。获得委内瑞拉中央电厂项目，600MW主机产品首次进入南美市场；签订土耳其波西塔斯项目一期机电设备总承包等水电项目合同，进一步巩固集团公司在该国水电市场的地位；相继实现水电设备在老挝、伊朗市场零的突破。与西班牙索日太阳能公司签订太阳能电池等产品供货合同及在欧洲、中东等地区合作开发太阳能电站战略合作协议。

2011年，东方电气集团在手执行工程项目68个(其中国内项目8个)，合同总金额约780亿元，机组容量超过3700万千瓦。通过加强工程项目管理，项目进度计划实现率逐步提高，重要节点基本按计划完成。越南海防一期项目2台机组取得预接收证书，海防二期项目机组进入安装阶段，沿海项目地基处理按计划推进，同奈3及安科项目机组并网发电。随着12月22日3号机并网发电，印尼龙湾项目实现一年三投的目标，创下东方电气集团新的纪录。沙特拉比格项目主机、辅机陆续交货。中电荔新项目1号机组进入分部调试阶段。

【科技创新】 研发体系进一步完善。进一步完善科研体系，优化资源配置，提升科技创新能力。确定中央研究院做好前瞻性技术研究，各企业专注于本企业主业，共同推进主导产品的技术提升和开发的发展思路。2011年，东方电气集团发明专利拥有量排在中央企业第42位，名列同行业前茅。出台《集团公司"十二五"科技发展规划》和《关于进一步加强科技创新工作的决定》，明确未来一段时间科技工作的目标、任务和方向，为构建层次分明、良性互动、紧密联系、互为支撑的技术创新体系奠定坚实基础。东方电气集团院士工作站挂牌成立，为开展高水平的研发工作搭建了高端平台。召开东方电气集团第二届科技创新大会，重奖技术创新杰出贡献单位和个人，进一步激发了科技人员的创新热情。中央研究院的建设步伐加快，中央研究院新建的燃料电池实验室、煤气化基础实验室、钒液电池实验室先后投入使用。为加强东方电气集团科技管理工作，设置中央研究院科技管理部，统一协调全集团科技管理、专利情报和科研设备管理工作。各专业人才进一步充实，科研团队的组建工作快速推进。东方电气集团共有13个项目获得省部级以上科技奖励19项，其中，中国机械工业科学技术一等奖1项、二等奖3项、三等奖1项；水力发电科学奖一等奖1项；核能行业协会科技进步二等奖1项；国家能源局科技进步奖二等奖4项、三等奖3项；四川省科技进步一等奖1项、二等奖1项、三等奖3项。

新产品研发取得重要进展。自主研发1.5MW直驱永磁风力发电机组，成为国内首家获得GL认证的风机制造企业；首台3MW双馈式风电机组正式下线；在晶硅电池方面，完全掌握先进的电池制造工艺技术并实现单晶电池量产平均效率18.5%以上的突破，处于国际领先水平；承担央企电动汽车联盟电动车电驱动系统8个共性技术研究项目及6个平台车型的研发工作；CPR1000核电1150MW半转速汽轮发电机研制、1000MW燃煤机组烟气脱硝装置研制等17项科技成果荣获省部级以上奖励；"超超临界1000MW火电重大装备研制与产业化"项目获得国家科学技术进步二等奖。

国家重大科技攻关任务圆满完成。国家科技重大专项CAP1400常规岛主设备汽轮机、发电机、MSR设计方案通过中国机械工业联合会组织的专家评审，进入施工设计阶段；CAP1400核电机组研发工作取得重要进展；集团核2、核3级设备设计资格通过国家核安全局专家评审；自主研制的国内首根核电焊接转子通过国家鉴定；当今世界最大容量的台山项目EPR 1750MW核电机组国产化制造进入交货阶段；完成巴西杰瑞75MW贯流式机组、溪洛渡770MW特大型全空冷水轮发电机组、仙游300MW抽水蓄能机组等水电重大项目的自主开发；600MW等级超临界循环流化床锅炉试制完成；优化型600MW等级超临界汽轮机组在南宁电厂投运；首台M701D型及首台M701F4型燃机分别在戚墅堰和高碑店投入试运行。

【品牌建设】 实施和完善品牌战略和知识产权战略。通过行政、法律等手段，打击涉及企业名称、商标、专利及商业秘密方面的侵权行为。加大实施商标战略宣传力度。加强商标专用权保护、国际注册及海外维权工作。东方电气集团新商标"东方电气"及"DEC"被认定为国家驰名商标。完成东方电气集团商标在越南和马来西亚的注册,使东方电气集团在海外的注册国覆盖到13个。

【信息化建设】 东方电气集团管理信息化建设取得新的进展。开展集团ERP一期项目深化应用,集团ERP二期项目启动实施。东方电气集团总部一卡通系统上线运行,各主要企业PLM、CAPP、CAE等应用取得新进展。《"十二五"信息化提升工程项目》成功申报国家工信部重点科技项目。在国资委信息化"登高计划"的考核评估等级由C级提升到B级。荣获科技部"中国制造业信息化工程创新之星"称号。

【党建工作】 干部工作更加规范。制订和完善相关干部管理制度,形成"1+28"的干部管理制度体系。通过完善考评制度和谈心提醒等方式改进干部管理工作,干部选任与管理工作得到中组部和国资委党委的充分肯定。举办首次高级研修班,选派各企业各部门主要负责人赴台塑集团参加现场培训,依托集团党校开展轮训与专题研讨等多种方式的干部培训工作,提高各级领导班子和干部适应集团化管理和创新工作的意识。

党建工作不断创新。各级党组织以庆祝建党90周年为契机,以服务大局、围绕中心、促进发展为主题,以党内主题实践活动为主线,丰富党组织工作的形式与内容,成功举办庆祝建党90周年"爱国歌曲大家唱"活动,促进创先争优活动的不断深化与创新,涌现出东锅党委等一批全国和省市先进基层党组织,集团党支部建设、学习型党组织建设等工作也得到中组部和国资委党委的充分肯定。

【履行社会责任】 在德阳市教育局设立"东方电气奖学金",参与捐资华润慈善基金,向日本地震灾区捐款,编制发布集团公司2010年社会责任报告。东方电气集团获得第六届企业社会责任国际论坛最高荣誉"2010金蜜蜂企业社会责任·中国榜·领袖型企业"称号,"挖掘煤电设备潜力,致力发展洁净煤技术"被评为"金蜜蜂企业社会责任优秀实践案例"。

【灾后重建】 2008年,正在高速发展的东方电气集团遭受"5·12"汶川特大地震自然灾害,损失惨重。面对突如其来的重创,东方电气人发扬"不怕牺牲、敢于胜利,坚忍不拔、艰苦创业,自主创新、勇攀高峰"的"东汽"精神,全面投入抗震救灾、恢复生产、灾后重建和职工安置的工作中。仅用一年零九个月就完成占地2600亩的东汽新基地建设以及上万名职工的永久安置任务。到2011年,利润指标全面超过震前水平,连续八年创造发电设备产量世界第一的新纪录。东方电气集团用实际行动经受住现实考验,彰显中央企业的脊梁精神,展示中央企业的良好形象。

(撰稿人:武　志)

鞍钢集团公司

【基本概况】 截至2011年底,鞍钢集团公司有在职职工22.5万人,在岗职工19.9万人。拥有鞍山钢铁集团公司(以下简称"鞍钢")和攀钢集团有限公司(以下简称"攀钢")2家全资子公司。其中鞍钢拥有全资子公司16家,控股子公司3家,直属单位21家,参股公司12家。攀钢拥有全资子公司4家,控股子公司4家(含上市公司1家),直属单位3家,分公司1家。固定资产原值1931.57亿元、净值1051.60亿元。主体生产设备中有烧结机19台、焦炉29座、高炉22座、转炉28座、连铸机32台、板材轧机23套、线材轧机3套、管材轧机15套、型材轧机8套。鞍钢集团公司已形成跨区域、多基地、国际化的发展格局,成为国内布局完善、最具有资源优势的钢铁企业。

【主要指标】 2011年,面对钢铁行业微利运营的不利态势,鞍钢集团公司充分发挥供产销一体化协调机制,深挖生产运营潜力,加大降本增效力度。生产经营实现稳定运行。全年共生产钢2975.04万吨,生铁3050.26万吨,钢材2796.25万吨,铁矿石7240.43万吨,铁精矿2536.29万吨,高钒铁(FeV40)2.57万吨,钛白粉5.99万吨。

在市场营销环节,及时调整直供与流通、内贸与出口比例,向战略客户、重点客户倾斜,提高直供比例。全年实现营业收入1557.36亿元,应交税金完成

99.75亿元，实现利税78.54亿元，利润1.88亿元，工业增加值372.47亿元。

加大出口力度，全年实现出口创汇18.69亿美元。其中，出口钢材206.44万吨，创汇17.99亿美元。

【企业改革与管理】 2011年，鞍钢集团公司一体化运作稳步推进。企业改革不断深化。鞍钢完成炼钢系统优化整合和教育培训资源整合，将机械化装卸公司成建制并入生产协力中心；攀钢与华润集团开展燃气项目合作，职工总医院社区卫生服务中心（站）移交地方管理。深化改制企业股权结构改革，完成鞍钢汽运公司引进战略投资者工作。协同推动产品技术升级，重点推进油井管、重轨、镀铝锌、帘线钢、管线钢、家电汽车用钢和提高攀钢精矿品位7个协同项目。推进财务管理制度和流程建设，筹划并实施大集团框架下"两省一市六地"预算、资金、财务、统计管控模式。

核心业务流程和管理制度体系整合全面展开。形成《鞍钢集团公司第一批核心业务流程操作手册》《鞍钢集团公司业务流程管理办法》。公布实施《鞍钢集团公司母子公司运行规则》《鞍钢集团公司"三重一大"决策制度实施办法（试行）》等核心管理制度。编制完成《鞍钢集团公司2011年度风险管理报告》。制定《鞍钢集团公司2011年绩效评价考核办法》，有效运行基于价值创造的战略绩效管理体系，荣获"2011年百略达全球战略执行明星组织奖"。鞍钢、攀钢分别荣获第二届中国工业大奖企业表彰奖和项目表彰奖。《构建大型钢铁联合企业安全生产长效机制的安全生产标准化管理》《大型铁矿山企业集中统一的全供应链精细化管理》《矿山企业基于人文关怀和心理疏导的人本管理》三项成果荣获第十八届国家级企业管理创新成果二等奖。

基础管理水平不断提高。鞍钢集团公司首次财务决算获得国家财政部通报表扬。全面开展安全标准化建设和隐患排查整治行动，推进矿山"六大系统"建设，以创建"平安厂区、平安单位"为载体，推进企业综合治理工作"两个责任制"，构筑"防火墙"工程，实现较大以上火灾事故为零。提高军工科研生产保密管理水平，通过国家武器装备科研生产单位保密资格审查认证。加强档案资源建设，OA系统与档案管理系统对接取得新进展。

【重大项目】 2011年，鞍钢、攀钢实质性重组整合取得重大进展。中组部同意成立鞍钢集团公司党委和纪委，国资委党委下发通知，鞍山钢铁集团公司领导班子成员转任鞍钢集团公司领导班子成员。以资产置换方式成功化解攀钢钒钛二次现金选择权风险，形成以鞍钢股份主营钢铁业务、以攀钢钒钛主营铁矿资源和钒钛业务的两大专业上市平台。

此外，鞍钢与福建三钢联合重组方案获得国家工信部批准。鞍钢福建东南沿海钢铁基地项目列入国家《钢铁工业"十二五"发展规划》。西昌项目竣工投产。莆田冷轧项目、攀钢集团江油长城特殊钢有限公司灾后重建项目按计划推进。广州、长沙、郑州、宁波、上海钢加中心项目稳步推进。

【走向海外】 2011年，鞍钢集团公司国际化经营取得新进展。首次签约出口预处理船板。与英国斯坦科集团成立鞍钢英国控股公司，联合收购英国USS加工中心三分之二股份，实现在英国布局。完成澳大利亚卡拉拉铁矿项目全部融资工作，项目建设顺利推进。与中信、宝钢、首钢、太钢联合出资19.5亿美元购买巴西矿冶公司（CBMM）15%股份。

【多角化经营】 2011年，鞍钢集团公司多角化产业项目稳步推进。与中国包装钢带行业龙头企业——鞍山发蓝钢带公司成立合资公司并绝对控股，标志着与地方民企首个合作项目的成功。与比利时贝卡尔特合资鞍钢钢绳和青岛钢绳项目、与日本三井物产公司合资长春汽车零部件项目、参股中船重工物资贸易集团有限公司鲅鱼圈船板理货中心项目有序推进。与葛洲坝集团签署战略合作框架协议。与美国铁姆肯公司合作的轴承修复项目竣工投产。与上海科德公司合作的轧辊镀铬二号生产线投入生产。

资源项目取得新进展。矿业板块对集团的战略支撑作用持续提升，鞍山地区铁矿山改造建设初见成效。大矿、东矿二期扩建等6个项目开工建设，齐矿二期、鞍千矿二期和关宝山等后续项目的前期工作全面展开。攀钢钒钛资源综合利用及产业结构调整规划获得国家批准，启动1500万吨/年铁精矿扩能规划，白马二期主体工程完工，尖山露天转地下开采工程开始试生产。与山西物产集团合作焦煤项目、参股大连新绿再生资源有限公司废钢项目、与中钢合资沈阳废钢铁加工基地项目顺利推进。与贵州盘江投资控股（集团）公司签订战略合作协议。

【重大创新】 2011 年，鞍钢集团公司技术创新取得新成果。“高品质中厚板生产技术”等 4 个课题通过国家验收。成功研制液化乙烯气船用特殊钢板，填补国内空白。牵头开展核电用热轧钢板国家标准的制定，成为国内唯一一家具备生产核岛关键设备用钢 18MnD5 的钢铁企业。取向硅钢 30AQ140、30AQ130 产品实现批量生产。在线热处理道岔轨通过铁道部认证。成功开发镀铝锌板、镀铝锌彩涂板，具备全流程生产高品质镀锡基板能力。成功开发钢板桩、第三代核电管、CSST 丝扣、镍基合金 P110 油井管、钒铝合金、TC4 钛合金等新产品。

建成世界首创的超大型高炉喷吹焦炉煤气系统；自主开发的 4300 毫米厚板线“超快速冷却＋层流冷却”装备与自动化控制系统投入使用，实现了新一代 TMCP 工艺技术的突破；开发出国内第一套工业应用级冷轧带钢板形测量控制系统；成功应用国内首套“高速线材在线水浴韧化处理技术”。赤铁精矿高配比球团矿生产技术达到国内先进水平。高端钛白制取、高精度钢轨轧制、无缝钢管精拔、热连轧钛卷、海绵钛生产等工艺技术研究取得重大突破。EVI 活动效果突出，新增救生舱用钢等 4 个项目团队，核电用钢直供用户扩展到 10 家。牵头组建钒钛资源综合利用产业技术创新战略联盟，钒钛资源综合利用国家重点实验室建设进展顺利。

2011 年，鞍钢集团公司共取得国家受理专利 1598 件（其中发明专利 586 件），国家授权专利 1227 件（其中发明专利 283 件），国外专利授权 11 件；专利申请和授权数量同比增长 17.76％和 28.62％。完成专有技术认定 1162 件。截至 2011 年底，鞍钢集团公司已累计拥有有效专利 5249 件，授权专利 3782 件，专有技术备案 3526 件。全年共获得国家、行业科技进步奖 11 项，其中，“冷轧板形控制核心技术自主研发与工业应用”和“国产铁精矿提铁降硅（杂）的系统研究与实践”获得国家科技进步二等奖。“船体用结构钢板”获得钢铁协会首届实物质量最高奖。在“第 20 届全国发明展”中，共获金奖 8 项、银奖 10 项、铜奖 7 项。

【信息化建设】 2011 年，鞍钢集团公司推进信息化业务跨区域整合，加快集团运营层、战略层信息化项目建设，建立健全信息化业务管理体系、信息系统运维体系、信息系统安全管理体系等基础工作。积极推进鞍攀信息化整合。制定《鞍钢与攀钢重组整合信息化管理专业组工作计划》，完成《鞍钢集团公司“十二五”信息化战略发展规划》初稿。编制《鞍钢集团公司信息化管理办法》和《鞍钢集团公司信息化规划管理流程》等 4 个核心业务流程。编制未来鞍钢集团公司信息化 5 个核心管理制度纲要。

OA 及协同系统在鞍钢范围内正式全面应用；船板质保书电子化签证系统正式投入运行；信息系统安全技术防护项目（一阶段）总体已经完成。鞍钢采购供应项目、人力资源项目、财务集中管控项目、电子商务项目、决策支持项目、企业门户项目等按计划实施。鞍钢矿业公司 ERP 一期工程、朝阳鞍凌钢铁有限公司 ERP 系统、鞍钢冷轧钢板（莆田）有限公司产销与财务系统、鞍钢 OA 系统上线运行，攀钢采购销售管理信息系统全面建成。

【党建工作】 2011 年，鞍钢集团公司创先争优活动全面深化，以争创“四好”领导班子、“四强”党组织、“四优”共产党员活动为载体，进一步创新活动内容和方式。开展共产党员工程活动和“立足岗位找差距，深入学习实践郭明义精神”专题党课教育活动。开展建党 90 周年系列活动，认真学习胡锦涛总书记“七一”重要讲话精神。启动为期两年共 112 期的在岗党小组长系统培训工程。

加强党管人才工作。完善领导人员管理制度，加大对领导人员竞争择优任用的力度。实施鞍钢和攀钢机关、基层单位两批共 20 名领导人员的双向挂职交流。按照精干高效原则进一步压缩领导人员职数。推进工程技术岗位等级序列，初步建立专业技术人才培养晋升通道。积极引进国内外高层次人才，实现了“千人计划”零的突破。

反腐倡廉建设取得新成效。编撰并运行鞍钢惩防腐败体系建设手册、廉洁文化手册、惩防体系 A 级、

B级文件和考核记录文件，打造较为完善的惩防腐败体系框架。开展惩防腐败体系、全面风险管理体系、企业社会责任体系"三体融合共建"课题研究，搭建融合共建格局。在中央企业惩防腐败体系建设工作会议上介绍经验。深化廉洁文化建设，全面开展"小金库"复查，在中央企业防治"小金库"长效机制建设交流会上介绍经验。

【精神文明与企业文化建设】 2011年，鞍钢集团公司深入推进学习郭明义活动。全力支持、配合上级宣传部门和有关单位拍摄电影《郭明义》。以学习宣传郭明义等人的先进事迹为内容的中央企业创先争优活动先进事迹报告团，在部分中央企业作巡回报告；郭明义先进事迹报告团赴省内九个城市作巡回报告。在胡锦涛总书记批示一周年之际，新闻媒体对郭明义进行专题采访，进一步挖掘郭明义的新事迹。开设郭明义微博，截至2011年底，微博粉丝已突破400万，社会影响更加广泛。郭明义荣获第三届全国道德模范和第十二届全国职工职业道德建设标兵称号。开展"学习郭明义做高素质鞍钢人"员工职业化教育活动，激发广大职工敬业爱岗，提高职业技能和职业素养。

深入宣传蒋东明同志身残志坚、爱岗敬业、科技创新、无私奉献的精神。开展"鞍钢集团公司——我们共同的家园"主题系列活动，配合中央电视台举办《激情广场——爱国歌曲大家唱·鞍钢篇》演出活动，进一步提升企业的品牌形象。企业文化建设的经验和成果引起广泛关注和认可，《从孟泰、王崇伦，到雷锋、郭明义——以重大典型群体的培育树立实现鞍钢文化的继承和发展》荣获"企业文化30年实践十大典范案例"奖。

【履行社会责任】 2011年，鞍钢集团公司完善可持续发展管理体系。根据鞍钢集团公司重组管控要求，对鞍钢、攀钢社会责任管理体系和指标体系进行梳理、对接和整合，建立统一规范的鞍钢集团公司社会责任与可持续发展管理体系和指标体系。发布鞍钢集团公司首份可持续发展报告，在2011中国企业社会责任峰会发布的《中国企业社会责任报告白皮书2011》中，该报告在688份中国企业社会责任报告评价中排名第12名，在中央企业中排名第九名，在钢铁企业中排名居首。《2011中国工业经济行业企业社会责任报告综合评估报告》将鞍钢集团公司"安全管理信息化"以及"全面加强环境管理"作为典型案例介绍推广。鞍钢集团公司从企业文化和节能减排角度总结提炼的鞍钢社会责任工作两项案例，即《学习郭明义传承鞍钢精神、发挥企业文化的推动力》和《打造绿色产业链、实现资源节约和清洁生产》入选"2011中央企业优秀社会责任实践"。

2011年，鞍钢集团公司实施绿色发展取得新突破。全年吨钢综合能耗同比降低2.14%，吨钢耗新水降低6.05%，主要污染物SO_2排放量降低14.5%，COD排放量降低2.4%。鞍钢股份公司鲅鱼圈分公司和朝阳鞍凌钢铁有限公司煤气发电项目新增发电能力4万千瓦。鞍钢股份公司鞍山本部和鲅鱼圈分公司两台烧结机脱硫装置投入运行，年新增脱硫能力9000余吨；焦化脱硫脱氰废液提盐改造项目投入运行。合同能源管理首个投产项目——鞍钢股份公司鲅鱼圈分公司高炉排煤风机(4×900千瓦)变频改造机组初步评估节电率47%；鞍钢股份公司鞍山本部新4号高炉2×1120千瓦高炉助燃风机变频改造项目初步评估节电率30%，成为国内具备开展合同能源管理项目及申请国家财政奖励资格的两家钢铁企业之一。鞍钢集团公司获得国资委"'十一五'中央企业节能减排优秀企业"称号。

为职工办实事取得新成效。全年鞍钢走访慰问救济特困、困难在岗职工、居家职工17400人次，发放救济金752万元；走访慰问救济困难退休人员21594人次，发放救济金850万元；开展"送温暖、献爱心"主题捐助活动，共有83860名职工捐款，捐款金额315万元；发放医疗救济金1202万元，救济3114人，有26名患病女职工得到"团体安康保险"理赔金共120万元；为103506名在职职工进行健康体检。攀钢积极开展"送温暖、下基层——情系职工群众"走访慰问活动，共走访慰问困难职工、伤残病职工、孤寡老人、离退休职工等4300多人次，送慰问金、慰问品价值205余万元，向548名困难职工发放帮困金106万元。2011年，鞍钢集团公司投入资金280万元，对建昌县进行对口扶贫。

（撰稿人：赵　艳）

宝钢集团有限公司

【基本概况】 宝钢集团有限公司(以下简称"宝钢"或"宝钢集团")是当今世界现代化程度最高、生产规模最大、品种规格最齐全的钢铁联合企业之一,是国家授权投资的机构和国家控股公司,对授权经营范围内的国有资产向国务院国资委承担保值增值责任。注册资本510.83亿元人民币。总部设在上海市浦东新区浦电路370号。

宝钢(1993年前称上海宝山钢铁总厂)始建于1978年12月23日,是中国改革开放的产物。1985年9月15日,由国家投资建设的一期工程建成投产;2000年,由企业自筹资金建设的三期工程全部完成,跻身世界千万吨级特大型现代化钢铁企业行列。1998年11月17日,联合重组上海冶金控股(集团)公司和上海梅山(集团)公司;2007年4月28日,重组新疆八一钢铁有限公司;2008年6月28日,成立广东钢铁集团有限公司;2009年3月1日,并购宁波钢铁有限公司;2011年8月22日,签署重组韶钢、广钢相关协议,广东钢铁重组取得实质性进展。

宝钢以钢铁为主业,生产高技术含量、高附加值钢铁精品,已形成普碳钢、不锈钢、特钢三大产品系列,广泛应用于汽车、家电、石油化工、机械制造、能源交通、金属制品、航天航空、核电、电子仪表等行业。宝钢还着力发展相关多元产业,重点围绕钢铁供应链、技术链、资源利用链,形成资源开发及物流、钢材延伸加工、工程技术服务、煤化工、金融投资、生产服务等六大相关产业板块,形成相关多元产业和钢铁主业协同发展的业务结构。

2011年,钢铁行业受需求增速回落、成本上升和产能过剩的影响,总体呈现高成本、低盈利的运行特征。在这种形势下,宝钢的钢铁主业继续保持业内最优的市场地位;多元产业也取得令人欣喜的成绩,整体表现良好,产业结构和发展前景越来越清晰,逐渐成为宝钢新一轮发展的助推器、平抑钢铁行业波动的稳定器。

2011年,宝钢连续第八年进入美国《财富》杂志评选的世界500强榜单,位列第212位,并当选为"全球最受赞赏的公司"。标普、穆迪、惠誉三大评级机构分别给予A、A3、A一,前景展望为稳定的最新信用评级,使宝钢成为全球钢铁行业信用评级最高的企业。截至2011年末,宝钢员工总数为116702人,分布在全球各地。

2011年,宝钢荣获第二届中国工业大奖;荣获第六届"中华慈善奖"之"爱心捐赠企业"称号;荣获"中央企业参与2010年上海世博会突出贡献奖";荣获"第十二届全国职工职业道德建设标兵单位"称号,并被授予全国五一劳动奖状;荣获"中国十大创新型企业"称号。

2011年,宝钢"特薄带钢高速酸轧工艺与成套装备研究开发"项目获2011年中国冶金科学技术奖特等奖;"先进高强度薄带钢产品、工艺及设备"项目获2011中国国际工业博览会金奖;8个参展项目在第五届波兰华沙国际发明展上获7金奖1银奖。

【主要指标】 2011年,宝钢完成工业总值(现行价格)3501.21亿元,工业销售产值3527.22亿元,资产总值4738.20亿元,流动资产1638.97亿元,流动负债1584.52亿元,资产负债率42.80%,流动比率1.03,营业总收入3162.45亿元,营业成本2800.61亿元,产品销售费用46.90亿元,管理费用164.24亿元,实现利润总额181.51亿元,净资产收益率达到5.67%。全年完成铁产量4009.27万吨,钢产量4427.13万吨,商品坯材产量4329.42万吨。

2011年宝钢集团有限公司主要经济指标

项　目	2010年	2011年	比上年增长(%)
资产总额(亿元)	4311.5	4738.2	9.90
所有者权益(亿元)	2584.77	2710.39	4.86
营业收入(亿元)	2729.84	3162.45	15.85
利润总额(亿元)	231.59	181.51	－21.63
归属于母公司所有者的净利润(亿元)	145.06	120.69	－16.80
利税总额(亿元)	338.07	269.59	－20.26

续表

项　目	2010 年	2011 年	比上年增长(%)
应交税金总额(亿元)	156.97	102.44	－34.74
净资产收益率(%)	7.9	5.67	减少 2.23 个百分点
总资产报酬率(%)	6.34	4.91	减少 1.63 个百分点
国有资本保值增值率(%)	106.4	104	减少 2.4 个百分点

【改革发展】 推进管理变革。探索实施领导人员任期制，并首先在宝钢资源和宝钢金属两家单位及宝钢股份下属三家单位试点实施；以提高整体效率为目标，持续推进协同共享；以全面风险管理为目标，初步形成具有宝钢特色的集团型企业风险管理框架，加强库存风险和资金风险的控制，有效应对市场变化。

推进相关多元产业协同发展。2011 年，宝钢多元产业在业务结构更趋合理的基础上，实现销售收入总额 1159 亿元，利润 57.9 亿元，宝钢集团总利润的 31.9%来自多元产业。

深化三项制度改革。进一步深化干部人事制度改革，拓宽选人用人渠道，制定《宝钢领导人员后备人选工作管理办法》，一批“70 后”优秀人才进入各级领导班子任职。实施领导人员任期制试点工作，落实经营管理责任，探索解决“干部能上不能下”的问题。继续推进收入分配制度改革，实行按产业板块分类指导的工资总额预算管理方式，依据各单位经营目标弹性设置工资预算区间，赋予更大的收入分配自主权。

推进员工与企业共同发展。宝钢坚持以人为本，践行“员工与企业共同发展”。一是保持整体薪酬持续增长，福利投入进一步改善。二是重视教育培训，提升不同族群的职业化能力。2011 年人均教育培训费用同比增长 41.7%；培训人次同比增长 17.8%。三是聚焦价值创造，创新人力资源工作机制。尤其是通过员工招聘、员工薪酬、层级管理等方面的创新，不断减少管理束缚，释放多元产业的发展活力。四是推进岗位创新，开展劳动竞赛，为员工发展搭建平台。各级工会持续深化最佳实践者活动，大力开展群众性经济技术创新活动，“蓝领创新”取得丰硕成果，实现企业绩效和员工素质的双提升。

【重大项目】 通过国内兼并重组和新建项目建设，钢铁主业“两角一边”的战略布局取得重大进展。首先在“珠三角”，宝钢集团广东钢铁集团有限公司的重组取得实质性进展，宝钢集团控股韶关钢铁，设立湛江钢铁有限公司，与广钢合资组建广州薄板有限公司。其次，在“长三角”的优化布局中，发挥宝钢的钢铁产品制造、品牌、管理优势和福建罗源湾的港口资源优势，重组福建德盛镍业公司，成立宝钢德盛不锈钢有限公司；宝钢股份取向硅钢二期工程、梅钢热轧酸洗高强钢工程、宁波宝新增建光亮退火机组和平整机组工程等一批重大钢铁项目建成投产。在“西北一边”，八一钢铁借新疆大发展的时机，第三座 2500 立方米高炉成功点火开炉，三号烧结机工程投产；南疆钢铁基地建设项目获得国家核准，全面开工建设。

【走向海外】 2011 年，宝钢国际化步伐加速，海外钢铁供应链建设及多元产业海外实业投资实现突破。在海外资源开发方面，宝钢实质性地进入西非铁矿资源的开发；重点推进北美、澳洲等传统炼焦煤地区煤炭项目，开启宝钢煤炭项目投资走向海外的新篇章。加快海外加工中心布点和建设，成功收购意大利 NSM 加工中心，并进入商业计划执行阶段，实现宝钢海外加工中心零的突破。积极探索海外钢铁生产的实现路径并取得实质性进展，与浙江健力股份在泰国合资的宝力钢管项目启动建设。多元产业海外制造业投资实现突破，宝钢金属越南制罐有限公司注册成立。

【重大创新】 推出《技术创新体系建设行动方案》，明确体系建设的十大任务；在澳大利亚建立“宝钢—澳大利亚联合研发中心”，标志着宝钢在研发体系国际化对接方面迈出了实质性的一步；决定启动中央研究院的前期准备工作，使其在服务宝钢股份的基础上，更多地服务于宝钢集团其他钢铁企业和各多元产业。

高端产品研发取得新突破。宝钢在世界上率先实现第三代先进高强汽车板工业化生产；高磁感取向硅钢实现批量生产，产品性能达到国际先进水平；掌握镍基合金油套管产品关键制造技术，实现钢种和规格的全覆盖。

实施“金苹果计划”。宝钢股份充分依靠“金苹果”技术团队，推进关键共性技术的研发。炼钢技术团队利用强脱氧剂的第三代氧化物冶金工业试验取得成功；热轧技术团队利用第三代TMCP技术研发平台，形成与日本JFE相当的高等级产品。

推进“蓝海101”计划。通过建立多维寻源渠道、创新工作机制，聚焦一批开发项目，部分项目开始编制商业计划书或进入产业化洽谈阶段。以宝钢金属为投资管理平台，设立25亿元新产业投资基金，加速宝钢新业务寻源及产业化进程。

【信息化建设】 2011年，宝钢围绕经营管理目标和不断提升软实力的要求，持续推进“数字化宝钢”的建设进程。在国资委组织的央企信息化水平评价中，水平指数获得94.27分，A级，总体排名第11名，行业排名第一名。在中钢协组织的大型钢铁企业两化融合发展水平评估中，宝钢股份获得82.53分，排名第一。电子商务获得国家技术质量奖一等奖，同时被商务部评为“国家电子商务示范企业”。宝钢股份环境监测、监视与信息管理系统被评为上海市推进两化融合示范项目。韶关钢铁被认定为“省信息化与工业化融合‘4个100’示范工程行业标杆企业”。

【环境经营】 2011年，宝钢圆满完成节能减排年度目标。全年吨钢综合能耗优于计划5千克标准煤；万元产值能耗较计划下降4.5%；同比节能量超额完成30%；SO_2和COD排放量分别较年度计划少排放19.6%和31%。宝钢还全面实现《钢铁产业调整和振兴规划》节能减排目标，宝钢集团内多家单位通过国家能源管理体系认证和清洁生产审核，并利用投资金额5亿元启动92个合同能源管理项目，预计可节能8万吨标煤，其中6个项目已投运。宝钢股份环境友好新产品比例，由2010年的87.94%提升至2011年的88.09%。5月，宝钢在国内钢铁业独家发布国内钢铁业绿色发展进程中具有里程碑意义的《绿色宣言》和重点产品《产品环境声明》。

【履行社会责任】 2011年，宝钢对外实际捐赠约6087.7万元。此外，宝钢教育基金出资943万元，奖励全国107所高校及中科院下属18家研究所的1212名优秀师生。2011年7月15日，宝钢荣获中国公益慈善领域的最高政府奖——“中华慈善奖”之“爱心捐赠企业”称号，这是宝钢第三次被授予“中华慈善奖”。

（撰稿人：张文良）

武汉钢铁（集团）公司

【基本概况】 武汉钢铁（集团）公司（以下简称“武钢”）位于湖北省武汉市青山区，占地面积21.17平方公里。武钢所属8个直属事业单位、3个直属分公司、1个直属事业部、9个直属全资子公司、6个直属控股子公司、2个集体企业。2011年，武钢在岗职工100242人，较2010年减少2201人，减幅2.65%。武钢主要生产中厚板、热轧板（卷、带）、冷轧板（卷）、彩色涂层钢板（卷）、电镀锡板（卷）、热镀锌板（卷）、冷轧无取向电工钢、冷轧取向电工钢、大型材、高速线材、棒材及钢材深加工产品等。

【主要指标】 2011年，武钢生产铁3561万吨、钢3768万吨、材3745万吨，分别比2010年增长3.31%、3.12%和3.99%；实现销售收入2180亿元、利润36亿元，分别比2010年增长14.3%、17.4%。其中，武钢股份公司生产铁1735万吨、钢1816万吨、钢材1665万吨。柳钢盈利8亿元，昆钢股份公司盈利4亿元，鄂钢实现盈亏平衡。

2011年武汉钢铁（集团）公司主要经济指标

项　目	2010年	2011年	比上年增长（%）
资产总额（亿元）	2038.27	2222.49	9.04
所有者权益（亿元）	713.16	788.35	10.54
营业收入（亿元）	1906.91	2214.89	16.15
利润总额（亿元）	30.67	64.03	108.74
净利润（亿元）	27.27	50.01	83.38
归属于母公司所有者的净利润（亿元）	15.42	42.95	178.56
技术开发投入（亿元）	62.70	69.65	11.08

续表

项　目	2010 年	2011 年	比上年增长(%)
利税总额(亿元)	94.46	117.85	24.76
应交税金总额(亿元)	73.90	61.84	-16.32
全员劳动生产率(万元/人·年)	142.54	166.70	16.95
净资产收益率(%)	3.95	6.67	增加 1.84 个百分点
总资产报酬率(%)	3.30	5.14	增加 1.84 个百分点
国有资本保值增值率(%)	104.41	108.38	增加 3.97 个百分点

【国际化经营】 2011 年,武钢实施国际化战略取得进展。(1)组建海外矿产资源事业部,建立健全海外资源开发和运营管理制度,研究制定海外资源发展规划和开发实施方案。(2)推进海外资源项目建设,投资加拿大 ADI、世纪铁矿等优质铁矿资源,地质勘查及可研工作;(3)利比里亚邦矿项目初步完成上市准备;(4)马达加斯加项目完成预可研并启动上市准备工作;(5)全年运回权益矿 707 万吨,海外资源项目收回投资 8 亿美元。(6)与新日铁合资成立武钢新日铁(武汉)镀锡板有限公司。(7)钢材产品出口创汇 5.9 亿美元,比 2010 年增长 10%。

【战略合作】 2011 年 1 月 18 日,武钢与松下株式会社在武钢博物馆签署战略合作协议。

2010 年 2 月 16 日,武钢研究院与中国煤炭科工集团武汉设计研究院签署联合开发煤浆管材技术合作协议。

2011 年 2 月 17 日,武钢与加拿大世纪铁矿控股公司签署合作项目协议。

2011 年 3 月 28 日,武钢与中铁大桥勘测设计院签订战略合作协议。

2010 年 5 月 12 日,武钢与国家开发银行在武汉签署全面战略合作协议。

2011 年 7 月 12 日,武钢与杭氧股份有限公司(以下简称"杭氧股份")在汉签订战略合作框架协议。

2011 年 8 月 30 日,武钢与加拿大世纪铁矿公司在北京金贸威斯汀大饭店签署矿山开发合作协议。

2011 年 9 月 9 日,武汉钢铁工程技术集团有限责任公司与中国移动湖北公司在武钢宾馆举行"无线钢城"战略合作签约仪式。

2011 年 9 月 14 日,武钢股份公司与东风乘用车公司签署战略合作协议。

2011 年 10 月 7 日,武钢环球有限公司(美国)与中国台湾东元集团签署合作协议。

2011 年 10 月 18 日,武钢股份公司与神龙汽车有限公司签署《战略供应商合作框架协议》。

2011 年 12 月 6 日,武钢及所属工程技术集团与北京碧水源科技股份有限公司签署战略合作协议,联合成立武钢碧水源环保有限责任公司。

【工程建设】 2011 年 1 月 28 日,武钢股份公司硅钢事业部三分厂 ST2 机组试车成功。ST2 机组于 2010 年 10 月 10 日动工,建设周期 3 个月,比原定工期提前 46 天建成。ST2 机组是武钢设计院院和硅钢事业部等单位自行设计、自主研发的硅钢表面热处理机组,其激光刻痕技术处于世界领先水平,主要生产高端硅钢产品。ST2 机组通过采用激光刻痕技术,对高磁感取向硅钢板材进行热能输入,细化磁畴,降低铁损。ST2 机组年设计产能 5 万吨,可提高 HiB 钢 105G 的牌号率,满足批量生产 500 千伏级超高压变压器用钢需要。

2011 年 3 月 15 日,江北公司精密带钢厂 510 冷轧生产线异地搬迁改造工程热负荷试车成功。510 冷轧生产线 2010 年 10 月从汉阳厂区搬迁至江北公司,设计年生产规模 3 万吨,产品主要包括 LED 支架带钢、焊丝带钢等。

2011 年 7 月 12 日,IBM-WISCO 创新中心武汉钢信软件有限公司揭牌。武汉钢铁工程技术集团有限责任公司与 IBM 共同创建的 IBM-WISCO 创新中心暨武汉钢信软件有限公司揭牌仪式在武钢新办公大楼举行。IBM-WISCO 创新中心将整合全球钢铁行业信息化资源及合作双方在钢铁行业的引进国际化管理理念和市场化研发模式,共同开发全球领先的信息化解决方案体系,建设信息化钢铁基地和新一代企业信息化基础架构,共同推动钢铁产业升级。双方利用各自品牌优势和技术实力,建立一套适合中国钢铁及制造业的信息化解决方案，为客户提供全面的信息化咨询、解决方案和外包服务，专业涉及冶金钢铁、金融服务、汽车制造等多个领域。

2011年12月16日，浙江舟山武港码头空载联动试车成功。浙江舟山武港码头有限公司由武钢集团、宁波港集团、浙江和润集团分别出资建设，设计建设1个25万吨级铁矿石接卸泊位、1个5万吨级装船泊位和2个1万吨级江海直达装船泊位，1座工作船码头等相应配套设施，年吞吐能力3000万吨。该码头位于浙江舟山市普陀区六横镇的凉潭岛，18个月全部完工。

2011年12月31日，武钢年产120万吨矿渣微粉项目建成投产。该项目由武钢与新加坡昂国集团合资建设，项目包括建设立式磨机、热风炉、除尘器、皮带运输线、成品库等，总投资1.6亿元，由武钢建工集团、十九冶等单位施工，建设周期200天。矿渣微粉项目通过提升矿渣综合利用水平，发挥其利用效能，可以变废为宝、节约资源，减少污染物排放。项目实施后，可年利用矿渣138万吨，减少二氧化碳（CO_2）排放96万吨、粉尘534吨、二氧化硫（SO_2）273吨。为此，国家发改委给予武钢资源节约和环境保护专项奖励基金1000万元。

【技术进步】 2011年2月18日，武钢批量生产1300吨电缆用低碳钢盘条DL05。经检测，武钢生产的电缆用低碳钢盘条DL05质量控制稳定，性能优良。电缆用低碳钢盘条DL05是铜、铝等电缆用材的替代品，用于电线、电缆生产，具有成本低、导电阻率小、替代贵重有色金属资源等优点。

2011年2月23日，武钢股份公司国条材总厂大型分厂轨梁线轧制成功200吨热轧U型钢板桩，填补国内空白。热轧U型钢板桩为高附加值、高技术含量、高效益钢材品种，广泛应用于围堰、防洪、隧道、基坑支护等大型重点工程项目。此前热轧U型钢板桩全部依赖进口。

2011年3月17日，武钢开发出的新一代耐硫酸露点腐蚀钢WNS450通过华中科技大学煤燃烧国家重点实验室的耐酸腐蚀试验认证，具备向国内烟草行业供货的资质。2008年，国家烟草总局计划投资400亿元对国内烤烟箱进行全面更换，规定在换热器等易腐蚀部位采用耐酸钢制作，并授权华中科技大学煤燃烧国家重点实验室作为烤烟箱用耐酸钢的性能认证机构。武钢研究院耐候钢课题组根据国家烟草总局对耐酸钢的具体性能要求，进行钢种成分设计和生产工艺优化，在实验室反复进行腐蚀试验，并在工业生产设备中进行实地检验，研发出的新一代耐酸钢WNS450，经华中科技大学煤燃烧国家重点实验室检验分析，各项性能均优于技术标准要求。武钢新一代耐酸钢WNS450可广泛应用于空气预热器、省煤器、烟道、烟囱以及脱硫设备的制造，其工业设备使用寿命是普通碳素钢的15倍。

2011年4月7日，铁道部运输局主持召开武钢耐蚀钢轨U68CuCr技术研讨会，会上专家一致认为，武钢耐蚀钢轨研究项目立项准确，耐蚀钢轨合金设计方案合理，各项性能指标达到预期目标，建议进行上道试铺试验。随着中国铁路建设的高速发展，钢轨的耐腐蚀问题越来越受到关注，武钢在多批次研究耐蚀钢轨的基础上，与钢铁研究总院积极进行合作，在国内率先自主研发出新一代耐蚀钢轨U68CuCr，不仅具有晶粒细、强度高、韧性好等特点，而且耐腐蚀性能明显优于强度级别相同的钢轨。

2011年4月24日，氧气公司质检中心气体分析实验室通过中国合格评定国家认可委员会认定并取得认可证书，该实验室气体检测和管理达国家实验室水平。氧气公司质检中心气体分析实验室于2009年5月建立实验室管理体系，2010年4月进行第一次内审和管理评审，6月向中国合格评定国家认可委员会提出认可申请，10月进行第二次内审，11月完成文审整改工作，12月，中国合格评定国家认可委员会专家组对氧气公司气体分析实验室进行现场评审，符合国家认可准则要求，并颁发认可证书。

2011年5月6日，武钢江北公司冷弯型钢厂完成的《新型高强冷弯型钢产品开发及制造技术创新》通过湖北省科技厅鉴定，该公司研发的新型高强冷弯型钢制造技术和冷弯型钢系列产品已达到国际先进水平。冷弯型钢是一种节能、高效的经济断面型钢，具有尺寸精度高、强度高、重量轻、金属利用率高、断面形状合理、供货灵活等优点，广泛应用于火车、汽车、桥梁等制造、建筑钢结构、建筑机械等领域。江北公司冷弯型钢厂通过多年自主创新和集成创新，形成10项发明专利和实用新型专利、15项专有技术，并制订《塔机用冷弯方形焊管》一项国标，《冷弯钢板桩》《双焊缝冷弯方形及矩形钢管》两项行业标准，参与修订3项国标《通用冷弯开口型钢尺寸、外形、重量及允许偏差》《冷弯型钢》《汽车用冷弯型钢尺寸、外形、重量及允许偏差》，推动了冷弯型钢行业的技术进步。该厂在新型高强冷弯型钢系列产品开发、生产设备改造、工艺技术研究等方面取得创新成果，自主研发的尖角方矩形钢管、厚壁冷弯钢板桩、变截面槽钢、冲孔方矩管四大系列新型冷弯型钢产品，广泛用于国内外多项重点工程，填补国内同类产品的空白。

2011年6月14日，由武钢研究院、冷轧总厂、炼钢总厂、热轧总厂等单位共同完成的“宽幅冴轧深冲高强度IF钢的研制开发与制造接术”项目通过由湖北省科技厅组织的科技成果鉴定，该成果达到国际领先水平。武钢自主研发的冷轧深冲高强度IF钢WH180Y和WIF340钢在保证较高强度的基础上，具有优良的深冲性能，符合汽车用内、外覆盖件对较高强度和深冲性能的要求，适应汽车行业减重、安全、低磷的发展方向。武钢采用冷轧深冲高强度IF钢生产的2050毫米超宽汽车板，属国内冷轧产品中的最大宽度规格，已应用于国内多家中、高端汽车制造公司制作轿车、越野车和商务车的内、外覆盖零件和深冲结构件。

2011年7月5日，武钢CSP分厂开发出抗拉强度为800兆帕，厚度规格1.2毫米的高强度热轧板WYS700。武钢研究院与条材总厂通过走访用户，结合武钢CSP产线特点，并进行一系列的现场工艺攻关，开发出抗拉强度为600～800兆帕，厚度规格为1.2～3.0毫米的系列高强钢WJX600－NH、WJX750－NH、WYS700。该系列高强钢可降低生产和使用成本，广泛应用于特种集装箱、大型户外广告、汽车工业等领域。

2011年8月25日，武钢股份公司硅钢事业部生产出300余吨宽度为1208毫米薄规格高牌号无取向硅钢，此前生产的最宽薄规格高牌号无取向硅钢成品宽度为1000毫米左右。2011年初，硅钢事业部在走访华南市场时，一家著名空调生产企业希望武钢能提供宽幅薄规格的高牌号无取向硅钢，以提高原料利用率。为满足特殊要求，硅钢事业部向内挖掘内部潜力，充分发挥硅钢一贯制管理的优势，在冶炼、热轧、硅钢生产等几十道工序中，将制约宽幅硅钢生产的难点“抽”出来，制订详细的对策措施，攻克含硅量高、加热难度大等20多项技术难题，满足用户需求，并具备批量生产的能力。

2011年8月28日，武钢开发出高性能厚规格X80管线钢板。高性能厚规格X80管线钢板经试验结果表明，钢板具有高强度、高韧性、优良的变形能力和焊接性能。武钢研究院与武钢股份公司、鄂钢等单位协同合作，利用4300毫米宽厚板产线的装备优势，开展该产线的产品、设备调试。2011年，武钢管线钢板开发与工程应用项目组整合技术实力，通过细化成分控制、优化工艺设计，开发出武钢高性能厚规格X80管线钢板。

2011年9月26日，武钢自主研发的440兆帕级高强IF钢完成首轮工业性试制，试验钢的各项性能指标均达到标准要求。440兆帕级高强IF钢是汽车车身最高强度级别的IF钢，不仅具有良好的深冲性能，并且其热镀锌产品兼具有优异的耐腐蚀性能，主要用于制作强度要求较高、形状较复杂的冲压结构件。武钢项目组自主研发和设计试验钢的化学成分和生产工艺，两个月的时间完成该钢的首轮上线试制，并具备批量生产该钢冷轧裸板和热镀锌板的能力和水平。

2011年11月9日，武钢自主研发的“彩色涂层钢板TDC51D＋Z的研制”项目通过由湖北省科技厅组织的科技成果鉴定。该项目由武钢研究院与武钢股份公司冷轧总厂、炼钢总厂、热轧总厂、制造部、质检中心等单位共同完成。鉴定委员会一致认为，该钢种具有优良的力学、加工成型、耐腐蚀和耐候等性能，产品的实物质量达到国际领先水平。该产品在研制过程中，项目组利用武钢研究院涂层实验室的先进仪器设备和武钢“产销研”平台，通过协同合作，攻克一系列的技术难关，产生1项专利及3项技术诀窍，创立了TDC51D＋Z彩涂板按欧洲标准、美国标准、国家标准生产的技术规程。其中，按欧标、美标组织生产的高性能彩板出口西班牙、意大利、波兰、以色列、俄罗斯，进入欧美高端建筑彩板市场。

2011年12月27日，武钢申请专利703项，专利申请量、授权量创历史最好成绩，发明专利授权量是2010年的2.6倍，比2010年增加93项，其中发明专利192项，PCT专利3项；获专利授权641项，其中发明专利158项。2011年初，武钢组织发放各单位年度专利申请奖和授权奖，涉及38家单位1037个项目，157万余元。通过推进专利技术的转化实施，武钢股份公司和研究院应用转化率分别达97.07%和98.4%。在专利管理工作中，武钢科技创新部加大对核心技术和前沿技术的国外的专利申请力度，《薄板坯连铸连轧生产宽带钢的方法及其系统》专利获第一项国外(美国)专利授权，实现历史性突破。通过规范和优化专利管理工作流程、开展专题研究深化专利管理、加强相关产业和重组企业专利工作、处理专利法律事务等具体措施，提高工作质量和工作效率；按月在武钢信息港公布各单位专利申报排行榜，促进专利申报。推进2011年武汉市专利信息资助项目《建立国内外重点钢铁企业专利数据库》，将历年来国内外重点钢铁企业专利数据公布于武钢信息港，供科技人员研究、参考。12月，武钢制订《专利管理办法》。

(撰稿人：袁　翔)

中国铝业公司

【基本概况】 中国铝业公司(以下简称"中铝公司")成立于2001年，注册地址在北京市海淀区西直门北大街62号，注册资本154.31801亿元，是国家授权的投资管理机构和控股公司，是全球第二大氧化铝、第三大电解铝和第五大铝加工生产商，同时也是中国最大的铜冶炼加工企业之一。

中铝公司总部设在北京，下属65家实体企业，主要产品有铝、铜、稀有稀土和相关工程技术服务等。公司控股的中国铝业股份有限公司为纽约、中国香港、上海三地上市公司，控股的云南铜业和焦作万方为国内A股上市公司。

2011年是中铝公司努力实现"十二五"良好开局，为实施战略转型、建设最具成长性世界一流矿业公司奠定基础的一年。中铝公司积极应对复杂多变的市场形势，多举措降本增效成效显著，结构调整和战略转型取得重大进展。连续第四年入选世界500强企业，位列第330名。

【主要指标】 在国内外获取和控制一批重要的铝、铜、稀土矿和煤炭资源。2011年实现有色金属原矿产量2786.93万吨，同比增长7.73%。有色金属产量485.69万吨，同比增长4.43%。其中，氧化铝1179.52万吨，同比增长8.24%；电解铝441.61万吨，同比增长2.29%；铝加工材68.80万吨，同比减少4.17%；精炼铜43.74万吨，同比增长32.64%；铜加工材16.52万吨，同比减少0.38%。2011年实现销售收入2311亿元，同比增长15.35%；实现利润总额29.06亿元，同比增长38.69%。

2011年中国铝业公司主要经济指标

项　目	2010年	2011年	比上年增长(%)
资产总额(亿元)	3742.19	3966.20	5.99
所有者权益(亿元)	762.22	779.31	2.24
营业收入(亿元)	1953.99	2315.85	18.52
利润总额(亿元)	20.95	29.06	38.69
净利润(亿元)	12.32	18.19	47.73
归属于母公司所有者的净利润(亿元)	-2.78	4.94	278
技术开发投入(亿元)	32.11	35.25	10.0
利税总额(亿元)	83.0	108.35	31.0
应交税金总额(亿元)	70.68	90.16	27.57
全员劳动生产率(万元/人·年)	12.13	13.85	14.20
净资产收益率(不含少数股东)(%)	-1.07	2.04	增加3.11个百分点
总资产报酬率(%)	2.57	3.12	增加0.55个百分点
国有资本保值增值率(%)	93.08	97.26	增加4.18个百分点

【改革发展】 以建立具有中铝公司特色的业务系统CBS,提升管理水平为目标,深入开展全员参与、自我提升、持续改进、实现管理升级的深层次运营变革。对照极具挑战性的目标,系统地解决对标过程中查找出的根本性问题,挖掘问题背后的深层次原因,调整运营系统,改进管理架构,转变、提升运营理念和能力。试点单位实现现场管理规范化、定置管理可视化、管理标准数量化、巡检路线警示化,达到创新管理机制、提高经营绩效的目的,有力地促进战略转型。19家试点企业实现年度改善收益2.7亿元。运营转型得到国务院国资委充分肯定,有关经验材料印发各中央企业交流。

持续推进管理改革。两年来减少实体企业处级机构499个,精简40%;减少处级管理人员1111人,精简35%。上市与存续企业一体化管理得到普遍实施。大胆引进日本管理团队,管理上海铜业新的生产线,创新资产委托管理运营模式。在两家辅助单位进行市场化改革试点,扭转多年的亏损局面。

【重大项目】 向矿山项目和优势项目倾斜投资,2011年投入资金160亿元,一批结构调整的重点项目开工建设或提前投产。新增铝土矿自采能力150万吨,新增氧化铝产能190万吨,新增电解铝产能38.8万吨。西南铝中厚板生产线等一批铝加工项目建成投产。云铜集团普朗铜矿开发获得实质性推进。

一批重要项目完成整合。与萨帕公司的轨道交通用铝材合资项目正式运作。成功收购信达公司西南铝股权,将股权比例提高到49%以上,进一步提升在国防军工材料保障方面的影响力。完成中铝国际重组改制,已向香港联交所递交上市申请文件。云铜股份非公开发行募集资金30亿元。

【走向海外】 秘鲁铜矿项目克服多重困难,获得秘鲁政府的环保审批和主体项目开工许可,进入全面施工建设阶段。联合宝钢集团、中非发展基金、中铁建、中国交通建设成立几内亚西芒杜铁矿项目中方联合体,创立并启动中央企业联合"走出去"的新模式。

收购老挝服务公司旗下的矿产资源公司60%的股份,获得3亿吨优质铝土矿资源的开采权。在印尼稳定铝土矿采购渠道,铝土矿资源开发合作项目正在积极推进。与蒙古国珍宝公司签署TT煤矿焦煤长期贸易合同,未来7到12年内,可每年从该矿区进口优质焦煤1000万吨以上,2011年完成进口焦煤200万吨。

大力开拓国际市场,成功签署委内瑞拉、哈萨克斯坦、巴西、印度等国工程、设备和材料出口合同44份,合同金额5亿多美元。

【重大创新】 军工配套科研项目研制取得自主创新成果,提高国防军工、航天航空和国家重大科技工程金属材料的保障能力。其中某型号军用飞机铝合金材料研制成功并得到应用,圆满实现国产化。研制完成超×米特大超薄合金环和航天关键材料,助推"天宫1号"和"神舟8号"成功遨游太空。大飞机12项全部国产化铝合金材料研制任务推进顺利,完成620多种规格、1200多吨金属材料的保供。

重大关键技术的研发取得新进展。高硫高有机物、高铝粉煤灰生产氧化铝技术攻关取得突破,600千安超大型电解槽工业试验线全面建设。

一批具有自主知识产权的核心技术得到转化及推广应用。高效强化拜耳法技术在6个氧化铝厂应用,增加经济效益3000多万元。新型结构电解槽技术推广应用到近1000台电解槽上,吨铝平均降低电耗800千瓦时。赤泥选铁项目投产,年增加效益4000万元,成为新的利润增长点。

一批重大科技成果获得国家和行业科技进步奖,全年申请专利600余件,其中发明专利260余件。

【党建工作】 围绕纪念建党90周年,以加强基层党组织建设为重点,坚持创先争优活动融入中心重实践、突出重点求实效,积极构建党建工作新格局。中铝公司领导直接联系企业基层党支部,实体企业领导班子成员建立420个基层联系点;通过开展点评活动,激发党组织和党员的活力。中铝公司群众和青年工作荣获人力资源和社会保障部、中华全国总工会、共青团中央、中央企业团工委表彰60余项。

大力加强领导班子和干部队伍建设,完成26户板块公司和实体企业的领导班子考察。发挥"大监督格局"作用,完成16家企业的巡视工作,实施效能监察项目222个,挽回经济损失5374万元,增加经济效益7753万元。

面向社会公开招聘实体企业领导班子成员5人、

财务总监4人，金融、能源等新建板块公司各级管理人员均面向社会引进或公开招聘。加大干部交流的力度，两年来党组管理干部共交流任职127人（其中正职46人）。

【信息化建设】 中铝公司高度重视信息化建设和管理工作，把信息化作为加强集团管控和基础管理的基石，作为公司核心竞争力的重要组成。按照国资委关于加强央企信息化工作的要求，中铝公司在央企率先完成“十二五”信息化规划的编制工作，制定信息化水平登高计划，提出以“信息化中铝”为目标，建设“信息化1515工程”。

重点开展电子商务采购平台等应用系统的落地实施工作。通过以信息化推动两化融合，促进工业结构整体优化升级，被工信部授予“两化融合、促进节能减排试点样板企业”。在国资委对央企信息化水平评测中，中铝公司由B级提升至A级，在央企信息化排名由第29位提升至第20位。

【履行社会责任】 引入ISO 26000社会责任国际标准进行社会责任管理，“点石成金、造福人类”的理念得到弘扬，社会责任管理体系进一步健全，社会责任报告获得全球契约中国企业社会责任典范报告奖和金蜜蜂2011优秀企业社会责任创新报告奖，秘鲁铜矿履责实践项目获中央企业优秀社会责任实践奖。

充分利用自身资源，努力关爱员工，回报社会，增加社会福祉。以困难员工、残疾员工、患病员工、退休员工等特殊群体为重点，建立困难员工帮扶长效机制，开展送温暖、金秋助学、特困员工帮扶、暑期送清凉及劳模荣誉疗养等各类扎实有效的帮扶及关爱活动。2011年为困难员工建档9771人，提供生活救助11271人次、医疗救助2394人次、就业培训2247人次、法律援助207人次、子女助学帮扶1240人次，帮助和扶持下岗失业人员、农民工实现就业、再就业2193人，帮扶支出总额达1980万元。

圆满完成援藏、援青、湖北阳新扶贫开发和企业所在地的公益性建设项目。向中国妇女联合基金会捐助500万元，为贵州、甘肃、新疆三省区配置33辆健康快车及配套医疗设备。2011年社会捐赠额达3586万元。

（撰稿人：冯修青）

中国远洋运输(集团)总公司

【基本概况】 中国远洋运输（集团）总公司（以下简称“中远集团”或“中远”）成立于1961年4月27日，成立之初是一个仅有4艘船舶、2.26万载重吨的小型船公司。经过51年的发展，中远集团已经成为以航运、物流码头、修造船为主业的跨国企业集团。

中远集团拥有和控制各类现代化商船近800艘，5500多万载重吨，年货运量超4亿吨，远洋航线覆盖全球160多个国家和地区的1600多个港口，船队规模位居中国第一、世界第二。其中集装箱船队规模在国内排名第一、世界排名第五；干散货船队世界排名第一；专业杂货、多用途和特种运输船队综合实力居世界前列；油轮船队是当今世界超级油轮船队之一。中远集团在全球范围内投资经营着32个码头，总泊位达157个，根据Drewry最新统计，中远集团所属中远太平洋的集装箱码头吞吐量继续保持全球第五。

中远集团拥有丰富的物流设施资源，控制各种物流车辆超过4000台，包括具有289个轴线、最大承载能力达8000吨的大件运输车，堆场249万平方米，拥有和控制仓库297万平方米，在家电、化工、电力、融资等领域为客户提供高附加值服务，为青藏铁路、天津空客、印度电站等国内外多个重大项目提供物流服务，创造多项业界记录。

中远集团在国内的多家船舶修造基地，拥有含30万吨级、50万吨级的各类型船坞16座，业务涉及大型船舶和海洋工程建造、改装及修理，生产设备装配水平、生产管理水平国内领先，技术能力、生产效率及生产成本等指标居世界前列。年修理改造大型船舶500余艘，年造船能力840万吨，是中国最大的修船企业及技术最先进的造船企业。

中远集团是最早进入国际资本市场的中国企业之一，早在1993年中远投资就在新加坡借壳上市，在境内外控股和主要参股中国远洋、中远太平洋、中远国际、中远投资、中远航运、中集集团、招商银行、招商证券等8家上市公司。2011年，美国《财富》杂志公布全球 500 强排行榜，中远集团以 2010 年营业收入 242.497 亿美元和利润 11.613 亿美元位列第 399 位。

【主要指标】

2011 年中国远洋运输(集团)总公司主要经济指标

项　目	2010 年	2011 年	比上年增长(%)
船舶艘数(艘)	799	743	−7.01
载重吨(万吨)	5778.71	5532.71	−4.26
货运量(万吨)	43582.25	44176.32	1.36
营业收入(亿元)	1641.5	1861.7	13.41
实现利润(亿元)	163.3	−37.2	−122.8
纳税总额(亿元)	46.5	42.0	−9.7

【改革发展】 2011 年，全球经济形势复杂多变，国际贸易增速放缓，航运市场持续低迷，航运业普遍亏损，中远集团也未能独善其身。面对严峻形势，中远集团深入贯彻落实科学发展观，沉着应对挑战，抢抓市场机遇，深化内部改革，强化管理创新，促进和谐发展，各项工作取得新的成效。

2011 年是"十二五"开局之年。中远集团科学谋划长远布局，科学制定《中远集团 2020 发展战略》，其核心是通过实施产业延伸发展方案，协调发展航运、非航运及互补产业，实现"从综合航运企业向综合发展企业转变，并逐步向航运集群领头企业过渡，在世界塑造各类业务互补、协调发展、以航运物流为核心的航运集群领头企业"。该战略的制定，为中远集团今后十年的发展指明方向，为打造具有国际竞争力的世界一流企业奠定坚实基础。

2011 年，中远集团积极深化改革，按照现代企业制度进行重大改制，设立董事会，向成为具备现代企业制度的公司制企业迈进一大步，对中远集团实现持续稳定健康发展具有重要而长远的意义。这一改制是中远集团发展史上的一大飞跃，也是中远集团发展历程中的一个重要里程碑。

2011 年，中远集团继续加快内部结构调整，不断优化船队结构，合理配置自有船和租入船的比例。截至 2011 年 12 月底，集团自有船 481 艘，3194.1 万载重吨，占总运力的 58%；租入船 263 艘，2315.42 万载重吨，占总运力的 42%，低于年初的 47.9%。大力优化客户结构，强化大客户战略，与 48 家大型企业集团建立战略联盟。

【走向海外】 由于远洋运输的全球化经营特点，中远集团是我国最早"走出去"的中央企业之一。1999 年，中远根据国际航运业的发展趋势和国家关于企业"走出去"的战略部署，提出"从全球航运经营人向以航运为依托的物流经营人转变，从跨国经营向跨国公司转变"的"两个转变"战略，围绕这一战略，整合优化海外资源，实行"专业化经营、区域化管理"的经营管理模式，形成以北京为中心，以中国香港、美洲、欧洲、新加坡、日本、澳洲、韩国、西亚、非洲等九大区域公司为辐射点的全球架构，在 50 多个国家和地区拥有千余家企业和分支机构，员工总数约 13 万人，其中驻外人员 400 多人，外籍员工 4000 多人，资产总额超过 3000 亿元人民币，海外资产和收入超过总量的半数以上，正在形成完整的航运、物流、码头、船舶修造的全球业务链。

中远集团在国际化经营中一直坚持"全球化思维，本地化运作"，在为国际经济贸易的可持续发展提供优质、高效、稳定、可靠的全球海上运输服务的同时，也在履行社会责任方面作出不懈的努力。

【科技创新】 2011 年，中远集团被评为"十一五"国家科技计划执行优秀团队，科技创新能力位居国内行业前列，科技创新能力显著提高，重大科技创新项目取得突破，创新型中远建设进入新的发展阶段。

中远围绕主业，重点开展船舶技术、物流技术、配套设备、信息系统、软科学等方面的开发与研究。中远造船工业公司与清华大学共同研制的远洋船舶压载水处理设备，入选"国家'十一五'重大科技成就展"。南通中远船务"深海高稳性圆筒型钻探储油平台的关键设计与制造技术"项目获得 2011 年国家科技进步奖一等奖，标志着中远的科技创新迈上一个新高度。

截至 2011 年年底，中远取得的国家专利授权有：单索双瓣液压遥控抓斗、油轮货轮加热自动测控装置、远洋船舶航行态势遥控遥测系统、低温流体装卸臂紧急脱离阀、低温流体装卸臂等；取得的计算机软件著作权有：远洋船舶及货物运输在线动态监控系统、船舶数据分析展示软件、基于海事通信卫星的船位主动调取软件、全球海洋气象信息自动处理系统、软件数据解析与存储系统、船舶安全航行态势分析系统、岸基船舶监控指挥系统、船舶风险预警检测系统等。

【党建工作】 坚持党政融合，推进企业科学发展。将"党政融合、互为因果"的党建工作理念，进一步融入生产经营，推进企业实现科学发展。要以建立董事会为契机，围绕企业中心任务，抓好企业党的建设，把政治优势转化为企业核心竞争力。

突出党建重点，大力加强班子建设。要把思想政治建设放在首位，继续深入开展"四好"领导班子创建活动。坚持中心组学习制度，不断强化政治意识、大局意识、责任意识。要继续以优化结构、提高素质为着力点，全面加强各级领导班子建设，不断提高领导人员的能力。

深化创先争优，夯实服务发展基础。要紧紧围绕企业中心任务深入推进"为民服务、为客户服务创先争优"活动，组织引导基层党组织和党员争科学发展之优、创企业和谐之优，不断夯实服务发展基础。要以促进企业发展为目标，立足岗位争优秀，履职尽责创先进。

强化文化引领，致力抓好文化建设。以文化的力量支撑和保证企业的持续健康发展，支撑企业核心竞争力，为企业发展提供健康、强劲的持续动力。积极抓好《中远集团企业文化建设"十二五"规划》的落实，努力打造中远集团领航未来的企业文化建设体系，增强文化软实力。

落实稳定责任，营造企业健康环境。安全工作是企业的"生命线"，要认真落实安全生产问责制，严格执行约谈、现场会和通报这三项制度。各单位、各级党组织要齐抓共管，共同落实安全责任，抓一线，抓落实。要按照"四不放过"的原则，严格责任追究，确保集团安全形势平稳。

加强惩防并举，努力构建和谐企业。认真学习贯彻《中央企业贯彻落实〈国有企业领导人员廉洁从业若干规定〉实施办法》，以贯彻落实党风廉政建设责任制为抓手，全面推进惩防体系建设和廉洁文化建设。认真做好2008—2012年惩防体系建设五年规实施情况的检查总结和评估工作。深入推进"垂直监督"体制，将审计监督工作进一步融入经营管理，加大审计发现问题的整改和审计成果应用力度，努力构建和谐中远。

【信息化建设】 中远集团为了更广泛地吸纳各相关方对公司可持续发展的反馈，提高沟通效率，拓展信息渠道，积极借助IT信息系统平台广泛开展社会责任相关方参与。在集团官方网站中增设可持续发展专栏，全方位地展示公司在履行全球契约方面所作的贡献，客观地发布社会责任实践和行动。

中远可持续发展信息管理平台既是企业对外披露社会责任信息的重要渠道，也是企业内部的社会责任管理平台。该网站包含中远可持续发展新闻、子公司可持续发展新闻、全球可持续发展动态、可持续发展大事记、可持续发展荣誉、可持续发展相关知识等丰富的内容，提供历年社会责任报告的下载链接；在内部管理方面，信息平台能够实现风险管理、可持续发展报告指标管理、经验交流等功能。

建立中远精神家园网站，对中远集团的创新发展、社会责任、企业文化等方面工作进行全面展示，并搭建了与网友沟通互动的平台。

此外，中远集团还借助数字化办公系统建立如法律信息系统、慈善基金会专栏、惩防信息系统等专业性平台。

【履行社会责任】 作为全球契约的先锋典范企业，中远集团主动支持全球契约活动，创造性地将全球契约和可持续发展实施计划与企业未来发展相结合，以实际行动支持更广泛的联合国目标和事务，积极参与实现联合国千年发展目标和应对全球共同挑战，探索适合发展中国家特点的企业发展模式，为全球经济社会的可持续发展作出贡献。尽管在市场低谷中经营压力巨大，但是仍克服困难主动承担社会责任，为国家分忧，为民生奉献。中远集团成为亚洲唯一一家连续四年可持续发展报告荣登联合国全球契约年度进展报告(COP)典范榜的企业。

中远集团把积极履行企业社会责任与企业发展战略相结合，积极培育"绿色竞争力"，主要国际化经营指数正接近联合国"全球跨国公司100强"标准，正逐步确立国际航运、物流码头和修造船领域系统集成者的地位，朝着"全球发展，和谐共赢"的世界航运领先企业和打造“百年中远”的世纪愿景而努力。

2011年,中远集团积极履行全球契约和社会责任,重点社会责任项目包括:

1. 认真贯彻中央第五次西藏工作座谈会和国务院对口扶贫工作精神,做好援藏扶贫工作。制定中远集团“十二五”时期的援藏规划,实施中远集团2011年援藏、扶贫项目建设计划,全年援助洛隆县1200万元,援助沅陵县、安化县各300万元。2011年,中远集团荣获“全国扶贫开发先进集体”称号,并连续第四年获得中国慈善领域的最高政府奖项“中华慈善奖”。

2. 2月,响应党中央国务院号召,集团积极参与赴利比亚撤离受困人员的重大政治任务,“天福河”轮成功将559名受困人员从利比亚接出。11月,“金广岭”轮成功救起失事韩国货船10名落水船员,均得到各方赞誉。

3. 中远集团在经营实践中不断深化低碳发展的经营理念。通过加强燃油管理,主动实施加船减速,自觉减少燃油消耗;通过推行绿色航运,强化CKYH绿色联盟,积极倡导全面降速减排,推动航运界可持续发展。

(撰稿人:陶　健)

中国海运(集团)总公司

【基本概况】 2011年,全球经济增速放缓,金融市场动荡不止,燃油成本刚性上升,国际航运业重蹈低谷,全行业亏损局面再度重演。面对上述种种不利因素,中国海运(集团)总公司(以下简称“中国海运”)深入贯彻中央“调结构、促转型”的精神和国资委“做强主业增实力”的要求,以建立董事会制度为契机,积极应对各种挑战,攻坚克难,顽强拼搏,低谷中奋力突围,逆势下不乏亮点,保持平稳较快的发展态势。

【主要指标】

1. 运输生产继续保持增长势头。

2011年,中国海运共完成货运量43529万吨,同比增长11.5%,货运周转量7722.3亿吨海里,同比增长9.8%,其中:集装箱运输完成1099.3万TEU,同比增长5.27%;煤炭运输完成12670.4万吨,同比增长17.03%,其中电厂煤运输完成10253.13万吨,同比增长14.73%;石油运输完成8724.02万吨,同比增长4.67%;金属矿石运输完成3157.17万吨,同比增长37.47%;车辆运输完成28.26万辆,同比增长22.34%;全年完成客运量234.18万人,同比增长22.34%;客运周转量2.18亿人海里,同比增长20.22%。各类指标均有不同程度增长,并提前10天完成年度运输生产任务。

2. 船队结构得到进一步优化。

2011年,中国海运共交付新船40艘、388.6万载重吨,其中14100TEU集装箱船5艘,30万吨级VLCC 1艘、30万吨级矿砂船1艘和23万吨级3艘;淘汰老旧船舶21艘、43.4万载重吨。航运主业“三足鼎立”、均衡发展的格局正逐步显现,船队结构更趋合理。截至2011年底,中国海运运力规模达到506艘、2786万载重吨,同比分别上升7.2%和18.8%,其中集装箱船箱位同比增长19.8%,油轮、干散货船载重吨分别增长13.3%和23.3%。单船载重吨5.51万吨,同比上升0.54万吨;船队平均船龄10.3年,同比下降1年;船队大型化、现代化趋势日益显著。

3. 资产、权益情况和主要财务指标。

(1)资产。截至2011年底,中国海运总资产为1610.34亿元,同比增长12.67%。

(2)净资产。截至2011年底,中国海运净资产为794.35亿元,同比下降3.26%。

(3)偿债能力。截至2011年底,中国海运资产负债率为50.67%,同比增加8.12个百分点;集团流动比率1.10,同比增加0.02个百分点,速动比率为0.93,与上年持平,仍保持较强的偿债能力。

(4)获利能力。截至2011年底,中国海运净资产收益率为−0.82%,同比下降8.54个百分点;总资产报酬率为0.71%,同比下降4.87个百分点。

(5)国有资本保值增值能力。截至2011年底,中国海运所有者权益总额4859061万元,同比减少169057万元,其中,本年经营积累减少50460万元,追加投资1416万元,客货运附加费、财政补贴转增资本25013万元,可供出售金融资产公允价值变动损失、收购少数股权资本溢价等145026.9万元,剔除经营以外的客观因素后，国有资本保值增值率为99%，同比下降6个百分点，高于行业平均水平。

2011年中国海运(集团)总公司主要经济指标

项　目	2010年	2011年	比上年增长(%)
资产总额(亿元)	1429.26	1610.34	12.67
所有者权益(亿元)	502.81	485.91	—16.91
营业收入(亿元)	647.08	633.16	—2.15
利润总额(亿元)	70.17	1.49	—97.88
净利润(亿元)	63.20	—6.61	—110.46
归属于母公司所有者的净利润(亿元)	29.62	0.30	—99.00
技术开发投入(亿元)	1.45	2.48	71.03
利税总额(亿元)	82.90	8.62	—89.60
应交税金总额(亿元)	20.86	14.63	—29.84
全员劳动生产率(万元/人·年)	36.57	23.40	—36.02
净资产收益率(%)	7.72	—0.82	减少8.54个百分点
总资产报酬率(%)	5.58	0.71	减少4.87个百分点
国有资本保值增值率(%)	104.98	99.00	减少5.98个百分点

【改革发展】 2011年是"十二五"的开局之年，也是中国海运转型发展的关键年，更是中国海运改革发展历史上具有重要意义的一年。2011年8月25日，中组部宣布党中央、国务院关于在中国海运建立董事会制度和调整主要领导的决定，这是中国海运领导体制、决策机制、管理体制的一次重大变革，是中国海运发展史上的一件大事。中国海运以建立董事会制度为契机，加快实施产业结构调整和发展方式转型，逐步形成"航运、工业制造、物流码头金融"三大板块协调发展的战略格局。

【重大项目】 2011年，中国海运坚持贯彻"大客户、大合作"战略，先后与广东省、大连市、国家进出口银行、中国船级社、招商局集团、三一集团等多家政府与企业签署战略合作协议，深入推进与神华、武钢、中石化、中石油等多家大客户合作，以优质的服务、可靠的保障以及全面的合作，赢得客户，抢占市场。

中国海运落实国资委中央企业科技创新工作会议精神，按照科技创新工作目标，制定《中国海运科技创新工作管理办法(试行)》，组织召开首次科技创新工作会议，成立科技委员会。努力将上海船研所的科技优势与中国海运的产业优势有机结合，大力推进航运技术与安全国家重点实验室建设，积极开展船舶节能技术及管理信息系统等科研项目，整合效应逐步显现。

【走向海外】 中国海运经过14年的不断发展，已建设成为全球知名的跨国航运公司。集装箱船队运力规模进入世界前十，油轮和散货船队的规模化、大型化、现代化进程也取得长足进步，为中国海运建设世界一流航运企业奠定坚实的基础。借助国际运输业迅速发展的良好势头，按照国家倡导的"走出去"战略，中国海运抓住机遇，积极推进国际化经营工作，大力发展境外产业，取得突出的成绩。截至2011年底，中国海运境外企业总资产为567.19亿元，占集团总资产的35.22%。境外企业和机构数为174户，海外员工总数从不到100人发展到现在的3429人。

中国海运的境外企业和机构分布在境外40余个国家和地区，400余个营销网点遍及境外100余个国家(地区)。中国海运的海外产业实现跨越式发展，具有相当的规模和一定的抗风险能力；建成遍及全球的多级营销服务体系。海外产业涉及远洋运输、船代、货代、租船、租造箱、供贸、劳务、码头、集卡运输、计算机信息技术、船舶管理、物流等，海外产业成为中国海运全球化经营的重要支持保障体系，成为中国海运建设世界一流航运企业的重要组成部分和经济效益的增长点。

【重大创新】 自主创新是企业发展方式转型的重要支撑，是企业核心竞争力的体现。中国海运通过自主创新走出一条不断发展壮大的道路。集装箱制造从生产单一的ISO标箱产品，发展到开顶箱、侧开门箱、迷你箱、水溶油漆粮食箱、各类房屋箱、铁路专用箱等各种特种箱的制造生产能力，提高了企业的市场竞争能力和抗风险能力。通过成立技术研发中心，集中研发力量实行优势互补、资源共享、协调配合，形成以自主创新和引进、吸收、创新相结合的自主创新体系。

2011年，中国海运自主开发4.8万吨中海扬子型散货船型，为船队结构调整做好船型储备。在开展好传统造船业务的同时，通过滑道和船坞规模改造及建设，以实现从海上功能和生活模块、各种海上平台的撬块、成套油气生产设施、导管架、FPSO（改造）的产品生产为起点，逐步进入半潜式海工平台或FPSO、张力腿平台等建造领域，为EPC（设计、采购、施工总承包）提供建造服务场地并成为EPC承包方。以建立“海工战略联盟”为标志，稳健步入海洋工程领域，形成必要的技术队伍储备，实现企业进军“海工”的竞争力模式转型。

产业结构特点决定中国海运属于耗能大户，其中运输船舶的能源消耗占集团能源消耗的98%，承担相应的社会责任是大型国有企业义不容辞的责任，中国海运在这方面做了大量卓有成效的工作。根据节能减排的总体部署和要求，中国海运以自主创新为抓手，在传统工作的基础上积极探索自主创新节能减排的新路子，推行“绿色航运”，走“绿色经济”之路。为降低油耗，节能减排和提高经济效益，中国海运在集装箱船舶低负荷（50%MCR）和突破禁区进入超低负荷（30%MCR）运行工作中投入大量资金进行尝试、研究和探索，节能减排效果明显。与此同时还积极研究船舶靠码头使用岸电，投资在船舶安装岸电接受设备，该技术处于国际领先水平。积极推行船舶走经济航速和船舶辅机单机航行，该项目获得交通运输部奖励。

【党建工作】 2011年，中国海运深入贯彻落实科学发展观和党的十七届五中、六中全会及胡锦涛总书记“七一”重要讲话精神，不断加强和改进企业党的建设，为中国海运改革发展提供坚强的政治保障，主要体现在四个方面：一是进一步推进创先争优活动。继续加强干部队伍建设，不断深化干部人事制度改革，持续提升服务职工、基层和客户水平。二是进一步提升党建工作科学化水平。通过强化基层党建工作，加强党建基础工作。三是进一步加强精神文明建设。通过不断推进企业文化和品牌建设，提高精神文明创建水平，提升企业和谐程度。四是进一步强化党风廉政建设。落实党风建设责任制，加大监督与惩处力度，加强纪检监察组织建设。

【信息化建设】 2011年，中国海运紧紧围绕集团信息化建设总体工作部署和央企信息化B级登高达标目标，按照“倒排时间、倒逼机制，责任到位、考核挂钩”的工作要求，实事求是，全面查找不足，细化分解，拟定解决方案，条块结合，确保按时完成各项任务。

在中国海运信息化建设项目方案的制定和实施过程中，坚持统筹兼顾，突出重点，围绕集团发展战略和信息化建设的长远目标，按照新的“三个转变”的要求，制定中国海运信息化建设总体规划。同时根据集团信息化现状，将需要改进的各项指标因素归集为具体的信息化建设项目，并以项目为抓手，坚持当前和长远相结合，“旧城区”改造和“新城区”建设相结合，使集团总部信息系统开发、集中管控类系统实施和各单位应用系统优化全面推进，信息化管理和保障体系得到完善，建设明显加速，信息化水平整体提高，顺利实现央企信息化评价B级登高达标目标，为集团的精细化管理提供强有力的流程与技术支撑。

【履行社会责任】

1. 抓好节能减排，做绿色交通的典范。

2011年，中国海运落实“十二五”节能减排专项规划，加强节能减排考核体系管理，与上海市签署《“十二五”交通节能目标推进书》。坚持发展节能型船舶，积极运用船舶节能新技术，采用经济航速、使用岸电、发电机技改等措施，加强技术节能与管理节能。

2. 落实安全责任，确保企业安全发展。

2011年，中国海运狠抓安全管理体系运行，加强针对性培训，提高体系执行力，促进和完善安全生产长效机制。强化“三防”（防碰撞、防海盗、防污染）和“三江两区”航行安全监控。针对亚丁湾、阿拉伯海域海盗事件频繁的情况，研究部署防海盗工作措施，严格落实驾驶台纪律，加强值班瞭望；各船公司设立或改造安全封闭舱室共计119艘船，覆盖率达86.2%。按照上级单位有关要求，成立集团安全生产标准化建设领导小组和工作小组，确定中海客运、中石化中海燃供两个船岸试点单位，全面启动集团安全生产标准化建设工作。

3. 加强企业文化，关心关爱职工群众。

2011年，中国海运积极参与全国“安康杯”竞赛等活动，开展包括“中海杯”在内的各类劳动竞赛900余次，累计9.8万人次参加；组织海员技术比武，并在全国海员大比武中获得两个单项第一名。坚持开展帮困送温暖活动和扶贫援助工作，累计慰问劳模、困难人员、离退休职工、一线职工和船员4万余人次，发放慰问金、帮困金2600万元；做好新疆柯坪县、云南永德县对口扶贫工作。不断加强国防动员、人武战备和军交运输正规化建设。

积极宣传中国海运深化改革、转型发展的新成就，集团推进“五个转型”等事例被中宣部作为重点宣传的国企典型，并得到中央主流媒体的广泛宣传报道。集团海嫂联络站建设和相关活动得到上海市及国内主要媒体的高度关注，海嫂联络站成为集团弘扬企业文化、构建和谐企业与和谐社会的品牌窗口。2011年，集团被国家权威机构评为“中国AAA级信用企业”和“全国文明诚信示范单位”；中海油运被中央文明委授予“全国文明单位”称号，成为集团第一家获此殊荣的单位。

（撰稿人：梁元卿）

中国航空集团公司

【基本概况】 中国航空集团公司是以中国国际航空公司为主体，联合中国航空总公司和中国西南航空公司等企业组建的特大型国有航空运输集团公司，是经国务院批准，国家授权的投资机构和国家控股公司，2002年10月11日正式成立。中国航空集团公司共有包括国家唯一载旗航空公司——中国国际航空股份有限公司在内的直属企业7家，三级以上企业136家。经过不断的深化改革发展，集团初步形成以核心产业为主导、以高相关产业和延伸产业为协同的综合性产业集团。其经营业务涵盖航空客运、航空货运及物流两大核心产业，涉及飞机维修、航空配餐、航空货站、地面服务、机场服务、航空传媒六大高相关产业，以及金融服务、航空旅游、工程建设、信息网络四大延伸服务产业。中国航空集团公司的发展目标是建设具有国际竞争力的航空运输产业集团。

2011年，中国航空集团公司努力践行科学发展观，坚持稳健经营和可持续发展指导方针，充分发挥政治、品牌双优势，在提升安全品质、保持生产平稳较快增长、强化内部管理、增强发展能力、完成重要专包机任务等方面都取得新的成绩，实现“十二五”的良好开局。

【主要指标】

2011年中国航空集团公司主要经济指标

项　目	2010年	2011年	比上年增长（%）
资产总额（亿元）	1650	1833	11.09
所有者权益（亿元）	471	559	18.68
营业收入（亿元）	825	993	20.39
利润总额（亿元）	151	104	－31.13
净利润（亿元）	124	80	－35.48
归属于母公司所有者净利润（亿元）	62	39	－37.10
应交税金总额（亿元）	67	83	23.88
净资产收益率（%）	31.40	15.50	减少15.90个百分点
总资产报酬率（%）	11.50	6.80	减少4.70个百分点
国有资本保值增值率（%）	130.20	111.10	减少19.10个百分点

【改革发展】 加强投资管理，严控非主业投资。规范人力资源的调配、管理，严格工资总额预算，实施国航股份股票增值权计划，集团企业年金成功推进。强化财务管理制度落实，构建“小金库”专项治理长效机制。完善全面风险管理工作机制，加强业绩考核与企业动态监管，全面推进经济增加值考核和全员业绩考核。提升法律事务管理水平，开展战略、财务、市场、运营和法律风险评估。与专业机构合作开展新一

轮油料套期保值研究。继续加强合同、采购管理整改专项效能监察,积极推进内部审计机构和制度建设,组织开展重点工程建设项目全过程跟踪审计试点,完成内审59项,提出管理建议230条。进一步开展内部资源整合,妥善处理了西南航空旅游项目等历史遗留问题。有效开展节能减排,完善能耗数据监测体系,实施了国内首次生物燃油试飞。

【生产经营】 集团推进全面预算管理,加大预算执行监控力度;深化生产效益分析,完善"周监控、月快报、月分析、季回顾"的监控、评价机制;在全集团范围内大力开展降本增效工作,自上而下严格控制各项费用。国航股份坚决执行枢纽战略,加大市场开拓力度,增强了在主要航线、干线市场上的竞争力。客运直销收入比例提高明显,特别是大客户、电子商务、两舱和国际联盟收入指标分别增长35.5%、53.2%和17.0%、6.9%。优化资源配置,科学组织航班环,生产效率和收益水平同步提高。全年投入增长5.6%,产出增长超过6.2%;座公里水平0.569元,同比增加7.9%。加强与深航、山航、澳门航空的效益联动,协同营销效应突出。国货航拓展网络营销能力,产品、服务质量有所提升,腹舱收入保持稳定。深圳航空市场开发得力,生产组织有序,收入199.6亿元,利润20.5亿元,创历史最好业绩。集团各专业公司增收能力进一步提高,效益明显改善。集团全年完成运输总周转量、旅客运输量、货邮运输量分别为155.2亿吨公里、6714.6万人和140.2万吨,同比增长6.2%、7%和1.8%。实现收入963.8亿元,实现利润总额102.4亿元。

【重大项目】 2011年集团完成主业投资205.45亿元。国货航完成合资,北京航空、大连航空进入实际运营,内蒙古航空已报审批,参股西藏航空进展顺利。机务整合继续推进。完成澳门航空股权二次重组,向澳门政府定向增发募资近7亿澳门元。促进深航加入星空联盟,推动深航理顺股权关系,协助深航开展河南航和翡翠航重组谈判。中航有限增资西安机场2.94亿元人民币。配合生产需要,稳步推进西南基地、飞训基地、广州过夜基地、重庆飞行人员生产用房、深圳航空三机位机库等建设项目。

【优质服务】 加快服务体系建设,国航股份9个服务攻坚项目逐步落实,服务管理体系(CSM)初步建成,全流程服务、两舱服务、常旅客服务、电子商务、客户关系维护进一步改善,在业内首家推出无线局域网服务,取得通过Skytrax"四星级"评审的阶段性进步。

【安全保障】 中国航空集团公司认真落实安全生产责任制,修订《航空安全监督管理暂行规定》,完成《中国航空集团公司安全管控模式》项目研究。针对国航系多品牌安全管理链条长、跨度大的特点,加强对重点部位和薄弱环节的安全监管。特别是加强对深圳航空、澳门航空、国货航等控股企业的安全监管。深入开展安全检查和安全审计,提升安全品质成效明显。国航股份安全管理基础进一步夯实,运行组织能力得到增强,以风险管理为核心的全面安全管理体系进一步健全。飞行部门以规章落实为主线加强安全信息管理,积极应用QAR安全品质监控等先进科学手段,重点强调决断意识、复飞意识和稳定进近意识,扩大了安全裕度。机务维修部门优化维修管理资源,关注老旧飞机,加大发动机维修深度,提高了机队可靠性。深圳航空、国货航采取有针对性的综合安全管理措施,安全趋势明显好转。中国航空集团公司2011年安全飞行132.5万小时,同比增长5.4%;事故征候万时率为0.0226,同比下降52.7%。各专业公司生产经营的安全状况良好。

圆满完成重要专包机任务。2011年出色完成埃及、利比亚、日本紧急撤侨,应对智利火山爆发,保障中央代表团赴藏等重要任务,得到党中央、国务院和国内外各方面的充分肯定和好评。

【党建工作】 深入学习贯彻胡锦涛总书记"七一"重要讲话精神,全面开展"为民服务创先争优"活动。深入开展"四好"领导班子创建活动,涌现17个集团级"四好"领导班子。制定中长期人才发展规划纲要。开展新任领导人员廉洁谈话工作,加强对领导人员用权行为的规范和监督,确定集团惩防体系建设基本框架。加强企业文化建设,积极参加民航强国之路重大成果展等活动,集团网站改版,《中国航空》扩容并改进编排。加强工会和共青团工作,形成共同维护企业和谐稳定局面的良好态势。

(撰稿人:金　哲)

中国东方航空集团公司

【基本概况】 中国东方航空集团公司(以下简称"东航集团")成立于2002年10月11日,是以原东方航空集团公司为主体、兼并原中国西北航空公司、联合原云南航空公司组建而成,是国务院国资委监管的中央企业,是我国三大骨干航空运输集团之一。

东航集团总部设在上海,注册资金117.80365亿元人民币。截至2011年底,东航集团总资产为1225.89亿元人民币,员工约7.77万人,拥有大中型运输飞机379架,通用航空飞机15架,通航点186个。

东航集团旗下共有29家投资公司。作为东航集团核心主业的中国东方航空股份有限公司(以下简称"东航股份")是中国民航业内第一家上市公司,于1997年分别在纽约、中国香港和上海的证券交易所挂牌上市。2010年2月,东航股份完成与上海航空股份有限公司的联合重组。2011年6月,东航股份正式加入天合国际联盟。

经过几年来的结构调整化和资源整合,东航集团基本形成以航空客货运输相关产品的生产和销售为主业,以航空食品、进出口、金融期货、传媒广告、旅游票务、酒店集团、机场投资等业务为辅业的航空运输集成服务体系。

2011年,东航集团以科学发展为主题,以加快经济发展方式转变为主线,强化安全管理,提高经营效益,改进服务质量,提升基础管理,深化内部改革,开展创先争优,各项工作平稳有序开展,经营取得良好业绩。2011年,东航集团被全球知名的《财富》杂志评为中国最具创新力公司;"东方航空"被中国工商总局评为"中国驰名商标"。

【主要指标】 2011年,东航集团在改革中加快发展,在创新中持续进取,生产经营工作取得积极成果。

2011年共完成飞行129.26万小时,同比增长6.6%;飞行62.08万架次,同比增长4%,获得民航局飞行安全"五星"奖。完成运输总周转量137.3亿吨公里,同比增长1.03%;旅客运输量6872.6万人次,同比增长5.85%;货邮运输量150.4万吨,同比持平。截至2011年底,东航集团实现营业收入889亿元;利润总额53.42亿元;上缴税费44.91亿元。

2011年中国东方航空集团公司

主要经济指标

项　目	2010年	2011年	比上年增长(%)
资产总额(亿元)	1130.82	1225.89	8.41
所有者权益(亿元)	177.06	223.79	26.39
营业收入(亿元)	799.83	888.99	11.15
利润总额(亿元)	62.97	53.42	-15.17
净利润(亿元)	60.47	49.7	-17.81
归属于母公司所有者的净利润(亿元)	34.58	29.38	-15.04
利税总额(亿元)	88.8	80.58	-9.26
应交税金总额(亿元)	48.6	48.94	0.69
全员劳动生产率(万元/人·年)	37.9	49.91	31.69
净资产收益率(%)(含少数股东权益)	58.13	24.8	减少33.33个百分点
总资产报酬率(%)	8.18	5.9	减少2.28个百分点
国有资本保值增值率(%)	333.1	120.88	减少212.22个百分点

【改革发展】 2011年是基础管理提升年,东航集团本着培基固本、强身健体的原则,切实加强基础管理,大力推进战略实施和融资管理,着力深化内部改革,品牌价值得到提升。

基础管理水平提升。一是建立健全规章制度。出台或修订各类规定、规则、办法、暂行办法20余个,涉及到班子建设、人事制度改革、公司治理、风险防范、内部管控、固定资产投资、合同管理、安全管理、服务员工等各个方面,使公司管理制度化、规范化、科学化的水平明显提升。二是加快完善法人治理结构。加强投资企业董事、监事队伍建设,进一步强化对委派董事、监事的程序、任职条件、职权等的监督管理,积极建立产权清晰、权责分明、管理科学的现代企业制度。三是严格落实"三重一大"决策制度。进一步健全集团公司总经理办公会议和党组会议议事规则，坚持集体决策、依法决策、科学决策、民主决策，提高了议事效率和决策的科学化水平。四是风险管控能力增强。支持配合国务院国有重点大型企业监事会依法开展监督工作，建立协调配合机制。加强金融衍生业务管理，确保公司金融衍生业务依法合规稳健开展。规范和加强公司投资管理，通过理顺管控流程，规范资金运作，有效规避了投资、经营和管理风险。推动和完善以总法律顾问制度为核心的企业法律顾问制度建设，全面控制东航法律风险，在央企第二个法制工作三年目标验收中取得优秀成果。

战略规划全面实施。按照东航集团"十二五"规划，采取"十二项主要举措"，以支撑战略落地，努力把东航建设成具有全球竞争力的世界一流航空运输企业。具体体现在：枢纽建设快速推进；顺利加入天合联盟；机队结构不断优化；产品体系有序推进。

投融资管理稳健开展。一是在股权投资方面，完成股份公司入股北京空港航空地面服务公司、东方航食入股北京空港配餐公司、股份公司在香港设立全资子公司等投资项目；货运业务重组工作取得重大进展，新的中货航组建成立并正式运营。同时，积极推进投资企业清理整合工作，年内完成19家公司的关停并转。二是在固定资产投资方面，共统筹安排基本建设投资计划16.7亿元，技术改造投资计划8.4亿元，有效保障生产能力的持续增长。三是在债券融资方面，择机发行中期票据5亿元，在香港市场发行人民币债券25亿元，资产质量得到改善。

内部改革深入推进。一是建立全新岗位薪酬体系，设立五大岗序体系，制定绩效考评等规定。二是深入推进人事制度改革，加强干部交流工作，继续推进机关空缺岗位的管理人员竞争上岗和公开选拔工作，同时加大社会公开招聘力度。三是优化和完善绩效管理，推进经济增加值(EVA)考核。四是加强各类人员培训工作，强化管理人员培训，开办"东航讲学堂"，做好培训需求分析。五是以实际行动构建和谐劳动关系。特别建立劳务派遣制员工薪酬体系，在三大航空集团中率先实现劳务制员工与合同制员工一样进入社保体系(四金)；实行劳务工转合同工的竞聘考核制度，2011年有300多名劳务制员工通过选拔考试被聘为合同制员工，为员工的职业生涯开辟了更加宽广的通道。

品牌价值得到提升。以客户需求为导向，以"精准、精致、精细"理念为指引，以"SKYTRAX"四星服务国际标准为标杆，致力于一致性服务、全流程服务、个性化服务，制定全面服务提升计划，大幅增加资金投入，推动服务品质快速改善，显著提升旅客的感知度和认知度，东航集团"世界品位，东方魅力"服务品牌形象正赢得越来越多的认可。2011年，公司平均航班正常率为79.85%，旅客有效投诉率为万分之0.007，在三大航空集团是最低的，居全国民航业较好水平。

【重大创新】 面对新形势、新问题，东航集团转变观念，锐意创新，在经营管理和改革发展中取得新的成效。

1. 合作发展。2011年8月，东航集团与云南省共同投资组建的合资公司在顺利完成运行资格审查，获得经营许可的情况下，正式颁证运行。东航股份云南分公司正式更名为东方航空云南有限公司，成为现代企业制度下自主经营、自负盈亏的法人主体。此外，东航集团与湖北、武汉两级政府达成共同注资武汉公司意向；与青海省政府签订战略合作框架协议，政企合作收获丰硕成果。

2. 资源整合。东航股份在货运营销方面，实施三家货航的客户资源整合，撤并海外站点，统一货运销售政策，整合协同效应明显。推进货运产品结构调整，广泛开展战略合作，开辟沪港货运快线，启动国内早航班快件项目，开发特货运输产品，实现特快邮收入同比增长100%，收入比重提高至8%。优化运力投放，调整航线布局，加强销售管控，有序安排中转舱位，上海中转货量同比增长117%。初步明确"天地合一"的商业模式转型发展思路。

3. 全面预算管理。按照早启动、准预测、细安排的要求，东航集团进一步完善并积极推行预算管理体系，加大预算工作组织力度，落实预算管理责任，规范预算编制方法，优化预算管理流程，加强部门、单位之间沟通协调，实现财务预算与业务预算、资本预算、薪酬预算等各类预算的有效衔接，使预算管理得到有效执行，达到降本增效与精益管理的目的。

4. 科技创新。东航股份利用科技创新，增加企业收入、严控航空煤油的消耗量。如：借助AOC信息平台的航空物流仓储提货收费自动化管理、飞机加装翼尖小翼、发动机升级改造、推广计算机飞行计划加油、实行成本指数(CI)运行等。其中借助AOC信息平台的航空物流仓储提货收费自动化管理项目，获上海市企业管理现代化创新成果二等奖。

【党建工作】 深入学习贯彻胡锦涛总书记“七一”重要讲话和党的十七届六中全会精神，紧密结合改革发展新形势新任务，以创先争优活动为主线，不断增强党组织的凝聚力和战斗力。大力开展“建功东航、党旗增辉”主题实践活动，组织“党员风采巡礼”影视宣传、“寻访红色历程”等一系列迎接建党90周年主题活动，举办先进基层党组织、优秀共产党员、“感动东航”人物评选和表彰，举办职工技能竞赛和安全宣传教育，开展“飞行员、管制员、指挥协调员”三方交流活动。全面启动“为民服务、创先争优”活动，树立“人人都是服务员、环环都是服务链”的全员服务理念，广泛开展“三亮三比三评”，党员佩戴“先锋示范徽章”上岗，服务顾客、服务基层、服务员工。党风廉政建设在强化意识、完善机制、加强监督、优化队伍等方面狠下功夫，为公司发展提供强有力的政治保障。工会、共青团组织作用有效发挥，广泛组织开展丰富多样的活动，在保证安全、生产经营、提升服务、完成重大运输任务等方面充分发挥积极作用。

2011年，东航集团共有34个基层党组织、92名共产党员、22名党务工作者分别荣获全国级、省部级和集团公司级荣誉称号。东航集团工会、共青团、统战系统共有90个集体、254名个人分别荣获全国级、省部级和集团公司级荣誉称号。

【信息化建设】 IT建设取得明显进步。圆满完成东上机务信息系统、运控信息系统等一系列系统整合，推动联合办公等IT系统的上线并全面推广，建立了CSM(客户服务管理系统)并在3个接触点实现个性化信息的推送，全球网已经覆盖四大洲，40个系统正加紧向海外营业部推广，完成七成海外航站离港系统的部署。信息自动监控覆盖公司核心系统和骨干网络，可靠性达到99.96%，关键应用系统非计划性停机次数为零，运维能力进一步提高。

【履行社会责任】 东航集团积极倡导绿色飞行，开展节能减排工作，全年万元收入能耗为0.65吨标准煤/万元，同比下降7%。

东航集团秉持“员工热爱、顾客首选、股东满意、社会信任”的企业责任观，将企业社会责任作为战略规划的重要组成部分，努力达到自身和社会的可持续发展与协调。2011年，东航股份连续执行埃及、利比亚撤离中国公民和云南、日本地震后紧急运输保障任务。在利比亚撤离任务中，做到组织领导到位、保障措施到位、资源投入到位、细节服务到位，圆满完成中国有史以来最大规模的海外包机撤离运输任务。东航股份西北分公司安全、优质、高效地完成历时178天的西安世园会的服务保障工作，荣获全国民航西安世园会航空运输服务保障和安全保卫工作先进单位荣誉称号。继续开展“爱在东航”大型公益志愿活动，组织集体项目2197项、参与员工86154人次、关爱人数49542名，进一步展示“传递爱心、服务社会”的责任央企形象。

（撰稿人：王蓓怡）

中国南方航空集团公司

【基本概况】 中国南方航空集团公司(以下简称“南航”)，成立于1991年2月。1993年1月，更名为中国南方航空(集团)公司。1995年3月，更名为南方航空(集团)公司，成立中国南方航空股份有限公司。1997年7月，南航股份公司在中国香港、美国同时上市。2002年10月，联合中国北方航空公司及新疆航空公司，组建新的中国南方航空集团公司。2003年7月，南航股份公司在上海证券交易所上市。

南航主要经营集团公司及其投资企业中由国家投资形成的全部国有资产和国有股权。主要经营范围包括航空客货运输、通用航空、航空器维修、航空客货销售代理、文化广告传媒、进出口贸易、航空配餐等相关业务。

南航拥有10家成员企业，其中，中国南方航空股份有限公司有15家分公司、3个基地、15家控股子公司，联营及参股10个，合营公司5个；设有22个国内营业部，56个国外办事处。

截至2011年底，南航拥有大中型客货运输飞机444架，机队规模列亚洲第一，世界前三，旅客运输量连续33年居国内各航空公司之首，位列亚洲第一，全球第三；航线网络亚洲第一、全球第五。旅客运输量达到8068万人次，位列亚洲第一、全球第三，连续33年居国内各航空公司之首。南航是亚洲唯一进入世界航空客运前五强，国内唯一连续7年进入世界民航客运前十强的航空公司。截至2011年12月，南航累计安全飞行898万小时，安全运输旅客累计超过6亿人次，安全管理水平在国内、国际均处于领先地位，连续保持146个月的飞行安全和211个月的空防安全，成为中国安全记录最好的公司。

【主要指标】

2011年中国南方航空集团公司主要经济指标

项　目	2010年	2011年	比上年增长(%)
资产总额(亿元)	1180.32	1362.69	15.45
所有者权益(亿元)	266.90	341.23	27.85
营业收入(亿元)	782.47	932.22	19.14
利润总额(亿元)	68.34	66.39	—2.85
净利润(亿元)	50.99	57.53	12.83
归属于母公司所有者的净利润(亿元)	22.39	24.05	7.41
应交税金总额(亿元)	23.47	13.32	—43.25
净资产收益率(%)(不含少数股东权益)	28.92	19.15	减少9.77个百分点
总资产报酬率(%)	7.68	6.36	减少1.32个百分点
国有资本保值增值率(%)	149.58	122.76	减少26.82个百分点

【改革发展】 2011年，中国南方航空集团公司坚定履行中央企业政治责任和社会责任，扎实探寻航空企业科学发展道路，为推进民航强国战略作出了不懈努力。稳中求进，实中谋快，安全生产、经营管理、战略转型、品牌建设取得了长足发展。

不断夯实发展基础。南航大力加强安全管理体系(SMS)建设，健全安全规章制度体系，严格落实安全生产责任制，牢固树立全员安全观念和意识，不断完善安全的绩效考核机制，全面提升安全管控力度，取得了历史上最好的安全业绩。全年实现安全飞行152.7万小时、73.2万架次，创造了“零”公司责任事故征候，“零”人为原因事故征候的“双零”佳绩，继续保持了中国航空公司最好的安全记录。

不断探索发展方式。经过长期调研论证，南航把战略目标确定为建设国际化规模网络型航空公司，并不断向着这一目标迈进。南航引进A380客机，成为全球第七家、国内首家运营A380的航空公司。A380是空中客车公司2002年开始制造的世界上最大民用飞机。运营A380，不仅仅是引进一种新机型，更重要的是必须全新构建经营管理模式。南航把运营A380和战略目标紧密结合，推进枢纽建设，提升中转保障和中转销售能力。

不断增强管理能力。南航认为，民航运输业的生产工具高度同质化，竞争的成败主要取决于管理能力和科技创新水平。作为大型骨干航空运输企业，南航17个分子公司分布在全国各主要省区，北到哈尔滨，东到上海、台北，西到乌鲁木齐，南到三亚、海口。集中管理，有利于形成规模优势；分散管理，更能调动积极性，发挥灵活性。南航在不断发展过程中，不断探索管理模式，调整组织结构，并在近两年形成了矩阵式管理的新模式，使职能定位更加明确，决策科学性与风险管控水平有效提升。

不断提高经营水平。南航通过建立国际化规模网络型航空公司，开展矩阵式管理，建设航空枢纽，大力开拓以澳洲为代表的国际航线，不断消化高铁运营带来的航空富余运力，引进A380机型，服务品牌荣升四星，在国际国内的影响力显著提高，与天合联盟成员的合作进一步深入，在联盟中的地位和作用不断增强，综合实力和网络优势逐步显现。

不断激励员工进步。南航进一步加大培训力度，GE培训班、高管联盟挂职、清华EMBA等项目有序展开；继续推进人力资源市场化改革，进一步完善了技术人员与劳务工的职业发展通道。

【重大项目】 2011年，稳步推进产业化转型，重大项目进展顺利。南航的“十二五”规划，提出集团产业化发展目标。2011年，物流和维修产业整合稳步推进，文化传媒公司上市筹备工作有序进行，通用航空产业化前期研究如期完成，总部大楼建设启动，广州航空城项目选址、一期用地立项、总体规划和概念设计工作顺利完成，首都新机场南航项目预可研报告已向发改委和民航局正式提交，转变发展方式迈出重要步伐。

【走向海外】 2011年，南航先后开通奥克兰、阿姆斯特丹、第比利斯、温哥华、珀斯、伊斯坦布尔等众多国际航线，加密悉尼、墨尔本、洛杉矶、巴黎、布里斯班、奥克兰等国际航线，国际航班量同比增长149班，国际航线座公里占比25.9%，同比提升3.8百分点。其中，南航从广州到澳新的航班从过去的每周7班增加到每周42班，南航广州枢纽成为国内中转大洋洲的第一门户。

【重大创新】 南航重视科技创新，把它作为解决当前问题的重要手段，作为形成核心竞争力的重要因素常抓不懈。对内开展科技创新专项培训，通过评审确定科技攻关重点项目41个，启动交叉列入技改计划的重大重点项目13个，组织完成国家和地方政府要求的科技专项上报任务17项，其中“运行风险自动化分析系统”被工信部评为两化融合促进安全重点推进项目，向广州市科技和信息化局申请的《枢纽机场航班应急调整关键技术研究及系统开发》列入广州市重点专项计划项目。

【党建工作】 着力加强广大员工的爱党爱国、忠于南航、敬业奉献教育，树立责任意识，弘扬正气，树立良好的社会形象是企业健康发展的根本保障。举办系列活动，隆重庆祝建党90周年；组织学习胡锦涛总书记“七一”重要讲话精神；举办专题党课等各类活动500多场次，表彰一大批先进基层党组织、优秀共产党员和党务工作者。

【信息化建设】 信息化工作与主营业务深度融合，IT建设取得丰硕成果。成立信息公司，IT产业化发展取得突破，有效支撑企业战略转型，促进主营业务发展，被评为中央企业信息化水平A级企业。

强力推进运行数据核心建设、视频会议系统改造、飞行计划排班系统、机场旅客服务系统、呼叫中心销售系统等五大重点项目建设；门户网站、OA、旅客销售和服务系统的移动互联门户成功发布；电子登机牌项目通过民航局技术鉴定；飞机故障远程诊断系统投产使用；国际票价引擎建设、高端旅客行为数据库、收益管理系统模型、机场旅客服务系统顺利建成；实物资产系统建成并全面推广。信息安全管理体系不断完善，系统安全等级保护工作有序推进，系统运行保障能力不断提升。核心网络设备、关键服务器总体可使用率达到99.99%，成功保障了深圳大运会、空客A380首航等重要活动的信息安全。

【其他情况】 南航各专业公司积极拓展业务，整合资源，强化企业综合竞争力。文化传媒公司重点加强品牌建设，努力提升创新能力和管理水平，有效支持了主业发展；财务公司积极拓宽资金渠道，提高了资金集中度，稳健开展创新业务，超额完成年度目标；贸易公司不断提升航材保障能力，圆满完成A380通关验放工作，经营业绩获得新突破；客货代理公司有效拓展货运上下游业务，努力推进物流资源整合；建发公司积极实施“4+1”项目，总部大楼和三亚项目顺利开工，库尔勒、长春项目销售业绩良好，珠海项目取得施工许可；天源证券公司积极开拓收入渠道，市场占有率企稳回升；摩天宇公司狠抓维修质量，积极参与市场竞争，较好地完成全年任务。各专业公司共实现营业收入8.3亿元，同比增长11%，利润总额达2.1亿元。

（撰稿人：马晓晴）

中国中化集团公司

【基本概况】 中国中化集团公司（以下简称“中化集团”）成立于1950年，历史上曾为中国最大的外贸企业，现为国务院国有资产监督管理委员会监管的国有重要骨干企业。中化集团主业分布在能源、农业、化工、地产、金融五大领域，是中国四大国家石油公司之一，最大的农业投入品（化肥、种子、农药）一体化经营企业，领先的化工产品综合服务商，并在高端地产酒店和非银行金融领域具有较强的影响力。

中化集团现在境内外拥有200多家经营机构，控股"中化国际"（SH，600500）、"中化化肥"（HK，00297）、"方兴地产"（HK，00817）、"远东宏信"（HK，03360）等多家上市公司，并于2009年6月整体重组改制设立中国中化股份有限公司。

2011年，中化集团第21次入围《财富》全球500强，名列第168位；在国资委业绩考核中，中化集团连续第七年被评为A级。

【主要指标】 2011年，中化集团延续多年来良好发展态势，经营业绩保持快速增长，实现历史性的突破。中化集团营业收入首次超过4000亿元，利润总额和净利润双双超过100亿元，EVA、流动资产周转率、成本费用占收入比等关键指标均达到国资委考核目标。

2011年中国中化集团公司主要经济指标

项　目	2010年	2011年	比上年增长（%）
资产总额（亿元）	2131.43	2581.89	21.13
所有者权益（亿元）	769.85	873.27	13.43
营业收入（亿元）	3351.40	4589.53	36.94
利润总额（亿元）	90.43	134.15	48.35
净利润（亿元）	73.18	106.97	46.18
归属于母公司所有者的净利润（亿元）	53.76	76.13	41.61
利税总额（亿元）	145.40	196.87	35.40
应交税金总额（亿元）	77.24	92.34	19.55
净资产收益率（%）	11.2	14.14	增加2.94个百分点
总资产报酬率（%）	6.03	7.47	增加1.44个百分点
国有资本保值增值率（%）	106.46	112.31	增加5.85个百分点

【企业管理】 2011年，在复杂变幻的宏观环境中，中化集团狠抓风险防控，扎实推进全面风险管理和内控体系建设，整体抗风险能力进一步增强。面对各项业务的成本上升压力，公司强化成本费用控制，深入推进精益管理，努力实现降本增效。

公司建立"评估一整改一复查"的工程管理闭环机制，加大项目前期审核、稽查及后评价等工作力度，三级工程管理体制日趋完善。公司制定并通过"十二五"科技发展规划，明确科技发展方向、目标和任务，被国家三部委正式命名为"创新型企业"。公司进一步完善HSE管理体制和运行机制，加强事故管理、源头管理、过程管理，全年HSE形势保持总体稳定，未发生大的安全事故、环境污染事件和职业病事故，事故率较2010年同期有所下降，节能减排各项约束性指标均控制在国资委下达的第三任期建议考核值内。

2011年是中化集团启动实施十年人才发展规划的第一年。公司调整关键岗位及后备队伍选拔、任用标准，加强骨干人才队伍的引进、培养和储备，进一步落实、细化各类人才的专业发展通道，调动人才的内生性发展动力。经中央人才工作协调小组批准，公司成功入选第三批国家海外高层次人才创新创业基地。

【业务推进】 2011年，中化集团按照国资委"做强做优，培育世界一流企业"的要求，坚持抓机遇、防风险、促发展，扎实推进战略实施，努力提高经济效益，五大板块呈现出相互支撑、均衡发展的良性格局。

能源板块。中化集团致力于打造产业链完整、营销能力和国际化经营特色突出的国家石油公司。2011年，石油勘探开发业务取得新进展，公司历史上规模最大的海外并购项目——巴西佩雷格里诺项目完成交割并顺利投产，在产油气田项目运转正常并产出稳定，风险勘探工作获得重大发现；公司全年权益内油气产量达2201万桶，拥有权益内油气剩余可采储量4.1亿桶。石油贸易业务着力强化海外长约资源掌控能力，全球原油和成品油经营总量达6000万吨；油站和分销油库开发全面提速，不断拓展山东、山西、安徽、江西等新市场，在全国拥有加油站近400座。石油仓储业务全年中转量突破3500万吨，中化天津港二期、中化南通二期、中化东方四期等建设项目顺利推进，并正在辽宁、山东、浙江、福建等地规划实施一批新项目。泉州石化1200万吨/年炼油项目建设取得突破性进展，环评报告获国家环保部正式批准，项目核准工作进入最后冲刺阶段。

农业板块。中化集团农业板块涵盖化肥、种子和农药三大农业投入品领域。2011年，化肥进口业务继续保持国内领导者地位，参与并主导两次钾肥进口联合谈判，保证中国在全球的“价格洼地”优势；化肥生产业务加大对控股企业改革和管理力度，整体实现扭亏为盈；化肥营销业务着力推行分销网络自主经营改革，取得历史同期最好业绩；中化集团全年实现化肥销售总量1646万吨，继续保持国内市场领先。种子业务在拓展经营领域、深化国际合作、建设生产基地、加强自主创新等方面取得新进展；在武汉正式开工建设中国种子生命科学技术中心，建成后将代表国内种业研发的最高水平。农药业务努力推动创制产品研发、强化生产管理、完善国内营销体系，国际经营平台搭建和国际市场自主登记工作也取得初步进展。

化工板块。中化集团是国内领先的化工产品综合服务商。2011年，天然橡胶业务继续完善上中下游一体的全球产业链，在非洲、东南亚等地区获取新的种植和生产资源，全年销量达80万吨，市场份额居中国第一、全球第二。氟化工业务发挥研产销一体化的协同优势，充分挖掘内部潜能，经营业绩创历史新高；公司与美国霍尼韦尔成功实现合作，开发国际领先的新型环保产品HFC-245fa，增强在节能环保材料领域的发展潜力。2011年，公司与江苏扬农化工集团有限公司签署战略合作协议，为精细化工产业发展搭建新的生产和研发平台；公司还与荷兰帝斯曼合资成立全球性抗感染药合资企业——中化帝斯曼制药有限公司，高起点切入生物医药新兴产业。

地产板块。中化集团是国资委批准从事地产酒店开发经营的中央企业之一。2011年，地产业务在宏观调控趋紧的“行业寒冬”中，坚持高端定位和精品路线，成功经受住市场考验。北京金茂府、上海国客中心等开发项目抓住市场窗口期取得销售佳绩，酒店、写字楼等持有物业经营效益持续提升。公司正式签约取得长沙梅溪湖片区一级土地开发权，并在北京、重庆等地获取了新的开发地块，土地储备大幅增加。

金融板块。中化集团金融业务涵盖融资租赁、信托、证券投资基金、人寿保险、财务公司、金融期货等领域，形成资质较为齐全的非银行金融业务发展框架。2011年，金融板块积极参与市场竞争，加强整体风险控制，不断提升盈利能力，成为公司重要的利润来源。中化集团旗下远东宏信有限公司于2011年3月在香港联交所成功上市，成为国内第一家以融资租赁为基础在海外上市的创新型金融企业。

【走向海外】 中化集团近年来充分发挥国际化运作特色，立足国际国内“两种资源、两个市场”，积极开展国际化经营，全面加快“走出去”步伐，有力推动企业整体战略转型。截至2011年底，公司海外投资累计金额约850亿人民币（自1998年以来），海外资产、海外员工、海外营业收入和海外营业利润所占比重分别达到47%、18%、76%和29%。在《中国企业家》杂志颁布的“2011中国企业国际化指数暨中国企业国际化50强”榜单中，中化集团位居第三位，并在所有中央企业中排名第一。

【党建工作】 中化集团始终高度重视党建工作。2011年，中化集团按照中央统一部署，认真学习贯彻胡锦涛总书记在庆祝中国共产党成立90周年大会上的重要讲话精神，并将庆祝建党90周年与创建学习型党组织、深入开展创先争优相结合，广泛开展党史学习教育、红色之旅、红歌大赛和“一先三优”表彰等一系列活动，有效激发了全体员工艰苦创业、拼搏奉献的热情。2011年8月，中化集团被中宣部和国资委党委确定为“中央企业学习型党组织建设先进典型”。

【信息化建设】 2011年是中化集团第一个信息化规划执行实施的第一年，多个信息化重点项目加速推进。炼化、氟化工、地产等业务整合部署新的ERP系统，化肥、租赁等业务加强对业务运营的信息化支撑。在总部信息化建设方面，中化集团构建统一的工程管理系统和HSE信息系统，分析评价和风险管理工作实现管理报表的电子化和数据共享，财务报表系统实现全集团全级次的合并。

【履行社会责任】 作为联合国全球契约组织成员，中化集团积极承担企业公民的社会责任，连续5年发布可持续发展报告，将责任理念融入企业使命、文化和经营管理全过程。2011年，中化集团继续在保障市场供应、推动节能环保、支持公益事业、参与扶贫援藏等方面积极履行社会责任，得到社会各界的充分肯定，先后荣获国资委“2011中央企业优秀社会责任实践”、联合国全球契约·中国企业社会责任典范报告评选“典范实践”等多项荣誉。

（撰稿人：江　霈）

中粮集团有限公司

【基本概况】 中粮集团有限公司(COFCO)(以下简称“中粮集团”或“中粮”)成立于1949年,经过几代人的努力,从单一的粮油食品贸易公司发展成为中国领先的农产品、食品领域多元化产品和服务供应商,致力打造具有国际水准的全产业链粮油食品企业。

通过日益完善的产业链条,中粮形成诸多品牌产品与服务组合:福临门食用油、长城葡萄酒、金帝巧克力、屯河番茄制品、家佳康肉制品、香雪面粉、五谷道场方便面、悦活果汁、万威客肉制品、大悦城Shopping Mall、亚龙湾度假区、凯莱酒店、雪莲羊绒、中茶茶叶、金融保险等。

作为投资控股企业,中粮旗下拥有中国食品(HK 0506)、中粮控股(HK 0606)、蒙牛乳业(HK 2319)、中粮包装(HK 0906)四家香港上市公司,以及中粮屯河(600737.SH)、中粮地产(000031.SZ)和中粮生化(000930.SZ)三家内地上市公司。

1.2011年总体经营情况。

2011年是中粮集团落实“十二五”战略规划的开局之年,虽然经历严峻的外部环境考验,但是,中粮集团能够继续保持平稳快速发展的态势,迈上一个新的发展阶段,为“十二五”战略规划目标的全面实现打下坚实的基础。一是营收实现历史性突破,达到1823亿元,比上年增长31.5%,折合282亿美元,进一步提高自身在世界500强中的排位;二是利润总额首次突破100亿元大关,达到102.3亿元,比上年增长12%;三是资产突破2500亿元大关,达到2597亿元,比上年增长11.7%,企业在行业的领导地位逐渐确立。

2.企业组织架构和治理结构。

根据集团打造“全产业链粮油食品企业”的战略,围绕主营业务建立专业化经营单位和以服务业务为目标导向的职能部门,组织架构如下:

中粮具备较为完善的法人治理结构。中粮集团设立董事会(党组)、监事会、经营管理机构。决策层、监督层、管理层按照工作规则各司其职、各负其责。

按照国资委的统一部署,2011年中粮集团建立由4名内部董事、5名外部董事组成的规范董事会。根据国资委《董事会试点中央企业董事会规范运作暂行办法》和相关法律规定,修改集团《章程》,制定《中粮集团有限公司董事会工作规则》《中粮集团有限公司董事会提名委员会工作规则》《中粮集团有限公司董事会审计和风险管理委员会工作规则》等一系列董事会工作规则,并在实践中严格贯彻,力求以更加科学规范的法人治理推动集团全产业链发展。

3.投资总体完成情况。

2011年,中粮集团实际完成投资203.6亿元,其中,固定资产投资154.5亿元,占75.9%;股权(产权)投资49.1亿元,占24.1%。实际投资完成额中,粮油食品贸易、加工及品牌业务的投资占62.6%。

【主要指标】

2011年中粮集团有限公司主要经济指标

项目	2010年	2011年	比上年增长(%)
资产总额(亿元)	2326.1	2597.2	11.65
所有者权益(亿元)	790.3	829.3	4.93
营业总收入(亿元)	1385.7	1822.5	31.52
利润总额(亿元)	91.3	102.3	12.05
净利润(亿元)	72.7	79.5	9.35
归属于母公司所有者的净利润(亿元)	54.2	47.1	-13.10
技术开发投入(亿元)	2.5	2.6	4.00
利税总额(亿元)	167.5	206.9	23.52
应交税金总额(亿元)	90.2	111.2	23.28
全员劳动生产率(万元/人·年)	19.84	23.36	17.74
净资产收益率(不含少数股东)(%)	10.5	8.5	减少2.00个百分点
总资产报酬率(%)	5.57	5.76	增加0.19个百分点
国有资本保值增值率(%)	109.01	109.0	减少0.01个百分点

【改革发展】 2011年,中粮集团继续全面落实

"全产业链粮油食品企业"战略，切实履行国有大型企业的社会责任，在保障粮油供给、稳定市场供应、服务"三农"、保障食品安全等方面发挥了重要作用。

1. 继续深化全产业链战略，提升集团业务协同能力。

2011年年初，中粮集团成立全产业链促进委员会，总裁兼任委员会主任，成员包括部分副总裁、总裁助理及主要职能部门和经营中心负责人。委员会下设九个工作小组，分别是油脂产业链协同促进小组、饲料肉食产业链协同促进小组、大宗农产品采购与保值工作小组、渠道协同促进工作小组、品牌统一管理促进工作小组、大客户销售促进工作小组、物流配送协同促进工作小组、产业园规划建设促进工作小组、产品创新促进工作小组、协同考核促进工作小组，分别负责推进上下游采购协同、物流协同、风险控制、品牌统一管理、渠道协同、大客户销售、产业园整体规划及实施等重要协同促进事项。中粮集团相关业务的协同明显加强，能力明显提升。

2011年由中粮集团申报的《保障国家粮油食品安全的全产业链战略决策与实施》，荣获第十八届全国企业管理现代化创新成果一等奖。这是社会各界对中粮集团在保障国家粮油食品安全、不断提高产品品质满足消费者需求、持续提升企业运营效率和履行社会责任所付出努力的认可。

2. 转变经营发展方式，推进全产业链战略落地。

一是推进粮油贸易及加工扩张力度，提升中粮在国民经济中的重要地位。在大宗粮油贸易方面，面对2011年复杂的经营环境，中粮集团确定"保规模、抓效益、强体系、重项目"的总体经营方针，从深化模式、提升能力、完善机制等方面提升效益，加快仓储物流、油料加工、饲料加工三大业务体系拓展步伐，创新完善经营管理体系，确保在建重点投资项目稳步、有序推进，按期投产。2011年全年实现粮油贸易量2179万吨，同比增长20%；营业收入529.4亿元，同比增长22%；经营利润17.7亿元，同比增长15%。其中玉米销量达915万吨，在长三角地区和华南地区均居于行业领导者地位，在东北地区的采购量也达到505万吨，占玉米外运量的17%，位居行业第一。菜籽方面，在大幅减产、托市补贴取消的不利环境下，仍实现收购量56万吨，位居市场化企业第一位。小麦销量也达到681万吨。通过努力，经营规模上，中粮集团在主营商品上如小麦、玉米、油菜籽等市场化主渠道地位基本确立，重点商品在主要产销区域的市场份额均位居市场化企业的第一位置，并不断稳固，在促进我国"北粮南运"和产销衔接、服务"三农"等方面发挥了积极作用。

在粮油加工业务方面，中粮集团农产品加工能力超过4400万吨，如算上在建的项目，加工能力超过5500万吨。2011年，集团进一步强化在关系国计民生的米、面、油、糖、肉、奶等业务领域的战略投资，将资源重点配置于具备较好产业基础、能受益于消费升级、可为上游提供更大"出口"的产业当中，新增农产品加工能力1184万吨/年，达到4432万吨/年，较上年增加36%。其中，在黑龙江、吉林、辽宁、宁夏、江苏、安徽、湖南、湖北、四川投资建设10个大米加工项目，稻谷年加工能力达到400万吨，成为国内最大的稻谷加工企业；在河南、浙江、四川投资建设3个小麦加工项目，小麦加工能力达到360万吨，是国内最大的专用粉企业；沿海沿江六大油料蛋白和食用油加工基地相继投产，新增油料压榨能力384万吨/年，油脂精炼/分提能力282万吨/年，油料蛋白和食用油加工能力已跃居全国第一，基本具备与外资企业全面抗衡实力，特别是油菜籽加工能力达到300万吨，成为国内最大的油菜籽加工企业；湖北、江苏、天津养殖场相继投产，生猪出栏能力达到150万头/年，养殖规模跃居全国第一；在拥有全国最大甜菜糖加工能力的基础上，大力发展蔗糖加工，启动建设广西18万吨蔗糖加工基地；再次增持蒙牛乳业，持股增至28.09%，进一步巩固第一大股东地位。

二是推进产业园建设，提升中粮业务环节协同能力。2011年，中粮集团加快推进产业园规划和建设，天津等5个产业园项目一期工程建成投产，成都等4个产业园项目在建，广东等3个产业园项目正在规划设计过程中。上述产业园全部建成后，加上原有的东海、黄海产业园，中粮将在全国拥有14个产业园，辐射力、控制力显著增强。

三是推动品牌消费品营销渠道变革，规范品牌管理。2011年中粮集团对小包装油、葡萄酒、饮料等品牌业务的管理架构、渠道、人员等方面进行重要的变革，取得非常好的业绩。2011 年实现销售收入 243.8 亿元，同比增长 34%，经营利润 7.9 亿元，同比增长 85%；利润总额 8.6 亿元，同比增长 59%。2011 年中粮集团还颁布品牌管理办法，使集团品牌业务在统一的体系下规范、持续、高效地开展工作。中粮集团的品牌管理将围绕着建体系、搭平台、规范流程而展开，大力传播"产业链，好产品"理念，进一步提升"中粮"品牌价值。使品牌真正助力业务实现共赢。2011 年，"福临门"品牌再次入选"中国品牌 50 强"；"长城"葡萄酒连续 3 年问鼎"中国葡萄酒行业第一品牌"；蒙牛"新养道"牛奶获国际乳品联合会"乳品创新奖"；"我买网"荣膺"2010—2011 年度中国最佳电子商务网站奖"等多项荣誉。

四是推进农村金融发展，提升中粮产融结合能力。2011 年金融市场不确定性增加，紧缩政策对银行保险业产生巨大冲击，资本市场波动剧烈。在此背景下，中粮集团金融业务秉承"风控优先、稳健为主、稳中求胜"的原则，以农业金融—农业供应链模式推广及产融结合等举措拓展农村金融业务。截至 2011 年底，中粮集团在黑龙江省设立 5 家村镇银行，资产总额超过 12 亿元，涉农贷款超过 72 亿元，旗下信托/基金涉农业务金额 16 亿元，以上合计惠及农户超过 20 万户。

3. 加快自主研发创新，支撑全产业链战略落地。

2011 年，中粮集团继续大力鼓励下属企业勇于创新，积极应用先进技术，提升本企业的自主创新水平。各项投资项目通过先进工艺、设计、设备、技术的引进及推广，技术水平得到很大提高。在技术创新方面，中粮集团收获一批具有自主知识产权的新技术、新工艺、新设备，改进和优化生产工艺，提升产品得率和生产效率，促进节能降耗和安全生产，提升集团生产技术水平。代表性技术创新成果有无菌小麦加工技术、小麦粉散装发放系统、气浮法提高蛋白粉收率技术、木薯燃料乙醇成套技术、蒸谷米水热处理自动化控制系统集成、低温升碾米技术、农药多残留检测技术平台、番茄及其制品的农药多残留检测方法、国家标准《大米》(GB1354—2009)等。

【走向海外】 截至 2011 年底，中粮集团净资产达 838 亿元人民币，其中，境外企业持有的净资产 486 亿元，占比达 58%。中粮集团境外资产主要集中于中粮香港，作为投资和股权管理平台，中粮香港本部的资产总额为 191.7 亿元，截至 2011 年底，中粮香港下属共有各级各类公司 470 家。其中，直接持股的子公司 54 家，间接持股的各级各类子公司 416 家。

2011 年，中粮集团在科学分析国际国内资源分布和粮油市场发展趋势的基础上，明确中粮集团的"走出去"战略定位为"积极稳妥推进供应链全球布局，适当掌控海外粮源，保障国内粮油供给，助推全产业链战略落地，加快实现国际水准"。2011 年 7 月，中粮集团投资 9.5 亿元人民币，成功收购澳洲 Tully 糖业公司 98.82%股权，迈出食糖产业国际布局的坚实步伐。中粮集团收购的 Tully 糖业公司(Tully Sugar Limited)位于昆士兰州 Tully 城，在澳大利亚昆士兰州北部产区，是澳洲第四大糖业公司，也是澳洲食糖产量最大的单一糖厂。

【人才队伍建设】

1. 完善经理人管理制度，推进经理人选聘任用体系建设。

根据中央要求，结合"全产业链"战略落地的需要，制订出台《中粮集团经理人管理办法(试行)》以及《中粮集团经理人公开招聘实施细则(试行)》《中粮集团经理人竞聘上岗实施细则(试行)》《中粮集团经理人组织选拔工作实施细则(试行)》三个配套文件。组织实施人才发展工作者培训，增强各级经营单位对《中粮集团经理人管理办法(试行)》的深入理解。通过《办法》的出台，集团经理人管理的规范性、科学性再上新台阶，选人用人满意度进一步提升。

2. 完成集团五年人才规划，统筹推进四支人才队伍建设。

在人才规划试点工作的基础上，制定出台集团层面的五年人才规划，推动一、二级经营单位编制完成本单位人才规划，全面盘点集团人才队伍现状，理清人才工作与"全产业链"战略要求之间的差距，提出"提升人才效能、激发组织活力，全面塑造人才国际竞争力，为建设具有国际水准的全产业链粮油食品企业提供坚强人才保障"的五年发展目标。未来五年，中粮集团将实施"高层次经理人素质提升计划"、"晨光计划”、“百名工厂厂长/利润点总经理培养工程”、“十百千技术人才培养计划”、“千名专业精英工程”、“千名营销精英工程”以及“万名高技能人才培养工程”等七项人才工程，重点建立关键岗位管理体系、健全人才专业化发展机制、优化人才配置机制和创新人力资源工作机制，统筹推进集团经理人、营销人才、专业技术人才、高技能人才四支队伍建设。

3. 完善培训体系，系统推进经理人教育培训工作。

紧紧围绕解决“全产业链”战略落地的重大问题与核心能力，系统完善地开展并提升集团培训工作。

一是力求科学性，抓好晨光计划培养。组织完成晨光计划一期运营模块、价值模块以及决策模块的课程学习，开发并实施主题案例（P&G 宝洁）课程的学习，组织赴美研修，组织完成“区域战略与产业园模式”的团队学习。

二是力求系统化，抓好课程开发。建立以“五步组合论”为理论框架，以领导力模型为主要内容，以团队学习为主要方式的培训体系。围绕打造“全产业链”战略所需核心能力，开发 15 门核心战略领导力课程，如《中粮领导力》《一把手角色》《构建组织》《激励人才》《消费行为与新产品开发》《公司价值创造与评价》等；积极提炼集团内部优秀管理实践，完成 10 门中粮管理实践课程的开发；以领导力模型为基础，逐步积累中粮基本领导力课程。

三是体现差异化，抓好培训项目。全年针对不同需求组织各类培训项目 16 期，培训人次 1000 余名。针对解决集团重大战略问题和推动业务发展，组织区域战略、B2B 大客户营销、B2C 渠道整合等业务发展领导力项目；针对转型及特定范围经理人，组织基础领导力和利润点（工厂）总经理综合管理培训；针对全产业链核心能力，组织运营领导力培训；根据业务发展需要，推动对重要经销商和重点客户的培训。

【党建工作】 2011 年，中粮集团纪检监察工作坚持以邓小平理论和“三个代表”重要思想为指导，以科学发展观为统领，围绕“打造国际水准全产业链粮油食品企业”目标，继续推动惩防体系建设深度落实，严格党风廉政建设责任制，加强重点领域、重要环节和重大项目监察，为集团全产业链发展战略和“十二五”规划落实提供坚强保证。

1. 服务企业发展战略，检查整改工作坚强有力。

深刻领会中央对国有企业改革与发展的一系列指示要求，强化大局意识，找准工作定位，监督检查工作的服务保证职能得到进一步强化。

一是落实中央巡视组反馈意见积极推动整改工作。针对中央巡视组的反馈意见提出的四方面主要问题和五条工作建议，提出 7 个方面共 29 条具体整改措施，

二是针对突出问题着力抓好专项治理。按照国资委统一部署，对中央投资的 38 个项目和 2008 年以来投资额在 3000 万元以上的 200 多个工程建设项目进行全面自查，对 6 个一级经营单位的 25 个工程建设项目进行重点抽查，并对检查出的 11 个方面 84 个问题进行整改。

三是围绕加快转变经济发展方式认真开展效能监察。2011 年，先后对在建的 132 个项目招标方案和 34 个项目招标情况说明进行审核备案；对 640 多个项目标段的招标活动实施现场全程监督，基本实现对集团投资项目招标监督的全面覆盖，有效防止腐败问题发生，促进成本降低、效益提高。

2. 注重夯实工作基础，组织建设取得重大进步。

认真贯彻中央《关于加强和改进中央企业和中央金融机构纪检监察组织建设的若干意见》，结合中粮实际研究提出具体实施方案，督促各业务单元加紧落实，并进行严格检查。从检查的情况看，进展顺利，成绩斐然。

一是组织机构基本覆盖。截至 2011 年 11 月，中粮集团所有一级经营单位均健全纪检监察机构；52 个党委，均设立纪委；581 个党总支、党支部，均设有纪检委员。纪检监察岗位人员由年初 37 人增加到 286 人，每个业务单元层面均设有纪检监察岗位，每个利润点均设有纪检监察人员，基本做到全覆盖。

二是人员培训得到加强。采取定期培训、送学培训、以会代训等方式，提升纪检监察人员专业素质。集团召开以“战略引领、风险导向、健康中粮”为主题的审计监察年会，对审计监察工作如何适应形势，更好地为企业发展战略服务进行深入探讨，有效增强纪检监察人员的工作能力。

三是工作流程进一步规范。针对新进纪检监察人员猛增的实际，组织编写《中粮集团纪检监察工作手册》，明确企业纪检监察工作的任务、程序和要求。各经营单元以建立健全纪检监察岗位为契机，制定纪检监察机构工作职责，完善《违纪案件举报投诉工作流程》《反舞弊工作条例》《经理人廉洁谈话制度》《信访举报工作办法》《查办案件工作办法》《党风廉政建设责任制考核办法》等一系列工作制度和流程，为纪检监察工作顺利开展提供有力的制度保证。

【信息化建设】 为使信息化充分发挥业务支撑的作用，满足中粮集团全产业链的发展需要，2011 年，中粮集团首次全面启动并深入开展集团信息化规划“水晶球”工程。该工程的启动对加快集团信息化建设步伐，推进集团 IT 核心应用系统建设起到重要作用。

2011 年持续推进的 IT 规划项目涉及下属部门和单位 277 个，对 745 人次进行深入访谈，制定集团总部与 10 个二级单位共 11 个子项目 IT 战略规划，明确中粮集团信息化建设方向。

在应用层面，制定横向集成、纵向贯通的信息系统建设蓝图及 5 年建设规划，规划涵盖集团战略、管理和运营三个领域核心能力的 12 大共性系统，并制定中粮集团信息化建设项目实施的总体计划；在管控层面，梳理和设计集团的 IT 治理和管控体系，从管控模式、流程制度、审计评价、绩效考核、组织人员等五方面提升现有 IT 管理水平。

在中粮集团 IT 战略总体规划的指导下，以集团统一平台、统一建设、全线贯通、分层应用、集中部署为建设原则，集团信息化建设的步伐加快。截至 2011 年底，含集团总部在内的多家单位依据规划内容陆续展开系统建设工作。集团开展决策支持系统速赢项目初期工作，该系统将使战略执行与业务运营得到透明化、数字化和结构化展现；重构规范办公管理流程和业务管理流程的统一协同办公平台，建立集决策支持、行政办公、内部信息和系统应用的统一共享门户；集团一些业务单位深入调研内部资源协调与业务整合的需求，从建立强有力的信息化组织入手，大力推进本单位信息化建设，并为适应集团业务发展的新需求，对现有财务管理系统进行更新改造，加强管控；个别业务单位还适时启动 ERP 系统建设项目，为业务流程的标准化、规范化发展奠定良好基础。

【履行社会责任】 2011 年，中粮集团积极参加对外捐赠，共计 5130 余万元。其中救济性捐赠达 1103.64 万元，公益性捐赠 3717.562 万元，其他捐赠 309.795 万元。

中粮集团在援疆、援藏方面贡献突出。2011 年，中粮集团出资 3000 万元援建伊犁州霍城县麻杆河水库(二库)，为新疆实现跨越式发展履行社会责任。中粮集团援藏资金从过去每年 500 万元提高到 800 万元。中粮从 2002 年 6 月起开始援助西藏山南地区洛扎县，累计援助资金 5345 万元，有效促进当地基础设施改善与经济发展。

（撰稿人：谭　帅）

中国五矿集团公司

【基本概况】 中国五矿集团公司(以下简称“中国五矿”)是一家国际化的金属矿产公司，秉承“珍惜有限，创造无限”的发展理念，致力于提供全球化优质服务。中国五矿主要从事金属矿产品的勘探、开采、冶炼、加工、贸易，以及金融、房地产、矿冶科技等业务，经营范围遍布全球 26 个国家和地区，拥有 17 万员工，控股 9 家境内外上市公司，总资产达 2421 亿元。2011 年，中国五矿实现营业收入 3552 亿元，利润总额 127.65 亿元，世界 500 强排名跃升至 228 位，在其中金属类企业排名位居第六。

【主要指标】 2011 年，中国五矿着力转变发展方式、调整优化产业结构、不断提升发展质量，取得“十二五”开门红，生产经营业绩再创辉煌。实现营业收入 3552 亿元，同比增长 39.71%。利润总额 127.65 亿元，同比增长 98.47%，净利润增长 97.78%。已缴税费 100 亿元，同比增长 72%。圆满完成国资委各项考核任务，在中央企业年度业绩考核中连续保持 A 级。企业总资产上升至 2421 亿元，同比增长 21.77%，净资产上升至 633.42 亿元，同比增长

20.13%。流动资产周转率2.75次，较上年提高0.05次。净资产收益率20.23%，较上年提高4.14个百分点。资产负债率73.83%，继续保持合理水平。实现EVA29.3亿元，较上年增长2.84倍。

【改革发展】 2011年，中国五矿各主营业务实力日益壮大、效益稳步提高，金属矿产核心主业与新兴主业优势互补、密切协同的局面进一步巩固发展；国内外“两个市场”并重，海外企业结构更为合理，国内重点区域和关键产业领域的布局不断加强；着力推进科技创新，全年科技研发投入超过11亿元；持续优化重点商品产业链，价值链关键环节突出显现：统筹制定钨商品发展战略，整合钨精矿、硬质合金生产和贸易渠道，促进钨资源价值回归，规模经营达到规模效益。加强稀土分离应用领域高技术企业的布局，顺利实现从下游应用产品向上游资源开发的辐射延伸，同时着手组建五矿稀土有限公司，稀土商品一体化整合迈入全新阶段。巩固锑产品研发优势，通过控股产业链关键企业打通上下游，成为全球锑工业的领导者。不断完善产业综合服务体系，进一步增强企业整体竞争优势：黑流中心围绕终端实用户强化服务，在西北、东北等地增设8家分销网点，有序推进上海、兰州、无锡、东莞四个物流园项目，为客户和经销商提供物流、招标、融资、保险等一站式综合服务；金融中心努力开拓金融特许业务，新获多项业务资质，参与发起设立的安信基金顺利开业；地产中心及时调整区域布局，非限购城市土地储备由上年的45%上升至55%；鲁中矿业与长沙矿冶院整合内部矿山机械业务，共同组建五矿重机（莱芜）有限公司，增强矿山综合配套能力。

【重大项目】 中国五矿通过整装勘查和收购重组，获得粤东北稀土探矿权和湖南省唯一的永州稀土采矿权，取得稀土资源领域的可喜突破。获取辽宁陈台沟铁矿，并通过增资扩股、收购国内矿业公司股权，使铁矿资源量快速大幅增加。中国五矿还与加拿大世纪铁矿加强合作，成功介入世界级的拉布拉多成矿带勘探。

【走向海外】 中国五矿充分利用资本平台，通过五矿资源成功向香港资本市场配售7.6亿股新股，融资5亿美元，完成集团公司规模最大的资本市场股本融资；加强专业化资本运作，按照国际通行方式向加拿大上市的Equinox铜业公司发起收购，虽因竞价超出我方估值主动放弃，但理性的商业行为和成熟的市场运作，扩大了集团公司在西方发达矿业市场的影响，在国际上树立了中国公司的全新形象；充分发挥MMG海外资源开发和资本运作专长，成功发起对澳洲、加拿大两地同时上市的Anvil公司要约收购。

【重大创新】 中国五矿的有色业务将传统贸易优势嫁接到生产企业，利用市场波动控制运营节奏、发挥渠道优势提高产销效率，通过贸易与生产的融合发展使经营收益成倍增长；黑色流通业务瞄准细分市场，根据客户需求完善营销策略，集成供应、工程配供、加工配送等业务快速增长，铁矿石混配中心等物流资源平台成效初显；金融业务不断探索信托、租赁等业务模式，快速培育出新的效益增长点；五矿营钢引进管理服务，全面优化生产流程和经营模式，同比增利超过7亿元。

【党建工作】 认真贯彻十七届六中全会精神，加强社会主义核心价值观教育，持续推进企业文化发展；将纪念建党90周年与创先争优结合起来，评选表彰优秀共产党员和优秀党务工作者。组织广大党员缴纳特殊党费、捐助爱心包裹，创新党建工作的内容和形式，增强党组织凝聚力和战斗力；开展廉洁教育、强化履职能力、深化专项治理，深入推进惩防体系建设，促进党风廉政工作不断融入经营管理。

【信息化建设】 中国五矿着眼于集团公司管理创新和生产企业管理变革，启动实施V5三期工程，推进信息化管理向现代企业IT治理转变。大力提升决策支持效率，无纸化办公系统如期顺利运行；圆满完成11万员工的个人基本信息分类采集并进入系统，为搭建全球化人力资源管理的信息平台奠定坚实基础；财务报送平台成功上线，进一步强化财务集中管控；建立邯邢矿业地质资料数据库，加快数字化矿山进程；夯实门户网站及视频会议等信息化基础，全面加强信息安全管理与保障。

【履行社会责任】 严格按照国家环保标准，建设“绿色矿区”，促进和谐发展。编制发布《中国五矿2010年可持续发展报告》，并在全球率先采用最新

ISO26000 标准，首次编制发布《中国五矿 2010 年可持续发展(澳洲)报告》，分获联合国全球契约组织典范报告"特色风格奖"和"优秀创新奖"。充分发挥挂职干部作用，扎实开展援疆援藏和对口援青、定点扶贫工作，累计向社会捐助资金 3440 余万元。中国五矿的社会影响和美誉度持续上升，被国资委评为"中央企业优秀社会责任实践奖"，并被联合国全球契约组织评为"环境先锋企业"。

(撰稿人：张佳音)

中国通用技术(集团)控股有限责任公司

【基本概况】 中国通用技术(集团)控股有限责任公司(以下简称"中国通用技术集团"或"集团")成立于 1998 年 3 月，是由国务院国资委履行出资人职责、中央直接管理的国有重要骨干企业。集团主业包括装备制造、贸易与工程承包、医药、技术服务与咨询、建筑地产等五大板块，具有较强的集成服务能力和资源整合能力，是我国最大的先进技术装备引进服务商、最大的轻工产品和医药保健品进出口商、最大的移动通信终端产品分销与服务商，同时是我国重要的装备制造商、国际工程承包商、医药生产与供应商、技术服务与咨询商、建筑地产商。截至 2011 年底，集团拥有境内全资子公司 14 家，控股子公司 18 家；境外机构 59 家，其中集团直属的 14 家，由子公司管理的 45 家；在岗职工总数 42310 人。

【主要指标】 2011 年，集团整体呈现良好发展态势，主要经营指标再创历史新高。全年实现营业收入 1298.46 亿元，首次跃上千亿元台阶，同比增长 38.4%；实现利润总额 37.61 亿元，同比增长 19.2%；实现净利润 29.24 亿元，同比增长 18.3%。截至 2011 年底，集团资产总额 952.99 亿元，所有者权益总额 282.25 亿元，资产负债率 70.38%，整体财务状况安全稳健。

2011 年中国通用技术(集团)控股有限责任公司主要经济指标

项　目	2010 年	2011 年	比上年增长(%)
资产总额(亿元)	810.05	952.99	17.7
所有者权益(亿元)	248.36	282.25	13.7
营业收入(亿元)	938.38	1298.46	38.4
利润总额(亿元)	31.56	37.61	19.2
净利润(亿元)	24.71	29.24	18.3
归属于母公司所有者的净利润(亿元)	21.93	26.56	21.1
技术开发投入(亿元)	5.7	10.0	75.4
净资产收益率(%)	10.3	11.1	增加 0.8 个百分点
总资产报酬率(%)	5.0	5.23	增加 0.23 个百分点
国有资本保值增值率(%)	109.9	110.6	增加 0.7 个百分点

【改革发展】 2011 年，面对复杂多变的国内外宏观经济形势，集团以科学发展、转型升级为主题，以转变方式、提质增效为主线，进一步深入实施转型升级战略，经营业绩继续保持较快增长，整体实力跃上新的台阶，改革和发展实现新的突破，在建设具有国际竞争力的科工贸一体化大型企业集团征程上迈出更加坚实的步伐。

加大重组联合力度，加快产业结构调整。按照转型升级战略确定的方向和原则，集团完成与北京机床研究所的重组联合，该所于 2011 年底以无偿划转形式加入集团。北京机床所是我国机床行业规模最大的综合性技术研究所，其加盟将进一步提高集团装备制造板块的研发水平，并可通过与集团现有装备制造和技术贸易企业的协同发展，在高档数控机床和关键功能部件领域加快打造科工贸产业链，形成显著产业优势。在子公司层面，相关企业通过投资并购积极向科工环节渗透，不断提升关键能力。中国医药以增资扩股方式实现了对新疆天山制药的绝对控股，为打造甘草全产业链、发展现代中药产业打下坚实基础；中纺院成功收购河北纺织建筑设计院，进一步完善业务资质，在化纤装备工程领域形成集技术研发、聚合、纺丝工程设计总包、装备制造为一体的完整产业链。

推动中汽院改制上市，健全现代企业制度。集团所属中国汽车工程研究院有限公司（以下简称“中汽院”）是国家一类科研院所，主要从事汽车产品研发、试验研究、质量监督检验和技术服务，具有重要的行业地位和良好的发展前景。为进一步转换经营机制，促进企业发展，集团公司积极推动中汽院的改制上市工作。经过不懈的努力，2011 年 11 月，中汽院 IPO 申请获证监会发审委审核通过，预计 2012 年上半年完成上市发行。

稳步推进产业整合，提高主业集中度和竞争力。一是着力推进医药板块整合。为消除同业竞争、减少关联交易，集中资源加快融资滚动发展医药产业，集团对医药板块两家上市公司中国医药和天方药业进行整合，以实现医药资产整体上市，打造医药产业统一的经营和资本运作平台。重组预案获国资委和上交所同意并公布，正在上报证监会审批。二是对广告展览业务进行整合，将集团直属中国国际广告公司的全部资产、人员整体划入中国邮电器材集团。三是继续推进大宗资源性商品业务整合，将集团直属境外机构南非公司划归轻工公司管理。四是推动战略业务单元建设。集团启动轻工公司通用国际、机械公司能源工程等战略业务单元建设，为把相关业务培育成为国内一流乃至具有国际竞争力的优势业务奠定了良好的基础。

全面加强基础管理，提高发展质量和效益。一是大力实施战略管控。集团修订《战略管理办法》，加强对战略实施重大问题的研究和监控管理，推进集团发展规划全面落实。二是健全完善运营调度制度。集团发布实施《运营调度管理办法（暂行）》，以制度的形式加强对经营管理的监督、协调和调度；打破板块、公司格局，从业务形态角度对集团主要业务进行分类，增强了运营分析报告的科学性、准确性。三是狠抓“减应收、压库存、控费用”工作。利用季度调度会进行重点调度，对应收款项、存货和成本费用实行预算管控，强化关键环节控制，完善对应收账款、存货和费用管理的长效管控和考核奖惩机制，集团整体应收款项、存货规模增长得到有效控制，周转效率不断提高，资产质量进一步优化。四是拓宽融资渠道，优化资金结构。进一步深化银企合作，丰富授信品种，2011 年落实银行授信额度 900 多亿元；积极扩大直接融资比例，成功发行 20 亿元五年期中期票据。五是改进完善绩效管理。集团修订完善《绩效评价管理办法》并颁布实施。新办法突出年度预算与中长期规划的全面衔接，进一步加大经济增加值（EVA）的考核力度，充分体现行业对标、分类考核的评价原则，以及关注企业自身发展和对集团整体贡献度的考核指导思想。六是扎实推进全面风险管理。组织二级单位深入开展重大风险识别和报告披露；严控投资规模和高风险业务，加强对外投资和重大业务决策阶段的风险评估；建立重大风险监控预警系统，启动“总闸门”预警机制，按月对现金流、资产负债等指标和大宗商品、大额赊销等风险进行监控预警；颁布集团《全面风险管理暂行规定》，制定工程项目风险评估框架，尝试开展投资项目风险量化分析和廉洁风险识别工作。七是积极开展压缩管理层级和清理处置低效非主业资产工作。集团制定工作方案及配套办法，提出三年工作目标和措施，2011 年完成清理处置项目 50 多个，取得初步成果。八是切实抓好安全生产和节能减排工作。集团从构建和完善安全环保管理体系入手，加强对重点企业安全环保工作检查和督导，安全生产形势总体平稳，节能减排主要监测指标基本控制在计划范围内。

【重大项目】 2011 年，面对内需不振、外需收缩、成本持续上涨、资金面日趋紧张的不利环境，集团始终把抓大项目、关键项目作为全年工作的重心，进一步加大市场开发力度，取得重要成果。中国邮电器材集团销售手机 4500 万部，继续保持行业领先地位；轻工公司资源板块实现营业收入 204 亿元，同比增长 98%；新兴集团新签合同总造价 200 亿元，同比增长 18%，其中在建中央国家机关及部委工程 31 项，包括全国人大常委会会议厅改扩建工程、人民日报社综合业务楼等重点工程；技术公司进口新签合同稳步推进，其中 1000 万美元以上项目 20 个；通用咨询公司大力开拓咨询业务，承担重庆轨道交通融资咨询等重要项目；哈量集团高端数控刀具销售收入同比增长 46%，产品结构进一步优化；中汽院汽车检测业务新签合同额 4.2 亿元，同比增长 120%；中纺院大力开拓化纤装备制造及工程服务业务，新签合同达20亿元，在手合同和执行项目均创历史新高。

在向市场抓大项目的同时，集团还着力加大技术改造投入，走内涵式发展道路。2011年，集团技术研发和装备制造板块企业支出技改及固定资产投资额5亿多元，占当年集团固定资产投资总额的57%；支出股权投资额1.87亿元，占当年集团股权投资总额的1/3以上。中汽院新总部基地项目2011年完成投资2.4亿元，噪声震动和电磁兼容试验楼、碰撞试验楼、产品研发中心楼等主要建筑主体结构完成施工，2012年底前将可投入使用，从而大大提升该院汽车产品研发设计和试验检测能力；中纺院在天津武清开发区投资建设新材料试验基地，2011年已完成投资1.5亿元，该项目的实施将推动中纺院加快提升其新材料技术集成创新能力，并为相关科研成果的产业化提供支持；哈量集团投资8000万元开发的数控螺旋锥齿轮机床项目2011年已完成大部分投资，该项目将研发和生产具有国际先进技术水平、能够替代进口的数控磨齿机、铣齿机、检齿机等系列产品；齐二机床重型数控多工位压力机产业化项目，将引进并消化吸收德国汉克公司先进设计和制造技术，从而有力提升重型数控机床产品的生产制造能力和水平。这些投资对相关科工企业优化产品结构，提高产品质量与工艺技术水平，推进转型升级、提质增效发挥了积极作用。

【走向海外】 集团从战略高度积极推进国际市场开发，不断做大东南亚、南亚传统市场，巩固西亚、中亚市场，重视欧洲、北美市场，进军非洲、南美市场，构筑市场开发的梯次格局。

加大非洲、南美等新市场的开发力度并实现重要突破。集团主要领导率团出访重点国别，推动在手重点项目的开发。抓住加纳总统访华、加纳政府拟同中国金融机构开展资源换工程业务的机会，集团成功与加纳能源部签署一揽子合作意向书，机械公司快速推进加纳铁路项目，技术公司跟踪开发水泥厂等项目，真正做到规模开发和整体开发。中国医药开拓南美市场取得重要突破，与委内瑞拉签署62亿元的医疗物资紧急采购项目合作协议。

2011年，集团海外工程及大型成套设备出口项目再创佳绩，全年签约合计金额62.12亿美元，其中1亿美元以上的大型项目6个。技术公司成功开发越南海阳2×600MW燃煤发电厂项目，机械公司联合阿尔斯通公司签约马来西亚百万千瓦级燃煤电站项目。

【科技创新】 2011年，集团召开首次科技工作会议，制定"十二五"科技发展(创新)规划，明确集团科技发展的方向和重点。出台鼓励科技创新的若干政策，首次拿出8000多万元专项资金对子公司科技工作予以扶持和奖励，调动子公司及广大科技人员进行科技创新的积极性，带动子公司科技投入的增加。

加强科技创新平台建设，健全完善研发体系。中汽院申报的"替代燃料汽车国家地方联合工程实验室"获得国家发改委批准；北京机床所的加入为集团增加2家国家级研发机构。截至2011年底，集团共拥有国家级研发机构10家、省部级研发机构17家、国家级检测/计量机构5家、博士后工作站6个。

科技创新取得一批新的重要成果。2011年，中汽院代表集团正式加入中央企业电动车产业联盟，并承担了电动车联盟标准体系建设和4项共性技术研发任务；齐二机床"重载高速主轴温升控制装置"和"滑枕镗铣头主轴自动调整装置"项目获第二十届全国发明展览会金奖；哈量集团"H350G数控螺旋锥齿轮磨齿机"获科技部等四部委颁发的"国家重点新产品"证书和黑龙江省机械工业科学技术一等奖；北京机床所"五轴联动精密电火花加工技术及装备"获中国机械工业科学技术奖一等奖；中纺院"低温短流程聚酯工艺装备和技术"项目获石油化工行业科学技术一等奖，"一步法异收缩混纤丝产业化成套技术与应用"项目获纺织行业科学技术一等奖；医控公司依巴斯汀固体口服制剂及制备方法获国家发明专利证书；济南院"基于地面冷却散热的煤矿井下集中式水冷降温系统研究与开发"项目获2011年山东省科技进步二等奖。

依靠科技创新和产业化，集团拥有一批具有较高技术含量和附加值、在细分市场处于领先地位的主导产品，主要包括：超精密数控车铣床产品国内市场占有率100%、重型镗铣床30%、量仪产品46%、化纤长丝纺机65%、更昔洛韦制剂50%、林可霉素35%、人凝血酶原复合物30%等。

【信息化建设】 2011年，集团紧紧依靠信息技术推进集团精细化管理、经营模式创新和风险管控，促进风险信息融合，切实保障信息系统安全稳定运行。

一是开展管理信息系统建设。完善集团经营调度和重大风险监控系统，深入开展全集团人力资源管理信息系统项目建设工作，建设集团集成办公系统，整合各类信息资源，支持集团决策、总部纵向管控和管理现代化。二是开展各业务板块信息化建设。以支持产业升级和能力提升为核心，围绕产品研发设计、生产组织、电子招标、大宗商品业务和分销物流等重点业务推进系统建设工作，开展或完成的应用系统优化、升级和建设项目达50余项。三是加强集团和二级公司网站群建设。通过各层级企业网站建设，大力促进集团对外宣传和业务协同，集团被国资委评为网站建设A级企业。四是加强各项信息安全建设。开展网络安全一期工程建设工作，强化信息系统等级保护工作，加强二级公司信息安全管理，最大程度地预防突发事故和减少事故造成的危害。

【党建、企业文化、履行社会责任】 2011年，集团各级党组织紧紧围绕集团主题主线、年度中心任务和党建工作要点，注重实效、狠抓落实，各项工作扎实推进。认真学习贯彻胡锦涛总书记“七一”重要讲话精神和党的十七届六中全会精神，热烈庆祝中国共产党成立90周年；深入开展创先争优，“为民服务创先争优”活动取得实效；进一步加强学习型党组织建设，集团党组中心组学习经验在国资委推广；全面落实党风廉政建设责任制，深入推进惩防体系建设。

扎实推进企业文化建设。制订《集团企业文化建设实施纲要2011—2013年》；举办集团首届企业文化活动月，确定8家企业作为首批企业文化建设示范单位；大力开展企业文化宣贯，组建集团企业文化宣贯讲师团，编写宣讲教案，深入基层宣讲21场次，累计1925人次参加培训。

认真履行社会责任。集团积极做好援疆、扶贫工作，2011年全年总计捐款396.11万元，其中，向集团定点扶贫的托克托县、武川县资助80万元，向新疆巴楚县通用技术职业学校捐资100万元；向中国疾病预防控制中心捐款100万元，其他社会捐赠116.11万元。

2011年，集团荣获“‘十一五’中央企业节能减排优秀企业”称号，中技招标公司成功承办2011年绿色产业博览会，技术公司、机械公司获得对外承包工程企业社会责任金奖。

（撰稿人：冯　赫）

中国建筑工程总公司

【基本概况】 2011年，中国建筑工程总公司（以下简称“中国建筑”）面对全球金融危机持续蔓延带来的不利局面，沉着冷静，积极采取应对措施，化危为机，逆势而上，规模和效益均创出历史新高，主要财务指标均创历史同期最好水平，综合实力进一步增强。2011年，中国建筑的社会评价和品牌美誉度进一步提升。在财富全球500强企业排名中，中国建筑名列100位；在国资委央企负责人经营业绩考核中，中国建筑再次被评为A级企业。

国家游泳中心（水立方）获国家科学技术进步一等奖，广州西塔智能化平台及模架体系获国家科学技术发明二等奖，荣获鲁班奖13项、参建奖22项，詹天佑奖4项，继续领先行业创优水平；各设计院共获得国优金奖1项，银奖4项。2011年中国建筑共获得授权专利637项，其中发明专利151项。

中建三局党委作为央企唯一一家代表，荣获“全国先进基层党组织”称号；中建八局、四局（总部）、三局一公司、三局二公司、三局总承包公司、二局上海（沪）荣获“全国文明单位”称号。中国建筑的代表、“大姐书记陈超英”先进事迹经中央主流媒体宣传后，中央政治局常委贺国强、中央政治局委员张德江、王兆国相继作出向陈超英学习的批示，由此标志着陈超英典型从中国建筑走向全国。

【主要指标】 2011年，中国建筑新签合同额约9307亿元，增长16.1%。实现营业收入4828亿元，增长30.3%。实现营业利润251.6亿元，增长33.9%。利润总额达到258.9亿元，增长31.8%。实现净利润192.4亿元，增长30.7%。百元产值管理费为2.31元，同比降低0.17元。

房建业务。房建业务新签合同额7223亿元，增长 14.2%。其中包括一批重大工程项目：660 米高的深圳平安国际金融大厦、606 米高的武汉绿地中心、530 米高的广州东塔、468 米高的重庆瑞安超高层项目等。初步统计，全国 300 米以上的超高层地标性建筑中，90%以上由中国建筑承建。同时，中标大项目占比进一步提高，境内平均单项合同额为 2.23 亿元，同比提高 54.9%；境外平均单项合同额为 5.1 亿元，同比增长 68%。

海外业务。在国际市场风云变幻的大环境下，中国建筑海外经营仍然保持了较好的发展。海外业务新签合同额全年新签合同额 460 亿元，同比增长 7.6%，实现营业收入 281 亿元。中建阿尔及利亚分公司签约的 15 亿美元的嘉玛大清真寺项目，是 2011 年度国际承建市场上单体合同额最大的公建项目。

房地产业务。中国建筑在严酷的市场环境下，审时度势，把好风险防控，整体发展规模再创历史新纪录。中国建筑地产业务房地产销售额达 891 亿元，增长 33.2%；销售面积 700 万平方米，增长 7.5%。销售额和销售面积分别占全国商品房销售额和销售面积的 1.5%和 0.6%。全年新增土地储备约 2167 万平方米，年末拥有土地储备约 6194 万平方米。

中海地产全年销售面积 558 万平方米，实现销售额 866 亿港元、利润总额 142 亿港元，同比分别增长 29.0%、2.1%。中海地产连续八次蝉联“中国房地产行业领导品牌”与“中国蓝筹地产榜首企业”；根据专业机构评估，中海地产品牌价值达 246.87 亿元，位居行业第一。

中建地产积极开展区域化重组，实现了合理控制开发节奏，着力提高产品品质，稳步扩大土地储备的效果。全年销售面积 142 万平方米，实现销售 155 亿元、利润总额 15 亿元，同比分别增长 86.7%、42.3%。2011 年，中建地产首次入选“中国房地产品牌价值排行榜第五名”，品牌价值 70.53 亿元。

勘察设计业务。中建设计集团在 2011 年 ENR 排名中，列第 67 位，较上年提升 4 位；位列全国民用建筑设计企业首位。全年新签合同额 77 亿元，增长 31.4%；实现营业收入 53.4 亿元，增长 40.1%。经营业绩再创历史新高。中国建筑西南设计研究院常州市体育会展中心项目，获得全国优秀工程勘察设计奖金奖；中国建筑西南设计研究院汶川县第二小学项目、中国建筑西北设计研究院银西安市浐灞生态区行政中心项目、中国建筑西南勘察设计研究院中国第二重型机械集团热处理车间新增设备基础基坑支护工程项目，获得全国优秀工程勘察设计奖银奖。此外，获得工程勘察设计行业优秀工程勘察设计奖一等奖 7 项，二等奖 9 项，三等奖 15 项。

基础设施业务。在市场投资大幅下降的严峻形势下，中国建筑坚持优质履约、积极加强成本和效益核算，强化品牌和信用建设，创新融资建造模式，开创了业务新局面。全年新签合同额 1207 亿元，增长 21.7%；实现营业收入 581 亿元，增长 14.2%。年末，基建业务待施合同额 1670 亿元，增长 71.5%；营业利润 36.2 亿元，增长 43.5%。

【改革发展】

1. 集团管控向纵深推进。

中国建筑以“央企一流、行业排头”为目标，编制完成“十二五”发展规划。进一步加大总部能力建设力度，通过整合监督资源，新设立监督委员会。风险管理向纵深推进。健全海外风险管控制度，建立资金预警评估机制，强化法务评审等。审计价值增值作用日益显现，以“重点突出、重视整改”为重点，使内控测试真正成为提升管理和完善控制的有力手段，相关工作得到国企监事会的高度认可。

2.“五化”策略向纵深推进。

“专业化”做强做优势头强劲。2011 年各专业公司继续保持良好的发展势头，中建安装、中建设计、中建装饰全国行业排名第一；中建钢构和中建商砼跻身行业前列；中建电力向电建全产业链的服务商和发展商方向推进，尽管受到日本 3·11 福岛事件影响，仍然成功中标辽宁红沿河核电厂二期 5、6 号机组常规岛土建工程。中建筑港成功开拓新的施工专业领域，水工项目新签合同额超过 30 亿元。钢结构加工基地、幕墙加工厂、石化设备制造厂、半潜驳施工船等在内的多项重大固定资产投资项目上马，为提升专业公司的竞争力提供了有力支撑。

“区域化”向纵深推进。中国建筑组建东北、西北、西南区域总部，三大区域“区域化”步骤加快。地产业务区域化方案开始实施。投资区域化成果初显，投资集中度大大提高。

三是"标准化"向纵深推进。中国建筑以实施《项目管理手册》为抓手，制定更为详细的项目管理标准化达标及实施考核办法，推进"质量、工期、成本、安全、环保"等多项目标的集成管理和综合控制，项目管理体系不断完善，项目管理水平得到有效提升。在全国工程建设优秀项目管理成果的评价中，获得一等奖13个，成为行业获得一等奖最多的企业。

四是"信息化"向纵深推进。中国建筑总部正式成立信息化管理部，归口统一管理全系统信息化工作。新改版的中国建筑网站在国资委考评中跃升为A级。集成OA系统、档案系统、人力资源系统、项目管理系统，实现了总部办公流程化、网络化，提高了文件阅批效率，完成了视频会议系统高清改造及扩建工作。同时，完成中国建筑财务统一门户的建设工作，整合八套财务系统，在完成南洋公司、刚果(布)、柬埔寨、中建新疆建工财务系统建设工作后，财务系统基本覆盖中国建筑海内外单位。

五是"国际化"向纵深推进。2011年，中国建筑海外业务取得多项突破。与加纳政府签订21亿美元东部走廊项目的商务合同，标志中国建筑在我国政府优买优贷以及出口买方信贷项目上实现新收获；美国公司总承包额超过19亿美元巴哈马大型海岛度假村项目的实施，开创了中国建筑企业在北美融投资带动工程总承包的先河；南洋公司在新加坡获得两个地铁项目，实现了土木工程的重大突破；刚果(布)国家1号公路项目1期工程的通车，被刚果(布)最大的报纸《布拉柴维尔快报》称为："中国人能够在原始森林里修筑出这样的一条公路，本身就是一个真正的奇迹。"

3. 创新发展模式向纵深推进。

城市综合体建设模式深入推进，逐步趋于成熟，并取得较好的社会经济效果，城市综合建设部2011年实现净利润3.7亿元。全系统实施51个BT项目、2个BOT项目、8个融投资带动总承包项目。在内地主要从事BT业务的3311，成为连续三年获得"杰出承建商奖(建筑)金奖"的承建商。

中建设计勘察企业在做强做大传统设计勘察主业的同时，积极拓展业务新领域也有新进展。直营总部城市规划设计业务实现了新突破；各设计院积极打造以设计为龙头的产业链有新实践、新收获。

创新融资模式有序推进。2011年在贷款难、融资难的形势下，中国建筑成功发行7年期中期票据60亿元、5年期中期票据40亿元。同时加强与国内外大型保险公司、信托公司、基金等金融机构的合作，多渠道寻求融资模式创新。

【人力资源】 中国建筑"十二五"规划中提出"专业化、职业化、国际化"的"三化"人才发展策略，坚持"以人为本、关注个体"的人才理念，积极营造海纳百川、追求卓越的氛围，广泛吸引凝聚海内外各类优秀人才，通过员工本地化和国际化，优化人才队伍结构，创造了多元和谐的企业文化。同时积极推进考核评价、职业生涯设计和教育培训的三个全员覆盖，打造公司与员工共同成长的平台。人才结构进一步优化，员工学历层次明显提高，大学专科以上学历的员工占比达69.9%，同比提高2.8个百分点；员工平均年龄呈同比下降趋势，30岁以下员工人数由上年的46.7%提高到49.7%。

截至2011年底，中建总公司自有职工169890人，其中，具有高级专业技术职称人员13359人。中建总公司现有中国工程院院士和全国工程勘察设计大师8人，有突出贡献的中青年专家5人，享受政府特殊津贴专家195人，英国皇家特许建造师119人，一级注册建造师6209人，一级注册建筑师和一级注册结构工程师1089人，高级工以上人员8120人。2011年招收高校毕业生19190人。

【党的建设】 中国建筑在开展创先争优活动中，以庆祝建党90周年为主题，以"央企一流、行业排头"为目标，以"十百千工程"为重要举措，把工期、质量、技术、安全和人才建设的创优作为创先争优工作的具体内容，广泛开展"双标共建(项目管理标准化、项目党建标准化)"、"三联建"(联合党支部、联合工会和联建团支部)、"三号联创"(党员先锋号、工人先锋号、青年文明号)、"四联创"(创优、创新、创业、创效)等活动，涌现了一大批"创先争优做先锋，立足岗位做贡献"的先进典型。南京南站项目部把创先争优活动与劳动竞赛紧密联动，同规划、同部署、同启动，把创先争与工期、质量、安全、环境、成本和技术创新"六位一体"目标有机融合，取得了显著成果。中国建筑隆重

续表

项　目	2010 年	2011 年	比上年增长(%)
技术开发投入(亿元)	3.44	1.39	59.59
利税总额(亿元)	70.15	87.28	24.42
应交税金总额(亿元)	69.42	83.76	20.66
全员劳动生产率(万元/人·年)	27	32	18.52
净资产收益率(%)	6.81	8.80	增加 1.99 个百分点
总资产报酬率(%)	5.08	5.84	增加 0.76 个百分点
国有资本保值增值率(%)	105.31	105.77	增加 0.46 个百分点

【改革发展】 2011 年,国投集团以科学发展为主题,扎实推进"六大战略"(区域战略、协同战略、节能环保新能源战略、"走出去"战略、一流战略、人才战略),有效实施"两调两强",提出并积极推动"六个转变",主要经济指标创下历史新高,国投集团改革发展迈上新台阶。国投不断推进集团化、专业化、差异化和精细化管理,完善管理制度,优化管理流程,调整管理要素,狠抓各项管控制度的落实,经营秩序更加规范,管理工作更加扎实有效。建立符合法人治理结构要求、适应投资控股公司特点的董事会运作制度,为国投集团稳健发展提供体制机制保障,建设规范董事会工作取得重要成果。根据国投集团内外部经营环境的变化,总部各部门按照定位,修订完善投资决策流程,调整补充子公司和控股投资企业管理要素,进一步明确总部、子公司和控股投资企业的管理责任,并组织开展覆盖全部控股企业的管控调研,有效提高国投集团企业的规范化管理水平。各子公司按照专业化管理的要求,完善组织机构,充实专业力量,规范管理流程和制度体系。各成员企业不断创新,扎实工作,降本增效,通过签订委托管理协议,进一步落实专业化管理责任,精细化管理水平不断提升。一年来,各成员企业高度重视安全生产工作,继续深入开展"安全管理年"活动,国投集团安全生产基础进一步巩固,继续保持安全稳定的经营局面。

【重大项目】 截至 2011 年 12 月 31 日,国投实业净资产 788 亿元,占全部净资产的 92%;实业板块为国投贡献利润 110 亿元,占全部利润的 116%。电力投产及在建电力装机合计超过 3300 万千瓦。全年完成发电量 981 亿千瓦时。雅砻江流域梯级开发顺利推进,世界上埋藏最深、综合规模最大的锦屏水工隧洞群提前 6 个月贯通,官地水电站大坝混凝土全线浇筑到顶,桐子林电站大江截流,两河口等中游电站加快施工准备,雅砻江上游建设管理局成立。酒泉、张家口等新能源项目顺利投产。晋城热电建成投产,伊犁热电核准开工。新疆哈密能源年产 1200 万吨特大型井工矿奠基建设。昔阳白羊岭煤矿等项目建成投产。年产 500 万吨的新集口孜东矿即将转入试运行。陕西李家河矿业公司注册成立,新增煤炭资源储量 5 亿吨。国投集团煤炭资源总储量达到 251 亿吨,投产及在建规模 3653 万吨。交通板块全年完成货物吞吐量 1.8 亿吨,同比增长 28%。曹妃甸续建、京唐港扩能顺利推进,湄洲湾煤码头、海南孚宝油码头相继开工,国投集团运营及在建港口吞吐能力达到 3 亿吨。蒙冀铁路实现增资,湄洲湾铁路支线完成股权受让,国投集团参与投资建设的铁路总里程超过 1600 公里。国投罗钾销售硫酸钾 111 万吨,同比增长 37%,成为全球最大的硫酸钾生产基地。国投中鲁销售果汁 9.1 万吨,成为国内最大的浓缩苹果汁生产商。亚普公司销售汽车油箱 440 万只,成为全球第四大汽车塑料油箱生产商。国投海运交付新船 2 艘,"国投 001"轮实现远洋首航,国投集团投产及在建的航运能力达到 112 万载重吨。国投信托加大创新力度,丰富信托产品,成功推出房地产股权信托、保障房信托、葡萄酒财产管理型信托等产品;设立上海分支机构,年末管理资产规模 386 亿元,较年初增长 54%。国投瑞银成功迁址上海,为加快发展创造条件。国投集团企业在国投财务公司开户 189 家,较年初增加 22 家,归集资金 145 亿元,较年初增长 45%,有力地支持了成员企业的发展。中投保改制为中外合资企业后,治理结构和管理方式发生了根本改变,担保规模实现较大突破,全年新增担保额 574 亿元,增长 212%。国投期货连续两年获评为 A 类期货公司,引进战略投资者和增资工作取得突破。锦泰财险当年开业,当年保费过亿元。中成集团塞内加尔国家剧院、牙买加会展中心等项目年内竣工移交，获得了所在国政府的充分肯定。牙买加、贝宁、马达加斯加等糖联投资租赁经营业务实现较快发展。电子工程院自主设计的日产千吨级海水淡化实验装置研发成功。高新公司按照新的战略定位拓展业务，全年新增创投项目17个。

【走向海外】 2011年，国投"走出去"业务取得重大突破，设立融实国际控股有限公司，搭建海外投融资平台，完成对神特全球资源四号基金的投资。积极推进缅甸农业综合开发、印尼镍矿、印尼水泥厂、哈萨克斯坦钾肥等项目的合作。国际贸易、国际工程承包稳步发展。亚普公司致力于打造具有国际竞争力的汽车燃油系统供应商，继印度、澳大利亚建厂之后，俄罗斯工厂一期工程顺利投产，捷克项目进展顺利，产品规模稳居亚洲第一、全球第四。

【重大创新】 国投集团各成员企业积极开展自主创新活动，全年申请专利74项，获得授权专利60项。国投罗钾荣获第十三届"中国专利优秀奖"。国投北疆两项科技成果获得中国电力科学技术成果一等奖。国投罗钾承担的国家科技项目通过验收。高新凯特被认定为"国家级高新技术企业"。国投郑州能源科研项目荣获河南省科技成果一等奖。二滩大坝荣获"国际里程碑混凝土坝工程奖"。电子工程院获全国优秀工程咨询成果一等奖、中国土木工程詹天佑奖。国投北疆发电厂一期工程、国投小三峡乌金峡水电站荣获"中国电力优质工程奖"。国投信托再获"最佳艺术品投资信托计划"奖。

【党建工作】 2011年，国投以纪念建党90周年为契机，以创先争优活动为重点，加强领导班子建设、作风建设、廉政建设、学习型组织建设和员工队伍建设，为国投集团科学发展提供有力保障。深化创建四好领导班子活动，进一步加强各级领导班子建设，修订完善党组工作规则，党组和领导班子进行调整补充，领导班子的知识结构、年龄结构更加合理，国投集团各级领导班子在政治素质、经营业绩、作风形象、团结协作上有了进一步的提高。深入开展创先争优活动，把活动目标与"两调两强"、"六个转变"相结合。不断加强反腐倡廉建设，把制度建设作为惩防体系建设的重点工作，制定、修订党风廉政建设8项制度，健全廉政工作机制，部署自查和整改，开展党务公开工作，落实"三重一大"决策制度。进一步加强企业文化建设，以国投展室为平台，宣传展示国投发展的辉煌历程。为员工办实事送温暖，开展员工文体活动，做好离退休员工的服务工作，国投集团凝聚力进一步增强。

【信息化建设】 2011年，国投信息化工作按照"两调两强"、"六个转变"工作部署要求，以规划为导向、业务需求为驱动、测评为手段，继续推进国投集团信息化建设，有效落实国投集团信息化总体规划，完善信息化管理制度，积极推进应用系统建设，有效加强服务保障，进一步强化集团化管理，获国资委中央企业信息化水平评价A级。

【履行社会责任】 2011年，国投集团全面贯彻国务院节能减排工作会议精神，牢记中央企业的社会责任，高度重视节能减排工作，编制完成节能减排规划，分解下达节能减排指标，落实节能减排责任。全年共开工污染治理项目19项、节能技改项目60项；万元产值综合能耗同比下降7.6%；供电煤耗325.8克/千瓦时，同比下降1.2克，相当于节约标煤7.58万吨、减少CO_2排放约19万吨。国投集团积极开展扶贫、援助和社会公益活动，全年捐款1674万元。圆满完成援疆工作任务，对改善当地教育、卫生条件起到重大的作用。荣获中国扶贫基金会"2011年度公益爱心奖"。党群工作部被国务院扶贫开发工作领导小组评为全国扶贫开发先进集体。

（撰稿人：谭丰华）

招商局集团有限公司

【基本概况】 2011年，招商局集团有限公司（以下简称"集团"）各级管理人员和广大员工面对严峻复杂的外部经济形势，认真贯彻"规模、质量、效益"均衡发展的指导思想，围绕集团新十年发展的总体战略部署，紧扣创新跨越主题，强化战略管控，推进变革与管理，抓好各项经营工作，集团在总体上保持业绩平稳增长，一些重大战略部署也在逐步推开，取得新十年发展的良好开局。

【主要指标】 集团盈利继续稳定增长，创造历史新高，全年实现利润总额236.85亿元（人民币，下同），增长8.8%；经常性利润224.22亿元，增长11.6%；净利润200.99亿元，增长6.9%，首次迈上200亿元的台阶；母公司净利润138.13亿元，增长13.4%；营业收入首次突破500亿元，增长15.7%。集团母公司净资产利润率达14.85%，总资产报酬率达7.89%，保持在较高的水平。

按国务院国资委发布的统计信息，集团在各央企中母公司净利润排名第八位。

2011年招商局集团有限公司主要经济指标

项　目	2010年	2011年	比上年增长（%）
资产总额（亿元）	3242.99	3423.12	5.6
所有者权益（亿元）	1418.9	1587.1	11.9
营业收入（亿元）	444.15	513.79	15.7
利润总额（亿元）	217.78	236.85	8.8
净利润（亿元）	188.10	200.99	6.9
归属母公司所有者的净利润（亿元）	121.77	138.13	13.4
技术开发投入（亿元）	1.63	1.46	－10.4
利税总额（亿元）	267.35	318.99	19.3
税收贡献（亿元）	49.57	82.14	65.71
母公司净资产收益率（%）	15.36	14.85	减少0.51个百分点
母公司总资产报酬率（%）	8.04	7.89	减少0.15个百分点
国有资本保值增值率（%）	120.08	114.99	减少5.09个百分点

注：利税总额＝利润总额＋税收贡献；税收贡献为经营活动现金流出项目“支付的各项税费”。

【改革发展】 产权管理方面，集团继续推进产权管理信息化建设，着手修订、完善集团相关产权管理方面的规章制度，按照国资委的要求推动境外国有产权管理；开展产权价值分析研究，初步建立集团产权价值分析体系框架，并在11个单位开展产权价值分析试点，取得预期成效，受到国资委的高度肯定；积极推进集团产权整合和资产优化，年内完成13个资产优化项目，回收资金24438万元。

人才队伍建设方面，集团对蛇口工业区等6家一级企业的领导班子进行调整，将一批较为年轻的干部提拔到公司主要领导的岗位，优化领导班子结构，增加领导团队的活力。

对高管队伍进行调整，特别是加大总部与下属公司之间、下属公司与下属公司之间的高管交流力度。全年共调整高管人员45人，另有二级单位主要领导31人进入集团高管序列。

进一步加强对高管人员的管理和培训。修改《招商局集团高级管理人员管理规定》，修订《招商局集团副职领导人员业绩考核评价办法》，编制《招商局集团基层主要领导三年培训计划》，按计划举办有关培训。

为培养、储备各方面的专业人才，建立一支可持续发展的人才队伍，集团研究提出《招商局集团高级技术专家队伍建设工作思路》，制定《关于加强招商局集团技能人才队伍建设的指导性意见》。

在激励机制的建设上，认真执行国资委的有关工资总额管理要求，制定完善有关方案。同时，在外包工的管理上总结、推广典型经验。

【重大项目】 2011年，集团共完成投资81亿元。

集团主导建设、运营的斯里兰卡科伦坡港南集装箱码头BOT项目顺利开工。漳州招银港区8号、9号、10号泊位基建工程进展顺利。

再造新蛇口的标志项目——太子湾片区综合项目顺利开工，海上世界综合体项目工程进展良好。青岛软件园和中欧城等区外产业园区项目正常推进。

招商地产新增土地9幅、289万平方米（我方权益233万平方米），总地价107亿元（我方权益地价86亿元）。

漳州开发区完成征地报批面积总计1681.36亩，完成造地面积1291.45亩。厦漳大桥和双鱼岛建设按工期稳步推进，原水工程接近竣工。四区配套设施正在加紧施工，路易达孚等临港工业项目动工建设。

招商银行通过A＋H配股方案，拟融资总额约350亿元。集团全年增持招商银行917万股。

招商轮船新接收3艘散货轮、2艘超级油轮，新增运力114万载重吨。2011年船舶建造总投资16.77亿元。

招商物流网络布局进一步完善，2011年开工在建仓库面积27.5万平方米，竣工面积23.2万平方米，共经营仓库面积超过100万平方米，同比增加40%，其中自建仓达到56.6万平方米。同时，投入8002万元，完成对道达尔所持招商燃气长江项目的股权收购。

【走向海外】 由集团主导建设、运营，投资超过5亿美元的斯里兰卡科伦坡港南集装箱码头BOT项目顺利开工。此项目是集团继收购澳洲路凯、参股尼日利亚码头项目后的又一项重要的海外投资。由于此项目直接由招商局国际持股85%，主导建设、运营，且规模较大，对于集团积累国际化投资、运营经验，锻炼培养国际化经营人才队伍，都有标志性的意义。其他海外港口投资项目也在积极推进。

【重大创新】 蛇口工业区迈出转型发展、再造新蛇口的重要一步，确定新的公司定位，调整形成新的组织架构，推动标志性项目太子湾的开工建设，丰富集团地产业务板块的内涵。

招商地产在创新产品线上，在布局三四线城市、发展商业地产方面做出了探索。

漳州开发区在发展宜居宜业海滨城区的新定位下，积极调整开发思路，加强社区的管理，提升城市的配套水平，丰富社区文化生活，开始逐步凝聚人气。

在产融结合的探索上，集团推动招商局资本的筹建工作，公司注册完成，管理团队逐步搭建形成，公司的战略定位、业务方向与管理流程等基本明晰。各项基金组建工作加紧推进，全年集团共发起设立各类基金4个，新募承诺金额89.02亿元，已募集到账金额21.09亿元。其中与新疆生产建设兵团合资设立的中新建招商股权投资基金目标总额100亿元，已承诺金额75亿元(兵团50亿元，集团25亿元)，另拟向社会募集25亿元。

招商轮船创新与大货主的合作模式，向中国石化、中国人寿、中化集团3家央企定向增发股票，募集资金28.9亿元获批准。

重庆交科院在BT业务的拓展上迈出较大的步伐。

物流集团指定专门领导、设立专门部门推动创新业务，网络布局延伸到了新疆、贵州等欠发达地区。

工业集团海工业务成功承接海外订单，走向国际市场，具有标志性意义。

海通公司成功地拓展应用前景广阔的压载水处理设备代理业务。

【党建工作】 各级单位深入开展了一系列各具特色的“创先争优”活动。集团总结近年来开展惩防体系建设的经验，形成惩防体系基本框架，涵盖30个关键环节和重要岗位以及98个风险点，完善184条预防措施。严格执行廉政建设责任制，并进一步加强廉洁从业教育。组成专项工作小组，对基层单位开展效能监察。在社会参与上也做了多项卓有成效的具体工作。

【信息化建设】 集团以“规划、规范、建设、安全”为重点，做出集团整体信息化工作部署。推进了集团数据中心及一些应用系统的建设。初步完成集团信息安全体系的规划工作。与中国电信和中国联通建立信息化战略合作关系。各一级公司也积极制订、建设各板块信息化规划和业务系统，进一步提高信息化应用水平。

【履行社会责任】 集团对定点扶贫县贵州威宁开始转变扶贫方式，由救济式扶贫转变为开发式扶贫，启动“四个一”项目(即建设一个幸福小镇、建立一个物流基地、举办好一个培训班、协助引进一批投资项目)。招商局慈善基金会全年公益支出人民币1106万余元。集团还专门成立援疆领导小组致力产业援疆。

集团履行社会责任的两项案例获评中央企业优秀社会责任实践奖，集团还首次荣获由社会权威媒体评选的“2011年中国最佳企业公民大奖”。

【其他情况】 集团召开首次企业文化建设工作会议，总结过去10年集团在企业文化建设上所取得的成绩，表彰企业文化建设的先进集体和个人，全面分析集团新时期企业文化建设所面临的新形势新挑战新要求，明确新时期集团企业文化建设工作的总体思路，制订颁布《招商局集团新时期企业文化建设指导意见》，发布集团首份企业文化手册《百年商道》，初步完成集团企业文化体系的梳理、完善，为集团新时期发展打下坚实的文化基础。

(撰稿人：郭　秀)

请参加了联合国全球契约。集团“薪火相传”案例入选《2011年中央企业优秀社会责任实践》，2011年被国务院扶贫开发领导小组评为全国扶贫开发先进集体、被云南省评为“十一五”期间年度社会扶贫先进集体。

集团坚决履行央企的政治责任和社会责任，承担起“在商言商、在商言政”的双重使命，维护“一国两制”，积极参与社会活动，支持香港特区政府依法施政。2011年港中旅3位员工成功当选香港区议员；10位员工成功当选特首选委会委员，分别约占选举席位总数的1%，为维护香港特区的繁荣稳定作出实质性贡献。

【节能减排】 港中旅积极履行节能减排公民责任，进一步加大节能减排的投入，从组织管理、责任考核、技术改造等多方面入手，完善“三大体系”建设，全面落实节能减排工作。钢铁板块一系列重大节能项目建成并投入使用，提高了整体能源利用水平，通过节能技改项目的引进，二次能源效率得到进一步提升，有效降低了消耗。珠海海泉湾旅游度假区完成广东省重点节能示范工作，节约能源费用上百万元。全年集团没有发生一起环境污染事故、环保违法事件与污染物超标排放事故。在2011年5月国资委举行的中央企业节能减排工作大会上，集团荣获“十一五”中央企业节能减排优秀企业奖。

（撰稿人：詹婵娟）

国家核电技术公司

【基本概况】 2011年3月发生的日本福岛核事故给全球核电发展带来巨大冲击，对我国核电发展产生重要影响，也给国家核电技术公司（以下简称“国家核电”或“公司”）经营带来较大压力。面对困难复杂局面，公司周密部署、积极应对，实现公司“十二五”发展的良好开局。

AP1000自主化依托项目建设总体可控，工程已不存在颠覆性因素；与西屋公司共同开展针对福岛事故条件下AP1000核电厂设计评估，评估结论表明了AP1000非能动安全技术的先进性、可靠性；AP1000技术引进全面进入技术的消化吸收阶段；国内制造企业的技术能力和管理水平明显提升，设备国产化取得新突破；CAP1000标准设计的初步设计已经完成；大型先进压水堆重大专项CAP1400核电站初步设计基本完成；示范工程具备开展前期工作条件；核电软件国家重点实验室挂牌，国核科学技术研究院组建，上海发电设备成套设计院整体划入，公司科技创新能力和产业配套能力进一步增强；国家批准的60亿元新增资本金中，首批30亿元资金已经到位；国核财务公司挂牌营业；整体上市准备工作按计划推进；公司资金实力和投融资能力进一步加强。

特别要指出的是，福岛核事故发生后，国家核电第一时间启动应急响应，密切跟踪事态发展，及时组织专家到主流媒体解读事故，安抚公众恐慌和疑虑情绪，得到了新闻媒体的好评和公众的认可；同时迅速联合西屋公司开展福岛事故条件下AP1000核电厂的设计评估，验证了AP1000技术的先进性，凸显三代核电自主化工作的重要性。

【主要指标】 尽管受到日本福岛核事故影响，公司仍然全面实现2011年度生产经营目标，完成国资委下达的考核指标。2011年末，公司资产总额189.17亿元，比上年末增长24.68%，负债总额93.68亿元，比上年末增长3.02%，所有者权益95.49亿元，比上年末增长57.08%。2011年，公司实现主营业务收入80.57亿元，比上年同期主营业务收入67.4亿元增加13.17亿元，增长19.54%；实现利润总额6.85亿元，比上年同期增长32.62%。

2011年国家核电技术公司主要经济指标

项　目	2010年	2011年	比上年增长(%)
资产总额(亿元)	151.73	189.18	25
所有者权益(亿元)	60.79	95.49	57
营业收入(亿元)	67.66	80.97	20
利润总额(亿元)	5.17	6.86	33
净利润(亿元)	4.24	5.18	22

续表

项　目	2010 年	2011 年	比上年增长(%)
归属于母公司所有者的净利润(亿元)	3.17	4.39	38
技术开发投入(亿元)	11.23	12.04	7
利税总额(亿元)	8.36	9.59	15
应交税金总额(亿元)	4.12	4.41	7
净资产收益率(%)	7.42	6.63	减少 0.79 个百分点
总资产报酬率(%)	3.66	4.10	增加 0.44 个百分点
国有资本保值增值率(%)	106.77	108.47	增加 1.7 个百分点

【改革发展】 围绕发展战略开展收入分配管理工作，积极推进以“薪酬总量为前提、岗位价值为基础、优化结构为重点、绩效考核为核心”的收入分配体系建立，初步建立多维度的薪酬管理体系。推行工资总额预算管理制度，进一步强化人工成本控制；加强对所属单位工资总额支付情况跟踪控制，确保工资总额支出在国资委批复预算范围内；优化岗位薪酬体系，不断改善人工成本投入结构；坚持薪酬对标管理，稳步推进收入分配市场化；建立工资晋升机制，激发员工积极向上的内生动力。

国家核电从公司总部和所属单位两个方面大力推进绩效管理体系建设，形成覆盖全员的绩效管理体系。对所属单位，2011 年初签订《国家核电技术公司 2011 年绩效目标责任书》，通过“指标考核”和“现场考评”两部分内容开展绩效考核工作。对公司总部、各部门与总部考评工作小组共同制定部门绩效目标，并以此作为考核部门各项工作的主要依据。员工从业绩和素质两个维度，进行 360°考核。

【重大项目】 2011 年，按照国家核电“十二五”规划要求，全面落实公司“十一五”产业配套规划，认真谋划“十二五”产业配套布局。积极利用国内外资源，通过无偿划转、兼并重组、合资合作等方式，实现业务板块的快速发展。重点开展仪控业务、锆材业务等业务重组，取得阶段性成果，并在设备研发和鉴定领域取得重大突破，为企业优质发展提供优势资源。完成产业布局的几项重点工作：组建财务公司，上海成套院无偿划转，成立国核(北京)科学技术研究院，整合国内核级锆材产业平台。

重大科研开发取得进展。国家核电承担国家科技重大专项课题 28 个，总经费 81497 万元；省部级科技计划课题 6 个，总经费 1284 万元。

完成 CAP1400 初步设计，设计目标满足福岛核电站事故后国际国内对沿海和内陆核电厂址的最新要求。完成 CAP1400 六大项关键试验课题的试验方案，实验台架均已开工建设，水分配实验台架建设工作完成。国核自仪和马丁公司合作完成保护系统平台 NUPAC 初步设计和原理样机研制。确定了以 SupMax—2000 为基础研发电站控制系统平台的技术方案。完成 CAP1400 屏蔽电机泵的方案设计。与上海电气—凯士比签订 CAP1400 湿绕组主泵研制合同，完成主泵基本设计预评审，主泵试验台开工建设。

AP1000 核岛设计技术、设备设计技术、钢制安全壳等课题完成主要研发任务。AP1000 数字化仪控技术等消化吸收工作取得较大成效。重大共性技术中，半速汽轮发电机组、超大型冷却塔等课题完成主要研发任务，核电关键软件研制完成年度目标。CAP1700 预研项目按计划完成年度预研工作。

【走向海外】 不断跟进全球先进核电技术，加强与国外技术原创方在资本、技术、市场等多个层面的深度合作。加强与西屋公司的合作，与西屋续签《商用核电业务战略合作框架协议》，将在大型非能动电站开发、后续 AP1000 项目等七大领域开展合作；加强与其他国外相关企业和国际组织的合作。与国际原子能机构(IAEA)、世界核电运营者协会(WANO)、美国机械工程师协会(ASME)保持合作与交流；加快“走出去”步伐，进一步开拓海外市场。国家核电下属国核院和山东院在巴西、南非、印度、印尼以及孟加拉设立办事机构，公司海外市场开发和营销网络初步建立，并与多个国际国内大型电力投资商、总承包商建立合作关系。上海院在完成巴基斯坦恰希玛核电二期的工程设计和设备设计工作的基础上，承担恰希玛二期燃料组件服务合同以及三、四期设计总包项目。在 AP1000 项目上，上海院承担的绍尔公司设计分包工作以及山东设备制造公司承担的 CV 和模块的设备分包工作正在顺利进行。

【重大创新】 发布公司《科技创新体系建设指导意见》，积极推进科技创新技术体系、组织体系、人才体系、制度体系和评估体系建设。发布公司《"十二五"科技发展规划》，提出科技创新的关键技术领域、重点技术任务和保障措施。组建国核（北京）科学技术研究院。所属各单位建立或充实了科研管理职能部门，配备专职管理人员。设立 15 个技术研究中心。组建一批重点实验室和研究中心，其中"国家能源核电软件重点实验室"、"先进核电站常规岛北京市工程研究中心"、"上海市核电工程重点实验室"、"陕西省核级锆材重点实验室"分别获得国家部委和省级人民政府的批准。

公司 2011 年完成的 CAP1400 初步设计是，在消化吸收引进的 AP1000 及其非能动技术基础上进行技术创新和设计。采取降低线功率密度、提高非能动安全系统裕量、抗大型商用飞机恶意撞击等措施，改进 CAP1400 的安全性；增大反应堆堆芯、提高功率、降低单位造价和发电成本，设计考虑核燃料循环利用的 MOX 燃料装载能力，提高 CAP1400 的经济性；采取措施落实放射性废物最小化原则和内陆核电近零排放目标；针对日本福岛核电站事故，采取超设计基准地震和外部水淹的设防强化、72 小时后持续补水和电源保障等增强核安全裕度的措施，从设计上基本上消除需要场外早期响应的大量放射性物质向环境释放的可能性。成员单位山东电力院完成的"外电入鲁对山东电网影响的关键问题研究"课题，被评为山东省科技进步一等奖。对于山东电网引入绿色能源、促进山东经济发展具有重要的意义。

2011 年与其他企业合作创新，三代核电设备国产化工作取得新突破。AP1000 依托项目主管道国产化任务圆满完成，实现全套主管道制造，超低碳充氮不锈钢冶炼、铸锭、锻造、弯管技术均达到世界领先水平；完成世界首个 AP1000 稳压器、堆芯补水箱的制造；成功研制宽幅双相不锈钢板，打破国外的技术垄断。

管理创新。初步形成大监督格局基本框架，实现监督理论创新。国家核电紧密结合实际，坚持"融入中心、服务大局，谁主管、谁负责，突出重点、统筹协调，资源共享、优势互补"的原则，建立"基于风险、突出重点、监管结合、协调一致"的"四纵四横"大监督格局，着力发挥监督整体效能。

大监督格局建设是国家核电领导与员工集体智慧的结晶。创新监督模式，丰富监督理论，理顺职能监督与业务监管的内在联系，形成高效的监督运行模式。

大监督格局的内涵是以纪检、监察、审计、内控与风险管理四项工作统一管理、整体协调为基础，与业务部门有效协同，发挥监督部门在监督过程中实现再管理作用。突出业务部门作为风险管理的责任主体，在业务管控过程中体现监督的作用，实现监督与管理的有机统一。

【党建工作】

1. 党的建设。

基本成绩。一是组织机构健全。公司 14 家所属单位均建立党组织、工会组织、共青团组织。二是队伍成长迅速。公司党群系统专职工作人员近 80 人。这支队伍年轻、有理想、有激情、有追求，爱学习、能创新、善实践，工作能力提高较快。三是制度趋于完善。老单位随着国家核电的成长，不断修正、调整、完善已有的制度体系，更新相关内容。新成立的单位，初步建立党群工作的基本制度，工作的开展得益于有效的制度支撑。四是工作富有特色。各单位围绕中心工作，结合员工队伍实际，开拓思路，探索出许多具有特色、深受广大员工喜爱的工作和活动。五是工作成效明显。公司党群系统专职人员数量相对较少，但承担的工作任务很重，包括党建、纪检、企业文化、工会、共青团工作，也包括思想政治工作、精神文明建设、统战、扶贫等方面工作。

基本经验。一是围绕工作大局，推动公司科学发展。二是建立大党建格局，保障公司快速健康发展。针对公司初创时期的特点，公司党建工作从一开始就坚持整合党建、纪检、企业文化、群团等各方面资源，强调工作方法、活动载体的统筹协调，注重多维度、多方面的融合以形成整体合力。三是构建三和文化体系，引领公司发展方向。“以核为先、以合为贵、以和为本”的三和文化体系，为公司创新创造创业提供强大精神动力。四是坚持以人为本，凝聚广大员工干事创业。

2. 反腐倡廉。按照国资委统一部署，结合国家核电实际，紧紧围绕中心工作，不断深化反腐倡廉建设工作，党风廉政建设责任制得到落实，惩治和预防腐败体系建设稳步推进；反腐倡廉教育逐步深化，领导人员和关键岗位人员廉洁从业意识不断增强；建立健全反腐倡廉基本制度，从源头上防治腐败能力进一步增强；积极开展专项检查和效能监察，保证中央重大决策部署的贯彻落实，促进企业管理水平得到提升，保障国家核电三条工作主线的顺利推进。认真落实党风廉政建设责任制；扎实推进惩防体系建设深入开展；认真组织开展反腐倡廉教育，促进领导人员和关键岗位人员廉洁从业；建立健全反腐倡廉制度；着力开展专项检查工作，促进公司加强管理，规范权力运行；认真开展效能监察和专项治理活动，有效推动企业规范管理。

工作成效。健全机构，完善制度，队伍建设得到加强；规范管理，堵塞漏洞，基础管理工作得到夯实；积极探索，不断创新，监督管控理论和实践得到丰富；强化宣贯，注重教育，廉洁风险意识深入人心。

基本经验。必须坚持党组的领导，得到党组的指导和支持，反腐倡廉工作才能顺利推进；必须坚持围绕国家核电三条工作主线这个中心，工作才有生命力；必须坚持齐抓共管、各负其责的工作机制，大监督格局才能有效发挥作用；必须坚持以人为本，注重预防的工作理念，才能发挥好保护干部的职能。

【信息化建设】 国家核电技术公司紧紧围绕自身的发展战略，按照公司信息化规划和信息化B－A登高计划，努力构建数字化核电，打造信息化企业，提供与世界一流核电公司相匹配的信息化支撑能力。建设以人、财、物为核心的企业资源管理系统，促进了公司经营管理模式的转变，进一步加强集团管控力度。实施核电核心业务信息系统，实现不同单位和不同专业之间的工程协同设计，加强工程（EPC）的进度及费用的精细化管理。通过建设可靠的信息基础设施，具备较强的安全保障能力和运维支持能力，保障信息系统安全高效运行。同步开展信息标准化工作，规范业务流程，逐步统一信息代码，有效支撑信息系统集成和共享。通过信息化的建设和应用，推动管理创新，提升企业精细化管理水平，支撑了公司经营管理决策，增强核心竞争能力。

【履行社会责任】 建立社会责任管理体系。成立公司社会责任工作委员会和办公室，制定社会责任管理办法，形成总部—所属单位两级CSR管理体系。明确社会责任报告编制、社会责任信息报送、社会责任工作日常管理等内容，实现常态化管理。

建立公司特色的社会责任指标体系。明确公司社会责任指标定义、计算公式、责任部门、收集方法，形成公司社会责任指标体系，对标先进企业，不断修订完善。

发布年度社会责任报告。从2011年开始，公司连续发布社会责任报告。制作社会责任年度宣传片，在公司网站开辟公司社会责任专栏。

开展社会责任实践。做好社会责任策划，系统梳理公司经营中设计的关键社会、环境议题，研究国际规范，对标先进、结合实际，制定出改进目标和行动计划，策划相关活动，形成核电产业的影响力。

开展“社会责任日”活动或“社会责任周”活动。公司总部和所属单位联动，结合第三代核电科普，开展社会责任宣传。建设公司社会责任示范基地。开展公司总部员工社会责任知识培训。

开展社会责任工作考评。评选“公司社会责任优秀案例”，树立典范、总结经验、扩大影响。适时评出公司社会责任工作先进单位和先进个人，促进社会责任履责实践和社会责任管理推进工作。

（撰稿人：杨剑非）

中国商用飞机有限责任公司

【基本概况】 中国商用飞机有限责任公司（以下简称“中国商飞公司”或“公司”）是由国务院国资委、

上海市人民政府、中国航空工业集团公司、中国铝业公司、宝钢集团有限公司和中国中化股份有限公司共同出资组建的有限责任公司。2008 年 5 月 11 日在上海揭牌成立。中国商飞公司是实施国家大型飞机重大专项中大型客机项目的主体，也是统筹干线飞机和支线飞机发展、实现我国民用飞机产业化的主要载体。

截至 2011 年底，中国商飞公司总部设有 15 个部门。所属单位主要有上海飞机设计研究院、上海飞机制造有限公司、上海飞机客户服务有限公司、北京民用飞机技术研究中心、上海航空工业（集团）有限公司。设立北京办事处、美国办事处、欧洲办事处。成立上海《大飞机》杂志社有限公司。公司作为第一大股东参股成都航空有限公司。

2011 年，中国商飞公司全力推进 C919 大型客机、ARJ21 新支线飞机研制和公司发展建设的各项工作。C919 大型客机项目通过国家级初步设计评审，转入工程发展阶段。ARJ21 新支线飞机试验、试飞和适航取证工作取得重大突破，完成取得型号检查核准书（TIA）前全部试验试飞任务。公司能力平台建设快速推进，上海地区“一个总部和设计研发中心、总装制造中心、客户服务中心”的战略布局基本形成。人才队伍建设取得丰硕成果，累计引进各类海外人才 669 人，员工数量从组建时的 3800 人增加到 7100 多人。不断探索和完善“主制造商—供应商”模式，基本建成“以中国商飞公司为核心，联合中航工业，辐射全国，面向全球”的民机产业链，带动全国 22 个省市、200 多家企业和 22 所高校参与大型客机项目研制。

【主要指标】

截至 2011 年底，公司资产总额 3415800 万元，较年初增加 132393 万元，增长 4.03%。负债总额 1380140 万元，较年初增加 94917 万元，增长 7.39%。所有者权益 2035660 万元，较年初增加 37476 万元，增长 1.88%。资产负债率 40.40%，较年初上升 1.26 个百分点。

2011 年，公司实现营业收入 418802 万元，利润总额 42687 万元，净资产收益率 1.99%，圆满完成年度预算指标。

2011 年中国商用飞机有限责任公司主要经济指标

项　目	2010 年	2011 年	比上年增长（%）
资产总额（亿元）	328.34	341.58	4.03
所有者权益（亿元）	199.82	203.57	1.88
营业收入（亿元）	27.49	41.88	52.35
利润总额（亿元）	1.98	4.27	115.66
归属于母公司所有者的净利润（亿元）	1.76	4.00	127.27
技术开发投入（亿元）	26.15	39.18	49.83
利税总额（亿元）	2.75	4.98	81.09
应交税金（亿元）	0.24	0.14	−41.67
净资产收益率（%）	0.90	1.99	增加 1.09 个百分点
总资产报酬率（%）	1.64	2.21	增加 0.57 个百分点
国有资本保值增值率（%）	101.39	101.10	减少 0.29 个百分点

【改革发展】

1. 企业产权重大改革进展情况。

（1）规范操作，企业国有产权登记工作逐步规范。

中国商飞公司各所属二级单位发生产权变动后能主动及时办理相应手续，全年办理产权占有、变动和注销登记企业共 8 户。在办理产权登记的过程中，公司认真指导下属单位做好资料的准备工作，既严格把关又人性化操作，尽量做到应登尽登，准确无误。

（2）严格把关，做好资产评估结果备案审核工作。

公司采取邀请招标方式，选聘 6 家资质、信誉和执行水平高的资产评估机构参与公司资产评估项目。公司所属单位在开展评估工作前，必须将拟选聘资产评估机构的情况上报公司，由公司资产评估主管部门统一审核确定后，方可开展资产评估工作。

（3）加强监督，确保产权转让工作“阳光”操作。

公司所属各级子公司的产权转让工作严格按照程序操作，防范国有资产流失。2011 年，公司指导所属上海飞机制造有限公司持有北京银建实业股份有限公司股权转让事项，通过国资委指定的产权交易机构进行阳光交易，转让价格429万元（原出资额50万元）。

2. 人事、分配、考核、薪酬等方面重大改革进展情况。

（1）引进选拔各类人才。

国内选调一批领军人才。在全国范围内，优选调配“两总”系统型号干部、所属单位领导班子和总部部门负责人。累计从国家机关、地方政府、航空航天系统、高校和科研院所多渠道选调近百名技术和管理骨干，成为型号研制和公司建设发展的中坚力量。

内部提拔一批骨干人才。公司建立健全“管理职务序列”和“专业技术序列”，累计提拔使用18名总设计师、副总设计师，“两总”干部均为20世纪60年代出生。拿出ARJ21－700型号副总设计师等岗位开展竞争性选拔，为科技骨干人才的脱颖而出创造条件。公司副主任设计师以上的技术人才队伍已有100多人。

高校招聘一批后备人才。将校园招聘与“中国商飞日”主题宣传活动相结合，选择北京大学、清华大学、北京航空航天大学、上海交通大学、南京航空航天大学、西北工业大学、哈尔滨工业大学等重点院校开展以现场宣讲会、优秀毕业生恳谈会、联谊会以及在校园内设置公司宣传展板为主要形式的“三会一展”校园招聘活动。公司成立以来累计选聘优秀毕业生3000余名，其中博士241名，硕士1137名，联合招收博士后科研人员26名，首批博士后已出站留在公司开展型号研制工作。

海外引进一批高层次人才。作为中央组织部首批确定的海外高层次人才创新创业基地和人才工作联系点，公司加大落实中央“千人计划”工作力度，加快推进海外高层次人才引进“百人计划”，在上海、北京建设互为补充的人才基地，建立与国际接轨的人才管理和科研管理机制，打造振兴我国民用航空产业“人才特区”。累计引进各类海外人才669名，其中海外高层次人才221名，长期聘用专家58名，13人入选中央“千人计划”，3人入选上海“千人计划”。

抓好一流试飞队伍组建。统筹推进试飞员、飞行教员和试飞工程师等特殊专业人才队伍建设，探索建立具有中国特色的国际化民机试飞队伍。探索建立以中国商飞公司为核心、国内外试飞机构和试飞基地广泛协作的“1＋N”民机试飞体系，加大国内外试飞人才引进力度，提高公司自主试飞核心能力。加强试飞人员的培养和试飞队伍人才储备，成功引进8名飞行员，签约3名局方试飞员，并聘用国内主要航空公司的总飞行师为公司专家咨询组专职委员。

（2）巩固提高选人用人工作满意度。

强化选人用人工作制度建设。结合公司干部选拔任用工作实践，查找突出问题，加强制度建设，重点修订完善《境外办事机构人员管理办法》《总部工作人员录用管理办法》和《公司领导干部交流管理办法》；研究编制党委管理干部选拔任用工作流程、总部处级干部选拔任用工作流程；全面梳理干部职务序列，明确总部部门负责人、所属单位领导班子配备原则和比例等。根据中组部、国资委开展的选人用人工作专项检查和民主测评，公司选人用人工作总体“满意率”和“基本满意率”连续两年获得好评。

制定“商飞之星”人才培养行动计划。坚持外部商调和内部调整双管齐下，不断优化队伍结构，提升整体功能，全年共调配公司党委管理干部25人，任命《大飞机》杂志社有限公司、支线项目部负责人，基本配齐总部各部门和所属单位领导班子。同时，在公司所属单位召开3次青年干部座谈会，结合对宝钢、华润、中粮等中央企业开展青年干部培养的调研，制定了“商飞之星”人才培养行动计划，将分别举办管理人才培训班、科技人才培训班，集中培训70后、80后青年管理骨干和科技骨干，准备用5至10年时间滚动储备、培养、选拔一批青年干部人才。

开展竞争性选拔干部工作。公司党委从讲政治的高度，全力配合中组部、国资委、上海市委组织部，做好行业内竞争性选拔总经理的保障、服务和联络工作，确保中央的决策部署得到贯彻落实。同时，组织开展领导班子和干部队伍、人才队伍建设专题调研，制订《关于竞争性选拔干部工作实施方案》，有针对性地拿出党委管理的2个副总设计师岗位和所属单位4个中层管理岗位开展竞争性选拔，营造凭能力、凭素质、凭实绩、凭本事上岗的良好氛围。

面向全球招聘北京研究中心副主任。公司面向全球配置高端人才，对综合素质优秀、专业技术突出的海外人才委以重任。聘任空客技术骨干、中央“千人计划”入选者李东升为上海飞机设计研究院副院长，进一步优化所属单位领导干部队伍结构，提升项目管理能力；按照中组部、国资委全球公开招聘的统一部署，从罗罗公司选拔1名德籍华人王光秋担任中国商飞北京民用飞机技术研究中心副主任，加强民用飞机技术研究的科研管理工作。在中央企业2010年公开招聘高管人员和海外人才集体谈话会上，公司探索“公开招聘＋海外引才”的做法得到中组部和国资委的充分肯定。

健全完善科学化考核机制。公司注重日常考核、年度考核、任期考核和任前考察的紧密结合，建立上级领导测评、同级横向测评、下级民主测评相结合的多维度立体考核评价办法，形成覆盖型号干部、海外高层次人才的全员综合考核评价体系，并把考核结果作为干部选拔、任用、奖惩的重要依据。明确规定干部选拔提名人选年度考核都必须优秀，业绩排名都必须靠前。同时，结合年度考核，公司组织开展所属单位选人用人工作满意度民主测评，满意率和基本满意率达到96.9%。对各单位考核、测评结果，公司党委都进行横向、纵向比较，一对一地从成长轨迹看干部，以群众眼光看干部，靠常态监测看干部，并逐步完善人事相宜的动态调整机制，把最适合的干部人选安排到最能发挥作用的岗位上。

(3)理顺分配激励机制。

抓薪酬体系建设。印发《公司人工成本管理暂行办法》《公司工资总额预算制管理办法》等文件，探索建立统一、科学、规范的薪酬管理体系，研究提出完善所属单位经营业绩考核措施，注重向科研、生产一线倾斜，注重各单位之间的平衡。

抓工资方案设计。为适应公司不拘一格引才用才的发展态势，研究实行协议工资的范围和形式。根据全国职业技能大赛的结果，有选择地推行协议工资制度。此外，针对中航商飞分流和《大飞机》杂志社有限公司组建的特殊情况，解决工资方案、工资结构、工资总额等一系列问题，深化内部收入分配制度改革，规范薪酬科目和列支渠道。

抓企业年金实施。争取企业年金的政策支持，制定公司企业年金方案和总部年金方案实施细则，明确公司企业年金建立的基本思路、重大原则、实施范围和管理模式等内容，并经公司工会代表大会讨论通过。2011年年初，国务院国资委正式批复，原则同意公司企业年金方案并自2010年1月1日起实施。公司总部已正常进行企业年金缴费工作。同时，召开公司所属单位企业年金工作布置会议，做好企业年金建立各阶段任务分解。

抓表彰奖励工作。组织向上级推荐“十一五国家科技计划工作先进集体和先进个人”等奖项。公司有一批先进集体和先进个人获得上级机关表彰。公司主要领导召开享受政府特殊津贴人员座谈会。公司内部紧紧围绕型号研制中心任务开展表彰奖励，共计表彰19个先进集体和82名先进个人。先后组织11批160名基层单位优秀科技和技能骨干到东北和四川疗养。

(4)创新教育培训模式。

拓宽海外人才培养渠道。与美国国家试飞员学院、美国华盛顿大学、加拿大多伦多大学、英国克兰菲尔德大学、法国高等航空航天学院等5所国际知名院校和通用电气公司、联合技术公司、霍尼韦尔国际公司、CFM国际公司等4个供应商制订《2011—2012年人才培养合作计划》，合作内容包括境外中长期培训、境外短期培训、海外博士后招收等多个方面。2011年共选派36名具有培养潜质的青年技术人员赴国外合作院校开展中长期培训，先后分五批共选派112名技术及管理人员赴境外开展专题培训。公司成立以来累计派出260余名技术、技能骨干赴海外学习和培训。

加大内部培训力度。安排民机研制质量管理、民机总装制造生产管理、民机适航管理、大型客机研发设计、大型客机总装制造技术、民机工程维修、大型客机结构及系统等专题培训。依托总部培训基地和三大专业培训基地，开展总师讲坛、职业心理素质培训、新员工培训等项目。初步构建较为系统的关键技术岗位培训课程序列和教材库。2011年，公司共举办培训3326项，培训员工67926人次，培训项目数比上年增长19%，培训人次比上年增长14%。公司成立以来累计培训6709项，149651人次。

加强校企战略合作。2011年，公司向58名优秀毕业生颁发“大飞机奖学金”,与中国民航大学、上海工程技术大学签署战略合作框架协议,“中国商飞北航大型客机高级人才培训基地”在北航挂牌。截至2011年底,公司与清华大学、上海交大等7所院校签订校企战略合作协议,制定2011—2012年人才培养校企合作计划,探索形成符合中国民机产业发展规律的校企合作新路。

2011年,公司员工数量从组建时的3800多人增加到7100多人,具有正高级职称194人,副高级职称432人,专业技术队伍高中初级职称结构比例为17:41:42。公司人才队伍结构进一步优化,初步形成一支甘于奉献、勇于攻关、敢打硬仗的民机人才队伍。

公司在全国人才工作座谈会上作了“围绕国家大型飞机重大专项培养开发青年英才”的交流发言。《纪念中国共产党成立九十周年党建研讨会论文集》《贯彻落实全国人才工作会议精神和人才规划情况简报》《国资委信息》《中央企业劳动用工和收入分配工作会交流材料》等都刊登了公司干部人事工作研究论文和经验交流材料。

【重大投资与项目】

1. 重大投资。

(1)债券投资。

中国商飞公司于2011年3月11日参与上海外滩投资开发(集团)有限公司债券(“11外滩债”)公开发行,购入债券的面值为1亿元,该债券为七年期固定利率债券,附发行人上调票面利率选择权及投资者回售选择权,在存续期内前五年票面利率为6.20%,第五年末发行人可选择上调票面利率0~100个基点,债券信用级别为AA+。

中国商飞公司于2011年4月29日参与深发展混合资本债公开发行,购入债券面值为2亿元。该债券为15年期固定利率债券,附发行人第十年末赎回权,在存续期内前十年票面利率为7.50%,债券信用级别为AA。

(2)成立上海《大飞机》杂志社有限公司。

经中国商飞公司第一届董事会第八次会议审议批准,同意在中国商飞公司新闻中心的基础上组建大飞机杂志社。大飞机杂志社注册资本为人民币500万元,经营范围为期刊报纸出版发行、企业网站信息管理、广告经营、会展业务、文化活动、电视制作和平面设计制作等。大飞机杂志社于2011年11月8日在上海浦东正式揭牌成立。

(3)合资组建伊飞航空管路公司。

伊飞航空管路公司是由中国商飞所属上飞公司和美国伊顿公司下属伊顿(中国)投资有限公司共同投资,于2011年6月28日在上海浦东正式揭牌成立,主要为国产C919大型客机和全球民航市场设计、开发和制造燃油液压管路系统。

(4)成立欧洲办事处并购置房产。

继美国办事处之后,2011年6月19日,中国商飞公司欧洲办事处在法国巴黎正式揭牌成立。经公司总经理办公会决议,购置一套房产用于日常办公与接待。经过比价、考察,购入法国巴黎乔治五世大街21号2楼房产。

2. 重大项目。

(1)ARJ21新支线飞机项目。2011年,ARJ21新支线飞机试验、试飞和适航取证工作取得重大突破,完成取得型号检查核准书(TIA)前全部试验试飞任务。

(2)C919大型客机项目。2011年,C919大型客机项目通过工业和信息化部组织的国家级初步设计评审,标志着C919大型客机项目圆满完成预发展阶段工作,全面转入工程发展阶段,开始详细设计工作,实现年度工作目标。市场营销工作取得重要进展,与四川航空、工银租赁、交银租赁、中飞租赁签署启动用户协议,全年新增订单115架,截至2011年底累计订单215架。

【重大创新】

1. 全面梳理凝练公司创新文化体系。

中国商飞公司在创新文化体系建设方面,提出“通过贯彻一项战略,探索三条路径,打造三个体系,为市场与客户提供具有竞争力的产品与服务,为创建国际一流航空企业提供创新文化保障”。将文化建设与企业管理创新、制度创新相结合,努力实现创新精神和创新理念的固化于制,并渗透于企业管理的方方面面,用制度体现创新理念、用制度强化创新意识、用制度规范创新行为。

2. 积极争取将公司发展重点纳入国家专项规划。

在国家战略性新兴产业论证过程中，加强沟通、主动汇报、反复协调，最终将干支线飞机作为高端装备制造的重要组成部分纳入战略性新兴产业。2011年3月，新型国产干支线飞机作为战略性新兴产业被列入《国民经济和社会发展第十二个五年规划纲要》，新型国产干支线飞机产业化平台列入战略性新兴产业创新发展工程，推动包括民用飞机在内的高端装备制造产业等重点领域跨越发展。

3. 组织调整完善公司战略布局。

按照“主业突出、结构清晰、精干高效”的原则，公司围绕发展战略全力推进改革调整，优化能力结构布局，突出六大核心能力。按照上海地区“一个总部、三大中心”的整体建设布局，公司总部在上海世博园央企总部基地完成选址，设计研发中心落户浦东张江，总装制造中心落户浦东祝桥，客户服务中心落户闵行紫竹科学园区。2011年10月21日，公司客户服务中心与成都市双流县人民政府在成都签署中国商飞客户服务四川分中心项目投资框架协议。2011年11月25日，公司与河北省在石家庄签署战略合作框架协议，客户服务中心与河北省发改委签署《关于推进中国商飞客户服务河北分中心规划建设的合作意向书》，公司客户服务以上海为总部，以四川、河北为分中心的“一点两翼”布局加快形成，公司战略能力布局进一步完善。

4. 带动我国民机产业体系建设。

公司创新体制机制，按照“中国设计、系统集成、全球招标、逐步提升国产化”的思路，积极探索“主制造商－供应商”民机发展模式，举全国之力，聚全球之智，加快提升主制造商能力，加强央企合作、政企合作、银企合作、校企合作，大力推动国际合作。在大型客机项目研制过程中，中国商飞公司通过充分发挥民机主制造商的牵引作用，带动和培育一批国内企业快速成长，全国已有22个省市200多家企业不同程度地参与了大型客机项目研制，进一步提升我国民机产业配套能级。

【党建工作】 公司现有8个党委（包括公司党委、总部机关党委、6个二级单位党委），共有党员3202名，其中公司总部210名，下属单位2992名。

1. 精心组织开展纪念中国共产党成立90周年系列活动，大力宣传党的光荣历史、奋斗历程和光辉业绩。隆重召开公司庆祝中国共产党成立90周年暨创先争优活动推进大会，举办纪念建党90周年新党员和入党积极分子培训班、职工书法绘画摄影大赛、职工党史知识竞赛等一系列主题活动，形成庆祝建党90周年的强大声势。运用《中国大飞机》报、公司内外网、公司手机报三大宣传载体，开辟纪念建党90周年专栏，并在公司《党建思想政治工作简报》《创先争优活动简报》快速刊载活动内容，传播活动信息。公司党委被授予“全国先进基层党组织”荣誉称号。

2. 抓好理论学习和理论武装工作，引导党员干部职工深入学习贯彻党的十七届五、六中全会精神和胡锦涛总书记“七一”重要讲话精神。加强和改进党校培训工作，积极探索干部培训新模式。推进学习型党组织建设，公司被中央宣传部确定为全国重点宣传典型，新华社、中央电视台、《人民日报》等主流媒体先后对公司以学习型党组织建设推动中国民机自主创新和公司科学发展，进行专题报道。

3. 紧密结合两大型号研制和公司发展建设，深入推进创先争优活动。以“攻坚克难创佳绩，创优提速上水平”为主题，以“五创优五提速、弘扬五种精神争做五个模范”为载体，以完成公司全年重点任务为目标，以创优提速承诺计划为抓手，扎实推进创先争优活动各阶段、各环节的工作，大力开展“为民服务创先争优”活动，使创先争优活动的实际成效体现在两大型号研制和公司发展建设中。

4. 积极推进基层组织建设年活动，全面加强基层党组织建设和党员队伍建设。瞄准两大型号研制和公司发展建设重大任务和时间节点，围绕C919大型客机工程研制、ARJ21－700飞机取证交付等中心任务，深入开展“党员先锋工程”、“攻关、创优、保节点”、“型号成功我成才”等立功竞赛活动，持续开展“攻克民机研制难关，推动公司科学发展——十大攻关队、百名示范岗”主题实践活动。通过党员责任区、党员先锋岗、党员品牌工程等载体，推进“四强”党组织、“四优”共产党员创建活动，充分发挥党支部战斗堡垒作用和党员先锋模范作用。

5. 围绕中心抓好载体，深入推进党的建设和思想政治工作保障体系建设。把党建思想政治工作保障体系建设八大要素和十大体系的总体要求，融入到公司两大型号研制和发展建设中心工作中。结合ARJ21－700飞机试验试飞、适航取证的重大任务和重要节点，有针对性地做好思想发动、行政保障、解压解忧等工作，加强外场基层党组织建设和党员队伍建设。组织开展公司党建思想政治工作保障体系建设优秀案例评选活动，举办党建思想政治工作保障体系建设研讨会，积极承担中央组织部、国务院国资委下达的课题研究任务，组织公司党建政研会课题研究工作，推出一批优秀研究成果。

6. 深入开展总部机关作风建设主题活动，加强和谐总部、高效总部、创新总部、一流总部建设。在公司总部机关开展了“改进作风、提高效率、争创一流”主题活动，努力创建“五型”(学习型、创新型、服务型、精益型、节约型)机关，并与开展创先争优活动、学习型党组织建设活动有机结合起来，促进总部干部职工勤于学习、敢于创新、乐于奉献和科学求实、廉洁从业、热情服务，进一步转变工作作风、提高工作效率、树立良好形象。

7. 精心组织策划，做好公司重大活动的新闻宣传报道工作。策划开展一系列思路新、范围大、效果好的重点报道。组织开展公司参加国家“十一五”重大科技成就展、巴黎航展、C919客机启动用户签约仪式等重要活动的对外新闻宣传工作。新华社、中央电视台、《人民日报》等主流媒体对公司的及时报道保证了公司对外信息发布的权威性，为推进型号研制和公司发展建设营造良好舆论环境。

8. 以贯彻落实公司理念系统为契机，进一步推进企业文化建设。举办公司核心理念学习培训班，加强企业文化培训，扎实抓好公司理念系统、视觉识别系统学习宣贯活动。开展公司行为识别系统研究，形成《中国商飞公司基本行为规范体系分析研究报告(讨论稿)》。完善公司子文化建设，完成《质量文化手册》《成本文化手册》的编辑和发布工作，《创新文化手册》《廉洁文化手册》形成初稿。联合专业机构对ARJ21新支线飞机和C919大型客机中文名称征集结果进行分析研究，对公司领导和有关负责同志进行访谈，在此基础上初步形成ARJ21新支线飞机和C919大型客机中文名称分析研究报告。推进上航公司航宇科普中心建设，完成改造工作，成为上海市唯一的航空类科普专题展馆和大飞机展示基地。

9. 以班组建设为重点大力加强工会工作，积极为公司发展建设凝聚力量。抓好班组创优提速承诺活动，组织召开公司班组建设工作经验交流会，评选表彰了30个“翱翔号”、“腾飞号”、“展翅号”班组。推进工会系统创先争优活动，深入开展“干线研制我创优，支线交付我争先”主题实践活动。拓展关爱和服务职工的思路和方式，全年先后4次组织人员到西安试验试飞一线慰问，共慰问1200人次；组织高温慰问405人次。

10. 坚持党建带团建，充分发挥共青团作为党的生力军和突击队作用。继续深入推进“我与祖国大飞机事业共奋进”主题教育活动。以纪念建党90周年为契机，开展“学党史、知党情、跟党走”主题教育，组织青年演讲比赛、红色短信征集活动、青年红歌会。召开公司2010年度“五四”表彰大会暨共青团组织创先争优现场推进会，交流基层团组织开展创先争优活动经验。开展青年创新创业行动和青年成才成长行动和“争红旗，创特色”活动和青春岗位建功行动，激发青年创先争优活力。公司团委被评为2010年度中央企业五四红旗团委、上海市青工系统优秀团组织。

【信息化建设】 公司将信息化战略明确为四项支撑战略之一，将信息化工作作为贯穿产品设计研制、总装制造和客户服务全过程，带动生产经营管理各项工作顺利开展的重要纽带，紧紧围绕“保障型号研制、支撑能力建设、夯实IT基础”三条主线，信息化管理能力和应用水平取得关键重点突破。公司信息化总体水平评价在中央企业中由2008年的46分快速提升至2011年的83.9分，实现三年从D级快速达到B级水平的跨越式发展。

1. 以“两化深度融合”为抓手，加强统筹规划和顶层组织建设。

一是制定信息化工作计划，加强顶层决策和计划管理，通过统一任务来源渠道和统一调配资源，推进信息化规划实施。二是狠抓信息化工作计划的落地实施。坚持“统一规划、统一标准、统筹投资、统筹建设、统一管理”的原则，规范公司信息化项目立项、建设、验收和维护程序，组织制定信息安全、信息化维护和编码等标准。三是加大信息化组织建设力度，设立公司首席信息官(CIO)，完善信息化工作领导机构；加强信息化复合型人才培养和人才引进力度，充实壮大公司信息化工作人才队伍。公司基本形成以组织机构、规划计划、规章制度和标准规范等组成的信息化管控体系。

2. 挖掘信息化建设深度，实施系统整合和业务流程梳理优化，通过信息化支撑并行工程，全力保障产品研制。

在数字化研制设计方面，进一步完善全球协同研制平台，基本建成两型产品单一数据源控制体系。大型客机协同研制及产品数据管理平台（IDEAL）完成阶段工作计划，实现详细设计阶段信息化需求，为大型客机首件开工提供信息化保障，完成第一阶段平台整合，初步实现"统一用户、一个数据、一个应用"管理；通过信息化支撑并行工程和全球协同研制，提高研制效率。ARJ21 支线飞机 CPC 平台完成系统全部功能的迁移与测试工作，正式投入使用，实现支线飞机产品数据的集中共享，初步建成产品单一数据源控制体系。为实现大型客机研制需求的结构化、精确化管理，启动建设需求管理系统，系统投入试运行；试验数据管理系统正式上线运行；ARJ21 试飞规划优化软件自主开发稳步推进，为新支线飞机试飞规划和科目优化提供决策支持。

在数字化制造方面，初步形成全三维数字化制造体系。完成制造构型管理、三维工艺数据管理、工装数据管理以及 MPR（零件状态记录）模块的主要开发工作，IDEAL 平台的 BOM、TO、FO、AO 等模块正式上线，实现了向供应商发放具有成熟度的工程数据；完成大型客机制造执行系统优化和试点应用；完善制造过程质量管理系统，实现中国商飞设计研发中心、总装制造中心与供应商之间 FRR 处理的电子化流转；搭建上飞公司物料编码平台，初步完成主要物料的统一编码工作；进一步完善测量设备管理等系统。

在数字化客户服务方面，初步建成实时、异地、协同的数字化客户服务体系。围绕 ARJ21－700 飞机批产交付并投入航线运行的需求，公司与国际知名咨询机构和实施机构加强合作，发挥好专家的参谋作用，加强培训与交流，加紧客户服务信息化体系建设。数字化客户服务系统（CIS）门户平台上线运行，实现工程技术服务、客户培训、航材支援、技术出版物等方面信息系统与业务相互结合的良好局面。

3. 拓展信息化建设广度，并行推进多项目多领域管理信息化建设，进一步提升公司管控能力。

加强利用好信息化操作并行、数据统一和响应及时等优势，梳理、再造、优化管理流程，全面论证、启动实施了企业资源管理计划（ERP）系统一期、大型客机项目信息管理系统、标准化管理系统、投资管理系统和审计信息化平台；加强研究、建设综合办公系统、档案管理、反腐倡廉系统、在线学习系统、质量管理系统、驻外机构视频系统、基于云架构的统一服务器平台和公司外网邮件系统扩容；总结成果、应用推广人力资源管理系统、财务管理系统、合同管理系统、综合统计管理系统、工程项目建设管理系统、公司门户实施及功能扩充、党群工作部信息平台等。

4. 夯实信息化建设根基，加快信息化基础设施建设，健全公司信息安全防控体系。

一是对标国际一流，全面采用"云计算"、"统一网络"等新技术，完成公司数据中心、异地容灾备份中心和统一网络建设方案编制，加快推进公司新园区信息化基础设施建设。二是完成基于云架构的统一服务器平台建设；初步建成公司驻外机构视频通讯系统；完成公司外网邮件系统扩容及更新，实现公司内外网邮件系统安全互联技术验证。三是实施公司信息安全项目建设，初步建成公司信息安全体系，通过公司信息安全标准统一、技术统一、制度规范统一，维护队伍统一，实现了公司信息安全集中管控，保障了网络及各业务系统的安全稳定运行，核心业务系统通过了国家信息安全等级保护测评，提高防范信息安全事件的能力。四是完成《民机研发软硬件条件保障建设（一期）》主要项目建设工作，初步在北京研究中心科研工作中发挥效果。

【履行社会责任】 2011 年 1 月，中国商飞上海飞机设计研究院团委组织开展"回报社会，送书下乡"活动，发动广大团员青年为贫困地区学校捐赠书籍，共募集各类书籍 720 本，全部捐给贫困地区学校。

2011 年 11 月，中国商飞上海飞机制造有限公司在中层及以上干部中倡议发起"爱幼志愿行动"暨家庭经济困难儿童结对帮扶活动，活动得到广大干部的积极响应。截至 2011 年底，有 129 名中层及以上干部、部分员工以各种方式与132名家庭经济困难在学儿童成功结对。陆续收到141300元助学金。这些助学金分别通过上海市慈善基金会和干部本人探视两种途径向结对儿童发放，全部妥善送达受助儿童手中。

（撰稿人：李志超）

中国节能环保集团公司

【基本概况】 中国节能环保集团公司（以下简称"中国节能"）是国务院国资委监管的唯一一家以节能环保为主业的中央企业，是节能环保领域规模最大、实力最强、最具竞争力的科技型服务型产业集团。截至2011年底，中国节能拥有二级子公司23家，三级及以下子公司227家，上市公司2家，分布在国内20多个省市及境外30多个国家和地区，员工3万余人。

集团前身是中国节能投资公司。2010年3月，经国务院批准，中国节能投资公司与中国新时代控股（集团）公司实施联合重组，公司更名为中国节能环保集团公司，并将中国节能环保集团公司作为重组后的母公司。集团始终专注于节能环保领域，致力于节能减排与资源综合利用，致力于环境保护与生命健康，致力于清洁技术与新能源；依托规划设计和咨询方案制定，依托技术、产品和装备的研发和集成，依托工程设计和建设运营，打造节能环保的"全产业链"；在国内和国际市场为客户提供集成技术和高端服务。集团在节能减排服务、垃圾发电、污水处理、新能源、节能环保建材、生命健康等业务板块规模和实力均居全国前列，较好地发挥中央企业在节能环保领域的控制力、影响力和带动力。

【主要指标】 2011年，中国节能资产总额617.5亿元，负责总额415亿，所有者权益202.1亿元，归属母公司权益103.1亿元，营业利润14.76亿元，利润总额19亿元，归属母公司的净利润3.81亿元。

2011年，完成营业收入267.9亿元，同比增长7.55%；完成营业成本199.3亿元，同比增长4.78%；完成利润总额19.0亿元，同比增长22.58%，超额完成国资委14.38亿元的考核目标；EVA实际完成3.98亿元，同比增长83.55%，超额完成国资委1.02亿元的考核目标；实际完成总资产报酬率5.82%，同比上升0.4个百分点，超额完成国资委4.05%的考核目标；实际完成成本费用占营业收入比重94.35%，同比下降0.15个百分点，超额完成国资委95.98%的考核目标；完成归属母公司净资产收益率3.86%，同比上升0.09个百分点；资产负债率67.28%，同比上升0.83个百分点，达到国资委要求的不超过70%的目标。

2011年，中国节能主业项目整体业务量呈上升趋势，贸易业务量同比下降。其中2011年主业项目业务量同比增长超过50%的主业项目有节能技术服务、固废处理、装备制造。

2011年中国节能环保集团公司主要经济指标

项　目	2010年	2011年	比上年增长（%）
资产总额（亿元）	524.3	617.5	17.78
所有者权益（亿元）	174.8	202.1	15.61
营业收入（亿元）	249.1	267.9	7.55
利润总额（亿元）	15.5	19	22.58
净利润（亿元）	11.2	13.2	18.11
归属于母公司所有者的净利润（亿元）	3.2	3.8	17.61
技术开发投入（亿元）	1.6	2.2	38.55
利税总额（亿元）	18.6	24.7	32.8
应交税金总额（亿元）	21.9	15.2	－30.59
全员劳动生产率（万元/人·年）	16.6	14.3	－13.86
净资产收益率（%）	7.08	7.02	减少0.06个百分点
总资产报酬率（%）	5.42	5.82	增加0.4个百分点
国有资本保值增值率（%）	104.11	104.01	减少0.1个百分点

【改革发展】 中国节能以董事会为中心的公司治理结构已经建成，决策体制初步完善，实现董事会对公司发展等重大事项的全面负责。集团公司在全系统实施全面预算管理，2011年压缩各项费用预算开支近两亿元。集团公司还将EVA纳入企业战略规划和项目投资决策体系，纳入全面预算和财务管理体系，引导子公司注重资本与资金使用效率。

中国节能加强企业产权管理方面的制度建设，2011年拟订《中国节能环保集团公司资产评估管理办法》和《中国节能环保集团公司资产评估机构选聘工作管理办法》。在具体经营管理工作方面，加大低效、无效和非主业资产的处置力度，积极推动存量资产优化。

2011年，中国节能以提高选人用人工作满意度为出发点，以提升人力资源管理水平为根本，扎实、有效地做好各项人力资源管理和服务工作，为实现集团公司战略转型提供了人才保障。进一步规范人才选聘程序，加大人才培养和人才交流力度，构建以能力和业绩为导向的选人用人体系；在干部选拔、考核、聘用各环节实行全程监督，提升选人用人工作满意度；严格执行工资总额预算管理制度，规范子企业收入分配管理，努力降低人工成本；聘请专业管理咨询机构，开展集团公司人力资源管理优化项目，完成总部职级体系建设方案，薪酬结构优化方案和以关键业绩指标为核心的全员业绩考核体系方案，董事会取得国资委对高管人员实施薪酬管理和业绩考核的授权。

【重大项目】 2011年，中国节能共完成投资103.17亿元，全部为主业投资，其中固定资产投资87.56亿元，股权(产权)投资15.61亿元。2011年，中国节能加大在新能源、节能、环保等主营业务板块的投资力度，着力推进创新合同能源管理模式。在新能源及清洁技术板块，中国节能积极布局江苏、宁夏、青海等优势资源地区，与9个地方政府签订太阳能发电项目框架协议15项，锁定优质资源5450兆瓦，累计掌握资源量超过10吉瓦，累计投资达到33.6亿元；成功收购青海尕海、内蒙古通辽两个49.5兆瓦项目，新核准大基地建设项目40万千瓦。在环保业务领域，中国节能重点开拓了城市生活垃圾发电市场，以成都、开封项目为轴心，拓展西南、河南地区重点项目，与广州、衡阳市签订以垃圾项目为主的战略合作协议。节能业务板块，中国节能创新合同能源管理模式，完成了重钢环保搬迁CCPP-CDQ项目一期，取得较好效果，在此基础上实施重钢二期项目，总投资达到8.9亿元；并成功开发了云南拉法基水泥窑炉余热发电项目、四川达钢集团高炉煤气综合利用发电项目等上亿元大型节能服务项目。

【走向海外】 2011年，中国节能所属各二级公司“走出去”业务开展有序，2011年海外业务营业收入约49.8亿元，产品出口、新能源投资、工程承包、咨询服务等各个板块都取得一定进展，二级公司之间的相互协作进一步加强。中国节能的产品出口形成一定规模，出口销售收入约11.6亿元，其中天津巴莫科技与韩国三星公司合作，成功开发出新型高端锂离子电池正极材料BM16D产品，被广泛应用于三星Galaxy和苹果Ipad2、3等高端数码设备中。

中国节能境外工程咨询服务业务及工程承包建设业务也保持比较稳定的增长。2011年，国际工程公司境外业务收入总计50858万元，中地集团海外机构完成营业收入33.5亿元人民币，实现利润1.95亿元人民币。中国节能签订了沙特金矿项目，合同额3862万美元，对于扩大沙特乃至周边阿拉伯及非洲国家的矿业合作开发领域具有重要战略意义。

中国节能境外新能源投资取得突破。集团境外太阳能电站运营规模1兆瓦，在建5.3兆瓦，涉及总投资规模1.479亿元，实现了光伏组件的出口。境外风电领域，争取用五年的时间，实现30～50万千瓦的装机容量，实现年收入6～10亿元，成为国际风电市场主要的投资商之一。正在开展的重点项目总容量38万千瓦。

【重大创新】 2011年，中国节能为国资委开发“中央企业节能减排综合管理信息系统”，并获《计算机软件著作权登记证书》。为工业企业和政府节能减排管理工作提供有效的科技支撑。集团与中科院生态研究中心合作，依托“九五”国家重点科技攻关项目，自主研发的“污泥生物干化中试研究”项目顺利通过验收，并获1项国家发明专利。集团在重金属治理领域，发现能治理二价锰污染的8种新菌种和能治理铅铜污染的3种新菌种，处于国内领先地位。集团与天津力神公司共同承担国家863计划“节能与新能源汽车重大项目”中的锂离子动力电池系统产业化研究，配套提供磷酸铁锂正极材料，顺利通过验收，并申报2项国家发明专利和2项实用新型专利。

【党建工作】 2011年，中国节能党委紧紧依靠员工队伍推动企业文化建设，召开集团第一次职工代表大会暨工会会员代表大会，选举产生首届工会委员会和各专门委员会。组织开展“中国节能之歌”春节文艺晚会、“七一”纪念表彰活动、国庆茶话会等丰富多彩的活动，依托员工活动中心和业余活动俱乐部活跃职工群众文化生活，组织离退休老员工参观西安世界园艺博览会和下属企业。中国节能反腐倡廉建设取得新的进展。组织开展“创先争优、廉洁从业”主题教育活动92场次，1696人次参加。融入企业经营管理工作开展监督检查，深入二级公司进行巡视巡查；继续深入开展“两项”专项治理，自查发现“小金库”1个，涉及金额240.98万元，开展工程项目检查56项，发现并纠正问题41个，完善制度10项。着力推进惩防体系建设，印发《党风廉政责任制实施办法》等3个规章制度，签订党风廉政建设责任书164份，实行廉洁承诺414人，开展述职述廉281人次。加强纪检监察组织建设，新增加纪检监察工作人员11人，监察机构1个；举办集团首期纪检监察干部业务培训班；组织14名二级公司党委、纪委书记赴鞍钢学习惩防体系建设经验。

【信息化建设】 2011年，中国节能狠抓信息化规划和“登高计划”，强化标准和规范，搭建统一信息平台，完善网络硬件和应用系统建设，努力构建信息化建设的长效机制，信息化工作取得明显成效，信息化决策支撑能力日益增强。中国节能重新制定以“2131”为基本框架的信息化规划和实施计划，为集团未来5年的信息化建设描绘基本蓝图；进一步完善了邮件系统、OA系统、视频会议系统、VPN系统等，初步建立财务集中核算系统、资金集中管理系统、建设项目管理系统、人力资源管理系统、全面预算管理系统等；进行视频会议系统的扩容工作，将会场数量从80个扩充到120个，覆盖所有二级子公司和大部分三级子公司。

【履行社会责任】 2011年，中国节能成功发布首部《企业社会责任报告》；认真做好扶贫捐赠工作，派专人慰问定点扶贫县治多县，援建的“中国节能大道”于2011年底交付使用，全系统全年发生对外捐赠事项63项，捐赠金额454万元，并积极筹备设立“中国节能公益基金会”；参加南非德班的世界气候大会并举办“中国节能在行动”主题边会，王小康董事长作主旨演讲并会见联合国秘书长潘基文，向国际社会展示中央企业在低碳经济发展中的实践和成果；承接国家发改委、国资委、工信部、国家能源局一批重大节能减排咨询项目；举办中国循环经济产业博览会、生态文明贵阳会议企业家论坛，成立中国工业节能与清洁生产协会。

中国节能全年共生产绿色电力46亿千瓦时，减排二氧化碳389万吨，节约标煤160万吨，年处理生活垃圾370万吨，污水处理总量4亿吨，COD总削减量10万吨，累计开发44个CDM项目，被国资委授予“‘十一五’中央企业节能减排优秀企业”，“宿迁生物质直燃发电项目”案例入选“央企优秀社会责任实践”，王小康董事长被授予“2011年度创新与转型杰出人物贡献奖”。

（撰稿人：吴　迪）

中国国际工程咨询公司

【基本概况】 中国国际工程咨询公司（以下简称“公司”）是国内最大的综合性工程咨询机构，主要从事政策规划咨询、咨询评估和工程管理服务，为中央政府在国家重大建设项目的决策和实施中发挥着重要的参谋作用，同时也为社会各类用户提供咨询服务。

2011年，全集团接受和完成各类咨询任务3645项和3360项，营业收入9.6亿元，利润总额1.2亿元，政府业务完成率81.23%，超额完成国资委下达的经营业绩考核指标。

【主要指标】

2011 年中国国际工程咨询公司主要经济指标

项　目	2010 年	2011 年	比上年增长（%）
资产总额（亿元）	17.58	18.24	3.75
所有者权益（亿元）	11.67	12.22	4.71
营业收入（亿元）	7.8	9.61	23.21
利润总额（亿元）	0.86	1.21	40.70
净利润（亿元）	0.6	0.86	43.33
归属于母公司所有者的净利润（亿元）	0.6	0.84	40.00
技术开发投入（亿元）	0.06	0.05	－16.67
利税总额（亿元）	1.33	1.81	36.09
应交税金总额（亿元）	0.73	0.95	30.14
全员劳动生产率（万元/人·年）	10.29	12.45	20.99
净资产收益率（%）	5.67	7.22	增加 1.55 个百分点
总资产报酬率（%）	5.27	6.71	增加 1.44 个百分点
国有资本保值增值率（%）	106.22	107.3	增加 1.08 个百分点

【改革发展】　制定并实施三年发展规划。经过一年多的认真研究，广泛征求职工意见，制定《公司2011—2013 年发展规划》，明确三年的发展目标和工作重点：紧密围绕公司发展战略，整合资源，壮大实力，强化人才队伍建设，实现经营业绩优、公司治理优、布局结构优、社会形象优。努力把公司建设成为诚信为本、优质高效，在国内有权威、在国际上有影响的工程咨询机构。成为党和政府信得过、用得上、靠得住的决策智囊。

财务管理初见成效。强化目标管理，公司本部政府业务板块增加业务开发指标，社会业务板块Ⅰ按照盈利贡献和成本控制计算年度财务指标基准值；对所属企业，继续按照行业良好值下达考核目标值。采取有力措施有效遏制成本费用快速增长的势头，所属企业盈利能力有所提高。

业务管理不断加强。坚持“外拓渠道、内抓质量”的工作方针，着力增强业务管理工作力度。紧紧围绕客户需求，加强与主要客户的沟通和交流，积极维护、拓展政府业务渠道，开发、培育社会业务新领域，市场优势得到进一步巩固和扩大。以加强报告质量评审、提高咨询评估质量为抓手，采取各项综合措施，不断增强业务质量管理。创新业务质量管理思路，完善管理机制，加强业务组织与协调，严格业务管理与控制，强化两级评审制度，优化业务管理系统，加大管理体系审核和改进力度，业务管理能力和咨询评估质量得到进一步改善和提升。经多方努力，国家工商管理总局核准“中咨集团”的注册。

人力资源管理体系逐步完善。《公司全员综合绩效考核评价办法》得以有效贯彻，为改进绩效管理工作积累了经验。取得专业技术职称评审资格，开展专业技术职称评审工作，拓展职工职业发展通道。薪酬管理体系更加完善，职工薪酬结构得以优化，薪酬激励和引导功能进一步增强。强化业务培训工作，为集团总部和所属企业干部员工知识水平和业务能力的持续提升提供必要支持。聘请中智人力资源管理咨询有限公司开展人力资源管理咨询，梳理岗位体系，明确岗位职责和任职条件。与哈尔滨工程大学合作，共同开展工程咨询行业产学研一体化项目建设，建立产学研用合作基地及博士后流动站。

深化审计监督和惩防体系建设。通过多种形式强化反腐倡廉宣传教育，开展领导干部任职廉洁谈话，制定《公司廉洁文化建设实施意见》。推进“三重一大”决策制度建设，公司本部和所属企业先后建立了“三重一大”决策制度，加强贯彻执行情况的监督检查。加强对所属企业负责人的离任审计和任中审计，及时发现和纠正经营管理中存在的问题，促进所属企业完善内部控制。

【走向海外】　作为服务国家“走出去”战略的重要技术支持单位，重点加强与商务部、国家开发银行等单位的联系和沟通，完成与蒙古、越南、老挝、柬埔寨等周边国家通道的相关课题研究，配合商务部进行中越、中老、中菲三国国别规划正式文本的修订和签署工作，组织专家对中老和中缅的拟建铁路进行论证工作，就菲律宾陆海联运项目问题为国家决策提供参考意见。承担和完成国家开发银行委托的老挝、委内瑞拉、津巴布韦、贝宁、肯尼亚等5个国家规划咨询以及刚果(金)、莫桑比克、乍得等3个国家的行业规划。

2011年初,国家启动建立外资并购安全审查机制,国家发展改革委将安审业务委托给公司。为做好这项工作,公司组织专门队伍,成立安审机构,组织相关人员对有关发达国家的外资并购安全审查进行系统研究,完成《其他国家外资并购审查制度简介》研究报告,编制《中国国际工程咨询公司外资并购安全审查评估办法》,打造了安审业务的良好开局。

【党建工作】 加强领导班子建设。组织各级领导干部认真学习贯彻党的各项路线方针政策,全面贯彻落实科学发展观,扎实推进党的理论知识学习;坚持民主管理、集体决策制度,完善领导班子议事决策制度。加强学习型党组织建设。制定《关于推进公司学习型党组织建设的实施意见》,建立公司领导班子学习制度,组织专题讲座,先后对钢铁、石化、煤炭、农业等产业发展进行学习研讨。围绕迎接建党90周年开展庆祝活动,举行"唱红歌、赞美党"庆祝建党90周年歌咏比赛活动。开展"一先两优"评选表彰活动。表彰10个先进基层党组织、20名优秀共产党员、10名优秀党务工作者。杨传江同志、陈毓复同志被评为中央企业优秀共产党员。

群众工作和统战工作得到加强。圆满完成第六届工会委员会和第五届职代会的换届选举工作。积极组织职工代表对公司三年发展规划、关系公司发展和职工利益的事项进行讨论,并提出意见和建议。认真解决职工关注和迫切需要解决的问题,促进公司建立和谐企业的良好氛围。青年工作取得积极成果。公司团委带领广大青年职工,举办读书会,通过一系列主题团日活动,充分调动和发挥青年职工的积极性和创造性,努力实现青年职工在公司发展中的生力军和突击队的作用。读书会活动多次获得中央企业团工委领导高度肯定和重要批示。以"在光荣的党旗下—党员团员共话成长"为主题的教育活动获得团中央的肯定。

【信息化建设】 以知识管理为目标,编制公司信息化规划,制订支持对外业务的国别库建设方案,开展业务报备系统。探索开展服务外包,扎实做好计算机网络设备的维护工作。在国资委央企信息化测评中取得较大提升,实现了保C争B的目标,荣获中国互联网协会颁发的中央企业网站评测最佳潜力奖。

【履行社会责任】 通过咨询工作积极承担和履行社会责任方面。"7·23"甬温线动车组事故发生以后,按照国务院的要求,参加高速铁路安全大检查和城市轨道交通安全检查工作,起草《我国城市轨道交通安全评估暂行管理办法》和《铁路项目安全评估暂行管理办法》,在国家城市轨道交通建设规划和铁路可研项目评估中采用。渤海溢油事故发生后,撰写《从战略高度重视和防范近海溢油污染》的咨询专报,得到中财办的高度肯定,并协助国家能源局开展历时3周的海上及陆上油田安全生产大检查工作。

评估的一批中央下放地方原国有重点煤矿城市棚户区治理工程项目,以及水电建设项目的开发与建设,受到各级政府和媒体的关注,略有不慎就可能引发各种矛盾,带来影响社会稳定的大问题。在这类项目评估工作中,严格按照以人为本、关注民生、构建和谐社会的要求,对项目涉及民生问题和移民安置等进行全面的分析,并提出合理的解决方案。

(撰稿人:邓　朝)

中国华孚贸易发展集团公司

【基本概况】 中国华孚贸易发展集团公司(以下简称"集团")主要从事中央储备肉、中央储备糖的日常管理、具体操作及食糖、肉类、酒类等副食品的批发、零售、进出口、物流、仓储和生产加工,同时从事会展、零售连锁、工程设计、食品检测等业务,是全国副食品行业的龙头企业。

2011年是"十二五"的开局之年,面对错综复杂的国际国内市场形势,集团党政领导班子带领全体职工认真贯彻落实党的十七届五中、六中全会精神,坚决贯彻落实国家对于市场宏观调控的各项决策部署,积极进取,开拓创新,克服困难,统筹安排,经营性业务和政策性业务都取得较好成绩,销售收入创历史新高。

【主要指标】 2011年集团经营性业务实现营业

收入129.46亿元，同比增长14.73%（不含储备商品业务收入133亿元）；上缴税金66554万元，同比增长116.94%。集团完成国资委下达的2011年经营业绩考核指标，其中实现利润总额14459.2万元，同比下降幅度较大，比考核指标8000万元超额6459.2万元，增加80.74%；完成费用总额占主营业务收入比重7.53%，比考核指标11.20%减少3.67个百分点；完成流动资金周转率2.05次，比考核指标1.30次提高0.75次。

【改革发展】 加强管理和改革工作，保障企业稳定运行。按照国资委的要求，集团进一步加强财务、资金、投资、业务、审计、人事、综合行政等各项管理，完善制度，提高执行力，为集团发展提供有力保障。

加强投资项目管理。2011年，集团进一步加强对投资项目的审批和管理，及时调整投资结构，适度压缩投资规模，严格控制投资风险。对新设中糖安盐糖业、重组成都巨丰等项目，都进行深入研究，慎重审批。酒鬼酒公司2011年11月成功增发2187万股，融资4.39亿元，壮大了酒鬼酒的资金实力。针对集团管理链条长、小企业较多的现状，进一步加强清理整合工作，截至2011年底，已有5家公司清理完毕，10家公司正在清理之中，取得一定的进展。

【生产经营】 2011年，面对国际国内十分复杂的经济形势，集团各生产经营单位采取各种有效的应对措施，积极开拓市场，抢抓市场机遇，大力降本增效，不断增强市场竞争力，生产经营取得新的成效。

中糖公司以产业化经营为重点，按照“占市场、上规模、控风险、保利润”的十二字方针开展食糖现货业务经营，进一步完善食糖产业链，做大做强食糖主营业务。针对2011年食糖价格起伏不定、不确定因素增加，公司及时召集各经营企业研究分析市场动向，沟通产销情况，调整经营策略。要求各经营企业进一步加大市场开拓力度，适应客户的需求，及时作出反应，为客户提供高质量的服务，巩固客户资源，拓展销售渠道，不断扩大食糖市场占有率。全年共经营食糖221万吨（含代理进口储备糖64万吨），约占全国食糖消费量1360万吨的16%，继续保持着全国最大糖商的地位。

为扩大民用糖销售，中糖与安徽盐业合作，组建民用小袋糖销售公司，创新小袋糖经营模式。

天津中糖二商烟酒连锁有限公司在2011年初成立后，努力建设名酒名烟销售连锁网络，截至2011年12月31日，已拥有15家自营店，57家加盟店，全年营业收入2.7亿元，利润400多万元，实现当年成立、当年形成销售规模、当年盈利。

中食公司加快肉类产业链建设，增强肉类屠宰和经营能力。2011年二季度以来，生猪货源不足，收购价格持续走高，严重影响生猪屠宰生产及业务经营。面对这种局面，中瑞公司积极应对，实行内部目标管理责任制，进一步完善管理制度，优化运行机制，严格执行检验检疫，保证肉品安全，维护“中食”放心肉的良好品牌形象，全年屠宰量为70多万头。通过收购重组，中食公司相对控股成都巨丰食品有限公司，并更名为中食成都食品有限公司，在上年肉价高峰期，让利回馈社会，配合政府有效地平抑成都地区的猪肉价格，获得良好的社会声誉。中食成都农副产品冷链物流中心项目建设取得重要进展，电子交易中心、展示大厅和1.5万吨低温冷库、500吨果蔬气调库等工程已建成或即将完工。通过产学研密切合作，加强人才与技术交流，为物流中心的后续发展提供强有力的支撑。中食公司还被农业部授予“国家级农业产业化龙头企业”称号。

设计院作为经营性的科技型企业，以设计咨询为依托，发挥优势特色，大力开拓工程总承包业务，带动相关业务均衡发展，取得显著成绩。全年新签合同221项，合同金额5.48亿元。设计咨询业务收入首次突破1.5亿元，创历史最好水平。工业项目设计紧紧抓住国家“保民生、促发展”的机遇，充分发挥（商业部）设计院在工业项目上的品牌优势、技术优势，坚持高端客户战略，形成一批稳定的大客户，保持设计院在行业中的技术领先地位和市场占有率，全年完成冷库设计容量总计120万吨，肉类加工厂31座，油库设计咨询85万立方米。民建设计继续保持快速发展势头，全年完成设计面积近200万平方米，形成自己的品牌，具有较强的市场影响力。工程总承包主要围绕直属冷库建设开展大量工作，培养了一批能胜任总承包工作的管理人才。工程监理和项目管理业务稳步发展，保持了良好的增长趋势。

食品所主要围绕中央储备糖公检和有关政府部门及社会单位委托的食品安全检验开展大量工作。所属国家副食品质量监督检验中心严格按照检验工作规范要求，认真抓好各个环节的工作质量，保证监督检验任务的圆满完成，得到有关政府部门和社会各界的肯定。2011 年，完成中央储备糖的抽样检验任务以及国家质检总局、北京市工商局和部分分局及 30 多个各类企业共 4000 多个样品的监测工作，为保障食品安全作出贡献。

中日合资零售连锁企业北京华堂商场和成都伊藤洋华堂商场在吸引顾客，扩大销售，开拓经营上采取许多新举措，取得了良好的业绩。北京、天津 7—11 便利店 2011 年新开店数 47 家，累计开店 147 家，连续四年盈利。柒和伊餐饮(北京)公司也取得新的进展。

【品牌建设】 酒鬼酒是集团重要的品牌产品。2011 年，酒鬼酒公司围绕“巩固优势，创新机制，提升形象，加快发展”开展业务经营，加大市场开拓力度，优化市场营销布局。在巩固重点市场的同时，成立南方营销中心和北方营销中心，加速在全国市场建立营销网络。进一步加强质量管理，优化产品结构，加大宣传力度，全年投入广告费 1 亿多元以提升品牌形象，全力抢占高端市场。2011 年实现营业收入 11.1 亿元，同比增长 74.8%，实现利润 1.8 亿元，同比增长 109%，均创造历史新高。

全国糖酒商品交易会是集团另一重要品牌，也是全国最大的专业会展之一。2011 年全国糖酒商品交易会春季在成都、秋季在沈阳举办，客商云集，成交踊跃，成交额都接近 200 亿元，为促进全国糖酒副食品的生产流通，拉动内需发挥重要作用。

【重大项目】 全力推进中央冷库糖库项目的建设工作，已竣工项目发挥重要作用。中央冷库项目建设取得重要进展。在国家发改委的大力支持下，集团中央直属储备肉冷库项目建设工作总体进展情况顺利，建设质量合格，建设资金控制良好，安全生产形势平稳。截至 2011 年 12 月 31 日，四川蒲江、河南周口、江苏太仓、广东汕尾、辽宁大连和山东德州等六个中央直属冷库项目竣工投产，对稳定肉类市场起到重要作用。

北京大兴、湖北武汉冷库项目主体工程基本完成，正在进行制冷设备安装及附属配套工程建设。其中，北京大兴冷库工程结构获得“北京市结构长城杯”奖，工地被评为“北京市绿色施工文明安全工地”。湖南长沙冷库项目主体结构基本完成，施工进展顺利；2011 年 12 月下旬，安徽合肥冷库项目正式开始施工；吉林长春冷库项目完成工程招标，正在进行开工前的各项准备工作。

积极落实新一批中央直属储备糖库的建设资金及建设手续。经过集团上下的不懈努力，国家发改委于 2011 年 6 月批复新一批 5 座计 40 万吨中央直属储备糖库项目的初步设计方案和投资概算，并下达糖库预算内建设资金，为新一批糖库项目建设提供坚实的资金保障。截至 2011 年底，吉林长春糖库项目完成项目用地的招拍挂程序，广东湛江、山东德州、广西南宁和云南昆明糖库项目也进入前期准备工作。上述糖库项目的施工方案正在准备之中。

【党建工作】 集团以庆祝建党 90 周年为重要契机，深入推进创先争优活动，不断加强和改进企业党建工作。在国资委党委的直接领导、关怀下，在国资委党委组织部的指导下，集团于 2011 年 8 月成功召开了第二次党代会，选举产生集团第二届党委、纪委，顺利完成集团“两委”的换届，进一步加强集团党的组织建设。深入开展学习型党组织建设，带动建设学习型企业，使职工队伍素质得到新提升。“四好”领导班子和人才队伍建设不断加强，持续深入开展“四好”领导班子创建活动，坚持选配与管理并重，认真执行选人用人的标准，严格履行民主程序，对部分子公司的党政领导班子进行调整和加强，优化年龄结构，班子整体素质不断提升。以科技人才队伍建设为重点，大力实施人才强企战略，建立健全集团科技带头人和科技专家制度。集团思想政治建设和企业文化建设得到加强，群众工作进一步推进，职工代表大会和厂务公开制度进一步完善，有效调动各方面积极性。

集团纪委认真落实党风廉政建设责任制，深入推进以完善惩防体系为重点的反腐倡廉建设，强化廉洁风险防控，把反腐倡廉制度融入企业经营管理之中，促进企业领导人员廉洁从业。认真组织加快转变经济发展方式的监督检查，开展落实“三重一大”决策制度、廉洁从业规定等五项制度的综合检查，推进工程建设领域突出问题、商业贿赂、"小金库"专项治理等检查工作，反腐倡廉建设取得新成效。

【履行社会责任】 集团认真履行中央企业应承担的社会责任。在遇到国内外食糖和肉类两大市场价格都出现较大波动，社会发生突发事件等情况，为保证供应，稳定市场，集团紧急响应党中央、国务院及业务主管部门的部署，心系国家大局，勇担社会责任，精心组织，全力以赴，出色地完成中央储备糖、中央储备肉的紧急调拨、收储与投放等各项任务，在保民生、保稳定、保增长中发挥不可替代的重要作用。

2011年，中央储备肉、储备糖投放形成销售额133.61亿元，创历史新高。对中央确定的"保供稳价"目标起到很好的支撑作用。2011年"保市场供应 促物价稳定——中央储备糖、中央储备肉在'十一五'期间宏观调控中发挥重要作用"入选国务院国资委"中央企业优秀社会责任实践"。

1. 圆满完成中央储备肉的各项管理和操作任务，实现国家对肉类市场的宏观调控和应急救灾目标。2011年是中央储备肉投放市场、应急救灾和收储、进口接卸等操作任务最艰巨繁重的一年，操作数量累计达72万吨次，创历史新高。(1)顺利完成14万吨国产冻猪肉和实施1.1万吨冻牛羊肉就地出库及紧急动用出库投放任务。在2011年1月和7—10月，以多批次适当低于市价向市场投放冻猪肉，增加市场上的猪肉供应量，拉低市场价格，保障节日供应，达到了预期的调控目标。2011年1月和12月，向青海玉树地震灾区和新疆、内蒙古等地，紧急动用投放中央储备肉，受到少数民族地区和灾区人民的欢迎，充分体现中央储备肉在应急救灾、稳定市场、促进民族团结和维护社会和谐等方面的作用和功能。(2)顺利实施11万吨进口冻猪肉补充储备工作。截至2011年12月31日，从口岸法检冷库交接6.75万吨进口冻猪肉补充储备，向市场投放2万多吨。(3)做好3轮共计18万吨活畜(生猪、牛羊)储备在全国近300个基地场的入栏、出栏工作。(4)认真完成6万吨国产冻猪肉轮换收储和2万吨冻牛羊肉收储工作。

2. 认真完成中央储备糖的各项管理和操作任务，国家对食糖市场宏观调控取得明显成效。2011年，中央储备糖操作(入储、出库、加工等)数量累计达478万吨次，再创历史新高。(1)集团积极协调港口和有关单位，严格操作程序，认真完成3批44船(古巴、巴西、泰国)进口原糖188万吨的接卸发运工作。2011年中央储备进口原糖船次和数量均创历史新高。(2)认真组织实施164万吨储备原糖加工招标工作。(3)顺利完成126万吨储备白砂糖竞卖投放工作。

同时，集团公司注重提升员工的社会责任意识及推广社会责任理念，在公司网站专门开辟"社会责任"专栏。2011年，集团还专门组织举办企业社会责任培训班，向成员单位传播社会责任理念，提出工作要求。

【其他情况】 根据国资委、国家安监总局等主管部门的要求和部署，集团召开3次安全生产工作专题会议，研究和落实安全生产工作。在各单位自查的基础上，重点对施工工地及冷库、糖库等重点单位进行安全生产检查，确保集团安全生产的良好态势。

及时向国资委报送集团主营商品的市场行情材料，所报信息时效性强、质量高，2011年度集团信息得分在央企中排名第19位，荣获国资委信息工作先进单位。

做好综合业务管理工作，落实重大业务备案和审批制度，积极争取国家的有关政策扶持；节能减排工作取得新进展。

重点开展专项审计，对部分三级公司的往来款、存货、高风险业务、大额资金采购业务、固定资产购置等方面给予重点审计。对5家三级公司进行经济责任审计。集团在加强内控、规范管理等方面取得新的成效。

集团子公司作为会长单位的有关协会为企业服务，为行业服务，为政府宏观调控服务，促进行业协调发展。

(撰稿人：程春艳)

中国诚通控股集团有限公司

【基本概况】 2011年，中国诚通控集团有限公司(以下简称"中国诚通")牢牢把握"科学发展"主题，紧扣"加快转变经济发展方式"主线，坚持战略引领不动摇，坚持改革调整不停步，坚持主业发展不放松，加强整体组织协调，提前谋划运作，战胜各种困难，全面完成预算任务，实现“十二五”的良好开局。

【主要指标】 中国诚通2011年实现营业收入650亿元，同比增长28.08%；实现利润12亿元，同比增长31.67%；净利润9.2亿元（其中归属母公司3.8亿元），同比增长36.96%；资产规模达到651亿元，同比增长41.11%；净资产收益率5.07%，比上年提高2.57个百分点。企业内在质量发生很大变化，主要产业公司的盈利水平、经营质量、抗风险能力显著提升，主要子公司预算执行情况良好。集团营业收入和资产规模均突破600亿元，生产经营继续保持稳定增长，发展迈上新台阶。

2011年中国诚通控股集团有限公司主要经济指标

项目	2010年	2011年	比上年增长（%）
资产总额（亿元）	383.4	651	41.11
所有者权益（亿元）	147.7	214.2	31.05
营业收入（亿元）	467.5	650	28.08
利润总额（亿元）	8.2	12	31.67
净利润（亿元）	5.8	9.2	36.96
归属于母公司所有者的净利润（亿元）	2.13	3.8	43.95
技术开发投入（亿元）	0.06	2.49	97.59
利税总额（亿元）	12.6	16.6	24.1
应交税金总额（亿元）	10.6	15	29.33
全员劳动生产率（万元/人·年）	15.7	18.3	16.6
净资产收益率（%）	2.5	5.07	增加2.57个百分点
总资产报酬率（%）	3.8	4.96	增加1.16个百分点
国有资本保值增值率（%）	100.2	103.45	增加3.25个百分点

【改革发展】 2011年，中国诚通董事会确定“十二五”末实现“双千亿”的战略目标。各二级公司根据集团加快转变发展方式的总体要求，及时修订企业发展战略，各层面战略定位更为准确，发展脉络更加清晰，发展路径和节奏控制更趋合理。与国家行政学院合作研究项目——“中国诚通改革试点做法、经验与思考”结题。专家组认为，中国诚通的“双试点”实践对企业自身乃至国企改革、建立规范公司治理及体制改革都有较强的探索性和指导性。

班子和人才队伍建设全面加强。中国诚通修订《企业领导人员管理办法》，先后充实调整8家二级公司领导班子，两名地方国有企业领导干部到集团挂职交流。制定集团《“十二五”人才发展规划》，为集团战略目标实现提供保障。首次举办3期集团领导干部清华大学脱产培训班，共124人参加培训，提升了能力素质，加强了融合沟通，增强了团队凝聚力。

业绩考核与激励机制进一步完善。通过修订《高级管理人员经营业绩考核和薪酬管理办法》，提高重点工作考核和综合考评的指标权重，强化责任落实。完善《二级企业负责人经营业绩考核与薪酬管理办法》，坚持分类考核，通过对标、追标、创标，持续改进企业“短板”，提升整体价值创造能力。新增任期激励和战略目标实现的专项奖励，全面保证“十二五”战略目标实现。全员业绩考核工作受到国资委肯定。

【重大项目】 纸业板块社会化资源并购整合工作稳步推进。高端纸业板块稳步发展，湛江东海岛全球最大特种纸生产基地开工建设。在资本市场低迷的不利局面下，中国纸业投资总公司所属广东冠豪高新技术股份有限公司化解不利因素，顺利实施非公开发行，面向市场发行5190万股，融资4.4亿元，为东海岛项目建设提供了资金保障。

筹建财务公司，优化资金配置。中国诚通于2011年2月向中国银监会申请成立财务公司获得筹建批复，财务公司筹备工作进入开业核准阶段。2011年8月，与工商银行总行签署全球现金管理服务全面合作协议，推进双方在现金管理等领域的合作，对提高集团资金使用效率，改进业务流程，优化资源配置起到积极作用。

扩大与央企和地方政府的战略合作。2011年，中国诚通与新兴际华、中国联通等开展相关领域合作。先后参加国资委组织的与新疆、广东、河南等地方政府对接交流活动，中储西部国际钢铁物流基地项目落户西安临潼现代物流园区。

【走向海外】 俄罗斯格林伍德国贸中心项目得到中央领导及国家相关部委领导的关注。2011 年 9 月 16 日，中共中央政治局常委、全国人大常委会委员长吴邦国在访俄期间专程莅临视察并为中心开业揭牌。同时，国资委给予 5 亿元增强国际化经营能力补充国有资本，财政部给予项目贷款资金 5 年全额贴息。积极组织招商工作，就对俄出口贸易量大的山东、浙江、广东等十余个省区加大招商力度，并与中俄两国政府、行业协会、社会团体等加强合作，为正常经营做好准备。

积极拓展海外资源基地，先后对澳洲褐煤资源，南美、北美、欧洲、东南亚等地区的林浆资源进行考察，抓紧对富含资源的地区布局。

【重大创新】 中国诚通 2011 年召开首次科技创新专题会议，明确科技创新工作的方向和 7 项重点任务，为科技创新工作全面推进夯实基础。

截至 2011 年 12 月 31 日，中国诚通拥有 3 家国家级科研机构、4 家省级科研机构，科技研发能力进一步提升，取得一批科研成果。2011 年新增授权专利 27 项，累计拥有各类有效授权专利 124 项，其中发明专利 39 项。中国纸业投资总公司新开发食品包装纸、液体包装原纸、高松厚度白卡、食品卡、数码印刷纸、微涂轻型纸等产品，改良耐久型热敏纸、三防热敏纸。中国包装总公司开发物流运输安全监控仪，在智能物流运输方面应用前景广阔。中国物资储运总公司新开发生产数字化仓库底层数据和远程计量数据平台系统。中商企业集团公司承担商务部海南农产品现代流通公共服务平台研发，通过验收。

产学研结合迈出新步伐，整体科技创新研发能力明显增强。积极整合社会科技创新资源，中国纸业投资总公司与华南理工大学、中国制浆造纸研究院等院校和科研单位开展合作。中包运输包装循环共用系统等三个项目获得国家财政 420 万元科技创新资金支持，同时与北京交通大学等签订战略合作协议，在人才培养、技术咨询与服务等方面加强协作。

【党建工作】 创新推进学习型党组织建设。2011 年，中国诚通党委围绕集团改革发展实际，将建设学习型党组织纳入目标责任制。创新学习方式，党委委员结合分管工作做专题讲座。加强党员教育，开展党支部“3＋X”活动。选送 17 名二级公司班子成员到中央党校国资委分校脱产学习。

以迎接建党 90 周年为契机，成功举办“中国诚通红歌合唱汇演”。涌现出“全国扶贫开发先进个人”高维军，“全国物流行业先进集体”中储沈阳物流中心，“中央企业先进基层党组织”中储股份西安分公司党委、诚通人力眉山工作站党支部，“中央企业优秀共产党员”张卫红、卢运花、王建华等一大批先进典型。2011 年，董旭等 7 名同志荣膺第九届“诚通之星”。系统上下形成“学先进、比贡献、争一流”的良好氛围。

反腐倡廉体系建设进一步加强。中国诚通总部成立纪检监察专门机构，加大违法违纪案件查办力度，推动企业廉洁文化建设；组织二级公司立项效能监察项目 7 项。开展工程领域突出问题及“小金库”专项治理、加快转变经济发展方式监督检查、惩防体系建设自查和五项制度执行情况综合检查等活动，促进主要在建工程项目的依法合规和中央专项资金的合理使用。

【信息化建设】 通过“十二五”信息化总体规划，明确下一步信息化工作目标、任务和实施途径。各二级公司相应调整信息化建设计划，形成上下“一盘棋”格局。中国物资储运总公司电子商务项目及金属材料仓储软件推广、贸易业务软件开发等加紧实施；中国纸业投资总公司完成信息化规划编制和办公系统项目建设；中国诚通金属(集团)公司扩大贸易 ERP 的应用范围，推动升级改造；中国物流有限公司改版仓储管理系统、运输管理系统并试运行；诚通人力资源有限公司 ERP 项目形成各模块需求分析报告，取得阶段性成果。

【履行社会责任】 安全生产、节能减排工作有效开展。加大安全生产检查力度，全年累计安全生产投入 4419 万元，同比增长 20%，安全隐患整改率达 98%。中国物资储运总公司在 2011 年全国“安全生产月”活动中被评为优秀单位。中国诚通并购湖南泰格林纸集团股份有限公司后，综合能源消耗量超过130万吨，二氧化硫和化学需氧量（COD）排放量大幅增长，被国资委列入“关注类”企业，达到“重点类”企业标准。为此，中国诚通积极应对，加强考核、监测，完善制度，开展形式多样的节能宣传周、“节能减排我行动”等活动。相关企业投入节能减排技改资金1.5亿元，取得明显的经济效益和社会效益。

继续在湖南省江华县开展社会主义新农村示范村建设。中国诚通全年投入扶贫资金130万元，并为16所小学800多名学生捐赠爱心包裹，向江华县红十字会医院捐赠1台救护车。同时，深入基层企业开展“关爱农民工子女”活动。积极处理企业历史遗留问题，维稳信访工作经受了考验，维护了集团改革发展稳定大局。

（撰稿人：孙　静）

中国中煤能源集团有限公司

【基本概况】 中国中煤能源集团有限公司（以下简称“中煤集团”）是国务院国资委管理的国有重点骨干企业，前身是1982年7月成立的中国煤炭进出口总公司。经过多次资产重组，成为中国煤炭行业最具特色的大型企业集团之一。中煤集团主业包括煤炭生产及贸易、煤化工、坑口发电、煤机制造、煤矿建设、煤层气开发及相关工程技术服务，具有完整的产业链优势。中煤集团现有全资、控股和均股子公司51户、境外机构4户，参股企业8户。截至2011年12月31日，中煤集团资产总额2124亿元，在册职工10.6万人。

【主要指标】 2011年，中煤集团全面实施“十二五”规划，加快布局结构调整，强化管理创新，生产经营持续快速增长，各项工作取得新成效，实现了“十二五”良好开局。全年原煤产量1.64亿吨、营业收入1153.9亿元、利润总额166.3亿元，同比分别增长6.4%、20.2%和37.2%。

2011年中国中煤能源集团有限公司主要经济指标

项　目	2010年	2011年	比上年增长（%）
资产总额（亿元）	1725.6	2124	23.1
所有者权益（亿元）	1018.77	1098.40	7.8
营业收入（亿元）	960.2	1153.9	20.2
利润总额（亿元）	121.2	166.3	37.2
净利润（亿元）	88.31	125.6	42.2
归属于母公司所有者的净利润（亿元）	46.98	71.1	51.3
技术开发投入（亿元）	23	25	8.7
利税总额（亿元）	269.32	340.6	26.5
应交税金总额（亿元）	161.68	197.1	21.9
全员劳动生产率（万元/人·年）	69.6	76	9.2
净资产收益率（%）	9.39	12.84	增加3.45个百分点
总资产报酬率（%）	8.01	9.38	增加1.37个百分点
国有资本保值增值率（%）	109.38	112.4	增加3.02个百分点

【改革发展】 2011年，中煤集团坚持科学发展，转变发展方式，以结构调整为主线，以五大基地建设为重点，加快项目建设，提升企业管理，加强风险管控，主要经营指标再创新高，为国民经济发展作出应有的贡献。一是推进改革调整。认真贯彻国资委推进中央企业联合重组的要求，与中电国际、大唐集团合作，相互参股建设大型煤矿和坑口电厂，推进煤电联营。理顺管理体制和产权关系，完成华晋焦煤公司股权调整和公司分立，全面接管王家岭、韩咀、华宁3座煤矿，中煤华晋能源公司运营步入正轨。托管太原煤气化公司股权，置换龙泉煤矿股权。二是夯实安全基础，稳定安全生产形势。认真吸取事故教训，强化安全基础管理，煤炭生产百万吨死亡率0.006，继续保持行业先进水平。开展安保型企业建设三年行动，深化安全质量标准化工作，17个煤矿、20个工程处、11

个工厂达到一级标准，11处煤矿被命名为国家级安全质量标准化煤矿。安全专项投入29.2亿元，完成安全改造工程515项，平朔公司井工一矿、大屯公司徐庄矿、进出口公司东坡矿建成井下安全避险“六大系统”和永久避难硐室，提高安全保障能力。三是加强企业管理，提升管控能力。以“提高工作质量，创造一流业绩”为主题，深入开展“质量年”活动，全面梳理年度工作任务，查找管理短板和薄弱环节，固化落实方法和流程步骤，强化执行力。实施全面预算管理，强化业务预算，严格经营业绩考核，引导企业提升价值创造能力。开展“三项清理”工作，清理应收账款9.2亿元、长期股权投资4800万元，亏损企业减亏5亿元。加强资金集中管理，集团资金集中度超过90%，内部调剂资金100亿元，节约财务费用3亿元。集中采购总额达125亿元，成本降低率4%。扎实推进全面风险管理体系建设，扩大风险管理体系建设试点范围，实现风险管控与业务流程的对接。加强效能监察和审计监督，避免经济损失5469万元，审减工程造价2.35亿元。规范上市公司治理，严格履行决策程序，妥善处理关联交易，加强与各方沟通，维护上市公司的良好形象。

【重大项目】 分解落实“十二五”规划目标，全力争取与国家规划对接，加快规划项目落地，前期工作取得新进展。平朔公司小回沟煤矿通过国家核准，大海则、苇子沟煤矿取得路条，榆林甲醇深加工、蒙大工程塑料、兴安盟PVC项目经地方政府同意开工建设，新疆分公司哈密大南湖十号井完成斜井明槽开挖。取得内蒙古沙拉吉达井田控股权，新增优质资源16.6亿吨，强化中煤集团作为呼吉尔特矿区开发主体的地位。加强老矿区的资源接续工作，大屯公司达成收购阳泉地方煤矿企业的合作协议，中煤龙化公司落实哈尔滨依兰第三煤矿深部资源，焦化公司重组控股山西晋昶、禹硕煤矿，一建公司并购内蒙古山不拉煤矿，资源保障能力增强。把握机遇，成功发行中煤能源150亿元中期票据，发行总成本比同期银行贷款节约7亿元。这是2011年我国企业发行的最大规模中期票据，在资本市场取得良好反响，为项目建设提供有力的资金保障。

【走向海外】 中煤集团在“走出去”方面主要开展海外资源开发、煤炭及煤机贸易和国外煤炭工程承包业务。煤炭出口至日本、韩国等国家，并进口澳大利亚、印尼等国煤炭，2011年在巩固海上传统进口煤炭的同时，积极开辟陆路口岸进口俄罗斯煤通道，全年进口煤炭500万吨，同比增长58.2%。煤机装备主要市场为俄罗斯、印度等，矿建工程主要在土耳其、越南等国家。中煤集团首个海外资源开发项目——澳大利亚哥伦布拉项目完成41个钻孔勘探工作，获得资源量13亿吨。

【重大创新】 制定实施中煤集团“十二五”科技发展规划和知识产权规划。成立中煤集团技术研究总院、煤化工研究院，与中煤科工建立紧密型科技创新战略联盟，初步形成自主开放集成的技术研发体系。颁布试行高于行业和国家标准的《安全高效现代化矿井技术标准》，引领行业发展。以支撑主业发展和基地建设为重点，组织实施重大科技项目80项。开发露天矿半连续工艺，开启中国露天采矿工艺的又一次技术革新；研发薄煤层自动化无人工作面成套设备与技术，解决行业薄煤层开采难题；煤矿采空区与地质构造探测、超深超大立井安全高效施工、国家能源煤矿采掘机械装备研发（实验）中心等项目取得阶段性成果。2011年，中煤集团获得省部级及以上科技进步奖26项、国家和行业工法32项、授权专利249件，同比快速增加。

【党建工作】 一是扎实开展创先争优活动。进一步深化创先争优活动，着力开展党性教育、作风建设、强基固本、亮牌示范四项活动，高质量完成创先争优活动“二、三阶段”各项工作，丰富创先争优活动的内容和形式，取得实效。二是加强党建工作考核评价。修订《中煤集团党建工作考核评价办法》，增强党建工作考评的科学性。实施2011年度党建工作考评，进一步促进各单位党建工作的规范化和党建工作质量的提升。三是积极推进反腐倡廉建设。强化反腐倡廉教育，与北京市检察院第二分院联合设立“检察联络室”，开展反腐倡廉预防和教育活动。加强反腐倡廉制度建设，制定《党风廉政建设责任制实施办法》，开展专项考核，确保工作落到实处。开展“小金库”专项治理复查工作，复查面达到100%。

【信息化建设】 信息化建设成效明显，经国资委考核在中央企业排名第15位，由C级跃升为A级，提前实现信息化规划的“登高计划”。综合管理信息系统（ERP系统）已经覆盖集团公司全部全资控股企业，基本实现集团公司集中采购、煤炭生产、运输、销售等内部供应链体系的贯通，建立起全集团范围的财务业务一体化集成平台。所属重点企业主营业务及自动化控制的信息化程度，基本达到国内领先水平。大部分生产企业通过对原有系统的改扩建，初步实现生产监控、自动控制、综合调度的集成应用。

【履行社会责任】 中煤集团秉承“创造美好生活”的企业使命，积极履行社会责任，在经济、安全、创新、环境、社会责任等方面，以卓越的成绩展示煤炭大集团的责任担当，发挥中央企业的表率作用。坚持以客户为中心、以市场为导向的经营理念，为客户提供优质能源，2011年为确保深圳大运会期间的电煤供应和支持国家煤炭应急储备作出贡献。以“零死亡”为目标追求，启动“落实安全主体责任，创建安保型企业”三年行动，推进安全生产长效机制建设，为企业安全发展夯实基础。推进“绿色中煤”建设，节能减排主要指标继续保持行业领先，集团公司被国资委评为“十一五”中央企业节能减排优秀企业，中煤平朔公司发展循环经济案例被评为2011年中央企业优秀社会责任实践。加强劳动保护，提高艰苦岗位津贴，2011年累计发放津贴2.78亿元，保障了员工权益。热心公益事业，通过扶持落后地区、帮助社会弱势群体、救灾济困等方式回报社会，2011年缴纳税费174.3亿元，公益性捐赠4341.8万元。中煤集团连续四年发布社会责任报告，2011年社会责任报告被中国社科院企业社会责任研究中心评选为四星级，企业形象进一步提升。

（撰稿人：阮仕俊）

中国煤炭科工集团有限公司

【基本概况】 中国煤炭科工集团有限公司（以下简称“中国煤炭科工”）是中煤国际工程设计研究总院、煤炭科学研究总院两家中央企业于2008年4月合并组建成立的。

2011年是中国煤炭科工面对复杂多变的国内外经济形势，不断深化改革、加快发展、创新超越的一年。在2011年中央企业分类指标排名中，中国煤炭科工继续保持科研设计类排名第一；在分规模排名中，稳居资产50～500亿元中央企业的前列。与中央企业整体发展水平相比，增长速度明显高于中央企业平均水平。自2008年成立以来，中国煤炭科工已经连续四年实现快速发展，综合实力显著增强，经济运行质量得到全面提升。

【主要指标】 2011年，中国煤炭科工实现生产经营平稳运行，继续保持健康快速发展的态势，实现保稳定、促增长的任务目标。

全年签订合同总额410亿元，同比增长47%；实现收入296.27亿元，同比增长32.73%；利润总额33.86亿元，同比增长26.20%。三大指标全面超额完成，为实现“十二五”时期经济指标翻一番的宏伟目标开好局，起好头。

中国煤炭科工资产规模稳步增加，财务状况良好。截至2011年底，资产总额284.47亿元，增长26.68%；货币资金57.04亿元，增长12%；负债总额176.96亿元，增长23.77%；资产负债率为62.21%，流动比率为1.49。国有资本保值增值能力增强，资产负债率下降，流动比率上升，偿债能力增强，财务风险降低。

2011年中国煤炭科工集团有限公司主要经济指标

项　目	2010年	2011年	比上年增长(%)
资产总额(亿元)	224.55	284.47	26.68
所有者权益(亿元)	81.57	107.51	31.80
营业收入(亿元)	223.21	296.27	32.73
利润总额(亿元)	26.83	33.86	26.20
净利润(亿元)	22.23	27.53	23.84
归属于母公司所有者的净利润(亿元)	16.33	19.96	22.23

续表

项　目	2010 年	2011 年	比上年增长（%）
技术开发投入（亿元）	8.23	9.8	19.08
利税总额（亿元）	43.7	54.7	25.17
应交税金总额（亿元）	16.79	21.98	30.91
全员劳动生产率（万元/人·年）	25.67	33.18	29.26
净资产收益率（%）	24.35	29.12	增加 4.77 个百分点
总资产报酬率（%）	14.49	13.91	减少 0.58 个百分点
国有资本保值增值率（%）	127.94	134.87	增加 6.93 个百分点

【改革发展】 2011 年，中国煤炭科工进一步理顺工作体制机制，健全规章制度，规范决策执行，加强跟踪落实，加强企业改革发展和生产经营工作，取得新成效。

1. 积极推进内部重组，实现资源优化配置。2011 年，中国煤炭科工围绕战略实施和优化结构布局，积极推进所属南京设计院、南京研究所以及杭州研究院、杭州中宇等 4 家二级企业的内部重组调整，实现属地化和一体化管理。同时，明确重庆研究院与淮北爆破所的整合重组方案，加快推进步伐，内部资源得到合理、优化配置。

2. 战略执行力有新的提升。中国煤炭科工继续加大战略规划的制定和执行，充分发挥战略对经营管理、决策执行的引领、带动和支撑作用。先后制定《总体战略规划实施纲要》及《“十二五”发展规划》，提出中国煤炭科工要实现“创建一大品牌”、“达到总量翻番”、“实施三大战略”、“实现四大目标”、“打造五大板块”的总体目标，加快建设世界一流的煤炭科技产业集团。同时，在总体战略的指导下，中国煤炭科工不断完善战略支撑体系，开展科技发展、质量安全、信息化、人力资源和企业文化等五大职能战略的制定工作，确保总体战略和职能战略的有效衔接与相互支撑。

3. 财务管理和业绩考核工作不断创新。财务管理工作不断加强，逐步强化财务服务职能、监控职能和资金筹措职能，以及税务筹划职能，促进企业快速发展。一是从制度建设入手，不断完善财务管理制度体系，进一步完善核算管理、财务管理和资产管理等制度。二是充分发挥财务监督功能，严格履行对重大财务事项的审核和审批职能，最大限度地控制财务风险。三是全员业绩考核工作取得新成效。通过健全组织体系，完善工作机制，以高管人员考核为切入点，切实加强各级领导班子副职的考核工作，并以此为契机，全面推进全员业绩考核工作，有效消除考核的死角，较好地实现业绩考核工作的全覆盖。中国煤炭科工继 2010 年度被评为中央企业经营业绩考核工作先进单位之后，2011 年再次获此殊荣，在中央企业业绩考核大会上受到表彰。

【重大项目】 2011 年，中国煤炭科工充分发挥科技型企业的综合优势，进一步提升资源调动及配置能力，对内促进资源向主导产业和新兴产业集中，对外加大资源扩张和重组力度，不断完善和延伸产业链条，生产经营和科研开发工作取得新的成效。中国煤炭科工先后与河南、湖北、山西、河北、贵州、宁夏等省区签订 11 项战略合作协议，利用地方政府的资源、区位等综合优势，不断加强双方在煤机装备等多个领域的合作；与河南超越集团签订选煤厂总承包等项目；与六盘水市政府合作的“煤矿成套装备制造和维修基地”项目全面启动，并初见成效；在河南济源启动电气、煤机等多个投资项目；与陕西煤化集团签订神渭管道输煤项目 EPC 总承包合同；在山西、河南等省的煤炭示范工程项目进展顺利，将成为中国煤炭科工“十二五”期间示范工程板块的一个重点投资项目。

2011 年，中国煤炭科工加大重大科研设计项目的研发和攻关力度，解决一批制约煤炭安全生产的重大关键技术难题，研发一批具有国际先进水平的新产品，取得一批具有领先水平的重大科研成果。设计的世界最大的井工煤矿——神华布尔台煤矿项目，获得各类奖项 10 余项；自主研制、具有完全知识产权的千米定向钻机，其探管孔外供电技术属世界首创；成功研制年产 1200 万吨综采工作面成套输送装备，标志着我国超重型综采成套输送装备的主要技术指标达到国际领先水平；开发的“新建千米井筒留设小保护煤柱与抗变形技术研究”项目，达到国际先进水平；研制的“矿井移动与应急通信技术与系统”项目填补世界空白；开发的“一扩成井”技术获得煤炭行业科技进步特等奖。

【走向海外】 中国煤炭科工高度重视国际化发展战略落地，积极研究、探索国际化经营和管理的模式、途径和具体措施，初步完成国际化经营战略规划，加强国际化经营组织机构和人才队伍建设，理顺体制机制，提升国际化经营和国际化管理的能力和水平。2011年，中国煤炭科工在乌兹别克斯坦、土耳其、乌克兰、巴基斯坦、印度、阿富汗和澳大利亚等国的多个项目，都取得积极进展，国际化经营规模显著提升，有力地推动国际化发展进程。在乌兹别克斯坦的市场开拓取得重大突破，安格林露天煤矿项目执行顺利，同时承担乌国煤炭开发利用规划的编制工作。

【重大创新】 作为科技型企业，中国煤炭科工始终把创新作为企业发展的生存之本和根本动力，不断探索企业管理和科学技术的创新模式，在资源共享、营销模式和科技创新体系建设等方面取得新进展。

一是加强营销协同，积极推动内部资源共享。中国煤炭科工加强同业竞争项目的协调，精心组织科研设计单位的业务对接，开展“资源共享手牵手”活动，为企业交流和业务对接搭建平台，拓宽内部企业的合作渠道，取得显著成效。

二是创新营销模式，拓宽营销渠道。充分发挥在煤矿瓦斯灾害防治技术上的核心竞争优势，大力推广煤矿安全专业化技术服务模式；以“设备＋技术＋资本”的全新运营模式，深度参与中小煤矿改造，扩大市场范围；通过打造过硬品牌，使多项产品获得“名牌产品”称号，提高市场知名度和占有率。

三是科技创新体系建设积极推进。成立技术委员会，聚集内部最顶尖的科研专家和设计大师，担负起企业科技发展的重任；同时，还与中煤集团建立深度合作的科技创新战略联盟；部分所属企业与神华集团共同组建灾害防治和煤机装备研发与工程服务机构，走出一条产学研相结合，联合攻关、共同发展的新路子。

【党建工作】 2011年，中国煤炭科工党委紧紧围绕中心工作，抓住聚人心这一关键，扎实推进各项工作，积极探索党组织参与企业重大问题决策的途径和方法，以改革创新精神和求真务实作风，全面加强党建工作，为企业的健康、稳定发展提供坚强的组织和思想保证，使党的工作迈上新台阶。一是提出并积极推进“组织全覆盖、中心组学习全覆盖和培训及培训师队伍全覆盖”；二是把制度建设作为加强基层党建的一项经常性、规范性工作来抓，进一步完善党的制度体系；三是坚持搞好理论中心组学习，开好民主生活会，做好企业领导人员培训，组织好“创先争优”活动，积极推进全员素质提升；四是干部、人才管理逐步规范，二级企业领导人员年龄梯次、专业结构更趋合理，后备人员遴选程序更加规范严格；五是企业文化建设有序推进，组织制定《关于加强企业文化建设若干意见》，明晰企业文化建设的指导思想、总体目标、组织领导体系、职责分工、基本原则、主要内容和措施；六是反腐倡廉逐步深入，坚持以制度建设和宣传教育为突破口，认真抓好组织机构建设，严肃查办违纪案件。

中国煤炭科工清醒地认识到，面对新的形势和任务，坚持党对中央企业的领导，加强和改进中央企业党建工作，对于大力推进中央企业体制创新、技术创新和管理创新，做强做优中央企业，不断提升国有企业的竞争力，切实增强党的阶级基础和提高党的执政能力，都具有重要意义。

【信息化建设】 2011年，中国煤炭科工信息化建设取得新的成效。一是围绕夯实数字化大厦建设的基础工作，正式启动信息化规划编制工作；二是围绕建设集成、统一的数据平台和信息发布平台，积极推进并实现协同办公平台对二级子企业的全覆盖；三是进一步整合已有的非涉密公文传输系统，全面实现集团公司与二级子企业的电子公文交换；四是完善视频会议系统，组建视频会议专网，实现对京外二级子企业和三级重要子企业的全覆盖。

【履行社会责任】 中国煤炭科工履行社会责任意识和能力得到加强，积极开展公益技术研究，为政府和有关部门的决策和政策制定提供支持，完成一大批“十二五”科技规划和战略研究任务。自主研发的高效煤粉锅炉技术，可以使我国的工业锅炉效率提高10～15个百分点，节煤15%～25%，该项目入选“2011年中央企业优秀社会责任实践”项目；研发的矿用可移动式救生舱，对提升我国煤矿安全保障能力和保障矿工生命安全，具有重要的现实意义；研发的低浓度煤层气深冷液化提纯工艺及装备，不仅提高了煤矿区煤层气利用率，还有效地解决了煤矿区环境污染问题。作为科技型企业，中国煤炭科工不断开发研究节能减排和安全生产技术新产品，及时推广、立即见效，为实现煤炭行业的节能减排和安全生产作出了积极贡献。

（撰稿人：刘　鹏）

中国机械工业集团有限公司

【基本概况】 中国机械工业集团有限公司（以下简称“国机集团”）是一家多元化、国际化的综合性装备工业集团，致力于提供全球化优质服务。主营业务包括机械装备研发与制造、工程承包、贸易与服务三大主业，服务领域覆盖工业、农业、交通、能源、建筑、轻工、汽车、船舶、冶金、矿山、航空航天等产业，市场遍布全球140多个国家和地区。拥有10万员工，40多家全资及控股子公司，7家上市公司，70多家海外服务机构。

成立十五年来，国机集团以持续的技术和管理创新，推动资源的进一步优化和核心能力再造，加快“走出去”步伐，深入推进战略转型，已经从传统的管理型国有企业转变为具有较强竞争力的现代企业。

国机集团连续多年保持30%以上的高速增长，2011年营业收入达到1929.6亿元，总资产1600多亿元，企业综合实力不断增强，社会影响力不断提升。首次进入世界五百强行列，排名第435位，成为除汽车行业外中国机械工业首个世界五百强企业。这标志着国机集团在打造具有国际竞争力的世界一流企业的进程中迈出了坚实的一步，是国机集团发展史上的重要里程碑；国机集团在国资委中央企业业绩考核中连续第四年被评为A级企业；被全国总工会授予五一劳动奖状；列中国企业500强第55位、中国机械工业百强第一位、全球最大225家国际承包商第26位、全球最大200家国际工程设计商第77位、中国对外贸易500强第13位。

【主要指标】 2011年是国家“十二五”规划的开局之年，也是国机集团第二个十年战略正式实施的第一年。面对严峻的国内外形势，按照国务院国资委“做强做优中央企业、培育具有国际竞争力的世界一流企业”的要求，国机集团认真贯彻董事会决策部署，强化战略落实，狠抓生产经营，推进技术创新，加强企业管理，严控经营风险，圆满完成各项工作任务，发展能力进一步提升，综合实力进一步增强。

2011年，国机集团实现营业收入1929.6亿元，同比增长26%；利润总额77亿元，同比增长11.4%；实现进出口总额109.6亿美元，同比增长28.8%；经济增加值45.3亿元，同比增长17.6%；成本费用占主营业务收入比重为96.65%。

2011年中国机械工业集团有限公司主要经济指标

项　目	2011年	2011年	比上年增长(%)
资产总额(亿元)	1313.6	1686.40	28.4
所有者权益(亿元)	318.4	393	23.4
营业收入(亿元)	1522.2	1929.60	26.8
利润总额(亿元)	66.7	76.8	15.1
净利润(亿元)	51.0	58.4	14.5
归属母公司所有者的净利润(亿元)	39.3	40.8	3.8
技术开发投入(亿元)	30	36.1	20.3
利税总额(亿元)	166.6	183.1	9.9
应交税金总额(亿元)	99.9	106.3	6.4
全员劳动生产率(万人/人·年)	24.0	23.0	—4.2
净资产收益率(%)	17.98	16.39	减少1.59个百分点
总资产报酬率(%)	6.28	5.74	减少0.54个百分点
国有资本保值增值率(%)	120.03	117.21	减少2.83个百分点

【改革发展】 根据国家提出的“加快调整产业结构、转变经济发展方式”这一总体要求，结合国务院国资委提出的打造世界一流企业的发展目标，围绕企业

"十二五"发展规划，国机集团加快转变思路、实践转型升级，持续、稳步地推进改革发展，特别在推动集团业务板块的布局和构建方面取得显著成效。

1. 重组改制步伐加快。

2011年，国机集团以资本运营规划为指导，扎实有效推进内外部重组工作，产业布局日趋明晰，改制上市和内部资源整合工作取得较大进展。

一是围绕完善集团业务链目标，继续深入推进外部战略重组工作。海外并购取得重大突破，中国一拖集团有限公司（以下简称"中国一拖"）成功收购法国MCC公司，为提升农业机械的技术能力、开拓发达国家市场奠定了基础；中工国际工程股份有限公司（以下简称"中工国际"）与加拿大普康公司签订股权收购协议，从矿山建设服务入手，搭建进入北美市场的业务平台；国机集团对长拖农业机械装备集团有限公司实施战略重组，签署框架协议；积极组织、引导所属企业开展并购重组，先后完成中国汽车工业国际合作总公司（以下简称"中汽国际"）重组中国汽车工业配件销售公司、合肥通用机械研究院（以下简称"合肥通用院"）重组安徽省机械工业设计院与冶金工业设计院等工作。

二是有效推动内部资源整合工作。结合集团核心业务板块的总体部署，工程机械业务资产整合取得阶段性成果，中国国机重工集团有限公司（以下简称"国机重工"）正式挂牌成立；农业机械整合迈出坚实的步伐，完成中国农业机械化科学研究院（以下简称"中国农机院"）对中国收获机械总公司和洛阳中收机械装备有限公司的重组工作；完成中国汽车工业进出口总公司对长沙汽电汽车零部件有限公司、中国电器科学研究院（以下简称"中国电器院"）对兰州电源车辆研究所的重组工作。

三是积极利用资本上市平台，实施资源优化配置工作。甘肃蓝科石化高新装备股份有限公司（以下简称"蓝科高新"）首次公开发行A股股票，成为集团第七家上市公司；中国机械设备工程股份有限公司（以下简称"CMEC"）完成股份制改造，H股上市发行获得境内审核认可；中国一拖股份有限公司回归A股即将通过证监会的上市审核；中国重型机械研究院股改方案制订完成；国机汽车股份有限公司（以下简称"国机汽车"）通过对鼎盛天工工程机械股份有限公司的资产重组实现借壳上市，搭建汽车业务板块的上市平台；常林股份有限公司完成再融资5亿元；中国农机院现代农装通过中关村"新三板"融资1.8亿元；洛阳轴研科技股份有限公司（以下简称"轴研科技"）配股融资方案通过证监会发审委审核。

四是现代企业制度建设及企业改革改组工作有序开展。完成中国机械工业建设总公司（以下简称"中机建设"）、中国电力工程有限公司（以下简称"中国电工"）、机械工业第六设计研究院（以下简称"中机六院"）、广州机械科学研究院等企业改制，启动第二批10家企业的改制，完成成都工具研究所（以下简称"成都工具所"）吸收合并成都工研科技股份有限公司的工作。中收农机股份有限公司政策性破产前期工作基本完成，进入实质性破产程序，获得中央财政补助资金1.8亿元，为顺利实施破产创造良好条件。

五是组建集团资产管理平台。以服务集团资本证券化工作和所属企业改制为目的，组建国机资产管理公司。

2. 投资力度不断加大。

2011年，国机集团完成固定资产投资50亿元，同比增长25%。重点投资建设中国一拖铸造系统绿色科技升级改造项目等一批装备制造项目、合肥通用院制冷空调与流体机械产业化基地等多个科研院所产业化项目，加快推进中工国际老挝万象滨河综合开发工程和琅勃拉邦酒店、中国重型机械总公司（以下简称"中国重机"）柬埔寨达岱水电站等项目的实施。

【转型升级】 2011年，国机集团按照十年战略提出的"转型升级"要求，积极转变增长方式，着力调整优化结构，持续创新经营模式，努力开拓高端市场，提高了企业的发展质量。

1. 经营模式转变取得进展。

推进业务创新升级，发展质量不断提高。国机集团组织CMEC等4家所属企业在乌克兰、中工国际在白俄罗斯，分别开发工业园区项目，中机建设在长春开发基础设施BT项目；江苏苏美达集团公司（以下简称"苏美达"）积极推进"资源供应、商务咨询、金融支持、物流服务"四位一体的商业模式创新；国机汽车积极发展汽车园区开发新商业模式，打造"城市汽车消费综合体”；中机六院积极推进工程设计由二维向三维的转变，促进工业工程技术的变革；中国汽车工业工程公司（以下简称“中汽工程”）逐步由传统的设计业务为主导，向提供“设计、承包、装备供货”的汽车工厂工程建设全过程服务供应商转变；中国通用机械工程总公司（以下简称“中通公司”）不断强化在污水处理领域的竞争能力，业务覆盖由污水处理到污泥处置的全过程。

在落实国家“走出去”战略、发展出口业务的同时，开拓进口业务，贸易结构趋于平衡。2011 年集团进口额 50 亿美元，同比增长 50%，是出口额增速的 3.4 倍；所属企业加大进口业务的开拓力度，取得良好效果，苏美达进口额同比增长 86%。

2. 新兴产业发展取得成效。

发展新兴产业是国机集团转变增长方式、调整优化结构的基本要求，也是保持企业持续发展的重要保证。2011 年，国机集团创新发展模式，加大资源投入，积极开拓太阳能、风能等新兴产业，促进了新兴产业的发展。桂林电器科学研究院（以下简称“桂林电科院”）瞄准新能源市场，研发用于电动公交车及电动旅游船的无刷电机；重庆材料研究院积极开展三代自主化核电站相关部件的研制；中国联合工程公司（以下简称“中国联合”）承接多个风电设备制造项目，轴研科技积极开发多家公司的风电轴承项目；中国机械工业成套工程总公司（以下简称“中国成套”）签署总装机容量为 30 万千瓦、合同总额 8.3 亿欧元的乌克兰太阳能项目，苏美达二期 25 万千瓦太阳能组件项目建成投产；国机重工基于新型材料和表面工程技术的工程机械再制造取得新的进展。

3. 产品创新助推节能减排。

2011 年，国机集团所属企业将节能减排和调整优化结构、促进业务升级结合起来，围绕节能减排开展技术创新，推动技术进步，加快传统产业的升级改造。中国一拖研发的东方红 6NB 柴油机排放达到国Ⅲ标准，与国Ⅱ相比，颗粒排放降低 30%以上；中国电器院研制的特大功率电解电源设备，最高可节能 30%；合肥通用院开发的缠绕管式换热器、蓝科高新研制的大型波纹板空气预热装置，推进我国石化、电力、冶金等行业节能降耗的技术进步；中国农机院在保护性耕作、旱作节水等技术及产品研发方面，取得显著成效；郑州磨料磨具磨削研究所（以下简称“郑州三磨所”）对生产过程中耗能较高的电炉进行更新改造，降低了生产成本，节约了能源；中通公司正在执行的污泥处置工程年处置污泥近 140 万吨，位居全国第一。

【走向海外】 2011 年，国机集团创新市场理念，改进开发模式，强化市场服务，市场开拓取得较好的业绩。新签合同额 486 亿美元，同比增长 27%。新签 1 亿美元以上的项目 31 个，其中 5 亿美元以上的项目 9 个，均创历史新高，为经营业绩稳步提升打下良好的基础。

面对不利的国际国内形势，国机集团加大市场开拓的力度，并把市场开拓业绩作为对集团领导的主要考核指标之一。采取的主要措施有：一是狠抓市场营销，实施区域滚动开发，巩固传统市场；二是抓住机遇，及时调整资源配置，大力提升优势主导产品的市场占有率；三是围绕主营业务积极开发新市场、新产业；四是强化管理，练好“内功”，降本增效，确保质量，创新市场开发模式，积极抢占国际市场；五是加强内部合作，积极推进市场协同开发，优化资源配置，提高核心竞争力。

截至 2011 年 12 月底，国机集团在手执行工程成套（含船舶）及设计咨询项目总计 5643 个，合同总金额 367.6 亿美元。其中境外项目 407 个，合同总金额 282.8 亿美元。这些项目分布在 88 个国家和地区，包括电力、房建、交通等多个行业。从合同金额看，1 亿美元以上项目 61 个，项目总金额 228 亿美元；5 亿美元以上项目 18 个，项目总金额 138 亿美元。随着正在执行项目的数量越来越多，规模越来越大，项目执行的复杂程度也越来越高。

2011 年国机集团 109.6 亿美元进出口总额中，出口额 59.3 亿美元，同比增长 14.9%；进口额 50.3 亿美元，同比增长 50.2%。进口增长比较快，使得国机集团的进出口更趋平衡。从国别地区来看，一般贸易业务涉及全球近 180 个国家和地区。从产品类别来看，除传统的机电产品进出口贸易外，大宗商品、原材料等贸易也在蓬勃发展。市场结构、产品结构都得以进一步优化。

1.“走出去”步伐加快，国际合作取得新进展。

国机集团积极参与白俄罗斯的国有企业私有化，

与白俄罗斯签署合作框架协议；中国中元与美国吉毕碧恩公司合作成立IG工作室，主要服务海外和国内高端医疗市场；中国电器院设立威凯（香港）技术服务有限公司，拓展在香港特区的检测业务；中汽国际承办澳门车展和澳门游艇展，开拓在澳门特区的展览业务。

2. 市场领域不断拓展，业务模式继续创新。

国机汽车加大港口和物流服务体系建设力度，提升进口服务环节的竞争能力；CMEC加强市场区域规划，加大市场开发力度，签约白俄罗斯、塞尔维亚多个电站项目，并开发孟加拉2.5G网络扩建和3G网络新建项目；中工国际连续签约乍得、老挝等国家多个机场项目，扩展境外机场业务；中国电工注重提高项目技术水平，从之前10万千瓦以下机组为主，发展到在手30万千瓦机组10台，60万千瓦机组3台，并正在全力开拓100万千瓦机组项目；中国成套实现由技术含量单一的房建项目向轨道、交通等高科技项目的转移，在乌克兰、俄罗斯签约道路交通、能源环保等项目38亿美元。

【科技创新】 2011年是“十二五”开局之年，围绕实现“加快科技创新，支撑企业发展的结构调整和转型升级”的工作思路，国机集团统筹部署，扎实推进，科技创新工作取得良好的业绩，自主创新能力不断增强，科技创新能力进一步得到提升，产业化进程不断推进，产业结构加快调整升级。

1. 创新成果不断涌现。

2011年，国机集团获得省部级和全国行业奖以上各类优秀成果奖287项，其中科学技术奖90项（含国家科技进步奖4项），勘察设计咨询类奖137项，其他类60项。申请专利850项，其中发明专利300项，授权专利810项，其中发明专利162项。软件著作权登记38项。主持或参加标准制定680项，其中国家标准234项。发表论文1968篇。

截至2011年底，国机集团累计拥有专利4048项，其中发明专利657项。累计拥有省部级（全国行业性成果奖）以上5459项，其中，国家科学技术奖155项。

2011年，合肥通用院“大型石化装置系统长周期运行风险的控制与评估关键技术及工程应用”、中国农机院“玉米籽实与秸秆收集技术与装备”、郑州三磨所“触媒法合成高品级金刚石关键设备与成套工艺技术开发”、中机建设“复杂钢结构施工过程时变分析及控制关键技术研究与工程应用”等4个项目获国家科技进步二等奖；中国中元“中国驻美国大使馆办公楼新建工程”获全国勘察设计行业第五届优秀工程项目管理金奖；中国联合获得两项全国优秀勘察设计金奖。

2. 创新平台建设力度加大。

加强科技创新平台建设，是企业乃至国家提升研发能力的重要手段，国机集团及所属单位致力于各类研发平台建设。2011年.国机集团新增省部级以上科研及服务平台（包括质检中心和标委会）18家，其中包括中国农机院“农业生产机械装备国家工程实验室”在内的4家国家级科研及服务平台。中国一拖被工信部、财政部认定为国家首批技术创新示范企业；中国农机院“农业生产机械装备国家工程实验室”、天传所“国家能源中小水电设备重点实验室”等机构获批设立。

截至2011年底，国机集团国家级科技创新及服务平台增至98家。国机集团拥有国家工程技术研究中心7家，国家工程研究中心2家，企业国家重点试验室4家，国家工程实验室2家，国家企业技术中心5家。国际合作基地3家，省部级（行业）重点实验室14家，省部级工程（技术）研究中心31家，博士后工作站14家，国家生产力促进中心6家，质检中心48个（其中国家级20个），全国标准化委员会40家。

3. 承担国家重点项目喜获丰收。

国机集团积极抓住“十二五”开局之年各部委国家项目组织实施力度明显加大的机遇，密切关注有关信息，精心组织项目申报，在申报批次、申报数量、获批数量、获得国家资金支持等方面，均达历年最高水平。组织不同类别的项目申报20批次、138项，已获批40余项，获国家资金超过2.8亿元。

国机集团作为项目实施主体单位和主持单位，先后争取国家支撑计划“面向装备制造业的技术创新软件系统产业化推广应用和示范应用”、“农业与食品行业制造及自动化生产线关键技术与示范”项目，表明国机集团整合科技资源、发挥平台作用的能力日益增强。

各所属企业积极组织重大科技项目的实施，取得显著成效。中国重型院研制的大飞机制造装备120

兆牛高强度航空铝合金厚板拉伸机，打破国外的长期垄断；轴研科技、蓝科高新和桂林电科院等单位积极参与国家重大工程，为“神舟八号”飞船与“天宫一号”的成功发射和对接作出贡献；国机重工研制国内最大35吨轮胎压路机、310马力前驱平地机和350马力平地机；中国地质装备总公司承担的第四代电驱动岩心钻机技术攻关工作取得突破；天津电气传动设计研究所研制国际先进水平的大功率中压变频装置；中国中元在高等级数据中心建设设计领域取得重要进展，中标的中国航信数据中心，设计费超过1亿元；中国联合设计世界上规模最大的热模锻压力机，提高生产效率15%以上；中汽工程研制的大件静压造型线，具有高质量、低成本、节能、增效的特点，处于国内领先水平。中国一拖、中国农机院完成的200马力拖拉机和自走式超高地隙喷杆施药机械取得自主知识产权突破，参加国家“十二五”重大科技成就巡回展。

【管理创新】

1. 战略管理持续推进。

2011年，国机集团召开以“对比一流找差距，转型升级促发展”为主题的战略研讨会，全面分析国机集团与世界一流企业之间的差距，深入探讨科学发展思路和转型升级的措施。

发布实施集团十年发展战略。适应内外部形势的新变化，修订集团“十二五”发展规划，进一步明确未来的发展方向和实现目标。积极开展战略评估，查找战略规划制订和实施中存在的偏差和问题；结合总体战略要求和形势变化，制修订工程承包、汽车、科技、信息化等分规划和子规划，实现各层级规划之间的有效衔接。

2. 生产管理水平进一步提升。

为实现降本增效，提升发展质量，增强竞争能力，国机集团所属企业不断开拓思路，积极开展管理创新。中国一拖深入分析影响成本升降的主要动因，制定成本控制计划并层层分解，落实责任，实现降本增效1.2亿元；中国电器科学研究院根据市场变化及时调整采购订单，对一些价值较高的原材料或分包器件采取密闭报价，确定分包厂家，降低采购价格；广州机械科学研究院（广州机械院）从生产制造系统入手，在组织、技术、队伍等方面进行多方保障，分步骤层层推进精益管理，提升生产组织能力；成都工具所推进“6S”现场生产管理，提高生产效率，降低原材料库存，减少浪费；中国重机通过总结、提炼，并借鉴先进的管理经验，编制《工程总承包项目管理手册》，规范项目管理工作，建立起与自身从事业务相适应的项目管理体系。

3. 财务管理保障业务运行。

面对国家宏观调控造成的资金紧张状况，为确保企业平稳运行，国机集团采取稳健财务政策，进一步提高资金使用效率，节约资金成本，资金管理工作卓有成效。一是加大在资本市场的融资力度，分两期成功发行20亿元的短期融资券，节约财务费用超过2000万元，优化债务结构，降低财务风险。二是资金集中结算稳步推进。所属企业在国机财务的日均存款余额达107亿元，比上年增长30%；国机财务资金结算量5284亿元，比上年增长66%；为所属企业提供贷款44亿元，票据贴现7.2亿元，节约财务费用2.3亿元。三是积极探索项目融资、供应链融资等融资模式，开展融资租赁业务3.8亿元。四是申请8亿元国有资本经营预算资金，支持所属企业的产业化发展和大额投资需求。

4. 风险管理能力不断增强。

2011年，国机集团根据年初工作会的部署，继续推进全面风险管理体系建设，着力防控法律风险，加强审计稽查和效能监察，保持业务的稳定发展。

全面风险管理体系建设稳步推进。集团总部和3家试点企业完成全面风险管理体系构建，通过梳理各项风险事件、评估风险重要度级别，提出重大风险点整改措施，有针对性地补充和完善相关管理制度，为提高企业风险管理水平打下良好的基础。

法律管理和服务能力不断提升。企业法律顾问管理体系不断完善，7家企业选聘总法律顾问，为依法决策、依法经营管理提供重要的组织基础和制度保障。建立新发案件定期报告、重大法律纠纷案件进展情况随时报告制度，通过信息集成管理系统平台及时掌握、分析和处理有关案件，有效实现对案件的动态管理。

加强审计稽查。进一步突出审计重点，充分发挥“审计工作中心”的作用，加大任期经济责任审计及投资项目审计的深度和广度，增强企业风险防范能力；

所属企业依据自身经营管理特点对重大业务及高风险领域加强审计力度，对发现的问题开展连续跟踪审计，促使审计成果有效实现向管理成果的转化。

推进效能监察。针对“三重一大”决策制度的贯彻落实，促进企业规范用权，防止决策失误；针对工程项目管理开展效能监察，健全制度，规范管理，确保工程项目保质保量按期完成；针对财务资金、成本、物资采购招投标、安全生产管理等开展效能监察，降本增效。

CMEC抓住推进公司上市的契机，将上市公司内部控制体系与全面风险管理体系有效地融合在一起，防范和管控海外项目风险，解决历史遗留的老大难项目问题；苏美达针对资金紧张、价格波动等主要问题进行研究讨论，重点关注大项目、大额库存和大额资金运作，确保经营安全；中国重机以建立全面风险管理体系为契机，组织全面风险管理基础知识、风险评估信息系统培训，编写风险事件库，确定风险评价标准，加强风险管理工作。

5. 信息化支撑作用明显提升。

2011年，国机集团被国资委评为中央企业信息化B级水平，信息化对管理和业务的支撑作用日益提升。在集团层面，发布实施“十二五”信息化发展规划，明确下一步工作的目标、方向和重点；实现项目管理、经营统计信息的全级次报送，提高信息的及时性和准确性。在所属企业层面，中国电工、苏美达、广州机械院、中国重型院等通过深化信息系统应用，进一步提升整体管控能力；中国一拖、中国农机院、三磨所等大力推动ERP系统建设，提高精细化、规范化管理水平；国机汽车、中国中元国际工程公司（中国中元）、中国联合、中机六院、中汽工程等积极探索通过信息技术实现业务创新，增强了企业发展后劲。

（撰稿人：于雪娟）

机械科学研究总院

【基本概况】 机械科学研究总院（以下简称“机械总院”）始建于1956年，一直致力于装备制造业基础共性技术的研究，研究领域涵盖先进制造技术、制造业信息化技术、机电一体化高新技术和新材料及工程应用技术四大领域中的22个研究方向，已形成“机械装备技术研究与服务”及“相关设备制造”两大主业。7000多项科研成果及专利广泛应用于机械制造、航空航天、交通运输、信息产业、冶金、建筑、汽车、环保和能源等国民经济重要领域。机械总院还下设包括标准化、产品检测、质量认证和管理咨询等若干个专业技术服务机构，能够为客户提供从科研开发、装备制造到技术服务的综合性系统解决方案。长期以来，机械总院为国家三峡工程、载人航天、西气东输、国家重大工程项目以及众多装备制造业企业提供了重要技术、大量创新型产品以及优质的服务，为国家经济社会发展和科学技术进步作出了卓越的贡献。

2011年，机械总院在“深入贯彻落实科学发展观，把握经济和技术协调发展规律，明确‘十二五’发展目标，深化改革，大力推进机械科学研究总院新一轮快速发展”总体工作思路的指引下，强化高端引领，着眼科技创新，加强行业技术服务，制定“十二五”战略规划，加强管理、降本增效，科研开发和经济规模逆势上扬，实现平稳较快增长。

【主要指标】 2011年，机械总院实现营业收入35.24亿元，同比增长18.3%，利润总额2.46亿元，同比增长32.26%。承揽一批高水平的科研项目，全年签订纵向合同额达到4.0亿元。

2011年机械科学研究总院主要经济指标

项　目	2010年	2011年	比上年增长（%）
资产总额（亿元）	45.82	51.05	11.41
所有者权益（亿元）	14.21	16.09	13.23
营业收入（亿元）	29.77	35.24	18.37
利润总额（亿元）	1.86	2.46	32.26
净利润（亿元）	1.60	2.09	14.29
归属母公司所有者的净利润（亿元）	1.51	2.01	33.11
技术开发收入（亿元）	3.00	3.68	22.66
利税总额（亿元）	3.16	3.80	20.25

续表

项　目	2010 年	2011 年	比上年增长(%)
应交税金总额(亿元)	1.30	1.70	30.76
全员劳动生产率(万元/人·年)	16.00	18.60	16.25
净资产收益率(%)	11.73	13.82	增加 2.09 个百分点
总资产报酬率(%)	4.56	5.17	增加 0.61 个百分点
国有资本保值增值率(%)	112.21	113.64	增加 1.43 个百分点

【改革发展】

1. 调整完善京区产业板块管理体制。2011 年，在北京机械工业自动化研究所和北京机电研究所深化改革工作领导小组一年工作的基础上，组建北京机械工业自动化研究所和北京机电研究所领导班子，同时调整机科发展科技股份有限公司的领导班子。

机科发展科技股份有限公司、北京机械工业自动化研究所和北京机电研究所在 2011 年相继完成党委、工会的组织建设工作。

2. 加强干部和人才队伍建设。2011 年通过与清华大学、北京科技大学联合培养博士研究生的方式，招收材料科学专业的博士研究生，这是机械总院首次开展材料学科博士研究生的培养工作，拓展新学科。2011 年新增 1 个材料科学与工程一级学科硕士学位授权点，实现一级学科硕士学位授权点零的突破。2011 年持续完善集团级专家队伍的建设。经各单位推荐、专家评审委员会评审，15 名杰出复合型专家、5 名杰出高技能人才进入院级专家队伍，进一步推动四类人才队伍建设工作。

3. 优化总部职能。2011 年根据行业服务、产业化发展的需要，对集团领导班子成员的分工和职能部门的职责进行优化。通过总部职能的优化，有效推进总部的工作状态。

【重大项目】

1. 重大决策。

降本增效，控财务风险。机械总院为有效控制应收账款的增长，2011 年加强应收账款管理并实时监控。集团以应收账款周转率为监控主指标，将当期应收账款增加额/营业收入的比值(B 值)设为监控辅助指标，以集团的指标数为“预警值”临界点。当企业应收账款周转率小于“预警值”，同时 B 值指标大于“预警值”时，集团发出“预警”提示。

明晰目标，研究制订“十二五”战略规划。通过全过程充分沟通交流，多方位、多阶段征询意见建议，深入研究分析和完善规划内容，机械总院发布“十二五”战略规划，明确主要任务和发展目标，制定了 1－2－8 策略。“十二五”总体战略目标为：做强科研，做优服务，做大产业，力争在 2015 年集团营业收入比 2010 年翻一番，员工收入年均增长率不低于 10%，1 家企业进入上市辅导期，2～3 家企业基本具备上市条件。

2. 重大项目。

哈尔滨焊接研究所江北新址建设经过一年半艰苦而紧张的工作，四个建筑单体的土建工程完成，外围基础设施配套工作配套对接，部分生产场地可使用，2012 年第三季度可启动新址搬迁工作。郑州机械研究所结合新型钎焊材料与技术国家重点实验室建设，新征 80 亩土地，建设焊接产业园区。武汉材料保护研究所科研生产中试基地一期主体工程建设基本完成，建设精细化工、涂料等厂房总面积 25822 平方米，2012 年下半年全面完成建设，启动搬迁工作。机械工业第一设计研究院合肥主办公楼土建工程基本结束，11 月辅楼主体结构封顶，2012 年上半年可以启动总部的搬迁工作。北京机电研究所完成热处理工艺装备技术实验室改(扩)建工程，增强了产业化能力。

3. 重大科研开发。

哈尔滨焊接研究所在克拉玛依螺旋精焊机组工程总承包项目竞标中，首次以工程总承包商的身份参与竞标，并击败国外知名企业一举中标；沈阳铸造研究所在特种钢铸造领域，首次采用电渣熔铸技术研制 AP1000 核电站反应堆冷却剂屏蔽电动泵泵内铸件，在高温合金铸造工艺技术研究中，成功制作大尺寸陶瓷型壳和硅基陶瓷型芯，首次试制成功大尺寸 F51 双相不锈钢电渣重熔锭坯，已应用于海洋工程采油平台；郑州机械研究所抓住国家发展新能源汽车的战略机遇，继开发第一代双电机电差动双驱动减速机之后，又开发单电机锥轮差速驱动的替代机型；武汉材料保护研究所成功中标我国首条400立方米槽体客车电泳涂装磷化线，承接越南GEMA-LINK项目码头钢管桩阴极保护项目的设计指导工作，为进入海水码头钢管桩的阴极保护市场获得开创性的进展。

以04专项为代表的科研项目取得一批高水平的科研成果。北京机电研究所"大口径厚壁长管件挤压工艺与质量控制技术"项目解决多项关键技术，开发完全自主知识产权的垂直挤压工艺，在国内首次建立P91高温流动应力本构方程和晶粒组织演化数学模型，填补了国内空白。中机生产力促进中心"数控机床与基础制造装备领域技术预测与关键技术选择"、"精密重型机床可靠性设计与性能试验技术"研究和国家科技支撑计划"城市市政管网预警、决策与系统控制研究"3个课题通过验收，对未来5～15年高档数控机床与基础制造装备的技术发展趋势进行预测，建立数控机床与基础装备制造业预测及关键技术选择分析系统，提出拓展新的服务领域、重视工艺、加强关键基础件等"十二五"期间专项实施方案调整的建议，对重大专项的实施具有重要的借鉴意义。

【重大创新】 一批重点课题的研究取得新突破，提高了市场竞争力。哈尔滨焊接研究所结合国际合作项目"大船用新型焊接材料与工艺的开发"，开展800～1200MPa级焊接材料的研制工作，研制的熔化极气体保护低合金高强钢焊丝可以满足大船用钢级别的焊接要求，为高强度级别低合金高强钢焊丝的开发奠定技术基础。沈阳铸造研究所开展高强度耐热镁合金材料WE43合金的研究工作，研制出的合金综合性能达到国际先进水平。先进制造技术研究中心承担的973课题"先进数字化制造装备技术基础"，突破金属件无模数字化精密制造机理、数控机床多轴联动精度测试等数字化设计关键技术，为汽车、工程机械、高档数控机床等行业的高端制造提供数字化共性技术基础；863计划课题"高性能低成本模具钢及其先进制备技术的研究"，研制精密、复杂、长寿命用新型高性能热作模具钢、新型B/M复相高强高韧注塑模具钢和高性能低成本预硬化模具钢等新材料。

哈尔滨焊接研究所依托国家工程研究中心，积极准备工信部先进焊接技术与装备创新能力平台的建设工作，并获得中央财政资金到款670万元的支持；国家工程研究中心创新能力建设项目，获国家发改委批复，争取到中央财政资金1000万元，哈尔滨市财政资金500万元。

【党建工作】 机械总院坚持"围绕中心抓党建，抓好党建促发展"，着力打造学习型党组织，在建党90周年之际，举办庆祝大会和职工文艺汇演，组织开展"五个一"系列活动；进一步加强基层单位党组织建设，2011年完成6各单位党委换届和3个单位党委的组建工作。

【信息化建设】 信息化工作再上新台阶。机械总院通过开展信息化资金补贴、信息化水平测评、网站测评等多项措施，各单位信息化水平持续提高，按期完成信息化登高计划，进一步加大科技和产业的宣传力度，提升集团形象。

【履行社会责任】 2011年机械总院引领有关直属单位实现973、863和支撑计划三大科技计划的起头并进，实现国拨资金1.5亿元以上，联合带动中国商飞、中国科学院、清华大学、浙江大学、西安交通大学等100家以上产学研单位共同发展装备制造业基础共性技术研究。

机械总院与大连市金州区合作，在占地3.3平方公里的废弃盐田上规划设计以绿色生态为特征的铸锻工业园区。园区规划首次运用绿色制造、循环经济与清洁生产理念，在分析识别铸锻行业节能、降耗特点和关键影响因素的基础上，建立铸锻产业园区资源循环链分析模型，对于建设我国具有绿色生态特色和定位于高端铸锻件的工业园区，具有重要的实际指导意义。

机械总院通过技术创新、紧密跟踪国内外先进理念和技术、培养高素质的研究人才，为国家重大工程、重大项目提供高水平的技术和产品，为国家装备制造业基础共性技术的研究开发作出巨大的贡献。机械科学研究总院在提升行业总体技术水平的同时体现了一个中央直属科技型企业的社会价值。

（撰稿人：刘永华）

中国中钢集团公司

【基本概况】 中国中钢集团公司(以下简称“中钢集团”)是国务院授权国资委履行出资人职责的国有独资企业,是一家为钢铁工业和钢铁生产企业以及相关战略性新兴产业提供综合配套、系统集成服务的集资源开发、贸易物流、工程科技、设备制造、专业服务为一体的大型跨国企业集团。所属企业86家,其中境内63家、境外23家。

2011年,在国务院国资委的正确领导下,中钢集团认真贯彻落实党中央、国务院各项决策部署,坚持以经济效益为中心,以创先争优为抓手,以强化预算管理为手段,加大市场开拓力度,优化调整产业结构,开源节流、强化管理,务实创新,控制风险,全面推进各项工作。企业运营能力、创新能力、风险管控能力、可持续发展能力进一步提高,管理基础得到夯实,内控体系不断完善,党建工作、廉政建设、企业文化建设、工会及共青团工作取得新的进展。安全生产形势基本稳定,节能减排目标圆满实现,连续三年进入世界500强。

【主要指标】 2011年,中钢集团实现主营业务收入1798亿元,资产总额1258亿元。全年重点商品经营总量超过8000万吨,主要经营指标完成情况较好,位列美国《财富》杂志发布的2011年全球500强排行榜第354位。

2011年,中钢集团积极应对复杂多变的市场形势,克服各种困难和挑战,狠抓当期生产经营,企业经营呈现积极变化。效益导向不断强化,部分所属企业盈利贡献突出;市场分析和应变能力有所提高,营销模式调整取得实效;公司整体优势正在发挥,业务协同取得新成果;生产运行协调力度加大,对标挖潜增效益深入推进,全年降本3.75亿元,比2010年增加1.32亿元;坚持落实“0123”安全生产管理模式、“四季十二防”和安全提示制度,生产安全事故伤亡数同比下降40%以上;节能减排大幅超额完成国资委下达的考核目标,荣获“2011节能中国十大贡献单位奖”。

【改革发展】

1. 积极转变增长方式,优化调整营销模式,企业经营呈现积极变化。

积极转变增长方式,不断强化效益导向。2011年,面对复杂多变的经济形势,中钢集团积极转变增长方式,认真贯彻“效益为先、规模适度”的经营原则,集团部分所属企业盈利能力明显增强,为中钢集团整体经济效益的稳定增长发挥支柱作用。

提高市场分析和应变能力,营销模式调整取得实效。积极应对频繁波动的市场形势,注重超前超常分析市场动态,及时应变,不断探索有效营销模式。市场分析研判工作实现制度化、规范化和实用化。结合经营特点认真研判市场行情,及时调整营销策略,增创效益。

发挥整体优势,推进业务协同。以追求中钢集团整体经营绩效的提升为目标,2011年,集团各所属企业加大主营商品、核心业务协同力度,进一步扩大市场份额和客户网络,提高运营效率,取得较好效果。

加大生产运行协调力度,深入推进对标挖潜增效益。中钢集团各生产企业和科技企业认真贯彻精益思想,千方百计提高产品附加值,取得明显成效。中钢邢机实行“生产列车时刻表”的生产管理模式,加大高附加值产品和替代进口产品开发比重。中钢矿业抓住市场有力时机,加大力度协调托管矿山企业建设和生产,实现增产增效。中钢集团深入推进“对标挖潜,降本增效”工作,逐步将对标工作向全系统、全过程、全方位、全员纵深拓展。

2. 强化企业运营管理,体制机制进一步完善。

推进产业板块管理模式,核心业务产业链初步形成。2011年以来,中钢集团按新的业务板块进行管理,围绕资源、产品、市场和信息四大要素,培育资源获取和配置能力、产品开发和服务创新能力、市场开拓和运营改善能力、信息收集和分析应用能力,运作机制逐步形成。中钢集团对板块整合,深入实施“专业化、国际化、实业化、信息化”,初步实现了“强化专业化与实业化相结合,促进协同经营的深化与发展;强化科研与产业相结合,促进全产业链及产学研一体化机制的形成与发展;强化海外与国内相结合,促进产业国际化延伸与发展”的工作目标,为制定“十二五”规划，明晰公司发展战略和产业发展方向奠定了新的基础。

规范、科学、高效的决策运营机制正在形成，总体运转效率得到提升。加强董事会建设，细化工作措施，健全保障机制，更好地发挥了董事会在科学决策、风险防范和加强管理等方面的重要作用。加强集团管控，持续推进“规范、科学、高效”的决策运营机制形成和完善。加强总部能力建设，总部核心管理职能作用的发挥明显提升，运转效率提高。针对复杂多变市场形势，积极探索各种经营分析模式，着力提升质量，增强经营指导的针对性和有效性；重点加强经营风险管控，为推进中钢集团稳健经营奠定了重要基础；继续强化法律风险防范和纠纷处理，有效维护了中钢集团的合法权益；加强对中钢集团重点问题、重点项目、重要业务内部审计监督，明确并跟踪整改落实管理要求，对 18 家企业及 32 家客户的风险情况进行排查分析，提出整改措施，进一步促进了企业经营管理工作的规范和改善。深入开展“制度执行年”活动，新增和修订制度近 300 项，增强制度执行意识，强化关键环节管控，有力促进了公司内控体系的建立。

队伍建设进一步加强，绩效管理明显改进。进一步加强干部管理体系建设，按照公司经营发展需要，优化配置干部队伍，公司选人用人工作满意度不断提升。落实中层领导人员任期考核，积极推进中层干部内部竞聘选拔试点工作，公司及部分二级单位领导力量得到有效加强。基本建立了以效益和价值创造为核心，综合计分排队、按比例分级、按等级确定薪酬的绩效管理体系，考核导向作用得到发挥。出台境内企业负责人薪酬管理办法和总部员工考核办法，激励约束作用进一步强化。

3. 投资管理体系初步建立，战略规划工作积极推进。

进一步落实投资管控要求，全流程管理框架基本形成。进一步完善了投资管理，投资理念体现调整产业结构和转变发展方式的管理要求，投资规模得到有效控制。在建项目动态管理显著加强，部分重点项目建设顺利基本具备试车生产条件。完成 14 个项目的竣工决算审计、三个项目的后评价，对 27 个建成投产项目达产达效进行季度分析管理。

认真总结“十一五”期间投资情况，制定并落实整改措施。按实业投资、股权投资和并购企业情况对中钢集团“十一五”以来的项目进行全面系统梳理，摸清现状，总结成绩，理清问题，剖析原因，提出有针对性的整改措施并落实到分管领导和责任单位，提升了投资工作的管理水平，明确了中钢集团未来投资发展的思路重点。

积极推进战略发展规划编制。认真研究国家及国资委央企“十二五”规划纲要，2011 年下半年加快中钢集团发展规划的编制工作，初步形成中钢集团“十二五”发展规划框架方案。

清理存量资产，优化资产结构。按照资产管理制度、运作流程、处置程序，规范处置存量资产，优化资产结构。部分所属企业对现有资产进行清产核查，将查出的闲置资产和待报废资产进行有效盘活和处置。

探讨股权融资、引进战投等工作取得积极进展。积极探讨和实施多元化融资。开展资产证券化、参股等各种资本运作方案的探讨工作，对推进融资发展具有十分重要的意义。

【科技创新】 2011 年，中钢集团积极推动技术进步和产业化发展，不断实施科技创新，开展科技研发和核心技术攻关，一批重点科技项目、工程技术和创新产品获得行业领先优势，新产品市场推广力度不断加大，科技创新取得新进展，科技支撑作用进一步加强。

1. 科技创新工作取得丰硕成果。中钢矿业主持研发的“大型矿山排土场安全控制关键技术”、中钢马矿院参与的两个项目、中钢安环院参与的一个项目荣获 2011 年度国家科技进步二等奖。2011 年，中钢集团共获得国家授权专利 130 项，同比增长 46%，其中发明专利 36 项，同比增长 177%；新制定国家标准 12 个，行业标准 23 个。“超高温钨钼加工炉用高性能 ZrO_2 隔热制品”获 2011 年国家重点新产品称号。

2. 科技平台建设、科研项目申报及产学研结合取得新进展。2011 年，中钢洛耐院被认定为国家创新型企业，中钢衡重被新认定为国家级企业技术中心，进一步提升了中钢品牌影响力。以中钢洛耐院和中钢安环院分别为理事长单位的“耐火材料产业技术创新战略联盟”和“冶金工业安全生产技术创新战略联盟”

相继成立。“深贫杂铁矿资源高效开发关键技术研究与应用”项目和“大型钢铁联合企业废物循环利用技术与示范”项目成功入选“十二五”资源与环境领域国家科技支撑计划项目。中钢集团与武汉科技大学签署战略合作协议。中钢制品院与武钢研究院就共同开发高级别弹簧钢线材签署技术合作协议。中钢天澄与华中科技大学共同开展大气污染控制和固体废弃物高效资源化利用技术研发与推广。

3. 企业以科技创新促经营成效显著。中钢设备以项目为载体,注重技术储备和技术创新,通过科技创新提升了设备成套、工程承包业务的水平。中钢邢机持续开展全员创新工作,有力地促进了企业核心竞争力的提升和自主创新能力的增强。中钢吉电通过引进技术消化吸收再创新,国内外工程业务订单大幅增长。中钢吉炭、中钢制品院等企业开展国防军工材料的科研和试制工作,较好地满足了神舟系列等高新工程的需要。

【走向海外】 中钢集团通过境外投资、境外加工贸易以及对外工程承包等多种方式,不断推进国际化进程。在中国企业联合会发布的“2011 中国 100 大跨国公司及跨国指数”中,中钢集团荣膺第 19 名。

1. 突出主业,拓宽市场,努力推动核心商品和核心业务向海外延伸。中钢集团充分发挥自身传统优势,突出冶金矿产资源开发主业,逐渐形成了格局多元、形式多样的海外矿产资源开发模式。中钢集团是中国市场铁矿、铬矿的主要供应商,萤石、焦炭、矾土、镁砂、稀土、冶金机械装备等多种商品的出口逐年大幅增长,位居中国前列。对外工程承包也屡获突破,先后完成和正在实施的有巴基斯坦、土耳其、越南、印度等国家的几十个大中型工程项目。2011 年,中钢设备承建的土耳其高炉项目顺利投产,并与中钢天澄合作取得 60 万千瓦发电机组承包合同,进一步巩固了土耳其市场,充分展现了中钢集团承包建设海外重大工程项目的综合实力。

2. 深化改革,战略转型,为国际化经营提供坚强后盾和可靠保障。中国企业“走出去”,与国际上实力雄厚的大公司、大企业同台竞争,必须练好内功,不断提高自身综合实力。中钢集团明确公司的总体战略定位,加强战略性改革调整,为国际化经营提供坚强后盾和可靠保障。

3. 加强海外事业人才培养,打造优秀的国际化经营管理团队。中钢集团在 20 多年“走出去”的历程中,通过派驻常驻人员、短期培训、合作交流等多种形式,培养了一支优秀的海外事业人才队伍,具备较强的国际开拓能力和商务运作能力。中钢集团得到各个伙伴公司及竞争对手的尊重和认可,有力地推动了集团国际化经营战略的实施。

4. 融洽关系,互利共赢,树立企业良好形象,为国际化经营创造和谐环境。中钢集团坚持“合作、友谊、双赢、发展”的理念,在“走出去”的过程中,树立大局观念和社会责任意识,自觉维护国家和企业的形象,遵守东道国的法律法规,尊重当地风俗习惯,处理好与当地各方面的利益关系,通过互利合作实现共同发展,为国际化经营营造良好和谐的外部环境。

【党建工作】 2011 年,中钢集团以庆祝建党 90 周年为契机,深入开展创先争优活动,进一步加强党组织建设和党员领导干部思想作风建设,有效发挥党建工作的政治优势。

1. 深入开展创先争优活动。集团各级党组织围绕纪念建党 90 周年,结合企业实际,不断深化降本增效、扭亏增盈、党员岗位承诺及创新增效等活动,创新形式、拓宽范围、丰富内容,推进创先争优。在广泛开展领导点评、专题调研、座谈研讨的基础上,在中钢邢机召开中钢集团创先争优活动现场会,总结推广中钢邢机开展党员登高、业绩改善活动的经验,推进创先争优活动深入开展。

2. 进一步加强基层组织建设。完善基层党组织工作规则、发展党员工作规则。研究提出了党务公开工作的实施意见。印发《加强海外机构党组织建设的指导意见》。一批先进单位和个人受到了表彰。

3. 积极推进反腐倡廉、纪检监察工作。继续以贯彻《中国中钢集团公司党委关于进一步加强纪检监察工作的意见》为抓手,重点推进 2011 年年初中钢集团反腐倡廉建设工作会议部署的“党风廉政建设责任制落实、监督检查和效能监察、案件管理、纪委书记述职”四项工作,突出加强“作风建设、廉洁文化建设、纪检监察机构和队伍建设”等三项建设,较好地发挥了促进和保证作用。加大违纪违法案件查处和党风廉政建设责任追究力度,着力纠正不良风气。开展落实

“三重一大”决策制度监督检查，不断健全决策机制。通过多种形式加强纪检监察干部培训，努力提高履职能力。围绕物资采购等生产经营环节，全年开展效能监察95项，有力提升了管理水平。

【信息化建设】 2011年，中钢集团信息化建设和ERP应用不断深入，信息化工作取得新进展。

在信息资源开发利用及维护方面，优化升级中钢集团所属企业ERP系统的应用功能，提升了应用效果；推进ERP系统建设，扩大覆盖范围。加快推进商务智能系统建设和应用，实现信息化成果对经营决策和管理决策支撑作用。开展OA系统升级，推动电子公文流转及4D工作跟踪流程使用。加强各应用系统运维服务，提高运维质量。加强信息系统安全管理，升级安全产品，确保系统安全稳定。

在信息化制度建设方面，制定并发布《中钢股份ERP系统应用管理员管理办法》，逐步健全和完善符合中钢集团自身管理需要的ERP运维管理体系；9月，组织召开首次ERP系统应用管理员工作研讨会；年内组织ERP系统应用管理员培训和考试累计410人次。

在信息标准化工作方面，起草《中钢股份信息标准化管理办法》；结合中钢集团一体化管控和各企业实际需要，调整ERP系统物料分类结构；完成ERP四期物料标准化项目验收。

随着以ERP为核心的信息化应用不断普及和深化，中钢集团信息化在支撑战略调整，提高管控能力，提升管理水平，支撑业务运营，促进流程优化，推动经营模式变革等方面发挥的作用日益显现。在国资委公布2010年度中央企业信息化水平评价结果中，中钢被评为A档企业，排名第18位。

【履行社会责任】 中钢集团坚持把履行社会责任与促进改革发展相结合，在加快企业发展的同时，不断推进社会责任工作，积极参与和谐社会建设，关注和支持社会公益事业，树立了良好的企业形象。

1. 持续推动社会责任工作，积极履行企业社会责任。中钢集团不断完善社会责任工作体系，2011年正式建立起社会责任管理二级工作体系，明确社会责任工作对口部门和联系人，为深入推动社会责任工作奠定基础；公司发布《2010可持续发展报告》，被评为社科院社会责任研究中心四星级优秀报告，并荣获“2010联合国全球契约典范报告”奖；荣获“2011中国最具创新力企业社会责任报告”奖；重视社会责任培训，2011年中钢集团组织所属企业相关人员参加第七期、第八期中国瑞典企业社会责任培训项目，并通过下发材料、电话沟通等多种形式组织社会责任对口工作人员学习社会责任相关理论、指标体系等，提高从业人员认识水平；开展社会责任研究，中钢集团“善尽责任，构建和谐社区关系”海外社区责任实践案例入选2011年中央企业优秀社会责任实践。

2. 积极参与公益事业，推进和谐社会建设。2011年，中钢集团积极参加社会捐助活动，并组织四川省广元市三所中钢希望小学师生代表来京参加夏令营，关爱灾区学生成长。中钢上海公司由于在世博会举办期间，立足大局，勇于奉献，表现突出，被授予“中央企业参与2010年上海世博会荣誉集体”称号。中钢赤峰矿业出资建设朝阳沟移民新村，中钢锡林浩特萤石公司为牧民安装变压器，改善了当地群众生产生活条件。中钢地质院多年来持续开展向社区困难居民送温暖活动，努力为社区办实事、办好事，2011年荣获“共建和谐社区单位”荣誉称号。

3. 立足当地，融入社区，做负责任的中国企业。中钢集团在海外投资兴业，始终坚持“合作、友谊、双赢、发展”的经营理念，为项目所在国家创造了上万个就业机会，带动了当地经济发展。中钢集团重视加强与投资所在国和所在地的文化交流，积极参加各项国际经贸合作活动，宣传中钢集团履行全球企业公民社会责任情况，受到国际社会广泛赞誉。在全球化运营中，中钢集团注重与当地建立和谐社区关系，关注社区需求，了解社区困难，致力于促进社区发展，树立负责任的企业形象。

（撰稿人：周俊霞）

中国冶金科工集团有限公司

【基本概况】 中国冶金科工集团有限公司（以下简称“中冶集团”）是由国务院国资委监管，以工程承包、资源开发、装备制造、房地产开发、纸业为主业，集科、工、贸于一体,多专业、跨行业的国际化综合性企业集团。

2011 年是中冶集团“三五”发展战略规划开局之年,全集团按照“调整经营策略,转变发展方式,增强发展质量,防范债务风险,发挥整体优势”的要求,扎实推进转型升级、科技创新、国际化经营、人才强企、和谐发展五大战略,健全完善动力、体制、组织三大保障体系,加快主业结构调整与战略转型,加大新兴产业支持力度,加强亏损企业治理和债务风险管控,生产经营保持平稳运行。

【主要指标】 2011 年,中冶集团新签合同 2915 亿元,完成年度预算目标 2620 亿元的 111.2%。实现营业收入 2432 亿元,完成年度预算目标 2080 亿元的 116.9%。实现利润 5.1 亿元,完成年度预算基本目标 58 亿元的 8.8%。

2011 年中国冶金科工集团有限公司主要经济指标

项　目	2010 年	2011 年	比上年增长(%)
资产总额(亿元)	3180.63	3601.99	13.25
所有者权益(亿元)	610.76	604.64	-1.00
营业收入(亿元)	2171.31	2431.66	11.99
利润总额(亿元)	58.44	5.10	-91.27
净利润(亿元)	37.99	-19.48	-151.28
归属于母公司所有者的净利润(亿元)	20.10	-25.83	-228.51
技术开发投入(亿元)	49.58	53.31	7.52
利税总额(亿元)	216.20	143.78	-33.50
全员劳动生产率(万元/人·年)	135.20	151.60	12.13
净资产收益率(%)	6.50	-3.21	减少 9.71 个百分点
总资产报酬率(%)	3.35	1.74	减少 1.61 个百分点
国有资本保值增值率(%)	104.79	92.65	减少 12.14 个百分点

【改革发展】 2011 年,在国内冶金建设市场持续低迷的不利形势下,中冶集团加大市场开拓力度,在巩固传统市场优势的同时,及时调整非钢市场战略部署,积极拓展钢铁节能减排、绿色建筑、市政环保、海水淡化、清洁能源等市场领域。坚持有进有退原则,清理亏损企业和非主业资产,积极推进重大亏损企业扭亏和处置工作。截至 2011 年 11 月 30 日,共关闭注销投资企业 11 家,转让 25 家;批准和完成中国华北冶金建设有限公司与中冶集团华冶资源开发有限责任公司等 7 家存续企业与改制企业的整合工作。

进一步梳理债务风险,突出重点,加强监管。确定中冶集团“十个重点监管企业、十个重点工程、十个重大投资项目、十个重点亏损企业、十大债务人”的“五个十”重点监管体系,建立了风险管控的常态管理模式。

进一步加强领导班子建设,创新完善干部管理体制机制,提升干部素质,优化干部队伍结构;不断深化董事会、监事会、经营层分工明确、各负其责、相互配合、合理制衡的治理体系;积极推进总部处级岗位竞争上岗步伐,构建优秀人才脱颖而出的竞争性选拔体系。对 30 家子公司的领导班子和总部处室以上管理人员作了补充调整,调整 170 人次。进一步完善收入分配及用工制度,健全收入分配宏观调控机制和企业内部激励约束机制,充分调动员工积极性,增强企业竞争力。继续以公开透明、高效快捷的方式积极稳妥推进企业年金工作,首批年金资产按原定计划于 2011 年 4 月初正式开始投资运作。

【重大项目】 2011 年,中冶集团按照“聚焦主业、突出重点、量入为出、有保有压”的指导思想,坚持效益优先原则,进一步加强投资管理,控制总体投资规模;坚持不符合主业不投、超出自身能力不投、投资收益低不投;坚持国资委规定的中冶集团主业投资方向,严格控制非主业投资。对在手投资项目重新梳理和筛选,全年共压缩年度计划投资额 20 亿元。继续推进九江和天津钢渣零排放项目、新余冷轧硅钢项目、洛阳中硅公司年产 2000 吨(四期)多晶硅高技术产业化扩建项目、中冶辽宁德龙钢管有限公司年产 40 万吨 ERW 焊管项目、阿富汗艾娜克铜矿项目、巴布亚新几内亚瑞木镍钴项目等在手重大项目的建设工作。新增投资大型多向模锻件和重型装备自主化产业基地建设项目、襄樊生活垃圾焚烧发电厂项目等。此外，积极开展部分重要投资项目的后评价工作，进一步加强投资项目全过程管理，有效提升投资决策水平和投资效益。

【走向海外】 一方面继续紧抓印度、东欧和东南亚等国家和地区的冶金市场，新签以EP模式承建的印度TATA钢铁公司KPO焦化项目和以施工承包模式承建的俄罗斯KIMKAN铁矿选矿厂建筑安装工程等一批重大海外冶金工程项目。另一方面借助中冶集团中东分公司在中东市场搭建起来的工程承包统一管理平台，大力拓展中东、非洲等区域的民用建设、基础设施建设市场，扩大工程承包主业的海外市场份额，以施工总承包模式承建科威特JAHRA公路项目，该项目合同金额约合8.5亿元人民币；以施工总承包模式承建科威特大学萨巴赫·萨利姆大学城建设项目22个标段的第一个主体标段——科威特大学城石油工程学院项目，该项目合同总额约合33.5亿元人民币。另外，按照国资委关于加强海外投资风险控制的要求，中冶集团认真研究、积极应对，原则上暂停新增境外并购项目投资；对在手境外投资项目逐一进行梳理，认真分析项目存在的问题，积极研究解决方案，确保在手项目顺利推进；进一步加强海外项目财务、税务和法律等方面的风险防控，加强对海外项目管理人员的系统化培训，降低因管理不善带来的执行风险和经济损失，切实提高海外工程项目管理水平。

【重大创新】 一是积极推进国家级科技创新平台、省部级科技创新平台和中冶工程技术中心三级创新平台建设工作。中冶南方工程技术有限公司（以下简称“中冶南方”）申报的“国家钢铁生产能效优化工程技术研究中心”通过科技部组织的综合评审答辩，中冶南方同时获批发改委国家认定企业技术中心。截至2011年12月31日，中冶集团拥有国家级科技创新平台8个。二是加强对重点科研项目的培育、扶持和立项工作。对于与中冶集团主业发展和产业结构调整需求相关的重点项目给予重点支持，同时积极组织各子公司申报与承担国家重点研发项目。2011年，中冶集团组织完成54项国家重点科研项目申报立项工作，牵头或参与申报7个国家科技部“863计划”项目和“十二五”科技支撑计划项目。三是在科技成果方面取得一定的成绩。中冶南方“降低薄带钢生产消耗的关键技术”和中冶建筑研究总院有限公司（以下简称“中冶建研总院”）、中冶京诚工程技术有限公司“建筑钢结构新型连接节点及体系的设计理论、关键技术与工程应用”分别获国家科技进步二等奖。四是全年新授权专利2805件，中冶赛迪工程技术股份有限公司“一种转炉炉壳吊挂装置”获得中国专利优秀奖。

【党建工作】 2011年，中冶集团以“思路创新、工作创先、业绩创优、企业创效”为目标，以加强基层党组织建设、为民服务、创先争优为重点，统筹安排和扎实推进创先争优活动第二、第三阶段工作。以弘扬红色为主旋律，积极开展感悟“马万水精神”、党员宣誓仪式等纪念建党90周年系列活动。

中冶集团坚持将惩防体系建设与经营管理、内部控制、风险管理结合起来整体推进，得到中央纪委惩防体系建设重点抽查工作第十一检查组的高度评价。开展落实“三重一大”决策制度情况“回头看”活动。不断加大对领导干部廉洁从业监督和教育力度，促进党风廉政建设。

【信息化建设】 继中冶南方、中冶焦耐工程技术有限公司和中冶建研总院完成ERP一期建设上线后，中国第二冶金建设有限责任公司（以下简称“中国二冶”）、中国十九冶集团有限公司的ERP建设正式启动并实施完成。其中，中国二冶顺利通过中冶集团组织的住建部施工企业特级资质信息化评审。ERP试点企业IT人员和业务人员技术培训全面开展。

【履行社会责任】 2011年，中冶集团积极提升安全生产工作环境建设，构建和谐劳动关系，与员工共同成长。致力于“资源节约型和环境友好型”企业建设，依托环保科技研发和技术优势，努力提升企业节能环保水平，加快绿色建筑、清洁能源等新兴产业的发展。

中冶集团坚持做到慰问帮扶工作经常化、制度化。2011年，救助困难员工9601人次，走访慰问困难员工家庭3万多次，资助困难员工子女入学1189人次，救助患病员工3185人次。利比亚发生骚乱时，中冶集团高度重视，按照“工人先撤，管理人员最后撤离”的要求，上下一心、团结协作，全力保障人员生命和财产安全，将600多名员工安全撤回国内。回国后，及时补发利比亚项目中农民工工资和补贴，并妥善安排回撤人员工作，帮助劳务人员解决就业和生活困难问题。中冶集团承担的巴基斯坦山达克铜金矿项目在抓生产、创效益的同时，积极支持当地社区发展，开展资助学校、送水供电、医疗救治等活动，诊治当地居民3860人次。2011年，中冶集团组织志愿者活动2985人次，志愿服务时间近1万小时。

（撰稿人：沈希凡）

中国钢研科技集团有限公司

【基本概况】 中国钢研科技集团有限公司（以下简称“中国钢研”）成立于2006年12月，经国务院同意、国务院国资委批准，由原钢铁研究总院（创建于1952年）更名为中国钢研科技集团公司，冶金自动化研究设计院（创建于1973年）作为全资子企业并入中国钢研。中国钢研是我国冶金行业最大的综合性研究开发和高新技术产业化机构，2009年5月，经国务院国资委批准改制为国有独资公司，并进行董事会试点。

中国钢研是国家首批103家创新型企业试点单位之一，是中关村科技园首批100家创新型企业之一，是我国金属新材料研发基地、冶金行业重大关键与共性技术的创新基地、国家冶金分析测试技术的权威机构。拥有5000余项科研成果，包括国家级奖励293项、省部级科技进步奖1035项，授权专利825项。先进钢铁材料技术国家工程研究中心、国家非晶微晶合金工程技术研究中心、先进钢铁流程及材料国家重点实验室、国家冶金自动化工程技术研究中心等14个国家级中心和实验室设在中国钢研。

中国钢研以产业规模化、工程大型化、产品国际化为目标，金属新材料、自动控制技术、工程技术和分析测试仪器等四个产业领域得到了快速发展。

【主要指标】 2011年实现营业收入102.15亿元、利润总额7.16亿元，全面完成国资委下达的2011年度主要经营目标，实现中国钢研“十二五”发展战略的良好开局。

2011年中国钢研科技集团有限公司主要经济指标

项　目	2010年	2011年	比上年增长(%)
资产总额(亿元)	129.7	147.8	13.96
所有者权益(亿元)	60.7	67.7	11.53
营业收入(亿元)	74.2	102.2	37.74
利润总额(亿元)	5.1	7.2	41.18
净利润(亿元)	4.2	5.9	40.48
归属于母公司所有者的净利润(亿元)	2.0	2.5	25.00
技术开发投入(亿元)	4.5	6.2	37.78
利税总额(亿元)	8.0	11.8	47.50
应交税金总额(亿元)	2.9	4.6	58.62
净资产收益率(%)	7.4	8.11	增加0.71个百分点
总资产报酬率(%)	4.4	5.39	增加0.99个百分点
国有资本保值增值率(%)	106.8	107.8	增加1个百分点

【改革发展】 2011 年是中国钢研“战略落地、全面开局，分解落实、快速起步”的关键之年，也是中国钢研完善战略管控体系、科技创新体系和生产经营体系建设，实现跨越式发展的起步之年。

在企业管理方面，按照管理原则，加快内部结构整合及资源优化配置，2011 年主要推进以下几项工作：完成中国钢研贸易业务领域的整合；推进纳克公司重组、整合、改制；完成科技创新体系重构暨中央研究院、工艺技术领域整合及总部优化的实施方案。

中国钢研结合自身特点，按照“十二五”集团发展战略的要求，在发展方式上逐步推进由自主科技成果产业化、工程化转化的单一发展模式向自我发展与战略并购并重进行转变。2011 年先后通过增资和股权收购的方式控股吉林冶金设计院，组建中国钢研科技集团吉林工程技术公司，提升了中国钢研综合冶金工程的设计能力。8 月，中国钢研通过增资控股山东微山湖稀土有限公司，12 月，与寿光宏达公司联合组建钢研集团稀土科技有限公司，从而完成中国钢研从稀土矿到稀土分离、稀土产品的深加工全产业链的初步构建 。6 月，安泰科技完成对天津三英焊业股份有限公司的兼并收购工作，使药芯焊丝总产能接近 8 万吨，国内市场占有率超过 15%，成为国内最大的药芯焊丝供应商，强化了在焊接领域的优势地位。

【重大项目】 在投资方面，聚焦国家战略性新兴产业的发展，加快产业建设进程以及上下游的拓展。2011 年，产业建设投资项目完成 13 项。

安泰科技控股企业河冶科技年产 4 万吨优质高速工具钢项目全面建成投产，有力推进了品种结构的优化和综合竞争力的提升，同时成功引入世界高速工具钢的领先者法国 ERASTEEL 作为公司的战略投资者，为推动高端产品进入欧洲市场创造了条件。

万吨级非晶带材及制品项目通过大量在线技术完善，基本实现顺产和稳产。并与国家电网进行战略合作，成立非晶带材及铁芯的专业合资公司，充分发挥中国钢研在非晶带材方面的技术优势以及国家电网的客户和市场优势，全面推进节能型非晶配电变压器的推广和应用。

安泰科技“半导体照明(LED)产业配套难熔材料产业化项目”、“高精度纳米晶超薄带及制品产业化项目”开工建设。

钢研高纳的募集资金项目“航空航天用粉末及变形高温金属材料制品项目”、“新型高温固体自润滑复合材料及制品项目”、“航空航天用钛铝金属材料制品”稳步推进。

【重大创新】 中国钢研紧跟国家发展战略，以大飞机、大运载、大核电等国家战略工程为契机，在多个方面取得重要突破，行业共性关键技术研发能力不断提高。2011 年申请专利 150 项，同比增长 56%；获得授权专利 75 项，其中发明专利 58 项，使用新型 17 项；获得软件著作权 38 项。2011 年获得国家科技进步奖 1 项，省部级科技进步奖 6 项。

中国钢研 2011 年科技投入达 6.2 亿元，科技投入比例超过 6%，为提高技术创新成果转化效率、调整产品结构起到推动作用。科技创新稳步推进，为提高中国钢研核心竞争力奠定基础，通过科研的持续支持，燃气轮机用 GH742、GH698 合金，特大型涡轮盘，装甲钢、防弹板等一批关键技术得以突破，一些创新性强、市场前景好、具有前期研究基础的成果顺利实现了产业化或降低了生产成本，为中国钢研产业化提供了技术保障和持续动力。

2011 年，中国钢研及所属公司承建国家工程实验室一个，北京市及河北省等省级重点实验室、工程实验室和工程技术中心 6 个。

2011 年，中国钢研在创新型人才培养方面成效显著：获批千人计划 2 人；王海舟同志增选为中国工程院院士；新增享受政府特殊津贴专家 5 人，总人数达到 323 人；陈吉文荣获第十二届中国青年科技奖，许洪贵入选全国会计领军(后备)人才培养工程，卢志超入选首批“科技北京”百名领军人才培养工程。

【党建工作】 集团公司党委紧密围绕“十二五”战略规划，以“创先争优”活动为契机，全面加强党建工作；以效能监察和反腐倡廉为重点，扎实推进党风廉政建设；以战略落地为目标，演进和切换了集团公司企业文化。

围绕建党 90 周年，深入开展创先争优活动，举办“继承光荣传统，弘扬崇高精神”系列活动。各级党组织广泛开展“党员攻关组”、“党员责任区”和“党员先锋岗”等创建活动。中央创先争优指导检查二组高度评价了中国钢研创先争优活动。

以党风廉政建设责任制为抓手，严格执行领导人员廉洁从业若干规定，切实履行监督检查职能，强化廉洁风险防控；制定《"三重一大"决策制度实施办法》和《中国钢研领导干部反腐倡廉教育办法》；创新教育方式，开展"勤政廉洁网络大课堂"培训，建立监督工作联席会议制度，探索形成集团大监督格局；认真落实中纪委等五部委关于加强和改进纪检监察组织建设的要求，加强集团公司纪检监察组织建设。

战略落地、文化先行，开展集团公司文化演进和切换工作。集团公司企业文化建设委员会指导三个专业工作组深入调研、扎实工作，提出完整的企业文化体系内容，包括理念体系、行为和视觉体系，形成《企业文化管理办法》《品牌管理办法》和《企业视觉形象（VI）识别系统》等成果。

【信息化建设】 信息化建设是中国钢研2011年一项重要工作，通过努力初步建成包含财务核算、计划预算、报表管理（IUFO）、资金管理、人力资源、协同办公（OA）、合同管理、科研管理、股权管理、档案系统、供应链管理、风险管理、商业智能（BI）等13个子系统的信息化系统。该系统的上网运行，提高了管理效率和信息传输能力。

【履行社会责任】 中国钢研认真履行"六大"社会责任，经营管理成效显著、安全生产保持稳定、科技创新成果丰硕、节能环保力度加大、持续发展实力增强、构建和谐稳步推进，促进了中国钢研的可持续发展。此外，积极缴纳税收、提供社会就业、提高职工生活水平、积极参与社会公益事业和扶贫帮困工作，为经济、社会发展作出了积极的贡献。

中国钢研由原来的行政事业单位依靠国家事业费转为自收自支、自负盈亏的企业，上缴税金逐年增加，2011年上缴税金4.05亿元，为国民经济建设作出了重要贡献。

积极参加社会公益活动和扶贫帮困活动，自2002年以来，中国钢研对口扶贫陕西山阳县，每年投入30余万元支援贫困地山区新建希望小学，每年资助数十名贫困大学生，兴建饮水工程，解决100多户偏远山区农户的饮水问题。

（撰稿人：俞　焱）

中国化工集团公司

【基本概况】 2011年，中国化工集团公司（以下简称"中国化工"）认真贯彻党中央、国务院的决策和国资委的部署，转变发展方式，加快结构调整，加大创新力度，提升管理水平，积极应对国内外错综复杂的经济形势，生产经营继续保持较快增长，各项工作取得显著成绩，实现了"十二五"的良好开局。

【主要指标】 2011年，中国化工努力克服世界经济增长放缓、欧债危机持续发酵以及国内宏观调控带来的影响，加强市场营销，强化内部管理，提升经济运行质量，利润总额和营业收入再创历史新高。

2011年中国化工集团公司主要经济指标

项　目	2010年	2011年	比上年增长（%）
资产总额（亿元）	1796.1	2477.0	37.9
所有者权益（亿元）	328.1	384.2	17.1
营业收入（亿元）	1402.2	1791.2	27.7
利润总额（亿元）	20.4	21.6	5.9
净利润（亿元）	7.2	7.0	－2.8
归属于母公司所有者的净利润（亿元）	1.1	6.5	490.9
技术开发投入（亿元）	26.1	40.3	54.4
利税总额（亿元）	80	117.2	46.5
应交税金总额（亿元）	59.6	95.6	60.4
全员劳动生产率（万元/人·年）	12.27	18.08	47.35
净资产收益率（%）	2.2	2.0	减少0.2个百分点
总资产报酬率（%）	3.5	3.8	增加0.3个百分点
国有资本保值增值率（%）	103.9	91.6	减少12.3个百分点

【改革发展】 2011年，中国化工推进企业改革，规范产权管理，调整优化股权，推进二级企业昊华公司等企业的整体改制，回购了华星石化、昌邑石化、正和石化、河北盛华等企业的少数股东股权，启动了大成农药等上市公司资产重组，剥离非主业资产，大力引进战略投资，促进了企业发展。

管理创新深入推进。压缩管理层级，优化业务流程，集团管控能力不断增强，实施面向全集团的综合协同办公平台建设，持续推进大宗原材料战略采购和集中管理，保证原料稳定供应并降低采购成本。财务管理进一步强化，集团公司决算审计报告连续5年为标准无保留意见，受到财政部表扬。推进资金集中管理，开展集团统一保险，风险防控体系逐步完善。

深入开展持续改进，加强世界级制造体系建设。结合世界级制造，开展质量兴业，深化精益六西格玛管理，集团公司成为化工行业质量兴业试点单位。187个产品和装置不断改进流程、优化工艺，装置负荷率持续提高，并节约成本4.92亿元。

改革人事管理，优化班子结构，开展领导班子职位标准建设，深化干部考核任用机制，积极引进和大力使用职业经理人。

重视价值创造，完善业绩考核体系。将经济增加值(EVA)的考核权重由50%提高至70%，引导企业价值创造，提升企业整体素质和发展质量。

【重大项目】 2011年，中国化工启动“十二五”规划，按照结构调整的主线，加强重大项目建设。根据市场变化和企业实际，调减投资计划10%，重点保证主业和技改项目建设。中昊晨光5000吨/年特种聚四氟乙烯、华星石化汽柴油加氢、南京4.4万吨/年THF、西南院新型甲醇催化剂等项目建成投产。围绕国家战略性新兴产业、结构调整、技术改造、资源节约及环境保护、矿产资源综合利用等，开展专项建设。24个项目竣工验收，淮化8万吨/年一硝基甲苯、沈化13万吨/年丙烯酸及酯等4个项目通过后评价验收。基础化工围绕价值链建设，向上游资源延伸，先后收购泰安2.3亿吨盐矿、自贡1.8亿吨盐矿、多伦盛大萤石矿等。

【走向海外】 2011年，中国化工完成并购挪威埃肯公司、以色列MAI公司项目交割，国际化经营取得新突破。并围绕企业价值链整合，积极推进下属6家海外企业与国内100多家企业的业务协同、优势互补。完成埃肯公司交割后，依托埃肯领先的技术、优秀的管理和完善的营销网络，将国内的金属硅企业、有机硅企业与埃肯进行整合，打造硅产业全价值链。完成MAI公司交割后，中国化工农药业务在全球排名升至第六位，并将MAI与国内农药企业进行整合，提升国内企业运营水平，巩固和开拓全球市场。2011年海外企业营业收入约占集团总收入的15.9%。同时，利用集团海外企业法国安迪苏公司先进技术在南京建设14万吨/年蛋氨酸项目，利用法国蓝星有机硅公司技术在江西建设20万吨/年有机硅单体和20万吨/年有机硅深加工项目，正在积极推进。

【重大创新】 2011年，中国化工加快实施科技创新战略。完成科技投入43.2亿元，同比增长24.4%。完成科研项目鉴定验收165项，获省部级以上科技奖励46项，取得了一批具有自主知识产权和国内外先进水平的创新成果。“云南中低品位胶磷矿选矿技术开发与产业化”获国家科技进步二等奖，自主开发世界最大规格、年产400万吨的CTA/PTA蒸汽回转干燥机组，完成的国内最大膜法海水淡化项目达到国际先进水平，“反渗透膜材料及产业化关键技术”等20余项国家“十一五”科技支撑计划和863计划课题完成验收。2011年申请专利740件，同比增长8.19%，其中发明专利407件，同比增长12.43%。

【党建工作】 2011年，认真学习贯彻胡锦涛同志“七一”重要讲话和十七届五中、六中全会精神，进一步加强企业党的建设。深入开展创先争优活动，树立和宣传创先争优活动典型，组织开展学习李俊贤，以及“寻找身边的郭明义”、“学先进找差距”等活动。在“为民服务创先争优”中，面向“三农”拓宽服务，万亩膜下滴灌技术在张北县成功应用，温家宝总理视察后给予充分肯定。创先争优活动中涌现出一批先进集体和个人，集团党委先后推出22个先进党组织和49名优秀党员，3个先进基层党组织、2名优秀共产党员、2名优秀党务工作者受到国资委党委的表彰奖励。工会、共青团密切联系广大职工和团员青年，发扬主人翁精神，为完成各项任务发挥了桥梁纽带和生力军作用。以惩防体系建设为主线，扎实做好反腐倡廉各项工作。

中宣部组织新华社、人民日报、中央电视台等主流媒体组成采访团，重点宣传中国化工创新争优典型，我国火箭推进剂创始人李俊贤院士的先进事迹，以及我国特种纤维实现产业化、世界最大干燥机组成功制造等创新成绩，树立中国化工良好的社会形象。

【信息化建设】 2011年，中国化工持续推进信息化建设。继续加快ERP实施和深化应用，加快协同办公系统在三级企业的推广，财务信息综合管理平台、人力资源管理信息化项目积极推进，完成86家单位视频会议系统建设，KPI系统的应用不断深化，项目管理信息化、集中招标信息系统、供应商管理系统不断完善。以信息化支撑产业升级和管理提升，集团公司被工信部评为“两化融合”优秀单位，被国资委评为央企信息化A级单位。

【履行社会责任】 2011年，中国化工积极履行社会责任。在联合国第一个“国际化学年”高峰论坛上，中国化工承诺化工绿色、安全、可持续发展。首次发布中国化工《可持续发展报告》。“蓝星夏令营——塑造22年的责任品牌”被评为“2011中央企业优秀社会责任实践”。做好定点扶贫、援疆援藏等工作，开展送温暖、献爱心活动，为困难群众踊跃捐款捐物、奉献爱心。加强安全隐患排查治理和应急体系建设，实现安全发展。加强节能减排和环境保护工作，全面完成“十一五”节能减排任务，获得中央企业“十一五”节能减排先进单位称号。

（撰稿人：贾仲德）

中国化学工程集团公司

【基本概况】 中国化学工程集团公司(以下简称“集团公司”或“公司”，英文简称“CNCEC”)是国务院国资委直接监管的大型企业集团，是一支集勘察、设计、施工为一体的国际工程建设集团。

公司主业为化工、石油化工工程建设，相关工艺技术研发，环境治理及其他建筑工程服务。主要从事国内外化工、石油化工、轻工、纺织、机械、市政、环保、橡胶、电力、医药、建筑等项目建设的工程总承包。具有项目融资、技术咨询、工程设计、设备材料采购、施工组织、开车指导、工程监理等项目建设全过程为一体的、工程总承包综合能力。

在2011年公布的全球最大225家国际承包商(ENR)排名中，集团公司全球业务位列第42位，排名比2010年提高13位，达到历史最高；海外业务排名由第124位提升至第92位，是排名提升第二快的中国公司。

截至2011年底，集团公司共有二级所属企业5家，其中具有18家子公司的中国化学工程股份有限公司集中了集团公司内部优质资产，于2010年1月7日正式上市。集团公司职工总数为46737人。

【主要指标】 2011年末企业总资产为475.58亿元，同比增长29.15%；净资产为166.21亿元，同比增长16.23%；实现利润总额31.32亿元，同比增长40.2%；企业净资产收益率为16.42%，处于国内同行业优秀值水平；实现保值增值率116.75%，较好地完成了国有资产的保值增值目标。实现主营业务收入455.89亿元，比上年增加98.18亿元，增长27.45%。

2011年中国化学工程集团公司主要经济指标

项　目	2010年	2011年	比上年增长(%)
资产总额(亿元)	368.25	475.58	29.15
所有者权益(亿元)	143	166.21	16.23
营业收入(亿元)	357.71	455.89	27.45
利润总额(亿元)	22.34	31.32	40.20
净利润(亿元)	18	25.37	40.94
归属于母公司所有者的净利润(亿元)	11.6	16.23	39.91
技术开发投入(亿元)	6.06	9.58	58.09
利税总额(亿元)	39.69	52.51	32.30
应交税金总额(亿元)	17.4	21.19	21.78
全员劳动生产率(万元/人·年)	13.26	17.54	32.28

续表

项目	2010年	2011年	比上年增长(%)
净资产收益率(%)	13.49	16.42	增加2.93个百分点
总资产报酬率(%)	6.57	7.54	增加0.97个百分点
国有资本保值增值率(%)	113.49	116.75	增加3.26个百分点

【改革发展】 2011年8月,集团公司与所属企业中国化学工程股份有限公司(以下简称"股份公司")正式签署协议,将集团公司持有的第四建设公司全部股权转让给股份公司。截至2011年12月31日,股份公司所属的上市企业达到19家。

2011年6月16日,集团公司举行企业年金基金管理合同签约仪式。标志着集团公司总部和旗下17家企业年金制度正式建立。

2011年11月,股份公司将子公司上海中化工程有限责任公司整体并入其子公司天辰公司。

【重大项目】

1. 股份公司积极落实集团公司产业支撑战略,经过认真研究、反复论证,选择在江苏省启东吕四海洋经济开发区、四川南充工业园区和福建福清市投资3个化工新材料项目,2011年均已启动实施。

(1)股份公司与启东市人民政府签署中国化学启东新材料产业园项目合作协议。预计总投资40亿元。股份公司设立全资子公司——中国化学工程启东新材料有限公司进行运营。一期工程启动项目的议案已经董事会审议通过。

(2)2011年8月16日,由股份公司、成达公司、四川石化、SK公司共同出资的四川晟达化学新材料有限责任公司成立暨揭牌仪式在集团公司总部举行。合资公司将在四川南充化学工业园投资建设PTA项目。

(3)天辰公司和福州耀隆化工集团共同投资福州耀隆新材料有限公司,在福建省福清市江阴工业区建设国内最大的20万吨/年己内酰胺生产线。在海峡西岸打造国际级新型化工材料产业基地。

2. 经中国银行业监督管理委员会批准,集团公司筹建财务公司工作正式启动。

3. 组织开展"精细化管理"活动,学习台塑经验,提升管理水平。为保证此项活动取得实效,集团公司成立"精细化管理"活动领导小组并成立专门的机构——精细化管理办公室。集团公司党委常委每季度带队深入企业调研,检查活动计划执行情况。所属各企业结合自身实际制定活动计划,以细化管理、降本增效为主题,将各项管理工作纳入其中。通过物资集中采购、规范分包管理、加强项目全过程管理和项目考核等,在国内企业成本普遍上升的情况下,集团公司成本费用控制取得良好成效。生产经营工作取得新突破,主营业务收入、资产总额和利润总额均创历史新高,新签合同额首次突破千亿元大关。在成本控制方面,集团公司在国资委举行的控制"三项费用"评比中名列央企建筑行业八家企业之首。

【经营管理】

1. 2011年1月20日,集团公司与新汶矿业集团在北京总部举行伊犁新天20亿Nm^3/年煤制天然气项目工程承包合同签约仪式,合同额近83亿元。

2. 大力推动财务会计标准化建设,将它作为财务系统开展"精细化管理年"活动的一项重要内容。集团公司制定《财务会计工作标准化建设方案》,列出标准化的14大类163项内容,并通过调研、检查、视频交流等方式推动企业落实。在完善规章制度、优化工作流程、制定工作标准,强化执行力方面取得明显成效。

3. 集团公司财务、审计系统1549名人员参加集团公司组织的第四次财务审计专业人员业务考试并成功举办中国化学第二届"理财杯"财会知识大赛,进一步提高了财会人员的技能。

4. 由党委常委分别带队,组成9个考核组,对20家所属企业领导班子进行考核。经考核,共调整领导班子12家,调整班子成员41人次,其中新提任21人,调整11人、免职9人。本次考核切实推动和加强集团公司所属企业领导班子建设,提高了领导班子的创造力、凝聚力和战斗力,进一步促进集团公司的稳定和发展。

5. 2011年11月8日,集团公司成立对外股权投资与股票投资管理工作领导小组。

【走向海外】 集团公司认真贯彻党中央、国务院提出的央企"走出去"重大战略决策,积极拓展海外市场。2011年集团公司共持有4家不同级次的境外子公司股权，在境外拥有近50个项目部和多家代表处，进入40余个国家和地区的建筑市场。截至2011年12月31日，境外4家子公司资产总额达6亿元人民币。境外在建项目主要有加蓬年产2万吨锰金属及6.5万吨硅锰项目、越南朱莱纯碱项目、俄罗斯丁苯橡胶项目、印度SRAAC公司甲烷氯化物项目、越南宁平化肥项目、印尼南加里曼丹燃煤电站项目、伊朗720吨/日合成氨项目、乌兹别克斯坦20万吨/年钾肥项目、阿尔及利亚泰尔加3×400MW电站项目、沙特卡亚高密度聚乙烯项目、巴基斯坦柴油加氢脱硫项目、缅甸合成氨项目等。

【技术创新】

1. 技术创新成果丰硕。获国家授权专利68项，其中发明24项，实用新型44项。获全国优秀工程勘察设计奖1项；国家级工法5项；省部级科技进步奖6项；省部级优秀工程勘察设计奖9项；省部级工法39项；主编和参编国家标准34项、行业标准92项。

2. 产学研项目获得进展，受到国家重视。

(1)与清华大学合作的"流化床甲醇制烯烃新工艺"被列入国家高技术研究发展计划(863计划)。

(2)与华东理工大学合作的"生物质与煤混燃发电技术与示范"项目被列入国家科技支撑计划。

3. 重点领域的技术研发取得新突破。苯部分加氢催化剂、贝克曼重排催化剂、FMTP催化剂改进和优化取得重大突破；合成气定向制乙醇技术，开发出Cu基浆状催化剂，转化率和选择性达到国内外领先水平；煤制乙二醇技术通过国家级技术鉴定；多晶硅工艺技术通过省级验收。

4."中国化学工程集团公司第二届科学技术奖"奖励项目评选揭晓。有20个项目获奖，发放技术创新奖励资金1000余万元。

5. 高级科技人才不断涌现。有16人当选首批石油和化工行业勘察设计大师。

【党建工作】 集团公司各级党委始终围绕中心抓党建，抓好党建促发展，自觉将党建工作与生产经营工作同向部署，同担责任，全年以深入开展创先争优活动为主线加强和改进党建工作，促进企业健康快速发展。在纪检监察方面，不断推动纪检监察、监事会、考核审计和法务联合的大监督体系建设，进一步加强反腐倡廉工作。

【信息化建设】 信息化建设工作持续推进。在前期工作的基础上，2011年启动协同办公和门户系统建设项目，人力资源管理信息化平台建设工作也全面启动。同时，在已建设完成的集团资金管理系统和报表管理系统的基础上，又组织实施财务综合管理系统建设，提高了财务管理的时效性、准确性和工作效率。

【履行社会责任】 集团公司通过项目建设和产业园区建设，将先进的技术和丰富的管理经验传到当地。利用自身优势和行业经验，发挥辐射示范效应。力求在保持企业可持续发展的基础上，加大工业环保、太阳能、城市水污染防治等方面技术研发和市场开拓力度，为社会建设绿色环保项目。

公司致力于做有担当的企业公民，与公司及项目所在地社区和谐共建。在自身发展的同时，积极带动地方经济发展，促进工程项目所在国、所在地人员的就业，改善当地基础设施，通过志愿者服务、捐资助学、帮贫扶困等行动回馈社会。

（撰稿人：史文缨）

中国轻工集团公司

【基本概况】 2011年是中国轻工集团公司基本实现"重组整合，创新发展"第一阶段战略目标，全面推进"转型升级，跨越发展"第二阶段战略任务的关键一年，也是集团公司迈入"十二五"时期的开局之年。一年来，全系统广大干部职工围绕集团公司"十二五"发展规划纲要、2011年度工作会议以及发展战略理论研讨务虚会议要求，进一步解放思想，统一认识，明确思路，加快发展。集团规模效益快速增长，各项指标再创新高，重点项目取得突破，行业影响稳步提升，市场开拓效果显著，业务转型持续推进，管理体系逐步完善，风险管控不断加强，为"十二五"时期的快速发展创造了良好的开局。

【主要指标】 2011年，集团公司经营业绩呈快速增长态势，不仅全面完成全年奋斗目标，而且达到历史最好水平。集团系统全年新签合同额163.03亿元,同比增长11.6%;实现营业收入135.53亿元,同比增长45.22%;实现利润总额5.33亿元,同比增长99.63%;实现净利润4.16亿元,同比增长96.23%,其中归属于母公司所有者的净利润3.28亿元,同比增长124.66%。在国资委对集团公司业绩考核中,全面超额完成了利润总额、经济增加值(EVA)、应收账款周转率、人均增加值各项考核指标。

2011年中国轻工集团公司主要经济指标

项　目	2010年	2011年	比上年增长(%)
资产总额(亿元)	93.54	123.87	32.42
所有者权益(亿元)	38.69	42.89	10.86
营业收入(亿元)	93.33	135.53	45.22
利润总额(亿元)	2.67	5.33	99.63
净利润(亿元)	2.12	4.16	96.23
归属于母公司所有者的净利润(亿元)	1.46	3.28	124.66
技术开发投入(亿元)	2.06	4.98	141.75
利税总额(亿元)	4.44	7.37	65.99
应交税金总额(亿元)	3.40	3.82	12.35
全员劳动生产率(万元/人·年)	16	17.08	6.75
净资产收益率(%)	6.35	10.21	增加3.86个百分点
总资产报酬率(%)	4.03	5.38	增加1.35个百分点
国有资本保值增值率(%)	106.17	109.61	增加3.44个百分点

【改革发展】 2011年,集团公司认真贯彻落实国资委综合分析整改会议要求,成立以董事长为组长、总经理为副组长的整改工作领导小组,制定综合分析整改方案,明确整改工作的指导思想,制定5个方面的整改内容、29项具体整改措施和5项保障措施,全面推进整改工作。一是围绕集团战略定位,对各业务板块在集团战略定位中的位置和作用进行梳理,并作为所属企业修改自身战略目标和定位的重要参考。进一步细化、完善中轻集团"十二五"发展规划,并全面加快集团资源整合、资本运营、科技、信息化、人力资源、国际化经营和企业文化七大职能专项规划的编制。二是不断完善所属企业负责人业绩考核体系建设,不仅在指标上进行分类考核,而且在考核结果上进行分档,针对不同档次采取不同激励措施。三是加强对所属企业领导班子和领导人员的综合考评,做到考核面全覆盖,考核内容全方位,考核过程全透明。四是启动集团系统薪酬分配制度改革,加强岗位分析、岗位评价,特别是做好管理类岗位对标工作,合理确定岗位工资水平;加强绩效管理,形成个人收入与岗位责任、贡献和企业效益密切挂钩、与劳动力市场价位相衔接的增长机制。五是清理整合所属企业,压缩管理层级,年底将所属企业户数压缩到100家左右,管理层级压缩两级。六是完成"小金库"专项治理全部工作的总结,进一步建立健全长效机制,确保"小金库"专项治理工作的制度化和常态化,并健全完善企业领导人员职务消费制度体系和监督体系。七是进一步加强法制建设,积极推进总法律顾问制度建设,顺利通过国资委法制建设第二个三年目标的考核。

【重大项目】 2011年以来,集团公司着力推动所属企业重点项目的实施,取得积极进展。一是中国造纸装备有限公司造纸装备自主化集成(永清)基地建设项目进展顺利,截至2011年年底,项目一期建设总体进度超过75%,土建主体工程基本完工,各项配套工作快速推进。二是中国制浆造纸研究院廊坊基地建设一期工程顺利收尾,并启动编写二期工程可行性研究报告,新增的密封材料生产线(获国家2011年产业结构调整专项支持)和电容器纸机生产线正在建设过程中,试机和产品开发工作即将展开。三是中国日用化学工业研究院(以下简称"日化院")"非离子表面活性剂产业化示范基地"项目正式启动,年底完成项目前期工作及新公司注册,第一批注资到位,项目用地协议签署。截至2011年年底,日化院采用其自主知识产权技术的APG万吨级工业化装置稳定运行3个月,产品质量达到国际先进水平,标志着我国APG产业化取得重大突破。四是中国食品发酵工业研究院"食品生物工程研发总部基地"项目开始实施,项目公司的收购和资金筹措工作完成,并进入基地内部建设阶段。五是中国皮革和制鞋工业研究院“皮革废弃物再生利用产业化示范工程”项目通过内部论证审查,项目选址、规划及工程进度安排基本完成。六是中国造纸装备有限公司以货币资金7191万元对岳阳国泰机械有限责任公司增资,增资后持有该公司51%股份。2011年,集团公司共确定承担“十二五”支撑项目、863项目、国家自然科学基金项目等17项,集团公司首批6个科技创新基金项目也正式启动。

【走向海外】 2011年,中轻集团所属企业继续实施“走出去”战略,取得积极成效。中国轻工业对外经济技术合作公司马里新糖联项目建设由设计、订货转入现场施工阶段,集团各参与单位齐心协力,向现场派出大量施工及管理人员,确保了施工进度和质量。中国海诚工程科技股份有限公司积极开展海外总承包项目建设,由其承担总承包的越南安化造纸厂年产13万吨制浆厂项目历时四年,于2011年8月主线试车成功,成为投建的最大纸浆厂。中国皮革和制鞋工业研究院成功申请承担国际标准化组织“鞋号标识和标记体系”技术委员会(ISO/TC 137)秘书处工作,并成功举办秘书处成立大会,标志着中国鞋业在世界舞台上发挥着日益重要的作用。中国食品发酵工业研究院在多年承担商务部援外培训项目的基础上,2011年新增俄语、法语等小语种培训项目,得到商务部好评,成为援外培训的主流团队。中国食品工业(集团)公司承办的第十三届中国国际啤酒节(大连)取得圆满成功,该啤酒节是公司与合作单位打造的世界级特色会展。

【党建工作】 2011年,集团公司各级党组织认真学习胡锦涛总书记“七一”重要讲话和党的十七届六中全会精神,积极将思想理论建设成果转化为指导企业科学发展的思路和促进企业科学发展的动力。深入开展创先争优活动,在集团系统内营造学先进、赶先进、争先进、创一流的良好氛围。同时,以“四好”领导班子建设为出发点和落脚点,加强领导班子和干部队伍建设,为实现集团公司科学发展提供良好的组织保证。为严格落实党风廉政建设责任制,组织开展五项制度的自查工作,并着力解决反腐倡廉建设中职工群众反映的突出问题,着力推进惩治和预防腐败体系建设融入企业经营管理,为实现集团公司“十二五”良好开局保驾护航。

【信息化建设】 2011年,集团公司圆满完成ERP二期项目目标。通过ERP二期项目的实施,实现了全集团统一的财务、人力资源、供应链管理和统一的报表管理,实现了全集团信息集中共享,极大提高了企业信息统计等方面效率,为集团强化对所属企业的运营监管,降低企业运营风险,优化资源配置,以及推进企业专业化、深层次整合提供了有力支持。在完成和巩固ERP二期项目建设的基础上,开始启动第三期建设的调研工作。

【履行社会责任】 为贯彻落实国务院国资委《关于中央企业履行社会责任的指导意见》,集团公司成立由总经理任组长、集团公司各部门负责人为成员的社会责任工作领导小组,全集团系统将社会责任理念融入到日常经营管理中,形成全员参与、全过程覆盖的良好格局。

2011年,集团公司以成为“国家轻工产业布局和政策制订的建议者,国内轻工行业产业升级和安全、绿色、低碳消费的引领者,国内外轻工企业综合配套与系统集成服务的提供者”的战略定位,坚持可持续发展的理念,牢记作为中央企业所肩负的社会责任,积极投身社会责任实践,在实践中充分关注、尊重并积极维护各方利益,促进企业发展与社会、环境的协调统一,充分发挥中央企业履行社会责任的表率作用。中国海诚工程科技股份有限公司与崇明竖新镇永兴村建立“城乡结对帮扶”关系,并资助永兴村“村路家家通”道路建设,村民为表达感激之情,特意将该路命名为“海诚路”。中国轻工业对外经济技术合作公司积极参加商务部及对外承包商会组织的西部革命老区扶贫活动,赴四川广安、仪陇两个国家贫困县开展对外劳务合作对接活动,并与当地政府签订对外劳务业务合作意向书。

(撰稿人:陈荟棂)

中国盐业总公司

【基本概况】 2011年,在国务院国资委的正确领导下,中国盐业总公司(以下简称“中盐总公司”)深入贯彻落实科学发展观，以“转变发展方式，着力做强做优”为中心，调结构，强管理，抓改革，促发展，较好地完成了全年各项工作任务，主要经济指标再创历史新高。

2011年，中盐总公司主要产品新增产能继续释放，实现较快增长。全年共计生产加工各类盐产品1516万吨，同比增长21%；销售1210万吨，同比增长11.5%；生产各类化工产品900万吨，同比增长16.7%；生产人造板77万立方米，同比增加37万立方米。

2011年，中盐主要业务盈利结构进一步改善。受下游需求回暖拉动，工业盐价保持较合理水平，中盐制盐企业盈利有所上升，中盐金坛成为首家利润总额过亿元的制盐企业。同时，盐化工产品价格在二、三季度出现季节性上涨，在第四季度出现回落，全年保持较好盈利水平。2011年中盐制盐和化工企业实现利润超过专营企业。

2011年，中盐华祥和中盐华湘公司先后并入中盐，中盐盐化工企业达到9家。

2011年，中盐总公司团结带领全国盐行业，成功应对全国性食盐抢购风潮，获得各级政府和社会舆论的高度评价。

【主要指标】 2011年，在广大干部职工的共同努力下，中盐总公司抓住机遇，精心组织生产经营，主要经济效益指标都出现显著增长，创历史新高。

2011年中国盐业总公司主要经济指标

项　目	2010年	2011年	比上年增长(%)
资产总额(亿元)	341.66	436.55	27.8
所有者权益(亿元)	89.42	102.32	14.4
营业收入(亿元)	184.60	290.38	57.3
利润总额(亿元)	8.03	10.60	32.0
净利润(亿元)	4.86	6.77	39.3
技术开发投入(亿元)	0.25	0.28	12.0
利税总额(亿元)	25.35	31.81	25.5
应交税金总额(亿元)	15.81	20.11	27.2
全员劳动生产率(万元/人·年)	11.63	12.13	4.3

续表

项　目	2010年	2011年	比上年增长(%)
净资产收益率(%)	5.70	6.84	增加1.14个百分点
总资产报酬率(%)	4.72	5.11	增加0.39个百分点
国有资本保值增值率(%)	106.11	106.56	增加0.45个百分点

【改革发展】 2011年，中盐总公司认真研究宏观经济形势变化，冷静应对利率上浮、电价上调、原材料价格上涨等因素形成的成本上升的压力，抓住行业回暖的有利时机，认真组织生产经营，努力提高企业效益。食盐专营企业一手抓产品结构调整，一手抓非盐业务拓展，实现经济效益稳步提升，食盐专营企业非盐业务收入超过专营收入。制盐企业强化生产管理和销售创新，努力挖掘生产潜力。化工企业抓住二、三季度产品需求上升、价格上涨的有利时机，加强生产管理释放产能，加快项目建设保证运行，推进内部改革提高效率。

为加快推进企业改革，2011年，中盐总公司正式启动朱雀项目，为实现境内外资本市场上市做准备。朱雀项目得到全公司上下的支持，各项工作进展顺利。

2011年，中盐总公司继续推进对标管理，建立健全了对标管理制度，逐渐完善对标指标体系和数据库，初步建立反映企业经营管理水平的结果性指标和反映企业生产经营效率的效率类指标两大体系。对标结果定期排队公布，并组织制盐、化工、热电三个对标工作交流会，交流经验，查找原因，改进工作。

资产运营紧扣主业，重点支持优势企业、化工新材料和新兴业务发展。中盐华祥、中盐华湘先后挂牌，中盐红四方天辰化工和复合肥等业务妥善重组，并引进外部投资者，优化了资本结构。

资金集中管理范围逐步扩大。覆盖27家企业，比上一年增加4家，全年完成资金流量300亿元，并形成一定存量资金，有力增强总部支持二级企业的能力。

积极推进管理模式改革，对总部机构改革进行前期调研和准备，分板块召开事业部筹备工作座谈会，为即将进行的事业部制改革做准备。

【重大项目】 2011年,中盐总公司共完成固定资产投资项目350005.30万元,主要为围绕主业、围绕建设循环经济产业链进行。年内完成建设并投入生产的重大项目有中盐重庆长寿20万吨采输卤项目,中盐吉兰泰100万吨/年电石渣综合利用制水泥项目、中盐青海昆仑碱业100万吨纯碱工程、中盐江西兰太双氧水项目。中盐红四方28万吨/年合成氨系列工程项目完成50%以上,其中,100万吨复合肥一期工程完成建设。启动中盐红四方10万吨糊树脂、10万吨保险粉、1.5万吨γ—丁内酯系列产品项目的建设工作。此外,中盐镇江、中盐榆林、中盐舞阳60万吨真空制盐项目进展顺利。

【重大创新】 2011年,中盐总公司制订《"十二五"科技发展规划》,明确"十二五"科技任务、目标,以推动公司科技工作开展和技术创新能力的提升。开展中盐总公司生产企业设计、技术装备能力和科技人员现状调查工作,为科技资源共享、科技资源利用打下基础。中盐总公司科技工作座谈会确定5个总公司重点支持项目,2个鼓励发展项目,3个备选项目。《硫酸钠盐湖资源化利用集成工程示范》、中盐株化24万吨/年烧碱用盐水膜法脱销技术研发项目、中盐东兴等5家企业矿产资源综合利用等项目获得科技部、财政部等国家部委的资金预算支持。

管理创新方面,积极推进中盐生产企业的安全标准化建设,尽快实现企业定级达标。开展全系统安全生产互学互查活动,由同类企业派出安全管理人员,组成安全生产工作检查组,进入企业互学互查,取得积极成效。中盐保持较为平稳的安全生产形势,全年未发生人员死亡的安全生产责任事故。

在应对"3·16"全国食盐抢购风潮中,中盐与各新闻媒体保持密切联系,保持信息的公开畅通,并在主要门户网站开通微博,与网民互动,起到稳定民心、止谣辟谣的作用。中盐利用微博应对食盐抢购成为危机应对经典案例。

【党建工作】 2011年,党建、群工、宣传工作紧紧围绕企业中心任务,以创先争优活动为主线,以党的建设为重点,以精神文明建设为引领,以党风廉政建设为支撑,以保稳定、促和谐为基础,争创文明单位,维护和谐稳定大局,促进企业和谐发展。

深入开展创先争优活动,认真开展"十百千创先争优示范工程创建活动"和"为民服务创先争优"主题活动,切实检查、指导、协调活动开展,全面开展创先争优活动领导点评和经验交流,精心组织庆祝建党九十周年系列活动。

班子建设与人才队伍建设得到加强。干部考察调整力度进一步加大,对31家企业领导班子进行考察或调研,对12家企业领导班子进行调整充实,一批年富力强的年轻同志走上领导岗位。结合实际,加大对人才的选、用、育、考、留工作力度,有力地推动了人才队伍建设。

开展文明单位创建活动,首次被评为"全国文明单位",连续第14年获得"首都文明单位标兵"。加强工会组织建设,总公司连续第二年被全国总工会评为全国"模范职工之家"。加强维稳工作,认真组织排查化解不稳定因素,开展送温暖活动,保持了企业的和谐稳定。

【信息化建设】 2011年,中盐进一步推动信息化建设,一期五个项目实现顺利上线,信息化从部门级向集团级迈进。总部完成办公自动化、财务管理、采购管理、人力资源和统计系统等五个模块的建设,初步达到信息化系统整体开发、统一实施的目的。日常公文处理、费用报支、信息报送等主要工作流程基本上实现信息化,达到公文处理无纸化、财务审批电子化、薪资信息个人化、统计资料实时化、采购流转自动化的目的,优化了工作方式,提高了运营效率。公司总部信息化水平大大提高,在国务院国资委信息化评价中达到B级。同时,销售管理、项目管理、商务智能、盐业管控、物流管理等五个系统和中盐北京、吉林、皓龙、红四方、株化、国本、进出口七家子公司的试点工作如期开展,完成第一轮业务调研,初步形成业务流程报告,为组织管控和流程再造以及系统实施打下良好的基础。

【履行社会责任】 2011年,中盐总公司牢记作为盐行业唯一中央企业的使命,认真履行社会责任,努力树立中盐负责任的社会形象。

一是不辱使命,成功平息"3·16"全国食盐抢购风潮。面对前所未有的全国性食盐抢购,中盐快速反应、果断行动,启动应急工作机制,协调生产组织,加强销区管理,有效地保障了全国食盐市场的供应;及时全面准确地上报信息,为中央及时掌握动态、采取有效措施提供了有力支持;通过网站、电视、广播、报纸、微博的全方位宣传,多平台澄清传言,为平息风波提供了正确的舆论支持。中盐的应对措施得到中央领导的高度肯定,被国务院应急办列为应对突发事件的典型案例,入选中组部有效应对突发事件案例选编。

二是加强与盐行业的协调。成功组织"全国盐业情系西藏"援助活动,举办全国盐业对口援藏会议,为西藏盐业募集资金600万元,中盐对口援藏工作入选本年度国资委评选的优秀社会责任实践。

三是推进社会责任管理的日常工作,按国资委的要求加强组织领导,明确社会责任部门,发布中盐第一份社会责任报告。

(撰稿人:赵利根)

中国恒天集团有限公司

【基本概况】 中国恒天集团有限公司(以下简称"恒天集团")成立于1998年9月,由原国家纺织工业部所属部分企业组建而成。现有二级子公司20家,员工5万余人。拥有境内外上市公司5家,经纬纺织机械股份有限公司(000666)为H+A股上市公司,恒天凯马股份有限公司(900953)为B股上市公司,保定天鹅股份有限公司(000687)为A股上市公司,中国服装股份有限公司(000902)为A股上市公司,香港立信工业有限公司(HK.00641)为香港主板上市公司。企业分布在国内20多个省、市、自治区,及境外近20个国家和地区。

恒天集团业务包括纺织机械、纺织及贸易、商用车三大主业,暨纺织机械、纺织贸易、新型纤维材料、商用车及重工机械、地产和投资六大业务单元。其中,纺织机械业务为核心主业,其综合实力在国内纺织机械行业位居第一,是全球品种最全、规模最大的纺机企业,旗下拥有"经纬纺机"、"恒天重工(原郑州纺机)"、"FONG'S®"、"AUTEFA"、"FEHRER"、"F. O. R"及"OCTIR"等系列国内外知名品牌,对中国纺织工业增强国际竞争力起着重要的支撑作用。纺织贸易业务为传统优势业务,在国内外市场具有较强的品牌优势。新型纤维材料业务是近年来致力于运用现代科技,开发高性能、新型环保新一代纤维材料的新兴业务。商用车及重工机械业务为主要业务单元,产品包括载货汽车、客车、发动机、工程机械及通用机械等,拥有"凯马"、"莱动"、"恒天汽车(湖北新楚风)"、"百路佳"、"九五"及"利达"等系列知名品牌。

【主要指标】 2011年是"十二五"开局之年,恒天集团经营业绩保持持续较快的增长势头,主要经济指标创历史新高。

2011年中国恒天集团有限公司主要经济指标

项目	2010年	2011年	比上年增长(%)
资产总额(亿元)	329.78	434.63	31.79
所有者权益(亿元)	96.93	123.86	27.78
营业收入(亿元)	240.54	336.24	39.79
利润总额(亿元)	11.22	16.91	50.71
净利润(亿元)	7.27	11.7	60.94
归属于母公司所有者的净利润(亿元)	1.2	0.18	-85.00
技术开发投入(亿元)	5.24	7.69	46.76
利税总额(亿元)	22.21	26.13	17.65
应交税金总额(亿元)	15.94	19.58	22.84
全员劳动生产率(万元/人·年)	8.75	11.31	29.21
净资产收益率(%)	8.08	10.61	增加2.53个百分点
总资产报酬率(%)	5.46	6.21	增加0.75个百分点
国有资本保值增值率(%)	82.41	87.39	增加4.98个百分点

【改革发展】 在国资委公布的2010年度中央企业业绩排名中,恒天集团测试评价结果达到B级,在121家央企中列第68位,经营业绩考核工作取得良好成绩,被国资委授予"2011年度中央企业经营业绩考

核工作先进单位”称号。

2011年1月，经国资委批准，主业由“纺织机械制造、技术研究及服务，纺织原料、纺织品和服装贸易，纺织品、服装、化学纤维制造”调整为“纺织机械、汽车（货车）制造及技术研究与服务，纺织原料、纺织品、服装制造及贸易”。

体制机制改革进一步深化。制定三级管理架构实施方案；在5家企业开展公司治理试点，规范公司治理结构；组织和推动滚动规划、纺机、新材料、重工业务等规划的研究、制定和实施；实施新的企业经营业绩考核和企业负责人薪酬管理办法，强化对企业负责人的激励和约束；做好企业经营动态监控、重大经营事项管控和运营风险防范；推进全面风险管理体系建设。

企业影响力进一步提升。在经济参考报、新华网等新华社八大直属媒体主办的“2011绿色发展领军人物、企业、城市”评选活动中，获评“2011中国经济十大领军企业”；恒天纤维节能电锭改造项目获选“2011年度中央企业优秀社会责任实践”；青岛宏大荣获“全国质量工作先进单位”称号等。

【重大项目】 产业布局调整初显成效，业务结构更加优化。纺机业务成功实施海外目标企业战略并购，竞争优势得到提高。收购香港立信工业有限公司，提高了染整机械业务的核心竞争力；收购瑞士欧瑞康非织造布机械梳理业务，重组成立恒天嘉华非织造有限公司，壮大了非织造布机械业务发展实力；推动与日本津田驹公司的合作，引进意大利电脑横机产品和技术，增强了织造机械业务的发展后劲。

纺织贸易业务加快业务转型，加强与生产企业的合作，协同开拓汽车、发动机海外市场；完成无锡明特重组，实施“国家厂丝储备”项目；首次发布“社稷”品牌，启动高级服装定制业务；与北京市政府合作，启动建设“国家时尚创意中心——北京（宋庄）时尚创意产业园”。

新材料业务加快项目建设和技术改造，莱塞尔项目完成国内外主要设备采购及土建工作，新疆莫代尔纤维产业化项目进展顺利，康平碳纤维项目顺利投料试车，新型节能电锭改造成效显著，粘胶长丝连续纺技术改造项目通过验收。

重工业务全力推进郑州、湖南、江西、湖北等区域项目实施。完成恒天动力有限公司、河北利达特种车辆有限公司战略重组；与东风汽车合资合作开发皮卡等产品，极大提升技术研发能力；推进恒天车辆重组工作，完成对百路佳的并购和增资，获得新能源客车资质；完成湖南天立并购重组。

【走向海外】 承担了一大批国家重点纺织、化纤建设项目的引进工作，为国内企业引进先进设备和技术达30多亿美元。出口60多个棉纺织成套项目，总锭数达500多万锭。承担80多个对外纺织工程项目，总规模达250多万棉纺锭。

积极响应国家“走出去”号召，先后在海外投资建设规模10万锭的恒天（墨西哥）实业有限公司、贝宁纺织有限公司等。

2011年，国际化经营取得新突破，业务规模和盈利水平稳步上升。大力开拓新产品、新市场，纺织机械、纺织品服装出口稳步增长，汽车等产品出口取得新突破，产品国际化取得新进展；立足集团主业，加强境外经营平台建设，完善海外营销体系，推动生产基地和研发中心建设，组织国际化取得新突破；推动与主业相关的国际优势业务资源整合，完成香港立信工业有限公司和瑞士欧瑞康非织造布机械梳理业务——Autefa Solutions德国有限公司、奥地利有限公司、意大利有限公司三家企业并购，资本、技术、人才等要素国际化迈上新台阶。

【科技创新】 制定《科技创新专项资金管理办法》，启动科技创新专项资金项目。凯马股份成立专门机构，从事汽车行业发展方向研究；恒天纤维与中国科学院合作建立以离子液体为溶剂的再生纤维素纤维制备技术实验室；中纺科技加强博士后工作站建设，为研发设计提供理论支撑。

强化科技人才激励与培养，调动科技人员创新积极性。经纬纺机设立科技创新基金，对作出突出贡献的项目和科技人员进行奖励；恒天重工实行主任工程师管理制度，为科技人员提供职业发展渠道和空间；凯马汽车设立重大新产品开发或攻关课题，对按期完成的项目及时兑现奖励。

加大科技开发投入，新产品开发取得新进展。纺机业务实现新产品销售收入同比增长19.2%，工程机械新产品销售收入同比增长263.1%。“JWF1418A型自动落纱粗纱机”等6个科技项目获得中国纺织工业协会“纺织之光”科学技术奖，恒天重工获得纺织工业联合会颁发的“产品开发贡献奖”。拥有专利628项，其中发明专利89项。

【党建工作】 以开展创先争优活动为重点推动党建工作，呈现出组织创先进、党员争优秀、企业上水平、职工提素质的良好局面。制定下发《基层党组织工作条例》和《关于加强和改进纪检监察组织建设的意见》；召开纪念建党90周年创先争优经验交流会，广泛开展纪念建党90周年活动；开展以“团结协作、阔步前进”为主题的党史教育培训，组织党员干部赴贵州遵义参观学习，接受党的优良传统和作风教育；举办首次青年工作会议和首期“红色先锋预备队”培训班，激发和调动了干部职工和团员青年创先争优的积极性和主动性。

贯彻落实“三重一大”集体决策制度，修订印发《贯彻落实“三重一大”决策制度意见》，将其列入企业领导班子和领导班子成员综合考核评价、党风廉政建设责任制考核的重点内容，企业民主决策、科学决策水平得以提高，领导人员廉洁从业的意识进一步增强。

适应建立现代企业制度要求，积极推动和完善职代会制度，召开第一届第二次职工代表大会，拓宽广大职工参政议政的渠道，有效发挥维护职工权益的作用。

【信息化建设】 全力抓好集团信息化规划的设计及编制工作，采取统一规划、总体设计、分步实施的模式，构建集团统一信息平台。加强管理，落实以业务需求为主导、以信息系统为支撑的信息化工作机制。持续提升信息系统对各项业务的支撑作用，加大信息系统的应用力度，不断提高信息化工作水平，全面提高企业生产经营管理和决策水平。

建立健全信息化工作体系，进一步推进信息化人才队伍建设，着力培养既懂业务又懂信息技术的复合型人才，造就一支高水平的信息化专业队伍。

【履行社会责任】 恒天集团认真履行企业社会责任，坚持依法经营诚实守信，不断提高持续盈利能力，切实提高产品质量和服务水平，加强资源节约和环境保护，推进自主创新和技术进步，保障生产安全，维护职工合法权益，积极参与社会公益事业。

2011年3月，与北京红十字会共同设立“中国恒天红十字救助基金”，广大干部职工踊跃捐款280多万元，完善困难职工帮扶机制。2011年6月和12月，分两批慰问所属企业55名大病特困职工家庭，共发放救助金36.3万元，让特困职工切实感受到恒天大家庭的温暖。2011年9月，发布《2010企业社会责任报告》。

（撰稿人：景小川）

中国中材集团有限公司

【基本概况】 中国中材集团有限公司（以下简称“中材集团”）创立于1983年，是国务院国有资产监督管理委员会直接管理的中央企业。中材集团拥有一批优质的国有资产、重要的国家级科研设计机构和关键的核心技术，坚持高成长性、高回报性、战略性新兴产业定位，是集科研、设计、制造、工程建设、国际贸易于一体的中国材料领域唯一拥有系列核心技术和完整创新体系的“创新型、国际型、价值型”企业集团。

中材集团总部位于北京，拥有7家上市公司（包括1家H股和6家A股上市公司），所属企业分布在全国各地，业务机构及客户遍布全球几十个国家和地区，主要经营非金属技术装备与工程、非金属材料制造和非金属矿业三大主业。

2011年，中材集团全力推进发展方式转变，深化内部改革，调整布局结构，强化管理创新，生产经营保持平稳运行，各项工作取得了新的成效。

【主要指标】 2011年，中材集团实现营业收入600亿元，同比增长20%；实现利润总额55亿元，同比增长21%；资产总额达912亿元，比上年同期增长20%；国有资本保值增值率为110.96%，较好实现国有资本保值增值。

2011 年中国中材集团有限公司主要经济指标

项　目	2010 年	2011 年	比上年增长(%)
资产总额(亿元)	760.40	911.80	20
所有者权益(亿元)	253.21	292.33	15
营业收入(亿元)	501.07	600.10	20
利润总额(亿元)	45.66	55.25	21
净利润(亿元)	37.06	44.71	21
归属母公司净利润(亿元)	6.28	9.67	54
技术开发投入(亿元)	15.65	19.36	24
利税总额(亿元)	112.4	139.5	24
应交税金总额(亿元)	66.8	84.3	26
全员劳动生产率(万元/人·年)	17.37	25.92	49
净资产收益率(%)	8.64	11.52	增加 2.88 个百分点
总资产报酬率(%)	8.31	8.37	增加 0.06 个百分点
国有资本保值增值率(%)	106.10	110.96	增加 4.86 个百分点

【改革发展】 2011 年,中材集团经理班子着力推进董事会运作支撑体系的完善,调整完善董事会运作支撑部门,建立董事信息专报制度;配合董事对十余个海内外项目进行调研。2011 年,集团经理班子共落实董事会决议 32 项,机构设置、调整 3 项,选派所属企业董事、监事 5 项。

中材集团按照董事会要求进一步加快产业布局和结构调整,基本完成旗下中材国际工程板块各企业的资源重组整合,设立装备集团,具备高端装备业的市场竞争力。有序推进中材节能的上市工作。

财务管理、资金运作、投资管理进一步增强。推动资金集中管理,提高资金利用效率,采取有效措施降低财务成本,融资工作进一步加强。

组织实施全面风险管理体系建设,有效提升风险管控水平。以内部审计机构、人员、制度、工作"四到位"和审计信息化为基础,推进新型内审业务垂直管理体系建设;深入开展经济责任例行审计、战略目标审计和外汇管理审计;全面实施以公司法人治理、内控制度执行、依法合规经营为重点的经济责任专项审计。2011 年集团总部开展审计项目 464 项,所属各级单位开展审计项目 1100 余项。

深入开展经济增加值考核,加强与国际国内一流企业硬实力和软实力的对标管理。做好全面预算工作,加强关键指标预算控制,加强预算执行结果监督。

中材集团在重点企业开展海外高层次人才引进工作;全年新接收高校毕业生和引进社会人才 2123 人;新评定教授级高工 77 名、高级工程师 230 名、工程师 310 名;中材学院完成两期干部培训。

持续运行并不断完善安全管理及应急体系,安全生产投入达 2.06 亿元,同比增长 21.89%;妥善处置尼日利亚项目群体性事件,圆满完成利比亚、也门、埃及、叙利亚等项目应急准备、应急处置及应急撤离工作。

【重大项目】 2011 年 1 月,中材集团与江苏溧阳市政府签订利用水泥窑无害化协同处置生活垃圾日处理 500 吨示范线项目,项目整个处理过程无焚烧废渣排放,总投资超过 7000 万元。

2011 年 1 月,扬州中科原股东和中材集团正式签署增资扩股协议,集团以现金出资方式对扬州中科增资,增资后集团拥有扬州中科 51%的股权,实现对扬州中科半导体照明有限公司的绝对控股。

2011 年 3 月,中国中材装备集团有限公司挂牌成立,这是中材集团为做强做优装备业务,在资源整合方面迈出的重要一步。

2011 年 3 月,天山股份在乌鲁木齐、哈密、克孜勒苏柯尔克孜自治州、和田等地的 8 项水泥工程同时开工建设,这是 2011 年新疆维吾尔自治区首批集中开工的工业项目,项目建设总投资 51.38 亿元,全部采用最先进的生产装备和工艺及节能减排技术。

2011 年 4 月,江西中材太阳能新材料有限公司石英陶瓷坩埚项目三线在新余厂区点火,年生产能力达到 15 万只规模。标志着江西中材向世界级光伏配套新材料制品企业迈出重要一步。

2011 年 5 月,中材集团与成都市政府签署中材集团西部新材料生产基地战略合作协议。集团及所属企业将在成都市新材料产业功能区投资 30 亿元,重点进行复合材料、人工晶体、工业陶瓷、玻璃纤维等新材料的研发和生产，同时双方还将在新能源、装备制造、物流等领域进行合作。

2011年7月，中材科技投资4.97亿元建设年产35万只高压气瓶项目和年产20套复合材料叶片模具项目，以扩大产能并延伸产业链。

2011年8月，投资7.5亿元的伊犁天山水泥有限责任公司日产4500吨水泥熟料生产线正式点火，进入单机和联动试车运行。该线是新疆范围内规模最大的水泥熟料生产线。天山股份喀什天山日产4000吨熟料水泥生产线点火，投产后，喀什天山公司年产能将达到300万吨，成为新疆南疆三地州单体规模最大的现代化水泥生产企业。

2011年9月，中材水泥所属中材湘潭水泥有限责任公司脱硝项目通过湖南省环境保护局专家验收，中材湘潭成为国内脱硝工程投入运行的首家水泥企业。

2011年11月，中材节能签署山东光耀超薄玻璃有限公司余热发电BOT项目合同。至此，中材节能余热发电投资业务覆盖水泥、玻璃、工业硅等行业。项目建成后，年可发电约4831万度，年可节约标煤约1.62万吨，年可减排二氧化碳约3.89万吨。

2011年11月，中材装备集团研发的国内台时产量最大的水泥矿山破碎设备——双转子单段锤式破碎机制造完毕并完成试车。

【走向海外】 2011年，中材国际签署国外多条水泥线总包合同，总金额超过18亿美元。

2011年，中材国际设立印度办事处。进一步扩大海外水泥生产线运营管理业务，相继在尼日利亚、埃及、哈萨克斯坦等国签订生产线运营管理合同，签订我国出口海外首个矿渣辊式磨系统EP合同。

2011年10月，国务院国资委副主任邵宁在考察中材集团中东欧项目时，高度评价中材集团实施“走出去”战略所取得的成绩。他说，中材集团为中国企业实施“走出去”战略探索方向，大长中国企业的志气，显示出中国企业日益提升的竞争力，代表和提升了整个中国企业的形象。《人民日报》、新华社内参、中央电视台等中央重要媒体均刊登播报中材集团“走出去”的成功实践和经验，中材集团领导还获邀在国资委央企负责人及党建工作会议做大会发言介绍经验。

中材节能股份有限公司积极推行国际高端客户战略，在土耳其、越南、法国等多个国家举办推介会；签订土耳其、越南、印度、阿联酋等项目，与施耐德签署全球战略合作协议，海外市场进一步巩固和扩大。由中材节能承建的土耳其CNK水泥窑余热发电项目提前一个月并网发电，发电量超过考核指标15%以上，这是土耳其历史上第一个余热发电项目，中材集团由此改写了土耳其国内没有余热发电电站的历史。

中材科技风电叶片国际市场取得突破，实现国外发货，与GE等国际知名企业达成了初步合作意向；CNG气瓶国际市场占有率持续上升。

【重大创新】 2011年，中材集团获得“国家创新型企业”称号，科技投入同比增长7.3%，科技投入比例达3.4%，全年共新申请专利196项、获得专利授权151项，其中发明专利54项，集团拥有各类有效专利累计达547项；全年新立项行业标准11项，修订国家标准30项，制定国家标准1项，保障提供国家标准样品1项，由中材国际天津公司主持制定的国家标准《水泥工厂节能设计规范》获“中国标准创新贡献奖”二等奖。年内获建材行业科技进步奖1项，行业技术革新奖33项，行业协会工程咨询奖27项，优秀工程勘察奖49项。

圆满完成“高性能非金属矿物材料制备技术研究”和“新型干法水泥生产线节能减排技术与装备研究”两个国家支撑计划项目15个课题的全部工作，并通过国家科技部的验收。

中材装备集团“日产5000吨生产线TRM5341生料辊磨的研制及应用”与“水泥窑尾电收尘器改为袋收尘技术开发与应用”分获建筑材料科学技术奖一等奖和二等奖。成都院有限承担的国家科研支撑计划课题“电石渣制水泥规模化应用技术及装备研究”通过验收；合作开展的“典型工业园区清洁生产与循环经济关键技术及示范”项目被列为国家科技支撑计划项目并获批准启动。

【信息化建设】 2011年，中材集团全面推进以支撑管理体系为目的的信息化建设，各级单位强化信息化发展意识，逐步健全信息化组织体系，明确信息化领导小组、信息化工作小组、信息化责任部门直至信息化工作责任人的权责机制。大力加强信息化基础设施及应用系统建设。覆盖集团主要单位的广域网和视频会议系统完成建设；集团自主开发的人力资源管理系统经过工业和信息化部和人力资源和社会保障部的联合测试改进，具备上线运行条件，开始在试点单位推行实施。

【党建工作】 2011年，中材集团组织召开学习型党组织建设工作经验交流会。注重抓好海外项目党组织建设，集团在中央企业海外单位党组织建设经验交流会上作了大会交流。开展纪念建党90周年的系列活动，评选表彰先进基层党组织24个、优秀共产党员46名、优秀党务工作者13名，一名同志被中组部授予全国优秀党务工作者称号，二个单位荣获中央企业先进基层党组织称号，三名同志荣获中央企业优秀共产党员、优秀党务工作者称号。

组织召开反腐倡廉建设工作会议，进一步完善教育、制度、监督并重的惩治和预防腐败体系。开展扩大内需中央投资项目有关问题整改情况的重点检查、中央企业加快转变经济发展方式监督检查、“小金库”复查等各项工作。2011年集团效能监察立项43个，受理信访举报24件。

进一步加强工会、共青团建设，完成境外项目工会工作的调查研究；推进企业班组建设和职工队伍建设，组织开展学习型班组、知识型职工创建活动。

2011年，中材节能荣获全国“五一劳动奖状”，赛马实业、上饶中材、新疆屯河水泥等被授予“全国模范劳动关系和谐企业”；中材国际（南京）党委获“中央企业党建带团建工作先进单位”、工艺设计研究所被命名为“全国青年文明号”；一名同志获评全国“五一巾帼标兵”，两个单位、三名同志获“中央企业五四红旗团委”、“中央企业青年五四奖章”和“中央企业优秀共青团干部”、“优秀共青团员”称号。

各单位把企业形象建设、制度建设、人才建设、党建工作等紧密结合，通过企业文化现场培训、结合迎接建党90周年所开展的征文、演讲、书画比赛等活动，积极推进“敬文化”建设和落地工作，进一步丰富了职工文化生活，营造了和谐发展的氛围。

【履行社会责任】 2011年，中材集团以经济建设为中心，主动履行企业的社会责任，树立中央企业的良好形象。2011年实现增加值150亿元，同比增长32.55%，实现国有资本的保值增值。2011年，中材集团获评国资委2010年度业绩考核A级企业。中材集团依法经营，缴纳利税连年增长，2011年实际上缴税金86亿元，同比增长37%。

中材集团切实维护职工权益，努力构建和谐的劳动关系。2011年末，从业人数达到78148人，近三年职工平均工资年均增长13.03%，关注海外职工权益和健康，尊重当地多元文化，积极推动本地化雇佣，促进当地就业和经济发展。

2011年，中材集团对外捐赠910万元，所属企业在湖南、贵州的洪涝灾害中积极抢险救灾。集团800万元捐建的三堆博爱小学落成，所属企业积极支持国资委第六批援疆干部发起的“雏鹰扶弱”捐资助学活动。2011年，集团积极响应团中央发起的“关爱农民工子女志愿服务活动”倡议，所属企业在十几个省、区、市开展了以关爱农民工子女主题的青年志愿者活动。

2011年，中材集团节能减排投入16.76亿元，被评为“十一五”节能减排先进中央企业。2011年，万元增加值综合能耗比2010年降低4.39%。截至2011年底，水泥生产线余热发电总装机容量达201.5兆瓦，2011年发电9.1亿千瓦时，减排CO_2 82.09万吨，减排SO_2 2.4万吨。

（撰稿人：楼明慧）

中国建筑材料集团有限公司

【基本概况】 2011年，中国建筑材料集团有限公司（以下简称“中国建材集团”或“集团”）推进发展方式转变，加快调整优化结构，坚持科技创新，强化管理整合，积极开拓市场，业务规模和经济效益大幅增长，进一步巩固了世界五百强企业的地位；在资本运营、联合重组、管理整合、科技创新、国际化发展、社会责任等方面取得了一系列重大成果，实现了“十二五”持续发展的良好开局。集团水泥、“三新”业务发展迅速，市场占有率不断提高；强化科技创新和产研协同，完成“十一五”国家科技支撑计划项目，新落实国家“十二五”科技项目38项，科研转化成效显著，科技对集团发展的贡献率不断提高;“大建材国际化”战略顺利推进,进一步调整进出口贸易结构,海外工程签约数量与质量不断提高,建筑钢材和木材的物流贸易较快增长。

【主要指标】 主营业务规模和经济效益保持较快增长,全资、控股企业实现营业收入1941亿元、同比增长43%,利润158亿元、同比增长109%,净利润119亿元、同比增长103%,上缴国家税金138亿元、同比增长34%,资产总额达2075亿元,进一步巩固了世界五百强企业的地位,跃居全球建材行业第二名。

【改革发展】 围绕规范治理和管理整合,不断提高决策水平、提升企业效益、完善内控机制,推动集团持续健康发展。

一是坚持“央企市营”经营机制,综合实力和市场竞争力不断提高。中国建材以市场化方式进行水泥业务重组整合的模式和成果被纳入哈佛商学院管理案例,并获得国家级企业管理创新成果一等奖。

二是全面推行“格子化”管控模式,强化治理规范化、职能层级化、业务平台化、管理数字化、文化一体化,增强了集团管控能力。集团对子企业实施经济增加值考核初见成效,提高了资本使用效率;推进国有资本经营预算管理,优化国有资本配置,促进集团自主创新和产业结构调整;清理整合35家闲置、亏损微利和非主业企业,缩短了管理链条;继续加强筹资及担保计划管理,严格管理新增借款,控制债务风险;内审工作延伸到海外工程项目等企业经营管理和内部控制的关键环节。

三是坚持“人才强企”战略,高度重视人才队伍建设。大力推行公开招聘等社会化、市场化选人方式,集团总部2011年度两次公开招聘;推动职业经理人管理体系建设,多渠道培养和引进高层次科技人才,招聘职业经理人和引进海外高层次人才工作受到中组部、国资委的表扬。积极构建人才队伍培养、培训的长效机制,成功组织举办中高层领导、高科技人才、水泥科技专题、企业班组长等各类培训班,有力促进领导干部、高科技人才、高技能人才、班组长队伍建设;加大辅导员和内部培训师制度的推行力度,积极实施管理人员交流和挂职锻炼,对进一步提高个人能力特别是干部年轻化起到积极作用。

四是和谐的企业文化和注重文化融合的重组模式有力地推进了管理整合,增强了集团的凝聚力和向心力。

【重大项目】 联合重组和结构调整取得重大进展。水泥板块重组西南区域7000万吨水泥产能,成立第四家水泥企业——西南水泥公司,进一步巩固行业龙头地位;布局商品混凝土业务,产能规模突破5000万立方米;水泥总产能达到3亿吨,稳居全球第一。玻纤板块定向发股收购巨石集团49%股权,实现100%控股世界领先玻纤生产企业。整合集团内检验认证资源,联合战略合作伙伴,发起设立检验认证股份有限公司,打造具有国际影响力和竞争力的综合性检验认证公司。玻璃和装备平台稳步推进联合重组,取得阶段性成果。

新型建材、新型房屋和新能源材料“三新”产业发展较快。积极推进石膏板20亿平方米产能规划,争取早日实现全球规模第一的目标。搭建新型房屋平台,落实“房屋下乡”百村计划民生工程。自主开发的国内首台单机功率6兆瓦风机叶片与华锐风电研发的国内首台6兆瓦风力发电机组顺利对接并完成吊装;成功开发两款低风速叶片,拓宽了主力产品的市场范围;玻璃纤维E7配方研发成功,大大提高了玻纤的拉伸、剪切和压缩强度;碳纤维T800实现批量化试产;开发的铍金属反射镜达到国际先进水平,航空透明件成功配套新型直升机;生产的国内首批0.5毫米超薄TFT液晶玻璃基板产品通过批量认证;成功开发国内领先的电容式触摸屏用导电膜玻璃与传感器。

【走向海外】 集团努力提升国际化经营能力和水平,调整进出口贸易结构,发展建筑钢材和木材物流贸易,加大木材、煤炭、铁矿等资源类产品进口,先后与日本、美国、加拿大等国家的四家公司签署板材合作协议,木材进口量同比大幅增长,居国内木材贸易商前列。继续加强成套设备和成套技术出口,新签水泥、玻璃等领域大型国际工程项目20个,合同金额较上年大幅增长。“三新”业务比重持续上升,新型房屋海外市场开拓取得突破性进展;光纤面板成为印度光纤板主供应商,并逐步开拓法国、荷兰市场;收购德国CTF太阳能公司,与加拿大Sunlogics

公司合资成立国际工程公司；与乌克兰利可能源集团签署太阳能电站工程合作协议；与日本三菱商事和水ING株式会社在水处理领域展开合作。探索“走出去”新模式，投资建设迪拜物流基地项目，打造中东地区最专业、最具影响力的建材分拨中心；增资坦桑尼亚贸易公司，大力推进非洲中、东部地区的建材物流基地建设；收购美国独家经销商吉普森公司，并在日本、瑞士和埃及设立公司，为海外投资建厂培育市场基础。继续加强国际交流与合作，成功获得第14届国际水泥化学大会举办权，与韩国大宇、法国拉法基、圣戈班等保持良好沟通机制，国际影响力进一步扩大。

【重大创新】 集团共获得省部级以上科技奖励132项，包括2项国家科技进步二等奖；新申请专利近540项，获授权专利478项，其中国际专利达11项，成功发布建材行业第一个国际标准。全面完成“十一五”国家科技支撑计划项目并顺利通过验收，部分成果技术经济指标达到国际先进水平；新落实国家科技项目38项，涵盖国家科技支撑、“973”、“863”、国际科技合作、国家自然科学基金、军工等项目，落实国拨经费超过2亿元，已到款经费过亿元；成功申报工信部第一批绿色建材、建筑卫生陶瓷、轻工机械三个产品质量控制与技术评价实验室；历时十余年的“三峡大坝工程用中热硅酸盐水泥的研制及应用”项目通过鉴定，低能耗高胶凝性水泥熟料参与多个国家重点工程建设项目；自主研发的多项技术成功应用于“天宫一号”和“神舟八号”。产研结合成效显著，在基准水泥、核电工程专用水泥、API油井水泥、高效窑炉系统工艺技术、玻璃窑炉全氧燃烧技术等方面成绩斐然，对集团业务发展贡献很大。构建科技创新平台，集团正式被三部委确认为国家级创新型企业；集团与北京市政府签约共建“中关村科学城”；绿色建筑材料国家重点实验室投入使用，浮法玻璃新技术国家重点实验室建设进展顺利。

【党建工作】 集团党委融入中心工作，加强企业党建，切实将党组织政治优势转化为企业的发展优势、竞争优势和创新优势，为建设又强又优、具有国际竞争力的世界一流建材企业提供坚强的组织保证。深入开展“为民服务创先争优”和海外“五个一流”基层党组织创建活动，开展“树身边典型学身边先进”活动，为企业发展提供强大的精神动力；集团党委在中组部和国资委组织的“中央企业为民服务创先争优”大会上作了重点交流发言。深入推进所属企业各级党组织建设学习型党组织、各级领导班子成为学习型领导班子，有力促进学习型企业的建设。南方水泥在九大区域都设立党的基层组织，并成功召开第一次党代会。深入推进惩防体系建设，召开反腐倡廉建设工作会议，开展“五项”制度检查总结工作，加大专项监督检查，促进企业生产经营；强化工青妇侨等群众工作，建立集团在京企业侨联组织。举办集团第四届“瑞泰科技杯”乒乓球、“北新建材杯”篮球等比赛，增强了企业凝聚力。

【信息化建设】 专项信息化管理平台建设进展顺利，集团网站在中央企业评级中保持A级，“安全生产信息化管理系统”被工信部列为两化融合重点推进项目。

【履行社会责任】 连续第二年发布社会责任报告，荣获中国企业“社会责任特别大奖”等称号，在中国社会科学院发布的中国企业社会责任研究报告“社会责任发展指数”中排名第15位，进入“领先者”行列；宋志平董事长荣获“人民社会责任奖杰出贡献人物”称号。利比亚撤离任务圆满完成，玉树灾后援建项目顺利竣工交付。集团各级企业全年对外捐赠总额达1998万元，涉及项目117项，集团再次向定点扶贫单位石台县捐助开发资金100万元。节能减排工作成效显著，5家单位入选国家首批资源节约型和环境友好型企业试点单位；水泥生产线余热发电装机容量近1000兆瓦，年实际发电量32亿千瓦时，相当于节约标准煤100万吨、减少二氧化碳排放250万吨；水泥和轻质板材生产线消纳固体废弃物达6500万吨。

【新闻宣传】 设立新闻发言人，加大新闻宣传工作力度，建立与社会公众、媒体沟通的有效机制。经国资委推荐，集团先后被中宣部确定为“转变经济发展方式”和“国企改革发展”重点宣传企业，作为科学发展典型范例在人民日报、中央电视台等主流媒体上进行集中报道。社会各界进一步了解集团在行业产能过剩与市场充分竞争的情况下，破解发展难题，创新发展模式，带动不同所有制企业共同发展、引领行业转型升级的可贵经验与成功实践，树立负责央企、和谐央企的良好形象。

（撰稿人：干志平、张　静）

中国有色矿业集团有限公司

【基本概况】 2011年，中国有色矿业集团有限公司（以下简称“中国有色集团”）的改革发展倍受党和国家领导人的关怀和重视，温家宝、贾庆林、李长春、李克强、王岐山、回良玉、李源潮、何勇、陈昌智、阿不来提·阿不都热西提等10位党和国家领导同志视察集团公司总部和境内外企业。吴邦国、温家宝、李克强、回良玉、张高丽、张德江、何勇、陈昌智、阿不来提·阿不都热西提等9位党和国家领导人以及18位部委领导同志为中国有色集团作出重要批示，给予了充分肯定和高度评价，对今后的工作寄予了殷切的期望，为企业的改革发展注入了强大动力。

2011年，在国务院国资委的正确领导和监事会的监督指导下，中国有色集团广大干部职工，深入贯彻落实科学发展观，紧紧围绕“12345”的发展战略，积极应对突如其来的各种危机和挑战，顶住了前所未有的压力和困难，实现了“十二五”的良好开局，生产经营取得了优异的成绩，改革发展实现了历史性的跨越。

【主要指标】

2011年，中国有色集团资产总额达到715.68亿元，比上年增加187.76亿元，同比增长35.56%。实现营业收入640.82亿元，比上年增加186.02亿元，同比增长40.89%。累计生产有色金属产品74.21万吨，比上年增加11.93万吨，同比增长19.16%，其中海外有色金属产品产量21.82万吨，同比增长15.76%。实现利润总额18.67亿元，同比增长24.63%。全面超额完成了国务院国资委下达的各项经营指标。

2011年中国有色矿业集团有限公司主要经济指标

项　目	2010年	2011年	比上年增长（%）
资产总额（亿元）	527.92	715.68	35.56
所有者权益（亿元）	127.73	167.51	31.14
营业收入（亿元）	454.8	640.82	40.89
利润总额（亿元）	14.98	18.67	24.63
净利润（亿元）	11.71	14.57	24.68
归属于母公司所有者的净利润（亿元）	6.52	7.24	10.43
技术开发投入（亿元）	9.96	10.06	1.00
利税总额（亿元）	26.62	32.28	17.53
应交税金总额（亿元）	14.27	16.87	18.22
全员劳动生产率（万元/人·年）	16.52	16.27	-0.01
净资产收益率（%）	12.52	10.60	减少1.92个百分点
总资产报酬率（%）	5.00	5.30	增加0.30个百分点
国有资本保值增值率（%）	109.19	105	减少4.19个百分点

【重组改革】 2011年，中国有色集团贯彻落实国务院《关于促进企业兼并重组的意见》精神，成功完成与大冶有色集团、大井子矿业公司、富邦铜业公司、广西平桂飞碟股份有限公司、桂林矿产地质研究院有限公司等5家企业的联合重组。这5家企业都是行业内有影响、有实力的企业。大冶有色集团是国内著名的特大型铜联合企业，是中国铜工业重要的支柱企业之一，在国际国内两个市场拥有很高的市场份额和业内知名度，其“大江”牌阴极铜是伦敦金属交易所注册产品。大井子矿业公司和富邦铜业公司是中国有色金属之乡赤峰市的两家骨干企业，具有独特的资源优势、区域优势和产业互补优势。平桂飞碟公司有100多年的历史，所属珊瑚钨锡矿是我国资源储量最大的黑钨矿山，其“飞碟牌”锡锭是中国在伦敦金属交易所注册的三大品牌之一。桂林矿地院是有色行业八大知名科研院所之一，拥有有色地勘及相关领域的科研成果2000余项，荣获过国家科技进步特等奖，是有色

行业内最早获得该奖项的单位。

这5家企业加入中国有色集团，极大提升集团公司的综合实力和行业影响力。中国有色集团产业布局进一步优化，资源品种和产品种类日趋丰富，资源保障能力不断增强，生产能力成倍增长，品牌效应和科研创新能力显著提升，填补了在勘探领域的空白，并新增有色金属资源储量344万吨。自此，中国有色集团拥有了集地勘、采选冶加，工程设计、工程承包、装备制造、贸易物流、技术服务于一体的完整的有色金属产业链，为打造具有国际竞争力的世界一流矿业集团奠定了坚实的基础。

【重大项目】 2011年，中国有色集团国内外涉及矿山、冶炼、加工、辅助材料及新型材料的一批重点项目相继建成投产，产生了良好的社会效益和经济效益。

缅甸达贡山镍矿项目全部建成。在工业基础设施十分落后的缅甸，参建各方克服工期紧张、物资运输困难、施工条件复杂等诸多不利因素，仅用两年多时间，建起一座现代化的镍铁生产企业，创造中国企业“走出去”又一个奇迹。赞比亚中国经济贸易合作区功能进一步完善，影响力持续提升，平台作用日益凸显，在国家批准的19家境外经贸合作区建设中处于领先位置。赞比亚卢安夏穆利亚希湿法冶炼项目完成全部土建工程的85%，安装工程的70%，单体设备开始调试，计划2012年上半年建成投产。赞比亚谦比希铜冶炼公司二期扩产项目的13个主要单项工程中，有4个工程建成交付生产，均一次试车成功，顺利投产；1个工程正在进行设备安装，即将投产；其余工程正在按照2012年全面建成的目标加快推进。湿法公司1000吨选厂项目顺利建成并投料试车一次成功，刚果(金)1万吨湿法冶炼项目土建工程完工，正在进行设备调试。谦比希东南矿区项目也顺利开工建设。

国内项目建设有序推进。中色股份南方稀土项目环评获得国家环保部正式批准，为项目尽早开工建设奠定了基础。中色锌业四期工程全面建成投产。中色(宁夏)东方集团公司铍铜、钛加工材项目建成投产，高强度切割线、靶材项目正在进行设备安装调试。中色奥博特公司四期3万吨高精度内螺纹铜管技术改造项目、4万吨铜合金板带项目开始试生产。天津新材料产业园项目建设正在按计划推进。

【科技创新】 2011年3月，国家科技部、国务院国资委、全国总工会联合公布第三批创新型企业名单，中国有色集团在154家企业中名列第一位。进入创新型企业行列是中国有色集团具有里程碑式意义的大事，标志着集团公司基本完成“由传统型企业向创新型企业跨越”的阶段性目标。

2011年，中国有色集团研发平台建设取得新进展，技术研发能力显著提高。中色(宁夏)东方集团被认定为“国家技术创新示范企业”。中色奥博特公司技术中心获得国家企业技术中心认定。截至2011年底，中国有色集团拥有国家级工程技术研究中心3个，省级以及行业工程技术研究中心11个，国家级企业技术中心3个，省级企业技术中心5个，省级重点实验室2个，协会重点实验室2个，博士后科研工作站4个。

2011年，中国有色集团获得省部级以上科技项目70项，其中国家级项目14项。在有色行业2011年度科学技术奖评审中，集团公司申报的13项科技成果全部榜上有名，其中一等奖2项，二等奖7项，三等奖4项。2011年，中国有色集团各出资企业申请专利226项，其中发明专利68项；获得授权专利187项，其中发明专利25项。截至2011年底，集团公司累计拥有专利528项，其中发明专利103项，在中央企业专利排名中名次进一步提升。

【节能减排】 中国有色集团把推进科技创新和节能减排作为转变发展方式的长远战略和重要措施，提升产业技术水平，实现低碳生产，取得了明显成效。2011年，中国有色集团和各出资企业高度重视节能减排工作，不断强化节能减排三大保障体系，积极推进节能减排技改工程，大力加强节能减排管理创新和技术创新。各企业狠抓能源管理，控制污染物排放，通过改进生产工艺、淘汰落后设备、实施清洁生产审核等多项措施提高能源利用效率，从源头减少排放。2011年，中国有色集团所属32家企业无排放超标记录、无环境污染事故，集团公司万元产值能耗及污染物排放比上年分别下降4%和2%，全面完成国务院国资委下达的安全生产和节能减排绩效考核任务，节能减排工作再次受到国务院国资委通报表扬。

【信息化建设】 2011 年，中国有色集团信息化建设工作以 ERP 项目建设为重点，开展 ERP 一期推广建设、信息情报系统建设、网站改版、协同办公系统深化应用、档案管理系统建设、网络基础设施完善、生产过程自动化及生产安全信息系统建设等工作，取得积极成效。在国资委组织的中央企业 2011 年信息化建设绩效评估工作中，集团公司信息化建设水平由 C 级升为 B 级，集团公司网站建设也上升到中央企业第 19 位，企业信息化水平明显提升。

【党建工作】 2011 年，中国有色集团及各出资企业党组织以迎接建党 90 周年为契机，紧紧抓住基层党支部、境外企业和集团总部三个重点开展创先争优，坚持党群共建，扎实推动工会和共青团组织创先争优，全面推进企业文化建设，充分调动了各级党组织和广大共产党员的积极性，发挥了党组织政治核心作用、战斗堡垒作用和共产党员的先锋模范作用，凝聚了力量，鼓舞了人心，有力推动了企业各项工作的开展。

中国有色集团党委深入推进创先争优项目化并出台《基层党支部创先争优达标升级竞赛活动方案》，使创先争优活动成为推动企业加快发展的强大动力。2011 年，中组部和国务院国资委党委联合开展海外党建工作调研，3 个调研组中有 2 个组分别赴中国有色集团在赞比亚和缅甸出资企业调研，对集团公司海外党建和企业文化建设给予充分肯定。集团公司党委在中央企业海外党建经验交流会上作了经验交流。中央创先争优活动简报全文推介中国有色集团出资企业大冶有色以“党小组共建”推进创先争优的经验，中央企业创先争优简报介绍赞比亚穆利亚希项目联合党支部“支部建在项目上、创先争优项目化”的做法。

党风建设和反腐倡廉工作更加深入。中国有色集团不断加强惩防体系建设，深入开展重点建设项目效能监察工作，构建廉政风险管控体系，组织开展廉政风险排查工作，共查找出出资企业和总部各部门廉政风险 88 项；常项工作更加规范、高效，各出资企业认真贯彻落实《关于实行党风廉政建设责任制的规定》《廉政准则》《廉洁从业规定》《“三重一大”意见》和《加强和改进组织建设若干意见》等五项制度，建立、完善“三重一大”集体决策、纪委书记述职述廉等制度，健全纪检监察组织机构和人员配备，有力保障企业健康发展，反腐倡廉建设工作在五项制度检查中得到国资委纪委的充分肯定。

工会和共青团组织作用进一步发挥。中国有色集团职代会制度进一步完善，增设代表提案审查、劳动争议调解两个专门工作委员会并开展工作，搭建民主管理的平台；以创建“红旗班组”“劳动模范”为主线，以“当好主力军、建功十二五”为主题，以降本增效、技术革新、安全生产和节能减排为内容，组织开展劳动竞赛活动；深入实施职工素质提升工程，组织班组长培训，深化职工技术创新活动；探索境外企业和项目工会工作新途径，进一步理顺海外出资企业工会会员关系；加强职工帮扶体系建设，关心员工生活，营造了和谐稳定的发展环境；进一步健全共青团组织，各级团组织围绕企业安全生产、创新创效和急难险重任务，广泛开展青年管理论坛、导师带徒等活动，服务企业改革发展、服务青年成长成才，为提高企业核心竞争力作出积极贡献。

企业文化建设取得新成效。以纪念建党 90 周年为契机，组织开展“两优两先”评选表彰、“我身边的共产党员”征文、红歌大赛等系列活动，组队参加中国驻赞比亚大使馆红歌会，营造浓厚的活动氛围；制作完成集团公司司歌《辉煌有色》，并首次在赞比亚企业建党 90 周年文艺汇演中唱响；组织完成中色股份、东方钽业、经贸合作区《社会责任报告》编写工作，取得良好的社会反响，启动了出资企业社会责任报告编制工作；集团公司视觉识别系统统一工作启动；加强跨文化管理的实践与研究，集团公司跨文化研究成果获中央企业党建思想政治工作研究会优秀研究成果一等奖。

（撰稿人：张培德）

北京有色金属研究总院

【基本概况】 北京有色金属研究总院（以下简称“有研总院”）创建于 1952 年，是我国有色金属行业规模最大的综合性研究开发机构，现隶属国务院国资委管理。有研总院主要从事微电子与光电子材料、新能源材料、有色金属特殊功能材料、有色金属结构材料与制备加工技术、有色金属选矿冶金技术、特种装备研制、有色金属材料分析与测试等领域的研究开发、服务和产业化。设有国家有色金属行业技术开发基地、半导体材料国家工程研究中心、稀土材料国家工程研究中心、国家有色金属复合材料工程技术研究中心、有色金属材料制备加工国家重点实验室、生物冶金国家工程实验室、国家有色金属及电子材料分析测试中心、国家有色金属质量监督检验中心等11个国家级中心和实验室。

2011年,有研总院全体干部职工抢抓发展机遇,锐意进取,努力创新,全面超额完成了国资委下达的业绩考核目标,多项指标创历史最好水平,形成良好的发展态势。截至2011年底,有研总院资产总额达到48亿元,同比增长40%;净资产28亿元,同比增长33%。2011年实现营业收入62.8亿元,同比增长83%。科研经费到款3.5亿元。大力开展科研争项工作,69个科研项目获得立项批复,合同金额2.98亿元,国家和行业标准立项35项。申报专利230项,其中发明专利180项,国际专利4项;获授权专利219项,其中发明专利156项,国际专利5项。发表科技论文298篇。

2011年,有研总院被评为中国有色金属工业科学技术工作先进单位,获得第五届"中国技术市场协会金桥奖"。与高校和大型企业合作的"大型铝合金型材挤压成套工模具设计制造技术与应用"项目获得国家科技进步奖二等奖,"多枪大功率真空电子束熔炼炉"等11个项目获得有色金属工业科学技术奖。"集成电路及分立器件用超高纯贵金属靶材"荣获第五届中国半导体年会创新产品奖。

【主要指标】

2011年北京有色金属研究总院主要经济指标

项　目	2010年	2011年	比上年增长(%)
资产总额(亿元)	34.45	48.08	39.56
所有者权益(亿元)	21.18	28.08	32.58
营业收入(亿元)	34.30	62.79	83.06
利润总额(亿元)	1.03	7.51	629.13
净利润(亿元)	0.87	6.34	628.74
归属于母公司所有者的净利润(亿元)	0.48	2.61	443.75
技术开发投入(亿元)	3.37	4.93	46.29
利税总额(亿元)	1.94	12.12	524.74
应交税金总额(亿元)	1.02	5.33	422.55
全员劳动生产率(万元/人·年)	11.90	47.6	300.00
净资产收益率(%)	3.67	16.5	增加12.83个百分点
总资产报酬率(%)	3.97	19.35	增加15.38个百分点
国有资本保值增值率(%)	104.00	118.39	增加4.39个百分点

【改革发展】

1. 企业产权。

2011年,对有研亿金公司实施增资扩股,新增投资6000万元。推动有研稀土公司以现金和江苏国盛稀土公司的部分股权出资,与有关企业在广西共同组建合资公司。参股组建娄底文昌科技有限公司,建成国内第一条半固态汽车零部件制品生产线。

2. 人事管理。

2011年,有研总院加大人才储备和引进力度,共招聘114名高校毕业生,其中博士54名;通过"千人计划"引进1名计算材料学领域的海外归国高级人才;选派3名优秀骨干出国培训交流;与清华大学经管学院联合举办两期干部培训班;4位高级专业技术人员获政府特殊津贴。

评聘教授级高级工程师14名、高级工程师46名、工程师45名,评定技师15名。全年调整中层干部9名,推荐1名中层干部赴新疆挂职锻炼。

有研稀土公司作为国资委首批启动的两家分红权激励试点单位之一,制定一套切实可行的试点方案,在建立对研发人员、产业促进人员的长效激励机制方面迈出新步伐。

3. 业绩考核。

有研总院从2009年起开始研究部署对本部员工的业绩考核工作，并于2010年1月在若干个二级单位实施全员业绩考核试点。2011年，在前期试点的基础上，有研总院本部全面开展岗位体系建设工作，根据岗位工作特点，将岗位分成科研开发、产业发展、管理、综合服务等四大类，以战略为引导，制定各类岗位的聘用与考核标准，各二级单位和职能部门根据工作要求细化考核标准并实施岗位聘用和业绩考核，初步建立较为规范的全员业绩考核机制。同时，积极引导动力电池研究中心、机电设备开发中心等有代表性的单位创新业绩考核体系，建立符合其自身发展特点的岗位设计、业绩考核和薪酬实施方案。

【重大项目】

1. 2011年，在聘请罗兰贝格国际管理咨询公司协助开展战略咨询的基础上，有研总院完成了中长期发展战略、十二五总体发展规划及各专项规划的编制工作，为有研总院实现战略转型奠定坚实基础。

2. 有研总院承担的电动车用新一代动力电池及材料研发项目进展顺利，项目在电池材料研究方面取得重点突破，研制的纳米硅负极材料和富锂固溶体正极材料比容量分别为800mAh/g和250mAh/g，达到国际先进水平。

3. 有研硅股公司承担的国家02科技重大专项“90纳米12英寸硅片产品竞争力提升与产业化”项目突破关键技术，进入稳定供片测试与管理体系配套建设阶段；“8英寸硅抛光片产品技术开发与产业化能力提升”项目完成前期技术开发工作，实现批量供货。

4. “新一代高强高韧低淬火敏感性铝合金材料研究”项目顺利结题，开发的新型铝合金主成分发明专利通过国际知识产权组织审核并获公布，使我国在国产大飞机用铝合金材料领域拥有核心知识产权。

5. 863重点项目“生物冶金关键技术研究”通过科技部验收。低成本、长寿命、节能型电锌用铅银阳极制造与工业示范项目取得积极进展，工业试验取得预期效果。

【管理创新】 2011年，为加强技术集成和成果转化，增强稀有金属和稀土领域的竞争力，有研总院组建稀有稀土冶金材料事业部，包括稀有金属冶金材料研究所、稀土冶金材料与应用技术研究所、有研稀土公司三个单位。此外，为进一步突出机电中心主业，加强分析测试综合能力，将机电中心无损探伤业务划入分析测试所。

加强人力资源管理体系建设工作。在动力电池研究中心、机电设备开发中心和科技开发部，开展以战略目标为导向的岗位体系设计和绩效考核试点工作；聘请合益集团，重点围绕岗位、薪酬、绩效开展人力资源管理体系建设工作。

【党建工作】 2011年，有研总院按照中央和国资委党委的部署，扎实推进创先争优活动，全面加强学习型党组织建设。有研总院领导班子带头加强理论学习，深入一线调研，帮助各单位解决实际问题；各党总支、党支部和广大党员围绕本单位迫切需要解决的实际问题，开展40余项专题研究，并在院第十二届政研会上进行充分交流；根据机构调整及时补充完善党总支、党支部建设，配好工作班子；组织完成党总支、党支部换届工作；明确支部工作考核的要求和标准，各支部充分发挥思想政治工作优势，积极开展广泛的谈心活动，支部工作活力进一步提升；围绕庆祝建党90周年，广泛开展学习党史、参加全国党建知识竞赛、歌咏比赛、邀请中央党校教授讲党课、学习“七一”讲话主题征文比赛等系列活动，进一步激发了爱党爱国、爱院爱岗的热情；全年发展党员30名，预备党员转正40名。

【信息化建设】 实施计算机分级管理，建成安全内网和高速外网体系，部署虚拟服务器，部署统一安全管理系统，提高网络安全管控能力；稳步推进财务信息化工作，巩固供应链信息系统建设成果并扩大实施范围，开展集团统一资金管控平台建设。

【基地建设】 2011年，有研总院顺利完成北太平庄总部基地的北院搬迁工作。实施“煤改热”工程并投入运行。基本完成廊坊光电材料基地建设。开展怀柔研发及中试基地的规划和设计工作。

【安全工作】 加强落实安全生产责任制，与各单位领导签订安全工作责任书。通过专家授课、参观警示展览等形式，加强安全、保密教育培训，组织领导干部和从业人员分别参加安监总局和环保部的资格培训。新建一批安全设施，提高安防水平。深化安全月活动，开展安全大检查和隐患排查治理工作，安全环保工作得到进一步加强。

【群众工作】 2011年，有研总院组织各单位分工会完成换届工作，指导所属公司建立职代会，建立符合有研总院实际的、多层级的职代会体系；召开第六届职代会暨第九届工会会员代表大会，完成换届选举。召开第十一次团员代表大会，选举产生新一届院团委委员。本着"团结、振奋"的原则，成功举办第十五届职工运动会。圆满组织完成西城区第十五届人大代表换届选举工作。组织开展"三八"节女工趣味运动竞赛、职工篮球联赛、青年志愿者活动等，活跃职工文化生活；青年科研基金、"安全责任在我心中"青年演讲比赛等工作载体有力推动青年立足岗位创先争优，成长成才。有研亿金公司党支部荣获"中央企业党建带团建先进单位"称号，有研硅股公司磨片组荣获"中央企业青年文明号"称号，1人荣获"中央企业首届青年五四奖章"，1人被评为中央企业青年岗位能手。

（撰稿人：李腾飞）

北京矿冶研究总院

【基本概况】 2011年是"十二五"的开局之年，面对复杂的国内外形势，北京矿冶研究总院（以下简称"矿冶总院"）认真贯彻落实党中央、国务院和国资委的各项决策部署，坚持以科学发展观为统领，以做强做优为目标，开拓进取，突出科技创新，优化产业结构，积极探索业务模式转型，完善内部管控，各项工作取得了新的成绩，实现了"十二五"时期的良好开局，为成为位于世界前列的矿冶科技集团公司迈出了新的步伐。

全年共签订横向科研合同334项，承担工程类项目138项，向中央和地方有关科技管理部门提交180份项目建议书、申报书或可行性论证报告，提交科研课题结题报告228份，其中44项课题通过国家、地方、企业等有关部门组织的验收，10项科技成果分别通过由国防科工局、有色协会等单位组织的技术鉴定。

全年共获得各类科技成果和工程成果奖励30项，其中获国家科技进步二等奖1项，获省部级奖7项，获行业奖22项；全年申请专利111项，获授权专利59项；负责及参与制（修）订国家标准19项；有2项软件著作权获准登记；在国内外学术期刊发表学术论文245篇。

【主要指标】 2011年矿冶总院实现营业收入21.70亿元，同比增长5.03%；实现利润总额3.01亿元，同比增长18.97%。新增科研收入4.05亿元，同比增长23.5%。新增工程设计和工程承包合同额2.43亿元。主要科技产业单位销售额达到19.35亿元，销售回款19.32亿元，与上年基本持平。全年进出口总额1.14亿美元，出口总额1.05亿美元，同比增长18.5%。

2011年北京矿冶研究总院
主要经济指标

项　目	2010年	2011年	比上年增长（%）
资产总额（亿元）	34.49	39.71	15.13
所有者权益（亿元）	17.53	20.84	18.88
营业收入（亿元）	20.66	21.70	5.03
利润总额（亿元）	2.53	3.01	18.97
净利润（亿元）	2.11	2.47	17.06
归属于母公司所有者的净利润（亿元）	1.86	2.54	36.56
技术开发投入（亿元）	1.65	2.29	38.79
利税总额（亿元）	2.97	3.76	26.60
应交税金总额（亿元）	0.84	1.32	57.14
全员劳动生产率（万元/人·年）	11.88	15.68	31.99
净资产收益率（%）	23.89	22.36	减少1.53个百分点
总资产报酬率（%）	9.46	8.24	减少1.22个百分点
国有资本保值增值率（%）	131.17	123.61	减少7.56个百分点

【改革发展】 根据国务院国资委的工作部署，制定了"十二五"发展规划。规划重新明确全院将以与

矿产资源开发利用相关的工程与技术服务、先进材料技术与产品以及金属采选冶与循环利用为三大核心主业。

进一步加大资本运作力度，延伸完善产业链和价值链，在兼并重组和产业布局优化等方面取得新的进展。以增资扩股的方式战略重组株洲火炬工业炉公司，持有该公司51%的股权，提高冶金设备成套技术的开发能力和工程配套能力。同时在徐州院成立了徐州北矿冶金环保设备有限公司，主要研制湿法冶金设备和环保设备。

为促进金属材料业务的长远发展，对材料科技发展中心实施改制，成立北矿新材科技有限公司。该公司将利用3～5年的时间发展成为国内一流的集研究、开发、生产、经营四位一体的现代材料科技公司。

研发中心大楼的建设工作全部完成，新增仪器装备的采购也基本完成，该研发大楼建筑面积达4.6万平方米，累计投入资金3亿元，配备有采选冶分析检测等方面的先进实验装备，研发中心的投入使用将使全院的科研条件平台迈上一个新台阶。

进一步加强全院的内部管理工作。在制度建设、预算和投资管理、资金管理、内部审计和法律风险防范、质量管理、保密等方面工作取得较好效果。出台《预算管理暂行办法》，对预算工作的组织领导、预算编制程序、报表体系、预算控制和考核进行规范。

在加强人才队伍建设方面，实施新的专业技术职务评审办法，提高和量化各级专业技术职称的评审标准。2011年评聘教授级高级工程师4人，高级工程师24人，工程师26人。全年接收应届高校毕业生115人，招收博士研究生8名，硕士研究生15名。

【重大创新】 坚持突出自主创新，科技成果、平台建设取得新成绩。充分发挥国家级科研院所的骨干作用，在“十一五”期间研发创新形成的高水平科研成果解决一批行业重大关键与共性技术难题，为应用企业创造显著的经济效益和社会效益，促进行业科技进步，为国家矿产资源开发的可持续发展和经济安全作出了重要贡献。

矿山所承担的国家863计划重点项目“千米深井地压与高温灾害监测技术和装备”成功开发出“矿山专用三维激光扫描测量仪”，适用于矿山环境下的采空区、尾矿坝、露天边坡等工程结构的高精度三维扫描和稳定性分析，在矿山成功应用，填补了国内技术空白，达到国际先进水平。

矿物所承担的“十一五”国家科技支撑计划课题“复杂难选黑白钨混合矿石选矿新技术”，针对黑白钨混合矿石，开发出以“高梯度强磁分流—黑、白钨分别浮选”为核心的新工艺，简化了选别流程，使黑钨精矿的钨回收率大幅度提高，大大提高了复杂难选黑白钨混合矿石选矿工艺技术水平，经济效益和社会效益显著。

冶金所承担的“十一五”国家科技支撑计划项目“低品位镍铁矿高效绿色提取关键技术与产业化”，针对低品位红土镍铁矿资源，自主创新研发成功以煤作为还原剂和热源的选择性还原焙烧—氨浸—萃取生产精制硫酸镍—氨浸渣磁选生产铁精矿的新工艺，建成年处理30万吨矿石规模的镍冶炼厂，实现镍、铁等资源的综合利用和清洁生产，在处理低品位红土镍矿工艺方面达到国际领先水平。

环保所承担的国家“十一五”科技支撑计划“有色大型冶炼企业节水技术开发”课题自主开发出有色冶炼行业“用水管理、分质供水和污水深度处理回用”综合节水集成技术，建设完成了有色大型冶炼企业节水技术集成示范工程，显著提高了示范企业的用水效率和经济效益。

【走向海外】 国际化经营业务继续保持企稳回升态势，矿冶总院进出口总额达到1.14亿美元，进出口总额和出口总额比上年分别增长25.9%和18.5%。在出口方面，自营出口业务增长8.9%，自有产品出口增长15.8%。其中选矿设备类产品出口近2500万美元，增长显著。

在国际工程与技术服务方面，新签订刚果（金）年产2万吨铜、5000吨钴项目的选冶试验、可研及工程设计，蒙古年产1万吨铜湿法冶炼可研，韩国某钨矿选矿半工业实验等50余个项目合同。正在执行哈萨克斯坦康拉德湿法炼铜项目进展顺利，在当地庆祝哈萨克斯坦国庆25周年活动中作为重点项目宣传。

在为国内企业“走出去”服务方面，一年来为中冶集团阿富汗艾娜克铜矿项目、中钢集团澳洲中西矿业项目、中铁资源公司刚果绿纱铜钴矿项目、金川集团收购加拿大某矿山项目以及中国有色集团谦比希铜矿和卢安夏铜矿项目等提供了大量的咨询与工程设计服务，为国家“走出去”战略的实施作出了新贡献。

在国际科技合作方面也取得新的进展，除继续开展与澳大利亚CSIRO、俄罗斯国家科学院、米哈诺布尔技术公司等国外机构的科研合作外，2011年又与南非开普敦大学、南非工业技术研究院、德国GTV公司、澳大利亚昆士兰大学、皇家墨尔本大学开展新型选矿药剂、深井安全监控、矿山环保和选冶过程仿真等方面的合作。

【党建工作】 2011年，以迎接建党90周年为契机，立足岗位，深入开展创先争优活动，有效提升全院党组织的战斗力，增强干部党员的党性，激发干部党员的角色意识、责任意识，充分发挥党组织的战斗堡垒作用、干部的带头作用和党员的先锋模范作用，为全院各项工作的完成发挥了重要作用。

开展党内评优活动，举办全院党组织负责人培训班，提高党员干部的政治理论水平。开展党风廉政建设责任制，加强廉洁从业的制度建设和惩防体系建设，建立良好的从业环境。

【信息化建设】 2011年，信息化建设工作的重点是信息管理系统完善、信息化应用及应用培训。对院综合管理信息系统在技术上进行改进，开发与完善各业务模块，经过一年多的推广和应用，信息化管理和应用水平有了很大的提高。

为提升财务ERP系统功能，2011年对财务软件进行升级，对原有功能进行优化，进一步规范各种业务的报销业务流程，加强资金管理的力度，提高工作效率，降低管理成本，实现对报销流程的全过程管理、监督和控制，提升了内部管理水平。

【履行社会责任】 2011年继续贯彻落实国资委《关于中央企业履行社会责任的指导意见》，充分发挥科研院所企业的独特优势，从为国家、行业和社会服务以及企业自身两个层面积极做好这项工作。

承担一批涉及生产安全、环境保护和节能减排的国家级重大课题，其中包括国家环保部组织的“国家水体污染控制与治理科技重大专项”和“再生金属行业重金属污染评价与防控技术研究”等一批公益性环保专项课题。承担和参与工信部等部门组织的“我国民爆行业节能减排对策与建议”等软课题工作。在研的涉及环保、节能减排的公益性课题超过30余项。在矿山生产安全领域，开发出一系列采矿和尾矿堆存方面的监测、防控成套技术，在矿山企业推广应用。

在企业文化建设方面，认真做好品牌建设工作，制定并着手实施《院统一品牌形象和企业文化建设工作方案》。

坚持以人为本，维护职工合法权益，不断营造和谐发展的企业文化氛围。继续做好院务公开工作，坚持院长接待日制度。关心职工生活，二部宿舍楼、单身职工公寓、甘家口住宅楼改造等一批民生工程按期进行。关心职工精神文化需求，结合建党90周年，组织开展“歌颂党、热爱党”征文比赛、摄影比赛、“歌唱党唱红歌”卡拉OK比赛、乒乓球比赛等活动，增强企业的凝聚力，矿冶总院企业文化建设呈现出新的局面。

（撰稿人：刘耀青）

中国国际技术智力合作公司

【基本概况】 中国国际技术智力合作公司（以下简称“中智”）成立于1987年，是中央管理的国有骨干企业，是专业从事人力资源服务的全国性公司，是中国500强企业。

中智适应全球知识经济时代新生产力的发展，适应全球服务产业结构转移的变革性调整和全外包、离岸化的新趋势，适应中国服务产业结构的提升和新型经济增长方式的需求，在智力服务产业凝聚核心竞争力，以人力资源服务为主业（包括人力资源外包、人力资源管理咨询和人力资源国际服务），以新型投资服务和新型贸易服务为适度多元发展领域，在新兴服务领域拥有人才、资源、网络、规模、经验的巨大优势和影响力，成为具有高度竞争力和领先性优势的全新创业组织。

中智总部设在北京，截至2011年底，集团业务系统直属2个业务部门、4家分公司，下属二级子公司26家（含港澳），三级子公司32家。集团管理系统设立7个职能部门、3个协调服务部门和1个党委管理部门。

2011年，中智改革发展各项工作整体成绩显著，主营业务表现突出，品牌影响力扩大至全球行业领域内。国资委对公司经营状况做出批复，确认中智年度国有资本保值增值率和财务绩效评价均处于社会服务行业优秀水平。

截至2011年底，中智连续9年在中国外企人力资源服务领域营业规模列居行业前三位；连续8年在全国对外劳务人力资源合作领域营业规模列居第一位；连续9年被国资委评价确认为社会服务业优秀企业；连续7年进入中国服务业企业500强，连续6年列技术、智力、人力资源国际合作及其他对外经济合作服务业第一名；连续4年上榜中国企业500强，成为首个入选中国企业500强的人力资源服务业企业；连续6年入选“大中华区最佳人力资源服务机构”和“大中华区人力资源服务机构品牌100强”；连续2年上榜“全球人力资源服务机构50强”，保持全球人力资源外包服务领域最快的发展速度，是前十强中唯一入选的中国公司。

【主要指标】 2011年，在国际经济复苏乏力，主权债务危机起伏，中国经济增速放缓，中央企业营收、利润增速下降的严峻形势下，中智在集团管理层的正确领导下，通过全体员工的共同努力，继续刷新经营业绩。2011年中智营业收入同比增长29.88%，利润总额同比增长34.15%，资产总额同比增长24.07%，净资产收益率和国有资本保值增值率均创新高。

【改革发展】 2011年中智旗下北京、上海、浙江、苏州、大连、广州、深圳、四川、厦门、南京、天津、沈阳、西安、青岛、湖北等15家外包机构全面获得ISO9001质量管理体系认证，实现集团统一标准化质量管理，从而大大增强了中智外包服务软实力和整体竞争力。在规范化、标准化、全国化协调作业的基础上，中智人力资源外包服务规模以上海、北京为龙头，迅猛发展，截至2011年底，中智集团整体人力资源外包服务规模达85万人，服务客户达2.9万家，较上年同期分别增长25.16%和24.25%，稳居行业领先位置。

【重大项目】 2011年，中智人力资源管理咨询业务进一步加强产品研发和队伍建设，积极拓展央企客户市场，厚积薄发，硕果累累。公司接受国资委有关部门重要课题委托，为加强中央企业人才队伍建设提供决策支持；发挥人力资源管理智库的作用，完成第四期中央企业领导班子职位标准建设；人才评荐进入11家特大型中央企业，管理咨询涉及甚广；薪酬福利调研实现从央企总部到下属各级子企业的全面覆盖，央企分红权激励试点工作取得突破性进展；职业培训、关爱通平台深入央企领域，并为央企形成以能力模型为基础的线上线下联动的人才培养体系和培训解决方案。中智人力资源管理咨询基本实现咨询团队专业化、服务产品信息化、内部管理规范化、品牌宣传立体化的目标。截至2011年底，中智为126家一二级中央企业提供人力资源管理咨询服务，从而成为中央企业人力资源服务的主要供应商，极大彰显了中智品牌的专业影响力和综合实力，实现了企业的自我价值和责任使命。

【走向海外】 在实施“走出去”战略方面，2011年中智人力资源国际服务板块八大业务齐头并进，硕果累累。国际工程咨询业务联合有实力的企业，在阿曼合资组建工程实体；劳务合作业务在种种挫折下找到发展新途径；留学、移民业务在严峻的形势下收入锐增；商旅业务继续维系业内高端品牌力；法签业务2011年共派出14万余人，营业规模增长23.9%，累计派出41万余人，形成北京、广州、成都、沈阳全国辐射的局面，进一步烘托出中智品牌知名度；2011年成功举办4期赴台塑培训班，取得了良好效果，为中央企业从中国一流走向世界一流作出巨大的努力和探索，也对两岸发展作出贡献；商务咨询则展现了为客户服务的多元性和延展性。中智国际服务板块以树立人力资源国际服务领军品牌为总目标，持续开创以技术智力为导向的国际服务崭新跑道。

【重大创新】 中智长期高度重视企业管理创新实践工作。2011年，在由国资委、工信部和中国企业联合会共同主办的第十八届全国企业管理现代化创新成果活动中，中智上海公司以“从单一外包服务到人力资源整体服务供应商的战略转型”的创新课题荣获一等奖。中智公司副总经理、中智上海公司总经理石磊作为成果主要创造人、中智上海公司副总经理王慧作为成果参与创造人荣列榜单。来自政府部门、高等院校、科研机构、企业团体有关专家对申报的451项成果进行初审和预审，由成果全国审定委员会进行终审，最终审定185项“国家级企业管理现代化创新成果”，其中一等奖32项，二等奖153项。这是国内最高层次、最具权威性和实践创新性的企业管理成果盛典。它反映了中国企业深化改革、创新管理取得的最新成就，体现了中国企业管理现代化的发展趋势。

【信息化建设】 2011年，中智人力资源服务IT平台各项系统建设得到进一步完善。中智外包服务全国委托管理系统（“智翼通”）新版上线，并完成对全国分支的培训和试运行工作。中智ERP企业资源管理系统（“智灵通”）逐步实现了全国网络的普及推广。中智率先发布业内首款人力资源移动交付平台（“智点通”），以移动互联终端应用为载体，实现了集人力资源服务和资讯查询功能于一身的多重服务功能，在向企业客户和雇员提供7/24持续服务的同时，具备三重安全防卫和多系统适用版本。中智人力资源信息化建设的不断改善和完善，标志着中智成功步入移动互联新时代，基本实现从人力资源线下服务模式向线下、线上立体服务模式转型的战略目标，展现了中智在管理创新领域持续领跑业界的引领者风范。

2011年，中智总部和上海公司相继投资建成IDC中心机房，为集团信息化建设作出新的铺垫。中智总部机房所有关键设备如核心服务器层交换机、存储交换机热备、防火墙等均采用全双机架构，保障了更高的IO速度及安全性。该机房的网络及服务系统采用大量虚拟化集群技术，能够提供低成本运行SaaS应用手段，拥有多种网络数据主动防护能力和安全平台，具备将外部服务器迁回和自建邮件服务器的条件。中智上海公司首次引入IaaS基础架构，采用中企动力BGP链路接入，大量采用虚拟化技术将资源抽象和池化，提高了私有“云”服务的弹性及可衡量性。为人力资源品牌产品的迁入提供一站式解决方案，同时建立了统一标准，提升了硬体利用率。中智京沪两地建立的IDC总机房，为实现云计算打下坚实基础，为集团业务的可持续发展提供有力的支撑。

【党建工作】 截至2011年，中智共有3个党委、11个党总支、264个党支部、11417名党员，内部职工队伍整体年轻化、学历高、思想活跃，所管理的外企党员数量众多，奋斗在改革开放的第一线，他们共同为支持集团各项党建工作顺利开展并提升凝聚力与战斗力注入活力，在国资委直管中央企业中具有鲜明特点。

2011年，中智党委深入开展创先争优活动，直属机构党组织建设和党支部建设得到加强和优化；形成有制度保障的党建工作机制；积极推进党务公开，改进完善民主管理规程、司务公开等制度，工青妇组织作用得到发挥；党风廉政建设和廉洁从业意识不断巩固和提高；建立有效党建工作平台，进一步改进完善党务管理工作；党组织活动注重形式与内容的统一，举办如建党90周年党课、知识竞赛和七一评选、授勋大会等多种多样的党组活动，使党建工作成为企业价值链上的重要环节；积极探索外企党建新模式，成功解决新时期外企党建工作中存在的一系列重大难题，组织建设实践取得新突破，形成有特色的外企（流动）党员的教育与管理工作机制。中智党委将98%的外包雇员置于党委监管之下，顺利实现外企（流动）党员组织化全覆盖凝聚力的工作目标。

据创先争优活动群众评议结果显示：中智创先争优活动组织情况满意为97.67%，比较满意为2.33%；推动中心工作和重点任务完成情况满意为90.7%，比较满意为9.3%；承诺践诺情况满意为86%，比较满意为14%；为群众办实事、做好事、解难事情况满意为81.4%，比较满意为18.6%；加强党组织建设和党员队伍建设满意为95.3%，比较满意为4.7%；总体评价满意为93.02%，比较满意为6.98%。

【履行社会责任】 2011年，中智持续重视社会责任体系和制度的建设，关注弱势人群，关心社会公益事业，关注就业问题，努力履行企业社会责任和义务，促进社会进步和发展。

1. 持续捐款。2011年中智继续向中华健康快车基金会捐款，协助贫困地区白内障患者接受免费治疗，被授予光明贡献奖。

2. 连续第六年举办“中智慈善健康跑”大型公益活动。2011年6月，中智号召4000余名白领雇员用长跑支持慈善公益事业，弘扬慈善精神，感召社会力量帮扶弱势群体，并组织外企75个党支部、1080人经由上海慈善基金会开展捐款。

3. 打造公益活动新模式。2011年3月、4月，中智分别参与广东增城市小楼镇捐资助学和清远市连南瑶族自治县大坪镇大掌村旺洞小学爱心助学活动。2011年5月，中智策划“公益也时尚”捐衣行动，5月到8月短短三个月时间共收到二千多件衣物，通过与善淘网合作上网义卖，所得款项支持公益项目“一个鸡蛋”，帮助贫困山区孩子改善营养，另一部分衣物定向捐赠青海贫困灾民。2011年6月，中智联合公益组织“1 kg book”为四川甘孜州巴塘人民小学捐赠书籍，完善校园图书馆，并协助当地学校进行管理运营。6月，“中智白领青年人文经典读书工程知识星火项目”正式展开，“中智杯”上海青年人文经典读书工程成果喜人，读书工程丛书第一辑现已正式出版，共有165篇网络、纸质媒体报道有关工程的各项活动，“长辈荐书行动”也得到了社会各界的积极反馈。此外，中智加强白领青年志愿者总队建设，2011年中智上海白领青年志愿者总队新增2476名注册队员、37个支队、16家公益合作伙伴，还积极组织参与“地球一小时”熄灯行动、“上海公益伙伴日”等多种形式的公益活动。

4. 继续推进职教就业扶贫新思路。2011年，中智利用自身资源与专业优势认真落实《央企入滇、就业扶贫》战略合作协议，与地方政府共同搭建扶贫公益、就业支持平台，突出规模效益，实施“给一份工作，是最好的扶贫”的全新服务理念。通过新生代农民工转移就业促进当地群众脱贫致富的创新之路，经初步统计，大姚、姚安二县示范基地共有可外出就业的新生代农民工数量万余人。同时，中智积极在当地开展联合办学，并与日方联合向楚雄高级技工学校捐赠汽车发动机设备。

5. 中智积极搭建校园招聘网络平台，2011年，有上百万名学生参加中智校园招聘活动，其中上万名学生通过这一活动完成就业。

（撰稿人：张玥晗）

中国建筑科学研究院

【基本概况】 中国建筑科学研究院（以下简称“中国建研院”）成立于1953年，是全国建筑行业最大的综合性研究和开发机构。主营业务为“建筑工程技术及产品研发；建筑工程勘察、设计、服务、工程承包及专用设备与材料制造”。科研及业务工作涵盖建筑结构、地基基础、工程抗震、建筑环境与节能、建筑软件、建筑机械化、建筑防火、施工技术、建筑材料等专业中的70个研究领域。中国建研院下属12个全资或控股二级子公司，设有17个研究所（分院、中心）。国家建筑工程质量监督检验中心等7家国家级中心、建设部防灾研究中心等6家部级中心和建筑安全与环境国家重点实验室设在中国建研院。现有在职职工4180人。

2011年，面对复杂多变的经济形势和竞争日益激烈的市场环境，中国建研院坚持科学发展，加大科技创新力度，进一步提升市场开拓能力，在全院干部职工的共同努力下，经营规模和经济效益继续保持平稳较快增长。

【主要指标】 2011年新签合同额64.5亿元，同比增长24.04%；实现营业收入47.24亿元，同比增长25.49%；实现利润总额2.23亿元，同比增长29.51%；实现净利润1.88亿元，同比增长21.54%；归属于母公司所有者的净利润1.48亿元，同比增长21.46；资产总额33.27亿元，同比增长16.76%；净资产收益率18.74%，国有资本保值增值率120.3%；科技支出2.63亿元，科技投入增长率为24.13%。

2011年中国建筑科学研究院主要经济指标

项　目	2010年	2011年	比上年增长(%)
资产总额(亿元)	28.49	33.27	16.76
所有者权益(亿元)	8.13	9.81	20.63
营业收入(亿元)	37.64	47.24	25.49
利润总额(亿元)	1.72	2.23	29.51
净利润(亿元)	1.55	1.88	21.54
归属于母公司所有者的净利润(亿元)	1.22	1.48	21.46
科技支出(亿元)	2.12	2.63	24.13
利税总额(亿元)	3.20	4.28	33.54
应交税金总额(亿元)	1.79	2.52	41.26
全员劳动生产率(万元/人·年)	15.13	16.87	11.50

续表

项　目	2010 年	2011 年	比上年增长（%）
净资产收益率（%）	18.50	18.74	增加 0.24 个百分点
总资产报酬率（%）	6.49	7.23	增加 0.74 个百分点
国有资本保值增值率（%）	118.45	120.3	增加 1.85 个百分点

【改革发展】 2011 年，中国建研院坚持“稳定、协调、持续”发展的指导思想，积极调整业务结构，加强内部管理，强化风险意识，企业管理水平和风险控制能力得到明显提升。

调整业务结构，加快转变发展方式。按照院“十二五”规划确定的符合国家产业政策，符合企业愿景、使命与定位；重点满足主营业务板块发展，重点支持高附加值业务板块发展的“两符合”、“两重点”发展原则，积极调整业务结构，合理有效配置资源，加快转变发展方式，促使院主营业务向高端化、规模化、产业化方向发展。设计、咨询、检测业务向高端化方向发展，施工业务向规模化、专业化方向发展，材料、设备、软件产品向产业化方向发展。着力做强做优高端业务，大力发展产业化，促进院各业务板块健康、稳定、协调发展。

加强内部管理，提高风险管控水平。继续完善业务管理体系梳理工作，健全和完善各项管理机制和制度。制定院应收款项管理办法，强化应收款项管理，推进院资金集中管理，开展月度运行监测和分析工作，积极防范财务及经营风险。对院属单位开展经济责任审计，对院重要投资项目进行跟踪审计，确保国有资产保值增值和院投资资金的合理使用。加强安全生产教育培训与检查，杜绝安全责任事故发生。建立健全法律风险防范机制，对规章制度、经营合同及重大决策进行审核把关，避免和化解法律纠纷，有效维护企业合法权益。

加强人才队伍建设，完善人才培养与激励机制。2011 年，中国建研院获得“土木工程”一级学科博士、硕士学位授予权，以此为契机，调整并增加博士、硕士研究生培养专业，开展选拔补充博士生导师的工作，加大对年轻导师的选拔力度。全面启动院企业年金工作，开展专项业务培训，加强参加企业年金人员信息审核，立户建账，确保年金工作起步平稳、运转顺畅。积极探索建立考核激励机制，选择试点单位，探索对科技、管理骨干人才试行岗位分红权激励。

【重大项目】

1. 咨询与服务项目。完成 530 米高的广州东塔结构优化咨询及模型振动台试验，央视新台址 TVCC 工程火灾后 A 区网架结构性能综合技术评估；采用隔震技术为山西忻州 10 万平方米中小学校舍抗震加固提供咨询；承担 2011 年财政部、住建部可再生能源建筑应用示范项目测评任务，国家发改委、住建部、交通部半导体照明示范工程跟踪检测评估；完成北京地铁十号线二期沿线建筑物地基基础技术评估，宋家庄地铁换乘站消防性能化设计评估与技术咨询；完成国家火炬计划电梯设备设计与制造产业基地——江苏海安电梯产业发展规划。

2. 设计与规划项目。承接北京葛洲坝大厦、北京英特宜家购物中心、山东荣成悦湖路北地块与湖东岸地块、大连世纪泊湾 B 区、鄂尔多斯亿佳合环球能源贸易中心等大型综合设计项目；完成呼和浩特市如意行政·商务·金融中心城市规划设计、合肥天鹅湖万达广场幕墙设计、上海力仕鸿华大楼交接区采光顶异型钢结构设计、北京市第三批政府机构节能改造工程诊断与设计、望京 SOHO 照明设计、沪昆客运专线长沙至昆明段路基处理等多项专项设计工作。

3. 施工与监理项目。承接成都 SM 广场二期、合肥橡树湾项目一期二标段、抚顺商业银行项目、海南碧海金珠花园项目一标段、明江（上海）国际物流园项目等合同额过亿元的大型施工总承包项目；完成的济南奥林匹克体育中心地源热泵项目获得第十届中国土木工程詹天佑奖，监理的宁夏博物馆项目获得中国建筑工程鲁班奖。

4. 检测与认证项目。完成深圳大运会 18 座体育场馆采光照明和声学效果的检测，承接北京市“十二五”期间轨道交通建设工程安全质量监督检验项目；承担福建南安小区工程质量检验项目、京沪高铁天津西站站房幕墙工程检测和北京市老旧住宅加固改造等重大项目的工程质量检测；完成航天城 921 工程空调净化检测验收，承担2011年第二季度太阳能热水器全国质量监督抽查；受北京市委托，对“7·5”北京地铁扶梯事故进行技术鉴定；认证中心顺利通过国家认可委初次评审，全年接受申请认证企业44家。

5. 软件与产品。成功研发PKPM 2010新规范版本设计软件并及时推向市场，销售额实现历史性的翻番，产值达到2.5亿元；具有国际领先水平的SCD200/200D多功能施工升降机、国际先进水平的MG97型全液压回转冲击式履带锚杆钻机和智能化钢筋部品生产成套设备投入批量生产；屈曲约束支撑等减震隔震产品应用于中小学校舍加固和轨道交通等工程。

【走向海外】 2011年，中国建研院海外市场开拓取得新进展。生产的快速架设塔式起重机、施工升降机、钢筋加工机械、钢筋连接机械等产品远销印度、俄罗斯、巴拿马、墨西哥、巴西等国家。研发生产的钢筋接头、建筑软件产品出口到印度、越南、伊朗、法国、新加坡等十多个国家。受商务部委托，赴乍得、多哥、乌干达等8个国家进行“援外项目质量年大排查专项巡检”工作；受商务部、外交部委托，赴牙买加、蒙古、塞拉利昂、尼日利亚等10个国家进行援外项目的检测与鉴定；完成安哥拉某公寓楼基坑支护技术服务。

【科技创新】 2011年，中国建研院有12项成果获得华夏建设科学技术奖，《建筑抗震鉴定标准》获一等奖，《复合受力钢筋混凝土构件承载力的协调计算模式》等3项成果获二等奖，《中国超高层住宅建筑发展研究》等8项成果获三等奖；获得授权的专利69项，其中发明专利10项，实用新型专利59项，软件著作权23项；2篇论文被SCI收录，24篇论文被EI收录，4篇论文被ISTP收录，出版著作25部，发表论文434篇。

1. 科研项目。2011年，在研科研项目446项，其中国家级97项，省部级100项。新承担国际科技合作计划课题3项，国家973计划课题1项，科技部科研院所科技专项课题2项，住建部科技计划课题20项，财政部国有资本经营预算重大技术创新及产业化资金项目3项，院自筹基金科研课题35项，院青年科研基金课题38项，院建筑安全与环境国家重点实验室对外开放课题10项。全年通过验收和结题的科研项目144项，其中国家和省部级项目69项，一批成果达到国际先进水平。

2. 标准规范。2011年，在编标准规范制修订项目131项，其中国家标准54项，行业标准77项。《绿色建筑评价标准》等34项标准获准立项，《疾病预防控制中心建筑技术规范》等47项标准完成报批工作，《节能建筑评价标准》等41项标准获准发布。完成43项标准强制性条文的审查工作，获准筹建住建部强制性条文协调委员会及建筑结构、建筑地基基础、建筑环境与节能、建筑施工安全4个专业标准化技术委员会。

【党建工作】 组织广大党员干部职工学习贯彻党的十七届五中、六中全会精神和胡锦涛总书记“七一”重要讲话。围绕纪念建党90周年，隆重召开庆祝大会，举办党史知识竞赛、主题征文、文艺汇演、英语演讲比赛、摄影书画展、走访慰问老干部老党员等系列活动。

紧密结合中心工作认真履行党组织和党员的公开承诺，开展党内评优和群众评议，选树党内先进典型，推动创先争优活动深入开展。

加强基层党组织建设，调整优化党组织设置与人员配备。举办支部书记培训班，组织党员主题教育活动，增强党组织的凝聚力、战斗力。加强党政干部廉洁教育和警示教育，制定“三重一大”决策制度实施办法，开展惩防体系建设情况重点检查，落实党风廉政建设责任制。

积极配合国资委巡视组对中国建研院开展巡视工作，精心组织，周密安排，协助巡视组顺利完成实地检查和调研工作。召开第三届职工代表大会和第五次工会会员代表大会，完成院工会换届改选。积极推进二级企业建立工会和职代会，促进企业民主管理。

落实离退休人员生活待遇，为离退休人员增加补贴1100多万元。组织开展丰富多彩的文体活动，满足职工精神文化需要，促进职工身心健康。加强院区绿化和环境整治工作，为职工提供更加舒适的生活环境。

【信息化建设】 加大对信息网络、服务器等信息化基础设施的建设力度，信息化基础设施和基础应用建设日趋完善。完成网站主页改版，建筑安全与环境国家重点实验室网站顺利开通。院综合管理信息系统新增科技评奖模块，实现网上申报、审批、评奖及相关统计工作。院人力资源系统、财务核算系统升级，财务资金集中管理等系统完成调研和系统部署，进入实施阶段。

（撰稿人：庞振新）

中国北方机车车辆工业集团公司

【基本概况】 中国北方机车车辆工业集团公司（以下简称“中国北车”）是经国务院批准，于2000年9月与铁道部脱钩，在原中国铁路机车车辆工业总公司所属部分企事业单位的基础上组建的国有特大型企业。总部设在北京。2008年6月，发起设立中国北车股份有限公司。2009年12月，中国北车股份有限公司在上海A股市场上市。中国北车主要经营：铁路机车车辆（含动车组）、城市轨道车辆、工程机械机电设备、电子设备及相关部件产品的研发、设计、制造、维修及服务和相关产品销售、技术服务及设备租赁业务；进出口业务；与以上业务相关的实业投资；资产管理；信息咨询业务。

2011年，面对世界经济增长放缓、国内经济跌宕起伏、金融市场剧烈动荡、铁路市场骤然变化等压力和挑战，中国北车深入落实科学发展观，认真贯彻“三步走”发展战略，积极应对错综复杂的经济形势，主动适应铁路市场的调整变化，调结构、抓管理、促创新，有效化解各种经营风险和压力，各项工作扎实推进，经营业绩和经营素质实现双跨越。根据中国北车集团公司合并报表的有关数据，全年实现营业收入892.3亿元，较上年增长37.65%；实现主营业务收入888.1亿元，较上年增长37.76%；实现利润总额36.7亿元，较上年增长47.88%；实现归属于母公司所有者的净利润20.5亿元，较上年增长54.80%。

【主要指标】 2011年，面对铁路市场变化等严峻考验，中国北车冷静分析，沉着应对，积极采取有效措施，保证了整个公司生产经营的平稳运行。按照“着力做强做优、提升经营素质”的原则，对公司“四位一体”考核办法（企业效绩目标责任制考核、企业工效挂钩办法、经营者年薪制、企业领导班子考核办法）进行修订，并拟订“管理奖”实施方案，在原有指标体系基础上，新引入毛利率、收入资产比、流动资产周转率等指标，引导企业在注重经营业绩的同时，注重经营素质的改善。在与各企业签订责任书的基础上，继续与各事业部、总部各部室签订年度效绩目标责任书；不断完善月度运营分析会，对市场需求变化、生产组织进度、资金、成本压力等及时研究分析；积极发挥效能监察、全员考核等综合作用，对效绩目标及重点工作分解、落实情况进行动态跟踪与监控，确保各项经营指标的完成和重点工作的推进。

2011年中国北方机车车辆工业集团公司主要经济指标

项　目	2010年	2011年	比上年增长(%)
资产总额(亿元)	853.41	1040.79	21.96
所有者权益(亿元)	274.11	320.93	17.08
营业收入(亿元)	648.26	892.34	37.65
利润总额(亿元)	24.82	36.71	47.90
净利润(亿元)	20.82	31.69	52.21
归属于母公司所有者的净利润(亿元)	13.22	20.46	54.77
技术开发投入(亿元)	27.66	41.22	49.02
利税总额(亿元)	46.75	67.60	44.60
应交税金总额(亿元)	21.93	35.91	63.75
全员劳动生产率(万元/人·年)	13.23	16.57	25.52
净资产收益率(%)	7.95	10.66	增加2.71个百分点
总资产报酬率(%)	3.70	5.12	增加1.42个百分点
国有资本保值增值率(%)	108.16	111.17	增加3.01个百分点

【改革发展】 中国北车严格按照国家法律法规及监管机构要求，进一步明确股东会、董事会、监事

会、经营层之间的权责，规范职工董事、职工监事工作职责，公司法人治理结构规范高效运行。董事会认真履职，适时对公司战略规划、重大投资、筹资融资等事项进行科学决策，公司保持持续发展态势。

按照财政部、证监会等五部委关于企业内部控制体系建设的有关要求，全面启动内控体系建设，编制完成管理手册、制度手册和评价手册。充分发挥内部审计、法律事务工作的监督、评价、咨询和服务功能，起到了防范风险和增加价值的作用。

加强资金管理，加大应收账款回收力度，合理控制负债规模，优化负债结构，加快集团内部资金融通，保障生产经营正常进行。稳步推进二次融资工作，配股方案通过证监会审议。获得国家20亿元资本金的注入。财务公司的筹建工作完成向主管部门的材料申报。

加强质量管理，认真贯彻落实国务院、国资委和铁道部的统一部署，组织开展质量安全大检查活动，对高速动车组、机车产品、货车产品、机电产品、城轨车辆等进行专项大检查。

加大人才队伍建设力度，颁布"十二五"人才建设规划，"百人计划"、"素质提升工程"、"专家人才工程"、"人才储备计划"等扎实推进。高技能人才占技术工人比例达50%以上。对年薪制办法进行修订，规范领导班子职务消费。加强用工总量和工资总额调控，不断提高人力资源贡献率，现价工业总产值劳产率101.05万元/人·年，同比增长38.89%；企业增加值劳产率17.71万元/人·年，同比增长31.55%。

经营型总部建设扎实推进。着眼价值创造，不断提高工作效率，积极为企业提供支持和服务；加强战略管控，改善绩效管理，协同效用进一步发挥；加强与国家部委、主要用户以及地方政府的沟通与联系，积极争取国家产业政策、财税政策支持。中国北车四项成果获"国家级企业管理现代化创新成果奖"，其中《打造世界级轨道交通装备企业的技术创新管理》成果获一等奖。

【重大项目】 以战略规划引导投资方向，加强各投资项目的前期论证，加强项目监控和实施推进，动车组、大功率机车制造项目基本达纲并发挥效能。加强投资项目后期管理，完成近30项投资项目的竣工验收。针对资本市场波动和铁路市场需求变化，适时调整投资项目的规模和进度。

积极推进长春地区资源整合，长客股份公司与长客装备公司整合工作启动，长客装备整体搬迁工作进入实施阶段。积极开展境内外并购和股权投资，选择目标并购项目深入调研论证；完成清软英泰（信息化领域）的并购、长春新金享项目（钢材领域）的参股投资。

加强战略合作，2011年分别与11个省、市、企业集团签订16份战略合作协议。至此，中国北车先后与四个直辖市、三个国家级新区、珠三角主要城市建立战略合作关系，初步实现在华北、东北、西北传统地域的基础上，逐步向华东、华南、西南和华中等地区渗透的战略布局阶段性目标，为全面参与区域经济发展，为未来城市提供系统解决方案创造基本条件。

【走向海外】 2011年，中国北车海外业务实现销售收入61.32亿元，较上年增长36.7%。全年出口成交额10.4亿美元，主要成交项目有：爱沙尼亚16台内燃机车，新西兰20台电传动内燃机车，孟加拉国60辆内燃电动车组，中国香港特区86辆地铁车，泰国20辆地铁车，哈萨克斯坦2000辆货车，澳大利亚1606辆货车，新西兰500辆货车，法国40辆罐车，斯里兰卡54辆货车，莫桑比克20辆货车。出口产品档次进一步提升，出口发达国家势头强劲。长客股份公司出口巴西动车组首列车下线，"中国制造"的动车组首次进入南美市场。二七装备公司与爱沙尼亚签订16台铁路调车机车合同，中国机车产品首次进入欧盟国家。济南装备公司签订40辆法国罐车的出口合同，中国铁路整车产品首次打入欧洲发达国家市场。齐齐哈尔装备公司出口哈萨克斯坦货车成功获得认证，中国铁路货车产品首次取得进入独联体市场的通行证，大批进入独联体市场。永济电机公司成功签约300台出口南非机车电机，铁路电机批量出口再创新高。

【重大创新】 中国北车全年研发投入达到41.1亿元，技术投入比例达到4.62%，较上年增加0.28%。其中研究开发费用投入21.83亿元，较上年增加3.84亿元，增长21.38%。

机车产品方面，装用自主开发的牵引和网络控制系统的HXD2C型大功率交流传动电力机车，完成全部厂内试验和1800公里的线路试验，并已完成环线大部分型式试验内容。大连机辆公司时速160公里交流传动客运电力机车完成样车组装。同车公司出口白俄罗斯中白货运1型八轴交流传动电力机车完成样车试制。出口蒙古CKD4B型宽轨内燃机车开始批量交付。HXN3B型交流传动内燃机车样车研制进入总组装阶段。30吨轴重交流传动货运电力机车和4400马力交流传动内燃调车机车完成方案设计。采用欧盟标准、出口爱沙尼亚的内燃调车机车通过方案评审。

动车组产品方面，初步形成产品系列。CRH380BL型动车组经过完善，性能稳定，质量提升。CRH380CL型动车组完成环线型式试验。CRH380B型高寒动车组完成高寒环境试验，正在开展相关型式试验。CRH5型动车组不断提升自主化开发空间。时速400公里高速综合检测列车被列入国家重大科技成果。首次出口南美市场的EMU电动车组项目完成样车研制。城际动车组、CRH380智能化高速列车正在开发之中。

货车产品方面，正由国内领先向国际先进和国际领先的方向迈进。具有高性价比的轴重27吨、载重80吨的通用敞车、通用棚车、轻油及粘油罐车完成样车试制及各项试验。成功研制了国内载重最大——600吨载重工矿专用平车。齐齐哈尔装备公司批量出口澳大利亚40吨轴重矿石车以其优良的低动力转向架、高强度车钩、车体轻量化和可靠性达到国际领先水平。济南装备公司氨气罐车和液化气罐车成功出口法国，使中国铁路货车产品首次迈进欧洲市场。轴重26.5～30吨大轴重货车和时速160～200公里快捷货车开发项目列入国家《重大技术装备自主创新指导目录》。具有国际领先水平的货车整车疲劳振动试验台主体工程基本完成。

城轨车辆产品方面，长客股份公司在国内首次采用不涂装不锈钢车体技术，开发完成北京地铁6号线车辆。研究采用钢铝混合车体新技术，开发了用于哈尔滨的国内第一款高寒地铁车辆。研究和掌握相关国际标准，完成了巴西1A地铁车辆研制。高档次、高品质的香港地铁车辆完成样车研制。自主研制的国产化单轨车辆，主要系统实现北车内部配套。

相关多元产品方面，铁路工程机械产品开发取得新进展——边坡清筛机进入总装，多功能综合作业车开始试制。南口时速160公里道岔获得上道使用资质，时速250公里道岔获得上道试铺资质。永济电机公司2MW风力发电机组完成总装，3MW风力发电机完成设计。出口沙特2800kW集装箱式电站机组开始交付，实现整套柴油发电站批量出口。济南装备公司真空卫生系统成功应用于运8飞机，实现环保产品“海陆空”全覆盖。特种集装箱批量交付，逐步形成新的经济增长点。

关键核心技术取得突破，装用拥有完全自主知识产权的7200kW交流传动系统及网络控制系统的HXD2C型大功率电力机车完成全部厂内试验、滚动台研究性试验、厂内线路试验，环线型式试验也基本完成，标志着中国北车已经具备大功率交流传动及网络控制系统的自主开发和自我配套能力。自主开发的列车网络控制系统通过CRH5型动车组的装车验证考核。地铁轻轨网络控制系统、牵引系统、制动系统、钩缓系统，以及换热器、齿轮箱、弹簧、IGBT元件等关键系统和重要部件的开发取得重要成果，掌握一批核心关键技术，有效支撑整机产品的开发和发展。

技术创新体系建设取得新进展。高速列车系统集成国家工程实验室基本建成，动车组和机车牵引与控制国家重点实验室进入施工建设阶段。长客股份公司获得首批“国家自主创新示范企业”称号。永济电机公司被国家命名为第三批创新型企业，中国北车及所属4家企业进入国家创新型企业行列。沈车公司、天津装备公司通过高新技术企业评定，中国北车17家主体企业全部成为高新技术企业。中国北车主持起草年度铁路行业标准35件；主持起草的国际标准《客车通过台》列入UIC标准计划。

加大知识产权创造、运用、管理和保护力度，全年申报专利1100项，其中发明专利515项，申报国际专利56项。

【党建工作】 发挥政治核心作用，促进企业改革发展。在确保董事会、经营班子依法行使职权的前提下，各级党组织积极参与重大问题决策，围绕经营战略、重大投资、产业布局、结构调整、资源重组、基础管理等重大问题，把方向，谋全局，抓推进，保落实。学习型党组织建设积极推进。两级党委中心组学习不断加强。坚持“围绕经营抓党建，抓好党建促发展”的工作思路，把解决生产难点、解决管理瓶颈、改善经营素质作为党组织工作的重点，广泛开展党内立项攻关、党员先锋工程、“双培”等活动，充分调动广大党员的积极性和创造性。积极推进党务公开工作。发布实施《中国北车所属企业党委党务公开目录》。加强党员教育管理，全面推进党员民主评议。一批党组织和共产党员分别受到国务院国资委党委和地方省市党委的表彰。

企业领导班子建设稳步推进。对18家企业领导班子进行调整，调整企业和总部领导人员121名。全面落实企业领导班子副职竞争上岗、差额考察制度，组织10家企业21名副职竞争上岗。“四好”班子创建活动继续深化。组织召开以“坚持以人为本、执政为民理念，发扬密切联系群众优良作风”为主题的两级班子民主生活会。以实施“百人计划”为载体，加强对后备干部的教育培训、岗位交流和实践锻炼。同时，积极推进人才储备计划、专家人才培养工程和素质提升工程，人才优势不断扩大，职工队伍整体素质稳步提升。

按照“外树形象、内聚人心”的原则，大力加强宣传思想工作。加强新闻策划和组织，统筹重大典型宣传，中央电视台、人民日报等各大媒体报道中国北车的频率明显增多。组织创先争优、保增长保效益、保质量保安全等专题宣传报道，广泛开展先进典型宣传，大力弘扬中国第一代高铁工人精神，为生产经营营造了良好氛围。深入开展群众性精神文明创建活动，长客股份公司、济南装备公司荣获“全国文明单位”称号，齐齐哈尔装备公司、永济电机公司顺利通过全国文明单位复核。

全力打造北车文化体系，中国北车企业文化建设三年规划目标基本实现。以中国北车核心理念为统领，以各企业文化行动纲领为补充，具有北车特色的主亚文化理念体系基本形成。修订后的《中国北车企业文化手册——理念文化(MI)分册》颁布实施。行为文化体系建设深入推进。编辑出版《中国北车企业文化案例集》。深入开展北车职工讲规范活动，促进职工行为文化的养成。形象文化体系建设深入推进。中国北车品牌和标识的使用进一步规范。

深入推进以完善惩防体系为重点的反腐倡廉建设。反腐倡廉教育继续深化。党风廉政建设责任制深入落实。认真开展落实“三重一大”决策制度、廉洁从业规定等五项制度的综合检查，积极推进工程建设领域突出问题、“小金库”、公务用车等专项治理活动。围绕落实年度经营指标、招投标管理、“四清两降”、节能减排等方面工作，深入开展效能监察，促进企业改善经营管理，提升经济效益。

工会共青团组织融入中心，履行职能。职工经济技术创新活动继续深化。不断完善职代会制度。职工民主管理、厂务公开等各项工作有效落实。围绕生产经营重点和难点，深入开展劳动竞赛和保质量保安全活动。举办中国北车第三届职工体育运动会，展示了职工队伍的良好风貌。青年志愿者、青年文明号、青年百点计划等活动扎实推进。深入开展“我与北车共奋进，青春建功十二五”主题教育活动，充分发挥团员青年的生力军作用。

【信息化建设】 2011年，中国北车整体信息化建设工作以“三步走”战略为导向，引入精益生产和精细化管理先进管理理念，以货车板块龙头企业齐齐哈尔装备公司为试点，以财务业务一体化项目为载体，初步构建中国北车财务“四个集中”的管控架构，建立覆盖总部财务和企业各项业务管理的统一的信息化支撑平台。同时不断加强公司基础管理，完善公司统一的物料数据标准，进一步优化完善公司采购对标平台，保持可对标物料占公司总采购金额30%以上，实现扩大物资采购动态对标工作常态化，有效降低采购成本；优化完善决策支持系统、信息标准化系统和运营信息管理系统，为公司总部准确监控所属企业经营情况提供数据支持；在2011年度国资委中央企业信息化水平评价中排名第16名，被评为A级企业，机械行业排名第一。持续进行信息化基础架构建设，完成中国北车大厦弱电二期建设工程项目，建成总部数据中心异地容灾备份中心，持续做好集团网站优化完善工作。在国资委2011年度中央企业网站绩效评价工作中，中国北车网站被评为A级。中国北车“云制造服务平台关键技术”、“集中管控数字企业应用开发与示范项目”和齐齐哈尔装备公司申报“面向轨道交通制造业的RFID技术应用示范”三个信息化项目均获得国家科技部立项和资金支持，中国北车作为项目牵头单位承担项目组织实施工作。其中“云制造服务平台关键技术”项目与科技部完成合同签订。

【履行社会责任】 认真贯彻落实中央企业社会责任工作会议精神，积极完善社会责任体系和制度，将社会责任融入公司治理结构和经营管理。京沪高铁开通以后，针对CRH380BL型高速动车组质量故障影响铁路运输秩序的实际情况，中国北车主动召回54列CRH380BL型高速动车组，通过认真整改，提供更加满足经济社会发展和人民群众需求的移动装备，展示负责任的中央企业形象。编制完成中国北车社会责任报告。大力推进节能减排，强化基础管理，增加环保投入，实施清洁生产，中国北车荣获国务院国资委“十一五”节能减排优秀企业。不断完善安全生产长效机制，层层落实责任，整治安全隐患，促进安全生产，中国北车被中国机械工业安全卫生协会评选为安全生产标准化建设全国先进单位，被国家安监总局列选为全国工贸行业22家创建安全生产标准化典型企业集团之一。积极响应党和国家号召，主动参与扶贫助困等社会公益事业，捐款680多万元支援地方经济建设。定点扶贫开发工作取得新成效，帮扶地区群众生产生活条件进一步改善，中国北车再次荣获“国家扶贫开发工作先进单位”称号。

（撰稿人：陈建强）

中国南车股份有限公司

【基本概况】 2011年，中国南车股份有限公司（以下简称“中国南车”）积极应对市场变化，及时调整经营策略。加大机车车辆市场开拓力度，市场占有率得到进一步提升。积极进入新兴市场，风电装备、电动汽车、工程机械、新材料等行业取得新业绩。海外市场取得较大突破，中国南车品牌影响进一步扩大。各项经营指标超额完成，实现“十二五”发展开门红。

科技投入不断加大，全年科技经费投入占营业收入比例达到6.6%。加强知识产权保护和专利申请，全年股份公司申请专利1820件，其中发明专利534件；获得授权专利1308件，其中发明专利185件；5项专利获2011年第十三届中国专利优秀奖。中国南车有8个项目获得2011年度中国铁道学会科学技术奖，CRH380A高速动车组获得2011年度中国创新设计红星奖至尊金奖。中国南车被评为“全国十大创新企业”。

全力确保京沪高铁动车组顺利开行，认真做好CRH380A新一代动车组批量交付、联调联试、运行试验、技术支持和售后服务工作。中国南车有46列CRH380A动车组投入京沪高铁运营，占当时上线动车组的53%。CRH380B动车组召回后，铁道部又调集20列CRH380A上线运营，中国南车生产的动车组承担了京沪高铁全部运营任务。高度重视动车组运营质量和持续跟踪与改进工作，组织600多人参与售后服务和技术支持工作，建立标准化的售后服务体系，确保京沪高铁动车组安全运行。据统计，中国南车投入运营的动车组总体运行情况较好，正点率接近100%，百万公里故障率约0.5次（铁道部标准为2次），可靠性达到世界先进水平。

【主要指标】 认真落实发展战略，加强运营管控，生产经营整体运行良好，营业收入稳步增长，经营效益同比大幅提高。中国南车全年实现营业收入826.31亿元，较上年增长23.2%；实现利润总额53.98亿元，净资产收益率16.1%，成本费用占营业收入比率94.22%。其中，股份公司全年实现营业收入807.1亿元，较上年增长23.92%；实现归属上市公司股东的净利润38.64亿元，较上年增长52.96%。加权平均净资产收益率16.96%，成本费用占营业收入比率94.1%；完成国资委经营业绩考核指标和董事会制定的目标。四方股份公司营业收入突破200亿元，株机公司、株洲所营业收入均超过100亿元，浦镇公司、戚墅堰公司、长江公司营业收入分别超过50亿元。长江公司渡过企业重组整合磨合期，达到货车业务整合做强的初步目标。在国资委2010年度经营业绩考核中，中国南车获评A级企业，实现集团公司成立以来的首次突破。

【市场拓展】 积极适应市场变化，充分发挥协同效应，加大市场开拓力度，取得较好成果。全年市场新签合同合计711亿元，其中机车、客车、货车、动车组新造和修理合同合计400亿元。先后签订郑州、宁波、广州、武汉、昆明、长沙、北京、成都、青岛等城市城轨车辆合同93亿元，占整个市场份额67%。积极开拓风电装备、电动汽车、工程机械、新材料等新兴市场，新产业累计签订合同120亿元。海外市场取得较大突破，先后获得格鲁吉亚铁路动车组，阿联酋、澳大利亚货车，喀麦隆客车，澳大利亚、土库曼斯坦、哈萨克斯坦、伊朗、苏丹、沙特内燃机车等订单，出口收入近70亿元人民币，占公司营业收入约9%。出口收入占营业收入比重超过10%的子公司有4家，株机公司、资阳公司先后进入发达国家城轨、机车市场，并拓展海外维保服务，中国南车品牌影响进一步扩大。

【技术创新】 加快自主创新步伐，持续优化、重点提升三大技术平台建设工作。国家高速动车组总成工程技术研究中心落户四方股份公司，成为国内行业唯一拥有国家工程实验室、国家工程技术研究中心、国家级博士后工作站、国家级企业技术中心等4个国家级创新平台的企业。新一代更高速度级试验列车下线，中国南车由技术跟随向技术引领转变迈出重要一步。CRH6型城际动车组项目顺利实施，动车组技术平移工作有序推进，时速200公里城际动车组设计完毕，产品进入试制阶段。积极推进混合动力交流传动机车实验验证和持续改进工作，时速200公里机车、客车正在研制中，重载80吨级通用货车设计方案、时速160公里快速货车转向架和制动系统等通过铁道部验收评审。出口澳大利亚内燃机车下线，是中国具有自主知识产权，采用交流传动技术的内燃机车首次出口发达国家。出口马来西亚城际动车下线，是国内自主研制的高技术城际动车首次批量出口。出口土耳其轻轨列车下线，是中国首个出口欧盟市场的轨道交通整车产品。首列自主知识产权直线电机地铁车辆下线，国产化率达到90%以上，自主化研制水平迈进世界先进行列。试制成功中低磁悬浮列车核心部件单模块悬浮架，中低磁悬浮列车样车将实现下线。2.5MW风电机组研制成功并实现自动并网发电，中国南车已完全掌握和拥有2.5MW高速永磁风力发电机的整机集成技术和整套电气、变流系统核心技术。光伏并网逆变器通过低电压穿越认证实验。成功研制增程式电动城市客车，并在中国（昆明）新能源公交客车大赛中获得冠军。成功研制纯电动乘用车永磁电机驱动系统样机，完成电机驱动系统地面联调试验，各项指标均达到整车厂要求。国内首条8英寸IGBT芯片生产线项目正式启动，中国南车成为国内唯一掌握IGBT芯片设计—芯片制造—模块封装—系统应用完整产业链的企业，填补了国内相关技术领域的空白。

【质量管理】 深刻吸取"7·23"甬温铁路重大事故教训，认真落实国务院、铁道部一系列指示精神，全力抓好高铁安全大检查工作，坚持把确保产品质量和行车安全摆在最根本、最核心位置，牢固树立产品质量第一的意识，致力为铁路和城轨交通提供性能优良、安全可靠的装备产品。在国务院高速铁路安全大检查中，中国南车及所属企业管理水平和产品质量得到国务院检查组认可。同时，不断深化质量安全大检查活动，在内部分层次、分系统地开展各类安全检查工作，夯实质量安全基础，增强全体员工的危机意识、忧患意识和安全意识。加强质量管理体系建设，中国南车所有主机和关键零部件生产企业全部通过IRIS认证和国际焊接质量体系（EN15085）认证。

【产业布局】 根据经营环境和市场形势变化，加快产业战略布局，进一步提升市场竞争能力。先后与湖北、河北、重庆、常州、襄阳、宁波、成都、温州、南宁等省市签署战略合作协议，共同发展城轨车辆和新产业项目。先后与中国神华、中国普天、中国节能、中广核、机械研究总院、中国专利技术总公司等中央企业签订战略合作协议，积极推进央企间的交流合作。南车杭州、宁波等产业园揭牌，城轨车辆维修和新产业基地陆续开工。加强中央企业电动车联盟整车及零部件厂际间合作开发，分别与一汽、长安签署合作开发2个平台车型和3个过渡车型的研发责任书，牵头或独立承担中央企业电动车联盟纯电动乘用车电驱动系统领域共性课题8项，发挥中国南车电传动技术优势，提升电动汽车核心技术。株洲所与曙光汽车集团"联姻"，打造中国新能源客车龙头企业。中国南车与玉柴集团强强联合打造中国西部最大的发动机研发制造基地，组建南车玉柴发动机公司并实现投产，已生产发动机34000台。积极推进石家庄公司整体搬迁和产业升级工作，南车石家庄产业园开工奠基。研究机车车辆修理企业的发展问题，向铁道部反映情况努力解决机车车辆检修生产力布局问题。推进物流基地建设，物流公司注册成立。加快推进国际合作与交流进程，根据国资委中央企业"走出去"战略部署，跟踪和落实相关国际并购与合资合作项目，促进中国南车国际化发展步伐。

【公司治理】 积极宣贯中国南车"十二五"发展战略，全面推进战略实施工作。以建立现代企业制度和世界一流公司为目标，不断完善公司治理，努力打造一流的管控治理模式。严格执行上市公司规定，加强投资者关系维护、市值管理和信息披露工作，维护股东权益。中国南车被香港上市公司商会评为2011年"公司管治卓越奖"，并获得"最受两地投资者欢迎公司"金紫荆奖。推动精益现场向精益管理提升，组织编制工位制节拍化生产工作指南，促进生产组织方式转型。扎实做好精益生产示范区(线)建设，推进精益生产全面深化。积极开展精益供应链、精益品质和精益企业创建工作，中国南车获"全国先进生产力典范企业奖"。进一步加强总法律顾问制度建设，完善法律工作管理措施，规章制度、经济合同和重要决策审核把关率达到100%，全面完成法制工作第二个三年目标。开展"三重一大"制度建设监督检查和非公开招标采购物资配件、物资配件采购价格管理和降本增效等效能监察，管理效能进一步提升。加强内部控制、募集资金和安全管理等审计，加快审计职能转变，体现审计咨询"增值"功能。开展内控建设专项工作，建立较为完整的内控制度体系，内部控制和风险管理水平不断提高，中国南车入选上市公司内部控制指数前十强。健全安全生产标准化建设，开展隐患治理和安全检查，安全生产持续可控。加强污染治理和能源替代，大力推进清洁生产，节能减排工作扎实有效。加强网络信息安全管理及制度建设，实施总部内外网隔离工程和图文档加密系统，保障数据信息安全可控。推进总部门户系统建设和安全质量信息系统建设，逐步搭建统一的信息共享和管理平台。

【财务管理】 在国家货币政策紧缩形势下，加强资金筹措和调配力度，克服应收货款延迟滞付困难，千方百计筹措资金，发挥资金集中管理优势确保经营平稳。全年负债融资超过265亿元，开出承兑汇票181亿元，有效缓解资金压力。强化资金风险管理，规范关联交易和担保管理，加大货款回笼力度，加强与铁道部及非国铁客户沟通，积极清收应收账款，保障资金需求。研究国家相关政策，获得国家重大技术装备进口税收优惠9.87亿元，进口贴息476万元。进一步完善全面预算管理和月度滚动预算管理，强化预算执行力度，调控平衡整体经营状况。股份公司再融资发行方案获股东大会通过，正积极推进证监会相关审批工作。落实中央国有资本金预算事项，20亿元资金年内到位。完成株洲所收购襄牵公司股权工作，优化资源配置。建立资本运营平台和机制，进一步规范财务类股权投资管理和决策流程。

【人力资源工作】 加强领导班子和领导人员管理，抓好新一轮后备人才储备，开展领导力培训，推动职业经理人队伍建设科学化、制度化、规范化。株洲所丁荣军当选中国工程院院士，中国南车拥有2位院士，突出了中国南车在行业中的技术领先地位。开展首届核心人才选拔，评选出首席技术专家、技术专家、科技拔尖人才、管理专家、管理拔尖人才和技能大师、技能专家、技能拔尖人才共531人。强化培训战略导向和投入力度，开展国际化人才重点培训，实施内部企业随岗培训和校企联合培养等模式，加快培养国际化人才和高技能人才。全年完成各类国际化培训435人、后备干部培训215人次、随岗培训121人、技能人才培训350人、专项培训215人。全面推进以岗位绩效工资制为基础的薪酬分配制度改革，调动员工积极性。实施股权激励计划，激励和稳定核心骨干人才。调控用工总量，规范用工管理，形成灵活的用工机制。e-HR系统实现全面上线运行，业务支撑能力不断升级，基本实现全模块、全业务、全员应用，为更好发挥规范管理、加强管控、提升效率、支持决策的系统功能奠定良好基础。

【品牌建设】 深入宣贯以"责任"为内核的文化内涵，进一步增强员工的认同感和凝聚力。启动员工品牌行为识别BI建设工作，推动以"同一个中国南车"为核心的品牌建设工作向深层发展。开展品牌准入审核和品牌贡献率考核，品牌管理不断规范并取得良好成效。实施品牌整合传播，围绕京沪高铁开通、自主创新成果展示、再融资等重要事件，扩大品牌传播范围，提高品牌美誉度。做好重大突发事件应对工作，维护中国南车品牌形象。根据世界品牌实验室2011年发布的最新数据，中国南车品牌价值已超过170亿元人民币，品牌影响力评定为“世界性”。

【党群工作】 深入贯彻落实科学发展观，探索党建新思路和新方法。各级党组织、群团组织融入中心，服务大局，更新观念，创新方法，有力保障中国南车持续快速健康发展。坚持把创先争优活动作为加强基层党建工作、提高党建科学化水平、建设高素质党员队伍、实现企业科学发展的有力抓手和重要平台，落实中央企业“为民服务、创先争优”活动，开展创先争优献礼建党90周年等活动，推动创先争优活动向深度和广度发展。召开纪念建党90周年暨七一表彰大会，所属各企业以“两优一先”评选活动为契机，普遍开展“以争创四强党组织、争当四优共产党员”为主题的评选表彰活动，营造共谋发展、共建和谐的良好氛围。充分发挥各级党组织政治核心作用，党支部战斗堡垒作用和共产党员先锋模范作用，抓好“四好”领导班子创建活动，领导团队引领作用充分发挥。围绕生产经营重点、难点和热点，增强思想政治工作的针对性和实效性，统一员工思想认识。妥善解决历史遗留问题，化解各种矛盾纠纷，维护企业稳定。认真落实党风廉政建设责任制，贯彻《廉洁从业若干规定》，积极推进惩防体系建设，党风廉政建设和反腐败工作不断加强，得到国资委惩防体系建设检查组好评。工会积极履行四项基本职能，以目标管理为抓手，有效推进“八比八创”劳动竞赛，“三关心三保证”帮扶救助活动取得新成效，员工素质提升出现新突破。依法维护员工合法权益，极大地调动了广大员工的积极性、主动性、创造性，中国南车工会获“全国模范职工之家”称号。认真履行社会责任，连续两年获国家颁发的“最具责任感企业”称号。扎实做好定点扶贫工作，中国南车获“全国定点扶贫开发先进集体”称号，是对中国南车十年来定点扶贫工作的肯定。共青团、各协会、老干部工作等都较好地发挥了作用。

（撰稿人：周秀梅）

中国铁路通信信号集团公司

【基本概况】 2011年，中国铁路通信信号集团公司（以下简称“中国通号集团”）积极应对国家宏观经济形势的变化，努力克服“7·23”事故带来的负面影响，加强生产经营策划，积极开拓市场，基本上保持了生产经营工作的平稳运行。

2011年，中国通号集团加大结构调整推进力度，围绕以国内轨道交通控制产业为主，相关产业和海外产业为补充的发展格局，积极拓展路外、海外业务；围绕轨道交通安全控制系统研发重点，不断完善科研创新体系，保证科技创新投入，有序推进科技创新工作；为适应集团整体改制后的新形势、新挑战，不断改变集团管理粗放的局面，从市场经营、资源集中、科研开发等方面进行变革创新，管控水平逐步提高。

中国通号集团总部位于北京，成员企业主要分布在国内经济中心区域，包括京、津、沪、穗及东北、华东、西北、西南等地区的重要城市。

2011年，中国通号集团完成了以主要经营资产对中国铁路通信信号股份有限公司的出资工作，二级子企业也完成全部改制及股东变更工作。中国通号集团共分4级，除母公司外，共有二级子公司6家，三级子公司39家，四级子公司16家；分公司2家。其中，股份公司共分3级，除母公司外，共有二级子公司21家，三级子公司16家。

【主要指标】 2011年，中国通号集团实现主营业务收入114.32亿元，完成年度预算目标140.18亿元的81.55%，同口径比上年113.08亿元增长1.10%；实现利润总额118093万元，比上年同期130875万元减少9.77%，完成年度预算147149万元的80.25%。

2011年末，中国通号集团国有权益597930万元，比年初509727万元增加88203万元。其中，客观因素增加15643万元，客观因素减少12999万元。2011年中国通号集团国有资本保值增值率为116.79%。

2011年，中国通号集团资产负债率60.41%，接近铁路运输设备制造业全行业平均值，低于国资委债务风险管理重点关注线；带息负债比率为10.32%，处于铁路运输设备制造业全行业优良好值范围，负债的主要构成是生产经营性负债；速动比率为0.88，达到铁路运输设备制造业全行业平均值；总资产周转率0.72次，略高于铁路运输设备制造业全行业较低值；流动资产周转率0.96次，略高于铁路运输设备制造业全行业较差值；存货周转率1.73次；应收账款周转率3.51次，略低于铁路运输设备制造业全行业较低值。

2011年中国铁路通信信号集团公司主要经济指标

项目	2010年	2011年	比上年增长(%)
资产总额(亿元)	137.85	163.74	18.78
所有者权益(亿元)	45.73	64.83	41.77
营业收入(亿元)	114.30	115.54	1.08
利润总额(亿元)	13.66	11.81	-13.54
净利润(亿元)	11.46	9.64	-15.88
归属于母公司所有者的净利润(亿元)	10.49	8.33	-20.59
技术开发投入(亿元)	5.44	5.62	3.31
利税总额(亿元)	24.29	22.52	-7.29
应交税金总额(亿元)	10.38	11.81	13.78
全员劳动生产率(万元/人·年)	30.60	29.02	-5.16
净资产收益率(%)	28.63	15.04	减少13.59个百分点
总资产报酬率(%)	12.10	7.77	减少4.33个百分点
国有资本保值增值率(%)	133.13	116.8	减少16.33个百分点

【改革发展】 2011年，中国通号集团整体改制工作全部完成，建立起规范的公司治理结构，股东大会、董事会、监事会、经理层各司其职、各负其责、相互监督、协调运转。调整编制了公司“十二五”发展规划、2011—2013年三年滚动规划和转型升级规划，谋划发展思路。加强整章建制，制定基本管理制度17项，修订、完善其他管理制度133项，初步构建了股份公司管理制度体系。

2011年，中国通号集团认真学习中央企业“十二五”发展总体思路，综合运用预算管理和企业间项目协调等方式，加强对下属各企业的生产及经营的调控力度。各企业认真梳理生产经营各个环节，在货币资金、实物资产、物资采购、生产流转、产品销售、合同管理、工程管理、定额管理等方面都建立有效的内控机制和明确的激励约束机制。

2011年，中国通号集团党委对8家企业的领导班子进行考核测评，调整领导成员25名，其中提任18名，交流干部2名。集团总工程师到位，新设安全总监、总裁助理岗位。各企业增设安全/质量总监岗位，完善落实责任制。12家企业选配总法律顾问，进一步加强企业全面风险管理。

【重大项目】 2011年，由中国通号集团承担通信信号系统集成任务的京沪高速铁路项目正式开通运营。作为国家战略性重大交通工程，京沪高速铁路的建成对完善综合运输体系、促进东部地区经济繁荣、辐射和带动中西部发展，具有十分重大的战略意义。

2011年，中国通号集团将下属中通国华大丰公司的股权以增资方式注入北京国铁华晨公司，达到通信产业资源整合的目的；出资设立“通号国际控股有限公司”，搭建起集团海外业务发展平台。

2011年，中国通号集团承担的“十一五”国家科技支撑项目“高速列车运行控制系统关键技术及装备研制”课题基本完成规定的研究内容；“十二五”国家科技支撑项目“智能高速列车系统关键技术研究及样车研制”中的课题二“全息运行环境感知系统”和课题三“智能高速列车系统数据传输与处理平台”两个课题取得阶段成果；国家重大专项“基于TD-LTE的高速铁路宽带通信的关键技术研究与应用验证”项目按项目计划推进并取得积极成果。

【走向海外】 2011年，中国通号集团继续实施“走出去”战略，加强海外市场开拓工作。开展伊朗、蒙古、埃及、土耳其、塞尔维亚、中亚地区等国家的铁路项目的合作、投标、现场考察、交流等工作；分别在巴基斯坦、伊朗、乌兹别克斯坦、埃塞俄比亚、安哥拉、委内瑞拉等国家和地区派驻员工进行工程建设。

为加强海外经营工作，中国铁路通信信号股份有限公司出资1.2亿元成立通号国际控股有限公司，全面协调集团海外业务。2011年中国通号集团新签对外合同额约1700万美元，完成海外收入约3700万美元。其中与伊朗国家铁路公司签约TDCS承包合同，首次进入伊朗国家铁路市场。受铁道部委托参与的沙特麦加轻轨项目站后系统管理工作也圆满完成。

【重大创新】 2011年，中国通号集团科研项目通过各级审查或鉴定共28项，其中，通过国家组织的结题审查1项，通过铁道部成果鉴定、技术审查或评审10项，通过北京市住建委、中铁集团和上海铁路局组织的技术鉴定各1项，另有8项通过省(直辖市)级技术鉴定；主编及参编国家技术标准10项，主编及参与编制行业(铁道部为主)技术标准66项，编制包括产品、施工等各类企业技术标准153项。集团各企业共申请软件著作权34项，授权软件著作权36项，获得省部级以上奖项10项，其中设计院有限公司的《遂渝线无砟轨道关键技术研究与应用》获2010年度国家科技进步奖一等奖，卡斯柯公司获得2项上海市发明创造专利奖。

2011年，中国通号集团根据国资委发布的“机电设备制造业国际标准值”及相关国内行业标准值，从预算源头策划关键财务指标行业对标活动，对企业提出硬性要求，要求企业从严控制，逐步逐年改善提高。建立以经济运行主要指标与“事业目标”等相结合的综合绩效考核体系(“目标导向绩效考核”体系)，紧紧围绕集团战略和规划目标确定各企业、各事业部、各部门个性化、明确的“事业目标”，并通过上下沟通，形成协调统一的目标体系，以总目标指导分目标，以分目标保证总目标的实现。

【党建工作】 2011年，中国通号集团以纪念建党90周年为契机，深入开展创先争优活动。各级党组织围绕国家重点工程项目和安全质量、科技创新、市场开拓等重点工作，深化主题实践活动，共开展“三抓一促”、“亮身份、展作为、客专建设党旗红”等主题实践活动59项。以多种形式纪念党的生日，增强党员党性意识和岗位争先的自觉性。

开展多项理论学习，学习胡锦涛总书记在纪念建党90周年大会上的讲话，学习五中全会、六中全会决议；组织党委书记培训班，学习研讨交流在法人治理结构下党委会、董事会、经营班子协调运转的机制，规范“三重一大”议事规则和党委会议事规则。

指导各企业党的组织建设，开展企业党委工作考核工作；召开党委书记“保安全、保稳定”座谈会，要求各企业在完成中心工作的基础上，加强质量安全和职工队伍稳定工作；开展企业党代会改选换届、组织培训工作，完成改制企业党组织的建立工作；开展两节期间慰问困难党员、老党员工作，发放慰问金96000余元。

【信息化建设】 2011年是中国通号集团公司信息化建设稳健发展、努力开创新局面的一年。中国通号集团及各企业均成立信息化领导小组、管理工作组以及建设工作组，制定并发布《中国铁路通信信号股份有限公司整体信息化规划》《中国铁路通信信号股份有限公司信息化建设项目管理办法(暂行)》《中国铁路通信信号股份有限公司信息化水平评价暂行办法》和《信息管理系统产品代码编制规范(暂行)》。

2011年，中国通号集团陆续建立信息管理平台及企业门户系统、整体科研管理协同开发平台、客专项目管理系统、办公自动化系统、产品编码系统、视频会议系统和网络会议系统以及即时通讯系统，实施并完成IDC机房建设(一期)项目，为集团信息化规划的深入推进打下了坚实基础。

【履行社会责任】 2011年，中国通号集团牢固树立“诚信、共赢”的经营理念，忠实履行合同，恪守商业信用，及时足额纳税，维护投资者和债权人权益。认真落实节能减排责任，带头完成节能减排任务，建立系统的技术创新管理体系，保证技术创新的可持续性。

维护职工合法权益，加强企业民主管理。不断完善职代会制度，落实厂务公开制度。完善职工董事、职工监事管理制度，举办全系统工会干部和职工董事培训班。开展“建功‘十二五’、科学发展当先锋”等主题劳动竞赛和学技练兵活动。公司获得火车头奖章16个、火车头奖杯3个。

关心职工生活，坚持送温暖活动。2011年，全公司筹集资金418万元，慰问困难职工1465户，慰问一线职工、劳模先进6665人，离退人员3646人，农民工768人。发放金秋助学款15.6万元，帮扶困难职工子女165人，困难农民工子女5人。组织133名先进员工疗养，26名先进女职工代表参加全总“先进女职工代表进京参观学习活动”。

参与社会公益事业。积极参与国家和地方政府组织的重大活动、扶贫帮困志愿者活动。公司被深圳地铁集团授予“迎大运、保安全”保驾护航活动先进单位，深圳地铁2号线项目部被授予“突出贡献奖”。公司全体党员为玉树地震捐助的特殊党费和职工群众自发捐款修建的玉树县结古镇“玉树州特殊教育学校”初具规模。继续对口扶贫河南社旗县，较好地履行了企业社会责任。

（撰稿人：马立军）

中国铁路工程总公司

【基本概况】 中国铁路工程总公司（China Railway Engineering Corporation，缩写CREC，以下简称“中国中铁”）是集勘察设计、施工安装、房地产开发、工业制造、科研咨询、工程监理、资本经营、金融信托、资源开发和外经外贸于一体的多功能、特大型企业集团，总部设在北京。中国铁路工程总公司具有国家建设部批准的铁路工程施工总承包特级资质、公路工程施工总承包一级资质、市政公用工程施工总承包一级资质以及桥梁工程、隧道工程、公路路基工程专业承包一级资质，城市轨道交通工程专业承包资质，拥有中华人民共和国对外经济合作经营资格证书和进出口企业资格证书。2000年通过质量管理体系认证，同时获得英国皇家UKAS证书。2002年被北京市确定为高新技术企业。2003年通过环境管理体系和职业健康安全管理体系认证。2004年通过香港品质保证局质量/环保/安全综合管理体系认证，并获得国际资格证书。作为全球最大建筑工程承包商之一，2011年排名世界企业500强第95位，在中国企业500强中排名第九位，在中央企业排名第六位，在2011年世界225家最大国际承包商中排名第33位。并入围当年“全球500绿色企业”、“社会责任榜”第九位，首次入选“全球500绿色企业”。

中国铁路工程总公司的前身是1950年3月成立的铁道部工程总局和设计总局，后变更为铁道部基本建设总局。1989年7月，铁道部撤销基本建设总局，组建中国铁路工程总公司。2000年9月，与铁道部“脱钩”，整体移交中央大型企业工作委员会管理。2003年4月归属国务院国资委管理。2006年11月，成为首批国有独资企业董事会试点企业。2007年9月12日，独家发起设立中国中铁股份有限公司（以下简称中国中铁），并于2007年12月3日和12月7日，分别在上海证券交易所和香港联合交易所挂牌上市。截至2011年底，全公司共有员工29.1万人，拥有各类专业技术人才14.8万人，其中中国工程院院士3人、国家勘察设计大师4人、享受国务院特殊政府津贴的59人、国家级有突出贡献的中青年专家2人，具有高级技术职务的有14000人、高级工程师10090人。公司拥有各类执业资格人员1万多人，其中有注册建造师7300多人。

中国铁路工程总公司主要从事股权管理、非上市单位和存续资产管理，中国中铁是其经营业务的运营主体，拥有下属子、分公司40余家和其他项目机构，主要有中铁一局、二局、三局、四局、五局、六局、七局、八局、九局、十局、大桥局、隧道、电气化局、建工、航空港、上海局、港航局等17家施工企业集团；中铁二院、设计咨询、大桥院、西北院、西南院、华铁咨询等6家勘察设计科研企业；中铁山桥、宝桥、科工、装备等4家工业制造企业；中海外、中铁国际、委内瑞拉分公司、老挝分公司、印尼公司等5家国际业务公司；另有中铁置业、资源、信托、物贸、西南、南方、海西、中原、贵州、昆明、成都和建设分公司等10余家房地产、金融、投资管理公司。中铁宏达资产管理中心为中国铁路工程总公司成立的具有法人资格的全民所有制企业，负责管理学校、医院、主辅分离资产等未进入上市范围的机构和资产。

作为国家授予的全国首批“创新型企业”，中国铁路工程总公司拥有高速铁路建造技术国家重点实验室、盾构及掘进技术国家重点实验室、4个博士后科研工作站、14家经国家认可的检测实验中心、2个经国家认定的技术中心和17个省部认定的技术中心，在高原铁路、高速铁路、电气化铁路、城市轨道交通、大型桥梁及隧道、高速铁路道岔、钢结构研发生产等多个领域拥有核心技术，达到了世界先进、国内领先水平。截至2011年底，公司先后有465项科技成果通过省部级科技成果鉴定，荣获国家科技进步奖和发明奖91项(其中特等奖4项，一等奖12项)，省部级科技进步奖1252项，拥有有效国家专利1502项(其中发明专利354项)。

【主要指标】 2011年，中国中铁完成新签合同额5708亿元，其中国内完成5268.2亿元，海外完成439.8亿元；完成企业营业额5046.2亿元，其中国内完成4850.2亿元，海外完成196.4亿元。截至2011年底，中国铁路工程总公司的资产总额达4738.9亿元，同比增长19.7%。其中，流动资产3637.4亿元，同比增长20.7%，流动资产占资产总额76.76%。负债总额3878.5亿元，其中带息负债1302.4亿元。

2011年中国铁路工程总公司主要经济指标

项　目	2010年	2011年	比上年增长(%)
资产总额(亿元)	3958.8	4738.9	19.7
所有者权益(亿元)	782.3	860.4	10.0
营业收入(亿元)	4736.3	4603.0	-2.8
利润总额(亿元)	103.7	95.7	-7.7
净利润(亿元)	81.6	72.4	-11.3
归属于母公司所有者的净利润(亿元)	40.6	37.6	-7.4
技术开发投入(亿元)	91.2	98.2	7.7
利税总额(亿元)	240.0	241.5	0.6
应交税金总额(亿元)	199.4	203.9	2.3
全员劳动生产率(万元/人·年)	17.31	19.1	10.3
净资产收益率(%)	10.2	8.7	减少1.5个百分点
总资产报酬率(%)	3.6	3.1	减少0.5个百分点
国有资本保值增值率(%)	109.7	107.79	减少1.91个百分点

【改革发展】 原隶属于中海外的中国铁工建设有限公司重组并入中铁建工集团，成为其子企业。将原上海分公司代中国中铁持有的中铁南通投资建设管理有限公司的2亿元股权，通过协议方式转让给中铁上海局。按分步注销计划，截至2011年底共注销20余家四级及以下法人企业，并彻底完成七级以下法人企业注销任务。严格对各层级投资新设、收购兼并和分改子公司等审核把关工作，全年新增企业80户，其中投资新设70户，收购兼并10户。

按照中国中铁内控体系建设总体部署，对管理制度进行全面梳理，进行业务尽职调查、管理框架设计、流程图绘制及描述编写、关键控制点辨识与措施制定、重大风险识别与评估、业务流程优化、管理工作改进、内控手册编制。截至2011年底，全公司二级企业都完成内控体系发布运行工作，大部分三级企业完成内控体系建设工作。通过积极开展工程项目审计、经济责任审计、财务收支审计和管理绩效审计等各项工作，中国中铁全年增收节支19773万元，提出审计建议被采纳7515条。2011年中国中铁大力加强资金集中管理，首次将资金集中度列为领导人员业绩考核关键指标。中国中铁合并层面资金归集度达到70%，运用沉淀资金开展内部调剂213.11亿元，同比增加93.81亿元；成功发行120亿元公司债券及67亿元短期融资券，改善中国中铁债务结构。积极推进物资集中采购，累计在1943个工程项目上实施物资集中采购，总额达1215亿元，同比增长92.2%。继续推进大型设备集中采购调配，中国中铁集中采购施工设备4145台套，总额42亿元，集中采购度由上年的40.8%上升至87.7%。

【重大项目】 2011年，中国中铁完成施工产值3733亿元。参建的京沪高铁开通运营，深圳地铁5号线、广深港高铁客专广深段、太中银铁路建成通车，青藏铁路西格二线电气化工程开通运营，参建的广珠城际、张集等铁路以及青岛胶州湾跨海大桥投入使用，北京地铁5条线、15号线、西安地铁2号线等开通运营，世界最大规模水工隧洞群雅砻江锦屏二级水电站4号引水隧洞贯通，哈大客专、京石客专等一批即将开通项目按期实现节点目标，石武、杭甬、成绵乐客专和兰新、兰渝、南广铁路等项目有序推进。2011年获国家建筑工程鲁班奖8项，国家优质工程奖6项，土木工程詹天佑奖5项，火车头优质工程54项。

【走向海外】 2011年，中国中铁进一步提升海外项目的集中管理能力，加强海外项目的危机管理，创新海外工作管理模式，推动海外业务持续健康、规范有序经营，在境外设立的子、分公司已达59个，各类办事处、代表处53个，基本形成在亚洲、非洲、拉丁美洲三大区域市场，在53个国家和地区开展业务，成功签约埃塞俄比亚铁路、安哥拉市政配套和住房工程等重大项目；境外在建工程项目涉及铁路、公路、桥梁、隧道、房屋建筑、城市轨道、市政工程、农田水利、港口建设等领域。公司道岔及钢结构等产品远销到美国、韩国、新西兰、德国、加拿大、丹麦等18个国家和地区。另外，公司在境外还投资兴办有纺织厂、制药公司等，并开展房地产开发、矿产资源等业务。截至2011年底，中国中铁境外在建的工程和设计项目总数有319个，总合同额为187.6119亿美元，尚未完成的合同总额有115.1225亿美元。其中，上亿美元项目17个，500万美元以上项目208个。

2011年，中国中铁所属中海外承建的摩洛哥东西高速公路、肯尼亚机场改扩建项目顺利竣工；中铁四局、隧道、建工集团等单位承建的安哥拉社会住房项目、伊朗德黑兰北部高速公路、阿尔及利亚体育场、坦桑尼亚达市独立大厦等项目进展顺利。中铁建工还在坦桑尼亚蝉联了“坦桑尼亚最佳外资承包商奖”。

【重大创新】 2011年，全公司组织评审科研成果120项，通过省部级科技成果鉴定（评审）45项；授权专利519项，其中发明专利146项；获国家级工法38项，省部级工法99项。全年获国家科技进步奖5项，获中国施工企业管理协会科学技术奖53项（其中特等奖4项，一等奖26项）、中国铁道学会科学技术奖54项、中国公路学会科学技术奖8项。通过国家级工法评审38项，新增国家级认定企业技术中心2个，新增博士后工作站2个，获国家优秀工程勘察设计奖11项。高速铁路建造技术国家工程实验室顺利完成法人注册，盾构与掘进技术国家重点实验室成功通过可行性建设论证；中铁盾构郑州研发制造基地建成投产，已有30台自主品牌盾构设备进入地铁和市政施工，实现安全掘进8万米，创造了单护盾TBM月掘进1868米的世界纪录，并实现产品海外市场零突破。首次组织完成了客运专线无砟道岔的研制，并在沪杭、京沪高速铁路铺设；研制的硬岩盾构成功应用于重庆轨道交通建设项目，填补了硬岩特性与软岩盾构为一体的整机技术国内空白；中国中铁自主研发的《土质下穿隧道超大直径管幕施工方法》获国家发明专利，该技术首次应用在国内下穿既有线隧道、软土质隧道施工领域，填补国内该领域施工技术空白。

【党建工作】 认真贯彻中央和国资委党委的部署，紧密围绕“练内功、打基础、强管理、创一流”的中心工作，以“创先争优”活动为主题，扎实推进“百千万创先争优示范工程”活动，指导各级党组织创造性地开展了各具特色的主题实践、党工共建、党团共建活动，公司党委先后对18个二级单位、60多个项目部的创先争优活动情况进行调研，总结推广项目党建标准化、“双标共建”、“五小”工作法等一批经验，召开庆祝建党90周年暨创先争优活动经验交流表彰大会，选树表彰78个基层示范党委、152个示范党支部、243名党员示范岗。明确提出创建学习型、创新型、高效型、服务型、清廉型机关的目标，取得了明显成效，对所属二、三级企业机关党的建设作出部署，对“为民服务，创先争优”活动作安排，推动机关党的建设不断深化。公司党委积极探索提高党建工作科学化水平的新途径，研究制定推行项目党建标准化管理、加强和改进海外项目党建思想政治工作等制度，构建以项目党建、机关党建、海外党建、农民工党建、党群共建为内容的中国中铁党建工作新格局，受到了李源潮、王勇等中央和国资委领导的充分肯定。

公司党委总结的《在创先争优中提高基层党建科学化水平》《创建“百千万”示范工程，深入推进创先争优活动》的经验分别在《人民日报》和《求是》杂志上刊载。中铁一局窦铁成获中央表彰的“全国优秀共产党员”、中铁电气化局二公司党委获“全国先进基层党组织”、中铁二局四公司党委书记张文杰获“全国优秀党务工作者”称号。

【信息化建设】 2011年，股份公司全面落实国资委信息化建设总体要求和股份公司“十二五”信息化规划，着力推进信息化建设与业务管理的深度融合。一是进一步完善信息化管理制度，落实《信息化项目管理办法》，协调各业务信息系统建设；二是优化IT基础架构，加快正版软件培训使用，提高企业专网的承载能力和运行质量，积极推进“五统一”信息化基础平台的部署应用；三是实现信息化登高目标，股份公司在国资委信息化考核评价中达B级水平，同时通过积极开展内部信息化绩效考核工作，均衡提升各级单位信息化应用水平；四是加强对所属企业信息化工作指导，保障所属企业顺利通过施工企业特级资质信息化考评。

【履行社会责任】 中国中铁切实践行“建造精品、改善民生”的神圣使命，积极承担社会责任，在拉动经济、促进就业、环境保护、抢险救灾、公益事业等方面作出了重要贡献，2011年荣获“中央企业优秀社会责任实践成果奖”。2011年是中国中铁响应党和国家扶贫号召，定点帮扶湖南省桂东和汝城两个贫困县的第十年。公司坚持“科技扶贫，教育扶贫”，选送第八批扶贫干部到两个贫困县，全年投入188万元，启动并完成了8个扶贫项目，为当地的发展作出贡献。由于教育扶贫成绩显著，公司被中国扶贫基金协会授予“2011年度公益大使奖”。中国中铁秉承节约能源、减少排放的宗旨，完善三大体系，严格贯彻执行能源管理体系标准要求，把建立资源节约型、环境友好型企业作为目标，把工程项目节能减排作为降低成本、提高效益的重要途径，加强能源消耗的过程管理和控制，实现工程项目精细化管理；加大经费投入和研发力度，大力开展节能减排技术攻关和技术改造，推广应用先进节能减排技术和产品。2011年，公司被国务院国资委授予“‘十一五’节能减排优秀企业”称号。

在青海玉树灾后重建工作中，中国中铁承担结古镇城南片区的恢复重建任务。主要包括城乡居民住房建设、公共服务设施建设、基础设施建设等三大类，共计60余个大项，100余个子项、170余个单体，重建总投资额为43.75亿元。公司以“开工必先，全程领先”为指导思想，广大员工克服重重困难，高质量施工，创造了四天一层楼的灾后重建玉树速度、玉树奇迹。2011年，公司在全面加快施工进度的同时，把确保居民入住置于首位，优化资源配置，加大施工力量，累计投入各类人员3800人，机械设备243台(套)。2011年，中国中铁承建的青海玉树藏族自治州玉树县第二完全小学完工，该工程是玉树震后重建的首所交付使用的学校。

中国中铁每年通过接收大中专毕业生、接收转业军人、通过人才市场引进人才等形式，为社会创造和提供大量新的岗位。2011年，公司建立与驻地公安、维稳部门、社保部门的沟通协调机制，认真做好军转干部解困政策的落实和企业军转干部信访反映问题的解决。公司在国内基建投资大幅紧缩、铁路工程项目调整和资金压力较大的情况下，充分展示央企的社会责任，为150万农民工提供了就业机会，启动预防和解决拖欠农民工工资工作的长效机制，通过各种渠道积极筹措32亿元资金，全力解决因政策等因素引起的农民工工资拖欠问题，取得了良好的效果。2011年，公司广泛开展农民工志愿服务活动，在国资委召开的中央企业农民工工作视频会议上，白中仁总裁交流了中国中铁加强农民工工作的经验，受到国资委领导充分肯定。2011年3月26日《经济日报》全文刊登李长进董事长的署名文章《全面推进“五同”管理，切实加强农民工思想政治工作》。2011年4月，中国中铁加强农民工“五同”管理的案例，被中组部写入“全国基层党组织加强社会管理集中轮训教材”。在中央文明办关爱农民工活动启动仪式上，巨晓林作了大会发言。

(撰稿人：谭风华、唐艳静)

中国铁建股份有限公司

【基本概况】 中国铁建股份有限公司(以下简称“中国铁建”，英文简称“CRCC”)的前身为组建于1948年7月的中国人民解放军铁道兵，1984年集体转业并入铁道部，改称铁道部工程指挥部；1989年成立中国铁道建筑总公司，2000年9月28日与铁道部脱钩，先后划归中央企业工作委员会和国务院国有资产管理委员会管理；2007年11月5日，由中国铁道建筑总公司独家发起成立中国铁建股份有限公司，于2008年3月10日、13日分别在上海证券交易所和香港联合证券交易所成功上市。

中国铁建下辖中国土木工程集团有限公司，中国铁建十一至二十五局集团有限公司，中铁建设集团有限公司，中国铁建电气化局集团有限公司，中国铁建港航局集团有限公司，中国铁建房地产集团有限公司，中铁第一、第四、第五勘察设计院和上海设计院集团有限公司，中铁物资集团有限公司，昆明中铁大型养路机械集团有限公司，中国铁建重工集团有限公司，北京铁城建设监理有限责任公司，中国铁建投资有限公司，中国铁建财务有限公司，中铁建中非建设有限公司，中国铁建（加勒比）有限公司，中国铁道建设（香港）有限公司，诚合保险经纪有限责任公司，中铁建（北京）商务管理有限公司，北京培训中心 36 家二级子公司和单位。截至 2011 年底，在岗员工 241621 人。其中，管理人员 43571 人，占 18.03%；专业技术人员 95275 人，占 39.43%；技能人才 104257 人，占 43.15%。拥有工程院院士 1 名、国家勘察设计大师 6 名、享受国务院特殊津贴的专家 199 名。资产总额 4229.83 亿元，比 2010 年增长 20.76%。主要机械动力设备 86754 台（套），总功率 763 万千瓦，技术装备率 9.24 万元/人，动力装备率 29.37 千瓦/人。业务涵盖工程建筑、房地产、特许经营、工业制造、物资物流、矿产资源及金融保险等，已经从以工程承包为主发展成为具有科研、规划、勘察、设计、施工、监理、维护、运营和投融资的完善的行业产业链，具备了为业主提供一站式综合服务的能力。并在高原铁路、高速铁路、高速公路、桥梁、隧道和城市轨道交通工程设计及铁路大型养路装备领域确立了行业领导地位。兵改工以来，在工程承包、勘察设计等领域获得国家级奖项 446 项。其中，国家科技进步奖 61 项；国家勘察设计“四优”奖 101 项；中国土木工程詹天佑奖 50 项；中国建设工程鲁班奖 81 项；国家优质工程奖 156 项。

中国铁建经营范围遍及除台湾地区以外的 31 个省、直辖市、自治区，香港、澳门特别行政区，以及世界 40 多个国家和地区，是中国乃至全球最具实力、最具规模的特大型综合建设集团之一。连续 6 年入选“世界企业 500 强”，2011 年排名第 105 位；连续 14 年入选“全球 225 家最大承包商”，2011 年继续保持第一位；连续 7 年入选“中国企业 500 强”，2011 年排名第七位。年内被评为海外最具品牌影响力的中国上市公司和“十二五”期间最具投资价值的上市公司。

【主要指标】

1. 市场开发成效显著。2011 年，中国铁建新签合同总额 6811.8 亿元，完成年度新签合同额计划的 123.8%。其中，新签铁路外合同 5438.2 亿元，同比增长 73.5%；新签海外合同 760.3 亿元，同比增长 193.4%。受中国铁路建设市场大幅萎缩的影响，中国铁建铁路工程新签合同大幅减少，年内铁路新签合同 1373.6 亿元，比 2010 年减少 68.3%。除铁路工程外，其他工程类别新签合同均保持不同程度的增长，为中国铁建保持经营规模稳定提供了有力支撑。其中，房屋建筑工程新签合同 1636.3 亿元，同比增长 208.4%；公路工程新签合同 1081.8 亿元，同比增长 14.9%；城市轨道工程新签合同 429.7 亿元，同比增长 8.4%；市政工程新签合同 563.7 亿元，同比增长 77.3%；水利电力工程新签合同 312.7 亿元，同比增长 165.6%。

2. 经济运行质量明显提升。2011 年，中国铁建实现营业收入 4573.66 亿元，比 2010 年减少 2.72%。其中，工程承包业务实现营业收入 4075.41 亿元，占营业收入总额的 86.64%；海外业务实现营业收入 171.99 亿元，占营业收入总额的 3.76%。实现净利润 78.82 亿元，比 2010 年增长 82.58%，效益水平再创历史新高。

3. 转型升级取得重大进展。2011 年，中国铁建非工程承包业务新签合同额 938.6 亿元，完成营业收入 628.4 亿元，实现净利润 32.5 亿元，占比分别达到 13.8%、13.4%和 39.9%，成为中国铁建重要的经济支撑。其中，勘察设计咨询业务新签合同 75.89 亿元，完成营业收入 74.64 亿元，实现利润 9.79 亿元；工业制造业务新签合同 119.68 亿元，完成营业收入 89.15 亿元，实现利润 5.77 亿元；房地产业务新签合同 140.77 亿元，完成营业收入 135.38 亿元；物流与物资贸易业务新签合同 577.19 亿元，完成营业收入 311.86 亿元。

4. 资产总额稳步提升。2011 年，中国铁建资产总额 4229.83 亿元，比 2010 年增长 20.76%。其中，货币资金 830.58 亿元，占资产总额的 19.64%，比 2010 年增长 27.38%。

2011年中国铁建股份有限公司主要经济指标

项　目	2010年	2011年	比上年增长(%)
资产总额(亿元)	3501.94	4229.83	20.76
所有者权益(亿元)	582.31	657.19	12.86
营业收入(亿元)	4701.59	4573.66	−2.72
利润总额(亿元)	60.89	100.56	65.15
净利润(亿元)	43.17	78.82	82.58
归属于母公司所有者的净利润(亿元)	42.46	78.54	84.97
技术开发投入(亿元)	88.29	85.95	−2.65
利税总额(亿元)	227.93	289.00	26.79
应缴税金总额(亿元)	167.04	188.44	12.81
加权平均净资产收益率(%)	7.85	12.98	增加5.13个百分点
总资产报酬率(%)	2.30	3.42	增加1.12个百分点
国有资本保值增值率(%)	96.90	110.8	增加13.9个百分点

【改革发展】

1. 公司治理机制持续完善。2011年,中国铁建严格按照相关法律法规和公司章程,认真履行相关审批程序,顺利完成公司董事会、监事会换届选举工作,重新聘任经理层,同时规范二级企业董事会、监事会的配备,研究批复21家单位75名董事、监事人选的调整意见。制定《中国铁建股份有限公司关联方资金往来管理制度》《中国铁建股份有限公司内部控制与全面风险管理办法(暂行)》,修订完善《中国铁建股份有限公司章程》《中国铁建股份有限公司董事会秘书工作制度》《中国铁建股份有限公司内幕信息知情人管理制度》等规章制度。严格按照各上市地上市规则的规定,及时、准确、完整地进行信息披露,不断改善投资者关系,提升信息披露水平,使公司所有股东和投资者能够在公开、公平、真实、准确的基础上获取公司的信息,公司透明度不断提高。

2. 经营工作成效显著。面对严峻的经营环境,及时调整经营思路,提出"市场经营以路外为主,铁路经营以补差索赔为主,突出保障房市场开发"的工作方针,先后与20多个省市和大型企业集团签订战略合作框架协议,与美国、匈牙利、格鲁吉亚、尼日利亚、伊朗等20多个国家和地区的代表团进行洽谈、沟通,为经营工作创造条件。全力开发铁路外市场,大力开展股份公司本级经营,新成立的川渝、云贵、山东、上海四个区域经营管理平台积极开展工作。

3. 战略性结构调整成效凸显。一是进一步完善产业链。成立中国铁建投资有限公司,将股份公司投资的项目纳入统一管理,优化投资结构,提高管理效率。组建中国铁建港航局集团有限公司,弥补在水工市场的经营短板。成立中国铁建财务有限公司,搭建专业化融资平台,提升资金运作能力和管理水平,开创产融结合的新路子。二是加快发展非工程承包板块。设计咨询板块继续保持稳步增长,各设计院克服铁路市场急剧下滑带来的困难,迅速转向路外和海外市场。工业制造板块取得长足进步。昆明中铁大型养路机械集团有限公司的大型铁路养护系列产品不断推陈出新,牢牢占据市场制高点。中国铁建重工集团有限公司的盾构高端设备生产达到国内领先水平,已生产28台(套),成功应用于西安、北京、长沙等地铁市场。房地产板块实现新跨越。在国家调控政策不断深入、房地产市场不景气的情况下,中国铁建房地产业务逆势而上,品牌深入人心,规模逐步扩大。物流贸易发展规模得到提升,经营范围涵盖钢材、水泥、铁路线上材料、民爆器材、油料、煤炭等领域。中铁物资集团有限公司在中国物流企业50强排名中上升至第五位。矿产资源开发稳步推进。厄瓜多尔铜矿项目,加强与铜陵有色的沟通,配强项目公司人员,各项工作有序推进。

4. 资本经营积极稳妥开展。始终坚持生产经营和资本经营双轮驱动、协调发展,注重优选项目、加强管理、提升效益。一是加大新项目开发力度。年内成功运作昆明禄大公路、九宜公路、扬州瘦西湖隧道、昆明外环东路、湛江东海岛开发、福建南安石井港开发等10个BT、BOT项目,特别是湛江东海岛开发项目,有力带动水工市场的发展,在区域性综合投资项目运作等方面进行有益探索。二是加强投资项目监管和运营管理。中国铁建投资有限公司和各项目公司认真履行职责,把握投融资和施工建设节奏,注重加强运营管理，确保投资项目有序推进、有效运转。三是注重以小投资撬动大市场。昆明二环路BT项目和遂渝高速公路BOT项目的成功实施，为开拓云南和重庆市场发挥重要作用，全系统在云南和重庆的轨道交通、市政、房建市场份额大幅提升。

【企业管理】

1. 在建工程和项目管理。所属单位按照股份公司要求，及时掌握重点工程调整情况，对在建项目进行全面梳理，调整施工计划，优化施工组织。对于资金保证项目，适度超前安排，安全快速推进，确保资金回笼和工期兑现；对于资金不足项目，稳妥安排后续工作。中国铁建十二、十九局集团公司大西铁路，中国铁建十六局集团公司贵广铁路等一大批项目，深入推进标准化建设，管理规范，组织有力，受到业主好评。在铁道部信誉评价中，中国铁建十一、十二、十七、十九局集团公司进入A类行列。

2. 安全质量管理。2011年，中国铁建始终坚持"安全第一，预防为主，综合治理"的安全生产方针和"质量取胜，以质创誉"的质量管理理念，深入开展大检查、大排查、大整改和安全质量月活动，认真落实安全质量责任制，不断健全群防群治的安全质量管理体系，加强安全质量过程控制，各类生产安全事故大幅减少，质量创优成果丰硕，安全质量形势总体平稳。年内，50个质量管理小组获全国工程建设优秀质量管理小组奖，6家企业被评为全国工程建设质量管理小组活动优秀企业；获中国工程建设鲁班奖7项，国家优质工程奖15项。

3. 精益化管理。深化银企合作，拓宽融资渠道，发行中期票据和短期融资券，确保资金需求。强力推行集中管控，各级资金管理中心"蓄水池"作用得到有效发挥，设备物资集中管理初见成效，保险和机票集中采购效果显现。

4. 内部控制与风险管理。注重内部控制与风险管理机制的建立与完善，保证企业健康、可持续发展。横向方面，股份公司总部确立董事会、经理层、职能部门、业务部门、监督部门各司其职、四位一体的"4＋1"内控与风险管理体系；纵向层面，确立"股份公司总部—集团公司—工程公司—指挥部(项目部)"四级内控风险管理架构。各个层级、各个部门根据不同的管控模式和业务特点，各司其职，分工协作，上下贯通，有效保证中国铁建内控和风险管理工作的顺利开展。

5. 资质管理。2011年，中铁建设集团有限公司通过全国首批房屋建筑新特级资质评审，成为全国首家取得房屋建筑总承包特级资质和设计专业甲级资质的企业；8家单位的铁路特级资质申报材料通过复审。

6. 法规体系建设。坚持依法经营、依法决策、合规管理，建立以总法律顾问制度为核心的法律风险防范组织体系，树立"法制央企"良好形象。2011年审核经济合同158份、规章制度29个、重大决策24项、授权书28份。

7. 审计监督。按照"督导制度措施落实，严格经营绩效问责，保证资金安全，促进精益化管理和结构调整"的工作方针，深入开展内部控制审计、经济责任审计、经营绩效审计、工程项目审计和企业基建项目审计，促进企业经济质量运行有效提升。2011年完成审计项目2667项，提交审计报告2229份，提出整改建议10062条。

8. 二级企业管理。2011年制定下发《企业领导人员管理暂行办法》，明确所属企业领导人员培养、选拔、使用及奖惩的管理机制；下发《关于所属二级公司董事会、监事会人员配备有关问题的通知》，规范所属企业董事会、监事会人员的配备，保证所属单位法人治理结构的正常运转。

【科技创新】 2011年，中国铁建大力推进"科技兴企"战略，注重科技和创新环境的打造、创新观念的引导、充足资金的支持和有效制度的保障。

1. 加大科技创新平台建设。中国铁建十二局集团有限公司技术中心通过国家级企业技术中心认定，实现中国铁建国家级创新平台零的突破；成立北京轨道建筑学会，该学会为中国铁道建筑总公司直接管理的学术性社团组织；主持的"大直径全断面隧道掘进装备及重大工程机械装备"首次列入国家"863"计划；中铁第一勘察设计院集团有限公司陕西省铁道及地下交通工程重点实验室通过认定，获得政府资助经费50万元。

2. 持续提升科技水平。依托重点项目和前沿领域，围绕工程建设和工业制造，积极开展科研攻关和技术创新。全年科技投入84.72亿元，列入国家重大科研项目3项，新增省部级科研项目22项。

3. 科技成果显著。参建的安徽铜陵至黄山高速公路、青藏铁路那曲物流中心、武汉至广州高速铁路武汉站、武汉至广州高速铁路浏阳河隧道4项工程获2011年度中国土木工程詹天佑奖。全年获国家科技进步二等奖2项，省部级科技进步奖126项，全国优秀工程勘察设计奖3项，全国优秀工程勘察设计行业奖8项，中国建筑学会优秀建筑结构设计奖1项，省部级勘察设计奖71项，发明专利57项，国家级工法42项。

【工程创优】 2011年，中国铁建注重新技术、新工艺、新设备的采用，不断加大安全质量投入力度，提高工程创优能力，实现企业本质安全。全年创火车头优质工程54项、中国电力优质工程6项、国家优质工程25项。其中，新建北京至天津城际轨道交通、新建武汉北编组站、合武铁路大别山隧道、沈阳地铁1号线、哈尔滨市道外二十道街松花江大桥及引道工程、常州高架道路一期工程、杭州湾跨海大桥、天津滨海新区海河开启桥、沪蓉西高速公路支井河特大桥、上海保利广场10项工程获2010—2011年度中国建设工程鲁班奖；大唐国际发电股份公司胜利东二号露天煤矿一期工程、国道(GZ40)云南新街至河口高速公路工程获2011年度国家优质工程金质奖，13项工程获2011年度国家优质工程银质奖。

【国内工程施工】 2011年，中国铁建完成施工产值3932.1亿元。5000万元以上的在建工程2311项，在建重点工程29项。全年承建桥梁10959座6441公里，完成4343公里；承建隧道3176座5967公里，完成3477公里。6月30日，京沪高速铁路正式开通运营，创造486.1公里的世界高速铁路运营试验时速最高纪录，成为中国高速铁路建设新的里程碑。广深港铁路客运专线狮子洋隧道继左线2010年12月8日实现江中对接后，右线于2011年3月16日完成盾构机对接。8月30日，中国铁建和贵阳市政府合作建设的BT项目——贵阳北二环路工程建成通车。中国铁建投资兴建的重庆鱼洞长江大桥8月13日正式通车。6月30日，全长36.48公里的青岛胶州湾大桥建成通车。被铁道部列为一级风险隧道的六沾铁路复线乌蒙山1号隧道于6月29日贯通。全长6.17公里的青岛胶州湾隧道4月28日贯通，6月30日正式通车。西安北站是一座集铁路、公路、城市交通于一体的现代化大型铁路客运车站，1月11日正式投入运营。太中银铁路、长吉城际铁路、广珠城际铁路、青藏线西宁至格尔木增建二线电气化铁路年内相继建成通车。锦屏二级水电站1—4号洞贯通。

【海外工程施工】 2011年，中国铁建面对严峻的海外市场形势，坚定不移地实施“走出去”战略，完善经营布局、优化资源配置、加大协调力度，海外经营取得重大突破。全年新签海外工程合同118项，合同额760.3亿元，占新签合同总额的11.16%；实现营业收入171.99亿元，占营业收入总额的3.76%。2011年内，沙特阿卜杜拉国王大道、阿尔及利亚94公里铁路、苏丹杜威姆大桥、安哥拉本格拉铁路(万博段)等一批重难点项目建成通车；沙特麦加轻轨铁路2011年朝觐运营任务圆满完成，采用全自动模式累计运送朝觐人员322.4万人次，超过每小时7.2万人的设计最大运能，受到沙特社会各界、世界各地朝觐者和国内外媒体的广泛赞誉，得到中央领导和国资委、商务部、外交部、铁道部等有关部委领导的充分肯定，为变更索赔工作奠定了坚实基础；中国铁建十八局集团公司承建的沙特朱拜尔石油管道基础项目，获得安全生产和最佳项目经理等多项大奖，成为沙特皇家委员会唯一授此殊荣的建筑企业；利比亚铁路项目，在局势紧张、形势危急的情况下，安全撤回参建人员，妥善做好资产保全，受到国资委的表扬。中国土木工程集团公司签约乍得铁路和埃塞俄比亚铁路项目；阿尔及利亚东西高速公路补充合同谈判取得重大突破，第一期批复3.76亿美元。截至2011年底，中国铁建在建海外工程283项，合同额2022.08亿元。在建主要工程：安哥拉社会住房项目和本格拉铁路大修工程，土耳其安卡拉—伊斯坦布尔高速铁路二期工程，沙特麦加地铁(南线)、南北铁路、200所学校、麦麦高速铁路工程，尼日利亚铁路现代化工程和阿布贾城市铁路、达迈高速公路工程，阿尔及利亚55公里铁路、东西高速西标段w8标段工程，格鲁吉亚第比利斯绕城铁路、格鲁吉亚铁路现代化设计施工工程，科威特别墅和公用建筑工程，印度Mandi医药大学工程，坦桑尼亚松—马—卡公路改建工程。

【海外市场开发】 2011年，中国铁建以交通和基础设施工程建设为先导，进行海外市场局部的调整与优化，提高海外自营能力，保持海外市场的平稳快速发展。2011年，密切跟踪斯里兰卡库鲁内格勒至巴哈拉纳铁路项目，特立尼达和多巴哥机场管理局、阿瑞玛医院、福廷角医院项目，卡塔尔公路、铁路项目，沙特达曼铁路、大陆桥项目，几内亚清表及营地项目。

【房地产开发】 2011年，中国铁建房地产开发业务在国家调控政策走向深入、市场不景气的情况下，逆势而上，“中国铁建国际城”、“中国铁建山语城”等品牌深入人心，初步形成合理的区域布局和比较丰富的战略纵深。中国铁建全年完成房地产开发投资270亿元，其中企业自有资金投入165亿元，分别完成计划的65%和96%。中国铁建房地产集团有限公司(以下简称“中铁地产”)完成房地产开发投资196亿元，其中企业自有资金投入112亿元，分别完成计划的64%和140%。截至年底，中国铁建分别在北京、天津、广州、杭州、重庆、西安、长沙、贵阳、南宁、成都、合肥、长春、济南、厦门、宁波、株洲、临沂、泰安、梧州等30个城市获得房地产开发项目59项，建设用地总面积724万平方米，规划总建筑面积2346万平方米。其中，中铁地产建设用地总面积487万平方米，规划总建筑面积1590万平方米。2011年有36个项目在24个城市销售，销售面积178万平方米，销售金额146.5亿元，实现营业收入135.38亿元。中铁地产开发的南宁中国铁建·凤岭山语城被评为2011年南宁住宅建筑新地标。

【工业制造】 2011年，中国铁建工业制造业务完成企业总产值69.3亿元，占年度计划的80.4%；新签合同额74.3亿元，占年度计划的92.1%；实现营业收入62.5亿元，占年度计划的78.4%。其中，昆明中铁大型养路机械集团有限公司完成产值35亿元，新签合同额25亿元，实现营业收入28.8亿元；中国铁建重工集团有限公司完成产值22亿元，新签合同额38.6亿元，实现营业收入23.2亿元。完成道岔清筛机、桥梁检查车、轨道吸污车和恒张力放线车4种新产品的样机试制；高效清筛机、连续式正线道岔捣固稳定车的设计方案通过铁道部评审；除雪轨道车项目正式启动，完成除雪装置、破冰装置初步方案设计；TBM研发项目被列入国家“863”计划，预切槽隧道施工装备关键技术研究获国家科技计划支持；土压平衡盾构机具有自主知识产权，已生产23台，其中16台成功应用于施工一线，贯通11个盾构区间，累计掘进里程15公里；开发道岔新产品50余项，高锰钢辙叉新品种10个。

【党建工作】

1. 创先争优活动。深入贯彻落实十七届五中全会精神，对创先争优活动进行再动员再部署，通过领导干部点评、群众评议、检查督促等多种手段，推动创先争优活动健康持续有序开展，受到国资委党委和中央企业创先争优活动领导小组的充分肯定。

2. 领导班子建设。深入开展创建“四好领导班子”活动，建立和完善领导人员任用、管理的系列制度，及时调整、提拔26个单位的99名领导人员，领导班子的结构得到优化，素质得到提升。

3. 宣传思想文化工作。强化学习型党组织建设，理论武装工程取得新进展。大力开展“学习规划明任务，转型升级谋发展”和“坚定信念跟党走，奉献铁建争先锋”等主题教育活动，思想政治工作有效开展。通过选树、宣传“党员先锋”、“十佳道德模范”等活动，大力推进精神文明建设。举办“践行企业价值观，提升发展软实力”巡回演讲活动，传播优秀文化，凝聚职工力量。利用京沪高速铁路通车、利比亚大撤离等重大事件和题材，展开立体宣传，提升品牌影响力。在中央主流媒体推出8个叫得响、影响大的先进典型，在国资委召开的有关会议上4次介绍经验，得到中宣部、国资委的充分肯定。

4. 反腐倡廉工作。2011年围绕重大决策、项目管理、投资管理、招标采购等重点部位和关键环节，出台相关制度30余项，新建反腐倡廉制度132项、修订完善281项；开展警示教育950场次，69277人次接受教育；对8264个在建项目的资金管理、物资设备招标采购、责任成本管理、合同管理、安全质量管理等方面进行监督检查。

【信息化建设】 2011年，中国铁建信息化工作以“全面建设年”为主题，紧紧把握信息化支撑业务发展的战略思想，全面加强信息化管理基础工作，认真贯彻落实《中国铁建“十二五”信息化规划》，“五纵四横”

九大应用平台基本形成。中国铁建人力资源管理系统进一步优化,业务功能建设逐步展开;总部机关费用预算与报账系统建成投入应用;电子商务平台基本建成,股份公司设备集中招标采购、物资集采供应商管理等业务上线试运行;统一管理支持平台逐步展开建设,其中法律合规管理系统实现阶段性目标、外事管理系统基本建成;总部机关协同办公系统正式投入应用。各业务板块信息化进程不断深入,项目管理系统全面启动,房地产、资本运营、工程监理业务信息化基本建成;工业制造 ERP 项目取得突破,中国铁建财务有限公司经营业务管理系统一次性建成并通过审查验收;企业应用中心进一步优化与完善,中国铁建特色的信息化道路向前再迈进一步。

加强信息化治理体系建设。建立中国铁建信息化标准体系和信息化绩效评价体系,开展信息网络规划和信息安全建设;加强业务培训,51 人通过"企业信息管理师国家职业资格"认证。中国铁建信息化水平在中央企业的排名由 68 位跃升至 37 位,行业排名上升至第二位;在国资委中央企业网站绩效评估中,股份公司网站排名第四位,行业排名第一位。

【履行社会责任】 中国铁建坚持依法经营、依法决策、合规管理,在企业快速发展的同时,积极参与和支持社会公益事业,树立中央企业的良好形象,努力成为优秀的企业公民。

1. 吸纳社会就业。2011 年,中国铁建在国内不断提供就业机会,全年接收高校毕业生 15075 人,生产一线吸纳农民工近 200 万人;在海外坚持属地化原则,在 48 个国家和地区直接招用外籍劳务 2.4 万人,劳务属地化比例 67%,有效解决当地就业问题,并促进当地的经济发展。

2. 多样化参与助力公益事业。2011 年,中国铁建按照国务院扶贫办公室、国资委的扶贫要求,继续对河北省尚义、万全两县以及新疆阿尔泰市进行定点扶贫。全年投入 130 余万元帮助尚义、万全两县居民改善生活条件;捐助 120 万元帮助阿尔泰市当地政府应对自然灾害,保障农牧生产。"金秋助学"活动继续开展,全年资助困难及受灾职工子女 2697 人,发放助学资金 420.96 万元;救助困难农民工子女 193 人,发放助学资金 21.45 万元。

3. 玉树灾后重建。中国铁建承担青海省玉树州结古镇城东片区和仲达乡灾后援建任务 137 项,总建筑面积 71.39 万平方米,计划投资 20.65 亿元,其中 108 项由中国铁建设计施工。截至 2011 年底,累计开工 104 项,完成建筑面积 65.04 万平方米。

4. 节能减排。认真贯彻落实国家节能减排政策,把节能减排作为企业转变发展方式、优化产业和产品结构、履行社会责任的重要手段,以构建资源节约型、环境友好型企业为目标,切实加强领导,健全节能减排组织管理体系;务实基础,健全节能减排统计监测体系;强化管理,健全节能减排规章制度;结合 2011 年全国节能宣传周活动,加大对国家节能减排政策宣传力度,扎实推进节能减排各项管理工作的开展。2011 年公司非工业企业万元营业收入综合能耗同比下降 3.38%,较好完成企业节能减排工作目标。

(撰稿人:杨启燕)

中国交通建设集团有限公司

【基本概况】 中国交通建设集团有限公司(以下简称"中交集团")是世界 500 强企业,主要从事港口、码头、航道、公路、桥梁、铁路、隧道、市政和房地产开发等基础设施建设,是中国第一家成功实现境外整体上市的特大型国有基建企业。截至 2011 年底,中交集团资产总额达到 3725 亿元,年营业收入 2971 亿元。2011 年,中交集团跻身世界 500 强第 211 位,比上年提升 13 位;位居 ENR 全球最大 225 家国际承包商第 11 位,连续 5 年位居中国上榜企业第一名;在全球最大 150 家设计企业排名中,中交集团位列第 17 位,位居中国上榜企业第一名;被科技部确定为国家级创新型企业,被美国《机构投资者》杂志评为亚洲最佳行业上市公司;连续 6 年获评国资委经营业绩考核 A 级企业。

中交集团拥有 48 家全资、控股子公司,业务足迹遍及世界 100 多个国家和地区,是中国最大的港口设计及建设企业,设计承建了建国以来绝大多数沿海大中型港口码头；世界领先的路桥设计及建设企业，参与了国内众多高等级主干线公路建设；世界第一疏浚企业，拥有中国最大的疏浚船队，耙吸船总舱容量和绞吸船总装机功率均排名世界第一；全球最大的集装箱起重机制造商，集装箱起重机业务占世界市场份额的75%以上，产品出口82个国家和地区近200个港口；中国最大的国际工程承包商，连年入选美国ENR世界最大225家国际承包商，CCCC、CHEC、CRBC、ZPMC品牌享誉全球；中国铁路建设的主力军，先后参与了武合铁路、太中银铁路、哈大客专、京沪高铁、沪宁城际、石武客专等多个国家重点铁路项目的设计和施工。集团创造了诸多世界"之最"工程，苏通长江大桥、杭州湾跨海大桥、上海洋山深水港，以及正在实施的港珠澳大桥等工程，不仅代表了中国最高水平，也反映了世界最高水平。

【主要指标】 2011年，中交集团新签合同额4838亿元，同比增长13.7%；完成营业收入2971亿元，同比增长8.56%；实现利润总额147.2亿元，同比增长22%。

截至2011年底，中交集团在册职工101257人，在岗职工95350人。在岗职工中，经营管理人员28992人，专业技术人员38837人，技能人员17237人，其他人员10284人；在岗职工中，研究生学历人员4971人，其中获得博士学位人员257人，本科学历人员41766人，大专学历人员19521人，中专学历人员8270人；高级职称9110人，其中取得正高级职称人员689人，中级职称人员18785人，初级职称人员27310人。

2011年中国交通建设集团有限公司主要经济指标

项　目	2010年	2011年	比上年增长(%)
资产总额(亿元)	3165.12	3724.52	17.67
所有者权益(亿元)	800.72	896.29	11.94
营业收入(亿元)	2736.95	2971.24	8.56
利润总额(亿元)	120.69	147.24	22.00
净利润(亿元)	95.76	116.20	21.35
归属于母公司所有者的净利润(亿元)	67.44	78.91	17.01
技术开发投入(亿元)	25.95	32.73	26.13
全员劳动生产率(万元/人·年)	266.72	294.32	10.35
净资产收益率(不含少数股东权益)(%)	14.19	14.83	增加0.64个百分点
净资产收益率(含少数股东权益)(%)	12.40	13.62	增加1.22个百分点
总资产报酬率(%)	4.82	5.15	增加0.33个百分点
国有资本保值增值率(%)	111.14	112.91	增加1.77个百分点

【改革发展】 2011年，在国家证监会、国务院国资委、发改委等部委的关心支持下，中交集团上下齐心协力，与各中介机构共同努力，圆满完成回归A股的各项工作。2011年9月，集团首次公开发行人民币普通股及吸收合并路桥建设的申请，通过了证监会并购重组委和发审委的审核。集团成功回归A股资本市场，搭建起A股融资平台，是企业发展历程中的又一次跨越，对于补充营运资金，扩大市场影响力，提高公司营运效率和服务水平，巩固自身优势地位具有里程碑式的意义。

中交集团不断加强总部建设，成立改革领导小组和工作小组，研究集团改革方案，优化设计管控模式和组织架构。首次召开总部工作会议，明确总部"战略管控中心、资源配置中心、风险控制中心、投融资决策中心、绩效评价中心和价值服务中心"等"六个中心"的功能定位。推进事业部制改革和区域总部建设，成立了海外事业部、房地产事业部、信息化管理部、装备物资部和设备物资集中采购中心，以及海西、海南和新疆区域总部，不断构建符合公司业务发展的"适应性"组织，进一步发挥总部"战略管控、职能管理、业务引领、价值服务、商务支撑、平台支持"等"六项职能"，总部功能建设逐步得到加强。

2011年，中交集团稳步推进改革改制工作，批复成立各级子公司18家，国内分公司10家，海外机构6家，撤消公司1家。2011年3月6日，中交地产正式挂牌，构建了适应市场的房地产业务发展平台。中房集团明确战略定位，平稳实施重组，企业步入良性发展轨道。物资公司转变职能，与中石油合资成立油品销售有限公司。中桥物业、广州港机、郴州厂、西筑厂保持稳定发展。贯彻落实“十二五”规划，召开“十二五”规划编制会议，积极宣贯战略规划。做好年度任务分解落实，将重点任务进行目标分解，细化为6项约束性指标及98项具体工作。各部门、各单位围绕发展规划，细化落实措施，确保规划实施，较好完成预期目标。

完善绩效考核和薪酬分配体系，积极推广EVA考核管理，将其融入企业经营管理全过程，强化企业价值创造导向。在考核指标设置及权重分配方面，实施差异化考核，注重企业的盈利能力和运营质量。推行全员业绩考核，制定工资总额管理办法和高管绩效考核办法，修订完善了总部员工绩效考核办法。将中房集团等企业纳入考核范围，积极推进中交地产、各事业部、区域总部和直属项目部考核工作，进一步理顺了分配关系，完善了激励约束机制。

2011年，中交集团着力推进人才队伍建设，加大人才培训力度，全年举办培训班1300多期，参培人员超过12万人次，职工队伍素质得到新提升。努力打造核心人才，集团拥有中国工程院院士1人，国家级勘察设计大师14人，国家百千万人才10人，享受国务院政府特殊津贴357人，中国青年科技奖获得者2人，交通部十百千人才10人，交通青年科技英才24人，全国技术能手6人。大力实施“人才强企”战略，人力资源结构不断优化，截至2011年底，集团在岗员工中经营管理人员占30%，专业技术人员占41%，技能人员占18%。加强干部队伍建设，印发《所属单位领导人员管理暂行规定》《所属单位领导班子和领导人员综合考核评价办法》，对14家子公司的领导班子进行了考核，调整干部121人次，子公司领导班子成员平均年龄48.9岁，大学本科及以上学历占91.4%，人才队伍和企业领导班子的整体素质不断提升，成为引领企业加快发展的坚强核心。

加强财务资金预算管理，加强全面预算管理，实时监控应收账款、存货及经营性现金流，督促有关单位加大应收账款催收力度。强化总会计师责任落实，出台《项目总会计师（财务总监）管理暂行办法》。积极推动财务组织管理模式创新，财务共享中心试点工作取得成效。强化资金管理，防范资金风险，拓宽融资渠道，全年共获得金融机构授信额度5082亿元，优惠利率贷款51亿元，成功发行短期融资券25亿元，降低了财务成本，缓解了资金压力，改善了负债结构。加大资金集中管理力度，境内资金集中度达83%，有效保证了资金链安全。

2011年，中交集团积极推进新特级资质就位工作，5家水运特级资质子公司通过交通部初审。拓宽审计范围，规范企业管理行为，加速审计成果转化。加强分包管理，规范分包行为，共有2084家分包队伍进入集团合格分包队伍名录。不断完善法律风险防范体系，强化合同管理，积极组织协调重大诉讼，为集团减少经济损失9.8亿元。信访工作联系网络进一步健全，信访维稳工作可控受控。积极履行社会责任，认真做好对口扶贫工作，集团荣获全国“扶贫开发先进集体”荣誉称号。

【主营业务】 2011年，中交集团按照国务院国资委“做强做优、全面建设具有国际竞争力世界一流企业”的总体要求，围绕集团“十二五”规划目标和年度任务节点，以提高企业运营质量为主线，以“保基础，调结构，走出去”为发展重点，拓市场、强管理、调结构、促转型，主营业务快速发展，生产经营取得新业绩。

中交集团积极应对严峻复杂的经营形势，充分发挥全产业链协同优势，加强高端战略合作，整合区域市场开发，市场地位进一步巩固。集团积极开展与地方政府的战略合作，先后与17个省市签订战略合作协议，围绕重点市场进行深度开发。一公局新签合同额501亿元，一航局、二航局、二公局新签合同额均超400亿元。中西部市场开发取得新突破，集团在新疆承揽合同149亿元。公规院成功中标大连湾跨海工程勘察设计总承包项目3.6亿元，创集团勘察设计单项合同历史新纪录。各单位紧紧围绕国家大型重点工程，强化项目管理，履约能力不断提升，广航局、三公局、一航院、二航院、水规院、四航院、首都高速完成营业额增速均在30%以上，三航院克服传统区域市场困难，市场份额稳中有升。全力抓好重点工程建设，科学组织，精心施工，港珠澳大桥岛隧工程顺利实现双岛“当年动工、当年成岛”，南京纬三路过江通道项目江北段、梅子洲和江南段全面开工，汕头东海岸新城项目全面推进。优化施工组织设计和生产要素配置，京沪高速铁路、青岛海湾大桥、贵都高速公路、长江口深水航道治理三期工程等一大批重点项目相继建成。各单位紧紧抓住提高质量效益这一中心，切实挖潜增效，提高盈利水平，中路公司、中港公司、上航局、天航局、投资公司、四航局、广航局、一航局利润总额均超 10 亿元。振华重工港机产品继续保持全球 75%以上份额，振华物流在全行业整体亏损的情况下完成销售额 52 亿元。西南院、东北院、沈阳院发挥各自专长，拓宽经营领域，企业保持较快发展。车辆公司汽车悬架市场占有率保持行业领先，西筑公司沥青搅拌设备市场占有率不断提升，深圳振华超额完成各项生产经营指标，上海装备为美国建造 6 艘 34000 吨多用途船，取得良好经济效益。

中交集团积极调整投资策略，优化产业布局，全年新签投资项目 16 个，涉及投资总额 668 亿元，新批复项目可形成的经营性资产与 2010 年相比，增长 217%。发挥投资公司平台作用，签约余姚高铁新城一级土地开发、南京浦口科工园、黄家湖长江大桥等大型项目，拉动主业效果明显。一公院、二公院、中咨集团积极拓展投资业务，设计先导作用成效显著。四航局、路桥建设集中力量投资重点项目，带动主业拓展和盈利提升。集团整合“大土木”资源优势，积极布局房地产业务，全年共审批房地产项目 7 个，总建筑面积 385 万平米。中交地产自组建以来，高标准、高起点开展工作，在建章立制、市场拓展、队伍建设等方面成效显著，与公司 20 多个单位建立合作关系。中房集团推动原有房地产项目平稳运行，联合置业积极实施青岛夏庄项目，广航局、四公局实现房地产业务与传统业务协同发展。集团着力开拓市政、地铁、机场、风电、物流、轨道交通、盾构制造等新兴业务领域，深圳地铁项目投标工作已准备就绪，隧道局地铁项目覆盖 10 个城市，二公院中标市政设计合同超过 3 亿元，三航局中标上海临港风电项目 7 亿元，路桥技术检测养护业务已形成品牌。总承包公司积极维护中交的建筑企业资质，机电、船舶业务发展势头强劲，经济效益可观。美国 F&G 公司的设计能力和技术资源与振华重工的制造力量有机融合，进一步增强了公司开拓海上重工市场的能力。中交航运积极拓展国际海洋重件运输业务，完善了公司海洋重工产业链。中交天和建成我国首台超大型平衡复合式隧道掘进机，其中 5 项技术成果为世界首创。

【走向海外】 2011 年，中交集团海外经营业绩再创历史最好水平，全年新签合同额 126 亿美元，同比增长 9.5%；完成营业额 72 亿美元，同比增长 12.8%；实现利润总额 6.3 亿美元，同比增长 64.4%。积极探索海外管理体制和经营方式，加强资源配置，积极构建“一体两翼”海外发展平台，努力把“大海外”发展战略落到实处。截至 2011 年底，集团在全球 73 个国家设立 89 个办事处，海外项目近 400 个，在建合同额超过 290 亿美元，其中 10 亿美元以上的特大型项目 5 个，1 亿美元以上的大型项目 62 个。以中交品牌完成新签合同额 43 亿美元，其中塞拉利昂唐克里里矿石出运项目合同额达 30 亿美元，是集团最大的海外项目。集团启动海外投资业务，获得牙买加南北高速 BOT 项目特许经营权，其他海外投资项目稳步推进。中港公司加大新市场和大型项目开发力度，首次进入委内瑞拉、圭亚那、巴哈马、摩洛哥等国家，新签港珠澳大桥香港口岸填海工程、多哈新港项目一期工程等一批大型项目，主要经营指标大幅提升。中路公司优化管控模式，完善片区管理，将海外市场划分为五大片区，发挥海外项目辐射作用，高端运作、高效推进政府框架项目，经营质量持续提升。集团各单位协同作战，大力践行“大海外”战略，公规院、水规院分获巴拿马运河大西洋侧大桥与科隆港码头设计合同，在桥梁和港口工程领域，实现了中国设计企业国际公开竞标的重大突破；四航院全年签订海外合同 11.2 亿元，占其合同额的 52%；二航院签订几内亚康塔矿石码头合同 4.6 亿元。在“走出去”过程中，集团组织管理水平不断提升，风险防范和应急处理能力进一步增强，在利比亚大撤离中，周密部署，有序实施，安全撤离所有 4893 名员工，得到中央领导和国家有关部委的高度赞扬。

【重大创新】 2011 年，中交集团获批组建“公路长大桥建设国家工程研究中心”和“疏浚技术装备国家工程研究中心”，“中交工程船舶技术研究中心”已报国家工商总局注册，确立集团在大跨桥、疏浚和船舶技术领域的领先地位。培育“深水港工程结构国家重点实验室”，获交通部1000万元资金支持。获批交通部西部交通科技项目13项，国家重大科技成果转化项目2项，获国家资金支持4900万元。加大重点领域科研攻关力度，集团评审立项3个特大科技研发项目，19个重大科技研发项目。3项国家疏浚技术标准、16项企业疏浚技术标准通过审查。积极组织开展交通行业标准规范翻译工作，46本公路工程标准全部翻译完成。集团主编的《水运工程设计通则》和《水运工程施工通则》由交通部发布实施。集团立足全局性、前瞻性和战略性关键技术，加快重点领域的创新研发，取得丰硕成果。获国家科技进步奖5项，詹天佑土木工程科技奖5项，省部级科技奖78项，国家专利257项，集团32项工法被确定为国家级工法。

【信息化建设】 2011年，中交集团按照“统一规划、急用先建”的原则，针对公司管理职能中的核心环节，重点突破，开展了多项信息系统建设和部署，有效提高管理效率和管理水平，进一步加强集团在人、财、物、项目等方面的整体管控能力。为了规范和统一集团各单位的信息化建设标准和数据标准，全面启动信息化标准研究编制工作，为下一步业务系统整合、数据资源共享提供支撑；组织编制集团信息化标准体系、用户统一命名规则、IP地址规划、网络基础架构建设规范、应用系统开发接口技术要求、信息化测评标准、信息基础数据元标准等技术标准。

为落实集团“十二五”战略规划，推进企业管理创新和科技创新，提升信息化水平，集团专门成立信息化管理部，提升信息化在集团总体战略中的地位，提高信息化建设的领导力度和统筹协调力度。结合先进的运维服务理念，集团总部进一步完善运维体系，提高运维效率和运维质量，并将总结的经验、形成的IT运维服务规范在各单位进行应用。梳理完善IT运维流程；建立运维服务台，对故障进行统一报修受理及过程跟踪；编制策略文档和IT用户手册；建立合格供应商名录，实现供应商评价、准入和退出；采用虚拟化技术，实现设备资源的动态分配，提高了设备利用率，降低能耗和设备投资。

2011年，中交集团通过部署信息化水平测评系统，对所属各级单位进行年度信息化水平评价，全面掌握各单位的信息化建设情况；对各单位正版化工作进行检查，并圆满完成任务；对集团总部及二级单位信息系统安全等级保护情况进行自查，提高各单位对信息安全的重视程度；对集团外网网站进行完善，提升网站的对外服务能力，加强网站的安全保障措施。

【党建工作】 2011年，中交集团不断加强党建工作，推进创先争优活动，政治核心作用进一步发挥。集团按照上级党委要求，持续推进创先争优活动，认真抓好公开承诺、领导点评、群众评议等重点环节。建立创先争优活动联系点制度，领导干部深入联系点广泛开展调查研究，进一步改进工作作风。集团召开庆祝建党90周年大会，总结“十一五”党建工作成绩，提出党建工作重点。组织召开专题民主生活会，按照“四强”党组织标准，不断增强基层党建工作活力。严格工作程序，做好十八大代表的推荐和选举。推进惩防体系建设。进一步规范权力运行，制定出台《“三重一大”决策制度实施办法》。落实党风廉政建设责任制，切实加强对领导干部的监督。积极落实中纪委、国资委党委关于巡视工作的要求，及时成立巡视工作机构。抓好企业文化建设，成立集团企业文化建设委员会，明确了各级组织在推进企业文化建设中的职责。推进学习型党组织建设，编制出台了学习型党组织建设方案。加强宣传工作，突出“走出去”、科技创新和提高运营质量等主题，收到良好效果。发挥群团组织作用。以“当好主力军，建功十二五”为主题，开展“五比一创”劳动竞赛，激发广大青年职工的争创意识。抓好“青年文明号”创建工作，开展“中国交通建设十大杰出青年”评选活动。2011年，集团7家单位获评全国文明单位，四航局获评“全国先进基层党组织”，彰显了公司良好形象。

【履行社会责任】 2011年，中交集团继续秉承“让世界更畅通”的企业愿景，“固基修道，履方致远”的企业使命，“诚信服务、优质回报、不断超越”的企业经营理念，以及“甘于吃苦、勇于创新、善于协作”的企业精神，建一项工程、塑一个精品、树一座丰碑，努力打造“用心浇注您的满意”等“中国交通建设品牌”。积极做好节能减排工作，加快淘汰落后工艺设备，圆满完成“十一五”节能减排目标。2011年5月，集团连续编发2010年度社会责任报告，这是集团连续四年发布履行社会责任报告；积极参加国务院国资委组织的《央企“走出去”海外履行社会责任大型画册》的编辑工作，推荐集团海外履行社会责任图片37幅，典型事例5个；在2011年国务院国资委召开的企业社会责任工作会议上，集团振华重工《推动产品科技创新，建设环保节能港口》获得“2011中央企业优秀社会责任实践”。集团积极参加中央文明办、国务院国资委组织的“关爱农民工”主题活动，利用节假日为农民工放电影，各子公司共计组织435场，观众32435人次。为云南怒江州和陕西汉中学校捐助100台电脑，建成两座电教室，提升了当地义务教育水平。启动“安康图书馆”捐赠项目，为贫困地区儿童捐建图书馆10个。2011年，集团对外捐款共计1014万元。

（撰稿人：李国栋）

中国普天信息产业股份有限公司

【基本概况】 中国普天信息产业股份有限公司（以下简称“中国普天”）是以信息通信产品制造、贸易、相关技术研究和服务为主业的中央企业，经营范围涵盖信息通信、广电、行业信息化、金融电子和新能源等产业领域。

历经百年发展，中国普天从邮电工业起步，在不同历史阶段为国家通信事业和信息产业的发展壮大作出了巨大贡献。近年来，中国普天坚持自主创新，持续拓展产业空间，着力提升产业可持续发展能力，不断推进企业由制造、服务向整体解决方案提供商转型。

作为国家创新型高新技术骨干企业，中国普天拥有5家上市公司，净资产超过100亿元，在京津冀经济圈、长江三角洲、珠江三角洲以及中西部地区均建立了重要的技术研发和产业制造基地，产品和服务遍及全球120多个国家和地区，Potevio品牌是国家重点支持出口的知名品牌之一。

【主要指标】 2011年，中国普天累计实现营业收入369.37亿元，同比增长38.88%，其中自主品牌产品销售收入较上年增长42.34%；实现利润总额6.18亿元，较上年增长53.34%。资产负债率处于63.55%的合理水平，公司经营质量、资产质量明显提升。截至2011年底，公司总部及出资企业共有员工2.3万人。

【产业发展】 2011年，中国普天创新与集成能力进一步提升，从生产制造商向服务和整体解决方案提供商转型取得明显成效，主导产业领域的产业实力得到全方位的提升。

1. 在通信产业领域，中国普天巩固在移动通信公网市场的地位，并在行业和专网市场取得突破。中国普天完成了中移动TD网络四期建设和五期投标工作，市场拓展、网规网优与维护服务能力持续提升；承担国家重大专项TD－LTE新产品研发取得突破，承建的TD－LTE南京规模试验网进展顺利；与运营商合作推进移动办公自动化和基础电信增值运营业务，数据软件业务市场份额进一步巩固；配线分线、微波天线、光纤光缆、电源电池等配套产业稳定发展；终端业务创新商业模式，销售规模持续扩大，再创历史新高。

同时，中国普天在行业用户和专网市场取得新进展。自主研发TETRA数字集群通信系统继成功开通杭州公安网之后，又为第八届残运会提供通信保障，并在大连开通试验网，获得沈阳商用合同，为规模应用打下基础；TD－LTE宽带数字集群系统在顺利推进国家智能电网试验网建设基础上，又中标北京市政务数据专网，占据了市场先机。

2. 在广电产业领域，中国普天的市场能力得到较大提升。视频会议系统服务多家中央企业；互动电视系统和电视支付平台等产品成功应用于部分省市网的广电增值业务，拓展新的产业空间；承担北京等省市三网融合重大科研项目取得阶段进展；尝试新型文化输出模式，地面数字电视中国标准（DTMB）的海外推广工作扎实有效，完成老挝三省地面数字电视（DTMB）网络从规划设计、系统集成到工程实施的总承包项目；继续拓展其他国家的数字电视市场，获得国家援外资金的支持。

3. 在行业信息化产业领域，普天的产品、服务和解决方案服务众多不同的行业。中国普天牵头发起成立物流中心自动化装备及系统产业技术创新战略联盟，提升了行业地位；中标军队应急保障物流项目的总体规划和设计总包，为全面进入军队物流打下坚实基础；以系统集成为主线，整合电工、照明、智能产业链，增强公司在建筑电气、LED智慧照明解决方案、办公及家居智能化解决方案等领域的竞争实力；进一步提升地铁综合管理信息系统的产品质量和技术性能，成功获得重庆等多个城市的合同订单。

4. 在金融电子产业领域，中国普天强化自主技术创新和产品差异化设计，积极创新商业模式，取得明显成效。自主研发核心金融出钞模块取得成功，金融一体机新产品取得市场突破，自动柜员机（ATM）继续扩展新的银行客户，并出口海外，销量同比增长70%；中国普天与中国银联签署战略合作框架协议，在移动支付、电视支付、预付卡等业务领域开展全面合作，智能储存卡已应用于移动支付业务市场，N3平台（适用多种POS机的系统产品）在银联等单位得到应用；银行卡产品首次进入数家国有大型商业银行使用，金融卡、社保卡销售大幅增长；与邮储银行战略合作，进一步探索金融业务方案和商业模式。

5. 在新能源产业领域，中国普天创新提出符合新能源产业发展规律、符合消费者需求的商业模式并付诸实践，成功开拓新能源汽车动力供给运营服务业。2011年，中国普天积极与政府、企业、科研院所开展合作，以运营服务为龙头，布局新能源汽车动力供给运营服务业完整的产业链。成立普天新能源公司作为新能源产业的发展平台，组织核心产品自主研发与系统集成，继2010年成功研发国内首套纯电动乘用车电池快换系统后，又进一步改进完善电动车运营智能管理系统。同时，在深圳建成国内城市最大规模的新能源电动汽车动力供给网络，保障第26届世界大运会的绿色出行。

【重大项目】 2011年，中国普天在深圳建成覆盖城市主要区域的新能源汽车运营智能管理网络。其中，在网运营的57座充换电站分布在深圳市内全部44个比赛场馆周边，共有850个充电位，覆盖为大运会专设的77条新能源公交专线，构成全国城市中最大规模的新能源电动汽车动力供给网络，为2011辆大运会新能源公交车和出租车（占大运会全部公交用车的52.8%）提供充换电和在途监控服务，完全满足大运会电动汽车运营需求。

该网络在为第26届世界大运会实现绿色出行作出贡献后已转入常态化运营，并持续扩容布点。中国普天与深圳市政府的成功合作，为中国新能源汽车的城市推广应用做出良好示范，为推动中国普天与其他省、市合作开展电动车运营服务打下基础。

【走向海外】 2011年，中国普天加强海外目标市场分析，扩大自主产品出口。普天自动柜员机（ATM）、金融软件、智能卡以及安全监控产品陆续进入古巴等拉美市场，特别是自动柜员机（ATM）在古巴中央银行应用良好；智能卡产品又新增芬兰运营商市场，海外销售规模不断扩大。

一方面，中国普天致力于优化贸易结构，做大国际贸易。在扩展一般贸易的基础上，积极参与工程总包和国际工程项目分包，以系统集成与工程总包方式获得几内亚太阳能光伏发电项目。其中，东信和平孟加拉公司等海外投资项目运行良好，在市场拓展中发挥了积极的渠道作用。

另一方面，中国普天巩固和加强与主要合资公司外方合作伙伴的战略合作关系，确保合资公司业务良好发展和股东投资收益，并积极探索新的合作项目。

【技术创新】 2011年，中国普天完成公司科研体系改革方案，优化普天研究院发展机制，进一步提高研发体系对产业发展的支撑力；加强技术管理，完善普天科技项目管理制度。2011年，公司牵头承担LTE宽带集群系统等37项国家重大科技项目，参与编制国家和行业标准125项，新增专利申请223项，专利授权174项，新增软件著作权33项；累计拥有的有效专利数在中央企业排名第43位。

同时，中国普天获得“涉及国家秘密的计算机信息系统集成”甲级资质证书、获得“国家创新型企业”称号；获得“全国实施卓越绩效模式先进企业”称号；非接触智能卡获得“2011年度国家金卡工程优秀成果创新产品奖"。

【党建工作】 2011年，中国普天以庆祝建党90周年为契机，广泛开展红歌会、重温入党誓词等歌颂党、传承普天百年辉煌的主题实践活动，深入推进创先争优，东信和平公司党委等一批先进基层党组织，南京普天袁赴京等一批优秀共产党员和优秀党务工作者，分别受到国资委党委、普天集团党组和地方上级党组织的表彰。

1. 深入开展学习型党组织建设和"四好"领导班子创建活动，党组织的战斗堡垒作用进一步发挥。进一步理顺企业党委与地方上级党组织的关系，基层党组织建设不断加强。工会"双维护"和桥梁纽带作用进一步发挥。"双推工程"取得成效，有11位同志被推选为省市各级人大代表、政协委员。

2. 以惩防体系建设为主线的反腐倡廉各项工作取得新成效。各级领导干部"一岗双责"进一步落实，贯彻执行廉洁从业各项规定的自觉性不断增强。加强纪检监察干部队伍建设，整合建立纪检监察、审计、法务一体化的大监督工作格局。严肃查处商业贿赂等违规违纪行为，工程建设领域、小金库等专项治理成果进一步巩固。

3. 以"沟通、执行、业绩"为核心的企业文化建设进一步深化，普天领导干部"阳光、坦荡、理解"的品格要求和"以集团利益为最高利益"的团队协作精神深入人心。精神文明建设深入推进，普天股份总部荣获全国"文明单位"荣誉称号。

【品牌管理】 2011年，中国普天发挥品牌宣传服务产业的积极作用，加强重大活动和重要事件的宣传策划，利用报纸、刊物、网站和展会等平台推广宣传公司品牌形象。"Potevio"品牌的影响力得到持续提升，公司品牌价值经权威机构评估达583亿元；公司进一步推进企业文化建设创新，丰富具有普天特色的企业文化内涵，形成了系统的企业文化体系，开展全方位的企业文化活动，进入中国企业文化竞争力十强企业。

【人力资源管理】 2011年，中国普天以考核激励机制建设和各类人才队伍培养使用为重点，健全各项制度，人力资源管理体系进一步完善。

1. 公司制定发布《出资企业高管人员经营业绩考核暂行办法》，强化"年度预算、业绩考核、薪酬激励"三位一体的管理体系，提高业绩考核的个性化和合理性。出台《中国普天业绩突出企业高管人员激励试点方案》，开展具有普天特色的中长期激励试点。

2. 完善出资企业领导人员管理体系和综合考核评价体系，推进干部管理和综合考核评价制度化、规范化。拓宽选人用人渠道，调整充实企业领导班子，加大领导干部岗位交流任职力度，提升领导干部的"四项能力"，加强高管团队建设。

3. 普天网络学院投入应用，积极开展各类人才的专业培训，提高培训质量和培训效果。组织举办2011年度中国普天生产技能和管理技能比赛，提升公司技能人才的整体素质和职业技能水平。

（撰稿人：郎晓黎）

电信科学技术研究院

【基本概况】 2011年，电信科学技术研究院（大唐电信科技产业集团，以下简称"集团"）围绕企业"十二五"战略规划，积极开展各项战略布局工作，逐步形成五大主业产业板块，特别是在无线移动通信、集成电路设计与制造、特种通信产业板块快速发展的基础上，产业金融板块和以物联网为代表的先导产业板块已具雏形，为集团的快速发展打开新的局面。同时，集团管理机制不断完善，管理水平不断提高，在激烈的市场竞争环境下，全面完成各项工作任务，实现全年各项经营指标。集团始终坚持创新驱动，通过不断增强企业核心竞争力，提升产业化能力和市场竞争力，充分发挥集团作为高科技中央企业科技创新的排头兵作用，推进技术创新体系建设，带领民族移动通信产业和战略性新兴产业的快速发展，实现"十二五"的良好开局。

【主要指标】 2011年，集团资产总额203.41亿元，营业收入128.79亿元，同比增长28.37%，各项产业收入均保持增长，实现利润3.58亿元，比上年增长10.15%。

2011年电信科学技术研究院主要经济指标

项　目	2010年	2011年	比上年增长(%)
资产总额(亿元)	244.1	203.41	−16.67
所有者权益(亿元)	146.2	108.7	−25.65
营业收入(亿元)	100.33	128.79	28.37
利润总额(亿元)	3.25	3.58	10.15
净利润(亿元)	2.11	2.53	19.91
归属于母公司所有者的净利润(亿元)	0.56	1.47	162.50
技术开发投入(亿元)	10.64	14.11	32.61
利税总额(亿元)	9.05	8.05	−11.05
应交税金总额(亿元)	5.8	4.47	−22.93
全员劳动生产率(万元/人·年)	16.86	17.40	3.20
净资产收益率(%)	1.21	2.26	增加1.05个百分点
总资产报酬率(%)	2.33	2.65	增加0.32个百分点
国有资本保值增值率(%)	101.56	101.17	减少0.39个百分点

注:集团2011年资产总额减少16.67%,主要由于原国家开发投资公司代为持有的大唐电信科技产业控股有限公司股权转由集团持有后,进行合并抵消而造成。

【改革发展】

1. 优化人才资源配置,加快培育和提升组织领导力。

(1)适应集团转型和机制创新需要,推动组织结构变革。优化集团资源配置,探索创新组织结构管理体制,对集团总部(含大唐控股)组织结构进行调整。采用自主管理、矩阵管理和委托管理相结合的方式,理顺并规范集团总部对不同类型事业部的管理,不断提升集团总部整体运行效率,不断完善职责明确、流程清晰、精简高效的集团管控平台。

(2)贯彻国资委激励试点工作,实践推动中长期激励手段,完善人力预算管理机制。在条件成熟的单位实施岗位分红权激励试点、EVA利润分享计划、员工持股计划等中长期激励政策,拓展激励手段。完善事前引导、事中控制与事后监督的人力成本管理机制,合理控制集团人工成本增长,提升人力资源投入产出效益。

(3)坚持按需引进与分层分级培养相结合,不断优化人才资源配置。落实中央"千人计划",推荐4人入选。组织第二批集团首席科学家和首席专家遴选工作,新聘任8名专家。探索组织集团正高职工程师评审,建立学历教育、职称评审与专家遴选"三位一体"的科技人才培养机制。深化多层次、多形式的骨干人才挂职交流,全年组织重点干部挂职交流24人。推动创新领导力培养体系,培训后备干部和业务骨干达353人次。大唐大学充分发挥对内对外培训教育平台作用,完成对北京、上海、西安等地集团新员工的集体培训活动。继工学博士后,集团首批获得工程博士联合培养资质,首次面向企业内部完成工程硕士招生工作。

2. 加大主业管理力度,科学制定实施资本运作规划。

(1)加强对主体产业与核心业务的管理。落实集团"十二五"发展战略,加快资源配置和调整产业结构,颁布所属各公司主营业务规划管理办法,将大唐股份、大唐移动、大唐联芯、大唐高鸿四家公司作为试点单位,加强对其主营业务管理,促进集团各公司明确主营业务发展方向,避免同业竞争,加快培育拳头产品,提升核心竞争力。

(2)科学制定并稳步推进集团"十二五"资本运作规划。把握产业发展规律,结合集团主体产业发展情况,制定集团"十二五"资本运作规划框架。积极推动筹建大唐仪器仪表公司等工作,并通过资本运作手段,整合企业内外部资源,稳步推动与跨国公司的合资合作,有力支撑集团产业发展。

3. 完善运营管控体系,提高企业管理效率和质量。

(1)优化公司治理,完善治理机制和"三会"运行制度。完善集团公司治理、董监事会管理体系和制度建设,实施董事会决策事前沟通机制,改进股东会对董事会授权机制。加强集团派出董监事的选拔、培养和履职支撑,加强与独立董事沟通配合,董监事会决策效率和科学性逐步提升。积极推进所属电信一所转制改革和大唐联诚董事会改革工作。

(2)持续推进管理精细化,财务综合管理能力上台阶。围绕实现价值管理,聚焦财务热点和业务需求,推动财务价值管理转型。突出强调降本工作,发布成本费用管理指引,制定中长期降本增效措施,持续推动成本管理。全面启动资本收益管理,建立和完善集团利润分配机制。顺利完成"小金库"专项治理阶段性工作,审计署财务收支审计圆满收官。开展财务工作检查,促进完善财务内控体系建设,夯实财务内控基础。梳理优化投资体系,提高决策审批效率。开展"财务培训年"活动,提高业务水平,提升财务决算质量。集团财务管理工作连续三年获得财政部表彰,2011 年又首次获得国资委"中央企业财务决算管理先进单位"荣誉称号。

(3)不断优化运营管理体系,有力提升运营支撑能力。强化全面预算基础管理,以预算系统优化为基础,积极推进战略规划、全面预算与经营监控的无缝衔接。推行三年经营业绩考核,引入产业协同系数,引导各下属企业兼顾集团整体利益和长短期利益。深化集团集中采购管理,扩大集采范围,集团公开采购比例从年初的 70%上升到 75%。

(4)逐步完善风险管理体系,积极发挥防范保障作用。编制《全面风险管理报告》,推动重大风险防控落实。完善集团法律风险防控体系,提高风险防控能力,在国资委对中央企业三年法律工作落实情况考核中位列第四位。编制发布集团 2012—2014 年法制工作三年规划,明确后续法律风险管控机制体系和法律事务管理组织体系建设要求。及时制定专利预警策略,降低海外专利纠纷风险。加强内部审计机构和审计队伍建设,统一集团审计管理制度,支撑集团审计工作转型,构建风险管理第三道防线。

【重大项目】

1. 无线移动通信板块产业化能力大幅提升,TD 产业化水平已具国际优势。大唐移动完成中国移动 TD-SCDMA 五期设备开发和生产工作,通过降本增效,综合成本较四期大幅下降。TD 产业化水平实现质的飞跃,初步形成一定的国际竞争力。顺利完成 TD-LTE 规模技术试验南京试验网建设工作,率先完成测试用例开发,打通第一个测试电话。独家承担北京 LTE 示范网建设,为"两会"的召开提供优质服务。TD-LTE 商用系统设备产品研发提速,特别是完成 TD-LTE 一致性测试仪开发并实现在海外市场的历史性销售,书写了我国高端通信类仪器仪表业发展的新篇章。

加强产业链上下游合作,与中国移动建立战略合作,全面深化双方在 TD-SCDMA 规模商用、TD-LTE 产业化及 TD 国际市场开拓等领域的合作。与阿尔卡特、三星达成战略合作,成为国际知名厂商的供应商。

2. 集成电路设计与制造板块产业协同发展,实现历史最好水平。2011 年,大唐联芯工艺技术不断升级,TD 65 纳米芯片实现商用量产,40 纳米及以下工艺的研发稳步推进。全年 TD-SCDMA 芯片出货超过 1800 万片,其中,自研芯片 1200 万片,市场占有率超过 20%。自研芯片收入占营业收入的比例从 2010 年的 10%升至 2011 年的 50%以上。大唐联芯从"无芯"到"有芯"的关键转型,实现了我国工业史上历史性突破。

TD-LTE 芯片研发开始提速,已参与运营商规模技术实验测试,测试结果达到预期效果。智能卡类产品在新兴市场开拓取得一定成效,集团与中国银联签署战略合作协议,建立"移动支付联合实验室",加快推进金融 IC 卡国产化进程。社保卡业务取得一定突破,陆续中标黑龙江、宁夏等省区、市项目,全年累计发货超过 1000 万只,市场份额超过 30%,市场地位保持第一。

3. 特种通信板块狠抓机遇,实现规模和利润的稳步增长。集团坚持走特色技术和特殊需求相结合的发展道路,积极推进具有自主知识产权的先进技术服务于特殊领域的信息化建设,在信息安全与保密通信、特殊通信、电磁频谱管理、应急通信与指挥(含卫星通信)等领域拥有核心技术和优势,成为政府等有关部门重要的技术支撑和服务单位,为载人航天工程、反恐维稳等国家重大活动和重大事件提供技术支撑和服务保障作出重要贡献。2011 年,集团被确定为国防科技大学中央企业首个现地教学基地。

4. 先导产业板块优化资源配置,以产业协同促进市场拓展。2011 年,集团物联网板块把握国家大力培育战略性新兴产业机遇,以 TD 核心技术产品为依托，整合内部资源，依托政府关系、品牌和资金优势，加快在物联网产业链布局；积极通过引导物联网标准研究与制定，参与掌握产业发展话语权。集团积极探索新的商业模式，在中央企业、国家部委和重点城市三大物联网和行业应用市场领域取得突破，并在煤炭、水利、农业等重点领域形成局部竞争优势。

5. 构建产业金融板块平台，初步发挥产业支撑作用。大唐财务公司于 2011 年 11 月 10 日正式获批，获准经营本外币结算、存款、贷款、票据等十项业务，成为我国电信行业内中央企业及央企转制院所中首家获批设立的财务公司。2011 年 12 月 13 日，大唐财务公司正式运营，随后即与工商银行、建设银行达成战略合作意向，并逐步同成员单位开展相关业务。大唐财务公司的正式运营，标志着集团由单纯的高科技企业向以高科技产业为主体、产业金融板块辅助发展的综合性企业集团的转型。扩大大唐高新创投基金规模，同时募集设立两支基金"海南信息产业投资基金"和"大唐创业投资（海南）基金"，聚焦服务战略性新兴产业投资布局和助力 TD 国际市场开拓。

6. 配合集团区域产业布局，推进研发创新中心建设。集团成立产业园建设办公室，统筹推进北京、西安、上海等地研发基地的建设。2011 年 8 月 3 日，集团（西安）研发中心正式开工。同时，北京信息通信创新园和大唐上海产业园二期项目正积极推进，为促进当地科技创新体系建设，促进产业集聚，带动社会经济发展作出贡献。

【走向海外】 2011 年，集团国际市场发展新模式取得阶段性成果。大唐国际积极发挥集团国际市场开拓的窗口和平台作用，密切协同大唐移动、大唐股份等单位，抓住全球 3G 市场快速发展和 4G 开始布局的市场机遇，重点瞄准亚非、拉美、欧洲等地区，采用多种模式，大力推进 TD 国际化。2011 年，集团在海外陆续启动多个项目，并取得 TD 国际市场重大商务合同关键突破，特别是参与比利时、圭亚那等国的 TD－LTE 试验网建设，积累了自主创新技术成果国际化的宝贵经验。

积极参加国际电信展、高交会、科博会等国内外展会平台，树立高科技中央企业在国际电信市场中的积极形象。

【重大创新】 2011 年，集团加快创新资源整合，科技创新能力不断提升。

1. 整合外部创新资源，建立高效创新体系。作为国家首批创新型企业，集团积极推动内部创新资源整合，完成大唐无线移动创新中心的组建。依托两个国家重点实验室，通过加大与企业、科研院所、高校等的技术创新合作力度，逐步建立起以 TD 技术标准为主线、以企业为主导、以市场需求为导向、产学研用相结合的高效协同研发技术创新体系。集团是国家重大专项二和专项三的主要承担单位，并承担着重大专项一的诸多项目。特别是集团所属中芯国际承担国家重大专项二主要课题，带动集成电路设计与制造业竞争力显著增强，改善了我国薄弱工业基础，为国家信息安全和战略性新兴产业发展奠定基础。

2. 加强顶层设计和研发协同，完成集团技术与产品路标整体规划。加强对所属企业的技术产品路标管理工作，强调按期落实完成核心技术研发与产品开发的一类路标，不断优化对各单位二类路标的顶层规划和结构，避免重叠和内部竞争等问题。完成集团产品分类目录的制订，梳理归集现有研发和产品资源，为集团全面预算管理提供基础目录结构，并为加强产品线核算和精细化管理打下良好基础。

3. 提升知识产权精细化管理水平，创新能力位居央企前列。2011 年，TD－LTE 领域及芯片相关领域专利占新增专利总量的 50％以上，海外专利布局更加完善。集团（含中芯国际）累计拥有全球专利申请超过 1.1 万件，继续位居央企前列。在大唐移动、大唐联芯、大唐电信开展的知识产权商业模式转型试点工作取得初步成果，为集团实现商业模式转型作出积极探索。集团被列为北京市专利工作示范单位，成为首批企业知识产权教育基地。

【党建工作】

1. 深入推进"创先争优"活动，党建服务中心工作能力不断提高。成功举办集团庆祝建党 90 周年大会暨文艺汇演，积极开展创新发展系列报告等"十个一"系列活动。提升服务中心工作能力，扎实推进党建考核工程和党员教育工程，下发《集团党建思想政治工作考核暂行办法》，持续推进"4321 读书、实践、创新"活动，为基层党建工作创新提供有效载体。组建党群工作部，构建大党建工作格局，大力推进党建思想政治课题立项工作，为集团党建工作上水平、上台阶提供组织保障；深入开展"创先争优促发展、降本增效我争先"主题活动，一批以"钢七连"、"亮剑团队"为代表的争先创优典型不断涌现。

2. 推进反腐倡廉建设，为集团发展保驾护航。坚持以惩防体系建设为主线，以落实"三重一大"为重点，有效将廉洁文化与企业文化同步建设，多平台开展廉洁教育，实现廉洁教育关口前移；认真贯彻"三重一大"决策制度，完善反腐倡廉制度建设，制定《集团党风廉政建设责任制实施办法》，有效开展干部监督，实现监督关口前移。进一步拓宽信访渠道，有力维护企业改革发展稳定大局。党风廉政建设工作得到国资委检查组的充分肯定。

【信息化建设】 2011 年，集团以促进 IT 资源复用为抓手，大力提升信息化管理水平。统筹 OA、网站、ERP、人力资源等信息系统建设，打通各公司与总部流程，有效提高整体建设效率，节约整体建设成本。深入推进集团信息化建设，全面预算管理系统实现与主要公司集成对接，有效推进预算编制、审批、执行监控的填报质量和工作效率提升。

【履行社会责任】 2011 年，大唐电信集团积极履行带动民族产业发展的使命与责任，推动 TD-SCDMA 3G 国际标准及其后续演进的 TD-LTE-A 的发展，促进民族通信产业链的整体升级。倡导绿色环保科技，以创新科技营造绿色环境，积极打造绿色产业链，促进节能减排和环境可持续发展。

关心员工，重视人才，提高员工在工作和生活中的幸福指数。打造高科技特色企业文化，开展《大唐电信之歌》发布、领导文化访谈等一系列内涵丰富、特色鲜明的企业文化精品活动，将企业文化建设工作作为推动各项事业又好又快发展的有效支撑。在中央企业中首家发布《职工健康工程规划》，设立"大唐电信集团员工健康日"。关注青年员工成长，成立大唐青联，为青年人才对外合作交流、个人成长发展、展现责任爱心、参与助推集团改革发展和落实"一个大唐"工程提供崭新平台。

对股东、投资者和客户负责，与合作伙伴协同发展。热心参与社会公益事业，在援藏计划、扶贫助困、支持教育等多领域积极践行责任。

集团首度发布企业社会责任报告，全面展示责任央企形象，责任实践活动得到了社会各界的高度认可。集团荣获"2011 中国社会责任特别大奖"和"2011 中国社会责任创新奖"、"2011 中央企业优秀社会责任实践"、"'十一五'国家科技计划执行优秀团队"等各项大奖。同时，集团董事长兼总裁真才基获"2011 中国十大自主创新人物"等荣誉。

（撰稿人：唐青阳、袁洪泉）

中国农业发展集团有限公司

【基本概况】 2011 年，在国资委的正确领导下，在监事会的指导下，中国农业发展集团有限公司（以下简称"中农发集团"）各级领导班子带领广大员工，面对错综复杂的国内外经济形势，沉着应对，顽强拼搏，抢抓机遇，克服重重困难，加速推进改革发展，取得了良好的业绩，集团资产质量、主业盈利能力大幅提高，主要产品产量增加，收入、效益增长，资产规模扩大，企业和员工价值提升，资产周转加快，生产安全运行；在夯实传统产业的基础上，积极培植新兴产业，取得可喜突破；集团对外形象进一步提升，行业位势进一步提高。全面完成了国资委下达的经营考核指标，各项工作取得新成效，实现了"丰收之年"、"发展之年"、"平安之年"。

【主要指标】 2011 年完成营业收入 130.6 亿元，同比增加 20.1 亿元，增长 18.19%；实现利润总额 7.8 亿元，同比增加 2.5 亿元，增长 47.17%；实现经济增加值（EVA）2.3 亿元，同比增加 0.9 亿元，增长 64.3%；集团资产总额 156.9 亿元，同比增加 21.7 亿元，增长 16.05%。全面超额完成国资委下达的年度经营业绩考核指标，主要指标均实现高位增长，集团资产质量、主业盈利能力大幅提高。

2011年中国农业发展集团有限公司
主要经济指标

项　目	2010年	2011年	比上年增长(%)
资产总额(亿元)	135.2	156.9	16.05
所有者权益(亿元)	39.8	55.6	39.70
营业收入(亿元)	110.5	130.6	18.19
利润总额(亿元)	5.3	7.8	47.17
净利润(亿元)	4.0	6.6	65
归属于母公司所有者的净利润(亿元)	1.7	4.0	135.29
技术开发投入(亿元)	1.6	2.7	68.75
利税总额(亿元)	10.3	14.3	38.83
应交税金总额(亿元)	6.3	6.2	-1.59
全员劳动生产率(万元/人·年)	9.5	15.0	57.89
净资产收益率(%)	9.7	13.8	增加4.1个百分点
总资产报酬率(%)	5.4	6.9	增加1.5个百分点
国有资本保值增值率(%)	111.8	117.8	增加6个百分点

【重大项目】

1. 继续加大投资力度,提升可持续发展能力。

2011年集团实际实施项目59个,全年完成投资103101.74万元,同比增加40844万元,增长65.6%。其中重点并购项目投资31734万元,同比增加29184万元。

2. 修订完善集团发展战略。

根据国家"十二五"规划纲要、国资委关于"十二五"时期中央企业改革发展总体思路和集团改革发展实际,同时为适应集团改革发展取得的新进展、各企业战略管理的新实践,集团着手修订发展战略,并结合预算执行情况,编制三年滚动规划,组织启动远洋渔业、畜牧制药业、海外农业资源开发、现代种业等主业板块规划编制工作。完成集团"十二五"科技发展规划编制工作,对集团科技创新工作起到引领和指导作用。

3. 积极培育新兴产业。

集团立足"三农"、服务"三农",做强做优主业,在夯实传统产业的基础上,积极培植新兴产业,取得可喜突破。海外农业资源开发方面,积极开拓巴西、乌克兰等美洲和欧洲项目,强化援外项目平台建设,不断提升内部管理,积极争取政策支持,为下一步发展打下坚实基础。对外并购取得突破性进展。远洋渔业并购进一步扩大了东非基地,取得新的战略性渔业资源;现代种业并购取得突破,集团加速进入种业领域;畜牧制药业并购取得积极进展,为集团可持续发展奠定了坚实基础。

4. 加大并购重组力度。

2011年,以战略为引领,集团内部资源整合步伐加快,取得较大进展。远洋渔业板块整合方案进入深入研究论证阶段;畜牧制药板块重组进一步推进。中牧公司在系统范围内对中牧连锁股权、南京梅里亚公司股权进行调整和转让,解决系统内同业竞争问题,打造专业化畜苗生产企业和专业化禽苗生产企业;中垦公司保留企业重组取得重要进展,特别是下功夫攻克"中农资源"难题,克服困难推进"中农资源"股权调整工作,结束了长期"内耗",引入新的战略合作伙伴,法人治理结构进一步完善,并经过艰苦努力,创造条件,实现"中农资源"恢复上市,在市场上引起积极反响。为加快集团困难企业脱困步伐,促进困难企业步入正常发展轨道,加快资产经营类业务整合,集团将湛渔公司、物业公司并入华农资产经营公司,实行资产经营专业化、集约化,对充分发挥华农公司资产经营管理作用,实现困难企业脱困和资产盘活具有重要意义。

加速推进对外并购。集团十分重视对外并购,统一协调,统一组织。召开专门的并购工作会议,组织制定《关于积极推进企业并购工作的指导意见》《企业并购规范操作指引(试行)》等规范性指导文件,加强对并购工作培训,积极协助争取政策资金支持,加快履行审批程序,为并购工作顺利开展创造了条件。各有关企业贯彻集团部署,积极行动,对外并购取得突破性进展。2011年集团把并购作为实现战略、加快发展的重要手段,并购了6个项目,并购投资4.09亿元,并购增加销售收入4.48亿元以上、利润5800万元以上。

【走向海外】 集团在着力服务"三农",为建设社会主义新农村做贡献的同时，在农业“走出去”方面，加大力度，加快步伐，取得突破性进展。经过几年努力，三大主业“走出去”发展取得显著成效。渔业全部走向海外，初步形成全球性生产格局，累计为当地合作国创造6亿多美元的经济收入和10万多人次的就业机会。集团远洋渔业带动我国100余家远洋渔业企业、1800多艘船只走出国门，在取得较好经济效益的同时，在三大洋的公海海域占有相当大的份额。在退出部分传统低效捕捞项目的基础上，一批以深冷金枪鱼钓船、大型围网船、专业鱿钓船为代表的大洋性作业发展迅猛，成为集团远洋渔业的主体；海外渔业基地建设在东非、西亚、南太平洋有新的突破，尤其是成功收购日本公司马达加斯加渔业项目后，使集团拥有印度洋渔业基地；收购美国公司5条大型冷藏运输船，完善了集团运输服务产业链。集团种植业已建立的8个海外农场，为解决当地人员就业、提高食品供给、稳定食品价格、示范和带动周边农业发展起到积极作用。

【重大创新】 集团突出重点，有针对性地加强远洋渔业、畜牧制药业和柴油机制造业的科技创新，取得了一批新产品、新技术成果。一是确定科技发展战略。根据集团发展战略，研究制定《集团“十二五”科技发展规划》，集团所属中牧、淄柴、中水、中垦、舟渔、中水渔业等公司也制定本企业的科技发展规划。二是生产科技创新取得重大进展。中牧公司口蹄疫病毒、猪瘟ST细胞和蓝耳疫苗悬浮培养工艺试验及相应改造取得积极成果。中水公司抓紧推进与东海所、上海海洋大学、广东海洋大学等科研单位合作开发的技术项目。淄柴公司自主研发16V170柴油机技术出口缅甸，实现公司对外技术输出的突破。三是引进科技人才。中牧研究院引进中科院动物医学院的院长，广西格霖公司引进中国首席甘蔗专家。四是评审科技成果，激励科技人员积极性。五是加强对知识产权保护和专利申请工作。2011年集团共申请专利21项(其中发明专利12项)，获得专利授权20项(其中发明专利2项)，年授权数创历史新高。

【党建工作】 2011年，集团党委按照国资委党委部署，围绕中心服务大局，继续深入开展创先争优活动，结合纪念建党90周年一系列纪念活动，积极探索推进党建工作的有效途径和方法，基层党组织的战斗力不断提升，干部队伍素质和党员队伍素质不断优化。

1. 创先争优活动进一步深入。集团党委继续深入开展创先争优活动，坚持把创先争优活动作为学习实践科学发展观活动的继续和延伸，紧密结合实际，突出企业特色，围绕企业科学发展中心任务扎实推进，呈现出组织创先进、党员争优秀、企业上水平、职工提素质的良好局面。深入开展集团全体党员和各级党组织公开承诺、领导点评等活动，有效激发了广大党员干部职工加快发展、争创一流的积极性。各企业把创先争优活动融入生产经营、科研管理和企业改革发展稳定各项工作，做到党建工作和生产经营双促进。为庆祝建党90周年，集团紧密围绕党中央决策部署，在全集团开展专题读书活动，组织开展庆祝建党90周年党史知识竞赛，集团系统28个党组织的3000多名党员参加竞赛，对党的认识进一步加深。

2.“四好”领导班子建设进一步加强。集团不断深化“四好”领导班子创建活动，继续加强各级领导班子的组织建设、作风建设和思想政治建设，优化班子结构，提高综合素质，增强整体功能。全面开展领导班子和领导人员综合考核评价工作，强化综合考评结果运用。加大竞争性选拔高层经营管理者工作力度。针对集团发展新阶段、新任务的需要，集团对部分企业领导班子进行调整充实。一批年富力强、业绩突出的同志充实进领导班子，干部队伍知识化、专业化、年轻化水平取得重要进步。通过调整充实，改善二级企业班子结构，企业班子面貌发生新的变化。

3. 党的组织建设进一步加强。集团党委坚持“党要管党、从严治党”，始终将党的组织建设作为确保党组织发挥政治核心作用的基础工作来抓。集团党委从自身建设抓起，坚持民主生活会制度、党委中心组理论学习制度，出台《关于加强和改进中农发集团党委自身建设的意见》，集团党委运作制度化、规范化。各直属企业党委也根据《意见》精神，结合企业实际制定加强和改进党组织自身建设的文件，基层党组织进一步充实、健全。集团海外党建工作成绩突出，在中组部、国资委召开的中央企业海外党建工作会议上作了经验交流。集团所属乡企公司、中牧公司和淄柴公司等2名个人和1个单位因党建工作突出受到国资委党委表彰。

4. 反腐倡廉建设取得新成效。2011年集团认真落实党风廉政建设责任制，深入推进以完善惩防体系为重点的反腐倡廉建设，取得新成效。集团以规范权力运行为主线，推进和完善制度建设。贯彻落实"三重一大"决策制度，坚持民主生活会制度，修订职务消费制度，推进党务公开工作；切实落实党风廉政建设责任制，集团党委与二级企业签订《党风廉政建设责任书》，一级抓一级，层层落实廉政建设责任；集团以"融入中心做工作，进入管理起作用"为工作思路，不断建立健全效能监察工作机制，扎实有效地开展效能监察工作。全年效能监察立项28项，提出监察建议50条，整章建制18项，做出监察决定15个，避免经济损失和节约资金1200多万元。加强纪检机构自身建设，充实力量，工作有了新起色。建立纪委书记述职述廉制度，提高直属企业纪委书记的工作责任心和履职能力水平，促进企业党风廉政建设和反腐败工作落实。

【履行社会责任】 随着集团改革发展壮大，国务院和有关部门对集团的重视程度进一步加大，集团对外形象进一步提升，行业位势进一步提高。国务院副总理回良玉2011年两次到集团海外农业、渔业基地视察，亲切看望海外员工，对集团在农业、渔业"走出去"等方面工作给予充分肯定和高度评价。全国政协经济委员会副主任李荣融、国资委副主任黄淑和也先后视察集团海外远洋渔业基地，对集团"走出去"发展给予指导。中央电视台、人民日报等中央9家新闻媒体首次联合采访报道中农发集团，集团对外影响力日益增强。集团与多个省市开展战略合作，与多个同行企业建立战略合作关系，整体发展空间进一步拓展。

集团积极转变经济增长方式，大力发展低投入、低能耗、低污染、高效益的"三低一高"产业，加快淘汰高投入、高能耗、高污染、低效益的"三高一低"产业，努力创建资源节约环境友好型企业，取得良好效果。据不完全统计，2011年中农发集团节能减排资金投入近2亿元，主要用于节能设备更新安装，锅炉升级改造，污水处理及排放监测，新型渔船研发，渔船和渔具更新，设备改造升级等。集团全面完成国资委下达的节能减排各项指标。

集团自觉履行作为中央农业企业特殊的社会责任，取得了企业效益和社会效益双丰收。集团从事的远洋渔业、生物制药、"走出去"开展海外农业合作等，直接关系民生问题乃至国家外交合作、粮食安全、人民健康等，得到国家有关部门的肯定。2011年，在科特迪瓦爆发内乱之时，集团根据外交部的指令，成立应急领导小组，第一时间调配船只赶赴阿比让海域，全力配合使馆撤侨行动。集团积极配合利比亚撤侨行动，将附近海域作业的渔船进行动员调集，作为备用力量，随时准备参与撤侨任务。虽然后来撤侨行动并未采取海上方式，但集团作为中央企业在此次事件中服从大局，勇于承担社会责任的做法，受到国资委、外交部、农业部的高度评价。

（撰稿人：邢　华）

中国中纺集团公司

【基本概况】 2011年是中国中纺集团公司（以下简称"集团"）第二个五年战略规划收官之年，经过五年的科学发展，集团转型实现突破性的进展，成功完成三个转变。从传统的贸易商转变为具有初步价值链管理能力的供应链管理商，经营领域涉及粮、棉、油大宗农产品的贸易、实业、物流、仓储业务，经营链条涉及原产地采购、加工、分销等相关上下游环节；从以纺织品贸易为主转变为以粮、棉、油等大宗农产品经营为主；从以贸易为主转变为工贸并举，贸易与生产紧密互动，上下游衔接，具有特色优势。

与此同时，集团全面启动"三五"战略规划制定工作。在规划制定过程中，集团认真贯彻落实国家关于粮油、纺织相关行业"十二五"规划，以及国资委提出的"一五三"实施纲要，坚持以科学发展观为指导，按照国资委"做强做优中央企业，培养具有国际竞争力的世界一流企业"的总体要求，在国家各有关主管部门的领导下，继续坚持"粮、棉、油等大宗农产品供应链管理商"的战略定位，明确了将集团打造成为"有特色、有价值、有份量"、全面参与国内外市场竞争的行业一流企业的战略指导思想。

2011年5月4日，集团第一届董事会第一次会议召开，2011年10月10日，国资委在集团召开建设规范董事会工作会议，集团在建立现代企业制度的进程中迈出了历史性的一步。

【主要指标】 2011年，集团实现营业收入348亿元，再创历史新高，较2010年增长12.8%，其中主营业务收入345亿元，完成年度预算的103%。集团实现税前利润5.35亿元，完成年度预算的122%，实现息税前利润9.8亿元，同比增加1.8亿元，增幅达22%，息税前盈利能力大幅提高。

2011年，集团经营性现金流量净流入9亿元，同比增加35亿元。经营性现金流得到较大改善。

2011年中国中纺集团公司

主要经济指标

项目	2010年	2011年	比上年增长(%)
资产总额(亿元)	191.05	186.12	-2.6
所有者权益(亿元)	54.22	54.48	0.48
营业收入(亿元)	308.74	348.35	12.8
利润总额(亿元)	5.87	5.35	-9.9
净利润(亿元)	4.87	3.83	-21.4
归属于母公司所有者的净利润(亿元)	4.36	3.78	-13.3
技术开发投入(亿元)	0	0.19	
净资产收益率(%)	9.36	7.04	减少2.32个百分点
总资产报酬率(%)	5.00	5.18	增加0.18个百分点
国有资本保值增值率(%)	107.6	106.4	减少1.3个百分点

【改革发展】

1. 完善制度体系。2011年5月4日，集团第一届董事会第一次会议召开之后，集团董事会工作迅速开展，先后审议通过新的公司《章程》《董事会议工作制度》《总经理工作制度》等11项重要治理制度。在此基础上，管理层带领各职能部门对各项基本管理制度进行全面梳理和调整，完成董事会审批的管理规定16项，完成总裁办公会审批的管理办法41项。这些制度、规定和办法的建立为集团的规范化运作提供了有力的制度保障。

2. 强化对主业经营的动态管理。以国资委考核指标为主线，从财务、风控和运营三个维度对集团主业运营进行分析和监控。重点关注董事会提出的流动资产占用较大、资产周转效率低、经营活动现金流为净流出等问题，加强对存货、应收账款、其他应收款、预付账款等四项主要流动资产环比和同比变动情况的跟踪，督促子公司把握好销售与周转的平衡，加快库存周转和应收账款回收速度，提高流动资产周转率，努力增加经营活动现金流入。

3. 集团全面开展主业整体上市工作，截至2011年底改制上市工作取得了阶段性成果。完成一系列自然人股权清理工作、成衣板块加工企业整合工作；积极推进股权整合工作，结合集团主业整体改制上市方案，对集团企业股权进行全面梳理，启动27项股权无偿划转和协议转让项目。

4. 完善董事会治理下分层级的绩效和薪酬管理体系。2011年，集团以董事会治理为契机，进一步完善绩效和薪酬管理体系，本着权责利相统一、长期考核与短期考核相结合的原则，分别针对公司高级管理人员、职能部门负责人、二级企业管理层制定相对应的绩效和薪酬管理制度。通过制度的制订与完善，明确董事会和经营班子对绩效和薪酬的分级管理体系，以卓越业绩为导向，建立有效的激励和约束机制，有利于集团经营压力的有效传导，确保集团战略经营目标的实现。

5. 进一步充实和加强集团管理层。2011年，集团持续推进以关键岗位干部管理为核心，以加强各层级后备人才的培养为重点，以制度和组织体系完善为基础，以内生性培养和外延式招聘为主线的人才队伍建设工作。

【重大项目】 2011年3月13日，集团与四川省广元市政府油脂加工物流项目投资意向协议签约仪式在京举行，项目包括2000吨/天油菜籽/大豆双榨线、精炼及小包装生产线和相应物流配套设施。

2011年5月9日，集团成功发行2011年度第一期5亿元人民币中期票据，5月10日募集资金到账。8月17日，集团与汇丰银行在香港会展中心签署总额为5亿美元的银团贷款协议书。9月29日，集团与由汇丰等八家银行组成的海外银团举行贷款签约仪式，贷款总额达到3.6亿美元。

2011年5月24日，集团与安徽省蚌埠市人民政府在京举行中纺油脂蚌埠工业园项目签约仪式，园区规划油脂油料加工、饲料加工、小麦加工、大米加工及仓储物流五大业务区，项目建成投产后每年可实现50亿元销售收入。

2011年5月27日，集团与中储粮总公司在京举行日照合作项目签约仪式。合作项目包括产能为4000吨/天的油料加工线一条，1000吨/天的精炼生产线一条，年加工能力120万吨。

2011年10月26日，集团工贸公司下属廊坊中纺新元无纺材料有限公司建成开业。新元公司将投产属于国家“十二五”鼓励研发和突破的新型非织造布项目。

【走向海外】 按照国资委“做强做优中央企业，培育具有国际竞争力的世界一流企业”的总体要求，集团坚持实施“走出去”战略，积极开展海外业务，促进业务转型，进一步完善美国公司、巴西公司和香港公司的运作模式，在原产地采购、贸易结算、国际融资等方面做了大量的工作。集团拥有澳洲棉田5000多亩，作为实施“走出去”战略的重要组成部分和尝试，对控制海外农产品资源具有积极的意义。

【重大创新】

1. 纺织业务板块。集团积极开展与科研单位的合作，加大新产品开发力度，积极扩展新型业务领域，尝试高档纱线和产业用纺织品的生产研发。集团下属中纺工贸春江公司成为军品联盟的骨干企业，全年自主开发生产包括新型多纤维高档纱线在内的新产品、新品种50多个；集团下属中纺工贸廊坊新元公司与天津工业大学合作，适时地进入产业用纺织品领域，实施长丝超纤非织造布项目，项目已全面落成。

2. 粮油业务板块。集团在加强全国产业布局的基础上，优先支持创新型项目投资，着重提升业务科技含量。2011年度集团先后批准在蚌埠、新沂、广元等粮油主产销区规划建设集物流和精深加工为一体的综合性粮油产业园，促进集团粮油业务向精深化、可循环转型。

【党建工作】

1. 2011年，集团党委认真贯彻执行中央和上级党委的指示精神，围绕集团中心工作，认真抓好领导班子自身建设，抓好基层党组织和党员队伍建设，继续深入开展创先争优活动和企业文化建设，带领干部职工克服困难、奋力拼搏，全面完成了国资委下达的各项经营指标，有效发挥了政治核心作用。集团党委结合公司实际，在创先争优活动中认真开展领导点评工作；组织开展财务岗位技能竞赛；进行了党员素质测评。结合建党90周年，组织党员参观西柏坡，进行党的光荣传统教育；开展党史知识竞赛活动；评选表彰优秀共产党员、优秀党务工作者和先进党支部；召开“七一”表彰大会和优秀党员先进事迹报告会。结合集团成立60周年，组织开展了系列表彰和庆祝活动。

2011年，集团企业文化建设主要围绕集团成立60周年庆典活动展开，集团出版《集团企业文化手册—理念文化分册（MI）》和《集团企业文化手册—形象文化分册（VI）》；发布了新的企业标识，新标识蕴含着集团粮、棉、油供应链管理商的战略定位、集团“衣食天下、造福民生”的企业使命，充分展现集团决心成为行业一流企业的志向和愿景。

2. 在反腐倡廉建设中，认真贯彻落实中央纪委十七届六次全会精神和国资委反腐倡廉建设会议精神，积极开展反腐倡廉教育，组织党员参加《纪念中国共产党成立90周年反腐倡廉知识竞赛》活动；组织中层以上领导干部和重点岗位人员参观北京市检察院举办的反腐倡廉警示教育展览；对拟提中层干部进行党风廉政建设考察测评，为干部的提拔任用把好廉洁自律关；对贯彻落实五项制度执行情况开展专项检查；加强工程建设领域突出问题专项治理工作，完善工程建设管理制度；对大宗产品采购和技改项目招投标工作开展效能监察；认真做好群众来信来访和案件查办工作，为企业发展保驾护航。

【信息化建设】

1. 2011年，集团网站保持央企网站A级水平，继续在国资委网站建设和管理中保持比较领先地位。

在央企信息化“登高计划”绩效测评中，集团信息化成绩升入B级较前位置。

2. 开展决策支持体系建设工作，针对“中纺集团十二五规划信息化保障体系”，提出：“十二五”期间重点推进管理信息化的建设，特别是加快建设“辅助领导决策支持信息系统”和“全面风险管理信息系统”。2011年，开展领导决策支持系统商业智能（BI）技术架构的测试及实施调研工作。确立集团的领导决策支持系统的建设策略为：“搭积木式”＋“小步快跑”＋“自主开发为主”模式；建设原则为：“瞄准需求、讲求实效”。

【履行社会责任】 集团在主营业务转型升级不断深化和发展的同时，始终把节能降耗、减少污染物排放、保护环境作为集团不可推卸的重要社会责任。

集团根据国资委的相关规定和要求，加强和完善节能减排工作体系建设，保证节能减排工作顺利开展。集团将粮油生产企业作为集团重点能耗单位，通过加强管理、建立制度、技术改造、强化宣传等多种措施，开启了节能减排工作新局面。2011年，集团工业类、非工业类企业节能量分别为－1.4077和－0.0693，主要指标较2010年有明显改善，节能减排取得显著成效。面对国内外不利的经营环境，2011年集团仍然取得营业收入创历史新高的佳绩，工业总产值比2010年增加10％，而能源消费总量同比减少8％，通过加大资金投入，对多家生产企业的锅炉进行改造，有效降低了SO_2排放量，较2010年减排249吨，降幅高达21％。

（撰稿人：李　昕）

中国外运长航集团有限公司

【基本概况】 中国外运长航集团有限公司（以下简称“集团公司”）实行母子公司体制，所属全民所有制企业将逐步改制。集团公司对所出资企业行使股东职权，依法享有资产收益、重大决策和选择经营者等权利，以出资额为限对所出资企业承担有限责任。各子公司是独立法人，拥有法人财产权，自主经营，自负盈亏，对集团公司承担国有资产保值增值责任。

集团公司定位为战略和重大决策管控型总部，对国资委承担国有资产保值增值责任。主要职能包括：战略规划、资本运作、投资决策、财务管理、人力资源管理、资产管理、风险管理、资源整合、运营协同、安全监管和对重大生产经营管理事项的管控等。

集团公司不断优化资源配置，压缩管理层级，提升管理效率，在主营业务板块的构架基础上，逐步建立专业分工、边界清晰、责任明确的管控模式，以增强集团的内部管控力和外部竞争力。

集团公司通过逐步清理调整原有的规章制度，修订和完善新集团的各项规章制度，规范指导各级单位的经营管理活动。

1. 投融资管理。

2011年，在集团领导和相关部室、子公司的支持下，集团融资管理工作取得了显著进展：《集团资金管理办法》的制定为集团资金一体化管理提供了制度保障；财务公司2011年6月初开始营运、境外资金管理中心初步建立，使得集团能够在国内、国际两个市场配置资金资源；同时，集团境内外资金互动模式日益完善。

2. 改制重组、资源整合。

自2009年12月23日国资委批复集团《重组方案》以来，集团领导即按照“先易后难，稳步推进”的原则来完善和实施《重组方案》。修改完善集团整合方案最终稿，并上报国资委备案。

2011年5月19日，为确保重组整合工作的顺利推进，集团公司决定进一步加强相关的组织保障工作，下发《关于加强集团在重组整合中组织保障工作的通知》（运战略字〔2011〕315号），通知要求集团公司成立四个专项整合实施领导小组负责制订和落实具体的细化实施方案。

在制定整合方案过程中，集团坚持按照国资委提出的“重组整合与战略规划紧密结合”的要求，先后于2010年8月25日和10月8日两次与战略规划的咨询机构麦肯锡公司进行交流研讨，对整合方案中的发展目标、重组内涵、关键举措等达成共识，为实现集团“和谐重组创辉煌、进入世界500强”的发展目标奠定良好基础。重组领导小组也就重组方案分别向董事会、监事会、高管层、二级子公司等征求意见，及时修改完善重组方案。2010年9月16日、12月16日和2011年1月20日，重组领导小组先后三次向集团党政领导汇报了整合方案。集团领导对整合方案从不同的角度提出了富有建设性的意见和建议，重组领导小组据此对整合方案进行了调整和完善。

在制定整合方案的过程中，集团重组领导小组经过反复的探讨、研究和论证，逐步理清了思路，在多套备选方案中达成共识，最终于2011年2月10日将《中国外运长航集团整合方案》上报集团公司第一届董事会第二十六次会议审议，并获得原则同意。

在根据董事会的要求对整合方案做进一步完善之后，集团公司于4月1日向国资委正式报备《关于〈中国外运长航集团整合方案〉的报告》（运战略字〔2011〕187号）。4月14日，集团第一届第一次职工代表大会召开。来自全集团的135名职工代表出席会议，对整合方案进行了审议和讨论。

2011年3月31日，集团公司下发《中国外运长航集团整合方案》，明确了集团物流业务板块的重组范围、原则和相关事项，提出以股份公司为集团物流业务统一平台，将集团所有从事物流业务的公司（存续、非上市、专业子公司、海外公司）交由股份公司整体经营管理。随后，根据集团公司下发的《关于加强集团在重组整合中组织保障工作的通知》要求，物流业务整合实施工作领导小组召集工作小组召开了工作会议，确定了工作小组的内部组织结构、人员分工及具体职责，并要求工作小组在2011年6月底前完成物流整合实施框架方案，提交集团总裁办公会审议。同时，领导小组要求工作小组高度重视整合工作、团结协作，保证工作纪律，确保整合工作平稳高效推进。

【主要指标】

2011年中国外运长航集团有限公司

主要经济指标

项　目	2010年	2011年	比上年增长（%）
资产总额（亿元）	1165.54	1210.70	3.87
所有者权益（亿元）	512.61	500.6	－2.34
营业收入（亿元）	946.51	1030.60	8.88
利润总额（亿元）	33.73	13.7	－59.38
净利润（亿元）	27.05	7.6	－71.90
归属于母公司所有者的净利润（亿元）	18.4	9.5	－48.37
技术开发投入（亿元）	1.25	3.3	164.00
利税总额（亿元）	49.9	24.45	－51.00
应交税金总额（亿元）	26.87	24	－10.68
全员劳动生产率（万元/人·年）	14.86	11.71	－21.20
净资产收益率（%）	5.36	1.52	减少3.84个百分点
总资产报酬率（%）	3.84	2.37	减少1.47个百分点
国有资本保值增值率（%）	102.2	98.33	减少3.87个百分点

【改革发展】 根据中组部、国资委关于提高中央企业选人用人工作满意度的要求，不断推进干部人事制度改革，进一步健全、完善干部选拔任用机制，加强干部队伍建设，全面提升干部队伍整体素质，按计划做好领导班子及领导班子成员的考核、调配工作，从年龄结构、学历结构、班子职数等方面优化了领导班子配置；进一步拓宽选人用人渠道，加大竞争性选拔干部力度，采取公开、民主、竞争、择优的方式，使优秀人才脱颖而出，将政治素质好、管理水平高、创新能力强、专业水平突出的干部选拔到领导干部岗位，竞争性方式选拔干部的比例达到预期35%的目标；加强干部能力、素质建设，对总部中层干部进行轮训，培训覆盖率达到100%。

按照“精细管理，实施有效考核”的思路，深入推行EVA考核，全面开展全员业绩考核工作。进一步加大高管人员的业绩考核力度，董事会采用360度考核及定性和定量考核相结合的方式，从经营业绩指标考核，重点工作任务考核、能力素质考核三方面全面评价企业高管年度业绩及履职能力，考核过程程序合理、组织严谨、参与面广，考核结果客观反映了各方面对高管的评价；加大对子公司指标完成情况的跟踪力度，通过强化考核分析，较好地发挥了考核的导向作用，促进各子公司开源节流、降本增效。

全面落实国资委关于人工成本管控的各项要求，加强人工成本全过程管理，强化动态跟踪，及时将国资委有关人工成本管控的指导意见传达到各二级子公司，先后下发《关于转发〈关于加强中央企业人工成本管理控制有关事项的通知〉的通知》《关于进一步加强人工成本管理工作的通知》等文件，要求各子公司从严从紧控制人工成本增长。对各子公司人工成本预算进度进行跟踪分析和监测预警，多次召集重点公司进行专项沟通，对重点公司提出了明确的人工成本管控意见和工资总额调控线；通过采取一系列切实可行的措施，努力将工资总额控制在预算目标内。

加强集团总部能力建设，针对总部相关部室部分岗位存在空缺情况，通过内外部网站公开招聘、校园招聘等方式，按照招聘程序，积极推进相关部室的员工招聘工作，通过引进高素质人才，提升集团工作效率。

进一步推进集团"十二五"人力资源规划的实施，通过建立和完善人力资源统计报表制度，不断加强对集团人力资源管理工作规划的跟踪和管理。

【走向海外】 截至2011年12月31日，集团境外资产为293.5亿元。按投资主体划分：集团公司83.4亿元，子公司210.1亿元（其中长航集团72.5亿元，红筹公司137.6亿元）；按业务范围划分：综合物流18.3亿元，航运业务228.4亿元，其他46.8亿元；按地域划分：亚洲284.4亿元，大洋洲8.6亿元，欧洲0.1亿元，美洲0.4亿元。

截至2011年12月31日，集团境外机构201家，其中境外企业192家（法人187家，非法人5家），代表处9家；境外机构分布在五大洲27个国家和地区，即中国香港地区、中国澳门地区、中国台湾地区、泰国、越南、柬埔寨、马来西亚、缅甸、印度尼西亚、巴基斯坦、哈萨克斯坦、蒙古、阿联酋、日本、韩国、新加坡、新西兰、美国、加拿大、德国、荷兰、英国、安哥拉、巴拿马、英属维尔京、圣文森特和百慕大；业务涉及货运代理、船务代理、船舶经营管理、船舶租赁、航线经营、仓码经营、集装箱业务和林山采伐等。187家境外法人企业具体情况：

按投资主体划分：集团公司42家，子公司145家（其中长航集团25家，股份公司37家，中外运航运公司75家，省市子公司8家）；

按照持股比例划分：独资公司160家，合营公司27家；

按照产权级次划分：2级16家，3级28家，4级51家，5级12家，6级69家，7级11家；

按业务范围划分：综合物流34家，航运业务134家，其他19家；

按地域划分：亚洲140家，大洋洲4家，欧洲3家，美洲39家，非洲1家；

按实体类别划分：经营、管理或控股公司93家，单船公司94家。

【重大创新】 集团于2011年12月成立科技部，并根据集团"十二五"战略规划的要求，对集团2012年的创新方向和重点工作进行了规划，完成2012年科技经费投入的预算编制工作。

2011年，集团组织科技创新研究项目27项，申请的技术专利获国家专利局2011年度公布的集团发明专利项目5项，实用新型专利20项，外观设计专利28项。

2011年，集团申报和开展的重点科技项目有脉冲电弧液电放电船舶压载水处理系统、船用轴带无刷双馈发电系统、提高船舶企业钢材利用率的应用研究、节能型江海直达船型研究项目、LNG双燃料动力船舶改造项目、船载GPS/雷达智能导航终端系统研究、全天候船载红外可视导航系统研究、长江三峡库区变动回水段船舶驾引操作指南编制、新建大型海轮通过长江段水域安全研究等科技项目。这些科技项目的开展，有力地推动了集团的科技创新工作向深入开展。

【党建工作】 截至2011年底，中国外运长航集团有限公司共有党委152个；党总支93个；党支部1479个，党员27890名。

2011年，集团党委紧紧围绕中心工作，充分发挥党组织的政治核心作用、基层党组织的战斗堡垒作用和广大党员的先锋模范作用，为集团顺利完成各项工作任务提供了有力的思想、政治和组织保证。

1. 不断加强和完善党建工作。集团党委坚持突出重点、整体推进，以健全民主集中制为重点不断加强党的制度建设，为党建工作的有效开展提供制度保障，先后制定《关于加强和改进新形势下集团党建工作的指导意见》，修订集团党委议事规则，制定关于“三重一大”集体决策实施办法和党务公开实施办法等。对集团基层组织区域化管理工作做了有益探索，提出按照“双重领导、属地为主、区域管理、统一对外”的思路，遵循“三个有利于”的原则（即：有利于最大限度地发挥区域内企业党组织的政治核心作用，有利于加强对区域内企业全体党员的教育管理，有利于为区域内各企业的改革发展稳定提供更加强大的组织资源保证），全面理顺区域内党组织的隶属关系，对同一区域内各级党组织进行区域化管理的总体思路。

2. 继续深入开展创先争优活动。根据国务院国资委党委的总体部署，集团党委继续在全集团广泛深入开展创先争优活动和创建“四强”党组织、争做“四优”共产党员活动，先后开展党员承诺、领导点评、评优表彰和群众评议活动。组织开展为民服务创先争优活动，建立集团党委领导人员联系点制度，确定13家集团重点联系窗口单位，深入61个基层单位检查指导工作，中央企业为民服务创先争优活动第十一检查组认为集团活动抓得早，行动快；抓得实，结合紧；有强化、有亮点、有创新，对集团的经营管理工作起到了积极促进作用。

3. 组织开展纪念建党90周年系列活动。以纪念建党90周年为契机，加强党员思想教育，组织开展创先争优征文、红歌演唱会、观看先进典型录像和爱国电影、组织红色之旅、七一评优表彰等系列庆祝活动，烘托了氛围，坚定了党员群众紧跟共产党建设社会主义新中国的信心和决心。

4. 扎实开展巡视、整改工作。5月至10月，国资委第一巡视工作组入驻集团开展巡视工作，集团高度重视，精心组织，妥善安排，全面配合，先后协助巡视组到68家基层单位巡视，组织153人次谈话，为巡视工作开展提供有力支持和保障。集团坚持边巡视边整改落实，将开展巡视的过程作为整改解决突出问题的过程，着力推动重点工作的开展；根据巡视反馈意见，针对巡视组指出的工作薄弱环节和意见建议，成立整改工作小组，研究制定整改方案，按照“统一思想，正视问题，解剖原因，重在整改，务求实效”的原则，逐一明确整改任务，落实整改责任，强化整改措施，强化跟踪督办，确保整改效果。

5. 加强党建工作研讨交流。为加强基层组织党建工作经验交流，达到相互促进、共同提高的目的，集团党委于11月组织由部分直属单位共42位党委负责人参加的党建工作研讨会，展示近年来党建工作成果，交流探讨新时期新情况下党建工作的经验与做法，为进一步推动集团党建工作提供新理念、新思路、新途径和新举措。

6. 持续提高集团总部和群团工作水平。于11月9日组织召开集团机关第一次党代会，选举产生中国外运长航集团有限公司机关第一届党委和纪委。集团机关党委紧密结合机关工作的实际，结合集团创先争优活动的开展，不断深化“三个三”主题教育；认真梳理党建工作的有关制度，制定《党支部建设纲要》，进一步明确机关党支部建设的指导思想、目标任务和标准要求。坚持党建带团建理念，大力推进集团共青团工作，逐步完善基层团组织建设，先后建立健全六家所属单位的共青团组织机构；组织开展共青团全覆盖工作、共青团组织创先争优活动和“青年文明号”创建活动；组织全系统“我爱我企我SHOW我企”青年PPT设计演讲大赛，收到较好效果。

7. 加强维稳信访工作。集团党委始终将维稳信访工作作为党建工作的一项重要内容来抓，坚持维权与维稳相结合，坚持预防为主、关口前移、重心下移，坚持企地共建。年初与各所属单位签订《维护稳定工作责任书》，并根据集团实际对责任书相关内容做了调整；对集团2011年维稳工作进行安排部署和检查督导，要求各所属单位全面开展矛盾纠纷排查化解工作，补充和完善维稳工作预案；对维稳重点单位进行重点跟踪，对来访事件进行妥善处理。

8. 企业文化建设。在巩固上年文化建设成果的基础上，继续在加强企业文化融合和增强集团“五种力”（即提高企业的凝聚力、增强企业的核心竞争力、强化战略的执行力、激发职工的创造力，进而提升集团的文化导向力）上下功夫，逐步建立具有集团特色的核心价值理念、经营理念、道德理念、行为规范以及制度的文化体系。举办新春联欢会，组织开展各种球类、棋类、书画摄影等文化、文艺体育活动，使职工的精神文化生活更加丰富多彩，增进了员工间的团结和集体凝聚力。

【信息化建设】 2011年，按照集团战略规划及各项管理职能、业务经营活动的要求，制定集团"十二五"信息化规划，明确集团信息化工作的定位、指导思想、愿景、总体目标、建设原则、发展策略和主要内容，并从应用系统、信息资源、技术及基础设施、信息安全、信息化组织与管理等五个方面进行详细阐述，同时提出"十二五"期的信息化投入估算、规划落实的潜在风险和基本保障措施。

1. 推进了集团统一部署的应用系统的建设。

集团网站群建设。与集团办一起进行集团网站群的建设，完成集团门户网站和8家子网站的建设，并对现有子公司网站进行规范性整改，制定网站群建设的规划，初步建立保证集团网站群有效运行的管理制度体系。

集中账务系统建设。在2010年完成实施50家单位的基础上，2011年继续进行推广，完成177家子公司的上线工作，超额完成原定70—100家的上线目标。有241家单位建立总账。此系统的成功推广运行，将原中外运集团非上市公司逐步集中到统一的会计核算平台，最终将实现中国外运长航集团会计核算的统一管理。

审计信息系统建设。为达到国资委对央企内审工作要不断提升规范化、标准化和信息化水平的要求，满足集团审计工作的实际需要。完成需求分析、提供商的选择、系统上线部署。从2011年开始，在集团公司、股份、长航、重工、久凌、外运发展等公司试运行。

法律信息系统建设。启动全面风险管理系统的建设，目标是建立风险评估、重大风险指标监控、风险管理报告等全面风险管理的平台。以合同管理为切入点进行系统建设，完成需求调研、系统的设计方案，正在开发测试阶段。

物流监管系统建设。该系统为各级管理者提供统计、分析、决策和控制支持，实现与多家银行的信息交换，提高了协同工作的能力。对该系统进行进一步的优化，集团下属从事物流监管业务的59家公司在使用该系统，系统中涉及金融机构80家，系统用户1200多人，出质人3000余家。

虚拟平台建设。为提高系统运行的安全可靠性，搭建完成集团系统的虚拟平台，将多个已建成的系统迁移到此平台。2011年新建设的信息系统均在此平台上搭建，提高了软、硬件资源的利用率，提升了系统的安全可靠性，降低了建设成本。

部门工作平台建设。搭建一个部门信息平台，实现了计算机设备、软件、文档、评标、出差管理等，该平台还支持了党群工作部的网上答题工作，人力资源部干部履历表在线填报和统计分析等。

2. 指导子公司的信息化建设。

参与上海集团外高桥建设物流园区信息化项目方案设计，并对项目招标选择提出指导性意见；指导银川中外运陆港物流公司的信息化建设；支持军代处的网络建设等。

【履行社会责任】 2011年，按照国务院国资委提出的"所有中央企业必须于2012年之前发布企业社会责任报告"的要求，集团公司组织集团公司各部室、各重点子公司开展报告的编纂工作。在编撰工作中，对各单位参与人员进行培训，对各部门负责人进行访谈，对所收集的大量文字和图片资料进行分析和整理，最终于2011年9月编撰完成并发布《中国外运长航集团有限公司2010年企业社会责任报告》，该报告同时上报国资委，提前一年完成发布任务。这是集团公司首次向社会正式公开发布企业社会责任报告，报告以中英文形式编制，并以电子版和纸质版的形式发布。

在社会责任报告的编制发布过程中，集团切实提高企业履行社会责任意识，理清社会责任工作现状和问题，提升社会责任管理工作水平，促进集团的可持续发展。

（撰稿人：廖　燕）

中国丝绸进出口总公司

【基本概况】 中国丝绸进出口总公司（以下简称"中丝公司"或"公司"）是我国成立最早、规模最大的丝绸进出口企业之一。公司的主营业务是茧丝绸原料商品及服装服饰成品的生产和国内外贸易，石化产品的仓储中转、物流配送、国内外贸易，无尘纸新材料的生产和销售，还经营机电产品、矿产品、金属材料、轻工产品、农林产品、工艺品等其他商品的国内外贸易，以及普通物流、对外咨询和展览、杂志出版、广告等业务。

中丝公司注册资本1.5亿元人民币，拥有全资及控股子公司26家，国内参股企业31家，在世界丝绸主销国家和地区设立贸易机构4个，有职工1400余名。

2011年是中丝公司经营管理、转型发展取得重要进展的一年。面对世界经济增长放缓、国际贸易增速回落，国内宏观经济形势趋紧、通胀压力、原材料价格波动、人民币兑主要外币波动幅度加大等复杂情况，公司在国资委的正确领导和监事会的监督指导下，在广大干部职工共同努力下，不等不靠，排除各种不利干扰，锐意进取、扎实工作，巩固、调整和提高了传统业务，大力推进了新业务的开发和新项目的建设，加强内部管理，企业呈现出良好的转型发展态势。

【主要指标】 2011年，公司经济运行总体平稳，全年实现营业收入272532.57万元，比2010年增长20.92%；利润1281.68万元（含非经常性损益），比2010年减少74.29%。需要说明的是，利润总额减少较多，主要是因为2011年下半年以来股市低迷，原计划出售股票等取得投资收益因股价太低不宜出售而未能实现。根据海关统计，2011年公司出口总值14645.73万美元，同比下降1.31%。出口结构有所调整，丝绸以外商品的出口额较上年同期增长16.74%。进口总值6175.47万美元，同比增长72.05%。在国家鼓励进口的大背景下，公司进口增速远大于出口增速，进口增幅同比大幅度上升。

2011年，公司主营业务收入269714.79万元，同比增长21.13%；主营业务成本255829.69万元，同比增长23.11%。主营业务收入增加的主要原因是2011年国际金融危机的不利影响有所好转，欧美市场呈现复苏趋势，国际客户稳定，出口贸易略有增长；同时，受我国拉动内需政策和行业调整的影响，国内市场大宗商品交易活跃，国内贸易增长较大。主营业务成本增加除受业务增长的影响外，主要原因是国内采购成本和工厂人工成本的增长。

公司2011年末资产总额164957.54万元，比2010年减少17991.76万元，降低9.83%。资产总额减少的主要原因一是受国内股票市场大幅波动及出售股票的影响，非流动资产中可供出售的金融资产减少12482.16万元，占资产总额减少额的69.38%；二是公司的流动资产减少6908.44万元，这一方面是受糖类业务停止经营的影响，公司预付账款减少20880.53万元，另一方面是受国内通货膨胀压力所导致的采购成本增长及公司国内大宗商品业务的迅速发展的影响，公司存货增加10933.17万元。

2011年，公司所有者权益合计102247.15万元，比2010年减少6475.31万元，降低5.96%。其主要原因一是可供出售的金融资产公允价值变动导致资本公积减少9317.83万元，比2010年降低10.98%；二是人民币持续升值和国际主要货币的贬值，导致外币报表折算差额比2010年同期降低48.88%。

2011年中国丝绸进出口总公司

主要经济指标

项　目	2010年	2011年	比上年增长(%)
资产总额(亿元)	18.29	16.50	-9.83
所有者权益(亿元)	10.87	10.22	-5.96
营业收入(亿元)	22.54	27.25	20.92
利润总额(亿元)	0.50	0.13	-74.29
净利润(亿元)	0.34	0.04	-88.24
归属于母公司所有者的净利润(亿元)	0.36	0.07	-80.56
利税总额(亿元)	2.38	1.91	-19.75
应交税金总额(亿元)	1.88	1.78	-5.32
全员劳动生产率(万元/人·年)	6.41	4.92	-23.24
净资产收益率(%)	3.48	0.64	减少2.84个百分点
总资产报酬率(%)	3.50	1.45	减少2.05个百分点
国有资本保值增值率(%)	102.5	100.4	减少2.10个百分点

【改革发展】 2011年，公司在人事管理制度方面进行改革与完善，建立并实施中层干部竞聘上岗制度，产生良好的效果。公司制定《中国丝绸进出口总公司中层管理岗位竞聘工作办法(试行)》，本着客观公正、注重实绩、群众公认、依法办事的原则，按照德、能、勤、绩、廉的标准选拔干部。2011年3月，公司对人事管理部总经理、法律事务部主任、总经理办公室副主任等3个重要岗位进行竞聘，共有7名同志参加竞聘。整个竞聘过程经过发布公告、资格审查、竞聘演讲、现场答辩、民主评议、组织考察、党政联席会议审议确定、公示等规定程序后选定聘任人选。通过推行公开选拔和竞争上岗制度，公司将政治素质好、管理水平高、有开拓创新意识和奉献精神的干部选拔到各级领导岗位，优化管理人员队伍结构。同时，提高干部队伍的竞争意识与敬业意识，真正形成竞争择优的用人机制。

【重大项目】 2011年，中丝公司重大项目、转型发展的战略依托——中丝东北临海化学品物流项目(以下简称"辽化项目")和中丝(上海)新材料科技公司非织造布项目(以下简称"新材料项目")取得重大进展。

辽化项目建设迈出实质性步伐，取得显著成效，在工程建设、贸易开展、企业建设等方面取得优异成绩，提前实现"公司当年成立、工程当年开工、贸易当年盈利"的目标，项目呈现出蓬勃发展之势。一是确立战略发展目标和整体规划。辽化项目的战略目标，是要形成以化学品储运为基础，国内外贸易与物流配送相结合，实体经济与互联网商务相联通的年营业收入超百亿元的大型现代服务业企业集团。辽化项目将在渤海湾辽宁沿海建设3个液体化学品物流基地；同时依托3个基地，打造物流配送和贸易经营两大平台；创设1家基于物联网先进技术的高科技第四方物流企业，即打造3个基地、2个平台、1家高科技公司(简称"321工程")。工程完成后，辽化项目将拥有对东北三省和内蒙古东部地区液体化学品陆海联接的控制力和特殊竞争优势。二是高标准建设仙人岛港储基地一期工程。仙人岛港储基地坐落于营口港仙人岛港区，占地163916.4平方米，规划建设液体化工品储罐60座，仓储容量23.04万立方米。辽化项目按照世界先进标准实施基地设计和建设，仙人岛一期工程地基处理和土建工程全部完工，一罐组8座碳钢罐主体安装完成。三是建设一流贸易平台，国内贸易顺利开局。该项目引进多名在化工行业内有着多年业务经验和成熟业务渠道的高层次人才，组建一流的经营团队，贸易经营团队准确研判市场，果断出手，顺利实现化工品贸易开张。

2011年是中丝公司新材料项目建设的第二年，各项工作取得新的进展，为2012年产生经济效益创造了基本条件。一是持续优化工艺和设备。完成喷胶系统的改进，提高车速，逐步提高产能，降低单位成本；通过优化工艺，提高了产品正品率。二是完成产品质量标准制定和试样，研发出高品质面膜纸。制定热合、综合、胶合和SAP(高分子吸水材料)吸水纸等四大类产品40多个品种的质量标准，基本完成原料选型，取得欧洲无甲醛产品证书，完成产品试样。三是加大市场推广力度。组团参加2011青岛生活用纸年会和上海非织造布展览会，加强产品营销，开始对国内主要客户和日韩等国客户供货。四是加强供应链建设。绒毛浆、复合纤维、SAP等均与国内外主要制造商建立供应关系。

【走向海外】 2011年，面对欧洲主权债务危机的不利影响以及欧美市场普遍疲软的状况，中丝公司积极转变对外贸易的增长策略，派丝绸贸易组分别赴德国、法国、意大利、希腊、美国等欧美传统市场加强与新老客户的沟通，有针对性地开发适销对路的中高端新产品，改变出口结构，提高出口产品的附加值。

公司继续稳固并不断扩大丝绸原料最大的主销市场——印度，派贸易考察团全面考察当地市场情况。针对中东这一新兴丝绸成品市场，公司派员考察阿联酋，了解中东地区丝绸行业的发展趋势。日本市场也一向在公司丝绸原料出口总量中占有较大份额，公司通过组团出访，直接与客户面对面交流，改善销售策略并进一步巩固市场份额。

【重大创新】 技术创新方面，2011年，公司对抱合丝生产设备进行更新改造，开发出了弹力平纹类绸缎如电力纺、斜纹绸等独特品种，属创新性产品。

公司全面推进管理创新，加强管理与服务，取得不少新成果。综合管理方面，一是全面推进公司信息化建设，提高了工作效率和信息化水平。二是注重加强企业内部沟通，从2011年4月起，每两个月召开情况通报会，向职工通报公司经营管理和新项目建设运营进展情况。财务管理方面，一是建立客户信用档案管理制度，公司针对近年来信用销售规模不断扩大的实际，制定《客户信用档案管理暂行办法》，加强客户管理，提高风险防范水平。二是为规避二级公司应收账款的回收风险、减少坏账损失，财务部牵头与中国出口信用保险公司投保国内贸易信用险。三是完善预算管理组织结构，加强预算流程管理，构建全面预算管理体系。

【党建工作】 2011年，公司党委坚决贯彻执行党和国家的路线、方针和政策，落实党中央和国资委党委关于党建工作的重要指示，凝心聚力抓好党建工作。

加强思想政治和作风建设。公司党委积极部署党员学习党的十七届五中、六中全会精神和胡锦涛总书记在建党90周年大会上的重要讲话；结合建设学习型党组织的要求，举办多种形式的学习教育活动，加强思想建设和作风建设，组织在职党员赴湖南韶山参观、开展党建知识答题等，转变工作作风，增强党组织的凝聚力、创造力和战斗力。公司党委设立公司领导接待日制度，密切党群关系。

深入开展创先争优活动。公司党委结合建党90周年，以党组织创先争优带动全公司党群共建，争创先进。公司涌现出一批优秀党组织和优秀党员。公司党委对先进党支部和优秀共产党员进行表彰。综合事业部党支部被国资委党委授予“中央企业先进基层党组织”荣誉称号。

加强公司的舆论宣传工作。充分利用展板、简报、网站等多种形式，在公司内外为企业业务转型、实现跨越式发展做了大量宣传动员工作，加大主动引导力度，凝聚共识，聚集人心，提振士气。

强化反腐倡廉教育，促进惩防体系建设。公司党委、纪委多次召开会议传达中央及国资委党委、纪委反腐倡廉建设工作会议精神，组织中层以上管理人员深入学习《党员领导干部廉洁从政若干准则》《国有企业领导人员廉洁从业若干规定》等文件，组织党员职工参加反腐倡廉知识竞赛，加强反腐倡廉工作。以建立党风廉政建设责任制为基础，将反腐倡廉的工作内容纳入领导干部的考核体系，为惩防体系建设提供保证。

加强职代会制度建设与民主管理工作。一是职工代表积极参与公司重大生产经营项目和关系到职工切身利益事项的审议，职代会通过辽化项目可行性研究报告、物业费和供暖费的改革方案等。二是建立信息反馈机制，发挥职代会纽带作用，及时掌握职工群众的思想动态，听取他们的意见建议。三是维护职工合法权益。注重协调劳动关系，多为职工办实事、办好事。四是坚持党建带群建，加强共青团工作和妇女工作，帮助困难职工，关心离退休老同志的生活和健康。

【信息化建设】 2011年，公司大力推进《中国丝绸进出口总公司信息化建设规划方案》的实施，以建设一个统一、上下贯通、快捷准确的信息服务系统为目标，为公司经营管理提供良好的信息服务。公司协同办公系统建成并正式投入使用，行政事项基本实现“无纸化”办公，提高工作效率和信息化水平。公司网站进行改版和扩充，美观性、实用性和互动性增强。

【履行社会责任】 中丝公司高度重视履行中央企业社会责任，参加国家定点扶贫工作，积极向各种自然灾害受害地区捐款、捐物，参加北京市东城区的计划生育与植树造林活动，积极履行公民义务和责任，定期参加所在地区的人大代表选民选举工作。

2011年4月30日，公司积极响应北京市东城区“救助贫困母亲活动”号召，向该项目捐款。2011年8月8日夜间，辽宁省盖州市小石棚乡杨树房南沟北沟地区发生泥石流，造成当地水、电、通讯和公路交通一度中断。中丝辽化公司响应辽宁省营口市仙人岛能源化工区管委会的捐款号召，向灾区捐款人民币2万元。

（撰稿人：白中辉）

中国林业集团公司

【基本概况】 2011年，中国林业集团公司（以下简称“中林集团”）在国资委的直接领导和国有企业监事会以及国家林业局的指导、帮助下，认真贯彻落实党中央、国务院及国资委的各项方针政策和工作部署，按照年初确定的工作任务和目标，突出主业、加强管理、改善经营，完成年度各项经营目标，改革、发展、稳定各方面工作都取得新的进展，国有资本保值增值率达到102.48%。

【主要指标】

2011年中国林业集团公司主要经济指标

项　目	2010年	2011年	比上年增长(%)
资产总额(万元)	457708	536802	17.28
所有者权益(万元)	118046	123116	4.29
营业收入(万元)	1522323	1975847	29.79
利润总额(万元)	3484	4387	25.92
净利润(万元)	2129	2482	16.04
归属母公司所有者的净利润(万元)	1216	1741	43.17
利税总额(万元)	12304	14466	17.57
应交税金总额(万元)	6294	8161	29.66
净资产收益率(%)	2.07	2.08	增加0.01个百分点
总资产报酬率(%)	2.98	3.66	增加0.68个百分点
国有资本保值增值率(%)	103.86	102.48	减少1.38个百分点

【改革发展】　中林集团成立全面风险管控领导小组及办公室，切实加强风险管理，强化全员风险防范意识，风险管理工作水平进一步提高，中林集团各级企业均未发生任何重大经营损失。2011年中林集团进一步加强规章制度体系建设，先后制定和修订集团保密工作、信息化建设、法律事务、人事管理等规章制度。调整总部管理机构，充实力量，提高工作的质量和效率。完成人力资源HR软件应用的实施工作，企业管理信息化水平进一步提高。重新制作集团公司网站，对集团所有信息系统进行摸底调查，为做好集团信息化系统等级保护工作奠定基础。通过广泛开展银企合作，增加中林集团集中授信规模，融资能力进一步提升，为下一步实施资金集中管理打下坚实的基础。加强债务风险审计为主的专项审计，对4家企业进行债务风险审计，对1家境外企业进行年度财务决算审计，对1家新设企业进行内部审计，同时，中林集团建立经济责任审计联席会议制度。进一步加强法律事务工作，较好完成法制工作第二个三年目标，制定法制工作第三个三年目标和实施方案以及第六个五年法制宣传教育规划。

【重大创新】　中林集团进一步规范和加强森林资源的培育工作，大力实施科技兴林战略，广泛推广新品种和新技术，切实加大森林资源培育力度。森林蓄积量达到235.2万立方米，比上年增加8.6万立方米；总生长量达到74万立方米，比上年增加3.1万立方米；年平均生长量达到1.54立方米/亩，比上年增加0.04立方米/亩。中林集团所属杭州千岛湖发展有限公司紧紧抓住"精细化管理"这一主题，继续推进公司经济发展方式的转变，公司经济效益连续十二年保持平稳增长，企业品牌建设战略规划进一步明确和清晰，有机鱼文化节主题活动圆满成功，被授予"中国水产业诚信经营企业"、"杭州市现代农业科技型龙头企业"等荣誉称号，实现经济效益与品牌建设的双丰收。以华林公司为主体的林化企业重组工作取得实质性进展，贵州铜仁地区松脂厂项目完成前期准备工作。

【走向海外】　中林集团积极适应市场结构和消费需求变化，调整经营策略，创新经营模式，发挥技术、品牌、网络等优势，市场开拓力度进一步加大。积极开展对俄贸易工作，并赴科特迪瓦深入考察木材进口和寻求合作商机。调整缅甸和非洲进口木材品种、转变经营方式，加强柚木、花梨木以及其他高档优质材种的经营。加蓬华嘉公司针对不同区域市场对产品的不同要求，利用南非市场和中东市场存在的订单互补性，对生产线局部设备进行改造，启用新的产品标识，锯材实现按订单生产，产品销往多个国家和地区，有效化解加蓬禁止原木出口给企业带来的不利影响。中林集团进一步巩固营销网络，稳定供求关系，加大市场开拓力度，开发澳大利亚、美国、加拿大木材进口业务及俄罗斯、印尼煤炭进口业务，经营市场战略布局不断完善，市场控制力和影响力进一步增强。大力发展林木种子进口业务，不断提高自营业务比重，经营结构进一步得到优化。

【党建工作】 中林集团党委通过中心组学习、专家辅导、召开研讨会等形式认真组织学习党的十七届五中、六中全会以及十七届中央纪委六次全会精神，胡锦涛同志“七一”讲话精神，国资委王勇主任和其他委领导讲话和文件精神，围绕做强做优企业，充分发挥党组织的政治核心作用，全面布局和协调纪检监察、组织人事和工、青、妇等日常工作。深入开展创先争优活动，全面开展创先争优活动点评和群众评议及“为民服务创先争优”活动。以庆祝建党90周年活动为契机，各单位党组织学党史、讲政治、重温入党誓词，充分发挥了党支部的战斗堡垒作用和党员的先锋模范作用。中林集团党委在“七一”表彰10个先进基层党组织，21名优秀共产党员、10名优秀党务工作者。2011年底又隆重表彰11个先进单位和36名先进工作者，形成党建带团建、党群共建做好集团群众工作氛围。加快推进惩治和预防腐败体系建设，纪检监察工作主动融入企业经营管理中，强化组织的保障作用，促进了企业经营管理水平提高。积极开展惩防体系建设研讨交流活动，认真组织惩治和预防腐败体系建设的年度检查自查工作，健全“四个协调机制”，保证重大决策部署和各项反腐倡廉制度的贯彻落实。围绕国资委提出的“十二五”时期“一大目标、五大战略、三大保障”，结合中林集团2011年部署的重点工作，开展监督检查，扎实推进作风建设，认真解决职工群众反映的突出问题。加强人才队伍建设，开展人才队伍建设情况调研，建立科学的人才管理系统。努力提高选人用人满意度，加强后备人才队伍的培养。加强全员业绩考核工作和集团全员薪酬管理。抓好企业文化建设，提振士气，增强凝聚力。加强职工队伍建设，大力开展文化活动，取得良好的效果。

（撰稿人：张金贵）

中国医药集团总公司

【基本概况】 2011年是中国医药集团总公司（以下简称“国药集团”）发展史上具有里程碑意义的跨越之年。在国务院国资委的直接关心支持下，在董事会的正确决策和监事会的有效监督下，国药集团紧紧把握“科学发展、突出主业、做强做优”这一主题，团结奋进、锐意进取，积极应对医药卫生体制改革政策带来前所未有的挑战，依托转变发展方式，实现了稳步有效增长，借助深化重组整合，推进了产业结构调整，实现了健康、安全、和谐发展，取得了引以为豪的成绩。一是国药集团被国家科学技术部、国务院国资委、中华全国总工会命名为“国家创新型企业”。二是集团自有工业销售收入首度超过百亿元大关，进入国家生物医药制药产业的前五位。三是国药集团成为“首家医药商业流通业务超千亿的企业”，为集团提前挺进世界500强奠定了坚实基础，标志着国药集团的建设和发展，已全面进入一个崭新的历史时期。

【主要指标】

2011年中国医药集团总公司主要经济指标

项　目	2010年	2011年	比上年增长(%)
资产总额(亿元)	702.59	1028.23	46.35
所有者权益(亿元)	306.78	390.40	27.26
营业收入(亿元)	881.74	1250.13	41.78
利润总额(亿元)	44.50	52.16	17.21
净利润(亿元)	33.53	41.18	22.80
归属于母公司所有者的净利润(亿元)	17.07	19.08	11.77
技术开发投入(亿元)	6.27	7.92	26.15
利税总额(亿元)	28.25	38.35	35.73
应交税金总额(亿元)	30.64	39.55	29.09
全员劳动生产率(万元/人·年)	20.37	22.92	12.51
净资产收益率(%)	10.32	9.69	减少0.63个百分点
总资产报酬率(%)	7.83	7.18	减少0.65个百分点
国有资本保值增值率(%)	114.11	112.18	减少1.93个百分点

【改革发展】 2011年，国药集团针对集团内部经济成分多元化、组织结构多层次、经营业态多样化的特点，采取有效措施，进一步提高集团管控水平，全力

构建高效管控与融合协同一体化平台。

1. 加强董事会建设，夯实管控基础。通过制定子公司董事会运作指导原则和相关制度，董事会秘书及办公室成员列席参加子公司董事会，组织子公司董事和董事会秘书培训等措施，规范子公司董事会运作。同时集团董事针对重大项目和重点企业进行十余次专项调研，并对中药、医疗器械板块的发展进行专题讨论。

2. 推进总部建设，强化管控职能。先后对品牌建设、新闻发布、资金管理、安全与环保、信访等工作设置单列职能部门，调整部分部门管理职能，强化专业管控。对内部规章制度进行全面梳理和系统修订，修订新订各类制度157个，并形成汇编手册下发执行。

3. 强化检查督导，落实责任主体。先后组织“三重一大”、“加快转变经济发展方式”、“重大建设项目”等工作检查督导组，深入监督重点工作。同时加大对相关制度和管理措施的监督检查力度，保障各项管控措施的落实。

4. 健全防范机制，加强风险管控。通过对企业外部环境的风险分析、内控体系的建设完善、督促下属企业合规经营、完善各业务板块运营指标、落实总法律顾问制度、加强预算执行和资金使用的监控等多项措施，健全集团风险防范机制。有效提高风险管控能力。

5. 采取有效措施，提高管控水平。在人力资源管控方面，不断完善全员业绩考核，保障集团目标层层分解落实；在资金管控方面，设立“国药集团财务有限责任公司”，加大资金集中管理和调配使用力度，提升集团资金管控能力；在投资项目管控方面，开展重大建设项目外部专家论证、物流及工业建设项目标准化制定与实施、建设项目总承包和设备集中采购，股权投资项目后评价、建立资产评估机构备选库等工作，强化对集团投资项目管控，保障重大投资项目的顺利实施；在安全生产管控方面，积极开展安全生产标准化认证工作，并根据安全生产管理制度，对重点企业进行安全评估，将安全生产管控关口前移；在管控信息化方面，开展信息化工作考核与评比，制定工业板块编码规范和数据清理，开展医药储备、节能减排等信息系统建设，提高集团管控的信息化水平。

【重大项目】 2011年，国药集团坚持走“以贸做大、以科做强、以工做优”贸科工一体化发展之路，建设医药商贸、医药科研和医药工业三大体系。

1. 在医药商贸体系建设方面，全国性医药物流分销配送网络建设按照规划进度稳步推进，天津（二期）、长沙、沈阳、合肥、武汉五大物流工程建成并投入使用，上海（二期）、成都物流相继开工。医疗器械耗材产品商业网络初具雏形，进入并购实施阶段的商业公司8家，并在全国15个省份开展网络布点。

2. 在医药科研建设方面，积极布局“十二五”期间重点研发项目，2011年申报专利131项，授权专利115项；申报临床21项，获得临床批件5项，在研项目327项；一项成果获得国家科技进步二等奖，一项成果获得第十三届“中国专利奖”；年度获国家、地方立项的科研项目44个，立项金额6000余万元；获国家自然科学基金3项。

3. 在医药工业基地建设方面，国药集团六大生产基地建设均按照规划稳步实施。北京亦庄、上海奉贤生物制品生产基地建设项目均进展顺利；廊坊麻醉精神药品生产基地竣工验收；威奇达抗生素原料生产线达产达效，阿拉宾度搬迁项目正按计划推进，致君制药通过GMP认证；海门抗肿瘤药品生产基地生产线建设项目稳步推进。

【重大创新】 2011年，国药集团通过整合内部科研资源、调整科研体系结构、加大科研投入等措施，进一步完善了“国药医工总院—各研发中心—各子企业技术研发部门”的三级研发运作体系。同时积极与港大、厦大等多家国内外知名高校开展战略合作，加快高校科研成果产业化，帮助集团在药品研发和人才培养等领域取得丰硕成果，进一步推动集团“科委会—国药医工总院—产学研联盟”三位一体的特色科研管理体系。

不断强化集团内部科研单位与工业体系产品需求的对接。一方面，在集团科委会的指导下，加大在相关领域的投入，为在生物制品、抗感染药物等领域形成集团全产业链的竞争优势提供技术支持。另一方面，组织集团内部科研体系及工业体系的相关企业，举办产品需求系列对接会议并达成诸多共识，签订涉及成果转让、联建实验室、科研人员交流等十多个合作协议，充分体现了集团内部科研成果自主产业化的新趋势。

【党建工作】 2011年，国药集团集团党委认真贯彻党的十七大和历次全会以及中央企业负责人会议精神，按照国务院国资委党委的部署，围绕建设中央企业医药健康产业平台这一目标，把创先争优活动和学习型党组织建设作为融入中心工作的切入点、着力点，紧紧依靠各级党组织和广大党员，不断加强和改进企业党建工作，调动广大员工的积极性、主动性、创造性，促进了改革、发展、稳定各项工作任务的完成，为集团做强做优作出了积极贡献。

1. 求实见效，深入开展创先争优活动。

2011 年，集团党委和各子公司广泛开展主题实践活动。先后在北京、上海、成都、长春、武汉等地举办六场创先争优进军世界 500 强报告会，为动员各公司深入开展创先争优活动，开阔视野，更新观念，提高综合素质，推动企业发展起到十分积极的作用。集团和各子公司在创先争优活动中广泛开展评比表彰活动，激励党员和员工立足本职建功立业。为表彰先进，集团党委结合纪念建党 90 周年表彰集团 24 个先进基层党组织、56 名优秀共产党员、19 名优秀党务工作者。根据国务院国资委有关要求，由集团党委推荐，国药集团新疆新特药业有限公司党委、上海医药工业研究院重点实验室联合党支部、国药集团威奇达药业有限公司副董事长兼总经理韩雁林、中国医药对外贸易公司党委副书记惠有权分别获得中央企业先进基层党组织、中央企业优秀共产党员、中央企业优秀党务工作者的光荣称号。

2. 激发活力，不断加强各级党组织建设。

国药集团始终坚持把“抓班子、建队伍、增活力”作为推动企业科学发展的关键举措，在加强学习、完善制度、民主管理、班子建设等方面做了大量工作。一是加强思想政治建设，抓好党委中心组理论学习，自觉把思想统一到构建“和谐国药”的大局上来，统一到集团“十二五”发展目标和“贸科工”一体化建设实际上来，学以致用，为实现企业的全面发展凝心聚力。二是认真执行民主集中制原则。坚持“三重一大”集体研究制度，做到集体决策、各司其职、分头落实，确保决策的科学化、民主化。三是加强基层党组织建设。按照集团党委“企业兼并重组到哪里，党的基层组织就建到哪里”的要求，先后指导国药医工总院、国药现代、国药乐仁堂组建新党委。截至 2011 年底，全集团共有党委 56 个，党（总）支部 597 个，党员 11247 名，党组织和党员队伍进一步扩大，活力进一步增强。

3. 完善体系，扎实推进党风建设和反腐倡廉工作。

集团党委按照中央纪委、国资委的决策部署，深入落实党风廉政建设责任制，着力推进惩防体系建设，从教育、制度、监督入手，扎实做好反腐倡廉各项工作。

【信息化建设】 2011 年，国药集团进一步加强集团信息化管控能力，完善集团信息化标准体系建设，继续有重点、分步骤全力推进各业务板块一体化主营业务系统的建设进程，为集团贸科工一体化发展提供了强有力的信息化保障。

【履行社会责任】 国药集团及其所属企业承担着突发公共卫生事件和灾情疫情医药储备与紧急供应的任务。集团视灾情如命令、视时间为生命，快速反应，全力以赴，全年共完成国家下达的特种储备紧急调拨任务 4 批次、8 个储备品种的药品。出色完成中央医药物资快速送达的任务，受到国资委、发改委等有关部门肯定和表扬。

（撰稿人：宋　洋）

中国国旅集团有限公司

【基本概况】 中国国旅集团有限公司（以下简称“国旅集团”）是经国务院和国务院国资委批准，由中国国际旅行社总社与中国免税品（集团）总公司于 2004 年合并重组成立的，是集旅行服务、免税品经销、旅游景点开发与管理、交通运输、电子商务等综合服务内容于一体的国有重点大型企业（集团），是中国旅游业的先行者和排头兵，是中国旅游协会副会长、中国旅行社协会会长单位，是国资委监管的唯一一家仅以旅游作为主业的中央企业，是中国旅游企业中的“国家队”。

“中国国旅、CITS”是中国驰名商标和海内外知名品牌，在 2011 年世界品牌实验室（WBL）公布的中国 500 最具价值品牌中，“国旅 · CITS”以 196.68 亿元的品牌价值再度跻身中国 500 最具价值品牌，排名列第

48名，连续七年在旅游服务类品牌中位居第一名。

2009年10月，涵盖国旅集团全部主营业务的中国国旅股份有限公司成功完成IPO，登陆中国A股市场，为国旅集团发展树立新的里程碑。作为中国证券市场旅游类上市公司的代表，中国国旅成功入选上证180和沪深300指数，并入围"2010年度上市公司金牛百强"。中国国旅股份有限公司下辖中国国际旅行社总社有限公司(以下简称"国旅总社")、中国免税品(集团)有限责任公司(以下简称"中免公司")和国旅(北京)投资发展有限公司(以下简称"国旅投资公司")等主要子公司，分别负责集团的旅行社业务、免税业务和旅游投资业务。

2011年是"十二五"开局之年，国旅集团以"调整结构、整合资源、重点突破、加强管控"为指导方针，在做好主业、巩固平稳向上发展态势的同时，抓好重点项目实施和重要政策争取，不断加快主业结构调整和旅游投资业务发展步伐，超额完成国资委下达的各项经营指标，经营业绩再创历史新高。国旅集团旗下企业也紧紧围绕集团"十二五"规划，在各自领域加快发展步伐，圆满完成各项经营任务，为国旅集团发展作出积极贡献。

【主要指标】

2011年中国国旅集团有限公司

主要经济指标

项　目	2010年	2011年	比上年增长(%)
资产总额(亿元)	91.9	102.4	11.5
所有者权益(亿元)	62	68.4	10.3
营业收入(亿元)	98.7	129.8	31.5
利润总额(亿元)	8.5	11.8	38.8
净利润(亿元)	6.3	9.1	44.4
归属于母公司所有者的净利润(亿元)	3.1	4.7	51.6
利税总额(亿元)	9.5	18.1	90.5
应交税金总额(亿元)	3.6	6.3	75.0

续表

项　目	2010年	2011年	比上年增长(%)
净资产收益率(%)	8.0	11.3	增加3.3个百分点
总资产报酬率(%)	10.0	12.4	增加2.4个百分点
国有资本保值增值率(%)	105.4	108.3	增加2.9个百分点

【改革发展】 2011年，国旅集团的旅行社业务以打造集中采购和统一分销能力为核心，以信息化建设为依托，加快实体网络和旅游电子商务拓展，经营规模快速增长，业务结构渐趋合理。国旅集团的免税业务抓住政策机遇，不断改进批发业务运行模式，努力完善零售运营体系，大力拓展免税业务发展空间，积极开展有税业务，企业规模和实力不断增强，为集团主营业务收入和利润的快速增长作出突出贡献。在人才强企方面，国旅集团启动了以管理现状诊断、岗位价值评估、薪酬体系优化、中长期激励体系建立及员工职业发展为核心的人力资源咨询项目，全面贯彻落实人才强企战略，努力构建支持战略落地的人才管理机制。同时，通过绩效考核体系的完善和总部薪酬制度改革，较好解决当前人力资源管理中面临的问题，对稳定和激励员工队伍起到积极的效果。

【重大项目】 2011年4月20日，海南"国人离岛免税购物政策"在国旅集团下属中免公司三亚免税店启动，并正式进入运行阶段。2011年，三亚免税店实现10.05亿元的销售额和2.57亿元的利润总额，创造了良好的经济效益和社会效益，不仅带动集团核心业务的快速增长，而且为集团"十二五"期间的跨越式发展搭建了更高的平台，为海南国际旅游岛建设作出了重要贡献。

2011年10月31日，国旅集团下属国旅投资公司成功竞得三亚海棠湾商服(旅游)用地的使用权，集团将投资50亿元，建设"海棠湾国际购物中心"，将该项目打造成亚太地区规模最大、世界一流的大型免税商业中心。"海棠湾国际购物中心"是国旅集团"十二五"期间最重要的项目之一，项目的正式启动，标志着国旅集团在旅游项目综合开发方面迈出了关键一步。

【走向海外】 2011年，国旅集团大力实施国际化经营战略，加大了对境外重点项目和关键旅游要素资源的投资力度，国际化经营水平进一步提升。旅行社业务充分利用品牌和政策资源，继续推进境外签证中心建设。截至2011年底，在6个国家开设8家签证中心。国旅签证中心已逐渐发展壮大，成为旅行社业务的重要板块，为旅行社业务的持续稳定发展提供强有力的支撑。免税业务在大力发展国内业务的同时，着眼海外，加快海外拓展投资步伐。2011年，成功开拓台湾省金门市内免税店和台中外轮供应免税店，并积极参与香港国际机场免税店等国际大型免税项目的招投标竞争，不断推进免税业务的国际化进程。

【重大创新】 2011年，国旅集团加强管理创新，从内控体系建设、投资和资金管理、人才强企、品牌建设、和谐发展等多个方面着手，进一步夯实基础管理工作，提高经营管理水平，增强企业的凝聚力和活力。根据国资委、财政部等上级机关和监管机构的要求，正式启动内控体系建设咨询项目，大力推进内控体系建设。一是通过打造财务内控管理、全面预算管理、财务信息化管理、资金集中管理及财会队伍建设五大体系，推动集团财务管理迈上新台阶。二是进一步深化审计转型，审计功能转向价值管理，内审重点转向管理审计，内审关口转向过程监督，努力实现增值型审计。三是继续开展“小金库”专项治理工作，圆满完成了全面复查、督导检查、整改落实、机制建设和总结验收五个阶段工作。四是以做好“三重点”法律审核为核心，彻底解决重大历史遗留问题，初步建立起一套具有国旅特色的法律风险防范机制。五是在投资和资金管理方面，加强对新投资业务的可行性分析，合理规避投资过程中存在的风险，做好重点项目的投资后评价工作，客观、真实地掌握各投资项目的实际情况，提高集团整体投资水平和能力。同时，积极应对国家的货币紧缩政策，为所属子公司对外筹资、业务发展等提供内部资金支持，统筹协调闲置资金的理财工作，提高资金周转效益，提升集团整体资金收益水平，落实国资委资金集中管理的工作要求。

【党建工作】 2011年，国旅集团党委坚持邓小平理论和“三个代表”重要思想，深入贯彻落实科学发展观，坚持理论联系实际，不断提高领导班子的理论水平和思想水平，坚定搞好国有企业的信心和决心；认真开展“四好班子”创建活动，努力打造一支团结和谐、战斗力强、凝聚力强的领导团队；正确处理好与董事会和经营班子的关系，积极参与“三重一大”决策，推动集团体制机制不断完善；在日常工作中注重发挥党委的政治核心保障作用、党支部的战斗堡垒作用和党员的先锋模范作用，涌现出一批先进集体和优秀个人；“为民服务创先争优”活动和巡视工作取得积极成效，受到国资委党委的表扬；紧紧围绕“选准用好”的要求，坚持健全以组织考察为重要途径的选人用人新机制，为集团改革发展提供人才保证；以构建惩防体系为主线，持续开展党风建设和反腐倡廉工作，为集团改革发展稳定提供坚强的思想政治保证。

【信息化建设】 2011年，国旅集团根据国资委要求和信息化建设“登高计划”，在成功上线总部办公自动化系统的同时，紧紧围绕“三主一辅，立体建设”的财务信息化建设方针，加快推进集团财务信息化系统建设工作，为提升管理水平、实现管理现代化搭建有效平台。在免税业务信息化建设方面，积极推进WMS信息系统建设，推动系统在大连、青岛、上海配送中心的上线应用，打造现代化配送中心。在旅行社业务信息化建设方面，继续完善B2B、B2C交易平台，推进旅游电子商务发展，增加业务内容和交易手段、增强在线交易能力。

【履行社会责任】 国旅集团自成立以来，高度重视履行中央企业社会责任，在创造企业经济效益的同时，积极参与社会公益事业，以各种形式回馈社会。国旅集团下属中免公司2011年向海南省定向捐资300万元，专项用于建设一所中学学校体育馆，同时向中国免税希望基金捐赠20万元，并组织开展2011年度“爱心365”主题公益活动。中免公司因此荣获中国青基会颁发的“希望工程20年杰出公益伙伴”奖。2011年，国旅集团下属国旅总社积极参与国家定点扶贫工作，资助河北省怀来县孙庄子乡中心小学，与该校的200多名学生结成对子，捐款13.28万元及50台电脑，并多次组织学生代表到北京开展一系列游学活动，2011年9月1日，该校正式更名为“中国国旅爱心小学”。此外，国旅集团坚持“以人为本，安全发展”的理念，抓好安全生产和应急管理，及时救援处置了多起突发事件，创造了良好的安全生产环境，赢得了社会的广泛赞誉。

（撰稿人：宋　倩）

中国保利集团公司

【基本概况】 中国保利集团公司（以下简称"集团公司"）系国务院国有资产监督管理委员会管理的大型中央企业，其前身为1984年成立的保利科技有限公司。1992年，经国务院、中央军委批准，集团公司在保利科技有限公司的基础上组建，1993年2月在国家工商管理总局注册。1999年3月，集团公司由军队划归中央大型企业工作委员会管理，成为国有重要骨干企业。2003年，由国务院国有资产监督管理委员会履行出资人职责。2010年，中国新时代控股（集团）公司涉军业务和民爆业务并入中国保利集团公司。

28年来，集团公司形成以军民品贸易、房地产开发、文化艺术经营、矿产资源领域投资开发、民爆器材生产及爆破服务为主业的"五业并举"混业经营发展格局。截至2011年底，集团公司总资产2934亿元。

集团公司下辖保利科技有限公司、保利南方集团有限公司、保利（香港）控股有限公司、保利文化集团股份有限公司、保利能源控股有限公司、保利财务有限公司、中国新时代科技有限公司、保利民爆科技集团股份有限公司等专业子公司，旗下拥有保利房地产（集团）股份有限公司（股票代码：S. H. 600048）与保利（香港）投资有限公司（股票代码：H. K. 00119）两家境内外上市公司。企业及项目遍及国内的北京、上海、天津、重庆、广州、深圳、香港特区等50多个城市及地区，在十几个国家设有子公司和办事处。

【主要指标】 2011年，集团公司营业收入、利润总额、净利润同比分别增长34.5%、39.7%、35.3%。截至2011年底，集团公司合并总资产、合并净资产同比分别增长23.1%、25.0%。

集团公司净资产收益率、总资产报酬率、国有资产保值增值率分别为17.8%、6.09%、117.3%，较上年同期均有所增长。截至2011年底，集团公司共有从业人员32747人。

【主营业务与重大项目】 2011年，集团公司已形成以军民品贸易、房地产开发、文化艺术经营、矿产资源领域投资开发、民爆器材生产及爆破服务为主业的"五业并举"混业经营发展格局。

军民品贸易业务积极把握市场机遇，有效采取各项措施，实现优异成绩，进出口签约额继续名列行业前三名。签约质量显著提升，出口签约呈现出单笔签约金额高、高科技产品出口占比增多等特点，其中高科技和大型装备出口比重提高至45%，较往年大幅攀升。市场渠道优势日益强化，组团前往亚非拉40多个国家推介、洽谈、参展、投标，取得显著效果；在部分国家实现集中大规模签约，在非洲地区签约创历史最高水平。货源保障能力不断提升，加强与供应商的战略合作，多渠道组织国内订货；积极合作开发适销对路的产品，形成较为完善的货源保障体系。民品贸易方面，充分利用军贸业务优势，及时捕捉民品贸易业务机会，民品贸易额稳步提升；与法拉利、奔驰等汽车品牌成立的合资公司，汽车销售数量大幅增长。

房地产开发业务积极顺应宏观调控，加快前期开发速度，制订灵活销售策略，取得突出的经营业绩。2011年完成直接投资近千亿元，集团整体销售900亿元，继续保持业内第二名，部分地区市场份额排名第一。

可持续发展能力进一步增强，集团按照"积极稳妥、规划有序"的原则，根据宏观调控形势，发挥自身优势，采取灵活多样的土地获取模式，谨慎拓展项目，全年新拓展项目29个。

持有型物业规模稳步扩大，集团在加快住宅滚动开发的同时，稳步扩大持有物业规模，逐渐成为房地产开发业务的有力补充。2011年，集团持有物业经营收入近13亿元，其中6月开业的广州中环广场南区商业招商率达98%，9月试营业的成都皇冠酒店实现经营性盈利。

文化艺术经营业务抓住国家支持文化产业发展机遇，大力拓展三项主业，取得突出业绩，蝉联全国"文化企业30强"称号。

充分发挥北京保利剧院的管理和品牌优势，剧院管理与演出业务快速发展。2011年，保利剧院经营管理国内 23 家顶级剧院，是国内最大的剧院院线；全年策划各类演出 3050 场；成功运作 2011 年“深圳第 26 届世界大学生夏季运动会”开闭幕式创意制作项目。

瞄准市场需求，发挥品牌优势，加大海外征集力度，艺术品拍卖与经营业务勇夺行业之首。2011 年，实现艺术品拍卖成交额 121 亿元，名列全球中国艺术品拍卖之首。其中，春季拍卖会成交额达 61.3 亿元，刷新中国艺术品拍卖单场成交世界纪录。

影院投资经营业务稳步发展。保利影业以投资经营电影院终端为主，发展初具规模。2011 年，保利影业通过强化团购、优惠等促销手段，直营及加盟影院实现票房收入 2.4 亿元。

矿产资源领域投资开发业务取得重大进展。煤炭初具规模，主要分布在山西和新疆两个地区。2011 年，集团积极推进与山西、内蒙古等有关项目并购重组，2 个项目进入实质性操作阶段。与申能集团、协鑫集团等大型能源企业合作，以合作企业的工业项目获取煤炭资源，进行矿区煤电、煤化一体化开发。金属、油气资源业务积极谋取专业化发展，利用集团的资金优势，重点在广西、河北等区域投资勘探开发钨、铅锌、铁等战略资源，并形成一定规模。2011 年，收购河北隆欣、隆盛 2 个铁矿，为后期发展奠基基础。

民爆器材生产及爆破服务业务着力做好项目整合重组、技术改造和安全生产，2011 年取得良好经营业绩。新生产线建设取得新进展，完成济南二期震源药柱生产线、工业炸药地面站、工业炸药试验工房等生产线建设；完成阜新炸药一期生产区以及辽阳炸药地面站、新疆巴里坤别斯库都克炸药地面站的建设，为进一步扩大产能奠定坚实基础。区域拓展和产品销售取得新进步，通过发挥整体优势，加强民爆业务与能源业务的互动发展，以自产自用形式参与煤矿开采，布局新疆民爆市场；以河北平泉县为突破口，拓展周边市场，全年销售具有自主知识产权的可移动炸药库 67 台。深入挖掘行业整合重组机会，并购重组步伐进一步加快，考察调研多家具有一定实力的民爆企业，并购工作取得新进展。

【走向海外】 集团公司利用国家鼓励中央企业实施“走出去”战略的政策，抓住国际市场机遇，制定了“一手抓军贸，一手做资源”的发展战略，尽可能多地从海外获取国家急需的稀缺资源，同时积极开展国际工程业务。

矿产资源投资开发方面，依托军贸业务的客户网络和国际化人才优势，重点在中非、缅甸等国家投资开发油气、金、铜等资源。同时，积极探索“贸易公司、专业公司、金融机构”三位一体的海外资源开发运作模式。2011 年，成功签订中非石油 A 区块勘探开发合作协议，有望实现 A、B 区块联动开发；成功获得津巴布韦 Gaika 金矿和印尼 Ratatoto 金矿的勘探开发权。

海外工程项目方面，苏丹杜维姆大桥正式完工并交付使用，被苏丹政府授予优质工程奖；成功签约赞比亚卢萨卡 50 公里城市道路建设项目和加纳国防部房屋建设项目；与加纳就特马市 132 英亩土地开发项目达成初步合作意向。

【管理创新】

1. 持续优化体制机制，整体管控能力有效提升。

围绕提升管控能力的总体要求，进一步优化体制机制，完善机构建设，推进业务协同，整体管控能力有效提升。

(1)机构建设进一步完善。根据上级主管部门要求和自身经营管理需要，集团公司及各子公司调整和完善机构设置。集团公司设立人力资源部、审计监察部和军贸办公室。各子公司增设审计机构或配备专职人员。科技公司增设石油事业部、成套项目部、储运部和坦桑尼亚代表处。香港公司优化“三位一体”管理体制，调整部门设置。能源公司设立安全监察、生产技术、基建管理、机电动力、总调度室等机构。财务公司调整为按事业部制进行管理。各级机构调整后，整体管控能力进一步增强，工作质量和效率得到提高。

(2)干部人事制度改革进一步深化。一是加强制度建设。制定集团公司《企业领导人员管理规定》《企业领导班子和领导人员综合考核评价办法》等制度，对干部管理权限、选人用人程序、业绩考核等做出明确规定。二是加强干部考核和选拔任用，领导班子结构更加优化合理。三是加强干部培训和交流。首次在中央党校举办集团中高级管理人员集中培训，选派集团公司和子公司领导参加中组部、国资委调训。四是进一步提高职工收入水平，启动企业年金工作，保利地产股权激励计划获得国资委批复，保障职工从企业发展中获得实惠。

(3)业务协同效应逐步加强。集团公司五业并举、混业经营，各主业跨度大、关联度小，但各子公司从集团整体利益出发，加强相互合作，初步形成协同发展机制。文化和地产互动取得成效，通过举办文物巡展、文化宣传促进房地产销售；文化公司与保利地产、香港公司开展影院投资合作。香港公司与科技公司在广西南宁合作举办装备展览，带动项目销售。民爆公司在新疆与能源公司密切合作，为别斯库都克煤矿提供炸药和爆破服务，也为自身拓展新疆市场奠定基础。

2. 推进专业化精细化管理，管理水平不断提高。

(1)专业化和自主创新能力不断增强。集团着力提升物业管理专业化水平，举办首次物业管理专题培训交流会，开展优秀物业管理小区(大厦)和优秀物业服务员工评选活动，保利物业管理有限公司位列2011年中国物业服务百强企业TOP10第六位。民爆公司加强自主创新，申报并完成国家级火炬计划研发项目——改性重油岩石膨化硝铵炸药；自主研发的“民爆企业智能化系统技术改造项目”成为工信部首批安全生产重点推进项目。

(2)投资与财务管理水平不断改进。一是以中央信息平台建设为契机，规范投资计划管理，完善项目数据库。二是加强项目跟踪管理，组织首次非房地产类投资项目调研，有针对性地提出项目管理改进建议。三是加强财务基础管理，实现半年度财务快报全级次报送；深入开展预算调研，细化预算编制流程，积极推动财务预算和业务预算相结合，实施全面预算管理。

3. 扎实开展资本运作，推动融资渠道多元化。

(1)文化公司上市工作取得重大进展。文化公司有序推进上市工作，上市发行申请材料正式报送证监会，并就首次反馈意见进行答复，正加紧与审核部门沟通协调。

(2)财务公司资金集中管理能力持续增强。财务公司增加注册资本，壮大经营实力；积极与成员单位沟通，深入推介二级资金池平台，不断完善资金管理手段；开户数增至146家，通过资金集中，为集团节约大量财务费用。

(3)不断探索新型融资方式，融资渠道日益多元化。集团不断加强融资管理，通过委托华泰资产募集保险资金、申请发行企业债券、新增银行授信额度等多种方式，扩大直接融资比重，债务结构更趋合理。

【党建工作】 大力推进党建工作。集团各级企业以改革创新精神全面加强党建工作，充分发挥党组织政治核心作用和党员先锋模范作用。按照中央和国资委部署，深入开展创先争优活动，创建学习型党组织活动，举办集团系统党委(总支)书记培训，加强基层党组织建设和党员队伍建设。抓好企业领导人员廉洁从业教育，认真落实反腐倡廉各项制度，加强和改进纪检监察组织建设，收到良好成效。

不断加强工会建设。注重改善员工身体健康水平和福利保障。在公司党委的强力支持下，工会充分发挥自身作用，坚持以人为本，推进厂务公开与民主管理，切实维护职工合法权益，弘扬职工主人翁意识，搭建起员工与公司间沟通的桥梁。2011年集团公司各级工会进一步完善员工医疗商业保险体系，扩大保险覆盖面，提升保障范围和保障标准。各级工会积极推进员工体育兴趣培养，组织足球、篮球、羽毛球、乒乓球、网球等体育活动。集团公司举办第一届羽毛球比赛，八支代表队参加比赛。

持续加强企业文化建设。举办庆祝建党90周年红歌会和第一届羽毛球比赛；各子公司开展形式多样的文化活动，丰富职工业余生活。集团加大宣传力度，品牌形象不断提升，科技公司圆满完成国家赋予的出口任务，国防科工局授予集团公司“军贸出口先进单位”称号；南方公司认真履行控股股东义务，荣获上市公司口碑榜“最佳大股东”奖；保利地产品牌价值升至147.94亿元，被评为“2011中国房地产行业领导公司品牌”；文化公司被文化部评为“2011年度十大最具影响力国家文化产业示范基地”，连续三届获得全国“文化企业三十强”称号，位列文化艺术类企业第一名。

【信息化建设】 集团公司信息化建设工作成效显著，有力推动企业生产经营和管理运作效率的提升。2011年完成中央信息平台一期项目；实施文件档案、保密信息管理系统建设及办公自动化系统升级方案。改版升级后的集团公司网站，在中央企业网站评估中初评为A级。保利地产全面推进信息化开盘，累计实现42个项目信息化实时开盘；香港公司积极推进明源房地产专业系统建设；文化公司、能源公司进一步完善办公自动化系统。

【履行社会责任】 2011年，集团及各子公司建立社会责任工作委员会，扎实开展社会责任工作。一是积极参政议政，有14名同志当选属地市、区人大代表，13名同志当选属地市、区政协委员。二是积极投身保障性住房建设，全年开工建设保障性住房100多万平方米，保利地产开发的保利嘉园被评为"2011保障房建设标杆楼盘"。三是积极弘扬精神文明，文化公司主办的"打开艺术之门"和"市民音乐会"系列演出坚持高品质低票价，惠及广大市民。四是积极支持社会公益事业发展，经国资委批复同意，集团全年共向社会捐款5700万元，将扶贫助教、促进民族团结、保护生态环境等社会公益活动作为履行社会责任的重要内容。扶贫助教，2011年，保利地产在新疆塔城设立贫困学生助学资金，预计以十年时间，帮助超过200名学生完成学业；集团与国内高校共同组建"成长基地计划"，设立专项奖学金并在集团下属公司成立实习基地，促进学生的全面发展。促进民族团结，能源公司积极支持新疆发展，分三年出资3200万元援建巴里坤大柳沟水库，并援助500万元帮扶巴里坤牧民搬迁；同时，为发展民族体育文化事业，保利科技向甘孜地区捐款修建红军长征博物馆，保利香港向第九届少数民族运动会捐助600万元。保护生态环境，2011年，为促进贵州生态文明建设，保利香港向"生态文明基金会"捐赠600万元；在全国42个地产社区发动植树活动，参与人数达到1307人；保利地产在大连开展"和基金——守护这片海"的海洋保护公益签名活动，倡导大家共同关注海洋环保事业。

（撰稿人：李卫强、张　凯）

珠海振戎公司

【基本概况】 珠海振戎公司（以下简称"公司"）是经国家批准，于1994年成立的国有重点企业，现由国务院国有资产监督管理委员会管理。珠海振戎公司成立以来，以增强国防综合实力、振兴国家能源工业为己任，发扬自力更生、艰苦奋斗的创业精神，锐意进取、不断开拓。2011年，珠海振戎公司进口原油1300万吨，实现营业收入757亿元人民币，资产质量状况和经营增长状况处于行业优秀水平。珠海振戎公司主营业务为政府项下的原油进口业务，除主营业务外，还涉足石油产品的贸易业务，包括燃料油、石脑油的进口、转口贸易及煤炭、铁矿石、橡胶、化工品、有色金属等产品的进出口贸易。

【主要指标】

2011年珠海振戎公司主要经济指标

项　目	2010年	2011年	比上年增长(%)
资产总额(亿元)	56.60	62.52	10.46
所有者权益(亿元)	14.03	15.52	10.62
营业收入(亿元)	609.81	757.45	24.21
利润总额(亿元)	2.27	1.71	－24.67
净利润(亿元)	1.88	1.72	－8.51
归属于母公司所有者的净利润(亿元)	1.67	1.72	2.99
利税总额(亿元)	2.34	1.76	－24.79
应交税金总额(亿元)	0.22	0.37	68.18
净资产收益率(%)	13.74	11.61	减少2.13个百分点
总资产报酬率(%)	6.64	5.26	减少1.38个百分点
国有资本保值增值率(%)	112.14	111.61	减少0.53个百分点

【改革发展】 2011年，公司紧紧抓住原油进口主营业务，克服各种困难，做了大量艰苦细致的工作，最终实现原油进口量1300万吨，燃料油、LPG、石脑油、航煤、煤炭、有色金属、石油装备等贸易实现新的突破。公司全年实现营业收入757亿元，同比增长24%，公司本部全体员工围绕降本增效，营造出精打细算厉行节约、千方百计创造价值的良好氛围，管理费用大幅下降，为公司实现业绩指标争取主动。

调整理顺内设机构，规范劳动人事管理。公司本部开展以“定岗、定编、定责、定酬”为主要内容的“四定”工作，根据公司业务发展需要，重新划分职能部门设置，成立项目开发部、法律事务部和党群工作部，明确中层领导人员职数、部门职责、内设岗位和岗位职责。同时，为加强和改进对员工的管理，建立有效的激励和约束机制，实施人事管理、薪酬管理等一系列配套制度，在明确各岗位编制的基础上，实行双向选聘和公开竞聘相结合的选人用人模式。为推动人事管理工作合规、合法，公司为签订全员劳动合同做了大量工作，对各类人员情况进行反复梳理，结合实际情况就劳动合同的具体条款多次与法律机构研究解决方案。

全面开展管理提升活动，健全制度执行管控体系。一是在基本建立的规章制度体系基础上，着力在执行层面下功夫，进一步健全制度执行管控体系，加强各项考核工作，深化完善内控制度，逐步走上制度治企的轨道。二是注重节约挖潜，进一步控制成本费用，提倡精打细算，汇每一分财力于未来业务拓展和可持续发展。三是进一步完善重大决策机制、投资管理机制和财务管理机制，不断健全公司治理结构。四是加强公司领导层与部门、部门与岗位、部门与部门、总部与所属单位之间的沟通与交流机制，确保各方形成合力，开创各项工作新局面。五是加强总部对子公司的监管。着眼公司未来发展集团化、规模化的趋势，对全资子公司、兼并重组后的子公司、控股的合资子公司进一步加强监管，建立子公司管理考核体系，稳步推进子公司经营业绩考核工作。六是进一步加强风险防范机制，发挥法律、审计监察的作用。完善法律工作管理体系，把好法律审核关；加强对重要子企业法制工作的监督检查，形成法律风险防范工作的完整链条；强化内部审计，推动内审工作向管理审计、风险审计转型；效能监察从源头介入，参与过程监督和结果评价。

积极谋划战略发展，增强市场竞争能力。公司立足当前，谋划未来，做了大量前瞻性、长效性工作。一是树立大国资、大央企理念，主动与兄弟央企、地方国企寻求合作。先后同多家中央和地方企业签订战略合作协议并在具体业务上展开实质性合作，优势互补，取得经济效益。二是推进银企合作，为公司实施贸易与实业并举战略，提升可持续发展能力提供了支持。三是积极跑项目、捕商机、求发展，做了大量基础性、探索性工作，储备一批可供选择的项目。四是进一步推进中央企业“走出去”战略，积极在海外市场布点，弥补空白，开启新的业务。五是公司各办事处、代表处和联络处，作为总部的外派机构，主动利用自身优势，发挥信息员、联络员作用，为总部寻找新项目、新业务积极出谋划策。

【党建工作】 公司的发展，领导班子是先导，职工队伍是根基。公司党委以团结、务实、勤奋、廉洁为要求，以“四好”领导班子为目标，在加强班子成员学习，提高政治理论水平的同时，进一步提高战略决策、经营管理、驾驭市场、控制和化解风险的能力，构建起工作状态积极进取、表率作用明显突出、勤俭务实厉行节约的领导班子集体。通过领导干部作表率，带动职工队伍的学习意识，提升工作能力；带动协作意识，提升工作效果；带动进取意识，增强危机感、紧迫感和应变能力；带动创新意识，用创新的思维、创新的方法来审视新情况、解决新问题，促进各项工作开创新局面。同时大力实施“五大工程”，提升职工队伍建设水平：实施创新创效工程，激发职工创造热情和潜能；实施职工素质工程，打造爱岗敬业、技术精湛、作风过硬的职工队伍；实施职工民主管理工程，完善适应形势发展需要的职工民主管理体系；实施职工关爱工程，建立和谐劳动关系，健全诉求表达、矛盾调处和职工权益保障机制；实施党群共建工程，实现党建和群建共同发展，努力建设“四个一流”的职工队伍，为公司的进一步发展提供强有力的支持。

加强党建工作，全面推进公司队伍建设。公司党委高度重视党建工作，长规化，短安排，积极抓落实，以党建带动公司队伍建设。一是公司领导带头，党委中心组坚持每月集体学习一个专题，邀请法律专家详细解读《劳动合同法》《合同法》中的重要法律条文，邀请相关领域专家分析国际政治经济局势，帮助中心组成员拓宽了视野。二是领导班子结合创"四好"活动，定期召开专题民主生活会，做到查找问题准确，剖析原因深刻，整改思路具体，同时在相互学习的过程中，加强了沟通，促进了团结。三是党员领导干部签订《党风建设、廉洁从业责任书》，公司总部在同子公司签订年度经营业绩责任书的同时，签订廉政责任书，不断强化廉洁自律意识。四是各党支部定期组织党员自学，并举办多次专题讲座，组织"评先选优"活动。全体党员在工作中，表现出"争先进，当表率"的高涨热情，发挥了模范带头作用。五是积极推进以惩防体系建设为重点的党风廉政建设，实施党务公开，出台完善配套制度，组织专项和综合监督检查，开展述廉议廉活动，纠歪风，树正气。

抓学习重践行，脚踏实地做好各项工作，迎接十八大胜利召开。一是以深入开展"创先争优"活动为载体，推动学习实践科学发展观向深度和广度开展。充分发挥各级领导的示范引领作用，带动广大党员职工立足本职岗位，争创优秀业绩。二是以塑造企业品牌形象为抓手，进一步创新企业宣传思想工作。加强企业文化建设，根据企业自身特点确定使命、愿景和核心价值观，着眼培育社会主义国有企业精神，着眼增强企业软实力，培育优秀企业文化，增强企业凝聚力，激发职工创造力。三是进一步加强党风廉政建设，完善惩防体系建设。继续抓好宣传教育工作，建立健全配套制度。严格落实"三重一大"等制度规定，加强纪检组织建设，认真核查群众举报事项，发挥民主监督、群众监督的作用。四是完善法律工作管理体系。加快推进法律管理的规范化，将法务管理纳入程序化轨道；确立公司集中管理与专项管理相结合的法律管理工作模式，增强公司法律管控能力。五是继续推进厂务公开工作，积极推动企业民主建设，发挥工会、女工、共青团等群众组织的联系纽带作用，做好群众工作，拓展活动方式，做了大量的暖人心、稳人心、得人心的实事，着力打造职工群众满意工程，密切党群关系，营造和谐氛围。举办"七一红歌会"，组织石油寻根"红色之旅"，访问革命圣地，成立职工福利领导小组，想职工之所想，急职工之所急，为职工办好事、办实事。千方百计解决职工住房困难，为群众解决后顾之忧；每年组织公司职工体检，为职工购置锻炼器械和文体用品，为过生日职工送去关爱和慰问，从点滴入手，关心职工生活。六是勇于担当央企社会责任。认真落实国务院国资委的工作部署和要求，树立社会责任理念，加强社会责任管理，提升社会责任工作水平。带头执行国家的方针政策，自觉维护市场秩序，维护职工合法权益，做好节能减排、安全生产，维护稳定等工作。

【信息化建设】 珠海振戎公司进一步贯彻落实国家信息化发展战略，制订下发《珠海振戎公司信息化管理制度》和《珠海振戎公司关于公司网站运行管理的相关规定》，在严格保密措施的基础上，建立信息管理公共平台，以适应信息社会及网络经济条件下的市场竞争环境。

（撰稿人：刘　明）

中国建筑设计研究院

【基本概况】 2011 年，中国建筑设计研究院（以下简称"建筑设计集团"或"集团"）坚持以科学发展观为主题，以转变发展观念，创新发展方式，提高发展质量为主线，通过深化改革、完善机制、创新发展，管理水平进一步提高，自主创新能力进一步增强，有力地促进了集团核心竞争力和经济效益的大幅提升。2011 年，集团经济效益再创历史最好水平，累计新签合同额 67.02 亿元，同比增长 17.13%。同时，集团在课题承担、专利获取、科研经费收入、设计作品和科研成果获奖等方面均取得历史性的重大突破。

【主要指标】 2011 年，建筑设计集团主要经济指标再创历史新高。其中，资产总额 42.72 亿元，同比增长 15.33%；所有权收益 14.14 亿元，同比增长 16.19%；营业收入 36.66 亿元，同比增长 22.77%；利税总额 4.57 亿元，同比增长 12.84%；全员劳动生产率28.51万元/人·年，同比增长7.99%。

2011年中国建筑设计研究院主要经济指标

项 目	2010年	2011年	比上年增长(%)
资产总额(亿元)	37.04	42.72	15.33
所有权收益(亿元)	12.17	14.14	16.19
营业收入(亿元)	29.86	36.66	22.77
利润总额(亿元)	2.68	2.79	4.10
净利润(亿元)	2.05	2.17	5.85
归属于母公司所有者的净利润(亿元)	2.00	2.10	5.00
技术开发投入(亿元)	1.92	1.84	-4.17
利税总额(亿元)	4.05	4.57	12.84
应交税总金额(亿元)	2.59	2.51	-3.09
全员劳动生产率(万元/人·年)	26.40	28.51	7.99
净资产收益率(%)	14.75	16.47	增加1.72个百分点
总资产报酬率(%)	7.95	7.55	减少0.40个百分点
国有资本保值增值率(%)	115.06	116.70	增加1.64个百分点

【改革发展】 建筑设计集团整体上市工作取得阶段性成果。2011年，集团被国务院国资委正式确定为首批中央企业集团层面整体改制上市试点企业。以此为契机，集团继续加强集团化管控能力建设，推进产权结构调整和内部重组整合，优化集中资源配置，开拓国际化运营空间，实施全面预算管理，突出降本增效和精益管理，企业竞争力进一步增强。

坚持人才强企战略，优化人才选用培养机制。2011年，集团全面推行竞聘上岗制度，组织多场集团领导、集团职能部门及所属企业领导干部竞聘大会，优选领导干部15人；组织各类技术交流、业务培训400余人次，外派出国技术交流团组130个、540人次；推荐中国工程院院士、全国工程勘察设计大师等优秀人才18人。其中，崔愷同志当选为中国工程院院士，郁银泉同志被授予“全国工程勘察设计大师”称号。

优化考核方式，加强绩效管理。集团围绕业务发展方向，坚持目标管理，确定考核指标，优化管理方式，发挥经营业绩考核的引导作用，实现考核结果与企业负责人薪酬分配、职务任免、员工发展紧密挂钩。

【重大项目】 综合科研实力不断提升。2011年，建筑设计集团承担各类课题总数317项，新增课题129项，完成课题94项，鉴定验收课题125项；获得专利40项(其中发明专利9项、实用新型专利31项)，获得软件著作权22项。全年科研经费总收入1.6亿元。设计作品获得各类奖励119项，其中国家级30项，省部级39项。科研成果全年共获省部级奖励9项。

优势业务板块取得重大突破。集团承接的青岛市全地下污水处理厂项目，是全国首座全地下污水处理厂；乌海—银川焦炉燃气输气工程，是全国最长高压输氢管线；重庆市黑石子餐厨垃圾处理厂，是全国规模最大的第一个采用高温湿式厌氧工艺技术的餐厨垃圾资源化处理项目，其中的地沟油提制生物柴油为全国环卫领域首个地沟油处理项目；烟台润达垃圾焚烧余热利用与发电项目，是全国第一个利用垃圾焚烧技术和湿解技术的垃圾资源化项目；西安环保发电厂项目，是全国第一个将生活垃圾和污泥进行综合处理的项目；唐山市凤凰新城中心绿地地下工程设计项目，是全国最长的地下空间走廊和大型地下综合体，建设标准处于国际领先水准；西藏自治区措勤县供热工程，是全国首例在高寒地区的供热项目试点；福建古雷港经济开发区工业废物处置场工程，是集团首个BT项目；策划的常州市武进区绿色建筑产业集聚示范区，是全国首个绿色建筑产业集聚示范区；承接的河北省涿州生态城规划，是全国唯一的省部合作共建生态城市试点示范项目；主编的《烟草行业绿色工房评价标准》，是我国乃至世界上第一个明确体现工业特点的绿色工业建筑标准；承担的“杭州西湖文化景观”申遗项目成功列入《世界遗产名录》，是我国第一项以文化景观类型成功申报世界遗产的项目。

【走向海外】 建筑设计集团通过海外市场拓展和收购海外企业等多种方式，稳步推进"走出去"战略。2011年集团承接委内瑞拉首都加拉加斯缇乌纳地块社会住宅的设计总包，土耳其天然气输气及清水卤水管道工程设计，巴基斯坦40公里天然气输送管线设计，印度塔塔集团焦炉气气柜工程设计，中石油哈萨克斯坦阿克纠宾生产指挥大楼室内装饰设计，沙特麦伊顿磷矿厂回用水处理工程，约旦安曼电信、媒体和技术（TMT）城等诸多海外项目。2011年12月，集团就收购新加坡CPG集团100%股权与澳大利亚悉尼道纳公司签署中标协议，标志着集团"走出去"战略迈出了实质性步伐。

【重大创新】 2011年，建筑设计集团在科技创新和科技成果转化方面取得丰硕的成果。集团被国家科技部授予"十一五"国家科技计划执行优秀团队奖，通过全国高新技术企业认定评审，被列入北京市2011年度第一批高新技术企业公示名单。组建三维设计和BIM技术专业开发应用团队，可承揽三维工程设计、搭建三维建筑全信息模型、招投标方案的三维虚拟动漫制作，并在全专业、生产单位全面推广BIM设计及其应用，在"创新杯"建筑信息模型（BIM）设计大赛中获得多项奖励；掌握日本住宅标准构配件与国内传统施工图融合技术，实现日本成熟工业化住宅技术在中国落地的全程解决方案；成功试制试验新型地铁隧道区间接触网受电单扇防护密闭隔断门等4个专利产品；将绿色建筑理念引入到工业领域，提出具有自主知识产权的低碳评估方法——CLEAR原则，成为规范建筑节能设计的创新体系。

【党建工作】 2011年，建筑设计集团党委坚持把创先争优活动与贯彻落实党的十七届六中全会精神和国有企业党的建设工作会议精神相结合，积极探索新形势下加强和改进企业党建工作的新思路、新途径和新办法。围绕"推动科学发展、促进企业和谐、服务职工群众、加强基层组织"的目标深入开展创先争优活动。紧紧围绕"政治素质好、工作业绩好、团结协作好、作风形象好"开展党组织建设。围绕集团整合、业务调整、机构改革等工作，推进基层党组织建设，新增党支部16个，选配党组织书记16人，转正预备党员34人，新接收预备党员36人，确定入党积极分子80人。健全党内民主生活制度，定期召开专题民主生活会。选派多名中层以上领导干部参加中央党校和国资委党校的学习，组织中层以上领导干部培训班，组织开展学习胡锦涛总书记"七一"重要讲话和十七届六中全会《决定》的专题教育活动。围绕集团中心工作和战略发展目标，坚持党管人才原则，加强人才培养，首次组织开展对二级企业领导班子和领导干部进行综合考核评价。组织开展党风廉政建设责任制和贯彻落实"三重一大"决策制度情况，以及纪检监察组织建设情况等七个方面的专项检查。组织各种主题活动庆祝建党90周年，激发全体党员和职工的爱党热情。

【信息化建设】 2011年，建筑设计集团按照国资委《中央企业信息化评价要求》《中央企业网络建设能力评价要求》的各项规定，结合业务发展需要，以项目管理为核心，扎实推进信息化建设，管理效率得到明显提升。通过整合财务核算、项目信息化管理、项目人力资源管理、企业门户和信息沟通平台五个有机组成部分，实现集团项目运营数据资源整合与共享。借助信息化手段强化项目负责制，推进管理标准化、规范化，提高管理效率。

【履行社会责任】 2011年，建筑设计集团充分发挥专业优势，立足业务发展与服务社会相结合，在创造经济效益的同时积极履行企业的社会责任。

为传承中华文化作出巨大贡献。集团坚持"产研结合、持续创新"的工作理念，全年开展元上都遗址、丝绸之路、海上丝绸之路、北庭故城遗址、楼兰遗址等40余项成体系的遗产保护规划与课题研究，显著提升了中华文化的价值和认知度，提升了我国的世界文化遗产申报的技术水平。集团荣获"2011年度中国民族建筑事业杰出贡献奖"，桃坪羌寨抢救维修保护规划及保护工程荣获"中国民族建筑保护、传承、创新奖"；集团孙大章同志荣获"中国民族建筑事业终身成就奖"。

为国家保障性住房建设提供专业支持。集团响应国家号召，集中行业力量，主持编制《公共租赁住房优秀设计方案汇编》《公共租赁住房建设标准》《保障性住房标准设计样图》，为提高保障性住房建设质量和效率作出贡献。“明日之家 2011·公共租赁住房”样板间亮相住博会，为保障性住房的产业化发展起到示范作用。两次举办“中国—瑞典保障性住房研讨会”，与联合国人居署联合举办“开展保障性住房能力建设”活动。积极开展“公共租赁住房标准化设计系统建设”专项研究，完成《北京市公共租赁住房设计指南》和《北京市公共租赁住房标准设计图集》。投身保障性住房设计和产业化研究工作，完成关于“保障性住房产业化发展技术”的研究。

为国家援藏援疆战略提供优质服务。特派调研队伍进行全疆调研，对《新疆基础设施总体规划》做出可行性研究和评估；承担北京援建和田的多个项目，其中和田地区四十七团棚户区改造是北京市援建新疆的第一个标志性工程；完成新疆准东经济技术开发区总体规划、阜康市新城区城市设计、昌吉市城乡统筹发展规划等多项规划设计工作。承担拉萨饭店改造项目，为西藏和平解放 60 周年庆祝活动作出重要贡献；援藏干部袁江同志被评为西藏自治区住房和城乡建设厅系统优秀共产党员。

加快行业标准制定，搭建行业交流平台。2011 年，集团共承担国家标准规范编制 31 项、行业标准 61 项、协会标准 7 项。组织由 6 名行业院士参加的“首届中国水业院士论坛”，是水工业领域最高规格的学术活动。组织“第三届全国建筑结构技术交流大会”、“第六届全国建筑施工新技术交流会”、“大型建筑钢与组合结构国际论坛”、“第十二届中国西部国际博览会生态城市与绿色建筑高峰论坛”、“国家标准设计发展论坛”等众多国内外行业顶级盛会。

此外，集团还通过专款慰问社区困难居民，对口帮扶困难街区，设立大学奖学金，捐献助学金，成立企业爱心基金等形式投身社会公益，回报社会。

（撰稿人：赵　林）

中国冶金地质总局

【基本概况】 中国冶金地质总局（以下简称“总局”）是中央管理的地质勘查事业单位，前身是冶金工业部地质勘查总局。国务院国资委确定总局主业是：“固体矿产地质勘查、研究、开发、服务；超硬材料生产及机械装备制造”。2011 年经济发展取得新进展，突出地表现在：

地质找矿成效显著。全年实施各类地质项目 525 个，其中国家计划项目 30 个。新发现矿产地 11 处，其中大型 2 处、中型 7 处。新增资源量煤 1.7 亿吨、铁矿石 0.64 亿吨、锰矿石 1.2 亿吨、铜 31 万吨、锌 51 万吨、铅 38 万吨、金 30 吨。西藏山南地区铜多金属整装勘查、新疆西天山成矿带铁铜多金属矿勘查开发、广西大瑶山地区金矿勘查开发、冀东遵化—长凝铁矿勘探、内蒙古东乌旗钼矿勘探等取得较大进展。所属第二地勘院作为重要参与单位之一完成的“青藏高原地质理论创新与找矿重大突破”集成成果荣获 2011 年国家科技进步奖特等奖；西藏山南地区泽当矿田铜多金属矿普查荣获 2011 年度全国“十大地质找矿成果”；所属 5 家单位和 7 名个人在全国危机矿山接替资源勘查中作出突出贡献，受到国土资源部表彰。

产业发展协同并进。地质勘查业不断扩大市场份额，2011 年签订合同 20.27 亿元，同比增长 64.93%，完成产值 15.01 亿元，同比增长 44.60%。矿业开发业扩大生产经营规模，全面开展矿产品贸易，新的经济增长点开始显现，实现产值 3.67 亿元，同比增长 52.92%。制造业产销完成情况良好，生产、加工总量均好于上年同期，完成产值 9.79 亿元，同比增长 70.56%。建设工程业务方面，紧紧抓住国家拉动内需政策和城市发展建设给工勘业带来的有利机遇，高度重视市场转型，加大市场开拓力度，2011 年新签合同额比上年同期增长 55.64%，在建工程数量明显增长，完成产值 47.93 亿元，同比增长 39.05%。地理信息产业贯彻“有所为、有所不为”的指导思想，全年实施地质服务工程（合同）375 项；管线探测专业市场保持较好态势，完成探测 68056 公里，同比增长 15.49%；测绘、测量工程完成 10107.6 平方公里，同比增长 24.89%。

【主要指标】

2011年中国冶金地质总局主要经济指标

指　　标	2010年	2011年	比上年增长(%)
增加值(亿元)	1.68	2.51	49.40
主营业务收入(亿元)	70.81	93.09	31.46
利润总额(亿元)	3.07	4.95	61.24
本年实际上缴税金总额(亿元)	3.24	4.00	23.46
资产总额(亿元)	74.73	99.26	32.82
负债总额(亿元)	48.58	65.54	34.91
所有者权益(亿元)	26.15	33.72	28.95
年末从业人员(万人)	1.57	1.71	8.92
科技投入总额(亿元)	1.19	1.76	47.90
安全生产投入总额(亿元)	0.60	0.59	－1.67
节能减排及环保投入总额(亿元)	0.24	0.55	129.17
净资产收益率(%)	12.62	12.68	减少0.06个百分点
总资产周转率(次)	1.03	1.07	3.88
国有资本保值增值率(%)	113.71	114.26	增加0.55个百分点
应收账款周转率(次)	6.06	6.6	8.91
技术投入比率(%)	1.69	1.89	增加0.2个百分点
成本费用利润率(%)	5.7	5.53	减少0.17个百分点

【改革发展】　2011年的管理创新重点体现在集团管控方面。以构建“统分结合、适度集中”的集团化财务管理模式为中心，突出加强集团管控。通过调整完善财务管理机构、加强财务人员管理、完善总会计师委派制和财务负责人任免核准制度、完善财务管理制度体系、推行全面预算管理、制订财务管理三年规划、推动财务管理功能由会计核算型向价值管理型转型等，进一步提高财务资源集团化运作与集成化管理水平，初步形成“统分结合、适度集中”的集团化财务管理模式。与此同时，以财务管理为中心，适时推进财务功能转型。总局作为出资人，以产权关系为基准，确立财务管理关系，不断完善财务管理制度，强化财务管理的中心地位，并结合实际情况逐步推进财务管理从分散型向集团化转变。2011年，总局以全面预算、内控机制、资金集中、财务信息化、总会计师委派为重点的财务管理创新全面推开，财务资源集团化运作与集成化管理取得明显成效。抓住重大事项和重点资产，转变管理方式。一是加强重大事项管理，根据重要性原则确定重大事项管理范围，按照重要性等级，分别实行以核准、备案、报告方式管理，切实加强总局集团管控能力和水平。二是对矿业权实行分级分类管理。三是内部审计方法从传统的现场检查，转变为远程在线审计与现场核查相结合，对发现的问题及时核实、整改。四是制订并印发《加强成本费用控制实施意见》，对成本费用从决策开始到生产经营关键环节，规定具体的管控措施，成本费用占主营业务收入的比率降低0.5个百分点。

【重大项目】　西藏山南地区铜多金属整装勘查顺利实施。新疆西天山成矿带制定勘查开发总体方案，并与自治区政府签署合作协议，铁铜矿勘探见矿情况良好。广西大瑶山地区探明金金属量若干吨，并启动以我方为主的矿权整合。冀东遵化—长凝铁矿勘探阶段探明资源量10亿吨以上。内蒙古东乌旗勘探及外围勘查预获钼资源量45万吨以上。广西桂东北发现稀有金属。广西昭平大王顶金矿投入试生产，新疆西天山确鹿特铁矿矿山建设顺利推进，新疆哈巴河金矿完成选厂扩建。西藏山南两处矿权转让取得突破，合作勘查进展顺利。

【走向海外】　2011年，投入境外风险勘查资金1.89亿元(其中财政拨款6662万元)，在蒙古、博茨瓦纳、赞比亚、吉尔吉斯、加拿大等国家开展风险勘查项目10个，累计拥有矿权37个。截至2011年底，在15个国家和地区设立公司或派驻勘查队伍，开展境外地质矿产勘查业务，发现或取得了一批有前景的矿产资源项目，收集相关国家矿业的主要法律、法规以及地、物、化、遥等资料及相关信息情况，为我国加快建立海外矿产资源供应基地，优化矿产资源的供给结构作出了积极贡献。

第二主业的超硬材料制造板块“走出去”步伐也

不断加速。2011年，晶日金刚石工业有限公司完成收购韩国第三大金刚石制品生产企业韩国晓成公司，并与美国璐璐拉公司合资进行金刚石复合材料生产。黑旋风锯业股份有限公司生产的“黑旋风”牌金刚石锯片基体不但在国内市场占主导地位，而且其中一半的产品销往国外，来自海外的年收入超过亿元人民币。黑旋风工程机械开发有限公司产品出口11个国家和地区。

【重大创新】 2011年全系统投入科技研发费用1.1亿元，比上年增加10%。承担“十二五”国家科技支撑项目、973计划项目和国家自然科学基金项目7个，执行地质科研与技术方法创新项目14个。航空物探形成6架飞机同时作业能力，引进航空瞬变电磁法系统等先进设备，青海项目首创直升机高海拔大比例尺航空磁测的先例。山东正元地理信息工程有限责任公司无人机航测成效显著。黑旋风锯业股份有限公司锯片基体“四化”技术改造有效推动产业升级。黑旋风工程机械开发有限公司盾构泥浆处理工艺打破国外垄断，城市污泥减量化处理和国家“水专项”设备研发通过技术鉴定。

【党建工作】 认真学习贯彻党的十七届五中、六中全会精神和胡锦涛总书记“七一”重要讲话精神，大力推进学习型党组织建设。认真开展创先争优暨争创“四强四优”活动和“最佳党日”评选，大力宣传先进典型。扎实推进领导干部作风建设年活动，密切党群干群关系。举办全系统庆祝建党90周年“冶金地质走向未来”文艺汇演，唱响时代主旋律。认真贯彻党风廉政建设责任制等“五项制度”，强化惩防体系建设，健全“小金库”治理长效机制，加大效能监察、信访查办工作力度。宣传思想工作、企业文化建设、工会共青团工作进一步加强。广泛开展岗位练兵、“红旗班组”创建等活动，组织全系统地勘钻探技能竞赛，并组队参加首届全国大赛，取得多项优异成绩。

【履行社会职责】 发挥自身优势，积极做好援疆、援藏工作，得到国资委充分肯定。总局召开维稳信访会议，有力促进了职工队伍总体稳定。不断强化安全生产，实现年初制定目标。黑旋风股份、黑旋风机械等工业企业通过技术改造和研发新产品，实现单位节能降耗；新疆哈巴河金矿尾矿回收利用效果明显。山东局参与地方抗旱打井受到国土资源部表彰。各单位高度重视农民工工资发放，并帮助他们解决实际困难。

【其他情况】 2011年11月，国务院国资委调整中国冶金地质总局领导班子，卢进任局长；闫学义不再担任局长职务，退休。

（撰稿人：安　竞）

中国煤炭地质总局

【基本概况】 2011年，中国煤炭地质总局坚持以科学发展观为指导，认真贯彻落实党中央、国务院各项决策和国资委的各项要求，紧紧围绕“做强做优做大、打造具有国际竞争力的一流特色央企”的战略目标，迎难而上，扎实工作，各项工作都取得新的进展，实现了“十二五”的开门红。

【主要指标】 2011年，总局实现营业收入135.17亿元，同比增长42.51%；实现利润总额8.43亿元，同比增长46.61%；实现经济增加值4.77亿元，同比增长84.16%；利税总额12.93亿元，同比增长38.14%；国有资本保值增值率118.85%，同比提高3.5个百分点；净资产收益率16.48%，同比提高2.52个百分点，保持同行业良好以上水平。2011年末资产总额较年初增加35.9亿元，同比增长42.6%。

2011年中国煤炭地质总局主要经济指标

项　目	2010年	2011年	比上年增长(%)
资产总额(亿元)	84.15	125.45	49.08
所有者权益(亿元)	32.25	42.07	30.45
营业收入(亿元)	94.85	135.17	42.51
利润总额(亿元)	5.75	8.43	46.61
净利润(亿元)	4.26	6.30	47.89
归属于母公司所有者的净利润(亿元)	3.92	5.79	47.70
技术开发投入(亿元)	0.54	1.20	122.22
利税总额(亿元)	9.36	12.93	38.14

续表

项　目	2010年	2011年	比上年增长(%)
应交税金总额(亿元)	4.55	5.51	21.10
全员劳动生产率(万元/人·年)	10.56	12.26	16.09
净资产收益率(%)	13.96	16.48	增加2.52个百分点
总资产报酬率(%)	8.25	8.83	增加0.58个百分点
国有资本保值增值率(%)	115.35	118.85	增加3.5个百分点

【改革发展】 一是企业改革向更深层次发展。完善总部机构和职能,制定勘查总院企业运行方案。积极推进法人治理结构建设,二级企业董事会试点改革顺利进行。进一步理顺企业产权关系,初步建立产权清晰、以企业为主体的财务报告体系。开展了三级企业股份制改制。对"三小"企业进行优化重组。二是主业发展能力进一步提升。地质勘查及延伸业继续保持良好势头,探采一体化深入推进,全年新增探矿权8个,面积661平方公里,其中,国外探矿权5个;转让探矿权6宗,价款4亿多元人民币。三是基础管理水平进一步提升。制定中国煤炭地质总局"十二五"发展规划,明确未来五年发展目标。认真落实国资委第三巡视组整改意见,从9个方面对44项具体工作进行整改落实,制定相关管理制度15个,提出工作指导意见18个。加强经济分析,建立企业经济运行季度通报制度,对效益下滑单位进行持续跟踪;加强风险管控和管理制度建设,开展全面风险管理试点,组织境外投资项目审计,在13家直属经营单位建立企业总法律顾问制度。深入推进经济增加值考核,价值创造理念进一步强化,全员业绩考核工作广泛推开。加强全面预算管理,预算执行情况进一步改善。积极推进资金集中管理,制定集团层面资金集中管理方案;做好"小金库"专项治理,建立防治"小金库"长效机制。狠抓安全生产,全年无重大责任事故发生。四是职工队伍建设不断加强。在首届全国地勘钻探职业技能大赛中取得"一金两铜"的好成绩,荣获"技能人才培育突出贡献奖"。组织开展第二届职工技能大赛——"特勘杯"信息化会计竞赛,有9人次获得中央企业技术能手称号。

【地质找矿】 组织实施地质项目647项,其中中央财政地质勘查项目55项,省地勘基金项目85项。完成钻探总工程量279.62万米,地震物理点40.83万个,电法物理点24.60万个。提交各类地质报告106件,提交矿产资源储量173亿吨,新增矿产资源量150多亿吨。

牵头开展新一轮全国煤炭资源潜力评价工作,预测新区2912个,初步预测全国煤炭资源总量5.73万亿吨,比第三次煤田预测增加1600亿吨。安徽省刘桥煤矿接替资源勘查项目查明勘查区新增煤炭资源储量1.61亿吨,获国土资源部"全国危机矿山重大找矿突破奖";在云南彝良探明新的优质低硫煤炭资源1亿吨;在陕西合阳探明煤炭资源量8.43亿吨。内蒙古东胜煤炭普查获得优质动力用煤148亿吨,山西舍科勘查区煤炭普查发现优质焦煤资源4.11亿吨。

【重大项目】 与青海省政府合作开展矿产资源勘查工作顺利推进。签订矿产资源勘查合作补充协议,加大青海省以煤炭为主的矿产资源调查评价和地质勘查工作力度;成立青海中煤地矿业开发公司,并组织实施煤炭资源合作投资项目12项,提交资源调查报告2件,提出多个找矿靶区。以陕西陇县李家河区块矿权入股,与四家企业联合成立陕西李家河矿业公司。投资成立青海华辰矿业公司,并以矿权入股青海省能源发展集团。新组建广东中煤地瑞丰建设集团有限公司并实现正式运营。与建信信托有限责任公司在北京签署战略合作框架协议,约定双方将共同创立建信——中煤地矿产投资基金。与青海省政府和有关企业达成关于"青海省可燃冰勘探研究开发中心"建设合作协议。制定中央科技研究院组建方案,在国家工商总局通过"中煤能化科学研究院"预名登记。西部3S空间信息产业化基地一期GPS应用一测绘楼封顶,中国煤炭地质科研大厦内部装修工作顺利进行。

【走向海外】 召开国际化经营工作会议,明确"走出去"的主要任务和重点工作,推动国际化经营的快速发展。全年签订境外地质勘查合同额7900多万元,同比增长48.6%,项目涉及非洲、南美洲、东南亚等地区及澳大利亚等国家。组织实施国外矿产资源风险勘查项目 28 项，经费同比增长 23%。与多家企业签订在澳大利亚、缅甸等国家进行矿产资源开发的合作协议。组团参加“2011 亚太国际矿业技术、设备及服务展览会”和“2011 中国国际矿业大会”。

【重大创新】 投入科技研发资金 1.2 亿元，组织科技研发立项 21 项。获得省部级以上奖励 9 项；获得专利授权 17 项，登记著作权 35 项，编制相关勘查技术标准 3 项。组织实施的《西北侏罗纪煤炭资源形成条件及资源评价》项目获得 2011 年度中国煤炭工业科学技术一等奖，《西南地区聚煤规律及煤炭资源特性评价研究》项目获得 2011 年度国土资源科学技术二等奖，《首批煤炭国家规划矿区资源评价》项目获得 2011 年度国土资源科学技术二等奖，《全国矿业权实地核查技术方法指南研究》获国土资源科学技术二等奖。组织实施的“我国大型煤炭基地区域含水层保护战略研究”成果得到国土资源部的高度评价。

【党建工作】 按照国资委党委要求，认真部署、精心组织开展中央企业（在京）十八大代表和国资委党代会代表选举工作。深入开展创先争优活动，组织开展庆祝建党 90 周年系列活动，召开“一先两优”表彰大会，对 30 个先进基层党组织、30 名优秀共产党员、16 名优秀党务工作者进行表彰。加强各级领导班子建设，对 7 家直属单位领导班子 10 名领导人员进行调整。首次在全国范围内开展二级单位高级经营管理人员公开选聘工作，选拔二级单位高级管理人员及总部中层管理人员 11 人。深入推进反腐倡廉建设，认真落实党风廉政建设责任制和“三重一大”等五项制度，领导干部廉洁从业意识不断增强。开展经济发展方式转变，以及工程建设领域商业贿赂、境外资产等专项检查。高度重视信访维稳工作，正确处理改革发展稳定的关系，确保职工队伍的和谐稳定。精神文明建设取得新成果，所属青海煤炭地质勘查院测试中心被全国妇联、全国妇女“巾帼建功”活动领导小组授予“全国巾帼文明岗”称号，所属中煤地质工程总公司上海分公司被国资委评为“中央企业参与 2010 年上海世博会荣誉集体”。

【信息化建设】 认真做好中国煤炭地质总局网站建设工作，对网站进行改版升级，使网站内容更加丰富，结构更加清晰，为做好对外宣传、交流工作提供了更加有利的条件。在 2011 年中央企业网站评估中，中国煤炭地质总局网站被评为 A 级网站，并被列为 16 家中央企业网站能力建设试点单位之一。

【履行社会责任】 发挥专业技术优势，积极参加抗震救灾及矿山抢险等工作，参与冀中能源东庞煤矿透水抢险工程和义马煤业集团千秋煤矿冲击地压事故救援，为保护人民生命财产安全作出应有的贡献。高度关注和改善民生，职工年人均工资收入 46763 元，同比增长 16.4%；向国家争取到 2010 年、2011 年退休人员规范津补贴预算资金 6.65 亿元，退（离）休人员“同城待遇”问题逐步得到解决，实现改革发展成果的共享。积极开展对口扶贫，在支援新农村建设方面作出积极贡献。认真做好节能减排工作，实现年度节能减排目标。

（撰稿人：于运强、刘银海）

新兴际华集团有限公司

【基本概况】 新兴际华集团有限公司（以下简称“集团公司”或“新兴际华集团”）（前身是新兴铸管集团有限公司，2011 年 1 月 15 日更名），是 2000 年 10 月由总后、武警所属 78 家军需企事业单位组建而成的大型企业集团。是全球最大的球墨铸管生产研发基地，国内最大的钢格板和后勤军需品、职业装、职业鞋靴生产研发基地。主营业务包括黑色金属冶炼及加工、纺织服装、专用设备制造以及商贸物流等。主要产品有球墨铸铁管、管件、钢格板、钢材、工程机械、特种和专用车辆改装、油料器材、纺织品、服装、染整、皮革皮鞋、橡胶制品、装具等。拥有国家级企业技术中心和军需品检测中心，拥有国家级企业博士后工作站，是铸管、钢格板、钢塑复合管、胶布鞋等产品国家或行业标准的制定者。主要有四大业务板块：

新兴铸管股份有限公司，该公司连续七年入选“中国最具发展潜力上市公司 50 强”、连续八年入选深交所成分指数样本股和企业创新样本股，被CCTV评为“中国最佳投资回报上市公司”。主要产品有新兴铸管、新兴铸件、新兴格板、新兴钢材、新兴复合管等系列产品。其中离心球墨铸铁管年生产能力155万吨，综合技术实力国际领先，生产规模居世界第一，国内市场占有率约占45%，30%以上的产品行销到90多个国家和地区；钢格板和钢塑复合管综合技术实力、生产规模居中国第一。在中国行业内率先整体通过ISO9002、ISO14001、ISO28000(OHSMS)三大体系认证。

际华集团股份有限公司，是军队、武警部队军需品生产保障基地和外军军需品市场的主要采购、加工基地；是中国最大的职业装生产基地和职业鞋靴生产基地；是中国最大的高端纺织品生产研发基地，年生产各种职业服装7000多万套，鞋类产品1.6亿双，80～200高支高密经纬密度1000根家纺产品占中国市场的40%。

新兴重工集团有限公司，主要有四大产品系列：新能源装备，军用特种装备，轻(合)金属资源，应急救援装备。有填补国际空白的高压气瓶、中国一、二、三类压力容器设计和制造许可证，在压力容器制造方面有美国ASME颁发的U、U2钢印及授权证书，是中国第一台推土机的制造者，近年来又研发出挖掘机、旋挖机。

新兴发展集团有限公司，在北京、武汉、广州、上海等城市有一批自有土地开发项目。其中，利用企业自有土地完成的北京“财富中心”、广州“中华广场”等商业项目，在中国有一定的影响，正在建设的邯郸商贸物流城项目，具有良好的发展前景。正积极开拓海外矿源、进军再生资源等领域。

【主要指标】 2011年底，集团公司资产总额641.62亿元，净资产289.46亿元，资产总额同比增长21.93%。2011年集团公司实现营业收入1476.12亿元，同比增长83.70%；利润总额36.04亿元，同比增长34.33%；利税总额48.46亿元，同比增长23.46%；全员劳动生产率12.49万元/人·年，同比增长19.64%；净资产收益率9.18%，增加2.07个百分点；总资产报酬率7.66%，增加1.11个百分点；国有资本保值增值率109.23%，增加1.90个百分点。

2011年新兴际华集团有限公司主要经济指标

项　目	2010年	2011年	比上年增长(%)
资产总额(亿元)	526.21	641.62	21.93
所有者权益(亿元)	262.28	289.46	10.36
营业收入(亿元)	803.57	1476.12	83.70
利润总额(亿元)	26.83	36.04	34.33
净利润(亿元)	21.48	28.61	33.19
归属于母公司所有者的净利润(亿元)	10.77	15.69	45.68
技术开发投入(亿元)	10.67	15.35	43.86
利税总额(亿元)	39.25	48.46	23.46
应交税金总额(亿元)	17.69	20.13	13.79
全员劳动生产率(万元/人·年)	10.44	12.49	19.64
净资产收益率(%)	7.11	9.18	增加2.07个百分点
总资产报酬率(%)	6.55	7.66	增加1.11个百分点
国有资本保值增值率(%)	107.33	109.23	增加1.90个百分点

【改革发展】 2011年，新兴际华集团有限公司董事会试点工作进一步深入，集团公司董事会由10名董事组成，其中外部董事6名、职工董事1名。董事会下设常务委员会、提名委员会、薪酬与考核委员会、审计与风险管理委员会，其中薪酬与考核委员会全部由外部董事组成；提名委员会、审计与风险管理委员会外部董事超过成员半数。各专门委员会作为董事会下设的专门工作机构，在董事会授权范围内按各自工作规则履行职责，为董事会提供重要的决策支撑。

按《公司章程》相关规定，董事会、监事会、党委、经理层职责划分清晰；根据集团公司《分权手册》具体划分，董事长与总经理职责明确，权利分别受董事会和总经理办公会的制约，保证按规定办事，按程序履职。同时，党组织参与重大决策的方式方法兼顾原则与效果，重点体现在程序、标准方面。在此机构框架下，董事会着重增强决策力、控制力，监事会着重增强监督力、审计力，经理层着重增强执行力、反应力，党委着重增强凝聚力、感召力，工会着重增强关心力、亲和力，从而确保企业增强创造力、竞争力。

按照试点工作的指示精神和要求，公司在2010年内部管理机构调整、基本管理制度不断完善的基础上，修订完善《公司章程》《董事会提案管理办法》等三项基本治理制度。董事会履职渠道更加通畅，管理更加规范，决策依据更加坚实，流程更加科学，效果更加明显，现代企业管理体制和经营业绩考核体系逐步完善。

【重大项目】 新兴铸管股份有限公司结构调整和生产布局进入历史新阶段，逐步形成邯武、芜湖、新疆三足鼎立的区域格局。新疆和静工业园300万吨钢项目，十个月的时间打造一个现代化的钢铁企业，于2011年12月23日正式投产，实现当年开工、当年投产的目标。三山工业园热模铸管生产线主体设备基础完成，炼铁、焦化、炼轧钢、制氧、烧结等项目全面启动，为顺利开工奠定坚实的基础。

际华集团股份有限公司新材料、新能源产业园和商贸物流城项目稳步推进，并逐步打造区域化公司和专业公司，进一步深化产业结构调整。际华股份网络连锁稳步推进，建成“际华户外”终端店铺39家，建设高级定制店2家、企业直营店68家、代理店170家、网店24家，共计303家。

新兴重工集团有限公司积极推进邯郸工业园、天津工业园、北京工业园、襄丹工业园、轻(合)金属资源园、印度工业园、鄂尔多斯工业园、山西绿色铸造园等八大工业园项目落地，深化结构调整。2011年8月，印度工业园一期铁矿石项目正式运营生产。其他工业园工期也正稳步推进。

新兴发展集团有限公司15万吨低氧铜杆项目，于2011年7月安装调试并投入生产。邯郸置业物流城项目一期于2011年4月成功开业，项目运营部分面积达到23677平方米，共入驻商户870户。

【走向海外】 集团公司积极进行海外项目拓展。铸管股份努力开拓国际市场，国际贸易部正式成立13个办事处。成功参与投资加拿大AEI公司20%股权，为拓展海外铁矿资源开辟新渠道；新兴重工进一步深化“走出去”战略，拓展海外矿产资源，加快印度工业园一期达产和二期建设；新兴发展逐步进军赞比亚铜矿资源领域，开展开采及加工业务，并积极拓展矿石收储、矿山合作开采新模式。这些海外业务、项目的开展，对保障集团公司战略资源的供应、海外市场的拓展、海外投资与资本运营经验的积累都具有战略意义。

【重大创新】 集团公司坚持推进科技进步，以全面提升技术创新能力为主线，以增强集团公司核心竞争力的重大攻关项目和具有自主知识产权的重大关键技术为重点，集团公司上下建立架构合理分工明晰的三级研发体系，同时完善了服务创新激发活力的科技管理体系，优化科技资源配置，进一步探索渠道宽广形式多样的产学研合作方法，取得一大批高水平、具有自主知识产权的创新成果，为集团公司主营业务发展、规模实力增强、经济效益提高提供强有力的科技支撑和保障。

集团公司创新型企业和高新技术企业建设取得重大进展，初步形成研发投入稳定增长机制，积极争取国家重大科技项目资助，不断创新科技人才管理具体方法。2011年，集团公司被评为“国家创新型企业”，新申请国家级企业技术中心分中心1家，省级企业技术中心2家，高新技术企业3家。2011年，集团公司科技支出总额达到18.32亿元，技术投入比率增长到1.28%。截至2011年底，集团公司评选表彰7名首席人才，其中集团公司首席设计师3名、首席工程师4名，集团及所属企业评审出各类首席人才总计291人，建成一支高素质高水平的科研领军人才队伍。

创新积累日见成效，科技成果显著增长，标准化工作稳步推进，进一步抢占科技制高点。截至2011年底，集团公司参与制定国际标准9个，主持和参与制定国家标准39个，主持和参与制定行业标准104个。铸管股份除作为中国本土企业唯一代表参与制定、修订国际铸铁管标准外，还主持制定、修订球墨铸铁管国家标准6项，牵头起草钢塑复合压力管的行业标准3项，有力地推动了中国球墨铸铁管的发展和公司新产品的推广。际华股份参加9项国家标准和60多项行业标准的制定、修订。新兴重工负责起草推土机、挖掘机、吊管机、自卸车等土方机械8个国家标准。

【党建工作】 新兴际华集团创先争优活动自2009年9月12日先行试点开展以来，在国务院国资委党委和中央企业创先争优活动领导小组的领导下，呈现出“以点带面、全面深入，自上而下、层层推动，党内党外、齐争共创，领导带头、机关先行，围绕中心、融入经营”的鲜明特色，取得初步成效，得到上级领导的充分肯定和亲切关怀。集团公司“创先争优”活动先后得到李源潮同志重要批示，并先后两次在中组部和国务院国资委共同组织的会议上做了典型发言。同时，根据中央创先争优活动领导小组和中央宣传部的统一安排，人民日报、新华社、经济日报、中央电视台、中央人民广播电台对新兴际华集团创先争优活动开展情况进行集中报道。

2011年以来，集团公司党委紧紧围绕“创先争优争一流，科学发展上水平”这一主题，深入扎实开展创先争优活动，努力做到组织创先进、党员争优秀、企业上水平、职工提素质，切实做好抓基层打基础工作，进入创先争优第三阶段。集团公司党委坚持把提高党建工作科学化水平作为加强和改进党建工作的重点目标，借创先争优活动的东风，抓基层、打基础，不断探索党建工作机制创新，进一步增强党建工作活力。

在集团公司建设学习型党组织工作推进领导小组领导下，着力推动学习型党组织建设。在深化“六学”活动、夯实学习型企业建设的基础上，2011年迅速组织传达中央企业学习型党组织建设经验交流会精神，并深入企业调研、深入开展央企对标、深入开展学海底捞、学大庆和学罗文活动。为机关成员配备学习大庆精神、学习海底捞、学习罗文精神等书籍，为集团公司党委中心组成员配备学习用书，先后配备《苦难辉煌》《解放战争》《朱镕基谈话录》《马克思主义著作选编》《论党的群众工作》《推动社会主义文化大发展大繁荣决定》等30余本书籍。

集团公司团委继续以《集团公司团青工作“十项行动纲领”》为抓手，深入开展“号”、“手”、“队”、“岗”和青年创新创效、“五四”红旗团组织创建活动，服务企业发展、助力青年成才。2011年，集团公司团委高举团旗，紧跟党走，扎实推进团青系统创先争优活动。2011年，集团团委被授予“中央企业五四红旗团委”荣誉称号。4个青年集体获评“中央企业青年文明号”称号，3人被授予“中央企业青年岗位能手”称号，1人被评为“中央企业杰出青年岗位能手”，2个团委获得“中央企业五四红旗团委”称号，2个基层团组织被评为“中央企业五四红旗团支部”，4人被评为“中央企业优秀共青团干部”，1人被评为“中央企业优秀共青团员”。

【信息化建设】 2011年是集团公司信息化工作迈上新台阶的一年。2011年9月，集团公司信息办启动信息化总体规划咨询项目，并成立信息化总体规划咨询服务项目工作领导小组。根据国资委关于央企信息化建设要求，集团公司举办专题培训班，先后对三级以上企业分管信息化的领导和工作人员进行封闭式企业信息化培训。截至2011年底，协同办公系统初见成效，经过不断优化和调整，功能不断增加，性能日趋稳定；财务合并报表系统处理速度提升，运行稳定；人力资源系统一期完成，并举办6期人力资源信息系统推广应用培训班；集团门户网站精益求精，在2010年中央企业网站绩效评估中，获得A级第39名的成绩，信息化对企业发展的推动作用初步显现。

【履行社会责任】 2011年，集团公司强化企业安全生产主体责任落实，集团公司与各二级版块签订《安全生产管理目标责任书》，各二级公司与三级企业签订《安全生产责任书》，各三级企业层层签订《安全生产责任书》，把安全责任落实到车间、班组和每一名职工。通过开展安全生产大检查，组织安全生产法律法规和危险化学品安全管理培训，参加各类安全培训、安全论坛和应急救援技术与装备展览，提升基层安全管理人员的安全生产和应急管理能力。2011年，集团公司按季度召开安全生产工作会议，传达国务院安委会、国家安监总局和国务院国资委相关安全生产工作的部署安排，并结合实际提出具体要求，督促企业做好贯彻落实工作。

2011年5月31日，国资委组织召开中央企业节能减排工作会议，会上，集团公司被授予“十一五”中央企业节能减排优秀企业荣誉。同时，集团公司积极谋划“十二五”节能减排工作，组织召开“十二五”节能减排工作研讨会，全面总结集团公司“十一五”节能减排工作的成败得失，并对各企业“十二五”节能减排工作目标提出具体要求。

2011年，集团公司紧紧围绕集团发展战略目标，畅通信访渠道，创新工作方法，完善工作机制，积极推动职工群众合理诉求的妥善解决，努力创造和谐稳定的企业环境。同时，进一步做好稳定风险评估，形成重大事项报告制度，指导所属企业严格按照国务院国资委下发的《关于建立国有企业改革重大事项社会稳定风险评估机制的指导意见》，要求在进行改革重大事项之前，要进行风险评估，并认真填写《集团公司改革重大事项社会稳定风险评估登记表》，上报二级公司和当地党委、政府，各二级公司作为责任主体，要在充分听取党委、政府意见的基础上，研究形成评估意见，制定防控预案，有效防范改革发展重大风险，保证集团公司持续健康快速发展，为中央企业信访维稳工作作出应有的贡献。

新兴际华集团踊跃参入多项社会公益活动，积极履行央企社会责任，加大对边疆地区、困难地区、受灾地区的教育、救灾、助困等的公益捐赠力度，赢得了社会各界的热切回应和有关方面的多次表彰。为响应中央新疆工作会议精神，新兴际华集团在加大对新疆地区投资办企业力度的同时，积极开展边疆地区少数民族教育事业援助工作。为推进少数民族地区青少年健康成长，新兴际华集团与共青团新疆维吾尔自治区委员会和当地青少年基金会联手合作，对10所当地少数民族小学予以援助、援建和教学设备的购置。集团公司获得由共青团新疆维吾尔自治区委员会、新疆青少年发展基金会联合颁发的“2010新疆希望工程年度贡献奖”。

（撰稿人：崔立永）

中国民航信息集团公司

【基本概况】 2011年，在国资委、民航局的正确领导下，在监事会的有力指导下，中国民航信息集团公司（以下简称“中国航信”）干部职工深入贯彻落实科学发展观，以国资委“一五三”总体发展思路为指引，以“四新两保”为抓手，积极推进技术创新、管理提升、服务改善等各方面工作，进一步夯实公司可持续发展基础，为实现公司“十二五”时期“建设国际一流综合信息服务企业”的战略发展目标实现了良好开局。全面完成年度任务目标，各项经营业绩均取得显著增长，生产经营发展势头持续向好，各项工作取得良好成绩，企业的技术服务能力、市场拓展能力、经营管理能力得到全面提升。

2011年，中国航信不断强化安全管理，提升安全保障能力，圆满完成了“两会”等重点保障任务。全年安全生产形势持续向好，CRS、DCS主机系统及核心网络实现零故障停机，ICS、接入网络及核心开放系统的可利用率超过99.99%，结算系统运行平稳，未发生三级以上故障和重大信息系统安全事件。

【主要指标】

主要业务方面，订座系统处理国内航空公司3.16亿航段，外航1283万航段，同比分别增长12%和15.45%；离港系统处理旅客量2.92亿人次，同比增长9.84%。酒店业务完成185万间夜，同比增长21.7%。货运系统处理订单数802.1万张，同比增长18.5%，公共信息服务合同收入2427万元。结算系统处理交易量4.88亿张，同比增长12.43%；BSP数据处理2.32亿张，同比增长7.04%。

2011年中国民航信息集团公司主要经济指标

项　目	2010年	2011年	比上年增长（%）
资产总额（亿元）	105.07	119.23	13.48
所有者权益（亿元）	79.44	89.70	12.92
营业收入（亿元）	30.55	36.73	20.22
利润总额（亿元）	10.86	12.85	18.31
净利润（亿元）	9.55	10.77	12.77
归属于母公司所有者的净利润（亿元）	2.75	3.09	12.36
技术开发投入（亿元）	5.2	6.6	26.92
利税总额（亿元）	12.15	14.51	19.38
应交税金总额（亿元）	2.03	4.35	114.06
全员劳动生产率（万元/人·年）	60.32	66.15	9.67
净资产收益率（%）	12.02	12.01	减少0.01个百分点
总资产报酬率（%）	11.57	11.46	减少0.11个百分点
国有资本保值增值率（%）	109.7	110.06	增加0.36个百分点

【改革发展】 2011年,中国航信积极响应国资委要求,认真贯彻落实"一五三"战略,实现了公司平稳较快发展。

1. 市场控制力不断提升。公司通过明确商务协议标准,引入推广奖励机制,加强与分支机构的协调配合,共同挖掘市场潜力,提升与航空公司、机场的合作伙伴关系,进一步完善市场布局;同时依托主业,积极拓展海外市场和非航空领域市场;强化内部竞争意识,营销收入显著增加。

2. 客户服务再上新台阶。公司通过加强宣传服务理念,倾听客户心声;梳理问题处理机制,明确服务工作开展方向;增强整体服务执行力,面向战略客户开展In-House服务,强化了服务意识,提升了服务能力,将服务工作落到实处。

3. 人力资源开发管理不断提高。2011年,公司不断拓宽干部选拔渠道,建立骨干人才队伍;继续实施干部教育和员工培训,梯队人才培养工作不断完善;打破束缚,坚定推行岗位薪酬改革制度,建立以岗位价值为基础的薪酬体系;量化评估,推行全员绩效考核激励机制,形成全员考核体系,逐步建立以业绩导向为主的激励机制。

4. 管理水平持续提升。公司通过细化规章完善制度,制定业务部门及分子公司定期考核办法;建立"总部—分公司"财务的二级稽核体系,规范分公司财务工作;出台《中国航信供应商管理办法》,规范对外采购操作。优化流程规范管理,完善升级合同管理信息系统;梳理内部差旅报销管理制度,优化机票报销流程;制订个性化的审批流程;成立新系统项目管理办公室、新业务经营管理部、客户服务办公室以及档案室;加速推进区域子公司建设,完成广州、湖南、内蒙古、河南等地"分转子"的工作,启动了北京分公司转制工作。

5. 产品管理日趋规范。2011年,公司不断加强产品标准化管理,提升行业信息化产品的标准建立工作。协助分支机构培养、建设技术队伍,形成部分分支机构与总部协同分工的开发管理局面;完善符合国际航协(IATA)标准的CUSS平台,规范硬件设备认证流程;进行国内EMD产品标准建设工作,使公司成为全球第四家通过国际航协(IATA)认证的GDS;制定"手机电子登机牌二维条码"标准规范,并被民航局采纳为中国行业标准。

【重大项目】

1. 主营业务不断巩固,新一代民航旅客订座系统研发项目取得实质性进展。航空业务产品收入同比增长41%,航班收益辅助系统(NewSky)覆盖国内前十大航空公司,管理的航班数达到系统总量的89%;外航段销售快速增长,增长率达16.57%;先后与国内四大主流航空公司签署研发新一代旅客服务系统的协议,并与国航签订正式的联合研发协议;机场业务形成以机场旅客及行李信息总线(AMB)为基础,以服务旅客为方向的机场信息产品线;与80家机场缔结合作伙伴关系;新一代国际客运收入管理系统(IPRA)在三大航空公司投产;承接国际航协(IATA)全球重点项目——新BSP数据处理系统;完成简化清算(SIS)系统的开发,获得国际航协的表彰;电子商务产品管理平台(EPM)和旅客服务引擎平台,帮助航空公司更好地开展在线销售,提升旅客服务水平;无纸化通关服务平台在国内3家机场投产;高速航班服务引擎的投产,支持航空公司对销售动态进行实时监控和分析的需求。

2. 拓展新业务、新市场。旅游交通业务进一步扩大国际酒店库存量,并主导3个酒店行业国家级信息化标准的设立,酒店信息化解决方案为酒店自主定价和进行收益管理提供技术支持;物流业务的"航空物流信息平台"被确定为民航局2011年科技项目;承建广电总局"数字电影流动放映无线定位监控"项目;公共信息服务业务拓展9家跨行业新客户;"航旅纵横"应用,将航信产品延伸到移动终端;建设游轮ICS/CRS系统产品,支持游轮产品的网上分销管理;货运安检系统建设,成为新业务增长点。

3. 基础建设进展顺利。完成顺义、嘉兴园区《建设用地规划许可证》和《国有土地使用证》的办理。顺义高科技园区项目节能、环评报告、项目设计方案等文件获得相关部门批复,完成地质勘察,为下一步项目全面开工建设做好充分准备;顺利完成长三角共用信息(灾备)服务中心项目用地购置工作,项目整体规划通过评审,完成项目一期施工图设计审批及项目前期的场地准备和检测工作;国家会议中心及上海、重庆等地的办公场所装修项目顺利推进。

【海外业务】 2011年，继续推动海外分支机构建设，加快国际业务和产品推广。成立航信台湾公司，完善市场布局；结算公司系统服务业务与多家外航客户建立业务外包合作；香港公司与运行中心服务台建立面向海外客户的服务联动机制，进一步提升服务响应速度。

【重大创新】

1. 新一代系统建设稳步推进。2011年，中国航信明确项目组织机构，成立新系统项目管理办公室，建立项目管理制度和总体流程框架，组建以总部为主，包括北京、上海、广州、重庆在内的670人的研发队伍。密切跟进航空公司的核心需求，对新一代系统整体开发进行规划，正式启动新一代航班控制系统、旅客服务系统的产品设计和研发工作。

2. 探索业务发展新模式。"航旅通"业务收益模式由单纯的"佣金差"向"佣金差＋GDS平台处理费"模式转变；推广按运单收费新模式，试行管家式信息服务，启动"平台＋本地货站系统"的市场调研及推广；完成对上海捷行电子商务有限公司的收购，在通过资本运作促进业务发展方面做出了积极尝试。

3. 通过创新节约资源，实现"降本增效"。完成三大核心系统的4－HOST架构升级改造，解决开放系统直读主机数据库、数据生命周期管理等技术难题，大幅提升核心系统的处理能力、安全性和可靠性；投产跨平台作业计划和调度管理系统(TASK)、大型主机性能实时分析系统(OMAP)、主机集中式智能诊断及快速反应平台、统一测试平台等一大批自主研发的信息系统，工作效率进一步提高。

【党建工作】 2011年，中国航信以庆祝建党90周年为契机，以创先争优活动为载体，围绕中心、服务大局，重塑公司企业文化，促进和谐发展。继2010年圆满完成创先争优动员部署阶段工作后，2011年第二阶段工作顺利完成，第三阶段"选树典型、巩固提高"工作稳步推进。召开庆祝建党90周年大会，表彰公司"一先两优"和"党员先锋岗"，公司1个集体和1名个人获得中央和国资委党委表彰。组织党委中心组扩大学习和党务工作培训，逐级召开干部作风建设专题民主生活会。按照党中央和国资委要求加强领导班子和干部队伍建设，强化基础党建工作，落实党风廉政建设责任制，思想宣传、企业文化和工会、共青团工作取得新进步。

【信息化建设】 2011年，中国航信继续大力推进信息化工作，加强信息化建设和考核力度，通过自主创新、引进吸收等多种手段，结合实践工作需要，在产品研发、运维保障、客户服务等重点环节，有针对性的研发建设相应的信息系统和工具，并逐步加以推广应用，取得良好的效果，有效地支撑各主要业务的开展，公司内部整体信息化工作再上新台阶。

为实现对客户需求的全程信息化跟踪管理，完成服务在线系统的建设投产，方便客户的同时也对自身服务起到监督作用；通过引进研发项目管理工具，实现研发项目管理流程的规范化、自动化和透明化，为研发管理的精细化管控需求打下良好基础；统一测试平台的投产，显著提高系统测试工作效率，推动系统测试工作的进一步开展；主机性能监控平台、集中式职能诊断及快速反应平台、配置发现及管理平台等相关监控系统和工具的使用，提升主机系统监控能力和运维工作效率；开发平台集中监控系统的进一步推广使用，有效提高开放系统维护保障能力，提升系统运行的可靠性，并在2011年3月荣获"中国民用航空运输协会科学技术奖"二等奖；在2011年国资委组织的中央企业信息化水平评价考核与央企网站考核中，中国航信都取得A级的好成绩。

【履行社会责任】 作为航空旅游行业领先的信息技术及商务服务提供商，中国航信坚持不懈地为行业发展和社会和谐贡献自己的力量。

2011年，中国航信通过强化安全管理，倾听客户心声，推进技术创新，提升管理能力等一系列举措，为民航安全保障工作提供稳定畅通、高效可靠的信息网络支持，为国民经济保持平稳较快发展和社会和谐稳定作出积极贡献，为广大旅客出行提供便捷、人性化的产品和解决方案。

2011年，中国航信关注回馈社会，在公司内部组织开展"共享阳光，奉献关爱"爱心捐助活动，为位于北京顺义南法信镇大江洼村的"光爱学校"(非盈利民间慈善学校，育有百余个来自全国各地的流浪儿、孤儿、肢残儿童、家庭贫困失学儿童等)送去善款和物资。公司下属广西分公司组织青年志愿者服务队，长期对当地西塘小学进行对口援助，经常性地到学校进行捐款、活动，为其送去新文具、新体育用品等。汶川大地震后，中国航信在捐资200万元兴建四川广汉三水中国航信希望小学的基础上，坚持每年与学校保持联络，及时了解学校师生情况和需求，坚持为其做实事、送关怀。

公司党政工团各级组织通过多种途径，主动了解、积极解决员工普遍关注的问题，不断加大员工培训力度和人才工程建设，健全企业年金和医疗保险制度，为员工提供健康体检、教育培训等福利，并通过“真情助困进万家，爱心奉献促和谐”活动，对患有重大疾病、家庭生活困难的职工进行帮扶、救助，既体现了企业对员工的关心和关怀，也促进了企业和谐稳定，展现出感恩社会、回报社会的责任。

2011年，中国航信努力践行中央企业回报社会和国家的光荣责任与使命，将点点滴滴的爱心不断汇集到企业和社会需要的各个地方，为构建和谐央企尽自己最大的努力。

（撰稿人：赵　楠）

中国航空油料集团公司

【基本概况】 中国航空油料集团公司（以下简称“中国航油”）成立于2002年10月11日，是以原中国航空油料总公司为基础组建的国有大型航空运输服务保障企业，国内最大的集航空油品采购、运输、储存、检测、销售、加注为一体的航油供应商，国务院授权的投资机构和国家控股公司试点企业，国务院国资委管理的中央企业，国际航空运输协会、国际航煤联合检查集团、美国试验和材料协会、英国石油协会、美国石油协会等国际组织的会员。

2011年，中国航油保持了强劲的发展势头，经营业绩稳步提升，再创历史最好水平，全年共销售油化产品3324万吨、同比增长15%，实现营业收入2215亿元、同比增长45%，实现利润总额32亿元、同比增长17%，实现经济增加值16亿元、同比增长23%。在世界500强排名第431位、中国企业500强排名第54位，获得国资委经营业绩考核A级企业评级，在第十一届中国年度管理大会上被评为“2011年中国最具价值管理榜样企业”。

【主要指标】 中国航油全年销售油化产品3323万吨，其中：销售航油1403万吨，同比增长10%；其他成品油和化工产品909万吨，同比增长10.5%；国际油品和化工产品贸易量1012万吨，同比增长29.5%。实现营业收入2,221亿元，比年初预算增长31%，主要由于业务量增长7%、成品油以及化工品类产品价格增长23%。营业成本2152亿元，同比增长45.7%，比年初预算增长31%。利润总额达32.4亿元，比年初预算增长32%。经济增加值为16.3亿元，比年初预算增长51%。

2011年中国航空油料集团公司
主要经济指标

项　目	2010年	2011年	比上年增长（%）
资产总额（亿元）	300.76	368.57	23
所有者权益（亿元）	143.84	145.55	1
营业收入（亿元）	1529.59	2218.80	45
利润总额（亿元）	27.74	32.43	17
净利润（亿元）	21.39	24.70	15
归属于母公司所有者的净利润（亿元）	9.70	11.02	14
技术开发投入（亿元）	478.00	360.00	—25
利税总额（亿元）	45.38	44.30	—2
应交税金总额（亿元）	23.99	19.60	—18
全员劳动生产率（万元/人·年）	60.80	67.80	12
净资产收益率（%）	11.62	12.65	增加1.03个百分点
总资产报酬率（%）	10.09	11.01	增加0.92个百分点
国有资本保值增值率（%）	114.75	95.17	减少19.58个百分点

【改革发展】 加快体制改革步伐，完善法人治理结构。按照以董事会为核心的公司法人治理结构的

要求，加强董事会内设机构建设，完善相关制度和议事规则，实现董事会运作的制度化、规范化和程序化。

不断推进三项制度改革，完善激励约束机制。加强对各级领导班子和领导人员的综合考核评价，强化考核结果运用，持续推进后备干部动态管理，启动干部挂职培养锻炼工作。建立以合同管理为核心、以岗位管理为基础的市场化用工机制，加快推进飞机加油员等关键岗位劳务工转制工作，启动管理岗位社聘人员择优转制工作。深化企业分配制度改革，坚持职工薪酬同效益挂钩，薪酬继续向一线员工、艰苦地区、艰苦岗位倾斜，同时对系统内福利项目进行全面梳理和规范。进一步完善绩效考核体系，更加突出对企业管理短板考核，更加突出价值创造，更加突出板块差异特征，不断完善工作督办与绩效考核联控机制，科学设定考核指标，发挥绩效考核的战略引领和价值导向作用。

加大科技创新力度，提升公司技术实力。加强对科技工作的组织领导，加大科研投入，加快人才培养和引进，建立健全科研机构、研发生产基地、培训基地，为公司培训人才、科技发展奠定基础。坚持有所为、有所不为的原则，研究确定公司科技发展的方向和重点，积极跟进航空生物燃油等新能源前沿技术，为公司发展储备领先技术保障和支撑。完成《多功能油料作业车研究项目》和《机坪管网多功能清洗车研究项目》两个项目的立项；完成低高度管线加油车的升级换代以及飞机加油车联锁系统改造方案；开展飞机加油效率研究和升级改造，使管线加油车技术性能得到突破，大幅提升飞机加油作业效率。

【重大项目】 2011年，中国航油积极推进基础建设及股权投资工作，其中组建财务公司投入10.8亿元。首批11个国储油项目完工7个，昆明、重庆、长沙、揭阳等机场航油工程，山西、新疆、福建成品油库增容项目等重点工程顺利竣工，宁波油库置换管线项目投入运营，平湖基地一期工程具备中交条件。公司储存能力提升44万立方米，达到252万立方米，较上年增长21%。海鑫万吨级船舶顺利启用，自有运力增加3.7万吨，达到17万吨，较上年增长27%。与此同时，不断加强支线机场航油设施及油库建设标准化工作，与石油石化企业合作构建覆盖全国的航油长输管网进展顺利，新接收8个支线机场航油经营权，供油机场数达到167个，占全国已通航机场的93%。具有保税油库的机场增加到10个，规划9个通用航空用油一级配送网络。为进一步巩固国内航油市场主体地位发挥了积极的作用。

通过投资合作等手段，发挥投资杠杆效应，与重庆泽胜集团、西部机场集团分别组建合资公司，与四川铁投集团签订出资协议，并启动与首都机场集团、美国EPIC等公司合资合作项目，开拓成品油市场工作进展顺利。积极扩大航油水运市场，长江航油运输总量占到90%以上。

积极推进炼厂到机场航油管线布局和建设，并与中石油、中石化公司管线对接进行沟通协调，确定规划建设12条与中石油炼厂连接的航煤管道，11条与中石化炼厂连接的航煤管道，连同规划建设的南疆码头至首都二机场的管线和广州管线，共计25条管线。

【走向海外】 积极推进与国内三大航空公司海外业务战略合作。与南航签订海外战略合作协议，成功中标南航在海外5个机场2012年供油合同，中国航油海外供油业务覆盖全球四大洲12个国家和地区的20个机场，实现历史性突破。

积极推进海外实业投资。中国航油新加坡公司分别签订马来西亚浪沙油库和韩国丽水枢纽油库合资协议。这两项投资项目属增值性投资，并且与现有业务高度协同，能有力支持中国航油海外公司供应与贸易业务的发展，逐步实现国际业务由贸易型向贸易引导的实业型转变。中东地区作为全球重要资源集散地，对中国航油的国际业务拓展意义重大，适时成立中东办事处，制定中东办事处信息收集和市场调研、拓展业务和扩大贸易、贸易和实业并举的三阶段发展规划，为海外业务发展奠定了良好基础。

积极整合境外资源，完成海外公司一体化整合。针对公司国际业务现状和发展瓶颈，积极推进国际业务重组，完成中国航油新加坡公司与香港、北美公司的有效整合，基本形成以新加坡公司为核心的国际业务板块，并尽快实现统一规划、统一投资、统一运营、统一监管，发挥整合效率和效益。

【党建工作】 通过加强中心组学习、开展庆祝建党90周年系列活动、召开党委书记座谈会等多种形式，加强和改进党建工作，提升党建科学化水平。以打造"航油铁军"为载体，以争创"四强四优"、"五型机关"为抓手，深入开展"为民服务创先争优"活动。积极开展"讲形势、找差距、做贡献"等主题教育活动，追求更高层次发展。深入开展企业文化和精神文明建设，参加民航发展论坛、民航强国展览，加强内外宣传力度，提升企业品牌形象。航油公司及其华北公司获得全国文明单位称号。建立反腐倡廉教育的长效机制，完善惩治和预防腐败体系，加强工程建设领域突出问题和"小金库"专项治理，积极开展巡视试点工作和领导人员职务消费专项审计，纪检监察组织建设取得新成效。坚持党建带群建，积极推进工会工作，成功举办油料化验员技能竞赛；召开集团公司第二届团代会，共青团工作有了新起色。

【履行社会责任】 2011年，中国航油积极践行"竭诚服务全球民航客户，保障航油供应安全"的使命，在重大任务保障、支援支线机场建设以及参与社会公益活动、支持地方经济建设等方面，发挥国有大型企业应有作用，较好地履行央企的经济、政治和社会责任。

在重大航油供应保障任务中积极承担责任。中国航油始终把保障航油供应安全作为履行央企责任的核心，全力以赴组织好骨干机场、枢纽机场的航油安全供应，特别是在"两会"期间、夏季旅游高峰等特殊时段，充分发挥"全国一盘棋"的体制优势和资源调配优势，精心安排，认真组织，确保航油供应万无一失。全年共加注航油1403万吨，同比增长10%，为民航事业的发展提供了良好的基础保障。

在支援支线机场建设和发展上积极承担责任。中国航油提供航油加注服务的167个机场中，有近80%处于亏损状况。特别是一些偏远地区、少数民族地区以及经济不发达地区的支线机场，亏损额非常大，但这些机场为方便当地民众出行、带动地方经济社会发展以及支持国家战略需要发挥着重要作用。中国航油坚持"务实、创新、责任、和谐"的价值观，积极履行央企责任，不计成本、不计风险，主动承担大量亏损中小机场的供油保障任务，积极支援支线机场的供油设施建设，为边远地区及欠发达地区的经济繁荣和稳定作出了巨大贡献。

在参与社会公益活动中积极承担责任。中国航油在实现自身快速发展的同时，积极参与社会公益活动，将发展成果不断惠及广大民众和社会。中国航油持续支援贫困地区建设、投身志愿服务活动，2011年捐助社会开展扶贫活动312万元；截至2011年末，有1063名员工累计为284名农民工子女提供志愿服务，对15家学校和217人开展结对帮扶活动。

（撰稿人：魏　铭）

中国航空器材集团公司

【基本概况】 中国航空器材集团公司（以下简称"中国航材"）是民航三大服务保障集团公司之一。主营业务是：航空器材贸易、分销及租赁；航空器材制造、维修与相关技术服务；相关物流服务。延伸业务包括通用航空、工业合作与航空培训等。

企业愿景目标为：成为航空业界不可替代的、以航空器材保障为主业的综合性服务提供商。

2011年是"十二五"开局之年，也是中央企业围绕"做强做优、世界一流"核心目标、生产经营继续保持平稳较快增长、为经济社会发展作出新贡献的重要一年。对于中国航材，2011年更是进一步优化战略规划、大力建设重点业务平台的关键一年。在国资委、民航局的领导和大力支持下，在监事会的监督和帮助下，集团公司全体员工上下同欲，扎实工作，认真贯彻落实年初制定的目标，各项工作取得新的成绩。

【主要指标】 2011年，中国航材在连续七年盈利的基础上，经济效益继续保持良好增长态势，完成利润总额1.9亿元，比2010年增长58.33%，资产总额由2010年的68.3亿元增长至71.8亿元，资产状况进一步改善，全面完成国资委下达的各项经营业绩考核指标。

2011年中国航空器材集团公司主要经济指标

项　目	2010年	2011年	比上年增长(%)
资产总额(亿元)	68.3	71.8	5.12
所有者权益(亿元)	26.6	26.6	0.00
营业收入(亿元)	7.8	7.8	0.00
利润总额(亿元)	1.2	1.9	58.33
净利润(亿元)	1.0	1.5	50.00
归属于母公司所有者的净利润(亿元)	0.6	1.1	83.33
技术开发投入(亿元)	0.0021	0.0026	23.81
应交税金总额(亿元)	0.73	0.55	－24.66
净资产收益率(%)	3.14	5	增加1.86个百分点
总资产报酬率(%)	3.15	4.3	增加1.15个百分点
国有资本保值增值率(%)	108.5	99.3	减少9.2个百分点

【改革发展与创新】 2011年，中国航材认真落实以业务支持为主线的职能战略，以"优化高效"为目标，全面优化管理模式，重点提升管理对业务发展的促进作用。

1. 加强战略管理，加大规划组织实施力度。

制定和完善中国航材"十二五"规划并加强组织实施。组织集团二级企业和职能部门战略落地研讨，开展战略分解，制定2011—2013年三年滚动规划，明确战略实施计划。集团公司从政策层面引导和支持子企业搭建重点业务平台，组织推动子企业战略实施计划的落实。三年滚动规划、年度经营计划、年度经营预算及年度经营业绩考核联动机制初步形成。

2. 加强投资及资产管理，大力提升管理效益。

紧紧围绕战略规划进行投资，投资计划与资金计划进一步有效匹配。加强资产管理，资产纠纷得以妥善处理。进一步加强基建管理，联合技术公司办公楼项目顺利完成并交付使用，空客办公楼工程项目有序开展。

3. 加强人力资源管理，完善激励约束机制。

落实干部管理、选拔聘任和综合考核评价制度，坚持以民主推荐、公开竞聘等方式选拔干部，完善选人用人机制。开展专业技术职务评聘工作，加强员工多渠道晋升机制建设。大力加强全员业绩考核，实现覆盖含集团公司领导副职在内的全体员工的考核。结合建立职工工资正常增长机制，引导职工转变传统分配观念，探索建立健全以岗定薪、按绩取酬的薪酬制度。制定培训管理制度，加强培训计划的制定和落实，针对不同类别、不同层次、不同岗位员工有针对性地开展各种培训，内外部相结合的培训体系初步建立。进一步加强劳动合同、社会保险、员工健康管理等基础工作，通过人力资源管理信息化规范人力资源管理流程。

4. 加强财务管理，整体提升财务管理水平。

借助信息化平台规范内部往来核销、对账工作。加强财务分析工作，逐步实现财务工作重点从账务处理向财务分析转变，增强财务分析对企业经营管理的支持作用。继续推进全面预算管理，重点提高各单位预算的准确性和预算管理流程的规范化。努力扩展信用资源，助力业务发展。不断完善资金集中管理，控制资金风险，提升资金收益水平。积极推进税收筹划工作，基本实现从税务会计向税务筹划的转变。在完成财务信息化基础模块搭建、平稳运行的基础上，探索系统深度应用，不断提高财务工作效率，实现财务管理水平的整体提升。

5. 加强企业经营管理，加大子企业扶持和管理力度。

以搭建重点业务平台为重心加强对子企业的指导和扶持，以修订、完善业绩考核办法为核心加强对子企业的管理和激励。通过评选业务创新奖等方式鼓励业务开拓和创新。组成专门课题组开展对经济增加值的分析判定。完善投资企业董事会议题管理程序及覆盖面。加大投资项目管控力度、有效防控风险。建立健全重要二级子企业经营管理组织机构，为加强子企业经营管理提供有力的组织保障。

6. 加强信息化建设，明确信息化发展方向。

制定中国航材信息化建设"十二五"规划，确立以管理信息化、业务信息化、网站和电子商务为主线的信息化路线图。建立健全信息化管理制度。组织完成管理信息系统二期项目的实施并顺利验收上线运行。结合子企业特点，支持相关企业以现有业务为原型开发经济、实用的业务信息化系统，为今后建立集团公司集中的信息化服务平台奠定基础。积极消除基础信息化保障隐患，保障信息安全。中国航材在中央企业网站和中央企业信息化水平评价中的评价结果大幅提升，信息化整体水平逐年提高。

7. 加强内部控制，全面风险管理体系逐步健全。

进一步健全内部审计、法律事务和规章制度体系。按照中央企业法制工作第二个三年目标要求，结合公司实际推进法律管理工作体系建设，实现规章制度、经济合同和重要决策法律审核的制度化、规范化，不断提高依法经营、依法决策水平。向四个重要子企业委派兼职总法律顾问，加强子企业法律风险防范。

【重大项目】 中国航材一方面努力发展贸易分销与物流、航空租赁、航空维修与制造、地面设备与工程等既有业务，不断扩大业务规模和市场份额；另一方面，大力加强航材共享、通用航空等新兴业务领域的开拓，努力搭建重点业务平台。

1. 贸易分销与物流。

进一步开拓飞机批量采购这一重点优势领域，2011 年 1 月和 6 月分别签署 200 架波音飞机和 88 架空客飞机的批量采购框架协议，继续为降低航空公司采购成本、配合国家外交外贸政策发挥着特殊的积极作用。同时，积极推进飞机批量采购框架协议的落实和执行，2011 年经批量采购接收引进飞机 133 架。参加并承办国家发改委、民航局组织召开的民航"十二五"运输机队规划座谈会，中国航材开展飞机批量采购的相关工作得到政府主管部门高度认可。建立和完善与政府主管部门和飞机制造厂商的定期沟通机制。飞机批量采购模式进一步巩固。政府飞机及航材采购业务获得重大突破。RNP(所需性能导航)飞机机载设备批量改装项目取得重要进展。航材分销业务模式逐步得到客户认可，业务量较 2010 年实现翻番。2011 年，中航材有限公司成为第一家获得民航维修协会认可的合格航材供应商资质的企业。

2. 航空租赁。

2011 年，奇龙航空租赁公司的业务重点是 4 架 A320－200 飞机及 2 架 B737－800 飞机的监造、接收及交付。同时积极开展租赁飞机到期再营销等工作，努力开拓和寻找新的市场机会。根据业务发展需要，落实增资融资安排，在国内外金融形势欠佳、流动性缺乏的情况下，努力拓宽融资渠道，实现较低成本的融资。奇龙航空租赁公司不断提升的航空租赁业务关键能力和专业服务水平，正逐步成为超越资金实力强大的竞争对手的核心竞争能力。

3. 航空维修与制造。

北京凯兰航空技术有限公司继续坚持以飞机机轮刹车装置的销售与维修为主、以航空维修与制造业相关细分市场专业化投资为辅的发展模式。主营业务收入达到历史最好水平，其中刹车维修业务收入大幅增长。开发 G450 型和 GL605 型等公务飞机刹车修理能力，并通过安全管理体系(SMS)审查。加大产品技术研发力度，增强产品销售能力，B737－700/800 机型 BF. Goodrich 国产刹车获得局方 PMA(零部件制造人批准件)认证。进一步确立以整体机轮综合保障服务为目标的商业运营模式，开展相关研究和市场推广工作。相关咨询服务业务稳步发展。在以刹车销售和维修为核心的目标细分市场的竞争力和影响力逐步增强。

4. 地面设备与工程。

中国民航技术装备公司努力保持在民航地面设备招标及采购市场的优势地位。加大与国外知名地面设备生产商的合作力度，扩大代理产品种类。结合招标采购业务，为客户开展有针对性的专业知识培训，提升服务附加值。坚持地面设备租赁业务的探索，通过多个小型租赁项目的尝试及以租赁方式获取产品进行销售等模式创新，为尽快实现地面设备租赁业务的实质性突破奠定基础。

5. 新兴重点业务领域。

根据民航"十二五"规划提出的优化航材资源配置、实现航材共享的目标要求，中国航材在 2011 年 5 月中国民航发展论坛上正式向业内推出航材共享服务计划，确定剩余航材和报废航材处置、富余航材共享、部分航材批量采购和共享、全行业航材共享"四步走"的发展思路。在继续大力推进既有项目的基础上，积极与政府主管部门和重点目标客户沟通，推介航材共享业务合作模式，取得可喜进展。

中国航材在开展大量市场调研、分析、研讨工作的基础上，确定以公务机领域为切入点带动集团公司通用航空产业链的发展思路。与民航业内合作单位就合资成立公务机公司事宜达成合作意向。积极参与通用航空产业发展，力争在这一国家新型战略产业发展中发挥央企的“领头羊”作用。

根据民航行业节能减排市场广阔、民航局在“十二五”期间高度重视节能减排工作的实际情况，积极开展合同能源管理模式研究，组建专业节能服务公司，致力于开展民航业内节能减排业务。

【走向海外】 2006年，中国航材成立二级公司—爱尔兰奇龙航空租赁有限公司，实现飞机经营性租赁业务从无到有、平稳快速发展。截至2011年底，已交付的飞机机队规模达到17架，主要以空客和波音飞机为主，分别租赁至中国、法国、泰国、土耳其等多家航空公司。公司发展势头良好，在国际和国内航空租赁市场形成了一定的品牌效应，逐步发展成为中国航材的支柱产业和新的利润增长点。

中国航材所属的爱尔兰奇龙航空租赁有限公司作为国内第一家真正意义上的运用国际化标准模式运营的飞机经营性租赁企业，打破了境外飞机租赁公司对该项业务的长期垄断，不但为国内的航空运输企业提供了更加丰富的选择，而且对于调节国内和国际航空运输市场的运力发挥着积极的作用，提高了相关政府部门对运力的调配能力。

【党建工作】

1. 深入开展创先争优，加强和改进党建工作。

以深入开展创先争优活动为重点不断加强和改进党建工作，对创先争优活动中涌现出的“一先两优”进行表彰。开展形式多样的活动庆祝建党90周年，增强党组织的向心力和党员的先进意识。组织开展解放思想大讨论活动。完善党委中心组学习制度和党建工作培训制度，认真学习贯彻胡锦涛总书记“七一”重要讲话和党的十七届六中全会精神，继续推动学习型党组织建设。

2. 强化党风廉政建设，推进惩治和预防腐败体系建设。

坚持“标本兼治、综合治理、惩防并举、注重预防”的方针，以预防腐败为重心，进一步健全纪检监察组织机构，贯彻落实党风廉政建设责任制，加强《若干规定》和《廉政准则》的宣传教育，强化监督检查和审计监督，进一步推进惩治和预防腐败体系建设。认真组织“小金库”专项治理复查和督查工作，从根本上杜绝“小金库”现象的发生。

（撰稿人：李晶晶）

中国电力建设集团有限公司

【基本概况】 中国电力建设集团有限公司（以下简称“中国电建”）于2011年9月29日在北京挂牌成立，是根据国务院批准的电网企业主辅分离改革及电力设计、施工企业一体化重组方案，在中国水利水电建设集团公司、中国水电工程顾问集团公司和国家电网公司、中国南方电网有限责任公司所属的14个省（区、市）勘测设计企业、施工企业、修造企业的基础上组建新设的中央大型骨干企业。注册资本金300亿元；主营业务为：境内外建筑工程；相关工程技术研究、勘测、设计、服务与专用设备制造；水电投资建设与经营、房地产开发经营、装备制造与租赁。此外，受国家有关部委委托，承担了国家水电、风电、太阳能等清洁能源和新能源的规划、审查等职能。其所属的全资、控股子企业分布于中国各大区域，业务范围遍及全球62个国家和地区。

组建以后，中国电建各成员企业及广大员工坚定不移地推动改革，一手抓改革重组，一手抓生产经营，确保“生产不断、队伍不散、思想不乱、国有资产不流失”，为国务院院国资委成立以来规模最大、难度最大的一次央企改革重组取得圆满成功作出了重要贡献。公司组建后，克服复杂经济形势带来的困难和挑战，生产经营继续保持平稳较快增长，调整优化结构，转型升级取得新进展。努力推进体制机制改革，管控体系初步搭建。

【主要指标】 2011年，中国电建克服复杂经济形势带来的困难和挑战，生产经营继续保持平稳较快增长。

2011年中国电力建设集团有限公司
主要经济指标

项　目	2010年	2011年	比上年增长(%)
资产总额(亿元)		2425.45	
所有者权益(亿元)		455.30	
营业收入(亿元)		1828.87	
利润总额(亿元)		54.09	
净利润(亿元)		38.67	
归属于母公司所有者的净利润(亿元)		22.91	
技术开发投入(亿元)		31.69	
应交税金总额(亿元)		19.34	
全员劳动生产率(万元/人·年)		84.07	
净资产收益率(%)		8.12	
总资产报酬率(%)		3.93	
国有资本保值增值率(%)		108.52	

注:中国电建集团2011年9月29日成立,故没有填写2010年数据及比上年增长情况。

【改革发展】 圆满完成改革重组工作。经国务院批准,中国电建于2011年9月29日正式成立后,即具备进入世界500强的条件,在中央企业中的地位明显提升,发展平台更高更大,具有在电力能源和基础设施等领域提供规划、勘测、设计、施工、制造、运营一体化服务的能力。公司的组建更加有利于创新商业模式,拓展业务领域,促进结构优化调整,转变发展方式,提升质量效益水平;更加有利于发挥国际经营领军企业作用,提高国际竞争力。

集团组建后,积极推进管控体系构建工作。按照国务院国资委总体要求,制定中国电建集团工作规则和一系列基本管控制度,形成较为完善的公司治理结构和权力运行机制,建立规范、有序、受控的治理模式。母子公司产权关系逐步理顺,母子公司功能定位进一步明晰,出资人的职权职责逐步到位,对出资企业的资产收益权、重大决策和管理者选择等权利逐步得到落实,对成员企业重大经营行为的管控能力基本形成、逐步加强,为整合内部资源、发挥集团规模效应、提升竞争能力、行业话语权和市场地位创造有利条件。

根据国家有关政策精神,2011年,中国电建启动所属水电顾问集团和水电规划总院的分设工作,制定《水电顾问集团和水电规划总院分设方案》,分设工作基本完成。水电股份公司子公司重组整合成功启动。实现辽工局有限公司与水电六局有限公司的重组整合,改革进一步深化,这是解决子企业同质化问题的一次成功尝试,有利于促进公司内部管理体制改革的进一步深化,对推进子公司的重组整合、优化区域布局、提升系统性竞争能力具有标志性意义。

【重大项目】 所属水电股份公司成功实现首发上市。经过四年多的不懈努力,中国电建集团所属水电股份公司成功实现首发上市,登陆资本市场,成为2011年国内A股最大的IPO,实现历史性的跨越,完成由传统国有独资企业向公众公司和上市公司的转变,这是改革发展的重大成就。通过首发上市,公司融资135亿元,改善财务状况,降低财务费用,使资产结构更加优良,融资渠道更加多元,赢利能力和投融资能力进一步提升;形成符合上市公司要求的决策、运作机制和管控体系,公司治理结构更加规范,为加快建设具有较强国际竞争力的世界一流公司奠定良好基础。

【走向海外】 国际业务持续优先发展。在全球经济形势低靡的大环境下,中国电建国际业务保持持续稳定发展的良好态势,经营质量效益同比进一步提高。所属水电股份公司国际经营对集团稳步发展的价值贡献率更加凸显。2011年,公司国际市场结构进一步调整优化,国际经营市场稳步扩展,新开辟毛里求斯、乍得、莱索托、南苏丹、哥斯达黎加、洪都拉斯6个国别市场,形成东南亚、北非、东非、中东等区域化的相对稳定市场和安哥拉、卡塔尔、苏丹和印尼等项目群国别市场。所属水电顾问集团按照"高端切入、规划先行、技术领先"的国际发展思路,开展几内亚全国水电规划、塞拉利昂全国水电规划、埃塞俄比亚全国风电太阳能发电规划以及哥伦比亚玛河综合规划、尼泊尔水力资源普查等工作,为后续国际发展奠定了较好基础。为延伸技术优势,所属水电顾问集团成功收购哈萨克斯坦水利设计院70%股权,顺利完成第一次海外并购，丰富了国际投资形式，为大俄语区的市场开拓创造了条件。

国际业务的发展使中国电建国际影响力明显提升。2011 年，集团多次组织或参与有外国元首、政府首脑出席的活动，接待外国政府和党派高层到访，陪同党和国家领导人出访。集团公司始终站在国家的高度，实现互利共赢，为增进国家间友好交往和互利合作作出积极贡献，得到党和国家领导人、有关部委的充分肯定。

【重大创新】 行业影响力明显提升。中国电建不断增强技术创新的主体意识，提出创新驱动战略，逐步搭建有利于科技创新的体制机制，激发广大科技人员的创造力，科技创新能力进一步增强。2011 年共获得国家科技进步奖、中国电力科学技术奖、水力发电科技奖、国家能源科学技术进步奖等 49 项奖励。节能减排工作体系不断健全，实现了国务院国资委要求的节能减排目标。

受国家有关部委委托，完成全国水电、风电、太阳能、海洋能"十二五"发展规划编制；就水电建设行业的重要问题向国家有关部委提供咨询建议，在《环评法》实施后促成金沙江上游水电规划环评报告审查通过。从标准、规范制定的层面出发，促进水电工程概算和相关定额标准的调整，制定和更新相关施工规范和技术标准。中国电建成为中国电力规划设计协会理事长单位，反映行业诉求、规范行业秩序、促进行业共谋发展的能力得到提升。

【党建工作】 2011，中国电建筹备组临时党委、集团公司党委充分发挥党组织的政治核心作用、党员的先锋模范作用，为改革重组目标的实现提供坚强保证。认真组织学习胡锦涛总书记"七一"讲话和十七届六中全会精神，及时用党的理论最新成果教育、武装广大党员干部，指导集团公司发展实践。

加强党组织基础建设，党的各项工作有序展开。明确了组建初期党委工作安排，提出集团公司党组织建设的初步方案，印发党委关于创先争优、学习型党组织建设、维护稳定、党风廉政建设等方面的意见和制度，建立健全相应的领导机构，及时实现工作的有序对接。完成所属水电股份公司党委调整工作，批准成立水电顾问党委，确保两家子集团党的工作有序衔接。

严抓反腐倡廉建设，保障企业健康发展。开展党风廉政建设责任制等制度贯彻执行情况的重点检查工作，指导督促成员企业加快转变经济发展方式，扎实落实党风廉政责任，认真贯彻"三重一大"决策制度，严格执行廉洁从业规定，维护中央和国务院国资委各项重大决策部署的正确执行，确保集团公司党风廉政建设目标的全面落实。

【信息化建设】 集团公司组建后，信息化建设遵照"立足现在、着眼未来、分步实施"的总体原则有序开展，信息化对管理创新的推动作用日益明显。在加快西苑办公区信息化基础设施建设工作进度同时，搭建服务器虚拟化环境，为公文处理系统、财务/资金/人力资源一体化平台、财务报表系统等业务系统提供稳定、可靠的服务器运行平台。经过两个多月的紧张开发和调试，于 2011 年 9 月 29 日中国电建集团挂牌当日顺利发布外网网站，为社会大众及时了解集团公司发挥重要作用，成功树立集团公司在互联网空间的品牌形象。

中国电建持续完善公文处理系统，确保总部的公文能够快捷地传达到所有成员企业。通过对公文处理的需求的调研，建立标准的收文、发文、签报、查询、上报、下发等公文流转功能。集团组建后，积极组织"管理与运营一体化平台"的建设。在一体化运营平台上开通财务核算以及与员工薪酬管理有关的人力资源模块，满足财务核算和人员管理需要，并建立涵盖成员企业（单位）的会计报表系统。初步建立总部内部财务管理和对外信息披露的数据管理平台。

【履行社会责任】 中国电建高度重视企业社会责任工作。在重组成立前，各成员企业坚持以人为本，坚持可持续发展，牢记责任，强化意识，统筹兼顾，积极实践，在"坚持依法经营诚实守信、不断提高持续盈利能力、切实提高产品质量和服务水平、加强资源节约和环境保护、推进自主创新和技术进步、保障生产安全、维护职工合法权益、参与社会公益事业"等多方面都取得一定的成绩，经济、社会和环境综合价值创造能力显著提高，企业社会责任工作取得明显成效。

集团重组成立后，社会责任管理工作开始全面、系统、有序地深入开展。一是统一思想、提高认识，加强政策和标准学习，将高度重视企业社会责任工作融入集团战略和集团运营管理。二是将履行社会责任和生产经营紧密结合，确保企业生产经营、安全管理同时，切实履行好社会责任，维护社会和企业和谐稳定，展现央企良好社会形象。2011年，集团经营业绩考核、"走出去"战略的实施、成功上市、海外党建、利比亚人员撤离、玉树灾后重建、节能减排等工作得到国务院国资委的肯定或表彰。

（撰稿人：蔡大为）

中国水利水电建设集团公司

【基本概况】 中国水利水电建设集团公司（以下简称集团公司）是由国务院国资委管理的、跨国经营的综合性大型企业，是国内规模最大、行业影响力最强的水利水电建设企业，是中国电力建设集团有限公司重要的子企业。具有国家施工总承包特级企业资质、对外工程承包经营权、进出口贸易权、AAA级信用等级。

集团公司注册资本金40亿元，截至2011年底，集团公司总资产达1022亿元，净资产156亿元，在中国各大区域设有19个全资子公司，9个控股公司，2个参股公司，在职员工近13万人。公司具有世界一流的综合工程建设施工能力，具备年完成土石方开挖60000万立方米、混凝土浇筑5000万立方米、水轮发电机组安装3000万千瓦、水工金属结构制作安装100万吨的综合施工能力。

集团公司以科学发展观为指导，确立了建设具有较强国际竞争力的质量效益型大型跨国企业集团的战略目标，实现了持续、快速、协调发展。集团公司主要经济指标每年都以20%以上的幅度快速增长。

集团公司在从事工程建设的同时，积极稳健地开展融投资业务，投资建设了水电、风电、煤电等一批优质能源项目和房地产项目、BOT高速公路项目、水务项目。控股及参股在建电力项目总装机容量约667万千瓦，其中权益装机402万千瓦。

集团公司积极推进国际化战略，是中国水电产业"走出去"的排头兵和中国企业"走出去"的重要力量。在62个国家和地区进行工程建设，经营领域涉及水电站、机场、高速公路及矿产资源开发等，在全球拥有约50%的水电建筑市场份额。

2009年11月27日，中国水利水电建设集团公司整体改制与中国水电工程顾问集团公司在北京共同发起创立中国水利水电建设股份有限公司（以下简称：股份公司）。2011年10月18日，股份公司中国水电（股票代码601669）首次公开发行A股成功上市，在社会上产生广泛影响。

根据国务院国资委2011年9月29日通知，经国务院批准，中国水利水电建设集团公司、中国水电工程顾问集团公司与国家电网公司、中国南方电网有限责任公司所属14个省（区、市）58个勘测设计企业、施工企业、修造企业重组，组建中国电力建设集团有限公司。中国电力建设集团有限公司由国务院国有资产监督管理委员会代表国务院履行出资人职责。中国水利水电建设集团公司成为中国电力建设集团有限公司全资子公司，不再列入国务院国有资产监督管理委员会履行出资人职责的企业名单。

【主要指标】 2011年，集团公司新签合同金额1278.5亿元，同比减少4.8%。年末，公司累计合同存量为2424.8亿元，同比（上年2140.3亿元）增长13.3%。其中：国内水电为848.9亿元，同比（上年856.7亿元）略有减少；国内非水电为332.7亿元，同比（上年305.5亿元）增长8.9%；国外合同存量为1243.2亿元，同比（上年978.1元）增长27.1%。国内水电、非水电和国际三大板块合同存量金额占公司合同存量总额的比重分别为35%、13.7%、51.3%。

2011年，集团公司实现营业收入1135.91亿元，较上年1014.82亿元增加121.09亿元，增长11.93%；实现利润总额48.43亿元，较上年增长10.26亿元，增长26.87%；年末总资产1653亿元，较上年1235亿元增加418亿元，增长33.91%；年末净资产342亿元，较上年168亿元增加175亿元，增长103.21%；营业收入利润率4.22%，较上年提高0.44个百分点；净资产收益率（含少数股东权益）14.86%，资产负债率79.31%，较上年的86.37%下降7.06个百分点。

以上数据表明，2011年经营及资产规模与经济效益继续协调稳步增长。公司在同行业中的影响力与行业地位显著提升，以总营业收入位列美国ENR最大225家全球承包商第15位，较上年度排名前进11位，在全部上榜的39家中国企业中排名第六位；以海外营业收入位列ENR美国最大225家国际承包商第24位，提高17位，在全部上榜51家中国企业中排名第三位。“中国水电”影响力持续提升。

2011年中国水利水电建设集团公司主要经济指标

项　目	2010年	2011年	比上年增长(%)
资产总额(亿元)	1234.6	1653.3	33.92
所有者权益(亿元)	168.3	342	103.21
营业收入(亿元)	1014.8	1135.9	11.94
利润总额(亿元)	38.2	48.4	26.71
净利润(亿元)	30.1	37.9	25.92
归属于母公司所有者的净利润	26.6	22	－17.30
技术开发投入(亿元)	13.2	14.9	12.88
利税总额(亿元)	62.6	79.8	27.48
全员劳动生产率(万元/人·年)	72.0	87.57	21.63
净资产收益率(%)	19.7	14.9	减少4.8个百分点
总资产报酬率(%)	4.7	5.1	增加0.4个百分点
国有资本保值增值率(%)	124.9	115.3	减少9.6个百分点

【改革发展】 股份公司成功首发上市。2011年10月18日，股份公司成功实现首发上市，登陆资本市场，成为年内A股最大的IPO，完成了由传统国有独资企业向公众公司和上市公司的转变。通过首发上市，公司融资135亿元。

顺利完成参与施工设计一体化重组的各项任务。股份公司作为中国电建集团的重要子公司，总资产、营业收入、利润总额、员工人数分别占中国电建集团总数的60%以上，对中国电建集团的发展具有重要的不可替代的支撑作用。重组实现了规划、勘测、设计、施工、制造、运营一体化整合，有助于提升股份公司的国际市场竞争力和总承包能力。

子公司重组整合成功启动，改革进一步深化。实现辽工局有限公司与水电六局有限公司的重组整合，这是解决子企业同质化问题的一次成功尝试。子公司的厂办大集体改革工作正在积极有序推进。一些子企业内部管理体制改革继续深化，作业队伍管理模式创新取得新进展，劳动用工机制进一步创新。

【重大项目】 2011年，集团公司中标白鹤滩、猴子岩等一批重大水电项目，溪洛渡、锦屏一二级、长河坝等水电项目施工进展顺利，南水北调穿黄隧道主体工程如期完工，完成机组安装75台共438万千瓦，向家坝电站世界首台80万千瓦机组成功安装。公司在水电建筑行业的排头兵地位进一步巩固。

非水电建筑业务发展战略继续推进。公司成立铁路事业部，构建了开拓铁路市场的组织体系并初步建立经营管理体系。京沪高铁建设任务圆满完成。石济客运专线黄河特大桥胜利完工。积极调整工作思路和工作重点，大力推动子公司开拓城市轨道交通、基础设施、公路等非水电建筑市场。公路市场新签承包合同额81.39亿元。中标新疆阿喀高速公路、唐津高速公路、西安地铁四号线等项目。

投资业务继续稳步推进。公司产业结构调整进一步深化和优化，水电、火电、风电等能源投资和房地产、基础设施等投资持续扩大。2011年完成投资额181.07亿元，其中电力占36.67%、房地产约占34.47%、基础设施约占9.55%。全年实现投资收入约77.38亿元，同比增长近40%。实现利润约8.73亿元，同比增长约8.37%，在总收入和总利润的占比进一步提高。截至2011年底，股份公司控股开发项目达到142个，总投资额2698亿元，累计完成投资717亿元。

【走向海外】 2011年，集团公司国际业务营业收入比上年增长10.58%，实现利润34.55亿元，同比增长79.64%，占股份公司利润总额的69.80%，利润率为11.87%；新签约国际项目合同额约600亿元，新签约合同额占股份公司新签约合同总额的45.7%。

至2011年底，公司在海外62个国家拥有合同额为291.57亿美元的311个在建项目，新开辟了乍得、莱索托、土耳其、巴西、哥斯达黎加和洪都拉斯等6个国别市场。在58个国家和地区设有79个驻外机构，形成了以亚洲、非洲为主，东欧、大洋洲、美洲、欧洲广泛布局的国际大市场格局。国际业务继续多元化发展，已拓展到火电、机场、路桥、市政基础设施、高铁、矿山、矿业、房建、疏浚吹填与港航、咨询服务、建材领域，以水电建设为核心的“大土木、大建筑”格局得到稳固并良性发展。其中，水电项目合同存量占合同存量总额的43.03%，非水电项目占56.97%。海外投资业务持续稳步推进，产业结构不断优化。柬埔寨甘再水电站正式投产发电，老挝水泥厂2011年销售收入同比增加15%，利润同比增加21%。老挝南俄5水电站项目稳步推进；南乌江项目签订特许经营框架协议，可研报告获得老挝政府批复。莫桑比克水泥厂项目完成中国境内投资审批及当地征地审批手续，通过环境影响评估，获取了施工许可证。刚果（金）铜钴矿项目进入实质性开发阶段，获得国家发改委、商务部核准批复，取得《企业境外投资证书》。

【重大创新】 2011年，集团公司大力实施建设行业科技领先型企业战略，以全面推进科技工作上水平为目标，继续完善科技创新体系建设，扎实开展科技立项、科技奖励、科技考核工作，继续推进企业知识产权和标准化工作。科技成果丰硕，取得了一批具有国际领先和先进水平的科研成果，特别是高速铁路的系列技术成果。全年新获得专利授权103项，其中发明专利17项，国家工法12项，省部级工法84项；获得国家科技进步二等奖1项，水力发电科技奖一等奖2项，中国电力科技二等奖2项，国家能源科技一等奖2项。2011年，公司获得鲁班奖3项、国优金奖2项，还获得一批国优银奖和省（部）级质量奖，公司单元工程优良率达到91%以上。

战略管理和经营管控继续推进。公司在认真总结“十一五”规划工作及其完成情况的基础上，根据宏观经济形势和外部环境变化，修订股份公司“十二五”规划及三年（2010—2012）滚动规划。新的发展规划更符合股份公司实际，各层级的管理体制和经营机制进行微观上的革新优化，经营管控措施进一步跟进落实，基础管理工作有所加强，经营管理活动总体受控。

全面风险管理与内部控制体系建设取得重要成果。公司总部及水电四局等四家试点单位的全面风险管理体系建设圆满完成。公司完成对重大风险的评估，编制《股份公司2011年度全面风险管理报告》。国际公司对海外在建项目建立巡视检查和风险项目的会诊制度，对风险项目进行定期评估和检查，有效预防了国际经营风险。

【党建工作】 坚持融入中心、服务大局。深入开展“四好”领导班子创建活动，各级班子的能力建设不断增强。加大竞争性选拔领导人员和重要岗位人员的工作力度，公开竞聘成为公司选拔领导人员的主要方式之一。健全党委议事规则和“三重一大”民主决策制度，发挥党委在企业重大问题决策中的重要作用，提高了决策的民主性、科学性。深入开展创先争优活动，激发党员立足岗位，发挥模范带头作用，收到新的成效。在玉树恢复重建中，涌现出一批优秀党员、劳动模范、青年岗位能手。首次推行党建工作责任制，党建工作科学化水平得到提升。进一步加强海外党建工作，为国际业务优先发展提供了保证；大力推进学习型党组织建设，着力提高各级领导人员的素质和能力，得到中组部、国资委党委认可，并作了典型经验交流。深入推进企业文化建设，企业文化创新工程获全国电力行业与企业文化优秀成果一等奖。创新精神文明建设工作，“三创建”活动取得新成效。公司被命名为全国文明单位。信息报送成果明显，信息采用数量位列中央企业前列，中央领导同志对三篇稿件作了批示。宣传工作在推进上市中取得新成绩。

反腐倡廉建设深入推进。以惩防体系建设工作为主线，以党风廉政建设责任制为抓手，着力构建“五道防线”。规范庆典、研讨会、论坛活动，积极开展转变经济发展方式、推进“五项制度”的贯彻执行情况及工程建设领域突出问题治理等监督检查，开展效能监察，规范经营管理。加大对违纪违规人员的查处力度，强化了组织纪律的严肃性，提高了查办案件的惩戒和警示教育功能。

【信息化建设】 2011年，集团公司编制完成信息化“十二五”战略规划。建成覆盖所有二级单位的专线广域网，全面做好特级企业信息化考核的各项工作，不断推进财务、资金、设备物资、市场经营、投资、档案等信息系统的建设和应用，加强信息集成和数据挖掘，初步构建公司内网门户和决策支持系统，企业信息化价值逐步体现。各子公司积极落实年度信息化登高计划，信息化逐渐融入生产、经营、管理和决策的各个环节，信息化工作迈上一个新的台阶。特别是8家特级资质企业，信息化水平提升较快。

【履行社会责任】 积极履行中央企业社会责任，为国家和社会的和谐稳定作出贡献

承担党和国家十分关注的玉树灾后重建工作重任并圆满完成年度重建任务。2011年是玉树灾后重建实现“三个确保”目标的关键之年。水电四局有限公司代表集团公司执行玉树重建这一艰巨任务，做了大量十分艰苦而卓有成效的工作，优先推进住房、学校、医疗机构的恢复重建，实现了事关民生的一大批重建项目的竣工交付使用，为党和政府兑现了承诺，赢得了民心，展现了中国水电人的可贵精神、综合实力和良好形象，得到各级政府与玉树各族人民的高度认可。

积极投身于社会公益事业。水电四局有限公司积极参与青海省组织的“百企联百村”活动，投入资金近300万元，所援建的省内新牧区建设项目顺利通过竣工验收，获得各方好评。水电十四局有限公司积极参与云南省扶贫开发工作，投入专项资金用于扶贫，连续三年被云南省评为社会扶贫工作先进单位。股份公司为肯尼亚“树木就是生命”造林活动捐款，积极向缅甸佛教捐赠节活动捐款，将埃塞俄比亚的我方员工营地等实物捐赠给当地政府，受到当地政府和人民充分肯定和好评。

（审稿人：李霞林）

中国能源建设集团有限公司

【基本概况】 中国能源建设集团有限公司（以下简称“中国能建”）是经国务院批准，于2011年9月29日在北京正式挂牌成立，由中国葛洲坝集团公司、中国电力工程顾问集团公司和国家电网公司、中国南方电网有限责任公司所属15个省（市、区）的勘测设计企业、电力施工企业和修造企业重组而成，由国务院国有资产监督管理委员会履行出资人职责的国有独资公司。注册资本金260亿元。中国能建是国内领先、国际先进的特大型能源建设企业，拥有集项目总承包、工程管理、规划、勘测、设计、施工、修造、投资运营于一体的完整业务链。主要业务包括：境内外电力规划研究、勘测设计；境内外建筑施工总承包和专业承包；国际资本运作与境外项目投融资；房地产开发与经营；装备、设备制造与维修等。

中国能建组建后，面对错综复杂的国内外经济形势和改革重组双重压力考验，所属企业及广大员工齐心协力，奋勇拼搏，按计划完成了改革重组任务，生产经营继续保持良好发展势头，科技实力和品牌优势不断提升，产业结构进一步调整优化，管控体系初步建立，圆满实现改革重组和生产经营“两不误、两促进”的目标。

【主要指标】 截至2011年底，中国能建资产总额1429.45亿元，同比增长14.78%，其中所有者权益277.68亿元，同比增长3%。完成签约1695亿元，同比增长19.53%；实现营业收入1222.09亿元，同比增长13.88%；利润总额、净利润分别为25.52亿元、16.01亿元，其中归属于母公司所有者净利润4.04亿元。完成技术开发投入4.68亿元。全年利税总额74.66亿元，同比增长136.94%。净资产收益率5.85%，总资产报酬率3.3%，国有资本保值增值率101.16%。

2011年中国能源建设集团有限公司主要经济指标

项　目	2010年	2011年	比上年增长（%）
资产总额（亿元）	1245.40	1429.45	14.78
所有者权益（亿元）	269.59	277.68	3.00
营业收入（亿元）	1073.13	1222.09	13.88
利润总额（亿元）	41.35	25.52	−38.28
净利润（亿元）	31.51	16.01	−49.19

续表

项　目	2010 年	2011 年	比上年增长(%)
归属于母公司所有者的净利润(亿元)	21.40	4.04	-81.12
技术开发投入(亿元)		4.68	
利税总额(亿元)	31.51	74.66	
应交税金总额(亿元)	10.71	12.58	
净资产收益率(%)		5.85	
总资产报酬率(%)		3.30	
国有资本保值增值率(%)		101.16	

【改革发展】 中国能建组建后，面对错综复杂的矛盾和重重困难，汇聚合力，超前谋划，加快节奏，按计划完成改革重组任务。组建精干高效的总部机关，实现有序运转，全面展开各项工作；做好建章立制工作，出台涉及管控模式、议事规则和薪酬分配、业绩考核等各项基础管理工作的规章制度 18 项，公司起步便纳入制度化轨道；加强协商沟通，高效完成资产划转移交协议的签订和清产核资工作；全面考核干部，成立 7 个工作组历时 2 个月，考核所属企业 1000 余名干部，调整近 30 家单位的主要领导；深入基层一线，全面进行调研，掌握所属企业生产经营情况、存在的困难和问题，听取意见和建议，为有针对性地出台各项政策措施，收集大量第一手材料；召开工作研讨会，聚集智慧，凝聚合力，就公司 2012 年面临的形势、主要预期目标以及重点工作与措施达成广泛共识，明晰新一年的工作思路。

【重大项目】 中国能建注重加强两级总部对承包工程项目履约过程的监控，项目履约情况总体良好。成功攻克了堪称世界级难题的向家坝工程坝基防渗墙施工，并创造年浇筑 282 万方混凝土的世界纪录；承建的东非最大 EPC 项目——埃塞俄比亚 FAN 水电站工程顺利投产发电；承建的中国援非最大工程——马里巴马科第三大桥提前八个月实现通车目标；承建的胡锦涛主席访问越南时签署的重要能源合作项目——越南广宁热电 2×30 万千瓦工程(一期)整体移交；承担安装的我国首台 70 万千瓦蒸发冷却机组——三峡地下电站 28 号机组比合同工期提前 119 天完成安装与调试施工；承建的我国首个低风速风力发电项目——国电龙源安徽滁州龙头港、龙卧寺、东寺港、宝山风电工程竣工；承建的我国首台超临界空冷供热机组——呼和浩特热电厂扩建 2×350MW 供热机组工程 4 号机组竣工；承建的安徽省首台高参数、大容量、低能耗、环保型百万千瓦超临界火电机组——皖能铜陵发电厂六期 5 号机组 BOP 工程竣工；承建的安徽淮南矿业集团顾桥电厂(2×330MW)CFB 机组 2 号机组竣工，创造了全国同等级循环流化床锅炉机组建设最短工期记录。在规模及施工技术难度堪称世界之最的三峡垂直升船机工程、世界最高的混凝土双曲拱坝——锦屏一级水电站大坝工程、世界首台最大容量工程——四川白马 600 兆瓦超临界循环流化床工程、我国承建的最大的境外水电工程——巴基斯坦尼鲁姆·杰鲁姆水电站等一系列具有世界级难度的工程建设中，充分彰显了核心竞争力，发挥了央企的主力军作用。

投资建设的内遂高速公路稳步推进，斯木塔斯水电站大坝填筑全线达到设计高程；易普力湖南二化民爆有限公司年产 12000 吨膨化硝铵炸药生产线技改工程通过环保验收；田东电厂全年上网电量突破 14 亿千瓦时。

获得国家能源局批准，成立国家电力规划研究中心。完成《国家能源科技“十二五”规划》编制、《电力工业“十二五”发展规划》修编，开展热电联产规划、南方电网中长期目标网架规划、基于节能调度的电价定价机制等研究工作。成功攻克青藏直流联网工程沿线海拔最高、施工冻土区最长的“两个世界之最”技术难关；承担国家能源局技术创新联盟项目——700℃超超临界燃煤发电技术研究，完成总体方案编制工作；承担中美清洁能源联合研究中心清洁先进煤炭技术联盟项目“IGCC 系统的模块化设计”和“燃烧前/后脱碳设计平台”课题研究，进展顺利。

【走向海外】 中国能建坚定不移实施“走出去”战略，做大做强国际板块。2011 年国际业务签约 497.1 亿元，同比增长 43.8%；营业收入超过 150 亿元，同比增长 38.4%。所属单位设有 82 个境外机构，正在执行或已签约的国际项目共有 546 个，合同总额

1443.2亿元，分布在亚非欧等40多个国家和地区。

国际经营业务不断拓展，进一步提升中国能建的知名度和影响力。所属中国葛洲坝集团公司在全球最大225家国际承包商排名中名列第71位；在2011年中国企业500强排名比上年提升14位，位列第226位，并首次荣列“中国建筑企业竞争力百强”第一名。中国电力工程顾问集团公司名列2011年度美国工程新闻纪录(ENR)“全球150强设计商”第47位、“国际200强设计商”第96位；在“中国承包商、工程设计企业双60强”评比中，荣列“总承包营业收入”第二位和“工程设计企业60强”第三位。

【重大创新】 中国能建认真贯彻落实中央企业科技创新工作会议精神，大力提升科技管理创新能力，全年共获得国家级科技进步奖4项，其中“高压直流输电工程成套设计自主化技术开发与工程实践”项目获得国家科技进步一等奖，“大型火电机组空冷系统优化设计与运行关键技术及应用”、“百万千瓦超超临界机组系统优化与节能减排关键技术”、“基于异构信息融合的非线性动态系统估计技术及应用”三个项目获得国家科技进步二等奖。获得省部级科技奖励56项。专利申请受理795项，获得专利授权634项，其中发明专利58项。中国葛洲坝集团股份有限公司在国家科技部、国务院国资委和中华全国总工会联合公布的154家创新型企业中位列第十名，正式进入国家级创新型企业行列。

【党建工作】 中国能建组建后，各级党组织围绕创先争优及建党90周年主旋律，扎实推进党建与思想政治工作。加强宣传和舆论引导工作，为改革重组顺利推进提供思想保证；制定工作制度，建立健全相关台帐和档案，确保重组后基层党组织建设和党员日常管理工作的有序衔接；高度重视企业文化建设，大力倡导“集而成团”、“一家人一家亲”理念，发布企业标志，加大中国能建品牌对外推介力度；加强对群团工作的指导，健全完善劳动关系协调机制、困难帮扶机制、民主管理机制、劳动争议与调处机制等，坚持以党建带团建，发挥共青团组织的助手和生力军作用。

围绕生产经营中心，以惩防体系建设为主线，扎实推进反腐倡廉工作，强化监督检查和效能监察。认真开展自查自纠，重大决策部署得到贯彻落实；积极落实党风廉政建设责任制，惩防体系建设不断加强；大力开展廉洁文化建设，领导人员廉洁从业意识进一步增强；效能监察工作有效开展，企业内部管理能力逐步提高。

【信息化建设】 抓好国家电力资源数据库及电力咨询评审平台建设。有效整合电力资源数据，结合电力咨询评审平台，实现信息与业务的有效融合，创新工作手段，为国家电力规划研究和咨询提供有效支撑，提高规划咨询的科学性、权威性和可持续性。

中国能建组建后，及时建立完善公文处理系统和门户网站，为实现现代化办公提供了可靠保障。

【履行社会责任】 中国能建积极履行央企的社会责任，力所能及参与各类社会公益活动，按照中央部署，坚持开展援疆、援藏工作，提升企业社会形象。2011年，所属中国葛洲坝集团公司承担起国务院国资委利比亚撤离行动西部片区负责单位的重任，协助11家中资企业共计12000多人安全撤离，充分彰显了“大爱无疆，勇担国际社会责任”的中国公司良好形象，荣获“2011年中央企业优秀社会责任实践”荣誉。中国电力工程顾问集团公司援建的青海玉树灾后重建燃油发电工程半年内顺利投产，为玉树灾后重建提供坚强的电力保障，赢得广泛赞誉。

(撰稿人：张　猛)

中国电力工程顾问集团公司

【基本概况】 中国电力工程顾问集团公司(以下简称“中电工程”)是面向国内外市场，为政府部门、金融机构、投资方、发展商和项目法人提供电力工程建设综合服务的机构，主要从事电力发展规划研究、电力工程设计评审；电力工程勘测设计、工程咨询、工程监理和工程总承包等业务。下设东北电力设计院、华东电力设计院、中南电力设计院、西北电力设计院、西南电力设计院、华北电力设计院工程有限公司、中国电力建设工程咨询公司、科技开发有限公司、北京洛斯达科技发展有限公司共9家子企业。

2011年，中电工程在国务院国资委和中国能源建设集团有限公司的正确领导下，深入学习实践科学发展观，紧紧围绕公司发展战略，大力开拓市场，优化生产组织，推进科技创新，加快信息化建设，健全管理体系，加强党建工作，各项生产经营和资产运营指标保持良好的增长态势。

【主要指标】 2011年，中电工程全面完成2011年改革发展目标和各项任务，各项生产经营和资产运营指标保持了良好的增长态势。实现营业收入135.67亿元，同比增长8.46%；实现利润总额13.97亿元，同比增长8.89%；经济增加值（EVA）9.89亿元，同比增长6.23%；成本费用总额占主营业务收入比重91.43%，与上年基本持平；技术投入比率6.23%，同比基本持平。截至2011年底，集团公司资产总额181.04亿元，同比增长11.9%；所有者权益53.66亿元，同比增长22.28%。全面超额完成年度目标任务和国务院国资委下达的年度业绩考核指标。

2011年中国电力工程顾问集团公司主要经济指标

项　目	2010年	2011年	比上年增长（%）
资产总额（亿元）	161.78	181.04	11.9
所有者权益（亿元）	43.88	53.66	22.28
营业收入（亿元）	125.09	135.67	8.46
利润总额（亿元）	12.83	13.97	8.89
净利润（亿元）	10.72	11.40	6.34
归属于母公司所有者的净利润（亿元）	10.74	11.39	6.05
技术开发投入（亿元）	7.53	8.44	12.08
利税总额（亿元）	15.99	18.83	17.76
应交税金总额（亿元）	5.27	7.43	40.98
净资产收益率（%）	27.40	23.41	减少3.99个百分点
总资产报酬率（%）	8.34	8.13	减少0.21个百分点
国有资本保值增值率（%）	131.85	126.31	减少5.54个百分点

【改革发展】 2011年，中电工程积极参与电力主辅分离改革和中央企业重组，向中国能源建设集团有限公司输送60多名各级领导干部和工作人员，对相关单位班子和总部部门负责人进行调整。继续完善集团公司绩效考核体系，印发并实施《集团公司绩效考核指导意见》。坚持人才发展战略，建立和不断完善组织制度，把发现、开发、聘用、考核人才制度化，保证人才脱颖而出，使尊重人才、关心人才成为企业文化的核心，人力资源状况得到不断改善。继续实施“5123人才工程”，共评选产生41名集团公司青年专家。继续组织干部交流，有14名干部到总部挂职锻炼。继续组织职称评审工作，评审91名教授级高级工程师，203名高级工程师。组织参加国务院国资委各项培训，组织三期境外培训、各类资质考前和继续教育培训及一系列业务和专题培训，人员队伍素质进一步提升。

【重大项目】 2011年，围绕公司科技发展规划，中电工程积极开展火电、核电、特高压、智能电网和清洁能源等新技术领域的研发工作。2011年新立科技项目62项，发布集团公司技术标准41项，技术成果27项。获得国家、省部级和行业各种科技类奖励158项。2011年获国家能源局批复，依托电力规划设计总院成立国家电力规划研究中心，开展电力行业发展战略、政策和规划研究，新技术研究及推广，信息收集及分析，国际交流及合作等工作。

重大研究课题项目进展良好。受国家发改委等政府部门和电网公司等有关电力企业委托，完成《国家能源科技“十二五”规划》编制、《电力工业“十二五”发展规划》修编、热电联产规划研究、北方主要产煤地区水资源滚动研究、南方电网中长期目标网架规划研究、基于节能调度的电价定价机制研究等工作。正在开展“十二五”全国电网规划研究、中国煤炭清洁高效可持续开发利用战略研究、特高压交流工程设计技术研究等课题研究工作。制定国家700℃超超临界燃煤发电技术研究开发路线、总体计划、分项计划等。

标准化工作稳步实施。全年参与22项国家级设计标准的编制工作，完成《1000kV交流架空输电线路设计规范》《核电厂工程水文技术规范》等4项国家标准；参与106项行业标准的编制工作，完成《大型风电场并网设计技术规范》《火力发电工程电力建设工程量清单计价规范》等 4 项行业标准。

【走向海外】 境外市场开发大步迈进。实现新签境外合同 49.87 亿元，占全年合同总额的 25%。华东院的境外市场开拓初步形成火电、核电、电网、岩土工程勘察等多项业务共同“走出去”的新格局。西南院发电设计境外业务比重突破 60%，签订境外发电设计和服务合同 10 项，合同额在 3 亿元以上。华北院公司整合资源成立国际事业部，签订境外设计、总承包合同 10 余项，合同总额超过 23 亿元。西北院取得印度阿必杰 10 台 66 万千瓦、委内瑞拉燃气蒸汽联合循环电站、印尼巴厘岛 3 台 15 万千瓦等一批国际设计咨询项目。

【重大创新】 科技创新应用于工程实践成效显著。各单位注重科技创新，不断创新设计技术，并在工程实践中得以应用。西北院、西南院、中南院共同承担的有“电力天路”之称的青藏直流联网工程，突破了沿线海拔最高、施工冻土区最长的“两个世界之最”技术难关。中南院设计的土耳其 2 台 60 万千瓦超临界机组项目，是我国出口容量最大、参数最高、性能最优的机组。咨询公司和西北院联合总承包的铜陵发电厂六期 100 万千瓦工程创造采用三相一体主变压器、塔式锅炉采用等离子无油点火等多个全国第一。科技开发公司承担的国内性能最优的华能平凉电厂空冷岛项目获得国家级优质工程奖，表明集团公司 60 万千瓦、100 万千瓦级直接空冷技术已走在世界前列。洛斯达公司以深化应用海拉瓦技术为依托，以特高压项目为载体，持续推进科技项目研究和应用，涵盖电网建设、电网运行管理和电网突发事故处置管理的信息化平台初现轮廓，巩固电网信息化技术的优势地位。

【党建工作】 深入开展创先争优活动。各级党组织围绕“抓经营、谋发展、强能力、促和谐”主题，按照公开承诺、领导点评、评选表彰、学习典型四个步骤，紧密结合企业生产经营过程中的重点、难点环节，不断创新活动载体，不断激发党员的创业激情，先后建立“党员青年突击队”、“党员模范室”、“党员责任区”，动员党员和党支部主动承担急、难、险、重任务，充分发挥先锋模范作用和战斗堡垒作用。活动中先后涌现出了咨询公司铜陵项目部、西北院青藏交直流联网工程设计项目组等一批先进典型，为全面完成全年的生产任务起到带头作用。以建党 90 周年为契机，各单位加强企业文化建设，组织开展知识竞赛、有奖征文、歌咏比赛、红色旅游和参观学习等多种主题实践活动，营造了积极向上的文化氛围，提高了企业的凝聚力、战斗力。

加强惩防体系建设。全面落实惩防体系建设五年规划，制定、完善制度 145 项。按照国务院国资委纪委的要求开展有关监督检查和效能监察，开展领导干部党性党风党纪教育、廉洁从业教育，开展各类反腐倡廉教育 76 场，3588 人次参加。全年未发生重大责任追究事项。

【信息化建设】 开通中国电力规划设计标准网。编制完成并发布集团公司“十二五”信息化规划。在国务院国资委组织的中央企业年度信息化水平评价工作中，集团公司信息化水平被评为 A 级，位列中央企业总排名第九位，勘察设计行业排名第一位。

（撰稿人：彭卫东）

中国葛洲坝集团公司

【基本概况】 中国葛洲坝集团公司（英文简称 CGGC，以下简称“葛洲坝集团”）的前身是 1970 年成立的“330”工程指挥部（因毛泽东主席 1958 年 3 月 30 日视察长江三峡工程坝址而得名），是首批实行国家计划单列的 56 家大型试点企业集团之一，享有省级对外工程承包权和进出口贸易权，拥有国家特批的企业财务公司，是国家创新型试点企业。2007 年 9 月，成功实现主业资产整体上市，其控股上市公司——中国葛洲坝集团股份有限公司在“2009 年中国最具竞争力上市公司 20 强”中排名第七位，股票（葛洲坝：600068）先后入选沪深 300 指数、上市公司治理指数、上市央企 50 指数、中证中央企业综合指数、中证中央企业 100 指数和上证 180 指数等指数样本股。2011 年 9 月，葛洲坝集团成为中国能源建设集团有限公司核心成员单位。

国务院国资委核定葛洲坝集团的三大主业是建筑工程及相关工程技术研究勘察设计及服务、水电投资建设与经营、房地产开发经营。围绕三大主业，初步形成了建筑施工、高速公路运营、水泥生产、民用爆破、房地产、金融、水电、煤炭等八大板块紧密相连、协调发展的产业链。

葛洲坝集团拥有包括水利水电工程施工总承包特级在内的各类高等级资质100余个，在职员工3.6万余名，各类专业技术人员1.7万余名，各类施工设备5万余台(套)。具有年土石方挖填2亿立方米、混凝土浇筑1800万立方米、金属结构制造安装21万吨、装机总容量900万千瓦、工业炸药生产18.7万吨、水泥生产2000万吨等综合能力。

拥有国家级企业技术中心和博士后科研工作站，取得包括国家科技进步特等奖在内的重大科技成果1000多项，多次荣获国家优质工程金质奖，技术水平在国内同行业中处于领先地位，在大江大河截流、筑坝、地下工程、大型机组安装等众多领域占领着世界施工技术制高点。

凭借独家承建葛洲坝工程形成的核心竞争优势，葛洲坝集团成为三峡工程建设的主力军，完成65%以上的工作量，攻克一系列世界级施工技术难题。在世界最高面板堆石坝——水布垭大坝、世界最高双曲拱坝——锦屏一级大坝、世界最高碾压混凝土大坝——龙滩大坝等一系列世界顶尖级工程中彰显实力，树立座座丰碑。在铁路、公路、核电、机场、港口、风电等建设领域同样发挥着"国家代表队"的领军作用，取得令人瞩目的业绩。

积极稳健拓展产业链相互依托的投资业务，民爆炸药产能位居全国前列；水泥年生产能力跻身全国前十强；投资200亿元兴建的高速公路总里程近500公里；斥资参股沪汉蓉高速铁路湖北段建设；建成、在建和待建的水电站十余个。此外，葛洲坝集团还从事旅游业务，拥有四星级以上酒店3家，四星、五星级豪华游船4艘。

房地产开发业务发展迅速，是国务院国资委最初确定的16家以房地产为主业的央企之一，拥有超过3000亩房地产土地储备。北京"葛洲坝大厦"、上海"葛洲坝大厦"、武汉"葛洲坝国际广场"等一系列商用、民用300多万平方米的高档楼盘建成或正在建设中。

葛洲坝品牌享誉海内外。业务分布全国31个省、市、自治区，东南亚、南亚、中东、非洲等35个国家和地区。承接的合同总价120多亿元的巴基斯坦尼鲁姆·杰卢姆水电站，是中国企业在海外获得的最大水电工程项目之一。2011年，集团公司位列中国企业500强第226名、全球最大225家国际承包商第71位，荣登中国建筑业企业竞争力百强榜首，并再次获评中国对外承包工程商会3A最高信用等级。

【主要指标】 2011年，葛洲坝集团资产总额达675.8亿元，同比增长21.04%。2011年新签合同达到725.3亿元，同比增长30.43%。其中，国际建筑承包高端市场取得突破，2011年国际签约占签约总额的42.49%，同比增长36.7%；2011年中标非水利水电项目合同金额占签约总额的56.22%，同比增长27.6%；公路、房建、新能源等领域取得突破，结构更加均衡，抗风险的能力持续提高。完成企业总产值突破460亿元，同比增长28.39%；2011年建筑业完成产值占年计划的107.12%，占集团公司完成总产值的80.5%，同比增长31.19%。实现利润跨越20亿元，同比增长13%。2011年末合同储备总额突破千亿元，同比增长34.08%。完成投资超过100亿元，同比增长16.71%。2011年全员劳动生产率突破121.41万元/人·年，同比增长28.17%。职工人均年收入同比增长18.9%，其中，生产一线、关键岗位职工同比增长20%。

【改革发展】 2011年9月29日，经国务院批准，由中国葛洲坝集团公司、中国电力工程顾问集团公司和国家电网公司、中国南方电网有限责任公司所属15个省(市、区)的勘察设计、电力施工和修造企业重组，成立由国资委履行出资人职责的国有独资公司——中国能源建设集团有限公司。葛洲坝集团进一步整合重组内部资源。对水电管理分公司进行改制，组建成立电力投资公司；对新疆投资战略管理体制进行调整，成立新疆投资控股公司，并将新疆投资开发公司、伊犁水电公司并入新疆投资控股公司，将新疆工程局所持新疆房地产公司的股权变更为新疆投资控股公司持有；在水泥分公司基础上设立葛洲坝集团水泥有限公司。通过整合重组，进一步理顺了相关企业管理体制，优化了资源配置，提高了经营效率。

【重大项目】 承建的东非最大EPC项目埃塞FAN工程顺利投产发电；承建的中国援非最大工程马里巴马科第三大桥提前八个月实现通车目标；承建的国外最大水电工程巴基斯坦尼鲁姆·杰卢姆电站成功截流；安装的三峡地下电站3台机组提前投产发电；成功攻克了堪称世界级难题的向家坝工程坝基防渗墙施工，并创造了年浇筑282万方混凝土的世界纪录。

【走向海外】 经受住了国际政治动荡、人民币升值、汇率波动等考验，在国际建筑承包高端市场取得突破，2011年国际签约占签约总额的42.49%，同比增长36.7%。其中，高端项目签约占国际签约总额的60.35%。采用EPC模式，成功签约蒙古国雅玛格新城、几内亚社会保障房等有国际影响力的高端项目。

2011年，葛洲坝集团在全球最大225家国际承包商中排名较上年提升13名至第71位，并再次获评中国对外承包工程商会3A最高信用等级。马里巴马科第三大桥建设功臣被马里政府授予总统勋章。

【重大创新】 2011年，葛洲坝集团转轨变型步伐加快，产业结构更加优化。一是进一步推动投资兴业，加快企业转轨变型，投资板块效益开始集中显现。二是加快抢占和开发资源进程。与西藏自治区签订《水能资源开发协议》，双方就雅鲁藏布江中、下游水能开发达成一致意见，为集团公司水电开发板块的跨越式发展提供了新的契机。与青海省签订战略框架协议，大力开拓青海资源投资市场，积极介入水电、风电、火电等资源投资项目。新疆哈密煤田项目完成勘探精查工作，探明煤炭资源约61亿吨，并成功取得煤炭经营许可证。三是加快在建投资项目建设。继湖北襄荆和大广北高速公路成功建设和运营之后，集团公司采用BOT方式建设的第三条高速公路——四川内遂高速公路项目正加快建设，进展顺利。北京葛洲坝大厦、新疆葛洲坝大厦、葛洲坝绿城京杭广场等项目如期开工，稳步推进。新疆斯木塔斯水电站顺利实现安全度汛，为发电奠定坚实的基础。四川青神汉阳电航项目创造条件，前期各项工作有条不紊开展。通过采取有力措施，保证了武汉葛洲坝大厦建设质量进度满足设计要求。

科技管理创新能力提升。在国家科技部、国务院国资委和中华全国总工会联合公布的154家创新型企业中位列第十名，正式进入国家级创新型企业行列。2011年获得包括国家科技进步奖在内的省部级以上奖励14项、行业科技进步奖7项。专利申请受理332项，获得专利授权248项，其中发明专利19项，实用新型专利229项。完成5项电力行业标准、3项电力行业英文标准报批。获得国家级工法10项，8项工法被评为湖北省工程建设工法。取得全国电力行业、湖北省等省部级管理创新成果12项，其中一等奖2项、二等奖7项、三等奖3项，创企业历史之最。

【党建工作】 一是企业党建和思想政治工作得到加强。扎实推进"五个基本"建设、党风廉政建设及反腐倡廉工作。加强思想政治工作，及时传达、解读国家电力辅业企业改革重组相关文件、政策精神，答疑解惑，使广大干部职工理解并支持重组，生产经营井然有序。二是企业文明和企业文化建设深入推进。继续保持"湖北省最佳文明单位"称号，并有31家子(分)公司获得委级以上文明单位称号，占企业总数的94%。企业文化建设继视觉识别系统、理念识别系统构建后，初步完成行为文化构建工作，打造完整的葛洲坝特色"丰碑"文化体系。三是群团工作取得新成效。集团公司被中华全国总工会评为"全国劳动竞赛先进单位"；劳动关系协调机制、困难帮扶机制、民主管理机制、劳动争议与调处机制不断健全完善；班组长建设取得新经验；服务青年成长成才取得新成效；单身青年职工婚恋工作取得新进展。

【信息化建设】 深入实施信息化工程，以信息化带动管理现代化，促进管理程序化、标准化、规范化。大力推进业务集成，完善决策支持系统，完成OA升级优化工作，进行信息化在物资集中采购中的应用研究，提高总部管控能力，降低采购成本。企业资金流、物流等信息得到有效监控，降低营运成本，防范经营风险。在国资委中央企业信息化评价考核中，公司由C级提升到B级，顺利实现"登高"目标。完善各个信息平台系统，确保特级资质信息化评审顺利通过。

【履行社会责任】 主动开展援疆、援藏工作，积极参加各类社会公益事业。继续做好对宁夏西吉县、湖北五峰县的定点扶贫工作。积极履行国际社会责任，支持当地社会事业，为项目所在国修建公路、供水、寺庙、水井等公益设施，受到国际社会高度评价。在利比亚大撤退行动中，周密部署，协助西区11家中资企业共计12000多人安全撤离，赢得国际社会的广泛赞誉。

2011年初承诺为职工办的十件实事、好事如期兑现。樵湖二路黑化改造工程竣工，西坝水厂升级改造项目开工，中心医院新住院大楼奠基，城区配套基础设施更加完善，面貌焕然一新，广大干部职工安居乐业。工亡职工遗属抚恤金标准、特殊工种职工的健康体检、待岗职工重新上岗以及工亡职工、零就业职工子女就业等问题均得到妥善解决。

（撰稿人：肖　泉）

中国黄金集团公司

【基本概况】 2011年，中国黄金集团公司（以下简称“中国黄金”或“集团公司”）在国务院国资委的正确领导和监事会的有效监督下，在国家有关部委和地方党委、政府的大力支持下，乘着“十一五”后四年胜利实现“翻两番”宏伟战略目标的东风，乘势而上，再接再厉，积极推进战略转型，通过实施“五大战略”（科技创新、人才强企、安全环保和谐、联合联动型国际化经营、风险管控）、强化“两大支撑”（持续深化管理改革、加强和改进党的建设），使各项技术经济指标再上新的台阶，成功实现了“十二五”的“开门红”。集团公司在国资委考核中晋升为A级序列，综合信用等级达到AAA级；集团公司总经理、党委书记孙兆学光荣当选为“CCTV2011中国经济年度人物”。

【主要指标】 中国黄金2011年的主要生产经营指标再创历史最好水平。生产黄金162.09吨，同比增长27.97%；其中矿产金32.23吨，同比基本持平；生产矿山铜6.15万吨，同比增长14.70%；全年营业收入791.2亿元，同比增长54.44%；利润总额47.42亿元，同比增长48.46%；净利润33.64亿元，同比增长45%；归属于母公司所有者的净利润15.10亿元，同比增长32.57%；年末资产总额532.18亿元，同比增长23.36%；所有者权益220.76亿元，同比增长36.79%；利税总额60.25亿元，同比增长19.61%；技术开发投入1.70亿元，同比增长97.64%；人工成本利润率212.7%，同比增加45.1个百分点；净资产收益率17.6%，同比增加0.4个百分点；总资产报酬率11.7%，同比增加1.90个百分点；国有资本保值增值率115.99%，同比基本持平。

【改革发展】 进入“十二五”开局之年，中国黄金根据内外形势的变化和发展阶段的更迭，审时度势，积极推进战略转型，实行板块和平台化运作，从“一个拳头单打”转变为“多个拳头组合出击”。集团公司先后组建中金建设和中金资源两大平台，加上已有的平台企业，初步形成中金黄金、中金国际、中金珠宝、中金建设、中金资源、中金辐照六大板块齐头并进的发展格局。集团公司改革管理模式，赋予各板块企业在资源整合、协调地方关系、人力资源开发等方面更多的管理职能。各板块企业深刻领会集团公司的战略转型意图，认真制定战略规划，完善体制机制，强化工作执行力，形成了独立运作、独当一面的局面，集团公司初步从“运营管控型”转变为“战略管控型”。

【重大项目】

1. 大型生产基地建设稳步推进。

根据建设大型生产基地的战略规划，中国黄金在2011年完成建设项目投资21.02亿元，新建和续建项目13个，实际建成投产项目2个，新增金矿石处理能力3000吨/日。其中，金矿类矿山完成投资3.6亿元，占比例17.13%；非金矿类矿山完成投资15.65亿元，占比例74.45%；其他完成投资1.77亿元，占比例8.42%。新增生产基地3个，总数达到23个。通过基地建设，集团公司产业集中度进一步增强，排名前十位的生产基地实现利润占整体利润的比例超过80%。

2. 并购重组取得新进展。

一是成功收购中十冶集团，获得施工总承包一级资质七项、施工总承包二级资质四项，获得特种专业承包资质和境外承包工程劳务经营资格以及压力容器制安、特种设备安装、压力管道及电气等专业资质，大大拓宽了集团公司在工程建设领域里的营业范围，有力地促进了中金建设这一板块的崛起；大大加快了集团重点项目建设进度，内蒙古乌山项目二期仅用一年即建成试车。二是成功收购金厂峪周边金顶山桑家峪金矿、新疆阔尔真阔腊金矿、布尔克斯岱金矿以及辽宁柏杖子金矿、金泰金矿和红旗金矿的股权或矿权，进一步增加了集团公司的资源储备。

【资源占有】 中国黄金总结归纳出资源占有的四条经验(四个途径)：一是整体开发，积极争取地方政府的支持，成功整合湖南会同县、沅陵县等境内的矿权并开展探矿会战，探索了一条区域整合、整体开发、快速见效的资源获取新途径，被称为"会同模式"；二是地质探矿，组织包括内蒙古长山壕、湖南大叶塘和河南夜长坪三大探矿会战在内的27个探矿项目，投资2.8亿元，累计进尺26万米，探明资源储量金155吨，铜37万吨，钼25万吨；三是生产探矿，投资2.36亿元，累计进尺27万米，新增资源储量金35吨、铜2900吨、钼33万吨、钨33万吨；四是周边整合与资源购并，通过这一途径获取黄金储量30.7吨。综上，全年新增资源量金215吨，铜37万吨，钼58万吨。截至2011年底，集团公司保有资源总量达到金1384吨，铜990万吨，钼201万吨，银8790吨，铅锌57万吨，钨37万吨。

【重大创新】

1. 理论创新。

中国黄金将科学发展观的思想观点与行业实际相结合，创新资源开发理论，创造性提出"新型资源开发观"，明确"资源节约、节能减排、安全环保、包容增长、和谐共荣"等基本观点，旨在"建一个项目，绿一片环境，扶一方经济，福一方百姓，促一方和谐，树一座丰碑。"在这一全新理念的指引下，中国黄金所属西藏华泰龙公司在资源综合利用、安全环保、和谐共建等方面形成了许多标杆和示范性的亮点，受到李克强副总理等中央领导的表扬，被西藏自治区国土资源厅总结为"甲玛经验(七条)"，在全自治区推广。中国黄金践行新型资源开发观，促进了发展方式的根本转变，走出了一条崭新的工业化道路。

2. 科技创新。

改革科技管理体制，确立"集团总部、技术中心、基地(企业)"三级科技管理体系，实现"整体规划，统一领导，上下一体，分工负责"的管理模式。集团公司结合基地建设战略规划，提出25个科技攻关项目和15个前瞻性研究课题，全年有22项科技成果获得省部级以上(含相关行业一级协会)奖励，其中3个项目成功入选"十二五"国家科技支撑计划，成为各行业申报单位中获批比例最高；3个项目获中国黄金协会科学技术特等奖，1个项目获全国冶金行业优秀工程设计一等奖；受科技部委托成为"大型金矿绿色采选冶技术研究及示范可行性研究"项目的组织管理单位。

3. 管理创新。

中国黄金通过八项基础管理达标活动，使集团的整体管理水平得到明显提升，整洁的工作环境、有序的现场管理、健全的定额管理、高效的设备运行、严格的考核奖惩极大地调动了广大职工的积极性，提升了工作效率和质量；通过强化达标"回头看"工作，保证八项基础管理达标成果不滑坡，形成规范化的长效机制；通过调整EVA考核权重和力度等措施，进一步完善对子公司的考核体系，不断提升科学管控水平；寻找国际一流矿业公司，开展对标创优活动；制定集团"四强四优"标准并深入开展达标活动，为管理提升活动的开展奠定坚实的基础。

【安全环保】 根据"新型资源开发观"的精神，中国黄金在2011年进一步加强安全环保工作，在全国矿业行业率先开展全集团范围的"安全环保绿化美化"工程，创建安全和谐、环境友好的绿色矿山，彰显了央企的标杆和示范作用；引领行业安全环保工作，积极参与行业标准制定和示范工程建设，成为国家安监总局首批井下安全避险"六大系统"建设试点示范单位和标准制定单位、国家级应急救援队伍和应急救援培训演练基地项目承接单位、国家环保部"黄金采选业重金属环境事件应急预案"规范编制单位。全集团百万吨工亡率较2010年下降10%，无重大设备、火灾和交通事故，无环保事件；二氧化硫和化学需氧量排放量同比下降4%；万元产值综合能耗和万元增加值综合能耗同比分别下降27.44%和23.54%。

【党建工作】 中国黄金党委将创先争优活动作为当前和今后一个时期党建工作的重要抓手，创造性地开展工作，提出"黄金为民"理念，通过实施"五大工程"("维护国家金融安全，推动藏金于民战略"的"筑堤"工程、"践行新型资源开发观"的创新工程、"以人为本、成果共享"的和谐工程、"挑战极限、勇挑重担"的先锋工程、"抓基层、全履盖、增活力"的堡垒工程),认真履行央企的政治责任、社会责任、经济责任和党建责任。活动中涌现出可圈可点的"十大亮点"。西藏华泰龙公司5300党支部被中宣部确定为全国40家创先争优典型之一,《人民日报》、新华网等10多家中央媒体进行感人肺腑的长篇报道;中金珠宝公司探索与非公企业加盟商开展"党群共建"活动,走在全国非公企业党建的前列。中国黄金的创先争优活动,两次被中央创先争优活动简报全文报道,呈送中央领导同志。

【信息化建设】 中国黄金信息化建设工作在2011年取得重大进展,先后建成办公自动化系统、决策支持系统、财务管理系统、生产调度和安全监控系统、人力资源系统、视频会议系统等多个模块,优化信息统计和传递、办公决策等管理流程,改善偏远企业信息传递难的局面,大大提高了工作效率,并对集团公司内外网进行全新改版。通过上述工作,集团公司在国资委信息化水平评价中,实现了由D级到B级的跨越式提升。

【履行社会责任】 2011年,中国黄金向社会公开发布社会责任报告,这是集团公司首次、也是国内黄金行业首次发布社会责任报告,它真实地反映中国黄金在积极履行经济、社会和环境责任,实现企业全面、协调、可持续发展中的出色表现。报告倡导的"新型资源开发观"以及"环保扎根基,绿化提神气,包容促发展,和谐催新机"的理念在社会上引起热烈反响。报告首发即获四星级标准,获得国资委、社科院等部门的高度评价。

(撰稿人:张卫峰)

中国储备棉管理总公司

【基本概况】 2011年是"十二五"开局之年,迎来了中国共产党成立90周年,也迎来了我国棉花史上的一大创举。首次实行棉花收储自动启动机制,敞开收购,切实保护棉农利益。在国家有关部门的指导、帮助和支持下,中国储备棉管理总公司(以下简称"中储棉总公司")围绕"一个中心",构建"三大板块",统一思想,凝聚力量,抓住机遇,迎难而上,改革创新,认真贯彻落实棉花宏观调控政策,取得了显著成绩。同时通过进一步强化企业管理,忠实履行社会责任,积极推动公司又好又快发展,呈现了效益和速度同步增长的良好势头,逐步发展成为棉花产业中具有较强影响力、控制力和带动力的中央企业。

【主要指标】 截至2011年12月31日,中储棉总公司资产总额380.76亿元,比上年末增加252.36亿元,增长196.53%。负债总额366.92亿元,比上年末增加250.85亿元,增长216.1%。所有者权益年末13.84亿元,年初为12.32亿元,国有资本保值增值率为112.16%。

2011年,实现利润总额16708.62万元,比上年增加9616.61万元,增长135.6%;净利润15001.41万元;净资产收益率11.47%,比上年增加5.6个百分点;2011年末未分配利润32968.46万元。各项指标增长的主要原因是储备棉数量增加所致。

【市场调控】 为稳定市场预期,解决生产、需求周期性矛盾,避免价格大起大落带来的生产大上大下,2011年3月28日,国家发展改革委等八部门联合发布《2011年度棉花临时收储预案》,明确中储棉总公司作为预案的执行主体。2011年7月,国家有关部门陆续下达进口棉花入储任务。中储棉总公司将这两项政策作为政治任务来抓,做到"九个到位",深入贯彻落实宏观调控的针对性、灵活性、有效性。

一是安排部署"早",领导重视到位。总公司成立以总经理为组长,主管副总经理为副组长,相关部室负责人为成员的收储工作领导小组,各直属单位也相应成立领导机构,确保组织保障到位;二是统筹安排"细",方案制定到位。制定《〈2011年度棉花临时收储预案〉实施办法》等制度,确保收储工作有章可循,有制度可依。对于进口棉接港,本着"布局合理、港口均衡、便捷经济、安全高效"的原则,制定分港计划,充分做好入储前期准备工作,为逐步建立健全进口棉入储机制奠定坚实的基础;三是氛围营造"浓",思想发动到位。召开全员动员大会,对系统内全体干部职工进行了先期业务培训,要求切实做好服务工作;四是培训范围“广”，宣贯政策到位。在有关部门的支持下，中储棉总公司上下联动，精心组织、周密安排，由总公司主办，中储棉花信息中心承办，各直属单位协办，面向全国主产棉区2000多家400型棉花加工企业及备选承储企业分十二期进行轮训。培训完全覆盖执行《2011年度棉花临时收储预案》的13个棉花主产区。通过培训，让每个参与者和准备参与交储的企业理解临时收储的核心内容，掌握实施办法的具体要求，知晓收储流程，确保收储工作有序推进；五是工作抓得“准”，仓容保障到位。在仓储企业中狠抓政策宣贯，全面组织仓容摸底，按照“有利于保护农民利益、有利于企业就近交储、有利于棉花安全储存、有利于监管、有利于调运”的原则，严格筛选，均衡开库，及时启动新疆棉调运，确保敞开收购，消除市场恐慌心理，稳定市场，稳定民心；六是数据传递“快”，优质服务到位。为使交储企业尽快回笼资金，切实保障棉农利益，公司“快”字当头，严抓工作效率。全面启用主营业务系统，加快结算进度，为圆满出色完成收储任务提供有力的技术支撑。合理安排入库计划和作业流程，单据传递责任到人，实行“AB”制，确保工作不中断。设立服务大厅，提供“一站式”服务，开设咨询电话、传真、电子邮箱和QQ群，为利益相关方提供高效优质的服务；七是资金供应“足”，货款支付到位。面对从各收储网点密集而至的单据，不断优化流程，细化收单、制单及审单等各环节的工作，引入“批量汇划”付款方式，加快货款结算进度，得到广大客户的一致好评；八是方式方法“新”，工作推进到位。结合收储工作，着力开展为民服务，全面履行社会责任。实现入库初验、上报公证检验以及申请支付预付款“三同时”，到库棉花在入库过程中同步进行检验，做到“不开包”，引进“高空作业”，降低成本，大大提高工作效率；九是工作程序“全”，督促检查到位。要求交储企业在交货时提供籽棉收购单据，由收储库点负责查验。在定期和不定期的检查、抽查的基础上，全面开展对承储单位的业务和安全大检查。

自2011年9月8日《预案》启动，有907家棉花企业参与交储，实际收储325.5万吨，其中，新疆棉184.5万吨，占56.7%；内地棉141万吨，占43.7%。不仅棉花收储数量创历史新高（收储数量占到2011年度全国棉花产量50%左右），而且顺利实现稳定市场预期的调控目标，彰显中储棉总公司在稳定棉花市场的保障性作用。

【业务经营】 中储棉总公司遵循中央企业管理规律，强化稳健经营，盘活国有资产，努力开源节流，全面促进国有资产保值增值。

一是积极开展棉花进口代理业务。围绕“两个市场、两种资源”，充分利用棉花国营贸易进出口经营权和资源优势，积极开展棉花进口代理业务，进一步增强公司在国内外棉花行业的影响力和带动力。2011年，代理进口棉花约7.2万吨，实现利润约3000万元，同比增长近60%；二是稳妥开展仓单质押业务。2010年开展仓单质押业务以来，业务发展的思路越来越宽，操作趋于规范化和标准化。截至2011年8月26日，2010年度质押的商品棉全部赎回完毕，全年实现服务费收入252万元，财务利息收入1222万元；三是千方百计开展物流业务。各直属单位在完成好宏观调控任务的前提下，利用露天货位、站台、钢罩棚及铁路专用线，继续做好物流业务，保持业务发展的可持续性，逐步建立物流服务长效机制；四是完善经营业绩考核制度。将经济增加值指标作为考核所属企业的基本指标，合理确定考核目标，强化“短板”考核，突出“质量”考核，充分发挥考核指标的导向作用；五是加强政策协调，提高资金使用效率。在财政部等有关部门的全力支持下，顺利解决了税收减免、储备棉移库费用标准等方面的问题。通过加强与各银行的战略性合作，提高融资能力。通过加大资金管理力度，以内部挖潜为抓手，统筹安排，合理调度，为各项业务的发展提供充足的资金保障，也取得较好的经济效益。

【安全工作】 中储棉总公司始终坚持“安全第一，预防为主，综合治理”的方针，牢固树立以人为本、安全发展的基本理念，强化安全主体责任和“一岗双责”，逐步推进安全工作制度化、规范化、标准化。

一是安全制度建设稳步推进。全面梳理安全制度，深化计算机网络信息安全管理机制建设，建立健全突发事件应急预案，对标国内外一流的安全标准，查漏补缺，对安全生产标准化建设进行有益探索；二是多线作战的安全工作得到有效落实。针对2011年收储量大，入库集中，作业链条长的特点，总公司适时部署，要求各承储库严格执行各项安全规范，强化安全隐患排查工作。针对在库货物品种丰富、车辆出入库频繁、外来人员骤增的新情况，制定行之有效的安全预案，确保安全工作万无一失；三是安全教育培训和安全文化建设取得新进展。2011年，按照总公司制定的安全教育培训制度，各直属单位常抓不懈，持续开展安全知识培训和警消演练，进一步强化安全意识，提高安全保障能力。

【仓储建设】 2011年，中储棉总公司以"强化工程建设管理，建立健全中央棉库建设管理体系"为目标，扎实推进各项建库任务。

一是加强组织领导，中央直属棉花储备库建设制度趋于完善。以"管理年"为抓手，建章立制，印发七项文件，基本涉及建设项目全过程，使储备库建设有章可循、有制度可依，强化廉政建设，从源头上最大限度减少建设过程中的违规违纪违法问题；二是强化项目工程管理，"建设一个、规范一个、搞活一个"基本实现。为进一步提升投资综合效益，通过紧抓审查、检查和验收等管理流程，加快工程进度，确保具备条件的储备库及时开业。截至2011年底，库尔勒、广州库、德州库已经建成，其中两个正式投入运营；三是优化仓库布局，新建50万吨中央直属棉花储备库建设工作进一步加强。2011年，按照新建中央直属棉花储备库选址重点向新疆主产区调整的要求，进行大量的调研、文件审核及汇报等工作。组织召开专题工作会议，进一步规范工程管理，明确各方职责，为做好新建50万吨中央直属棉花储备库建设工作拓宽思路。

【风险管控】 中储棉总公司致力于"发现风险、识别风险、控制风险"，部门联动，在企业法制、财务及内部控制审计管理上狠下功夫，强化成本管理，提高企业效益。

一是推进法律管理标准化建设。2011年，累计下发仓储合同、大客户合作协议及劳动合同等标准化文本17项，对205份经济合同进行法律审核，办理授权委托书159份。按照"管理年"系列活动的要求，总公司对累计出台的170件规章制度逐一分析定性，废止25件，制定修订98件。同时，做好规章制度的体系设计，处理了不同部门间规章制度"撞车"、遗漏问题，保证了新规章制度体系的科学、完整、权威性及可执行性；二是强化财务管控。以"规范"为目标，根据财务人员的变化及所承担的任务，重新梳理会计人员岗位职责，明晰财务人员的责、权、利，建立会计报表质量通报制度，夯实财务管理基础。全面预算管理开始起步，将企业的人、财、物全部纳入预算范围，将预算执行结果与考核奖惩挂钩，促使各部门和单位严格按下达的预算合理使用资金，确保预算有效执行，进一步发挥预算的导向和约束作用；三是审计前移。随着公司基建工程和经济合同管理逐步走上规范化，积极开展各项工程项目审计，做好事前介入，不断加强和完善经济责任审计，将审计关口前移，有效促进审计业务与风险管理相结合，向以风险管理为导向的管理审计转变。

【人才队伍建设】 做强做优企业，队伍是基础，人才是关键。2011年，中储棉总公司着力推进全员岗位说明书修订工作，制定《所属单位负责人管理办法（试行）》等制度，成立人力资源部，为推进公司人事管理程序化、制度化和规范化奠定了基础。各直属单位按照总公司要求，积极创新，积极推进人事制度改革，逐步形成广纳群贤、唯才是举、能上能下、公平公正、充满活力的人事制度。

培训是培养人才的重要手段。2011年，中储棉总公司着力改革创新，搭建"网络培训学院"，抓住"供、选、管"3个关键环节，保持员工培训工作的生机活力。建立新入职员工基层工作锻炼制度，为新入职员工熟悉基层工作情况、积累基层工作经验搭建良好的平台。同时，选送69名班组长参加国资委班组长远程培训项目，他们在首期班组长考试中取得优异成绩。

【党建工作】 中储棉总公司深入开展创先争优活动，号召全体党员立足自身岗位、争创一流业绩。党委领导班子充分发挥表率作用，带头、深入、扎实地抓好领导点评工作。"七一"前夕，公司党委结合"一先两优"表彰大会，对公司创先争优活动情况进行集中点评，并对公司系统3个先进党支部、3名优秀党务工作者、16名优秀共产党员进行大力表彰。营造了人人争先进当优秀、比学赶帮超、努力干事创业的浓厚氛围。同时，中储棉总公司坚持以职工群众利益为重，全面兑现职工收入不减的目标，实现基层职工人均工资较上年增长15%以上，确保职工共享公司改革发展成果。

2011年，中储棉总公司规范执行“三重一大”制度，提高决策水平，防范决策风险。推行“党务公开”制度，保障党员权利。按照相关政策和程序，办理6名党员的组织关系转移，完成9名预备党员的转正，为党组织输入新鲜血液。认真开展“党委换届”、成立“纪委”以及“十八大会议代表的人选推荐”等工作，夯实了党建工作的基础。继续狠抓党风廉政建设，建立和落实各级领导班子和领导干部党风廉政建设责任制，强化所属单位“小金库”专项治理督导抽查，建立健全防治“小金库”长效机制。同时，创建学习型党组织，加强“四好”领导班子建设，组织召开民主生活会，交流学习体会，提高党性修养，强化“以人为本、执政为民”的理念。

【履行社会责任】 2011年，中储棉总公司更加注重分析和把握国内、国际形势，加大对棉花及纺织市场形势的研究深度和广度，全年向国资委报送信息55篇，累计形成各类周报及专题调研报告150余篇，完成专题调查十余次，切实发挥好在推进企业改革和发展中的主渠道和参谋助手作用。按照上报国资委的信息数量及质量等综合评分排名，中储棉总公司在央企中名列前茅，再次荣获先进单位和先进个人称号。在为国家制定宏观调控政策提供大量可靠决策依据的同时，为涉棉企业提供重要的信息参考，在强化市场宏观调控效果、正确引领棉花市场方面的作用日益显现。

2011年，中储棉总公司发布首份社会责任报告，被中国企业社会责任报告评级专家委员会评为四星级，树立了良好的企业形象。

（撰稿人：李岩杰）

中国广东核电集团有限公司

【基本概况】 中国广东核电集团有限公司（以下简称“中广核集团”）是由国务院国有资产监督管理委员会监管的特大型清洁能源企业。中广核集团以“发展清洁能源，造福人类社会”为使命，以建设“国际一流的清洁能源集团，成为全球领先的清洁能源提供商和服务商”为目标。截至2011年底，中广核集团总资产超过2400亿元人民币，净资产超过700亿元人民币；拥有在运核电装机611万千瓦，在建核电装机1754万千瓦，为全球在建核电机组规模最大的企业；拥有风电控股装机300万千瓦，太阳能光伏发电项目累计投运20万千瓦，水电实现控股装机154万千瓦、权益装机350万千瓦，在分布式能源、核技术应用、节能技术服务等领域也取得了良好发展。

日本福岛核事故发生后，中广核集团认真贯彻落实国家的部署，积极开展在运和在建核电站安全自查，配合环境保护部、国家核安全局、国家能源局和中国地震局专家组完成了对在运在建机组的安全大检查；根据检查结果落实安全改进，提升了在运在建机组的安全质量管理水平；强化核安全文化建设，核电安全运行业绩跻身全球先进行列。与此同时，中广核集团积极开展形式多样的核电科普宣传活动，建立国内首个核电站核与辐射信息公开平台，开通集团官方微博开展研讨和互动活动，引导各界理性看待福岛核事故，增强社会各界对核电安全的信心，普及核电安全知识，维护国家核电发展的大局。

截至2011年12月底，中广核集团已建立与国际接轨的、专业化的核电生产、工程建设、科技研发、核燃料供应保障体系，以及风电、水电、太阳能等可再生能源开发建设、节能技术推广体系，拥有六个国家级科研机构，具备在确保安全的基础上面向全国、跨地区、多基地同时建设和运营管理多个核电、风电、水电、太阳能及其他清洁能源项目的能力。

【主要指标】 2011年，中广核集团整体经营处于良好水平，各项主要经营指标均超额完成。截至2011年底，全年上网电量达到514.29亿千瓦时，首次超过500亿千瓦时，其中核电上网电量首次超过400亿千瓦时，全年上网清洁能源电量等效减排二氧化碳3985万吨。实现营业收入283.15亿元；总资产达到2487.35亿元，净资产达到718.31亿元，分别较上年同期增长29.74%和29.42%。

【安全生产】 2011年，中广核集团扎实开展“安全质量年”活动，以贯彻落实“三实两基”为指导思想，狠抓安全三个“一”（一把手、一线班组和一流经验反馈体系），深入推进安全标准化及国际标杆创建工作，切实做好福岛核事故经验反馈和改进工作，全面开展核安全文化教育活动，不断强化员工的安全意识和行为规范，在国内率先创建与国际接轨的核电工程安全评估标准，请具有国际权威的第三方对在建核电、风电和水电项目进行安全标准化评估，推动安全生产水平稳步提高。

2011 年，大亚湾核电基地在运机组安全生产持续创优，与美国 104 台核电机组相比，运营业绩综合指数连续八个季度排名第一；世界核营运者协会（WANO）衡量核电站运行业绩的 9 项指标中，五台机组 45 项指标中有 28 项达到国际先进水平，大亚湾核电站 1 号机组 9 项指标全部达到世界先进值。核电工程方面，强化“安全、质量、环境、投资、进度、技术”六大控制，坚持建设核电精品安全工程，安全核心指标优于国际中间值水平，树立核电在建工程的安全管理标杆。风电、太阳能发电、水电、铀业等安全生产形势平稳，信息系统、行政后勤服务等保障有力，安保工作到位有效。

【工程建设】 2011 年，中广核集团在建核电机组共 16 台。工程线精心组织，充分发挥集约化和规模化优势，积极加强由各参建单位组成的核电“大工程、大项目”团队建设，有效控制安全质量风险，工程建设进展顺利。

2011 年 8 月 7 日，广东岭澳核电站二期工程 2 号机组顺利投入商业运行，并保持稳定运行，各项性能指标完全优于设计值，这是新时期我国核电发展取得的重大成就，标志着我国自主品牌核电技术 CPR1000 示范项目全面建成投产，大亚湾核电基地建设再结硕果。至此，中广核商运机组达到 6 台，装机容量达到 600 万千瓦。在大亚湾核电站基础上形成的中国改进型压水堆核电技术 CPR1000，通过岭澳二期的示范，其安全性、先进性、成熟性完成全过程工程验证，经济性具有较强竞争力，在自主化和国产化方面也完全满足国家要求，是符合我国当前核电发展实际的重要技术选择，也为我国自主研发新一代核电技术奠定坚实基础。

辽宁红沿河核电项目四台机组安装工作全面展开。1 号机组冷态功能试验圆满成功；2 号机组冷试准备工作稳步推进；3 号、4 号机组穹顶吊装顺利完成，全面步入安装阶段。

福建宁德核电项目四台机组建设有序推进。1 号机组提前具备冷试条件；2 号机组反应堆压力容器到货并安装，各项安装工作按计划推进；3 号机组穹顶吊装顺利完成；4 号机组土建工作稳步推进。

广东阳江核电项目 1 号机组压力容器、蒸发器等核岛主设备开始引入，安装工作进入最关键阶段；2 号机组穹顶吊装顺利完成，机组建设进入安装阶段；3 号、4 号机组 CPR1000^{+} 示范工程建设稳步推进，钢衬里模块化、自密实混凝土、堆腔注水等多项技术改进顺利实施。

广东台山核电项目一期工程借助后发优势，成功避免国外同类项目出现的问题，并在钢衬里模块化施工等方面实现多项创新，在保证安全质量的基础上，实现高效推进。1 号机组穹顶吊装顺利完成，成为全球第二个完成穹顶吊装的三代 EPR 项目，为打造国际标杆工程奠定坚实基础。

广西防城港核电项目以“全面提升、全面超越”为目标，注重基础，稳扎稳打，两台机组土建工作稳步推进，1 号机组 BOP 安装开工等重大里程碑按期实现，穹顶吊装准备工作井然有序。

【市场开发】 2011 年，受福岛核事故冲击，国际核电发展受到影响，我国政府暂停审批核电新项目。面对突如其来的变化，中广核集团冷静研判事态走向，及时调整核电开发策略，因势利导寻求发展机遇，实现业务平稳较快增长。

一是福岛核事故应对有力。认真落实“国四条”（国务院总理温家宝于 2011 年 3 月 16 日主持召开国务院常务会议，听取应对日本福岛核电站核泄漏有关情况的汇报后，提出关于核电产业发展的四条意见，简称“国四条”。）部署，扎实完成核安全大检查和厂址安全复核，核电新项目现场工作基本就绪；系统推进经验反馈，全面开展事故分析，密切跟踪国外改进措施和要求，研究制定中广核集团近、中期改进策略和计划，为后续实施做好准备；积极开展核电宣传，在国内率先发布核与辐射安全信息报告和公开制度，开通核电站运营安全信息公开平台和官方微博，主动化解公众误解和疑虑，促进形成有利于核电发展的舆论环境；

建立跨专业的工作团队，开展一系列研究和成果推介工作，为国家确定下一步核电发展策略作出积极贡献。

二是铀资源保障取得重大进展。抓住国际铀市场走低的契机，周密策划，精心组织各方资源，有效平衡风险，在国家和有关方面大力支持下，在英国、澳洲资本市场要约收购纳米比亚罗辛南项目，该项目达产后的年产量有望超过6500吨，占当前世界天然铀年产量的13%，提高了国家和集团的铀资源保障能力。在中央企业中率先与国土资源部中央地勘基金管理中心签署《铀资源勘查合作框架协议》，推动国内铀资源勘查市场化改革迈出新步伐。

三是可再生能源和新业务稳步发展。集团下属风电公司加快能力建设，运维中心投入运行，控股在运容量位居全国前十；太阳能公司同步推进电站建设与技术研发，国家级光热研发中心通过国家能源局专家评审，初步形成甘肃敦煌、青海锡铁山、新疆哈密三大光伏基地；能源公司克服流域来水偏枯等困难，加强在建工程管理，成功实现电价调升，努力获得碳减排收益，综合业绩得到提高；美亚电力实现并购后的平稳过渡，超额完成发电计划，韩国等地的新项目落定，并为集团探索海外业务运作机制提供有益经验。节能公司抓住国家出台节能减排利好政策的契机，抓紧落实项目，顺利起步。核技术应用公司正式成立，集团在非动力核技术应用领域的探索拉开序幕。

四是国际市场开发稳步推进。中广核集团与众多目标市场国的相关政府部门、企业等建立密切联系，并与法国EDF、AREVA等世界核电知名企业建立和保持密切的合作关系，共同寻求在国际核电市场合作机会。通过出访推介、邀请参观、交流研讨、举办展览或专题推介会等方式，大力宣传自主研发的ACPR1000$^+$核电技术，以及中广核集团在核电设计、设备成套与采购、施工、调试、运营以及融资等方面的核心能力，努力争取国际社会和潜在目标市场国家对中广核和ACPR1000$^+$品牌的充分认可。

为响应国务院国资委对于中央企业的有关号召，集团进一步深化与各省政府和国有企业的合作关系，2011年先后与甘肃省、福建省、中国南车股份有限公司等签署合作协议。

【经营管理】 2011年，中广核集团全力推进发展方式转变，稳步开展资本运营，加大资金保障力度，推进组织与管理改进，经营管理取得新成效。

一是资本运营成绩显著。成功借壳登陆香港资本市场，搭建铀业海外融资和业务开发平台，为利用两个市场、两种资源创造条件；美亚电力上市方案上报国家相关部委，后续整合安排基本确定；直投平台正式成立并完成首个落地项目；核电主业重组改制及上市工作全面启动，一个符合集团业务特点和发展要求的资本运作架构初现雏形；集团历史沉淀资产梳理完成，为后续盘活和增值奠定基础。

二是资金筹措保障有力。面对信贷持续收紧、贷款利率上扬、部分核电项目出现提款困难等压力，集团统筹谋划，提前布局和锁定银行信贷资源；及时召开后福岛时代核电形势沟通会，打消银行顾虑；充分发挥资金一体化运作优势，灵活调配内部资金；积极开辟股权信托、银行理财融资、保险债权计划等创新融资方式，基本满足了集团发展的资金需求，为业务推进提供有力保证。

三是组织管理不断优化。着力构建战略管控型总部，根据工作性质及业务特点，将集团公司原有部门划分为职能部门和业务部门，理顺管理边界和接口，加强职能管控；成立核电运营事业部、核电工程事业部，强化专业化管理，为实现多基地保障和提升安全业绩奠定基础；将核电学院独立运作，成立财务共享中心、信息技术中心，促进集约化管理水平不断提高；同步梳理各类委员会和决策会议，调整成员公司分类办法及管控策略，协同效应初步显现。

【科技创新】 在20多年引进、消化、吸收国外核电技术的基础上，参照最新安全标准，依托阳江5号、6号机组，加快开发具有三代核电特征的ACPR1000新机型，其安全指标达到核安全规划要求，有望成为"十二五"期间批量建设的堆型之一；以国际市场为目标，加快研发具有自主知识产权、完全符合三代核电标准的ACPR1000$^+$，完成第一批设计输入与验证试验；设计科研、试验研究、设备研制、软件研发、知识产权保护等工作按计划顺利推进。

科技平台建设和基础研究迈上新台阶。2011年，集团下属广利核公司喜获2010年度国家能源科技进步奖，承担了国家科技重大专项工作。技术研究院牵头实施863项目和国家科技支撑计划项目，首个国家核电厂安全及可靠性工程技术研究中心落户中广核集团。以核电型号研发为牵引，依托深圳新能源（核电）产业基地，启动核电基础研发设施建设计划，大型水力学试验装置以及严重事故机理实验装备建成，相关实验工作已经开展。吸取福岛核事故教训和核安全大检查意见，全面分析现役核电厂预防和缓解极端事故的薄弱环节，开展核电厂抗震能力提升、超设计基准事故缓解系统研发、严重事故仿真平台研发等项目，促进核电站本质安全水平不断提高。

【党建工作】 2011年，根据中央统一部署，中广核集团积极配合国资委巡视组开展为期三个月的集中巡视工作，全面总结和深刻反思在发展方式、重大事项决策、廉洁从业、作风建设等方面的情况，根据巡视组反馈意见，找出了薄弱环节，明确了改进方向，制定了整改行动计划，为科学发展提供了重要保障。

党风廉政建设不断深入。全面实施党建工作五年规划，加强制度化、信息化和规范化建设；深化开展创先争优活动，组织开展“落实规划我先行”、党员岗位攻坚、党建特色组团等活动，涌现一批先进基层党组织和优秀个人；理顺纪检监察审计体制机制，突出重点业务监督检查，落实责任追究机制；对照17家中央企业审计公告发现的问题，深入开展自查，各单位合法经营意识不断增强。

根据新的发展形势，在庆祝建党90周年纪念大会上，集团公司党组向广大党员干部发出号召，要求继续发扬“三创”精神，树立“重实际、干实事、结实果”的工作作风，扎扎实实“做好最基础的工作、练好最基本的功夫”，推动集团以更高的质量、更严的标准、更好的效益稳步发展。“三实两基”体现解放思想、实事求是、与时俱进的核心理念和价值导向，丰富企业文化内涵，极大地激发了干部员工的工作热情，有力地促进了集团各项目标的顺利实现。

【信息化建设】 2011年，中广核集团继续按照国资委对信息化工作的要求，稳步实施集团信息化水平登高计划，优化调整集团信息化组织机构，有序开展集团信息化各项工作，圆满完成年度重点工作计划。以运营公司ERP系统成功上线并保持稳定运行为标志，实现ERP系统在集团各核心业务领域、集团人力资源和财务管理、集团资金集中管理等领域的全面覆盖，实现集团公司在2006年进行集团ERP项目建设决策时所确定的建设目标。集团信息化从大规模建设阶段转入深化应用和标准化复制推广的新阶段，从支持集团的核心业务向支持集团经营管理和决策分析转变，从以项目建设为主向着力提升信息化应用价值为主转变。集团信息化整体水平和核心能力跨入国资委央企信息化水平先进行列，总体处于国内先进水平，在核电工程建设和生产运营管理领域进入世界先进水平。

【履行社会责任】 2011年，在日本福岛核事故给全球核电行业带来重大影响的新形势下，中广核集团在全力做好安全生产的同时，积极推进企业品牌建设，履行中央企业社会责任，全年合计对外捐赠688.4万元。其中，向中国和平发展基金会捐赠原始基金500万元，用于促进我国民间组织参与国际活动的工作；向云南省牟定县教育局账户捐赠100万元用于建设一所小学；向广东省慈善总会捐赠专项扶贫资金50万元，促进广东省贫困地区经济社会建设；承担国家定点扶贫任务，援建广西壮族自治区乐业县幼平乡安置小学宿舍楼，支付80%工程款共计38.4万元。

（撰稿人：蒲玉波）

中国华录集团有限公司

【基本概况】 2011年是“十二五”规划的开局之年，在国资委、监事会和股东的指导帮助下，中国华录集团有限公司（以下简称“公司”）认真贯彻落实国资委“做强做优中央企业、培育具有国际竞争力的世界一流企业”的目标要求，重点实施“五大战略”，加速实现产业转型，构建基于新一代信息技术的新型文化产业；在全体干部和员工努力拼搏下，公司以着力发展基于新一代信息技术为基础的新型文化产业为使命，加快转变经济发展方式，不断探索有自己特色的发展之路,应对错综复杂的国内外经济形势,各项工作取得新成效,生产经营保持平稳运行,经营质量在创新发展中有了新的提升。

【主要指标】 2011 年,中国华录集团有限公司经营面临全球经济增速放缓,市场需求下跌,成本刚性上升,通胀压力加大,金融市场震荡,信贷政策持续收紧等不利因素,积极应对企业面临的外需减少、成本上升、人民币汇率上升、订单下降等经营课题,经受日本地震海啸、泰国洪水等突发性自然灾害对企业的生产经营带来的严峻考验。

在经营中,紧抓国家扩大内需、发展战略性新兴产业和大力发展文化产业的政策与市场机遇,加速调整产业结构和产品结构,深化企业内部改革,继续保持合资企业、自主企业双盈利的经营态势,自主企业盈利水平创历史新高。

2011 年,公司实现营业收入 79.52 亿元,与上年基本持平,除合资公司外,自营产业营业收入同比增长 27.73%;实现利润总额 6.05 亿元,同比下降 6.25%,自营产业利润总额同比增长 317.57%。

【改革发展】

1. 依靠创新,制造板块不断增强竞争力。

2011 年,公司坚持依靠技术进步,强化基础技术能力,提升技术创新在产业发展中的核心地位,为促进集团持续发展和成功转型,提供有力支撑。继续推进新一代数字信息技术以及数字音视频技术在文化产业的渗透和运用,制造板块产品品质和成本竞争力在严酷的市场竞争环境中经受住了考验,保持了竞争力。

2. 抓住机遇,文化板块构建新格局。

按照公司"十二五"规划的要求,2011 年集团着力构建以文化内容服务为核心、信息产业为引擎、优势制造产业为支撑的具有华录特色的产业体系。抓住国家产业振兴政策带来的市场机遇,在继续做强做优终端制造产业基础上,着力发展已经布局的文化内容产业和信息服务产业。

调整转型中的华录文化产业有限公司。为适应新形势下的业务发展,2011 年 3 月,中国华录集团有限公司对下属二级子公司华录文化产业有限公司的经营班子进行调整。新经营班子针对公司资金严重不足、原有业务成本压力过大、盈利前景不明确的现状,果断进行业务和人员结构调整,人工成本、版权成本得到有效控制,降低了经营成本和资金压力,同时探索新的适合公司现状的发展模式。经过调整,确定公司新的业务发展模式,在职业教育培训、文化杂志等新业务方面进展顺利,确立了未来几年以"企业才智文化服务"为主的业务发展方向。

3. 增强活力,服务板块取得新突破。

2011 年,公司继续坚持产品的软硬结合发展方向,不断拓展产业链,坚持制造加服务的产业结合,努力寻求产业结构的转型。通过内外部整合,释放活力,集团服务产业板块取得新突破。

4. 提高资源配置能力,实现资本收益最大化。

根据集团战略,中国华录集团有限公司采取一体化管理的投资政策,保证资金重点向集团内的文化、服务领域和能够组织大规模产能且具有发展前景的高端制造业项目倾斜。2011 年集团积极推动二级子公司北京易华录信息技术股份有限公司和三级子公司北京华录百纳影视股份有限公司上市,引导和带动社会资本,达到盘活存量、引进增量、优化资源配置、提高资产的运营质量,实现资本收益最大化。

北京易华录信息技术股份有限公司进入 A 股资本市场。北京易华录信息技术股份有限公司于 2011 年 5 月在创业板上市后,借力资本市场,准确把握市场动态,在深化智能交通系统集成业务的同时,加快布局和生产智能交通所需成熟的智能型硬件产品,并向智能交通信息服务方面进军。为加速扩展业务,成立了数字城市事业部、公共交通与智能建筑事业部、轨道交通事业部;为向信息服务领域进军,先后成立了全资子公司(天津易华录信息技术股份有限公司),并购大连智达科技有限公司。还与中国移动在车务通公交产品全面合作,成为中国联通 3G 行业的合作伙伴。通过一系列资本运营,公司连续三年销售收入复合增长率达到 36.6%,保持强劲增长势头。

北京华录百纳影视股份有限公司完成上市过会。北京华录百纳影视股份有限公司通过几年的经营积累,已经形成了在行业中的领先地位,市场占有率持续提高,形成较牢固的竞争优势和持续的发展潜力,同时通过建立股东导向的公司内部治理模式,形成可持续发展的制度环境，为上市做好铺垫。在2011年3月完成上市申请文件报送工作后，于2011年11月25日成功过会，取得发行批文、正积极进行发行前准备工作，将成为国有控股第一个上市影视公司。

5. 强化服务能力体系建设，提高集团管控水平。

北京研发和产业基地建设。中国华录集团有限公司北京研发和产业基地在2011年初正式投入运营。文化产业板块与服务产业板块的9家在京子公司的入驻，集中了中国华录集团有限公司在北京的资源，增进了各单位之间的协作和资源共享，提升了集团整体形象，同时也为集团产业的发展和高端人才的引进，提供了良好的平台和条件。2011年11月底，中国华录集团有限公司的北京研发和产业基地被北京市科学技术委员会、北京市科学技术协会正式命名为第五批科普教育基地，将进一步提升华录集团的公众认知度。

【重大项目】

1. 启动与Intel公司的合作。

中国华录集团有限公司与Intel公司在2011年开展合作，通过双方高层沟通，确定在Google TV等一系列Intel芯片产品上进行联合开发。完成硬件/结构的设计定案，在产品设计以及制造保证体系上取得Intel的认可，在Intel新的平台上进行家庭多媒体平台的开发合作。

2. 国资委教育培训网站建设。

2011年，中国华录集团有限公司中标国资委干教中心项目，负责开发和运营干部教育培训网。新版培训网于2011年10月30日正式上线，经试运行，满足了国资委的远程教育(一期)需求。

3. 与北大合作进行AVS产业化项目。

为了推进我国自主知识产权的数字音视频国家标准AVS的产业化及应用，2011年1月，中国华录集团有限公司与北京大学国家工程实验室成立北京博雅华录视听技术研究院有限公司，具体落实“北京AVS产业化基地”建设工作，推进AVS产业化及应用，并确立了新公司后续的商业运作模式，由北大方面负责知识产权的导入及运作，中国华录集团有限公司重点负责AVS的产业化运作，中国华录集团有限公司北京研发中心参与该项目，实现3D产品与国家标准相接轨的软硬结合发展。

4. 发起“北京服务·文化创新发展投资基金”。

由于中国华录集团有限公司在文化产业的影响力不断扩大，2011年，中国华录集团有限公司受邀作为“北京市服务文化创新发展投资基金”的主发起人和第一大股东，参与设立北京市第一个文化产业创新发展投资基金。此举不仅有利于集团充分利用政府政策资源整合壮大产业规模，也有利于进一步提升集团在北京乃至全国文化产业的品牌效应、产业辐射力、影响力和带动力。2011年12月26日，中国华录集团有限公司与北京市政府正式签订框架合作协议。

【重大创新】 终端产品领域。中国华录集团有限公司为满足员工的创业愿望，激发公司内部活力，保证“想做事、能做事”的人“做成事”，2011年颁发《内部创业机制运行办法(试行)》，建立集团内部创业与创新的激励机制。新办法的推行，调动了科技研发人员创新积极性，加快技术研发步伐，促进技术成果转化，为集团创新发展创造条件。集团整合技术中心、国际营销新成立蓝光高清虚拟事业部，进一步推进技术与市场相结合。同时着力打造一批共性技术研发项目平台：OLED项目完成前期的调研准备工作；智能媒体终端项目与Intel开展合作，完成产品原型机调试；音视频编辑及转码系统研发项目完成内容编辑及云转码技术；完成适应多播放终端的统一音视频文件制作和转码技术；内容/码流加密研发项目完成基于文件的内容加解密系统，在多种终端的播放器中植入华录自主研发的加解密系统并申报发明专利；使用蓝光机作为控制平台的华录乐动4D产品完成产品小批量试制，并开始市场推广。2011年初开始研发的国内首款3D蓝光播放机面市，成为国内首家推出自主3D蓝光产品的企业，取得较好市场效应。《蓝光高清家庭媒体播放器》荣获由国家知识产权局和世界知识产权组织颁发的第十三届(2011年)中国外观设计优秀奖。

2011年，中国华录集团有限公司申请专利116项，截至2011年底，累计申请专利428项，其中发明专利70项。

智能交通领域。2011年，北京易华录信息技术股份有限公司技术中心被评为北京市级企业技术中心。

作为中国企业的代表，参加国际ITS大会，行业地位日益提升。公司通过建设企业技术中心（含智能交通开放实验室），明显缩短研发周期，提高研究开发成功率和新产品转化率。通过积极争取，2011年获得国家火炬计划、物联网发展专项支持，完善科技评价和奖励制度，制定技术创新奖励办法，设立科技奖励专项资金，对技术创新作出突出贡献的先进集体和个人定期表彰。公司获得发明专利受理通知书和实用新型专利受理通知书各17项，完成15项软件著作权登记，制定易华录知识产权三年发展战略。

影视剧领域。2011年，北京华录百纳影视股份有限公司拍摄的《黎明之前》《永不磨灭的番号》《浪漫向左，婚姻向右》等影视作品，在取得了较高收视率的同时也产生了极好的社会反响，公司连续获得“五个一工程”、“飞天奖”、“金鹰奖”、“白玉兰奖”、“澳门国际电视节”、“东京国际电视节”、“首尔国际电视节”等海内外各级各类奖项。

3D内容的拍摄制作。中国华录集团有限公司在3D蓝光高清产品销售的同时，开展3D内容的拍摄、编辑工作。拍摄制作完成北京石景山区政府《石景山文创宣传片》项目；拍摄完成3D世遗项目《传承·中国》的《泰山》《曲阜》两部纪录片，此片引起美国Discovery频道的关注，并达成初步合作意向。中标故宫博物院3D高清《故宫雕塑藏品》项目，正在前期拍摄与制作过程中；承接国家海洋环境预报中心的《908专项3D影视宣传片》拍摄；策划并积极布局国家开播的高清3D频道，提供华录拍摄编辑制作的3D内容。

【党建工作】 中国华录集团有限公司党委及各级党组织深入开展学习和实践科学发展观后续整改工作，大力推动“创先争优”活动，树立党员干部的模范和典型，积极履行中央企业的政治责任、经济责任和社会责任。

结合纪念建党90周年活动，树立典型，做好表彰工作。印发《关于开展纪念建党90周年系列活动的实施方案》，中国华录集团有限公司党委相关部门陆续开展以“学习活动”、“主题活动”、“参观活动”和“评比表彰活动”等18个活动项目为载体的纪念活动。

积极推进“四好”班子建设。坚持民主生活会制度；坚持党委中心组学习制度；认真贯彻执行党的民主集中制原则；积极参与重大问题决策，发挥党委的政治核心作用；切实加强对领导班子成员的监督管理，确保班子成员的敬业精神和良好形象。

以构建全方位人才队伍建设为中心加强党的基层组织建设。中国华录集团有限公司党委在选人用人方面坚持党政领导班子集体讨论、会议决定的原则，即坚持“集体领导、民主集中、个别酝酿、会议决定”的原则，做到选用、考核、奖惩均由党政联席会进行集体讨论决定。

建立有效的宣传组织体系和工作规范，加大中国华录集团有限公司对内和对外的宣传力度。中国华录集团有限公司党委在对外宣传和信息报道方面完善组织、建立体系、落实责任、加大力度，注重对外和对内宣传及信息报道的质量和效率。

以党建带动群团工作，围绕服务企业和服务青年，组织开展形式多样的青年活动。

【信息化建设】 截至2011年底，中国华录集团有限公司ERP系统在总部及24家子公司稳定运行，通过对信息系统的大量程序端、业务端二次开发、与PDM、OA系统集成程序调整，优化财务、业务、成本类报表，使得信息系统与企业的实际业务需求的差异逐渐减小，与其他系统的集成性能趋于稳定，提高了系统的实用性，带来集团综合管理效率的提高。

【履行社会责任】

1. 群工工作。

中国华录集团有限公司高度重视群众工作，对开展群众工作大力支持。集团群工部门，紧紧依靠基层工会和广大员工，认真贯彻落实科学发展观，贯彻落实国资委群众工作会议精神，围绕集团经营工作目标和任务，结合工会自身特点开展各项工作，增强员工的责任感、使命感，激发员工建功立业，勇当标兵的热情，使群众工作更加贴近于公司的经营实际，贴近于员工的生产生活实际，体现工会工作服务企业、服务职工的要求，在公司发展、队伍稳定、活跃文化生活方面发挥了较好的作用，为全面完成公司生产经营目标作出了积极贡献。

组织开展各类群众性文化体育活动20项，参与活动和比赛的员工超过4418人次；关心员工生活，投资1210万元用于改善员工生产生活条件，对困难员工发放生活补助；2011 年员工提出合理化建议和改善提案 72465 条，产生效益 2165 万元；荣获先进荣誉称号 51 项，其中市（区）级以上 12 项，国家级 1 项。

2. 落实安全生产责任制，推进节能减排工作。

2011 年，中国华录集团有限公司与所属子企业主要负责人签订《安全生产责任书》，强化企业安全生产责任主体意识，实施安全生产一票否决制，实行重大安全隐患与危险源监控制度，全年保持集团无重大伤亡事故和火灾事故发生。定期进行安全检查，并及时跟踪安全隐患整改情况，发放安全隐患整改通知书 31 份，并全部整改完成。

中国华录集团有限公司严格执行环境影响评价制度和国家相关法律规定，坚持开展节能减排工作，健全组织体系，成立母子公司的节能减排三级管理体系，将国资委下达的节能减排约束性指标纳入集团各级企业负责人经营业绩考核体系，将节能减排目标逐级分解，层层落实。2011 年，中国华录集团有限公司能源消耗与污染物排放各项指标都位于本行业较好水平，超额完成国资委下达的各项节能减排指标，重大污染为零。重要环境因素受控率 100％，废气、废水达标排放，单位产值水、电耗费减少 2％，固体废弃物收集、处置率 100％。

（撰稿人：刘　莹）

上海贝尔股份有限公司

【基本概况】 2011 年，上海贝尔股份有限公司（以下简称"上海贝尔"或"公司"）紧扣中央企业"一大目标"、落实"五大战略"、强化各项保障，审慎研判形势，积极应对挑战，全力推进各项工作，全面完成或超额完成国资委下达的全年经营发展的各项目标，实现"十二五"发展的良好开局。2011 年公司通过严格控制和优化各项成本，不断提升经营效率，保持较好盈利水平；科技创新保持高投入，抗风险能力进一步提升，运营持续健康。

【主要指标】 主要经济指标。公司实现营业收入 176.7 亿元，其中海外销售 71.5 亿元；实现净利润 7.2 亿元；科技投入总额 17.8 亿元；技术投入比 9.8％，经济增加值（EVA）13.5 亿元，面市新产品 22 个。

其他经济指标。公司资产总额为 269.39 亿元，同比增长 7％；净资产 113.14 亿元，同比增长 15％；资产负债率为 58％。

2011 年，公司在外部环境较为艰难的情况下，国内销售同比增长约 12％。受欧洲市场持续低迷、北美市场复苏放缓的影响，海外销售出现较大下滑。总体销售与上年持平。尽管市场价格战持续，产品价格持续下降，公司通过严格控制和优化各项成本，不断提升经营效率，主要产品毛利率同比提高 2 个百分点，保持了较好盈利水平。科技创新投入持续加强，10％的技术投入比继续领先同行业水平。主要投向集中在 TD－LTE、FTTx、PTN 等产品，确保公司在新一代宽带无线技术、光接入、传输领域的技术领先。全年共申请发明专利 180 余项，47 项获专利授权，并在多个领域参与了国际标准建设。受日本地震海啸及一段时间以来国际元器件短缺影响，2011 年上半年公司的生产制造受到严峻挑战。2011 下半年，公司进一步加强供应链管理。至 2011 年底，生产制造平均周期缩短至 10.2 天；全面改善各类产品包括光产品和 GSM 产品的订单交付，并加速积压订单的恢复交付。库存较 2010 年底减少 29％。应收账款、资产负债率与上年同期基本持平，继续保持良好。自有现金充沛，继续保持良好的抗风险态势。资产总额及净资产保持健康增长，继续保持国有资本的保值增值。

2011 年上海贝尔股份有限公司
主要经济指标

项　目	2010 年	2011 年	比上年增长（％）
资产总额（亿元）	252.74	269.39	7
所有者权益（亿元）	98.15	113.14	15
营业收入（亿元）	181.76	176.76	－3
利润总额（亿元）	3.7	10.2	175
净利润（亿元）	2.89	7.23	150

续表

项 目	2010 年	2011 年	比上年增长(%)
归属于母公司所有者的净利润(亿元)	2.89	7.23	150
技术开发投入(亿元)	15.73	17.8	13
利税总额(亿元)	6.6	17.5	165
应交税金总额(亿元)	4.1	12.1	195
全员劳动生产率(万元/人·年)	83.88	41.17	-50.9
净资产收益率(%)	3.0	6.8	增加 3.8 个百分点
总资产报酬率(%)	1.8	3.91	增加 2.11 个百分点
国有资本保值增值率(%)	101.4	106.4	增加 5 个百分点

【改革发展】 国内市场抢抓机遇。抓住运营商实施 2G、3G 和 WIFI 网络扩容契机,凸显无线接入产品业务优势,与中国移动、中国电信、中国联通签署大额合同。紧跟"光进铜退"产业趋势,在光接入产品销售中实现历史性的突破。承载网产品不断提升市场份额。进一步加强与中央企业合作,推进信息化在各领域的推广应用。

海外市场攻坚克难。积极应对中东、北非等地动荡局势,面对全球经济复苏放缓、国际环境未有明显改善的情况,积极应对海外销售挑战,努力开拓国际市场。在多哥、蒙古、斐济、委内瑞拉、尼日利亚、刚果、孟加拉、菲律宾、越南、安哥拉等都实现新的突破。加强海外风险管理,积极引入专业化的国际风险管控体系并设有专门的风险评估团队。强化合作"走出去",进一步强化与央企以及国内大企业集团的合作,采取强强联合的方式拓展海外市场。

科技创新持续领先。重点关注国家重大专项,2011 年 9 月,上海贝尔率先按时完成工信部和中国移动上海 TD-LTE 规模试验外场一阶段测试。成功申请到国家"LTE 及 LTE-Advanced 研发和产业化"项目和"无线新技术"项目。在标准建设领域,牵头并参与了中国通信标准化协会(CCSA)标准项目百余项。向 ITU、3GPP、IETF、OMA 等国际标准化组织作出积极贡献。新技术研发方面,致力提供信息通信领域全方位解决方案,在阿朗集团占据 GSM、TD-LTE 和宽带接入研发主导地位,并不断推进光网络和 IP 能力提升。

强化管理精益求精。产品成本方面,上海贝尔从研发设计阶段入手持续改善产品成本结构,应对日益激烈的价格竞争;通过严格控制生产要素和各制造环节成本,产品销售毛利率同比提高 2 个百分点。费用方面,通过全面预算管理制度,努力缩减费用开支,调整非研发领域的项目支出,严控日常非研发固定费用支出。效率和库存方面,上海贝尔整体效率持续改进,其中生产制造平均周期缩短至 10.2 天。库存下降约 10 亿元,库存周转率加快 43%。财务方面,应收账款同比持平;期末现金流充足,同比提高 4.2%。企业运营质量保持健康及良好的抗风险态势。

高度重视产品质量,不断提升服务质量。实施"精益求精,追求卓越"项目。产品质量方面,上海贝尔应用全球通信行业质量管理标准(TL9000)中的初期硬件返还率(ERI)衡量产品质量。服务质量方面,上海贝尔应用 TL9000 中的维修服务质量(SQ-Repair)来评价产品交付后的服务质量,维修服务质量指标业绩均大幅领先行业平均水平。

【重大项目】 海外并购一新纪元项目(国有资本预算支出项目)。为掌握无线射频领域的核心前沿技术,获取端到端电信解决方案的国际业务,公司经多方面研究分析、科学决策,决定收购阿尔卡特朗讯旗下无线射频系统安弗施(下称"RFS")的全球业务。

上海贝尔本次"走出去"项目得到公司中外双方股东的大力支持,中外双方股东决定按 50% 的股权比例,以现金向上海贝尔增资 20 亿元人民币(约合 3.1 亿美元)。增资完成后,公司中外双方股东 50% 的股权比例保持不变,公司注册资本由人民币 5759089983 元增至人民币 6932579469 元,股本增至 6932579469 股普通股,股东增资款认购公司新增股份超过股票面值的溢价款部分,共计人民币 826510514 元,按照公司法规定计入公司资本公积金。

新纪元项目的顺利实施，有利于上海贝尔获取端到端电信解决方案的全球业务并加快"走出去"步伐，有利于上海贝尔获得核心前沿技术的全球知识产权以切实落实产业升级，有利于上海贝尔培养国际化人才以及实现人才资源的全球优化，是上海贝尔实现具有国际竞争力的世界一流企业目标的战略选择。

【走向海外】 境外资产的形成及分布情况。公司境外子企业共有三家：上海贝尔（香港）有限公司，阿尔卡特朗讯菲律宾有限公司，上海贝尔老挝独资有限公司。上海贝尔（香港）有限公司为上海贝尔全资二级子公司，注册资本为990万美元，注册地为中国香港。阿尔卡特朗讯菲律宾有限公司为上海贝尔全资二级子公司，注册资本为256万美元，注册地为菲律宾。上海贝尔老挝独资有限公司为上海贝尔全资二级子公司，注册地为老挝，注册资本为10万美元。

境外投资及境外资产运营情况。上海贝尔（香港）有限公司主要从事电信产品的销售及售后服务业务，服务于上海贝尔的海外业务发展，2011年营业收入为3.95亿元（人民币），净利润约为1.04亿元。阿尔卡特朗讯菲律宾有限公司注册地为菲律宾，主要从事电子、电信和其他行业的工具、机械及设备的制造、销售、建设、管理、咨询、安装、维护、运营、发展等。2011年收入约为4500万元，亏损约1900万元。上海贝尔老挝独资有限公司注册地为老挝，主要业务为提供、安装和调试电信设备有关的服务及任何其他相关活动，尚处于筹建期。

境外资产监管。根据国资委《关于加强中央企业境外国有产权管理有关工作的通知》（国资发产权〔2011〕144号）的要求，公司进一步规范境外国有产权管理，以优化境外国有产权配置，保障境外国有产权安全。2011年，公司进一步建立健全境外国有产权管理的各项制度，并落实负责机构和人员，明确了工作责任，加强过程管理和责任追究。

【重大创新】 2011年，上海贝尔联合阿朗集团推出的lightRadio·（灵云无线）无线技术是全球通信行业的一次技术革命，可缩减超过60%的站点建设成本和超过50%的能耗，使移动网络的总体拥有成本（TCO）降低50%。基于对国内市场和中国客户需求的深刻理解，上海贝尔积极跟进中国移动的技术演进路线，将来自中国市场的需求与阿尔卡特朗讯全球研发资源对接，成功完成符合国内运营商需求的lightRadio·（灵云无线）GSM虚拟化基站控制器原型机的研发测试。此外，上海贝尔还与阿朗集团联合，推出全球最快的400G网络处理器FP3。在"2011中国国际信息通信展"上，中共中央政治局委员、国务院副总理张德江及相关国家部委领导专门了解上海贝尔云基站灵云无线方案，充分肯定上海贝尔在自主创新方面的贡献，希望上海贝尔继续努力，在关键技术上取得更大突破。

【党建工作】 积极引领企业科学发展，深入推进创先争优活动。党委围绕做强做优企业的目标，主动融入企业治理架构，有效发挥政治核心作用，推动公司实施国际化战略和自主创新战略。深入推进创先争优活动，增强活动的针对性和实效性，形成组织创先进、党员争优秀，党群共建、齐争共创的生动局面。

做好换届选举工作，提升党组织凝聚力、战斗力和影响力。在完成86个支部、10个总支换届选举的基础上，成功召开第二次党代会，顺利选举产生新一届两委班子。半年多时间的系列工作，使兼职党务干部的能力和作用得到提升，党组织的凝聚力和影响力得到提升，并增进广大中外员工对企业党建的理解与支持。

纪念建党90周年，铭记光辉历史焕发有为精神。开展征文比赛、党史竞赛、红色之旅、电影观摩及中外干部共同出席的3000人红歌大会等内容形式多样、群众广泛参与的庆祝活动，激发员工爱党爱国爱企业热情。

加强纪检监察组织建设，为企业可持续健康发展护航。贯彻落实中纪委12号文件精神，健全纪检监察组织设置、完善工作体制机制、加强队伍建设，更好发挥纪检监督效能。加强廉洁文化建设和课题调研，夯实反腐倡廉思想和理论基础，在国务院国资委、上海市经信委纪检会议上就惩防体系建设作了经验交流。

做好群众工作，共建和谐企业和谐社会。围绕中心、服务大局，党政工团合力加强员工教育引导，创建先进企业文化，带动全员创先争优，开展"文明企业建设”、“建一言”专项劳动竞赛等活动。做好员工服务工作，关爱员工办好实事，丰富员工业余生活，提高员工岗位技能，维护员工权益，为企业改革发展稳定提供有力保障。

【信息化建设】 围绕公司工作重点，开展相关信息化重点项目，主要包括：致力于优化周期和订单管理的优化项目；配合降低库存和优化计划预测水平的转型项目；建立高效的供应商合作平台，有效提高生产运营管理绩效；为公司管理层提供更准确、高效数据以供决策的SAP BW项目等。

信息化资源向一线倾斜，尤其是销售一线。努力为一线员工配备最好的IT/IS工具，提供最好的服务，提升员工的工作效率和水平。2011年陆续推出实现个人智能手机收发电子邮件（personal smartphone push mail），新型的会议和协同工作平台My teamwork高效信息化系统或工具等。

加强公司信息部门自身建设。全力确保关键应用系统和基础设施可用性，以及所需性能要求。提升内部运维管理能力，通过内部流程和系统优化，完善现有IT服务平台（IT Service portal）和Helpdesk的事件管理平台（ITSM）等建立适应发展需要的运营体系，不断优化服务。保障信息资产和关键业务数据安全，让所有关键系统/数据运行在一个安全的环境中。进一步推出围绕移动存储的数据保护技术和方案，将安全扩展到移动存储上。加强信息化队伍建设，不断提升信息化工作服务公司重点工作的能力和水平。

【履行社会责任】 公司积极扶持偏远及贫困地区的教育事业，每年拨出一定资金用以帮助贫困地区学校建设互联网教室，消除数字鸿沟。同时，将保护环境与社会公益有机地结合起来。截至2011年，先后在21个省市援建67所希望学校。2011年，公司批准专项预算，用以支持全年的社会公益项目，如“再生电脑公益行”和“绿色环境评估 & 百万植树”等，并继续做好公司长期对口援助单位—云南宁蒗贝尔希望中学的援助工作（国家扶贫办项目）。

此外，公司积极响应国资委对央企有关编制年度社会责任报告的要求，积极对自身的社会责任实践和绩效进行总结和再承诺，已连续三年发布社会责任报告，2011年社会责任报告编制完成。

【其他情况】 2011年主要获奖情况：

科技创新方面，公司新一代多业务传送平台荣获国家科技进步二等奖。获中国年度光通信最具竞争力企业10强称号。CDMA研发团队荣膺中国电子质量管理协会全国奖。

质量建设方面，在2011年度中国电子信息行业、上海市和青岛市质量改进评比中，公司选送的质量改进8个项目分别荣获2011年度国家、行业和省市优秀质量管理小组称号。获2011年度“全国质量文化建设示范单位”称号。

企业社会责任方面，公司获“2011中央企业优秀社会责任实践”奖、“金蜜蜂2011优秀企业社会责任报告”、“金蜜蜂社会责任·中国榜永续发展奖”、“中国公益奖”、“上海企业社会责任推进奖”、“上海市文明单位”等奖项。

（撰稿人：王鑑明）

彩虹集团公司

【基本概况】 彩虹集团公司（以下简称“彩虹集团”）是国务院国资委管理的中央企业，致力于光电子领域中材料、器件和整机的研发、生产制造和销售。前身是国营陕西彩色显像管总厂，成立于1977年。作为我国显示器件行业的重要力量，彩虹集团在电子信息产业重要产品技术领域相继创造出了中国第一只彩色显像管、第一套彩色玻壳、第一只彩色投影管、第一块等离子显示屏、第一块OLED（有机电致发光二极管）显示屏、第一块液晶基板玻璃等六项“中国第一”，成功跻身国家级创新型企业、全国企事业知识产权示范单位、中国电子信息百强企业行列，为我国电子信息产业的蓬勃发展作出了重要贡献。围绕“显示器件及其零部件的研发、制造，光电产品整机及相关零部件的研发、制造”的主业定位，彩虹集团着力培育和发展国家战略性新兴产业范畴内的三大产业，分别涉及到新一代信息技术、新能源、新材料、节能环保等领域，并形成了北京总部（投资和管控），陕西、长三角、珠三角、合肥产业基地的“一个中心、四大基地”的转型发展布局。拥有二级全资、控股公司11家，参股公司10家，直属单位1家；拥有2家上市公司：彩虹股份（600707.SH）和彩虹电子（0438.HK）；员工约1.6万人，总资产180多亿元。

2011年，彩虹集团认真贯彻落实党中央、国务院、国资委的各项方针政策和决策部署，以科学发展观为指引，积极应对错综复杂的国内外经济形势，紧紧把握国家加快培育和发展战略性新兴产业的有利契机，努力克服传统显示器件产业持续衰退的不利影响，继续坚持“调整优化，稳快求强”的经营方针，着力围绕“加快增长促调整，做强主业增实力”的中心任务，扎实推进四大战略，不断深化产业结构的优化调整和产品技术的升级换代，有效转变发展方式，成功实现从原来单一靠自我积累发展到主要通过资本运作融资实现发展的突破，成功走上从单一围绕彩管经营到适度多元化的经营发展道路，企业战略转型任务基本实现。

【主要指标】 2011年，彩虹集团营业收入稳步增长，利税略有下降，新兴业务收入与利税均实现显著增长，在集团总收入中的占比达到59.7%，新兴业务利税达到集团总利税的1.47倍。

2011年彩虹集团公司主要经济指标

项　目	2010年	2011年	比上年增长（%）
资产总额（亿元）	144.41	184.11	27.49
所有者权益（亿元）	74.53	73.39	－1.53
营业收入（亿元）	46.73	54.04	15.64
利润总额（亿元）	0.63	－7.21	
净利润（亿元）	0.36	－7.76	
归属于母公司所有者的净利润（亿元）	－0.18	－4.14	
技术开发投入（亿元）	2.49	3.22	29.32
利税总额（亿元）	2.18	－5.7	
应交税金总额（亿元）	－0.71	－3.46	
全员劳动生产率（万元/人·年）	5.2	2.05	－60.58
净资产收益率（%）	0.62	－10.5	减少11.12个百分点
总资产报酬率（%）	1.49	－3.29	减少4.78个百分点
国有资本保值增值率（%）	98.40	86.35	减少12.05个百分点

【改革发展】 2011年，面对错综复杂的国内外经济形势和日益激烈的行业竞争态势，彩虹集团全力以赴抢市场，抓生产，降成本，促效益，企业改革发展取得新突破。

新兴业务实现稳健、快速增长。随着新产业业务领域的不断扩大，产品品种不断增多，营销数量不断增长，为确保新产业发展达到预期成效，彩虹集团进一步加强市场营销策划与协调，大力推进营销拉动战略，各项新兴业务市场份额不断提升。其中，液晶基板玻璃全年销量达到15.3万张，预示着彩虹液晶基板玻璃业务步入规模化销售；光伏玻璃国内市场份额增至11.7%；荧光粉销售收入突破11亿元大关；节能灯国内市场份额增至13%，销售收入同比增长3.38倍；LED（发光二极管）芯片国内市场份额达到12.3%。加强对计划编制、原材料采购、生产组织、过程控制、数据统计以及运营监管等环节的管理提升，基本实现“指标对比清晰化、运营状态表格化、各类信息透明化、监督管理规范化、纠偏对策具体化”。集中技术骨干力量，成立9个攻关组，对影响用户质量的条纹、颗粒等质量问题实施重点对策，使液晶基板玻璃产品品质逐步满足了用户要求；OLED业务按照“试作突破、全线贯通”的攻坚方针，顺利贯通生产线，全线自动流片良品率达到首期目标；光伏玻璃业务在国内前十大光伏组件厂家中的七家实现批量稳定供货，并被部分客户列为“免检”产品。

集团控制力不断增强。修订完善三年部署、五年规划、十年纲要，扩展战略体系内涵，形成“一总十分支”战略规划体系并有效运行。坚持“广泛调研，慎重投资”的投资决策原则，快速步入光伏组件领域，成功并购江苏永能光伏科技有限公司，延伸了产业链。成立商务与市场部，加强营销组织保障；成立陕西总部，统筹陕西基地管控；整合液晶基板玻璃业务单位，提高液晶基板玻璃整体竞争力；重组陕西彩虹光电材料总公司与咸阳彩秦电子器件有限公司，提高业务集中度。有效发挥集团影响力和在债券市场的良好信誉，积极募集企业发展所需资金，获得政府项目资金4878万元，较目标提高22%，并以中国建设银行为主承销商，在银行间债券市场成功发行10亿元中期票据。

降本增效取得新成效。大力推进开源节流，实施技术创新节能减排项目110个，产生直接经济效益160余万元；大力压缩费用支出，销售费用同比降低4.96%；不断扩大和完善网上招标采购，逐步降低单一货物来源采购，着力推进国产化，降低采购价格。各二级管理公司大力实施总成本领先战略，从定员、采购、制造、质量、组织结构、定额管理等要素入手，多途径、多方法、多手段降低生产成本，有效提升产品竞争力。

科技创新步伐进一步加快。深入实施“集中管理、分级研发”，不断加快研发平台建设，建成动力锂电池中试等3个研发平台；申请获准承担国家OLED器件技术与工艺工程实验室建设任务；系统研究并形成了“彩虹照明城”发展技术路线图。根据新兴业务发展需要，对液晶基板玻璃等研发业务进行优化整合。与有关专业公司签订战略合作框架协议，把人才培育、团队建设、激励机制探索与量产化同步推进。34"FED(场发光显示器)高清晰度显示样机等2个863项目顺利通过国家验收。科技部根据企业技术创新实力，推荐彩虹集团为中国与以色列科技合作企业。

人才队伍建设进一步强化。认真落实中央企业人才工作会议精神，科学修订人才发展规划，进一步明晰人才培育和成长体制。持续优化人力资源结构，保证人力资源合理配置。大力推进人才队伍转型，传统产业单位共计946名员工实现技能提升，赴新产业单位开展工作。根据中央“千人计划”有关精神，结合企业实际，加大引才力度，招收外聘技术、营销专家27名，其中外籍专家17名，为新产业发展集聚了高端人才资源。加强工资总额管控，积极推进部分二级管理公司岗位绩效工资制薪酬套改，同时制定特殊人才“绿色薪酬通道”管理办法，明确特殊人才薪酬标准的审批权限和通道。

风险防范体系进一步健全。制订年度现金流风险防控措施，加强法律在集团及子公司商务活动，以及重大投资、融资项目中的参与度，提升法律风险防范能力。彩虹集团下属2家上市子公司——彩虹集团电子股份有限公司、彩虹显示器件股份有限公司分别设立兼职总法律顾问和法律事务职能部门，提高了法律事务应对和处理能力。着力加强内控机制建设，创新内部审计思路，并从建立“五条防线”、健全“两个协调机制”、强化“三个保障”入手健全惩防体系，同时将“小金库”专项治理和工程建设领域突出问题专项治理，纳入党风廉政建设责任制考评，得到有效落实。

基础管理进一步加强。开展质量认证体系法人化、质量承诺制、档案达标等活动，有效促进了“监管分离”的技术质量三级责任体系与监管机制的形成。按照“统一领导、落实责任、分级管理、分类指导、全员参与”的原则，逐级建立健全安全生产责任制，进一步提升了安全生产管理水平，有效防范和遏制了重大伤亡事故的发生。

2011年，彩虹集团累计获得委、部、省、市等各类表彰42项，并顺利成为“中国电子信息百强企业”。

【重大项目】 2011年，彩虹集团全力以赴、稳妥推进新产业项目建设，着力提升项目建设质量，不断加快项目建设速度。根据市场状况、融资形势及内部实际，为有效防范投资风险，适时调整投资计划，集中力量推进现有项目发展。同时，强化项目关键点管理，成立“项目进度检查及问题协调小组”，定期分赴各产业基地，督促检查并现场协调解决存在的问题。各项目单位因地制宜、因时制宜，争分夺秒推进项目建设，取得新进展。

液晶基板玻璃项目。2011年，彩虹集团充分把握液晶基板玻璃市场稳定向好的发展契机，全力以赴推进液晶基板玻璃产品质量攻关和认证、销售，不断加快市场推进步伐，快速提升内部保障能力，构建起统一的营销体系、管控平台和技术质量服务支持平台，相继攻克多项尖端技术难题，产品品质、生产线良率得到稳定提升，用户认证和产品销售也取得实质性进展，实现质量与销量的“双突破”。截至2011年底，彩虹集团投资建设的13条液晶基板玻璃生产线中，有6条线点火运行，其中有4条线形成规模量产，全年销售液晶基板玻璃产品15.3万片。同时，形成了涵盖无碱硼硅酸盐玻璃料方及配制技术、溢流下拉精密成型设备和工艺、全氧燃烧加电熔化窑炉设计和生产工艺，掌握了熔解、通道、成型仿真分析、100级以下高洁净度生产过程控制、后端玻璃加工等全过程的整体生产线设计、建设、运营管理技术，具备0.7mm、0.63mm、0.5mm、0.4mm等不同厚度规格的量产技术，良品率已接近国际先进水平，申请专利160项，获授权76项。

OLED项目。按照研发及产业化发展战略，彩虹集团于2010年12月在广东顺德建成PM－OLED（被动型OLED）生产线，2011年投入正常运营，多款新产品形成批量销售，年产能可达480万片。介入TFT－LCM（液晶模组）领域，并投入生产。AM－OLED（主动性OLED）中试线基本完成建设，并进入冷试车。2011年10月17日，第一款3.2英寸高分辨率面板单色点亮，标志着彩虹集团AM－OLED技术实现质的突破，为后续研制中国第一款具有自主知识产权的高分辨率全彩显示屏产品打下坚实的基础。

光伏玻璃及组件项目。光伏玻璃一期、二期4条线正常运营，可年产钢化太阳能光伏玻璃约1000万平方米；光伏三期、四期以及合肥光伏项目建设进展顺利。通过并购与自建相结合，快速步入光伏组件领域，自建的200MW生产线投入小批量生产，并购企业江苏永能光伏科技有限公司在当前光伏行业需求呈现过剩的情况下仍保持了较好的市场份额。

LED项目。在合肥建设的LED产业基地，首期45台MOCVD投入运行。彩虹集团LED外延、芯片综合实力跃居国内第二，专利拥有量、技术标准和大功率技术居国内前茅，年产能达500亿只。在北京建设的LED封装生产线产能达到120KK/月。

节能照明项目。4条T5节能灯生产线全部投入正常运营，年产能达3600万只。自主研发的LED球泡灯、直管灯的产品质量达到国际同类先进水平。公共照明已进入大型工程。

新型发光材料项目。多种新型发光材料位居全球第一或国内第一。自主研发的节能灯粉生产规模达1200吨，产销量居国内前三；CCFL（冷阴极灯）粉填补国内空白；PDP（等离子显示器）荧光粉具备年产200吨的生产条件；LED粉量产技术完全掌握，形成小批量销售并在加大市场推广力度。CRT（彩色显像管）粉形成全球垄断局面。

【重大创新】 彩虹集团认真贯彻落实中央企业科技工作会议精神，实施“生产一代，储备一代，研发一代”，大力推进科研新品项目计划实施，关键核心技术研发与创新成果转化取得新成效。高端显示器件用保护玻璃料方等前瞻性技术研发项目取得新突破；20W染料敏化太阳能电池组件技术性能指标达到国内先进水平；硅基太阳能电浆料等项目顺利进入量产化推进阶段；LED大功率芯片（B38A）形成量产技术；PDP用荧光粉等11项新产品实现量产化；4mm厚光伏玻璃实现量产并成功开发2家用户；成功研制出国内首款0.4mm厚液晶基板玻璃。全年申请专利407件，其中发明专利200件，发明专利拥有量在央企位居前列。

彩虹集团继续全面深入推进彩虹精确管理，不断充实彩虹精确管理思想的内涵，使“掌握到每一分钟，控制到每一分钱，完成在每一当天”成为日常工作的基本要求。大力推进彩虹精确管理平台建设和应用，新增业务流程40个，门户4个，业务流程扩展至三级公司。继续深入开展职能部门工作研究，全年完成工作研究课题30项，内容涵盖企业经营管理的各个层面，涌现出了一批高质量、高水平的研究成果，收到了预期成效。积极倡导并大力推进“天天进步运动”，竭力促进各单位管理进步、技术升级，为新兴业务稳步增长奠定基础。

【党建工作】 2011年，彩虹集团党委认真贯彻落实党的十七届历次全会以及胡锦涛总书记“七一”重要讲话精神，以纪念建党90周年为契机，坚持把党建工作融入企业转型发展大局，大力加强和改进党建工作。一是加强和改进党的组织建设，加大对党员干部的教育培训力度。完善机关党委和基层党组织建设，成立陕西总部党工委，全面负责在陕各单位的党组织工作。开展“党支部建设月”活动，新建立党支部9

个。着力抓好党员干部的政治理论学习，创建学习型党组织，在彩虹精确管理平台新开设“党务知识培训”、“党员教育培训”和“集团党委信息交流平台”等3个栏目，不断加强对党员干部队伍的日常教育，提高广大党员和党员领导干部的思想政治素质和业务素质。二是积极组织开展“做健康文明彩虹人”精神文明创建活动，彩虹集团顺利成为第三批“全国文明单位”。三是认真贯彻落实中央企业创先争优会议精神，深入开展党群共建创先争优活动。以“三级联动，三比三创”为内容，将创先争优活动紧密融入企业生产经营实际，推动形成“党内带党外，党员带群众”的生动实践，全年涌现出30名创新产业“党员之星”。同时，从增强服务意识、质量意识、安全意识、品牌意识、诚信意识出发，坚持将“为民服务，创先争优”与推进企业改革发展相结合，与提升经常性党建工作相结合，确定将集团总部机关7个职能部门作为活动窗口单位，大力开展“为民服务，创先争优”活动。

彩虹集团深刻领会中央纪委十七届六次全会精神，坚持以构建彩虹特色惩防体系基本框架为重点，认真落实党风廉政建设责任制，加强纪检监察组织建设，坚持标本兼治、综合治理、惩防并举、注重预防的反腐败工作方针，全面履行纪检监察职能。开辟“彩虹集团惩治和预防腐败体系网站”，促进惩防体系可视化、可行化。及时制定《彩虹集团开展加快转变经济发展方式监督检查实施方案》，成立“五项制度贯彻执行情况综合检查工作领导小组”，深入开展工程建设领域突出问题和商业贿赂专项治理工作，确立年度效能监察项目14个，着重对重大在建工程项目和收尾工程项目进行抽查。建立监督工作联席会议制度，每季度召开一次集团监督联席会议，有效发挥监管职能。通过收看专题辅导片、开展征文、组织学习刘金国同志先进事迹、倡导“学习一本好书”、举办知识竞赛答题等活动，不断加强廉洁文化教育。坚持每月向领导干部、关键岗位人员发送廉洁短信，时刻提醒党员干部“克己奉公、廉政勤政”。组织中初级经理人员和关键岗位人员开展“以案示警”活动和收看警示教育片约65场次，达980余人次。积极参加中国纪检监察学会信息产业分会纪检监察工作交流会，参评论文《在实践中科学构建彩虹特色惩防体系基本框架》荣获一等奖。

【信息化建设】 彩虹集团制订“十二五”信息化发展规划和2011年信息化工作计划，大力加强信息化建设。首次明确将信息化投资作为独立预算纳入全面预算，有效保障信息化建设的顺利推进。对五大基地的信息化状况进行全面调研，并在全集团范围内开展网络安全大检查，在多方论证与反复测试的基础上，在北京总部实施双网隔离，有效保障信息安全。密切跟踪信息化技术发展动态，积极开展集团化网络互联及应用分析与对策研究，并对前瞻技术、应用系统、安全访问技术等开展前期技术调研。大力实施信息化项目，优化升级彩虹精确管理平台系统，进一步提高系统的稳定性，并制订应急预案，有效保障系统的正常运行；通过对集团ERP系统远程访问的扩容改造，有效解决五大基地无法远程登陆ERP系统的问题；推进集团专利管理平台建设，实现了专利的在线审批、汇总、管理、查询、预警等功能，提升专利管理水平；优化和完善人力资源管理系统，开发人事基础数据导入功能和系统使用功能，推进系统应用；利用集团内部信息化资源，自主完成惩防体系系统建设，节约系统建设资金；推进高清视频会议系统建设，五大基地与北京总部间全部开通视频会议系统，提高了管理效率，节约了管理费用。开展信息化系统管理员培训工作，自行编制培训教材，取得良好效果。严格进行网络设备运行监控管理、网络流量管理、设备故障维修及维护工作，保证网络安全运行，全年未出现重大信息化安全事故。在中央企业信息化评价工作中，彩虹集团保持中央企业信息化评价B级水平，名列第49位。

【履行社会责任】 2011年，彩虹集团积极贯彻落实国家“十二五”规划中有关节能减排的政策措施，深挖内部潜能，提高资源利用率，加强全员节能环保意识，大力推进节能减排工作。根据产业基地分布广、较分散等特点，调整安全环保委员会成员，修订下发环境保护监督管理办法，明确了各二级管理公司在环境保护和节能减排方面的主体职责，强化了监管、督导、考核力度。积极开展“节能宣传周”等宣传活动，不断提高全体员工的环保意识和节能意识。加强能源基础管理，做到能源管理精细化、污染物排放稳定化，提高能源利用率和污染物处理能力，减少污染物排放。大力推进节能减排项目实施，实施节能降耗项目121项，产生经济效益883万元。2011年，彩虹集团万元产值综合能耗（现价）为0.582吨标煤/万元，超额完成2011年中央企业节能减排考核目标值，同时，保持"环境污染事故为零，三废100%达标排放，环评通过率100%，危险废物安全处置"的成绩。

2011年，彩虹集团在企业经营面临困难的情况下，仍然竭尽全力在履行社会责任、推进社会公益、支持新农村建设、构建和谐社会等方面发挥积极作用，树立了良好的社会形象。继续做好对陕西省旬邑县胡同同村的定点帮扶工作，为该村捐助医疗设备、办公用品等扶贫物资，并指派医生为村民看病送药；同时，投资44100元用于该村照明项目建设，为扶贫济困作出了力所能及的贡献。此外，多次组织无偿献血活动，在解决因自然灾害和突发公共事件造成血液短缺方面发挥了积极作用，并荣获"无偿献血先进集体"光荣称号。

（撰稿人：李　炳）

武汉邮电科学研究院

【基本概况】 2011年，在国务院国资委和地方各级党委政府的正确领导和大力支持下，武汉邮电科学研究院（以下简称"研究院"）加快培育竞争优势、加快推进国际化，努力应对国际国内经济形势复杂多变、克服市场竞争进一步加剧带来的困难，立足新起点，谋求新跨越，着力推进规模效益型发展，着力增强开拓创新能力，着力提升管理服务水平，着力实现和谐跨越，发展基础进一步得到夯实，竞争能力进一步得到提升，可持续发展进一步得到落实，党建和文明单位创建工作进一步得到加强。2011年，武汉邮电科学研究院产业实现有序推进、稳健发展，在规模扩大的同时，更加注重以效益为核心。全年完成合同额138.7亿元、销售额134.7亿元，分别比2010年增长19.9%和19.7%，完成全年任务的105.5%和103%。其中，国际市场合同额和销售额分别达到1.8亿美元、1.5亿美元，分别比2010年增长28.6%和10%。荣获"全国文明单位"称号。

【主要指标】

2011年武汉邮电科学研究院主要经济指标

项　目	2010年	2011年	比上年增长（%）
资产总额（亿元）	137.96	173.31	25.62
所有者权益（亿元）	62.68	73.44	17.16
营业收入（亿元）	92.42	111.95	21.14
利润总额（亿元）	6.91	6.51	－5.77
净利润（亿元）	6.38	5.81	－8.95
归属于母公司所有者利润（亿元）	2.97	2.60	－12.42
技术开发投入（亿元）	9.10	11.43	25.64
利税总额（亿元）	13.16	11.49	－12.74
应交税金总额（亿元）	5.38	4.88	－9.28
全员劳动生产率（万元/人年）	14.03	15.05	7.27
净资产收益率（%）	8.87	6.65	减少2.22个百分点
总资产报酬率（%）	5.87	4.77	减少1.10个百分点
国有资本保值增值率（%）	109.34	107.36	减少1.98个百分点

【改革发展】 2011年，武汉邮电科学研究院围绕转变发展方式，推进管理变革。为适应市场、技术和企业发展的需求，提高管理效率，增强面向未来的核心竞争力，研究院对两大设备类公司进行组织结构和管理体制的变革。下属烽火通信公司实施基于组织绩效提升的管理变革，对公司的管理体系进行系统全面的梳理、必要的改造和重建，贯通并突出产出线的经营责任，初步构建根据产出需要配置资源、鼓励增量产出的资源配置机制和鼓励增量的超额利润分享机制，用提升组织绩效牵引员工能力发展。下属虹信公司的组织变革设计上突出以客户为中心，以战略为驱动的矩阵式组织结构；在运行机制上通过产品线对产品全生命周期负责的机制设计，为产品线的做强做

大提供组织保障。

以"建立更具有行业竞争力的薪酬体系和各项激励措施"为目标，研究院着眼长远发展，精心设计薪酬体系；积极探索完善长期激励模式和方法，顺利实施下属烽火通信公司股权激励计划的首次行权、器件公司的2010年度岗位分红权兑现，在部分新成立的公司探索了管理层持股；进一步建立健全对领导班子的考核制度，与二级企业的领导班子全体成员签订经营业绩考核责任书，真正做到压力层层传递、责任层层落实，有效保障企业经营战略目标的贯彻落实；选拔部分年青干部，充实经营管理者队伍；建立对下属公司人力资源工作的考核制度，加强企业人力资源的统筹管理，有效落实人才强企战略。

基本完成烽火科技集团的设立工作，为武汉邮电科学研究院下一步发展做好整体布局准备；下属烽火通信公司定向增发无条件顺利通过发审会，募集资金10.75亿元，将进一步推动PTN产业化等项目的顺利开展。从原虹信公司中剥离出智能监控与安全管理业务成立烽火众智公司，积极切入物联网、智慧城市等市场，形成新的利润增长点。在加快内生式增长的同时，积极加快外延式增长。在扩大资本市场融资的同时，探索私募市场融资，以烽火创投公司为投融资平台，以PE为手段，先后投资于烽火富华、理工光科等四家企业，为企业发展开辟新的融资通道；成功控股武汉银泰科技电源股份有限公司，进军新能源产业，为通信、交通、电力、国防等多领域提供以电池技术为基础的新能源解决方案；完成对大唐电信所持的成都大唐线缆有限公司的收购，进一步加强线缆产业的实力；与日本藤仓公司在光棒制造领域展开合作，使研究院在光纤光缆领域真正形成完整的产业链。

【走向海外】 2011年，武汉邮电科学研究院国际化战略稳步推进，国际市场营销能力进一步加强。通过加大绩效考核权重，牵引企业产品部门进一步改变观念，更加重视国际市场的拓展。下属烽火通信公司筹建海外服务体系，进一步提升国际服务能力；下属光迅公司成立欧洲分公司，下属虹信公司成立巴西子公司，加大对相关市场的开拓力度。积极参加新加坡亚洲通信展、2011年亚洲国际宽带论坛暨展览（马来西亚）、巴西国际通信技术和设备展览会、2011年ITU（国际电信联盟）世界电信展等国际会展，大力开展国际市场品牌宣传，着力打造"Fiberhome"全球知名品牌，受到了业界广泛关注。光传输、接入产品成功进入到意大利电信、西班牙电信、墨西哥电信等国际高端电信市场，为企业下一步更好开拓国际市场打下良好的基础。光电器件类产品在欧美市场取得良好进展，重点大客户的销售贡献比重逐步增大，成为主流电信设备制造商的主流供应商。

【重大创新】 围绕市场变化、技术发展趋势，推动技术创新。2011年，武汉邮电科学研究院在一系列重大科研项目上取得突破，加大技术储备力度。100Gbps DWDM系统研发取得突破，发布96×40/100Gbit/s T-bit交叉智能OTN传送平台，ROADM光交叉容量达86.4T；发布DWDM-PON和XG-PON光接入系统、太比特核心路由交换平台、40Gbps RZ-DQPSK光收发合一模块和EPON ONU芯片；电子式互感器达到国际先进水平；光纤光栅传感系统的大容量、远程、多点分布式传感取得大量工程应用；TD-LTE和FDD-LTE基站开发取得实质性进展；在超高速率超大容量超长距离光传输基础研究领域取得重大突破，在全球首次实现单光源1.92Tb/s和16光源（C波段）条件下单通道30.7Tb/s的传输系统实验；实现240Gbit/s相干光正交频分复用（OFDM）信号在普通单模光纤上无误码实时传输48公里。"低成本的多波长以太网综合接入系统（λ-EMD）"、"100GE光以太网关键技术研究与系统传输试验平台研制"、"基于PCE的多层多域光网络关键技术研究与实验系统"、"160Gb/s单波长光传输关键技术与实验平台"等国家863计划项目（课题），"平面光波导集成器件产业化专项工程"、"TD-SCDMA直放站研究开发和规模生产力建设项目"、"高速远距离智能光网络设备产业化"、"无线视频监控系统研发和产业化"、"电信级多业务光接入设备产业化"、"光纤放大器和子系统产品产业化"等一批国家发改委项目顺利通过验收。全年累计申请专利350件，较2010年增长40%，其中发明专利234件，国外专利申请10件；有177件专利获得授权；新增提出并获批标准立项申请56项，其中牵头标准15项，参加

41项。荣获国家科技部颁发的"'十一五'国家科技计划执行优秀团队奖";"光通信核心技术研发和产业化技术创新工程"获得国家科技进步二等奖。下属烽火通信公司被工信部、财政部首批认定为"国家技术创新示范企业"。

【党建工作】 武汉邮电科学研究院党委充分发挥党组织的政治核心作用,全面贯彻执行基层党建工作考核管理办法,以推进企业党建工作规范化、精细化为重点,紧紧围绕科技创新和产业发展,为推进企业又好又快发展提供坚强的政治和组织保证。全面开展创先争优公开承诺活动,要求下属各基层党委、直属党(总)支部切实做好各个阶段的工作,共提交党组织承诺46份,党员承诺率达到95%以上。大力推进学习型组织建设,开展"一人一书一感"、读书交流会等活动,取得良好的效果;大力开展"五个一"活动(一个检查、一个培训、一个发展、一个推广、一个调研),对基层党建工作进行严格的考核评价,开展基层党务工作者培训,强化党务工作者能力素养,加大在一线和青年职工、骨干职工中发展党员的力度,开展对驻外机构党组织的调研,全方位了解驻外机构党建工作开展情况和存在的问题。全面落实反腐倡廉建设,狠抓"廉洁工程",加大对干部的警示教育,全面实施工程建设领域的专项治理工作,完善工程建设项目管理制度,紧紧抓住企业经营管理主要风险点,扎实开展效能监察工作。积极建立防治"小金库"的长效机制,取得阶段性成果。开展首个巡视巡察试点工作。初步创立"六制八管"惩防体系框架。纪检监察队伍建设得到进一步加强,并首次在下属烽火通信公司设置纪委。

【信息化建设】 2011年,武汉邮电科学研究院在国资委2011年信息化水平测评中,获得84.58分,成功晋升到B级;统一财务、人力资源、协同办公的集团信息化管控平台;扎实推进财务信息化统一工作,实现SAP系统上线运行,搭建了企业信息化合并报表体系,进一步提高了财务信息的及时、准确性。

【履行社会责任】 2011年,武汉邮电科学研究院积极履行央企社会责任。积极参与云南抗震和通城洪灾通信抢修,帮助该地区迅速恢复部分通信,为后续开展抢险救灾、恢复重建工作赢得宝贵的时间;加大绿色环保设备的研发力度,全面优化产品能耗和排放指标,下属烽火通信公司荣获"通信行业节能产品与服务先进单位"荣誉称号。对口帮扶湖北省五峰县脱贫奔小康,帮助其新县城实现了宽带全覆盖;参与湖北省"616"少数民族地区扶贫工程,定点帮扶建始县,捐赠电教设备,帮助建设"数字校园"项目;派出专门工作组参加湖北省"万名干部进万村入万户"和"万名干部进万村挖万塘"活动,提供项目和抗旱资金;参加湖北省直新农村建设工作队项目,帮扶谷城县,助其修缮公路,挖掘水井,有效解决全村行路难、饮水难的问题;帮助湖北省通城县修建"文明共建连心桥";支持教育事业,向相关学校捐赠资金和设备;参加"慈善一日捐"、冬季"送温暖、献爱心"等社会慈善活动。

(撰稿人:王闽晋)

华侨城集团公司

【基本概况】 2011年是华侨城集团公司(以下简称"华侨城")创新求变的一年,社会与经济效益不断提高。当年实现销售收入336亿元,利润总额47亿元,资产总额846亿元,净资产232亿元。2011年,文化部授予华侨城集团公司国家文化产业示范基地称号;集团旗下华侨城股份公司再度入选第三届中国"文化企业30强";世界之窗计财部票务室获全国巾帼文明岗;北京华侨城欢乐谷分公司获2009—2010年度全国青年文明号等荣誉称号。

【主要指标】

2011年华侨城集团公司主要经济指标

项　目	2010年	2011年	比上年增长(%)
资产总额(亿元)	671.79	846.41	25.99
所有者权益(亿元)	195.94	231.78	18.29
营业收入(亿元)	344.24	335.53	−2.53

续表

项　目	2010 年	2011 年	比上年增长(%)
利润总额(亿元)	43.52	47.07	8.15
净利润(亿元)	34.15	36.02	5.48
归属于母公司所有者的净利润(亿元)	17.14	20.77	21.15
技术开发投入(亿元)	1.69	1.81	7.44
利税总额(亿元)	78.41	90.85	15.85
应交税金总额(亿元)	34.89	43.78	25.46
全员劳动生产率(万元/人·年)	30.30	26.67	-11.99
净资产收益率(%)	17.43	15.54	减少 1.89 个百分点
总资产报酬率(%)	8.68	7.04	减少 1.64 个百分点
国有资本保值增值率(%)	122.96	123.04	增加 0.08 个百分点

【改革发展】

1. 集团管控。一是完善经营业绩考核，与企业签署《华侨城集团年度经营责任书》并层层落实。二是深化战略、财务和审计管理，不断提高集团资源配置能力和管控能力。三是加快实施全面预算管理，加大财务预算工作组织力度，在年初国资委绩效考核中，首次被评为 A 级企业。四是健全全面风险管理体系，牵头组织编制集团年度全面风险管理报告，推动子公司聘请国际机构建立常态化的风险评估和内控评价机制。

2. 投融资管理。2011 年，集团公司继续实行内部资金统筹，合理调剂资金，利用银行网络系统，建立股份公司资金管理平台，提高资金使用效率，降低财务费用。

3. 资源整合。2011 年，集团对华侨城股份按照“先易后难、分层推进、突出重点”的原则，进行资源整合，推进统一运营平台的建设，进行华侨城 VIP 卡运作、财产保险集中统筹、资金管理平台建设、信息化建设等各项工作。

4. 品牌建设。2011 年，集团公司深化品牌工作。在内部管理方面，积极完善广告投放等各项工作的制度流程，规范品牌管理工作体系；重视资源整合，开办《品牌信息参考》内参刊物、充分运用 QQ 群及微博等新媒体工具，搭建交流沟通新平台。在对外宣传方面，将宣传对象细分为政府、大众和机构投资者三大类型，根据对象类型选择不同的传播渠道和传播内容。

5. 绩效管理。集团公司首次实施下属企业经营班子综合考评，按照分级管理原则，通过召开述职考评会、360 度测评的方式，开展各级企业经营班子及成员的考评工作，对 32 个企业班子、136 名个人进行测评，各级企业经营班子成员履职考核覆盖率首次达到 100%。

6. 人力资源管理。2011 年，人力资源部坚持以人为本方针，服务企业发展战略，优化人力资源配置，围绕人才选育用留各环节，不断完善干部选任、绩效考核、薪酬激励、员工培训、职业发展、外事管理和组织建设各业务板块功能。

【主营业务】 2011 年，华侨城主营业务稳步发展。

旅游业务：2011 年公司各景区接待游客总量 2430 万人次，创历史新高。深圳欢乐谷 7 月底推出全新改造的玛雅水公园，74 天里累计接待游客 30 余万人次，狂欢节期间游客接待量 86.87 万人次，营业收入 1.22 亿元，创下开业 13 年的历史新高；锦绣中华、世界之窗、东部华侨城旅游业务收入分别比上年增长 7%、18%、18%。第 26 届世界大学生夏季运动会闭幕式晚会在世界之窗举行，华侨城整合自身演艺资源，以出色的编导创意、专业的演出技能精彩呈现了重点篇章——《中华神韵》，博得国家领导人、外国元首和世界各国运动员的高度赞赏。

文化产业：2011 年，集团旗下华侨城股份公司收购成立华侨城文化旅游科技公司，实现了文化产业的战略延伸，在文化旅游、文化节庆、文化演艺、文化科技、文化艺术、文化主题酒店等文化产业细分领域中的领先地位得到进一步巩固。2011 年，华侨城新一代都市娱乐、文化旅游项目——欢乐海岸一期试营业，并获得“国家生态旅游示范区”等称号。少儿教育娱乐消费领域取得实质进展，哈克文化公司的重点文化企业认证获审评通过，少儿职业体验馆深圳麦鲁小城计划于2012年初开业。

房地产业务：华侨城房地产公司主动应对市场变化，全年新开工面积87.5万平米，竣工面积57.0万平米。2011年开盘的本部纯水岸九期、天津地产一期、成都纯水岸四期、云南天麓一区等均取得良好的销售业绩。

酒店业务：华侨城大酒店、威尼斯酒店和海景奥思廷酒店的入住率、间房收益等指标分别位居深圳市豪华商务酒店、商务五星级酒店、商务四星级酒店各细分市场的前列。第26届世界大学生夏季运动会期间，华侨城各酒店承担接待胡锦涛主席和众多国际、国内贵宾的重任，圆满完成深圳市成立以来规模最大、规格最高的一次重大接待。

电子业务：2011年，康佳公司彩电生产基地实施了增加产能的固定资产投资，使得彩电产能由2010年1200万台（套），调整至1520万台（套）；手机业务年产能为800万台；冰箱年产能为100万台。全年实现销售收入160亿元。

纸包装业务：纸包装业务通过搭建统一采购平台，提高运营效率；在湖北、江苏等地拓展三级工厂和实时配送服务仓库，拉长市场触角，提升对客户的响应能力。全年纸包装产品销量保持平稳增长。

【重点项目】 2011年，重点项目按照计划完成预期目标。

深圳欢乐海岸是公司在都市娱乐和商业领域进行的重要探索。2011年，欢乐海岸高品质、高效率地推进项目运营前期工作，保证大运会前期顺利试营业。

苏河湾项目是公司对大型城市综合体产品的第一次尝试。2011年项目进一步细化三年工程建设、销售、结算等节点，顺利完成41和1街坊项目立项开工。

武汉华侨城是一个融合主题公园、主题酒店、人文社区于一体的大型文化旅游综合性项目。2011年，项目全面开展工程建设，确保完成欢乐谷2012年3月试营业、住宅一期早日开盘的目标，并实现建设期向运营期的平稳转变。

云南华侨城是公司继东部华侨城和泰州华侨城后又一个生态休闲度假景区。2011年，项目根据市场和政策因素，调整旅游项目开发节奏，积极推进地产项目进度，10月天麓一区实现预售，取得阶段性成果。

天津华侨城是华侨城2007年投资的另一大型综合性旅游项目，2011年内完成陆公园项目立项，并于年底前动工建设，同时完成体育公园用地托管协议签订工作。地产一期首期产品入市销售，取得良好业绩，二期高层及沿湖商业2011年底实现开工。

【科技创新】 集团公司将创新作为企业发展的基本理念之一。

2011年，华侨城收购成立深圳华侨城文化旅游科技有限公司，加大科技创新力度，增强公司在特种数字电影、数字动漫、大型仿真系统、主题文化乐园的创意、策划、设计等方面的创新力度。申请专利技术及其知识产权20多项。

以康佳集团为代表的电子业务持续提升科研创新能力。彩电方面与中科院联合研发推出“康佳智能云电视”8000系列，产品具备电视版微博，多屏互动、语音识别、家庭共享等功能；还推出基于智能电视终端的在线支付系统和应用服务。白电方面推出“云离子”第一代健康冰箱，此技术通过中国科学院的检测报告，对金黄色葡萄球菌、大肠杆菌的抗菌率达到99%以上。手机业务方面率先自主开发推出基于Android系统的双卡智能手机W800、W810，引领同业双卡智能产品风潮。

【党建工作】

1. 创建学习型党组织，加强思想理论建设，为华侨城改革创新发展提供思想保证。2011年，集团公司党委及所属各级党组织提出“品质华侨城，幸福千万家”的新理念，明确“以文化为核心、旅游为主导，中国领先的现代服务业集聚型开发与运营商”的新定位。

2. 融入中心工作，开展创先争优。集团各级党组织以争创“四好领导班子”、“四强支部”和“四优党员”为目标，落实承诺事项，开展民主评议，集团和股份公司层面完成24个方面共105项承诺事项，累计评选表彰“感动华侨城”先进人物10名，先进基层党组织30个，优秀共产党员200名。

3. 坚持党管干部、党管人才，为企业发展提供组织保障。

4. 坚持抓基层、打基础，加强党的组织建设和党员队伍建设。

5. 内聚人心、外展形象，打造责任央企、和谐央企。对外，集团投入300万元，持续开展对贵州黔东南三穗、天柱两县的定点扶贫工作，8年累计投入2073万元，援建教学楼卫生院16栋，资助贫困学生2225名，捐赠救护车21辆。对内，坚持党建带工建，党建带团建，党工团共建，构建党政工团齐抓共管、分工协作的党建工作大格局。

【信息化建设】 2011年，华侨城集团加快公司统一的综合信息管理平台建设。

1. 信息化建设与业务的融合度增强，信息化价值逐步显现。华侨城股份重点完成主营业务管控系统的建设，该平台提供一个涵盖公司主营业务的统一分析平台，为各层级运营和管理提供全面、及时、准确的数据。知识管理项目二期—企业内容管理项目启动，通过良好的知识共享流程，推进知识、经验的沉淀、共享、传播和有效再利用。房地产公司完善业务管理平台的建设。通过对CRM系统销售平台的持续推广，采用统一的系统平台，实现地产业务管理规则和应用系统在新项目上的快速复制。康佳集团建成集中统一的企业资源管理平台，ERP系统对业务全流程覆盖率达到90%。华侨城医院建设排队叫号系统、发药核对系统和门诊输液系统，改善了就诊混乱的现象。

2. 信息化系统应用得到进一步优化与深化。一是完成视频会议系统升级，进一步提升内部沟通质量与效率，并为国资委视频会议系统升级做好准备。二是持续推进信息安全改造，启动核心网络设备和安全域的改造工作。三是华侨城股份公司积极推进已建系统的深化应用，不断优化协同办公系统、邮件系统、推进网站绩效评估和能力建设，使已建系统的优势得到持续的增长。

【履行社会责任】 2011年，集团公司将履行社会责任作为企业可持续发展和提升核心竞争力的重要举措。

一是运用20多年城市现代服务业综合开发的经验，推动地区经济和城市发展，提高居民生活品质。二是密切关注消费者需求，致力于产品创新和服务升级，提高客户的幸福感和满意度。三是把员工当亲人，尊重员工合法权益，促进员工成长，关爱员工生活。四是深入探索景区、住宅和酒店等开发运营中节能环保的措施和方法，形成一套综合性生态度假旅游产品的开发运营模式。五是紧绷安全弦，建立长效机制，加强安全生产工作。六是积极响应党和政府的号召，加快扶贫济困事业发展，帮助贫困群众解决实际困难。

（撰稿人：薛　晔）

南光(集团)有限公司

【基本概况】 经过广大员工的共同努力，2011年南光(集团)有限公司(以下简称“南光集团”)各项经济指标全面完成，经营业绩再创历史新高。2011年，南光集团实现主营业务同比增长33%；实现利润总额同比增长169%；经济增加值(EVA)增长271%；三项费用占主营业务收入比重同比有所下降。市场开拓力度不断加大。传统业务保持平稳上升的势头；提升服务、创新产品的市场开拓进一步向前推进。转型升级及新项目培育取得积极进展。新并购的项目如菱霸天然气、爱琴海酒店、九州旅运和澳门巴士等经济效益和社会效益明显，海口、无锡等房地产项目开发有序进行，会展工作取得实质性突破。发展基础进一步夯实。制约集团发展的瓶颈问题逐步得到落实解决，一些历史遗留的不良投资和职工关心的问题逐步得到解决。企业基础管理进一步规范和强化。按照国务院国资委要求启动全员业绩考核工作，改革了工效挂钩管理方式，推行工资总额预算管理；积极开展融资工作、继续深化“小金库”专项治理，加强全面风险管理体系建设，大力推进企业总法律顾问制度建设。

【主要指标】 2011年南光集团实现主营业务收入229.1亿元，比2010年增长33.43%；实现利润总额15.9亿元，比2010年增长169.49%。2011年底集团总资产为104亿元，员工总数3301人。

2011年南光(集团)有限公司主要经济指标

项　目	2010年	2011年	比上年增长(%)
资产总额(亿元)	85	104	22.35
所有者权益(亿元)	56.4	79.9	41.67
营业收入(亿元)	171.7	229.1	33.43
利润总额(亿元)	5.9	15.9	169.49
净利润(亿元)	5.3	14.2	167.92
归属于母公司所有者的净利润(亿元)	5.2	14.1	171.15
利税总额(亿元)	8.1	18.7	130.86
应交税金总额(亿元)	2.1	2.8	33.33
全员劳动生产率(万元/人·年)	36.25	34.69	-4.30
净资产收益率(%)	10.82	20.83	增加10.01个百分点
总资产报酬率(%)	8.33	17.03	增加8.70个百分点
国有资本保值增值率(%)	110.88	122.68	增加11.80个百分点

【改革发展】 积极推进南光集团股权问题的解决。一是加快东方资产股权问题解决进程。建立工作目标和完善专项组织,确保工作有序推进;落实国有资本经营预算支出计划安排,做好国有资本预算资金争取工作,2011年10亿元人民币资金注入得到落实。二是中国天元华创股权收购基本完成。经过艰苦努力,集团与华诚公司最终圆满达成增资扩股补充协议,中国天元华创股权交易方案得到解决。三是中国南光问题解决取得实质进展。经多次洽商,商务部基本接受集团接收中国南光的方案,有关工作正积极推进。

成功组建中国特种设备检验(澳门)有限公司。经与国家质检总局下属特种设备研究院的联系、沟通和商谈,完成特种设备检验合资公司的组建,开展特种设备、压力容器及压力管道等设备的检测、安全认证、安全培训等业务,协助特区政府完善在特种设备安全管理方面的法律法规和行业标准,该公司的业务开展既具有良好的社会效益,也将为集团提升企业形象和专业地位产生积极促进作用。

举办首届中国(澳门)国际汽车及游艇博览会。继2010年南光展览工程公司获得国务院表彰之后,2011年集团携手澳门会展协会、中国机械工业集团在澳门成功举办首届中国(澳门)国际汽车及游艇博览会,不仅得到各级政府和社会各界的广泛好评,也促进了澳门会展经济发展,为推动澳门经济适度多元化发挥了积极作用。更为重要的是两个展览的成功举办充分发挥了集团在会展业务领域的"协同效应"。

【重大项目】 海口、无锡地产项目建设全面启动。海口西海湾项目先后取得政府规划、施工许可证等。综合楼(会所)建筑方案、会所区域景观方案全面完成,建设面积3万平方米的住宅部分正式开工。无锡项目通过政府部门地块整体控规调整方案,第一期工程计划开发面积22万平方米也将于2012年正式开工建设。这些项目必将在未来几年为集团经济效益带来新的增长点。

天然气城市管网建设等项目取得相应进展。完成高士德三个路段和路氹连贯马路天然气管道铺设工程,北安、澳巴和路环加气站和调压站等基础设施竣工。

【信息化建设】 2011年,南光集团信息化工作紧紧围绕集团发展战略,以国资委央企信息化评价要求为指导,进一步建立和完善信息化组织体系,完善集团信息化管理制度,抓住国资委信息化帮扶的有利机遇,加速培养内部信息化人才,以重点项目建设为突破口,优化管控一体化信息管理平台,确保信息化投资效益,全面提升集团信息化水平,推进集团发展战略的加快落实和各项管理工作的全面提升。经过一年的努力,以"三个平台、三个体系、五大板块业务管理系统"为核心的集团信息化建设初见成效,集团信息化总体水平快速提升,中央企业信息化水平评测得分上升到C级(79.39分)。

主要工作包括:发布集团信息化建设总体规划,有效指导集团总部和二级公司开展信息化建设;修订完善集团信息化制度,规范各单位开展信息系统建设,从制度上保障信息化有序健康发展;试点人力资源数据管理规范编制,开展信息化标准体系建设,避免形成信息化孤岛;开展异地灾备系统和珠海数据中心建设,加快IT基础设施平台建设,保障信息系统安全可靠稳定运行;启动经营统计分析系统项目,开展财务、人力资源二期项目建设,支持集团管控和决策;以房地产和酒店业务管理系统建设为重点,全面推进业务板块信息系统建设;建立和完善集团信息化组织,开展信息化管理工作,从组织上保障信息化快速发展;开展信息化培训,提高信息化认识和技能,培养信息化人才队伍;结合国资委信息化建设帮扶机制,探索南光集团信息化建设新模式。

【履行社会责任】 认真抓好安全生产和节能减排工作,重视安全检查及安全责任落实,各项安全工作有序开展;鼓励下属企业开展设备设施节能改造,全集团万元增加值综合能耗同比下降23%。加大对社会公益事业的支持力度,向澳门濠江中学捐助300万澳门元用于新校舍图书馆的建设,全年累计提供各类捐款400余万澳门元,同比增长67%。继续配合澳门特区政府实施大学生就业实习计划,全年接收澳门大学生14人。积极协助特区政府落实经济适度多元方针,下大力气拓展会展、文化创意等新业务领域,取得一定进展。启动企业社会责任报告编制工作,对"南光"历史进行新一轮的发掘和整理,以庆祝澳门中旅成立五十周年为契机,进一步弘扬企业的爱国、爱澳优良传统。以高度负责的精神推进解决历史遗留的北京灯市口大街部分员工房改问题,消除员工的后顾之忧。

(撰稿人:王吉祥)

中国西电集团公司

【基本概况】 中国西电集团公司(以下简称"西电集团")成立于1959年7月,是在"一五"期间我国156项重点建设工程的五个项目基础上逐步发展起来的,是国务院国资委直接监管的高压输配电成套装备制造企业集团。截至2011年底,西电集团共拥有60余家全资及控股子公司,其中大中型生产制造骨干企业19家,研究院所1家(含3个国家级检验中心),金融子公司1家;控股上市公司2家。

2011年,西电集团外部环境发生深刻变化,面对复杂的经营环境和严酷的市场竞争局面,在国务院国资委的正确领导和监事会的监督指导下,西电集团以科学发展观为指导,以做强做优、培育具有国际竞争力一流企业为目标,认真研究确立企业"十二五"的发展思路和战略目标,加强科技创新和管理创新,提升系统成套服务能力,加快资源整合、产业优化调整和国际化经营的步伐,全力推进降本增效,全力以赴抢抓市场,各项工作稳步推进。

【主要指标】 2011年,西电集团实现工业总产值158.7亿元,比2010年下降1.79%;营业收入完成145.2亿元,同比下降8.56%;利润总额实现-6.6亿元,同比下降168.04%;实现净资产收益率-4.4%,同比减少11.2个百分点;国有资本保值增值率95.1%,同比减少13.4个百分点;年末资产总额达到330.3亿元;全员劳动生产率达到7.58万元/人·年,应交各种税金7.1亿元。

2011年,因输变电国际市场需求总体有所下滑,国内市场需求出现结构性变化,行业产能明显大于需求,供过于求的矛盾十分突出,产品价格竞争异常激烈,企业赢利空间受到冲击,产品毛利率下降幅度较大,加之原材料、能源、人工等刚性成本上升,企业经济效益有所下滑。

2011年中国西电集团公司主要经济指标

项目	2010年	2011年	比上年增长(%)
资产总额(亿元)	301.7	330.3	9.48
所有者权益(亿元)	175.4	170.2	-2.96
营业收入(亿元)	158.8	145.2	-8.56
利润总额(亿元)	9.7	-6.6	-168.04
净利润(亿元)	8.1	-7.7	-195.06
归属于母公司所有者的净利润(亿元)	5.1	-4.6	-190.20
技术开发投入(亿元)	9.2	7.5	-18.48
利税总额(亿元)	21.1	0.5	-97.63
应交税金总额(亿元)	11.4	7.1	-37.72
全员劳动生产率(万元/人·年)	12.81	7.58	-40.83

续表

项　目	2010 年	2011 年	比上年增长(%)
净资产收益率(%)	6.8	−4.4	减少 11.2 个百分点
总资产报酬率(%)	3.9	−1.8	减少 5.7 个百分点
国有资本保值增值率(%)	108.5	95.1	减少 13.4 个百分点

【改革发展】 谋划确立“十二五”发展规划。按照国务院国资委确定的“一大目标、五大战略、三大保障”的“十二五”发展思路与目标，确立西电集团“十二五”的发展思路和战略目标，以信息技术为基础，实现两化(信息化和工业化)融合，推动三极发展(输变电、配电、电力电子)，继续保持和扩大传统高压输变电核心业务的行业领先优势，做强中低压配电业务，大力拓展电力电子业务，精心打造具有国际竞争力的世界一流电气企业集团。

完善企业产权管理。建立西电集团评估机构备选库，加强对资产评估项目的事前、事中及事后管理，进一步提高资产评估报告质量及管理水平。加强集团内部资源整合，积极实施西开有限吸收合并西高所电器制造公司以及西变中特吸收合并西变干变等内部重组项目。为统筹宝鸡中低压开关基地建设与发展，完善产业链，对西电宝光下属分公司的资产进行整合。

绩效考核工作不断提升。以经营业绩考核为基础，建立“工作有标准、管理全覆盖、考核无盲区、奖惩有依据”的全员业绩考核体系，对 19 家子企业负责人实施经营业绩考核评价工作，将年度业绩考核与季度完成情况挂钩，使绩效考核工作更加全面。

人力资源管理效能持续提高。不断探索中高层管理人员的选拔、培养和使用方式，加大对高端人才的引进力度；多角度、多层次、全方位进行干部培训，与西安交大签订联合培养工程博士协议，加大人才交流和市场化选聘力度，按照定岗、定编、定员的“三定”原则，控制人工成本；对子企业工资总额按月进行核定、审批，并与 EVA、利润、销售收入 3 项指标挂钩，不断完善激励机制。

【重大项目】 2011 年，西电集团参与世界上海拔最高的直流输电“电力天路”工程建设，为国家电网公司青海—西藏 750kV/±400kV 交直流联网工程项目提供了变压器、换流阀、直流场设备、隔离开关、电容器和避雷器等主要设备；为国家 1000kV 晋东南—南阳—荆门特高压交流示范工程扩建项目提供组合电器、变压器、断路器、并联电容器和避雷器等设备；为 750kV 格尔木变电站、金昌—酒泉—安西 750kV 输变电工程项目提供电抗器；为京沪高铁、哈尔滨—大连客运专线、石家庄—武汉客运专线等铁路建设项目提供信号电缆。

转型升级步伐加快。为延伸产业链条、掌握关键核心件设计和制造技术，合资新设变压器产品用绝缘成型件和高端绝缘纸板的专业化公司；为完善集团海外项目 EPC 的资质条件，增强提供全方位解决方案的能力，合资新设西电科能国际工程咨询有限公司；为完善变压器产业布局，投资 5 亿元控股济南变压器厂，实现西电集团在华北的变压器产业布局。加快西电电炉与鹏远电炉资源重组，推动西电电炉技术改造项目的实施。为提升中压配电开关产业的研发制造水平和能力，与美国通用电气公司的合作有序推进。

科研开发继续取得好成绩。通过产学研用联合等多种途径开展产业转型技术研发，成功研制世界上电压等级最高、容量最大的 700MVA/750kV 单相自耦智能变压器，并在延安变投运；研制完成 363kV、420kV、550kV、800kV、1100kV 系列智能化 GIS，技术水平达到国际领先。与南方电网公司合作的“高压直流输电工程成套设计自主化技术开发与工程实践”项目获国家科技进步一等奖；“中国西电输变电重大成套装备科技创新工程建设项目”项目获 2011 年度国家科技进步二等奖。

【走向海外】 国际化经营能力显著提升。一是进一步加强驻外机构建设，初步构建全球市场网络，集团海外常驻机构、合资公司达到 20 个，拓展海外业务的能力不断增强。在苏丹新签 1.04 亿美元成套施工合同，西电电炉变压器和整流变压器首次进入瑞典、法国等市场，400kV、66kV GIS 产品也分别进入印度、中国香港和泰国市场，首次签订香港电灯公司电力变压器项目合同，为西电产品全面覆盖香港市场奠定了坚实的基础。二是以资本"走出去"带动海外市场开拓初见成效。与俄罗斯EK公司签订为期10年的散件当地组装合作协议，项目金额2.5亿美元，这标志着集团开始开拓俄罗斯市场。在埃及投资建设的输变电设备制造基地即将投产，同时受该合资项目的带动，在埃及获得GIS项目订单。与印度尼西亚当地公司共同出资设立一家从事70kV～500kV各类变压器制造、销售、修配以及售后服务等业务的合资公司，双方正式签署《合资合同》，加紧履行境外合资公司注册设立等法定程序。三是积极探索创新国际化经营模式，推进与跨国公司战略合作，2011年初启动与美国通用电气公司的战略合作项目。四是积极开展与中央企业的合作。与中国华电集团、邯钢集团的战略合作取得初步成效，分别获得2.64亿元和2.4亿元的设备订单，又与三峡总公司、航天科工、中国有色等央企签订战略合作协议。

【重大创新】 自主创新能力不断增强。一是在研发体系上，成立9个产品研发中心，构建完成集团—产业公司两层研发体系，研发成果显著。研制成功国网示范工程1100kV旁路开关，产品技术水平达到国际领先，百万伏接地开关填补国内空白；研制成功800kV复合电器，技术性能和水平均达到国际领先；550kV管道母线通过国家级鉴定，填补国内空白；与三峡总公司共同研制成功130kA大容量发电机SF6保护断路器成套装置，技术水平达到国际先进，打破了跨国公司的垄断；成功研制±200kV胶浸纸换流变套管和±660kV穿墙套管，产品综合性能达到国际先进水平；世界首只百万伏干式油气套管的研制成功，填补国际空白；研制完成世界上电压等级最高的±1000kV特高压直流输电工程用直流避雷器。二是组织开展集团首次科技创新能力评价，促进科技创新能力的提升，科技成果产出成效显著。三是科技投入力度持续加大。2011年科技经费投入8.99亿元，科技投入比6.50%，其中R&D经费支出5.78亿元，研发投入强度4.18%。四是大力实施知识产权战略。2011年，申请专利285件(发明61件)；取得授权专利226件；累计取得授权专利811件(发明83件)，拥有有效专利751件(发明82件)；产生专有技术71件。荣获陕西省专利奖一、二等奖各1项；获得第十三届中国专利奖优秀专利2项。

企业管理不断加强。一是持续细化预算管理，加强预算执行跟踪结果的反馈，确保预算执行的有效性；深化资金集中管理，强化资金运用，充分发挥资金集中的规模效应，创造资金多元化收益。二是加强经济运行监控和管理诊断，成立经济运行监控小组，完善生产运营分析机制，每季对企业运营进行动态监控分析；组织内部专家对部分子企业进行了经济运营管理诊断，适时提出整改意见或建议，为集团经济运行质量的提高奠定基础。三是加强同中科院、西安交大、浙江大学等科研机构，以及国网、南网、三峡总公司、中广核、航天科工等央企和用户的战略合作，进行产学研用联合或建立创新联盟，开展产品技术开发和行业前沿技术合作研究；聚集创新技术资源，加强重大科技项目集中管控运作，创新体制机制进一步完善。四是创新内审组织体系建设，构建集团上下两级纵向管理的审计模式，在集团6家单位试点开展风险管理及内控体系建设，建立风险数据库，进一步加强和规范风险管理及内部控制。

【党建工作】 西电集团以邓小平理论、"三个代表"重要思想和党的十七大及十七届六中全会精神为指导，深入开展创先争优活动，以"加快转变发展方式，实现企业科学发展，精心打造具有国际竞争力的电气企业集团"为载体，以"四结合一融入，四争创一提升"为主题，把创先争优与提升管理、攻坚克难、降本增效、开拓市场、服务群众等实际工作紧密结合，开展"党员挂牌上岗"、"党员承诺"、"党员先锋岗"及"党员身份亮出来，服务窗口亮起来"系列主题实践活动，增强党组织的影响力、凝聚力和战斗力。组织承办"中央企业创先争优活动先进事迹报告团"巡回报告会第四站的活动，开展迎接建党90周年系列宣传教育活动，尝试在集团子企业之间、集团与其他央企之间进行干部交流挂职(任职)培养，促进西电集团科学发展。

围绕生产经营中心工作，扎实推进党风廉政建设和效能监察工作，建立健全教育、制度、监督并重的惩治和预防腐败体系，从源头上防治腐败工作，初步建立廉洁风险防控体系，集团全系统均建立腐败风险信息库；制定惩防体系建设检查的实施方案；全面落实党风廉政建设责任制，把落实党风廉政建设责任制纳入党政领导班子、领导干部目标管理，逐级签订党风廉政建设责任书；开展“小金库”专项治理和纪律作风整顿活动；加强对经营管理重点领域和关键环节的监控，整合内部监督资源，建立纵向联系、横向互动的监督网络，实现西电集团平稳健康发展。

【信息化建设】 信息化建设稳步推进。西电集团大力推进管理信息化、制造数字化、智能化技术的一体化信息系统应用，实施人力资源、营销合同、主数据等管理系统项目建设，取得了一定的应用效果。编制“2011—2013年度信息化建设登高计划”，并将信息化规划纳入企业“十二五”规划。以集团财务管控系统与综合统计系统数据库为核心，建设企业生产运营、资产、营销、生产等主题分析模块，并将主题分析功能集成到企业内部门户网上，为企业生产经营决策提供支持，强化集团管控能力。

以“两化融合”为方向，结合国家智能电网建设契机，采用信息化手段加大智能化输变电产品研发力度，促进信息技术在产品的数字化、智能化、网络化等方面得到深入应用。先后成功研制GIS252智能化组合电器、智能化断路器、变压器状态在线监测系统等智能化输变电产品，有效推动了工业化与信息化的有机融合，提高了精准制造、高端制造、敏捷制造能力，增强了西电集团整体市场竞争能力。

【履行社会责任】 西电集团始终积极履行对经济、社会、环境的三重社会责任，努力实现企业与经济、社会、环境的良性互动，谋求西电与社会的和谐共赢及可持续发展。

通过提供高品质的产品和服务，赢得了广大客户的良好反响；通过持续开发培养员工的能力，提高员工忠诚度与奋发感，更好地促进员工成长；通过拓展海外市场，进一步实现可持续发展。

加大推行节约资源的工作方式和经营模式，为清洁能源生产做出贡献；减少废品排放，积极参与建设生态文明社会。在追求经济效益的同时，积极承担对国家和社会的全面发展、自然环境和资源保护，以及员工、客户、供应商等利益相关方所应承担的责任，促进企业与社会、社区、环境、员工的协调、和谐发展。西电集团2011年节能减排费用投入2725万元，专用于节能改造项目，利用新工艺、新技术提高能源利用率，较好地保障了节能减排工作的有效开展。

积极参与和谐社会建设，关注和支持社会公益事业，通过阳光基金、交友帮扶、定点扶贫等形式，切实履行社会责任，推动扶贫帮困工作常态化、制度化、社会化。

（撰稿人：刘国强）

中国铁路物资总公司

【基本概况】 2011年是中国铁路物资总公司（以下简称“中国铁物”）实现“十二五”良好开局的关键之年。同时，也是挑战多、困难大的一年。面对严峻复杂的困难和挑战，中国铁物深入学习实践科学发展观，全面贯彻国务院国资委的各项要求，积极抢抓机遇，应对挑战困难，圆满完成2011年奋斗目标，全面完成国资委各项考核指标。

【主要指标】 中国铁物2011年实现营业收入2079亿元，同比增长29.45%；实现利润总额14.88亿元，同比增长29.93%，双创历史新高。

2011年中国铁路物资总公司主要经济指标

项　目	2010年	2011年	比上年增长（%）
资产总额（亿元）	507.7	657.24	29.45
所有者权益（亿元）	89.85	105.95	17.92
营业收入（亿元）	1540.43	2079.46	34.99
利润总额（亿元）	11.45	14.88	29.93
净利润（亿元）	8.17	10.94	33.79
归属母公司所有者的净利润（亿元）	7.47	9.53	27.52
技术开发投入（亿元）	0.23	0.5	119.33
利税总额（亿元）	17.92	25.83	44.16
应交税金总额（亿元）	6.47	10.95	69.35

续表

项　目	2010 年	2011 年	比上年增长(%)
全员劳动生产率(万元/人·年)	35.13	34.7	－1.23
净资产收益率(%)	11.65	10.74	减少 0.91 个百分点
总资产报酬率(%)	3.75	4.95	增加 1.2 个百分点
国有资本保值增值率(%)	113.04	115.78	增加 2.74 个百分点

【改革发展】 中国铁物治理迈上新的台阶。中国铁物被国资委纳入建设规范董事会企业范围，积极探索和实践单层董事会模式。加快完善治理结构，着力推进制度建设，引入外部董事制度，初步形成权责明确、合理制衡的运行机制。

战略转型迈上新的台阶。中国铁物以战略为导向，以打造供应链集成服务业务模式为重点，深化共赢合作，创新发展思路，调整经营结构，在加快转变发展方式上迈出新步伐。

经营质量迈上新的台阶。围绕做强做优主业，中国铁物着力优化业务模式，强化风险防控，突出整体优势，各业务板块协调发展，盈利能力和水平不断提升。

管理水平迈上新的台阶。公司战略管理、科学决策和资源配置能力不断提升。深入实施全面预算管理、全面风险管理和全员业绩考核，积极应对外部从紧的资金形势，优化资金配置，不断完善制度体系，大力推进 ERP 核心系统建设，优化完善内控制度，集团管控能力明显增强。

企业形象迈上新的台阶。中国铁物首次进入世界企业 500 强，位列第 430 位，名列中国企业 500 强第 53 位，社会影响力和品牌认知度明显提高。

和谐企业建设迈上新的台阶。积极履行社会责任，继续强化“一个中国铁物”企业文化，向心力、凝聚力显著增强。

【重大项目】 中国铁物立足打造钢铁贸易综合服务领先者，加快钢铁加工中心和综合服务基地建设，与马钢合资成立重庆加工中心，广东钢材交易中心投入运营。合资成立西本新干线电子商务公司。广州、厦门、上海、杭州、青岛和山西钢铁专营公司相继投入运营。在海外投资方面，非洲矿业项目进展顺利，矿山投入生产。

【走向海外】 2011 年，中国铁物大力开拓国际市场，落实“走出去”战略卓有成效。国际业务开始形成以资源获取、铁路产品输出为重点，兼顾工程项目承揽的国际市场特色开发模式。非洲矿业项目进展顺利，矿山投入生产，开创海外资源获取新途径。成功获得铁矿石多国别进口资质和境外工程承包资质，拓宽了股份公司国际化经营领域。扩大冶金资源进口，成为国际化经营新亮点。海外资源“引进来”与铁路服务“走出去”相互借力。为非洲矿业提供铁路综合解决方案，有效带动铁路装备和线上器材出口，平轨、太轨公司实现混凝土轨枕出口 22.35 万根。加大开发乌拉圭、澳洲、美国、非洲市场，加大钢轨、机车车辆配件、货车整车出口业务。加快推进海外平台与网点建设，调整香港控股公司定位，高起点打造海外投资平台、融资平台、信息平台和人才培养基地。加大对澳洲公司、美国公司投入，按照“成熟一个、建设一个”原则，稳步推进海外网点布局。

【重大创新】 中国铁物根据国家科技部《关于征集高新技术发展及产业化领域 2012 年度国家科技计划预备项目的通知》要求，于 2011 年 6 月中旬向国务院国资委提交《铁路行业燃油全程供应链第三方物流服务平台研发及应用》开发项目国家科技立项申请。2011 年 7 月，经国务院国资委专家组对该项目进行技术评审，并同意向国家科技部推荐该项目列入国家级科技立项计划。2011 年 12 月，国家科技部初步同意上述开发项目列入 2012 年度国家科技计划预备项目。

【党建工作】 全系统各级党组织紧紧围绕公司改革发展目标，在建立和完善现代企业制度和公司法人治理结构过程中，充分发挥党组织政治核心作用，坚持“三重一大”制度，参与重大问题决策，坚持党管干部、党管人才原则，不断加强领导班子建设、人才队伍建设、企业文化建设和反腐倡廉建设。通过开展建党 90 周年系列活动，深化党工共建创先争优活动，极大地激励了广大共产党员立足本职岗位、争创一流业绩。在继承党建工作优良传统、把握党的工作定位的基础上，不断创新思路和方法，使公司党建工作在改进中加强、在创新中发展，为完成改革发展目标提供坚强的政治保证。

【信息化建设】 2011 年，中国铁物以 ERP 系统一期项目为核心，OA 系统建设为重点，稳步实施和推进信息化项目建设，有效促进了构建支持专业化管理与业务协同的一体化平台，进一步提升了公司的信息化服务能力。

（撰稿人：杜晓辉）

2012

CHINA' S STATE-OWNED ASSETS SUPERVISION AND ADMINISTRATION YEARBOOK

中 国 国 有 资 产 监 督 管 理 年 鉴

国有资产统计资料

第五篇

2011年全国国有企业户数、从业人数、国有资产总量综合分析表

项 目	户数(户)	年末从业人员人数(万人)	年末国有资产总量(亿元)
全国合并	144715	3908.0	219904.5
全国合计	144715	3914.2	466830.9
一、按企业规模分类			
(一)大型	8248	2304.4	199187.2
(二)中型	25562	1057.8	81528.6
(三)小型	51504	435.1	87513.2
(四)微型	59401	116.9	98601.9
二、按组织形式分类			
(一)公司制企业	117871	3210.2	405721.6
其中:国有独资企业	43329	1015.4	185607.3
(二)非公司制企业	26844	703.9	61109.3
三、按盈利或亏损分类			
(一)盈利	93602	2870.9	381592.8
(二)亏损	51113	1043.3	85238.1
四、按隶属关系分类			
(一)中央	44232	1834.4	102244.7
(二)地方	100483	2073.7	117659.8
五、按监管关系分类			
(一)国资委系统监管企业	90913	2730.2	159503.8
(二)政府部门管理企业	11195	569.2	24142.5
六、按经济带分类			
(一)东部沿海地区	78557	1732.7	295025.4
(二)中部内陆地区	29537	1136.4	63623.8
(三)西部边远地区	32348	1021.0	85403.7
七、按产业作用分类			
(一)基础性行业	40834	1984.5	265042.9
(二)一般生产加工行业	28430	1192.3	58190.2
(三)商贸服务及其他行业	75451	737.4	143597.8

注:①本表数据汇编范围为国务院国资委监管企业、79个中央部门(单位)和全国36个省(自治区、直辖市、计划单列市)所属的国有及国有控股企业14.5万户,以下简称国有企业。

②中央国有企业包括国务院国资委监管企业和和中央部门管理企业,下同。

③本资料中按照综合及行业划分的分析数据基于单户企业报表数据直接进行汇总(不含合并抵消)。

2011年全国国有企业户数、从业人数、国有资产总量行业分析表

项　目	户数(户)	年末从业人员人数(万人)	年末国有资产总量(亿元)
全国合并	144715	3908.0	219904.5
全国合计	144715	3914.2	466830.9
一、农林牧渔业	6227	345.6	2625.8
其中:农业	2330	252.1	1229.9
林业	1494	61.5	564.5
畜牧业	695	17.8	181.5
渔业	340	3.2	88.9
二、工业	39581	1876.5	185831.9
其中:煤炭工业	2439	336.9	16864.4
石油和石化工业	660	183.2	48475.9
冶金工业	2586	218.7	23235.2
建材工业	2331	60.6	3012.7
化学工业	2984	112.4	5717.6
森林工业	200	7.4	70.7
食品工业	2122	32.8	902.0
烟草工业	168	28.5	10586.4
纺织工业	704	24.0	326.3
医药工业	789	29.0	1443.2
机械工业	7194	298.1	17654.0
其中:汽车工业	1153	91.1	8863.9
电子工业	1764	58.9	2569.1
电力工业	5823	215.4	37228.0
市政公用工业	3999	71.6	6408.6
其他工业	4555	123.6	4343.2
三、建筑业	7937	361.6	20520.4
四、地质勘查及水利业	1305	14.4	2036.2
五、交通运输业	8415	445.4	73912.8
其中:铁路运输业	1434	203.8	44630.7
道路运输业	3447	164.1	16176.4

续表

项　目	户数(户)	年末从业人员人数(万人)	年末国有资产总量(亿元)
水上运输业	1326	20.9	5938.4
航空运输业	525	29.0	3540.7
六、仓储业	7781	31.6	1740.1
七、邮电通信业	691	127.0	39163.2
八、批发和零售、餐饮业	22522	241.0	22113.8
九、房地产业	12731	75.4	25154.6
十、信息技术服务业	1418	21.0	1049.0
十一、社会服务业	23320	203.1	74224.8
十二、卫生体育福利业	507	9.1	384.7
十三、教育文化广播业	4725	39.2	3473.5
十四、科学研究和技术	6194	63.8	3031.4
十五、金融业	1088	55.0	11051.8
十六、其他	273	4.4	517.0

2011年全国国有企业户数、从业人数、国有资产总量地区分析表

项　目	户数(户)	年末从业人员人数(万人)	年末国有资产总量(亿元)
全国合并	144715	3908.0	219904.5
一、中央小计	44232	1834.4	102244.7
(一)国资委监管企业	33037	1265.2	78102.2
(二)部门监管企业	11195	569.2	24142.5
二、地方小计	100483	2073.7	117659.8
北京市	6309	113.4	5730.4
天津市	4090	41.2	6016.9
河北省	2873	78.3	2521.6
山西省	5162	136.6	2964.1
内蒙古自治区	809	39.9	1522.8

续表

项　目	户数(户)	年末从业人员人数(万人)	年末国有资产总量(亿元)
辽宁省	3065	78.1	3565.6
其中:大连市	599	11.3	1170.5
吉林省	884	33.5	578.4
黑龙江省	2867	87.4	1035.0
上海市	10475	142.0	11537.0
浙江省	6522	73.3	8690.1
其中:宁波市	714	6.6	1403.8
江苏省	5118	79.5	12143.8
安徽省	2646	86.1	4366.0
福建省	4236	58.3	3620.8
其中:厦门市	1063	13.9	1028.3
江西省	1601	45.6	2466.1
山东省	5360	174.1	5160.9
其中:青岛市	879	39.2	876.5
河南省	3973	113.5	2442.8
湖北省	2376	51.8	2860.0
湖南省	2001	48.7	2971.5
广东省	8067	127.8	7898.9
其中:深圳市	1088	19.4	1719.4
海南省	687	6.1	642.7
广西壮族自治区	3416	66.5	2993.0
贵州省	2108	48.5	2152.1
四川省	3467	66.6	5561.7
重庆市	2344	55.9	6797.7
云南省	2658	53.6	4184.7
陕西省	3156	74.9	3849.8
甘肃省	1418	39.7	1238.6
青海省	545	11.1	538.1
西藏自治区	382	2.6	93.7
宁夏回族自治区	496	7.1	393.7
新疆维吾尔自治区	1372	32.2	1121.0

2011年全国国有企业资产负债综合分析表

单位:亿元

项　目	资产总计	负债合计	所有者权益(净资产)	资产负债率(%)
全国合并	853748.4	562080.7	291667.7	65.8
全国合计	1254460.6	742933.8	511507.9	59.2
一、按企业规模分类				
(一)大型	603284.2	379518.2	223753.1	62.9
(二)中型	223260.5	135518.3	87743.4	60.7
(三)小型	206472.3	114269.4	92201.8	55.3
(四)微型	221443.5	113627.9	107809.7	51.3
二、按组织形式分类				
(一)公司制企业	1137027.6	687634.2	449374.5	60.5
其中:国有独资企业	392284.5	206252.6	186028.4	52.6
(二)非公司制企业	117433.0	55299.6	62133.5	47.1
三、按盈利或亏损分类				
(一)盈利	1012117.0	591239.7	420858.6	58.4
(二)亏损	242343.6	151694.1	90649.3	62.6
四、按隶属关系分类				
(一)中央	383998.7	247655.2	136343.5	64.5
(二)地方	469749.7	314425.5	155324.2	66.9
五、按监管关系分类				
(一)国资委系统监管企业	607744.6	388773.9	218970.7	64.0
(二)政府部门管理企业	103642.8	73672.0	29970.8	71.1
六、按经济带分类				
(一)东部沿海地区	783919.9	462021.3	321880.7	58.9
(二)中部内陆地区	180009.1	109520.9	70487.1	60.8
(三)西部边远地区	232647.6	140828.5	91819.1	60.5
七、按产业作用分类				
(一)基础性行业	608227.3	321454.2	286756.5	52.9
(二)一般生产加工行业	154313.9	85302.8	69009.0	55.3
(三)商贸服务及其他行业	491919.4	336176.8	155742.4	68.3

2011年全国国有企业资产负债行业分析表

单位:亿元

项　目	资产总计	负债合计	所有者权益(净资产)	资产负债率(%)
全国合并	853748.4	562080.7	291667.7	65.8
全国合计	1254460.6	742933.8	511507.9	59.2
一、农林牧渔业	7578.2	4804.4	2773.9	63.4
其中:农业	4129.2	2820.8	1308.4	68.3
林业	1178.2	605.5	572.7	51.4
畜牧业	499.9	281.6	218.3	56.3
渔业	263.5	162.1	101.4	61.5
二、工业	472070.1	261596.9	210454.5	55.4
其中:煤炭工业	45488.9	26729.6	18759.3	58.8
石油和石化工业	94839.3	42236.7	52602.6	44.5
冶金工业	64110.8	37409.4	26697.0	58.4
建材工业	10325.4	6217.8	4107.6	60.2
化学工业	18998.3	11942.3	7043.7	62.9
森林工业	371.8	289.5	82.3	77.9
食品工业	3558.4	2450.6	1105.9	68.9
烟草工业	12249.2	1641.5	10607.7	13.4
纺织工业	1363.9	938.1	425.8	68.8
医药工业	3770.6	1665.8	2104.7	44.2
机械工业	51157.6	28115.0	23043.4	55.0
其中:汽车工业	21942.0	10165.9	11776.1	46.3
电子工业	9182.3	5106.9	4075.4	55.6
电力工业	110402.5	70520.2	39882.2	63.9
市政公用工业	15895.4	8835.9	7059.5	55.6
其他工业	12798.3	7234.9	5562.4	56.5
三、建筑业	74319.7	52211.2	22108.4	70.3
四、地质勘查及水利业	3518.7	1476.8	2041.9	42.0
五、交通运输业	147983.0	69315.7	78667.3	46.8

续表

项　目	资产总计	负债合计	所有者权益(净资产)	资产负债率(%)
其中:铁路运输业	72840.0	27140.9	45699.2	37.3
道路运输业	42744.5	25841.1	16903.4	60.5
水上运输业	14014.9	6754.9	7260.1	48.2
航空运输业	9899.9	5452.6	4447.3	55.1
六、仓储业	8821.7	6962.7	1859.0	78.9
七、邮电通信业	53275.9	12800.4	40475.4	24.0
八、批发和零售、餐饮业	68910.6	45142.9	23767.7	65.5
九、房地产业	93127.8	64792.5	28335.2	69.6
十、信息技术服务业	2770.3	1437.4	1332.9	51.9
十一、社会服务业	158822.8	81998.1	76824.7	51.6
十二、卫生体育福利业	703.2	303.1	400.1	43.1
十三、教育文化广播业	5649.5	2023.0	3626.4	35.8
十四、科学研究和技术	7536.3	4407.9	3128.5	58.5
十五、金融业	148145.4	133021.6	15123.7	89.8
十六、其他	1227.4	639.1	588.3	52.1

2011 年全国国有企业资产负债地区分析表

单位:亿元

项　目	资产总计	负债合计	所有者权益(净资产)	资产负债率(%)
全国合并	853748.4	562080.7	291667.7	65.8
一、中央小计	383998.7	247655.2	136343.5	64.5
(一)国资委监管企业	280355.9	173983.2	106372.8	62.1
(二)部门监管企业	103642.8	73672.0	29970.8	71.1
二、地方小计	469749.7	314425.5	155324.2	66.9
北京市	26683.9	18301.3	8382.6	68.6
天津市	24265.1	16231.2	8033.9	66.9
河北省	12084.5	8325.0	3759.6	68.9

续表

项　目	资产总计	负债合计	所有者权益(净资产)	资产负债率(%)
山西省	13985.2	9635.1	4350.1	68.9
内蒙古自治区	5157.7	2985.7	2172.0	57.9
辽宁省	13071.5	8511.3	4560.2	65.1
其中:大连市	3401.9	1879.7	1522.3	55.3
吉林省	2440.6	1602.1	838.4	65.6
黑龙江省	3332.4	2226.4	1106.0	66.8
上海市	84802.5	66272.8	18529.6	78.1
浙江省	24339.7	14164.6	10175.1	58.2
其中:宁波市	4535.9	2883.9	1652.0	63.6
江苏省	35186.3	20698.7	14487.6	58.8
安徽省	15188.2	9325.3	5862.9	61.4
福建省	12203.9	7592.0	4611.8	62.2
其中:厦门市	4259.8	2979.9	1279.9	70.0
江西省	7391.3	4151.1	3240.2	56.2
山东省	22821.7	15250.2	7571.5	66.8
其中:青岛市	4284.3	3020.2	1264.1	70.5
河南省	12439.5	8889.5	3550.1	71.5
湖北省	11937.9	8384.1	3553.8	70.2
湖南省	8948.3	5184.7	3763.6	57.9
广东省	28988.0	18267.3	10720.6	63.0
其中:深圳市	4968.2	2417.8	2550.4	48.7
海南省	1948.1	1172.2	775.9	60.2
广西壮族自治区	10619.6	7113.7	3505.9	67.0
贵州省	7662.4	5113.5	2548.9	66.7
四川省	21659.7	14296.2	7363.5	66.0
重庆市	21759.2	13961.4	7797.8	64.2
云南省	13140.6	8234.3	4906.3	62.7
陕西省	14561.4	9967.6	4593.7	68.5
甘肃省	4742.6	3012.2	1730.4	63.5
青海省	2316.9	1489.3	827.7	64.3
西藏自治区	234.5	90.5	144.0	38.6
宁夏回族自治区	2408.6	1872.6	536.0	77.7
新疆维吾尔自治区	3427.8	2103.5	1324.3	61.4

2011年国有工业企业户数、从业人数、国有资产总量地区分析表

项　目	户数(户)	年末从业人员人数(万人)	年末国有资产总量(亿元)
工业企业合计	39581	1876.5	185831.9
一、中央小计	15476	835.3	133201.6
(一)国资委监管企业	14242	782.4	121474.4
(二)部门监管企业	1234	52.9	11727.2
二、地方小计	24105	1041.2	52630.3
北京市	1280	45.2	4363.3
天津市	1183	20.3	1236.4
河北省	919	54.8	3380.9
山西省	1624	104.5	4004.1
内蒙古自治区	258	18.2	766.9
辽宁省	875	49.5	2181.3
其中:大连市	159	6.3	371.4
吉林省	251	13.8	368.7
黑龙江省	575	34.7	416.5
上海市	1596	35.7	3967.5
浙江省	960	21.2	1787.4
其中:宁波市	59	1.0	178.6
江苏省	824	29.8	1573.5
安徽省	597	55.5	2313.4
福建省	692	24.4	1048.5
其中:厦门市	87	4.3	178.7
江西省	531	20.0	985.0
山东省	1769	124.3	4198.5
其中:青岛市	239	31.7	452.9
河南省	1262	81.5	2242.9
湖北省	685	19.5	833.8
湖南省	653	26.4	1014.0
广东省	1549	46.5	3265.0
其中:深圳市	153	3.2	522.0

续表

项　目	户数(户)	年末从业人员人数(万人)	年末国有资产总量(亿元)
海南省	104	1.1	196.3
广西壮族自治区	882	24.2	978.5
贵州省	612	23.8	1038.2
四川省	857	34.0	1455.9
重庆市	640	22.8	1633.4
云南省	681	23.9	1638.4
陕西省	1088	47.6	3277.3
甘肃省	482	23.0	1514.3
青海省	185	7.4	418.6
西藏自治区	92	0.9	37.1
宁夏回族自治区	110	1.7	119.3
新疆维吾尔自治区	289	5.0	375.1

2011年国有工业企业资产负债地区分析表

单位:亿元

项　目	资产总计	负债合计	所有者权益(净资产)	资产负债率(%)
工业企业合计	472070.1	261596.9	210454.5	55.4
一、中央小计	308657.9	163233.7	145424.2	52.9
(一)国资委监管企业	292854.4	159422.7	133431.7	54.4
(二)部门监管企业	15803.4	3810.9	11992.5	24.1
二、地方小计	163412.2	98363.3	65030.3	60.2
北京市	11541.7	6424.2	5117.6	55.7
天津市	5247.8	3790.1	1457.7	72.2
河北省	10172.5	5999.5	4173.0	59.0
山西省	13612.7	8862.8	4737.4	65.1
内蒙古自治区	2538.9	1508.5	1030.3	59.4
辽宁省	7585.2	5006.1	2575.0	66.0

续表

项　目	资产总计	负债合计	所有者权益(净资产)	资产负债率(%)
其中:大连市	1553.7	979.3	574.3	63.0
吉林省	1482.2	991.0	491.2	66.9
黑龙江省	2148.4	1588.5	559.8	73.9
上海市	10239.0	5203.0	5036.0	50.8
浙江省	4276.3	2230.5	2045.8	52.2
其中:宁波市	408.5	220.3	188.2	53.9
江苏省	5082.1	3149.5	1930.7	62.0
安徽省	7585.5	4636.5	2949.0	61.1
福建省	2800.7	1439.7	1361.0	51.4
其中:厦门市	555.7	317.1	238.6	57.1
江西省	2791.4	1460.4	1330.9	52.3
山东省	15724.8	9766.7	5958.1	62.1
其中:青岛市	1392.7	820.2	572.5	58.9
河南省	8535.9	5682.6	2853.3	66.6
湖北省	2874.0	1860.3	1013.7	64.7
湖南省	3966.8	2434.2	1532.6	61.4
广东省	9306.4	5112.6	4193.7	54.9
其中:深圳市	1041.5	407.9	633.6	39.2
海南省	270.8	44.3	226.5	16.4
广西壮族自治区	3590.9	2356.3	1234.6	65.6
贵州省	2942.1	1728.5	1213.6	58.8
四川省	4344.2	2548.8	1795.4	58.7
重庆市	4006.1	2184.8	1821.3	54.5
云南省	5247.7	3266.6	1981.1	62.2
陕西省	8691.0	5168.0	3523.0	59.5
甘肃省	4021.3	2402.5	1618.7	59.7
青海省	1361.7	782.4	579.2	57.5
西藏自治区	115.7	33.5	82.1	29.0
宁夏回族自治区	471.0	343.4	127.6	72.9
新疆维吾尔自治区	837.5	357.2	480.2	42.7

2011年国有商业企业户数、从业人数、国有资产总量地区分析表

项　目	户数(户)	年末从业人员人数(万人)	年末国有资产总量(亿元)
商业企业合计	22522	241.0	22113.8
一、中央小计	5210	112.5	16909.2
(一)国资委监管企业	3908	69.5	11039.8
(二)部门监管企业	1302	43.0	5869.3
二、地方小计	17312	128.6	5204.7
北京市	1131	9.7	541.6
天津市	800	2.8	314.5
河北省	594	4.4	100.2
山西省	1536	9.4	511.4
内蒙古自治区	63	0.7	14.0
辽宁省	458	2.5	46.6
其中:大连市	53	0.1	—0.9
吉林省	134	1.2	32.6
黑龙江省	492	1.2	—12.5
上海市	1853	21.1	813.6
浙江省	1211	5.5	426.5
其中:宁波市	55	0.3	9.8
江苏省	779	5.0	380.3
安徽省	508	4.3	207.3
福建省	835	3.3	256.7
其中:厦门市	258	1.2	142.6
江西省	182	1.5	63.0
山东省	793	10.1	191.7
其中:青岛市	81	1.1	18.0
河南省	809	5.2	103.1
湖北省	267	6.8	42.2
湖南省	192	2.8	47.0
广东省	1276	7.4	441.5
其中:深圳市	61	0.6	72.8

续表

项　目	户数(户)	年末从业人员人数(万人)	年末国有资产总量(亿元)
海南省	46	0.2	0.2
广西壮族自治区	624	2.2	57.9
贵州省	556	1.5	138.8
四川省	336	2.6	135.0
重庆市	239	10.8	116.9
云南省	311	1.2	55.6
陕西省	699	2.7	58.1
甘肃省	243	1.0	67.8
青海省	66	0.3	14.1
西藏自治区	78	0.2	6.6
宁夏回族自治区	52	0.2	5.4
新疆维吾尔自治区	149	0.9	27.3

2011 年国有商业企业资产负债地区分析表

单位:亿元

项　目	资产总计	负债合计	所有者权益(净资产)	资产负债率(%)
商业企业合计	68910.6	45142.9	23767.7	65.5
一、中央小计	42916.3	25498.9	17417.4	59.4
(一)国资委监管企业	34637.6	23131.1	11506.5	66.8
(二)部门监管企业	8278.7	2367.8	5910.9	28.6
二、地方小计	25994.3	19644.0	6350.3	75.6
北京市	2049.8	1422.6	627.2	69.4
天津市	1876.1	1534.9	341.2	81.8
河北省	572.2	453.6	118.6	79.3
山西省	3001.4	2450.6	550.8	81.6
内蒙古自治区	50.1	32.5	17.6	64.9
辽宁省	547.6	399.2	148.4	72.9

续表

项　目	资产总计	负债合计	所有者权益(净资产)	资产负债率(%)
其中:大连市	90.4	90.3	0.1	99.9
吉林省	153.7	110.6	43.1	72.0
黑龙江省	154.7	166.8	-12.1	107.8
上海市	3712.0	2598.7	1113.3	70.0
浙江省	1943.3	1419.9	523.4	73.1
其中:宁波市	40.4	29.7	10.7	73.6
江苏省	1551.4	1059.3	492.1	68.3
安徽省	872.4	652.0	220.4	74.7
福建省	1220.1	894.7	325.4	73.3
其中:厦门市	882.7	672.3	210.4	76.2
江西省	301.1	237.3	63.9	78.8
山东省	1414.9	1215.3	199.6	85.9
其中:青岛市	242.2	227.6	14.6	94.0
河南省	742.1	631.3	110.8	85.1
湖北省	386.5	291.5	95.0	75.4
湖南省	241.1	172.4	68.7	71.5
广东省	1919.8	1428.1	491.8	74.4
其中:深圳市	120.6	47.3	73.3	39.2
海南省	9.3	8.9	0.4	96.0
广西壮族自治区	359.7	287.7	72.0	80.0
贵州省	492.4	351.8	140.6	71.4
四川省	556.1	396.4	159.7	71.3
重庆市	500.9	361.3	139.7	72.1
云南省	387.8	322.0	65.7	83.0
陕西省	442.1	376.7	65.4	85.2
甘肃省	322.6	218.4	104.2	67.7
青海省	79.6	64.7	14.9	81.2
西藏自治区	21.1	13.7	7.4	64.8
宁夏回族自治区	11.3	5.8	5.5	51.4
新疆维吾尔自治区	100.8	65.2	35.6	64.7

2011 年北京市国有企业主要指标表

项　目	户数(户)	年末国有资产总量(万元)	资产总额(万元)	人均净利润(元/人)	人均税收(元/人)
合　并	6309	57304466.5	266838741.4	30082.3	51611.8
合　计	6309	120155416.1	387823616.4	48801.4	51065.4
一、农林牧渔业	149	741825.5	3196307.1	21919.9	40110.4
其中:农业	30	155863.7	1120930.6	35802.7	85283.2
林业	7	3830.7	16406.4	-5152.4	2448.5
畜牧业	41	374103.8	1220151.5	15190.5	1275.5
渔业	9	12958.9	27070.3	83108.0	1820.1
二、工业	1280	43633327.5	115417350.7	25907.1	47019.3
其中:煤炭工业	14	882983.3	2490752.3	-13499.5	80401.8
石油和石化工业					
冶金工业	73	15946893.3	44508505.7	-16767.3	41022.8
建材工业	115	1796330.6	4689101.8	69460.6	59776.2
化学工业	76	474665.5	1400306.7	-1804.1	19126.6
森林工业	4	9530.2	35279.1	12143.5	16625.5
食品工业	100	873176.0	2316519.8	22174.4	11243.7
烟草工业					
纺织工业	32	286496.6	632013.6	-707.2	10518.3
医药工业	32	449909.4	1256950.6	143936.9	80026.1
机械工业	295	5514991.8	15072182.9	51462.5	32508.2
电子工业	100	2937991.2	11868208.1	-12380.3	88881.3
电力工业	62	4974164.4	13783879.3	221706.1	182399.9
市政公用工业	152	6962597.0	11964309.0	77766.9	27425.2
其他工业	221	2503948.5	5364144.2	26960.8	54443.3
三、建筑业	310	3289820.7	18960862.0	14571.4	60169.4
四、地质勘查及水利业	17	17755.7	59509.2	35994.4	17607.0
五、交通运输业	112	10986576.9	36506577.9	3503.6	5624.4
其中:铁路运输业	3	30025.6	148128.2	13457.2	246922.3
道路运输业	97	10898036.8	36170724.1	3467.1	5376.9
水上运输业	1	-819.1	16.5	-55.9	1407.7

续表

项　目	户数(户)	年末国有资产总量(万元)	资产总额(万元)	人均净利润(元/人)	人均税收(元/人)
航空运输业	2	46125.9	92686.1	3783.1	8235.6
六、仓储业	110	239527.4	798766.4	821.2	14239.3
七、邮电通信业	4	－4848.6	15504.9	－485532.4	28861.7
八、批发和零售业	1131	5416333.1	20498009.5	48978.2	66292.5
九、房地产业	1080	20443431.5	100136365.5	331485.6	272176.3
十、信息技术服务业	51	372062.1	1517098.8	46028.8	24795.5
十一、社会服务业	1503	31261314.3	80383672.3	58223.2	20505.9
十二、卫生体育福利业	44	178346.5	619395.6	－15749.2	6623.3
十三、教育文化广播业	244	1622457.0	2448313.2	22338.9	24160.3
十四、科学研究和技术	238	671053.8	2908438.7	55858.0	38351.4
十五、金融业	25	1286984.3	4294461.9	101084.2	100135.4
十六、其他	11	－551.5	62982.7	－6430.0	198.2

注：人均净利润＝净利润/全年平均职工人数；人均税收＝应交税金总额/全年平均职工人数。

2011 年天津市国有企业主要指标表

项　目	户数(户)	年末国有资产总量(万元)	资产总额(万元)	人均净利润(元/人)	人均税收(元/人)
合　并	4090	60169340.0	242651103.6	41795.9	47085.8
合　计	4090	98504754.2	287298633.1	55843.2	46509.4
一、农林牧渔业	67	178763.0	487830.8	20329.3	15603.9
其中：农业	35	117564.5	259181.2	18545.4	18946.9
林业	2	3530.1	10395.9	15513.6	236954.0
畜牧业	7	35766.4	75182.9	48298.3	2255.9
渔业	6	3682.9	27580.2	12453.0	3783.4
二、工业	1183	12363585.1	52478025.3	25931.8	30143.6
其中：煤炭工业	4	195661.9	599715.3	11024.6	46531.0
石油和石化工业	3	53643.8	97201.3	44788.4	35073.9
冶金工业	58	3883257.5	22584112.0	8598.8	27038.5

续表

项　目	户数(户)	年末国有资产总量(万元)	资产总额(万元)	人均净利润(元/人)	人均税收(元/人)
建材工业	49	191693.9	566391.9	8909.1	34316.0
化学工业	119	1723484.6	6078290.7	5809.8	19579.4
森林工业	11	2111.8	53400.5	30224.2	4480.0
食品工业	72	270438.5	682992.4	28470.1	23613.2
烟草工业					
纺织工业	151	268099.2	1878043.7	1472.1	9483.6
医药工业	32	752958.2	3661185.7	94126.5	76444.4
机械工业	278	1085045.1	4508416.1	42899.3	10308.8
电子工业	73	462587.1	1578146.6	26991.9	27458.7
电力工业	19	309459.1	1067968.0	－60006.2	56951.6
市政公用工业	91	2184068.1	6294776.2	43249.5	52980.0
其他工业	216	973456.5	2791268.6	14957.8	30871.2
三、建筑业	232	11752081.0	32529182.6	48545.5	73429.2
四、地质勘查及水利业	13	124634.0	339897.7	－14677.1	25232.8
五、交通运输业	180	10259579.0	26517753.5	43982.9	25102.1
其中:铁路运输业	8	626546.5	3000651.1	－11652.4	17552.4
道路运输业	115	5431855.9	13625876.7	4774.8	11697.8
水上运输业	20	2926292.2	6642270.4	215876.5	46765.8
航空运输业					
六、仓储业	126	596946.8	1994209.6	32834.1	22182.4
七、邮电通信业	3	2361.8	12857.7	805.0	1155.9
八、批发和零售业	800	3144578.5	18761147.0	31958.7	79590.7
九、房地产业	507	9783634.5	35602867.9	207405.2	212913.8
十、信息技术服务业	25	59196.7	148656.8	15566.9	55607.2
十一、社会服务业	709	49237402.6	116121000.5	180413.1	53832.6
十二、卫生体育福利业	7	－2652.2	10330.4	－142992.1	46230.3
十三、教育文化广播业	55	123968.7	360263.1	2412.9	38494.8
十四、科学研究和技术	162	329740.9	918784.3	43395.2	32757.6
十五、金融业	19	541890.9	1002636.6	776207.6	431425.0
十六、其他	2	9043.1	13189.2	－27478.9	16512.8

2011年河北省国有企业主要指标表

项　目	户数(户)	年末国有资产总量(万元)	资产总额(万元)	人均净利润(元/人)	人均税收(元/人)
合　并	2873	25216290.3	120845174.4	20629.9	37852.7
合　计	2873	55704025.2	165857123.7	26382.6	38033.7
一、农林牧渔业	80	38275.5	436026.9	1544.2	369.8
其中:农业	31	36412.7	326401.3	1867.4	328.8
林业	10	1628.3	4357.8	−39.4	157.3
畜牧业	3	239.0	616.6	−11919.8	2039.9
渔业	5	2236.6	17027.5	7441.1	45.9
二、工业	919	33809191.5	101724888.3	21314.7	42382.9
其中:煤炭工业	97	7542812.6	22300206.5	35010.8	67362.8
石油和石化工业	3	1980.3	8495.0	45194.0	25230.3
冶金工业	70	18271849.8	51853456.1	21826.5	42405.5
建材工业	143	1926182.3	7539582.7	36047.3	41673.7
化学工业	67	1409573.2	3731577.0	15874.4	33752.4
森林工业					
食品工业	21	−8653.3	61793.9	−10147.7	3672.6
烟草工业					
纺织工业	39	280046.9	1199578.2	−556.7	6279.2
医药工业	23	282348.2	1983326.8	12330.2	17068.7
机械工业	91	356217.2	1508243.7	3175.1	16843.8
电子工业	9	61345.6	283371.7	−8565.4	9105.3
电力工业	99	2040000.5	6175376.1	17163.5	44102.3
市政公用工业	157	1218988.7	3725593.7	1697.5	16263.7
其他工业	92	396490.2	1272562.7	7319.1	27912.2
三、建筑业	134	2166418.5	11836312.5	16990.8	33592.3
四、地质勘查及水利业	18	8336.1	31782.9	3663.7	10505.5
五、交通运输业	115	6763054.8	13634247.7	58071.4	33968.7
其中:铁路运输业	6	90220.5	205376.0	−4464.5	4790.6
道路运输业	61	2635503.3	5196343.0	49678.6	23006.5
水上运输业	15	1687616.1	3236650.1	240659.2	31372.4

续表

项　目	户数(户)	年末国有资产总量(万元)	资产总额(万元)	人均净利润(元/人)	人均税收(元/人)
航空运输业	6	441964.3	893569.3	－206277.6	23329.4
六、仓储业	385	300805.3	1691419.5	12779.8	17118.0
七、邮电通信业					
八、批发和零售业	594	1001530.9	5721829.1	15223.3	24949.7
九、房地产业	111	1010212.2	3496443.3	114152.6	110754.6
十、信息技术服务业	15	16436.8	71296.9	－13903.9	9326.1
十一、社会服务业	345	8917953.7	16307649.0	66611.3	19009.8
十二、卫生体育福利业	2	4155.5	7228.7	1607.9	1322.7
十三、教育文化广播业	57	586500.3	873979.2	24006.4	12257.7
十四、科学研究和技术	71	88299.8	207882.4	4256.8	15424.0
十五、金融业	25	976313.6	9748966.1	325981.5	171016.7
十六、其他	2	16540.6	67171.2	－48262.4	8.3

2011 年山西省国有企业主要指标表

项　目	户数(户)	年末国有资产总量(万元)	资产总额(万元)	人均净利润(元/人)	人均税收(元/人)
合　并	5162	29640529.3	139851825.5	23227.6	67090.0
合　计	5162	56358301.0	201110022.8	33075.9	66986.0
一、农林牧渔业	101	6157.2	226901.0	－3223.8	3784.4
其中：农业	37	－26440.2	130933.6	－258.1	4381.0
林业	26	26026.8	37000.7	－4150.6	3571.7
畜牧业	12	－2709.1	27446.4	－10124.1	428.5
渔业	2	1246.7	1865.4	1648.1	3442.3
二、工业	1624	40041323.4	136127423.9	35891.9	75845.2
其中：煤炭工业	435	26191746.9	85333210.6	50909.9	102718.0
石油和石化工业	9	320064.0	1544983.1	－91286.9	40485.9
冶金工业	58	5025661.9	15192878.9	23463.1	39099.3
建材工业	85	106971.8	1250957.7	－40612.5	2098.7

续表

项　目	户数(户)	年末国有资产总量(万元)	资产总额(万元)	人均净利润(元/人)	人均税收(元/人)
化学工业	182	2942112.6	11941356.4	15920.1	15443.7
森林工业	3	－63.9	364.6	－5961.4	－10149.5
食品工业	144	－5054.7	341974.9	－1364.3	7846.6
烟草工业					
纺织工业	14	6209.1	143475.9	－5307.3	1670.2
医药工业	11	20302.3	131971.4	－23362.0	18385.2
机械工业	210	1152595.0	5511408.6	15499.6	21035.0
电子工业	10	25614.4	319777.4	－40685.2	3155.1
电力工业	78	2850743.7	9051331.6	－8803.0	92921.1
市政公用工业	212	1066899.4	3705655.6	－20134.2	12652.5
其他工业	165	334534.4	1581590.4	49338.9	74243.8
三、建筑业	185	449991.2	6149630.2	8002.4	26391.2
四、地质勘查及水利业	39	1288256.1	1702741.2	51633.0	13216.2
五、交通运输业	149	1524444.3	5170651.2	14449.8	13917.9
其中:铁路运输业	23	290035.0	869834.1	9633.6	14541.0
道路运输业	108	1069253.7	3825114.6	16800.8	13873.1
水上运输业	2	67269.6	234515.3	175986.5	290617.4
航空运输业	1	20895.0	53633.7	－43743.6	1909.8
六、仓储业	531	137355.9	901169.6	－2028.8	614.7
七、邮电通信业	2	4383.3	5542.6	－107.6	16513.0
八、批发和零售业	1536	5113799.0	30013733.9	30351.3	72823.3
九、房地产业	162	398697.3	2462711.5	22415.8	69664.2
十、信息技术服务业	13	69471.8	119868.0	－13212.8	26533.1
十一、社会服务业	591	6349372.0	11946315.0	41687.5	15635.2
十二、卫生体育福利业	3	0.2	627.5	－3490.4	1357.2
十三、教育文化广播业	98	189745.3	429704.7	62609.8	25998.5
十四、科学研究和技术	107	124885.6	362904.5	50482.7	31122.1
十五、金融业	17	656324.3	5483126.4	1075955.9	599618.9
十六、其他	4	4094.0	6971.9	76162.7	10498.7

2011年内蒙古自治区国有企业主要指标表

项目	户数(户)	年末国有资产总量(万元)	资产总额(万元)	人均净利润(元/人)	人均税收(元/人)
合并	809	15228478.9	51577168.9	44175.4	40348.7
合计	809	19229575.6	56286855.6	53540.4	41242.6
一、农林牧渔业	136	363445.4	1166120.4	4799.5	735.6
其中:农业	75	158615.2	467671.4	4619.0	679.0
林业	16	45171.3	181375.1	49.0	262.4
畜牧业	8	56331.2	81932.0	19004.7	843.5
渔业	1	1403.3	1821.7	14355.3	2050.8
二、工业	258	7668849.8	25388662.9	74738.7	64481.5
其中:煤炭工业	4	216268.7	441584.2	183287.1	96665.7
石油和石化工业					
冶金工业	63	3893888.4	12673533.4	85190.1	77300.5
建材工业	17	92831.4	335433.2	34099.9	57768.6
化学工业	2	11177.5	18618.5	-10996.5	45128.6
森林工业	16	253336.0	1206755.7	-2920.4	474.3
食品工业	11	93545.1	353394.0	28866.1	17761.7
烟草工业					
纺织工业					
医药工业					
机械工业	11	279604.4	991619.4	432824.9	180635.6
电子工业					
电力工业	24	1879699.7	5024291.5	149947.9	166197.8
市政公用工业	71	778020.2	2494327.6	-12567.6	8222.6
其他工业	39	170478.6	1849105.2	11957.7	12346.6
三、建筑业	37	1272563.8	5033022.8	-36137.0	26794.4
四、地质勘查及水利业	38	138561.1	368423.7	90091.9	39516.4

续表

项　目	户数(户)	年末国有资产总量(万元)	资产总额(万元)	人均净利润(元/人)	人均税收(元/人)
五、交通运输业	45	2182185.2	5919821.3	18230.9	24526.0
其中:铁路运输业	2	11233.9	13516.0	6545.6	2791.9
道路运输业	9	1804580.1	5340573.4	32222.1	27856.5
水上运输业	1	30279.3	30695.5	—130527.4	100.0
航空运输业	18	320219.9	474873.2	—56700.4	12333.9
六、仓储业	53	50877.1	215163.7	—3407.9	1158.3
七、邮电通信业	8	20387.2	60869.4	4070.4	7173.5
八、批发和零售业	63	139988.2	500779.4	19588.4	35491.3
九、房地产业	21	1129728.0	2006531.3	—71756.7	31501.2
十、信息技术服务业	8	2648.1	12067.5	—1346.8	12187.8
十一、社会服务业	82	5611712.8	12505936.5	288520.7	28563.2
十二、卫生体育福利业	4	51411.2	96984.6	12492.0	2301.0
十三、教育文化广播业	31	189235.8	256573.4	4209.0	18894.9
十四、科学研究和技术	11	28127.7	85601.0	3639.1	30141.0
十五、金融业	6	374942.6	2128422.0	585547.4	295669.5
十六、其他	8	4911.4	541875.8	846933.1	0.0

2011年辽宁省国有企业主要指标表

项　目	户数(户)	年末国有资产总量(万元)	资产总额(万元)	人均净利润(元/人)	人均税收(元/人)
合　并	3065	35655919.3	130715486.7	16158.5	34999.6
合　计	3065	54608091.0	161122553.0	21756.4	34996.4
一、农林牧渔业	214	285859.7	1249585.5	319.0	1177.3
其中:农业	99	70609.3	613894.5	—73.8	781.2
林业	46	68522.1	110545.9	8529.9	2138.4
畜牧业	24	575.7	104386.9	—3702.6	3527.4
渔业	7	119777.2	301256.6	15544.5	12289.1
二、工业	875	21813260.8	75852157.7	29576.6	52659.9
其中:煤炭工业	35	4154461.4	8886101.2	31860.0	45776.2

续表

项　目	户数(户)	年末国有资产总量(万元)	资产总额(万元)	人均净利润(元/人)	人均税收(元/人)
石油和石化工业	4	58145.2	115890.6	—4367.9	8974.1
冶金工业	90	9355740.6	27675944.1	15876.8	30452.2
建材工业	41	165175.4	781851.9	32334.7	52987.0
化学工业	51	377570.8	1973465.2	—6206.3	10190.3
森林工业	6	—1533.6	1215.9	—32370.0	5165.6
食品工业	54	41554.1	192731.4	—16627.8	5174.5
烟草工业					
纺织工业	15	—127806.2	74490.6	—22590.5	13325.6
医药工业	16	262542.6	866066.5	34683.0	37460.6
机械工业	292	4678426.3	26705840.0	71065.6	114328.9
电子工业	23	—6876.0	494711.3	40228.2	34673.9
电力工业	30	514027.2	1785980.0	—24626.8	31561.9
市政公用工业	112	2060824.6	4983832.5	—18106.4	8471.4
其他工业	104	279561.7	1311351.3	14363.5	27163.9
三、建筑业	143	3640129.5	8930514.8	—8631.0	34976.6
四、地质勘查及水利业	36	2966206.2	3252903.2	—161896.4	20115.0
五、交通运输业	188	5528481.9	13371849.1	18198.6	21963.1
其中:铁路运输业	5	248201.9	266537.0	3175.4	8863.0
道路运输业	130	608706.4	1352554.5	—2404.5	5077.3
水上运输业	13	257330.5	682984.8	164370.2	74931.5
航空运输业	8	434131.5	753382.8	—39489.4	27692.5
六、仓储业	262	116174.3	1867180.9	—1962.6	9772.7
七、邮电通信业	2	577.8	4746.7	36993.7	38116.0
八、批发和零售业	458	465901.4	5476487.1	86096.5	41323.6
九、房地产业	175	2987680.0	9118334.7	19983.3	89573.9
十、信息技术服务业	17	19252.7	46950.3	39700.6	17210.7
十一、社会服务业	461	14996214.7	33820079.2	68247.4	34086.8
十二、卫生体育福利业	15	10539.4	128457.7	—1392.1	329.1
十三、教育文化广播业	121	574753.2	1250746.4	8402.1	22998.8
十四、科学研究和技术	83	111455.1	197763.2	32418.6	33761.0
十五、金融业	11	1090262.7	6488640.3	196488.7	94297.8
十六、其他	4	1341.8	66156.2	—449.9	486.0

2011年大连市国有企业主要指标表

项　目	户数(户)	年末国有资产总量（万元）	资产总额（万元）	人均净利润（元/人）	人均税收（元/人）
合　并	599	11705249.1	34019393.8	43901.3	48262.2
合　计	599	16034209.2	41854893.9	70121.7	48262.2
一、农林牧渔业	23	15493.4	81991.6	26518.0	6239.2
其中:农业	16	5433.6	24812.6	-207.7	4642.5
林业					
畜牧业	4	3175.8	30038.9	-7228.0	10712.9
渔业	1	5216.1	13984.6	766729.5	31163.0
二、工业	159	3714440.7	15536507.3	79085.5	55527.4
其中:煤炭工业	1	102.6	6138.3	0.0	0.0
石油和石化工业	1	2706.9	12094.9	-24286.8	3523.8
冶金工业	1	463508.1	869359.5	19205.8	65355.1
建材工业	2	68147.9	190805.1	16146.8	30837.2
化学工业	20	316334.6	1557979.2	-10123.1	6552.6
森林工业					
食品工业	5	17105.8	25558.9	32322.9	27271.0
烟草工业					
纺织工业					
医药工业	2	-995.9	10896.6	526358.8	63113.4
机械工业	85	1866065.9	10933693.1	131510.1	79838.1
电子工业	4	37993.3	210779.7	84763.9	57676.0
电力工业	2	32186.8	169649.8	-46684.6	22075.1
市政公用工业	27	798057.1	1287090.7	-313.8	18861.7
其他工业	9	113227.5	262461.5	1913.8	20328.9
三、建筑业	32	2204130.3	3870064.0	138840.7	26326.9
四、地质勘查及水利业					
五、交通运输业	67	3213751.8	5818503.6	12854.1	19097.7
其中:铁路运输业	1	240660.1	246097.5	-3034.1	7544.7
道路运输业	41	417585.2	679834.9	-2045.4	7323.6
水上运输业	10	180472.1	428034.9	259428.4	28088.5

续表

项　目	户数(户)	年末国有资产总量(万元)	资产总额(万元)	人均净利润(元/人)	人均税收(元/人)
航空运输业	2	251473.8	422382.3	—13461.7	23537.6
六、仓储业	30	31775.9	123815.4	438.3	6324.8
七、邮电通信业	1	531.8	4652.3	49640.6	47563.4
八、批发和零售业	53	—8821.1	903788.6	57119.6	66693.7
九、房地产业	52	1095256.2	2710533.6	—118193.2	339395.5
十、信息技术服务业	2	951.7	3963.5	65363.2	35018.4
十一、社会服务业	142	5088619.4	11466499.1	146206.4	48426.5
十二、卫生体育福利业	4	19520.6	45354.4	11370.5	1066.3
十三、教育文化广播业	14	36125.4	219810.3	14833.7	25465.1
十四、科学研究和技术	13	12695.5	23792.4	44335.2	33174.0
十五、金融业	6	608738.0	986581.9	756379.6	11950.0
十六、其他	1	999.5	59035.8	—2496.5	0.0

2011年吉林省国有企业主要指标表

项　目	户数(户)	年末国有资产总量(万元)	资产总额(万元)	人均净利润(元/人)	人均税收(元/人)
合　并	884	5784010.2	24405631.3	6274.2	21210.9
合　计	884	9237638.6	30822163.6	8702.0	21130.1
一、农林牧渔业	108	1137560.6	2185852.1	2739.1	1223.7
其中:农业	34	72887.3	162506.2	—423.7	201.5
林业	36	1074991.6	1910353.9	4000.9	1596.3
畜牧业	14	—8766.2	58826.7	—526.7	117.3
渔业	9	8874.8	25496.1	—499.7	976.5
二、工业	251	3687291.4	14822037.8	7901.5	32700.8
其中:煤炭工业	18	726290.0	2184664.6	9520.6	30017.9
石油和石化工业	3	13531.0	70064.7	—24614.6	79580.6
冶金工业	31	699112.4	3530350.1	42754.5	41202.1
建材工业	10	752062.3	3785826.9	101151.2	101105.2

续表

项　目	户数(户)	年末国有资产总量（万元）	资产总额（万元）	人均净利润（元/人）	人均税收（元/人）
化学工业	20	275048.5	817673.3	－28511.9	6703.8
森林工业	20	228540.3	846508.7	15999.3	14340.2
食品工业	13	－25062.5	201964.1	－388801.4	73339.8
烟草工业					
纺织工业	5	54327.3	293443.3	31975.1	62324.2
医药工业	8	53268.5	341396.3	43301.6	21915.4
机械工业	26	114366.5	400405.1	10989.7	23662.6
电子工业	1	3083.1	6171.0	－5014.8	10026.4
电力工业					
市政公用工业	66	750269.2	2090129.0	－8100.7	12227.7
其他工业	29	40897.1	250612.8	－139780.4	26114.3
三、建筑业	36	1757375.4	4740527.5	97060.2	90886.3
四、地质勘查及水利业	2	21151.2	21601.8	10973.4	11029.6
五、交通运输业	27	199745.0	1238661.1	－42745.9	6001.7
其中：铁路运输业	2	7260.9	10641.0	－41672.4	16511.7
道路运输业	24	191484.7	1227020.7	－42759.8	5861.7
水上运输业	1	999.4	999.4	0.0	0.0
航空运输业					
六、仓储业	121	243929.6	1608172.5	75637.3	192702.0
七、邮电通信业	1	69.1	89.9	－1471.4	3352.2
八、批发和零售业	134	325704.9	1536957.3	26527.9	54005.0
九、房地产业	35	401774.0	1519318.9	16626.3	41111.7
十、信息技术服务业	4	268.1	2489.6	－20084.0	2947.0
十一、社会服务业	79	1051493.4	2239928.9	77112.8	17065.6
十二、卫生体育福利业	2	1614.5	2630.2	－13675.2	82.0
十三、教育文化广播业	65	314409.1	549347.5	66895.4	17175.0
十四、科学研究和技术	11	5650.7	14754.2	－4296.9	11709.3
十五、金融业	7	89433.5	339436.9	916454.7	463135.3
十六、其他	1	168.0	357.4	－8343.0	0.0

2011 年黑龙江省国有企业主要指标表

项　目	户数(户)	年末国有资产总量(万元)	资产总额(万元)	人均净利润(元/人)	人均税收(元/人)
合　并	2867	10350412.7	33324231.9	4211.9	13225.1
合　计	2867	12881582.4	44405458.5	5702.6	14291.8
一、农林牧渔业	546	849533.9	2194068.9	259.1	240.5
其中:农业	113	15220.2	126104.8	337.8	185.8
林业	259	788846.6	1823453.1	434.0	249.4
畜牧业	79	8221.6	35993.9	-40.4	75.9
渔业	26	3536.7	23984.1	871.9	25.1
二、工业	575	4165470.0	21483556.0	923.9	25947.9
其中:煤炭工业	112	2260074.6	11921030.4	-4387.0	29432.9
石油和石化工业	3	35168.5	58124.4	660673.6	790716.8
冶金工业	3	-35740.2	36459.6	536.6	6877.3
建材工业	16	28826.1	123323.9	6819.2	18629.1
化学工业	33	-82707.5	245465.3	-108747.6	36365.1
森林工业	24	-39056.2	274749.7	-29687.6	2127.0
食品工业	33	29270.3	173562.6	21437.8	12338.2
烟草工业	1	9633.8	10139.2	3447.2	44424.2
纺织工业	3	-64036.6	43017.6	-3273.2	11965.1
医药工业	26	928016.3	3005824.7	79762.6	53853.8
机械工业	113	304789.4	2239463.1	1559.2	11952.0
电子工业	13	29976.7	140052.1	23277.4	13560.0
电力工业	47	242911.7	1273828.9	-3360.9	20923.5
市政公用工业	75	283886.3	1071523.1	-10060.8	7127.9
其他工业	64	209642.4	802980.9	7292.8	800.3
三、建筑业	148	554688.6	2811440.8	3781.7	30637.2
四、地质勘查及水利业	28	81928.0	153442.3	54546.7	28727.2
五、交通运输业	114	423528.3	1212963.3	-3129.2	4954.8
其中:铁路运输业	13	125922.7	388731.1	-3346.6	3706.0
道路运输业	58	51740.4	284742.9	722.5	4201.7
水上运输业	24	64889.0	106555.1	-2272.6	4641.9

续表

项目	户数(户)	年末国有资产总量（万元）	资产总额（万元）	人均净利润（元/人）	人均税收（元/人）
航空运输业	16	177456.3	427194.6	－23814.3	12810.4
六、仓储业	596	－12429.9	2809917.7	1662.3	4878.9
七、邮电通信业					
八、批发和零售业	492	－125205.9	1546732.7	－1811.9	22788.9
九、房地产业	86	1997847.9	3522118.0	72789.7	48815.5
十、信息技术服务业	5	4016.8	7741.7	－57925.2	3115.4
十一、社会服务业	147	3792770.1	7236944.0	112733.8	22500.5
十二、卫生体育福利业	3	2392.7	9872.3	5103.4	3072.7
十三、教育文化广播业	79	143234.2	321136.7	14251.6	15224.8
十四、科学研究和技术	44	36726.8	125123.6	2732.0	22323.3
十五、金融业	1	967240.6	968574.3	0.0	0.0
十六、其他	3	－159.6	1826.1	12079.5	28.3

2011年上海市国有企业主要指标表

项目	户数(户)	年末国有资产总量（万元）	资产总额（万元）	人均净利润（元/人）	人均税收（元/人）
合　并	10475	115369681.2	848024667.8	127091.9	123857.3
合　计	10475	239058406.5	1060315391.7	168445.7	123224.5
一、农林牧渔业	233	1190208.0	2695292.9	42137.5	4283.2
其中：农业	89	434713.3	757896.2	56904.6	3057.1
林业	12	198758.2	282338.8	48573.5	10040.0
畜牧业	43	114523.9	322034.1	34816.1	3063.6
渔业	22	285322.6	797088.6	80532.5	5992.6
二、工业	1596	39675340.5	102390147.3	212615.2	149133.1
其中：煤炭工业	9	715491.7	1321938.8	39066.0	51042.0
石油和石化工业	2	312434.4	377539.0	2127462.9	1190240.1
冶金工业	20	118918.5	467205.7	－111697.8	32372.2
建材工业	94	582531.2	2853178.3	32751.2	56027.4

续表

项　目	户数(户)	年末国有资产总量(万元)	资产总额(万元)	人均净利润(元/人)	人均税收(元/人)
化学工业	145	1365908.5	4554945.9	54337.3	64270.2
森林工业	5	13918.4	38756.1	11105.5	4906.9
食品工业	160	1353789.6	3859721.3	120439.2	55626.3
烟草工业	1	48586.3	204548.1	1143950.1	0.0
纺织工业	51	220846.2	569005.6	15306.9	17845.5
医药工业	89	3883815.8	5492074.7	127586.0	51334.4
机械工业	452	23345076.1	61216601.5	367506.5	254638.9
电子工业	61	−263297.4	2138019.3	27148.7	33740.9
电力工业	18	1599798.5	3720768.0	611560.0	112886.8
市政公用工业	141	5713785.0	12605286.8	37185.9	73337.8
其他工业	339	607314.8	2833368.8	57592.8	45375.5
三、建筑业	484	6311390.7	27103288.7	70981.3	120602.4
四、地质勘查及水利业	30	902338.3	1953120.1	−18662.2	17804.1
五、交通运输业	409	22731988.7	56656047.2	10405.3	28763.9
其中:铁路运输业	2	64292.5	192026.4	3643.4	54135.7
道路运输业	267	15982366.7	36343474.4	−67960.3	13291.1
水上运输业	43	3062104.0	12199490.9	369902.9	77209.3
航空运输业	9	3325259.4	6282391.6	142614.4	79942.1
六、仓储业	187	716694.0	1997628.6	58249.9	39743.3
七、邮电通信业	7	28732.6	44258.0	136131.1	66772.8
八、批发和零售业	1853	8135568.7	37120079.0	67069.7	97750.7
九、房地产业	2103	41016707.8	170377597.5	429463.7	346812.6
十、信息技术服务业	125	922773.1	2298612.1	100922.6	36740.4
十一、社会服务业	2592	88395444.7	178962828.5	114463.4	42071.4
十二、卫生体育福利业	54	1565595.7	1707246.0	9179.2	26837.3
十三、教育文化广播业	419	4527544.4	6530401.6	303943.1	66773.8
十四、科学研究和技术	320	1021136.0	2677770.5	45561.6	46534.7
十五、金融业	54	21544748.7	466382540.8	403653.4	263701.6
十六、其他	9	372194.8	1418532.9	802.5	5965.9

2011 年浙江省国有企业主要指标表

项　目	户数(户)	年末国有资产总量(万元)	资产总额(万元)	人均净利润(元/人)	人均税收(元/人)
合　并	6522	86900948.4	243396953.1	76043.5	62431.7
合　计	6522	131921866.2	313687137.9	110541.2	62316.8
一、农林牧渔业	255	420688.5	1161733.6	4052.7	11037.9
其中:农业	59	99422.9	346574.1	1497.5	1476.5
林业	101	104348.2	196510.3	3911.4	2501.7
畜牧业	12	14480.5	44294.4	66443.1	279.3
渔业	9	25568.7	57928.3	-183351.8	6719.0
二、工业	960	17874332.7	42762897.2	57222.9	69828.5
其中:煤炭工业	1	50195.2	124175.6	11638.9	24694.5
石油和石化工业					
冶金工业	32	1287140.3	3427379.3	38694.0	61750.5
建材工业	32	159937.7	732781.3	114055.0	73233.3
化学工业	99	1536781.2	4651490.6	59940.9	59496.2
森林工业	1	485.6	1686.9	84544.3	77328.5
食品工业	61	66040.0	348142.4	16803.6	16396.6
烟草工业					
纺织工业	15	104018.4	198199.6	56514.9	55849.9
医药工业	22	533469.9	1622143.0	96670.3	37414.2
机械工业	103	1436679.9	4153705.6	75789.7	44281.9
电子工业	18	134093.8	311594.8	38430.3	27485.9
电力工业	157	6143536.8	13373015.8	110880.5	174098.3
市政公用工业	268	5469706.3	11511331.4	12229.8	62587.1
其他工业	134	929170.5	2049847.5	33551.5	28908.2
三、建筑业	224	3716014.5	11519630.7	30549.1	84382.0
四、地质勘查及水利业	100	1057377.6	2303660.9	64921.0	12951.1
五、交通运输业	427	18967062.6	39744189.6	74319.7	34799.1
其中:铁路运输业	9	318883.7	490380.2	51281.2	30396.7
道路运输业	265	11301138.3	27341046.5	27491.5	23639.2
水上运输业	61	894609.6	2836695.1	275184.1	79677.2

续表

项　目	户数(户)	年末国有资产总量(万元)	资产总额(万元)	人均净利润(元/人)	人均税收(元/人)
航空运输业	21	1016340.5	1856096.7	50440.6	37139.2
六、仓储业	193	586468.3	1951652.9	49706.2	9368.3
七、邮电通信业					
八、批发和零售业	1211	4264758.7	19432866.9	114494.1	103306.7
九、房地产业	731	14524396.2	51492332.0	414533.9	246820.5
十、信息技术服务业	46	233131.8	782144.1	24505.7	19323.5
十一、社会服务业	1788	64441984.4	126995978.4	201972.9	31393.5
十二、卫生体育福利业	22	78753.0	219919.1	16568.4	7509.6
十三、教育文化广播业	283	2885731.6	4026727.0	134281.1	23006.5
十四、科学研究和技术	240	469471.3	978384.0	35201.7	31895.0
十五、金融业	38	2022192.8	9733712.6	178499.8	86218.5
十六、其他	4	379502.3	581308.9	23377214.6	39778.6

2011年宁波市国有企业主要指标表

项　目	户数(户)	年末国有资产总量(万元)	资产总额(万元)	人均净利润(元/人)	人均税收(元/人)
合　并	714	14038046.6	45359284.4	93409.4	60910.7
合　计	714	22162645.7	57287872.7	124669.8	60910.7
一、农林牧渔业	17	30671.6	87063.2	−73525.6	1891.1
其中：农业	5	10155.2	28135.1	−13665.6	1078.1
林业	3	4412.8	7668.4	−49166.9	1614.6
畜牧业					
渔业	1	6752.8	7207.6	0.0	0.0
二、工业	59	1785990.7	4085145.8	109861.8	123262.8
其中：煤炭工业					
石油和石化工业					
冶金工业					
建材工业	3	47765.7	183296.2	376898.7	213551.8

续表

项　目	户数(户)	年末国有资产总量(万元)	资产总额(万元)	人均净利润(元/人)	人均税收(元/人)
化学工业	3	13363.7	55982.9	4455.7	6109.1
森林工业					
食品工业	2	2962.6	17443.7	45095.6	19479.7
烟草工业					
纺织工业					
医药工业	1	2805.1	15099.8	15950.0	21349.1
机械工业	1	634.0	1214.1	—4316.1	7755.3
电子工业					
电力工业	16	845396.7	1681237.5	198646.9	232871.3
市政公用工业	26	841152.8	2073810.4	24906.0	76803.1
其他工业	7	31910.0	57061.3	61134.9	52213.3
三、建筑业	31	307795.0	955951.8	16955.2	59760.8
四、地质勘查及水利业	14	130231.9	856194.6	23742.0	8592.1
五、交通运输业	74	6732807.2	10789624.5	160329.7	53351.8
其中:铁路运输业	2	9975.1	16034.5	31952.5	30111.0
道路运输业	31	1333974.8	3815924.6	10110.6	10909.1
水上运输业	14	262223.5	583019.4	190063.9	103466.8
航空运输业	3	94745.8	152403.2	—32972.8	10270.6
六、仓储业	28	179488.0	561370.3	266298.2	26772.8
七、邮电通信业					
八、批发和零售业	55	98370.7	404105.0	9366.8	39271.7
九、房地产业	106	3308401.6	12825045.5	266105.3	156637.1
十、信息技术服务业	4	14462.5	23602.5	—4714.5	13527.2
十一、社会服务业	249	8922315.0	25580480.6	92789.2	23601.2
十二、卫生体育福利业	4	2415.4	2992.1	87999.0	11311.1
十三、教育文化广播业	47	389699.6	513215.7	50157.9	17210.1
十四、科学研究和技术	23	87100.9	177486.9	57886.2	20045.5
十五、金融业	3	172895.6	425594.2	2766806.7	1053510.9
十六、其他					

2011 年江苏省国有企业主要指标表

项　目	户数(户)	年末国有资产总量(万元)	资产总额(万元)	人均净利润(元/人)	人均税收(元/人)
合　并	5118	121438391.2	351862728.0	67052.3	64939.4
合　计	5118	169220308.1	410882026.6	89150.8	65017.0
一、农林牧渔业	343	1598784.4	3184496.5	8964.7	1377.3
其中:农业	141	560758.5	1702555.2	9853.9	1231.9
林业	52	12573.6	70991.5	789.0	524.9
畜牧业	32	9167.1	35118.7	-2691.7	4848.0
渔业	26	37296.0	96311.1	27096.4	7564.8
二、工业	824	15735480.5	50821173.3	70334.9	86091.7
其中:煤炭工业	39	1870930.7	4621340.2	68589.3	82744.6
石油和石化工业	4	-32798.4	39735.8	-68331.0	250765.6
冶金工业	20	35416.3	235158.2	5306.1	33551.0
建材工业	27	186532.8	447272.1	98626.5	109271.5
化学工业	79	914755.1	5075449.4	30401.9	24817.3
森林工业	1	686.9	2103.1	8101.5	6120.4
食品工业	61	127185.7	963504.0	7501.1	20542.9
烟草工业					
纺织工业	35	251438.4	812575.3	1674.9	17662.0
医药工业	16	192532.3	738344.6	106398.9	108733.5
机械工业	164	3701511.0	12053019.3	169768.2	141979.9
电子工业	20	305238.6	1740922.1	-84553.1	30485.6
电力工业	59	3428767.4	9525517.7	2888.3	91627.5
市政公用工业	111	3204132.0	9794201.6	42394.5	49929.0
其他工业	179	1542247.1	4408371.8	88484.7	112650.8
三、建筑业	198	5472586.1	14408027.0	27114.1	41581.8
四、地质勘查及水利业	31	1796405.6	3612619.6	578020.8	95816.8
五、交通运输业	289	15050140.4	37928861.5	59790.1	43638.0
其中:铁路运输业	6	761234.8	1205980.8	135514.3	10784.8
道路运输业	141	10877549.1	29205793.8	70929.9	40293.5
水上运输业	34	585561.6	1571011.2	69018.0	16008.4

续表

项　目	户数(户)	年末国有资产总量(万元)	资产总额(万元)	人均净利润(元/人)	人均税收(元/人)
航空运输业	25	1061367.0	1406391.3	38228.1	39579.4
六、仓储业	338	583234.2	3406666.9	1894.6	3754.1
七、邮电通信业	3	12305.9	25024.3	7487.8	10192.1
八、批发和零售业	779	3802552.5	15514244.3	65393.7	95829.5
九、房地产业	521	27889785.5	75916234.1	272049.2	172810.7
十、信息技术服务业	54	901398.9	1527759.2	68591.1	15837.0
十一、社会服务业	1262	84829415.4	177100700.5	234425.9	49401.1
十二、卫生体育福利业	20	100259.0	179568.9	－12754.1	19839.6
十三、教育文化广播业	208	2140279.3	4163062.1	79865.9	31529.5
十四、科学研究和技术	138	871158.9	1859514.0	18876.4	28868.5
十五、金融业	94	7713404.0	19633922.1	335269.1	149105.5
十六、其他	16	723117.7	1600152.3	110269.1	1083.6

2011年安徽省国有企业主要指标表

项　目	户数(户)	年末国有资产总量(万元)	资产总额(万元)	人均净利润(元/人)	人均税收(元/人)
合　并	2646	43660449.1	151882298.4	63934.4	55309.5
合　计	2646	65597726.4	182518125.8	74765.9	56655.7
一、农林牧渔业	167	345686.2	1037893.5	6507.7	1319.9
其中:农业	96	306775.3	914303.0	7489.6	1495.0
林业	18	8708.4	18798.5	－2910.4	308.3
畜牧业	12	4112.2	7149.7	666.7	78.6
渔业	17	766.9	5916.4	22.4	113.1
二、工业	597	23134208.2	75854705.5	47605.1	66312.0
其中:煤炭工业	46	6949096.7	22408346.5	19414.4	57910.9
石油和石化工业	1	1000.0	3796.0	0.0	0.0
冶金工业	59	6229835.7	16519112.6	29036.1	57551.1
建材工业	28	1754667.8	9791317.3	285306.8	200007.4

续表

项　目	户数(户)	年末国有资产总量(万元)	资产总额(万元)	人均净利润(元/人)	人均税收(元/人)
化学工业	55	1512252.6	4746049.5	15222.7	27731.2
森林工业	8	18058.6	45798.8	－40909.3	21771.7
食品工业	39	49770.7	168258.7	－1467.7	12125.5
烟草工业					
纺织工业	10	235212.0	875003.2	105045.2	46297.8
医药工业	6	36814.2	147201.9	9956.1	17374.6
机械工业	128	2649754.6	10407412.0	36809.1	45989.9
电子工业	11	232653.9	601074.4	－34195.9	－90256.0
电力工业	35	1893853.3	5651607.3	45637.3	93391.9
市政公用工业	74	626401.2	1575104.5	－4448.6	24180.6
其他工业	88	801017.2	2449020.5	46127.8	97965.7
三、建筑业	172	5414460.0	13219791.1	73615.2	54000.5
四、地质勘查及水利业	5	1867.3	18214.1	6770.9	15452.4
五、交通运输业	145	2390796.6	10892901.9	44666.5	20679.7
其中:铁路运输业	7	217501.4	301097.7	94487.9	44169.4
道路运输业	100	1737582.7	9487359.9	48405.0	20456.7
水上运输业	11	48048.2	157871.7	－10679.1	19686.5
航空运输业	6	247306.8	422664.6	15017.7	7958.6
六、仓储业	255	174583.4	919579.2	3890.7	－2645.1
七、邮电通信业	3	－2710.6	12043.5	1560.8	92.3
八、批发和零售业	508	2072668.2	8724051.1	65339.6	47474.4
九、房地产业	247	3353575.5	11027265.7	293252.1	160173.4
十、信息技术服务业	7	8453.5	14689.3	14741.2	29172.4
十一、社会服务业	347	24839241.6	49066629.3	681954.3	34776.8
十二、卫生体育福利业	4	3383.6	7202.8	9163.2	10736.3
十三、教育文化广播业	59	608776.2	1125255.8	87748.5	22715.5
十四、科学研究和技术	70	167654.6	357561.0	45407.6	26116.1
十五、金融业	53	2893496.1	9813891.3	332907.2	151718.2
十六、其他	7	191586.0	426450.5	94978.8	99161.3

2011年福建省国有企业主要指标表

项　目	户数(户)	年末国有资产总量(万元)	资产总额(万元)	人均净利润(元/人)	人均税收(元/人)
合　并	4236	36208297.1	122038582.4	54335.4	54602.3
合　计	4236	61635488.1	157945524.9	73448.2	54541.6
一、农林牧渔业	300	433199.0	892898.4	1431.2	2920.9
其中:农业	117	88214.1	229986.3	—472.2	1733.3
林业	88	163404.5	327268.2	24012.9	10466.3
畜牧业	13	3101.5	13340.9	3762.2	4264.1
渔业	13	15774.2	22343.2	—13230.1	2203.6
二、工业	692	10484964.0	28007141.8	63856.5	53367.2
其中:煤炭工业	24	1100365.9	2477203.9	43752.6	41769.4
石油和石化工业					
冶金工业	43	2809263.1	7561913.9	221168.0	110441.1
建材工业	40	283393.8	779625.8	62872.3	73800.5
化学工业	28	528565.6	1500890.1	6553.6	12903.0
森林工业	4	47423.0	291089.0	—21938.3	9561.4
食品工业	77	142198.4	419305.3	4765.1	12808.9
烟草工业	1	25.4	32.7	—14328.1	10513.2
纺织工业	4	39475.0	130145.3	18635.1	13035.6
医药工业	9	126395.5	170472.7	128185.1	139006.7
机械工业	86	1446756.0	5309854.9	46761.9	64331.6
电子工业	21	227369.3	738119.1	98896.7	72545.4
电力工业	90	1028531.8	3182587.1	4592.5	42540.8
市政公用工业	134	1627335.7	2870560.1	40038.9	35617.5
其他工业	114	709882.6	1648349.4	—3993.4	16006.5
三、建筑业	190	5182739.0	13652727.3	44395.4	53763.0
四、地质勘查及水利业	24	92692.2	155700.9	—17856.1	4931.6
五、交通运输业	388	14766453.3	34318392.7	54630.4	25317.8
其中:铁路运输业	8	27190.4	79406.5	7900.8	11261.2
道路运输业	232	12390319.9	28914568.0	46739.0	20811.6
水上运输业	41	379725.0	1123259.3	55682.9	58566.9

续表

项　目	户数(户)	年末国有资产总量(万元)	资产总额(万元)	人均净利润(元/人)	人均税收(元/人)
航空运输业	14	342041.8	617710.2	79282.6	47590.4
六、仓储业	226	297962.7	1160383.6	20407.6	12808.2
七、邮电通信业	7	4147.5	20421.0	8261.1	4238.7
八、批发和零售业	835	2566986.3	12201468.6	94261.1	119264.1
九、房地产业	449	9275069.9	32284988.3	191519.1	191441.1
十、信息技术服务业	45	232355.3	389822.6	16464.2	17369.3
十一、社会服务业	790	17027177.0	32560359.1	180110.8	41293.8
十二、卫生体育福利业	6	31678.8	47506.6	5943.6	3382.5
十三、教育文化广播业	122	502357.5	751649.6	32466.5	22715.5
十四、科学研究和技术	127	246559.2	594419.2	24237.3	22810.5
十五、金融业	23	427935.7	734200.0	440249.4	175182.5
十六、其他	12	63210.4	173445.3	3379.2	6205.8

2011 年厦门市国有企业主要指标表

项　目	户数(户)	年末国有资产总量(万元)	资产总额(万元)	人均净利润(元/人)	人均税收(元/人)
合　并	1063	10282847.2	42598298.1	69684.8	79080.8
合　计	1063	17370297.4	59166178.2	109836.6	79080.8
一、农林牧渔业	14	51180.6	140974.6	−7308.7	7221.2
其中：农业	3	6267.5	16928.6	3531.6	3187.9
林业					
畜牧业	1	−634.3	635.7	0.0	0.0
渔业	1	2241.6	2264.3	−966.8	6835.1
二、工业	87	1787050.6	5556920.7	49607.1	33066.1
其中：煤炭工业					
石油和石化工业					
冶金工业	2	8237.7	70800.0	−15965.7	27218.5
建材工业	9	32778.2	94785.4	32651.3	145489.3

续表

项　目	户数(户)	年末国有资产总量(万元)	资产总额(万元)	人均净利润(元/人)	人均税收(元/人)
化学工业	4	5299.6	102783.6	8586.7	5387.9
森林工业					
食品工业	12	25423.5	145307.7	—2981.1	11962.8
烟草工业					
纺织工业					
医药工业	3	9486.7	17575.3	—57213.8	28435.9
机械工业	29	1082483.5	3969766.4	69041.6	36842.2
电子工业	2	7093.4	49922.0	100655.7	63134.8
电力工业	2	36064.6	85502.7	9762.8	14897.0
市政公用工业	13	565359.6	995796.9	45130.5	45471.3
其他工业	11	14823.7	24680.8	4086.9	36294.0
三、建筑业	43	1325518.5	5908879.3	128691.9	92331.2
四、地质勘查及水利业					
五、交通运输业	103	2043763.8	5144681.2	52047.0	26829.4
其中:铁路运输业					
道路运输业	38	665805.1	1950890.7	9338.5	9400.4
水上运输业	17	151526.1	391453.8	101926.3	96618.9
航空运输业	13	281124.2	537436.2	85972.4	51809.0
六、仓储业	41	122849.4	297182.7	62702.5	35494.8
七、邮电通信业					
八、批发和零售业	258	1425697.7	8827051.2	258762.6	240837.2
九、房地产业	228	6418091.8	24334426.8	205057.8	177166.5
十、信息技术服务业	11	200043.3	298186.0	9775.5	20650.6
十一、社会服务业	229	3655557.6	8018777.7	140362.9	46163.7
十二、卫生体育福利业	1	1855.8	5579.6	54845.3	0.0
十三、教育文化广播业	25	79715.6	120615.5	20983.5	31812.0
十四、科学研究和技术	13	51441.1	178433.0	88320.3	65332.9
十五、金融业	10	207531.7	334469.9	503811.8	205454.7
十六、其他					

2011年江西省国有企业主要指标表

项　目	户数(户)	年末国有资产总量(万元)	资产总额(万元)	人均净利润(元/人)	人均税收(元/人)
合　并	1601	24660959.1	73913367.2	46274.4	42385.9
合　计	1601	34439720.6	85937004.9	55779.0	42412.3
一、农林牧渔业	140	153748.8	818726.8	−42.5	2288.2
其中:农业	39	23915.3	379624.0	−400.6	3336.7
林业	70	102924.8	216598.2	924.4	255.2
畜牧业	4	698.3	4761.8	−2092.3	62.0
渔业	9	9176.9	18382.0	1189.5	747.4
二、工业	531	9849995.4	27913735.5	64142.8	54410.9
其中:煤炭工业	45	1440634.9	3357583.5	10054.9	24424.7
石油和石化工业					
冶金工业	77	5135518.2	14896818.7	132728.7	96055.4
建材工业	40	658689.6	1439967.0	112463.5	99689.6
化学工业	56	377729.0	1233247.2	25954.4	25143.9
森林工业	2	−3000.9	11520.3	−645.2	867.5
食品工业	31	29925.2	137599.2	1773.2	3214.3
烟草工业					
纺织工业	6	−72571.9	62126.0	25869.7	5137.8
医药工业	8	114589.7	333068.7	57195.4	45736.8
机械工业	79	1244143.5	3559903.5	86226.8	62047.4
电子工业	14	28043.9	82739.8	5035.7	7681.3
电力工业	20	84481.7	827037.0	−79174.6	34917.4
市政公用工业	88	617113.6	1446365.7	12058.0	15134.3
其他工业	62	185121.6	507185.6	31803.2	40158.6
三、建筑业	109	5877347.8	10495842.5	50482.9	47203.8
四、地质勘查及水利业	8	834219.4	951232.8	−2827.0	24326.1
五、交通运输业	66	3208691.2	7685986.2	57930.2	26953.7
其中:铁路运输业	1	943.6	1336.2	0.0	1520.0
道路运输业	58	3190942.3	7642193.4	61643.7	28326.4
水上运输业	4	10824.6	31358.4	−1791.9	4416.8

续表

项　目	户数(户)	年末国有资产总量(万元)	资产总额(万元)	人均净利润(元/人)	人均税收(元/人)
航空运输业					
六、仓储业	99	41589.4	488682.6	419.3	1288.1
七、邮电通信业					
八、批发和零售业	182	630353.9	3011399.0	40191.6	35124.8
九、房地产业	96	3349643.6	6214208.1	173652.8	114659.9
十、信息技术服务业	7	2127.9	3697.7	34654.3	17151.0
十一、社会服务业	228	7861622.6	14330675.8	64449.7	32081.2
十二、卫生体育福利业	6	391.8	7538.3	−7951.9	267.7
十三、教育文化广播业	70	1027410.2	1342881.5	48792.1	17626.3
十四、科学研究和技术	44	54180.4	300577.1	5143.2	24619.1
十五、金融业	12	1078166.4	11436601.4	616969.1	315978.2
十六、其他	3	470231.9	935219.6	29308583.5	0.0

2011年山东省国有企业主要指标表

项　目	户数(户)	年末国有资产总量(万元)	资产总额(万元)	人均净利润(元/人)	人均税收(元/人)
合　并	5360	51608970.0	228217257.9	44806.3	53239.1
合　计	5360	89205899.6	311146258.0	62380.9	54426.6
一、农林牧渔业	135	165680.5	741492.3	−2466.4	4105.5
其中:农业	29	66345.2	167002.5	4582.9	4100.3
林业	13	10789.7	37769.6	18915.4	7292.5
畜牧业	22	6416.3	26526.5	10383.5	2762.6
渔业	24	−92509.5	148271.3	−44074.4	3021.5
二、工业	1769	41984774.0	157247870.1	64399.8	60888.0
其中:煤炭工业	246	17757523.2	53260171.2	99074.9	91035.9
石油和石化工业	6	112667.4	471696.2	46707.9	65936.0
冶金工业	127	8857764.0	30573438.7	62402.8	53682.2
建材工业	91	546884.2	2180849.1	43558.2	46185.9

续表

项　目	户数(户)	年末国有资产总量(万元)	资产总额(万元)	人均净利润(元/人)	人均税收(元/人)
化学工业	159	3423243.5	16393852.4	43099.2	39303.0
森林工业	10	-11799.7	87075.5	-28675.1	17565.3
食品工业	72	82758.3	661365.4	8732.2	14318.3
烟草工业					
纺织工业	43	199826.8	1163124.6	-1941.8	16303.9
医药工业	36	221625.2	978213.3	18079.3	27585.3
机械工业	373	3495912.1	28144070.3	58883.6	38171.6
电子工业	67	1371759.4	5539058.2	92141.9	58342.9
电力工业	55	1312633.2	3661939.0	-19335.5	32760.9
市政公用工业	287	2952872.2	8226220.8	-12545.7	15703.9
其他工业	184	1631283.1	5427348.7	70730.4	99489.3
三、建筑业	344	2710888.6	12277011.0	18525.0	37963.9
四、地质勘查及水利业	23	286911.5	626334.3	-25713.8	17087.4
五、交通运输业	308	13194058.6	27629649.5	43768.2	25936.6
其中:铁路运输业	15	2428550.6	2672672.4	30343.4	9629.7
道路运输业	176	5928230.1	15858543.9	47065.6	18784.1
水上运输业	38	1025243.3	3014675.4	-23877.5	60313.4
航空运输业	17	652436.6	770670.0	58193.5	48590.4
六、仓储业	198	540836.3	1804895.0	3650.7	22270.1
七、邮电通信业	1	-3710.2	6859.1	-2972.7	4562.9
八、批发和零售业	793	1917388.9	14149159.8	26847.6	35147.5
九、房地产业	452	5018789.5	25495850.8	137412.5	126823.4
十、信息技术服务业	35	91866.4	323551.3	15879.4	29960.6
十一、社会服务业	813	19197427.3	40485689.5	79273.5	26460.1
十二、卫生体育福利业	23	28261.3	359277.1	17175.8	1616.9
十三、教育文化广播业	230	1327984.8	2568008.3	88835.1	29663.7
十四、科学研究和技术	173	254257.6	604040.9	25646.7	30301.1
十五、金融业	55	2290946.1	26014170.4	448994.7	197162.2
十六、其他	8	199538.3	812398.7	3606866.9	18550.4

2011年青岛市国有企业主要指标表

项　目	户数(户)	年末国有资产总量(万元)	资产总额(万元)	人均净利润(元/人)	人均税收(元/人)
合　并	879	8764596.5	42843095.8	49916.3	60780.3
合　计	879	13162314.4	50960633.0	53485.1	60857.7
一、农林牧渔业	20	7750.7	18722.5	9732.7	3188.5
其中:农业	4	1096.8	1954.3	4213.4	411.8
林业	1	1072.2	1633.2	12695.1	3053.7
畜牧业	7	1717.3	6909.8	13938.3	10668.2
渔业	1	47.2	70.7	0.0	0.0
二、工业	239	4528923.4	13927182.5	41054.2	64942.5
其中:煤炭工业	1	22299.3	135534.7	29596.9	33508.1
石油和石化工业					
冶金工业	12	688898.2	2411444.3	12922.2	33833.3
建材工业	11	6246.0	53625.9	-37658.4	31515.1
化学工业	40	602991.8	1933775.8	9683.4	21511.1
森林工业					
食品工业	8	8902.6	38922.7	14014.1	26015.9
烟草工业					
纺织工业	5	25888.0	74784.5	-12233.1	5033.6
医药工业	2	1509.3	3057.5	-28178.8	17406.6
机械工业	47	236696.5	765279.3	34585.6	47794.9
电子工业	23	911937.3	3660342.1	96158.9	61768.1
电力工业	7	91067.8	245207.2	-24742.7	26221.5
市政公用工业	52	783620.0	2170786.7	-40676.4	20896.8
其他工业	27	1147935.5	2425969.6	43857.3	121167.9
三、建筑业	99	618031.5	3891162.2	20181.0	58878.6
四、地质勘查及水利业	2	213.1	6271.9	49362.2	139802.3
五、交通运输业	62	2388521.5	4171643.5	42918.6	25162.8
其中:铁路运输业	1	2410.0	17990.3	-143.5	2572.8
道路运输业	41	292572.3	1237891.3	-6279.0	5508.1
水上运输业	4	69645.8	83781.7	111426.2	78940.5

续表

项　目	户数(户)	年末国有资产总量(万元)	资产总额(万元)	人均净利润(元/人)	人均税收(元/人)
航空运输业	5	257137.9	328951.6	109960.3	79517.0
六、仓储业	18	42530.9	160663.5	—409.6	5155.0
七、邮电通信业					
八、批发和零售业	81	179669.9	2422393.2	35725.0	39837.2
九、房地产业	112	649777.5	5474064.3	593901.8	271877.3
十、信息技术服务业	2	753.7	3407.9	—50451.9	519.6
十一、社会服务业	161	4217192.9	11382829.6	98758.8	62508.9
十二、卫生体育福利业	5	16707.4	253751.4	6453.9	7400.1
十三、教育文化广播业	45	188880.1	757174.5	66325.0	46985.8
十四、科学研究和技术	19	38715.3	82859.2	29069.5	33028.8
十五、金融业	13	281815.3	8385287.6	349477.1	206201.8
十六、其他	1	2831.3	23219.2	—117430.3	34108.7

2011年河南省国有企业主要指标表

项　目	户数(户)	年末国有资产总量(万元)	资产总额(万元)	人均净利润(元/人)	人均税收(元/人)
合　并	3973	24428156.0	124395321.0	10431.1	37014.5
合　计	3973	45131998.6	161519971.8	17088.2	37058.7
一、农林牧渔业	103	266615.1	669157.2	—2765.6	1781.2
其中:农业	50	75031.0	247832.8	849.3	2317.6
林业	22	149164.2	336611.6	—28520.1	553.3
畜牧业	12	9870.8	27175.6	420.4	48.4
渔业					
二、工业	1262	22429404.4	85358763.8	19960.3	43531.5
其中:煤炭工业	396	12068833.2	45646643.9	34097.6	54139.8
石油和石化工业	4	9163.4	23407.6	20077.2	49003.3
冶金工业	74	4209137.9	12685870.5	30447.9	56653.0
建材工业	72	766659.3	2621076.3	33830.7	56303.9

续表

项　目	户数(户)	年末国有资产总量(万元)	资产总额(万元)	人均净利润(元/人)	人均税收(元/人)
化学工业	104	1140713.3	6701289.8	—21597.6	13121.7
森林工业	2	14154.4	45910.3	—2592.4	67647.8
食品工业	66	229956.7	652783.5	11363.8	6242.2
烟草工业					
纺织工业	17	167490.9	681379.2	9562.7	10175.8
医药工业	16	71251.2	388314.7	—4325.8	8884.6
机械工业	106	816088.9	3287298.9	40457.0	32137.9
电子工业	16	116620.8	345362.2	483.2	16763.8
电力工业	142	1376546.0	5846101.3	—19443.2	34994.7
市政公用工业	101	959993.7	2782425.8	—7301.5	9391.5
其他工业	143	478939.3	3617036.4	—19905.2	29071.7
三、建筑业	146	1516037.5	6960969.1	1840.8	26521.7
四、地质勘查及水利业	22	24166.0	61980.2	18537.8	5135.0
五、交通运输业	124	4138952.3	10830273.3	924.9	10190.0
其中:铁路运输业	9	319312.5	670583.5	—259.8	7443.3
道路运输业	98	3522942.9	9699964.8	1533.1	10586.5
水上运输业	2	—223.1	1206.0	—367.5	701.3
航空运输业	3	291648.7	380254.4	1958.5	14905.9
六、仓储业	679	43726.3	1893932.8	—6665.3	1081.4
七、邮电通信业	3	136.4	4413.0	—27.6	2328.9
八、批发和零售业	809	1030822.2	7421438.2	—24858.1	22654.5
九、房地产业	115	1308799.5	2983706.9	60028.3	100760.3
十、信息技术服务业	32	190301.5	601647.5	10857.7	7469.5
十一、社会服务业	417	11065777.2	26939912.9	77818.1	40822.7
十二、卫生体育福利业	18	77747.4	214370.0	9085.4	911.6
十三、教育文化广播业	99	787107.1	1224341.2	14885.2	17257.3
十四、科学研究和技术	85	132108.8	492637.7	—38171.7	19540.2
十五、金融业	23	2004949.1	15547985.8	307592.7	185982.2
十六、其他	36	115347.6	314442.2	4900.7	11719.1

2011年湖北省国有企业主要指标表

项　目	户数(户)	年末国有资产总量(万元)	资产总额(万元)	人均净利润(元/人)	人均税收(元/人)
合　并	2376	28599633.0	119379085.1	32320.5	29632.7
合　计	2376	41294455.2	136698742.5	38092.3	29397.9
一、农林牧渔业	177	405027.9	1204152.2	1399.1	2986.8
其中:农业	71	175612.4	625977.2	487.7	2780.4
林业	20	14498.4	39858.8	-321.8	117.9
畜牧业	24	44534.5	104068.8	50282.6	8110.2
渔业	44	55652.5	153591.1	2055.7	1499.8
二、工业	685	8337717.9	28740014.0	42412.7	41071.6
其中:煤炭工业	24	25066.2	283864.1	2377.1	17033.5
石油和石化工业					
冶金工业	34	336226.7	1982619.4	93292.2	50574.8
建材工业	59	1110841.6	4477340.1	89082.0	75777.3
化学工业	53	1862102.4	6978084.1	74333.1	47706.5
森林工业	7	35571.7	59061.5	9236.1	10875.8
食品工业	51	388494.9	859983.0	74095.7	47519.3
烟草工业					
纺织工业	34	-13984.5	497792.8	-28763.3	31186.8
医药工业	9	8259.4	69379.5	10054.4	15699.1
机械工业	133	681913.1	2974065.2	13380.5	16112.0
电子工业	15	52707.8	335615.4	31637.8	18202.8
电力工业	60	2667966.0	6104048.8	70243.9	82591.0
市政公用工业	102	903415.3	2933085.4	8758.2	24274.5
其他工业	99	257466.5	1012297.6	8858.1	33813.2
三、建筑业	114	8252530.5	20138445.7	29620.5	51356.4
四、地质勘查及水利业	21	120655.7	441396.1	-2780.2	1882.6
五、交通运输业	142	1918261.3	9523594.7	9608.8	8418.3
其中:铁路运输业	9	218764.0	505822.2	28865.9	7505.0
道路运输业	82	1418654.4	7992657.1	8657.0	8014.5
水上运输业	29	67690.9	398506.8	6591.0	8559.5

续表

项　目	户数(户)	年末国有资产总量(万元)	资产总额(万元)	人均净利润(元/人)	人均税收(元/人)
航空运输业					
六、仓储业	191	90036.8	789081.3	7469.8	1949.7
七、邮电通信业					
八、批发和零售业	267	421578.3	3865099.8	16397.9	26188.5
九、房地产业	183	2452387.1	11074485.4	157088.8	149027.5
十、信息技术服务业	13	459608.9	1151226.1	202699.2	5445.2
十一、社会服务业	417	16396925.0	41105305.7	223149.6	57749.0
十二、卫生体育福利业	6	539.0	19553.2	—28707.4	12373.3
十三、教育文化广播业	64	1317025.4	1397855.6	27844.0	21612.8
十四、科学研究和技术	63	96446.8	260212.9	27139.8	26089.9
十五、金融业	31	1024360.2	16985240.8	548916.8	240260.3
十六、其他	2	1354.3	3078.9	1385.8	0.0

2011 年湖南省国有企业主要指标表

项　目	户数(户)	年末国有资产总量(万元)	资产总额(万元)	人均净利润(元/人)	人均税收(元/人)
合　并	2001	29715146.3	89482812.3	33337.7	30798.4
合　计	2001	41418391.7	109814246.7	43126.4	30780.4
一、农林牧渔业	156	345560.3	786729.1	3269.4	1931.7
其中:农业	40	113012.3	363126.0	1964.3	1770.1
林业	55	77004.0	162563.7	—104.7	1397.9
畜牧业	18	141006.6	201007.4	25188.2	4474.6
渔业	11	6444.1	12591.6	—7030.7	1576.3
二、工业	653	10140399.8	39668392.9	49481.9	35713.7
其中:煤炭工业	65	956004.2	2145182.7	3283.9	19489.5
石油和石化工业					
冶金工业	76	5472712.3	20434041.8	76979.1	24219.7
建材工业	9	20092.4	64368.0	—6421.4	22475.5

续表

项　目	户数(户)	年末国有资产总量（万元）	资产总额（万元）	人均净利润（元/人）	人均税收（元/人）
化学工业	29	144297.5	584072.0	12807.7	13647.4
森林工业	3	17833.9	41164.1	−4778.1	3095.9
食品工业	20	119134.1	293126.6	8520.5	25216.9
烟草工业					
纺织工业	13	92304.2	251242.1	−10477.2	3429.6
医药工业	4	8661.5	33666.9	27089.6	29448.7
机械工业	119	1325799.1	10675998.9	144705.4	94240.9
电子工业	6	30614.2	101326.5	−88152.2	9435.9
电力工业	132	972370.6	2708668.7	2180.1	32586.5
市政公用工业	98	422479.4	1045007.7	−5625.5	7044.7
其他工业	64	345807.3	875998.7	12006.3	14983.4
三、建筑业	121	1912178.1	5666082.2	6493.8	35059.7
四、地质勘查及水利业	43	604639.1	969825.5	−11925.0	−2424.1
五、交通运输业	86	6497122.9	13079938.0	4580.0	12488.2
其中：铁路运输业	5	18904.5	65044.7	3958.8	1723.0
道路运输业	63	5690913.4	11737400.8	5444.1	10857.6
水上运输业	7	67492.3	103729.1	−3195.3	9423.2
航空运输业	3	696979.4	1126271.7	−2632.7	34774.6
六、仓储业	91	131124.1	963361.7	1200.3	1901.5
七、邮电通信业	2	2286.3	4633.4	−83353.1	3485.2
八、批发和零售业	192	469858.1	2410786.2	32708.6	33870.2
九、房地产业	172	6465065.7	15297108.9	141051.9	69804.6
十、信息技术服务业	26	117998.6	217930.9	63134.9	9842.9
十一、社会服务业	259	12836437.1	26150234.0	89598.3	21380.6
十二、卫生体育福利业	5	220.5	18970.7	−17875.0	3327.5
十三、教育文化广播业	117	1377254.7	3478199.4	82479.0	32099.1
十四、科学研究和技术	63	194571.1	374133.5	8067.2	22552.2
十五、金融业	8	309268.5	682828.0	585575.8	203630.4
十六、其他	7	14406.8	45092.4	395985.2	254.2

2011年广东省国有企业主要指标表

项　目	户数(户)	年末国有资产总量(万元)	资产总额(万元)	人均净利润(元/人)	人均税收(元/人)
合　并	8067	78989020.9	289879951.8	59888.1	70649.2
合　计	8067	143555641.1	388788660.5	83254.0	71099.6
一、农林牧渔业	402	1075501.6	2963057.7	23791.2	13299.3
其中:农业	132	157244.6	623106.9	13401.7	7014.5
林业	76	176281.3	340463.6	11418.4	11598.7
畜牧业	47	122523.1	396393.9	6277.7	14849.4
渔业	31	16124.0	108659.1	-10850.1	786.2
二、工业	1549	32649547.3	93063662.5	93304.4	103389.2
其中:煤炭工业	5	-7118.5	16848.7	-139392.3	15328.7
石油和石化工业	2	5274.4	7913.5	14529.0	112861.4
冶金工业	78	996215.1	5939200.6	5684.8	54431.3
建材工业	51	60944.0	376102.6	-20829.0	12909.8
化学工业	110	431455.8	2598701.3	23232.7	32183.6
森林工业	9	18563.9	68753.3	-26691.1	17368.9
食品工业	184	242967.3	1512564.3	14793.9	29332.2
烟草工业	11	33997.0	42072.7	72674.1	43542.8
纺织工业	35	281478.4	471047.1	2033.4	9837.9
医药工业	48	283598.4	1797888.7	67263.2	67018.2
机械工业	205	9627198.8	26829023.3	178648.2	206071.5
电子工业	83	302174.5	1631127.0	26471.7	16736.0
电力工业	190	11439334.4	26734738.7	277135.1	213723.6
市政公用工业	257	6731392.2	19549719.2	71296.9	53538.8
其他工业	259	2084390.0	5062233.4	10274.4	46586.5
三、建筑业	447	4875597.9	21422725.2	14148.9	59772.0
四、地质勘查及水利业	20	26211.7	93927.9	-6669.7	7735.3
五、交通运输业	603	30452572.5	69604148.8	57789.5	28414.4
其中:铁路运输业	16	107755.5	546068.7	-7111.6	9628.4
道路运输业	351	21386715.7	52156282.0	43575.1	24171.8
水上运输业	120	3200607.0	5829909.7	223104.5	40723.6

续表

项 目	户数(户)	年末国有资产总量(万元)	资产总额(万元)	人均净利润(元/人)	人均税收(元/人)
航空运输业	22	2852283.7	5643773.5	54573.5	59026.5
六、仓储业	379	690862.3	2120792.8	17139.9	47880.2
七、邮电通信业	9	79327.8	106820.6	134280.2	22223.3
八、批发和零售业	1276	4414820.1	19198290.1	74141.0	89001.6
九、房地产业	810	9644502.8	35575263.6	192231.2	134793.2
十、信息技术服务业	76	1024921.6	1810642.6	31886.3	25106.4
十一、社会服务业	1826	50203490.9	106771153.5	107219.7	45791.1
十二、卫生体育福利业	24	36124.3	52687.5	—8382.4	7732.2
十三、教育文化广播业	315	2564639.6	3754193.4	34416.3	30791.3
十四、科学研究和技术	228	1128098.2	2633719.6	37598.2	26880.9
十五、金融业	68	4543416.5	29174462.5	210824.0	71430.9
十六、其他	35	146005.9	443112.3	58142.4	69710.6

2011 年深圳市国有企业主要指标表

项 目	户数(户)	年末国有资产总量(万元)	资产总额(万元)	人均净利润(元/人)	人均税收(元/人)
合 并	1088	17193723.2	49682218.9	80579.3	62101.0
合 计	1088	29780394.7	67495649.9	95669.4	62096.7
一、农林牧渔业	62	622523.8	1329043.7	93386.2	32218.1
其中:农业	16	66323.2	105938.8	49733.6	28116.0
林业	1	600.7	639.0	0.0	0.0
畜牧业	8	50617.6	169786.9	8758.3	10792.0
渔业					
二、工业	153	5220129.9	10414720.0	105786.2	86909.5
其中:煤炭工业					
石油和石化工业	1	1710.2	2789.3	18189.9	94062.1
冶金工业					
建材工业	3	1400.6	4058.5	—59756.3	11320.8

续表

项　目	户数(户)	年末国有资产总量(万元)	资产总额(万元)	人均净利润(元/人)	人均税收(元/人)
化学工业	16	69595.5	172347.5	23549.1	17753.4
森林工业					
食品工业	11	36269.9	131147.4	8477.3	17192.5
烟草工业					
纺织工业					
医药工业	1	26248.6	48565.7	99658.5	92792.8
机械工业	9	195529.6	289447.2	52141.3	51731.2
电子工业	10	151733.1	312183.8	52032.1	36926.8
电力工业	18	3292726.5	5838606.1	727337.3	467665.7
市政公用工业	71	1248527.3	3151318.8	47393.6	57732.7
其他工业	13	196388.6	464255.8	－12276.0	42993.2
三、建筑业	35	475492.1	2009896.2	60269.2	101227.6
四、地质勘查及水利业	1	2514.3	18268.6	12891.8	28436.0
五、交通运输业	73	8510051.0	15828916.1	48932.0	17433.9
其中:铁路运输业	3	11390.2	71045.2	－143272.1	33915.3
道路运输业	44	5337933.3	11070309.1	－959.9	5910.5
水上运输业	11	1777412.3	2511220.8	1852407.3	171947.2
航空运输业	9	1366750.5	2154584.7	166763.3	87243.6
六、仓储业	19	182761.6	359768.9	11910.9	119504.8
七、邮电通信业	2	2879.2	5221.0	23136.0	46646.6
八、批发和零售业	61	727862.9	1205607.7	105573.8	72607.9
九、房地产业	222	2728663.3	11435165.9	139828.6	123734.5
十、信息技术服务业	11	100858.6	227560.1	78913.6	43652.1
十一、社会服务业	308	9134180.3	15395961.6	132048.9	59903.2
十二、卫生体育福利业	7	28722.5	35966.7	－35895.6	8379.2
十三、教育文化广播业	86	720277.1	1026530.2	20472.0	39160.4
十四、科学研究和技术	31	211726.5	671035.7	25354.0	32565.5
十五、金融业	12	1093838.0	7482108.5	189881.3	16595.9
十六、其他	5	17913.4	49879.0	19451.9	37782.9

2011 年海南省国有企业主要指标表

项　目	户数(户)	年末国有资产总量（万元）	资产总额（万元）	人均净利润（元/人）	人均税收（元/人）
合　并	687	6427112.0	19481032.2	35287.1	28496.8
合　计	687	7635860.7	21118602.9	38587.1	28496.8
一、农林牧渔业	80	163867.9	455506.1	—3135.1	1369.4
其中:农业	24	13963.6	103805.6	—3246.0	477.2
林业	23	90820.3	210452.5	—11540.2	767.9
畜牧业	4	5747.0	8161.9	—27152.1	728.6
渔业	8	11472.5	25518.6	—5079.4	3083.7
二、工业	104	1962750.7	2708170.9	49164.5	13540.5
其中:煤炭工业					
石油和石化工业					
冶金工业	4	649656.8	1005887.6	2037219.8	285077.7
建材工业	3	6913.5	11740.1	14496.3	49420.7
化学工业	1	46901.9	56774.3	59218.2	23377.6
森林工业					
食品工业	27	21556.5	61027.3	7118.7	5464.8
烟草工业					
纺织工业	4	38815.4	64393.1	42026.2	15036.3
医药工业					
机械工业	6	—5542.8	1771.2	—14285.9	1081.0
电子工业	3	—1003.2	2009.1	—4599.9	540.1
电力工业	17	427019.2	550450.6	11894.7	—11664.4
市政公用工业	20	191022.5	329936.3	5359.9	12432.2
其他工业	18	586405.7	622951.8	1541.0	9277.5
三、建筑业	84	480933.7	3050904.4	45897.3	155950.6
四、地质勘查及水利业	9	31602.1	49853.4	—7519.2	5944.4
五、交通运输业	57	587362.6	2202055.8	72023.6	36986.0
其中:铁路运输业					
道路运输业	39	91009.0	610299.6	21346.7	27641.5
水上运输业	9	118157.3	251828.7	84142.7	44923.1

续表

项　目	户数(户)	年末国有资产总量(万元)	资产总额(万元)	人均净利润(元/人)	人均税收(元/人)
航空运输业	2	180103.4	997817.8	258535.3	95341.3
六、仓储业	32	2264.7	50947.4	−14784.7	548.2
七、邮电通信业	1	0.0	157.3	0.0	0.0
八、批发和零售业	46	2342.2	93190.4	130.2	2864.3
九、房地产业	65	1290336.5	5551651.5	90184.2	125428.8
十、信息技术服务业	9	3455.2	28269.6	−615.6	20204.9
十一、社会服务业	163	3010080.6	6558153.1	69496.1	23398.5
十二、卫生体育福利业					
十三、教育文化广播业	5	18711.7	90689.8	−11716.5	18217.1
十四、科学研究和技术	22	33900.2	40485.0	25133.1	21257.4
十五、金融业	9	47611.3	237615.0	94391.6	185288.2
十六、其他	1	641.3	953.1	3582.8	3149.1

2011年广西壮族自治区国有企业主要指标表

项　目	户数(户)	年末国有资产总量(万元)	资产总额(万元)	人均净利润(元/人)	人均税收(元/人)
合　并	3416	29929821.0	106196194.4	33903.0	41398.9
合　计	3416	41360682.0	126279039.6	37885.9	41459.3
一、农林牧渔业	369	2143082.2	4226523.8	14887.6	2371.9
其中:农业	94	927685.2	1946064.4	3702.8	1189.2
林业	149	1114772.7	2002356.5	39804.0	4583.7
畜牧业	19	37397.7	89988.9	20292.9	4107.9
渔业	14	−6335.3	53182.9	−24740.0	744.5
二、工业	882	9785296.0	35908938.8	36994.3	49282.5
其中:煤炭工业	11	185853.9	489984.3	27035.9	52268.8
石油和石化工业	4	65926.3	235600.8	60593.7	446085.2
冶金工业	88	2443657.1	9369263.9	47319.8	69406.6
建材工业	54	257975.5	691679.0	4300.5	23035.4

续表

项　目	户数(户)	年末国有资产总量(万元)	资产总额(万元)	人均净利润(元/人)	人均税收(元/人)
化学工业	57	615935.5	2401518.2	-14846.8	18683.7
森林工业	11	-4431.1	26331.5	-7467.1	14783.5
食品工业	146	716412.7	3478619.7	92580.0	81493.6
烟草工业	1	1798.5	3294.1	-15864.7	1032.6
纺织工业	17	33689.5	188439.9	1266.7	5418.6
医药工业	7	5761.2	55935.7	29006.1	58851.5
机械工业	113	1964166.5	8326959.6	72321.5	47306.5
电子工业	4	-1530.5	17630.6	26212.6	28104.9
电力工业	150	2416114.5	7669728.5	1881.9	39326.4
市政公用工业	104	738918.7	2087915.2	8738.7	21625.8
其他工业	113	337279.2	838066.9	-17961.3	10884.0
三、建筑业	124	3645250.1	8714363.4	22938.3	71949.2
四、地质勘查及水利业	41	167987.5	301389.2	3505.5	39627.1
五、交通运输业	154	3738208.9	9870730.2	58891.5	26787.3
其中:铁路运输业	5	28153.6	47411.5	49940.5	30631.3
道路运输业	74	1923201.5	6106090.4	35511.2	19283.7
水上运输业	22	134083.0	289936.1	78257.3	20681.3
航空运输业	26	509771.8	686576.1	12834.4	16448.5
六、仓储业	446	291577.9	1161926.4	10240.9	6451.0
七、邮电通信业					
八、批发和零售业	624	579022.2	3597156.3	24392.1	41700.7
九、房地产业	182	5193121.9	11595881.0	125291.1	113309.4
十、信息技术服务业	11	115230.0	353953.9	1703.2	6152.9
十一、社会服务业	369	13994197.1	30934949.1	52912.8	34721.7
十二、卫生体育福利业	6	6193.2	6394.7	-13485.9	8678.0
十三、教育文化广播业	115	326235.4	583717.5	78213.5	26818.4
十四、科学研究和技术	70	57153.1	367898.3	31746.5	24048.4
十五、金融业	20	1317449.5	18635454.6	241898.2	164958.3
十六、其他	3	677.1	19762.3	-691.1	0.0

2011年贵州省国有企业主要指标表

项 目	户数(户)	年末国有资产总量(万元)	资产总额(万元)	人均净利润(元/人)	人均税收(元/人)
合 并	2108	21521062.1	76624341.9	45324.7	59925.2
合 计	2108	28776888.7	88933399.4	68179.6	61291.4
一、农林牧渔业	140	95891.2	239779.1	381.6	16262.2
其中:农业	45	19044.9	100872.9	2390.8	42116.7
林业	60	67918.1	111625.0	—1643.7	1367.3
畜牧业	8	765.7	1746.5	2962.7	314.3
渔业					
二、工业	612	10382222.3	29421405.1	46501.8	45861.8
其中:煤炭工业	57	2986005.9	6500000.4	43715.1	40915.9
石油和石化工业					
冶金工业	25	783772.0	2494295.8	—8594.8	15929.7
建材工业	36	245532.3	501302.8	34778.3	36744.3
化学工业	71	2274500.3	7573222.3	39548.1	32468.7
森林工业	7	—13939.7	12967.9	—24097.9	6519.8
食品工业	75	17322.4	81919.1	—2351.6	3476.2
烟草工业	2	824.5	5408.3	—27318.4	2801.0
纺织工业	4	3195.4	11735.1	—2398.7	13678.6
医药工业	7	8359.8	22395.8	34072.7	35319.1
机械工业	63	283121.8	843298.4	389.3	10451.3
电子工业	39	600674.1	973769.0	16889.3	11786.5
电力工业	44	832692.8	5941303.2	—72243.1	100353.1
市政公用工业	95	208071.0	655672.9	—3884.2	11321.0
其他工业	83	2042950.4	3612029.8	294654.1	177929.5
三、建筑业	111	4360460.5	20883727.9	16548.8	34747.0
四、地质勘查及水利业	10	669217.0	708540.0	56715.8	15512.6
五、交通运输业	57	484675.7	1841289.3	2950.6	11460.7
其中:铁路运输业	3	206986.2	328168.2	95368.3	64753.9
道路运输业	40	239029.0	1400418.7	—5847.1	7814.5
水上运输业	2	3633.1	6714.7	23197.9	19237.1

续表

项　目	户数(户)	年末国有资产总量(万元)	资产总额(万元)	人均净利润(元/人)	人均税收(元/人)
航空运输业	1	22984.7	80404.4	149004.6	76309.4
六、仓储业	112	77871.4	342089.3	－3756.9	4101.3
七、邮电通信业	2	1892.7	3189.0	－488.7	1965.5
八、批发和零售业	556	1387690.5	4924298.2	520935.1	419032.8
九、房地产业	101	1265576.9	2805187.7	200654.2	107249.6
十、信息技术服务业	17	134807.4	381022.5	－32396.6	6771.1
十一、社会服务业	292	9347114.8	18377708.2	114646.5	40751.4
十二、卫生体育福利业	3	3878.0	6183.6	20270.6	197.3
十三、教育文化广播业	48	148757.5	208612.7	11977.0	39757.0
十四、科学研究和技术	36	37472.9	79299.4	17646.2	17020.2
十五、金融业	2	132728.2	8319123.6	501496.5	242499.3
十六、其他	9	246631.6	391943.9	－1016571.3	15235.9

2011 年四川省国有企业主要指标表

项　目	户数(户)	年末国有资产总量(万元)	资产总额(万元)	人均净利润(元/人)	人均税收(元/人)
合　并	3467	55617233.5	216596881.4	49351.0	54365.2
合　计	3467	93778622.0	271772353.8	73036.9	54372.3
一、农林牧渔业	180	900501.0	2575062.3	1742.7	2409.5
其中:农业	29	66185.0	177966.3	2133.1	1779.8
林业	84	76850.9	394387.8	－1515.0	1523.8
畜牧业	20	16759.1	38016.3	6007.4	1148.6
渔业	2	－4.0	474.1	－66856.1	0.0
二、工业	857	14559221.8	43441700.6	30296.6	40319.4
其中:煤炭工业	49	1624457.9	5167582.8	23370.1	29711.9
石油和石化工业	1	1846.1	1846.1	－65755.2	501.8
冶金工业	44	764953.8	1630955.0	101549.4	100765.0
建材工业	46	621649.1	1408584.0	21709.3	43554.5

续表

项　目	户数(户)	年末国有资产总量(万元)	资产总额(万元)	人均净利润(元/人)	人均税收(元/人)
化学工业	77	2176652.8	5941225.7	-10214.2	20435.4
森林工业	2	514.9	1380.7	-19995.0	795.3
食品工业	40	98657.1	327549.9	17321.2	14378.6
烟草工业					
纺织工业	18	210647.9	941432.3	9744.7	14643.2
医药工业	16	74560.7	272053.0	-84909.0	11415.7
机械工业	62	1059838.1	3225749.7	3237.0	24495.3
电子工业	43	1045113.2	6345784.2	27792.0	28415.8
电力工业	162	3725498.7	9852548.9	18047.7	39331.0
市政公用工业	189	1352076.0	3137402.3	58574.2	36783.8
其他工业	95	1606256.0	4385471.4	75396.9	89563.3
三、建筑业	230	10183462.3	30497909.8	38396.2	91059.0
四、地质勘查及水利业	5	2753.0	4004.9	-1636.8	2710.8
五、交通运输业	199	18838350.8	42735251.2	24882.8	26006.8
其中:铁路运输业	9	802061.9	1337258.6	-72766.9	10641.4
道路运输业	151	16488206.8	38582127.6	27790.9	26554.3
水上运输业	14	108391.2	265090.5	-39511.9	18972.3
航空运输业	17	1433262.7	2526214.0	39795.5	26989.5
六、仓储业	344	305661.5	1157341.2	292.5	3587.7
七、邮电通信业	2	1811.2	2277.6	13531.5	19826.6
八、批发和零售业	336	1350447.0	5561194.2	375287.9	233627.8
九、房地产业	265	6675246.5	21388328.9	94465.8	103340.0
十、信息技术服务业	29	103509.9	451624.6	124072.0	62269.9
十一、社会服务业	689	36237155.9	72857808.0	244203.2	38933.1
十二、卫生体育福利业	13	131864.6	244881.3	5289.9	5206.9
十三、教育文化广播业	142	1129446.8	2047360.4	48747.3	37261.1
十四、科学研究和技术	76	140611.7	281996.5	37084.2	37528.6
十五、金融业	58	1999000.7	46695078.7	439947.7	267554.3
十六、其他	42	1219577.4	1830533.4	16987.6	13693.2

2011 年重庆市国有企业主要指标表

项　目	户数(户)	年末国有资产总量(万元)	资产总额(万元)	人均净利润(元/人)	人均税收(元/人)
合　并	2344	67977311.3	217592174.6	44684.7	40655.5
合　计	2344	92716261.7	255158923.1	55835.7	40613.5
一、农林牧渔业	105	1041374.5	2076949.2	7871.9	9646.3
其中:农业	26	26100.8	52730.4	7101.3	9854.8
林业	21	268377.7	511070.7	40316.9	10717.6
畜牧业	15	34829.7	109539.1	24233.9	4357.2
渔业	6	3085.0	9766.1	-15799.0	2635.7
二、工业	640	16333757.5	40060707.7	16863.1	27588.9
其中:煤炭工业	36	2810321.1	5640176.8	4792.7	17525.2
石油和石化工业	4	20770.7	46118.4	54131.4	36034.2
冶金工业	23	1834268.2	7065330.8	-68330.4	22246.8
建材工业	22	82131.3	340863.5	11615.2	22340.0
化学工业	66	1855150.9	5064616.3	7245.2	23993.3
森林工业	2	3678.3	8111.6	371.0	8833.9
食品工业	40	130202.7	515564.7	7452.8	21874.4
烟草工业					
纺织工业	4	1387.2	18102.7	374.6	5532.3
医药工业	29	329507.9	1529186.5	-4760.6	20539.5
机械工业	142	2609771.9	6202775.2	42289.2	37038.5
电子工业	17	41672.0	390574.1	-5993.2	10371.2
电力工业	55	1255613.4	4721200.0	17883.7	40271.8
市政公用工业	132	4951090.4	7334516.3	209403.9	68864.2
其他工业	64	338903.5	1096354.6	-23005.3	33063.1
三、建筑业	188	11621310.3	29361741.2	86128.0	86921.5
四、地质勘查及水利业	32	2806537.4	5434251.9	155352.9	31808.4
五、交通运输业	195	11677360.2	29479900.0	19356.0	19093.8
其中:铁路运输业	4	2314259.1	3809140.4	1066446.0	3552.5
道路运输业	115	8314530.7	23168749.7	12421.5	19017.4
水上运输业	39	872010.1	1956384.6	12069.9	19085.0

续表

项　目	户数(户)	年末国有资产总量(万元)	资产总额(万元)	人均净利润(元/人)	人均税收(元/人)
航空运输业	5	25752.0	37179.7	−81011.8	7220.4
六、仓储业	120	1060485.8	2379253.1	21226.6	13159.6
七、邮电通信业	2	2916.8	9029.5	−8658.5	8944.2
八、批发和零售业	239	1168785.2	5009476.4	43441.4	34229.7
九、房地产业	197	17273438.8	36802603.5	310874.6	118772.9
十、信息技术服务业	12	129897.6	296435.7	−30830.7	26771.0
十一、社会服务业	367	25787355.8	50874049.9	202009.1	59539.2
十二、卫生体育福利业	5	27833.6	45251.5	−6712.4	516.6
十三、教育文化广播业	142	524099.0	1415333.2	24635.2	13093.4
十四、科学研究和技术	56	85088.0	200225.5	19994.9	17958.1
十五、金融业	43	3158381.2	51681897.4	258872.3	162753.6
十六、其他	1	17640.0	31817.5	−106242.3	1220.7

2011 年云南省国有企业主要指标表

项　目	户数(户)	年末国有资产总量(万元)	资产总额(万元)	人均净利润(元/人)	人均税收(元/人)
合　并	2658	41846937.9	131406076.6	34580.0	45543.2
合　计	2658	59756138.0	162071660.1	45159.0	43781.9
一、农林牧渔业	212	948354.4	2231596.5	11698.9	1848.8
其中:农业	85	718254.2	1722101.8	13104.1	1621.7
林业	93	164502.6	339054.8	5014.5	3067.6
畜牧业	8	2178.4	5655.1	6644.2	811.7
渔业	4	−17.5	343.0	−8617.8	76.7
二、工业	681	16383650.8	52477331.6	44578.0	52564.6
其中:煤炭工业	72	2025353.1	5753742.1	33324.4	49976.5
石油和石化工业	2	300.0	498.3	29417.4	7777.5
冶金工业	116	5999980.7	20308495.4	62036.9	68461.2
建材工业	47	767623.5	2383837.8	20561.9	42764.8

续表

项　目	户数(户)	年末国有资产总量(万元)	资产总额(万元)	人均净利润(元/人)	人均税收(元/人)
化学工业	77	3496659.2	12565234.1	38322.5	41550.6
森林工业	3	2735.2	23610.5	—6062.1	4153.7
食品工业	25	66955.7	156210.3	56046.3	33783.8
烟草工业	1	15444.3	82463.5	123531.2	905383.2
纺织工业	3	17692.4	168315.7	8093.1	6889.9
医药工业	16	209729.6	468247.7	37270.7	53514.9
机械工业	46	474739.5	1548011.7	13066.8	22261.1
电子工业	9	123616.7	367787.8	138404.8	193614.6
电力工业	29	479766.8	1903051.7	27468.4	72551.2
市政公用工业	135	2156330.2	5531824.4	44445.2	34076.4
其他工业	80	222404.0	681044.9	2801.5	16649.7
三、建筑业	158	5035629.8	21192554.1	20123.7	59370.2
四、地质勘查及水利业	38	414271.5	624225.2	318110.5	25196.7
五、交通运输业	83	6540253.6	12665012.7	36753.1	20538.6
其中:铁路运输业	6	112415.1	353943.3	—10832.7	8756.6
道路运输业	39	3719787.2	7978725.2	56785.8	13108.1
水上运输业					
航空运输业	30	2661241.0	4211478.9	8506.8	40442.0
六、仓储业	134	233554.1	811701.5	13109.9	11795.4
七、邮电通信业					
八、批发和零售业	311	555623.5	3877688.7	45420.0	99477.3
九、房地产业	179	1761195.9	7184198.9	117278.7	144791.4
十、信息技术服务业	15	81989.0	179640.9	273746.7	204119.8
十一、社会服务业	617	26575990.1	56706496.2	107488.7	36424.3
十二、卫生体育福利业	12	179917.5	219581.6	—20973.5	8321.5
十三、教育文化广播业	90	446967.0	784665.9	46541.3	23326.7
十四、科学研究和技术	96	185612.7	490281.9	27528.3	24962.4
十五、金融业	21	177506.1	1986946.9	252170.1	197260.7
十六、其他	11	235622.0	639737.6	19869.7	49630.0

2011年陕西省国有企业主要指标表

项　目	户数(户)	年末国有资产总量(万元)	资产总额(万元)	人均净利润(元/人)	人均税收(元/人)
合　并	3156	38497834.9	145613796.4	54421.6	100241.9
合　计	3156	61444102.4	186163976.1	72658.7	99257.4
一、农林牧渔业	127	97635.1	414503.5	—4420.5	1123.3
其中:农业	41	31471.7	137617.8	—17028.2	625.5
林业	36	22733.7	74121.2	839.6	393.8
畜牧业	13	27123.7	40357.0	17003.2	4664.4
渔业	2	—29.0	201.6	0.0	0.0
二、工业	1088	32772733.6	86910136.2	94553.3	140108.8
其中:煤炭工业	129	11013217.8	27942399.3	256939.1	143280.7
石油和石化工业	23	8031678.4	21036937.8	227857.8	859535.0
冶金工业	95	5151491.1	14025520.0	18581.4	34342.5
建材工业	50	176981.6	849618.6	—18737.4	—3924.3
化学工业	95	2286144.8	5744473.4	257.0	3510.1
森林工业	11	4271.1	23469.5	—2282.0	911.3
食品工业	58	—30506.1	122444.3	—5329.0	8430.8
烟草工业					
纺织工业	40	213302.6	608205.6	—2356.0	3259.7
医药工业	26	84221.9	426257.9	40016.4	143259.3
机械工业	235	2775316.2	6715685.0	33741.0	17979.8
电子工业	67	406403.3	1439630.4	3825.4	7919.5
电力工业	46	1276650.5	3280588.0	57645.2	67340.3
市政公用工业	125	918019.2	2735521.3	2808.5	18295.5
其他工业	80	232747.1	1426612.4	63080.6	72209.6
三、建筑业	160	2559667.2	11565159.3	28531.3	42645.6
四、地质勘查及水利业	20	599037.7	977024.5	38643.0	35584.7
五、交通运输业	104	9257004.6	33080397.0	18725.1	21963.2
其中:铁路运输业	6	104000.1	323724.0	48769.6	92199.5
道路运输业	76	7448024.6	30038812.4	8881.3	20895.1
水上运输业					

续表

项　目	户数(户)	年末国有资产总量(万元)	资产总额(万元)	人均净利润(元/人)	人均税收(元/人)
航空运输业	18	1490550.2	2080861.7	40727.6	21873.2
六、仓储业	141	233092.2	1000232.9	16361.8	9571.7
七、邮电通信业					
八、批发和零售业	699	580844.9	4420774.8	42034.2	33788.7
九、房地产业	216	3289323.8	10684239.1	70145.0	124897.4
十、信息技术服务业	7	126643.8	145989.7	182230.9	29708.8
十一、社会服务业	364	8951529.8	20838216.6	57459.4	21714.2
十二、卫生体育福利业	18	313010.4	356617.3	4604.9	1430.4
十三、教育文化广播业	138	1333599.6	2282712.7	34003.2	23439.4
十四、科学研究和技术	59	297459.4	752433.9	65730.6	40784.0
十五、金融业	15	1032520.4	12735538.6	109961.3	100734.0
十六、其他					

2011年甘肃省国有企业主要指标表

项　目	户数(户)	年末国有资产总量(万元)	资产总额(万元)	人均净利润(元/人)	人均税收(元/人)
合　并	1418	12386476.1	47425720.5	27790.8	37805.9
合　计	1418	21892246.6	59942106.8	30014.9	37866.0
一、农林牧渔业	82	553288.7	1833413.5	6008.5	2457.6
其中:农业	42	406857.2	1222520.1	7711.4	1603.3
林业	13	35393.5	87789.8	4157.2	1102.9
畜牧业	12	59837.3	389316.3	—1789.2	15952.1
渔业					
二、工业	482	15143191.6	40212590.0	45112.5	50207.1
其中:煤炭工业	46	2064136.8	4948990.3	35881.0	52107.5
石油和石化工业	3	2693.6	41034.0	40920.7	78278.1
冶金工业	70	8595596.0	24730037.5	81089.1	73429.3
建材工业	23	298868.1	575389.1	47068.9	44184.2

续表

项　目	户数(户)	年末国有资产总量(万元)	资产总额(万元)	人均净利润(元/人)	人均税收(元/人)
化学工业	15	152926.0	539247.5	－2188.9	10931.2
森林工业					
食品工业	21	16540.3	94532.6	－28593.2	1066.4
烟草工业					
纺织工业	4	5543.4	63588.5	2743.9	3445.8
医药工业	8	70540.3	167503.4	36801.7	21205.8
机械工业	90	744580.3	2077653.5	9549.3	15466.1
电子工业	5	16642.9	70749.8	－18273.7	3813.8
电力工业	79	2585199.7	5432086.2	55009.9	66632.0
市政公用工业	77	379939.3	818290.9	－1070.6	16295.5
其他工业	38	151662.4	438656.1	7074.9	27751.3
三、建筑业	67	232858.5	2304877.3	4212.1	23743.4
四、地质勘查及水利业	75	111225.9	164693.6	3262.9	12999.8
五、交通运输业	39	840999.8	1172239.0	－21497.2	5313.8
其中:铁路运输业	4	772898.2	884418.5	－413236.5	14721.4
道路运输业	33	58630.7	271942.5	－578.7	4098.9
水上运输业	1	658.9	2491.1	276.1	3167.9
航空运输业					
六、仓储业	162	91302.0	572914.4	－3088.8	1110.8
七、邮电通信业					
八、批发和零售业	243	677705.2	3225705.0	－65740.6	24615.2
九、房地产业	67	1950881.8	3866924.9	273382.0	57421.7
十、信息技术服务业	3	10180.6	30751.6	－8477.9	17165.7
十一、社会服务业	121	613934.9	2563068.0	9822.6	16322.0
十二、卫生体育福利业	5	－1307.6	3811.6	－2007.0	379.5
十三、教育文化广播业	31	29025.6	81274.9	3391.2	8831.1
十四、科学研究和技术	26	30502.8	86221.6	28742.1	21058.8
十五、金融业	11	1591802.3	3787775.1	124775.6	73588.5
十六、其他	4	16654.2	35846.2	18417.1	0.0

2011 年青海省国有企业主要指标表

项　目	户数(户)	年末国有资产总量(万元)	资产总额(万元)	人均净利润(元/人)	人均税收(元/人)
合　并	545	5381015.3	23169152.6	63353.3	58759.6
合　计	545	9552833.8	28175996.6	90328.1	58759.6
一、农林牧渔业	33	111931.6	308183.4	3975.8	2106.6
其中:农业	17	79448.1	154872.9	4416.9	2231.7
林业	6	1981.4	9542.5	3775.0	66.2
畜牧业	3	1524.7	4908.4	11308.7	657.5
渔业	1	5.3	90.7	0.0	0.0
二、工业	185	4185877.2	13616918.5	122529.2	77367.1
其中:煤炭工业	19	615750.1	979082.9	91533.7	59400.7
石油和石化工业					
冶金工业	36	1819792.8	7501095.3	42326.1	69875.2
建材工业	10	100841.5	269418.4	12503.2	19138.8
化学工业	24	1170840.0	3304113.7	501985.8	180764.0
森林工业					
食品工业	13	21469.0	47865.7	26256.5	18709.4
烟草工业					
纺织工业					
医药工业	2	17633.4	27432.7	26534.7	40468.4
机械工业	12	51378.5	128496.8	3665.0	37102.3
电子工业	2	−4095.5	8023.5	−241960.4	115888.7
电力工业	25	256111.9	762878.8	12088.5	6125.9
市政公用工业	23	47128.8	271871.9	−25026.4	12979.0
其他工业	18	79397.5	301035.6	44930.5	54262.1
三、建筑业	25	91591.4	450695.8	17976.3	58594.7
四、地质勘查及水利业	7	83218.6	138104.2	−5584.5	13913.2
五、交通运输业	28	49573.6	129671.1	6965.8	8256.5
其中:铁路运输业					
道路运输业	26	48635.2	128205.6	7071.5	8269.7
水上运输业					

续表

项　目	户数(户)	年末国有资产总量(万元)	资产总额(万元)	人均净利润(元/人)	人均税收(元/人)
航空运输业					
六、仓储业	25	34619.1	111073.6	16506.8	10657.9
七、邮电通信业					
八、批发和零售业	66	140970.1	796404.0	－8125.2	39012.6
九、房地产业	35	99697.1	580184.6	16009.8	84309.9
十、信息技术服务业	2	14737.8	36499.7	26445.1	9050.5
十一、社会服务业	86	4393577.0	8690159.7	111908.2	34614.3
十二、卫生体育福利业	2	15590.1	21300.8	0.0	109.3
十三、教育文化广播业	17	12860.8	31601.5	3960.2	5578.1
十四、科学研究和技术	26	43880.6	61138.9	4429.6	17220.7
十五、金融业	8	274708.9	3204060.7	450406.1	195218.8
十六、其他					

2011 年西藏自治区国有企业主要指标表

项　目	户数(户)	年末国有资产总量(万元)	资产总额(万元)	人均净利润(元/人)	人均税收(元/人)
合　并	382	937218.5	2344776.5	22553.7	30067.9
合　计	382	1208112.4	2851719.8	23722.8	30060.5
一、农林牧渔业	21	39625.9	76684.2	－1278.3	18336.5
其中:农业	9	28209.9	36251.4	－6641.6	18352.4
林业	2	1144.1	3962.8	2678.7	30016.2
畜牧业	5	2042.3	3404.9	－7714.7	4389.3
渔业					
二、工业	92	370969.0	1156982.2	45055.2	50846.6
其中:煤炭工业	2	2440.7	3853.1	43948.7	26792.8
石油和石化工业	1	630.5	758.7	10559.1	11739.4
冶金工业	11	51242.6	444435.5	36344.2	50926.3
建材工业	11	153250.0	206425.0	76302.3	83583.0

续表

项　目	户数(户)	年末国有资产总量(万元)	资产总额(万元)	人均净利润(元/人)	人均税收(元/人)
化学工业	2	5057.8	29477.6	59397.7	43978.3
森林工业	1	22530.6	32164.4	45568.1	33343.8
食品工业	2	2047.5	4491.3	—7947.4	0.0
烟草工业	1	477.3	11180.3	21312.8	165344.7
纺织工业	2	622.0	5295.4	18045.1	15626.3
医药工业	3	18179.7	38330.1	4988.6	52968.5
机械工业	2	2492.8	6962.0	33338.0	40050.7
电子工业					
电力工业	25	42700.9	45391.6	6838.5	4705.3
市政公用工业	9	41830.5	44599.3	1813.9	15385.9
其他工业	19	22658.0	277497.0	65414.0	59277.9
三、建筑业	24	218707.9	469064.9	9837.0	33227.4
四、地质勘查及水利业					
五、交通运输业	15	142933.7	213756.4	1689.7	9349.0
其中:铁路运输业					
道路运输业	14	142303.3	208297.6	528.9	9348.3
水上运输业					
航空运输业					
六、仓储业	70	37063.4	147327.8	—6796.4	2709.9
七、邮电通信业					
八、批发和零售业	78	66100.2	210860.0	4048.9	16835.3
九、房地产业	8	7032.3	56713.3	22543.4	20728.3
十、信息技术服务业					
十一、社会服务业	60	267068.5	430899.8	24682.3	18249.7
十二、卫生体育福利业	1	457.6	890.0	—7564.9	28542.0
十三、教育文化广播业	7	19296.9	30647.9	23550.3	26818.7
十四、科学研究和技术	1	3459.4	5513.3	72466.6	51212.2
十五、金融业	1	10125.5	10237.4	97334.3	26758.1
十六、其他	4	25272.2	42142.5	13364.2	203.2

2011年宁夏回族自治区国有企业主要指标表

项　目	户数(户)	年末国有资产总量(万元)	资产总额(万元)	人均净利润(元/人)	人均税收(元/人)
合　并	496	3936647.7	24086241.7	72658.9	37940.6
合　计	496	5220354.9	25845458.7	82235.9	37945.6
一、农林牧渔业	43	711445.7	1130172.2	14637.9	6237.6
其中:农业	19	641298.1	1025548.9	12904.1	6263.2
林业	8	6081.0	12940.3	66154.1	7370.3
畜牧业	7	11220.0	26830.0	31263.3	2197.0
渔业	1	2629.3	3573.2	19717.2	2696.1
二、工业	110	1193232.3	4710070.5	40510.6	27209.9
其中:煤炭工业	7	147677.3	418942.6	106810.1	80010.2
石油和石化工业					
冶金工业	2	5979.9	16351.7	2364.7	−3349.3
建材工业	2	10898.8	79766.0	29632.5	6598.4
化学工业	4	35137.5	61535.3	29005.5	7498.7
森林工业					
食品工业	6	13737.8	49195.9	−27269.7	−19606.5
烟草工业					
纺织工业	1	1927.8	2783.9	−114394.6	12711.8
医药工业	1	571.9	4184.8	−61295.6	1767.6
机械工业	15	77596.6	312527.7	33952.1	16411.3
电子工业					
电力工业	16	604941.1	2458616.2	78463.0	45954.5
市政公用工业	38	240663.1	1113558.1	13065.6	3130.9
其他工业	18	54100.6	192608.5	3021.1	11909.5
三、建筑业	38	108721.5	567594.0	5811.1	40359.5
四、地质勘查及水利业	9	129680.3	285073.2	6197.7	25267.7
五、交通运输业	19	1328093.1	2470417.7	341694.9	18988.8
其中:铁路运输业	2	353917.8	458017.8	244800.6	79145.5
道路运输业	15	971020.2	2008347.9	371261.7	4467.6
水上运输业	1	3147.4	3847.0	127924.5	56181.8

续表

项　目	户数(户)	年末国有资产总量(万元)	资产总额(万元)	人均净利润(元/人)	人均税收(元/人)
航空运输业					
六、仓储业	24	42656.5	201061.3	6526.9	2445.7
七、邮电通信业					
八、批发和零售业	52	54013.1	113338.4	2767.8	13282.6
九、房地产业	35	94441.0	453674.3	17454.6	57926.4
十、信息技术服务业	3	24236.3	63734.9	56442.4	2763.2
十一、社会服务业	86	1158558.5	2767882.2	25316.8	6247.8
十二、卫生体育福利业	2	11886.3	30083.4	29904.6	24618.7
十三、教育文化广播业	26	46966.7	65268.7	36756.4	17899.9
十四、科学研究和技术	21	20932.5	52110.7	19642.1	17217.7
十五、金融业	28	295491.3	12934977.4	336869.9	183592.1
十六、其他					

2011 年新疆维吾尔自治区国有企业主要指标表

项　目	户数(户)	年末国有资产总量(万元)	资产总额(万元)	人均净利润(元/人)	人均税收(元/人)
合　并	1372	11210289.6	34278171.5	25527.3	20062.8
合　计	1372	14966818.3	38842409.6	32136.2	20308.9
一、农林牧渔业	258	374097.6	954007.5	777.5	538.5
其中:农业	91	180373.5	391936.6	-956.6	365.3
林业	35	66389.4	111848.7	8175.7	2071.8
畜牧业	101	97818.6	251489.5	1066.0	73.8
渔业	4	1334.1	12952.1	-58604.6	3019.7
二、工业	289	3751395.7	8374579.6	54670.4	28369.4
其中:煤炭工业	7	12392.6	65552.7	-2457.9	16530.8
石油和石化工业	1	57713.6	154521.5	148184.9	65267.9
冶金工业	31	1007651.1	2101662.4	148690.4	38205.7
建材工业	21	108667.2	279125.8	-4644.0	14326.2

续表

项　目	户数(户)	年末国有资产总量(万元)	资产总额(万元)	人均净利润(元/人)	人均税收(元/人)
化学工业	22	1235196.8	3203795.3	69275.6	39868.1
森林工业	1	971.4	5159.6	—30906.3	24328.3
食品工业	12	28704.4	95279.4	32552.4	25544.9
烟草工业					
纺织工业	8	67137.6	154944.8	—14268.0	12252.7
医药工业	2	2653.8	11286.8	—2997.5	19186.4
机械工业	11	60948.9	153066.9	49920.4	23900.8
电子工业					
电力工业	17	250117.7	288159.5	72282.8	11402.2
市政公用工业	108	707846.0	1378104.6	—7038.6	14151.1
其他工业	44	168347.3	383364.3	4712.2	16879.4
三、建筑业	55	245811.7	1731441.7	39083.4	59886.3
四、地质勘查及水利业	18	229578.1	292219.6	—25300.8	6181.2
五、交通运输业	56	736703.3	1005620.7	—7861.3	6556.4
其中:铁路运输业					
道路运输业	54	92785.5	278195.1	1473.2	5811.2
水上运输业					
航空运输业	1	643756.9	724682.8	—39728.8	9021.2
六、仓储业	117	75899.0	876868.5	15383.7	—5306.2
七、邮电通信业					
八、批发和零售业	149	273049.8	1007979.8	41978.4	62163.0
九、房地产业	78	645709.6	1647128.6	61943.8	89868.1
十、信息技术服务业	7	71263.0	174734.9	66849.4	13229.4
十一、社会服务业	249	8116326.0	16456166.7	110178.8	17332.5
十二、卫生体育福利业	2	91.0	3921.4	—693.5	86.5
十三、教育文化广播业	42	108066.1	154943.1	16643.0	15826.3
十四、科学研究和技术	39	22565.5	64959.8	11083.0	15110.0
十五、金融业	13	316261.9	6097837.6	293756.4	234121.2
十六、其他					

2012

CHINA' S STATE-OWNED ASSETS SUPERVISION AND ADMINISTRATION YEARBOOK

中国国有资产监督管理年鉴

国有资产监督管理政策法规选编

第六篇

关于认真执行《中央企业安全生产禁令》的通知

国资发综合〔2011〕15 号

各中央企业：

为进一步规范中央企业安全生产工作，坚决遏制中央企业重特大生产安全事故，近日，国资委针对中央企业安全生产工作的突出问题和主要矛盾，公布了《中央企业安全生产禁令》（国资委令第 24 号，以下简称《禁令》）。为切实做好《禁令》的贯彻执行工作，现将有关要求通知如下：

一、认真做好《禁令》的学习宣传工作

（一）深刻领会《禁令》的重要意义。

《禁令》的公布是国资委深入贯彻科学发展观和党的十七届五中全会精神的重要举措，是落实《国务院关于进一步加强企业安全生产工作的通知》（国发〔2010〕23 号）的具体行动。各中央企业要严格遵守《禁令》的九条规定，将执行《禁令》作为做好安全生产工作、最大限度防范事故发生的重要保障，作为中央企业安全生产工作必须遵守的基本要求，进一步强化安全生产的各项基础工作。

（二）加强《禁令》的宣传学习。

中央企业要增强学习贯彻《禁令》的自觉性和主动性，加强组织领导，层层宣传学习《禁令》的内容，各级企业负责人和管理人员要做学习遵守《禁令》的表率，每个员工要牢记《禁令》的要求，遵守《禁令》的各项规定。

（三）进一步推进安全生产文化建设。

中央企业要以贯彻执行《禁令》为契机，加强企业安全生产文化建设，广泛宣传“要安全的效益、不要带血的利润”的安全理念，使安全文化深入人心，得到广大干部员工的理解和认同，成为企业广大干部员工共同的安全需求和价值取向，促进安全生产由“全员参与”向“全员责任”转变，由“被动执行”向“主动负责”转变，由“要我安全”向“我要安全”、“我会安全”转变，将安全生产作为企业核心价值融入企业文化建设体系。

二、贯彻执行《禁令》，防范生产安全事故发生

（一）落实责任，完善相关制度措施。

各中央企业要严格执行《禁令》的要求，逐级落实责任，并结合企业实际，进一步完善相关的安全生产管理制度，细化本单位的各项要求，制定各层级必须遵守的行为准则，划出不可逾越的“红线”。

（二）对照《禁令》，查找安全管理漏洞。

各中央企业要对照《禁令》的九条规定，认真开展一次自查，查找企业生产经营活动中有无违反《禁令》的行为。要将各级企业负责人、关键岗位人员、从事特殊工种的人员作为自查的重点，对查找出来的违反《禁令》行为，要立即予以整改纠正，坚决杜绝重复发生。

（三）突出重点，加强安全生产检查。

各中央企业要密切关注《禁令》的贯彻落实情况，及时开展专项检查，督促各级企业把《禁令》的要求落实执行到位，不留死角。建筑企业要坚决杜绝使用无资质、假冒资质、借用资质的承包商和分包商，杜绝层层转包、以包代管、包而不管的现象。煤炭企业要坚决禁止超能力、超强度、超定员组织生产。各中央企业要严把制度落实关、严把人员培训关，坚决杜绝违章指挥、违章操作、违反劳动纪律，坚决杜绝冒险作业。

三、严格对违反《禁令》的责任追究

（一）严格追究违反《禁令》相关单位和责任人的责任。

各中央企业要按照国家生产安全事故管理的有关规定，结合落实《禁令》要求，加大惩处力度，严肃追究相关企业和责任人的责任。中央企业及各级子企业和有关管理人员违反《禁令》的，中央企业要对有关负责人和有关管理人员给予相应的经济处罚和行政处分。对违反《禁令》的从业人员给予相应的经济处罚和行政处分，直至解除劳动合同；对连续发生较大以上生产安全责任事故或发生重大生产安全责任事故的基层单位（厂、矿、项目等），除执行有关安全生产责任追究规定以外，要对基层单位主要负责人予以免职；对连续发生重大生产安全责任事故或发生特别重大生产安全责任事故的企业，除执行有关安全生产责任追究规定以外，要追究上一级企业主要负责人责任。

中央企业要在下一年度一月底前，将上年度较大以上生产安全责任事故对相关责任人的追究情况以书面形式报国资委综合局，对有关责任人未按规定追究责任的，国资委将严肃查处。

（二）加大对中央企业安全生产的考核和责任追究。

国资委将在《中央企业安全生产监督管理暂行办法》（国资委令第21号）的基础上，进一步严格中央企业的安全生产考核，对违反《禁令》的中央企业，从严、从重执行扣分和降级标准；对连续发生重大生产安全责任事故或发生特别重大生产安全责任事故并负主要责任的中央企业，国资委将依法依规追究有关中央企业有关负责人责任，对后果特别严重、影响特别恶劣的，国资委将依据干部管理权限对有关中央企业主要负责人采取组织处理。

违反党纪政纪的，由纪检监察部门依照有关规定进行处分，涉嫌犯罪的，依法移送司法机关处理。

地方国有资产监管工作指导监督办法

国务院国有资产监督管理委员会令第25号

《地方国有资产监管工作指导监督办法》已经国务院国有资产监督管理委员会第99次主任办公会议审议通过，现予公布，自2011年5月1日起施行。

地方国有资产监管工作指导监督办法

第一章 总则

第一条 为加强对地方国有资产监管工作的指导和监督，保障地方国有资产监管工作规范有序进行，根据《中华人民共和国企业国有资产法》、《企业国有资产监督管理暂行条例》等法律、行政法规，制定本办法。

第二条 国务院国有资产监督管理机构指导监督地方国有资产监管工作，省（自治区、直辖市）和市（地）级政府国有资产监督管理机构指导监督本地区国有资产监管工作，适用本办法。

第三条 本办法所称指导监督，是指上级国有资产监督管理机构依照法律法规规定，对下级政府国有资产监管工作实施的依法规范、引导推进、沟通交流、督促检查等相关活动。

第四条 指导监督工作应当遵循下列原则：

（一）坚持国有资产属于国家所有原则，落实国有资产监管责任，保障国有资产监管政策法规的贯彻实施。

（二）坚持中央和地方政府分别代表国家履行出资人职责原则，各级国有资产监督管理机构作为本级政府的直属特设机构，应当根据授权，按照法定职责和程序开展指导监督工作。上级国有资产监督管理机构应当尊重和维护下级国有资产监督管理机构的出资人权利，不得代替或者干预下级国有资产监督管理机构履行出资人职责，不得干预企业经营自主权。

（三）坚持政企分开、政府的社会公共管理职能与国有资产出资人职能分开的原则，完善经营性国有资产管理和国有企业监管体制机制，鼓励地方积极探索国有资产监管和运营的有效途径和方式。

（四）坚持依法合规原则，加强分类指导，突出监督重点，增强地方国有资产监管工作的规范性和有效性。

第五条 国务院国有资产监督管理机构依照法律和行政法规规定，起草国有资产监督管理的法律法规草案，制定有关规章、制度，指导规范各级地方国有资产监管工作。

各级地方国有资产监督管理机构可以根据本地区实际，依照国有资产监管法律法规、规章和规范性文件规定，制定实施办法，指导规范本地区国有资产监管工作。

第六条 国有资产监管工作中的具体事项实行逐级指导监督。国务院国有资产监督管理机构应当加强对省级政府国有资产监督管理机构的具体业务指导监督；省级政府国有资产监督管理机构应当加强对市（地）级政府国有资产监督管理机构的具体业务指导监督；市（地）级政府国有资产监督管理机构应当加强对县级政府国有资产监管工作的具体业务指导监督。

市(地)级、县级政府尚未单独设立国有资产监督管理机构的,上一级国有资产监督管理机构应当建立与下级政府承担国有资产监管职责的部门、机构的指导监督工作联系制度。

第七条 上级国有资产监督管理机构制定国有资产监管规章、制度,开展指导监督工作,应当充分征求下级国有资产监督管理机构的意见和建议,加强与下级国有资产监督管理机构的沟通交流。

第二章 指导监督工作机制

第八条 各级国有资产监督管理机构应当根据指导监督职责,明确指导监督的分工领导和工作机制,加强指导监督工作的统筹协调,及时研究和汇总本地区指导监督工作中的重大事项和综合情况。

第九条 各级国有资产监督管理机构之间应当加强纵向沟通协调,健全完善上下联动、规范有序、全面覆盖的指导监督工作体系,加强指导监督工作制度建设,建立健全日常信息沟通交流平台。

第三章 指导监督工作事项

第十条 上级国有资产监督管理机构依法对下列地方国有资产监管工作进行指导和规范:

(一)国有资产管理体制和制度改革完善;

(二)国有资产监督管理机构履行出资人职责;

(三)国有企业改革发展;

(四)国有经济布局和结构调整;

(五)国有资产基础管理;

(六)其他需要指导规范的事项。

第十一条 上级国有资产监督管理机构应当加强与下级政府的沟通协调,依照《企业国有资产监督管理暂行条例》有关规定,对下级国有资产监督管理机构的机构设置、职责定位、监管范围以及制度建设等情况进行调研指导。

第十二条 上级国有资产监督管理机构应当指导下级国有资产监督管理机构依法规范履行出资人职责,建立健全业绩考核、财务预决算管理和财务审计、资本收益和预算管理、经济责任审计、监事会监督、参与重大决策、企业领导人员管理、薪酬分配、重要子企业监管等工作制度,加强国有资产监管。

第十三条 上级国有资产监督管理机构应当指导下级国有资产监督管理机构深化国有企业改革,加快公司制股份制改革和改制上市步伐,完善公司法人治理结构,建立规范的董事会;指导下级国有资产监督管理机构推动企业建立健全财务、审计、企业法律顾问和职工民主监督制度;指导下级国有资产监督管理机构规范国有资产经营公司运作;指导下级国有资产监督管理机构推动国有企业加快转变经济发展方式,加强自主创新和资源整合。

第十四条 上级国有资产监督管理机构应当指导下级国有资产监督管理机构积极探索地方国有经济发挥主导作用的领域和方式,推进国有资本向重要行业和关键领域集中;推动不同地区、不同层级国有资产监督管理机构监管企业按照市场化原则进行合并与重组。

第十五条 上级国有资产监督管理机构应当指导下级国有资产监督管理机构依法开展产权登记、资产评估、产权转让管理、国有股权管理、清产核资、资产统计、绩效评价、经济运行动态监测等基础管理工作。

第十六条 上级国有资产监督管理机构应当指导下级国有资产监督管理机构在地方党委领导下加强国有企业党建、群工、宣传以及反腐倡廉建设、信访维稳等工作。

第十七条 上级国有资产监督管理机构依法对地方国有资产监管工作中的下列事项实施监督检查或者督促调查处理:

(一)在企业国有产权转让、国有企业改制、上市公司国有股份转让等活动中有违法违规行为,造成重大国有资产损失或者重大社会影响的;

(二)违反企业国有资产评估、产权登记有关规定,造成重大国有资产损失或者重大社会影响的;

(三)违反企业国有资产统计有关规定,玩忽职守,提供或者指使他人提供虚假数据或信息,造成严重后果的;

(四)法律法规规定,党中央、国务院指示和上级政府要求监督的其他事项。

第四章 指导监督工作方式

第十八条 各级国有资产监督管理机构应当高

度重视国有资产监管制度建设，建立健全法规体系，及时明确和规范地方国有资产监管工作遇到的问题。上级国有资产监督管理机构制定的国有资产监管规范性文件，应当及时印发或者抄送下级国有资产监督管理机构。

第十九条 各级国有资产监督管理机构应当加强对地方国有资产监管工作的调研指导，定期组织下级国有资产监督管理机构召开工作会议，加强业务交流和培训，互相学习、促进，及时总结推广国有资产监管和国有企业改革发展的典型经验。

第二十条 各级国有资产监督管理机构应当围绕中心工作，针对地方国有资产监管工作中的突出问题，确定年度指导监督工作重点，制定印发相关工作计划。下级国有资产监督管理机构制定的指导监督工作计划应当抄报上级国有资产监督管理机构。

第二十一条 国务院国有资产监督管理机构和省级政府国有资产监督管理机构建立国有资产监管立法备案制度，保障全国国有资产监管制度的统一。

下级国有资产监督管理机构制定的规范性文件，应当自发布之日起30日内抄送上级国有资产监督管理机构备案。其存在与国有资产监管法律、行政法规、规章和规范性文件相抵触情形的，上级国有资产监督管理机构应当及时提出意见，督促下级国有资产监督管理机构按程序予以修正。

第二十二条 国务院国有资产监督管理机构和省级政府国有资产监督管理机构建立国有资产监管法规、政策实施督查制度，对地方贯彻实施国有资产监管法规、政策情况，开展调研指导和监督检查。

上级国有资产监督管理机构发现下级政府国有资产监管工作中存在与国有资产监管法律、行政法规和中央方针政策不符情形的，应当依法提出纠正意见和建议。

第二十三条 各级国有资产监督管理机构建立国有资产监管重大事项报告制度。下级国有资产监督管理机构应当就下列重大事项及时向上级国有资产监督管理机构报告：

（一）地方国有资产监督管理机构的机构设置、职责定位、监管范围发生重大变动的；

（二）本地区国有资产总量、结构、变动等情况以及所出资企业汇总月度及年度财务情况；

（三）地方国有资产监管工作和国有企业改革发展中的其他重大事项。

第二十四条 各级国有资产监督管理机构开展监督检查，应当严格依照法定职责和法定程序进行。对本办法第十七条规定的监督事项，上级国有资产监督管理机构可以采取约谈、书面督办、专项检查、派出督察组等方式，督促纠正违法违规行为。下级国有资产监督管理机构应当及时向上级国有资产监督管理机构报告有关事项处理情况。

对存在违法违规行为的责任单位、个人，上级国有资产监督管理机构可以视情节轻重，在系统内予以通报批评或者向下级政府提出处理建议；对超出国有资产监督管理机构职责范围的违法违规事项，应当依法移送有关机构处理。

第五章 附则

第二十五条 地方国有资产监督管理机构可以依照本办法，制定本地区指导监督地方国资工作实施办法。

第二十六条 本办法自2011年5月1日起施行。原《地方国有资产监管工作指导监督暂行办法》（国务院国资委令第15号）同时废止。

关于印发《关于加强中央企业科技创新工作的意见》的通知

国资发规划〔2011〕80号

各中央企业：

为深入贯彻落实科学发展观，加快推进中央企业转变发展方式，全面提升自主创新能力，我们研究制定了《关于加强中央企业科技创新工作的意见》，现印发你们，请认真贯彻落实。

关于加强中央企业科技创新工作的意见

为深入贯彻落实科学发展观，加快推进中央企业转变发展方式，大力实施科技创新战略，全面提升自主创新能力，不断提高发展的质量和效益，实现又好又快发展，现就加强中央企业科技创新工作提出以下意见。

一、指导思想、基本原则和总体目标

(一)指导思想。坚持以科学发展观为指导，贯彻落实“自主创新、重点跨越、支撑发展、引领未来”的方针，围绕做强做优、培育世界一流企业的目标，以自主创新能力建设为中心，以体制机制创新为保障，以国家技术创新工程为依托，大力实施科技创新战略，全面提升企业核心竞争力，推动企业转型升级，在创新型国家建设中发挥骨干带头作用，实现创新驱动发展。

(二)基本原则。坚持市场导向与国家发展需要相结合。企业科技创新活动要坚持以市场为导向，发挥市场在资源配置中的基础性作用。要根据国民经济发展规划和产业政策，将国家发展与企业发展紧密结合，统筹创新布局，在涉及国家安全和国民经济命脉的重要行业和关键领域、战略性新兴产业发挥引领和骨干作用。

坚持科技创新与体制机制创新相结合。要把握企业科技创新的内在规律，加强科技规划导向，确保组织机构落实、科技投入增长和重要研发平台建设。要努力突破科技创新的体制机制性障碍，激发科技创新体系中各要素的创新活力，增强企业创新的内生动力。

坚持立足当前和谋划长远相结合。要围绕主导产业，针对制约企业发展的技术瓶颈，确定科技创新方向，突破关键核心技术，满足企业当前发展需要。要结合国内外科技发展趋势，着眼提升长远竞争力，注重前瞻性、战略性和应用基础研究，加强技术储备，促进企业可持续发展。

坚持掌握核心技术与提高系统集成能力相结合。要坚持有所为有所不为，选择具有良好发展基础的重点领域，集中优势资源，实现重点突破，掌握一批具有自主知识产权的核心技术。要注重系统集成能力的提升，完善企业功能和业务链，推动商业模式创新，增强工程化能力，实现从单项技术创新向系统化、集成化创新的转变。

(三)总体目标。通过实施科技创新战略，到“十二五”末，中央企业创新能力明显提升，科技投入稳步增长，创新体系和体制机制更加完善，一批中央企业成为国家级创新型企业，一批重大科技成果达到世界先进水平，科技进步贡献率达到60%以上，在部分领域实现从技术跟随到技术引领的跨越。

科技投入稳步提高。基本建立科技投入稳定增长的长效机制。科技投入占主营业务收入的比重平均达到2.5%以上，其中研发投入的比重达到1.8%以上；制造业企业科技投入占主营业务收入的比重达到5%。创新型企业研发投入比重达到国内同行业先进水平，部分创新型企业达到或接近国际同行业先进水平。

研发能力明显增强。建成一批具备国际先进水平的实验室和试验基地，国家级研发机构达到340家以上，工业企业普遍建立国家级企业技术中心。研发人员占从业人员比例大幅提升。研发周期明显缩短，研究开发成功率、新产品产值率居行业先进水平。

科技创新体系更加完善。企业为主体、市场为导向、产学研相结合的开放式科技创新体系基本确立。企业科技发展战略和规划目标清晰、定位准确。科研组织架构进一步健全，科研管理制度进一步完善，研发运行机制高效顺畅，科技人才队伍结构合理，科技成果转化高效，知识产权管理规范，良好的企业创新文化和创新环境基本形成。

科技创新成效显著。重点行业的一批关键技术取得重大突破，核工业、航天、航空、新能源、新材料、信息通信及智能电网、油气勘探、高速铁路、海洋工程等领域的一批科技成果居国际领先水平，实现产业化和工程化。形成一批具有自主知识产权的国际知名品牌。累计拥有有效专利数明显增加，专利质量显著提高，2015年发明专利授权量较2010年翻一番。

二、加强科技创新工作的重点任务

(四)加强科技发展战略与规划管理。企业要将科技创新作为集团公司发展的核心战略，做好顶层设计和总体谋划，坚持突出主业的方针，确立企业科技创新的发展路线，制定科技发展规划，依据企业不同的发展阶段，明确科技工作的目标、方向和任务。加强重点产业技术领域研究，确定重点科技专项和优先发展技术项目，切实做好科技规划的组织实施和跟踪评价。创新型(试点)企业要加强与国际一流企业的全面对标，制定并落实创新型企业建设方案。

(五)进一步建立健全企业研发体系。建立适合企业发展需要的研发体系，明确集团公司、子(分)公司、基层技术研发部门在创新链条中的职责定位，形成工艺及技术开发、应用研究、基础研究相配套的梯次研发结构。加强企业内部研发机构建设和科研基础条件建设，提升试验研发手段。有条件承担国家重点研发任务的企业，要做好国家级基础和共性技术研发平台建设。积极探索高效顺畅的研发运行机制，推动研发、设计、工程及生产的有机结合，促进科研成果向现实生产力的转化。支持有条件的企业组建"中央研究院"。转制科研院所要充分发挥技术优势，打造行业共性技术平台，更好地为行业发展提供技术服务。

(六)优化配置企业科技资源。进一步加强企业科技资源的优化配置、高效利用和开放共享，实现内外部资源有机结合。加大内部科技资源整合力度，着力解决企业科技资源分散、专业交叉重叠和技术重复开发等问题，完善创新链条，实现科技力量的有效协同。积极利用外部科技资源，通过合作研发、委托研发、并购等方式获取创新资源。积极吸收利用海外优质科技资源，探索建立海外研发机构，开展国际化研发。

(七)着力突破一批关键核心技术。围绕企业总体发展规划，按照"创新储备一代、研究开发一代、应用推广一代"的原则，选择重点领域，集中力量，加大投入，组织联合攻关，掌握一批具有自主知识产权的核心技术。增强原始创新、集成创新和引进消化吸收再创新的能力，鼓励企业根据国家重大战略需求积极承担国家重大研发任务，突破制约行业发展的技术瓶颈，引领行业技术进步。重点支持企业围绕节能环保、新一代信息技术、新能源、新材料、电动车、高端装备制造、生物医药等战略性新兴产业开展技术研发，取得重大技术成果并实现产业化，培育新的经济增长点。

(八)全面提高知识产权工作水平。坚持科技创新与加强知识产权工作相结合，贯彻落实《国家知识产权战略纲要》，制定实施企业知识产权战略，提升知识产权创造、应用、管理和保护能力。完善知识产权管理的运作模式和工作机制，推动专利、专有技术等知识产权的集中管理。保持专利数量快速增长，提高发明专利比重。在主导产业和关键技术领域形成一大批核心专利与自主知识产权成果。建立知识产权信息检索、侵权预警和风险防范制度，探索建立"专利池"，有条件的企业要研究专利布局策略。加强知识产权成果运用，重视知识产权转让和许可，提高知识产权成果的资本化运作水平。

(九)加强主要领域技术标准的研究与制定。发挥中央企业具备的标准工作基础和优势，推动科技创新活动与标准工作的良性互动，支持具有创新成果的企业联合开展标准的研究与制定，促进创新成果的转化和应用推广。推动自主知识产权的技术上升为技术标准，在国家标准和行业标准制定中发挥主导作用。积极参与国际标准制定，增强国际标准话语权。

(十)加强合作创新。加强产学研结合，建立合作的长效机制，推动产业技术创新战略联盟健康发展。加强企业间、产业链上下游的合作创新，形成优势互补、分工明确、成果共享、风险共担的开放式合作机制，提高创新效率，降低创新风险。加强国际科技合作，与国外企业开展联合研发，引进先进技术消化吸收再创新。发挥中央科技型企业在行业共性技术和检验检测、认证等方面的技术优势，更好地为行业发展和中小企业服务。鼓励中央企业间加强合作。

(十一)加强服务创新。建立服务创新技术支撑体系，以客户需求为导向，综合集成各领域先进技术，持续开展商业模式创新，提高市场应变能力。制造业企业要加大科技创新和服务创新的融合，实现由产品制造向系统设计集成和提供整体解决方案转变，推动生产性服务业快速发展。服务业企业要围绕传统产业改造升级加快发展现代服务业，加快服务产品和服务模式创新，提高研发、信息、物流等综合支撑能力。

(十二)进一步加强科技人才队伍建设。大力实施人才强企战略，加快建设一支结构合理、素质优良、创新能力强的科技人才队伍。完善科技人才评价、选拔、培养、使用和激励机制，对科技人才与经营管理人才实行分类管理，健全科技人才技术职务体系。加强对青年科技人才和高技能人才的培养。通过重大科技项目实施及深化产学研合作，培养造就一批具有世界前沿水平的科技领军人才和创新团队。建立健全科技带头人和科技专家制度。逐步加大对科技人才的激励力度，对作出突出贡献的科技人才给予特殊奖励。做好中央企业创新创业基地建设，吸引海内外高层次科技人才。

（十三）进一步提高科技管理水平。健全科技管理制度，完善工作流程，提升科技管理的效率和水平。加强科技统计调查分析、技术档案管理、科技情报、知识管理等基础性工作。加强技术经济等软科学研究，准确把握创新方向，提高科技管理的前瞻性和针对性。加强创新模式与方法的研究，提高创新效率。采用新技术、新工具改进科技管理。推广先进科学管理方法，加强科技政策的培训与交流，增强科技管理人员和财务人员对创新政策的把握和理解。做好中央企业科技创新信息平台的建设与管理，促进中央企业之间科技信息资源的“共建、共享”。

（十四）加强企业创新文化建设。积极开展群众性创新文化建设活动，鼓励群众性技术革新和技术发明，调动群众积极性，群策群力，解决生产中的技术难题。大力弘扬敢于创新、勇于竞争、诚信合作、宽容失败的精神，着力营造尊重知识、尊重人才、尊重劳动、尊重创造的文化氛围。把鼓励创新作为企业文化建设的重要内容，发扬企业家开拓创新精神，培养研发人员潜心研究、甘于奉献的精神，激发科技工作者创新热情和活力。

三、推进中央企业科技创新工作的政策与保障措施

（十五）加强组织领导。要把科技创新工作摆在企业改革与发展的突出位置，加强和改进对科技创新工作的组织领导。企业领导班子要将科技工作纳入重要议事日程，领导班子中要有专人负责科技创新工作，明确分工，落实领导责任。企业党政主要负责同志要从战略高度认识科技创新的重要意义，加强创新理论知识学习，提高工作的自觉性。科技、规划、投资、财务、人力资源、法律等部门要加强协调联动，采取有效措施，明确并落实责任，形成合力，推动重点科研任务的落实。切实加强对子企业创新工作的分类指导与监督管理。

（十六）建立健全科技组织管理机构。加强科技管理组织机构建设，做到机构编制落实、制度健全。根据企业科技创新工作需要，设立专职科技管理部门，明确职责定位。大型企业集团要发挥科技部门专业管理优势，强化统一管理，提高集团公司科技管控能力。加强科技决策的科学化和程序化，根据需要设立科学技术委员会、专家咨询委员会等科技决策和咨询机构。企业董事会组成人员中应考虑聘任熟悉科技工作的外部董事。

（十七）完善企业科技创新的体制机制。加大改革力度，加强体制机制创新。建立科技投入稳定增长的长效机制，确保企业研发投入随营业收入的增长而不断加大。将科技投入纳入全面预算管理，建立科技发展专项资金制度。完善科技考核指标体系，探索将重大科技成果和成果应用与转化纳入企业负责人的业绩考核。企业赋予科技管理部门一定比例的业绩考核权重。探索建立对骨干科技人员的中长期激励机制，落实管理、技术等重要生产要素按贡献参与分配的制度，有条件的企业开展股权、期权、分红权等激励试点工作。完善科技评价和奖励制度，设立科技奖励专项资金，表彰作出突出贡献的先进集体和个人。企业还可以结合自身实际情况，进一步探索、完善推动科技创新的有效机制。

（十八）进一步拓宽科技投入的资金渠道。在确保企业研发投入持续稳定增长的基础上，积极争取国家资金支持。创新科技投入体制机制，广泛利用社会资金。加强科技与金融的合作，探索利用风险投资基金、企业债券、保险基金和私募股权基金等方式，筹集科技投入资金。优化项目运作方式，提升科技管理水平。推动科技型企业引入民间投资、外资等战略投资者或利用国内外资本市场筹集资金。

（十九）进一步加强国资委对中央企业科技创新工作的指导与管理。结合中央企业布局结构调整，积极推进转制科研院所与大企业集团、中央企业之间科技资源的调整重组。组织协调中央企业围绕重大科技难题和行业共性技术，开展联合攻关。研究提出中央企业科技创新能力评价指标体系和办法，开展创新能力评价。探索并适时开展科技创新奖励活动。建立国资委科技专家库和科技咨询制度。组织开展国家重点科技计划项目的推荐与申报工作。发挥创新型企业的示范作用，总结推广先进经验，推进企业科技创新交流常态化。进一步加强与国家有关部门的沟通协调，推进科技创新政策的完善与落实，在项目和资金安排上争取更多支持，为企业科技创新营造良好的政策环境。

（二十）进一步完善国资委支持中央企业科技创新的政策措施。在企业负责人业绩考核指标体系中，进一步完善将中央企业研发费用视同业绩利润的考核政策，按国家有关规定，统一规范中央企业科技投入口径、范围。根据企业主业特点，强化对科技投入和产出的分类考核；根据创建国际一流企业的要求，研究提出进入A级企业科技投入的基本条件。探索建立企业科技创新的中长期激励机制，在符合条件的科技型上市公司中开展股票期权、限制性股票等激励试点；在符合条件的科技型非上市企业，开展分红权激励试点。对科研设计企业在工资总额方面实施分类调控。加大国有资本经营预算对科技创新的支持力度，以资本性支出为主，重点支持围绕国家发展战略和国民经济发展的重大科技创新活动，培育和发展战略性新兴产业。

中央企业境外国有资产监督管理暂行办法

国务院国有资产监督管理委员会令第26号

《中央企业境外国有资产监督管理暂行办法》已经国务院国有资产监督管理委员会第102次主任办公会议审议通过，现予公布，自2011年7月1日起施行。

中央企业境外国有资产监督管理暂行办法

第一章　总则

第一条　为加强国务院国有资产监督管理委员会（以下简称国资委）履行出资人职责的企业（以下简称中央企业）境外国有资产监督管理，规范境外企业经营行为，维护境外国有资产权益，防止国有资产流失，根据《中华人民共和国企业国有资产法》和《企业国有资产监督管理暂行条例》及相关法律、行政法规，制定本办法。

第二条　本办法适用于中央企业及其各级独资、控股子企业（以下简称各级子企业）在境外以各种形式出资所形成的国有权益的监督管理。

本办法所称境外企业，是指中央企业及其各级子企业在我国境外以及香港特别行政区、澳门特别行政区和台湾地区依据当地法律出资设立的独资及控股企业。

第三条　国资委依法对中央企业境外国有资产履行下列监督管理职责：

（一）制定中央企业境外国有资产监督管理制度，并负责组织实施和监督检查；

（二）组织开展中央企业境外国有资产产权登记、资产统计、清产核资、资产评估和绩效评价等基础管理工作；

（三）督促、指导中央企业建立健全境外国有资产经营责任体系，落实国有资产保值增值责任；

（四）依法监督管理中央企业境外投资、境外国有资产经营管理重大事项，组织协调处理境外企业重大突发事件；

（五）按照《中央企业资产损失责任追究暂行办法》组织开展境外企业重大资产损失责任追究工作；

（六）法律、行政法规以及国有资产监督管理有关规定赋予的其他职责。

第四条　中央企业依法对所属境外企业国有资产履行下列监督管理职责：

（一）依法审核决定境外企业重大事项，组织开展境外企业国有资产基础管理工作；

（二）建立健全境外企业监管的规章制度及内部控制和风险防范机制；

（三）建立健全境外国有资产经营责任体系，对境外企业经营行为进行评价和监督，落实国有资产保值增值责任；

（四）按照《中央企业资产损失责任追究暂行办法》规定，负责或者配合国资委开展所属境外企业重大资产损失责任追究工作；

（五）协调处理所属境外企业突发事件；

（六）法律、行政法规以及国有资产监督管理有关规定赋予的其他职责。

第五条 中央企业及其各级子企业依法对境外企业享有资产收益、参与重大决策和选择管理者等出资人权利，依法制定或者参与制定其出资的境外企业章程。

中央企业及其各级子企业应当依法参与其出资的境外参股、联营、合作企业重大事项管理。

第二章 境外出资管理

第六条 中央企业应当建立健全境外出资管理制度，对境外出资实行集中管理，统一规划。

第七条 境外出资应当遵守法律、行政法规、国有资产监督管理有关规定和所在国（地区）法律，符合国民经济和社会发展规划及产业政策，符合国有经济布局和结构调整方向，符合中央企业发展战略和规划。

中央企业及其重要子企业收购、兼并境外上市公司以及重大境外出资行为应当依照法定程序报国资委备案或者核准。

第八条 境外出资应当进行可行性研究和尽职调查，评估企业财务承受能力和经营管理能力，防范经营、管理、资金、法律等风险。境外出资原则上不得设立承担无限责任的经营实体。

第九条 以非货币资产向境外出资的，应当依法进行资产评估并按照有关规定备案或者核准。

第十条 境外出资形成的产权应当由中央企业或者其各级子企业持有。根据境外相关法律规定须以个人名义持有的，应当统一由中央企业依据有关规定决定或者批准，依法办理委托出资、代持等保全国有资产的法律手续，并以书面形式报告国资委。

第十一条 中央企业应当建立健全离岸公司管理制度，规范离岸公司设立程序，加强离岸公司资金管理。新设离岸公司的，应当由中央企业决定或者批准并以书面形式报告国资委。已无存续必要的离岸公司，应当依法予以注销。

第十二条 中央企业应当将境外企业纳入本企业全面预算管理体系，明确境外企业年度预算目标，加强对境外企业重大经营事项的预算控制，及时掌握境外企业预算执行情况。

第十三条 中央企业应当将境外资金纳入本企业统一的资金管理体系，明确界定境外资金调度与使用的权限与责任，加强日常监控。具备条件的中央企业应当对境外资金实施集中管理和调度。

中央企业应当建立境外大额资金调度管控制度，对境外临时资金集中账户的资金运作实施严格审批和监督检查，定期向国资委报告境外大额资金的管理和运作情况。

第十四条 中央企业应当加强境外金融衍生业务的统一管理，明确决策程序、授权权限和操作流程，规定年度交易量、交易权限和交易流程等重要事项，并按照相关规定报国资委备案或者核准。从事境外期货、期权、远期、掉期等金融衍生业务应当严守套期保值原则，完善风险管理规定，禁止投机行为。

第十五条 中央企业应当建立外派人员管理制度，明确岗位职责、工作纪律、工资薪酬等规定，建立外派境外企业经营管理人员的定期述职和履职评估制度。

中央企业应当按照属地化管理原则，统筹境内外薪酬管理制度。不具备属地化管理条件的，中央企业应当按照法律法规有关规定，结合属地的实际情况，制定统一的外派人员薪酬管理办法，报国资委备案。

第三章 境外企业管理

第十六条 中央企业是所属境外企业监督管理的责任主体。境外企业应当定期向中央企业报告境外国有资产总量、结构、变动、收益等汇总分析情况。

第十七条 境外企业应当建立完善法人治理结构，健全资产分类管理制度和内部控制机制，定期开展资产清查，加强风险管理，对其运营管理的国有资产承担保值增值责任。

第十八条 境外企业应当依据有关规定建立健全境外国有产权管理制度，明确负责机构和工作责任，切实加强境外国有产权管理。

第十九条 境外企业应当加强投资管理，严格按照中央企业内部管理制度办理相关手续。

第二十条 境外企业应当加强预算管理，严格执行经股东(大)会、董事会或章程规定的相关权力机构审议通过的年度预算方案,加强成本费用管理,严格控制预算外支出。

第二十一条 境外企业应当建立健全法律风险防范机制,严格执行重大决策、合同的审核与管理程序。

第二十二条 境外企业应当遵循中央企业确定的融资权限。非金融类境外企业不得为其所属中央企业系统之外的企业或个人进行任何形式的融资、拆借资金或者提供担保。

第二十三条 境外企业应当加强资金管理,明确资金使用管理权限,严格执行企业主要负责人与财务负责人联签制度,大额资金支出和调度应当符合中央企业规定的审批程序和权限。

境外企业应当选择信誉良好并具有相应资质的银行作为开户行,不得以个人名义开设账户,但所在国(地区)法律另有规定的除外。境外企业账户不得转借个人或者其他机构使用。

第二十四条 境外企业应当按照法律、行政法规以及国有资产监督管理有关规定和企业章程,在符合所在国(地区)法律规定的条件下,及时、足额向出资人分配利润。

第二十五条 境外企业应当建立和完善会计核算制度,会计账簿及财务报告应当真实、完整、及时地反映企业经营成果、财务状况和资金收支情况。

第二十六条 境外企业应当通过法定程序聘请具有资质的外部审计机构对年度财务报告进行审计。暂不具备条件的,由中央企业内部审计机构进行审计。

第四章 境外企业重大事项管理

第二十七条 中央企业应当依法建立健全境外企业重大事项管理制度和报告制度,加强对境外企业重大事项的管理。

第二十八条 中央企业应当明确境外出资企业股东代表的选任条件、职责权限、报告程序和考核奖惩办法,委派股东代表参加境外企业的股东(大)会会议。股东代表应当按照委派企业的指示提出议案、发表意见、行使表决权,并将其履行职责的情况和结果及时报告委派企业。

第二十九条 境外企业有下列重大事项之一的,应当按照法定程序报中央企业核准:

(一)增加或者减少注册资本,合并、分立、解散、清算、申请破产或者变更企业组织形式;

(二)年度财务预算方案、决算方案、利润分配方案和弥补亏损方案;

(三)发行公司债券或者股票等融资活动;

(四)收购、股权投资、理财业务以及开展金融衍生业务;

(五)对外担保、对外捐赠事项;

(六)重要资产处置、产权转让;

(七)开立、变更、撤并银行账户;

(八)企业章程规定的其他事项。

第三十条 境外企业转让国有资产,导致中央企业重要子企业由国有独资转为绝对控股、绝对控股转为相对控股或者失去控股地位的,应当按照有关规定报国资委审核同意。

第三十一条 境外企业发生以下有重大影响的突发事件,应当立即报告中央企业;影响特别重大的,应当通过中央企业在24小时内向国资委报告。

(一)银行账户或者境外款项被冻结;

(二)开户银行或者存款所在的金融机构破产;

(三)重大资产损失;

(四)发生战争、重大自然灾害,重大群体性事件,以及危及人身或者财产安全的重大突发事件;

(五)受到所在国(地区)监管部门处罚产生重大不良影响;

(六)其他有重大影响的事件。

第五章 境外国有资产监督

第三十二条 国资委应当将境外企业纳入中央企业业绩考核和绩效评价范围,定期组织开展境外企业抽查审计,综合评判中央企业经营成果。

第三十三条 中央企业应当定期对境外企业经营管理、内部控制、会计信息以及国有资产运营等情况进行监督检查,建立境外企业生产经营和财务状况信息报告制度,按照规定向国资委报告有关境外企业财产状况、生产经营状况和境外国有资产总量、结构、变动、收益等情况。

第三十四条　中央企业应当加强对境外企业中方负责人的考核评价，开展任期及离任经济责任审计，并出具审计报告。重要境外企业中方负责人的经济责任审计报告应当报国资委备案。

第三十五条　国家出资企业监事会依照法律、行政法规以及国有资产监督管理有关规定，对中央企业境外国有资产进行监督检查，根据需要组织开展专项检查。

第六章　法律责任

第三十六条　境外企业有下列情形之一的，中央企业应当按照法律、行政法规以及国有资产监督管理有关规定，追究有关责任人的责任。

（一）违规为其所属中央企业系统之外的企业或者个人进行融资或者提供担保，出借银行账户；

（二）越权或者未按规定程序进行投资、调度和使用资金、处置资产；

（三）内部控制和风险防范存在严重缺陷；

（四）会计信息不真实，存有账外业务和账外资产；

（五）通过不正当交易转移利润；

（六）挪用或者截留应缴收益；

（七）未按本规定及时报告重大事项。

第三十七条　中央企业有下列情形之一，国资委应当按照法律、行政法规以及国有资产监督管理有关规定，追究相关责任人的责任。

（一）未建立境外企业国有资产监管制度；

（二）未按本办法规定履行有关核准备案程序；

（三）未按本办法规定及时报告重大事项；

（四）对境外企业管理失控，造成国有资产损失。

第七章　附则

第三十八条　中央企业及其各级子企业在境外设立的各类分支机构的国有资产的监督和管理参照本办法执行。

第三十九条　地方国有资产监督管理机构可以参照本办法制定所出资企业境外国有资产管理制度。

第四十条　本办法自2011年7月1日起施行。

中央企业境外国有产权管理暂行办法

国务院国有资产监督管理委员会令第27号

《中央企业境外国有产权管理暂行办法》已经国务院国有资产监督管理委员会第102次主任办公会议审议通过，现予公布，自2011年7月1日起施行。

中央企业境外国有产权管理暂行办法

第一条　为加强和规范中央企业境外国有产权管理，根据《中华人民共和国企业国有资产法》、《企业国有资产监督管理暂行条例》（国务院令第378号）和国家有关法律、行政法规的规定，制定本办法。

第二条　国务院国有资产监督管理委员会（以下简称国资委）履行出资人职责的企业（以下简称中央企业）及其各级独资、控股子企业（以下简称各级子企业）持有的境外国有产权管理适用本办法。国家法律、行政法规另有规定的，从其规定。

本办法所称境外国有产权是指中央企业及其各级子企业以各种形式对境外企业出资所形成的权益。

前款所称境外企业，是指中央企业及其各级子企业在我国境外以及香港特别行政区、澳门特别行政区和台湾地区依据当地法律出资设立的企业。

第三条　中央企业是其境外国有产权管理的责任主体，应当依照我国法律、行政法规建立健全境外国有产权管理制度，同时遵守境外注册地和上市地的相关法律规定，规范境外国有产权管理行为。

第四条　中央企业应当完善境外企业治理结构，强化境外企业章程管理，优化境外国有产权配置，保障境外国有产权安全。

第五条　中央企业及其各级子企业独资或者控股的境外企业所持有的境内国有产权的管理，比照国资委境内国有产权管理的相关规定执行。

第六条　境外国有产权应当由中央企业或者其各级子企业持有。境外企业注册地相关法律规定须以个人名义持有的，应当统一由中央企业依据有关规定决定或者批准，依法办理委托出资等保全国有产权的法律手续，并以书面形式报告国资委。

第七条 中央企业应当加强对离岸公司等特殊目的公司的管理。因重组、上市、转让或者经营管理需要设立特殊目的公司的，应当由中央企业决定或者批准并以书面形式报告国资委。已无存续必要的特殊目的公司，应当及时依法予以注销。

第八条 中央企业及其各级子企业发生以下事项时，应当由中央企业统一向国资委申办产权登记：

（一）以投资、分立、合并等方式新设境外企业，或者以收购、投资入股等方式首次取得境外企业产权的。

（二）境外企业名称、注册地、注册资本、主营业务范围等企业基本信息发生改变，或者因企业出资人、出资额、出资比例等变化导致境外企业产权状况发生改变的。

（三）境外企业解散、破产，或者因产权转让、减资等原因不再保留国有产权的。

（四）其他需要办理产权登记的情形。

第九条 中央企业及其各级子企业以其拥有的境内国有产权向境外企业注资或者转让，或者以其拥有的境外国有产权向境内企业注资或者转让，应当依照《企业国有资产评估管理暂行办法》（国资委令第12号）等相关规定，聘请具有相应资质的境内评估机构对标的物进行评估，并办理评估备案或者核准。

第十条 中央企业及其各级子企业独资或者控股的境外企业在境外发生转让或者受让产权、以非货币资产出资、非上市公司国有股东股权比例变动、合并分立、解散清算等经济行为时，应当聘请具有相应资质、专业经验和良好信誉的专业机构对标的物进行评估或者估值，评估项目或者估值情况应当由中央企业备案；涉及中央企业重要子企业由国有独资转为绝对控股、绝对控股转为相对控股或者失去控股地位等经济行为的，评估项目或者估值情况应当报国资委备案或者核准。

中央企业及其各级子企业独资或者控股的境外企业在进行与评估或者估值相应的经济行为时，其交易对价应当以经备案的评估或者估值结果为基准。

第十一条 境外国有产权转让等涉及国有产权变动的事项，由中央企业决定或者批准，并按国家有关法律和法规办理相关手续。其中，中央企业重要子企业由国有独资转为绝对控股、绝对控股转为相对控股或者失去控股地位的，应当报国资委审核同意。

第十二条 中央企业及其各级子企业转让境外国有产权，要多方比选意向受让方。具备条件的，应当公开征集意向受让方并竞价转让，或者进入中央企业国有产权转让交易试点机构挂牌交易。

第十三条 中央企业在本企业内部实施资产重组，转让方为中央企业及其直接或者间接全资拥有的境外企业，受让方为中央企业及其直接或者间接全资拥有的境内外企业的，转让价格可以以评估或者审计确认的净资产值为底价确定。

第十四条 境外国有产权转让价款应当按照产权转让合同约定支付，原则上应当一次付清。确需采取分期付款的，受让方须提供合法的担保。

第十五条 中央企业及其各级子企业独资或者控股的境外企业在境外首次公开发行股票，或者中央企业及其各级子企业所持有的境外注册并上市公司的股份发生变动的，由中央企业按照证券监管法律、法规决定或者批准，并将有关情况以书面形式报告国资委。境外注册并上市公司属于中央企业重要子企业的，上述事项应当由中央企业按照《国有股东转让所持上市公司股份管理暂行办法》（国资委令第19号）等相关规定报国资委审核同意或者备案。

第十六条 中央企业应当按照本办法落实境外国有产权管理工作责任，完善档案管理，并及时将本企业境外国有产权管理制度、负责机构等相关情况以书面形式报告国资委。

第十七条 中央企业应当每年对各级子企业执行本办法的情况进行监督检查，并及时将检查情况以书面形式报告国资委。

国资委对中央企业境外国有产权管理情况进行不定期抽查。

第十八条 中央企业及其各级子企业有关责任人员违反国家法律、法规和本办法规定，未履行对境外国有产权的监管责任，导致国有资产损失的，由有关部门按照干部管理权限和有关法律法规给予处分；涉嫌犯罪的，依法移交司法机关处理。

第十九条 地方国有资产监督管理机构可以参

照本办法制定所出资企业境外国有产权管理制度。

第二十条 本办法自2011年7月1日起施行。

关于规范央企选聘评估机构工作的指导意见

国资发产权〔2011〕68号

各中央企业：

为进一步加强中央企业国有资产评估管理工作，规范企业选聘评估机构行为，维护国有资产出资人合法权益，根据《中华人民共和国企业国有资产法》《企业国有资产评估管理暂行办法》（国资委令第12号）等有关法律和规定，现就中央企业选聘评估机构工作提出以下意见：

一、中央企业应当依据国家有关法律法规的要求，结合本企业具体情况，制订评估机构选聘管理制度，完善评估机构选聘工作程序，明确评估机构选聘条件，建立评估机构执业质量评价标准及考核体系。

二、中央企业选聘的评估机构应当符合以下条件：

（一）遵守国家有关法律、法规、规章以及企业国有资产评估的政策规定，严格履行法定职责，近3年内没有违法、违规执业记录。

（二）掌握企业所在行业的经济行为特点和相关市场信息，具有与企业评估需求相适应的资质条件、专业人员和专业特长。

（三）熟悉与企业及其所在行业相关的法规、政策。

三、中央企业应当按照“公开、公平、公正”的原则，根据自身及其各级子企业规模、区域分布、资产评估业务特点等，结合评估机构的资质条件、人员规模、执业质量、执业信誉、技术特长、区域分布等因素，建立适应本企业各类评估业务需求的评估机构备选库。

中央企业确定评估机构备选库后，应当在本企业公告备选评估机构名单，并在公告期截止之日起10个工作日内将备选评估机构名单及选聘情况报送国资委备案。国资委根据备案情况，将中央企业备选评估机构名单在国资委网站上向社会公布。

四、中央企业及其各级子企业在聘请评估机构执行业务时，应当在本企业评估机构备选库内实行差额竞争选聘。个别临时业务中确有原因不能在本企业备选库内选聘的，应当在国资委公布的中央企业备选评估机构名单中竞争选聘，并向国资委报告相关情况。

五、中央企业应当根据评估机构执业质量评价结果和企业评估业务需要，对评估机构备选库实行动态管理，原则上每两年调整一次，调整时应当根据执业质量评价结果对备选评估机构予以一定比例的更换。

六、受聘评估机构在执业过程中发生故意违规行为的，中央企业应终止其执行该业务；情节严重的，应将该评估机构从本企业评估机构备选库中删除，同时将相关情况报告国资委及有关部门，由国资委通告各中央企业三年内不再选聘该评估机构；涉嫌犯罪的，依法移送司法机关处理。

七、中央企业在选聘评估机构过程中，应当严格按照本指导意见执行。国资委定期对中央企业评估机构备选库建立工作及企业重大重组改制涉及的评估机构选聘工作进行抽查和监督。

关于加强中央企业财务信息化工作的通知

国资发评价〔2011〕99号

各中央企业：

近年来，中央企业积极贯彻国家信息化发展战略，深入推进财务信息化建设和应用，财务信息化水平明显提高。但随着中央企业经营规模快速扩大，产业链条不断延伸，经营业态逐步多元化，多数企业目前的财务信息化水平难以满足业务发展需要和集团管理要求，成为制约企业做强做优的重要因素。为培育具有国际竞争力的世界一流企业，认真贯彻落实国资委关于中央企业信息化工作的要求和部署，推动中央企业更好地利用信息技术提升管理水平，建立规范、高效、稳健的财务管理体系，现就加强中央企业财务信息化工作的有关事项通知如下：

一、加强财务信息化工作组织领导。企业财务信息化作为企业信息化的基础和重要组成部分，是一项复杂的系统工程，贯穿企业经营管理各个方面和环节，需要对企业的制度体系、管理框架、业务流程等进行梳理与优化，涉及范围广，工作任务重。各中央企业主要负责人要高度重视，充分认识财务信息化对变革企业管理、增强企业核心竞争力所产生的推动作用，切实加强组织领导，将财务信息化作为集团信息化的先导和突破口，由集团统一规划和组织实施，明确工作任务和要求，落实机构人员和资金，建立健全财务信息化工作组织体系。企业总会计师或分管财务工作负责人是财务信息化工作的直接责任人，在企业信息化总体框架下，与集团首席信息官或分管信息化工作负责人共同推动财务信息化各项工作深入开展。企业财务部门应当与信息化职能部门等相关部门密切配合，分工协作，组织做好规划编制、项目实施、运行维护和应用培训等工作，有效发挥财务信息化对规范企业管理、优化资源配置、防范财务风险、提升经营绩效的促进作用，不断提高企业经营管理水平。

二、科学制定财务信息化整体规划。中央企业应根据集团“十二五”发展规划，结合集团信息化纲要，按照财务管理体系建设和集团化管控需求，坚持整体规划、科学适用、成本效益、财务业务一体化等原则，统一制定集团财务信息化建设规划，明确财务信息化总体目标和分阶段任务，有计划分步骤组织实施，做到与集团整体信息化规划同步、系统集成、标准统一、信息共享。对于财务信息化水平较高的企业，应当与国际先进企业对标，结合企业实施“走出去”战略，持续优化财务信息系统功能，推进全球业务信息化、财务服务集中化；对于财务信息化水平一般、尚处于建设和完善过程中的企业，应当加强信息资源整合和不同信息系统的集成，力争在“十二五”期间建成功能完善、财务与业务相统一、运行高效安全、覆盖集团全部子企业和所有业务领域的财务信息系统；对于财务信息化基础较为薄弱的企业，应当制定适合企业经营管理特点的系统框架、软件平台和实施方案，兼顾技术先进性和操作实用性，考虑未来扩展性和系统兼容性，做好软件系统选型和网络布局，力争在“十二五”末建立满足企业经营管理需要、功能较为完善的财务信息系统。

三、夯实财务信息化基础工作。财务信息化基础工作是关系财务信息化成败的关键。中央企业应当高度重视，并认真做好制度统一、流程梳理和分类编码等标准化建设基础工作。一是应当建立健全集团统一、完善的货币资金、应收账款、存货、固定资产、在建工程、长期投资等各项资产管理制度；二是应当根据国家发布的会计准则和财务制度，统一集团会计政策、会计核算、内部交易、财务报告等各项财务会计制度；三是应当对采购、生产、销售等各个经营环节进行业务流程梳理与再造，加快财务业务一体化进程，优化和完善资金、投融资、预算、成本控制、风险预警、考核评价等管理程序；四是应当对会计科目、物资、产品、职工、客户、供应商、合同等信息进行分类整理，明确编码规则，实现统一规范编码，并形成编码手册，实施动态维护与管理。同时应当建立财务信息系统功能模块、数据存储、系统集成等标准体系，为软件集成、信息共享等系统建设奠定基础。

四、加快建设功能完善的财务信息系统。功能完善的财务信息系统至少应当包括但不限于会计集中核算、财务合并报告、资金集中管理、资产动态管理、全面预算管理、成本费用管理、财务分析与决策支持、风险管控等功能模块和子系统，各子系统之间应当实现无缝对接和信息集成，并将关键控制环节和控制要求固化于系统中，实现财务信息系统的内部控制。会计集中核算系统主要指根据集团统一的会计制度和会计科目编码，由业务驱动自动生成会计凭证、会计账簿和会计报表，并能灵活适应国家会计准则及企业会计政策变更，具备条件的企业应当在集团层面探索开展会计集中核算和共享会计服务。财务合并报告系统主要指根据内部交易抵销、投资股权折算等合并规则，提取核算系统中的会计信息，自动编制合并报告，生成各类分析统计报表，满足各部门工作报表需要，并能根据国家发布的可扩展商业报告语言(XBRL)技术规范生成报告。资金集中管理系统主要指通过与预算、核算等业务系统的有效集成，对企业现金、票据、存贷款、外汇等实施统一管控和调配，控制预算外资金支付，促进企业加快内部资金融通，提高使用效率，降低资金成本，防范资金风险。资产动态管理系统主要指对固定资产、在建工程、存货、股权投资、应收款项、无形资产等资产项目进行全流程管控，实现资产购建、财务入账、流转运行、价值变化、产权变动、报废回收、损益核算等全生命周期的动态管理。全面预算管理系统主要指对经营预算、投融资预算、资金预算、薪酬预算、财务预算等预算编制、预算审批、预算调整、预算执行监控以及预算考核评价等全过程的管理。成本费用管理系统主要指以产品、服务、项目等管理及生产运营流程为中心，通过成本费用的归集、分摊、结转、核算等过程监控，实现成本费用的计划、分析、预测、考核等控制管理。财务分析与决策支持系统主要指通过对业务部门和各级子企业财务信息的跨账簿、跨区域、跨年度等多维度的穿透查询和数据钻取，实现财务分析、行业对标、风险预警、趋势预测、绩效评价等决策支持功能，并以“仪表盘”、“驾驶舱”等图文并茂方式进行数据展现和分析报告。风险管控系统主要指根据职责分离和风险控制的要求，实现在线审计、内部控制与评价、风险防范与评估等功能。

五、深化财务信息系统应用管理。财务信息系统只有投入使用才能有效发挥促进企业规范管理、提升管理能力、提高管理效率的作用。各中央企业应当克服“重建设、轻应用”的倾向，切实抓好系统的应用管理。对已经具备上线运行条件的系统或模块，应当组织力量及时投入使用，做好数据迁移和系统初始化工作，确保数据资料连续完整和系统正常运行，并加强系统的应用培训和运行维护，定期对系统的软硬件及网络环境进行检测，对数据进行同城和异地灾备，并根据运行中出现的新情况、新问题及新需求，持续改进与优化，增强系统的适应性、扩展性和安全性。系统应用过程中，应当做到财务系统与业务系统的深度融合，防止信息孤岛和业务系统外循环。

六、强化财务信息化人才队伍建设。财务信息化是现代信息技术与企业财务管理的有机结合，跨专业领域的复合型人才是做好财务信息系统建设实施、稳定运行与深化应用的重要保障。中央企业在推进财务信息化工作中，应当高度重视财务信息化人才队伍建设，有条件的企业应当设立相应机构和专门岗位，配备既懂财务又掌握信息技术的专业人才，充实人才队伍力量，并建立激励约束机制，创建有利于人才发展的良好环境，确保人才队伍稳定。

七、认真做好财务信息系统安全保密工作。财务信息系统存储了企业经营活动形成的大量财务与业务数据，安全保密至关重要。中央企业要高度重视，切实做好国家秘密和企业商业秘密的保护工作，严格执行国家及我委有关信息安全保密规定及技术规范，要从管理制度、操作流程和安全技术等方面，在系统规划设计、建设实施与运行维护全过程中，贯彻安全保密要求，加强安全保密管理，做到保密工作与信息系统同步规划、同步设计、同步实施。对于涉及国家秘密的信息系统，企业应当选择具有国家有关部门认定的相关安全保密资质的单位进行系统开发、项目实施和运行维护，并签订保密协议，信息系统在投入使用前应当通过国家有关部门的安全保密测评。

国资委将开展对中央企业财务信息化工作的分类指导，加强交流与培训，建立中央企业财务信息化工作年度报告制度和财务信息化水平评价体系，逐步开展中央企业财务信息化评价工作，评价结果通报中央企业，并纳入国资委信息化水平评价体系。各中央企业应当结合本企业财务信息化工作开展情况，进行自我评价和总结，并于每年1月31日前向国资委(财务监督与考核评价局)报送评价总结报告，同时抄送派驻本企业监事会。

关于印发《关于进一步深化中央企业青年创新创效活动的意见》的通知

国资发群工〔2011〕109号

各中央企业，各省、自治区、直辖市及计划单列市和新疆生产建设兵团国资委、团委：

现将《关于进一步深化中央企业青年创新创效活动的意见》印发给你们，请结合实际，认真贯彻落实。

关于进一步深化中央企业青年创新创效活动的意见

为深入贯彻落实科学发展观，动员和引导中央企业广大青年进一步增强创新意识，提升创新能力，投身创新实践，在做强做优中央企业、培育具有国际竞争力的世界一流企业中发挥生力军和突击队作用，国务院国资委、共青团中央就进一步深化中央企业青年创新创效活动提出如下意见：

一、重要意义

当前，全球已经进入空前的创新密集和产业变革时代，《国民经济和社会发展第十二个五年规划纲要》提出，以科学发展为主题，以转变经济发展方式为主线，坚持把科技进步和创新作为加快转变经济发展方式的重要支撑。加快转变经济发展方式，赢得发展先机和主动权，最根本的是要靠科技的力量，最关键的是要大幅提高自主创新能力。中央企业是国民经济的重要支柱，在转变经济发展方式、建设创新型国家、实现全面建设小康社会目标的进程中担负着重要使命。要实现做强做优中央企业、培育具有国际竞争力的世界一流企业的目标，必须在新一轮科技创新和技术进步浪潮中抓住机遇，加大自主创新力度，建立健全企业创新体制机制，努力突破一批关键技术，打造一批知名品牌，培育一批创新人才队伍，不断提升企业核心竞争力，在科技进步和经济发展中发挥骨干和排头兵作用。

青年是中央企业职工队伍的重要力量，是推动企业创新的生力军和突击队。中央企业青年创新创效活动自开展以来，企业高度重视，共青团精心组织，青年积极参与，已经成为推动企业创新的重要载体和有效途径，创造了显著的经济效益、社会效益和人才效益。面对新形势新任务，进一步深化中央企业青年创新创效活动，对于激发青年的创新热情和创造潜能，提升创新能力，培育高素质的青年职工队伍，推进企业加快转变发展方式、提升核心竞争力具有重要意义。

二、指导思想和基本原则

进一步深化中央企业青年创新创效活动的指导思想是：以青年为主体，以学习为基础，以创新实践为平台，以项目化运作为主要手段，结合企业发展需要，培养“四个一流”（一流职业素养、一流业务技能、一流工作作风、一流岗位业绩）高素质青年人才，努力创造经济效益和社会效益，为做强做优中央企业、培育具有国际竞争力的世界一流企业作出积极贡献。其基本原则是：

（一）市场导向、效益优先原则。要把适应市场需求作为活动的出发点，把创造效益作为活动的落脚点。要着眼国际国内两个市场，学习市场知识，研究市场需求，把握市场规律。要结合企业经营、产品和服务的特点，从市场中寻找创新课题，在市场中结出创效硕果。

（二）实践锻炼、培养人才原则。要积极搭建青年创新平台，组织青年学习创新理念，提升创新思维能力，激发青年创新热情和创造潜能。要引导青年立足岗位，注重实践，不断提高自身科技文化水平，改善知识结构，提升技能等级，增强对新知识、新技术、新方法的掌握和运用能力，加快培养一批复合型青年创新人才。

（三）结合实际、注重实效原则。要围绕国家重点领域、重点工程和战略性新兴产业的需求，以及影响企业发展的关键技术和重点项目，结合不同行业、不同层次和不同岗位的青年特点，选择基础条件好、需求迫切、带动作用强、青年力所能及的领域和项目，组织青年大胆创新、力求实效。

三、主要内容

（一）开展科技创新活动，为培育企业核心技术和产品服务。科技创新活动要以青年技术、技能人员为骨干，大力开展技术技能培训，努力提高青年职工的科技创新素养；鼓励青年积极参与重大科研攻关、应用基础研究；围绕新技术的引入、新产品的开发、新设备的应用、工艺流程的改进等进行技术开发、技术攻关；推动青年技术人员转化科研成果，培育新的效益增长点；推动院校、科研机构和企业间的联系与合作，为青年技术人员开展技术交流与合作创造条件；吸引海内外高层次青年科技人才，服务企业科技创新。

（二）开展管理创新活动，为提高企业管理水平服务。管理创新活动要以青年业务经理、班组长为基础，以青年管理者为骨干，加强管理培训，丰富管理知识，创新管理理念，提高管理水平；围绕战略管理、质量管理、安全管理、成本管理、风险管理和商业模式等方面，找准问题和不足，不断优化管理流程，推动建立与企业科学发展相适应的管理制度；积极运用现代管理知识和信息技术手段，不断提高管理的信息化和精益化水平；积极开展青年自主管理活动，充分发挥青年潜能，鼓励青年立足岗位，自主发现问题，自主改进提高。

（三）开展营销创新活动，为提高企业市场占有率和培育知名品牌服务。营销创新活动要以青年营销人员为骨干，加强营销技能培训，增强营销创新意识，提高营销能力；要服务企业发展战略和品牌战略，引导青年营销人员以市场需求为导向，做好市场分析，跟踪市场变化，研究营销策略，创新营销模式，提高营销质量，扩大营销效果，不断拓宽企业产品的市场空间，提升企业品牌形象。

（四）开展服务创新活动，为提升企业社会形象服务。服务创新活动要以在服务岗位上工作的青年为骨干，强化服务意识，转变服务理念，改进服务态度，提高服务技能；要以客户需求为导向，优化服务流程，改善服务环境，提供优质服务；促进科技创新和服务创新的融合，建立服务创新技术支撑体系，实现服务产品和服务模式创新；引导青年树立“大服务”理念，强化上道工序为下道工序服务、二线为一线服务、一线为市场服务的意识，立足岗位干好本职工作，不断提高企业产品质量和整体服务水平。

四、推进措施

（一）营造氛围，强化意识。要充分利用各种传统媒体和新兴传播手段，大力宣传青年创新创效活动的目的和意义，帮助青年认识参与创新实践对于个人成长、企业发展的重要作用和价值，引导青年踊跃投身创新创效实践。积极培育青年创新文化，努力营造“时时可以创新、事事可以创新、人人可以创新”的良好氛围，鼓励创新，宽容失败，充分调动广大青年参与创新创效活动的积极性和主动性，进一步掀起青年职工创新创效热潮。

（二）学习培训，提升能力。加大青年学习培训力度，采用青年大讲堂、科技论坛、职工夜校等方式，组织青年学习技术、管理、营销、服务等方面知识，不断优化青年知识结构、提高青年科技文化水平和创新思维能力。通过开展岗位练兵、技能竞赛、导师带徒等活动，促进青年学习新知识、掌握新技术、运用新方法，不断提升青年业务水平和创新能力。

（三）立足实际，选题立项。要结合企业科技发展规划，围绕企业中心任务，特别是国家重点工程、重大专项和企业重点工作进行选题立项，项目内容可以包括安全生产、质量管理、节能环保、技术改造、流程优化等。要引导广大青年结合实际提出或积极领办创新项目。要明确项目目标、责任人、参与人、时间进度和实施方案，增强青年创新创效活动的可操作性。

（四）丰富载体，拓展平台。要深化青年“五小”（小发明、小革新、小改造、小设计、小建议）活动、持续改进改善活动、青年技能竞赛、青年QC小组、青年创新基金、青年创新论坛等载体建设。要在依托青年文明号、青年岗位能手、青年安全生产示范岗、青年突击队等品牌活动的同时，不断探索新平台，充分发挥青年群体在创新创效活动中的积极作用。

（五）科学评估，转化成果。积极邀请行业内的专家和本企业的专业人员，从科技含量、创新性、经济效益、社会效益和可推广价值等方面，对创新成果进行科学评估和认定。要结合市场、行业和企业的需求，通过青年创新成果推介会等形式，促进成果的共享、推广和应用。对有价值的创新成果要进行知识产权保护。

（六）总结经验，推广交流。要及时总结推广创新创效活动中的经验和做法，持续提高青年创新创效活动水平。要坚持“以评促创”，广泛开展青年创新奖评选等活动，挖掘、选树、宣传先进典型，促进青年创新创效活动不断深入，进一步创出氛围，创出成果，创出效益，创出人才。

五、保障机制

（一）加强组织领导。国务院国资委牵头成立中央企业青年创新创效活动指导委员会。各中央企业要建立健全以党政领导牵头，团组织具体协调，有关部门共同参与的领导机构，加强对本企业青年创新创效活动的组织领导。各中央企业可根据实际需要，成立青年科技工作者协会、青年管理者协会等机构，形成创新创效活动的组织管理网络。

（二）强化活动管理。要把青年创新创效活动纳入企业创新体系和科技创新整体规划，统筹推进实施。要加强活动过程控制，完善项目管理，抓好项目的选题、立项、实施、评价、推广和后评估等环节。要注重活动的规范性、科学性和实效性，不断提高活动管理水平。

（三）健全工作机制。要建立健全青年创新创效活动的效果评估、成果转化、奖励激励、人才培养和资金保障等机制，确保活动长效开展。要本着精神鼓励与物质奖励相结合的原则，制订青年创新创效活动的奖励政策，将表彰奖励纳入企业职工奖励体系。

各省、自治区、直辖市及计划单列市和新疆生产建设兵团国资委、团委可参照本意见，结合自身实际，制订加强省属及以下国有及国有控股企业青年创新创效活动的意见并抓好落实。

关于落实国务院常务会议精神切实加强央企安全生产工作的紧急通知

国资发综合〔2011〕103号

各中央企业：

为全面贯彻国务院第165次常务会议、中央领导同志有关安全生产的重要批示和重要讲话以及近期召开的国务院安委会全体会议精神，深入落实中央企业、地方国资委负责人会议对安全生产工作的部署，切实做好中央企业安全生产和应急管理工作，进一步推动中央企业落实安全生产主体责任，提高安全管理的科学化、规范化水平，坚决遏制重特大生产安全事故发生，为做强做优中央企业、培育具有国际竞争力的世界一流企业提供安全保障，现就加强中央企业安全生产工作的有关事项紧急通知如下：

一、把安全生产工作放在更加突出的位置

安全生产事关人民群众生命财产安全，事关改革发展稳定大局，事关党和政府形象和声誉。中央企业各级负责人要切实提高全局意识、政治意识和责任意识，牢固树立安全发展的理念，决不能有一丝一毫的懈怠和马虎。各中央企业必须带头贯彻落实党中央、国务院的要求和部署，把安全生产管理放到更加突出的位置，采取更为扎实有效的措施，切实把国务院常务会议精神落到实处。要从管理、制度、标准和技术等方面，统筹谋划，系统推进，全面加强企业安全生产管理。坚持依法依规生产经营，强化责任落实，严格责任追究。深入开展安全质量标准化建设，健全质量管理体系，加强质量监督，切实提高产品和工程的安全性。

二、立即开展全面的安全生产大检查

中央企业要立即开展为期一个月的安全生产大检查，以近期全国生产安全事故为戒，全面排查和消除安全隐患。对查出的隐患，要按照定措施、定预案、定资金、定时限、定责任人的“五定”原则，落实到位，切实整改。重大安全隐患要实行分级管理、挂牌督办、动态监控。对严重危及安全生产的问题，必须停产整改，坚决遏制重特大事故的发生。对隐患整改不力或未在规定期限内完成整改的，要追究企业相关负责人的责任。国资委将在企业自查的基础上，派出检查组对重点行业和领域的中央企业进行督查。

三、进一步完善安全生产规章制度

中央企业要按照国家有关法律法规和标准，深入贯彻《中央企业安全生产监督管理暂行办法》（国资委令第21号）和《中央企业安全生产禁令》（国资委令第24号），结合自身实际，进一步健全完善安全生产规章制度，严格执行工艺标准和操作流程，坚决杜绝影响安全生产的行为。要确保规章制度有效、管用，责任可追溯。要及时清理、修订或废止不适应形势变化要求的制度，根据业务特点迅速弥补因业务拓展而产生的制度空白点。要认真研究和借鉴国外先进的安全生产管理经验，广泛开展与国外优秀企业的安全对标，促进本企业规章制度的完善。

四、全面加强安全生产组织机构建设

中央企业要切实加强安全生产的组织领导，切实落实第一责任人的责任。要加强安全生产组织机构建设，为安全生产提供组织保障。要建立与企业生产工作任务相适应的安全生产监督管理机构，属国资委安全生产监管一类的企业必须设置负责安全生产监督管理工作的独立职能部门。要加强安全队伍建设，把懂技术、善管理的人才充实到安全监管专业队伍中，配足配强安全管理人员，逐步实现以注册安全工程师为主体的专职安全队伍，提高安全监管队伍的整体素质。要探索建立安全总监制度，属国资委安全生产监管一类的企业必须全面建立安全总监制度，有条件的企业可在集团总部设立安全总监，进一步强化集团总部对所属企业安全生产的掌控。积极探索向下属单位层层委派安全总监的制度，加大对基层单位的监督力度。

五、着力加强班组安全建设

中央企业要加强班组安全建设，将班组作为落实岗位安全责任、强化现场安全管理的关键环节和排查治理隐患、防范生产安全事故的前沿阵地。要广泛开展安全岗位达标活动，从班前会、安全生产技术交底、安全生产记录等基础工作入手，把企业安全生产责任、安全管理措施、安全防范技能、企业安全文化和对基层员工的关怀落实到班组。要重点加强班组长队伍的建设，把责任心强、具备较好安全生产技能、有一定组织能力的员工及时充实到班组长岗位；加强班组长的培训，提高其业务素质和安全意识；发挥好班组长的作用，明确其职责，加大奖惩力度，切实带动基层员工提高安全生产工作水平。要开展经常性的安全生产教育和培训，使广大员工做到知其任、明其责、尽其职，提高基层员工防范生产安全事故和应急救援的能力，夯实安全生产基础。

六、切实做好"十二五"安全生产规划

中央企业要按照中央企业安全生产工作会议提出的"十二五"时期安全生产工作的指导思想、总体目标和主攻方向，结合企业实际，认真做好"十二五"安全生产规划，并将其纳入企业转型升级规划和总体发展规划，统筹谋划好企业安全生产工作，实现安全生产工作与企业发展同步规划、同步实施。在制修订规划过程中，要体现"建立一大特色体系，创建一流安全业绩"的要求，科学分析企业安全生产工作面临的挑战和机遇，系统梳理安全生产风险点，高效合理地配置与安全生产风险防范相适应的各类资源，加快改善安全生产条件，提高"科技兴安"和安全生产标准化水平，力争把企业安全生产工作推上新台阶。

七、大力实施"科技兴安"战略

中央企业要加大安全生产技术投入，加快科学技术在安全生产领域的应用，为做好企业安全生产工作提供技术保障。要严格制定并实施防治重大灾害事故的安全生产技术措施，配备相应的人员和监测设备，提高事故预防预报水平。要加快安全生产关键技术设备的换代升级，提高机械化、自动化生产水平；积极推广先进适用技术、工艺、装备和材料等科技成果，淘汰安全性能差、安全生产保障程度低的传统生产方式，提高安全生产能力。要进一步加强安全生产技术和重大课题研究，及时解决安全生产技术难题，加快成果的推广应用。

八、积极推进安全生产信息化建设

中央企业要把安全生产信息化纳入企业信息化发展规划，结合自身生产经营特点，以现代信息技术和手段为依托，建立跨区域、多层次、网络化的安全生产监管系统，加快安全生产信息化建设。要推进安全生产管理信息化，把安全生产制度、规程通过信息化应用加以固化和强化，提高安全生产管理效率。要推进安全生产监控信息化，把视频技术、定位技术和物联网技术应用到作业现场，加强安全生产的监测和监控。要推进安全生产工作交流信息化，搭建信息共享平台，加强安全生产科学数据、科技文献和案例资源的共享，提高各种资源的利用率，提高中央企业安全生产工作的整体水平。要推进应急管理信息化，应用信息技术指导应急培训和演练，科学管理和调度应急资源，及时妥善处置各类突发事件，确保应急响应有序进行，减少人员伤亡和财产损失。

九、高度重视安全生产宣传和应急管理工作

中央企业要充分发挥网站、报刊等宣传载体和平台的作用，加大安全生产的宣传教育力度，营造良好的安全生产氛围，创造和谐的安全生产舆论环境。要加强安全生产法律、法规及规章制度的宣传，提高全员的安全生产意识。要加强企业安全生产文化、理念的宣传，使"以人为本、生命至上"逐步成为广大干部职工共同的价值取向。要加强对外宣传，大力宣传中央企业树立科学发展理念、落实安全生产主体责任、为企业发展提供安全保障的积极举措和典型案例，树立中央企业科学发展、安全发展的良好形象；中央企业特别是安全生产任务较重的企业，要主动在社会责任报告中披露安全生产方面的相关信息。要加强应急管理工作，完善各类突发事件应急机制，做好超前预防，形成安全管理闭环。要按照简明扼要、科学实用的原则，及时修订完善各级各类应急预案，并加强预案演练。要把突发事件的新闻处置纳入应急管理体系，确保突发事件发生后，集团公司统一领导，新闻宣传部门和新闻发言人迅速介入；要妥善接待新闻媒体，以实事求是的原则和态度，及时公布事件进展和处理情况。

请各中央企业于9月20日前将贯彻落实情况报送至国资委综合局。

关于做好央企国有资本经营预算支出执行情况报告工作有关事项的通知

国资收益〔2011〕1186号

各中央企业：

为及时了解中央企业国有资本经营预算（以下简称资本预算）支出执行情况，规范信息报送，提高报告质量，根据《国务院关于试行国有资本经营预算的意见》（国发〔2007〕26号）及资本预算和财政资金管理的相关规定，现就做好中央企业资本预算支出执行情况报告工作的有关事项通知如下：

一、资本预算支出执行情况报告是加强资本预算管理的重要手段，是反映资本预算支出执行情况的重要途径。各中央企业应高度重视，根据资本预算支出执行情况报告的要求，切实做好资本预算支出执行情况的报告工作，及时报送相关报告，做到内容真实、准确、完整。

二、资本预算支出执行情况报告包括资本预算支出安排进度报告（以下简称进度报告）、国有资本经营决算报告（以下简称决算报告）、资本预算支出后评价报告（以下简称评价报告）以及相关情况说明等。

三、进度报告是资本预算资金拨付和执行过程的报告，主要反映资本预算资金的到账情况、企业内部的拨付流程和账务处理情况及资本预算支出的调整变动情况，是资本预算支出执行的阶段性报告。

（一）企业应于资本预算资金到账后10个工作日内报送国库资金拨付及企业入账的简要情况说明，包括请款情况、到账日期、金额、入账科目等。该说明由企业资本预算主管部门负责人签发，报送国资委收益管理局。

（二）企业应于资本预算资金到账后3个月内报送阶段性进度报告，主要内容应包括：资本预算资金拨付金额和拨付流程（拨付过程中涉及的各级企业股权结构变化、账务处理、产权登记和工商变更情况）；项目承担单位情况、项目实施进展情况、资本预算资金使用情况和取得的阶段性成果；企业认为有必要说明的其他情况等。

（三）在资本预算支出执行过程中，受重大政策、环境变化以及企业重大战略调整等影响，确需对资本预算项目承担单位、资金投向、额度等进行调整的，企业应当及时报送资本预算支出调整申请，说明资本预算支出调整的理由和调整方案。

四、决算报告是预算年度终了企业按照国家法律法规要求，根据统一的编报要求编制的资本预算支出年度执行结果，全面说明资本预算项目的实施情况及资本预算资金的使用情况，是资本预算支出执行情况的年度总结报告。决算报告应根据相关规定和决算通知要求编制，在规定的时间内报送，决算报告应包括报告正文、报表、软件数据以及鉴证证明等。

（一）决算报告正文应包括资本预算支出执行的年度总体情况、预算资金拨付与使用情况、资本预算管理的相关措施、截至决算日资本预算项目的进展情况、资本预算使用效果和执行中存在的问题等。

（二）决算报表主要反映资本预算资金的安排和实际使用情况，应按照财政部和国资委要求的编报口径、报表格式和填报要求，如实填报。

（三）决算鉴证证明是企业聘请具有相关资质的社会审计机构或者经国资委认可的企业内部审计机构，对决算报告正文及报表的真实性和完整性出具的证明文件。

五、国资委根据资本决算管理的相关规定，对企业报送的资本决算报告进行审核和汇总，编制中央企业国有资本经营决算建议草案，并对企业报送的资本决算进行批复。必要时，国资委将聘请社会审计机构对企业的资本决算进行审计。

六、评价报告是资本性支出预算项目执行完成后根据设定的资本预算目标，运用科学、合理的评价方法、指标体系和评价标准，对资本预算的执行情况和执行效果进行客观、公正的评价，是资本预算执行的全面总结报告。评价报告主要内容应包括资本预算项目的简要情况、资本预算项目目标设定情况、资金投入和使用情况、为实现目标采取的措施、资本预算项目的进展情况，资本预算目标的实现程度和效果、取得的成效和存在的不足等方面。

七、评价报告应于资本预算项目完成后下一年度3月31日前报送。截至决算日已经执行完成的资本预算项目，评价报告可以随同决算报告一并报送，也可以将评价报告的内容并入决算报告。对于跨年度的重大（重点）资本预算项目应单独报送评价报告。对于国家发展战略和国民经济发展有重大影响的资本预算项目，国资委将根据需要组织对其开展评价。

八、企业应当按照资本预算管理要求建立资本预算管理制度，明确工作职责，加强对子企业资本预算的管理和监督，按要求收集、审核并汇总各资本预算项目承担单位的资本预算支出执行情况报告，并及时报送国资委。

九、企业报送的资本预算支出执行情况报告内容不完整、数据不真实，以及不符合规范要求的，责令其重新编报，并视情节给予通报批评；对在报告中弄虚作假等行为，将责令其改正，并根据有关法律法规给予处罚。

关于加强中央企业境外国有产权管理有关工作的通知

国资发产权〔2011〕144号

各中央企业：

《中央企业境外国有产权管理暂行办法》（国资委令第27号，以下简称《境外产权办法》）已经于2011年7月1日起正式实施。为进一步推动《境外产权办法》的贯彻落实工作，现将有关事项通知如下：

一、围绕培育具有国际竞争力的世界一流企业的总体目标，深入贯彻落实《境外产权办法》

《境外产权办法》是落实党中央、国务院对加强境外国有资产监管提出的要求、保障国际化经营战略有序有效实施、强化国有产权监管薄弱环节的重要举措。各中央企业要紧紧围绕“做强做优中央企业、培育具有国际竞争力的世界一流企业”的总体目标贯彻落实好《境外产权办法》。要深入学习《境外产权办法》，要充分发挥好产权管理的基础性、枢纽性和战略性作用，规范境外国有产权管理，优化境外国有产权配置，保障境外国有产权安全。

二、认真做好组织实施工作，建立健全境外国有产权管理的各项制度

各中央企业要在深入学习研究《境外产权办法》的基础上，依照我国法律、行政法规，同时遵守境外注册地和上市地的相关法律规定，尽快建立健全本企业境外国有产权管理的各项制度，不得自行下放审核管理权限；要落实负责机构和人员，明确工作责任，完善档案管理；要按照“制度化、程序化、规范化、信息化”的要求，加强过程管理和责任追究，把《境外产权办法》的各项要求落实到每一个环节。各中央企业应当于2011年12月31日前将本企业境外国有产权管理制度、负责机构、人员等相关情况以书面形式报告国资委。

三、严格规范个人代持境外国有产权和设立离岸公司行为，积极清理各类历史遗留问题

各中央企业要按照《境外产权办法》第六条、第七条的规定，切实规范个人代持境外国有产权和设立离岸公司等特殊目的公司的行为。要对个人代持境外国有产权和设立离岸公司等特殊目的公司的情况进行一次全面清理，建立专项管理制度，完善专项档案资料，具备条件的应当于2011年12月31日前按照《境外产权办法》要求完成变更或依法注销，清理规范情况应当于2012年3月31日前以书面形式报告国资委。

四、摸清核实境外国有产权“家底”，建立境外国有产权管理状况报告制度

各中央企业应当对本企业以各种形式对境外企业出资所形成的权益进行一次认真全面清理，摸清核实境外企业户数、区域分布、行业分布、产权结构、占有国有权益数额以及经营管理状况，组织各级子企业及时办理境外国有产权登记。要建立起境外国有产权管理状况报告制度，中央企业应当于每年4月30日前将本企业境外国有产权管理状况以书面形式报告国资委。

五、履行各项程序和要求，做好境外国有产权管理的规范衔接工作

各中央企业要对正在进行的境外国有产权注资或转让、境外红筹上市等国有产权变动相关事项进行清理。对2011年7月1日前经有关部门、机构或集团公司批准且正式签订合同或协议的，可按照有关批复以及合同、协议的约定组织实施，但后续工作应当按《境外产权办法》的规定予以规范；对于2011年7月1日前尚未经有关部门、机构或集团公司批准或未正式签订合同或协议的，应当按照《境外产权办法》的相关规定重新予以规范。

六、规范评估机构选聘，完善境外国有资产评估管理工作

中央企业及其各级子企业独资或者控股的境外企业发生《境外产权办法》第十条规定的应评估或者估值的经济行为时，应当聘请具有相应资质、专业经验、良好信誉并与经济行为相适应的境内外专业机构对标的物进行评估或者估值。其中：选择的境内评估机构应当具有国家相关部门确认的专业资质；选择的境外评估或估值机构应当遵守标的物所在国家或地区对评估或估值机构专业资质的相关规定。评估或者估值情况应当按照《境外产权办法》相关规定进行备案或核准。报送备案或核准的评估或者估值报告书及其相关说明等资料应为中文文本。

七、定期开展监督检查，加强对境外国有产权管理的监管

中央企业应当自2012年开始，每年组织对各级子企业执行《境外产权办法》的情况进行监督检查，并将检查情况以书面形式报告国资委。我委每年将对中央企业境外国有产权管理情况进行不定期抽查。

中央企业在执行《境外产权办法》过程中对新情况、新问题要注意收集，及时汇报，遇有重要情况和重大问题应当及时请示或报告。

关于中央企业国有产权置换有关事项的通知

国资发产权〔2011〕121号

各中央企业：

为规范中央企业国有产权置换行为，进一步推动企业资源整合，提高核心竞争力，根据《中华人民共和国企业国有资产法》、《企业国有资产监督管理暂行条例》（国务院令第378号）等法律、行政法规和国有产权管理的有关规定，现就中央企业国有产权置换有关事项通知如下：

一、本通知所称国有产权置换，是指中央企业实施资产重组时，中央企业及其全资、绝对控股企业（以下统称国有单位）相互之间以所持企业产权进行交换，或者国有单位以所持企业产权与中央企业实际控制企业所持产权、资产进行交换，且现金作为补价占整个资产交换金额比例低于25%的行为。

二、本通知所称实际控制企业，是指中央企业虽未直接或者间接绝对控股，但为第一大股东并通过章程、董事会或者其他安排能够实际支配，且其他股东不构成一致行动人的企业。

三、国有产权置换应当遵循以下原则：

（一）符合国家有关法律法规和产业政策的规定；

（二）符合国有经济布局和结构调整的需要；

（三）有利于做强主业和优化资源配置，提高企业核心竞争力；

（四）置换标的权属清晰，标的交付或转移不存在法律障碍。

四、国有单位应当做好国有产权置换的可行性研究，认真分析本次置换对经营业绩和未来发展的影响、与中央企业结构调整和发展规划的关系，并提出可行性论证报告；如涉及职工安置和债权债务处理等事宜，应当制订相关解决方案。

五、国有单位应当按照有关法律法规以及企业章程的有关规定，履行内部决策程序，并形成书面决议。

六、置换双方应当委托具有相应资质的资产评估机构，对相关置换标的进行资产评估，并按照规定办理评估备案手续。经备案的资产评估结果，作为确定置换价格的依据。

七、置换双方协商一致后，应当签订置换协议。置换协议应当明确置换价格及补价方式、置换标的交割、违约责任和纠纷解决方式以及协议生效条件等。

八、国有产权置换事项由中央企业按照内部决策程序审议后批准或者出具意见，同时抄报国务院国资委；其中，实际控制企业为上市公司的，由国务院国资委审核批准或者出具意见。

九、对国有产权置换进行批准或者出具意见，应当审查以下文件资料：

（一）关于置换的请示及相关决策文件；

（二）置换的可行性论证报告；

（三）置换双方签订的置换协议；

（四）资产评估备案表；

（五）其他。

十、国有单位为公司制企业，且置换事项需由股东会、股东大会作出决议的，应当在中央企业或者国务院国资委出具意见后，提交股东会、股东大会审议。

十一、中央企业之间、中央企业与地方国资委监管企业之间的产权置换，置换双方应为国有及国有绝对控股企业，并遵守本通知和有关法律法规，由中央企业报国务院国资委批准；其中，中央企业与地方国资委监管企业之间的产权置换，地方国资委监管企业应事先报经地方国资委批准。

十二、中央企业应当严格遵守有关法律法规及本通知的规定，落实工作责任，完善管理制度，明确内部程序，健全档案管理，不得自行扩大国有产权置换范围和下放审批权限。

十三、国务院国资委每年对部分中央企业国有产权置换工作情况进行监督检查。对于违反有关法律法规及本通知规定的中央企业及相关责任人员予以通报批评；导致国有资产损失的，依法追究相关人员的责任。

十四、国有单位以所持上市公司股份进行置换，国有单位与上市公司之间置换并涉及国有单位所持上市公司股份发生变化的，按照相关规定办理。

关于进一步深化中央企业全面预算管理工作的通知

国资发评价〔2011〕167号

各中央企业：

近年来，中央企业大力开展管理创新，普遍建立了预算管理工作体系，预算在企业优化资源配置、提高运行效率、加强风险管控中的作用日益显现，为中央企业实现稳健快速发展提供了重要支撑。但随着经济全球化、网络化步伐加快，以及中央企业产业结构调整和内部资源整合力度不断加大，部分企业现有的预算管理模式已难以适应企业快速发展的需要。为推动中央企业不断改进预算管理，加快实施全面预算，有效应对复杂形势，实现做强做优，提升国际竞争能力，现就进一步深化中央企业全面预算管理工作通知如下：

一、切实加强组织领导，完善全面预算管理组织体系。全面预算管理是现代大企业围绕发展战略，运用现代网络与信息技术，融经营（业务）预算、资本预算、薪酬预算、财务预算于一体的综合管理系统，是企业在全球范围内优化资源配置、提高运行质量、改善经营效益、加强风险管控的有效管理工具和管理机制。全面预算管理水平直接决定大型企业战略和决策的执行力、集团管控力、内部各单元的协同力和各要素的集成力，是现代企业市场竞争能力的重要体现。各中央企业要充分认识全面预算管理工作对企业做强做优、提升国际竞争力的重要作用，进一步加强组织领导，完善组织体系，加强制度建设，落实工作责任，梳理工作流程，规范工作内容，明确质量标准，不断增强预算管理工作的系统性和协同性。各中央企业主要负责人要高度重视并组织推动全面预算管理工作，努力营造全面预算管理的工作氛围。各中央企业预算管理决策机构不仅要负责审议全面预算目标的合理性，还要高度关注预算组织机制、编制方法、编制基础、执行、监督与考核等预算管理关键环节的合理性和有效性。各中央企业应当建立以业务流程为导向、以责任分工为基础、各相关职能部门相互配合、各管理层级密切联动的全面预算管理工作体系，形成分工明确、责任清晰、相互协同、高效配合的工作机制和责任机制，为全面预算管理工作提供有效的组织保障。

二、树立全面预算管理理念，坚持战略引领与价值导向。各中央企业在全面预算管理体系建设中，要紧紧围绕“培育具有国际竞争力的世界一流企业”目标，坚持持续不断地完善并优化全面预算管理体系：一是树立全面预算管理理念。全面预算管理是一项全员参与、涵盖企业各类生产要素、贯穿企业经营全过程的系统工程，各中央企业要以全员为基础，全过程为标准，全方位为要求，将企业的人、财、物全部纳入全面预算管理体系，统一协调配置内部资源，强化预算全过程控制，充分发挥全面预算管理的执行效率与效果。二是坚持战略引领。战略规划是企业资源配置的方向和目标，全面预算是战略实施的工具和机制。各中央企业应当依据国家国民经济和社会发展“十二五”规划纲要和国资委确定的中央企业“十二五”发展目标，结合行业发展形势和企业实际，研究制定本企业战略规划，并在持续论证战略规划科学性和合理性的基础上，紧紧围绕发展战略，通过实施年度滚动预算，确定年度发展目标和资源配置方式，确保战略落地，并不断得到验证和改进。三是坚持价值导向。企业的竞争力最终体现为价值的创造能力。各中央企业要强化全面预算管理的价值导向，将风险可控前提下的企业价值最大化作为衡量资源配置效果的标准，坚持成本费用定额与责任管理，坚持将投资回报水平作为项目取舍的依据，严格控制低效、无效甚至亏损的投资项目，加强低效资产的处置和亏损企业治理，加快资产周转，并将预算执行主体的价值创造水平作为考核评价的主要内容。四是坚持稳健发展原则。各中央企业全面预算工作要始终坚持稳健发展理念，注重转变发展方式，提升发展质量，合理确定财务能力可承受的发展边界，严格控制超出财务承受能力、盲目追求规模扩张的行为，兼顾好规模、速度与效益、质量、风险的平衡，保持健康、可持续的财务结构。

三、改进预算编制方法，提高全面预算管理科学化水平。一是切实发挥好集团总部在预算编制过程中的统领和总控作用。集团总部预算组织管理机构要依据企业战略规划、市场分析预测、可控资源、内部运营情况以及以往年度预算执行情况等因素，对未来的主要经营指标进行估测，对各种可能的变化情况进行模拟，选择确定主要预算目标并编制方案，作为各部门、各层级、各单元预算编制的目标指引；通过实施“先总后分、总分结合”和“先下后上、上下结合”等编制流程，强化集团总部的统领和总控作用，以提升战略执行力和预算准确性。二是以经营预算为基础，推动经营预算与财务预算、投资预算与资金预算的有机结合。业务部门处于市场前端，要做好主要产品产量、主要经营业务规模与效益等指标的分析预测工作，确定年度经营计划；投资管理部门要围绕企业战略和业务计划，结合企业资金保障状况和投资项目预期效益，合理确定各项资本性开支的规模与标准；财务部门要依据各类预算编制情况，结合预算标杆和资源配置模型，详细测算财务资源的承受能力和重大支出的预期效益，综合确定各项财务预算指标，模拟现金流量，并对各类分项预算的合理性和可行性进行财务审核，以提升企业预算的合理性和可行性。三是根据业务流程特点，针对不同的预算项目探索采用固定预算、弹性预算、零基预算、滚动预算、作业预算等不同的预算编制方法。有条件的企业，预算要逐级逐步细化到以季度、月度为周期的基于工作计划的滚动预算，并与中长期规划有效衔接，更好地保障战略实施。

四、积极推动对标管理，突出做强做优。各中央企业要坚持把对标管理理念引入全面预算管理，探索对标管理与全面预算管理的有机结合。一是要强化各类定额、标准的制订工作，通过收集整理各类对标数据，将企业的历史标准、行业标准与国际先进标准相结合，明确成本费用、科技投入、资产效率等经营指标的管理定额和标准，并纳入预算编制、执行、监督、考核体系。二是要广泛开展预算目标对标工作，在深入分析研判国内外市场形势的基础上，充分参考国内外同行业企业的情况，制定既有挑战性、又有可实现性的预算目标。三是要强化预算管控的对标工作，加强对可控成本费用的对标管理，实现降本增效，提高盈利空间；加强对应收账款、存货、现金流量、投资回报等指标的对标管理，不断提高企业运行效率和运行质量。四是要积极推行与优秀企业的对标管理，选取国际、国内同行领先企业作为预算标杆，通过持续不断的对标推动企业做强做优，不断提升国际竞争力。

五、加强关键指标预算控制，努力提升企业运行质量。各中央企业在全面预算管理工作中，要以提高运营质量、努力为未来健康发展提供保障为目标，紧紧抓住企业生产经营各环节的关键性指标，从业务前端入手，加大管控力度，确保预算对各项生产经营活动的有效控制。一是加强成本费用预算控制。通过强化定额和对标管理，明确制订成本费用控制标准，落实成本费用管控责任，积极推动各预算单位改进生产流程、开展技术创新、采用集中招标采购等措施压缩可控费用，努力实现降本增效。二是加强投资项目预算控制。各中央企业在确定年度投资项目时要坚持效益优先和资金保障原则，严控亏损或低效投资，严控资金难以落实的投资，严控超越财务承受能力、过度依赖负债的投资。三是加强现金流量预算管理。结合企业面临的市场形势、创现能力等因素，合理确定赊销和库存规模，加强应收款项和存货的预算管控，加快资金周转，提升现金保障能力。四是加强债务规模与结构的预算管理。通过对预算资产负债率、带息负债比率等债务风险类指标设定合理的目标控制线等措施，严格控制债务规模过快增长；结合速动比率、流动负债比率等指标分析，优化债务结构，切实防范债务风险。

六、强化预算刚性约束，做好预算执行监控与分析工作。预算的执行与控制是全面预算管理的核心环节，是预算管理中授权与承诺的实现过程。各中央企业在预算管理工作中，一是要加强预算的刚性约束，上级预算管理单位正式下达的预算应具有严肃性，一般不得调整；企业确因市场经营环境、监管政策等发生重大变化导致预算编制基础和假设产生重要变化，或发生重大临时预算项目，或出现重大不可控因素等，可以申请调整预算，但必须履行相关的预算审批程序。二是要加强预算执行监控，预算管理部门要加强与各执行部门的沟通，动态监控预算执行情况，反馈预算执行的进度与效果，及时发现和纠正预算执行中存在的偏差与问题；严格预算执行审批程序，严控预算外项目，预算管控应逐步由金额控制向项目控制转变。三是要加强预算执行分析，建立定期的预算执行分析制度及重大事项应急分析制度，并将预算分析的对象，横向分解到各业务流程，纵向深化到各预算责任中心，以提高分析的针对性和实效性；客观分析预算执行差异与原因，及时采取有效的应对措施，修正预算执行差异，防止出现预算编制和执行脱节现象；对于重大预算执行差异，企业应就此展开审慎的分析调查，认真查明原因，以保证预算目标的实现。四是加强预算执行情况总结，认真分析以前年度预算管理与执行中存在的经验与不足，充分发挥预算执行先进单位或先进业务板块的示范效应，不断改进预算管理机制，持续优化全面预算管理工作。

七、加强预算执行结果考核，实现预算闭环管理。预算执行结果考核是落实各预算责任主体权责的重要手段，是实现全面预算闭环管理、发挥全面预算管理价值创造功能的关键环节。一是要加强对预算执行结果的考核，建立预算考核制度，明确预算考核程序，确定预算考核指标，结合预算重要节点与关键环节定期开展预算考核工作，将考核贯通到每个预算责任主体，实现预算的闭环管理。二是要探索实行预算执行结果的非合理性偏差问责制，做到职责到位，责任到人，激发企业全员参与价值创造的积极性。三是要创新预算考核方式方法，结合企业实际探索建立行之有效的预算考核评价模型，提高预算执行结果考核的科学性，发挥预算考核对促进全面预算管理工作的作用。

八、大力推进信息化建设，保障全面预算管理顺利实施。当今时代科学技术飞速发展，企业经营环境复杂多变，内部管理要求不断提高。为有效应对内外环境的快速变化，充分发挥全面预算管理合理预测、提前防范、有效控制的功能，各中央企业要积极推动预算信息系统建设，充分利用信息化手段，规范预算管理流程，提高预算管理效用。一是要构建覆盖企业全部重点业务、连接各级子企业、体现中长期战略规划的全面预算管理信息系统，满足企业全面预算管理庞大的数据需求，促进企业发展战略的分解与落地。二是通过信息化手段固化预算管理流程，提高预算管理工作的效率和标准化水平，提高预算编制的科学性，执行的有效性。三是要加强预算信息化系统集成，将企业的会计核算系统、资金管理系统、人力资源管理系统和资源计划系统（ERP系统）等资源配置系统实现互联互通，满足多方面、多层次信息高度融合的要求。四是要充分利用预算管理信息系统的在线分析监测功能，及时追踪分析预算执行情况，不断调整修正生产经营行为，实现全面预算管理的事前、事中和事后全过程监控，为重大经营决策提供有效支撑。

国资委将进一步加强对中央企业全面预算管理工作的指导，检查全面预算管理工作推进情况，研究解决全面预算管理工作实施过程中存在的问题，推进中央企业全面预算管理工作再上新台阶。

关于在国资委系统推动构建国资监管大格局的指导意见

国资发法规〔2011〕165 号

各省、自治区、直辖市及新疆生产建设兵团国资委，各中央企业：

"十二五"是完善国有资产监管体制和制度、加快国有企业改革发展的关键时期。为落实"国资监管上新水平、国企发展上新台阶"的"两新目标"要求，现就在国资委系统推动构建国资监管大格局提出以下意见。

一、推动构建国资监管大格局的重要意义和总体要求

（一）充分认识推动构建国资监管大格局的重要意义。八年多来，在党中央、国务院和地方党委、政府的正确领导下，各级国资委认真履行职责，不断开拓创新，国有资产监管明显加强，国有企业改革发展深入推进，国有经济活力和效率大幅提升。然而，目前各地国有资产监管工作进展还不平衡，国资委系统还不同程度地存在履职能力不强、沟通协调不畅的问题，各级国资委与有关部门的沟通协调机制还需要进一步完善，国有企业改革发展还需要进一步争取全社会的关心和支持。按照"十二五"时期"两新目标"要求，进一步更新理念、改进作风，在国资委系统构建整合协调、开放合作的国资监管大格局，既是大力加强国有资产监管的重要措施，又是加快完善国有资产监管体制和制度的内在要求，对于更好地营造国有企业改革发展的良好环境，做强做优国有企业，实现国有资产保值增值，具有十分重要的意义。

（二）推动构建国资监管大格局的总体要求。各级国资委要在本级党委、政府领导下，深入贯彻落实党的十七届五中全会精神和国家"十二五"规划纲要，以科学发展为主题，以转变发展方式为主线，突出更新理念、改进作风的重点，大力培育合心合作合力的国有资产监管和国有企业改革发展的工作文化，加快健全联合融合整合的工作系统，不断完善指导监管有效、相互支持有力、沟通协调顺畅、共同发展有序的工作机制，努力推动"国资监管上新水平，国企发展上新台阶"。

二、努力培育国资系统工作文化

（三）强化系统融合，积极培育国有资产监管共同的价值理念。各级国资委承担着依法履行出资人职责、加强国有资产监管的共同责任，国资委和国有企业肩负着发展壮大国有经济、实现企业国有资产保值增值的共同使命。国资委系统要进一步密切工作联系，加强交流互动，统筹监管资源，积极培育上下一心、整体联动、协调合作的系统文化。

（四）坚持开放包容，不断凝聚国有资产监管工作合力。企业国有资产是全体人民的共同财富，国有资产保值增值人人有责，国有资产监管和国有企业改革发展离不开各地方、各部门和全社会的支持。各级国资委要在本级党委、政府的领导和支持下，以更加开放的工作姿态，重视联合有关部门，紧紧依靠社会各方面力量，大力加强系统内外的工作联合、资源整合和感情融合，努力争取各方支持，形成合力。

（五）优化资源配置，大力拓宽国有资产监管工作视野。各地国资委要在坚持分级代表的前提下，以更加广阔的工作视野，统筹考虑本地区监管企业的国有资产和中央企业、其他省市在本地区的国有资产，努力拓宽资源配置的领域和空间。鼓励非公有制经济参与国有企业改制重组，加快国有经济布局结构调整和产业转型升级。要集中力量办大事，更好地发挥国有经济对当地经济社会发展的引领带动作用。

三、加快完善国资系统工作体系

（六）健全国有资产监管组织体系。建立机构健全、定位准确、职责统一的国有资产监管组织体系，是在国资委系统推动构建国资监管大格局的组织基础。要按照"政企分开、政资分开、所有权与经营权相分离"原则，继续坚持国资委作为本级政府直属特设机构的性质，保持机构稳定，指导地市级国资委防止机构设置上的行政化倾向，明确县级国有资产监管责任主体。要按照"权利、义务和责任相统一，管资产和管人、管事相结合"的原则，积极落实国资委根据授权承担的出资人三项主要职责，同时坚持出资人职责与面上监管职责的有机结合。

（七）完善国有资产监管法规制度体系。健全规

则完善、上下统一、执行有力的国有资产监管法规体系，是在国资委系统推动构建国资监管大格局的制度保障。各地国资委要以《企业国有资产法》为龙头，以《企业国有资产监督管理暂行条例》为基础，在国有资产出资人制度、国家出资企业制度和国有资产统一监管制度三大制度框架下，健全完善本地区具体规章制度，形成国有资产监管的完整制度体系。要切实加大国有资产监管法律、行政法规和规章、规范性文件的执行力度，强化监督检查，严格责任追究，确保国资委系统各项制度全面落实到位。

（八）推动经营性国有资产的集中统一监管。继续推动经营性国有资产的集中统一监管，是在国资委系统推动构建国资监管大格局的重要内容。各地国资委要适应完善国有资产监管体制和制度的需要，积极争取当地党委和政府的支持，以提高国有资产监管效率为目标，进一步拓宽经营性国有资产的监管范围。对暂时不具备纳入统一监管条件的地方国有企业，可以通过由国资委委托行业部门具体监管等方式，实现监管政策的统一，理顺出资关系。要通过推动集中统一监管，加快在更大范围、更高层次上的企业重组和资源整合，着力培育一批优势企业或者国内领先企业，具备条件的要努力培育成为世界一流企业。

（九）不断加强国有资产监管能力建设。进一步提高各级国资委专业化、规范化和系统化的监管能力和水平，是在国资委系统推动构建国资监管大格局的重要抓手。要深入把握科学发展规律、国有资产监管规律、企业发展规律和经济运行规律，进一步创新完善监管方式，共同探索解决出资人监管涉及的共性问题，不断提升国有资产监管工作的专业化水平。要继续加强法治机构建设，依法规范出资人行权履责的各项活动，重视合规性审查，强化监督机制，防范法律风险，全面提高国有资产监管工作的规范化水平。要充分发挥系统合力，确保国有资产监管工作横向到边、纵向到底，相互支持、整体推进，加快提升国有资产监管工作的系统化水平。

四、建立健全国资系统工作机制

（十）完善向本级政府报告工作机制。各级国资委要准确把握直属特设机构定位，对本级政府负责，向本级政府报告。对依法须经本级政府批准决定的重大事项，要及时报请本级政府批准决定。要定期向本级政府报告有关国有资产总量、结构、变动、收益等汇总分析情况以及国有企业监督检查和国有企业监事会工作等履行出资人职责的情况，自觉接受本级政府的监督和考核。要围绕当地经济社会发展大局和国有经济改革发展状况，主动报告本地区国有资产监管体制改革完善和国有资产监管工作遇到的问题和建议，争取本级党委和政府的重视和支持。

（十一）完善与有关部门联动协作和信息公开工作机制。各级国资委要在法定职责范围内，进一步加强与有关部门的沟通协调。积极参与有关政策法规的起草和执法检查，加大对企业历史遗留问题和重大疑难案件的协调力度，努力为企业排忧解难，维护企业合法权益和国有资产安全。要认真贯彻落实信息公开制度，及时向社会公开发布国有资产监管、国有企业改革发展的最新进展情况，增加工作透明度，认真听取社会各方的意见和建议。切实加强与新闻媒体的沟通联系，广泛宣传国有企业对经济社会发展的积极贡献，探索建立国有企业突发危机事件中的媒体应对和协调机制，指导监管企业定期发布履行社会责任报告，自觉接受全社会监督。

（十二）完善地方国有资产监管指导监督工作机制。开展指导监督工作是各级国资委承担的重要法定职责。各级国资委要依据《地方国有资产监管工作指导监督办法》的规定，注意发挥好指导工作的引导、规范、提高和促进作用。认真执行国资委系统国有资产监管立法备案、法规政策实施督察和重大事项报告制度。坚持“两手抓”，重视指导下级国资委在当地党委、政府的领导下，切实加强国有企业党建、群工、宣传以及反腐倡廉建设、信访维稳等工作，同时防止越权干预下级国资委依法行权履责。要坚持监督工作“少而精”的原则，注意把监督工作的重点放在确保国资监管法律法规和国家政策的贯彻实施上，放在国企改制、产权转让等可能出现违法违规行为的重点环节上，放在防范国有资产重大损失和重大不良社会影响的潜在风险上。要全面落实指导监督工作责任，推动实现国资委系统指导及时，监督有效。

（十三）完善国有资产基础管理工作机制。加强企业国有资产基础管理工作，既是搞好国有资产面上监管的重要抓手，也是加强上下级国资委之间联系的重要纽带。各级国资委要高度重视国有资产基础管理制度建设，共同推进完善基础管理立法，尽快解决目前有关立法位阶低、系统内外规则不统一、部门职责有所交叉的问题。要进一步明确基础管理工作分工，依法落实省和地市两级国资委承担的企业国有资产产权登记、资产评估、产权转让、国有股权管理、清产核资、资产统计、绩效评价、运行动态监测等工作职责，尽快明确县级企业国有资产基础管理责任主体，努力建立全面覆盖、层级完整的工作机制。

（十四）完善国有企业央地合作、区域合作工作机制。深化国有企业央地合作、区域合作，是推进形成企业国有资产优化配置的重要手段。要以企业为主体，以市场为导向，鼓励企业围绕主业开展合作，积极推动联合重组，互利共赢，共同发展。要明确地方国资委在本地区国有企业开展央地合作、区域合作中的牵头地位，中央企业到地方及其有关部门商洽签订战略合作协议、推进投资合作项目等，可以加强与当地国资委的沟通，充分发挥其综合协调、指导服务的作用。要以出资关系为基础，按照有利于增强企业核心竞争力和实现可持续发展的原则，合理设置合作企业股权结构，既可以由中央企业控股，也可以由地方国有企业控股。对不同层级、不同地区监管企业之间的合作，要坚持分级代表，按照同股同权或者章程约定，依法履行出资人职责，规范有关国资委共同监管的途径和方式，切实尊重企业经营自主权。

五、在国资委系统构建国资监管大格局的主要措施

（十五）切实加强组织领导。各级国资委要准确把握构建国资监管大格局的总体要求，将这项工作摆上重要议事日程。主要负责同志要亲自抓，要从坚持“两个毫不动摇”、加快国有企业改革发展的战略高度统筹谋划。要组织搞好在国资委系统构建国资监管大格局的学习培训和宣传教育，结合贯彻中央关于做好群众工作的要求，积极营造良好的舆论环境。要研究制订具体工作计划，针对本地区国有资产监管工作面临的突出困难和问题，明确在国资委系统构建国资监管大格局的重点和切入点。要细化部门分工，落实工作措施和责任，加强督促检查，努力将构建国资监管大格局的各项要求落到实处。

（十六）着力打造沟通协调平台。各级国资委要通过各种专业会议和培训、调研交流、指导检查等，进一步加强系统内的日常业务沟通，共同探索解决国有资产监管工作涉及的全局性和战略性的重点问题，组织开展行业发展前瞻性研究，为具有产业链上下游关系的监管企业提供合作交流平台。上级国资委要注意在下级国资委机构设置、职责定位、监管范围等方面，加强与下级政府的沟通协调。各级国资委要指导督促监管企业积极向所在地国资委沟通交流情况，自觉接受政府有关部门的行业管理和市场监管。要联合有关部门深入研究完善涉及国有企业改革发展的重大政策，积极争取有关部门对企业转型升级、自主创新和“走出去”等加快发展的政策指导和支持，帮助做好国有企业分离办社会职能和辅业改制涉及的资产处置、债务处理、职工安置等方面的工作。

（十七）建立健全信息交流平台。要不断拓宽各级国资委之间的信息交流渠道，完善产权管理、统计评价、业绩对标等专业化信息平台。国务院国资委要加快推进国有资产监管信息系统建设，在保证企业生产经营数据保密和安全的前提下，定期向各地国资委通报中央企业在地方的资产运营情况，重视交流分析宏观经济形势和有关数据，积极推动中央企业与地方国有企业在业绩对标、区域经济形势等方面的信息共享，适时启动与省级国资委的视频会议系统建设。地方国资委要建立健全本地区国有资产监管工作数据库，并及时按规定向上级国资委报送本地区国有企业统计数据。要大力推进各级国资委信息交流工作的制度化、规范化，逐步实现信息互通，数据共享。

（十八）积极搭建人才队伍培养平台。要适应构建国资监管大格局的新要求、新挑战，大力推进国资委系统干部队伍建设。要加强人才培养，定期组织开展各级国资委和监管企业负责人参加的专题研讨和业务培训。加大与国外先进大公司的合作交流力度，深入学习借鉴国外大公司的成熟经验，进一步拓宽各级国资委和监管企业负责人的国际视野，推动监管企业人才国际化。要加强人才交流，进一步健全完善国资委系统、国资委与监管企业之间人员双向交流挂职制度，努力实现人才资源共享。要加强人才服务，继续通过面向海内外公开招聘、海外高层次人才引进等方式，积极为国资委和监管企业招揽优秀人才。要建立健全国有企业薪酬激励体系，吸引并留住企业优秀人才。要坚持人才的引进与培养并重，以引进带培养，以培养促引进，努力夯实国有资产监管和国有企业改革发展的人才基础。

（十九）探索建立企业互帮互助平台。各级国资委要通过建立监管企业之间的项目推介、技术攻关、人才交流等平台，鼓励企业依法合规实现优势互补、互利共赢。要指导监管企业在应对重大自然灾害、重大经济危机以及其他重大突发事件时，既要积极履行社会责任、充分发挥引领带动作用，又要互相支持帮助、共同增强抵御风险的能力。

在国资委系统推动构建国资监管大格局，是落实"两新目标"的一项重要战略部署，任务艰巨，意义重大。各级国资委要在党中央、国务院和地方党委、政府的领导下，在各部门和全社会的大力支持下，勇于开拓进取，不断探索创新，持续深入地推动这项工作，为开创国资监管和国企改革发展新局面作出更大贡献。

关于进一步加强地方国资委所监管融资平台公司风险防范的通知

国资发法规〔2011〕210 号

各省、自治区、直辖市及计划单列市和新疆生产建设兵团国资委：

为进一步加强地方国资委所监管融资平台公司的风险防范，切实发挥地方融资平台公司在促进当地经济社会发展中的积极作用，现将有关事项通知如下：

一、规范履行对融资平台公司的出资人职责。各地国资委要高度关注所监管融资平台公司经营状况，规范行使出资人权利，确保出资人职责层层到位，依法落实监管责任。指导融资平台公司完善法人治理结构，建立健全规划投资、融资担保、风险防范等方面的制度，增强融资平台公司规范化、商业化运营能力。

二、清理核实融资平台公司及其债务情况。要切实摸清融资平台公司的资产总额、负债总额、负债结构、资产负债率、一年内到期贷款余额、年度偿债能力以及债务担保等基本情况。根据国务院有关文件规定，按照承担公益性项目且主要依靠财政性资金偿还、承担公益性项目且本身有稳定经营性收入并主要依靠自身收益偿还、承担非公益性项目的分类标准，对融资平台公司及其债务进行全面核实，严格分类管理。

三、切实维护融资平台公司的市场主体地位。要坚持"政企分开、政资分开、所有权与经营权相分离"的原则，进一步理顺融资平台公司监管体制，依法保障融资平台公司法人财产权和经营自主权，在融资贷款、项目运营等方面实现规范化运作。指导融资平台公司通过积极引进民间投资等市场化途径，促进项目投资主体多元化，拓展融资平台公司的筹资渠道。

四、依法完善融资平台公司法人治理结构。指导融资平台公司按照《中华人民共和国公司法》、《中华人民共和国企业国有资产法》和《企业国有资产监督管理暂行条例》的要求，建设规范董事会，强化监事会监督，建立健全公司议事规则和重大事项决策制度。要依法选聘好融资平台公司董事和高级管理人员，支持公司董事会依法决策，提高决策的科学化水平。

五、进一步加强对融资平台公司融资行为的监管。引导融资平台公司合理确定融资规模和信用支持方式，避免过度举债。经地方政府审核后，对还款来源主要依靠财政性资金的公益性在建项目，除法律和国务院另有规定外，不得继续通过融资平台公司融资，应通过财政预算等渠道或采取市场化方式妥善解决项目建设后续资金，落实偿债责任和还款资金来源。

六、进一步加强对融资平台公司规划投资行为的监管。按照国家产业政策和国资监管的有关要求，指导融资平台公司明确自身的战略定位和发展方向，坚持服务于当地经济社会发展大局。要指导融资平台公司围绕主业科学制定发展战略规划，审慎选择投资行业和投资项目，实现公益性和营利性项目合理匹配，投资运营与工程建设衔接并举。

七、进一步加强对融资平台公司债务担保行为的监管。杜绝地方国资委为所监管的融资平台公司违规担保承诺行为，特别是不得以行政事业单位的国有资产、国有资本经营预算资金等为融资平台公司提供担保。要全面梳理融资平台公司与其他监管企业的债权债务关系，认真排查以国有资产或者国有股权等为融资平台公司提供担保、融资平台公司相互担保等情况，制定风险防范预案，防止债务风险扩散蔓延。

八、指导融资平台公司完善全面风险管理工作体系。加强融资平台公司债务风险管理，强化财务审计监督和企业内控管理，建立风险预警及应急制度，探索完善科学有效的综合绩效考评体系。建立健全融资平台公司的总法律顾问制度，完善企业法律风险防范机制，切实加强融资平台公司"三重一大"事项监督。

九、建立健全融资平台公司信息公开和报告制度。加强指导融资平台公司及时汇总分析经营数据，提高运营的透明度，自觉接受社会监督。上市或者发行企业债券的融资平台公司，要按照证券监管的有关要求，及时、准确、完整地履行信息披露义务。规范执行融资平台公司重大事项报告制度，对需要向本级人民政府报告的重大事项，各地国资委要及时按照相关程序报告。

各省级国资委要切实加强组织领导，加大与当地财政、金融监管等有关部门的沟通协调力度，重视指导监督下级国有资产监督管理机构加强所监管融资平台公司的风险防范工作，确保各项要求落到实处。本通知执行过程中遇到的情况和问题，请及时向我委反映。

2012

CHINA'S STATE-OWNED ASSETS SUPERVISION AND ADMINISTRATION YEARBOOK

中国国有资产监督管理年鉴

国有企业履行社会责任和党的建设成果概览

第七篇

沃·3G
精彩在沃
这一刻，父子争霸赛如火如荼……同一刻，创新商业方案也在高速下载！
跟上想法的速度，就不会错过妙想

中国一汽

CHINA FAW

中国第一汽车集团公司(原第一汽车制造厂)，简称“一汽”，企业品牌“中国一汽”。1953年7月15日，第一汽车制造厂破土动工，新中国汽车工业从这里起步。2011年6月28日，根据国务院国资委的要求，中国一汽进行主业重组，成立中国第一汽车股份有限公司。

伴随着新中国前进发展的脚步，几代一汽人走过了史诗般的创业拼搏历程，在共和国汽车工业发展史上写下了可歌可泣的壮丽篇章。第一次创业，一汽人发扬艰苦创业、刻苦学习的精神，在荒原上创造了三年建厂并投产的奇迹，结束了中国不能制造汽车的历史；第二次创业，一汽人弘扬愚公移山、务求必胜的精神，在不停产不减产前提下闯出一条产品换型和工厂改造的新路，甩掉了“解放”卡车“三十年一贯制”的帽子；第三次创业，一汽人传承“学习、创新、抗争、自强”的企业精神，成功实现上轻型车、上轿车，形成中、重、轻、轿、客、微产品系列格局，开辟了企业全面发展的新局面。

华润万家　　华润雪花啤酒　　深圳华润万象城

百色华润希望小镇

华润大学暨人才发展论坛

贺州循环产业经济园

5家、在内地拥有6家上市公司，其中，华润创业、华润电力、华润置地位列香港恒指数成份股，成为华润旗下“蓝筹三杰”。

华润坚持“集团多元化、利润中心专业化”的发展战略，通过独具特色的6S管理系，实行战略主导型母公司管控模式。华润积极倡导“诚实守信、业绩导向、客户至、感恩回报”的价值观，尊重人文精神，鼓励不断创新，重视发展领导力，积极营造简单、坦诚、阳光”的组织氛围，追求卓越管理。

在重视价值创造的同时，华润坚守央企社会责任，践行“超越利润之上的追求”，怀感恩之心，积极履行社会责任，努力回报社会。为了更好地履行社会责任，华润成了慈善基金会，近年来每年对教育、赈灾、扶贫等慈善公益事业捐赠过亿元，纳税总过百亿。

在内地贫困地区建设希望小镇是华润充分发挥多元化企业独特优势，探索解决“三”问题、履行企业社会责任的重要创举，具有深远的社会意义。目前，集团捐建的华希望小镇项目有5个。已经建成的有百色、西柏坡华润希望小镇；韶山希望小镇也即在党的十八大召开前夕完工，遵义、龙岩等革命老区华润希望小镇陆续开工建设。华建设希望小镇不但深刻地改变了老区人民的贫困面貌，也有力地探索了将自身业务与农村建设相结合的生意模式，华润希望小镇模式引起了社会各界的广泛关注，赢得了级部委、合作伙伴和大众媒体等的高度认同，为华润树立了良好的企业形象。

华润电力

华润水泥

华润高度重视对环境的保护和资源的有效利用，以多元化企业的资源优势，在广西州等地建设华润循环经济示范园，园区内电厂、水泥厂、啤酒厂的工业废物污染物可相利用，用实际行动探索循环经济和可持续发展之路，努力开创绿色发展的美好明天。

“十二五”以来，在国资委等上级部门的正确领导下，华润集团按照中央企业总体发思路和年度工作要求，以科学发展为主题，以“十二五”战略为引领，积极应对复杂国内外经济形势，努力提高企业运行质量，加快业务创新和结构优化，企业保持了平、健康、快速的增长，为全面实现“十二五”总体战略目标打下了坚实的基础。目，华润集团正在加快组织变革和管理提升，努力实现内涵增长；积极打造金融平台，动企业由实业向产融结合的商业模式转型，努力探索多元化企业的发展模式，追求企的可持续发展和基业长青。

“长风破浪会有时，直挂云帆济沧海”，在未来的发展中，华润人将继续开拓进取、葆激情，超越自我，不断创新，实现将华润建设成为“世界一流企业”的宏伟目标，国民经济的繁荣发展和中华民族的伟大复兴，作出应有的贡献。

华润燃气

中国化学工程集团公司

集团公司总经理　金克宁

全国百项经典工程：宁波万华年产 16 万吨 MDI 工程

流化床甲醇制丙烯工业装置

神华煤制氢项目

中国化学工程集团公司（以下简称集团公司，英文简称 CNCEC）是国务院国资委直接监管的大型企业集团，是一支集勘察、设计、施工为一体的国际工程建设集团。

集团公司所属企业中国化学工程股份有限公司（以下简称股份公司）于 2010 年 1 月 7 日正式上市，标志着集团公司已实现由传统国有企业向现代企业的转变。以此次整体改制上市为契机，加快推动现代企业制度建设。公司进一步规范了股东大会、董事会、监事会的运作机制和决策程序，明确了新、老三会的权限划分和相互关系，进行了内部组织机构的调整，减少了管理层级，提高了管理效率。对各领域的管理制度和标准进行了全面梳理和修订，使得管理工作更加科学。在全力推动集团公司整体改制上市的同时，大刀阔斧地推动企业深化内部改革。人事制度方面，构建了管理人员能上能下的新机制，执行了重要管理岗位和项目经理的公开竞聘，员工择优上岗。

为了强化企业管理，2011 年集团公司开展了学台塑“合理化”管理经验活动；将 2011 年确定为“精细化管理年”，制定了十个方面的重点内容；2012 年为精细化管理深化年，又安排了十二项重点工作。通过种种努力，集团公司近年来取得优异的成绩，在 2011 年度中央企业负责人经营业绩考核中入围 A 级名单，在 2011 年公布的全球最大 225 家国际承包商（ENR）排名中，集团公司全球业务位列第 42 位，排名比 2010 年提高 13 位，达到历史最高；海外业务排名由第 124 位提升至第 92 位，是排名提升第二快的中国公司。

在生产经营方面，2011 年集团公司积极落实产业支撑战略，经过认真研究、反复论证，选择在江苏省启东吕四海洋经济开发区、四川南充工业园区和福建福清市投资 3 个化工新材料项目，均已启动实施。同时，集团公司认真贯彻党中央、国务院提出的央企“走出去”重大战略决策，积极拓展海外市场。2011 年集团公司共持有 4 家不同级次的境外子公司股权，在境外拥有近 50 个项目部和多家代表处，已经进入 40 余个国家和地区的建筑市场。

集团公司致力于通过体制改革、管理创新和技术创新，转变发展方式，在满足市场要求的同时担当国家、社会赋予的责任和使命，不断实现新跨越，打造中国化学工程集团公司“钻石”企业的璀璨光芒。

大唐电信

大唐电信科技产业集团

DATANG TELECOM TECHNOLOGY & INDUSTRY GROUP

自主创新 引领跨越

大唐电信集团

科学发展成就"中国创造"

大唐电信科技产业集团，是国务院国资委监管的一家专门从事电子信息系统装备开发、生产和销售的大型高科技中央企业，总部位于北京，旗下拥有3个上市公司，10个独资、合资和控股公司，8个研究所，承建有"无线移动通信国家重点实验室"和"新一代移动通信无线网络与芯片技术国家工程实验室"两个国家级实验室，在北京、上海、成都、西安等主要经济发达城市设有研发与生产基地。多年来，大唐电信集团坚持自主创新，掌握了一批电子信息通信领域内的关键核心技术，拥有一系列具有完全自主知识产权的重大科技创新和突破，在无线移动通信、集成电路设计与制造以及战略性新兴产业等领域处于国内外领先水平。

大唐电信集团主导提出TD-SCDMA（3G）国际标准，使中国一举掌握了全球移动通信国际标准制定话语权。近年来，大唐电信集团推动实现TD-SCDMA产业化和市场化，相关技术创新成果荣获国家科学技术进步一等奖，并带动我国民族移动通信产业实现跨越发展。

大唐电信集团是TD-LTE-Advanced（4G）国际标准主导者，并在推动全球TD-LTE产业化准备过程中发挥着重要作用。2012年1月，由大唐电信集团提出、中国政府主导的TD-LTE-Advanced被国际电联确认为4G国际标准，为未来十年，我国主导全球移动通信产业发展奠定了更加坚实的基础。大唐也被党和国家领导人评价为民族企业践行创新型国家战略的典范。

大唐携手合作伙伴，以开放的胸怀与时代同步共发展，用科技点亮生活，让沟通创造价值。

大唐倡导绿色科技理念，倾力建设绿色移动通信网络，实现环境友好，让人与人更加贴近，让沟通更加美好。

大唐自觉践行社会责任，引领产业前行，积极投身社会公益，争做优秀企业公民，让沟通时刻有爱相伴。

大唐电信集团源自强大的自主创新实力，凭借对技术和产业的深刻理解，依托高素质的人才队伍，发挥对市场的敏锐洞察，始终将"创新、市场、诚信、责任"作为企业核心价值观，致力于以先进、高效、节能的产品、解决方案和全方位服务，实现人们的自由沟通，共享信息社会的丰富生活，为您开拓无限自由的通信空间！

大唐电信集团董事长真才基获国家科学技术进步一等

真才基董事长获2010年CCTV中国经济年度人物创新

大唐电信集团主导提出的TD-LTE-A被ITU确定为4G国际

中国航油作业现场

中国航油在海内外近200个机场为全球200多家航空客户提供航油供应服务。油化贸易板块在国内20多个省市自治区提供汽柴油及石化产品的批发、零售、仓储及配送服务。物流板块加大航油基础设施的投资力度，加速枢纽和干线机场管线供油建设，在长三角、珠三角、环渤海和西南地区规划建设大型成品油及石化产品物流储运基地，增强航油战略储备能力，构建一体化物流供应链，基本形成了覆盖全国的航油物流网络和独立完整的航油供应体系。中国航油从原来的航油供应单一发展转变为以航油为核心，航油、油化贸易、物流和国际业务综合协调发展、齐头并进的良好格局。

从传统企业管理向现代企业管理转变

管理是企业永恒的主题。中国航油近年来强势推进集约化经营、专业化管理和一体化运作，持续提升管理水平，增强市场竞争实力。在集约化经营方面，不断增强集团管控能力，实现了资源、资金、技术、人才等要素的集中统一配置和优化高效利用。近年来，中国航油关停并转“三产”企业40多家，重组整合19家成员企业，撤销了亏损2300多万元的酒店业务，撤出了亏损企业投资1300多万元，仅2007年当年就降低物流成本9000多万元。2007年，对标国际一流跨国企业，学习大庆经验，加强基础管理、基层建设、基本素质“三基”建设，率先在经营管理、技术标准、保障服务方面实现与国际标准接轨。经过5年多的实践，中国航油管理水平显著提升，为企业发展奠定了坚实的管理基础。2011年年底，中国航油再次在体制机制上实施改革，建立了董事会，向建立完善的现代企业制度和公司治理结构、理顺业务流程、优化管理架构、缩短管理链条、提高发展质量和效益又迈出了坚实的一步。

从“重物轻人”到“以人为本”的转变

传统企业往往重物轻人，科学发展观的核心是以人为本。中国航油深谙此中涵义，始终将实现好、维护好、发展好最广大人民的根本利益作为出发点和落脚点，提出了“公司强大、员工幸福”的愿景，并于2007年开始全面实施了一系列“关爱工程”：实施工资制度改革，加大向生产一线、边远地区的倾斜力度，提高一线员工的津补贴标准，发挥了薪酬的导向功能；实施住房制度改革，解决了职工住房方面的历史遗留问题；建立补充医疗保险和企业年金制度，减轻了职工医疗负担，提高了养老保障水平；推行劳务工择优转制，有效解决了“同工同酬、同职同权”的问题；开办航油大专班，切实减轻了职工子女就业的矛盾；积极开展帮扶救助和“冬送温暖、夏送凉爽”活动，帮扶了困难职工，温暖了职工情怀。同时，注重尊重职工群众的主体地位，在引导职工参与公司民主管理、搭建员工成才通道、活跃职工精神文化生活等方面，采取了一系列积极务实的措施，实现了尊重员工、发展员工的诉求。中共中央政治局委员、中华全国总工会主席王兆国同志对中国航油开展员工“关爱工程”作出重要批示：“中国航油集团公司‘关爱工程’和逐步解决劳务派遣工同工同酬的做法很好，应认真总结经验。”中宣部组织国内数十家主流媒体对此进行了深度报道，全面系统地介绍了中国航油关爱员工的做法和经验，引起了积极的社会反响。

2012年4月5日，由中国航油和AAG联合举办的“2012国际航空油料大会暨展览会”在北京国家会议中心隆重召开，成为中国首届规格最高、规模最大的国际性航油盛会，再次展示了中国航油的实力，为进一步走向国际化发挥了促进作用。

伴随中国航油的名字再次在中央企业的聚光灯下一次次精彩亮相，在世界航油供应服务舞台上一次次闪亮登场，中国航油将以全球视野和战略眼光，以“做强做大、世界一流”和建设“民航强国”为己任，在建设世界一流航油公司方面迈出更加坚实的步伐。中国航油人将以只争朝夕的精神，到中流击水，搏击世界市场，以高速发展的辉煌业绩高歌猛进，唱响航油国家队发展壮大的时代凯歌，完美履行央企经济责任、政治责任、社会责任，继续谱写国有企业胸怀国家、奉献社会的华美乐章。

集团承建的广深港铁路客专福田车站正在施工中

转型升级打造品牌。面对全球经济衰退，国内基建投资放缓的严峻挑战，集团公司领导班子沉着应对，科学思考，提出了转方式、调结构、促升级的战略决策。优化主业板块，完善产业链条，积极向建筑业领域上游拓展，推进企业平稳健康持续发展。大力发展城市轨道交通产业，现有地铁盾构机 20 余台，数量居中国铁建系统各集团公司之首。并先后进入了北京、上海、广州、深圳、武汉、南京、沈阳、成都、西安、昆明、大连、东莞等城市的地铁及轨道交通市场。成功跻身铁路运输市场，与神华集团、巴新公司等强强联手组成联合运输体，从铁路内燃运输、站务管理逐步拓展到电力运输，拥有机车 60 余台，覆盖朔黄铁路、神朔铁路、包神铁路和巴新铁路，形成了新的经济增长点。把房地产开发、资本运营作为转型升级的重要途径，房产楼盘在山东临沂、河南周口、贵州都匀、云南昆明等地开盘上市。资本投资先后运作了南京市快速内环东线、南京过江隧道、浙江湖州滨湖广场中央区块景观配套工程、山东济阳黄河大桥等 BT、BOT 项目，累计总投资 200 多亿元。并在混凝土制品、爆破施工、钢构加工、油料经销等领域具有专业优势。坚持实施“走出去”战略，目前在沙特、尼泊尔、坦桑尼亚、孟加拉、蒙古等国家和香港、澳门地区担负铁路、公路、水利、房建、市政等建设项目，并在阿曼、澳大利亚等国家注册公司。海外项目新签合同总额达 120 亿元人民币以上。

政治工作成效显著。面对国际政治经济环境复杂多变、国内经济发展面临困难增多的情况，坚持加强党的建设，深入开展创先争优活动，充分发挥思想政治工作的优势，实施文化强企战略，履行社会责任，为企业科学发展提供了强有力的政治保证、精神动力和文化支撑。集团公司先后荣获“全国优秀施工企业”、“全国质量效益型先进企业”、“全国守合同重信用企业”、“全国精神文明建设工作先进单位”、“全国五一劳动奖状”、“中央企业先进集体”、“全国施工企业现代化管理创新成果一等奖”，连续 11 年荣获全国“安康杯”竞赛优胜奖，并被评为全国首批“安康杯”竞赛示范企业。集团公司董事长、总经理许东坤被评为全国首批“安康企业家”、中国工程建设优秀高级职业经理人。集团二公司一线工人许敬银被选为党的十八大代表。

团公司开发的第一个低密度地中海
清高品质社区——山东临沂中国铁
·东来尚城一期工程正在施工中

集团六公司铁路运输实现安全生产 10 周年

集团承建的沙特 200 所学校正在施工中

集团在承建的沪昆铁路客专举行创先争优暨劳动竞赛动员大会

大亚湾核电运营管理有限责任公司

积极落实“三实两基”，构建创先争优长效机制——大亚湾核电运营管理有限责任公司党委“创先争优”结实果

中广核电集团所属大亚湾核电运营管理有限责任公司（简称“大亚湾核电”）是我国核电行业第一家实行专业化运营的核电运营管理公司，负责运营总装机容量为612万千瓦的中国最大核电基地——大亚湾核电基地。大亚湾核电党委在创先争优活动中，结合企业中心任务，落实“三实两基”（重实际、干实事、结实果；做好最基础的工作、练好最基本的功夫）要求，建立和完善了安全生产、党建工作、企业文化等方面的创先争优长效机制，为企业的科学发展提供了坚强的组织保障。2012年，中组部、广东省委和国资委党委分别授予公司党委“全国创先争优先进基层党组织”，“广东省创先争优‘南粤先锋’先进基层党组织”和“思想政治工作先进单位”称号。

一、融入中心、服务大局，安全发电创一流

按照建设“世界一流的专业化核电运营企业”的创先争优目标，结合集团党组提出的“三实两基”工作要求，公司党委指导各级党组织以支部为单位，精心设计载体，注重实践特色，使创先争优活动成为促进企业科学发展的有力抓手。自2010年开展创先争优活动以来，大亚湾核电安全生产业绩持续提升，各项经济运行指标达到或接近国际先进水平。截至2011年12月31日，大亚湾核电站商业运行以来累计实现上网电量2460.99亿千瓦时，为深圳、香港两地的经济发展作出了重大的贡献。大亚湾核电站1号机组和岭澳核电站一期2号机组，分别创造了连续10年和新机组首次临界商运935天无非计划停机停堆的世界最好纪录，机组大修工期实现了19.7天国内最短并进入世界先进行列。与世界核营运者协会（WANO）压水堆核电站9项关键业绩指标值比较，2011年大亚湾核电基地五台机组（岭澳二期2号机组因投产不足一年未纳入比较）28项指标达到世界先进水平，其中大亚湾核电站1号机组全部9项指标达到世界先进水平，属全球唯一。

◀整洁有序的核电站常规岛厂房

◀中广核集团核安全文化理念之一——一次把事情做好

◀中广核集团安全文化小品大赛活动现场

◀中广核集团大亚湾核电运营公司定期组织党委中心组理论学习

◀中广核集团大亚湾核电运营公司党员岗位攻坚网上公示平台

二、自上而下，全员介入，核安全文化创一流

创争活动开展以来，特别是日本福岛核事故发生后，公司党委不断强化以“安全文化”为核心的企业文化建设，建立了国内首家核与辐射安全信息公开制度，增进了公众对核电安全生产的了解，营造了有利于企业发展的社会公众舆论环境。在安全文化培育方面，公司党委领导班子成员以安全文化震撼教育为抓手，亲自授课引导全体员工及合作伙伴建立对核安全的正确认识，形成了一个“自上而下”（领导示范、组织推进、全员参与）的安全文化教育主线。在班组层面，各基层党组织在创先争优活动中，积极开展安全文化班组建设，在小偏差管理、管理巡视、行为规范、人因工具卡应用以及安全学习和竞赛等内容和形式上不断拓深和创新。在员工层面，开展了生产线全员防人因失误培训，同时还开发了《防人因失误复训》《新任工作负责人人因管理》课程，以及声光挂图、魔方组合等20多个训练场景。公司党委组织开展了安全文化讲演大赛、安全文化漫画比赛、制作安全文化漫画衫等，进一步营造了浓厚的安全文化氛围。

三、抓好基层组织，提升领导能力，党建工作创一流

公司党委在创争活动中积极推进党支部标准化建设，以党支部管理目标为基础，以党群例会为管理平台，以信息化建设为抓手，以自上而下的逐级承诺考核制度为保障，建立并全面推广了标准化党支部管理体系。这增强了基层组织的责任意识和自主意识，为创先争优活动增添了活力与动力。公司党委领导班子不断加强自身建设，以“四好领导班子建设”为抓手，积极开展党委中心组学习、参加好双重组织生活会，认真开展批评与自我批评，积极推动民主生活会及思想政治工作研讨会改进行动，认真做好创先争优基层联系点的各项工作，推动解决群众最为关心的实际问题。据统计，党委领导班子及各级基层党组织累计为群众办实事、做好事、解难事共 352 件，受到了广大党员群众的好评。

四、立足岗位、选树典型，党员争先创一流

大亚湾核电各级基层党组织全面开展了党员岗位攻坚和公开承诺、党员先锋岗等活动，并于2011年在集团内率先开通了党员岗位攻坚网上公开承诺，超过99%的党员在网上公示了个人承诺。在党员岗位攻坚活动中，公司党委全面推广应用了“PDCA”循环提升机制，建立了计划、执行、评价和反馈环节在内的闭环管理体系，提高了攻坚活动的实效。在党员先锋岗活动中，生产线基层支部以项目工作组为考核单位，制定了各具特色的“党员先锋岗评比KPI指标”，并涌现出了主蒸汽隔离阀、反应堆压力容器等由党员骨干负责的优秀项目组。在公司创先争优活动群众点评环节，群众满意率达到99%以上。

上海医药工业研究院

SHANGHAI INSTITUTE OF PHARMACEUTICAL INDUSTRY

创新药物与制药工艺国家重点实验室

陈小娅副部长一行调研重点实验室

重点实验室仪器装备

上海医药工业研究院“创新药物与制药工艺国家重点实验室”是2007年科技部批准建立的第一批企业国家重点实验室之一，于2010年9月顺利通过科技部的验收。现任学术委员会主任为杨胜利院士，副主任为陈凯先院士和朱宝泉研究员，实验室主任为周伟澄研究员。现有科研团队18个，科研人员115名。其中高级职称49人，获博士学位32人。

重点实验室在国家科技部领导与支持下，依托上海医药工业研究院，成立了理事会和学术委员会。主要从事药物化学、生物技术、中药学、药理学和药物分析等五个专业领域的研究。作为骨干力量，全方位参与上海医药工业研究院承担的“十一五”重大新药创制专项“综合性新药研究开发技术大平台”项目及其他单项课题的研究工作。近两年，共承担国家和地方的纵向课题70项，共获得资助7521万元，课题包括国家“十一五”重大新药创制，国家自然科学基金，国家973项目等各种项目。

国家重点实验室在创新药物与制药工艺的研究方面，注重加强与企业的合作，很多课题源自企业，为企业量身定做，使国家重点实验室成为开发共性关键技术、增强技术辐射能力，推动产学研相结合的重要平台。2010年，获SFDA颁发的3.1类新药证书3项。获1.1类新药临床批件两件。已完成临床前研究向SFDA申报临床研究一项。两项新型调血脂一类新药正在进行全面的临床前研究。

2010—2011年，重点实验室共申请专利186项，获授权专利83项，发表论文112篇，其中SCI论文31篇。培养研究生95人，其中博士研究生14人。

关爱生命 呵护健康

重点实验室联系人：徐文君，刘英

地址：上海市北京西路1320号 电话：021-62479808×635,630 传真：021-32090827

长春天然气有限责任公司

长春天然气有限责任公司成立于1990年8月29日，成立之初，靠银行贷款1500万元起步，主要从事天然气管道输送、天然气供应、管道工程施工和市政行业设计。经过22年的拼搏，目前已发展成为国有控股大型一类企业，现有固定资产7.38亿元，职工635人，各类专业技术人员186人，输气站7个，各中心7个，管理所9个，专业施工队伍9个。

22年来，公司经过两次艰苦创业，相继铺设三条长输管线和两个市区环网，管线总里程1570公里，其中干线总长860公里，日最大输气能力达230万立方米，形成了以长春市为中心东西南北辐射环网供气的格局，负责为中国一汽集团、长春卷烟厂、锦湖轮胎厂等200多家工业企业和富奥花园、上海绿地、宝来雅居等近30万户居民供气。截至2012年6月，公司累计完成输气量22.88亿立方米，实现产值25.22亿元，销售收入30.21亿元，利税9.18亿元。先后被授予中国企业最佳形象“AAA级”、“吉林省模范集体”、“吉林明星企业”、“吉林省优秀企业”、“吉林省质量诚信企业”、“吉林省诚信服务先进单位”、“吉林省五一劳动奖状”、“吉林省精神文明建设先进单位”和“长春市模范集体”、“长春市工业经济运行要素保障奖”、“长春市市政公用企业先进单位”、“长春市安全生产先进单位”、“长春市精神文明单位标兵”、“长春市服务质量、环境质量、公众信誉标兵单位”等荣誉称号。

天然气作为一种优质、高效、清洁能源，在全球生态环境污染日趋严重的形势下，更加显示出其优越性。公司秉持“诚信、和谐”的价值观，承担着“惠泽民生、服务社会”的光荣使命，配合长春市城市改造和新区发展，不断加强天然气输配套基础设施建设，发展绿色能源，增加工业及民用天然气供应，逐步改善长春市及周边地区的能源结构，争做长春市燃气行业领跑者。

今后，公司将继续恪守“用户第一、止于至善”的服务理念，自觉履行企业的政治、经济和社会责任，一如既往为广大用户提供优质服务，努力为振兴东北老工业基地和建设繁荣、和谐、开放、美丽、幸福的长春做出新贡献。

公司机关办公楼

长春天然气西北环线工程竣工通气仪式

原吉林省委书记王珉来公司视察

原吉林省省长韩长赋到公司调研指导工作

吉林省省长王儒林到公司考察慰问

天然气输气设备

公司调度中心

公司客服中心

地　址：长春市卫星路3535号
邮　编：130033
电　话（传真）：0431—84688215
网　址：www.cctrq.com
E—mail：cctrq@yahoo.com.cn

青岛国信发展（集团）有限责任公司于2008年2月29日经青岛市人民政府批准，在青岛国信实业有限公司、青岛市地下铁道公司的基础上组建成立，集团注册资本为人民币30亿元，定位于以重大基础设施建设投资为重点的控股型综合性集团公司，服务于青岛市经济社会发展。

青岛国信集团成立以来，不断完善发展战略，优化资产结构，构建了以隧道、地铁、电力等城市基础设施项目为基础的实业板块，以参股金融机构为手段的金融板块，以会展中心、大剧院、体育中心、海天大酒店、汇泉湾广场、旅游等项目为平台的服务业板块，以政府项目代建、土地熟化、房地产开发为依托的置业板块等四大业务板块。青岛国信集团在经济战略布局和经济社会发展中发挥着控股型综合性集团公司的独特作用。截至2011年底，青岛国信集团资产总额为303亿元，净资产总额为114.7亿元，全面完成市政府国资委下达的国有资产保值增值任务和业绩考核指标。先后获得“山东省省级文明单位”、“山东省诚信企业”、“山东省‘富民兴鲁’劳动奖状”、“山东省2011年安全生产基层基础工作先进企业”等荣誉称号。

面向未来的青岛国信集团，在青岛新一轮发展中确立为“按照城市发展战略，重点围绕金融、城市功能开发与服务开展业务与运营”的发展定位，核心主业为金融发展、蓝色硅谷建设及城市功能开发三大板块。国信集团将按照“突出金融、实业为基、产融结合、相关多元、政企互动、市场运作、集团架构、协同发展、做强做大”的基本思路，秉承“稳健、高效、团结、创新”的企业精神和“勤勉敬业、务实严谨”的企业作风，实施“二次创业”，全面融入蓝色经济战略和城市发展战略，突出发展金融投资及创投业务、蓝色硅谷建设等，以集团的转型升级，全力推动我市创新型城市建设，努力把公司打造成为有实力、有影响力、国内一流的产融结合型综合性投资控股集团。

地址:青岛市东海西路15号英德隆大厦
邮编:266071
电话:0532-83893955
传真:0532-83893979
网址：www.qdgxjt.com
E-mail:bgs@qdgxjt.com

海天综合体效果图

青岛大剧

青岛胶州湾隧道收费

地铁单拱大跨暗挖车站站厅效果图

东方饭店改造效果图

青岛海润自来水集团有限公司

青岛市海润自来水集团有限公司始建于光绪25年（1899年），2002年12月更名为青岛市海润自来水集团有限公司，属国有大型企业，注册资本30000余万元，目前拥有员工2600余人。拥有黄河、大沽河、崂山水库三大水系为主，其他水源为辅的综合性供水体系。有主净水厂3个，贮配水池13座，加压泵站14座，供水管道1900公里。日综合供水能力70.82万立方米，供水面积147平方公里，受益人口175万人，供水普及率100%。主要经营范围有：自来水生产销售、给排水工程设计、施工；水工器材制造；水质检测；水表制造及维修；技术培训；饮料生产；机电设备维修；技术咨询服务；房屋租赁等项目。

近年来，海润自来水集团有限公司坚持“为经济建设服务，为人民生活服务”的城市供水“双为”方针，遵循“优质供水，服务社会”的企业宗旨，坚持“群众利益至上”的核心理念，围绕“水质好、压力足、计量准、维修快、行风正”的服务标准，把客户的需要作为企业的追求，先后在全市实行了社会服务责任赔偿制度；推出了“12319”服务热线的前身——青水热线；实施了“解水忧工程”、自来水“一户一表”改造工程、使用50年以上供水管网改造工程，以精品工程、亲情服务，精心组织、精心施工，使政府的民心工程深入民心、温暖民心，升华和验证了企业的服务理念。以全国供水行业第一个服务品牌“润万家”为标志的“主动服务、适时服务、情感服务、超值服务、知识服务”，使广大客户真正体验到了“清清海润水，滴滴温馨情”。2002年以来，先后荣获市级以上各种荣誉称号200多项，其中“润万家”荣获青岛市、山东省服务名牌称号，企业荣获全国精神文明建设先进单位称号。

海润自来水集团有限公司将继续扩大供水规模，以一流的服务水平、一流的产品质量、一流的工作业绩回报社会，为青岛市经济发展和人民生活水平的提高做出新的贡献。

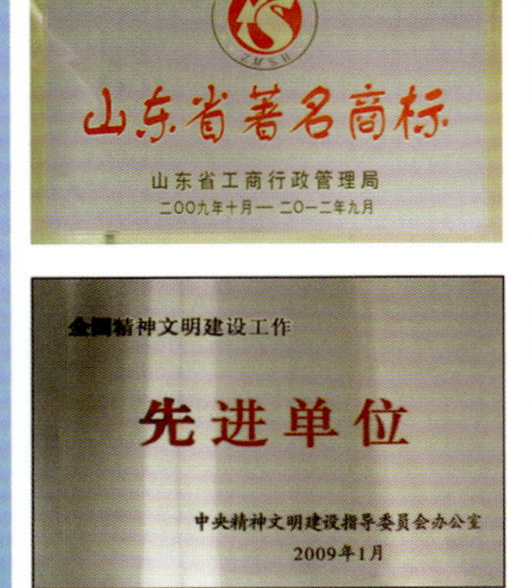

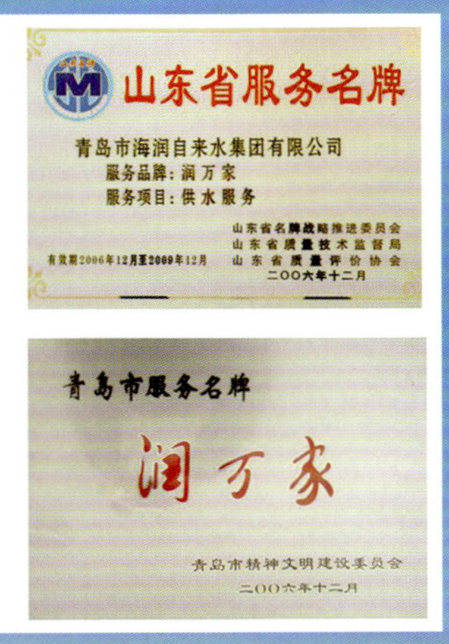

一户一表改造

地址：青岛市市南区太平路55号
电话：0532—82961058
传真：0532—82964180
邮编：266002

西安市国资委

2011年，西安市国资委在市委、市政府的正确领导下，认真贯彻落实科学发展观，依法履行职责，调整优化国有经济布局结构，加快转变经济发展方式，积极创造条件，努力克服困难，扎实推进全市国资国企改革发展，各项工作取得了明显成效，全面超额完成了全年各项目标任务，实现了“十二五”在高起点上的良好开局。

一是国有企业经济运行实现了平稳较快增长。2011年面对复杂多变的国际政治经济环境和国内经济运行的新情况新变化，我们以转变经济发展方式为主线，积极调整产业结构，促进企业技术创新和新产品研发，加快企业转型升级步伐。同时，加强沟通协调，积极为企业争取银行贷款、节能降耗、技术创新等专项资金政策扶持。积极帮助企业解决生产经营中遇到的水、煤、电、气等方方面面的困难，千方百计保增长，促发展。2011年市属国有企业资产总额已达3658亿元，同比增长28.6%；实现营业收入473亿元，同比增长31,3%；实现利润45亿元，同比增长79.8%；所有者权益850亿元，同比增长39.0%。

张普会主任在西安纺织集团实施压锭改造、产能升级、搬迁入园、新厂区主厂房开工典礼讲话

西安市国企改革工作总结表彰大会

张普会主任深入西安热电有限责任公司调研指导工作

二是重大资产重组与产业整合成效显著。总投资59亿元的西化“双三”搬迁改建暨资产重组项目，完成重组交接工作，延长集团投入4.2亿元用于收购股权、清偿债务和安置职工；西纺集团投资20亿元、占地840亩，建设规模达20万锭的“破产重组，产能升级，搬迁入园”项目开工建设；投资55亿元的国电重组西郊热电项目，完成了关停拆除小火电机组等协议签订和热电公司与西化公司的分立工作，西郊热电“上大压小”热电联产扩建项目已获国家发改委批准；西安曲江文投集团以资本为纽带，全面盘活资源，加速对外扩张，重组ST长信实现文化产业“借壳上市”项目已获证监会有条件审核通过；水务集团全面启动城市供水、黑河引水配套项目培育上市工作，注册成立了拟上市主体公司，已确定券商等中介机构并启动相关工作。中机集团重组西安岩棉涂料厂，促成一期投资10亿元的“国机集团研发及产业基地”项目落户西安；此外，原西安风雷仪表厂资产有偿划转航天基地管委会、西粮实业公司白家口粮食储备库221亩土地交由大兴新区管委会、原陕西重型机器厂所持西安大华热电有限公司49%股权划转西安市热力公司、西安大华公司资产和人员整体划转移交曲江新区管委会所属大明宫投资公司等工作也取得了显著成效。

三是国企改革进一步深化推进。完成了前些年不具备改制条件种奶牛试验场、西北航空港工程总队等7户企业的改制和破产工作；稳决五环集团等3户企业退休职工医保待遇、西安国际合作公司处置利比乱和日本地震灾害突发事件接回人员补助资金问题；在全省率先实施办大集体改革试点，完成市属13户厂办大集体企业改革，安置职工110人；按照国家和省上政策，研究制定了《西安市厂办大集体改革工作方案》以及《关于妥善解决国有企业职教幼教退休教师待遇问题的实见》，解决国有企业职教幼教退休教师待遇工作全面启动；按照中央、市有关精神和市政府要求，完成35户企业575名公安干警移交，占移警总数的86.59%；顺利将原陕西骊山棉织厂等10户企业非经营性资产到非经营性资产管理公司或国有独资公司，将原唐华集团所属4户政策产企业非经营性资产妥善移交灞桥区政府实施属地化管理，涉及资产亿元，离退休人员1.7万人，物业管理和后勤服务人员482人，这在全乃至全国都有影响。

四是国资监管工作水平不断提高。联合市委组织部、市考核办门对8户市直属国有企业组织实施了2010年度目标责任考核，完成了企业的等次评定和年薪制企业领导的薪酬兑现工作；会同有关部门，规范企业改革改制后产权登记存在的注销、漏登、补登、变更等问题，全市741户企业国有产权登记和产权转让情况进行了检查，并针对存在题开展专业培训；全年产权交易挂牌项目32宗，完成交易项目20宗，资产交易总额3.2亿元，成交总金额2.2亿元；面向企业和社会选调招聘名专职监事，举办了首期业务培训班，目前企业监事会办事处的办所、经费、车辆审批等相关基础性工作正在加紧协调落实之中。

五是党建纪检工作扎实有效。开展建党90周年庆祝活动，了“我们工人心向党”为主题的全系统职工文艺汇演和四场优秀党员事迹巡回演讲报告会；召开创先争优总结表彰大会，对15个先进基层织和15名优秀共产党员进行了表彰奖励；举办建设学习型党组织工作会，交流推广了陕鼓集团等10户企业的经验做法；指导陕鼓集团等5户党委进行改选换届；对西旅集团等6户企业13名领导人员进行了调整补并完成了西化公司领导班子成员向延长集团的移交工作；围绕“作风年”活动，组织企业纪委书记赴长庆油田参观见学，严格落实领导干洁自律规定，全年督办、自办各类案件34件次。

六是企业安全生产信访稳定工作效果明显。认真落实企业安全责任制，与直管企业分别签订了《维护企业和社会稳定目标责任书》年没有发生重大安全事故。全年共接访236人次，处理省市交办信访件次、群众来信和网上信访177件，办结率为100%。协助局级公司共92人次，我委荣获市处理信访突出问题及群体性事件联席会议办公室的进京劝返工作先进单位，有效实现了市委、市政府提出的“两控制下降”工作目标，维护了企业和社会稳定。

七是机关自身建设进一步加强。认真学习党的十七届五中、六会精神和胡锦涛总书记“七一”重要讲话以及中央经济工作和省市委精神，开展“展新姿，树新风”学习教育活动，机关干部的精神状态作效能得到大幅提升。顺利完成了机关北迁、办公环境优化、办公设善、机关内外网全覆盖、LED电子屏信息平台建设等工作，对口接待长沙、衡阳等地8批70多人参观了世园会。同时组织机关干部职工赴井接受红色教育、参观八路军办事处等活动，极大的调动和鼓舞了机关职工牢记宗旨、坚守使命的积极性和自觉性。

四川華衡資產評估有限公司

Sichuan Huaheng Assets Appraisal Co.,ltd

（一）简介

资产评估机构名称：四川华衡资产评估有限公司，企业性质：有限责任公司，法定代表人：屈仁斌，企业住所：四川省成都市锦江区天仙桥南路3号汇江楼5楼，邮编：610021，联系电话：028—86650030、028-86651713；传真028-86652220。网址：www.hhaa.com.cn。

（二）历史沿革

四川华衡资产评估有限公司的前身是四川省资产评估事务所。四川省资产评估事务所创立于1992年4月，直属四川省财政厅、国有资产管理局。

1993年5月取得原国家国有资产管理局、中国证券监督管理委员会联合颁发的从事证券业务资产评估许可证，从而成为西部地区首家，也是全国公开审批中第一批获得从事证券业务资产评估资格的专业评估机构,目前是总部在我省注册的唯一一家从事证券业务的资产评估公司。1999年底经四川省国有资产管理局批准，四川省资产评估事务所改制设立为四川华衡资产评估有限公司，改制后的公司承继了原事务所的所有业务。2009年1月重新取得由财政部、中国证券监督管理委员会颁发的从事证券期货相关业务评估资格证书。

2003年1月，本公司通过了ISO9001国际质量管理体系认证，成为国内率先、我省唯一通过国际质量管理体系认证的评估机构。

（三）组织结构和人员结构

公司部门设置有综合业务部、房地产估价部、设备估价部、稽核培训部、行政部。

四川华衡资产评估有限公司现有员工70多人，包括会计经济、房屋建筑、机器设备、法律等多方面专业人员，其中中国注册资产评估师44人（博士、硕士学历15人，占注册资产评估师的34%，其余人员均为本科学历），中国注册房地产估价师18人，中国注册土地估价师14人，矿业权评估师5人，职员均经过了评估专业培训，评估实践经验丰富，业务素质较高。

（四）专业资质证书

由财政部、中国证券监督管理委员会颁发的从事证券期货相关业务评估资格证书，证书编号0280023001号；

由中华人民共和国财政部颁发的资产评估资格证书，证书编号51020001号；

由国土资源部颁发的从事探矿权、采矿权评估资格证，证书编号为矿权评资[2002]003号；

由中华人民共和国国土资源部颁发的A级证书（全国范围内执业），证书编号A201151021；

房地产估价机构壹级资质已在中华人民共和国住房和城乡建设部网站公示。

（五）行业影响力

华衡公司多年以来一直与国有资产管理部门、证券监管部门、行业主管部门保持着良好的沟通，在行业内具有良好的信誉。公司多位员工被上述管理部门常年聘任为专家库专家。作为四川省国有资产监督管理委员会、成都市国有资产管理委员会、西藏自治区国有资产监督管理委会员入库评估中介机构，我公司在入库比选时总分排名均为第一。我们曾多次受中国资产评估协会委托，主持课题的研究、起草多项评估准则；公司人员也多次参与对具有证券从业资格的评估机构进行检查。

公司多名评估师曾多次受到行业协会的表彰，并被授予中国资产评估协会金牌会员、资深会员，全国优秀青年注册评估师荣誉称号。

公司多名资深评估师当选为中国资产评估协会常务理事、中国资产评估协会准则技术委员会委员、中国珠宝首饰艺术品委员会委员、中国资产评估协会申诉委员会委员、中国矿业权评估师协会理事、中国土地估价师协会理事、四川省资产评估协会副会长，四川省土地估价师协会常务理事、成都市房地产评估协会理事。

公司还入围了众多中央企业的评估机构库，熟悉国资委对中央企业的管理政策，评估人员对大、中型企业的评估具有丰富的实践经验，部分入围企业如下：

中国兵器装备集团公司、中国航空工业集团公司、中国电子科技集团公司、中国东方电气集团公司、攀钢集团公司、中国华能集团公司、中国石油天然气集团公司、中国国新控股有限公司、中国华融资产管理公司、中国广东核电集团公司、华润集团有限公司、中国东方资产管理公司、中国工商银行、中信银行、国家开发银行等。

2012
CHINA' S STATE-OWNED ASSETS SUPERVISION AND ADMINISTRATION YEARBOOK

中国国有资产监督管理年鉴

附录

第八篇

恳谈会暨签约仪式”。

▲ 16日，王勇同志在国资委会见欧盟新任驻华大使艾德和一行。

▲ 16日，印发《关于认真贯彻实施〈中央企业境外国有资产监督管理暂行办法〉和〈中央企业境外国有产权管理暂行办法〉的通知》(国资发法规〔2011〕78号)。

▲ 16日，印发《关于加强中央企业科技创新工作的意见》(国资发规划〔2011〕80号)。

▲ 23日，印发《关于命名中央企业2009－2010年度全国青年文明号的决定》(国资发群工〔2011〕77号)。

▲ 24日，国资委在北京隆重举行庆祝中国共产党成立九十周年大会，王勇、黄淑和、邵宁、黄丹华、金阳同志参加大会。

▲ 28日，印发《关于在国资委系统开展法制宣传教育第六个五年规划(2011—2015)的通知》(国资发法规〔2011〕84号)。

▲ 28日，印发《关于在中央企业开展法制宣传教育的第六个五年规划(2011－2015年)》的通知(国资发法规〔2011〕85号)。

▲ 28—29日，全国国资委系统指导监督地方国资工作座谈会在福州召开，王勇同志对会议作出重要批示，黄淑和同志出席会议并讲话。

▲ 30日，国资委召开中央企业惩防体系建设工作视频会议，王勇同志作出重要批示，强卫东同志出席会议并讲话。

7月

▲ 1日，印发《关于建立中央企业债券发行监测管理系统有关事项的通知》(国资厅产权〔2011〕447号)。

▲ 6—7日，强卫东同志赴上海对中国海运、宝钢集团等企业就生产经营情况和反腐倡廉建设工作进行调研。

▲ 7—8日，监事会在北京举办“六要六不”行为规范专题培训班，孟建民同志出席并讲话。

▲ 11日，印发《关于推进和完善中央企业董事会建设妥善处理“双层董事会”有关问题的通知》(国资改革〔2011〕645号)。

▲ 12日，国资委与国家质检总局举行《提升质量竞争力 推动中央企业做强做优合作备忘录》签字仪式，王勇同志与国家质检总局局长、党组书记支树平分别发表讲话并共同签署合作备忘录。

▲ 12日，王勇同志会见新加坡淡马锡控股(私人)有限公司中国区总裁丁玮先生、中国区联席总裁蒋福娟女士一行。

▲ 17日，黄丹华同志出席中国企业联合会、中国企业家协会主办的“全国企业文化年会(2011)”开幕式并致辞。

▲ 18日，印发《关于公布2010年度中央企业信息化水平评价结果的通知》(国资厅〔2011〕481号)。

▲ 18日，印发《中央企业“十二五”发展规划纲要》(国资发规划〔2011〕97号)。

▲ 19日，邵宁同志会见美国宝洁公司副董事长沃纳·葛斯勒先生一行。

▲ 20日，国资委、中央外宣办在北京联合召开中央企业新闻宣传工作会议，王勇同志出席会议并讲话。

▲ 28日，印发《关于加强中央企业财务信息化工作的通知》(国资发评价〔2011〕99号)。

▲ 29日，王勇同志在中央企业、地方国资委负责人研讨班上传达国务院第165次常务会议精神。

8月

▲ 2日，印发《关于落实国务院常务会议精神，切实加强中央企业安全生产工作的紧急通知》(国资发综合〔2011〕103号)。

▲ 8日，国资委与教育部、财政部、人力资源社会保障部共同召开解决国有企业职教幼教退休教师待遇问题工作视频会议，邵宁同志出席会议并代表四部委讲话。

▲ 9日，国资委召开进一步加强和改进中央企业纪检监察组织建设工作视频会议，金阳同志出席会议并讲话。

▲ 10日，王勇同志会见汇丰集团行政总裁兼汇

丰银行主席欧智华先生一行。

▲ 12—13日，王勇、黄丹华同志出席深圳2011世界大学生运动会开幕式，并考察南方电网深圳供电局、华侨城集团。

▲ 16—17日，黄淑和同志参加对中国北车、中国南车、中国通号三家公司总部的安全大检查。

▲ 19日，印发《关于表彰中央企业党建带团工作先进单位的决定》(国资党委群工〔2011〕162号)。

▲ 20日，国资委与新疆维吾尔自治区政府、新疆生产建设兵团在乌鲁木齐联合召开中央企业产业援疆推介会，王勇、黄丹华同志出席会议。

▲ 21—22日，王勇、黄丹华同志赴青海玉树看望慰问参与玉树灾后重建的中建总公司等四家援建中央企业一线员工。

▲ 22日，印发《关于进一步深化中央企业青年创新创效活动的意见》(国资发群工〔2011〕109号)。

▲ 23日，国资委与商务部共同组织召开加强对外投资合作和援外工作管理座谈会，并签署《商务部国资委协作备忘录》，王勇同志和商务部部长陈德铭出席会议并讲话。

▲ 25日，首次中央企业青年工作会议在北京召开，王勇同志和团中央书记处第一书记陆昊出席会议并讲话。

▲ 25日，国资委在山东济宁召开部分中央企业安全生产信息化建设现场会，黄淑和同志出席会议并讲话。

▲ 25—26日，2011年度地方国资委劳动用工和收入分配工作座谈会在江西南昌召开，邵宁同志出席会议并讲话。

▲ 31日，国资委召开地方国资委及中央企业厂办大集体改革工作视频会议，邵宁同志出席会议并讲话。

9月

▲ 3日，王勇、黄丹华同志赴天津参加第二届天津市与中央企业恳谈交流会。

▲ 5日，印发《中央企业综合分析机制工作办法(试行)》(国资发监督〔2011〕119号)。

▲ 5日，印发《国务院国资委关于表彰2006—2010年全国国资委系统法制宣传教育先进单位和先进个人的决定》(国资发法规〔2011〕116号)。

▲ 5日，印发《国务院国资委关于表彰2006—2010年全国国资委系统法制宣传教育先进单位和先进个人的决定》(国资发法规〔2011〕117号)。

▲ 8日，印发《关于中央企业国有产权置换有关事项的通知》(国资发产权〔2011〕121号)。

▲ 9日，黄淑和同志出席中央企业全员业绩考核工作座谈会并讲话，孟建民同志主持会议。

▲ 14日，黄淑和同志主持召开中央石油和运输企业落实国务院要求做好海上溢油安全防控工作座谈会。

▲ 14日，印发《关于表彰中央企业优秀总法律顾问优秀法律顾问和法律备选先进工作者的决定》(国资发法规〔2011〕128号)。

▲ 16日，金阳同志在国资委会见越南共产党中央委员、中央企业口党委书记张光义一行。

▲ 18日，王勇、孟建民同志在济南出席国务院国资委与山东省人民政府合作备忘录签约仪式。

▲ 19日，中央企业侨联系统先进集体和先进个人表彰大会在北京召开，杜渊泉同志出席会议并讲话。

▲ 19日，王勇同志在武汉出席湖北省与中央企业深化合作会议暨项目签约仪式。

▲ 19日，金阳同志在国资委会见美国诺斯德集团董事长兼首席执行官杰高博先生一行。

▲ 20日，印发《关于加强中央企业负责人薪酬管理有关事项的通知》(国资发分配〔2011〕133号)。

▲ 20日，印发《建设规范董事会中央企业专职外部董事薪酬管理暂行办法》(国资发分配〔2011〕134号)。

▲ 21日，印发《关于中央企业获得2009－2010年度全国质量工作先进单位和先进个人的通报》(国资发综合〔2011〕137号)。

▲ 21—22日，王勇同志在银川出席2011中国(宁夏)国际投资贸易洽谈会开幕式与第二届中国·

阿拉伯国家经贸论坛，以及宁夏与中央企业合作发展座谈会暨签约仪式。

▲ 24日，黄淑和同志在国资委会见日本青年领导访华团经济组代表团远山茂先生一行。

▲ 26日，王勇同志在国资委会见南非国有企业部部长吉加巴一行。

▲ 28日，黄淑和同志在国资委会见美国密歇根州州长斯奈德一行。

▲ 28日，邵宁同志出席国资委召开的中国移动通信集团公司建设规范董事会工作会议，向中国移动5位外部董事颁发聘书并作讲话。

10月

▲ 8日，国资委、工业和信息化部印发《企业经营管理人才素质提升工程实施方案》（国资发干一〔2011〕143号）。

▲ 8日，印发《关于加强中央企业境外国有产权管理有关工作的通知》（国资发产权〔2011〕144号）。

▲ 8日，印发《2012年度中央企业预算报表》（国资发评价〔2011〕145号）。

▲ 8日，印发《中央企业"十二五"和谐发展战略实施纲要》（国资发研究〔2011〕146号）。

▲ 8日，印发《关于做好中央企业国有资本经营预算支出执行情况报告工作有关事项的通知》（国资收益〔2011〕1186号）。

▲ 10日，国资委在北京分别召开中国中纺集团和中国兵器装备集团建设规范董事会工作会议，金阳同志出席会议并讲话，向中国中纺集团5位外部董事和中国兵器装备集团5位外部董事颁发聘书。

▲ 14日，印发《关于表彰2010年度中央部门管理企业国有资产统计工作先进单位的通报》（国资发评价〔2011〕152号）。

▲ 17日，印发《关于开展品牌协会培育和建设工作的指导意见》（国资发研究〔2011〕151号）。

▲ 18—19日，中央企业财务工作会议在北京召开，孟建民同志出席会议并讲话。

▲ 19日，孟建民同志会见香港特别行政区政府财政司司长曾俊华一行。

▲ 19日，印发《中央企业人才队伍建设中长期规划（2011－2020年）》（国资党委干一〔2011〕198号）。

▲ 20日，印发《中央企业"十二五"科技创新战略实施纲要》（国资发规划〔2011〕153号）。

▲ 21日，王勇、黄丹华同志在成都出席国资委与四川省政府合作备忘录签署仪式暨"央企四川行"合作项目签约仪式。

▲ 24日，王勇同志在北京会见比利时王储菲利普、副首相范纳克尔一行。

▲ 24日，王勇同志会见新加坡淡马锡控股（私人）有限公司首席执行官何晶女士。

▲ 27—28日，黄淑和同志在澳门分别会见澳门特别行政区行政长官崔世安和全国政协副主席何厚铧，出席2011中国（澳门）国际汽车博览会开幕式并致辞。

▲ 28日，国资委在北京召开"中央企业业务合作暨内部招商会议"，王勇、邵宁同志出席会议。

▲ 31日，印发《中央企业"十二五"人才强企战略实施纲要》（国资党委干一〔2011〕204号）。

11月

▲ 1日，印发《中央企业负责人职务消费管理暂行规定》（国资发分配〔2011〕159号）。

▲ 2日，黄淑和同志在中国华电主持召开中央五大电力企业主要负责人小型座谈会。

▲ 7日，印发《"十二五"时期深化中央企业改革、增强企业活力的总体思路与具体措施》（国资发改革〔2011〕160号）。

▲ 7日，印发《"十二五"时期完善国有资产监管体制保障中央企业做强做优的总体思路和主要任务》（国资发法规〔2011〕161号）。

▲ 7日，印发《关于2012年中央企业开展全面风险管理工作有关事项的通知》（国资厅发改革〔2011〕74号）。

▲ 8日，国资委召开驻哈尔滨中央企业分离移交"三供一业"工作专题会，邵宁同志出席会议并讲话。

▲ 8日，印发《中央企业"十二五"转型升级战略实施纲要》(国资发规划〔2011〕163号)。

▲ 9日，印发《关于在国资委系统推动构建国资监管大格局的指导意见》(国资发法规〔2011〕165号)。

▲ 9日，印发《关于进一步规范中央企业职工收入分配管理的指导意见》(国资发分配〔2011〕166号)。

▲ 9日，印发《关于进一步深化中央企业全面预算管理工作的通知》(国资发评价〔2011〕167号)。

▲ 10日，黄淑和同志在国资委会见2011年第二批日本青年领导访华团一行。

▲ 10日，印发《关于公布"2011中央企业优秀社会责任实践"的通知》(国资厅发研究〔2011〕75号)。

▲ 14日，国资委召开中国铁路物资股份有限公司建设规范董事会工作会议，邵宁同志出席会议并讲话。

▲ 14日，黄丹华同志在国资委会见新西兰财政部副部长加布里埃尔·马赫卢夫先生一行。

▲ 14日，印发《中央企业"十二五"国际化经营战略实施纲要》(国资发规划〔2011〕175号)。

▲ 14日，国资委召开中央企业加快转变经济发展方式监督检查工作视频会，王勇同志出席会议并讲话。

▲ 15日，国资委召开学习贯彻党的十七届六中全会精神理论培训班动员大会，王勇同志出席会议并作动员报告。

▲ 15日，黄淑和同志在国资委会见上海贝尔外方股东—阿尔卡特朗讯集团首席执行官韦华恩一行。

▲ 21日，王勇同志在福州出席华东地区国有资产监督管理工作座谈会。

▲ 23日，黄淑和同志会见澳大利亚驻华大使孙芳安女士。

▲ 25日，王勇、黄丹华、姜志刚同志在石家庄出席国务院国资委与河北省人民政府合作备忘录签字仪式暨央企走进河北战略合作恳谈会。

▲ 29日，黄丹华同志赴中核集团所属中国原子能科学研究院进行调研。

12月

▲ 1日，国资委党委召开部署中央企业系统(在京)十八大代表选举工作会议，王勇同志出席会议并讲话。

▲ 1—2日，强卫东同志赴武钢集团、武汉邮科院调研，并出席武钢反腐倡廉建设座谈会。

▲ 8—9日，国资委在吉林省长春市召开地方国资委厂办大集体改革工作座谈会，姜志刚同志出席会议并作讲话。

▲ 9日，姜志刚同志赴中国石油吉林石化公司进行调研。

▲ 11日，王勇、金阳同志在北京人民大会堂出席福州市与中央企业项目合作洽谈暨签约仪式。

▲ 12日，邵宁同志出席中央电视台2011 CCTV中国经济年度人物颁奖典礼，并为中国黄金集团公司总经理孙兆学颁发年度人物奖。

▲ 19日，国资委在北京召开中央企业负责人会议，王勇同志出席会议并讲话。

▲ 21日，强卫东同志赴武汉出席湖北省国有企业反腐倡廉建设大会。

▲ 22—23日，国资委与中央宣传部在沈阳联合召开全国国有企业推进社会主义核心价值体系建设座谈会，王勇同志出席会议并讲话。

▲ 26日，王勇、黄丹华、金阳同志在杭州出席国资委与浙江省人民政府战略合作备忘录签署仪式暨浙江与中央企业合作洽谈会。

▲ 27日，印发《关于进一步加强地方国资委所监管融资平台公司风险防范的通知》(国资发法规〔2011〕210号)。

▲ 28日，由国资委与国家外国专家局联合举办的"中央企业项目管理创新技能大赛"在广州落下帷幕，姜志刚同志出席并讲话。

▲ 28—29日，国资委召开中央企业负责人经营业绩考核工作会议，王勇同志作出批示，黄淑和同志出席会议并讲话。

▲ 28日，国资委在北京召开中远集团建设规范董事会工作会议，邵宁同志出席会议并讲话，向中远

集团各位外部董事颁发聘书。

▲ 30 日，国资委在北京召开中国航油建设规范董事会工作会议，宣布对中国航油领导班子调整的决定，金阳同志出席会议并讲话，向中国航油各位外部董事颁发聘书。

▲ 30 日，国资委与国家外国专家局《关于引进国外智力为做强做优中央企业服务合作框架协议书》签约仪式在国资委举行，王勇同志与国家外专局局长张建国分别致辞，并在框架协议书上签字。